KB200306

# 근대세계체제 I

## 자본주의적 농업과 16세기 유럽 세계경제의 기원

### 이매뉴얼 월러스틴

나종일, 박상익, 김명환, 김대륜 옮김

까치

# THE MODERN WORLD-SYSTEM I :

Capitalist Agriculture and the Origins of the European World-Economy in the Sixteenth Century

by Immanuel Wallerstein

근대세계체제 I : 자본주의적 농업과 16세기 유럽 세계경제의 기원

저자 / 이매뉴얼 월러스틴
역자 / 나종일 외
발행처 / 까치글방
발행인 / 박후영
주소 / 서울시 용산구 서빙고로 67, 파크타워 103동 1003호
전화 / 02 · 735 · 8998, 736 · 7768
팩시밀리 / 02 · 723 · 4591
홈페이지 / www.kachibooks.co.kr
전자우편 / kachisa@unitel.co.kr
등록번호 / 1-528
등록일 / 1977. 8. 5
초판 1쇄 발행일 / 1999. 10. 5
제2판 1쇄 발행일 / 2013. 5. 30
      2쇄 발행일 / 2018. 5. 21

값 / 뒤표지에 쓰여 있음

ISBN  978-89-7291-544-7  94900
        978-89-7291-543-0  94900 (세트)

이 도서의 국립중앙도서관 출판시도서목록(CIP)은 서지정보유통지원시스템 홈페이지(http://seoji.nl.go.kr)와 국가자료공동목록시스템(http://www.nl.go.kr/kolisnet)에서 이용하실 수 있습니다. (CIP 제어번호: CIP2013006665)

근대세계체제 I

"상업의 알레고리." 요스트 암만(1539-91)의 목판화. 뉘른베르크에서 활동한 암만은 당대의 "소(小)거장들" 중 한 명이었다. 이 세밀화는 여전히 유럽 항로 무역의 변화한 중심지인 뉘른베르크의 한 상인의 상점을 묘사하고 있다.

*TKH*에게 바친다

# 차례

# 감사의 말

책을 구상하고 저술하는 과정에서 여러 저자, 동료, 학생들로부터 직접적으로 받은 착상과 도움의 출처들을 일일이 열거하기란 좀처럼 쉽지 않은 일이다. 다른 이들이 내놓은 경험적인 작업의 성과를 종합해보겠다는 책에서는 특히나 그렇다. 누락의 위험이 매우 큰 것이다.

이 책의 경우는, 두 저자의 방대한 저술이 마침내 이 책을 쓰기로 마음을 굳히기까지 내게 가장 직접적으로 영향을 주었는데, 그 두 저자는 바로 페르낭 브로델과 마리안 말로비스트였다.

일단 내가 초고를 쓰고 나자, 페르낭 브로델은 원고를 꼼꼼히 읽어주었고, 또한 새로운 확신이 필요했을 때 나를 격려해주었다. 찰스 틸리도 초고를 주의 깊게 읽어주었다. 그가 제기한 적절한 질문들은 나의 논지를 명료하게 하는 데에 큰 도움이 되었는데, 이를테면 국가권력과 "절대주의" 일반의 역할 그리고 특히 비적 현상에 대한 그것의 복합적 역할에 관한 문제에서 특히 그러했다. 더글러스 다우드는 고맙게도 프레드릭 레인에게 관심을 돌리도록 충고해주었는데, 사실 레인은 그럴 만한 가치가 충분히 있다.

테런스 홉킨스로 말하자면, 20여 년에 걸친 우리들 사이의 지적 토론과 협력을 통해서 내가 진 빚은 필설로 다할 수가 없을 정도이다.

이 책은 행동과학 고등연구소에서 1년간 머무르던 동안에 집필했다. 이루 다 헤아릴 수 없으리만큼 수많은 저자들이 이 기관에 대해서 찬사를 아끼지 않는다. 훌륭한 환경, 방대한 장서와 직원들의 도움, 즉석에서 조언을 구할 수 있는 다양한 연구진은 물론이고, 이 연구소가 베푸는 혜택으로는 학자들을 좋든 나쁘든 하고 싶은 대로 내버려둔다는 것이다. 모든 이가 다 그런 지혜를 갖추었으면. 끝으로, 이 책은 맥길 대학 연구대학원의 사회과학 연구비 소위원회의 재정적 지원으로 출판되었다.

# 인용문 출처

327-331쪽에 실린 Violet Barbour, *Capitalism in Amsterdam in the Seventeenth Century*에서의 발췌문은 미시건 대학 출판부의 허락으로 전재. © University of Michigan Press, 1963.

465-466, 469-470, 483-485, 488, 491-492, 494쪽에 실린 Jerome Blum, *Lord and Peasant in Russia from the Ninth to the Nineteenth Century* (© Princeton University Press, 1961; 프린스턴 페이퍼백 1971), pp. 120-212에서의 발췌문은 일부 부연 설명함. 프린스턴 대학 출판부의 허락으로 전재.

35-521쪽 곳곳에 실린 발췌문(곳곳에 2,600단어가량)의 출처는 Fernand Braudel의 *The Mediterranean and the Mediterranean World in the Age of Philip II*, Vols. I and II로 원래 *La Méditerranée et le monde Méditerranéen à l'époque de Philippe II*라는 제목으로 프랑스에서 출판됨. © Librairie Armand Colin, 1966. Harper & Row, Publishers, Inc.의 특별 허락에 의한 이매뉴얼 월러스틴의 영역.

50-51, 56, 62, 163, 166, 168쪽에 실린 발췌문은 사우스 캐롤라이나 대학 출판부의 허락으로 Georges Duby의 *Rural Economy and Country Life in the Medieval West* (Cynthia Postan 옮김)에서 전재.

235, 248, 320, 358-359, 361, 378쪽에 실린 발췌문은 Christopher Hill, *Reformation to the Industrial Revolution, 1530-1780*, Vol. II of The Pelican History of Britain, pp. 25, 26, 27, 28, 34, 65-66, 96, 101에서 전재. © Christopher Hill, 1967, 1969.

314, 318, 321, 323쪽에 실린 발췌문은 H. G. Koenigsberger, "The Organization of Revolutionary Parties in France and the Netherlands During the Sixteenth Century", *The Journal of Modern History*, XXVII, 4, Dec. 1955, 333-351. © University of Chicago Press. 허락에 의한 전재.

334, 413-415쪽에 실린 발췌문은 케임브리지 대학 출판부의 허락으로 H. G. Koenigsberger, "Western Europe and the Power of Spain", in *New Cambridge Modern History*, III : R. B. Wernham, ed., *The Counter-Reformation and the Price Revolution, 1559-1610*에서 전재. © Cambridge University Press, 1968.

69-70쪽에 실린 발췌문은 R. S. Lopez, H. A. Miskimin, Abraham Udovitch, "England to Egypt, 1350-1500 : Long-term Trends and Long-distance Trade", in M. A. Cook, ed., *Studies in the Economic History of the Middle East from the Rise of Islam to the Present Day* (London : Oxford University Press, 1970). 옥스퍼드 대학 출판부와 동양 및 아프리카 연구소의 허락으로 전재.

162, 267, 286, 289, 335, 338, 471쪽에 실린 발췌문은 케임브리지 대학 출판부의 허락으로 J. H. Parry, "Transport and Trade Routes", in *Cambridge Economic History of Europe*, IV : E. E. Rich and C. H. Wilson, eds., *The Economy of Expanding Europe in the 16th and 17th Centuries*에서 전재. © Cambridge Universtiy Press, 1967.

232, 247, 349-350, 353쪽에 실린 발췌문은 케임브리지 대학 출판부의 허락으로 M. M. Postan, "The Trade of Medieval Europe : The North", in *Cambridge Economic History of Europe*, II : M. M. Postan and E. E. Rich, eds., *Trade and Industry in the Middle Ages*에서 전재. © Cambridge University Press, 1952.

75, 82, 290, 503쪽에 실린 발췌문은 케임브리지 대학 출판부의 허락으로 E. E. Rich, "Colonial Settlement and Its Labour Problems", in *Cambridge Economic History of Europe*, IV : E. E. Rich and C. H. Wilson, eds., *The Economy of Expanding Europe in the 16th and 17th Centuries*에서 전재. © Cambridge University Press, 1967.

306, 308, 327, 333, 339, 363쪽에 실린 발췌문은 케임브리지 대학 출판부의 허락으로 Frank C. Spooner, "The Economy of Europe 1559-1609", in *New Cambridge Modern History*, III : R. B. Wernham, ed., *The Counter-Reformation and the Price Revolution, 1559-1610*에서 전재. © Cambridge University Press, 1968.

중세가 막을 내리고 근대가 열리는 것은 영주의 소득 위기를 통해서이다.
— 마르크 블로크

16세기의 [유럽에서의] 이와 같은 실질임금의 하락은 혁명적인 가격 상승과 한 짝을 이루었다. 그러한 움직임은 노역과 고난과 빈곤이 늘어나고 많은 이들이 실의에 빠짐으로써 톡톡히 그 대가를 치렀다. 당대인들은 퇴보가 일어나고 있음을 흔히 깨닫고 있었다. — 페르낭 브로델과 프랭크 스푸너

아메리카에서 금은이 발견된 것, 원주민들이 광산에서 멸종되고 노예화되고 매몰된 것, 동인도 제도의 정복과 약탈이 시작된 것, 아프리카가 상업적인 흑인 사냥터로 바뀐 것 등이 자본주의적 생산 시대의 장밋빛 새벽을 알려주었다. 이 목가적인 과정들이 원초적 축적의 주요한 계기들이다. 바로 그 뒤를 이어서 전 지구를 무대로 한 유럽 국가들의 교역전쟁이 시작된다. — 카를 마르크스

# 제2판 서문

「근대세계체제」는 1974년에 출간되었다. 실제로 책을 쓴 것은 1971-
1972년이었다. 출판사를 구하는 데에 다소 어려움이 있었다. 이 책은 16세기
에 관한 것이었고, 사실상 미지의 주제, 즉 일부러 하이픈을 붙인 세계경제
(world-economy)에 대한 것이었다. 책의 길이는 길었고, 엄청난 수의 내용
주들이 달려 있었다. 책이 등장했을 때, 우호적이지만은 않았던 어느 평자는
각주들이 페이지 위아래로 가득하다고 투덜댔다. 결국 아카데믹 프레스와
당시 이곳의 학술서 편집 자문이었던 찰스 틸리가 이 출판사의 새로운 사회
과학 시리즈에 이 책을 집어넣기로 결정했다.

책이 등장했을 때의 반응은 모두를 놀라게 했는데, 특히 출판사와 저자를
놀라게 했다. 「뉴욕 타임스 선데이 북 리뷰(New York Times Sunday Book
Review)」(1면)와 「뉴욕 리뷰 오브 북스(New York Review of Books)」에 호의
적인 서평이 실렸다. 1975년, 이 책은 미국사회학회가 최고 학술서에 수여하
는 상을 받았다. 그 당시 이 상은 소로킨 상(Sorokin Award)이라고 불렸다.
나는 수상을 전혀 기대하지 않았던 터라 수상작을 발표하던 학회에 참석조차
하지 않았다. 책은 곧 수많은 외국어로 번역되었다. 학술 연구서치고 이 책은
놀라울 정도로 잘 팔렸다. 어느 면으로 보나, 이 책은 성공작이었다.

그러나 이 책이 대단히 큰 논란을 불러일으킨다는 점 또한 즉시 드러났다.
이 책은 놀라운 찬사를 받기도 했지만 또 격렬한 논박의 대상이 되었고, 비판

은 다양한 진영에서 제기되었다. 책이 처음 출간된 지 35년이 흐른 후에 이 글을 쓰면서 나는 이 책에 대한 비평들을 검토해볼 만하다고 생각한다. 비평은 어디에서 제기되었는가? 여러 비평들은 어느 정도 살아남아 있는가? 지금 나 자신은 이 비평들이 어느 정도 유효하다고 생각하는가? 비평들은 후속권들에 어떤 영향을 미쳤는가?

먼저 비평들의 이면에 암묵적으로 깔려 있던 한 가지 특별한 의미부터 짚어보아야겠다. 전문 분야로 따진다면, 나는 사회학자였다. 많은 이들에게 이 책은 경제사 책인 것 같았다. 적어도 1970년대 초반에는 사회학자들이 16세기에 관해서 쓴다거나 경제사가들이 다루는 소재에 관심을 기울일 것이라는 기대가 없었다. 다른 한편으로 역사가들은 대학교의 다른 학문분과 출신의 침입자들, 특히 내가 그랬던 것처럼 이른바 2차 자료에 거의 전적으로 의존하는 침입자들을 수상쩍게 여겼다. 더욱이 이 책은 전 지구적인 공간관계들을 중심적인 문제로 다루었는데, 이는 지리학자들의 영역에 속한다고 생각되었다. 마지막으로, 내 책에 열광했던 초기 독자들 가운데는 기대치도 않았던 한 집단, 몇몇 고고학자들이 있었다. 이렇듯 나는 그 당시 학술적인 작업을 규정했던 범주들을 부정하는 것처럼 보였고, 지식의 여러 구조 속에 마치 신성한 유물처럼 보관되어 있던 그 어떤 통상적인 범주에도 딱 들어맞지 않는 듯했다.

책을 쓸 당시 내 자신이 인식하고 있던 문제를 살펴보는 것으로 이 논의를 시작해야 할 것 같다. 책의 "서론"에서 내가 어떻게 이 책을 쓰게 되었는지 설명했다. 나는 한 가지 좋지 않은 생각을 따르고 있었는데, 그것은 16세기에는 "새로운" 것이었던 국가들이 어떻게 "발전했는지" 살펴보면, 20세기의 "새로운 국가들"의 여러 궤적들을 더 잘 이해할 수 있을 것이라는 생각이었다. 이것은 좋은 생각이 아니었는데, 여기에는 국가들이 "발전"이라고 불리는 것을 향해서 비슷한 독립적인 경로들을 따랐다는 생각이 깔려 있었기 때문이다. 그러나 이 좋지 못한 생각은 뜻밖의 기쁨을 안겨주었다. 그 덕택에 내가 16세기 서유럽에 관해서 읽기 시작했고, 이전에 생각하지 않았던 실제들에 관심을 기울이게 되었으니 말이다.

그 시절 마음속으로 나는 주로 베버주의 사회학자들, 즉 막스 베버 자신이 아니라 1945년 이후의 시기에 미국 (그리고 어느 정도로는 세계) 사회학이 베버의 범주들을 이용하던 방식과 씨름하고 있었다. 개신교 윤리에 관한 베버의 책은 특정한 종류의 가치들의 존재가 1945년 이후의 시기에 근대화 또는 (경제) 발전이라고 불리고는 했던 현상의 필수 전제조건이었다는 논지를 담고 있는 것으로 매우 널리 해석되었다. 그 당시 통상적인 연구 절차란 국가별로 이런 가치들의 존재 여부 또는 등장을 검토하는 것이었다. 그렇게 해서 진보의 행진을 나타내는 일종의 연대기적 서열이 만들어졌다. 어떤 국가가 첫 번째였는가? 어느 국가가 그 다음 자리를 차지했나? 이제 어느 국가가 다음에 올 것인가? 그리고 파생된 질문으로서, 다음 자리를 차지하기 위해서 국가는 이제 무엇을 해야 했는가?

나는 여러 방향에서 이 서사에 도전하고자 했다. 무엇보다 우선, 이 과정은 국가별로 검토할 수 있는 것이 아니라 내가 세계체제(세계라는 말은 전 지구적이라는 말과 같은 뜻이 아니다)라고 부른, 페르낭 브로델이라면 유일한 세계(the world)가 아니라 하나의 세계(a world)라고 불렀을 법한, 더 큰 범주 속에서만 검토할 수 있다고 주장했다.

둘째, 나는 문제의 이 가치들은 발생하고 있던 경제 변동들에 선행하는 것이 아니라 차라리 그 변동들에 뒤따른다고 주장했다. 나는 왜 어떤 국가들이 생산 효율과 부의 축적에서 선도적인 나라가 되었는지 이해하기 위해서는 반드시 다양한 국가들을 국가 간의 관계 속에 놓고 살펴보아야 한다고 주장했다.

셋째, 나는 1945년 이후의 베버주의자들에게 중요했던 모순, 즉 전통 대

iv

근대라는 주요한 대립구도를 거부하려고 했다. 나는 오히려 사미르 아민이나 안드레 군더 프랑크 같은 이른바 종속이론가들(dependistas)이 발전시키고 있던 주장에 공감했다. "전통적인" 것은 "근대적인" 것과 마찬가지로 근래의 것이며, 이들이 동시에 출현했으므로, 프랑크가 쓴 유명한 어구를 따르자면, "저발전의 발전"에 대해서 이야기할 수 있다는 것이다.[1]

1945년 이후의 베버주의자들이 나를 비난하리라는 것은 예상할 수 있었다. 그들은 내가 주장하고 있던 것을 받아들이려고 하지는 않았지만, 대개 나의 주장을 정중하게 대했다. 물론 (그들이 볼 때 진지한 연구자들이라면 이미 버렸거나 버려야만 하는) 마르크스주의적인 주장들을 내가 되살리고 있다고 생각하는 듯했지만 말이다. 베버주의자들 중 많은 이들이 20세기의 소재를 논의하기 위해서 단지 베버 테제의 간략한 (따라서 때때로 왜곡된) 요약에 의지했던 것과 달리 내가 실제로 16세기 역사에 뛰어들었다는 사실에 놀랐던 것으로 생각된다. 더욱이 이 책의 출간 직후 어느 공저 논문에서 테런스 홉킨스와 내가 지적했듯이, 대부분의 근대화 전문가들이 수행한 이른바 비교분석이란 어떤 비서양 국가에 관한 현재 데이터를 미국(또는 아마도 서유럽 어느 국가)에 관한 추정된(그러나 경험적으로 검토되지는 않은) 데이터와 비교하는 것이었다.[2]

어쨌거나, 가장 강력한 공격은 다른 곳에서 나왔다. 크게 세 부류의 비판이 있었다. 내가 '중대한 비평들(major critiques)'이라고 생각한 것들이었다. 여기에 속한 이들은 자신들이 볼 때 분명히 우월한 분석 방법과 일치하지 않는다는 이유로 세계체제 분석을 하나의 분석 방법으로 인정하지 않았다. 다음으로 내가 '가벼운 비평들(minor critiques)'이라고 생각한 것들이었다. 이 가

---

1) Andre Gunder Frank, "The Development of Underdevelopment," *Monthly Review*, XVIII, 4, Sept. 1966, 17-31.

2) Terence Hopkins and Immanuel Wallerstein, "Patterns of Development of the Modern World-System," *Review*, I, 2, Fall 1977, 111-146. T. K. Hopkins, Immanuel Wallerstein, and associates, *World-System Analysis: Theory and Methodology* (Beverly Hills, California: Sage, 1982), 41-82에 재수록.

v

벼운 비평들을 제시한 이들은 세계체제 분석의 정당성을 어느 정도까지는 받아들이지만 어떤 중요한 경험적 데이터를 제시하거나 해석할 때 내가 오류를 범했다거나 또는 중요한 몇 종의 데이터를 간과했다는 이유로 나의 세부적인 역사 서술을 반박했다. 그리고 세 번째 부류가 있는데, 1990년대에야 비로소 등장한 것이었다. 이 부류에 속한 이들은 세계체제들(world-systems)이라는 용어에서 하이픈을 떼어버리고, 복수형을 단수형으로 바꾸는 식으로 세계체제 분석을 수정했다. 즉, 이들은 현재 단일한 "세계체제(world system)"가 존재하고, 지난 5,000년간 언제나 오직 하나의 세계체제만 있었다고 주장한다. 이 세 부류와 각각의 변형들을 차례로 검토해보자.

## 중대한 비평들

1945년 이후의 베버주의자들이 내가 지나치게 마르크스주의와 가깝다고 생각했다면, "정통" 마르크스주의자들은 내가 마르크스주의자가 아닐 뿐만 아니라 오히려 그 반대, 즉 "신스미스주의자(neo-Smithian)"라고 생각했다.3) 정통 마르크스주의자라고 함은 독일 사회민주당, 소련 공산당, 또는 심지어 대개의 트로츠키주의 정당들이 정의한 마르크스주의를 따르는 마르크스주의자, 다시 말해서 사회주의 정당이 이야기하는 마르크스주의자를 뜻한다.

이 그룹들은 정치 전략면에서나 여러 나라의 20세기 정치사를 해석하는 데에서 근본적으로 판이하게 달랐지만 몇 가지 핵심적인 전제를 공유했다. 첫 번째 전제는 자본주의 아래에서 계급투쟁의 본질에 관한 것으로, 이들은 근본적으로 이 계급투쟁을 부상하는 도시 프롤레타리아와 자본주의적 생산자들(주로 공업 기업가들) 사이의 투쟁으로 규정했다. 두 번째 전제는 정치

---

3) Robert Brenner, "The Origins of Capitalist Development: A Critique of Neo-Smithian Marxism," *New Left Review*, No. 104, July–Aug. 1977, 25–93. Maurice Zeitlin, *The Civil Wars in Chile, Or, The Bourgeois Revolutions That Never Were* (Princeton, New Jersey: Princeton Univ. Press, 1988).

적, 문화적 상부구조에 비해서 경제적 토대가 우선한다는 것이었다. 세 번째 는 인과관계를 설명할 때 외부적인 요인들(즉, 한 국가에 외생적인 요인들)보 다 내부적인 요인들(즉, 한 국가에 내생적인 요인들)이 더 중요하다는 전제였 다. 네 번째 전제는 이른바 상이한 생산양식들이 순차적으로 나타난다는 의 미에서 진보는 불가피하다는 것이었다.

　정통 마르크스주의자들의 공격은 세계체제 분석이 이런저런 방식으로 이 모든 전제들에 위배된다는 것이었다. 이런 비난은 사실 어느 정도까지는 타당 한 것이었다.「근대세계체제」제I권에 관해서 이야기하면서 이들 비평가는 그들이 "유통론(circulationist)"이라고 부르는 것을 내가 제시했다고 하면서, 내가 생산의 영역에서 어떤 일이 일어나고 있었는가의 견지에서 상황을 설명 하지 않았다고 주장했다. 다시 말해서, 내가 핵심부와 주변부의 관계에 관해 서 논의할 때 자본주의 발전을 설명하는 요인으로서 아메리카 대륙과 북서부 유럽 간의 교역의 성격과 흐름처럼 외부적인 것으로 간주되는 요인을 우선시 하면서 잉글랜드 내의 계급투쟁을 무시했다는 것이다.

　물론 당장 떠오르는 한 가지 의문이 있다. 무엇에 대해서 내부적 또는 외부 적이란 말인가? 정통 마르크스주의자들에게 **내부적**이라는 것은 언제나 한 국가의 정치적 경계 내에서 일어난다는 것을 뜻했다. "경제"는 일국적인 구성 물이었다. 계급들은 일국적이었다. 자본주의적이다 또는 그렇지 않다라는 꼬 리표를 붙일 수 있는 것은 국가들이었다. 이는 근본적인 문제에 관한 논쟁이 었다. 나는 자본주의에 관한 대안적인 관점을 만들어가고 있었다. 내가 볼 때, 자본주의는 어떤 세계체제의 특징이었고, 내가 "세계경제"라고 부른 특별 한 변종의 특징이었다. 계급들은 이 세계체제의 계급들이었다. 국가 구조는 이 세계체제 안에 존재했다.

　이 진영에 속한 나의 적수들은 매우 완고하게 자신들의 견해를 고수했다. 그러나 세월이 흐르면서 이들의 숫자는 점점 줄어들었다. 이는 내 글이 미친 영향 때문이라기보다는 근대세계체제의 변화하는 상황 탓이었다. 1968년의 세계혁명을 이루는 힘들은 1960년대까지도 이런 견해들을 고수했던 정치 운동에 엄청난 도전을 안겨주었다. 사회적 현실을 분석할 때 젠더, 인종, 민족, 성 정체성이 중요하다고 역설하는 강력한 운동들이 나타나면서 마르크스주의 운동들은 수세에 몰리게 되었다. 1980년대 신자유주의가 정치적인 반격을 감행하고, 세계화라고 불리는 관념이 널리 받아들여진 것도 마르크스주의 운동을 수세로 몰았다. 그 결과, 여전히 1960년대 정통 마르크스주의자들의 전통적인 분석 관점을 지지하는 이들은 요즘 비교적 소수이다.

내가 정통 마르크스주의 분석 방법의 최후의 지적 보루라고 생각했던 것을 따르는 사람들이 제기한 비판도 있었다. 이 비판은 1970년대에 크게 위세를 떨쳤던 이른바 "생산양식의 접합(articulation of the modes of production)"을 주장하는 학파에서 나왔다.4) 이 그룹이 하고 있던 일이란 사회적인 현실을 순전히 한 나라의 테두리 안에서 분석할 수 없다는 주장에 대응하는 것이었다. 비록 세계체제라는 용어를 피하기는 했지만 이들은 세계체제 내에서 어떤 일이 진행된다는 것을 알고 있었다. 핵심만 이야기하자면, 그들이 가한 수정이란 어떤 나라는 자본주의 국가이고 다른 나라는 여전히 봉건적인 국가일 수도 있지만 이 나라들이 특정하고 또 중요한 방식으로 어떻게든 연관되어 있었다고 주장하는 것이었다. 이 두 가지 생산양식들이 서로 "접합되어" 있었고, 따라서 서로 영향을 주고받았다는 이야기였다.

나는 이런 어중간한 주장이 꽤 설득력이 있다거나 사회적 현실을 이해하는 데에 중요한 보탬이 된다고 생각하지 않았다. 어쨌거나 이 학파는 한 10년쯤 번창하더니 그저 시들해지고 말았다. 요즘은 아무도 이런 이론 틀을 쓰지 않는 것 같다.

---

4) Harold Wolpe, *Articulation of Modes of Production* (London: Routledge & Kegan Paul, 1980). 또한 Barry Hindess and Paul Q. Hirst, *Pre-Capitalist Modes of Production* (London: Routledge & Kegan Paul, 1977)도 참조하라.

세계체제 분석에 매우 적대적인, 아니 거의 전면적으로 적대적이었던 또 다른 학파는 보편 법칙을 추구하는 전통적인 경제학자들과 사회학자들로 구성되어 있었다. 관심을 기울여볼 용의가 있었던 경우 그들의 눈에 내가 하던 작업은 잘해야 저널리즘이요, 최악의 경우 이데올로기적인 논증에 불과했다. 대개 그들은 세계체제 분석을 멸시하는 것으로 이런 분석을 거부했다. 연구비 신청서를 심사하는 익명의 평자로 위촉되는 경우가 아니면, 그들은 세계체제 분석에 관해서 토론하는 것조차도 격이 떨어지는 일로 치부하고는 했다.

의도적으로 무시하는 그들의 태도 이면에는 일종의 공포가 도사리고 있었다. 이 그룹은 전혀 다른 이유에서이기는 하지만 세계체제 분석이 정통 마르크스주의 못지않게 위험하다고 생각했다. 그들은 여기에 얼마나 많은 것이 걸려 있는지 정확히 알았던 것이다. 최근에 스티븐 메널이 정확하게 지적했듯이, 내 책은

> 여러 사회와 여러 경제 사이의 상호의존 관계 속에 존재하는 초기의 사소한 불평등이 시간이 흐르면서 어떻게 확대되어 요즘 "북"과 "남"이라고 완곡하게 부르는 것 사이의 엄청난 격차를 만들었는지 보여줌으로써 영원불변이라고 하는 데이비드 리카도의 "비교우위 법칙"을 역사적 근거를 토대로 사실상 반박하는 엄청난 시도이다.[5]

리카도의 법칙은 주류 거시경제학의 핵심적이고 결정적인 전제였으므로 이 진영이 나의 주장들을 그처럼 부정적으로 다루었다는 것은 전혀 놀랍지 않다.

---

5) Stephen Mennell, "Sociology," in W. H. McNeill et al., eds., *Berkshire Encyclopedia of World History* (Great Barrington, Massachusetts: Berkshire Publishing Group, 2005), IV, 1746.

그러나 세계체제 분석이 지식 구조 내에서 힘을 얻어가면서 법칙 지향적인 이 진영의 일부 연구자들은 우리가 개진한 이단적인 전제들을 경험적 자료를 토대로 논박하려는 분석들을 내놓기 시작했다. 이 비평가들은 특히 세계체제 분석이 오늘날의 세계에서 왜 어떤 국가들이 다른 국가들보다 더 "발전했는지", 또 어떻게 이른바 저발전 국가들 중 일부가 다른 국가들보다 국가의 상황을 더 개선할 수 있었는지 설명하지 못했다는 것을 보여주려고 했다. 이 진영의 비판은 정통 마르크스주의자들의 비판만큼이나 쉼 없이 계속되고 있다. 이런 비판은 십중팔구 더 오랫동안 지속될 것이다.

다음은 중대한 비평들 가운데 세 번째 부류이다. 이 비평은 내가 신힌체주의자(neo-Hintzians)로 간주하는 그룹에서 제기된다. 오토 힌체는 독일의 정치사가로 여러 저서들을 통해서 사회 현실의 경제적 영역으로부터 정치적 영역의 자율성을 보여준 것으로 알려졌다. 나를 주제로 삼은 두 편의 중요한 비판적인 분석6)이 명시적으로 힌체의 글에서 이론적인 근거를 찾았다. 이 두 편의 글에 따르면, 나는 분석의 정치적 영역과 경제적 영역을 해체하여 하나의 분석영역으로 만드는 오류를 범하면서도 동시에 실제로는 경제적 영역에 우위를 부여했다.

물론 나는 정치적 변수와 경제적 변수가 실제로 하나의 영역에 존재한다고 주장했다. 나는 정치적 영역이 자율적이라거나 경제적 영역을 다스리는 규칙과 어떤 식으로든 다르다거나 심지어 상반되는 규칙이 정치적 영역을 지배한다는 관념을 거부했다. 이 책에서 나는 일종의 총체적 접근법(holistic approach)을 고집했는데, 여기서 정치 제도들은 단지 근대세계체제 내의 여

---

6) Theda Skocpol, "Wallerstein's World Capitalist System: A Theoretical and Historical Critique," *American Journal of Sociology*, LXXXII, 5, Mar. 1977, 1075-1090. Theda Skocpol, *Social Revolutions in the Modern World* (New York: Cambridge Univ. Press, 1994), 55-71에 재수록. Aristide R. Zolberg, "Origins of the Modern World System: A Missing Link," *World Politics*, XXXIII, 2, Jan. 1981, 253-281. Aristide Zolberg, *How Many Exceptionalisms: Explorations in Comparative Macroanalysis* (Philadelphia: Temple Univ. Press, 2009), 132-157에 재수록.

x

타 제도들 곁에 있는 또 하나의 제도적인 구조에 불과했다. 후속권, 특히 제
II권에서 나는 두 영역을 이런 식으로 분리하는 것이 그릇된 일이라는 점을
분명히 하려고 했지만, 이런 식의 비평은 약해질 기미도 없이 이어지고 있
다. 요즘도 여전히 세계체제 분석이 지나치게 "경제주의적(economistic)"이
라고 생각하는 사람들이 많다는 의미에서 그렇다는 것인데, 이런 이야기는
흔히 세계체제 분석이 그들 생각에 지나치게 "마르크스주의적"이라고 이야
기하는 방편이 된다.

　어떤 경우이든, 신베버주의자들이 막스 베버에게 충실하지 못했던 것이나
정통 마르크스주의자들이 카를 마르크스에게 또는 스미스주의자들이 애덤
스미스에게 충실하지 못했던 것과 마찬가지로, 신힌체주의자들은 오토 힌체
의 견해를 충실하게 따르지 않았다. 오토 힌체는 자신의 견해를 다음과 같이
요약하면서 "자본주의 시대의 경제와 정치(Economics and Politics in the
Age of Capitalism)"라는 논문(1929년에 출간되었다)을 끝맺는다.

　　대체로 전쟁 시절과 그 이후의 10년은 국가와 정치로부터 완전히 분리된 자본주의의
　　자율적인 경제발전을 보여주는 어떤 전거도 제공하지 않는다. 오히려 이 시절은
　　국가의 일과 자본주의의 일이 뗄 수 없을 정도 서로 긴밀하게 연관되어 있었다는
　　것, 그리고 이 두 가지가 단일한 역사발전의 양면 또는 두 측면일 뿐이라는 것을
　　보여준다.7)

　물론 이것이야말로 내가 지적하고자 했던 점이다.
　마지막으로 1970년대부터 번성하기 시작했던 "문화론" 진영에서 제기된
비평들이 있다. 문화론 진영의 부상을 분석할 때는 두 가지 점을 염두에 두어

---

7) Otto Hintze, *The Historical Essays of Otto Hintze*, edited with an introduction by Felix Gilbert (New York: Oxford Univ. Press, 1975), 452.

야 한다. 첫 번째는 전통적인 자유주의 이론의 근대성 분석이 근대의 삶을 세 영역, 즉 경제, 정치, 사회문화의 영역으로 나누었다는 것이다. 이는 근대 세계에 관한 세 개의 개별 사회과학 분야가 탄생하는 데에 반영되었다. 즉, 경제학은 시장에 관한 것이고, 정치학은 국가에 관한 것이며, 사회학은 그밖의 모든 것(때로 시민사회로 불리기도 한다)에 관한 것이다.

자유주의의 이런 이데올로기적인 편향은 필연적으로 세 영역들 중 무엇이 인과관계에서 우선인지에 관한 논쟁을 낳았다. 정통 마르크스주의자들과 법칙 지향적인 주류 경제학자들은 모두 경제적 영역에 인과관계의 우선순위를 부여했다. 신헌체주의자들은 암묵적으로 정치적 영역에 우선순위를 부여했다. 문화적인 영역에 인과관계의 우선순위를 부여할 이들이 있으리라는 것을 예상할 수 있었다.

두 번째로 염두에 두어야 할 것은 1968년의 세계 혁명이 다양한 이론적 논의에 미친 영향이다. 많은 사람들에게 1968년에 일어난 일이란 경제주의 진영의 최후 괴멸(그리고 그 결과 경제주의에 대한 지적 부인)이었다. 일찍이 대니얼 벨은 1945년 이후의 세계에서 마르크스주의와 마르크스주의 운동의 적실성을 강하게 공격하면서 이데올로기의 종언을 이야기했다.[8] 1968년 이후에는 하나의 새로운 그룹이 이제 다른 관점에서 마르크스주의를 부정하는 일을 맡았다. 이 그룹은 개념의 "해체(deconstruction)"를 요구하고 "큰 이야기(grands récits)", 즉 "거대 서사(master narrative)"의 종언(그리고 무용성)에 관해서 자세하게 설명했다.[9] 이들의 이야기의 골자는 경제주의 진영, 특히 정통 마르크스주의자들이 변화하는 사회적 현실에서 담론의 핵심적인 역할을 간과했다는 것이다.

8) Daniel Bell, *The End of Ideology*, 2nd edition (Cambridge, Massachusetts: Harvard Univ. Press, 2000; first published in 1960).
9) Jean Baudrillard, *The Mirror of Production* (St. Louis: Telos Press, 1975); *For a Critique of the Political Economy of the Sign* (St. Louis: Telos Press, 1981); *The Jean Baudrillard Reader*, Steve Redhead and Claire Abel, eds. (New York: Columbia Univ. Press, 2008).

이 무렵 정통 마르크스주의자들에 대한 두 번째 비판이 나타났다. 극히 타당하게도 마르크스주의자들은 계급투쟁과 "프롤레타리아"가 역사적 주체인 "혁명"에 우선순위를 부여하느라고 젠더, 인종, 민족, 성 정체성 등의 우선순위를 제쳐놓았다는 혐의를 받았다.

나는 이 진영에 가담하지 않았다는 이유로 비난을 받았다.[10] 거대 서사를 비난할 때 이 그룹은 세계체제 분석을 정통 마르크스주의나 베버주의 근대화 이론과 한 바구니에 던져버리고는 했다. 세계체제 분석이 정통 마르크스주의와 근대화 이론의 거대 서사에 대해서 사실상 동일한 비판을 제기하고 있었다는 사실에도 불구하고 말이다. 그러나 세계체제 분석은 물론 대안적인 거대 서사를 제시하는 방식으로 이런 비판을 전개하고 있었다. 우리는 아기를 목욕물과 함께 쏟아버리는 것 같은 짓을 거부했던 것이다.

이 문화론적 비평의 운명은 "문화 연구" 전체의 명운과 연관되어 있다. 이 진영이 일관성을 유지하는 데에는 한 가지 치명적인 약점이 있었다. 이 진영에 속한 이들 중 절반쯤은 문화에 우선순위를 부여해야 한다고 역설하는 것, 아니 사실상 문화에만 지적인 관심을 기울여야 한다고 주장하는 데에 주로 관심을 보였다. 그러나 나머지 절반의 사람들은 "잊힌 사람들", 다시 말해서 이전의 거대 서사에서 간과되었던 사람들에게 관심을 기울였다. 이들 사이의 동맹이 무너진 까닭은 후자가 1968년 이전의 시기에 이용되던 거대 서사와 다를 뿐 자기들 역시 실제로 거대 서사에 관심이 있다는 것을 깨닫기 시작했기 때문이다. 이 그룹은 관심사의 새로운 삼위일체(trinity)를 만들기 시작했는데, 가령 젠더, 인종, 계급이나 계급, 젠더, 인종 또는 인종, 젠더, 계급 같은 삼위일체가 등장했다. 이런 새로운 삼위일체가 일단 대학에서 널리 이용되기 시작하자 "잊힌 사람들"에게 주로 관심을 기울였던 이들 중 몇몇은

---

10) Stanley Aronowitz, "Metatheoretical Critique of Immanuel Wallerstein's *The Modern World System*," *Theory & Society*, X, 4, July 1981, 503–520.

세계체제 분석에 대한 비난을 중단하고 이 분석 방법을 받아들이거나 이를 일부 수정하여 자신들의 우선순위에 좀더 무게를 둘 수 있는 방법을 찾기 시작했다.[11]

1974년부터 수 년에 걸쳐 중대한 비판들이 모두 제기되었다. 몇몇은 여전히 똑같은 비평을 내놓고 있지만, 이런 비평을 지지했던 많은 사람들이 1990년대에 이르러 논쟁의 현장에서 발을 뺐다. 중대한 비평들은 이제 잘 알려져 있고, 세계체제 분석이 점차 오늘날의 세계 사회과학에서 경쟁하는 하나의 패러다임으로 받아들여지면서 논의의 뒷전으로 밀려났다. 지금 점점 더 관심을 끌고 있는 것은 가벼운 비평들이다.

## 가벼운 비평들

가벼운 비평들은 세 가지 다른 문제, 즉 근대세계체제의 공간적 경계, 근대세계체제의 시간적 경계, 그리고 고려해야 할 제도적인 변수들에 집중된다. 「근대세계체제」 제I권은 그 책에서 확증하고자 하는 공간과 시간의 경계들을 매우 분명하게 밝혔다. 관련된 일련의 제도적 변수들에 대해서는 이 책이 어쩌면 조금 덜 분명했는지도 모르겠다.

공간적 경계부터 이야기해보자. 이 책의 주장은 자본주의 세계경제의 안쪽과 바깥쪽에 있다고 간주할 수 있는 것의 실제적인 경계들이 존재한다는 것이다. 나는 이 경계의 **안쪽**에서 핵심부, 주변부, 반주변부에 관해서 이야기할 수 있으리라고 역설했다. 그러나 책의 제6장은 이 경계의 **바깥쪽**에 있는 것, 즉 내가 외부지역이라고 명명한 것에 할애된다. 그리고 나는 세계경제의 주

---

11) Ramon Grosfoguel, special ed., special issue of *Review: Utopian Thinking*, XXV, 3, 2002. Walter D. Mignolo, *Local Histories/Global Designs: Coloniality, Subaltern Knowledges, and Border Thinking* (Princeton, New Jersey: Princeton Univ. Press, 2000); *The Darker Side of the Renaissance: Literacy, Territoriality, & Colonization*, 2nd edition, with a new afterword (Ann Arbor: Univ. of Michigan Press, 2006). Etienne Balibar and Immanuel Wallerstein, *Race, Nation, Class: Ambiguous Identities* (London: Verso, 1991)도 보라.

변부 지대와 외부지역을 어떻게 구별할 수 있는지 구체적으로 설명하고자 했다.

핵심적인 주장은 우리가 대량 상품의 교역과 귀중품 교역을 구별할 수 있으며, 후자가 아니라 전자가 불평등한 교환에 바탕을 두고 있었다는 것이었다. 나중에 나는 이런 구분을 더 상세하게 논증하고자 했다.12) 이 구분을 토대로 나는 구체적인 경계를 제시했다. 폴란드와 헝가리는 16세기에 근대세계체제의 일부였다. 러시아와 오토만 제국은 아니었다. 브라질은 안쪽에 있었고, 인도 아대륙은 바깥쪽에 있었다.

이 경험적인 주장들은 두 방향에서 도전을 받았다. 한 가지는 대량 상품 교역과 귀중품 교역 사이의 구분이 내가 주장했던 것보다 훨씬 더 모호했고, 이런 구분은 이 체제의 경계를 설정하는 데에 이용될 수 없다고 주장하는 것이었다. 또 하나의 방식은 사뭇 달랐다. 이것은 외부에 속한다고 주장했던 영역들 중 일부가 자본주의 세계경제 내의 몇몇 지역들과 대량 상품 교역을 사실상 하고 있었고, 그러므로 내가 사용한 바로 그 구분에 따라서 경계의 "안쪽"에 있는 것으로 간주되어야 한다는 것이었다.

중대한 비평들이라고 부른 것에 대해서 나는 한 치도 양보하지 않았다. 지금도 나는 세계체제 분석에 관한 이런 비판들의 정당성을 단연코 받아들이지 않는다. 공간적 경계에 관한 비판에 관해서라면 나는 애초부터 경험적인 주장들에 신중히 귀를 기울이고, 만약 이 주장들이 견고해 보인다면 내 자신의 경험적인 주장을 수정할 준비가 되어 있다고 이야기했다. 한스-하인리히 놀테는 오래 전부터 16세기에 러시아가 폴란드와 마찬가지로 근대세계체제의 일부였다고 주장했다.13) 자세하게 자신의 주장을 전개하지 않았는지는

---

12) Immanuel Wallerstein, *The Modern World-System, II: Mercantilism and the Consolidation of the European World-Economy, 1600–1750* (New York: Academic Press, 1980); *The Modern Wold-System, III: The Second Era of Great Expansion of the Capitalist World-Economy, 1730s–1840s* (San Diego: Academic Press, 1989).
13) Hans-Heinrich Nolte, "The Position of Eastern Europe in the International System in Early Modern Times," *Review*, VI, 1, Summer 1982, 25–84.

모르나 프레드릭 레인은 오토만 제국에 관해서 같은 점을 지적했다.14) 그러
나 훨씬 더 나중에 파루크 타바크는 지중해 동부 지역 전체(기본적으로 오토
만 제국 전 지역)를 16세기 근대세계체제의 일부로 보아야만 하는 강력한
근거를 개략적으로 제시했다.15)

대량 상품과 귀중품 사이의 구분에 관해서 보자면, 이런 구분의 타당성을
허물어트리려는 다양한 시도가 나타났다.16) 처음부터 나는 이런 구분이 어
려운 것이라는 점을 알고 있었다. 반론들이 하도 거세서 겸손해지기도 했다.
나는 그래도 내 주장의 핵심은 타당하다고 생각한다. 어찌되었든 나중에 내
가 주장한 것처럼,17) 자본주의 세계경제로 "편입된다"는 것이 무엇인가에
대해서 좀더 복잡한 그림을 내가 인지했어야만 한다고 하더라도 작동하는
이 체제의 바깥쪽에 있지만 이 체제와 어떤 형태의 교역관계를 맺고 있는
지대들이 있었다는 관념은 여전히 중요하다. 이 관념은 어째서 근대세계체
제의 범위가 출발 당시에는 전 세계에 미치지 못했다가 나중에야 (19세기
중반에야) 비로소 그렇게 되었는지 이해하는 토대가 되니 말이다. 내가 볼
때 공간적 경계에 관해서는 이론적으로나 경험적으로 토론할 여지가 아직도
풍부하다.

시간적 경계는 더 까다로운 문제이다. 나중에 제기된 가벼운 비판들 중

14) Frederic C. Lane, "Chapter 8, Economic Growth in Wallerstein's Social System, A Review Article," *Profits from Power: Readings in Protection Rent and Violence-Controlling Enterprises* (Albany: State Univ. of New York Press, 1979), 91–107.
15) Faruk Tabak, *The Waning of the Mediterranean, 1550–1870: A Geohistorical Approach* (Baltimore: Johns Hopkins Univ. Press, 2008).
16) Jane Schneider, "Was There a Pre-Capitalist World-System?," *Peasant Studies*, VI, 1977, 20–29. Christopher Chase-Dunn and Thomas Hall, eds., *Core/Periphery Relations in Precapitalist Worlds* (Boulder, Colorado: Westview Press, 1991), 45–66에 재수록. Thomas D. Hall, "Incorporation in the World-System: Toward a Critique," *American Sociological Review*, LI, 3, June 1986, 390–402; Social Change in the Southwest, 1350–1880 (Lawrence: Univ. of Kansas Press, 1989). Christopher Chase-Dunn, *Global Formation: Structures of the World-Economy*, 2nd revised edition (Lanham, Maryland: Rowman and Littlefield, 1998).
17) Terence Hopkins, Immanuel Wallerstein, Resat Kasaba, William G. Martin, and Peter D. Phillips, special eds., special issue of *Review: Incorporation into the World-Economy: How the World-System Expands*, X, Nos. 5/6(supplement), Summer/Fall 1987.

다수는 근대세계체제의 시작점을 13세기까지 끌어올리려고 한다.[18] 재닛 아부-루고드는 약간 다른 작업을 해보려고 했다.[19] 그녀는 16세기 유럽의 "부상"을 설명하는 요소를 조금 다른 각도에서 조명하기 위해서 유럽이 유라시아 대륙의 여러 상이한 지역들과 맺고 있던 교역관계 속에서 13세기 유럽을 살펴보고자 한다.

시간적 경계에 관한 이 논쟁의 많은 부분은 결국 유럽 봉건제의 본질에 관한 논쟁에 이르게 된다. 나는 (중세 유럽의) "첫 번째" 봉건제와 16세기의 "두 번째" 봉건제가 근본적으로 구별된다고 보았는데, 전자는 내가 볼 때 우리가 흔히 봉건제라는 말로 표현하는 것이고, 후자는 강제 환금작물 노동을 일컫는 부정확한 명칭이다. 나중에 나 자신은 제I권에서 제1장 "중세적 서곡"이 가장 취약한 장이었다는 것을 깨달았다. 중국과 자본주의를 다루는 책에서 제1장의 수정판이라고 할 만한 것을 제시했다.[20]

여기서 핵심적인 문제는 내 생각에 어떤 거시사적인 이론 틀도 흔히 봉건제의 전성기로 생각되는 1000년에서 1500년 사이의 유럽 봉건제의 본질에 관해서 만족스러운 설명을 내놓지 못했다는 것이다. 몇몇 분석가들은 봉건제를 일종의 원자본주의적 체제(protocapitalist system)로 보고, 따라서 근대세계체제의 출발 시점을 끌어올려 봉건제를 근대세계체제의 시간 틀 안에 넣고자 한다. 다른 이들은 봉건제를 정확히 자본주의의 반명제로 보기 때문에 자본주의의 출발점을 근대세계가 시작된 때로 널리 받아들여지는 시점, 즉

---

18) Fernand Braudel, *Out of Italy: 1450–1650* (Paris: Flammarion, 1991); *The Perspective of the World,* Vol. III of *Capitalism & Civilization, 15th to 18th Century* (Berkeley: Univ. of California Press, 1992). Giovanni Arrighi, *The Long Twentieth Century: Money, Power, and the Origins of Our Times,* 2nd revised edition (New York: Verso, 2010; first published 1994). Eric Mielants, *The Origins of Capitalism and the "Rise of the West"* (Philadelphia: Temple Univ. Press, 2008). 또 Oliver Cox, *Foundations of Capitalism* (New York: Philosophical Library, 1959)도 참조하라.

19) Janet Abu-Lughod, *Before European Hegemony: The World-System A.D. 1250–1350* (New York: Oxford Univ. Press, 1989).

20) Immanuel Wallerstein, "The West, Capitalism, and the Modern World-System," in T. Brook and G. Blue, eds., *China and Historical Capitalism: Genealogies of Sinological Knowledge* (New York: Cambridge Univ. Press, 2002), 10–56.

대략 1800년 무렵으로 끝어내린다.21)

　나는 중세 유럽의 봉건체제를 로마 가톨릭 교회에 의해서 매우 느슨하게 통합되어 있는 일종의 해체된 세계제국(world-empire)으로 정의하는 것이 최선이라고 생각한다. 물론 이 책이 제시하는 것처럼 봉건체제 속에는 이 체제를 자본주의 세계경제로 바꾸려고 했으나 실패했던 여러 힘들이 분명히 있었다. 내가 실패로 보는 것을 다른 이들은 첫 걸음이라고 생각한다.

　내 생각에 중요한 것은 자본주의 세계경제를 만들기란 무척 어려운 일이었다는 점을 이해하는 것이다. 나중에 어느 논문에서 나는 이런 일을 가능하게 했던 예외적인 조건들을 설명하려고 했다.22) 「근대세계체제」 제II권에서 나는 이처럼 미약한 출발이 17세기에 어떻게 강화되었는지 설명하고자 했다. 나는 17세기를 "봉건제"로 되돌아가는 일종의 회귀를 낳았던 "위기"가 아니라 자본주의 세계경제의 구조가 굳건해지는 시기로 보았다. 이렇게 견고해졌기 때문에 이 체제가 결국 내적으로나 외적으로 더욱더 팽창할 수 있었다고 믿는다.

　이렇듯 나는 가벼운 비평들에 대해서 다소 몸을 굽히기는 했지만 근대세계체제의 출발 시기와 관련해서 내가 설정했던 공간적, 시간적 경계들이 본질적으로 결국 옳았다고 여전히 확신한다.

　어쩌면 제I권에서 충분히 제시되지 않았던 것은 자본주의 세계경제의 제도적인 변수들인지 모른다. 나는 경제적인 영역에서 일어나고 있던 일이 어떤 의미에서 본질적으로 자본주의적인 것이었는지를 규명하는 데에 거의 모든

---

21) Perry Anderson, *Lineages of the Absolutist State* (New York: Verso, 1974). Alex Dupuy and Paul Fitzgerald, "Review Essays: A Contribution to the Critique of the World-Systems Perspective," *Critical Sociology*, VII, No. 113, 1977, 113-124. Steve J. Stern, "Feudalism, Capitalism, and the World-System in the Perspective of Latin America and the Caribbean," *American Historical Review*, XCIII, 4, Oct. 1988, 829-872. Immanuel Wallerstein, "AHR Forum: Comments on Stern's Critical Tests," *American Historical Review*, XCIII, 4, Oct. 1988, 873-885, Steve J. Stern, "Reply: 'Ever More Solitary.'" *American Historical Review*, XCIII, 4, Oct. 1988b, 886-897.
22) Immanuel Wallerstein, "The West, Capitalism, and the Modern World-System."

에너지를 쏟아부었다. 공업이 전체 생산 기구에서 작은 부분을 차지하고는 있었지만, 나는 특히 농업에 우리의 시선을 집중해야 한다고 역설했다. 노동력을 보상하는 방식에서 임금노동이 여전히 상대적으로 작은 부분이었던 것은 맞지만, 나는 자본주의가 임금노동 이외의 다른 요소들을 포함한다는 것을 보여주고자 했다. 고전적인 정의대로라면 부르주아지가 상대적으로 소규모 집단이었던 것처럼 보이지만, 나는 귀족이 부르주아지로 변신하고 있었다는 사실을 이해해야 한다고 강조했다. 이런 이야기는 모두 생산양식으로서 자본주의를 분석하는 일을 근본부터 뜯어고치려던 나의 노력의 일부였다. 1974년부터 나는 이 모든 주제들에 대해서 폭넓게 글을 썼고, 나의 생각들을 압축적으로 요약한 것으로「세계체제 분석 입문(*World-Systems Analysis : An Introduction*)」이 나와 있다.[23]

1974년 이후 수 년간 내가 비경제적인 영역들, 즉 정치, 문화, 군사, 그리고 환경 영역을 모두 무시했다는 도전이 제기되었다. 이 비평가들은 모두 나의 이론 틀 안에서 내가 지나치게 "경제주의적" 면모를 보인다고 주장했다. 정치적인 영역과 문화적인 영역에 관련된 비평들에 대한 나의 생각은 이미 앞에서 논의했다. 정치적인 영역에 관한 나의 견해는 제II권에서, 문화적인 영역에 관해서는「지정학과 지문화(*Geopolitics and Geoculture*)」뿐만 아니라 제IV권에서 더 분명하게 밝히려고 했다는 점만 지적하면 될 것이다.[24]

윌리엄 맥닐과 마이클 맨은 모두 내가 군사적인 영역, 특히 군사기술의 중요성을 경시했다고 비판했다.[25] 나는 이런 비판이 모두 옳다고 보지는 않는다. 이번 권과 후속권들의 이곳저곳에서 나는 군사기술과 군사기술의 역할

23) Immanuel Wallerstein, *World-Systems Analysis: An Introduction* (Durham, North Carolina: Duke Univ. Press, 2006).
24) Immanuel Wallerstein, *Geopolitics and Geoculture* (Cambridge: Cambridge Univ. Press, 1991).
25) Michael Mann, *States, War and Capitalism* (New York: B. Blackwell, 1988). William H. McNeill, *The Pursuit of Power: Technology, Armed Force, and Society Since A.D. 1000* (Chicago: Univ. of Chicago Press, 1982).

에 대해서 이야기했다. 그러나 "전쟁은 다른 수단에 의한 정치의 연속이다"라는 유명한 진술에서 클라우제비츠는 옳았다고 생각된다. 이것이 사실이라면 우리는 군사적인 문제에 지나치게 분석적인 자율성을 부여하는 것을 경계해야 할 것이다.[26]

마지막으로, 나는 환경을 경시했다는 이유로 비판받았다.[27] 처음에 나는 그럴 생각이 아니었다고 이야기할까 했다. 그러나 제이슨 무어가 제I권을 꼼꼼하게 읽고 자본주의 세계경제를 해석하는 데에 생태학적인 요인들과 그 결과들을 내가 얼마나 반영했고, 또 분석의 중심으로 삼았는지 보여주었기 때문에 이런 궁색한 변명을 해야 하는 수고를 피할 수 있었다.[28] 사실 나 자신도 내가 어느 정도 이렇게 했는지 깨닫고는 놀랐다.

제I권에서 다양한 제도적 변수들을 배제했다는 비판에 대해서 내놓을 수 있는 최선의 답변은 누구도 한꺼번에 모든 일을 다 할 수는 없다는 것이다. 나의 연구 전체를 읽는다면, 합리적인 사람이라면 누구나 진정으로 총체적인 분석만이 실제 세계가 어떻게 작동하는지에 관해서 무엇인가 중요한 이야기를 할 수 있다는 나의 인식론적 전제에 내가 얼마나 충실했는지 알 수 있을 것으로 생각한다.


## 세계체제에 관한 수정주의 관점

1990년대부터 일군의 중요한 학자들이 등장하여 여러 가지 방식으로 근대 세계에서 중국의 역할이 심각하게 경시되었다고 주장했고, 그들의 주장에

---

26) 또한 Giovanni Arrighi, "Capitalism and the Modern World-System: Rethinking the Non-Debates of the 1970s," *Review*, XXI, 1, 1998, 113-129도 참조하라.

27) Sing Chew, "For Nature: Deep Greening World-Systems Analysis for the 21st century," *Journal of World-Systems Research*, III, 3, 1997, 381-402 (http://jwsr.ucr.edu/archive/vol3/v3n3a2.php에서 이용 가능).

28) Jason W. Moore, "'The Modern World-System' as Environmental History? Ecology and the Rise of Capitalism," *Theory & Society*, XXXII, 3, June 2003, 307-377.

따르면 이는 세계에 대한 매우 왜곡된 시각을 낳았다. 어떤 이들은 15세기부터 오늘날까지 일종의 중국 중심의 세계가 있었고, 또 지속되었다고 강조하면서 이런 비판을 제기했다.29) 어떤 연구자들은 중국과 서유럽을 경제적으로 비교하는 작업들이 상당 부분 잘못되었다고 주장하면서 비판했다.30)

그러나 안드레 군더 프랑크는 훨씬 더 멀리 나갔다. 그는 초창기에 세계체제 분석에 참여했다. 그 자신이 근대세계체제의 기원이 16세기에 있다고 주장하는 여러 책을 쓰기도 했다.31) 그러나 1990년대에 그는 자신의 분석을 크게 수정했다. 그 자신의 글이나 배리 길스와 함께 집필한 글을 통해서,32) 그는 세계체제(유일한 세계체제)의 기원이 약 5,000년 전으로 거슬러올라간다는 가설을 내놓았다. 이 세계체제는 체제 전체에 걸쳐서 동시에 진행된 장기 파동과 같은 세계체제 분석의 여러 기본적인 도구를 이용하여 분석될 수 있다고 주장했다.

프랑크가 바랐던 것은 단일한 세계체제가 5,000년 동안 지속되었다고 주장하는 데에 그치지 않았다. 그는 또한 중국이 언제나 (아니면 거의 항상) 이 단일한 세계체제의 중요한 중추였다고 주장하려고 했다. 그가 볼 때 유럽의 "부상"은 19세기와 20세기의 일부 시기에 국한된 것이었으며, 중국 중심의 이 체제가 일시적으로 중단된 것이었다. 그는 16세기든 더 이른 시기든 간에 근대세계체제가 유럽에 뿌리를 두고 있다고 주장하는 우리 같은 이들이

---

29) Takeshi Hamashita, "The Tribute Trade System and Modern Asia," *Memoirs of the Toyo Bunko*, No. 46, 1988, 7–25. Giovanni Arrighi, Takeshi Hamashita, and Mark Selden, *The Resurgence of East Asia, 500, 150 and 50 Year Perspectives* (London: Routledge, 2003). Giovanni Arrighi, *Adam Smith in Beijing* (New York: Verso, 2007).

30) Kenneth Pomeranz, *The Great Divergence: China, Europe, and the Making of the Modern World Economy* (Princeton, New Jersey: Princeton Univ. Press, 2000).

31) Andre Gunder Frank, *Capitalism and Underdevelopment in Latin America* (New York: Monthly Review Press, 1967); *Mexican Agriculture, 1521–1630: Transformation of the Mode of Production* (New York: Cambridge Univ. Press, 2008; first published 1979); *World Accumulation, 1492–1789* (New York: Monthly Review Press, 2009; first published 1978).

32) Andre Gunder Frank, "A Theoretical Introduction to Five Thousand Years of World-System History," *Review*, XIII, 2 Spring 1990, 155–250. Andre Gunder Frank, and Barry Gills, eds., *The World System: 500 Years or 5,000?* (Lanham, Maryland: Routledge, 1996).

유럽 중심주의의 오류를 저질렀다고 이야기했다. 이런 비난에는 나와 페르낭 브로델뿐만 아니라 마르크스와 베버 역시 포함되었다.

프랑크의 주요 저서 「리오리엔트 : 아시아 시대의 세계경제(Re-Orient : Global Economy in the Asian Age)」는 널리 읽히고 토론되었다. 세계체제 분석 진영의 세 동료, 즉 사미르 아민, 조반니 아리기, 그리고 나는 「리뷰(Review)」의 특별호에 이 책에 관한 장문의 비평을 썼다.[33] 나 자신의 비평은 세 가지 문제에 집중되었다. 첫째, 나는 프랑크의 주장이 기본적으로 신고전주의 경제학의 주장과 같다고 생각했다. 세계체제 분석을 따르는 다른 작품들과는 달리 이 책은 정말로 "유통론"이라는 꼬리표를 부여받을 만했다.

둘째, 나는 프랑크 자신이 제공한 바로 그 데이터로 주로 귀금속의 흐름을 토대로 16세기부터 18세기까지 서유럽과 중국의 관계를 경험적으로 분석한 그의 연구결과가 틀렸다는 것을 보일 수 있다고 생각했다. 더 나아가서, 내가 근본적으로 옳다고 생각했던 프랑크 자신의 예전의 경험적 분석이 이 책에 있는 그의 주장들을 뒤집어버린다고 주장하고자 했다.[34]

가장 중요한 것으로 셋째, 그의 분석 방법은 자본주의를 역사상 전체에서 완전히 지워버렸다. 나는 16세기가 자본주의 세계경제의 형성으로 특징지어진다고 주장했다. 프랑크뿐만 아니라 다른 누구라도 자본주의가 5,000년 전으로 거슬러올라간다고 주장할 방도는 전혀 없었다. 이런 주장은 이 단어에서 모든 의미를 사라지게 했다. 프랑크도 더 이상 자본주의를 유용한 지적 개념으로 보지 않는다고 이야기함으로써 사실상 이 점을 인정했다.

이 중국 중심의 세계사관에 내재된 마지막 문제는 프랑크가 분석 전체에서 인도에 모호한 역할을 부여했다는 것이다. 인도는 때때로 아시아 중심의 세계에 포함된 것처럼 보이다가도 또다른 때는 중국 중심의 세계로부터 배제되

---

33) *Review*, "ReOrientalism?" XXII, 3, 1999.
34) Andre Gunder Frank, "Multilateral Merchandise Trade Imbalances and Uneven Economic Development," *Journal of European Economic History*, V, 2, Fall 1976, 407-438.

어 있던 것처럼 보였다. 아미야 바그치의 최근작은 근대 인도사에 대한 자신의 분석을 자본주의 세계경제의 등장이라는 맥락 속에서 살펴보면서 이런 모호함을 적나라하게 보여주었다.[35]

세계체제 분석에 관한 이런 근본적인 수정 작업이 앞으로도 계속 중요한 지적 역할을 감당할지는 아직까지 분명히 알 수 없다. 이는 향후 수십 년 동안에 근대세계체제 자체의 경험적 현실들이 어떻게 변화하느냐에 달린 것으로 보인다.

## 결론

「근대세계체제」의 제I권을 쓰는 일은 나에게 거대한 지적 모험의 출발이었고, 여러 면에서 이 모험은 그 이후로도 계속해서 지식인으로서 내 생애의 중요한 초점이 되었다. 나는 이제 제IV권에까지 이르게 되었다. 제IV권의 서문을 보면 알 수 있듯이 앞으로 적어도 두 권이 더 나올 것이고, 어쩌면 심지어 제VII권이 나올지도 모른다. 후속권들을 전부 마무리할 수 있을지 모르겠다. 어쩌면 제V권과 제VI권에 들어갈 만한 내용을 다루는 많은 글들을 내가 이미 썼다는 사실이 나의 수고를 덜어줄 수도 있을 것이다. 그러므로 1873년부터 1968년까지의 시기와 1945년부터 2000년대의 정해지지 않은 어느 시점까지의 시기에 관한 나의 접근법은 이미 지면에서 만날 수 있는 셈이다. 그러나 논문을 쓰는 일과 체계적인 서사를 구성하는 일은 같은 것이 아니다. 나는 체계적인 서사를 구성할 수 있게 되기를 바란다.

어떤 경우이든 나는 세계체제 분석이 우리의 시야를 좁히는 19세기 사회과학의 제한적인 패러다임들을 극복하는 데에 필수적인 요소라고 확신한다.

---

35) Amiya Kumar Bagchi, *Perilous Passage: Mankind and the Global Ascendancy of Capital* (Lanham, Maryland: Rowman & Littlefield, 2005).

내가 어찌 확신하지 않을 수 있겠는가? 나의 지적인 여정을 자세하게 소개하면서 이미 언급했듯이, 이것은 하나의 이론이나 새로운 또 하나의 패러다임이 아니라(다른 이들은 두 가지 모두라고 생각한다), "패러다임에 관한 토론의 요청"이다.36) 이 요청에서 제I권은 여전히 초석이자 중요한 핵심이다.

---

36) Immanuel Wallerstein, "The Itinerary of World-Systems Analysis; or, How to Resist Becoming a Theory," in J. Berger and M. Zelditch, Jr., eds., *New Directions in Contemporary Sociological Theory* (Lanham, Maryland: Rowman & Littlefield, 2002), 358–376.

# 서론 : 사회변화에 대한 연구

그림 1 : "카를 5세의 로마 약탈." 1535년경 스트라스부르에서 출판된 "제국의 관행들과 징조 ……"에 관한 책의 목판 삽화. 이 목판화는 교황을 정치적으로 신성 로마 제국 황제에게 종속시키고 카를을 이탈리아의 최고 권력자로 만든 사건을 찬양하고 있다. 런던 : 대영박물관.

변화는 끝이 없다. 변화하는 것은 아무것도 없다. 흔히 듣기 마련인 이 두 가지 말은 다 같이 "진실된" 말이다. 구조(structure)란, 여러 가지 인간관계로 만들어진 산호초와도 같은 것이어서, 비교적 장기간에 걸쳐 안정적으로 존재하는 것이다. 하지만 구조들 역시 태어나고, 자라고, 또한 죽는다.

우리가 사회변화에 대한 연구라는 말을 사회과학 전체라는 말과 같은 뜻으로 사용한다면 몰라도 그렇지 않다면, 그 뜻은 아주 오래 지속되는 현상들 안에서의 여러 변화에 관한 연구로 한정되어야 할 것이다 —— 물론 오래 지속된다는 의미 자체도 역사적 시간과 공간 안에서 변화하기 마련이기는 하지만 말이다.

전 세계의 사회과학이 내세우고 있는 주된 주장들 가운데 하나는 인간의 역사에 몇개의 커다란 분수령이 있다는 것이다. 널리 받아들여지고 있는 이와 같은 분수령들 가운데 하나가 이른바 신석기혁명 또는 농업혁명이라고 하는 것인데, 이것을 연구하는 사회과학자는 극소수에 불과하다. 또 하나의 커다란 분수령은 근대세계의 생성이다.

이 나중 사건은 대부분의 현대 사회과학 이론의 중심 과제인데, 실은 19세기 사회과학의 중심 과제이기도 했다. 사실, 근대를 규정하는 주된 특징이 무엇인가(그리고 그에 따른 근대의 시간적 한계선은 어디에 있는가)에 관해서는 끝없는 토론이 벌어지고 있다. 게다가 이 변화 과정의 원동력에 관해서 커다란 견해차가 있다. 그러나 세계가 지난 수백 년 동안에 어떤 구조적 대변화, 즉 오늘날의 세계를 어제의 세계와 질적으로 다르게 만든 대변화들을 겪었다는 점에 대해서는 광범한 합의가 존재하는 것 같다. 결정적인 진보를 주장하는 진화론자들의 가정을 거부하는 사람들조차도 구조의 차이만큼은 인정하고 있는 것이다.

이와 같은 "차이"를 기술하고 설명하려고 할 때 적합한 연구단위는 무엇인가? 어떤 의미에서, 우리 시대의 많은 중요한 이론적 논쟁들은 이에 관한 논의로 귀착될 수 있다. 그것은 현대 사회과학의 커다란 탐구과제이다. 따라서 근대세계의 사회변화 과정을 분석하려는 작업은 우선 우리의 개념적 탐구의 지적 여정표에 관한 논의로부터 시작하는 것이 적절하다.

나는 나 자신이 속해 있는 사회에서 일어나는 정치적 분쟁의 사회적 토대들에 대한 관심에서부터 출발했다. 나는 그러한 정치적 분쟁의 양상을 이해함으로써 이성을 가진 한 인간으로서 이 사회의 형성에 공헌할 수 있으리라고 생각했다. 이러한 이유로 나는 두 가지 커다란 논쟁에 관심을 가지게 되었다. 하나는 과연 어느 정도로 "모든 역사는 계급투쟁의 역사인가" 하는 문제였다. 달리 말해서, 계급들만이 사회적, 정치적 무대에서 유일하게 중요한 활동단위인가? 아니면 베버가 주장한 바와 같이, 사회 내에 존재하는 세 가지 활동단위 —— 정치적 과정이 이들의 상호작용으로 설명되는 것들, 즉 계급, 신분집단 그리고 정당 —— 중의 하나에 불과한가? 이 문제에 관해서 비록 나 자신이 선입견을 가지고 있기도 했거니와 이전의 다른 이들과 마찬가지로 나 역시 이러한 용어들의 정의나 그들 상호간의 관계를 분명하게 밝혀내는 일이 그리 쉽지 않다는 것을 깨달았다. 나는 이것이 경험적인 문제가 아니라 훨씬 더 개념적인 문제라는 것, 그리고 적어도 내 생각에, 이 논쟁을 해결하려면 문제를 좀더 넓은 지적 맥락 안에 놓고 봐야 하리라는 것을 차차 깨닫게 되었다.

두번째 큰 논쟁은 첫번째 문제와 관련된 것인데, 어느 한 사회 안에서 여러 가지 가치들에 대한 합의가 어느 정도로 존재할 수 있으며 또 실제로 존재했는가, 또 그러한 합의는 어느 범위까지 존재했는가, 그러한 합의의 존재 여부가 실제 어느 정도로 인간의 행위를 결정하는 주요 요인이었는가 하는 점에 관한 것이었다. 이 논쟁이 첫번째 논쟁과 관련되어 있다고 하는 까닭은 우리가 문명사회 내의 사회적 투쟁이 가지는 원초적 성격을 부인할 경우에만 그러한 질문을 던지는 것이나마 가능하기 때문이다.

가치라는 것은 물론 제대로 관찰하기 힘든 것이며, 그래서 나는 가치에 관한 이런저런 이론화에 대해서 몹시 언짢은 생각을 품게 되었다. 그러한 이론화에는 흔히 엄밀한 경험적 기반의 결여와 상식에 대한 멸시가 한데 뒤섞여 있는 것처럼 보였기 때문이다. 그러나 사람들과 집단들이 이념에 비추어서 자신들의 행위를 정당화해왔다는 것은 분명한 사실이다. 게다가 집단들은 그들이 자의식을 갖추게 될수록 더욱더 응집되고 따라서 정치적으로 보다 영향력을 발휘하게 되었다는 점 또한 분명한 것으로 보였는데, 이는 그들이 하나의 공통 언어와 하나의 세계관(Weltanschauung)을 발전시켰음을 뜻하는 것이었다.

나는 나의 경험적 관심분야를 나 자신의 사회로부터 아프리카로 옮겼다. 그곳에서 발견한 것에 의하여 확증되는 여러 가지 이론들을 찾아내거나, 아니면 먼 지방에 대한 관찰 덕분에 안 그랬다면 놓치기 십상인 문제들에 시선을 돌려봄으로써 나의 인식이 좀더 날카로워지리라는 바람에서였다. 나는 앞의 일을 기대했으나 실제로 일어난 것은 뒤의 일이었다.

나는 우선 식민지 시대의 아프리카에서 출발하여, "탈식민화"의 과정을 관찰했고, 마침내 수많은 나라들이 주권국가로서 잇달아 독립하는 과정을 살펴보았다. 백인인 나는 오랫동안 아프리카에 거주한 유럽인들의 식민적 심성의 맹렬한 공격으로 곤욕을 치러야 했다. 게다가 민족주의 운동의 동조자였던 나는 여러 아프리카 운동에 뛰어든 젊은 투사들의 분노 어린 분석과 낙관적인 정열에 내심 공감했다. 머지 않아서 나는 이들 두 집단이 정치적 문제에 관해서 서로 의견이 일치하지 않을 뿐만 아니라 완전히 다른 개념적 틀을 가지고 상황에 접근하고 있다는 것을 알게 되었다.

심각한 대립투쟁의 상황 아래서는 일반적으로 억압받는 쪽이 당대의 현실에 대해서 좀더 예리한 눈을 가지게 되어 있다. 지배자들의 위선을 드러내기 위해서는 정확한 인식이 그들에게 도움이 되기 때문이다. 이념적인 편향은 그들에게 별 도움이 되지 않는다. 아프리카의 경우도 그랬다. 민족주의자들은 그들이 살아가고 있는 현실을 하나의 "식민지 상황", 즉 그들 자신의 사회적 행위 그리고 행정가, 선교사, 교사, 상인으로서 그들과 함께 살고 있는 유럽인들의 사회적 행위라는 양자가 단일한 법적, 사회적 실체의 여러 제약들에 의해서 결정되는 상황으로 보았다. 게다가 그들은 정치기구가 하나의 카스트 제도에 기반하고 있다고 보았는데, 그러한 카스트 제도 아래서는 사람의 지위와 그에 따른 보수가 인종을 기준으로 돌아가기 마련이었다.

아프리카의 민족주의자들은 그들이 살아온 정치적 구조를 바꾸기로 결심했다. 이러한 이야기는 다른 곳에서 한 바 있으며 또 여기서 새삼스럽게 언급할 생각도 없다. 여기서 말하고자 하는 것은 그것을 통해서 나는 하나의 추상으로서의 사회가 하나의 경험적 현실로서의 정치적-사법적 제도의 제약을 얼마나 심각하게 받고 있는가를 깨달았다는 점이다. 식민지 상황 아래서 한 "부족"의 통치제도가 "주권적"이기는커녕 그들이 그 불가분의 일부를 이루고 있는 보다 큰 실체, 즉 식민지라는 실체의 여러 법률(그리고 관습)에 크게 좌우된다는 사실을 무시한 채, "부족"과 같은 하나의 단위를 택하여 그 작동을 분석하는 것은 잘못된 시각이었다. 사실 이로부터 나는 좀더 큰 일반화, 즉 사회조직에 대한 연구는 조직과 조직 구성원들이 그 안에서 움직이는 법적, 정치적 틀에 대한 고려가 흔히 결여되어 있기 때문에 대체로 결함이 많다는 일반화에 이르게 되었다.

나는 식민지 상황의 일반적 속성들을 찾아내어 그 "자연사"라고 생각되는 것을 기술하고자 했다. 나에게는 세계체제(world-system)가 가지고 있는 최소한의 몇몇 요인들을 상수(常數)로 삼아야 한다는 점이 금방 분명해졌다. 그리하여 19세기와 20세기에 유럽 열강의 식민지였던 나라들과 이러한 열강들의 "해외 영토"였던 나라들에서 작동한 식민지 제도에 대한 분석에 내 연구를 한정시켰다. 이렇게 상수를 정하고 나니까 식민국가의 권위가 사회생활에 미치는 영향, 이 권위에 대한 저항의 동기와 양상들, 식민국가들이 그들의 권력을 지키고 정당화하는 기구들, 이러한 틀 안에서 작동할 수 있는 여러 세력들의 상호 모순적인 성격, 사람들이 식민지배에 도전하는 조직을 만들게 되는 이유 그리고 반(反)식민운동의 팽창과 그 궁극적인 정치적 승리로 이끈 여러 구조적 요인들, 이 모든 문제들에 대해서 일반적으로 적용될 수 있는 진술들에 도달할 수 있겠다는 생각이 들었다. 이 모든 것에 대한 분석의 단위는 통치하고 있는 국가에 의해서 법적으로 규정된 식민지령이었다.

나는 독립 이후의 이들 "신생국들"에서 일어난 일들에 대해서도 마찬가지로 관심을 가졌다. 식민지령에 관한 연구가 기존 정치질서의 붕괴 원인에 집중되었다면, 독립 이후 시대에 관한 연구는 그와 반대되는 문제, 즉 합법적인 권위가 어떻게 수립되며, 국가적 실체의 구성원이라는 의식이 시민들 사이에 어떻게 확산되는가 하는 점에 집중된 듯했기 때문이다.

그러나 이 두번째 연구가 문제에 봉착했다. 우선, 아시아-아프리카 국가들의 독립 이후 정치를 연구하는 일은 그저 신문의 머릿기사들을 뒤좇는 일같이 보였다. 거기에는 어쩔 수 없이 역사적 깊이가 별로 없기 마련이었다. 게다가 라틴 아메리카라는 까다로운 문제가 있었다. 여러모로 유사하게 보이는 상황들이 그곳에서도 벌어졌고, 또한 점점 더 많은 사람들이 세 대륙을 하나의 "제3세계"라고 생각하기 시작했다. 하지만 라틴 아메리카의 나라들은 150년 동안 정치적인 독립을 유지해왔고, 그들의 문화는 아프리카나 아시아보다는 유럽의 전통과 훨씬 더 밀접하게 연결되어 있었다. 모든 연구작업이 아주 취약한 기반 위에서 흔들리는 것 같았다.

적절한 분석단위를 찾는 가운데 나는 "형식적인 독립은 성취했지만 민족적 통합이라고 부를 만한 것을 아직 성취하지 못한 시기의 나라들"로 눈을 돌렸다. 이 정의에 따르면 오늘날까지의 모든 또는 거의 모든 시기에 걸친 라틴 아메리카의 대부분이나 전부가 여기에 포함될 수 있을 것이다. 그러나 그 속에는 분명히 다른 지역들도 또한 포함되었다. 가령 적어도 남북전쟁 이전의 미국이 포함되었다. 적어도 20세기에 도달할 때까지 그리고 어쩌면 오늘날까지의 동유럽도 틀림없이 포함되었다. 그리고 심지어는 최소한 그보다 좀더 이른 시기의 서유럽과 남유럽까지도 포함되었다.

그리하여 이러한 논리를 따르다보니 나로서는 근대 초기의 유럽에 주목하지 않을 수 없게 되었다. 이렇게 해서 나는 이러한 근대화 과정의 출발점을 무엇으로 잡을 것인가 하는 문제에 처음 직면하게 되었다. 여기서 내가 근대화 과정이라고 정식화한 것은 더 나은 개념적 도구가 없기 때문에 잠정적으로 그렇게 한 것이다. 게다가 20세기의 영국과 독일까지도 이와 동일한 사회과정의 보기에 포함시키지 않으려면 나는 출발점의 문제만이 아니라 종착점의 문제까지도 고찰해야만 했다. 언뜻 보기에 20세기의 영국이나 독일이 이와 동일한 과정에 포함될 것 같지는 않기에 종착점들이 검토되어야 했던 것이다.

이 시점에서 나는 분명히 발전론의 도식과 무언가 숨은 뜻이 담긴 듯한 발전단계라는 개념에 열중하게 되었다. 여기에서 다시 두 가지 문제가 제기되었는데, 그것은 각 단계들을 결정하는 기준 그리고 역사적 시간을 뛰어넘어서 여러 분석단위들을 비교할 수 있는 가능성에 관한 문제였다.

과거에 몇개의 단계가 있었는가? 몇개의 단계가 있을 수 있는가? 공업화는 하나의 전환점인가, 아니면 어떤 정치적 전환점의 결과인가? 이러한 맥락에서 볼 때 프랑스 혁명이나 러시아 혁명에서의 "혁명"과 같은 용어의 경험적 의미는 무엇인가? 이러한 단계들은 단선적이었는가, 또는 한 분석단위가 "뒷걸음질" 칠 수 있는가? 이것이 내가 빠져들어간 거대한 개념적 늪인 듯싶었다.

게다가 그 개념적 늪에서 빠져나오기가 매우 어려웠는데, 그 까닭은 합당한 측정기구가 없었기 때문이다. 어떻게 17세기의 프랑스가 어떤 의미에서 20세기의 인도와 같았다고 말할 수 있는가? 비전문가들은 이러한 진술을 불합리하다고 생각할 것이다. 이런 생각이 그렇게 잘못되었는가? 결국 과학적인 추상이 지니는 여러 장점에 관한 교과서적 공식에 의존하는 길로 후퇴하는 것이 가장 그럴싸했지만, 실제상의 비교의 어려움은 엄청나게 큰 것 같았다.

이렇게 전혀 다른 두 개의 단위를 비교한다는 "불합리한" 착상을 다루는 한 가지 길은 반대 의견의 정당성을 받아들이고 또 하나의 변수 —— 즉 어느 특정 시기의 세계적 맥락 또는 볼프람 에버하르트가 "세계시간(world time)" 이라고 부른 것 —— 를 부가하는 것이었다. 말하자면 이는 17세기의 프랑스가 20세기의 인도와 어떤 구조적 특징을 공유할 수 있으면서도 세계적 맥락이라는 차원에서 볼 때는 아주 판이한 것으로 보이기 마련이었다는 뜻이다. 이것은 개념상으로는 문제를 명확하게 해주었지만 측정을 한층 더 복잡하게 만들었다.

마지막으로 또 하나의 어려움이 있는 것으로 보였다. 만일 특정 사회들이 여러 "단계들"을 거쳐왔다면, 다시 말해서 하나의 "자연사"를 가지고 있다면, 세계체제 자체는 어떠했는가? 그것은 여러 "단계들"을, 최소한 하나의 "자연사"를 가지고 있지 않았을까? 만일 그렇다면 우리는 진화들 안에서의 진화들을 연구해온 것이 아닌가? 또 그렇다면 그 이론은 주전원(周轉圓 : 그 중심이 다른 큰 원의 둘레 위를 회전하는 작은 원/옮긴이) 위에서 머리만 커진 것이 아닌가? 무엇인가 단순화하는 시도가 필요하지 않았을까?

내가 보기에는 그런 것 같았다. 이 시점에서 나는 주권국가 혹은 민족사회라는 모호한 개념을 분석단위로 택한다는 생각을 완전히 버리게 되었다. 나는 이 가운데 어느 것도 사회체제가 아니며, 오직 사회체제 안에서만 어떤 사회변화를 거론할 수 있다는 결론에 도달했다. 이러한 도식 안에서의 유일한 사회체제는 세계체제였다.

이것은 물론 엄청난 단순화였다. 나에게는 여러 단위 안에서의 여러 단위보다는 한 형태의 단위가 있었다. 나는 주권국가들 안에서의 여러 변화를 세계체제의 진화와 상호작용의 결과로 설명할 수 있다고 생각했다. 하지만 그 또한 엄청나게 복잡한 일이었다. 이 단위의 유일한 보기가 필경 근대 안에 있는 것 같았다. 올바른 분석단위는 세계체제이며, 주권국가들은 이 유일한 사회체제 내에서 그 체제를 조직하는 여러 구조들 가운데 한 가지 종류의 구조로 보아야 한다는 나의 생각이 옳다고 가정해보자. 그렇다면 그 사회체제의 역사를 쓰는 일이야말로 내가 할 수 있는 최선이 아니겠는가?

나는 그 역사를 쓰고 싶은 생각이 없었다. 거기에 필요한 경험적 지식을 갖추는 일을 시작하지도 않았다(하기야 그런 일이라는 게 본래 혼자서 할 수 있는 일도 아닐 터이다). 그러나 유일무이한 실체에 관한 법칙들이 있을 수 있는가? 엄밀한 의미에서는, 물론 있을 수 없다. 사실 인과성이나 개연성에 관한 진술은 일련의 유사한 현상들 또는 유사한 사례들을 통해서만 가능하다. 이러한 일련의 경우들 안에 아마도 장차 일어날, 또는 어쩌면 일어날 수도 있는 경우들을 포함시켜야만 한다고 하더라도, 여기서 바람직한 일은 그물망처럼 얼키고 설킨 현재와 과거의 여러 사례들에 장차 있을 수 있는 일련의 사례들을 덧붙이는 것은 아니었다. 그것은 단일한 과거-현재의 사례에 장차 있을 수 있는 일련의 사례들을 덧붙이는 것이었다.

오직 하나의 "근대세계"가 존재했던 것이다. 어느 날엔가 다른 혹성에서 그것과 비교될 만한 현상이 발견될 수도 있을 것이며, 이 지구상에 또 하나의 근대 세계체제가 발견될 수도 있을 것이다. 그러나 지금 이 자리에서의 현실은 분명했다──그것은 오직 하나였다. 바로 이 점에서 나는 우주를 지배하는 법칙들을 설명하고자 하는 천문학과의 유사성으로부터 영감을 받았다. (우리가 알고 있는 한) 이제까지 오직 하나의 우주가 존재했지만 말이다.

천문학자들이 하는 일은 무엇인가? 내가 이해하기에, 그들의 주장의 논리는 서로 분리된 두 가지 작용에 관련된 것이다. 그들은 보다 작은 물리적 실체들에 관한 연구에서 얻어낸 법칙들, 즉 물리학의 법칙들을 이용하며, 이러한 법칙들이 (아마도 몇몇 특수한 예외는 있겠으나) 유추에 의해서 전 체제에 적용된다고 주장한다. 두번째로 그들의 주장은 귀납적이다. 즉 전 체제가 $y$ 시점에 어떤 정해진 상태값을 갖는다면, $x$ 시점에는 어떤 특정한 상태값을 가지게 될 확률이 매우 높다는 식이다.

두 방법 다 꽤 까다로운 것들이며, 또 그런 이유로 해서 체제 전체의 작동을 연구하는 우주론 분야에서는 저명한 천문학자들이 주장하는 가설들 사이에 커다란 대립이 있는 것이다. 근대 세계체제에 관한 여러 설명들 사이에서도 얼마 동안은 그런 상황이 지속될 것 같다. 사실 세계체제의 작동을 공부하는 사람들은 그들이 이용할 수 있는 경험적 증거의 양으로 볼 때 우주의 작동을 공부하는 사람들보다는 어쩌면 처지가 더 나은지도 모른다.

어떻든 나는 T. J. G. 로허의 다음과 같은 경구에서 영감을 받았다 : "전체성을 완전성과 혼동해서는 안 된다. 전체는 부분들의 집합 이상이다. 그러나 또한 분명히 그 이하이기도 하다."[1]

나는 세계체제를 어느 정도 추상적으로, 즉 전 체제의 구조들의 발전이라는 수준에서 기술하고자 했다. 특정 사건들은 그것들이 어떤 메커니즘의 전형적인 보기로서 체제의 설명에 도움을 준다거나 또는 어떤 중요한 제도적 변화에서 그것들이 결정적인 전환점을 이룬다거나 하는 경우에만 기술하기로 했다.

이런 종류의 계획은 경험적 자료가 상당히 많이 존재할 때 그리고 이 자료가 적어도 부분적이나마 상호 대립되는 논쟁적인 작업의 형태로 존재할 때, 일이 그만큼 더 쉬워진다. 다행히 근대사의 많은 주제에서 이제는 그러한 여

---

1) *Die Überwindung des europäozentrischen Geschichtsbildes* (1954), 15. H. P. R. Finberg, ed., *Approaches to History : A Symposium* (Univ. of Toronto Press, 1962), 94에서 G. Barraclough가 재인용.

건이 마련된 것으로 보인다.

근대 사회과학의 주요 업적 가운데 하나는 연구결과의 수량화를 이루려는 노력이었다. 이야기식 설명으로 가득 찬 대부분의 역사 연구의 성과를 이용하는 것은 이러한 수량화에 도움이 되지 않을 것 같다. 그렇다면 이와 같은 자료의 신뢰성은 어떠한가? 그리고 이와 같은 한 체제의 작동에 관한 자료에서 얼마 만큼의 확실한 결론을 끌어낼 수 있는가? 하고많은 사회과학자들이 이런 모순에 직면하여 패배를 인정해온 것은 20세기 사회과학의 커다란 비극이다. 그들이 보기에 역사적 자료는 모호하고 조잡하여 믿을 만한 것이 못 되었다. 그들로서는 그것으로 할 수 있는 일이 별로 없으며, 따라서 그것을 이용하지 않는 것이 최선이라는 느낌이 들었다. 그리고 그것을 이용하지 않는 최선의 길은 그것을 이용할 필요가 없는 방향으로 문제들을 설정하는 것이었다.

그리하여 자료를 얼마나 수량화할 수 있는가에 따라서 어떤 연구과제를 선택할 것인가가 결정되었으며, 다시 어떤 연구과제를 선택하느냐에 따라서 경험적 자료를 한정하고 다루는 개념적 장치가 결정되었다. 과학적 과정의 순서가 뒤바뀌었다는 점은 조금만 생각해보아도 금방 분명해질 것이다. 적어도 대부분의 연구기간 동안, 개념화가 연구의 도구를 결정해야지 그 반대여서는 안된다. 수량화의 정도는 다만 일정한 시점에서 일정한 문제를 일정한 방법으로 다룰 경우에 어느 정도까지 정확성을 얻을 수 있을 것인지 그 극대점을 보여줄 따름이다. 이왕이면 적은 수량화보다는 좀더 많은 수량화가 언제나 바람직한데, 개념을 다루는 과정에서 나타난 문제들에 대하여 그만큼 더 많은 것을 말해주기 때문이다. 세계체제에 대한 현재의 분석단계에서 이미 이루어지고 또 곧 이루어질 수 있는 수량화의 정도는 한정되어 있다. 우리는 할 수 있는 최선을 다해서 앞으로 더 나아갈 것이다.

마지막으로, 객관성을 유지하는 것과 어떤 주의, 주장에 헌신하는 것의 문제가 있다. 나는 어떤 주의, 주장에 헌신하지 않은 사회과학은 존재하지 않는다고 믿는다. 그렇다고 해서 사회과학이 객관적일 수 없다는 뜻은 아니다. 그것은 무엇보다도 먼저 우리들이 사용하는 용어를 명확하게 정의하는 문제이다. 19세기에는, 종래의 많은 역사 서술에서 두드러지게 나타났던 옛날 이야기식 논조에 반발하여 역사를 원래의 모습 그대로(wie es eigentlich gewesen ist) 이야기하는 것을 이상으로 여기게 되었다. 그러나 사회현실이란 덧없는 것이다. 그것은 현재 안에 존재하며, 과거로 옮아감에 따라 소멸한다. 과거는 사실 지금 있는 모습대로 이야기될 수 있을 뿐이지 과거의 모습대로 이야기될 수는 없다. 과거를 이야기한다는 것 자체가 현재의 사람들에 의해서 행해지고 현재의 사회체제에 영향을 주는 하나의 사회행위인 것이다.

 "진리"는 변화하는데, 그것은 사회가 변화하기 때문이다. 어떤 주어진 시간에 계속되는 것은 아무것도 없다. 모든 것은 동시대적이다. 심지어 지나간 것까지도 그렇다. 그리고 현재 안에서 우리는 모두 어쩔 수 없이 우리의 배경, 우리가 받은 훈련, 우리의 개성과 사회적 역할, 그리고 우리가 그 속에서 활동하는 구조화된 압력들의 소산일 수밖에 없다. 그렇다고 선택의 여지가 없다는 것은 아니다. 그 반대이다. 근대세계의 주권국가들을 포함해서 하나의 사회체제와 그것을 구성하고 있는 모든 제도들은 서로 접촉하고, 충돌하고, 무엇보다도 투쟁하는 광범한 사회집단들이 자리잡고 있는 장소이다. 우리 모두가 다양한 집단에 속해 있기 때문에 우리는 종종 어디에 먼저 충성을 바쳐야 할지 그 우선순위를 결정해야만 한다. 학자들이나 과학자들도 어떻게든 이러한 요구를 무시할 수는 없다. 또한 이러한 요구는 사회체제 안에서 그들이 맡고 있는 비학문적인, 바로 정치적인 역할에만 한정되어 있는 것도 아니다.

 분명히 말해서 학자 또는 과학자라는 직업은 사회체제 안에서 특정한 역할, 다시 말해서 어느 특정 집단을 위한 변호자가 되는 것과는 아주 다른 역할을 수행한다는 것이다. 그렇다고 변호자의 역할을 깎아내릴 생각은 없다. 그의 역할은 중요하고 명예롭지만 학자나 과학자들의 역할과 동일한 것은 아니다. 이들의 역할은 자신이 헌신하고 있는 주의, 주장의 틀 안에서 그가 연구하고 있는 현상의 현재적 실체를 밝히는 것이며, 그 연구를 통해서 결국 특정한 방식으로 적용될 일반적 원리들을 끌어내는 것이다. 이러한 의미에서 볼 때 서로 "관련이 없는" 연구분야는 없다. 현재의 사회적 원동력을 올바로 이해하기 위해서는 이론적 파악이 필요한데, 그러한 이론적 파악은 모든 역사적 시간과 공간에 걸치는 연구를 포함해서 가능한 한 넓은 범위의 현상들에 대한 연구에 바탕을 둘 수밖에 없는 것이다.

내가 현상의 "현재적 실체"라고 말할 때, 가령 한 고고학자가 어떤 정부의 정치적 주장을 강화하기 위하여, 자신이 발굴한 유물들이 실은 다른 집단에 속한 것이라고 믿으면서도 어느 한 집단에 속한 것이라고 주장해야 한다는 뜻은 아니다. 내가 말하려는 것은 모든 고고학적 사업이 그 시초 —— 이 분야의 과학적 활동에 대한 사회적 투자, 그 연구 성향, 개념적 도구들, 연구결과를 요약하고 전달하는 방식들 —— 부터 사회적 현재의 함수들이라는 점이다. 달리 생각하는 것은 기껏해야 자기 기만이다. 객관성이란, 이러한 사고의 틀 안에서의 성실성인 것이다.

객관성이란, 전체 사회체제의 한 함수이다. 사회체제가 한쪽으로 기울어져 있어서 특정한 종류의 연구활동이 특정 집단의 수중에 집중되어 있는 한 그 연구결과는 이 특정 집단에 유리한 방향으로 "편향될" 것이다. 객관성이란, 이러한 활동이 세계체제의 모든 주요 집단에 기반을 둔 사람들에 의해서 균형 있게 수행되도록 해주는, 사회적 투자 분배의 벡터이다. 객관성을 이렇게 정의할 경우 객관적인 사회과학은 오늘날 존재하지 않는다. 그렇지만 또 한편으로 그것이 가까운 장래에 도저히 실현될 수 없는 목표는 아니다.

비교 가능한 보기들을 찾는 것이 불가능하기 때문에 세계체제에 대한 연구가 유달리 까다롭다는 점은 이미 이야기한 바 있다. 또한 세계체제에 관한 진술의 사회적 영향력이 정치적 영역에서의 모든 주요 행위자들에게 분명하고 직접적으로 드러나기 때문에 유달리 까다롭기도 하다. 그러므로 이 분야에서 학자들과 과학자들의 활동에 대한 비교적 엄격한 사회적 통제의 형태로 그들에게 가해지는 사회적 압력이 유별나게 큰 것이다. 학자들이 이 영역에서 활동하기를 주저하는 이유에 대한 설명으로서 방법론적인 여러 딜레마 외에도 이것이 또 하나의 설명이 될 수 있다.

그러나 뒤집어 말해서 바로 그렇기 때문에 이 영역에서 활동하는 것이 중요하다. 자기 자신이 속해 있는 체제의 발전에 지혜롭게 참여할 수 있는 인간의 능력은 전체를 파악할 수 있는 능력에 달려 있다. 이 일이 어렵다고 인식하면 할수록 조금이라도 빨리 시작할 필요가 있다. 물론 이렇게 하는 것이 모든 집단에 유리한 것은 아니다. 바로 이 대목에서 우리들이 어떤 주의, 주장에 헌신하느냐 하는 문제가 대두한다. 그것은 우리가 어떤 사회를 좋은 사회라고 생각하고 있는지 그 상에 따라서 달라진다. 보다 평등하고 자유로운 사회를 바라면 바랄수록 우리는 그러한 상황이 실현될 수 있는 조건들을 파악해야 한다. 그러기 위해서는 무엇보다도 먼저 지금까지의 근대 세계체제의 성격과 전개 그리고 현재와 장래에 가능한 발전의 범위에 대한 뚜렷한 설명이 필요하다. 그와 같은 지식은 힘이 될 터이다. 그리고 내가 헌신하고 있는 주의, 주장의 틀 안에서 볼 때, 그것은 세계인구 가운데 보다 큰 부분을 차지하고 보다 많은 억압을 받고 있는 사람들의 이해관계를 대변하고 있는 집단들에게 가장 유용한 힘이 될 터이다.

따라서 나는 이와 같은 생각들을 마음에 간직하고서 근대 세계체제의 결정적인 요소들을 분석하려는 이 작업에 착수했다. 이 과업을 완수하려면 여러 권의 책이 필요할 것이며, 예비적인 고찰로서 구실해야 마땅할 이 연구조차도 그러할 것이다.

나는, 적어도 처음에는, 이제까지의 근대 세계체제에서 네 개의 주요 시기라고 생각한 것에 따라 이 연구를 네 개의 주요 부분으로 구분했다. 제I권에서는 아직은 유럽 세계체제에 불과했던 근대 세계체제의 기원과 초기의 여러 조건들이 다루어질 것이다. 그 시기는 어림잡아 1450년부터 1640년까지이다. 제II권에서는 대략 1640년에서 1815년 사이의 이 체제의 공고화 과정이 다루어질 것이다. 제III권에서는 근대 공업의 기술변화로 가능해진, 세계경제의 전 지구적 사업으로의 전환 과정이 다루어질 것이다. 이러한 팽창은 아주 갑작스럽고 커다란 것이어서 사실상 체제가 재편되어야 했다. 이 시기는 대략 1815년부터 1917년까지이다. 제IV권에서는 1917년부터 현재까지의 이 자본주의 세계경제의 공고화 과정 그리고 그것으로 야기된 "혁명적" 긴장들이 다루어질 것이다.

오늘날의 사회과학은 대부분 모습을 달리한 사회심리학이거나, 그렇지 않으면 집단과 조직들에 관한 연구가 되어버렸다. 그러나 이 책은 집단에 대한 연구가 아니라 사회체제에 대한 연구를 시도하고 있다. 한 사회체제를 연구할 때 이제까지의 사회과학 안에서의 여러 구분은 무의미한 것이 된다. 인류학, 경제학, 정치학, 사회학 —— 그리고 역사학 —— 은 어떤 자유주의적 국가 개념 그리고 그것과 사회질서의 기능적, 지리적 분야들과의 관계에 얽매인 학문분야의 구분이다. 연구의 초점이 조직들에 맞추어져 있는 경우, 그러한 각 학문분야는 어떤 한정된 의미를 지닌다. 초점이 사회체제에 맞추어질 경우, 그러한 구분은 아무런 의미도 없다. 나는 여러 사회체제에 대한 다(多)학문적 접근이 아니라 단일학문적 접근을 주장하려는 것이다. 이 책의 주요 내용을 통해서 이 말의 뜻이 무엇이며 또한 그것이 얼마나 중요한 것인지 분명하게 드러나기를 바란다.

# 1

## 중세적 서곡

그림 2: "여우 사냥", 「중세 둥가보그예서」, 1475~90년에 활동했고 일명 하우스부흐마이스터(Hausbuchmeister)로 알려진 독일의 한 무명 화가의 잉크화. 독일: 볼페크 성(城).

 15세기 말에서 16세기 초에 유럽 세계경제(European world-economy)라 할 만한 것이 생겨났다. 그것은 제국은 아니었지만 대제국만큼이나 넓었으며 제국과 같은 몇 가지 특징을 지니고 있었다. 하지만 제국과는 다른 새로운 것이었다. 그것은 이전의 세계에서는 실로 찾아볼 수 없는 일종의 사회체제였으며, 바로 이 점이 근대 세계체제(modern world-system)의 뚜렷한 특징이었다. 그것은 제국, 도시국가, 민족국가 등과 달리 경제적 실체이지 정치적 실체가 아니다. 사실 정확히 말해서 그것은 그 범위(경계선을 말하기는 어렵다) 안에 제국들, 도시국가들 그리고 이제 막 등장하는 "민족국가들"을 담고 있다. 그것은 하나의 "세계" 체제이다. 그것이 전 세계를 담고 있다고 해서가 아니라, 사법상 규정된 어떤 정치적 단위보다도 더 크기 때문이다. 그리고 그 체제의 부분들 사이를 잇는 기본적인 연결점이 경제적인 것이기 때문에 그것은 하나의 "세계경제"이다. 비록 문화적 연결점에 의해서, 그리고 차차 살펴볼 터인데, 정치적 편제와 심지어 연합적 구조들에 의해서 그러한 연결점이 어느 정도 공고해지기는 했지만 말이다.
 이와 대조적으로 제국은 하나의 정치적 단위이다. 예를 들면 쉬무엘 아이젠슈타트는 제국을 이런 식으로 규정한 바 있다 :

"제국"이라는 말은 으레 광대하고 중앙집권화의 정도가 비교적 높은 영토를 포괄하고 있는 하나의 정치적 체제를 가리키는 데 쓰여왔다. 제국이라는 체제에서는 황제의 인격과 중앙집권적 정치제도, 이 둘로 표현되는 중심부가 자주적인 실체를 구성하고 있었다. 게다가 제국은 으레 전통적인 정통성에 근거를 두어왔지만 때로는 보다 광대하고 보편적인 어떤 정치적, 문화적 지향(志向)을 가지고 있었는데, 이러한 지향은 제국을 구성하고 있는 그 어떤 부분들의 지향도 넘어서는 것이었다.[1]

이런 의미의 제국은 5,000년 동안 전 세계의 변함없는 모습이었다. 이와 같은 제국들은 어느 시기에나 세계 어딘가에서 늘 몇몇은 존재해왔다. 제국의 정치적 중앙집권화는 그 강점이자 동시에 약점이었다. 강점이라는 것은 그것이 강

---

1) S. N. Eisenstadt, "Empires", *International Encyclopedia of Social Sciences*, (New York : Macmillan and Free Press, 1968), V. 41.

압(공납과 과세)을 통해서 그리고 교역의 독점적 이익을 통해서 주변부에서 중심부로의 경제적 흐름을 보장해주기 때문이다. 약점은 그 정치적 구조 때문에 필요했던 관료제가 너무나 많은 이윤을 거두어들이게 마련이라는 데에 있었는데, 그것은 특히 억압과 착취가 반란을 부르고 또 이것이 군사적 지출을 증대시켰기 때문이다.[2] 정치적 제국들은 경제적 지배의 원시적 수단이다. 말썽 많은 정치적 상부구조의 "낭비"를 없앰으로써 더 많은 잉여가 하층에서 상층으로, 주변부에서 중심부로, 다수에서 소수로 흘러들어갈 수 있게 해주는 기술을 발명한 것이야말로 근대세계가 이룩한 사회적 성과라고 할 만한 것이다.

세계경제는 근대세계가 발명한 것이라고 나는 말했다. 하지만 꼭 그런 것은 아니다. 그 이전에도 세계경제들이 있었다. 그러나 그것들은 하나같이 제국으로 변형되었다 : 중국, 페르시아, 로마처럼 말이다. 근대 자본주의와 근대 과학기술 —— 알다시피 이 양자는 얼마간 서로 관련되어 있다 —— 의 발달로, 근대 세계경제가 통일된 정치구조를 출현시키지 않고도 번영하고 생산하고 팽창하는 일이 불가능했더라면 이 세계경제 역시 마찬가지 방향으로 나아갔을지 모르며, 사실 그렇게 될 것처럼 보인 적도 몇 번 있었다.[3]

자본주의가 하는 일은 더 많은 이윤을 내는 (적어도 장기적으로 더 많은

---

2) 나라의 쇠퇴를 불러온 여러 제국의 내부적 모순들에 관한 논의는 S. N. Eisenstadt, "The Causes of Disintegration and Fall of Empires : Sociological and Historical Analyses", *Diogenes*, No. 34, Summer 1961, 82-107에서 볼 수 있다.

3) 그리고 이 점을 깨달은 것은 정치적 지혜를 가졌다는 표시였다. 이러한 지혜를 최초로 보여준 예는 13세기에 베네치아가 비잔티움 제국의 정치적 부담을 떠맡기를 거절한 일이었다. 마리오 아브라테는 다음과 같이 보고 있다 :

"제4차 십자군 원정에서 비롯된 정치조직인 동방 라틴 제국은 그 생존 희망을 전적으로 서방과의 유대를 지속하는 데에 두고 있었다.

"십자군 원정을 지원하고 이들을 호송할 선박 수단을 제공한 해상국가 베네치아는 제국의 정치적 지배라는 부담은 스스로 떠맡기를 바라지 않았지만(엔리코 단돌로 도제[Doge]는 자기에게 제공된 제관을 실제로 거부했다), 새로운 라틴 제국이 통제하는 모든 영토들에 대한 해상교통과 시장의 독점을 그것도 거의 자동적으로 확보했다." Mario Abrate, "Creta, colonia veneziana nei secoli XIII-XV", *Economia e storia*, IV, 3, lugl.-sett. 1957, 251.

이윤을 내는) 잉여 착취의 다른 원천을 제공하는 일이다. 제국은 공납을 거두
어들이는 기구이다. 공납은 프레드릭 레인의 그럴싸한 표현에 따르면, "보호
해주는 대가로 받는 보수, 그러나 보호해주는 데 들어가는 비용보다 더 많은
보수를 의미한다."[4] 자본주의 세계경제에서는 정치적 힘이 독점적 권리(혹은
가능한 한 그것에 가까운 것)를 확보하는 데에 이용된다. 국가는 그 자체가
주된 경제활동 주체이기보다는 남의 경제활동 안에서 특정한 거래조건을 확
보하는 수단이 된다. 이런 방식을 통해서 시장의 작동은 (자유로운 작동은 아
니지만 그래도 그 작동은) 생산성을 높이는 유인들(incentives)과 근대 경제의
발전에 따른 모든 부수 효과를 창출한다. 세계경제는 이러한 과정들이 일어나
는 무대이다.

세계경제는 그 크기가 제한되어 있는 것 같다. 페르디낭 프리드는 다음과
같이 말했다 :

> 모든 요인들을 고려할 때, 우리는 다음과 같은 결론에 도달한다. 즉 고대 로마 시대
> 의 '세계' 경제의 공간은 최상의 교통수단을 이용할 경우 약 40-60일이 걸리는 범위
> 였다.……그런데 우리 시대[1939년]에는 정상적인 상품수송 경로를 이용할 경우 근
> 대세계의 경제공간을 통과하는 데 역시 40-60일이 걸린다.[5]

그리고 페르낭 브로델은 여기에 덧붙이기를, 이것이 바로 16세기 지중해 세
계의 시간폭일 것이라고 한다.[6]

---

4) Frederic C. Lane, "The Economic Meaning of War & Protection" in *Venice and History* (Baltimore : Johns Hopkins Press, 1966), 389.

5) Ferdinand Fried, *Le tournant de l'économie mondiale* (1942). Fernand Braudel, *La Méditerranée et le monde méditerranéen l'époque de Philippe II*, 2e édition revue et augmentée (Paris : Lib. Armand Colin, 1966), I, 339에 재인용.

6) Braudel, *La Méditerranée*, I, 339-340 참조. 15세기의 유럽에 관해서 가렛 매팅리는 당시의 유럽은 여전히 소규모의 단위들을 필요로 했다고 주장한다 : "15세기 초에 서유럽 사회는 민족적 규모의 안정된 국가를 조직할 만한 자원을 아직 가지지 못했다. 이탈리아의 도시국가 규모로는 안정된 국가를 조직할 수 있었다. 감당해야 할 거리가 보다 가까웠기 때문에 교통과 통신의 문제, 따라서 세금을 징수하고 중앙정부의 권위를 유지하는 문제가 실제로 해결될 수 있었다." Garrett Mattingly, *Renaissance Diplomacy* (London : Jonathan Cape, 1955), 59.

이와 같은 60일 거리의 16세기 유럽 세계경제[7]의 기원과 기능이 여기서 살펴볼 주제이다. 그러나 당시에 유럽이 유일한 세계경제는 아니었다는 점을 결코 잊어서는 안 된다. 다른 세계경제들이 존재했던 것이다.[8] 그러나 오직 유럽만이 이 다른 세계경제들을 능가할 수 있는 자본주의적 발전의 길에 들어섰다. 어떻게 그리고 왜 이런 일이 일어나게 되었는가? 1450년 이전의 3세기 동안에 세계에서 무슨 일이 일어났는가를 살피는 것부터 시작해 보자. 12세기에 동반구에는 몇몇 제국과 소규모 세계가 있었는데, 이 가운데 많은 것들이 경계지역에서 서로 연결되어 있었다. 그 당시의 지중해는 비잔티움, 이탈리아 도시국가들 그리고 어느 정도로 북부 아프리카의 여러 지역들이 만나는 하나의 교역 중심지였다. 인도양과 홍해, 이 둘이 또 하나의 교역 중심지를 형성하고 있었다. 중국 지역이 세번째였다. 몽골에서 러시아에 이르는 중앙 아시아 일대의 대륙이 네번째였다. 발트 해 지역이 다섯번째가 되어가고 있었다. 그러나 북서부 유럽은 경제 면에서 볼 때 정말이지 한계지역이었다. 그곳의 기본적 사회형태와 사회조직은 봉건제라고 불리게 된 것이었다.

우리는 봉건제가 무엇이 아니었는지를 아주 명확하게 인식해야 한다. 그것은 "자연경제", 즉 자급자족 경제가 아니었다. 서유럽의 봉건제는 한 제국이

---

그러나 다음 세기에 이르면 사정이 달라진다고 매팅리는 말한다 : "통상이나 병참의 면에서, 또는 외교적 통신의 면에서도 유럽의 거리는 16세기보다 14세기에 훨씬 더 멀었다. ……" 같은 책, p. 60.

7) "16세기에 관련하여 우리가 '세계'라고 말하는 경우……사실 그것은 유럽을 뜻한다.……세계적 기준에서 볼 때 르네상스 경제는 지리적으로 말해서 지역적인 모습을 띠고 있다. 최초임에는 틀림없지만 그래도 그것은 지역적인 것이다." Michel Mollat, "Y a-t-il une économie de la Renaissance?", in *Actes du Colloque sur la Renaissance* (Paris : Lib. Philosophique J. Vrin, 1958), 40.

8) "진정한 세계경제가 성립되기 전에(20세기에도 여전히 완성되지 않고 있다), 하나의 교통 통신망의 중심에는 제각기 인구의 중핵이 자리잡고 있다.……이들 세계는 제각기 높은 인구밀도를 가진 중핵에……일치한다. 사막, 바다, 처녀지가 그것의 경계를 이루고 있다. 유럽과 중국의 경우가 특히 두드러진다." Pierre Chaunu, *L'expansion européene du XIIIe au XVe siècle*, Collection Nouvelle Clio, No. 26 (Paris : Presses Universitaires de France, 1969), 255.

붕괴하는 과정으로부터 성장했는데, 그러한 붕괴는 현실적으로 또는 심지어 법적으로도 결코 총체적인 것이 아니었다.[9] 로마 제국에 관한 신화는 서유럽에 대해서 여전히 어떤 문화적인, 심지어 법적인 통일성을 제공했다. 그리스도교는 그 안에서 사회적 행위가 일어나는 일련의 매개변수(파라미터) 노릇을 했다. 봉건 유럽은 하나의 "문명"이었지, 세계체제는 아니었다.

봉건제가 존재한 지역에 도시의 시장경제와 농촌 장원의 자급경제라는 두 종류의 경제가 병존했다고 생각하는 것은 합당치 않을 것이다. 20세기에 이른바 저개발 지역에 대한 언급에서 이러한 접근은 "이중 경제(dual economy)" 이론이라는 이름 아래 시도되어왔다. 대니얼 소너는 차라리 다음과 같이 말하고 있다 :

농민경제를 전적으로 그들 자신의 생존만을 지향하는 것으로 생각하고, "자본주의적"이라는 말을 어떤 "시장" 지향적인 것으로 생각한다면 분명코 그것은 그릇된 생

---

9) 마르크 블로크는 이에 관한 근본적인 혼동에 대해서 정면으로 공격했다 : "어떤 거래의 가격을 화폐가로 표시하느냐 현물가로 표시하느냐라는 사실만을 가지고 그 이상의 보다 확실한 증거 없이도 실제로 현금 지불이 이루어졌다거나 이루어지지 않았다고 결론을 내리는 것은 옳지 않다.……
봉건적 정치제도의 특징은 국가의 힘이 극도로 약화되어 있다는 점인데, 그럼에도 불구하고 국가의 힘이 강했던 과거에 대한 기억을 간직하고 그 흔적을 지니고 있었던 것과 마찬가지로, 경제 역시 교역이 극히 미미해진 시기에도 화폐체계에 대한 집착을 버린 적은 결코 없었으며, 그것의 원리들은 이전의 문명으로부터 물려받은 것이었다." Marc Bloch, "Economie-nature ou économie-argent : un pseudo-dilemme", *Annales d'histoire sociale*, I, 1939, 13-14. 블로크는 또한 이렇게 말한다 : "그러므로 유럽의 봉건제는 더 오래된 사회들이 격렬하게 분해된 결과로 보아야 할 것이다. 원래 판이한 발전단계에 있었던 두 사회를 강제적으로 통합함으로써 두 사회 모두를 분열시켰던 게르만족의 침입이라는 대동란 없이는 사실상 그것은 이해될 수 없을 것이다.……" *Feudal Society* (Chicago, Illinois : Univ. of Chicago Press, 1961), 443.
"화폐경제" 문제에 대해서는 포스턴의 다음과 같은 진술을 참조하라 : "이처럼 영국사의 관점에서 볼 때, 심지어 중세 앵글로-색슨 역사의 관점에서 볼 때, 그것이 처음 출현했다는 의미에서의 화폐경제의 흥기란 사실 역사적 의미가 없다. 화폐는 기록된 역사가 시작되었을 때 이미 사용되고 있었으며, 그 흥기는 차후의 어떤 현상에 대한 설명으로 거증될 수 없다." M. M. Postan, "The Rise of a Money Economy", *Economic History Review*, XIV, 2, 1944, 127.

38

각이다. 농민경제는 여러 세기 동안 양쪽을 함께 지향해왔다는 생각을 가지고 시작
하는 것이 보다 합리적이다.[10]

여러 세기 동안이라면? 몇 세기 동안인가? B. H. 슬리허 반 바트는 유럽 농
업사에 관한 그의 주저에서 전환점을 기원후 1150년경이라고 지적한다. 그는
심지어 그 이전에도 서유럽이 자급자족적 농경에 종사하고 있었다고는 생각
하지 않는다. 서유럽은 기원후 500년부터 대략 1150년까지 이른바 "직접적
농업소비", 즉 대부분의 사람들이 자기 자신의 식량을 생산하되 그와 동시에
물물교환의 방식으로 비농업 인구에게 식량을 공급하는 부분적 자급자족 체
제 아래 있었다고 그는 생각한다. 그는 서유럽이 기원후 1150년 이래 "간접
적 농업소비"의 단계에 도달했으며, 오늘날에도 여전히 그 단계에 있다고 생
각한다.[11]

그리하여 우리가 서유럽의 봉건제에 관해서 이야기할 때 의중에 둬야 하는
것은 인구와 생산이 서서히 증가하고 있는 일련의 조그마한 경제 중심지들
(nodules)인데, 이 중심지들 안에서는 사법기관을 통제하고 있는 귀족 신분의
지주들에게 잉여의 많은 부분이 돌아가도록 법적 기구들이 보장해주고 있었
다. 그런데 이러한 잉여는 현물의 형태를 취한 것이 많았기 때문에 이를 내다
팔 수가 없다면 별로 이익이 되지 못했다. 도시들이 성장하면서 그 잉여물을
구매하고 자기들의 생산품과 교환하는 수공업 장인들을 먹여살렸다. 상인계
급이 두 원천으로부터 나타났다. 한편에는 때때로 독립적 지위를 차지하게 된
지주의 대리자들 그리고 지주에 대한 각종 부담을 치르고도 시장에 내다 팔
만한 잉여를 충분히 가지고 있던 중간 규모의 농민들이 있었고,[12] 다른 한편

10) Daniel Thorner, "L'économie paysan : concept pour l'histoire économique", *Annales E.S.C.*, XIX, 3, mai-juin 1964, 422.
11) B. H. Slicher van Bath, *The Agrarian History of Western Europe, A.D. 500-1850* (New York : St. Martin's, 1963), 24. 저자는 1850년경에 간접적 농업생산이라는 제2국면이 시작된다고 지적하고 있는데, 이 국면에서는 인구의 과반수가 이제 농업생산에 종사하지 않는다는 것이다.
12) 카를 뷔허는 "상인"이라는 말이 중세적 문맥 안에서 일으키는 혼동을 경고하고 있다 :

에는 (흔히 북부 이탈리아의 도시국가들이나, 나중에는 한자 도시들에 자리잡
고 있던) 원거리 무역 상인들이 있었는데, 이들은 불편한 교통수단과 그에 따
른 지역간의 커다란 가격차이, 특히 특정 지역이 자연재해를 입었을 때의 가
격차이를 이용했다.[13] 물론 도시들이 성장함에 따라 이들 도시들은 장원에서

"독일 도시들의 성립 기원에 관한 최근의 문헌은 상인(Kaufmann)이라는 말에 아주 다양
한 의미가 담겨 있음을 간과해왔으며, 쾰른과 아우크스부르크에서 메데바흐와 라돌프첼에
이르기까지 중세 말 독일 제국 내에 존재한 수많은 도시들의 주민이 근대적 의미의 상인
들, 즉 원칙적으로 여전히 도매상인들로 대표되는 전문적인 상인계급이라고 추측했다. 이
런 개념은 모든 경제사에서 배격되고 있다. 이 사람들이 거래한 물품은 무엇이었으며, 그
들은 상품 값을 어떤 형태로 지불했는가? 게다가 사용된 용어들 자체가 그 개념과 상반
된다. 일반 공중에 대한 관계상 직업적 상인의 가장 두드러진 특징은 사는 행위에 있는
것이 아니라 파는 행위에 있다. 그런데 중세의 상인은 그 이름이 사다(kaufen)라는 말에
서 유래한다. 기원후 990년에서 1000년까지의 도르트문트에 관한 오토 3세의 정부기록에서
도르트문트의 구매자들(emptores Trotmanniae) —— 이 도시의 법은 쾰른이나 마인츠와
마찬가지로 다른 도시들의 법에 대하여 하나의 모델 구실을 했다고 일컬어진다 —— 이라
는 말은 다른 기록들에 나타나는 상인들(mercatores 또는 negotiatores)과 동일한 문맥상
의 의미로 이야기되고 있다. 1075년에 라이헤나우의 수도원장은 일필휘지로 알렌스바흐
의 농민들과 그 후손들을 상인들이라고 바꾸어 쓰고 있는데(ut ipsi et eorum posteri
sint mercatores) 여기서의 상인을 우리가 직업적인 상인으로 이해한다면 아무리 교묘한
해석으로도 이 문장을 설명할 도리가 없다. 사실상 상인은 자신이 생산한 물품이건 그 대
부분이 구입한 물품이건 상관없이 시장에 상품을 내다 파는 모든 사람을 의미했다. 이는
예컨대 마르크트레히트(Marktrecht)라고 부른 시장세에 대한 1420년 프랑크푸르트 시의
회의 미간행 포고문에서 분명히 드러난다(Book No. 3 of the Municipal Archives, Fol.
80). 이 포고문의 첫머리에 '무엇이건 간에 상품을 가지고 거리에 서 있는 모든 사람들은
이 시장세를 납부해야 한다'는 구절이 있다. 그 다음에 이 사용세를 내야 하는 개별 '상인
들' 또는 개별 '상품들'이 상세하게 적혀 있다. 긴 명단에서 다음과 같은 보기들이 눈에
띈다: 헌옷 장수, 과자 장수, 식품팔이, 밧줄 제조인, 개암팔이, 계란·치즈팔이 수레꾼,
봇짐 닭 장수, 치즈류 따위를 파는 뜨내기꾼, 구두 수선장이, 환전상, 시장 노점의 빵 장
수, 빵 수레나 꿀 마차를 끌고 다니거나 거위·짚·건초·양배추를 가지고 다니는 뜨내
기들, 아마포·아마·대마·뜨개실 등 거리에서 물품을 파는 모든 사람들. 이것은 도시의
소상인들, 수공업자들, 농민들이 뒤섞인 어중이떠중이의 명단이다. 시장에서 파는 이들만
이 아니라 사는 이들도 상인들이라고 규정되었다는 사실이 수많은 기록에 분명히 드러나
있다. 사실 상인이라고 말하고 있지만 실제로는 대부분 사는 사람을 가리키는 것으로 보
이는 여러 구절을 볼 수 있을 것이다." Karl Bücher, *Industrial Revolution* (New York :
Holt, 1901). 117–118, 주 23.
13) "원거리(long distance)" 교역과 국지적 교역은 있었지만 "중거리(intermediate)" 교역은

일부 이해관계들을 변경하기 시작한 농민들에게 이용 가능한 피난처와 고용
기회를 제공했다.[14]

한 체제로서의 봉건제를 교역과 대립되는 것으로 생각해서는 안 된다. 오
히려 그와 반대로 어느 시점까지는 봉건제와 교역의 확장이 서로 제휴하여
나아간다. 클로드 카옝은 학자들이 서유럽 이외의 지역에서 이런 현상을 종종
보아왔으면서도[15] 그들이 끼고 있는 이념적 눈가리개 때문에 서유럽 봉건제에

---

없었다. 카를로 치폴라는 다음과 같이 설명하고 있다. "세계주의와 지역주의의 기묘한 혼
합이 장면을 지배했다. 중국에서 값진 비단을 들여오고 근동지방에서 값진 융단을 들여오
는 것은 경제적으로 유리했으나, 몇 마일 밖에서 질 낮은 상품을 들여오는 것은 대체로
불리했다. 기술적인 이유로 대량 운송이 불가능했기 때문에 화물운송 비용이 상대적으로
높았다. 특히 해로를 통한 운송이 불가능했을 때, 원거리 교역은 전적으로는 아니더라도
주로 귀중품에 의존해야 했다. 기본적인 일상 필수품을 얻기 위해서는 어느 사회나 되도
록이면 늘 자급자족적이어야 했다. 지역간의 분업은 주로 귀중품, 또는 지역적으로 도저
히 만들어낼 수 없거나 쉽사리 대체하기 어려운 다른 물품들에 근거해야 했다. 그리고 교
역은 귀족들의 사치품 소비에 크게 의존해야 했다." Carlo Cipolla, *Money, Prices, and
Civilization in the Mediterranean World : Fifth to Seventeenth Century* (New York :
Gordian Press, 1967), 57.

14) 폴 스위지의 다음과 같은 글을 보라 : "서유럽 전역에 걸쳐 꽤 일반적인 현상이었던 도시
의 흥기는 단지 장원에서 도망쳐나온 농노들에게 피난처를 제공하는 데 그치지 않았다.
그것은 뒤에 남아 있던 사람들의 지위도 바꾸어놓았다.……저임금 지역에서 임금이 오를
수밖에 없었던 것과 같이 농노들이 도시로 이동하는 것이 가능했을 때는 그들에게 여러
가지 양보를 하지 않으면 안 되었다." Paul Sweezy, "The Transition from Feudalism to
Capitalism", *Science and Society*, XIV, 2, Spring 1950, 145. 여러 가지 점에서 의견을
달리했던 스위지와 모리스 도브 사이의 긴 논쟁에서 도브는 이 점에 관하여 다음과 같이
지적하고 있다 : "덧붙여 말하지만, 스위지가 강조하듯이, 중요한 것은 도망친 사람이 얼
마나 많았느냐 하는 것이 아니라 도망칠 우려가 있다는 것만으로도(아마도 도망칠 움직임
이 적지 않게 뒤따르고 있었다) 영주들로 하여금 양보를 하지 않으면 안 되게 했으며, 그
리하여 봉건제를 크게 약화시키기에 충분했다는 중요한 지적에 대하여 나는 전적으로 동
의한다." "Reply by Maurice Dobb", *Science and Society*, XIV, 2, Spring 1950, 160.

15) "봉건제와 매우 비슷한 형태들이 비잔티움과 무슬림의 양 세계에서 상업이 쇠퇴하고 있
던 시기가 아니라 바로 팽창하고 있던 시기에 힘찬 모습으로 출현했다는 점에는 의심의
여지가 없다. 러시아와 폴란드 세계에서도 사실 같은 현상이 일어났는데, 이곳에서는 국
제간의 교역을 실질적으로 영위한 것이 주로 외국인들(한자 상인들)이고 국내의 지주들은
상품을 생산하고 수집하는 일에 종사했다는 점이 남다른 특징이었다. 이윤이 두 집단 사
이에 나누어졌으며, 이렇게 영주계급으로 하여금 농민을 지배하는 수단을 쥐게 함으로써

서의 동일한 현상을 알아보지 못했을 것이라고 말한다. "이리하여 오직 발전의 어느 특정 단계까지는 봉건제와 상업의 발전이 함께 나아갈 수 있다는 점에 주목할 때, 우리는 서유럽 자체의 역사를 이러한 관점에서 다시 고찰해야 할 것이다."[16]

그렇지만 봉건체제는 지역 내 교역과 반대되는 원거리 교역에서는 오직 한정된 교역량밖에는 지탱하지 못했다. 이것은 원거리 교역이 대량 적하물의 교역이 아니라 사치품 교역이었기 때문이다. 그것은 가격차를 통해서 이익을 얻고 정말로 부유한 자들의 정치적 방종과 경제적 능력에 의존한 교역이었다. 원거리 교역 자체가 일부 대량 적하물 교역으로 바뀌고 이것이 다시 확대 생산의 과정을 촉진하는 것은 오직 근대 세계경제의 틀 안에서 생산이 확대될 때에만 가능하다. 오언 래티모어가 지적한 대로, 그때까지 그것은 사실 오늘날 우리가 말하는 교역이 아니었다 :

---

그들의 흥기를 도왔던 것이다." Claude Cahen, "A propos de la discussion sur la féodalité", *La Pensée*, No. 68, juil.-août 1956, 95-96.

16) 같은 책, p. 96. 히버트도 비슷하게 주장한다 : "사실과 이론 어느 면에서 보나 중세 초기에는 교역이 결코 봉건사회를 녹여 없애는 용해제가 아니라 그 사회의 자연스러운 산물이었으며 봉건지배자들이 어느 시점까지는 교역의 성장을 후원했음을 알 수 있다.······봉건제는 상인 없이 존재할 수가 없었다.······거기에는 두 가지 이유가 있었다.······그들은 방대한 사적, 공적 기구들에 필수품을 공급해야 했으며, 그래서 스스로 상인이 되거나 재화와 그것을 생산하고 분배하는 사람들에 대한 징세와 부과금을 통하여 상공업이 창출한 부의 일부를 차지함으로써 그로부터 이익을 얻기를 바랐다." A. B. Hibbert, "The Origins of the Medieval Town Patriciate", *Past & Present*, No. 3, Feb., 1953, 17.

히버트는 더 나아가 도시 지배계층의 두 근원에 대해서 논의한다 :

"도시귀족층을 형성하는 데에는 두 과정이 관련되어 있다. 구(舊)지배계급의 내부적 변모와 성공한 상인과 수공업자들로부터 새로운 가문을 보충하는 것인데, 이들은 흔히 이주해온 자들이거나 그들의 후손들이었다."[p. 23]

"[이러한 설명은] 소규모 행상인과 도부상들이 번 떼돈에 부가된 상인 자본의 근원을 짐작케 한다. 끝으로 그것은 또한 새로운 기술이나 새로운 시장이, 사업을 확장하기 위하여 보다 오랜 기반을 가진 부유한 사람들과의 결합에 의존하는 사람들에게 처음으로 이용될 것이며, 그리하여 자본이 예전의 용도에서 새로운 용도로 점차 옮아가게 되었다고 생각할 수 있게 한다."[p. 26]

42

(적어도) 마르코 폴로의 시기까지, 자기 고장을 넘어서 모험을 무릅쓰고 나아간 상인의 교역은 유력자들의 변덕스러운 기분에 민감하게 좌우되었다.……원거리 모험은 대량 적하물을 취급하는 것보다는 진기품, 희귀품, 사치품을 주로 취급했다.……상인은 은혜와 보호를 베풀어줄 사람들을 찾아나섰다.……운이 나쁘면 약탈당하거나 망할 정도로 높은 세금을 징수당할 수 있었다. 그러나 운이 좋으면 그의 상품에 대한 대가로 경제적 가격이 아니라 푸짐한 선물을 하사받았다.……비단 교역과 그밖의 다른 많은 교역의 구조는 교역구조라기보다는 공납구조였다.[17]

이와 같이 상업활동의 수준은 제한되어 있었다. 주요 경제활동은 여전히 소규모 경제영역 내에서 거래되는 식료품 생산과 수공업 제품의 생산이었다. 그러나 이러한 경제활동의 규모가 서서히 팽창하고 있었다. 그리고 이와 더불어 다양한 경제적 중핵들이 팽창했다. 새로운 변경지역의 토지가 경작되었다. 새로운 도시들이 건설되었다. 인구가 늘어났다. 십자군 원정은 식민지 약탈의 이익을 얼마간 가져다주었다. 그런데 14세기의 어느 시점에서 이 팽창이 끝났다. 경작면적이 줄어들었다. 인구가 쇠퇴했다. 그리고 봉건적 유럽 전역에 걸쳐서 또 그 너머까지 전쟁과 질병과 경제적 어려움으로 두드러지는 어떤 "위기"가 찾아온 것처럼 보였다. 이 "위기"는 어디에서 왔으며, 그 결과는 무엇이었는가?

첫째로, 어떤 의미에서 위기가 있었는가? 이 점에 관해서는 약간의 의견차이가 있는데, 그 과정에 대한 서술보다는 인과설명에서의 강조점에서 그렇다. 에두아르 페루아는 이 문제를 주로 팽창과정이 극점에 도달했다는 것, 인구가 포화상태에 이르렀다는 것, 즉 "농업과 수공업 기술이 아직도 원시적인 상태에서 인구밀도가 엄청나게 높았다"[18]는 것으로 보고 있다. 게다가 더 좋은 쟁

17) Owen Lattimore, "The Frontier in History", in *Relazioni del X Congresso de Scienze Storiche*, Ⅰ: *Metodologia —— Problemi generali —— Scienze ausiliare della storia* (Firenze, G. C. Sansoni, 1955), 124-125.

18) Edouard Perroy, "A l'origine d'une économie contractée : les crises du XIVe siècle", *Annales E.S.C.*, IV, 2, avr.-juin 1949, 168. 인구의 포화상태에 관한 페루아의 지적이 옳을 것이라는 하나의 증거는 중세에는 농업에서의 하루 작업시간이 사실상 "일출시에서 정오까지"였음을 영국의 기록보관소 문서가 보여주고 있는 점이다. Slicher van Bath, *Agrarian History*, p. 183 참조. 사실 에스터 보서럽은 이 사실로부터 근대 농업발전의 중

기와 비료가 없는 상태에서는 상황을 개선할 만한 방법이 거의 없었다. 이것
은 식량 부족을 초래했고, 식량 부족은 역병을 불러왔다. 화폐공급량이 고정
된 상태에서 가격이 완만히 상승했고, 이것은 금리생활자(rentier : 지대, 예금
따위의 불로소득으로 생활하는 사람 /옮긴이)의 이익을 해쳤다. 서서히 진행
되던 상황의 악화가 1335-45년 백년전쟁의 발발로 격화되었는데, 백년전쟁은
서유럽 국가체제들을 전시경제로 몰아넣었으며, 그 두드러진 결과로 세금 증
수(增收)의 필요성이 높아졌다. 가뜩이나 무거운 봉건적 부담들 위에 얹혀진
각종 세금은 생산자들에게 너무나 버거운 것이었고, 이것이 유동성 위기를 자
아냈으며, 유동성 위기는 다시 간접세와 현물세로 되돌아가게 했다. 이리하여
마침내 하강 주기(cycle)가 시작되었다 : 즉 재정상의 부담은 소비의 감소를
불러오고, 소비의 감소는 생산의 감소와 자금 회전의 감소를 불러왔으며, 이
로 말미암아 화폐 유동성의 어려움이 더욱 증대되었다. 이리하여 국왕은 돈을
차용해야 했고 마침내는 한정된 국왕금고가 지불불능 상태에 빠지게 되었으
며, 이것은 다시 금융위기를 자아내 금은의 퇴장(退藏)을 빚어내고, 결국 국
제교역의 패턴까지 뒤바꾸었다. 급격한 가격 상승 탓에 살아남을 여지가 한층
더 좁아졌으며, 그리하여 인구가 좀먹기 시작했다. 지주들은 구매자와 차지인
들을 잃었다. 수공업 장인들은 고객을 잃었다. 인력이 덜 든다는 이유에서 경
작지가 목장지로 전환되었다. 그러나 양모를 찾는 구매자 수의 문제가 있었
다. 임금이 올라갔는데, 그것은 특히 중소 규모의 지주들에게 부담이 되었으
며, 그래서 그들은 임금 상승에 대처할 보호책을 국가에 기대했다. "장원제적
생산으로의 분해는 1350년 이후 점점 더 격화되고 있는데, 이는 계속되는 경
기 하강과……침체 속의 무기력을 나타내는 증거인 것이다."[19]

침체는 얼핏 보기에 이상한 결말이다. 다음과 같은 시나리오를 예상할 수
도 있는 일이었다. 인구의 감소는 고임금을 가져오고, 고임금은 지대가 비교
적 비탄력적일 경우 잉여의 일부를 영주로부터 농민에게 돌려줌으로써 수요

요한 측면은 "농업에서의 작업시간이 점차 길어진 것"이라는 결론을 끌어내고 있다. Es-
ter Boserup, *The Conditions of Economic Growth* (Chicago, Illinois : Aldine, 1965), 53.
19) Perroy, 같은 책, p. 182.

충의 변화를 몰고 올 것이며, 그래서 잉여가 덜 퇴장되도록 해줄 것이다. 게다가 농업 위주의 경제에서 인구의 감소는 수요와 공급을 다 함께 감소시키기 마련이었을 것이다. 그러나 생산자는 으레 덜 비옥한 땅을 제외시키는 방식으로 생산을 줄이기 마련이므로 생산성이 높아지고, 이에 따라 가격이 하락했을 것이다. 이런 두 가지 진전 모두 교역을 저해하기보다는 오히려 촉진했을 것이다. 그럼에도 불구하고 실제 교역은 "침체했다."

이와 같은 추정에서 그릇된 것은 수요의 탄력성을 은연중에 가정하고 있다는 점이다. 노스와 토머스는, 주어진 기술상태와 국제간 교역량의 범위에 비추어보건대 거래비용은 매우 높았으며, (인구 감소에 따른) 교역량의 감소 현상이 일어나면 비용 상승의 과정이 뒤따를 것이고 이것은 더 큰 폭의 교역 감소로 이어질 것이라는 사실을 상기시키고 있다. 그들은 그 과정을 이렇게 추적하고 있다 :

[이전에는] 상인들이 가격과 가능한 거래기회에 관한 정보를 얻기 위하여 멀리 떨어진 도시에 대리점을 둠으로써 거래비용을 줄이는 것을 유리하게 생각했는데, 교역량이 감소함에 따라서 이제는 그것이 상책이 아니었다. 정보의 흐름이 고갈해버리고 교역량이 한층 더 감소했다. 그래서 경제사가들이 농민과 노동자가 누리던 실질임금의 상대적 상승으로 일인당 수입이 한층 더 높아졌으리라고 짐작되는 이 세계의 한 복판에서도 불경기(그들에게는 경제활동 총량의 감소를 의미한다)를 발견하게 된 것은 놀라운 일이 아니다.[20]

---

20) Douglass C. North & Robert Paul Thomas, "An Economic Theory of the Growth of the Western World", *Economic History Review*, 2nd ser., XXIII, 1, Apr. 1970, 12-13. 슬리허 반 바트는 "침체"를 야기하는 유사한 압력에 대해서 지적하고 있다. 그는 이렇게 말한다 : "경지면적의 축소와 생산요소의 감소 —— 이것은 곡물 총생산량의 대대적 감소를 초래했음에 틀림없다 —— 에도 불구하고 곡물 가격은 다른 상품에 비례해서 상승하지 않았다. 오히려 조금 내려가는 경향을 보였다. 이는 소비가 생산보다 더 많이 줄었음을 보여주는 것이었다." B. H. Slicher van Bath, "Les problèmes fondamentaux de la societé pré-industrielle en Europe occidentale", *Afdeling Agrarische Geschiedenis Bijdragen*, No. 12, 1965, 40.

"침체"가 얼마나 심각했느냐 하는 것 자체가 논쟁거리였다. 오이겐 코스민스키는 그러한 서술이 잉글랜드 이외의, 그리고 어느 정도까지는 프랑스 이외의 곳에 대해서도 타당한 것인지 의문을 품고 있다. Eugen A. Kosminsky "Peut-on considérer le XIVe et le

R. H. 힐턴은 사건들에 대한 페루아의 설명을 받아들인다.[21] 하지만 그러한 위기를 발전된 자본주의 체제에서 주기적으로 되풀이되는 위기 중의 하나에 견줄 수 있다고 생각하여 금융 및 통화상의 모순들이 봉건체제에 미치는 영향을 과장하는 식의 분석에 대해서는 이의를 제기한다. 즉 봉건체제 아래서 현금유통적 요인이 사람들 사이의 관계에서 하는 역할은 자본주의 사회에서보다 훨씬 더 작은 것이다.[22] 게다가 그는 페루아가 자신이 기술한 사건들의 결과로 나타난 또 하나의 현상에 대해서는 아무런 이야기도 하고 있지 않다고 말하는데, 유례가 없으리만큼 격렬한 사회적 투쟁, "뿌리 깊은 불만의 만연", "사회체제 자체에 대한 반항"의 형태를 띤 농민봉기, 바로 이러한 현상이 힐턴에게는 핵심적인 의미를 지닌다.[23] 따라서 힐턴에게 이것은 올라갔다 내려갔다 하는 주기변동에서의 어느 한 시점인 어떤 콩종크튀르적(페르낭 브로델은 인구, 물가, 임금 등과 같이 주기적으로 변동하는 것을 콩종크튀르 [conjoncture]라고 하여, 그 시간지속을 장기지속과 사건적인 짧은 시간 사이의 중기적 시간으로 보고 있음 / 옮긴이) 위기에 불과한 것이 아니었다. 오히려 그것은 1,000년 동안의 발전의 정점, 즉 한 체제의 결정적 위기였다. "로마 제국의 마지막 몇 세기와 중세에 사회적 정치적 상부구조의 비용 지출

---

XVe siècles comme l'époque de la décadence de l'économie européenne?" *Studi in onore di Armando Sapori* (Milano : Istituto Edit. Cisalpino, 1957), I, 562-563 참조.

21) 마이클 포스턴의 서술 역시 페루아의 서술과 가깝다. Michael M. Postan, "Some Economic Evidence of Declining Population in the Later Middle Ages", *Eco- nomic History Review*, 2nd ser., II, 3, 1950, 221-246 참조.

22) 마르크 블로크는 힐턴의 주장을 지지하면서 현금 유통의 역할을 과대 평가함으로써 영주의 수입 감소의 정도를 과장하지 말라고 경고한다. 차지인이 지대를 은화로 지불한다고 가정할 때, 사실 은화의 평가절하는 실제로 차지인의 소득 증가를 의미할 것이다. 그러나 그러한 가정들이 문젯거리인 것이다. 블로크는 이 시기에 "(잉글랜드에서는 지대 지불에 필요한 은화를 손에 넣지 못한 농민들 자신이 현물로 지불하게 해달라고 요구할 정도로) 금속화폐의 부족 현상이 극심했다"는 사실을 상기시키고 있다. Marc Bloch, *Seigneurie française et manoir anglais* (Paris : Lib. Armand Colin, 1960), 110. 그리하여 "고정지대를 받는 사람들에게 명백히 유리한 더 낮은 가격수준이 형성되었다"고 블로크는 말한다.

23) R. H. Hilton, "Y eut-il une crise générale de la féodalité?", *Annales E.S.C.*, VI, 1, janv.-mars 1951, 25.

46

이 늘어나는데도 이를 감당할 만큼 사회의 생산자원이 늘어나지 못함에 따라서 사회는 마비상태에 빠졌다."[24] 힐턴은 모순의 직접적 원인이 기술상의 한계, 비료의 부족 그리고 가축의 수를 늘림으로써 비료 공급을 늘리지 못한 데 있었다는 점에서 페루아와 의견을 같이한다. 그러나 "우리가 강조해야 할 점은 농업에서의 이윤의 재투자가 생산성을 **상당한 정도로** 높일 만큼 그렇게 크지 않았다는 사실이다."[25] 이는 봉건적 사회조직의 보수체계가 지닌 내재적인 한계 때문이었다.

봉건제의 **전반적** 위기를 강조하는 힐턴의 견해가 그것을 콩종크튀르적 위기라고 본 페루아의 생각보다 좀더 나은 점은 위기의 진전과 관련된 사회변화를 설명해줄 수 있다는 것이다. 왜냐하면 한 사회 안에서 생산성의 최적정 단계가 이미 지나가버리고, 그래서 경제적 착취가 영주계급 내에서의 파괴적인 투쟁뿐만 아니라 영주-농민 간의 전반적인 계급전쟁을 초래하게 되었을 때, 서유럽을 살육과 침체로부터 구제해줄 유일한 해결책은 나누어 가질 경제적 파이 덩어리를 부풀리는 것이며, 당시의 기술수준 아래서 요구된 하나의 해결책은 착취할 토지면적과 인구기반의 확대였을 것이다. 이것이 15세기와 16세기에 실제로 일어났던 일이다.

13세기에서 15세기까지 서유럽에서 농민폭동이 널리 퍼지게 되었다는 점에 대해서는 별다른 의문이 없는 것 같다. 힐턴은 잉글랜드에 관한 직접적인 설명을 "13세기에는 대부분의 세속 또는 종교기관의 대영지 소유자들이 농업생산물을 시장에 내다 팔기 위하여 그들의 직영지 생산을 확대시켰으며……[그 결과] 노동부역이 심지어 두 배로 늘어났다"[26]는 사실에서 찾고 있다. 코스민

24) 같은 책, p. 27.
25) 같은 책, p. 28.
26) R. H. Hilton, "Peasant Movements in England Before 1381", in E. M. Carus-Wilson, ed., *Essays in Economic History* (New York : St. Martin's, 1966), II. 79. 힐턴은 빈농의 경우에 지대 상승은 그의 겨울 비축용 식량을 앗아갈 것이라고 지적한다. 부농에게는 다른 결과를 초래했다 : "그들에게 좀더 속타는 일은 굶어 죽을지 모른다는 걱정이 아니라 돈을 모으기 어렵다는 점이었음에 틀림없다."[p. 86] 뿐만 아니라 임금을 동결함으로써 비용의 절감을 의도한 입법은 부농보다는 대지주를 이롭게 했다. "경작할 인력이 없는 대농장은 쓸모가 없으며, 그래서 차지인은 달리 구할 도리가 없는 노동력에 대해서

스키도 이와 비슷하게 이 시기가 "……영국 농민에 대한 가장 심한 착취의"[27]
시기였다고 말한다. 대륙에서도 일련의 농민반란이 일어났다. 즉 14세기 벽두
에 북부 이탈리아와 플랑드르 해안지대에서 일어난 반란, 1340년에 덴마크에
서 일어난 반란, 1351년에 마요르카에서 일어난 반란, 1358년에 프랑스의 자
크리, 1525년의 농민전쟁 훨씬 이전에 독일에서 일어난 산발적인 반란들이
있었다. 12세기와 13세기에 프리지아에는 농민 공화국들이 나타났다. B. H.
슬리허 반 바트의 생각으로는 "농민반란은 경제적 후퇴와 함께 일어났다."[28]
도브는 이와 같은 경기후퇴가 일어난 경우, 별로 잘살지 못했던 최하층 노동
자들이 어려움을 겪은 것이 아니라 "경작을 새 땅으로 넓히고 그것을 개량할
만한 지위에 있던 상층 부농들이 특히 어려움을 겪었으며, 따라서 이들이 폭
동의 선봉에 서는 경향이 있었다"[29]고 말한다.

갑작스러운 경기후퇴는 농민의 불만을 빚어낸 데 그치지 않았다. 그에 따
른 인구 감멸 ── 전쟁과 기근과 역병에 기인한 ── 은 폐촌(Wüstungen), 즉
한계토지로부터의 정착의 후퇴, 때로는 촌락 전체가 사라지는 현상을 초래했

높은 임금을 지불하기 마련이었다. 그럼으로써 그는 장원의 영주가 고용하는 노동력의 값
을 또한 올리기 마련이었다. 그러나 영주들은 경제법칙의 작용으로 피해를 보지 않아도
되었다. 왜냐하면 그러한 경제법칙을 우회할 수 있게 해주는 정치권력을 마음대로 휘두를
수 있었기 때문이다. 그들에게는 여전히 예비된 농노의 노동이 있었으며, 또 노동판사
(Justice of Labourers) 또는 치안판사(Justice of Peace)의 자격으로 당시 실제로 이용 가
능했던 임금노동력의 배치를 통제했다."[p. 88]
27) Eugen A. Kosminsky, "The Evolution of Feudal Rent in England from the XIth to
the XVth Centuries", *Past & Present*, No. 7, April 1955, 32. 그는 다음과 같이 말을
잇는다 : "봉건적 착취의 증대는 농민의 농경을 고갈시킴과 동시에 봉건사회의 생산력을
쇠퇴시키기 시작했으며, 노동력의 재생산을 위한 조건들을 파괴했다.……이처럼 오래 계
속된 투쟁은……1381년의 봉기에서 가장 뚜렷하게 나타났다.……"
28) Slicher van Bath, *A.A.G.B.*, No. 12, p. 190. 그 메커니즘을 그는 이렇게 묘사한다 : "농
민들은 농업생산물의 가격이 내려가는 반면에 공업부문에서는 가격이 올라가고 상대적으
로 임금이 오르는 것에 불만을 품었다. 그네들이 아직도 감당할 수 있으리라고 믿고 정부
와 지주가 그때그때 덧붙인 세금이 오랫동안 쌓여온 반감을 타오르게 하는 불꽃이 되었
다."
29) Maurice Dobb, *Papers on Capitalism, Development, and Planning* (New York : Inter-
national Publ., 1967), 11.

48

다. 폐촌을 오직 불경기의 표시로만 보아서는 안 된다. 왜냐하면 폐촌에는 최소한 두 가지 다른 주된 이유가 있기 때문이다. 하나는 늘 있던 일인데, 전쟁이 어느 한 지역을 휩쓸 때마다 주민들은 신변의 안전을 추구했다.[30] 두번째는 덜 "우연적"이며 좀더 구조적인 이유인데, 농업적 사회구조의 변화, 즉 토지의 "인클로저(enclosure)" 또는 "인그로싱(engrossing)"이다(인클로저는 토지를 울타리로 둘러막는 것을 말하고, 인그로싱은 토지를 합병하는 것을 말함/옮긴이). 이러한 과정 역시 분명히 중세 말에 진행되고 있었던 것으로 보인다.[31] 그런데 현재 우리가 가지고 있는 지식으로 이 세 가지 이유를 가려내서 밝히기란 좀 어려운 일인 것 같다.

개간의 중단과 정착의 후퇴 현상에 관해서는 두 가지 사실이 분명한 것 같다. 카를 헬라이너가 지적하듯이, 그것은 "보유지의 크기에 따라서 다르게 나타난 과정이었다. 중세 후기에 소규모 보유지가 버려진 비율은 완전한 규모의 대농장이 버려진 비율보다 더 높았던 것으로 보인다."[32] 그것은 지역에 따라 다르게 나타나기도 했다. 폐촌은 독일과 중부 유럽[33]에서만이 아니라 잉글랜드[34]

---

30) 예컨대 14-15세기의 프랑스에 관한 장-마리 프제와 엠마뉘엘 르 루아 라뒤리 사이의 논의 참조. Jean-Marie Pesez & Emmanuel Le Roy Ladurie, "Le cas français : vue d'ensemble", *Villages désertés et histoire économique, XIe-XVIIIe siècles* (Paris : S.E.V. P.E.N., 1965), 155. 그들은 또한 전략적 이유로 때로는 인근의 도시에 의해서 농민들에게 안전의 추구가 강요될 수도 있다고 지적한다(p. 156 참조). Carlo Cipolla, *Clocks, and Culture, 1300-1700* (New York : Walker & Co., 1967a), 115 참조.

31) Georges Duby, "Démographie et villages désertés", *Villages désertés, et histoire conomique, XIe-XVIIIe siècles* (Paris : S.E.V.P.E.N., 1965), 18-23에서의 조르주 뒤비의 논의 참조.

32) Karl Helleiner, "The Population of Europe from the Black Death to the Eve of the Vital Revolution", in *Cambridge Economic History of Europe.*, IV, E. E. Rich and C. H. Wilson, eds., *The Economy of Expanding Europe in the 16th and 17th Centuries* (London and New York : Cambridge Univ. Press, 1967), 15. Duby, *Villages désertés*, 14, 16 ; Pesez & Le Roy Ladurie, *Villages désertés*, 181-183 참조.

33) Wilhelm Abel, *Die Wüstungen des Ausgehenden Mittelalters*, 2nd ed. (Stuttgart : Verlag, 1955), 5-12 참조.

34) Maurice C. Beresford, *The Lost Villages of England* (London : Lutterworth Press, 1954) 참조. 베러스퍼드는 인구 감멸(촌락의 완전한 방기와 촌락 내의 인구 감소)의 최성

에서도 널리 퍼졌던 것으로 보인다. 반면 프랑스<sup>35)</sup>에서는 훨씬 더 제한되어
있었다. 이것은 프랑스가 역사적 이유와 토양학적 이유로 해서 유럽의 여느
지역들보다 거주밀도가 더 높았고 더 일찍이 개간되어 있었다는 사실로 일부
설명됨직하다.

농업생산물에 대한 수요가 감소하고 있던 이 시기에는, 도시의 임금이 올
라가고 이에 따라 공업제품의 가격도 올라가고 있었는데, 이 역시 인구 감소
로 야기된 노동력 부족 때문에 일어난 것이다. 이것은 다시 지대를 감소시키
는 한편(명목상의 물가는 올라가고 있는데 지대는 그대로 고정되어 있는 한),
농업노동력의 비용을 상승시켰다. 이것은 마르크 블로크가 "영주계급의 화폐
결핍"<sup>36)</sup>이라고 부른 현상을 초래했다. 어려운 시기에는 으레 그러기 마련이지
만 이윤이 줄어든 것만이 아니라 경영비용이 올라감으로써<sup>37)</sup> 토지소유자들이
직접경영에서 손을 떼는 것을 신중히 고려하게 되었다. 경제적 곤경은 농민층
에 대한 착취를 가중시키는 원인이 되었고, 이는 애초의 의도와는 반대로 농

---

기를 1440년에서 1520년 사이로 잡고 있다(p. 166 참조). 그는 인클로저를 이 현상을 설
명하는 유일한 최대 요인이라고 생각하는데, 그가 보기에 이 현상은 서서히 발전한 것이
다 : "인구 감멸은 곡물을 생산하는 농민보유지가 감소함에 따라 이미 상당히 많은 초지가
있었던 촌락에서 일어났다.……인클로저와 인구 감멸은 서서히 이루어질 수밖에 없는 목
표인 것이다.……"[p. 210]

35) 프제와 르 루아 라뒤리는 1328년부터 오늘날까지 폐촌이 된 동부 랑그도크 지방의 촌락
비율로 5-7퍼센트라는 수치를 내놓는다. 그들의 말대로 "이것은 무시할 수 없는 수치이
기는 하지만, 아벨이 독일에서 관찰한 40퍼센트라는 비율에는 훨씬 못 미치는 것이며, 또
베러스퍼드 씨가 산정한 수치와도 동떨어진 것이다." Pesez & Le Roy Ladurie, *Villages
désertés*, p. 129. 비율의 격차는 인구감소론보다는 농업재편론을 확증하는 것 같다. 우리
는 농업재편에서 상당한 차이가 있었다는 사실, 예컨대 프랑스에서는 잉글랜드나 독일에
서보다 대영지를 조성한 경우가 훨씬 더 적었다는 사실을 알고 있다. 물론 14세기와 15세
기의 인구감소율에 차이가 있었을 것이다. 그러나 바로 폐촌과 같은 현상에서 끌어낸 증거
의 대부분이 추론적인 것이기 때문에 이 점에 관한 우리의 논거는 그만큼 미약하다. 따라서
우리는 이러한 증거를 이용할 수 없으며, 그렇게 한다면 순환논법에 빠져들게 될 것이다.

36) Marc Bloch, *Les caractères originaux de l'histoire rurale français* (Paris : Lib. Armand
Colin, 1964), I, 122.

37) Henri Lefebvre, "Une discussion historique : du féodalisme au capitalisme : observa-
tions", *La Pensée*, No. 65, janv.-févr. 1956, 22.

50

민들의 도주를 초래하고 말았다.[38] 흔히 아주 부유한 계층에게나 통하는 방도
였지만 귀족들이 소득을 회복하는 한 가지 방도는 군주들 곁에서 보수가 많
은 새로운 직책을 맡는 것이었다.[39] 그러나 그것은 불경기의 영향을 누그러뜨
리고 직영지의 쇠퇴를 막기에는 역부족이었다.[40] 그리고 그것은 영주들을 영
지에서 떠나게 함으로써 농업경영에 대한 관심을 잃게 했다.

그렇다면 대영지에서는 어떤 일이 일어났는가? 대영지는 거래에 나설 의사
와 능력이 있는 주요 집단인 부유한 농민들에게 팔리거나 화폐지대를 받고
임대되었는데, 그와 같은 부유한 농민들은 유리한 임대조건을 확보할 수 있는
지위에 있었다.[41]

---

38) "이렇게 압박이 늘어난 결과는 성에 황금 알을 낳아주는 거위를 여위어 죽게 할 뿐만 아
　　니라 완전한 절망감 때문에 장원에서 불법적으로 떠나가게 했다.……도망자의 문제가
　　[매우] 심각한 문제가 되고 노동력이 크게 부족해지자 여러 협약과 상호간의 약조에도
　　불구하고 이웃 영지의 농노를 꾀어내고 훔쳐오는 경쟁이 현실로 나타났는데 —— 이러한
　　경쟁은……영주에게 어느 정도의 양보를 감수하도록 했고, 또 그러한 경쟁의 존재가 봉건
　　적 착취를 더 이상 강화하지 못하게 제한했다." Maurice Dobb, *Studies in the Develop-
　　ment of Capitalism* (London : Routledge & Kegan Paul, 1946), 46-47.
39) "사실 고정된 납부금의 감소와 더불어 직접경영의 쇠퇴, 시설의 수선을 위한 화폐 지불의
　　필요는 [14세기와 15세기] 동안 모든 영주들의 재정상태에 커다란 영향을 미쳤다. 어디
　　서나 그들은 돈이 쪼들리는 듯했고 외부의 수익에 눈을 팔았으며, 또 이런 이유 때문에
　　종종 자신의 영지를 떠나 다른 직업이나 모험을 찾아 나섰다. 그러나 협력자를 구하는 보
　　다 유력한 군주들 곁에서 직책을 얻거나 정치적인 결탁이나 혼인을 통한 결연과 같은 불
　　확실한 길을 택하는 등 수입을 보충하는 다양한 방도에 의해서 거의 모든 대귀족들의 재
　　산 유지가 보장되었다." Georges Duby, *Rural Economy and Country Life in the
　　Medieval West* (Columbia : Univ. of South Carolina Press, 1968), 330.
40) "도시 수공업과의 경쟁과 유럽의 많은 농촌지역으로의 직물 노동자들의 확산으로, 매우
　　높은 수준을 유지하고 있던 농촌의 임금에 비해서 곡물 가격이 계속 눈에 띄게 떨어진 것
　　은 모든 과대 규모의 농업경영의 운명을 결정지었다. 사실 적어도 프랑스와 잉글랜드에서
　　는 1380년 이후에 직영지가 줄어들고 장원의 직접경영이 크게 쇠퇴하는 현상이 나타났던
　　것 같다." Duby, 같은 책, 311.
　　이보다 앞선 뒤비의 한 진술은 좀더 조심스럽다 : "결국……14세기 후반과 15세기 전
　　기간을 통하여 대영지의 규모가 눈에 띄게 줄지는 않았고 오히려 더 커지는 경우도 있기
　　는 했지만, 최소한 그 응집력을 잃었던 것으로 짐작된다." Duby, "Le grand domaine de
　　la fin du moyen âge en France", *Première Conférence Internationale d'Histoire
　　Economique*, Stockholm, August 1960 : *Contributions* (Paris : Mouton, 1960), 338.
41) "화폐지대의 최종적인 확립은 그것을 받은 사람들에게 불리한 상황에서 이루어졌다. 영주들

그러나 농업생산의 사회조직이 어디서나 동일한 것은 아니었다는 사실을 염두에 둬야 한다. 직영지의 크기는 서유럽에서 가장 컸는데, 보다 조밀한 인구는 보다 효율성이 큰 대단위 직영지를 요구했다는 점이 그 이유 중의 하나였다. 중유럽에서도 경제적 침체의 결과 한계토지의 경작 포기라는 동일한 현상이 일어났지만, 이러한 폐촌에 대한 분석은 그것이 경작 포기뿐만 아니라 일부는 인클로저에 기인한다는 사실 때문에 간단치가 않다.[42] 뒤에 논의하겠지만, 더 동쪽으로 나아가 인구밀도가 더욱더 희박한 브란덴부르크와 폴란드에서는 계층 전체로 볼 때, 농민들보다 소유지가 더 작았던 영주들이 "갑작스러운 인구 격감으로 버려진 모든 토지를 획득하고 있었다."[43] 16세기에 이것이 그들에게 얼마나 이익이 될 것이며, 동유럽의 사회구조를 얼마나 근본적으로 바꾸어놓을 것이며, 서유럽의 발전에 얼마나 중요할 것인지——이 모든 것들은 분명히 14-15세기의 당사자들에게는 관심 밖의 일이었다. 그러나 **서부 유럽의 비한계적** 경작지에서는 **지나치게 큰** 직영지 대신 좀더 작은 규모의 토지 보유가 늘어나고 있었다. 이리하여 서유럽에서 중간 규모의 경작농민이 늘어난 것, 서유럽에서 비교적 경작하기 힘든 토지에 대한 인클로저가 시작된 것(이것이 가축 사육 확대의 기반일 것이다) 그리고 동유럽에서 토지가

이 좀더 타협적으로 나올 수밖에 없었던 것은 대중운동의 성장 때문이며, 이런 의미에서 화폐지대는 영주들에게 강요된 측면이 컸다." Kosminsky, *Past & Present*, No. 7, p. 33.

42) 뒤비의 다음과 같은 글을 보라: "14세기와 15세기에 한계토지의 경작을 포기하거나 **모든** [I. 월러스틴의 강조] 경작지를 엄격한 농업규제가 적용되는 몇 개의 질서정연한 토지구역으로 재편한 것을 경제적 불안, 농업 불황 또는 아주 급격한 인구 감소의 징표로 생각하지 않도록 항상 조심해야 한다. 오히려 이와 같은 지형상의 전환은 곡물경제 성장의 중대 국면을 반영하는 것인데, 이것은 한두 세기 뒤였지만 그 전개과정과 본성이 13세기에 일 드 프랑스(파리 주변지역/옮긴이)에서 볼 수 있었던 것과 아주 흡사했다. 이와 같이 북서부 게르마니아에서는 영주들이 값어치가 꾸준히 올라가고 있던 그들의 삼림을 인클로즈했다. 그들은 삼림 주위를 울타리로 둘러막아 농민들의 돼지를 몰아내고 이후 주기적으로 잡초를 태워서 비료로 쓰는 관행을 금지했다. 이런 인클로저를 강제적으로 실시하는 영주들의 권한은 대부분의 생계수단을 숲과 가축 사육 그리고 부수적인 작물 재배에서 얻고 있던 삼림지역의 가족들을 숲에서 내몰았다. 그들은 자신들의 생활방식을 바꾸지 않으면 안 되었으며, 그래서 숲의 농민(Waldbauer)이 영구적인 경지에 정착한 진짜 경작자, 즉 농사꾼(Ackermann)이 되었다." Duby, *Rural Economy*, p. 309.

43) 같은 책, p. 309.

대영지로 집중된 것(이것이 곡물 수출 지역으로서의 새로운 기능을 뒷받침하게 될 것이다) 등의 현상이 동시에 나타났다.

이러한 경제적 "붕괴" 또는 "침체"의 시기는 자본주의 세계경제의 발전에 좋은 것이었는가, 나쁜 것이었는가? 그것은 시야의 폭에 달려 있다. 마이클 포스턴은 15세기를 14세기의 발전으로부터의 후퇴로 보고 있는데,[44] 이러한 후퇴는 분명히 뒤에 가서 극복되었다. 오이겐 코스민스키는 그것을 봉건제 타파의 일부분이며, 따라서 자본주의 경제발전에 필요한 한 단계로 보고 있다.[45] 사실들은 동일하다. 이론적 시야가 다른 것이다.

이제까지의 논의에서는 정치분야에서의 발전에 관해서, 특히 중앙집권적 국가관료제의 완만한 성장에 대해서 거의 아무런 언급도 하지 않았다. 국가의 힘이 아주 미약했던 서유럽 봉건제의 전성기에는 지주, 즉 장원의 영주가 번영을 누렸다. 나중에 가서 귀족들이 자기 이익을 늘리는 데 국가기구를 아무리 많이 이용했을지라도, 국왕과 황제의 힘이 약했다는 사실로 더 많은 혜택을 입었다는 점에는 의심의 여지가 없다. 그들은 개인적으로 통제나 과세로부

---

44) "영국의 자본주의를 크게 발전시킨 시기는 백년전쟁의 초기 국면이었는데, 이 시기에 위급한 국왕재정, 새로운 형태의 과세 시도, 투기적인 양모 거래, 이탈리아 금융의 파탄, 새로운 직물공업의 발달, 이 모든 것들이 한데 어우러져 전시 금융업자와 투기상인들, 군 조달업자와 양모 독점상인들과 같은 새로운 부류의 인간들을 탄생시켰다. 그러나 이 부류는 새로웠던 만큼이나 또한 그 명이 짧았다. 큰 재산을 모았는가 하면 금방 잃어버렸으며, 무모한 재정과 거창한 금융계획들이 시도된 시기는 전쟁의 초기 단계에 벌써 지나가 버렸다.……
영국의 상인계급은 모든 상인들에게 닥친 교역의 정체와 후퇴에 대처했다. 그들은 규제와 제한의 정책을 택함으로써 풋내기들이 장사에 뛰어드는 것을 통제하고 가능한 모든 교역에 관여하려고 했다.……때때로 전형적인 중세적 규제의 증거로 간주되고 있는 관행들이 실은 15세기에 그 이전 여러 세기 동안의 보다 자유롭고 투기적인 상황으로부터 이탈한 데에서 비롯한 것이다." M. M. Postan, "The Fifteenth Century", *Economic History Review*, IX, 2, May 1939, 165-166.
45) "자본주의적 제 관계의 성립을 위한 길을 준비한 농민 처지의 개선과 단순 상품생산의 확대를 가져온 것은 인구 감멸이 아니라 차라리 장원경제의 후퇴, 봉건지대의 금납화와 감소였다고 우리는 믿는다. 웬만한 인구 감소는……이 같은 발전의 진행을……다만 촉진하고 수정할 수 있었을 뿐이다." Eugen A. Kosminsky, *Studi in onore di Armando Sapori*, I, p. 567.

터 좀더 자유로웠을 뿐만 아니라, 농민을 통제하고 농민에게서 세금을 징수하
는 데에도 좀더 자유로웠다. 법적 지위를 가진 중앙 당국과 대중 사이를 잇는
효율적인 연결점이 없는 그와 같은 사회에서 폭력의 효과는 두 곱으로 늘었
다. 왜냐하면 블로크가 지적한 바와 같이 "관습의 작용을 통하여 어떤 악습
이 변모하여 언제든 하나의 선례가 될 수 있고, 그 선례는 하나의 권리가 될
수 있기 때문이다."[46]

   중앙 당국의 요구를 거절하기가 더 어렵고 당국이 유지해주는 질서의 혜택
이 더 바람직하다고 여길 정도로 장원 영주들이 미약한 처지에 놓여 있지 않
았다면, 그들은 중앙기구의 강화를 결코 달가워하지 않았을 것이다. 이러한
상황이 바로 14-15세기의 경제적 어려움과 영주들의 수입 감소가 빚어낸 상
황이었다.

   경제적 어려움과 병행해서 전쟁방법에서의 기술적 전환이 일어났다. 즉 장
궁(長弓)에서 대포와 총으로, 기병전에서 보병의 돌격전으로, 따라서 더 많은
훈련과 규율이 요구되는 전투로의 전환이 일어났다. 이 모든 것은 전쟁비용이
증가하고, 필요한 병력 수가 늘어나고, 유사시마다 소집하는 군대보다 상비군
이 분명히 점점 더 바람직한 것이 되었음을 의미했다. 이런 새로운 조건들이
요구되는 상황에서 봉건영주들 개개인이나 도시국가들로서는 사실상 필요한
자금을 마련하거나 인력을 모을 수 없었다. 인구 감멸의 시기에는 특히 그랬
다.[47] 실은 농민폭동이 자주 일어난 점에서 알 수 있듯이 영방국가들(terri-

---

46) Marc Bloch, "The Rise of Dependent Cultivation and Seigniorial Institutions" in M.
    M. Postan, ed., *Cambridge Economic History of Europe*, I : *The Agrarian Life of the
    Middle Ages* (London and New York : Cambridge Univ. Press, 1966), 269.
47) "도시국가의 맞수였던, 야심도 많고 인력도 풍부한 영방국가는 근대전의 비용을 감당할
    만한 힘이 더 컸던 것이 사실이다. 영방국가는 용병대를 유지하고, 포병대에 필요한 값비
    싼 군비를 갖추었으며, 곧이어 대규모 해전이라는 대단한 사치를 누릴 수 있었다. 영방국
    가의 흥기는 한동안 거스를 수 없는 대세였다." Braudel, *La Méditerranée*, II, p. 8.
      물론 너무 앞질러 생각하지 않도록 조심해야 한다. 찰스 오만은 전쟁방법의 역사적 전
    환은 1494년에야 일어난 것으로 잡고 있다. Sir Charles Oman, *A History of the Art of
    War in the Sixteenth Century* (London : Methuen, 1937), 30 참조. 오만이 생각하기에
    두 가지 핵심적인 "경향"[그러나 이 말에 주목하라]은 "화기(火器)의 중요성이 점점 더

torial states)조차도 질서를 유지하는 데 큰 어려움을 겪었던 것이다.[48]

그러나 15세기에 프랑스의 루이 11세, 잉글랜드의 헨리 7세, 에스파냐에서는 아라곤의 페르난도와 카스티야의 이사벨 등 서유럽에서 국내질서를 회복한 위대한 인물들이 출현했다. 이 과업을 성취하는 데에 그들이 이용할 수 있었던 주요 기구는 재정기구 —— 그들 이전의 국왕들 역시 이를 이용했지만 그들만큼 성과를 거두지는 못했다 —— 였다. 이러한 재정기구는 세금을 징수할 수 있는 강력한 (문무의) 관료제를 힘겹게 구축함으로써 이루어졌으며, 그럼으로써 한층 더 강력한 관료제적 구조의 재정을 감당해낼 수 있었다. 이러한 과정은 12-13세기에 이미 시작되고 있었다. 그때껏 군주들의 마음을 빼앗아왔고 그들의 힘을 탕진시켰던 외부침략이 그치면서, 인구가 늘고 교역이 되살아나기 시작했으며, 그 결과 더 많은 돈이 회전하게 됨으로써 봉급을 받는 관리 및 군대에 대한 지급을 가능케 한 과세기반이 조성되었다.[49] 이런 현상은 비단 프랑스, 잉글랜드, 에스파냐에서만이 아니라 독일의 제후국들에서도 똑같이 일어났다.

세금이 핵심적인 문제임에 틀림없다. 그런데 주기운동이 상승을 시작하기란 쉬운 일이 아니다.[50] 오늘날의 시선으로 되돌아보건대, 중세 말에는 효율

커진 점과 (일부는 그러한 중요성이 커진 결과이기도 한데) 기병의 공격을 점점 더 어렵게 만든 야전 참호의 이용이었다."[p. 33] 사실 어떤 저자들은 한걸음 더 나아가 심지어 16세기에 관해서 이야기할 때에도 전쟁기술의 사회적 영향이 과장되어 있다고 말한다. 예컨대 H. M. Colvin, "Castles and Government in Tudor England", *English Historical Review*, LXXXIII, 1968, 226 참조. 그렇지만 여기서 서술하고 있는 것이 추세나 경향이라는 사실을 염두에 둘 때, 우리는 14세기에 벌써 누적적이며 지속적인 영향이 시작되었음을 확인할 수 있다.

48) "서유럽과 중유럽 전역에 걸쳐서 중세의 마지막 두 세기는 농촌의 불안과 인구 감멸의 시대였다.……그 이전 시기의 거대한 정치구조들은……바로 그 존재이유였던 치안과 질서유지라는 그들의 사명을 한동안 완수하지 못한 것 같았다." Bloch, *Caractères originaux*, I, pp. 117-118.

49) "그리하여 이때부터 국가는 그 지상권의 본질적 요소 —— 어느 개인이나 사적인 집단과는 비교할 수 없을 정도로 큰 재정자원 —— 를 획득하기 시작했다." Bloch, *Feudal Society*, p. 422.

50) 데이비드 록우드는 이와 관련된 이론적 문제를 이렇게 적시한 바 있다 : "관료제와 과세 사이의 관계는 고도로 상호 의존적인 관계이다. 관료제의 효율성은 그 과세제도의 유효성

적인 세금제도에 대한 장애요소들이 숱하게 많았던 것 같다. 세금은 현실적으로 순생산(net production)에만 부과될 수 있는데, 순생산의 수준은 화폐량과 화폐 회전의 수준과 마찬가지로 낮았다. 세금의 내용을 일일이 확인하기란 아주 어려운 일이었다. 인원이 부족한 데다가 수량화된 기록의 관행이 그다지 발달하지 않았기 때문이다. 지배자들이 수입의 원천으로 세금 대신 여러 대안들, 즉 재산 몰수, 차입, 국가관직의 매도, 화폐의 가치절하 등에 번번히 의존한 것은 당연하다. 그러나 이러한 대안들 하나하나가 나름대로 당장의 재정궁핍을 해결했을지 모르나 장기적으로는 국왕의 정치적, 경제적 힘에 어떤 부정

에 달려 있다. 그리고 과세제도의 유효성은 관료기구의 효율성에 달려 있다. 이리하여, 이 유야 어쨌건, 관료제의 부담이 늘어나거나 세금부담 능력이 줄어드는 경우에는 언제나 힘의 분산이라는 악순환을 야기하게 된다. 사실 가산제적 관료제(patrimonial bureaucracy)의 '과세' 위기는 자본주의의 '생산' 위기와 본질적으로 유사하다고 주장할 수 있을 것이다.……긴장의 지점들은 '봉건화'의 잠재적 가능성이 현실화될 수 있는 지점들이다. 즉 관리들이 관직의 경제적, 정치적 원천을 사유화하는 경향, 세금부담을 면제받고 그리고/또는 재정적, 정치적 기능을 탈취하려는 대지주들의 투쟁 그리고 관료제적 중앙권력이 지우는 세금부담에 대한 보호자를 찾는 가운데 농민이 빠져들어갈 수밖에 없는 경제적, 정치적 예속 등이다. 이러한 '원심적인' 경향들은 효율적인 담세능력과 중앙통제를 유지하는 기구들이 제대로 기능하지 못하게 되는 원인이자 그 결과라고 볼 수 있다." David Lockwood, "Social Integration and System Integration" in George K. Zollschan and Walter Hirsch, eds., *Explorations in Social Change* (Boston, Massachusetts : Houghton, 1964), 254.

이러한 딜레마에 대한 가브리엘 아르당의 서술은 국가가 구조적 변화를 저지하기보다는 오히려 촉진하는 방향의 재정정책을 선택한다는 사실을 특히 강조한다. 양자를 분리하기는 어려운데도 말이다. 아르당은 이렇게 말한다 : "정복의 이득이건, 교회재산의 탈취이건, 아니면 특정 사회범주에 대한 체계적인 박해이건 간에 재산의 몰수는 재정상의 난관을 해결할 수 없는 정부가 어느 시대나 빠져들기 쉬운 유혹이었다. 시간적으로 한계가 있고 또 곧잘 낭비되곤 했지만 그래도 그것은 정부가 재원을 조달할 수 있는 한 가지 수단이었다. 하지만 이것말고도 당국이 이용할 수 있는 두 가지 유형의 해결책이 있었다 :

"첫째 유형인 봉건적 해결책은 흔히 장원경제와 관직매매로 나타났는데, 국가가 사실상 해체되는 결과를 낳은 경우가 상당히 많았다.

"이러한 방식에 맞서는 것으로, 이 역시 경제구조에 의존한다고 봐야 하는 재정방편인 차입과 인플레이션 정책을 들 수 있다.

"우리는 국가가 그 사회의 사회조직을 변형시킬 수 있는 전혀 다른 차원의 정책들을 끌어내야 한다." Gabriel Ardant, *Théorie sociologique de l'impôt* (Paris : S.E.V.P.E.N., 1965), I, 541 이하.

적인 영향을 미쳤다.[51] 그렇지만 어려움을 강조하는 것은 잘못일 터이다. 성취의 정도가 눈에 띌 만큼 두드러진 것이다. 여러 타협들은 성공에 이르는 중요한 도정으로 볼 수 있을 것이다. 징세청부[52]와 관직매매[53]야말로 다름 아닌 이런 유용한 타협의 두 가지 형태로 볼 수 있다. 더욱이 국왕 수중으로 유입되는 자금이 늘어난 것은 국가의 힘을 강화하는 한편, 귀족들 자신의 수입원을 약화시킴으로써 그들에게 타격을 입혔다. 특히 14-15세기의 보다 어려워진 경제적 상황 속에서 그리고 누구보다도 새로운 관료제와 연결되지 못한 사람들에게 타격을 입혔던 것이다. 뒤비가 지적하고 있듯이 "농민들이 토지에서 얻어낸 소득의 대부분은 여전히 영주들의 수중으로 들어가고 있었지만, 과세제도의 꾸준한 진전으로 국가기관의 종사자들이 차지하는 몫이 크게 늘어났다."[54]

그리고 국가의 힘이 더 강해짐에 따라서 통화 조절이 더욱 유리하게 되었다. 14-15세기에 전쟁으로 야기된 국가의 재정위기에, 세금을 부과할 수 있

---

51) 예컨대 아르탕은 다음과 같이 지적하고 있다 : "불리한 재정상태의 틀 속에 있는 국가가 필요하다고 판단된 신용(빚)을 얻기 위해서는 넓은 의미의 보증(gages)을 제공해야만 하는데, 이는 국가주권에 대한 어떤 제한을 뜻하는 것이다. 즉 특정한 수입원을 외국 채권자에게 넘겨준다든지, 금융행정에 대한, 더 나아가서 정치적 행정에 대한 감독권의 일부를 채권자들 또는 그들을 후원하는 국가 등이 행사하게 된다는 것을 뜻한다."[같은 책, I, pp. 549-550]

52) 막스 베버는 서유럽과 인도를 대비하면서 이렇게 말하고 있다 : "근대 초 서양 국가에서도 징세청부제도와 사업가들 —— 재정업무의 대부분을 떠맡았던 —— 에게 군대 모집의 일을 위탁하는 관행이 나타났다. 그러나 왕국들이 지배하고 있던 인도에서는, 서유럽 군주들로 하여금 군사행정과 금융행정을 서서히 자기 수중에 되찾아올 수 있도록 해준 중앙 기구들이 발전하지 못했다." Max Weber, *The Religion of India* (New York : Free Press, 1958), 69.

53) "관직매매는 그 막심한 폐해에도 불구하고 당시에는 [국가의 힘을 강화시킨다는] 정치적 의미를 지니고 있었다. 민간행정에서 그것은 봉급을 받는 군대, 즉 '용병' 제도 —— 이 또한 심하게 비난받은 제도였지만……왕권의 커다란 신장과 결부된 제도였으며, 덕분에 왕권은 이제 봉건귀족의 군사력에만 의존하지는 않게 되었다 —— 와 맞먹는 제도였다." F. Chabod, "Y-a-t-il un état de la Renaissance?" in *Actes du Colloque sur la Renaissance* (Paris : Lib. Philosophique J. Vrin, 1958), 66.

54) Duby, *Rural Economy*, p. 331.

는 농촌에서의 이윤 마진의 축소가 겹치자 국가는 다른 수입원을 찾아야 했
는데, 그것은 특히 인구 감멸의 결과 군주들이 황폐해진 지역을 다시 경작하
려는 사람들에게 세금을 면제해주겠다고 제안하고 있었기 때문이다. 그래서
통화를 조작하는 것은 많은 이점이 있었다. 레오폴드 제니코는 당시에 통화의
가치절하가 잦았던 이유에 대하여 세 가지 설명이 가능하다고 지적한다. 즉
(통화의 가치절하는 국왕의 영지에서 나오는 소득 중 큰 몫을 차지하고 있던
고정 수입 역시 감소시키지만) 국가부채를 감소시킨다는 것, 교역의 성장이
은의 축적량을 앞지르고 공공의 무질서가 금은의 사장을 부채질하고 있었던
시기에 지불수단이 부족했다는 것, 또는 디플레이션을 저지하고 금은의 사장
을 막으며 수출을 촉진하여 상업을 되살리기 위하여 환율을 낮추려는 경제정
책을 시도했다는 것 등이다. 그 이유를 어떤 식으로 설명하건 간에 통화의 가
치절하는 "아주 큰 폭의 인플레이션을 수반했고" 또 "그럼으로써 고정 수입
의 실질가치를 감소시켰다."[55] 고정 수입을 가진 사람들은 주로 영주계급이
며, 따라서 그들은 국가를 상대하는 힘이 약해졌다.

　국가? 국가란 무엇이었는가? 이 당시에 국가는 군주, 그 이름이 칭송받고
위엄을 지키면서 점차로 신민들과 멀어져간 군주였다.[56] 그리고 국가는 특별
한 성격과 이해관계를 가진 하나의 독특한 사회집단으로 등장한 관료제였다.
관료제는 군주의 주요 동맹자이면서도,[57] 차차 살펴보겠지만 여전히 양면성을

---

55) Léopold Génicot, "Crisis : From the Middle Ages to Modern Times", in *Cambridge Economic History of Europe*, I : *The Agrarian Life of the Middle Ages*, 2nd ed. (London and New York : Cambridge Univ. Press, 1966), 699.
56) "이론가와 (예컨대 리슐리외 같은) 실천가가 다 같이 군주의 **명성**을 중요시했는데, 이와 함께 군주의 '위엄'은 한층 더 주목의 대상이 되었다. 이 모든 것이 조금씩 군주와 신민 사이의 거리를 벌려나감으로써 군주를 감히 가까이할 수 없는 지위로 올려놓았다." Chabod, *Actes*, p, 72.
57) "군주의 권력이 커지고 있었지만 또다른 권력, 즉 관료 '단체'의 권력 또한 커졌다. 이리 하여 모든 개개인 간의 개별적 분쟁이 있었음에도 불구하고 서로서로를 이어주는 정신이 생겨났는데, 이러한 정신은 가장 지체 높은 관료들인 법관(officiers de justice)만이 아니 라 다른 관료들 사이에서도 나타났다.……
　"군주권의 동맹자—— 정치적 의미에서의 ——인 이 '제4신분'의 증대하는 권력은 사실 우리가 주목해야 할 핵심적인 요소인데, 군주권은 이 제4신분과 더불어 성장해왔던

58

띠는 집단이었다. 또한 국가는 군주가 과세에 관한 입법과정에서 자신을 도와
줄 기구로 창설한 다양한 형태의 대의체였는데, 그것은 주로 귀족들로 구성되
었다. 군주는 이것을 귀족에 대항하는 기구로 이용했고, 귀족은 이를 국왕에
대항하는 기구로 이용했다.[58]

서유럽에서 이와 같은 국가의 창출은 16세기가 아니라 13세기부터 시작되
었다. 이브 르누아르는 오늘에 이르기까지의 프랑스, 잉글랜드, 에스파냐의
국경선을 결정짓는 경계선이 1212-14년 사이에 일어난 일련의 전투에서 어
느 만큼 확정되었는가를 추적한 바 있다.[59] 나중에 민족감정이 형성된 것은
다른 어떤 경계선(예를 들면, 프로방스와 카탈루냐를 포함하는 이른바 지중해
연안의 옥시타니[Occitanie : 중세에 오일어를 사용하던 프랑스 북부에 대하여
오크어를 사용하던 남부를 가리키는 말/옮긴이] 국가, 또는 앙주가[家]의
영지인 서부 프랑스 지방을 잉글랜드의 일부로 포함하는 대서양 국가의 경계
선)보다 이때 생긴 경계선에 바탕을 두고 있었다. 가령 20세기의 아프리카에
서와 마찬가지로 근대 초기의 유럽에서도 우선 경계선이 생기고 그뒤에 민족
감정이 형성된 것이 사실이었다. 경계선이 결정되었을 뿐만 아니라 더욱더 중
요한 것은 기어이 경계선이 그어지리라는 점이 확실해진 것 또한 바로 이 시
기였다는 것이다. 이것이 바로 에두아르 페루아가 서유럽의 정치구조에서
"근본적인 변화"라고 지칭한 것이다.[60] 그의 견해에 따르면, 유럽의 변형시기

것이다(그래서 행정의 중앙집권화와 정치적 절대주의가 서로 제휴하면서 진행되어왔던
것이다)."[같은 책, pp. 68-69, 72]
58) 에드워드 밀러는 중세 말 유럽의 여러 나라에서 더욱더 복잡해진 여러 이해관계의 상호
작용이 어떻게 형성되기 시작했는지에 대해서 간략하게 논의한 바 있다. Edward Miller,
"Government and Economic Policies and Public Finance, 900-1500", Fontana Eco-
nomic History of Europe, I, 8, 1970, 34-40 참조.
59) Yves Renouard, "1212-1216 : Comment les traits durables de l'Europe occidentale
moderne se sont définis au début du XIIIe siècle", Annales de l'Université de Paris,
XXVIII, 1, janv.-mars 1958, 5-21 참조.
60) "하나의 커다란 통합체, 라틴 그리스도교 세계와 어느 정도 일치하며 자치적인 소규모 세
포들과 같은 수많은 영주령으로 구성된 하나의 커다란 통합체가 사라지고, 근대 유럽 국
가들의 시초인 넓은 영방 주권국가들이 뚜렷한 모습으로 나란히 자리잡게 되었다."
Edouard Perroy 외 공저, Le Moyen Age, Vol. III of Histoire Générale des Civi-

를 우리는 12세기 중엽에서 14세기 초까지로, 요컨대 중세의 상업과 농업이 번영의 절정에 달했던 시기로 잡을 수 있다.

어째서 제국이 아니라 민족국가(nation-state)인가? 여기서 우리는 용어를 신중하게 사용해야 한다. 우리는 아마도 13-14세기의 프랑스를 하나의 민족국가로, 15-16세기의 프랑스를 하나의 제국으로, 17세기의 프랑스를 다시 하나의 민족국가로 생각해야 할 것이다. 이것이 바로 페르낭 브로델의 생각인 것 같다.[61] 어째서 이런 식의 교체가 일어났는가? 브로델의 생각에는 "15-16세기의 경제적 팽창과 더불어 거대한 국가, 심지어 아주 거대한 국가, 이런 '비대한 국가들'에게 유리한 콩종크튀르가 줄곧 유지되었다.……사실 역사는 거대한 정치구조에 대해서 한때 유리하게 진행하는가 하면 다시 불리하게 뒤바뀌며 진행한다."[62] 프리츠 하르퉁과 R. 무니에는 작은 국가에서는 자리잡지 못한 형태인 절대왕정을 확립하는 데에는 최소한의 규모(그렇지만 또한 최대한의 규모?)가 요구된다고 말한다. "물론 작은 국가들은 절대왕정을 유지할 만한 규모의 군사적, 경제적 단위가 될 수 없었다."[63] 이러한 논의들은 이론

---

*lisations* (Paris : Universitaires de France, 1955), 369-370.

61) "실제로 수레바퀴가 도는 방향이 바뀌었다. 이 세기[16세기] 초는 [에스파냐나 오스만 제국과 같은] 거대한 국가들에게 유리한 시기였는데, 이는 경제학자들의 말에 따르면 최적의 정치적 기업이었다. 16세기가 진행함에 따라서 그리고 딱히 설명할 수 없는 여러 이유로, 이런 큰 정치체는 주위 상황의 변화에 따라 조금씩 그 약점을 드러내고 말았다. 위기는 일시적인 것이었는가, 아니면 구조적인 것이었는가? 약화였는가, 쇠퇴였는가? 어느 경우이든 17세기 초에는 중간 규모의 국가들이 강력한 것 같았다. 갑자기 빛을 발한 앙리 4세 시대의 프랑스나, 호전적이고 번화한 엘리자베스 시대의 작은 잉글랜드나, 암스테르담을 중심으로 세워진 홀란트나, 1555년부터 나라를 풍비박산낸 30년전쟁 무렵에 이르기까지 물질적 침체에 빠져들어간 독일이 바로 그러했다. 지중해에서는 또다시 풍부한 금을 가지게 된 모로코와, 일개 도시에서 하나의 영방국가로 성장한 내력을 가지고 있는 섭정 시대의 알제가 또한 그런 예이다. 사치와 미와 지혜로 찬란히 빛나던 베네치아나, 페르디난도 대공 시대의 토스카나 역시 마찬가지이다.……

"달리 말해서 1595년부터 1621년까지의 침체로 중간 규모의 국가들보다는 제국들이 더 큰 어려움을 겪었음에 틀림없다." Braudel, *La Méditerranée*, II, p. 47.

62) 같은 책, II, p. 10.

63) Fr. Hartung & R. Mousnier, "Quelque problèmes concernant la monarchie absolue", in *Relazioni del X Congresso Internazionale di Scienze Storiche*, IV : *Storia moderna* (Firenze : G. B. Sansoni, 1955), 47.

적으로 상당히 주목할 만한 한 문제에 대한 답을 얻는 데 유용한 몇몇 도움
말에 불과하다. V. G. 키어난의 다음과 같은 명확한 개념 규정이 어쩌면 크
게 도움이 됨직하다 :

> 민족국가를 수립하겠다고 나선 왕조는 하나도 없었다. 왕조마다 무한한 확장을 꾀했
> 다.……그래서 왕조가 번성하면 할수록 잡동사니의 어설픈 제국이 나타나고 말았다.
> 그것은 계속 살아남을 수 있을 만큼 그리고 이웃 나라들을 할퀼 발톱을 갈 수 있을
> 만큼 커야 했지만, 중앙에서 조직할 수 있을 만큼 그리고 하나의 실체라는 느낌이
> 들 만큼 작아야 했다. 유럽 서쪽 끝의 인구밀집 지역에서는 상호간의 경쟁과 지리적
> 한계로 말미암아 영토의 지나친 팽창이 저지되었던 것이다.[64]

물론 이것은 그러한 제국들이 해외로 확장되지 않았을 때의 이야기이다.

그러한 어설픈 제국들은 제국과는 다른 국가이성(raisons d'état), 장차 다른
이데올로기를 발전시킬 것이었다. 민족국가는 하나의 영토적 단위이다. 다시
말해서 그것은 그 지배자들이 그 영토를 하나의 민족적인 사회로 만들려고
노력하는(때때로 그리고 흔히 노력하지만, 언제나 그렇다고는 할 수 없는) 그
러한 영토적 단위이다 ―― 그 이유는 뒤에서 논의할 것이다. 16세기 이래 서
유럽의 민족국가들이 제국의 중심부에 비교적 동질적인 민족적 사회를 만들
고자 노력하면서, 제국적인 모험을 민족적 사회의 형성을 위한 하나의 보조수
단으로, 어쩌면 필수불가결한 보조수단으로 이용했다는 점을 상기할 때, 상황
은 더욱이나 혼란스러워진다.

우리는 14-15세기 서유럽 봉건제의 위기를 16세기 이후의 유럽의 팽창과
그 경제적 변형의 배경이자 전주곡이라고 논의해왔다. 이제까지의 논의와 설
명은 (생산조직, 국가기구, 여러 사회집단 간의 관계 등) 주로 사회구조의 측
면에 관한 것이었다. 그렇지만 14세기의 "위기"와 16세기의 "팽창"은 짐작
컨대 그 상당 부분이 기후, 역병, 토양조건 등 자연환경의 요인들에 의해서
설명될 수 있다고 생각하는 이가 많을 것이다. 이러한 주장들은 가볍게 치워

---

64) V. G. Kiernan, "State and Nations in Western Europe", *Past & Present*, No. 31,
July 1965, 35-36.

버릴 수 없는 것들이며, 실제로 일어난 사회변화를 설명하는 데에는 그러한 요인들이 제대로 평가되고 그 나름의 비중대로 측정되어야 할 것이다.

기후에 관해서는 구스타프 우터스트룀이 가장 유력한 주장을 제시한 바 있다. 그 주장의 요점은 다음과 같다 :

산업주의의 덕택으로, 그에 못지 않게 기술진보의 덕택으로, 오늘날의 인간은 지난 수세기 동안의 인간보다 변덕스러운 자연의 힘 앞에 덜 좌우된다. 그러나 또 하나의 요인은 기후가, 특히 북유럽에서, 전에 없이 온화한 시대에 살고 있다는 사실이라는 점을 우리는 얼마나 염두에 두고 있는가? 지난 1,000년 동안……인간의 삶에서의 번영기는, 중요한 예외가 있기는 했지만, 대체로 대빙하기 사이의 따뜻한 중간기였다. 경제생활과 인구 수가 가장 큰 진전을 보인 것이 또한 이러한 중간기인 것이다.[65]

그의 주장의 설득력을 높이기 위하여 우터스트룀은 기후변화가 유럽의 변형 과정 초기에 특히 영향을 미쳤을 것이라는 점을 상기시키고 있다. "중세의 원시적 농업은 높은 기술수준을 갖춘 근대 농업보다 훨씬 더 유리한 기후조건에 의존하고 있었음에 틀림없다"[66]

우터스트룀은 가령 14세기와 15세기 초의 매서운 겨울, 1460년부터 16세기 중엽까지의 온화한 겨울, 17세기 후반의 매서운 겨울이[67] 경제적 후퇴, 팽창 그리고 다시 후퇴와 대체로 일치한다는 사실을 지적한다 :

인구압력을 결정적인 요인으로 생각하는 것은 이러한 경제현상의 진행에 대해서 만족할 만한 설명을 내놓지 못한다. 인구가 그런 식으로 증가했다는 사실은 이제까지 제기된 적이 없는 한 가지 의문을 불러일으킨다 : 왜 인구가 증가했는가?……인구가 크게 증가한 것은……전 유럽에 걸친 전반적 현상이었다. 북유럽과 중유럽에서는 기후가 전에 없이 온화했던 시기에 인구가 상당히 증가하고 있었다. 이것은 거의 우연한 일치일 수가 없다. 틀림없이 어떤 인과적 관련이 있는 것이다.[68]

---

65) Gustaf Utterström, "Climatic Fluctuations and Population Problems in Early Modern History", *Scandinavian Economic History Review*, III, 1, 1955, 17.
66) 같은 책, p. 5.
67) 같은 책, p. 24.
68) 같은 책, p. 39.

게다가 우터스트룀은 역병학적 요인을 개입 변수로 삼는다. 그는 더운 여름이 흑사병의 두 매개체 중의 하나로서 쥐벼룩의 숙주인 검은쥐의 수를 증가시킴으로써 흑사병이 일어났다고 설명한다.[69]

조르주 뒤비는 이 가설을 중요시해야 한다고 시인한다. 확실히 14세기의 경작 포기(아이슬란드와 그린란드 내 스칸디나비아 식민지들에서의 곡물, 주데텐란트에서의 삼림 한계선의 하강, 잉글랜드에서의 포도 재배의 종식과 독일에서의 그 후퇴 등) 현상들 가운데 어떤 것들은 모두 기후변화로 설명이 가능하다. 그러나 이와 다른 그럴싸한 설명도 있다. 무엇보다도 중요한 것은, 뒤비가 상기시키고 있는 바와 같이, "농업의 후퇴는 인구 하락과 마찬가지로 14세기 초 이전에 시작되었다"[70]는, 그러니까 예의 기후변화 이전에 시작되었다는 점이다. 뒤비는 오히려 기후적 요인과 역병을 14세기에 이미 취약성을 드러내고 있던 인구구조에 치명타를 가한 가중적인 재앙 정도로 생각한다.[71] 상승-하락 현상을 설명하는 데 기후변화 요인을 시간적으로 우선하는 요인으로 보는 견해에 대하여 헬라이너,[72] 슬리허 반 바트,[73] 엠마뉘엘 르 루아 라뒤리[74]

---

69) 같은 책, pp. 14-15 참조. 그러나 카를 헬라이너는 에른스트 로덴발트의 저술을 인용하면서, 인체에 기생하는 벼룩이 쥐벼룩보다 흑사병을 전염시키는 요인으로서 덜 중요하기는 하지만 중세에는 좀더 중요한 구실을 했을 가능성이 있다고 말하면서, 그래서 우터스트룀의 가설의 비중을 줄이고 있다. Helleiner, *Cambridge Economic History of Europe*, IV, p. 7 참조.
70) Duby, *Rural Economy*, p. 307.
71) 같은 책, p. 308.
72) Helleiner, *Cambridge Economic History of Europe*, IV, p. 76.
73) "1200년 이후의 서유럽 경제생활에서 관찰되는 주기적 상승-하락 현상이 기후변화의 결과인 것 같지는 않다.……" Slicher van Bath, *A.A.G.B.*, No. 12, p. 8.
74) 우터스트룀이 제시한 증거 중에는 선험적으로 기후적 요인이 아닌 것이 있다는 점을 지적하고 나서, 르 루아 라뒤리는 기상학적 데이터 사용에서 나타나는 방법론적인 결함들을 지적한다. 그는 우터스트룀이 자기의 일반화 개념을 지탱할 만한 장기 추세의 데이터를 충분히 제시하지 않았다고 말한다. "문제된 곡선의 전반적 형태를 무시한 채, 아니 어쩌면 알지도 못하고서, 자기가 해석하고자 하는 곡선의 몇몇 예외적인 '주기변동' 지점들만을 가지고 장기적이며 지속적인 가격 상승 현상을 입증했다고 주장하려는 역사가나 경제학자를 한번 상상해보자." Emmanuel Le Roy Ladurie, *Histoire du climat depuis l'an mil* (Paris : Flammarion, 1967), 17.

도 비슷한 회의론을 피력한 바 있다.

기후변화가 일어났다면 분명히 그만큼 사회체제의 작동에 영향을 미쳤을 것이다. 그렇지만 체제가 다른 데 따라 영향이 달랐으리라는 것 또한 분명하다. 의견이 분분하기는 하지만 실제로 일어난 바와 같은 빙하작용은 북반구 전체에 걸친 현상이었을 것인데도 아시아와 북아메리카의 사회발전은 유럽과는 확연히 다른 방향으로 진행되었다. 따라서 봉건적인 사회조직과 연관된 자원 결핍이라든가 전반적으로 생산성이 낮은 여건에서의 소수집단의 과소비와 같은 만성적인 요인 쪽으로 눈을 돌리는 것이 유익할 것이다. 노먼 파운즈는 "중세 농민에게는 정상적 혹은 평균적이라고 할 만한 여건에서조차도 삶이 보장될 만한 여지가 얼마나 좁았는가……"[75]를 일깨워주고 있다. 슬리허 반 바트는 전염병에 대한 사람들의 저항력이 가장 강했던 지역이 다름 아닌 단백질 생산 지역이었다고 주장하면서 영양실조가 오래 지속되었다는 이 가설을 뒷받침하고자 한다.[76]

그러나 앞에서 논의된 바와 같은 만성적인 과도한 착취와 그 결과로 일어난 반란들 때문에 경제적 침체가 먼저 있었고, 그뒤에 식량 부족과 역병이라는 두 요인에 기후적 요인이 더해졌다고 보는 경우, 사회물리학적 콩종크튀르가 어떻게 "위기"의 정도를 심화시킬 수 있었는지를 쉽게 이해할 수 있다. 일단 널리 퍼져나간 전염병의 풍토병화가 거꾸로 위기를 심화시켰을 것이다.[77] 그뿐만 아니라, 땅덩어리는 그대로이기 때문에 사람 수가 적어지면

75) Norman J. G. Pounds, "Overpopulation in France and the Low Countries in the Later Middle Ages", *Journal of Social History*, III, 3, Spring 1970, 245. 파운즈는 "항구적인 영양실조 상태"에 관해서 이야기하고 있다. 페르낭 브로델 역시 비슷한 견해를 피력한다. "[초기 농업경제 아래서는] 수확의 주기적 변동, 품질, 부족 등이 전체 물질생활을 결정한다. 이런 것들로부터 마치 나무나 사람의 속살을 물어뜯은 상처와도 같은 속시린 아픔이 나올 수 있다." Braudel, *Civilisation matérielle et capitalisme* (Paris : Lib. Armand Colin, 1967), 32–33.
76) "네덜란드 해안지대의 주민들은 대체로 가축 사육과 어업으로 살아가고 있었으며, 따라서 농경민들보다 더 많은 동물성 생산물과 지방을 섭취했는데, 아마 그런 이유 때문에 [다른 유럽인들과는] 사뭇 다르게 14세기의 전염병에 쓰러지지 않았다." Slicher van Bath, *A.A.G.B.*, No. 12, pp. 89–90.
77) "[1347~51년 사이에] 유럽에 들어온 전염병은 처음 만연한 이후 약 350년 동안 유럽에

그만큼 식량이 많아지는 것을 의미했을 테지만, 이는 목장으로의 전환과 그에 따른 칼로리 산출량의 감소를 또한 의미했다. 이리하여 인구 감소 역시 풍토적 현상이 되었다.[78] 피에르 쇼뉘는 "지대 하락, 이윤 감소 그리고 영주에 대한 부담의 가중"은 토지에 대한 투자를 다른 데로 전환케 함으로써 상황을 한층 더 악화시켰을 것이라고 부언한다.[79] 그리고 도브는 전환의 결과 나타난 현상은 흔히 생각하는 것처럼 농민의 부담을 가볍게 하기보다는 더욱 무겁게 했을 것이며, 그래서 어려움을 가중시켰으리라고 말한다.[80] 이처럼 물질적 주

---

서 사라지지 않았다. 혹은 풍토병, 혹은 전염병의 형태로 그것은 장기적 평균치와 단기적 변동치의 양면에서 사망률에 계속 심각한 영향을 미치고 있었다." Helleiner, *Cambridge Economic History of Europe*, IV, p. 5.

78) 카를 헬라이너는 다음과 같은 가설을 제시한다 : "[흑사병으로 인구가 감소함에 따라서] 하층계급의 경제적 지위가 개선되었다는 바로 그 사실이 급속한 인구 회복을 방해했을 가능성이 있다. 그것은 선험적 근거에서 그렇게 생각할 수 있고 이러한 견해를 뒷받침하는 약간의 증거도 있다. 즉 그러한 지위 개선은 생활수준의 향상을 가져오고, 곡물 소비의 일부를 육류 소비로 전환하는 현상을 초래했다. 소비자의 선호가 이처럼 바뀐 것은 동물성 생산물과 곡물의 상대적 가격 변동에 반영되는데, 이것이 [그] 폐촌(Wüstung) 과정을 틀림없이 격화시켰을 것이다.……이 과정의 한 측면은 가축 사육을 위한 유럽의 부분적 '비곡물화' 현상이었다. 그러나 일정한 농업기술의 수준 아래서 1칼로리의 동물성 식품을 생산하는 데에는 1칼로리의 식물성 식품을 생산하는 데에 필요한 토지의 5-6배의 토지가 소요된다. 그러므로 다음과 같은 추리가 가능하다. 즉 인구의 감소 현상이 시작됨으로써 토지에 대한 인구의 압력이 줄어드는 면이 있다고 하더라도 그 일부는 소비 패턴과 생산 패턴의 변화로 상쇄될 수밖에 없었다는 것이다. 이러한 가설은 이해하기 어려운 또다른 사실, 즉 중세 후기에 일인당 경작토지의 공급이 확실히 훨씬 더 늘어났는데도, 이 시기가 그 이전의 여러 세기와 거의 다름없이 죽음과 배고픔으로 시달려야만 했다는 사실을 설명하는 데 도움이 된다."[같은 책, pp. 68-69]

79) "14-15세기의 인구 감소는 공간의 부족을 해결하기는커녕 오히려 가중시켰다. 따라서 그것은 13세기에 일어난 압력을 줄이지 못했다. 지대의 하락, 이윤의 감소, 그리고 영주에 대한 부담의 증가 등으로 그것은 압력을 가중시켰을 것이다. 토지에 대한 투자 쪽으로 이끌렸을 자본이 조금은 다른 방향으로 빠져나갔다." Chaunu, *L'expansion européenne*, p. 349.

80) "그렇지만 금납화가 봉건적 부담을 완화시키지 않고 오히려 강화시킨 사례도 많았다. 이 경우 금납화는 더 많은 부역의 직접적 부과에 대한 하나의 대안에 불과했다. 금납화가 주로 영주의 주도 아래 이루어졌을 때 이런 성격을 띠기 십상이었다. 봉건적 수입을 증대시키려는 시도가 이런 형태를 취한 것은 아마도 노동력이 비교적 풍부하기 때문이었을 것이다.……금납화하려는 생각을 부추긴 것은 아마 마을의 가용토지에 가해진 인구의 압력이었는데, 이것이 마을 주민의 생계를 더욱 쪼들리게 하고 또 그럼으로써 임금노동을 값싸

변상황이라는 변수를 끼워넣음으로써 이전의 우리의 분석이 뒤엎어지지는 않
는다. 그것은 앞으로의 세계역사에 매우 중요한 역사적 콩종크튀르를 설명하
는 데에 도움을 주는 또 하나의 요인, 즉 시간지속의 관점에서 볼 때 중간에
해당하는 사회구조를 변화시킬 힘을 가진 콩종크튀르들을 장기적인 안정성과
오랜 기간에 걸친 느린 변화들을 통해서 설명할 수 있는 또 하나의 사례를
보여줌으로써 이전의 우리의 분석을 더욱 풍부하게 한다.

이제까지의 분석을 요약하면 다음과 같다. 중세 유럽에는 하나의 그리스도
교 "문명"이 존재한 것이지 하나의 세계제국이나 세계경제가 존재하지는 않
았다. 유럽의 대부분은 봉건적이었다 : 즉 비교적 작고 자급자족적인 경제 중
심지들로 구성되어 있었는데, 그러한 중심지들은 소수의 귀족계급이 장원경
제 안에서 생산되는 소규모 농업 잉여를 비교적 직접 전유하는 착취 형태에
기반을 두고 있었다. 유럽 안에는 최소한 두 개의 작은 세계경제가 있었는데,
북부 이탈리아의 도시국가들에 바탕을 둔 중간 규모의 세계경제와 플랑드르
와 북부 독일의 도시국가들에 바탕을 둔 좀더 작은 규모의 세계경제였다. 유
럽의 대부분은 이러한 조직망 안에 직접적으로 포섭되어 있지 않았다.

1150년부터 1300년까지 유럽에서는 봉건적 생산양식의 틀 안에서의 팽창
이 있었는데, 그것은 지리적, 상업적, 인구적으로 동시에 진행된 팽창이었다.
대략 1300년부터 1450년까지는 팽창했던 것이 수축한 시기인데, 이 역시 지
리, 상업, 인구의 세 부분에서 진행되었다.

팽창 뒤에 일어난 이와 같은 수축이 하나의 "위기"를 야기했는데, 그것은
경제영역에서만이 아니라 정치영역에서도 나타났다(귀족들 상호간의 살육전
과 농민폭동이 두 가지 그 주된 증상이었다). 위기는 문화 면에서도 나타났
다. 중세의 그리스도교적 통합체는 훗날 "근대" 서양사상을 최초로 일깨웠다
고 할 만한 온갖 형태의 움직임들로부터 거센 공격을 받게 되었다.

위기에 대해서는 세 가지 주된 설명이 있다. 위기는 본질적으로 주기적인
경제 추세의 소산이었다는 설명이 그 하나이다. 일정한 기술여건 아래서 팽창
의 최적점에 도달하고 나자 수축이 뒤따랐다는 것이다. 두번째는 위기가 본질

게 그리고 비교적 풍부하게 만들었던 것이다.……" Dobb, *Studies*, pp. 63–64.

적으로 장기적 추세의 소산이었다는 설명이다. 봉건적 양식 아래서의 잉여 착취가 1,000년 동안 이어진 끝에 수확체감의 시점에 도달했다는 것이다. 기술진보를 요구하는 구조적 동기가 결여되어 있기 때문에 생산성이 제자리에 머물러 있는데도(또는 지력 쇠퇴의 결과 어쩌면 저하되었는데도), 지배계급의 지출규모와 지출수준의 증가로 말미암아 잉여 산출자가 감당해야 할 부담은 끊임없이 늘어만 갔다. 그리하여 이제 짜낼 것이 더 이상 없었다는 것이다. 세번째는 기후학적인 설명이다. 유럽의 기상조건이 크게 바뀐 결과 토지의 생산성이 떨어지고 동시에 역병이 더욱 빈발했다는 것이다.

비슷한 주기적 변화와 기후적 변화가 여러 다른 장소와 다른 시점에서도 일어났는데, 그것이 여러 문제에 대한 하나의 해결책으로서의 자본주의 세계경제를 창출하는 결과를 낳지는 않았다는 사실로 볼 때 첫번째 설명과 세번째 설명은 설득력을 잃는다. 위기를 장기적 추세로 설명하는 것이 옳을 수도 있겠으나, 그것이 사회변화에 대한 충분한 설명이라는 점을 입증할 만큼 진지한 통계적 분석을 내놓기는 근원적으로 어려운 일이다. 나로서는 "봉건제의 위기"는 장기적 추세의 콩종크튀르, 당장의 주기적인 위기 그리고 기후로 인한 쇠퇴를 드러낸 것이라는 가정에 설 때, 그에 대한 설명이 가장 설득력을 띠리라고 믿는다.

커다란 사회변화를 가능케 한 것은 바로 이러한 콩종크튀르의 거대한 압력들이었다. 왜냐하면 유럽이 이제 발전시키고 또 지탱하게 된 것은 잉여 전유의 새로운 형태, 즉 자본주의 세계경제였기 때문이다. 그것은 (세계제국에서처럼) 공납의 형태나 (유럽 봉건체제에서처럼) 봉건지대의 형태로 농업 잉여를 직접 전유하는 것에 기반을 두는 체제가 아니었다. 그 대신 이제부터 발달하게 될 것은 (먼저 농업분야에서의 그리고 나중에는 공업분야에서의) 더욱 효율적이며 증대된 생산성을 기반으로 한 잉여 전유의 방식이다. 그것은 세계시장기구를 통해서, 또한 국가기구의 "인위적인"(즉 비시장적인) 도움을 통해서 이루어졌는데, 그중 어느 국가기구도 세계시장 전체를 통제하지는 못했다.

이 책에서 앞으로 논의될 것인데, 이러한 자본주의 세계경제의 확립에는 다음과 같은 세 가지 일들이 필수적이었다. 즉 해당 세계의 지리적 규모의 확대, 그 세계경제의 서로 다른 생산품과 서로 다른 지역에 적합한 상이한 노동통제 방식의 발전 그리고 이 자본주의 세계경제의 핵심국가가 될 곳에서의 비교적 강한 국가기구의 창출이다.

두번째와 세번째 것은 첫번째 것의 성공 여부에 주로 달려 있었다. 따라서 유럽의 영토 확장은 "봉건제의 위기"를 해결하는 데에 이론적으로 관건이 되는 필요조건이었다. 영토 확장이 없었더라면 유럽의 상황은 상당히 지속적인 무질서와 한층 더 심각한 수축상태에 빠졌을 것이다. 그렇다면 유럽은 어떻게 자신을 구할 수 있는 다른 방안을 붙들게 되었는가? 그것을 붙든 것은 또는 적어도 앞장을 선 것은 유럽이 아니라 포르투갈이었다는 것이 그 물음에 대한 답이다.

포르투갈이 바로 그와 같은 "위기"의 와중에 해외탐험의 길로 나서게 된 동기를 설명해줄 수 있는 것이 당시 포르투갈의 사회상황 아래서 무엇이었는지를 이제 살펴보기로 하자. 이 현상을 이해하기 위해서는 무엇보다도 먼저 유럽의 지리적 팽창이 앞에서 언급한 바와 같이 좀더 일찍부터 시작되었다는 사실을 염두에 둬야 한다. 아치볼드 루이스는 "11세기부터 13세기 중엽까지 서유럽은 거의 고전적이라고 할 만한 변경으로의 팽창을 추구했다"[81]고 주장한다. 그는 무어인들에게서 서서히 에스파냐를 재정복한 것, 그리스도교권의 유럽이 발레아레스 제도, 사르데냐, 코르시카를 회복한 것, 노르만족이 남부 이탈리아와 시칠리아를 정복한 것 등을 지적한다. 그는 또한 먼저 키프로스, 팔레스티나와 시리아를, 그리고 나서 크레타와 에게 해의 여러 섬들을 정복한 십자군 원정을 지적한다. 북서부 유럽에서는 잉글랜드가 웨일스, 스코틀랜드, 아일랜드로 팽창했다. 그리고 동부 유럽에서는 독일인과 스칸디나비아인들이 발트인과 슬라브인의 땅으로 침투하여 그들을 정복하고 그리스도교로 개종시켰다. "[그러나] 가장 중요한 변경은 숲, 늪, 습지, 황무지, 소택지 등 내부의 변경이었다. 1000년에서 1250년 사이에 유럽의 농민들이 정착하여 그 대부분

---

81) Archibald R. Lewis, "The Closing of the European Frontier", *Speculum*, XXXIII, 4, Oct. 1958, 475.

을 농경지화한 곳이 바로 이러한 불모지였다."[82] 그런데 앞에서 살핀 바와 같이, 이러한 팽창과 번영이 수축을 동반한 "위기"로 말미암아 끝장난 것이다. 정치적 측면에서 볼 때, 이것은 그라나다에서의 무어인들의 반격, 레반트에서의 십자군의 축출, 1261년 비잔티움인들에 의한 콘스탄티노플의 재정복, 몽골의 러시아 평원 정복 등과 연관되어 있었다. 유럽 내부적으로는 폐촌현상이 나타났다.

그러므로 여러 대탐험, 즉 대서양으로의 팽창은 유럽의 첫번째 공세가 아니라 두번째 공세였으며, 그것이 성공한 것은 추진력이 더 컸고, 그 사회적 기술적 기반이 더 튼튼했으며, 동기가 더 강렬했기 때문이다. 그렇지만 그렇게 뻗어나간 최초의 중심지가 왜 포르투갈이었는가? 1250년에, 아니 심지어 1350년에도, 포르투갈이 이러한 역할을 떠맡을 만한 자격이 있다고 생각한 이는 별로 없었다. 20세기에 와서 뒤돌아보아도 그것은 우리의 짐작과 어긋나는데, 그러한 짐작은 바로 근대의 포르투갈, 아니 실은 전 역사를 통해서 포르투갈이 늘 약소국이었다는 우리의 선입견에서 나온 것이다.

우리는 동기와 능력이라는 측면에서 이 물음에 대한 답을 찾아보기로 하겠다. 팽창의 동기들은, 그중 몇몇은 포르투갈에 좀더 강한 영향을 미쳤을지도 모르겠으나, 그 범위 면에서 보자면 전 유럽에 걸쳐 작용하고 있었다. 탐험가들은 무엇을 찾아나섰는가? 귀금속과 향료, 학생들 교과서는 그렇게 말하고 있다. 그리고 어느 정도로는 분명히 그것이 사실이었다.

중세에는 그리스도교권의 유럽과 아랍 세계가 금과 은에 관한 한 일종의 공생관계에 있었다. 앤드루 왓슨의 말에 따르면 "화폐에 관한 한……두 지역은 하나로 다루어져야 한다."[83] 전자는 은화를, 후자는 금화를 주조했다. 가격상의 불균형——그 기원은 복잡하며 그리고 여기서 굳이 논의할 필요가 없다——이 오래 지속된 결과, 은이 동쪽으로 흘러들어 아랍 세계에 풍부히 모여들게 되었다. 더 이상 은을 수출함으로써 금을 들여올 수가 없게 되었다.

---

82) 같은 책, p. 476.
83) Andrew M. Watson, "Back to Gold —— and Silver", *Economic History Review*, 2nd ser., XX, 1, 1967, 1.

그래서 1252년에 피렌체와 제노바가 새로운 금화를 주조했다. 그럴 만한 동기가 이미 있었던 것이다. 그것을 가능케 한 한 가지 사실은 13세기에 사하라 사막을 종단하는 금 무역의 확대였다.[84] 따라서 1250년에서 1500년 사이에 서유럽에 금의 부족 현상이 있었다는 이야기는 가당치 않다고 왓슨은 생각한다. 왜냐하면 그때는 금의 공급이 늘어나고 있던 시기였기 때문이라는 것이다. 불균형이 줄어들고 있기는 했지만 아직도 유럽으로부터 비잔티움과 아랍 세계를 거쳐 인도와 중국으로의 귀금속의 유출이 계속되고 있었다. 왓슨은 "세계 여러 지역으로부터 귀금속을 끌어들이는 인도와 중국의 강력한 힘"[85]

84) "고대와 중세의 광산들은 오늘날의 우리가 보기에는 아주 빈약한 것이겠지만 그 당시에는 일급 광산으로 생각되었다는 점을 잊어서는 안 된다. 서부 수단은 8세기부터 아메리카의 발견 때까지 서유럽 세계에 대한 금의 주요 공급지였다. 가나가 처음으로 상업화한 금 무역은 그러한 이름[사하라 사막 종단 금 무역/옮긴이] 아래 지중해에 들어왔으며 이러한 부의 원천을 소유한 왕들의 지위를 드높여주었다." R. A. Mauny, "The Question of Ghana", *Africa*, XXIV, 3, July 1954, 209.
    마리안 말로비스트의 주장에 따르면, 이러한 금 무역 팽창의 일차적인 촉진 요인은 서부 수단이 금의 대가로 받은 소금에 대한 욕구라기보다는 (유럽인들에게 팔기 위한) 금에 대한 북아프리카의 수요였다. M. Malowist, "Quelques observations sur le commerce de l'or dans le Sudan occidental au moyen âge", *Annales E.S.C.*, XXV, 6. nov.-dec. 1970, 1630-36.
85) Watson, *Economic History Review*, XX, p. 34. 로페스, 미스키민 그리고 에이브러험 우도비치가 공저한 주목할 만한 논문을 보라. 그 논문에서 그들은 1350년에서 1500년까지의 시기가 북서부 유럽에서 이탈리아, 레반트를 거쳐 인도로 금은이 꾸준히 유출된 시기였다는 점을 퍽 설득력 있게 주장하고 있다 :
    "[잉글랜드의] 비농업 인구의 사치품 소비와 교회의 장식에 대한 대규모 투자, 이 양자가……숙련 수공업자들의 노동에 대한 수요를 상대적으로 늘림으로써 흑사병 뒤에 이미 심각하게 나타나고 있던 숙련 수공업자의 부족 현상을 부채질했다. 그 결과 그들의 임금이 상당히 올라갔고, 경제적 필요로 그리고 또한 이국의 산물을 찾아서, 자체적으로 충족되지 못한 사치품에 대한 새로운 수요 중의 일부가 북유럽 밖의 지역으로 눈을 돌렸다. 이러한 수요는 화폐 수출의 증가를 초래할 수밖에 없었다. 더욱이 부족한 노동력을 국내 사치품의 생산에 사용함으로써 수출상품의 생산에는 투입할 수 없었기 때문에 북유럽 경제의 대외적인 수입이 줄어들었다.……
    "[돈이] 어디로 가버렸는가?……교황청은 사실 북유럽의 금속 공급을 고갈시킨 주요 요인이었다. 그러나 화폐의 직접적인 이동 이외에 보다 통상적인 교역의 경로가 사치품 소비를 통하여 동일한 결과를 빚어내기 마련이었다.……[한자 도시에서 출발하는] 남북

에 대해서 좀 이해하기 힘들다는 투로 말하고 있다. 이렇듯 금은에 대한 수요
는 줄곧 높았다. 1350-1450년 사이에 세르비아와 보스니아의 은광들이 개발

교역로의 대륙 내 종점들은 밀라노, 제노바, 베네치아 등이었다 ; ……북부 경제와 남부
경제를 연결하는 활발한 그리고 아마도 일방적인 교역이 이루어졌는데, 그것은 귀금속을
남쪽으로 빠져나가게 하는 방식의 교역이었던 것 같다.
　"프랑스에서도 14세기와 15세기 초에 남쪽 사치품의 소비가 크게 늘어난 것이 확인된
다.……
　"잉글랜드와 프랑스는 귀금속이 이탈리아로 빠져나가는 데 대해서 심한 불만을 표시했
지만, 이는 주로 이탈리아에서 레반트로 빠져나가는 데 대한 불만에 상응하는 것이었다.
……북서부 유럽에서 금이 수입되고, 중유럽의 광산에서 웬만큼의 양이 산출되고, 세네갈
에서 좀더 많은 양이 들어왔음에도 불구하고, 금의 공급이 기껏해야 필요량을 간신히 채
우거나 부족하기 일쑤였음을 보여주는 증거들은 꽤 많다. 금에 대한 사람들의 욕심은 언
제나 만족을 모른다는 점을 인정한다고 하더라도, 14-15세기에 레반트와의 교역으로 이
탈리아에서 빠져나가는 금의 양이 계속 늘어나고 있었음은 확실하다.……사치품 교역이
상당히 늘어남으로써 이탈리아는 한층 더 레반트에 의존하게 되었고 그쪽 방향으로의 귀
금속의 유출이 늘어났다.……
　"14세기 말에 이르면 이미 이집트 경제의 절대적인 수축과……경제 전 분야에서의 절
대적인 양적 감소가 [나타난다].……이집트의 경제적 위기는 화폐제도의 붕괴를 수반하
고 있었다. 금화와 은화의 유통이 점점 더 희소해져 동화(銅貨)가 국내 유통과 모든 종류
의 거래에서 우위를 차지하게 되었다.……
　"14세기 말과 15세기에 이집트의 금화 부족을 조장한 수많은 요인들 가운데 가장 핵심
적인 요인은 국제무역에서 이집트가 줄곧 불리한 지불차액을 떠안고 있었다는 점이다. 13
세기에 이르면서 누비아의 금광은 금의 산출량이 채굴비용을 감당할 수 없을 정도로 바닥
이 나 있었다. 서부 수단과의 유리한 교역이 활발히 이루어짐으로써 이집트는 14세기 후
반까지 계속 금을 공급받고 있었는데, 이 시점부터 그 교역이 쇠퇴하여 아프리카의 금이
유럽 쪽으로 빠져나갔다.……이집트의 금 공급원이 수축하고 있었는데도, 외국상품과 사
치품 소비의 대폭적인 감소 현상이 그에 상응할 만큼 일어나거나, 수입품에 대한 국가지
출의 감소 현상이 그와 병행해서 일어났음을 보여주는 증거는 없다.……
　15세기 전 기간에 걸쳐 유럽은 이집트가 유리한 무역차액을 유지하던 유일한 지역이었
다.……15세기 초에 이집트는 사실상 유럽과의 향료 무역에서 나오는 이윤으로 살아가고
있었다.……그러나 그 이윤 중 극히 일부만이 그 나라에 머물렀다. 향료 무역은 통과무역
이었다. 게다가 이집트 역시 향료와 극동지방에서 들어오는 그밖의 수입품을 자기 나라
안에서 소비함으로써 [금이 인도로] 흘러들어가는 데 한몫 거들고 있었다.……
　이리하여 사치품을 찾아 북유럽으로부터 남쪽을 향하여 긴 여정에 오른 금 가운데 꽤
많은 부분이 이탈리아와 이집트를 거쳐 결국 인도에서 여장을 풀었으며, 그 결과 이미 믿
기지 않을 정도로 많은 금이 축적되어 있는 인도에 더 많은 금이 모여들게 되었다." R.
S. Lopez, H. A. Miskimin and Abraham Udovitch, "England to Egypt, 1350-1500 ;

되기 시작했는데,[86) 이것들은 15세기에 투르크의 침입으로 서유럽과 단절될
때까지 중요한 원천이 되었다. 이와 비슷하게 1460년부터 중앙 유럽에서 은
의 채굴이 급성장했는데, 이는 그때껏 채산성이 별로 없던 광산에서의 채굴이
기술의 발달로 가능해졌기 때문이다. 페루아는 1460년에서 1530년 사이에 중
앙 유럽에서의 은 생산량이 5배로 늘었다고 추산한다.[87) 그런데도 공급이 수
요를 따르지 못하고 있었으며, 그래서 해상로를 통해서 금을 찾아나서는 것
(그럼으로써 북아프리카의 중개상을 거치지 않고 직접 수단의 금을 찾아나서
는 것)이 초기 포르투갈 항해자들이 품고 있던 의도의 하나였음에는 의심의
여지가 없다.[88) 따라서 아메리카 대륙의 발견으로 유럽이 수단보다 더 풍부한
금 생산의 원천을, 그리고 중앙 유럽보다 훨씬 더 풍부한 은 생산의 원천을
얻게 되었을 때, 그 경제적 영향은 매우 컸을 것이다.[89)

금은을 얻으려고 한 것은 유럽 내에서의 화폐유통의 기반을 마련하기 위해
서였지만, 그보다 더 큰 이유는 이를 동양으로 수출하려는 데에 있었다. 무엇
을 얻으려고? 이 역시 모든 학생들이 알고 있듯이, 향료와 보석을 얻기 위해

Long-term Trends and Long-distance Trade," in M. A. Cook, ed., *Studies in the Economic History of the Middle East from the Rise of Islam to the Present Day* (London and New York : Oxford Univ. Press, 1970), 101, 102, 103, 104, 105, 109, 110, 114, 117, 123, 126, 127-128.

86) Desanka Kovacevic, "Dans la Serbie et la Bosnie médiévales : les mines d'or et d'argent", *Annales E.S.C.*, XV, 2, mars-avr. 1960, 248-258 참조.
87) "1460년 이후 주로 중앙 유럽에서 광물생산이 갑자기 늘어나는 현상이 [나타났다]. 이 분야에 과학적인 기술이 도입된 것이다. 더 나은 굴착, 배수, 환기방법이 발명됨으로써 작센, 보헤미아, 헝가리 등지의 채광이 지하 600피트까지 내려갈 수 있게 되었다. 수압의 이용이 늘어남에 따라 풀무와 착암기의 힘이 강해지고 그래서 노(爐)가 산에서 내려와 계곡에 자리잡을 수 있었다. 10피트 높이의 용광로가 처음으로 건설됨으로써 구식 노보다 생산능력이 3배로 늘었다. 1460년에서 1530년 사이에 중앙 유럽의 채광량이 5배로 늘어났다는 것은 터무니없는 말이 아니다." Perroy, *Le Moyen Age*, III, pp. 559-562.
88) V. M. Godinho, "Création et dynamisme économique du monde atlantique (1420-1670)", *Annales E.S.C.*, V, 1, janv.-mars 1950, 33 ; Pierre Chaunu, *Séville et l'Atlantique (1504-1650)*, VIII (1) (Paris : S.E.V.P.E.N., 1959), 57 참조.
89) "지중해에서, 아프리카 대신 금의 공급원이 된 아메리카는 독일의 은광들에 대한 한층 더 중요한 대역을 떠맡았다." Braudel, *La Méditerranée*, I, p. 433,

서였다. 누구를 위해서? 자신들의 과시적 소비의 상징으로 그것들을 사용한
부자들을 위해서였다. 향료는 최음약으로 가공되었는데, 그것은 마치 귀족들
이라면 다른 방식으로는 사랑을 할 수가 없기라도 한 것 같았다. 이 시기의
유럽과 아시아의 관계는 사치의 교환으로 요약될 수 있을 것이다. 금은은 아
시아 귀족계급의 사원, 궁전, 의복을 장식하기 위해서 동쪽으로 흘러들어갔
고, 보석류와 향료는 서쪽으로 흘러들어갔다. 문화사의 우연적인 요소들이
(어쩌면 천연적인 희귀성에 불과한 것일지도 모르지만) 이 상호 보완적인 기
호를 결정지었다. 앙리 피렌 그리고 그뒤로 폴 스위지는 사치품에 대한 이러
한 수요가 유럽의 상업 팽창에 크게 이바지한 공로를 높이 평가하고 있다.[90]
하지만 사치품의 교환이 유럽 상층계급의 뇌리에 아무리 대단한 모습으로 비
쳤을지라도, 대서양 세계의 팽창과 같은 거창한 사업을 뒷받침할 수 있었으리
라고는 생각하기 어려우며, 그것이 유럽 세계경제를 창출했다고는 더욱이나

90) "상업이 뻗어나가는 모든 방향에서, 상업은 그것이 가져다주는 새로운 소비재에 대한 욕
구를 창출했다. 늘 그렇듯이, 귀족들은 자신들의 사회적 지위에 걸맞는 사치품이나 편의
품을 신변에 갖추어두고자 했다." Henri Pirenne, *Economic and Social History of
Medieval Europe* (London : Routledge & Kegan, 1936), 81.
"(무기 휴대가 상층 신분에게만 허용되었기 때문에) 전쟁이 주로 이들 상층 신분을 희
생시켰다는 점을 고려할 때 기생적 계급의 규모가 **상대적으로** 크게 성장했다는 것은 쉽사
리 믿어지지 않는다.……다른 한편으로 봉건 지배계급의 사치가 늘어나고 있었다는 사실
을 의심할 만한 이유는 없다.……그러나 이렇게 사치가 늘어난 것은 봉건체제의 본성으로
설명될 수 있는 하나의 추세였는가, 아니면 봉건체제 밖에서 일어나고 있던 그 어떤 것의
반영이었는가?……11세기 이래의 교역의 급속한 확대는 취급 가능한 상품의 양과 종류를
줄곧 늘려가고 있었다." Paul Sweezy, *Science and Society*, XIV, pp. 139-140.
그러나 모리스 도브는 이렇게 주장한다 : "재산소유자에 의한 잉여노동의 강제적 착취
로부터, 자유로운 임금노동의 사용으로의 전환은 값싼 고용노동(즉 반[半]프롤레타리아화
한 요소들의 프롤레타리아화)의 존재에 의존했음에 틀림없다. 낡은 사회관계가 살아남았
는가, 아니면 무너졌는가를 판가름하는 데에 이것이 시장과의 근접 정도보다 훨씬 더 근
본적인 요소였다고 나는 믿는다." Maurice Dobb, *Science and Society*, XIV, p. 161.
힐턴은 다음과 같이 도브의 견해를 거들고 있다 : "초기의 지대투쟁 및 봉건제의 정치
적 안정과 불가분의 관계에 있었던 경제적 발전의 특징은 사회적 잉여생산의 총량이 생존
에 필요한 양을 넘어선다는 데에 있었다. 이른바 비단과 향료의 국제교역의 부활이 아니
라 바로 이것이 상품생산 발전의 기반이었다." R. H. Hilton, "The Transition from
Feudalism to Capitalism", *Science and Society*, XVII, 4, Fall 1953, 347.

생각하기 힘들다.

장기적으로 볼 때, 사람들의 경제적 진출은 사치품보다는 기본 산물들 (staples)을 얻으려는 데에 목적이 있다. 14-15세기에 서유럽이 필요로 했던 것은 식품(더 많은 칼로리와 영양가의 더 나은 배분)과 연료였다. 지중해와 대서양의 제도로, 다시 북아프리카와 서아프리카로 그리고 대서양 건너로의 팽창과 함께 또한 동유럽, 러시아 초원지대 그리고 마침내 중앙 아시아로의 팽창은 식품과 연료를 제공했다. 그것은 이러한 기본 자원이 서유럽인들 위주로 불균등하게 소비되는 정치경제적 상황을 조성함으로써 유럽인의 소비의 지역적 기반을 확대했다. 이것이 유일한 길은 아니었다. 농업생산을 증대시킨 기술혁신이 또한 있었는데, 그러한 혁신은 이미 13세기에 플랑드르에서 시작되어 잉글랜드로 전파되었다. 다만 잉글랜드로의 전파는 16세기에 가서야 일어났다.[91] 그러나 이러한 기술혁신은 필경 중세의 플랑드르 지방처럼 인구가 조밀하고 공업이 발달한 곳에서 일어나기 마련이었는데, 그런 지방은 토지 이용을 상품작물의 생산, 목축, 원예 쪽으로 전환하는 것이 더 유리했으며, 그 결과 "다량의 곡물[밀] 수입이 필요했던" 곳이었다. "그리고 그렇게 되었을 때 비로소 농업과 공업이 서로 맞물린 복합영농체제가 가장 효율적으로 그 기능을 다할 수 있었던 것이다."[92] 따라서 농업혁신의 과정이 팽창의 필요성을 방해하기보다는 오히려 조장했던 것이다.

밀은 15-16세기의 새로운 생산과 새로운 상업의 중심점에 자리잡고 있었다. 처음에 유럽은 북부의 삼림과 지중해 연안의 평원에서, 페르낭 브로델의 그럴듯한 용어로, 그 "내부의 아메리카(internal Americas)"(유럽 내에서 아메리카처럼 식민지 역할을 하는 지역 /옮긴이)를 찾았다.[93] 그러나 내부의 아

---

91) Slicher van Bath, "The Rise of Intensive Husbandry in the Low Countries", in J. S. Bromley & E. H. Kossman, eds., *Britain and the Netherlands* (London : Chatto, 1960), 130-153.

92) 같은 책, p. 137.

93) "이러한 개량운동은 15-16세기에 인구 성장이 그칠 줄 몰랐던 도시들의 여러 요구에 대응하는 것이었다. 이들 도시에 대한 식량 공급의 필요가 긴급해짐에 따라서 도시들은 새로운 토지의 경작이나 관개사업을 통하여 주변지역에서의 농업생산을 발전시켰다." Braudel, *La Méditerranée*, I, p. 62.

74

메리카만으로는 충분치 않았다. 변두리로의 팽창, 무엇보다도 먼저 섬으로의 팽창이 있었다. 비토리노 마갈랴잉스 고디뇨는 농업이 포르투갈의 대서양 제도에 대한 식민의 주요 동기였다는 연구 가설을 제시한 바 있다. 조엘 세랑이 또한 이 가설을 따랐는데, 그는 이 섬들이 급속하게 발전했으며, "곡물, 설탕, 염료, 포도주의 4부작으로 말하자면……네 종류의 산물 가운데 이것 아니면 저것으로, 어느 하나가 선호되어 항상 단일작물재배를 지향하는 경향이 〔있었다〕"[94]고 지적한다. 새로 생산된 밀은 14세기에 발트 해에서 저지방 국가들 (Low Countries)로 유입되기 시작하여[95] 15세기가 되면 포르투갈까지 흘러들어갔으며,[96] 또 14-15세기에 지중해에서 잉글랜드와 저지방 국가들에 이르기까지 유럽 대륙 전역으로 흘러들어갔다.[97]

식품은 1,000칼로리당 생산비용에 따라서 하나의 위계질서로 배열할 수가 있다. M. K. 베닛에 따르건대 이 위계질서는 시간적으로나 공간적으로 상당히 안정되어 있었다. 제분 곡물류와 전분질의 뿌리 채소 및 덩이줄기 채소가 여덟 위계의 맨 밑바닥에 자리잡는다. 즉 이것들이 제일 값싸고 가장 기본적인 산물들이다.[98] 하지만 곡물만으로 훌륭한 식단이 되지는 않는다. 유럽의

94) Joël Serrão, "Le blé des îles atlantiques : Madère et Açores aux XVe et XVIe siècles", *Annales E.S.C.*, IX, 3, juil.-sep. 1954, 338.
95) J. A. van Houtte, "L'approvisionnement des villes dans les Pays-Bas (Moyen Age et Temps Modernes)", *Third International Conference of Economic History*, Munich 1965 (Paris : Mouton, 1968), 73-77 참조.
96) "15세기에 포르투갈은 그 시기에 이미 필요 불가결한 수입품목인 밀과 목재를 공급하는 한자 상인들과 브르타뉴인들에게 점점 더 문호를 개방하게 되었다." Marian Malowist, "Les aspects sociaux de la première phase de l'expansion coloniale", *Africana Bulletin*, I, 1964, 12.
97) Ruggiero Romano, "A propos du commerce de blé dans la Méditerranée des XIVe et XVe siècles", in *Eventail de l'histoire vivante : hommage à Lucien Febvre* (Paris : Lib. Armand Colin, 1953), 149-161 참조.
98) 베닛이 열거하고 있는 여덟 위계는 (1) 제분 곡물류와 전분질의 뿌리 및 덩이줄기, 여기에 요리용 바나나가 포함된다 ; (2) 식물성 지방 및 기름류 ; (3) 말린 콩류(잠두, 완두, 편두) ; (4) 설탕 ; (5) 우유와 유제품 ; 어류도 포함될 수 있다 ; (6) 돼지고기 ; (7) 쇠고기, 양고기, 염소고기, 들소고기, 가금류와 계란 ; (8) 야채와 과일. M. K. Bennett, *The World's Food* (New York : Harper, 1954), 127-128 참조. "전반적인 위계질서가 왜 존재하게 되

음식물 가운데 가장 중요한 보조식품은 설탕이다. 설탕은 칼로리원으로나 지방 대용식품으로 유용하다. 더욱이 설탕은 알코올 음료(특히 럼주)를 만드는 데에도 이용할 수 있다. 그리고 나중에는 초콜릿을 만드는 데에도 이용하게 되었는데, 그 용법은 에스파냐인들이 아스텍인들에게서 배운 것이다. 초콜릿은 17세기에 이르면, 최소한 에스파냐에서, 매우 각광받는 음료가 된다.[99]

설탕 또한 섬으로의 팽창의 주요 동기 가운데 하나였다. 그리고 그 생산양식으로 말미암아 노예제가 설탕과 동행했다. 노예제는 12세기에 지중해에서 출발하여 그후 서쪽으로 옮아갔다.[100] 대서양으로의 팽창은 그 논리적 후속결과에 지나지 않았다. 사실 E. E 리치는 포르투갈에서의 아프리카 노예의 발자취를 기원후 1000년까지 소급해 추적하고 있는데, 이때의 노예들은 마호메트교 침략자들과의 교역을 통해서 획득되었던 것이다.[101] 설탕은 수익성이 매

는가? 그것은 말할 것도 없이 각종 식품의 상대적 생산비용과 그 안에 담긴 칼로리 함량을 반영한 것이다."[p. 128]

99) G. B. Masefield, "Crops and Livestock", Cambridge Economic History of Europe, IV: E. E. Rich and C. H. Wilson, eds., The Economy of Expanding Europe in the 16th and 17th Centuries (London and New York: Cambridge Univ. Press, 1967), 295 참조.

100) 앤서니 러트렐은 1500년 이전의 양상을 추적한 바 있다: "라틴계 사람들은 12세기 이래 시리아, 키프로스 그리고 다른 레반트 지역 식민지들에서 무슬림 노예들을 이용하여 설탕을 생산하고 있었으며, 제노바의 조반니 델라 파도바가 알가르베에 재배농장을 설립하고자 국왕의 인가를 취득한 1404년까지는 제노바인들이 그것을 시칠리아에서 남부 포르투갈로 옮긴 것 같다. 설탕을 아조레스 제도와 마데이라 제도에 도입하는 일에 주도적 역할을 하여 자본과 제당기술과 관개기술을 들여오고, 그리고 그것을 섬으로부터 멀리 플랑드르와 콘스탄티노플 등지까지 수출한 것은 주로 제노바인들이었다. 그들은 또한 필요한 노동력도 공급했다. 예를 들면 안토니오 다 놀리는 1460년대에 기니인들을 카보베르데 제도로 실어날랐다." Anthony Luttrell, "Slavery and Slaving in the Portuguese Atlantic (to about 1500)", in Centre of African Studies, University of Edinburgh, The Transatlantic Slave Trade from West Africa (등사인쇄물, 1965), 76.

101) E. E. Rich, "Colonial Settlement and its Labour Problems", in Cambridge Economic History of Europe, IV: E. E. Rich and C. H. Wilson, eds., The Economy of Expanding Europe in the 16th and 17th Centuries (London and New York: Cambridge Univ. Press, 1967), 308 참조.

76

우 높고 수요가 많은 생산품으로서 밀을 제쳤지만,[102] 그 대신 토양을 고갈시켰기 때문에 늘 새로운 토지를 필요로 했다(설탕 재배가 인력을 고갈시킨 점은 논외로 하더라도 말이다).

어류와 육류는 베닛의 칼로리 표에서 비교적 높은 자리를 차지하고 있다. 그러나 그것들은 단백질원으로서 필요한 것들이었다. 고디뇨는 어로구역의 확대를 포르투갈이 추진한 초기 탐험의 중요 원동력 가운데 하나로 들고 있다.[103] 육류는 물론 곡물보다는 덜 중요했으며, 1400년에서 1750년까지의 시기에 그 비중이 상당히 그리고 꾸준히 줄어들었다[104] —— 이는 유럽 노동자들이 유럽의 경제발전에 따르는 대가의 일부를 지불했다는 사실에 대한 하나의 증거인데, 이 점에 관해서는 다시 논의할 것이다.[105] 그렇지만 육류에 대한 욕구는 향료 교역을 촉진한 동기 중의 하나였는데, 이때의 향료는 부자들의 최음제로 쓰인 아시아산 향료가 아니라 서아프리카산의 이른바 낙원의 열매(Amomum melegueta : 생강과 식물에서 추출한 향료/옮긴이)였으며, 이것은

102) 예를 들면 세랑은 마데이라 제도에 관해서 이렇게 지적하고 있다 : "1475년경에 밀의 시대가 끝났다.……설탕이 밀을 죽여버렸다." Serrão, *Annales E.S.C.*, IX, p. 340. 세랑은 이 일이 일어났을 때 아조레스 제도는 무엇보다도 먼저 마데이라 대신 포르투갈의 밀 생산지가 되었다고 말한다. 이런 순환방식은 "16세기와 17세기, 심지어 18세기에도 여전히 사실"이었다. 같은 책, p. 341.
103) Godinho, *Annales E.S.C.*, V, p. 33 참조.
104) "사람들이 대체로 그다지 잘 깨닫지 못하고 있는 것은 1750년에 묘사된 상황 —— 즉 빵의 비중이 높고 육류의 소비가 적다는 것 자체가……퇴보의 결과였다는 점 그리고 중세로 거슬러올라가면 사정이 다르다는 점이다." Fernand Braudel and Frank C. Spooner, "Prices in Europe from 1450 to 1750", in *Cambridge Economic History of Europe*, IV : E. E. Rich and C. H. Wilson, eds., *The Economy of Expanding Europe in the 16th and 17th Centuries* (London and New York : Cambridge Univ. Press, 1967), 414.
105) "1400년부터 1750년까지 유럽은 대규모의 빵 소비지였으며 인구의 반 이상이 채식자였다.……오직 이런 '뒤떨어진' 음식물로 해서 유럽은 계속 늘어나는 인구의 무게를 지탱할 수 있었다.……19세기 중엽까지 빵의 소비량은 고기의 소비량을 점점 더 뒷전으로 밀어냈다." 같은 책, p. 413. 또한 W. Abel, "Wandlungen des Fleischverbrauchs und der Fleischversorgung in Deutschland", *Bericht über Landwirtschaft*, n.s., 22, 1938, 411-452 참조. Slicher van Bath, *Agrarian History*, p. 204에 재인용.

히포크라스(hippocras)라고 알려진, 향료를 가미한 포도주에도 쓰이고 후추
대용으로도 쓰였다.[106] 이러한 향료들로 해서 "멀건 죽은 이제 먹을 만한 것
이 못 되었던 것이다."[107]

식품에 대한 요구가 유럽의 지리적 팽창을 몰고 왔다면, 식품이 가져다준
혜택은 예상보다 훨씬 더 큰 것이었다. 전 세계의 생태학이, 그것도 주로 유럽
에 이익이 되는 쪽으로 바뀌었는데, 그 까닭은 새로 등장하는 유럽 세계경제의
사회조직 때문이었다.[108] 식품 이외에 수요가 큰 또다른 필수품은 목재 —— 연
료용과 선박건조용 (그리고 가옥건축용) 목재였다. 중세의 경제발전은 (이때
우리는 중세의 미숙한 육림기술을 감안해야 하는데) 지중해의 여러 섬들만이
아니라 서유럽, 이탈리아, 에스파냐의 숲을 서서히 그러나 끊임없이 파괴하고
있었다.[109] 16세기에 이르자 발트 해안 지역은 대량의 목재를 홀란트, 잉글랜

---

106) "서아프리카 연안에 대한 포르투갈인들의 초기 탐험은 단 한 가지 식물, 즉 낙원의 열매
  에 대한 즉각적인 관심을 자아냈다.……그것은 이제 사하라 사막을 건너는 육로를 통하
  여 더 값싸게 구득할 수 있었으며, 이 교역으로부터 '열매 해안(Grain Coast)'이라는 지
  명이 유래했다. 그러나 그 식물은 유럽의 풍토에 순응할 수가 없었다." Masefield,
  *Cambridge Economic History of Europe*, IV, p. 276.
107) Chaunu, *L'expansion européenne*, p. 354.
108) 메이스필드는 아메리카 대륙과 동반구의 연결이 세계의 농업지도를 어떻게 바꾸어놓았
  는가를 다음과 같이 지적하고 있다 : "이와 같은 연결 고리가 확립된 이후에 나타난 농작
  물과 가축의 전파는 인류역사상 가장 중요한 사건이었으며, 지리상의 발견의 결과 중 아
  마도 가장 원대한 영향을 미친 사건이었을 것이다. 아메리카의 농작물이 없었더라면 유
  럽은 그뒤 그렇게 많은 인구를 먹여살릴 수 없었을 것이며, 구대륙의 열대지방이 그렇게
  급속하게 발전하지 못했을 것이다. 또 유럽의 가축, 특히 운송 및 경작용의 말과 노새가
  없었더라면, 아메리카 대륙도 그렇게 빠른 속도로 발전하지는 못했을 것이다." G. B.
  Masefield, *Cambridge Economic History of Europe*, IV, p. 276.
109) 브로델은 이탈리아 각지에 관해서 언급하면서 "목재 기근"을 이야기하고 있다. "지중해
  의 해군 함정들은 자기 나라의 숲에서 찾을 수 없는 것을 얻기 위하여 점점 더 멀리까지
  찾아나서는 일이 차츰 예사로 되어갔다. 16세기에는 널빤지와 들보로 가득 찬 선박으로
  북유럽의 목재가 세비야에 도착했다." Braudel, *La Méditerranée*, I, p. 131.
    프레드릭 레인의 다음과 같은 글을 보라 : "참나무 목재의 이와 같은 고갈 현상을 처
  음으로 분명히 깨닫게 된 15세기 후반기에 목재 부족 현상은 특히 베네치아에서 두드러
  졌던 것 같다. 적어도 라구사인들과 바스크인들은 웬만큼 충분한 공급량을 가지고 있었
  기 때문에 그들의 경쟁이 격심해졌다. 16세기 말에 참나무 재목의 품귀는 지중해 연안

드 그리고 이베리아 반도로 수출하기 시작했다.

또 하나의 필수품인 의류에 대한 수요 역시 언급하고 넘어갈 필요가 있다. 물론 사치품 교역, 비단에 대한 수요가 있었으며, 이에 관한 오랜 역사는 보석과 향료에 대한 수요와도 연관되어 있었다. 그러나 유럽의 산업발전에서 최초의 주요 산업으로 성장하고 있던 직물공업은 사치품 교역을 넘어서는 것이었으며, 면직물과 모직물의 염색 원료 그리고 비단을 빳빳하게 하는 데 쓰이는 고무 풀과 같은 마무리 공정용 원료를 필요로 했다.[110]

금은을 얻으려고 한 것은 귀중품으로서 유럽 내에서 사용되기도 했지만 그보다는 오히려 아시아와의 교역에 소용되었기 때문이다. 그러나 그것은 또한 유럽 경제의 팽창에 필수적인 것이기도 했다. 그 이유는 우리 나름대로 생각해봐야 할 것이다. 요컨대 지불수단으로서의 화폐는 사람들이 그것을 인정해서 사용하기만 하면 무엇으로든 만들 수 있다. 그리고 사실 오늘날 우리는 거의 예외 없이 금은 이외의 소재들을 지불수단으로 사용하고 있다. 게다가 유럽에서 이러한 관행이 시작된 것은 중세 말에 "계산화폐(money of account)"(실제로 유통되는 화폐가 아니라 계산하는 데만 사용되는 금액의 단위. 예를 들면 영국의 기니[guinea]/옮긴이)가 발달하면서부터인데, 이것이 때로는 "상상화폐(imaginary money)"라고 잘못 불리기도 했다.

그러나 금속화폐가 상징적인 화폐의 지위에 접근하기까지에는 여러 세기가 걸렸을 것이다.[111] 오늘날에도 완전히 그렇다고는 할 수 없다. 그 결과 유럽은

---

나라들 전체의 공통적인 현상이었던 것 같다." Lane, "Venetian Shipping During the Commercial Revolution", in *Venice and History* (Baltimore, Maryland : Johns Hopkins Press, 1966), 21.

다비도 잉글랜드에 관해서 같은 지적을 하고 있다 : "튜더 시대 이후 잉글랜드 해운업의 성장과 해군의 발전은 선체에 쓰일 참나무의 적절한 공급에 달려 있었다. 피치와 타르 같은 선박용 물자와 함께 마스트에 쓰일 전나무는 발트 해 지방에서 수입되었다." H. C. Darby, "The Clearing of the Woodland in Europe", in William L. Thomas, Jr., ed., *Man's Role in Changing the Face of the Earth* (Chicago, Illinois : Univ. of Chicago Press, 1956), 200.

110) Godinho, *Annales E.S.C.*, V, p. 33 참조.

111) 금속화폐를 상징적인 화폐로 만드는 데에 관건적인 요인은 그 상품가치가 화폐가치보다

화폐가치의 저하로 인한 끊임없는 가치변동을 겪게 되었는데, 어찌나 줄기차
게 변동했던지 마르크 블로크는 그것을 "화폐사의 일관된 줄거리"[112]라고 말
할 정도이다. 그렇지만 당시에 금은 없이도 꾸려나갈 수 있다는 점을 진지하
게 거론한 이는 아무도 없었다.

왜 아무도 없었는지 그 이유에는 여러 가지가 있었다. 정부에 대해 조언을
하던 사람들은 그 제도에 개인적 이해관계를 가지고 있었다.[113] 중세 말에는
아직도 화폐 주조가 개인 이익에 이바지하는 상업의 영역에 속했다는 사실을
잊어서는 안 된다.[114] 그러나 개인 이익보다 더욱 근본적인 것은 집단적인 공
포심리였으며, 이러한 공포심리는 취약하게 조직된 경제제도의 구조적 현실
에 근거를 두고 있었다. 계산화폐는 늘 무너질 가능성이 있기 마련이었다. 제
아무리 큰 부자라도 혼자 힘으로 혹은 다른 사람과 결탁하여 그것을 통제하
기란 확실히 어려웠다. 사실 전체 화폐경제가 또다시 무너질지를 그 누가 알았
겠는가? 그것은 전에 무너진 적이 있었다. 금은은 하나의 보루였다. 가치의 측
정과 지불수단이라는 화폐의 두 가지 용도의 차이가 지나치게 벌어지지만 않
는다면, 지불수단으로서의 화폐는 언제든 하나의 상품으로도 사용될 수 있을
것이다.[115] 이 때문에 금은의 사용은 필수적이었다. 그리고 그렇기 때문에 금

---

낮은(이왕이면 훨씬 더 낮은) 주화를 만드는 것이다. 그러나 영국에서는 1816년까지 그
리고 미국에서는 1853년까지 소액 주화에는 이것이 적용되지 않았다고 카를로 치폴라는
지적하고 있다. Carlo Cipolla, *Money, Prices*, p. 27 참조.

112) Marc Bloch, *Esquisse d'une histoire monétaire de l'Europe* (Paris : Lib. Armand
Colin, 1954), 50.

113) "후기 카페 왕조[프랑스의 군주들]가 자문을 구했던 전문가들은 전부 다는 아닐지라도
그 다수가 상인들, 흔히 이탈리아 상인들, 원거리 무역 상인들이자 동시에 국왕이나 유
력자들에 대한 고리대금업자들이었다. 그들은 또한 조폐청부업자이며 귀금속 판매자들인
경우가 많았다."[Bloch, 같은 책, p. 52]

114) "대부분의 경우 조폐소들은 국가에 의해서 직접 운영되지 않고 사적인 개인들에게 청부
로 맡겨졌는데, 이들은 다른 사적인 개인들이 그들에게 가지고 온 금속으로 화폐를 주조
했다. 이들 조폐청부업자들을 좌우한 관심사는 당연히 개인의 이윤이었지 공공의 이익이
아니었다. 국왕 자신이 조폐소를 운영한 경우에도 그는 국가의 우두머리로서보다는 한
사람의 개인 사업가로서 행동하는 일이 더 잦았다." Cipolla, *Money, Prices*, p. 28.

115) 마르크 블로크는 15세기의 두드러진 보기로서 바로 프랑스의 회계청(Chambre des
Comptes)을 들고 있는데, 그것은 "어느 한 왕실계정에서 다른 왕실계정으로의 이전액을

은이 없었다면, 이윤이 다양한 형태의 거치된 실현가치에 바탕을 두고 있는 자본주의 체제를 발전시키는 데 유럽이 집단적인 확신을 가지지 못했을 것이다. 이는 여러 다른 이유들로 해서 중요한 의미를 지닌 비제국적인 세계경제 체제에서라면 더 이를 나위가 없는 진실이다. 이와 같은 집단심리 현상을 고려할 때 당시 사회구조에 필수적 요소인 금은을 세계경제의 번영에 절대적으로 필요한 생산물로 간주해야 마땅한 것이다.

탐험의 동기는 유럽이 얻고 싶어한 생산물을 찾으려는 데에만 있었던 것이 아니라, 유럽 내의 여러 집단들이 일자리를 구하려는 데에도 있었다. H. V. 리버모어가 상기시키는 바와 같이, "근 사반세기 동안 변경지대에서의 약탈에 의존하여 살아온 사람들에게 유익한 일자리를 마련해주어야 할 필요에 따라 북아프리카에서 재정복사업(Reconquista)을 펼치겠다는 구상이 싹터나왔다"는 것을 맨 처음 알아차린 이들은 그 당시와 직후 이베리아 반도의 연대기 작가들이었다.[116]

우리는 14-15세기 영주계층의 수입 감소라는 핵심적 문제를 다시 상기할 필요가 있다. M. M. 포스턴은 수입 감소의 결과 나타난 영국 귀족들의 행동을 "악당행위(gangsterism)"라고 불렀는데, 말인즉 소득수준의 감소를 메꾸기 위하여 불법적인 폭력을 사용하는 것이었다. 비슷한 현상이 스웨덴, 덴마크, 독일에서도 나타났다. 이러한 폭력행위의 한 형태가 바로 팽창이었다.[117]

---

계산할 때, 이전된 액수를 단순히 리브르(livre), 수(sous), 드니에(denier)로만 기록하지 않고, 그 사이에 이들 단위량들의 금속으로서의 가치에 일어난 변동을 계산하기 위한 계수를 부기하는 일을 잊지 않았다. '전(前) 계정의 액수인 악화로 416리브르 19수 투르누아, 이것은 양화[즉 통화]로 319리브르 19수 투르누아의 가치이다.'" Bloch, *Esquisse d'une histoire*, p. 49.

116) H. V. Livermore, "Portuguese History", in H. V. Livermore, ed., *Portugal and Brazil, an Introduction* (London and New York : Oxford Univ. Press (Clarendon) 1953), 59.

비토리노 마갈랴잉스-고디뇨는 포르투갈에서의 폭력적 사회투쟁(1383-85)의 중지와 1415년 포르투갈의 세우타 원정 사이에 직접접인 관련이 있다고 생각한다. Godinho, *L'économie de l'empire portugais aux XVe et XVIe siècles* (Paris : S.E.V.P.E.N., 1969), 40 참조.

117) "역사가들은 (프랑스인들이 이탈리아로 내려간 것을 포함하여) 14-15세기의 여러 대규

우리가 생각할 수 있는 일반적 원칙은 다음과 같은 것이다. 즉 봉건귀족들은 자기 토지에서의 소득이 줄어드는 경우, 소득을 얻을 수 있는 토지를 더 많이 가지려고 적극 노력함으로써 사회적으로 기대할 만한 수준까지 실질소득을 다시 끌어올리려고 할 것이다. 그래서 왜 포르투갈이 해외로 팽창하고 다른 유럽 나라들은 그렇지 않았는가 하고 물을 때, 이에 대한 간단한 대답은 다른 나라의 귀족들은 좀더 운이 좋았다는 것이다. 그들은 고향 근처에서 배보다는 말을 사용하여 좀더 쉽게 팽창해나갈 수 있었다. 포르투갈은 그 지리적 조건 때문에 다른 선택의 여지가 없었던 것이다.

해외팽창이 교역의 확대로 이윤을 얻게 되는 상인들의 이해관계 그리고 왕위의 영예와 수입을 확보하고자 하는 군주들의 이해관계와 전통적으로 맞물려 있었던 것은 틀림없는 사실이다. 그러나 이베리아인들이 탐험에 나서게 된 **최초의** 동기가 주로 귀족들의 이해관계, 특히 토지를 가지지 못한 그 악명 높은 "작은 아들들"의 이해관계에서 비롯했으며, 좀더 분별 있는 상인들(이들은 몰락 위험에 직면한 귀족들보다 오히려 사업가적인 성격이 미약하기 십상이었다)이 탐험에 열중하게 된 것은 교역망이 일단 작동을 시작한 연후의 일이었다고 생각할 수 있다.[118]

모 전쟁과 귀족들의 소득수준 하락 현상이 서로 연관되어 있다고 생각한다.……15세기의 대(大)팽창운동의 시작(심지어 14세기에 있었던 대서양 제도의 식민화까지도) 또한 같은 종류의 사건에 속하는 것이 아닌가? 그리고 그것은 동일한 원인에 의해서 비롯된 것이 아닌가? 우리는 동유럽으로의 팽창과 덴마크와 독일의 스칸디나비아 정복 기도를 유사한 현상으로 볼 수 있을 것이다." Marian Malowist, "Un essai d'histoire comparée: les mouvements d'expansion en Europe au XVe et XVIe siècles", *Annales E.S.C.*, XVII, 5, sept.–oct. 1962, 924.

118) 말로비스트의 다음과 같은 글을 보라 : "포르투갈인들에 의한 식민지 팽창의 초기 국면에서는……귀족들이 분명히 주역을 떠맡은 듯하다.……포르투갈 식민제국의 발전과정이 진전함에 따라서 해외무역에서 포르투갈 상인들이 차지하는 몫이 커졌다.……에스파냐의 아메리카 식민과정도 비슷했던 것 같다." Malowist, *Africana Bulletin*, No. 1, pp. 32–34. 이와 유사하게 쇼뉘도 고디뇨를 전거로 들면서 포르투갈의 팽창을 두 가지 종류로 구분하고 있다 : "세우타의 점령과 모로코에 대한 재정복사업의 확대와 같은 주로 육로를 통한 팽창, 따라서 귀족들에 의한 정치적인 형태의 팽창 ; 그리고 본질적으로 상업적인 팽창, 따라서 주로 부르주아지에 의한, 아프리카 연안을 따라가는 팽창." Chaunu, *L'expansion européenne*, p. 363. 말로비스트와 마찬가지로 쇼뉘는 에스파냐의

82

인구과잉이 팽창의 원인이었는가? 이러한 질문은 문제를 혼란케 한 여러 질문들 가운데 하나이다. 브로델은 물론 서부 지중해에 인구과잉 현상이 있었음을 말해주고 있으며, 그 증거로서 여러 나라들로부터의 유대인들의 추방과 또 나중에는 모리스코들(Moriscos : 이베리아 반도의 무어인들/옮긴이)의 추방이 되풀이된 점을 들고 있다.[119] 그러나 E. E. 리치는 15-16세기의 팽창의 한 동인으로서 "넘치는 과잉인구라는 요인은 무시해도 될 만한 것이었다"고 확언한다. "……짐작컨대 늘어난 인구는 전장에 나가거나 도시로 빠져나갔을 것이다(그밖에 다른 가능성이 없기 때문이다)."[120] 아마도 이 말이 맞을 것이다. 그러나 도시로 나간 (또는 전장에 나간) 사람들은 어떻게 먹여살렸는가 —— 그리고 입을 것과 살 곳 등을 어떻게 마련해주었는가? 유럽에는 인구, 심지어 늘어나는 인구를 감당할 만한 물리적 공간이 있었다. 사실 그것이 바로 팽창을 부추긴 문제의 중요한 일부였던 것이다. 물리적 공간은 귀족에 맞선 농민들의 강점이었으며, 따라서 봉건제의 위기 아래서 영주들의 수입을 감소시킨 한 가지 요인이었던 것이다. 유럽의 여러 사회들은 다양한 방식으로 이에 대응할 수 있었다. 그 한 가지 방식은 그 사회들 자체를 (최소한 넌지시나마) 인구과잉 상태로, 따라서 보다 넓은 영토 기반이 필요한 상황으로 규정하는 것이었다.[121] 사실은 귀족이 (그리고 부르주아지가) 필요로 했던 것 그리고 그

아메리카 정복에 대해서도 이와 같은 설명을 적용하고 싶다고 덧붙인다.

루이스 비탈레는 부르주아지의 역할을 좀더 비중 있게 평가하려고 한다. 그는 이렇게 주장한다 : "포르투갈은 프랑스보다 4세기가 앞선 1381년에 최초의 부르주아 혁명을 겪었다. 교역을 통해서 플랑드르와 연결되어 있던 리스본의 상업 부르주아지는 봉건영주들의 권력을 제거했다. 혁명이 결국 실패로 끝난 것은 부르주아지의 승리를 위한 조건들이 아직 무르익지 않았음을 보여주었다. 그러나 그들의 흥기는 북대서양과의 교역에, 엔리케 항해왕의 여러 계획에, 그리고 무엇보다도 15세기의 여러 발견에 반영되었다." Luis Vitale, "Latin America : Feudal or Capitalist?" in James Petras and Maurice Zeitlin, eds., *Latin America : Reform or Revolution?*" (Greenwich, Connecticut : Fawcett, 1968), 34.

119) "종교는 이러한 박해의 원인이자 구실이었다.……조르주 파리제가 오래 전에 지적한 바와 같이, 더 뒤에는 [수의 법칙이 또한] 루이 14세 시대의 프랑스 개신교도들에게 불리하게 [작용했다]." Braudel, *La Méditerranée*, I. p. 380.

120) Rich, *Cambridge Economic History of Europe*, IV, pp. 302-303.

121) 물론 이러한 자기 규정은 이베리아 반도에서 오랜 역사를 가지고 있었다. 찰스 줄리언

들이 얻고자 했던 것은 좀더 고분고분한 노동력이었던 것이다. 인구의 규모는
문젯거리가 아니었다. 상층계급과 하층계급 사이의 상호작용을 지배한 것은
사회적 관계였던 것이다.

  끝으로 "십자군 정신", 즉 복음 전도의 의욕이라는 요인으로 해외팽창을
설명할 수 있을까? 그와 같은 질문 역시 문제를 흐리게 한다. 민족적인 투쟁
이 아주 오랫동안 종교적 색채를 띠어온 이베리아 반도에서는 분명히 그리스
도교가 유달리 전투적인 형태를 취했다. 사실 이때로 말하자면 남동부 유럽에
서 그리스도 교도들이 무슬림계 투르크인들에게 패배한 (그래서 빈[Wien] 문
전까지 몰린) 시기였던 것이다. 대서양으로의 팽창은 필경 이러한 사건들에
대한 심리적 반응을 반영한 것이라고 할 수 있는데, 그것은 쇼뉘의 말마따나
"하나의 보상현상, 일종의 전진적인 탈주"[122]였던 것이다. 물론 포르투갈인들
과 에스파냐인들이 내린 특정한 결정들 중 많은 것, 아마도 그들의 열렬한 참
여 또는 지나친 헌신 가운데 일부는 그리스도교적 열정으로 설명된다. 그러나
이러한 종교적 열정은 그들의 참여와 헌신에 대한 합리화로 보는 것이 좀더
타당할 듯한데, 그러한 합리화는 분명히 많은 행위자들에 의해서 내면화되고,
그리하여 그것들을 강화하고 유지하며 더 나아가 경제적으로 왜곡하기 마련
이다. 그러나 열정이 냉소주의로 바뀌는 현상을 역사에서 으레 보아왔기에,
우리는 이와 같은 신앙체제에 기대서 대규모의 사회행동이 발생하고 오랫동
안 유지되는 이유를 설명하는 것에 대하여 의심을 품지 않을 수 없다.

  팽창의 동기에 대한 이제까지의 모든 논의에도 불구하고 왜 포르투갈인이
었는가 하는 질문에 대한 확실한 대답을 내놓은 것은 아니다. 우리는 유럽의

---

  비슈코의 다음과 같은 글을 보라 : "8세기의 기간에 걸쳐 혹은 느리고 혹은 빠르게 무어
  인들에 대항하여 남쪽으로 진출한 것은 군사적, 정치적 전투에 관한 일리아스류의 이야
  기에 불과한 것이 아니라, 다른 무엇보다도 이베리아 반도에 대한 중세적 재정주(再定
  住, repoblación) 또는 재식민 운동이었다." Charles Julian Bishko, "The Castilian as
  Plainsman : The Medieval Ranching Frontier in La Mancha and Extremadura", in
  Archibald R. Lewis and Thomas F. McGunn, eds., *The New World Looks at Its
  History* (Austin : Univ. of Texas Press, 1969), 47.
122) Chaunu, *Séville*, VIII (1), p. 60.

84

물질적 필요, 영주의 수입의 **전반적** 위기에 대해서 이야기한 바 있다. 사실, 이 점에 관하여 우리는 대서양 탐험을 통해서 이 문제를 해결하는 데에 포르투갈이 특히 관심을 가진 점을 예증으로 들었다. 하지만 그것만으로 충분한 설득력이 있다고 하기에는 미흡하다. 따라서 우리는 동기의 문제에서 능력의 문제로 눈을 돌려야만 한다. 유럽의 모든 나라들 가운데 왜 포르투갈이 최초의 팽창사업을 가장 뛰어나게 추진할 수 있었는가? 여느 지도를 보더라도 한 가지 분명한 답이 드러난다. 포르투갈은 아프리카 바로 다음으로 대서양 변에 자리잡고 있다. 대서양 제도의 식민과 아프리카 서해안의 탐험이라는 견지에서 볼 때, 포르투갈이 가장 근접해 있는 것은 분명하다. 게다가 대양 조류의 상태가, 특히 당시의 기술조건에서는, (에스파냐 남서부의 항구들과 마찬가지로) 포르투갈의 항구들에서 출발하는 것이 가장 용이하게끔 되어 있었다.[123]

게다가 포르투갈은 이미 원거리 무역에 대한 풍부한 경험을 쌓아두고 있었다. 이 점에서는 포르투갈이 베네치아인들이나 제노바인들에는 못 미친다고 하더라도, 최근의 연구에 의하면 그들의 경험과 지식 기반이 상당했으며 아마도 북유럽 도시들에 필적할 만했다는 사실이 밝혀졌다.[124]

---

123) "북대서양 전역을 통틀어서 리스본 북쪽으로부터 지브롤터에 이르는 또는 어쩌면 리스본에서 모로코 북단에 이르는 해안 언저리보다 따뜻한 수역 쪽으로 항해하는 데 더 안성맞춤인 곳은 없다. 오직 이곳에서만, 하지에 무역풍이 최약의 시점(racine)에 달할 때 항해자들을 해안에서 공해로 이끌어 대양의 한복판에 다다르게 해주는 바람과, 가을에서 이른 봄까지 중위도 지역의 역풍(contreflux)을 타고 사람들을 되돌아오게 해주는 안전한 바람이 교대로 부는 것을 보게 된다." Pierre Chaunu, *Seville*, VIII (1), p. 52. Charles R. Boxer, *The Portuguese Seaborne Empire, 1415-1825* (New York : Knopf, 1969), 54-55에 유용한 지도가 실려 있다. Braudel, *Civilisation matérielle et capitalisme*, pp. 310-312 참조.

124) "근대의 여명기에 이베리아 반도 국가들의 경이로운 식민적, 상업적 발전이 중세 후기의 몇 세기 동안에 그 나라들의 대외무역이 점진적으로 성장한 데에서 대부분 가능했다는 점에는 반론의 여지가 없다." Charles Verlinden, "Deux aspects de l'expansion commerciale du Portugal au moyen âge", *Revista Portuguêsa de História*, IV, 1949, 170. 또한 Charles Verlinden, "The Rise of Spanish Trade in the Middle Ages", *Economic History Review*, X, 1, 1940, 44-59 참조. Michel Mollat, "L'économie européenne aux deux dernières siècles du Moyen-Age", *Relazioni del X Congresso Internazionale di Scienze Storiche* (Firenze : G. B. Sansoni, 1955) III, *Storia del*

제3의 요인은 자본이 있었다는 점이다. 베네치아인들의 큰 적수였던 제노바인들은 일찍이 이베리아 반도의 상업활동에 투자하고 해외팽창에 진력해왔다.[125] 15세기 말에 이르면 제노바인들은 포르투갈인들보다는 에스파냐인들을 선호하게 되었지만, 그것은 주로 포르투갈인들이 이제는 제노바인들의 후원과 보호에서 벗어나 이익을 가로챌 수 있게 되었기 때문이다. 벌린든은 이탈리아를 "중세의 유일한 참다운 식민국가"[126]라고 평가한다. 제노바인들과 피사인들이 카탈루냐에 처음 나타난 것은 12세기이고,[127] 포르투갈에 처음 도달한 것은 13세기인데,[128] 이것은 이베리아인들을 당대의 국제무역에 끌어넣으려고 했던 이탈리아인들의 노력의 일환인 것이다. 그러나 일단 거기에 발을 들여놓은 이탈리아인들은 이베리아인들의 식민활동에서도 주도적 역할을 하기에 이르렀는데, 이는 그들이 그처럼 일찍이 그곳에 발을 내디딤으로써 "이베리아 반도 자체 내의 주요 거점들을 차지할 수 있었기"[129] 때문이다. 버지

*medioevo*, 755에도 비슷한 지적이 있다.

António H. de Oliveira Marques는 "Notas para a história da feitoria portuguesa na Flandres no século XV", *Studi in onore di Amintore Fanfani*, II. *Medioevo* (Milano : Dott. A. Giuffrè-Ed., 1962), 437-476에서 13-14세기에 포르투갈인들의 대 플랑드르 교역의 성격을 정밀하게 그려내고 있다. 그는 1308년에 벌써 브뤼헤에 포르투갈인들의 "상인단(nation)"이 있었으며 화물이 포르투갈 선박에 의해서 운송되고 있었다고 지적한다(p. 451 참조). Godinho, *L'économie portugaise*, p. 37 참조.

125) 파니카르는 13세기 이래 인도 무역을 장악하려던 제노바의 욕망을 지적한다. "끝으로 제노바인들은 에스파냐와 포르투갈을 통해서 베네치아인들의 독점과 무슬림의 봉쇄를 깨뜨릴 수가 있었다.……" K. M. Panikkar, *Asia and Western Dominance* (London : Allen & Unwin, 1953), 26-27. 제6장에서 살펴볼 터인데, 베네치아인들의 독점의 쇠퇴에 관한 이와 같은 설명은 지나치게 단순하지만, 이 점에 관해서 파니카르가 제노바의 오랜 욕망에 대하여 지적한 것은 온당하다.

126) Charles Verlinden, "Italian Influence in Iberian Colonization", *Hispanic American Historical Review*, XXXIII, 2, May 1953, 199.

127) 같은 책, p. 200.

128) Virginia Rau, "A Family of Italian Merchants in Portugal in the Fifteenth Century : the Lomellini", *Studi in onore di Armando Sapori* (Milano : Istituto Edit. Cisalpino, 1957), 718.

129) Verlinden, *Hispanic American Historical Review*, p. 205. 또한 Charles Verlinden, "La colonie italienne de Lisbonne et le développement de l'économie métropolitaine et

86

니어 로에 따르건대, 1317년에 이르러 "리스본의 도시와 항구는 제노바인들의 교역의 일대 중심지가 될 것이었다.……"[130] 과연 14세기 말과 15세기 초에 포르투갈 상인들이 "그 나라의 소매 상업에서 [이탈리아인들의] 부당한 간섭"에 대한 불평을 늘어놓기 시작했는데, "그러한 간섭은 소매업 부문에서의 내국 상인들의 우월한 지위를 위협하는 것이었다."[131] 이에 대한 해결책은 단순하고 또 어느 정도는 오래 전부터 답습해온 길이었다. 이탈리아인들은 결혼을 통해서 동화되고 포르투갈과 마데이라 양 지역에서 토지귀족이 되었던 것이다.

가령 프랑스나 잉글랜드에 비해서 포르투갈의 모험적 기질을 북돋운 것은 그 상업경제가 지닌 또다른 측면의 영향이었다. 얄궂게도 포르투갈은 장차 유럽 세계경제로 발전하게 될 지역 안에 흡수되기보다는 오히려 지중해의 이슬람권과 상당히 밀접하게 연결되어 있었다. 그 결과 포르투갈의 경제는 상대적으로 좀더 화폐경제화되었고, 그 주민들 또한 상대적으로 좀더 도시화되어 있었다.[132]

그러나 포르투갈이 이처럼 우월한 지위를 누리게 된 이유가 지리적 조건이나 상업의 힘 때문만은 아니었다. 국가기구의 힘이 또한 작용했다. 이 점에서 포르투갈은 다른 유럽 국가들과 크게 달랐는데, 이는 바로 15세기 동안에 나타난 차이였다. 다른 나라들이 내란을 겪고 있었을 때 포르투갈은 평화를 누렸다.[133]

---

coloniale portugaise", *Studi in onore di Armando Sapori* (Milano : Istituto Edit. Cisalpino, 1957), I, 615-628.
130) Rau, *Studi in onore di Armando Sapori*, p. 718.
131) 같은 책, p. 719. 고딕체는 월러스틴의 강조.
132) "[포르투갈에서의] 국내시장의 조성은 14세기에 절정에 도달하여 처음으로 심각한 한계에 부딪치게 되었다. 화폐에 의한 지불이 우세했던 서유럽의 환거래소보다도 오히려 더 활발한 활동을 보인 환거래소를 포르투갈이 유지해왔던 것은 아마도 포르투갈이 부유한 이슬람권에 속해 있었기 때문일 것이다.……이리하여 뿌리 뽑힌 농민들이 점점 더 가혹해지는 영주계층의 착취에 항거하여 반란을 일으키고, 통화의 구매력 하락으로 파산하여 해안의 대도시들로 몰려들게 된 것이 이러한 상업도시들의 풍요와 교역 확대에 기여했다." J.-G. Da Silva, "L'autoconsommation au Portugal (XIVe-XXe siècles)", *Annales E.S.C.*, XXIV, 2, mars-avr. 1969, 252. 고딕체는 월러스틴의 강조.
133) "[포르투갈이 앞서나가는 데에] 기여한 중요한 요인은 15세기 전 기간을 통하여 포르투

국가의 안정이 중요했던 것은 국가가 사업가들에게 번창할 수 있는 풍토를
마련해주고, 귀족들로 하여금 국내 또는 유럽 내부 전쟁 이외의 사업에 그들
의 정력을 쏟을 수 있도록 해주었기 때문만이 아니었다. 국가의 안정이 긴요
했던 것은 국가 자체가 여러 가지 방식으로 으뜸가는 사업가이기 때문이기도
했다.[134] 국가가 안정되면 여러 가지 유리한 상업활동에 그 정력을 쏟을 수가
있었다. 앞에서 이미 살펴본 바와 같이, 포르투갈의 경우는 그 지리역사의 논
리가 대서양으로의 팽창을 그 나라에 가장 적합한 상업활동으로 지정하고 있
었던 것이다.

왜 포르투갈이었는가? 유럽 국가들 가운데 오직 포르투갈만이 팽창의 의지
와 가능성을 극대화했기 때문이다. 유럽은 그 경제의 팽창을 지탱할 만한 더
넓은 영토 기반을 필요로 하고 있었는데, 그러한 영토 기반은 영주층의 수입
의 격심한 감소를 보상할 수 있고, 봉건제의 위기 속에서 움트고 있던 계급전
쟁과 그것이 격화될 가능성을 차단할 수 있을 것이다. 유럽은 금은, 기본 산
물들, 단백질 식품, 단백질 보존수단, 식료품, 목재, 직물가공용 원자재 등 많
은 것을 필요로 했다. 그리고 또한 좀더 고분고분한 노동력을 필요로 했다.

그러나 "유럽"을 어떤 구체적인 실체로 생각해서는 안 된다. 거기에는 이
처럼 광범위한 목적들에 따라서 행동하는 그 어떤 중앙기구도 존재하지 않
았다. 실제의 결정들은 자신들의 직접적인 이해관계에 따라서 행동하는 몇

---

갈이 통일왕국으로서 사실상 국내 분쟁이 없었다는 점이었다. 이와 달리 프랑스는 마지
막 단계에 다다랐던 백년전쟁 —— 1415년은 아쟁쿠르 전투와 [포르투갈인의] 세우타
점령이 있었던 해이다 —— 과 부르고뉴와의 적대관계로 어수선했으며, 잉글랜드는 프랑
스와의 싸움과 장미전쟁에 휩쓸리고 있었다. 또 에스파냐와 이탈리아는 왕가의 분란과
그밖의 여러 내란으로 겨를이 없었다." C. R. Boxer, *Four Centuries of Portuguese Ex-
pansion, 1415–1825* (Johannesburg : Witswatersrand Univ. Press, 1961), 6.

134) "봉건제 아래서 국가는, 봉토(fief)가 봉신(vassal)의 사유재산이었던 것과 마찬가지로,
어떤 의미에서 군주의 사유재산이었다.……군주와 봉신들은 그들 법정의 재판관할권, 그
들 전야의 경작, 그리고 이윤획득 사업으로서의 군대에 의한 정복활동을 확대해나갔다.
뒤에 가서 봉건제의 정신과 법적 형태들 가운데 많은 부분이 대양으로의 팽창에 활용되
었다." Frederic C. Lane, "Force and Enterprise in the Creation of Oceanic Com-
merce", in *Venice in History* (Baltimore, Maryland : Johns Hopkins Press, 1966), 401–
402.

몇 집단들에 의해서 내려졌다. 포르투갈의 경우에는 여러 집단들 —— 국가, 귀족, (국내와 국외의) 상업 부르주아지, 심지어는 도시의 반(半)프롤레타리아트 등 —— 에게 "발견 사업"이 유리한 일로 여겨졌을 것이다.

작은 국가인 그 나라에 그것은 틀림없이 유리한 사업이었다. 팽창은 수입의 증대와 영예의 축적을 위한 가장 유망한 길이었다. 그리고 포르투갈 국가는 당시의 유럽 여러 나라들 가운데 거의 유일하게 국내의 대립분쟁에 휘말리지 않고 있었다. 포르투갈은 에스파냐, 프랑스, 잉글랜드보다 최소한 한 세기는 더 앞서서 상당한 정치적 안정을 누리고 있었다.

귀족들에게 활력을 불어넣은 것은 바로 이와 같은 안정이었다. 유럽 다른 지역의 귀족들과 마찬가지로 재정적 궁핍에 직면해 있던 포르투갈 귀족들에게는 (설령 그들이 이긴다고 해도) 상호간의 살육전을 벌일 만한 최면성의 잠재력도 재정적인 잠재력도 없었다. 그들은 또한 대내적인 식민활동을 통해서 그들의 재정상태를 개선하기를 바랄 수도 없었다. 포르투갈은 토지가 부족했다. 그래서 그들은 대양으로의 팽창이라는 생각에 쏠리고 있었으며, 그들의 "작은 아들들"에게 해외원정에 필요한 지도자가 될 것을 권장했다.

포르투갈에서만은 부르주아지의 이해관계가 귀족들의 이해관계와 상치하지 않았다. 원거리 무역에서 오랫동안 도제수업을 쌓아왔고, 또 (지중해의 이슬람 세계와의 경제적 접촉 덕분에) 유럽 내에서 화폐경제가 가장 발달한 지역 가운데 하나에서 살아온 경험으로, 근대 자본주의를 맞을 준비가 되어 있던 포르투갈의 부르주아지 역시 협소한 포르투갈 시장의 한계에서 벗어나고파 했다. 그들은 자본이 부족했지만 그 부족분을 제노바인들에게서 손쉽게 구할 수 있었다. 베네치아와 경쟁관계에 있다는 이유 때문에 제노바인들은 포르투갈인들에 대한 재정지원을 아끼지 않았던 것이다. 그리고 국내 부르주아지와 국외 부르주아지 사이에 일어날 수도 있는 대립분쟁은 시간이 지남에 따라 제노바인들이 자진해서 포르투갈 문화에 동화해감으로써 수그러들었다.

끝으로 탐험과 그에 따른 교역의 흐름은 도시의 반프롤레타리아트에게 일자리를 제공했는데, 이들 반프롤레타리아트의 다수는 영주계층의 위기의 결과 나타난 착취의 증대로 인해서 도시로 도망쳐 나와 있었다. 이 경우에도 역시 외부로의 팽창을 통해서 내부적 혼란의 가능성이 크게 줄어든 것이다.

그리고 의지와 가능성이라는 두 요인이 이처럼 여러 형태로 결합한 것 이외에 또다른 요인이 있다면, 그것은 포르투갈이 다행히 그 사업에 지리적으로 가장 적합한 위치에 있었다는 점이다. 포르투갈은 대서양과 남쪽을 향하여 튀어나와 있을 뿐만 아니라 유리한 대양 조류들의 합류지점이었던 것이다. 그러므로 지금에 와서 뒤돌아보면, 포르투갈이 그 사업에 과감히 뛰어든 것이 그리 놀라운 일로 여겨지지는 않는다.

이 책의 본론으로 들어가기에 앞서서 짚고 넘어가야 할 마지막 한 가지 문제가 남아 있다. 이제까지 우리는 유럽을 자본주의 세계경제 형성의 문턱으로 이끈 것은 무엇이었는가에 대한 설명을 시도해왔다. 여기서 강조하려는 바는 자본주의가 어떻게 오직 하나의 세계경제의 틀 안에서만 가능하고, 세계제국의 틀 안에서는 불가능한가 하는 점이기 때문에, 이제 우리는 왜 그래야만 하는가 하는 문제를 간략하게 살펴봐야 한다. 13세기에서 16세기까지 대략 비슷한 총인구를 가지고 있던 유럽과 중국이 적절한 비교대상이 됨직하다.[135] 피에르 쇼뉘가 고상하게 이야기하는 바와 같이 :

크리스토퍼 콜럼버스와 바스코 다 가마가……중국인이 아니었다는 사실은……잠시 숙고해볼 만한……가치가 있다. 역사 문헌들을 통해서 우리가 이해할 수 있는 한, 한마디로 15세기 말에 지중해 세계에 견줄 만한 실체였던 극동지역은……적어도 표면상으로는, 유라시아 대륙의 극서지역에 조금도 뒤지지 않는다.[136]

조금도 뒤지지 않는가? 이 물음에 대해서는 으레 기술수준의 비교가 필요한데, 이 점에서 학자들의 견해가 갈라진다. 린 화이트 주니어에 따르면 16세기에 유럽이 팽창한 것은 기원후 9세기에 이미 유럽이 농업기술 면에서 세계의 다른 지역들을 앞질렀기 때문이라는 것이다 :

---

135) Fernand Braudel, *Civilisation matérielle et capitalisme*, p. 24.
136) Chaunu, *Séville*, VIII (1), p. 50.

90

6세기 전반에서 9세기 말 사이에 북유럽은 완전히 새로운 농업체제에 재빨리 스며든 일련의 발명들을 세상에 내놓거나 받아들였다. 농업노동의 측면에서 볼 때 이것은 당시의 세계로서는 생산성이 단연 최고로 높은 것이었다[화이트는 무거운 쟁기, 3포 윤작제, 가축 사육을 위한 개방경지, 새로운 마구와 편자 등을 예로 들고 있다].······ 이와 같은 새로운 체제를 구성하는 다양한 요소들이 완벽해지고 확산됨에 따라서 이용 가능한 식품이 더 많아지고, 그래서 인구가 늘어났다.······그리고 북부 농민들 각자의 생산성이 새롭게 증대함에 따라서 개중에는 토지를 버려둔 채 도시로 떠나 상공업에 종사하는 이들이 점점 더 늘어났다.[137]

화이트는 또한 북유럽이 군사기술로 보자면 8세기에, 공업생산으로 보자면 11세기에 다른 지역들보다 앞서나갔다고 주장한다. 그렇게 된 이유를 그는 야만족의 침입이라는 대동란에 돌리고 있는데, 이 야만족의 침입에 대해서 서유럽은 토인비가 말한 창조적인 반응을 아마도 보여주었다는 것이다.[138]

그러나 다른 학자들은 사실에 대한 평가에서 이의를 제기한다. 군사기술을 예로 들어보자. 카를로 치폴라는 다음과 같이 주장한다 :

15세기 초까지 중국의 총포는 서유럽의 것보다 더 낮지는 않아도 최소한 같은 정도는 되었다.. 그러던 것이 15세기 동안에 유럽의 기술이 눈에 띄게 발전했다.······유럽의 대포는 이제껏 아시아에서 만들어진 어떤 종류의 대포와도 비교가 안 될 정도로 훨씬 더 강력했으며, 그래서 유럽 화포의 출현으로 야기된 두려움과 놀라움이 뒤섞인 반향들을 [16세기의] 책들에서 발견하기란 어려운 일이 아니다.[139]

---

137) Lynn White, Jr., "What Accelerated Technological Progress in the Western Middle Ages?" in A. C. Crombie, ed., Scientific Change (New York : Basic Books, 1963), 277.
138) "한 사회에서 혁신을 일으키는 주요 요소는 그 이전의 혁신이다. 이 가정을 중세 전체에 적용할 때, 서방의 독창성이 보다 컸던 것은 몇 차례 중단되면서 3세기에서 10세기에 이르기까지 잇달아 밀어닥친 야만족 침입으로 말미암아 라틴 그리스도교 세계가 동방 세계[비잔티움과 이슬람]보다 더 심각한 동요를 겪었다는 사실과 어느 정도 연관되어 있었을 것이다.······서방은······언제라도 새로운 주형(鑄型) 속에 부어질 태세가 되어 있는 하나의 용해된 사회였다. 그것은 유달리 변화하기 쉽고 또 변화하기에 알맞은 사회였다."[같은 책, p. 282]
139) Carlo Cipolla, Guns and Sails in the Early Phase of European Expansion, 1400-1700 (London : Collins, 1965), 106-107.

마찬가지로, 중국의 과학기술사에 대한 불후의 저술에 줄곧 몰두하고 있는 조지프 니덤 역시 유럽의 기술과 공업이 중국보다 앞서는 시점을 기껏해야 기원후 1450년으로 잡고 있다.[140] 유럽이 앞서나가게 된 이유는 어디에 있는가? 어느 하나의 요인이 아니라, "유기적인 전체, 한묶음의 변화"라고 니덤은 말한다.

사실은 중국사회 자체의 토착적인 발전과정에서는 서유럽의 르네상스나 "과학혁명"에 견줄 만한 대대적인 변화가 전혀 일어나지 않았던 것이다. 나는 종종 중국의 진보과정을 비교적 완만한 상승 곡선으로 표시하곤 하는데, 이 곡선은 가령 기원후 2세기에서 15세기 사이에는 유럽보다 훨씬 더 높은 수준에 걸쳐 있다. 그러나 서유럽에서 과학적 발견 자체의 기초 기술의 발견이라고 할 만한 소위 갈릴레오적 혁명과 더불어 서유럽에서 과학의 르네상스가 시작된 이후로 유럽에서의 과학기술의 발전 곡선이 가파르게 급상승하기 시작하여 아시아 사회의 수준을 넘어섰던 것이다.······이러한 지각변동이 이제 시정되기 시작하고 있다.[141]

어떤 학자들은 15세기에 유럽에서 (선박의) 키가 발달한 것이 결정적인 역할을 했다고 주장한다.[142] 그렇지만 니덤은 기원후 1세기 전후부터 중국에는 이미 키가 존재했으며, 기원후 12세기에 이것이 아마 중국에서 유럽으로 전파되었을 것이라고 주장한다.[143]

---

140) Joseph Needham, "Commentary on Lynn White, Jr., 'What Accelerated Technological Change in the Western Middle Ages?'" in A. C. Crombie, ed., *Scientific Change* (New York : Basic Books, 1963a), p. 32 참조.

141) Joseph Needham, "Poverties and Triumphs of Chinese Scientific Tradition", in Crombie, ed., *Scientific Change* (New York : Basic Books, 1963b), 139. 고딕체는 월러스틴의 강조.

142) Boies Penrose, *Travel and Discovery in the Renaissance, 1420-1620* (Cambridge, Massachusetts : Harvard Univ. Press, 1952), 269-270 참조.

143) Joseph Needham, "The Chinese Contributions to Vessel Control", *Scientia*, XCVI, 99, May 1961, 165-167 참조. 니덤이 제5차 국제 해양사 공동 토의에서 이 논문을 발표했을 때, 그는 특히 독자적인 발명의 가능성에 관련하여 W. G. L. 랜들스에게서 질문을 받았다. 니덤의 말대로 이를 부정하는 증거를 제시하기란 원래 어려운 일이지만, 니덤은 랜들스의 의문에 수긍했다. "Discussion de la communication de M. Needham",

서유럽이 갑작스럽게 앞서나가기 이전까지 중국의 기술이 서유럽보다 유능하고 우월했다는 니덤의 평가가 옳다면, 중국과 포르투갈의 해외탐험이 사실상 동시에 시작되었다는 사실, 그런데도 겨우 28년 뒤에는 중국인들이 대륙이라는 조개껍질 속으로 움츠러들어가 더 이상의 모든 시도를 그만두어버렸다는 사실은 더욱이나 주목할 만한 일이다. 성공한 경험이 없어서 그랬던 것도 아니다. 1405-33년에 환관 정화(鄭和) 제독이 이끈 일곱 차례의 항해는 대성공이었다. 그는 이 일곱 차례의 항해에서 자바에서 실론을 거쳐 동아프리카까지 인도양을 가로질러 여행하면서 중국의 궁정에서 귀하게 여기던 공납품과 색다른 외래품을 중국으로 들여왔다. 이 항해는 1434년 정화가 사망하자 끝이 났다. 게다가 1479년에 역시 환관이었던 왕진(王振)이 안남(安南)에 대한 군사원정을 벌여볼 요량으로 이 지역에 관한 정화의 보고서를 열람하고자 했을 때, 문서고 측은 그의 신청을 받아들이지 않았다. 마치 정화에 대한 기억 자체를 아예 말끔히 지워버리려고나 한 것처럼 그 보고서는 삭제되고 말았다.[144]

원정이 어떻게 시작되었으며 또 왜 중단되었는가 하는 문제도 불분명하기는 마찬가지이다. 원정사업은 아마도 유교 관인들이 이끄는 공식 관료기구의 반대에 끊임없이 부딪혔던 듯하다.[145] 문제는 왜 그랬느냐는 것이다. 이에 반

---

in Joseph Needham, "Les contributions chinoises à l'art de gouverner les navires", *Colloque internationale d'histoire maritime*, 5e, Lisbonne, 1960 (Paris, 1966), 129-131 참조.

144) William Willetts, "The Maritime Adventures of the Great Eunuch Ho", in Colin Jack-Hinton, ed., *Papers on Early South-East Asian History* (Singapore : Journal of Southeast Asian History, 1964), 38 참조.

145) "1405년을 전후해서 환관인 정화 제독은 63척의 원양 항해용 정크 선단을 이끌고 출발하여 남해 곳곳을 돌았다.……다음 30년 동안에 이런 원정대가 일곱 차례 출항했는데, 매번 여러 섬이나 인도에서 생산되는 다량의 산물과 더불어 지리와 해로에 관한 풍부한 정보를 얻어서 돌아왔다.……이러한 원정을 추진한 이유는 알려져 있지 않다. 육로를 통한 대외무역의 쇠퇴를 상쇄한다거나, 황실의 위세를 드높인다거나, 아니면 공식 연대기의 기록대로 황제의 조카인 선황(사실 그는 불교의 승려가 되어 지하로 잠적하다가 여러 해 뒤 다음 체제에서 모습을 드러냈다)을 찾아나서려고 했을 수도 있다. 여하튼 원정은 시작할 때처럼 갑자기 중단되었는데, 그 이유 또한 분명치 않다. 환관들과 유교 관료들

하여 원정사업은 황제의 지지를 받았던 것으로 보인다. 그렇지 않고서는 어떻게 그 원정이 실행에 옮겨졌겠는가? 또다른 증거가 티엔-체 창에 의해서 발견되었는데, 그것은 기원후 8세기 이래의 국가기관인 시박사(市舶司)의 업무가 15세기 초에 관세징수 업무(이것은 이제 지방 업무가 되었다)에서 조공운반 업무로 바뀌게 되었다는 사실이며, 이것은 정화의 시대에는 분명히 아주 중요한 업무였던 것이다. 창은 관세의 징수가 지방의 업무로 분산된 이유를 묻고 있는데, 몇몇 지역에서는 이것이 무역장벽을 낮추었을 것으로 짐작하고 있다. "중국에서 대외교역이 중요하다는 것은 너무나도 빤한 일이었는데, [황제에게] 이를 장려할 의지가 [없었겠는가?]"[146]

너무나도 빤한 일이었는데도, 장려정책이 곧 중단되었다. 왜 그랬을까? 윌리엄 윌리츠에 따르면, 이는 중국인들의 세계관과 어떤 관련이 있다. 즉 그들에게 식민활동의 사명감 같은 것이 결여되어 있던 것은 바로 그들 자체가 이미 전 세계라는 오만한 생각[중화사상(中華思想)/옮긴이]을 가지고 있었기 때문이라는 것이다.[147] 여기에 덧붙여 윌리츠는 탐험이 중단된 데에 대한 직접적인 설명으로 두 가지를 들고 있는데, 그것은 "유교 관료집단이 환관에 대해서 품고 있던 병적인 증오감"[148]과 "해외활동의 장비를 마련하는 데에 따

---

사이의 어떤 반목이 관련되어 있든 아니든 간에, 결과는 인도양 무역이 아랍인들과 포르투갈인들의 수중에 넘어갔다는 점이다." Joseph Needham, *Science and Civilization in China*, I (London and New York : Cambridge Univ. Press, 1954), 143-144.

146) T'ien-Tsê Chang, *Sino-Portuguese Trade From 1514 to 1644* (Leiden, Netherlands : Brill, 1934), 30.

147) "수백 척의 원양항해용 정크와 수만 명의 인원이 동원된 이 놀라운 원정들의 실제 결과는 무엇이었는가라는 질문이 나올 법하다. 간단한 대답은 '아무것도 없다'일 것이다. 명대(明代)의 중국인들은 제국의 건설자가 아니었다. 정치를 담당하는 식자들은 식민체제와 분리될 수 없는 현실정치(realpolitik)의 두려움을 모르고 있었다. 그들에게는 식민활동의 사명감이나 질풍노도(sturm und drang)의 관념이 없었다. 이론상 천자(天子)는 '천하(天下)', 즉 온 세상을 지배했다. 그리고 그의 사절들은 천자가 옥좌에 좌정함으로써 실현된 태평성대로 인도하기 위해서는 문명세계의 변경에 사는 정체불명의 오랑캐들에게 자기들의 모습을 보여주는 것만으로도 충분하다고 생각했다." Willetts, *Papers on Early South-east Asian History*, pp. 30-31.

148) 같은 책, p. 37.

른 국고의 고갈"[149]이었다. 그런데 이 두번째 것은 납득이 잘 안 가는 설명이다. 추측컨대 국고의 고갈은 식민활동이 가져다줄 소득에 의해서 보상되었음 직하기 때문이다. 적어도 같은 시기 유럽 여러 나라의 국고에 관해서는 그렇게 생각되었던 것이다.

애당초 인도양 탐험에 쏠려 있었던 정치적 관심이 다른 지역으로 선회한 점을 이유로 내세우는 설명들도 있다. 예컨대 G. F. 허드슨은 몽골 유목 오랑캐들의 위협이 커진 결과 1421년에 남경(南京)에서 북경(北京)으로 수도를 북쪽으로 옮긴 것이 제국의 관심을 다른 곳으로 돌리게 했을 것이라고 주장한다.[150] 박서는 중국 해안을 약탈한 왜구, 즉 일본 해적들의 침입으로 나타난 동쪽으로부터의 위협을 그러한 관심 전환의 이유로 보고 있다.[151] M. A. P.

---

149) 같은 책, p. 38.

150) G. F. Hudson, *Europe and China* (London : Arnold, 1931), 197 참조. 그것은 또한 북쪽으로의 인구 이동의 결과였을까? "이러한 지역적 분석은 [명대에 걸쳐] 중국 남부에서의 인구 감소(남경을 제외하고 1,200만 명)가 북부에서의 증가(900만 명)와 서부 및 서남부에서의 증가(300만 명)로 거의 다 메꾸어졌음을 보여준다." Otto B. van der Sprenkel, "Population Statistics of Ming China", *Bulletin of the SOAS*, XV, Part 2, 1953, 306.

151) "양자강(揚子江)과 주강(珠江) 사이의 해안을 요새화하는 공사는 당대의 중국 역사가들에게 북쪽에서 침입해온 타타르족을 막기 위한 만리장성의 축조와 비견되었다. 이것은 분명히 과장된 이야기지만, 이와 같은 만성적인 침범에 대처하기 위하여 비용이 많이 드는 해안 방비를 유지해야 했던 것은 명의 재정에 확실히 아주 무거운 부담이 되었고, 인도양에 대한 중국의 대(大)해상원정을 포기하도록 이끈 한 요인이 되었을지도 모른다." [p. 126] C. R. Boxer, *The Christian Century in Japan* (Berkeley : Univ. of California Press, 1967), 7.

이 현상을 일본의 견지에서 바라본 조지 샌섬은 이를 유럽에서의 유사한 현상을 연상케 하는 것으로 보고 있다. "중국과 조선이 왜구의 약탈로 시달린 것은 의심의 여지가 없다.……그 책임의 일부는 중국측에 있었다. 왜냐하면 일본 당국은 합법적인 교역을 증진시켰으면 하고 바랐을 터인데, 중국인들은 외국과의 교역을 반대했기 때문이다. 그러나 [일본의 중앙 권부인] 막부(幕府)가 해적활동을 적극적으로 진압하기를 주저한 이유들이 또한 있었다. 막부는 중국의 평화적 의도를 전적으로 믿고 있지는 않았으며, 어쩌면 해적 두목들을 마치 엘리자베스 여왕이 프랜시스 드레이크 경에게 그랬던 것처럼 —— 즉 상황에 따라서 약탈자로도, 해군 함장으로도 보았던 것이다. 게다가 해적들에 대한 대응조치는 서쪽 번주(藩主)들에 대한 막부의 통제력에 달려 있었는데,

마일링크-뢸로프스는 중국인들을 뒤로 잡아당기는 힘이 그들을 인도양에서 몰아내려는 무슬림 상인들의 압력에 의해서 부추겨졌을 것이라고 넌지시 말한다.[152]

이 주장들이 모두 옳다고 하더라도 그것으로 충분하지는 않을 것 같다. 이와 같은 외부적 어려움들을 결정적인 장애이기보다는 오히려 역전의 계기로 삼을 수도 있었을 내부적인 자극이 왜 존재하지 않았을까? 몇몇 저자들이 에둘러 말하듯이 중국은 팽창할 뜻이 아예 없었던 것일까?[153] 중국에 없었던 것 가운데 하나가 팽창하고자 하는 "집중적 의지를 지닌 집단"이었다는 피에르 쇼뉘의 말은 하나의 실마리가 될 수 있다.[154] 포르투갈에서 인상적인 것은 해외탐험과 팽창에 대한 **다양한** 사회집단들의 한결같은 관심이었다는 점을 염두에 둘 때 쇼뉘의 말은 한층 더 설득력을 띠게 된다. 그렇다면 이제 유럽 세계와 중국 세계가 서로 어떻게 달랐는가 하는 문제를 살펴보기로 하자.

첫째로 농업경제 면에서 중요한 차이가 있다. 유럽에서 육류 소비가 중시되었고, 14세기의 "위기"를 맞아 한층 더 그랬다는 점은 이미 논의한 바 있다. 그리고 그뒤 16세기에서 19세기까지 일반 대중의 육류 소비가 줄어들었지만, 이것이 곧 곡물을 생산하기 위하여 가축을 기르기 위한 토지이용이 반드시 줄어들었음을 의미하지는 않았다. 16세기 이래 유럽에서 인구가 극적으로 증가한 결과, 상층계급의 절대적인 규모도 커졌으므로 이전과 같은 면적의 토지가 육류 생산에 이용되었을 것이다. 이는 하층계급의 육류 소비의 상대적

1400년 이전까지는 요시미쓰(아시카가 요시미쓰[足利義滿]: 무로마치 막부의 제3대 쇼군. 1358-1408/옮긴이)의 권력이 아직 확립되어 있지 않았다." George Sanson, *A History of Japan*, Vol. II, *1334-1615* (Stanford, California: Stanford Univ. Press, 1961), 177-178.

152) "14세기에 중국인들이 [인도네시아] 제도 일대에서 했던 역할은 가히 인상적이라고 할 만큼 대단했다.……이 해양에서의 교역의 주도권이 무슬림의 수중으로 넘어감에 따라 중국 선박들이 자취를 감추었다. 여기에는 필시 어떤 관련이 있을 것이다.……" M. A. Meilink-Roelofsz, *Asian Trade and European Influence in the Indonesian Archipelago between 1500 and about 1630* (The Hague: Nijhoff, 1962), 25, 74.

153) R. Servoise, "Les relations entre la Chine et l'Afrique au XVe siècle", *Le mois en Afrique*, No. 6, juin 1966, 30-45 참조.

154) Chaunu, *L'expansion européenne*, p. 335.

인 감소 현상과 모순되지 않는데, 이들은 기술의 발전에 따른 서유럽에서의 보다 집약적인 경작뿐만 아니라 주변지역으로부터의 수입을 통해서 필요한 곡물을 확보했을 것이기 때문이다.

이와 대조적으로 중국은 남동부 지역에서의 쌀 생산을 발전시킴으로써 보다 튼튼한 농업적 기반을 구축하려고 했다. 유럽에서는 가축을 중시함으로써 동물의 근력을 생산동력으로 널리 사용하게 되었다. 쌀은 단위면적당 칼로리 면에서 훨씬 더 생산적이지만, 훨씬 더 많은 인력을 필요로 한다.

그렇듯 널리 축력을 이용한 덕분에 "15세기의 유럽인들은 지리상의 발견 당시에 그들 다음으로 유리한 조건에 있던 중국인들에 비해서 대략 다섯 배 정도로 강력한 동력원을 소유하게 되었다"[155]고 쇼뉘는 지적한다.

그러나 지금 다루고 있는 문제에서 이러한 기술발전보다 더욱 중요한 것은 사람과 토지의 관계에서 나타나는 다음과 같은 차이의 의미이다. 쇼뉘가 말하고 있듯이 :

> 유럽인들은 공간을 낭비한다. 인구가 적었던 15세기 초에도 유럽은 공간이 모자랐다. ……그런데 유럽은 공간이 부족한 데 비하여 중국은 사람이 부족하다.……
> 서양의 "이륙(take-off)"은 쌀 생산 면에서의 중국의 "이륙"과 같은 시기(11-13세기)에 일어나는 것으로 보인다. 그러나 그것은 대(大)지중해 지역이 지구를 정복할 운명을 떠맡도록 할 만큼 더할 나위 없이 혁명적인 것이다.……
> 어느 모로 보나 15세기에 중국인들이 실패한 것은 수단의 상대적인 결여보다는 동기의 상대적인 결여에서 연유한다. 주요 동기는 여전히 공간에 대한 욕구, 흔히는 잠재의식적인 욕구이다.[156]

이리하여 어쨌든 우리는 왜 중국이 해외팽창을 바라지 않았는가 하는 문제에 대한 그럴듯한 하나의 설명을 얻게 된다. 실은 중국도 팽창하고 있었다. 다만 대내적으로, 즉 그 경계 안에서 쌀 생산을 확대하고 있었던 것이다. 더 넓은 공간에 의존하는 농업경제였던지라 15세기 유럽의 "내부의 아메리카들"은

---

155) 같은 책, p. 336.
156) 같은 책, pp. 338-339.

급속하게 바닥이 났다. 사람이든 사회이든 공연히 어려운 일에 뛰어들지는 않
는 법이다. 탐험과 식민활동은 어려운 일인 것이다.

마지막으로 한 가지 고려해볼 문제는 15세기 내내 중국에서는 무슨 이유에
서인지, 반 데르 스프렌켈이 말한 "반(反)식민활동", 즉 쌀 생산 지역으로부
터의 인구의 이동이 활발이 진행되었다는 점이다.[157] 이것이 "인구과잉"——
이 말은 언제나 사회적 정의에 따라서 그 뜻이 달라지기 마련이지만 —— 을
누그러뜨렸을지는 모르지만, 이 때문에 중국은 식민제국이 가져다주는 보상
적인 이익을 얻지 못한 채 공업화의 잠재력이 약화되었던 것 같다. 결국 이렇
게 해서 예의 "이륙"은 좌절되고 말았을지도 모른다.

유럽과 중국 사이에는 두번째로 커다란 차이가 있다. 중국은 이 당시의 투
르크-무슬림 세계와 마찬가지로 광대한 제국이다. 유럽은 그렇지 않다. 유럽
은 작은 제국들, 민족국가들, 도시국가들로 구성된, 이제 막 태어나는 하나의
세계경제이다. 여러 가지 면에서 이 차이는 중요한 의미를 지니고 있다.

우선 제국이 붕괴하는 두 가지 형태, 즉 서유럽에서와 같은 봉건화
(feudalization)와 중국에서와 같은 녹봉화(prebendalization), 이 두 형태의
결과들에 관한 베버의 주장부터 살펴보기로 하자.[158] 그는 새로운 중앙집권
국가는 녹봉체제보다는 봉건체제에서 나타날 가능성이 더 크다고 주장한다.
베버의 논거는 다음과 같다 :

---

157) "명대에 몽골의 세력이 무너지자, 인구과잉 상태의 남부지역을 압박하는 이러한 조건들
　　에 대한 강한 반작용이 일어났던 것 같다." *Bulletin of the SOAS*, XV, Van der
　　Sprenkel, p. 308. 허드슨과는 대조적으로 반 데르 스프렌켈은 몽골인의 위협이 감소한
　　것을 북쪽으로의 중점의 이동을 설명하는 근거로 들고 있다.

158) Max Weber, *The Religion of China* (New York : Free Press, 1951)에 대한 해설서에서
　　한스 게르트는 다음과 같이 쓰고 있다 : "녹봉(prebend) : 관직 보유자가 국가의 토지나
　　교회의 토지 또는 그밖의 공공수입에서 보수를 얻을 수 있는 권리. 베버는 이러한 관직
　　보유자를 '녹봉 수령자'라고 일컫는다. 녹봉 수령자들로 구성된 직제에 바탕을 둔 정치적
　　사회적 체제를 베버는 '녹봉제(prebendalism)'라고 부른다." [p. 305] 에릭 울프는 Eric
　　Wolf, *Peasants* (Englewood Cliffs, New Jersey : Prentice-Hall, 1966), 50-52에서 가
　　산적 (또는 봉건적) 영지와 녹봉적 영지의 차이를, 그것들이 농민에게 각각 어떤 의미를
　　지니고 있느냐 하는 관점에서 논의한다.

98

서양의 영주제는 동양의 인도 영주제와 마찬가지로 가산적(家産的) 국가권력의 중앙
권위의 붕괴 —— 즉 서양에서는 카롤링 제국의 붕괴, 인도에서는 칼리프와 마하라자
혹은 대(大)무굴 제국의 붕괴를 통해서 발전했다. 그러나 카롤링 제국에서는 새로운
계층이 농촌의 자급자족적인 생존경제의 기반 위에서 발전했다[따라서 그것은 추정
컨대 동양보다 경제발전의 수준이 더 낮았다]. 전사들의 방식에 따라 서로간의 맹서
로 맺어진 주종제를 통해서 영주계층은 국왕과 결부되었으며 자유민과 국왕 사이에
자리잡고 있었다. 인도에서도 봉건적인 관계가 나타나긴 했지만, 그것은 귀족제나 지
주제의 형성에 결정적인 구실을 하지는 않았다.

　　동양에서 으레 그렇듯이, 인도에서는 전형적인 영주계층이 오히려 징세청부업을
통해서[이는 중세 초기에 아마도 덜 발전된 서양과 비교해서 중앙권력이 여전히 강
력하여 세금을 강요할 수 있었으며, 기본적인 잉여를 세금으로 제공할 만큼 경제가
충분히 발전하고 화폐유통이 충분했기 때문일 것이다] 그리고 또 훨씬 더 관료제적인
국가의 군사 및 징세 업무에 대한 녹봉을 통해서 발전했다. 따라서 동양의 영지는
본질적으로 여전히 하나의 "녹봉(prebend)"이었지 '봉토(fief)'가 되지 않았다. 즉 가
산국가의 봉건화가 아니라 녹봉화가 일어났던 것이다. 비록 덜 발달한 것이기는 하
지만 이와 비교될 만한 서양의 사례를 들자면 중세의 봉토가 아니라 17세기 교황청
이나 법복귀족 시대의 프랑스에서 행해졌던 관직과 녹봉의 매입이다.……동양과 서
양의 서로 다른 발전을 설명하는 데에는 순수한 군사적 요인이 [또한] 중요하다. 유
럽에서는 기병이 기술적인 면에서 봉건제의 가장 주요한 군사력이었다. 인도에서는
기병이 그 수는 많았지만 알렉산드로스 때부터 무굴 시대까지 군대의 주력을 이루고
있었던 보병들보다 상대적으로 덜 중요하고 덜 유능했다.[159]

　　베버의 주장의 논리는 대략 다음과 같다. 한 제국이 붕괴하는 과정에서 (기
병의 중요성이라는) 하나의 기술적 요인이 중앙에 맞서 중간적 지위를 차지
한 전사들의 힘을 강화시켰다. 이런 사정으로 새로 등장하는 사회형태는, 중
앙권력이 봉건체제에서보다 상대적으로 더 강한 녹봉제 국가이기보다는 오히
려 봉건제인 것이다. 또한 봉건체제의 경제는 녹봉체제의 경제보다 덜 발달한
것이다. (그러나 이것이 원인인가 결과인가? 베버는 분명히 말하고 있지 않
다.) 단기적으로 지주의 입장에서 볼 때 봉건화가 분명히 더 이롭다. 왜냐하
면 그들에게 더 큰 권력을 (그리고 더 많은 수입을?) 가져다주기 때문이다.
그러나 장기적으로는 녹봉체제의 토지지배 계급이 봉건체제의 토지소유 계급

159) Weber, *Religion of India*, pp. 70-71.

보다 정말로 중앙집권화된 왕정의 성장을 더 잘 저지할 수 있다. 왜냐하면 봉건적 가치체계는 국왕 자신이 봉건적 관계로 짜여진 단일한 계서제의 정점을 차지할 수 있는 한(이 뜻을 이루기까지 카페 왕조는 수세기가 걸렸다), 그것을 이용하여 자신에게 충성을 바치는 체제를 구축해낼 수 있기 때문이다. 이러한 충성체제가 일단 구축되고 나면, 그것은 사적인 요소를 훌훌 털어버리고, 국왕을 화신으로 하는 한 민족에 대한 충성체제로 발전할 수 있다. 녹봉제는 봉건제보다 더욱 참다운 계약체제이기 때문에 그와 같은 신비스런 유대관계에 의해서 조종될 수가 없다. (내친 김에 하는 말인데, 그렇다면 18세기 프랑스에서의 녹봉제의 성장을 퇴보적인 것으로, 따라서 프랑스 혁명을 그러한 퇴보를 되돌리려는 시도로 볼 수 있을 것이다.)

왜 중국은 그렇지 않았는가 하는 문제를 다룬 한 저서에서 조지프 레븐슨은 베버와 별로 다를 바 없는 견해를 내놓고 있다 :

이념적으로나 논리적으로나 하나의 사회학적 "이념형"으로서의 봉건제는 자본주의와 완전히 대립된다. 그러나 역사적으로나 연대기적으로는 봉건제가 자본주의에 자극을 주었다. 중국에 봉건적 제약들이 없었다는 사실 자체가 유럽에는 그러한 제약들이 있었다는 사실보다 자본주의의 팽창(그리고 자본주의적 세계의 팽창)에 더 큰 장애가 되었다. 자기충족적이며 지속성이 강한 사회인 비봉건적, 관료제적 중국사회는 바로 봉건사회보다 자본주의의 기본 형태에 이념적으로 더 적합한 것이었던 만큼, 발생단계의 자본주의를 길들이고 감싸안았으며, 그리하여 그 혁명적 잠재력을 짓밟아버렸다. 그렇다면, 결국 자본주의 열강이 되지 못한 포르투갈에서조차도 중국과는 정반대의 사회발전 과정이 팽창력을 옥죄는 대신 풀어놓으리라고 해서 이상할 것이 있겠는가? 그것은 포르투갈과 서유럽 전반에서 최초의 자본주의가 봉건제로부터 벗어나는 과정이자 봉건제의 부식과정이었다. 그리고 이것은 중국에서 비봉건적 관료제적 사회, 봉건제를 억누른 사회 —— 그리고 또한 자본주의까지도 억누른 사회가 지속된 것과는 판이한 과정이었다.[160]

이러한 주장은 우리가 종종 마주치게 되는 논법이다. 즉 한 체제가 새로운 형

---

160) Joseph R. Levenson, ed., *European Expansion and the Counter-Expansion of Asia, 1300-1600* (Englewood Cliffs, New Jersey : Prentice Hall, 1967), 131-132.

태를 처음부터 곧잘 받아들인 것이 점진적인 변화의 계속으로 이어지지 않고 오히려 변화의 억제로 이어지는가 하면, 최초의 저항이 나중에는 종종 하나의 돌파로 이어지곤 한다는 것이다.

녹봉화가 제국의 구조를 유지한 반면, 봉건화는 그 해체를 몰고 왔다. 봉건화의 경우에는 어느 한 지역에 근거를 두고 일정한 농민들과 관계를 맺으며 점점 더 자율적으로 되어간 지주들에게 권력과 수입이 분배된 반면, 녹봉화의 경우에는 어느 한 지역과의 연결을 애써 피하고 거의 전 지역으로부터 그 구성원을 모집하지만, 그렇기 때문에 또한 중앙의 특혜에 의존하고 있는 범제국적인 한 계층에게 그것들이 분배되었다. 제국의 중앙권력을 강화하는 것은 엄청나게 큰 과업이었으며, 20세기의 중국 공산당 치하에서 겨우 시작된 과업이었다. 보다 작은 지역에서 중앙집권적 단위들을 만드는 일은 중앙이 어느 정도의 결집력을 유지하는 한 불가능한 일이었는데, 명(明)과 그 뒤를 이은 만주 왕조 아래서 중앙이 그러한 결집력을 유지했던 것이다. 한편 봉건체제 아래서 중앙집권적 단위들을 만드는 것은, 우리가 아는 바와 같이, 비록 어렵긴 해도 가능한 일이었다. 베버는 그 이유를 다음과 같이 아주 명쾌하게 요약했다 :

녹봉이 금전으로 지급되는 동양적 가산제의 일반적 결말은 전형적으로 군사적 정복이나 종교적 혁명만이 녹봉적 이해관계의 견고한 구조를 깨뜨릴 수가 있었고, 그럼으로써 새로운 권력의 분배를 창출하며 그 다음에는 새로운 경제적 조건들을 조성했다는 것이다. 그러나 내부적 혁신을 도모한 그 어떤 시도도 앞에서 언급한 여러 장애들로 말미암아 좌절되었다. 이미 지적한 대로 근대 유럽은 여기서의 중요한 역사적 예외인데, 그 까닭은 무엇보다도 통일제국의 평화 유지가 불가능했기 때문이다. 우리는 바로 군벌국가들 내에서 세계제국의 행정 합리화를 저지한 국가 녹봉의 수령자 계층이 한때는 그것의 가장 강력한 추진자들이었다는 점을 상기할 수 있을 것이다. 그런데 그 자극이 사라져버렸다. 서양에서나 군벌국가들의 중국에서나 다 같이, 시장을 획득하려는 경쟁이 사기업의 합리화를 강요한 것과 똑같이 정치권력을 획득하려는 경쟁이 국가경제와 경제정책의 합리화를 강요했다. 사적 경제 내에서는 카르텔화가 자본주의의 혼(魂)인 합리적 계산을 저해한다. 국가들 사이에서는 권력의 독점이 행정, 재정, 경제정책의 합리적 운영을 약화시킨다.……서양에서는 앞에서 이야기한 차이점 이외에 강력하고 독립적인 세력들이 또한 존재했다. 전통적인 족쇄들을 깨부수기 위하여 군주권이 이러한 세력들과 손잡을 수 있었다. 또는 아주 특수한 조건 아래서는 이러한 세력들이 가산적 권력의 속박을 벗어던지기 위하여 그들 자신의 군사력을 이용할 수 있었다.[161]

한 제국에 맞선 어떤 세계경제 안에서 한 체제의 지역적 중심 또는 전진거점과 주변부와의 관계를 관찰하는 데에는 고려해야 할 또 하나의 요인이 있다. 제국은 거대한 땅과 인구를 관리하고 방어할 책무를 띠고 있다. 이것은 자본의 발전에 투입될 수 있는 관심과 정력과 이윤을 소모한다. 일본의 왜구와 그들이 중국의 팽창에 끼쳤다고 하는 영향의 문제를 예로 들어보자. 원칙적으로 왜구는 투르크인들이 유럽의 골칫거리였던 것처럼 그렇게 큰 중국의 골칫거리가 아니었다. 하지만 투르크인들이 동쪽으로 진출했을 때, 포르투갈의 원정대들을 되돌아오게 할 만한 유럽의 황제는 없었다. 빈을 방어하기 위하여 포르투갈의 해외 모험활동이 다른 방향으로 전환되지는 않았다. 왜냐하면 포르투갈이 빈을 방어해야 할 정치적 의무도 없었을뿐더러 마음이 내켜서 그렇게 할 만한 어떠한 기구도 없었고, 그러한 방향 전환이 이익이 될 만한 범유럽적인 어떤 사회집단도 없었기 때문이다.

팽창이 포르투갈 국왕에게 직접적인 이익을 안겨준 것처럼 어떤 유럽의 황제에게 곧바로 이익이 되었을 것 같지도 않다. 국가의 재정을 늘려야 할 필요가 바로 유럽 팽창의 동기 가운데 하나였던 것과는 달리, 중국의 황제가 어째서 정화의 원정을 국고의 낭비로 보았을지도 모르며, 또 중국의 관료들이 실제로 그렇게 보았는지 하는 문제는 이미 살펴보았다. 세계경제 안의 한 국가를 하나의 기업가로 생각할 수 있는 것처럼 한 제국을 그렇게 생각해서는 안 된다. 왜냐하면 제국은 자신이 마치 전체인 양 생각하기 때문이다. 제국은 다른 경제들로부터 부를 빼어냄으로써 자신의 경제를 살찌울 수가 없다. 왜냐하면 제국이 바로 유일한 경제이기 때문이다(이것이 중국인들의 이념이었음에 틀림없고, 아마도 그들의 믿음이었을 것이다). 경제의 분배 면에서 황제의 몫

161) Weber, *Religion of China*, pp. 61-62. 고딕체는 월러스틴의 강조.

을 늘릴 수 있다는 것은 두말할 필요가 없다. 그러나 이것은 국가가 기업적인 이윤을 추구하는 것이 아니라 공납을 늘리려고 한다는 것을 의미한다. 그리고 바로 그러한 공납의 형식은 중앙의 정치적 힘이 쇠퇴하자마자 경제적으로 자멸을 부를 수도 있다. 왜냐하면 그러한 상황에서는 "공납"의 납부가 제국에 불리한 위장된 형식의 교역이 될 수 있기 때문이다.[162]

또한 군사기술과 제국적 구조의 존재 사이에도 어떤 관련이 있다. 카를로 치폴라는 왜 중국인들은 그들이 알아차린 바와 같이 포르투갈인들이 보유하고 있었던 군사기술상의 장점들을 받아들이지 않았는가 하는 질문을 던진다. 그는 다음과 같은 설명을 제시한다 : "외부의 적들 못지 않게 내부의 비적들을, 외국의 침입 못지 않게 내부의 봉기를 두려워한 제국의 궁정은 총포에 관한 지식의 전파, 총포 제작 기술을 익힌 장인 수의 급증, 이 양자를 다 제한하는 데에 최선을 다했다."[163] 많은 주권국가들이 존재하는 유럽에서는 무기의 전파를 제한할 가망이 없었다. 중국에서는 그 일이 여전히 가능한 것 같았으며, 그래서 중앙집권화된 체제가 장기적으로 보면 자신의 권력 유지에 긴요한 그 기술의 발전을 후퇴시켰다. 여기서도 역시 제국의 형태가 이번에는 기술의 발전에 구조적인 제약요인이 되었음직하다.

마지막 한 가지 수수께끼가 남아 있다. 중국에서는 이 시기에 개인주의적인 하나의 이념, 즉 왕양명 학파(王陽明學派)의 이념이 등장했는데, 윌리엄 T. 드 바리는 이를 서양의 인문주의적 이론들과 견줄 만한 것으로 평가하면

162) 오언 래티모어는 명대의 중국에 대한 만주의 바로 이와 같은 조공관계가 16세기에 어떻게 작동하고 있었는가를 다음과 같이 보여주고 있다 : "명조의 쇠퇴기에 '조공사절들'을 궁정에 보내는 것은 중국인들을 이용하는 한 가지 방법이 되었다. '조공자들'은 수백 명에 이르는 수행원들을 거느리고 왔으며, 거기에 따른 비용을 중국 당국이 부담했는데, 이는 그들의 정치적 지위를 드높여주었다. 이와 동시에 그들은 '비공납' 물품을 교역 목적으로 가져왔는데, 이는 중국 국경상인들의 이윤을 가로채는 짓이었다." Owen Lattimore, *Inner Asian Frontiers of China*, 2nd edition (Irvington-on-Hudson, New York : Capitol Publishing Co. and American Geographical Society, 1940), 124. 이러한 자멸적인 정치적 장치를 포르투갈과 그밖의 유럽 나라들이 해외의 야만족들에게 실시한 노골적인 식민정책, 즉 베버가 "노획물 자본주의(booty capitalism)"라고 일컬은 것과 비교해보라. 같은 책, p. 135.

163) Cipolla, *Guns and Sails*, p. 117.

서 "준(準)사상혁명"이라고 부르고 있다. 그러나 그 혁명이 "충분히 진전하지" 못했다는 것이다.[164] 하나의 이념으로서의 개인주의는 이제 막 등장하고 있는 부르주아지의 힘을 알려주며 또한 전통적인 세력들에 맞서서 그 힘을 지탱한 것이 아니었을까?

롤랑 무니에에 의하면, 정반대였던 것으로 보인다. 명대 중국의 사회적 투쟁에 대한 그의 분석에 따르면 개인주의가 유교 관료들의 무기였는데, 이들 관료계급은 "기업가적인" 동시에 "봉건적"이며, 명대 중국의 "민족주의적인" 추진력을 대변하고 있던 환관들에 대항하여 퍽 "근대적인" 사고방식을 지니고 있었다는 것이다.[165] 무니에는 다음과 같이 주장한다 :

[명대의 중국에서는] 중간계급 출신의 교육받은 계층에서 많은 이들이 출세를 위하여 거세를 자원했다. 교육을 받은 덕택에 그들은 막중한 역할을 떠맡을 능력이 있었고, 그래서 제국은 사실상 이들 환관들에 의해서 지배되었다.

일단 높은 지위에 오르고 나면, 그들은 가문을 도와주고, 관직과 봉토를 분배함으로써 자신을 따르는 권속을 만들어내고, 그래서 제국 자체 안에서의 실권자가 되었다. 따라서 환관들이 커다란 역할을 담당한 것은 그만큼 부르주아지의 성장을 반영하는 것으로 보인다. 명문 혈통의 제후들과 유력자들 역시 중간계급 출신의 교육받은 사람들로 이루어진 권속을 거느려 이들을 문관으로 발탁함으로써 자기방어에 주력했다.……[이 나중의 집단은] 때로는 왕양명의 제자들로서 그의 가르침을 좇아, 권력을 쥐고 있던 환관들에 대항했다. 환관들은 전통과 권위의 옹호자인 주희(朱熹)

164) William Theodore de Bary, ed., "Introduction", in *Self and Society in Ming Thought* (New York : Columbia Univ. Press, 1970) 24. 그는 이 책에 수록된 "명대 후기 사상의 개인주의와 인본주의(Individualism and Humanism in Late Ming Thought)"라는 제목의 글에서 이 주제를 다음과 같이 부연하고 있다 : "두드러지게 근대적인 특색을 지닌 개인주의 사상의 한 유형이 16세기에 왕양명 학파 내부의 자유주의적이며 인본주의적인 운동으로부터 보다 거대한 사회적 문화적 세력과 함께 싹터나왔다. 이리하여 유교는, 그 지배적인 전통에도 불구하고 그리고 근대인의 눈에 비치는 그 권위주의적 체제에도 불구하고, 서양의 개인주의가 성장하는 데 중세 그리스도교가……수행한 것과 어느 정도 동일한 기능을 완수할 수 있었다."[p. 233]
165) "1368년에 몽골의 원 왕조를 몰아낸 봉기와 명의 권력 장악은 야만족에 대한 중국인들의 민족적 복고운동이었다." Roland Mousnier, *Les XVIe et XVIIe siècles*, Vol. IV of *Histoire Générale des Civilisations* (Paris : Presses Universitaires de France, 1954), 520.

를 지지했다[이 당시에는 환관들이 전통과 권위에 가장 가까이 있었다]. 이들 사이
의 투쟁은 명문 혈통의 제후들, 유력자들, 그리고 환관들이 모두 다 토지 지배자로서
의 권력기반을 가지고 있었기 때문에 더욱더 심각했다. 명 왕조는 친족과 지지자들
로 이루어진 일종의 봉건제를 조성함으로써 자신의 지위를 강화하려고 했다.……이
러한 상황에서 희생자는 농민이었다. 국가의 지출은 끊임없이 늘어갔던 것이다.[166]

국가의 지출은 물론 유럽에서도 늘어갔다. 하지만 유럽에서는 이러한 지출이
새로 태어나고 있던 부르주아지 그리고 부르주아들이 귀족으로 되어가고 있
던 것과 마찬가지로 결국은 스스로 부르주아지가 되는 것으로 자구책을 모색
한(이에 대해서는 앞으로 살펴볼 것이다) 귀족을 지탱했다. 서양의 부르주아
지가 궁극적으로 권력을 장악하는 데에 이바지한 바로 그 이념이, 명대의 중
국에서는, (약간의 권력을 너무 일찍 장악한 탓에) 전통과 권위의 옹호자 역
을 맡게 된 바로 이러한 부르주아지에게 불리한 방향으로 작용했다. 이에 관
해서는 아직도 밝혀야 할 점들이 많지만, 이것은 개인주의 이념과 자본주의의
흥기 사이의 너무나 단순한 상관관계를 가정하는 것에 대해서 의혹을 불러일
으킨다. 그것은 이와 같은 이념의 출현을 우선시하는 어떠한 인과적 설명에
대해서도 분명히 의심을 품게 한다.

중국에 관한 논의는 다음과 같이 요약된다. 인구, 지역, (농업과 항해술에
서의) 기술상태 등 몇몇 기본적인 점에서 15세기의 유럽과 중국 사이에 어떤
중요한 차이가 있었는지는 의심스럽다. 어느 정도 차이점들이 있었더라도, 다
음 수세기 동안에 일어난 발전의 커다란 차이를 그것들로써 설명하기는 어려
울 것이다. 더욱이 가치체계의 차이는 크게 과장되었으며, 그 차이를 가지고
다르게 나타난 결과들을 설명하는 것 역시 어려울 듯하다. 왜냐하면 앞에서
애써 밝힌 바와 같이, 이념체계들은 서로 대립된 이해관계를 위해서 이용될
수 있으며, 전혀 다른 구조적 추진력과 결합될 수 있기 때문이다. 가치를 제
일로 중시하는 사람들은 유물론적 주장을 반박하는 데에 열중한 나머지 이념
과 사회구조의 일치를 정통 마르크스주의자들보다 훨씬 더 고지식하게 믿고

---

166) 같은 책, pp. 527-528.

있는(비록 그들이 인과의 순서를 거꾸로 잡고 있기는 하지만) 잘못을 그들 스스로 저지르고 있는 것으로 보인다.

중국과 유럽의 근본적 차이는 보다 직접적인 경제적 주기변동과 연결된 장기적 추세(secular trend)의 모습을 다시 한번 반영하고 있다. 오랜 시간에 걸친 장기적 추세는 고대 로마 제국과 중국 제국으로까지 거슬러올라가는데, 그것들이 어떻게 그리고 어느 만큼 붕괴했느냐, 그 방식과 정도에 따라서 달라진다. 로마 제국의 골격은 희미한 어떤 기억으로 잔존했으며, 그 기억은 주로 하나의 공통된 교회에 의하여 중세적 현실로 이어졌다. 이와는 달리 중국인들은 비록 약화된 것이기는 했지만 제국의 정치구조를 그럭저럭 유지해나갈 수가 있었다. 이것이 봉건체제와 녹봉제적 관료체제에 입각한 세계제국 사이의 차이였다. 그 결과 중국은 여러 면에서 유럽보다 더 발전된 경제를 유지해나갈 수 있었다. 그래서 1,000여 년에 걸친 농민 착취가 그만큼 덜했으리라고 짐작되고도 남는 것이다.

이와 같은 차이에다가 또한 좀더 나중에 이 두 지역에서 추진된 농업경영의 차이, 즉 유럽은 가축 사육과 밀 경작 쪽으로, 중국은 쌀 경작 쪽으로 나아간 점을 덧붙여야만 하겠다. 쌀 경작에는 공간이 덜 필요했지만 더 많은 인력을 필요로 했으므로 장기간에 걸친 위기는 두 체제에 서로 다른 방식으로 타격을 주었다. 유럽은 중국보다 지리적으로 팽창하는 것이 더욱 절실했다. 그리고 중국에서는 팽창을 수지 맞는 일로 생각했을 만한 집단들이 더러 있기는 했지만, 또 그만큼 그들에 대한 제약이 뒤따랐다. 이는 제국의 틀 안에서는 그 세계체제의 정치적 안정을 그때그때 유지하는 것이 최우선의 과제였고, 따라서 일련의 중대한 결정들이 그러한 틀에 집중되어 있었다는 사정에서 연유한다.

그러므로 중국은, 이미 광범한 국가 관료기구를 유지하고 있었다는 점에서 자본주의로 나아가는 데에 얼핏 보기에는 오히려 좀더 유리한 처지였고 화폐경제화라는 면에서 그리고 또 어쩌면 기술 면에서도 더 앞서 있었음에도 불구하고, 따지고 보면 그렇게 썩 유리한 처지가 아니었다. 중국은 제국이라는 정치적 구조로 인한 부담을 안고 있었다. 중국은 그 가치체계의 "합리성"으로 인한 부담을 안고 있었다. 이런 합리성 때문에 국가는 변화의 지렛대를 갖추지 못했는데(설령 그것을 이용하려고 했더라도), 유럽의 군주들은 봉건적 충성심이라는 신비 속에서 그것을 찾아냈던 것이다.

이제 우리는 우리의 논의를 진전시킬 수 있게 되었다. 1450년 당시에 유럽에는 자본주의 세계경제의 등장을 위한 무대가 마련되어 있었지만 다른 곳에는 그러한 무대가 없었다. 이 체제는 두 가지 핵심적인 제도, 즉 어느 일정 지역 안에 자리잡은 "세계적" 범위의 분업과 관료제적인 국가기구들에 기반을 두고 있었다. 이들 하나하나를 차례대로 그리고 총체적으로 다루어나가겠다. 그리고 나서 세계경제의 세 지역, 즉 우리가 반주변부(semiperiphery), 핵심부(core), 주변부(periphery)라고 부르는 지역을 각각 차례대로 살펴볼 것이다. 굳이 이런 순서로 다루려는 이유는, 논의가 펼쳐짐에 따라서 분명히 드러나겠지만, 주로 그것들의 역사적 선후관계가 그렇게 되어 있기 때문이다. 그리고 나서 좀더 추상적인 수준에서 논의의 전체상을 개관하는 일이 가능할 것이다. 우리는 처음보다는 마지막에 가서 그렇게 할 작정인데, 그것은 일단 경험적 자료가 제시된 뒤라야 우리의 주장이 더욱 설득력을 띠리라고 믿기 때문만이 아니라, 또한 최종적인 이론 정립은 경험적 현실과의 대면을 통해서 이루어져야 한다고 확신하기 때문이기도 하다. 단, 그와 같은 대면은 이러한 현실을 파악할 수 있게 해주는 어떤 기본적인 조망 아래 이루어져야 할 것이다.

# 2

유럽의 새로운 노동분업 :
1450?-1640년

Igritarum ergo opera vfi funt Hifpani initiò in fcrutandis venis metallicis: verùm poft-
quam illæ fuerunt exhauftæ, horum minifterio vti cœperunt ad molas trufatiles quæ fac-
chariferas cannas comminuunt, ad faccharum coquendum & cogendum : in quo mini-
fterio etiamnum hodie magna ex parte occupantur.   Nam cùm ea Infula humida fit &
calida, minimo negotio facchariferæ cannæ fiue arundines fuccrefcunt ; ex quibus contufis, deinde
in lebetes coniectis, & decoctis, poftremum ritè repurgatis & in faccharum concretis,
magnum quæftum facere folent. Vtuntur præterea iftorum Nigritarum
opera in pafcendis armentis, & reliquis rebus adminiftrandis
quæ neceffariæ funt ad fuos vfus.

A 3                    Nigritæ

그림 3 : "금속 광맥이 바닥나자 니그로들은 설탕 제조에 투입되어야 했다." 히스파니올라 섬
의 한 제당 공장을 그린 이 판화는 플랑드르의 판화가 테오도르 드 브리가 시작한 "기행 모
음"이라는 연작 가운데 하나로서 1595년에 제작된 것이다. 이 연작은 동인도와 서인도의 "발
견"을 기리고 있다. 뉴욕 : 뉴욕 공립도서관, 희귀도서부, 레녹스 애스터 & 틸덴 재단의 허가
에 의한 전재.

  자본주의적 생산양식에 근거한 유럽 세계경제가 등장한 것은 16세기의 일
이었다. 이 초창기에 나타난 가장 기이한 측면은 자본가들이 전 세계에 그들
의 깃발을 휘날리지는 않았다는 사실이다. 지배적인 이데올로기는 자유기업
이데올로기가 아니었고, 개인주의나 과학 또는 자연주의나 민족주의 같은 이
데올로기도 아니었다. 이러한 이데올로기들이 세계관으로서 성숙한 것은 모
두 18-19세기에 가서의 일이었다. 이 시기를 풍미한 듯한 하나의 이데올로기
를 들자면 그것은 국가통제주의(statism) 또는 국가이성이라는 이데올로기였
다. 끝없이 퍼져나간 현상인 자본주의는 어째서 강한 국가들의 발달에 의해서
유지되어야만 했는가? 이것은 간단히 답할 수 있는 문제가 아니다. 하지만 그
것이 패러독스는 아니다. 오히려 그 반대이다. 자본주의 세계경제의 독특한
특징은, 경제적 결정은 주로 세계경제 무대를 지향한 반면, 정치적 결정은 주
로 법적 구속력을 가지는 더 작은 구조들 —— 세계경제 내의 국가들(민족국
가, 도시국가, 제국) —— 을 지향한다는 점이다.
  이러한 경제 및 정치의 이중 지향성 또는 "차별성"은 여러 집단들의 자기
정체성에 관한, 즉 집단 이해관계의 합당한 표명에 관한 혼란과 신비화의 근
원이다. 그러나 경제적 결정과 정치적 결정은 분리되거나 별개의 사안으로 논
의될 수 없는 것이기에, 이것은 날카로운 분석적 문제들을 제기한다. 우리는
그러한 문제들을 계기적인 순서로 살펴보고 그 논리의 연결 고리들을 제시하
는 가운데 그리고 독자들에게 종합적인 관점에서 전체적인 증거를 볼 수 있
을 때까지 판단을 유보하도록 당부하면서, 그것들을 다루어나갈 것이다. 물론
우리는, 의도적으로 또는 다른 방식으로, 계기성(繼起性)의 원칙을 곧잘 거스
르게 될 것이지만 어찌 되었든 간에 이것이 우리의 논의를 엮어나가는 원칙
이다. 설령 우리가 거대체제를 자본주의의 한 표현으로 그리고 소체제들을 국
가통제주의(또는 최근에 유행하는 용어대로 한다면 국가발전)의 표현으로 다
루는 것처럼 보일지라도, 우리는 구체적인 역사적 발전의 통일성을 결코 부정
하지 않는다. 국가는 세계체제 발전의 맥락에서 벗어나서는 발전할 수 없고,
세계체제 발전의 맥락을 배제하고서는 이해될 수도 없는 것이다.
  사회계급과 인종(민족, 종교) 집단의 경우에도 그것은 마찬가지이다. 그것

110

들도 동시에 그리고 때로는 대립적인 양상으로, 국가구조 및 세계체제의 틀 안에서 사회적 존재로 등장하게 되었다. 그것들은 그 당시 사회조직의 한 함수이다. 근대의 계급체제는 16세기에 접어들어 그 모습을 갖추기 시작했다.

그러나 16세기란 과연 언제를 말하는 것인가? 역사적인 세기들이 반드시 연대표의 세기들과 일치하는 것은 아니라는 점을 염두에 둘 때, 이는 그렇게 쉬운 문제가 아니다. 여기에서 나는 페르낭 브로델의 판단을 받아들일 수밖에 없다. 왜냐하면 그의 판단은 견실한 학문 토대에 기초하고 있을 뿐만 아니라, 내가 읽은 자료들과 썩 잘 부합하고 있기 때문이다. 브로델은 이렇게 말한다 :

나는, 그것이 한 세기인지 여러 세기인지를 분명히 밝히지도 않고서 그것이 하나의 단일한 세기라고 흔히들 말하는 16세기에 대해서……회의적이다. 뤼시앵 페브르와 나의 탁월한 스승 앙리 오제가 말했듯이, "우리의" 세기는 둘로 나뉜다. 첫번째 세기는 1450년경에 시작하여 1550년쯤에 끝나고, 두번째 세기는 1550년경에 시작하여 1620년 또는 1640년에 끝난다.[1]

16세기가 언제 시작되고 언제 끝났는가 하는 것은 그 세기를 바라보는 민족적 관점에 따라서 다양하게 나타난다. 그러나 유럽 세계경제 전체를 놓고 볼 때, 우리는 1450-1640년을 의미 있는 시대구분으로 간주한다. 이 기간 동안에 하나의 자본주의적 세계경제가, 브로델의 말을 빌리자면 분명히 "방대하지만 취약한"[2] 모습으로 창출되었으니 말이다.

그러면 이 유럽 세계경제는 과연 어디에 자리잡고 있었는가? 그것 또한 답변하기 어려운 문제이다. 왜냐하면 유럽 대륙이라고 하는 역사적인 범위가 지리적인 범위와 반드시 일치하지는 않기 때문이다. 유럽 세계경제는 16세기 말에 이르러 북부 유럽과 그리스도교권의 지중해(이베리아 반도를 포

1) Fernand Braudel, "Qu'est-ce que le XVIe siècle?", *Annales E.S.C.*, VIII, 1, janv.-mars 1953, 73. 슬리허 반 바트는 곡물 가격 수준이 "완만히 상승했는가" 아니면 "급등했는가" 하는 견지에서 1450-1550년과 1550-1650년으로 구분한다. B. H. Slicher van Bath, *Agrarian History*, p. 113.
2) Fernand Braudel, "European Expansion and Capitalism : 1450-1650" in *Chapters in Western Civilization*, I, 3rd ed. (New York : Columbia Univ. Press, 1961), 260.

함해서)뿐만 아니라 중부 유럽 및 발트 해 지역까지를 포함하고 있었다. 유럽 세계경제는 또한 아메리카 대륙의 몇몇 지역들 : 즉 신(新)에스파냐(멕시코/옮긴이), 안틸레스 제도, 테라페르마(콜롬비아/옮긴이), 페루, 칠레, 브라질──아니 좀더 정확하게 말하면 이 지역들 가운데 에스파냐와 포르투갈이 실질적으로 지배하고 있던 부분들까지도 포함하고 있었다. 대서양 제도와 어쩌면 아프리카 해안의 일부 지역도 그 안에 포함될 수 있었으나 인도양 일대는 포함될 수 없었다. 어쩌면 필리핀의 몇몇 지방이 잠시 동안 포함된 것을 제외하면 극동지방도 여기에 포함되지 않았다. 오스만 제국도 포함되지 않았다. 러시아는 기껏해야 짧은 기간, 변두리 지역으로 포함되었을 뿐이다. 유럽 세계경제를 획정하는 분명한 경계선을 그을 수는 없다. 그러나 나는 과거에 분리되었던 두 개의 체제가 연결됨으로써 16세기의 유럽 세계가 비로소 등장했다고 이해하는 것이 가장 타당하리라고 생각한다. 두 개의 체제란, 북이탈리아 도시들을 중심으로 한 그리스도교권의 지중해 체제[3]와 북유럽 및 서북부 유럽의 플랑드르-한자 무역망이며, 이 두 개의 체제가 결합함으로써 등장한 새로운 유럽 세계에 한편으로는 엘베 강 동쪽, 폴란드 및 동유럽의 일부 다른 지역들이 추가되었고, 다른 한편으로는 대서양 제도와 신대륙의 몇몇 지역들이 덧붙여졌다.

공간적인 면에서 보자면 이것은 분명히 팽창이었다. 유럽 열강의 공식적인 식민지들을 감안하면서, 쇼뉘는 1535년에서 1540년 사이의 5년 동안 에스파냐가 서반구 인구의 절반 이상을 지배했으며, 그때로부터 1670-80년 사이에 유럽인의 지배영역은 약 300만에서 700만 제곱킬로미터로 늘어났다고(유럽인의 지배영역은 그때부터 18세기 말에 이르기까지 더 이상 늘지 않았다) 지적했다.[4] 그러나 영토 팽창이 곧 인구 팽창을 의미하지는 않았다. 쇼뉘는 "인구학적 가위 운동(demographic scissors movement)"을 언급했는데, 그에 따르면 유럽의 인구 증가는 "대체로 비유럽 지역의 심각한 인구 감소로 말미암아

---

3) 그리스도교적 지중해 세계의 본질과 범위에 관한 논의는 Jaime Vicens Vives, *An Economic History of Spain* (Princeton, New Jersey : Princeton Univ. Press, 1961), 260 참조.

4) Chaunu, *Séville*, VIII (1), p. 148.

전 세계적 수준에서 상쇄되었다."[5] 그러므로 유럽 세계경제의 토지/노동력 비율은 크게 상승했으며, 그것은 이 막중한 시기인 근대 초기에 유럽인이 지속적인 경제성장을 이룰 수 있었던 하나의 근본적인 요인이었다. 그러나 팽창은 토지/노동력 비율의 증가에 그치는 것이 아니었다. 그것은 농업생산을 합리화하는 재원으로 충당될 기초 자본의 대규모 축적을 가능케 했다. 16세기 유럽 세계경제의 가장 명백한 특징들 가운데 하나는 인플레이션, 이른바 가격혁명이었다. 이 인플레이션과 자본축적 과정 사이의 상관관계는 근대 역사학의 핵심 주제였다. 우리는 이 복잡한 논의들에 관해서 엄밀히 검토할 작정이다. 이런 작업을 통해서, 우리가 관찰한 패턴들에 비추어, 유럽 세계경제가 이 시대 말기에 이르러 도달하게 된 노동분업을 설명할 수 있기 때문이다.

유럽의 가격동향의 순환적 패턴은 그 뒤에 방대한 역사적 배경을 지니고 있다. 그 시기에 대해서 그리고 그 원인에 대해서는 훨씬 더 학자들의 의견이 분분하지만, 그 현상의 실재성에 대해서만큼은 한결같이 동의하고 있다. 곡물 가격에 대한 최근의 두 연구 결과[6]를 요약하면 다음과 같은 표를 얻을 수 있다 :

```
1160-1260 ── 급격한 상승
1260-1310(1330, 1380) ── 지속적으로 높은 가격
1310(1330, 1380) ── 점차적인 하락
1480-1620(1650) ── 높은 가격
1620(1650)-1734(1755) ── 경기후퇴
1734(1755)-1817 ── 상승
```

우리가 지금 관심을 두고 있는 16세기에 국한해서 볼 때, 이 시기는 위의 표에서는 "높은 가격"으로 나타나 있지만, 물론 이 기간 내에서도 경제적인 파동이 있었다. 피에르 쇼뉘는 대서양 무역항로의 핵심적인 화물집산지인 세비

---

5) Pierre Chaunu, "Réflexions sur le tournant des années 1630-1650", *Cahiers d'histoire*, XII, 3, 1967, 257.

6) Eugen A. Kosminsky, *Past & Present*, No. 1, p. 18 ; B. H. Slicher Van Bath, *Britain and the Netherlands*, p. 150.

야의 상무청(Casa de Contratación : 1503년 이사벨 여왕이 에스파냐령 아메
리카 식민지의 지배를 위해서 설치한 기구로서 본국과 식민지 사이의 상업활
동 전반을 감독했음/옮긴이)의 기록에 대한 기념비적인 연구에 근거하여 다
음과 같은 주기를 밝혀냈다. 쇼뉘는 부피(전체 상품 및 개별 상품에 대한) 및
가격을 측정단위로 사용하여 네 시기로 구분했다 :

    1504-50 —— 꾸준한 상승
    1550-62/63 —— 비교적 미미한 경기후퇴
    1562/63-1610 —— 팽창
    1610-50 —— 경기후퇴[7]

부피와 가격의 측정은 분명히 같은 것이 아니다. "물동량 지수는 다소 과장
된 방식으로 가격동향에 견주어져 있다. 가격 곡선은 무역량 곡선에 비해서
밋밋하다."[8] 쇼뉘는 그가 말한 1610년의 전환점이 독일의 경우에는 엘자스가
말한 전환점(1627년) 그리고 저지방 국가들의 경우에는 포스투무스가 말한
전환점(1637년)에 해당된다고 생각한다. 사실, 앞으로 살펴보겠지만, 유럽 여
러 지역들은 제각기 다른 시기에 쇠퇴 국면으로 접어들었던 것이다.[9]

---

7) Pierre Chaunu, *Séville et l'Atlantique (1504-1650)*, VIII, (2) : *La Conjoncture (1504-1592)* (Paris : S.E.V.P.E.N., 1959), 14-25 참조.
    호르헤 나달은 세비야를 통과한 무역량으로부터 에스파냐의 가격동향을 추론하는 것에 대해서 회의적이다. 얼마나 많은 양이 통과했는지를 측정할 방법이 없기 때문이다. "끝으로, 나는 톤 수 곡선을 가격 곡선에 겹쳐놓았다는 점에서 쇼뉘가 해밀턴과 동일한 오류를 범했다고 믿는다. 해밀턴은 귀금속 선적량을 가격 곡선에 겹쳐놓았던 것이다. 두 경우는 에스파냐에 확실히 관련된 현상 —— 소비품목의 가격운동 —— 을 그 나라 경제와 거의 무관한 현상들(대개 외국에서 유입된 상품, 해외로 선적될 은 위탁물)과 비교하고 있다." Jorge Nadal, "La revolución de los precios españoles en el siglo XVI : estado actual de la cuestión," *Hispania, revista española de historia*, XIX, No. 77, oct.-dic. 1959, 519-520, 주 55.
8) Chaunu, *Séville*, VIII (2), p. 19.
9) "대체로 1600년경에는 에스파냐, 이탈리아, 프랑스 남부에서 곡선상의 변화가 나타났다. 그러나 유럽 북부, 특히 저지방 국가들에서는 1650년경에야 변화가 발생했다. 그곳에서는 암스테르담이 세계무대에서 자신의 지배권을 주장했던 것이다." Braudel, *Chapters*, I, p. 263.

이러한 시간적 불일치는 당시의 세계경제가 이제 막 등장하는 과정에 있었을 뿐이라는 점을 상기시킨다. 쇼뉘는 15세기에 유럽의 세 무역지대(그리스도교권의 지중해, 북서 유럽, 동유럽)가 각기 다른 세 개의 가격수준을 유지했다고 지적한다. 세계경제의 탄생은 "[15세기] 초기의 놀랄 만한 가격폭 그리고 그 격차의 궁극적인 해소"에 의해서 정확히 측정될 수 있다.[10] 비록 기간이 16세기 이후의 시기로 연장되긴 하지만, 그 격차가 해소되는 과정은 확인이 가능하다. 1500년에 그리스도교권의 지중해와 동유럽 사이의 가격 격차가 6 : 1이었다면, 1600년에는 4 : 1로 좁혀졌으며,[11] 1750년에는 2 : 1에 불과했다. 헨리크 삼소노비치에 의하면, 16세기 초 이래로 프로이센의 임금과 물가는 "사회적 경제적 발달이 정반대 방향으로 나아갔음에도 불구하고", 서유럽의 임금과 물가에 "점점 더 가까이 접근했다."[12] "불구하고?" 오히려 "때문에"라고 이해해야 하지 않을까?

16세기의 가격 상승에 대한 설명으로는 J. 해밀턴 백작의 학설이 유력하다. 그는 먼저 그것을 16세기 안달루시아의 가격동향에 연관시켜서 설명했고, 그 후 좀더 범위를 넓혀서 서유럽 전반에 적용했다 :

조사대상 전 시기를 통해서, 아메리카 금은의 유입과 안달루시아 물가 사이에는 긴밀한 관계가 있었다……1503-05년부터 시작하여 1595년까지 금은의 유입량이 늘어

---

10) Chaunu, *L'expansion européenne*, p. 343.
11) "15세기 말에 세 유럽 지역의 상대적 가격비율은 100 : 77 : 16이었다. 16세기 말에 이르러 그 비율은 100 : 76 : 25였다. 가격 격차의 해소를 향한 과정이 시작되었다. 그러나 그것은 유럽 외곽지역에 영향을 미쳤을 뿐이다. 지중해 지역과 중부 유럽 사이의 격차는 16세기 전 기간에 걸쳐 동일한 상태로 남아 있었다."[같은 책, p. 343]

   그럼에도 불구하고 좀더 주변부에 속한 지역들의 격차는 여전히 아주 크게 벌어져 있었다. 브로델은 이렇게 말한다 : "이러한 낡은 경제의 폐쇄성이 크면 클수록, 금과 은의 가치는 —— 그것들이 갑자기 등장했을 경우 —— 더욱 과대 평가되었다. 1558년에 한 베네치아인은 재력이 있는 사람의 경우, 사르데냐에서의 생활비가 이탈리아에서보다 4-5배 더 저렴하다고 지적했다." Braudel, *La Méditerranée*, I, p. 352.
12) Henryk Samsonowicz, "Salaires et services dans les finances citadines de la Prusse au XVe siècle et dans la première moitié du XVIe siècle", *Third International Conference of Economic History*, Munich, 1965 (Paris : Mouton, 1968), 550.

나는 경향을 보였으며, 1503년에서 1597년까지 안달루시아의 물가가 줄곧 상승했다. 가격이 최고로 상승한 시기는 금은의 수입량이 최고로 늘어난 시기와 일치한다. 금은 유입량과 가격 사이의 상관관계는 1600년 이후로도 지속되었다. 1600년 이후에는 둘 다 하락하고 있었다.[13]

1960년에 이르러, 해밀턴의 이론은 경험적인 측면과 이론적인 측면에서 거센 공격에 직면했다. 그럼에도 불구하고 그는 한층 대담하게 자신의 이론을 거듭 주장했다 :

> [1500년 이래 금은의 공급 증가율은] 가격 상승률보다도 훨씬 높았을 것이다. 그러므로 가격혁명의 부차적인 원인을 찾느니보다는……물가가 귀금속 양의 증가에 비례하여 상승하지 못한 원인을 찾아낼 필요가 있다. 일반 상품가격의 앙등으로 금은의 가격이 상대적으로 저렴해짐에 따라서, 금은은 점차 식기류, 장신구, 보석 그리고 그 밖의 통화 외적인 목적으로 널리 활용되었고, 그것은 새로 유입된 금은이 가져다주는 효과의 일부를 상쇄했다.……[동방과의] 무역역조의 청산은 상당량의 정화(正貨)를 흡수했다.……현물지대의 금납화, 임금의 부분적인 화폐 정산 그리고 물물교환의 쇠퇴 또한 금은의 공급량 증가를 상쇄시키는 경향이 있었다.[14]

많은 비판자들이 지적했듯이, 해밀턴은 피셔의 화폐수량설(물가수준은 유통되는 화폐량에 따라서 변화한다는 학설/옮긴이)에 입각하여 이론을 전개했는데, 피셔의 화폐수량설은 $PQ = MV$이며 V와 Q가 불변이라는 것을 암묵적으로 가정하고 있다(P : 가격, Q : 재화와 용역의 양, M : 화폐의 양, V : 유통속도). 비판자들은 그의 가정에 의문을 제기했으며, 경험적인 연구를 요구했다.

해밀턴을 호되게 비판하는 가운데 잉그리드 함마르스트룀은 해밀턴의 추론

---

13) Earl J. Hamilton, "American Treasure and Andalusian Prices, 1503-1660", *Journal of Economic and Business History*, I, Nov. 1928, 34-35. 이 문헌의 모든 주요 항목들을 망라한 문헌 목록에 대해서는 Braudel and Spooner, in *Cambridge Economic History of Europe*, IV, pp. 605-615 참조.

14) Earl J. Hamilton, "The History of Prices Before 1750", in *International Congress of Historical Sciences*, Stockholm, 1960. *Rapports* : I. *Méthodologie, histoire des universités, histoire des prix avant 1750* (Göteborg : Almqvist & Wiksell, 1960), 156.

과정이 잘못되었다고 주장했다. 경제활동의 증가야말로 가격 상승을 초래했고, 한편 가격 상승은 광산업을 촉진하여 금은의 공급 증가를 야기했다는 것이다. 해밀턴은 이에 대해서 다음과 같이 반박했다:

> 으레 "경제활동"에 기인하는 "가격 상승"은 분명히……귀금속의 고정된 주화가격 및 생산비용의 상승으로 말미암아 귀금속의 채굴을 증가시키기보다는 억제시켰을 것이다. 더욱이 가격 상승은 귀금속을 화폐 이외의 용도로 비교적 저렴하게 사용할 수 있도록 함으로써 기존 금은의 화폐 주조를 증대시키기보다는 감소시켰을 것이다.[15]

하지만 왜 금은의 주화가격이 고정될 필요가 있는가? 이것은 정책 결정의 문제였다. 그리고 게다가 갑자기 다량의 금은을 지극히 저렴한 비용으로(그것을 생산하는 노동형태 덕분에) 얻을 수 있었던 시기에 그 생산을 위축시킨다는 것은 당시와 같은 팽창기에 (에스파냐 왕실을 포함해서) 금은의 유입으로 이득을 얻는 사람들에게 전혀 유리할 것이 없었다. 함마르스트룀이 지적했듯이, 근본 문제는 금은의 용도를 무엇으로 설명하는가 하는 점이다:

> 서유럽인들은 왜 아메리카의 금은을 필요로 했는가? 그들은 왜 그것을 (아시아나 아메리카 원주민들처럼) 보물로 간직하거나 거룩한 교회의 장식물로 사용하지 않고 유통 주화의 중요한 일부로, 즉 교환수단을 늘리는 데 사용했는가?[16]

Y. S. 브레너는 잉글랜드의 자료로 미루어볼 때 함마르스트룀의 주장이 타당하다고 주장한다. 그는 상품가격 수준의 변동이 유럽에서의 금은 증가 여부에 기인한 것이라기보다는 그것이 사용되는 방식에 기인하는 것임을 알아냈다.[17]

---

15) 같은 책, p. 157. 고딕체는 월러스틴의 강조.

16) Docent Ingrid Hammarström, "The 'Price Revolution' of the Sixteenth Century: Some Swedish Evidence", *Scandinavian Economic History Review*, V, 1, 1957, 131.

17) Y. S. Brenner, "The Inflation of Prices in Sixteenth-Century England", *Economic History Review*, 2nd, ser., XIV, 2, 1961, 231.
　　미스키민은 브레너를 논평하면서 다음과 같이 말한다: "나는 한걸음 더 나아가, 인구분포 그리고 그것과 고정된 토지 공급량과의 관계는 외국으로부터 유입되는 금은을 보유하

그는 아메리카의 금은이 유입되기 전에 이미 상품가격이 상승하고 있었다고 지적한다.[18] 브레너는 피셔의 등식(PQ=MV)에 나오는 모든 요인들이 이 시기에 유동적이었음을 인식해야 한다고 주장한다 :

결론적으로, 16세기 전반기의 가격 상승은 통화의 유통속도 및 유통량의 증대 그리고 농산물 공급의 상대적 감소 및 수요의 급격한 증대 등이 복합적으로 작용한 데에 기인한 것이었다.……
  통화의 유통속도(V)는 공업 발달과 상업 팽창에 의해서, 토지 및 적법한 자금시장에서의 급격한 투기 증가로 말미암아 그리고 사회의 상당 부분이 지방적 자급자족으로부터 도시화된 공동체 —— 식량 확보를 위한 (화폐 공급) 시장에 의존하는 공동체 —— 로 이행함으로써 증대되었다.[19]

그러므로 브레너의 주장에 따르면, 금은의 **용도**를 결정지은 것은 자본주의 활

<hr/>

려는 한 국가의 성향과 밀접한 관계가 있다고 주장한다. 왜냐하면 식량 생산 토지에 대한 인구압력이 커질수록, 거기에 비례해서 국내에서 생산된 농산물에 사용되는 그 나라의 화폐량의 상대적 몫은 더욱 커지기 때문이다." H. A. Miskimin, "Agenda for Early Modern Economic History", *Journal of Economic History*, XXXI, 1, March 1971, 179.

18) Brenner, *Economic History Review*, XIV, p. 229.
  페르낭 브로델도 똑같은 점을 지적한다 : "[만일] 신대륙의 광산들이 하나의 요인이라면, 그것은 유럽이 [그것들의 생산물을] 이용할 수단을 가지고 있었기 때문이다." Braudel, *La Méditerranée*, II, p. 27. 그러나 로페스와 미스키민은 1465년부터 종교개혁 때까지의 경제성장이 "완만한 회복"의 과정이었다고 강조한다. 그러므로 1520년 이후의 급속한 성장은 해밀턴의 주장과 양립할 수 있는 것이다. R. S. Lopez, H. A. Miskimin, "The Economic Depression of the Renaissance", *Economic History Review*, 2nd ser., XIV, 3, 1962, 417.

19) Brenner, *Economic History Review*, pp. 238-339. 브로델과 스푸너도 통화의 유통속도가 증가했다고 주장한다. "이 [유통속도의] 가속화, 생활비의 상승은 그 이전의 시대와 견주어볼 때 르네상스 시대 또는 16세기의 가장 두드러진 특징이었다.……그 비율에서의 차이는 논외로 하고서 말이다.……유럽에는 강력한 '성장' 폭발력이 있었다.……그러나 이 '성장'은 전 세계를 가능과 불가능의 한계점, 즉 대파국의 경지에까지 밀고 나갔다." Braudel & Spooner, "Les métaux monétaires et l'économie du XVIe siècle", in *Relazioni del X Congresso Internazionale de Scienze Storiche*, IV : *Storia moderna* (Firenze : Sansoni, 1955), 245-246.

동의 전반적인 융성이었다.

경제팽창의 금은통화 이론(bullion theory)은 통화의 유통속도(V)와 상품량 (Q)을 고정적인 것으로는 보지 않는다고 해도, 적어도 그 상한선만은 전제하고 있다. 이것을 지지하는 증거라도 있는가? 재화와 용역의 양에 관한 한 그것은 타당해 보이지 않는다. 일례로 그것은, 호르헤 나달이 언급했듯이, 완전고용 가설을 내포한다 :

> 상품의 생산량이 증대될 수 없을 때에만 소비 지출의 증가(그것은 화폐의 양과 유통속도를 곱한 것[총 통화량]과 같다)가 그에 비례하여 가격의 상승으로 이어진다.[20]

우리는 금은의 증가가 곧바로 가격 상승을 가져왔다고 가정해서는 안 되고 오직 그것이 지닌 고용 증대 능력을 통해서만 가격 상승을 가져왔다고 생각해야 할 것이다. 예컨대 미스키민은 "금은의 흐름에 대한 초기 중상주의의 지나친 집착"이 다음과 같은 맥락에서 이해된다고 주장한다 :

> 귀금속의 유입은 아마도 인력과 자원을 활동하도록 했을 것이다. 동시에 그것은 정부 재정의 가용 자금을 증대시키고, 그 결과 전쟁비용을 낮추는 경향이 있었다.

이 경우 우리는 어떤 나라들이 금은을 가장 효과적으로 **이용했는가**를

> 제도적으로든 또는 물리적으로든 금은의 유입을 진정한 경제성장으로 변환시키고자 완전고용을 확대시키려고 한 각국의 능력이 어떠했는가 하는 관점에서[21]

분석할 수 있다.

유통속도의 한계는 어떠한가? W. C. 로빈슨은 마이클 포스턴과의 논쟁에서, 금은의 유통이 14세기의 경기 하강을 설명할 수 있는지 여부에 관한 질

---

20) Nadal, *Hispania*, XIX, p. 517.
21) Miskimin, *Journal of Economic History*, XXXI, p. 183.

문을 던졌다. 그의 주장에 의하면, 원시적인 신용기구를 가진 경제에서 "V는 매 기간당 화폐의 실질적인 물리적 회전율과 비슷한 것이었다.……" 그러므로 화폐의 방출과 유통속도의 증대에 자극되었던 13세기의 팽창은 근원적인 제약을 안고 있었다 :

결국……화폐 공급은, 해마다의 사소한 증가를 논외로 하면, 최고 한계점에 도달했고, 통화의 유통속도도 더 이상 증가할 수 없었다. 이 시점에서 무역은 위축되었고 가격 하락의 압력이 감지되었다. 초기의 경쾌한 낙관주의와 높은 이윤 대신 비관주의와 긴축이 자리잡았다. 화폐의 퇴장은 가격 하락을 막는 방어벽으로 기능하기 시작했다. 간단히 말해서 경기 하강은 스스로 추진력을 얻을 수 있었던 것이다.[22]

포스턴은 이에 대한 답변에서, 로빈슨이 통화 방출이 계속되었기 때문에 한계점에 도달했다고 보는 것은 사실을 잘못 파악하고 있으며, 신용기구는 로빈슨이 생각한 것보다 한층 유연했고, 기업가들의 심리적 태도는 당시로서는 미미한 경제적 변수였다고 주장한다.[23] 그러나 기본적으로 그는 어떤 한계가 있었다는 생각에 반대하지는 않는다. 반면 미스키민은 바로 그런 생각에, 그것도 내가 보기에는 효과적으로, 이의를 제기한다 :

신용제도의 발달수준으로 미루어보건대, 일정량의 금은이 일단 한정된 수량의 주화로 주조되었을 때, 그 유통속도에 물리적 상한선이 있었던 것이 사실이다. 그러나 화폐의 가치절하는 금은의 유통단위들의 크기를 줄임으로써 금은의 유통속도에 가해진 물리적, 제도적 상한선을 끌어올리는 효과를 발휘했을 것이다. 내부 이민, 도시화, 전문화 등에 기인한 복합적인 압력 아래서, 다음과 같은 상황이 나타날 수 있었을 것이다. 즉 화폐의 가치절하가 유통속도의 기술적인 한계를 거두어냈을 때, 새로운 자유가 이용되었으며, 또 16세기 유럽에서의 빈번한 가치절하 유통속도의 항을 통해서 화폐의 가치절하 그 자체의 수준에 비하여 더 높은 비율로 가격을 상승시킬 수 있었을 것이며, 또 실제로 상승시켰을 것이다.[24]

22) W. C. Robinson, "Money, Population and Economic Change in Late Medieval Europe", *Economic History Review*, 2nd ser., XII, 1, 1959, 67.
23) M. M. Postan, "Note", *Economic History Review*, 2nd ser., XII, 1, 1959, 78-79 참조.
24) Miskimin, *Journal of Economic History*, XXXI, p. 177.

그러므로 우리는 팽창을 설명해줄 결정적인 요인이 특정한 종류의 정치적 결정(예를 들면 화폐의 가치절하)에 대한 구조적 압력들을 지니는 총체적 체계라는 사실로 돌아오게 된다. 결정적인 요인은 금은 그 자체가 아니라, 자본주의 세계경제라는 맥락 속에서의 금은이었다. 찰스 벌린든에 따르면, 지속적인 가격 상승을 대부분 설명해주는 것은 본질적으로 자본주의 초기 단계의 독점적 형태들이었다:

> 주기적 위기에 대한 설명에서, 우리는 많은 부분을 추측에 맡겨야만 한다. "독점"은 가격 변동을 규제하지 않았다. 간단히 말해서 그것은 특정 사치품들(포도주)을 예외로 하면 단기적으로 "규제를 철폐했다." 그것은 이러한 변동의 파국적 국면의 원인을 제공했다. 간접적으로 그것은 확실히 이 특이한 변동에 영향을 미쳤다. 부분적으로 인위적인 것이기는 했지만, 가격은 일단 오른 후에는 위기 전의 수준으로 내려가지 않았다. 그 결과 독점은 장기적인 가격 상승을 강화하고 가속화하는 데에 상당히 기여했다.[25]

그렇다면 금은의 유입은 좋은 것이었는가 아니면 나쁜 것이었는가? 추상적인 도덕적 문제를 제기하자는 것이 아니다. 우리가 묻고자 하는 것은 금은의 유입의 결과가 새로운 자본주의 세계경제의 창출에 유익했느냐 하는 것이다. 해밀턴은 분명히 "그렇다"고 대답할 것이다. 그러나 조지프 슘페터는 정반대로 생각한다:

> 화폐 주조용 금속의 증가는, 다른 어떤 종류의 화폐량의 증가와 마찬가지로, 경제적으로 어떠한 확정적인 결과들도 낳지 않는다. 그 결과들은 분명히 새로 공급된 물량이 어디에 사용되는가 하는 데에 전적으로 달려 있다.……[16세기에 관해서] 주목해야 할 첫번째 사실은 에스파냐의 경우, 새로운 재화가……합스부르크가(家)의 정책 수행을 위한 자금 조달에 기여했다는 사실이다. 금은의 유입은 통화의 가치절하에 하나의 대안이 되었다. 그렇지 않았다면 훨씬 일찍 통화의 가치절하에 의존해야 했을 것이다. 이리하여 금은의 유입은 전쟁 인플레이션의 도구가 되었고, 그에 수반된 궁핍화와 사회적 조직화라는 낯익은 과정의 매개수단이 되었을 것이다. 뒤이은 엄청

---

25) Charles Verlinden 외, "Mouvements des prix et des salaires en Belgique au XVIe siècle", *Annales E.S.C.*, X, 2, avr.–juin, 1995, 198.

난 가격 폭등은 그와 같은 사건들의 연쇄 속에서 그에 못지 않게 친숙한 연결 고리
였다.……

　이 모든 측면에서 자본주의의 전개과정은 실제로 영향을 받았다. 그러나 궁극적으
로 통화 팽창은 자본주의의 발전을 가속시켰다기보다는 지체시켰다. 프랑스와 잉글
랜드의 경우는 사정이 다르기는 했지만, 그것은 단지 그 영향이 좀더 희석되었다는
점 때문이다. 잉글랜드의 공업 및 상업의 모든 지속적인 성취들은 귀금속 과잉과 무
관하게 설명할 수 있다.……[26]

　이 주장은 "인플레이션의 영향 —— 슘페터는 그것이 역사적, 이론적으로 과장
된 것이라고 생각하면서도 그 자체를 부정하지는 않는다 —— 이 거의 전적으
로 파괴적이었다"[27]는 슘페터의 확신에 입각한 것이다. 인플레이션의 어쩌면
충동적이고 때로는 예측 불가능한 결과에 반대되는 것으로서 합리적으로 통
제된 결과를 강조하는 슘페터의 경향을 받아들이지 않는다고 해도, 그의 논점
은 우리로 하여금 인플레이션의 전체적인 효과들이 **차별적인 효과들보다** 훨씬
덜 중요했음을 깨닫게 한다.[28]

　먼저 식량 공급에 관해서 살펴보기로 하자. 전반적인 경제 팽창의 상황에
서, 왜 농업생산물의 공급은 **감소했는가?** 먼저 유념할 것은 절대적인 의미에서
의 감소는 물론 없었다는 점이다.[29] 늘어난 인구에 비해서 식량 공급이 줄어

26) Joseph A. Schumpeter, *Business Cycles* I (New York : McGraw-Hill, 1939), 231-232.
27) 같은 책, I, p. 233, 주 1.
28) Miskimin, *Journal of Economic History*, **XXXI**은 이 문제를 풀어나갈 실마리를 이렇게
　제시한다 : "전쟁으로 찢겨진 16세기를 거치는 동안 일어난 산업구조 및 생산과정의 변화
　를 고찰할 때, 우리는 더욱 풍부해지고 가치는 떨어진 화폐가 어떤 역할을 했는가 하는
　의문을 던질 수 있다. 정부가 이윤의 재투자를 방해하고 불로소득 계층을 창출하면서 개
　인 기업과의 경쟁 없이 비교적 낮은 이자율로 자신의 필요를 충족시킬 수 있었을 때, 사
　적인 산업자본의 축적이 쉽사리 가능했는가? 또한 더 낮은 자본비용이 네덜란드의 조선업
　과 같은 산업으로 하여금 대량의 목재와 원자재의 재고량을 유지하도록 해주었는가, 또한
　그것이 잉글랜드의 제혁업으로 하여금 더 많은 양의 가죽을 무두질 갱(坑)에 투입하고 그
　리하여 노동생산성을 끌어올림으로써 노동력을 유지하도록 해주었는가? 아마 이런 분석은
　잉글랜드 및 저지방 국가들의 경제적 성공과 에스파냐 및 프랑스의 상대적 실패의 원인에
　대한 유용한 시각을 제공할 것이다. 그리고 이런 과정을 통해서 '이윤 인플레이션'이라는
　용어를 분석적 오류 개념으로부터 한층 쓸모 있는 도구로 바꾸어줄 것이다."[p. 183]
29) 그렇다면 상대적인 의미에서의 감소는 있었는가? 로빈슨은 새로운 개간지가 생산성이나

드는 현상은 전체로서의 유럽 세계경제보다는 잉글랜드나 에스파냐 같은 개
별 국가들의 수치를 검토할 경우에만 드러난다. 산업이 확대된 나라들에서는
토지의 상당 부분을 말의 사육을 위해서 전용해야만 했다.[30] 그러나 여전히
사람들은 거기에 살고 있었다. 다만 이제 그들은 점점 더 발트 해 연안의 곡
물로 살아가고 있었던 것이다.[31] 그러나 분명한 식량 부족, 운송문제 그리고

---

비옥도가 더 낮았다는 뜻에서 반드시 한계토지였던 것은 아니라고 주장한다. Robinson,
*Economic History Review*, p. 68 참조. 포스턴은 이에 대해서, 이론이 어떠하든 간에 실질
적으로 새로운 정착지들은 대부분 "저급한 땅"이었다고 반박한다. Postan, *Economic
History Review*, XII, p. 81.

30) "[16세기에] 곡가의 상승을 부추긴 두번째 요인은 [서유럽에서의] 말의 증가였다. 상공
업의 거대한 팽창은 수송문제를 야기하면서 더 많은 운송수단을 필요로 했는데, 당시의
운송수단은 주로 말이었다. 말의 수가 늘어나면서 사료도 더욱 많이 필요했다. 분명 마초
재배에 이용된 땅은 더 이상 식용작물의 생산에 이용할 수 없었다." Slicher van Bath,
*Agrarian History*, p. 195.

31) Josef Petráň, "A propos de la formation des régions de la productivité specialisée en
Europe Centrale", in *Deuxième Conférence Internationale d'Histoire Economique* : Aix-
en-Provence, 1962, Vol II, *Middle Ages and Modern Times* (Paris : Mouton, 1965),
219-220 참조.
　전체 소비량 중에서 적은 비율을 차지했다는 점을 들어서 발트 해 연안의 곡물이 그다
지 중요치 않았다고 주장하는 이들도 있다. 이에 대해서는 두 가지 반론이 가능하다. 첫
째로, 유럽의 어떤 지역들에서는 발트 해 연안의 곡물이 주요 식량 공급원이었다는 것이
다. "[유럽의 전체 소비량 중에서] 1-2퍼센트는 두 가지 이유에서 대단히 중요하다. 한
편으로 그것은 네덜란드 선원들에게 번영을 가져다주었기 때문이며, 다른 한편으로는 리
스본 같은 주요 도시들이 생존의 한계에 있었음을 보여주었기 때문이다." Charles Tilly,
"Food Supply and Public Order in Modern Europe", (등사 인쇄물, 45). Pierre
Jeannin, "Les comptes du Sund comme source pour la construction d'indices
généraux de l'activité économique en Europe (XVIe-XVIIIe siècles)", *Revue
historique*, CCXXXI, janv.-mars 1964, 62 참조. 자냉은 E. 숄리에르를 인용하며, 1562-
69년 사이에 발트 해의 곡물은 네덜란드의 소비량 중 23퍼센트를 제공했다고 말한다.
　두번째 대답은, 그것이 세계경제 전체에 대하여 한계적인 상황에서 매우 중요했다는
것이다. "곡물의 지역적 거래와 국제적 거래는 긴밀하게 연관되어 있었다. 곡물과 같은
상품의 경우, 두 경제부문을 서로 별개의 요인으로 간주한다면 그것은 잘못된 일이다. 이
러한 주장이 옳다면 발트 해 연안으로부터의 공급은 전체 수요 및 전체 공급에 관련해서
한계적인(marginal) 것이었다. 그러므로 전체적인 공급량 및/또는 수요량에서의 사소한
변화는 발트 해 연안의 곡물이 공급되는 한계적인 부문에서는 비교적 큰 변화를 초래할

중간상인의 이윤 때문에 그 가격은 더 비쌌다.

그렇다면 금은의 공급 증대는 무관한 것이었는가? 결코 그렇지 않다. 그것
은 유럽 세계경제를 확대시키는 데에 중요한 역할을 했다. 그것은 아직 자연
의 도전에 직면하여 취약성을 면치 못한 이 체제를 보호하면서, 팽창의 추진
력을 유지해주었다. 미셸 모리노는 중세 유럽에서 밀 가격의 등락이 수확량의
직접적인 영향을 받았다고 지적한다. 16세기에 일어난 사태의 본질은 금은이
가격을 올렸다는 것이 아니라, 하락을 방지했다는 것이다.[32] 실제로 카를로
치폴라는 조금이라도 **실질가격**의 상승이 있었다는 데 대해서 회의적이다.[33]
오히려 그는 16세기의 재정구조에서 정작 중요한 것은 가격의 상승이 아니라
이자율의 하락이라고 보았다. 그에 따르면, 중세 말기에 이자율은 약 4-5퍼센

---

수 있었다." Glamann, "European Trade, 1500-1700", *Fontana Economic History of Europe*, II, 6, 1971, 44.

32) "16세기에 귀금속의 유입은 통화보다는 금속의 가치를 저하시키는 결과를 낳아 통화를 '떠
받쳐'주었다. 귀금속은 실질가격의 상승이 아니라 은으로 표시된 가격(prix-argent) 상승의
원인이 되었다." Michel Morineau, "D'Amsterdam à Séville ; de quelle réalité l'histoire
des prix est-elle le miroir?" *Annales E.S.C.* XXIII, 1, janv.-fevr. 1968, 195.

　　루지에로 로마노는 우리가 가격 상승을 금은 가격으로 계산하는가 아니면 계산화폐로
계산하는가에 따라서, 위기가 나타나기도 하고 사라지기도 한다고 지적한다. "[16세기의
가격동향에 대한 연구결과는] 대개 원래 계산화폐로 표시된 가격을 금속 가격으로 임의
로 환산한 결과이다. 그러므로 이러한 것들은 **물가**가 아니라 금과 은의 가격일 뿐이며, 엄
밀히 말해서 화폐 역사의 일면이라기보다는 '금속' 역사의 일면을 표현한 것이다.……[15
세기에 불황이 있었는지 여부에 관한 논쟁의 경우] 상반된 해석이 등장하게 된 이유는
대부분 가격 곡선에 대한 상이한 해석에 기인한 것이다. 그것이 은으로 표시된 가격일 경
우 15세기의 '위기'가 나타나고, 계산화폐로 표시된 가격일 경우 '위기'는 해소되고 만다."
Ruggiero Romano, "Tra XVI e XVII secolo. Una crisi economica : 1619-1622",
*Rivista storica italiana*, LXXIV, 3, sett. 1962, 481-482.

33) "[아메리카의 금은은] 장기간의 불황 국면에서 더 이상의 가격 하락을 저지하는 최저 한
계선을 형성했다. 그것의 역할은 **전반적인 추세**를 강화하거나 완화하는 것이었다. 이것은 분
명히 중요한 역할이었다. 그러나 이러한 역할은 다른 추세들——예컨대 투자의 추세——
에 의해서만 설명될 수 있고 또 그것들을 통해서만 존재할 수 있다. 이것들이 [변화를]
반영해주는 참다운 거울인 것이다. 그것들을 무시해서도 안 되며, 부차적인 역할로 국한
시켜서도 안 될 것이다." Carlo M. Cipolla, "La prétendue 'révolution des prix'",
*Annales E.S.C.*, X, 4, oct.-déc. 1955, 515.

트였다가 1520-70년에 5.5퍼센트로 최고점에 올랐으며 그후 1570-1620년에 평균 2퍼센트로 갑자기 떨어졌다. 금은이 화폐의 가치를 하락시켰던 것이다.[34]

이는 결정적인 요인이 자본주의 체제의 등장이었다는 점을 암시해주는 듯하다. 마르크스가 말했듯이, 자본주의 체제는 "16세기의 범세계적인 상업과 범세계적인 시장의 창출"[35]에서 비롯되었다고 할 수 있다. 핵심적인 변수는 자본주의가 경제의 사회적 조직에서 지배적인 양식으로 등장했다는 점이다. 일단 자본주의가 확립되고 나자, 여타 "생산양식들"의 생존 여부는 그것들이 자본주의에서 비롯된 정치-사회 구조에 얼마나 적응하느냐에 따라서 좌우되었다. 이런 의미에서, 아마도 우리는 자본주의를 유일한 생산양식이라고 부를 수 있을 것이다. 그러나 적어도 이 시점에서 "단 하나의 자본주의가 아니라, 제각기 그 영역과 범위를 가지는 여러 개의 유럽 자본주의들이 있었다"[36]는 점을 염두에 두는 것이 유익할 것이다. 정말이지 바로 이와 같은 여러 개의 자본주의들이 존재했다는 사실이야말로, 금은의 양적인 증대에 중요성을 부여하는 요인이다. 금은의 유통속도는 초기에 지중해보다는 북부 유럽에서 더 느렸기 때문이다. 브로델과 스푸너가 결론지었듯이, "화폐수량설은 유통속도를 감안할 때 그리고 유럽 경제의 상이성이라는 맥락을 고려할 때 비로소 의미를 가지게 되는 것"[37]이다.

이것은 해밀턴이 펼친 논의의 후반부로 우리의 관심을 이끌어준다. 가격 상승만이 아니라, 임금 지체도 있었던 것이다. 그것이 존재했는지 여부 그리고 그것의 원인이 무엇인지에 관한 논쟁 또한 대단하다.[38] 해밀턴의 주장에

---

34) "그러므로 전반적으로 인플레이션의 시기 —— 역사학자들이 '가격혁명'이라고 부를 만큼 대단했던 시기 —— 였다고 판단되는 1570-1620년 기간 전체를 놓고 본다면, 우리는 인플레이션 국면에서 역설적으로 이자율이 감소한다는 착시현상을 경험하게 된다." Carlo M. Cipolla, "Note sulla storica del saggio d'interesse —— Corso, dividendi, e sconto dei dividendi del Banco di S. Giorgio del secolo XVI", *Economia internazionale*, V, 2, magg. 1952, 266.

35) Karl Marx, *Capital* (New York : International Publishers, 1967) I, Ch. IV, 146.

36) Braudel in *Chapters*, I, p. 286.

37) Braudel & Spooner, *Cambridge Economic History of Europe*, IV, p. 449.

38) 그러므로 피에를루이지 초카는 임금 지체 가설에 관한 두 편의 긴 논문을 마무리지으면

의하면, 가격이 상승하면서 제도의 경직성 —— 에스파냐가 아니라 잉글랜드와
프랑스의 경우가 여기에 해당한다 —— 으로 말미암아 임금과 지대가 가격수준
을 따르지 못했다.[39] 이 격차가 일종의 초과이윤을 창출했는데, 그것은 16세
기의 자본 축적의 주요 원천이었다 :

> 잉글랜드와 프랑스에서 가격혁명으로 초래된 가격과 임금 사이의 엄청난 격차로 말
> 미암아, 노동자들은 여태껏 향유해오던 수입의 상당 부분을 박탈당했고, 그 재화는
> 다른 분배 몫들의 수혜자들에게 돌아갔다.……임금뿐만 아니라 지대 역시 가격을 따
> 라가지 못했다. 그 결과 지주들도 노동자들의 손실로부터 얻을 것이 없었다.……
>   이렇게 얻은 초과이윤은 동인도 무역에서 얻은 이익과 더불어 자본설비를 설립할
> 수단을 제공했으며, 막대한 이윤 획득 가능성은 자본주의적 기업활동을 향한 맹렬한
> 돌진의 유인(誘因)으로 작용했다.[40]

---

서, 16세기의 임금 지체 문제는 인플레이션의 원인을 설명하는 것보다는 덜 어려운 문제
라고 말한다. Pierluigi Ciocca, "L'ipotesi del 'ritardo' dei salari rispetto ai prezzi in
periodi di inflazione : alcune considerazioni generali", *Bancaria*, XXV, 5, maio 1969,
583 참조.

39) 호르헤 나달은 이러한 해밀턴의 주장에 경험적 진실이 없다고 논박한다. 나달은 해밀턴의
통계가 잉글랜드와 프랑스에 대해서는 좀더 큰 쪽의 수치를 적용하고 에스파냐에 대해서
는 좀더 작은 쪽의 수치를 적용했다는 점에서 잘못된 방법론에 입각해 있다고 주장한다.
그는 펠프스-브라운과 홉킨스가 석공들의 임금을 비교하기 위해서 이용 가능한 유일한
공개 수치자료를 활용했을 때, 모두 같은 가중치를 택함으로써 분석 결과가 근본적으로
바뀌었다고 지적한다. "이러한 수치가 주는 교훈은 의심의 여지 없이 분명하다. 16세기를
통해서 발렌시아 석공들의 명목임금(계산 가능한 유일한 에스파냐의 임금)이 가지는 구매
력은 점진적이면서도 아주 뚜렷한 하락을 겪었으며, 그것은 잉글랜드 및 프랑스 석공들의
임금과 같은 경향을 유지했다." Nadal, *Hispania*, XIX, pp. 523-524.
40) Earl J. Hamilton, "American Treasure and the Rise of Capitalism", *Economica*, IX,
27, Nov. 1929, 355-356.
　　월터 프레스콧 웨브는 일차적 초과이윤과 이차적 초과이윤 —— 둘 다 유럽의 아메리카
정복의 결과로 발생한 것이다 —— 을 구분하는 유용한 개념적 논의를 덧붙인다. "모든 초
과이윤 중 가장 큰 토지는 제쳐두고, 첫번째 범주로서 금과 은, 임산물, 모피, 용연향(龍
涎香) 등을 살펴보자.……일차적 초과이윤은 최소한의 투자와 예비작업만으로 신속히 얻
을 수 있는 것들이었다. 이차적 초과이윤은 장기간의 기다림과 막대한 지출 —— 그것은
원격지의 성질 급한 투자자에게 큰 고역이었다 —— 을 필요로 하는 것이었다. 16세기와
17세기의 자본주의에 자극을 준 것은 일차적 초과이윤이었으며, 18세기와 19세기의 자본
주의를 유지하도록 해준 것은 이차적 초과이윤이었다." Walter Prescott Webb, *The*

지대가 가격을 따라잡지 못했다는 주장은 아주 거센 공격에 직면했는데, 특히 16세기 잉글랜드에 관한 에릭 케리지의 비판[41]이나 다른 장소와 시대에 관한 다른 연구자들의 비판[42]이 잇달아 제기되었다. 1960년에 이르러 해밀턴 은 지대문제에 대해서는 후퇴했다. 그러나 그는 이것이 자신의 논지의 본질에 는 영향을 미치지 못했다고 주장했다:

> 가격혁명 초기에는 임금 지불이 생산비용의 5분의 3 수준이었을 것으로 추정된다. ……나는 1500년에 지대가 잉글랜드와 프랑스 국민소득의 5분의 1에 달했으리라고 짐작한다. 또한 나는 농산물 가격의 상승이 지대를 올리는 경향이 있었고 지대를 낮 추어 이를 상쇄하기 위하여 지대계약을 갱신하는 일이 거의 없었기 때문에, 가격혁 명 시기에 지대는 가격만큼이나 빨리 상승했으리라고 짐작한다. 국민소득의 나머지 5분의 1은 이자를 포함한 이윤으로 돌아갔다. 생산비용의 5분의 3은 치솟는 물가에 훨씬 못 미치는 것이었으므로……이윤은 16세기 잉글랜드와 프랑스에서 높은 수준에 달했음에 틀림없다. 그것은 40-50년 동안 높은 수준을 그대로 유지했으며, 17세기가

*Great Frontier* (Boston, Massachusetts : Houghton, 1952), 181-182.
    프리츠 레들리히는 유럽에서 치러진 전쟁을 통해서 획득한 전리품 —— 고대적 형태 의 초과이윤 —— 역시 16세기 자본 창출의 중요한 근원이었음을 상기시켜준다. Fritz Redlich, "De Praeda Militari : Looting and Booty, 1500-1815", *Viertjahrschrift für Sozial-und Wirtschaftsgeschichte*, Suppl. No. 39, 1956, 54-57. 차이점이 있다면, 전리 품은 새로운 재원을 추가한 것이 아니라 유럽의 기존의 부를 재분배한 것이라는 점이다.

41) Eric Kerridge, "The Movement in Rent, 1540-1640", in E. M. Carus-Wilson, ed., *Essays in Economic History*, II, 208-226 참조. 이언 블랜차드의 다음 설명도 참조 : "1485-1547년의 지대 변화를 연구하는 데 지금까지 이용 가능했던 인쇄된 증거자료들은 명료한 것이 아니다. 그리고 이것을 [Joan Thirsk, ed., *Agrarian History of England and Wales*, Vol. IV]보다 더 명확하게 보여주는 것은 없다. 이 책은 [p. 204]에서는 1470 년대 이후 경작 가능한 토지의 지대가 현저하게 증가했다고 주장한 반면, [p. 690]에서는 16세기에 이르기까지 지대의 급격한 수직 상승은 없었다고 언급했다. 이렇듯 모순되어 보이 는 문제를 해결하기 위해서는 특정 영지들에 관한 연구를 참고해야지만 막상 그런 연구 는 찾아보기 힘들다." Ian Blanchard, "Population Change, Enclosures and the Early Tudor Economy", *Economic History Review*, 2nd Ser., XXIII, 3, Dec. 1970, 443.

42) Pierre Vilar, "Problems on the Formation of Capitalism", *Past & Present*, No. 10, Nov. 1956, 25. 이에 덧붙여 나달은 에스파냐에 관해서 이렇게 말한다 : "우리는 해밀턴과 는 반대로, 인플레이션 기간이 에스파냐의 지주들에게 불리하지 않았다는 결론을 내리지 않을 수 없다." Nadal, *Hispania*, XIX, p. 526.

끝날 때까지도, 비록 줄어들기는 했지만, 여전히 높은 수준을 유지함으로써 가격과
임금 사이에 커다란 격차가 벌어지게 되었다.[43]

해밀턴의 임금 지체 가설에 대해서는 이밖에도 여러 비판이 제기되었다.[44]
존 네프는 한 가지 중요한 논점을 제기했는데, 그는 기록상의 화폐임금이 전
체 임금과 같은 것은 아니라고 언급했다. 현물임금이 확대되어 임금과 가격의
격차를 메꾸었을 가능성도 있고, 또한 밀 가격의 상승이 모든 기본 생필품 가
격의 상승과 부합하지 않았을 가능성도 있었기 때문이다 :

> 첫째, 지금까지 수집된 지수들은 가격혁명기의 생활비 상승을 과장하고 있다. 둘째,
> 노동자의 식비 증가분은 어느 정도 그들 자신이 아니라 고용주들에 의해서 부담되었
> 다. 셋째, 많은 노동자들은 그들이 보유한 작은 채마밭에서 얼마간의 식품을 얻었다.
> 그 결과 아마도 그들은 화폐임금 일부를 식품 이외의 상품 구입에 사용할 수 있었을
> 것이다.[45]

펠프스-브라운과 홉킨스는 임금 저하가 겉보기보다 나쁘지 않았다는 점에 동
의를 표시한다. 곡물 가격이 제조품 가격보다 더 빨리 상승했기 때문이라는
것이다. 그러므로 점점 더 중요성을 띠고 있던 가공식품은 기본 곡물에 비해
서 가격이 덜 올랐으며, 제조업의 개선은 그러한 가공품목들의 원가를 더욱
절감시켰다.[46] 그럼에도 불구하고 펠프스-브라운과 홉킨스가 제시한 증거를

---

43) Hamilton, *Int. Cong.*, I, 1960, p. 160.
44) 초카는 그것들을 Ciocca, *Bancaria*, XXV, 4, apr. 1969, 425-426 (각주 13)에서 요약하
고 있다.
45) John U. Nef, "Prices and Industrial Capitalism in France and England", *The
Conquest of the Material World* (Chicago, Illinois : Univ. of Chicago Press, 1964),
254. 해밀턴은 네프의 관점을 Hamilton, "Prices & Progress", *Journal of Economic
History*, XII, 4, Fall 1952, 333-334에서 거부한다. 그러나 초카는 이렇게 언급한다 :
"[앞에서 언급된] 해밀턴의 관점, 즉 문제가 되고 있는 두 요인이 상업화가 일어났던 역
사적 시기와 프롤레타리아 계급의 탄생에서 그렇게 중요한 것이 아니었다는 관점은 타당
한 것으로 보인다. 물론 매우 신중할 것이 요구된다." Ciocca, *Bancaria*, XXV, p. 428.
46) E. H. Phelps-Brown and Sheila V. Hopkins, "Wage-Rates and Prices : Evidence for

포함하고 있으며 원래 해밀턴이 이용했던 것보다 더 훌륭한 자료에 근거한, 더 최근(1968년)의 증거는 16세기 서유럽에 실질임금의 하락이 있었다고 하는 일반적인 가설을 확증해주는 경향을 보인다.[47]

실질임금의 하락은 슬리허 반 바트가 작성한 표 1에서 뚜렷하게 나타난다.[48] 그것은 잉글랜드 목수가 날마다 지급받은 실질임금이며, 밀가루의 무게(킬로 그램)로 표시되었다.

다음 표에서 세 가지 사실을 끌어낼 수 있다. 잉글랜드 목수의 실질임금은 1251년과 1850년 간에 두드러진 차이를 보이지 않는다. 임금 최고점(155.1) 은 곧장 "장기" 16세기[1450년부터 1640년까지/옮긴이]로 이어지며, 최저 점(48.3)은 그 끄트머리에 자리잡는다. 16세기 동안의 하락은 엄청난 것이었 다. 이러한 하락은 1601-50년의 잉글랜드의 임금이 결코 유럽 도시임금의 최 저 수준이 아니었다는 사실을 상기할 때 더욱 인상적인 것이다.

이러한 임금의 극적 하락은 그 자체가 16세기에 아직도 제거되지 않고 있

---

Population Pressure in the Sixteenth Century", *Economica*, XXIV, No. 96, Nov. 1957, 293 참조. 로마의 가격동향에 대한 장 들뤼모의 관점을 보라 : "좀더 일반적으로 말해서 1590년에서 1629년까지 10년마다 밀의 가격지수는 다른 모든 생산품들[다양한 식료 품, 포도주, 땔나무, 양초]보다 항상 높았다. 1610년에서 1619년 사이의 건포도 가격만이 유일한 예외에 속한다. 그러나 여기에서조차도 예외는 정칙을 확증해주는 것이다. 건포도 가격은 16세기 말에서 17세기 초에 이례적으로 높았던 것이다." Jean Delumeau, *Vie économique et sociale de Rome dans le seconde moitié du XVIe siècle* (Paris : Boccard), II, 741-742.

47) 펠프스-브라운과 홉킨스는 16세기의 남부 잉글랜드, 프랑스, 알자스, 뮌스터, 아우크스부르크, 발렌시아, 빈 등지에서의 실질임금 감소의 증거를 Phelps-Brown & Hopkins, "Builders Wage-rates, Prices and Population : Some Further Evidence", *Economica*, XXVI, No. 101, Feb. 1959, 21, 표 2에서 제시한다. 장 푸라스티에와 르네 그랑다미는 15세기에서 16세기까지 생활수준 하락이 실제로 있었는지에 대해서 확신을 가지지 않는 다. 그러나 그들은 15세기에서 17-18세기 사이에 밀의 실질가격이 4배로 뛰었음을 지적한다. Jean Fourastié & René Grandamy, "Remarques sur les prix salariaux des céréales et la productivité du travailleur agricole en Europe au XVe and XVIe siècles", *Third International Conference of Economic History*, Munich 1965 (Paris : Mouton, 1968), 650.

48) Sichler van Bath, *Agrarian Hisory*, 표 1, p. 327.

표 1. 잉글랜드 목수의 실질임금[a]

| | |
|---|---|
| 1251-1300 | 81.0 |
| 1301-1350 | 94.6 |
| 1351-1400 | 121.8 |
| 1401-1450 | 155.1 |
| 1451-1500 | 143.5 |
| 1501-1550 | 122.4 |
| 1551-1600 | 83.0 |
| 1601-1650 | 48.3 |
| 1651-1700 | 74.1 |
| 1701-1750 | 94.6 |
| 1751-1800 | 79.6 |
| 1801-1850 | 94.6 |

a) 1721-45년을 100으로 할 때.

던 전(前)자본주의 경제의 잔재들인 세 가지 구조적 요인들의 결과였다. 피에를루이지 초카는 어떻게 이러한 구조들이 가파른 인플레이션 시대에 실질임금을 감소시키는 방향으로 작용했는지 그리고 왜 이들 개개의 구조적 요인들이 여러 세기를 거치면서 대부분 제거되었는지를 밝히고 있다. 세 가지 요인들이란, 화폐에 대한 착각 및 임금 요구의 불연속성, 관습이나 계약 또는 법령에 의한 임금의 고정, 그리고 임금 지불의 지체이다. 초카가 말하는 화폐에 대한 착각이란, 불연속적인 몇몇 시점을 제외하고 점진적인 통화 팽창 움직임을 정확하게 인식할 능력이 없음을 의미한다. 그러나 설령 통화 팽창 움직임이 인식되었다고 하더라도 임금협상은 시간적 간격을 두고서만 가능했다. 더욱이 16세기에는 관습이나 계약이 무력해진 경우 종종 국가가 간섭하여 임금인상을 금지했다. 끝으로 당시의 많은 노동자들은 일 년에 한 번만 임금을 받았는데, 그것은 인플레이션이 진행되던 당시로서는 가치가 떨어진 화폐로 받는다는 뜻이었다. 20세기에 이르면 화폐에 대한 착각은 노동조합의 결성, 교육 확대, 물가지수의 등장 그리고 인플레이션에 대한 경험 축적 등에 의해서 차단될 것이었다. 더욱이 노동자들의 정치조직은 국가의 임금 규제를 더욱 어

럽게 만든다. 물론 임금을 빈번히 지급하는 관행은 오래 전에 획득된 권리이
다. 그러나 초기 자본주의 시대에 노동자들은 그것을 얻어낼 능력을 갖추지
못했다.[49]

초기 형태의 세계 자본주의에 기초한 16세기 유럽 세계경제에서 여러 구조
적 요인으로 말미암아 임금 지체가 있었다는 이러한 분석의 타당성을 뒷받침
하는 사례는, 그것을 확증하는 경험적 자료만이 아니라 두 개의 잘 알려진 경
험적 예외, 즉 중부 및 북부 이탈리아의 도시들과 플랑드르의 도시들이다. 카
를로 치폴라는 16세기 말과 17세기 초에 "이탈리아의 노동비용이 다른 경쟁
국들의 임금수준에 비해서 지나치게 높았던 것 같다"고 지적한다. 치폴라에
의하면, 그 이유는 "노동자 조직들이 노동생산성에 걸맞지 않은 임금수준을
얻어내는 데 성공했기 때문"[50]이었다. 마찬가지로, 찰스 벌린든은 16세기 벨
기에의 도시들에서 임금이 밀의 생산가에 육박했음을 발견한다.[51] 이와 같은
두 예외는 어떻게 나타났는가? 바로 이 지역들은 무역의 "옛" 중심지였고,[52]

49) Ciocca, *Bancaria*, XXV, pp. 578-579.
50) Carlo Cipolla, "The Economic Decline of Italy", in Brian Pullan, ed., *Crisis and Change in the Venetian Economy in the Sixteenth and Seventeenth Centuries* (London : Methuen, 1968), 139, 140. Brian Pullan, "Wage-earners and the Venetian Economy, 1550-1630", *Economic History Review*, 2nd ser., XVI, 3, 1964, 407-426 ; Domenico Sella, "Les mouvements longs de l'industrie lainière Venise aux XVIe et XVIIIe siècles", *Annales E.S.C.*, XII, 1, janv.-mars 1957, 특히 40-45 참조. 셀라는 베네치아아를 일컬어 "부담스러운 임대료와 높은 임금"으로 말미암아 생활비가 많이 들었던 "호화판 도시"라고 부른다.
51) Verlinden 외, *Annales E.S.C.*, X, p. 198 참조. 헤르만 반 데르 베의 설명을 보라. "그러므로 16세기의 다른 유럽 국가들과 마찬가지로 브라반트에서는 임금 소득자 대중이 실질소득의 파국적인 하락을 겪지 않았다." Herman van der Wee, *The Growth of the Antwerp Market and the European Economy* (The Hague : Nijhoff, 1963), II, 386.
52) 이는 우리로 하여금 "옛" 상업 중심지들이 왜 중심지 역할을 했는가 하는 문제로 되돌아가게 한다. 이것은 전적으로 다른 이야기이다. 실비어 스럽은 다음과 같이 간략하게 설명한다. "플랑드르와 북부 이탈리아는 분명히 가장 흥미로운 지역들이다. 왜냐하면 두 지역은 비옥한 토양 그리고 인근의 곡창지대로부터 잉여 식량을 쉽게 입수할 수 있다는 이점으로 해서 높은 인구밀도를 유지하는 데 유리했기 때문이다. 이것은 농촌 공업노동에 자유롭게 종사할 수 있는 파트타임 농민 노동력의 거대한 저수지를 제공했을 뿐 아니라, 인

따라서 노동자들이 정치경제적 세력으로서 비교적 강력했기 때문이다. 이런 이유 때문에 이들 노동자들은 날로 더해가던 폭리 취득에 제동을 걸 수 있었다. 게다가 자본주의적 관행의 "진전"에 의해서 옛 구조들이 부분적으로 파괴되어버린 상태였다. 그러나 북부 이탈리아와 플랑드르의 도시들이 16세기에 산업 중심지로서 쇠퇴하고, 장차 승리자로 떠오를 홀란트, 잉글랜드, 그리고 이들에게는 못 미치지만 프랑스와 같은 신참자들에게 자리를 내주게 된 것 또한 바로 노동자들의 힘 그리고 자본주의적 관습의 진전 때문이었다.

일부 노동자들(정확히 말해서 가장 "발전된" 지역의 노동자들)이 다른 지역 노동자들에 비해서 효과적으로 임금 하락에 저항할 수 있었다는 점을 고려할 때, 우리는 장기적인 인플레이션으로 초래된 **손실의 격차**[53]를 살펴볼 필요가 있다. 피에르 빌라르는 단순한 핵심부-주변부의 교체를 말한다.[54] 그러나 이것은 지나치게 단순한 이분법이다. 손실을 입은 사람은 주변부의 노동자들, 즉 앞으로 보겠지만, 16세기에 에스파냐령 아메리카와 동유럽에서 노동에 종사한 사람들만이 아니다. 같은 시기에 서유럽 대부분의 임금노동자들 역시, 어쩌면 동유럽 노동자들만큼은 아닐지라도 —— 과연 그럴까? —— 어쨌든 손실을 입기는 마찬가지였던 것이다(에스파냐령 아메리카의 노동자들은 이전에

---

구의 상당 부분을 도시화할 수 있게 해주었다." Sylvia Thrupp, "Medieval Industry, 1000-1500", *Fontana Economic History of Europe*, I, 6, 1971, 47.

53) 우리는 국가간 차별성을 말하고 있다. 물론 국가 내에서도 사회집단에 따른 차이가 있었다. 그러한 차별성은 지대, 이윤, 임금률에 관한 우리의 논의에서 나타난다. 그러나 임금 소득자의 범주들 사이에는 그러한 차별성이 있었던 것으로 보이지 않는다. 적어도 잉글랜드의 건축 기술자 및 노동자들의 상대적인 급료가 이 경우에 해당된다. 잉글랜드에서는 "흑사병에서 제1차 세계대전 때까지 건축 노동자의 임금률이 기술자의 임금률과 같은 비율로 [변화했던] 것이다." E. H. Phelps-Brown and Sheila V. Hopkins, "Seven Centuries of the Prices of Consumables, Compared with Builder's Wage-rates", in E. M. Carus-Wilson, ed., *Essays in Economic History* (New York : St. Martin's, 1966), II, 189.

54) "그러나 우리는 [가격과 경제활동의 '장기적인 변동'을] 식민지 노동력에 대한 착취의 증가와 유럽 노동력에 대한 착취의 증가 사이의 역사적인 교체라는 관점에서 볼 수도 있지 않을까. 이 대목에서 매우 시사적인 마르크스의 다음과 같은 구절을 되새겨봄직하다 : '유럽에서의 임금노동자들의 위장된 노예제는 그 발판으로서 신세계에서의 순전한 노예제를 필요로 했다.'" Vilar, *Past & Present*, No. 10, p. 34.

132

동일한 경제체제에 속한 적이 전혀 없었기 때문에 그들의 "손실"을 측정하기
란 불가능하다). 그래서 J. H. 엘리엇은 이 쇠퇴기의 에스파냐 노동자들의 지
위가 잉글랜드보다는 동유럽 노동자들의 지위에 가까웠다고 주장한다.[55]

그러므로 일정한 연속선상에서 폴란드 노동자들의 수입이 가장 적고, 에스
파냐 노동자들이 그 다음이며, 가령 베네치아 노동자들의 수입이 가장 많았다
고 한다면, 핵심부 지역이 되어가고 있던 반(半)주변부 지역의 표본이라고 할
수 있는 잉글랜드 노동자들은 바로 베네치아 노동자들과 같은 위치에 있었다.
펠프스-브라운과 홉킨스는 이들 국가에서 일어난 사태를 살펴보는 한 가지
방법은 "[잉글랜드] 임금노동자들의 바구니가 줄어든 것이 대부분 작업장과
농장 사이의 변화된 거래조건에 기인한 것임"[56]을 이해하는 것이라고 말한다.
한편으로, 변화된 거래조건은 임금소득자(토지가 없는 사람, 또는 토지가 있
더라도 그로부터 얻는 소득이 보조적인 수준에 그치는 사람)에게 가장 무거운
부담이 되었다. 펠프스-브라운과 홉킨스는 16세기 전반 잉글랜드에서 그와 같
은 임금소득자의 수가 이미 직업인구의 3분의 1을 점했을 것으로 추정한다. 그
들에 의하면, "[임금소득자들의 빈곤화라는] 동전의 이면에는 농산품 판매자
들 또는 가능한 한 높은 지대로 농장을 임대한 사람들의 치부가 있었다."[57] 이것

<hr>

55) "에스파냐의 임금수준이 가격수준과 나란히 유지되었다고 한 [해밀턴의] 가설은 전혀 근
거 없는 것이다. 실제로 좀더 조사를 해보면 16세기 전반에 카스티야 대중의 생활수준이
현저히 저하되었음을 알 수 있다. 그와 같은 저하는 다른 유럽 국가들에 비해서 높은 수준이
었던 카스티야의 물가와 더불어, 16세기 말에 이르기까지의 카스티야의 특이한 경제구조
를 설명하는 데 크게 도움이 된다. 카스티야의 경제는 서유럽 국가들의 경제보다는, 원료
를 수출하고 사치품을 수입했던 폴란드와 같은 동유럽 국가들의 경제에 여러모로 훨씬 더
가까웠다. 카스티야에서 살아남을 수 있었던 산업들은 소수 부유층의 필요에 영합하는 사
치품 공업이 주종을 이루었고, 점증하는 대외경쟁에 압도되는 경향을 드러냈다." J. H.
Elliott, "The Decline of Spain", *Past & Present*, No. 20, Nov. 1961, 62. 고딕체는 월
러스틴의 강조. 카탈루냐의 발전과정도 이와 흡사하다. Jaime Vicens Vives, "Rapport de
M. Malowist" in *IXe Congrès Internationale des Sciences Historiques*, II. *Actes* (Paris :
Lib. Armand Colin, 1951)에 제시된 "논평들"을 보라. 이 글에서 비센스는 카탈루냐와
폴란드의 "제2의 봉건제"를 비교한다.
56) Phelps-Brown & Hopkins, *Economica*, XXIV, p. 298.
57) 같은 책, p. 299. 고딕체는 월러스틴의 강조.

은 임금 지체가 자본 축적의 직접적 원천이었다는 해밀턴의 주장에 의혹을 불러일으킨다. 또는 적어도 서유럽에서 지주들이 자본 축적의 핵심적인 중개 자였다는 사실을 우리들에게 일깨워준다.

그러나 해밀턴의 근본적인 논점은 존 메이너드 케인스도 지지하는 것으로 서 근거가 확실한 것이다. 인플레이션은 소득의 재분배 —— 유럽 세계경제가 여러 계층으로 이루어져 있기 때문에 복잡한 재분배 —— 를 초래했다. 그럼에 도 불구하고 그것은 정치적으로 취약한 부문들에게 세금을 부과하는 한 방식 이었으며, 자본 축적을 가능하게 해주었고, 이 축적된 자본은 누군가에 의해 서 다시 투자될 수 있었다.[58] 특히 지주들은 농민들로부터 돈을 끌어내는 새

─────────────────

이런 분석은 도브의 분석과 매우 흡사하다 : "다음과 같은 질문이 가능할 것이다. 이러 한 상황에서 만일 대중의 실질소득이 감소했다면, 어떻게 가격수준이 상승할 수 있었으 며, 이 시기의 대규모 이윤(본질적으로 가격과 화폐임금 사이의 차액에 상품 회전율을 곱 한 값에 달려 있는)이 성공적으로 실현될 수 있었는가 하는 것이다. 다시 말해서, 확대된 수요는 어디에서 왔는가 하는 것이다. 그 답은 분명히 확대된 시장을 충족시킨 것이 부유 층과 중간 부유층(즉 신흥 부르주아지 및 왕실 그리고 신흥 지방 자본가 및 부유한 요먼 [yeoman])의 지출이었다는 사실에 있다. 이 집단의 증대된 지출은 어떤 의미에서 이윤 실현의 조건을 창출했다. 이 시기의 여러 팽창하는 산업들은 부유층의 사치품 소비에 영 합하고 있었다. 또한 조선업과 (매우 소규모이기는 하지만) 기계 및 작업도구에 대한 투 자가 있었고, 화기 및 군사장비에 대한 투자도 있었다. 여기에 대외무역의 중대한 영향이 추가되어야 할 것이다. 대외무역은 대단히 유리한 조건에서 행해졌으며 국내에 유입된 상 당량의 금은에 의해서 그 수지균형이 맞추어졌다." Dobb, *Studies*, p. 120.

브로델은 왜 해밀턴이 처음 주장한 것처럼 지주들이 가격 폭등으로 피해를 입지 않았 는지에 대한 분석을 덧붙인다 : "가격혁명은……기적처럼 철두철미하게 민주적인 것은 아 니었다. 그것은 농민의 부담과 지대 —— 그것은 화폐로 납부되었고 아메리카의 발견 훨씬 이전부터 고정되어 있었다 —— 를 경감시켰다. 실제로 농민 보유지에 대한 봉건적 요구는 대단히 가벼웠으며, 때로는 거의 없다시피 했다. 그러나 항상 그랬던 것은 아니다. 그리고 특히 영주들이 종종 현물공납 그리고 시장 상황에 맞는 공납을 받곤 했다는 점을 고려할 때 그러했다……게다가 지중해와 유럽, 두 지역에서 토지의 구분은 변경할 수 없는 것이 아니었다." Braudel, *La Méditerranée*, II, p. 51.

58) "자본주의는 **자본**을 필요로 한다. 그리고 매우 유리한 가격-임금 비율을 통한 강요된 저 축보다 자본 제공을 위한 더 강력한 수단은 상상하기 힘들다." Earl J. Hamilton, *Journal of Economic History*, XII, p. 338. 케인스의 다음 설명을 보라 : "그 결과, 이윤 인플레이션은 특별히 현대[1930년] 잉글랜드에만 있고 다른 국가와 다른 시대에는 없었 던 직접세로 그 영향이 완화되지 않는 한, 십중팔구 더욱 불평등한 부의 분배를 초래하기 마련이다." J. M. Keynes, *A Treatise on Money* (London : McMillan, 1950), II, 162.

134

로운 방식을 줄곧 찾고 있었다.[59] 기억해둬야 할 점인데, 그와 같은 주장은
초과이윤이 존재했다는 것뿐만 아니라, 인플레이션이 투자를 자극했다는 것
이기도 하다.[60]

그렇다면 임금 지체 가설에 대한 존 네프의 또다른 반대 논거를 살펴볼 필
요가 있다. 네프는 그 논거가 프랑스의 경우 때문에 약해진다고 주장한다. 프
랑스에서는 잉글랜드와 마찬가지로 임금 지체 현상이 있었지만, 그럼에도 불
구하고 이 시기에 현저한 산업상의 진보를 이룩하지 못했다는 것이다.[61] 더욱
이 네프는 자신이 단지 프랑스-잉글랜드만을 비교하는 것이 아니라고 지적한
다. 왜냐하면 산업발달의 견지에서 볼 때 프랑스의 상황은 남부 독일이나 에
스파냐가 지배한 네덜란드와 비슷했던 반면, 잉글랜드는 홀란트, 스코틀랜드,
스웨덴, 리에주와 비슷했기 때문이다. 즉 앞의 예들은 "르네상스 시대"에 비
해서 발전속도가 떨어졌던 반면, 뒤의 예들은 모두 속도가 빨라졌다는 것이
다. 그러나 목재와 노동력은 잉글랜드보다 프랑스에서 더욱 저렴했다. 아마도
문제는 그것들이 너무 저렴했다는 데에 있을 것이다.[62]

59) "만일 이들 지주계급이 17세기 초 유럽을 지배했다면, 그것은 이들이 흔히 주장되는 것
보다 잃은 것이 적었기 때문이다. 그러므로 수많은 상인과 도시의 부자들이 토지나 영지
를 구매한 것은 광기가 아니었다." Braudel, La Méditerranée, I, p. 479.
60) "가격 상승으로 투자를 연기하는 것은 불이익을 당했으며, 실질 이자율이 하락함으로써
소득을 기대하는 투자자금의 차용이 늘어났다. 간단히 말해서 가격 상승과 임금 지체는
자본을 제공했고, 그 자본을 자본주의적으로 사용케 하는 강력한 유인을 제공했다."
Hamilton, Journal of Economic History, XII, p. 339.
61) "프랑스의 경우에서 우리가 설명해야만 하는 문제는, 잉글랜드의 경우처럼 왜 산업자본
주의가 가격혁명 시대에 그토록 진보했는가 하는 것이 아니라, 왜 그토록 진보를 거두지
못했는가 하는 점이다." Nef, The Conquest of the Material World, p. 242.
62) "프랑스 역사가 보여주듯이, 실질임금의 장기적인 하락이 비록 기업활동에 대해서 한 가
지 유인을 제공하긴 했지만, 그 자체로서 산업 성장률을 급속하게 늘릴 만큼 강력한 영향
력을 행사하지는 못했다. 16세기 말에는 노동자들의 생활수준 하락이 너무 심해서 일부
공산품에 대한 수요 증가세를 둔화시켰으며, 빈민들의 비참한 상황은 종교전쟁 기간에 제
조업의 발달을 촉진하기보다는 저해했을 것이다."[Nef, 같은 책, p. 267]
  네프의 주장은 데이비드 펠릭스로부터 역시 지지를 받고 있다. David Felix, "Profit
Inflation and Industrial Growth : The Historic Record and Contemporary Analogies",
Quarterly Journal of Economics, LXX, 3, Aug. 1956. 특히 pp. 443-451 참조.

그러나 네프의 이런 비교는 잉글랜드와 프랑스를 현실과 유리된 상황에서 비교할 경우에만 해밀턴의 가설을 논파할 수 있다. 유럽 세계경제의 맥락에서 비교해보면, 프랑스의 실질임금은 에스파냐와 잉글랜드의 중간 수준에 자리 잡고 있었다. 그렇다면 우리가 주장할 수 있는 것은 전체 세계경제 내에서 노동자에 대한 소득분배가 급격히 줄어들었다고 하는 것이다. 그 감소비율은 나라에 따라 달랐다. 한 지역의 투자계층에게 최적의 상황은 주변부 지역에서는 저임금으로 이윤을 얻고, 자신들의 지역에서는 (높은 수준이 아니라는 의미에서) 중간 수준의 임금으로 더 많은 이윤을 얻는 것이다. 중간 수준의 임금이 가장 적합했다. 왜냐하면 너무 높은 임금수준(베네치아)은 이윤 폭을 지나치게 줄어들게 했는가 하면, 너무 낮은 임금수준(프랑스, 특히 에스파냐)은 신흥공업을 위한 지역시장의 규모를 위축시켰기 때문이다. 잉글랜드와 홀란트는 범유럽적 체제에서 이와 같은 최적 상황에 가장 근접해 있었다. 그러나 그것이 하나의 세계경제라고 하는 점이야말로, 인플레이션의 이윤이 신흥공업에 투자되어 이윤을 거둘 수 있는 필수조건이었다.

그러므로 인플레이션은 중요한 요인이었다. 왜냐하면 그것은 강요된 저축, 따라서 자본 축적의 메커니즘이었고, 이러한 이윤을 세계경제 체제를 통해서, 주변부 및 반주변부 —— "옛" 선진지역들 —— 로부터 우리가 세계경제의 신흥 핵심지역이라고 불러온 곳으로 불균등하게 배분하도록 만들었기 때문이다.

인플레이션의 영향에 관한 논의에서 독자들이 이미 알아챘겠지만, 이러한 상황의 이면에는 세계경제 내의 노동분업의 등장이라는 사실이 가로놓여 있었다. 그 분업은 농업과 공업 사이에서뿐만 아니라, 농업활동들 사이에서도 나타났다. 그리고 이러한 전문화와 더불어 다양한 형태의 노동 통제 및 다양한 방식의 계층화가 진행되었는데, 그것은 "국가들", 즉 정치적 활동의 영역에 상이한 정치적 결과들을 가져왔다.

지금까지 우리는 왜 (이를테면 중국이 아닌) 유럽이 팽창을 했으며, 왜 유럽 내에서도 포르투갈이 주도권을 잡았는지 그리고 이 팽창이 왜 인플레이션을 수반했는가 하는 문제들을 설명하고자 했다. 그러나 사실상 왜 이 팽창이 그토록 중대한 것인가 하는 질문은 정면으로 다루지 않았다. 다시 말해서 세

136

계역사상 과거에 성립된 여러 제국들 —— 그것은 비교적 생산적인 농업부문과
비교적 강력한 관료제적 정치구조에 토대를 두고 있었다 —— 이 근대적 산업
발달의 방향으로 나아가는 데 실패했건만, 어째서 유독 우리가 다루는 이 세
계경제의 등장만은 근대적 산업발달의 선구가 되었는가 하는 것이다. 기술 때
문이었다고 말한다면, 그것은 어떤 종류의 체제가 그와 같은 기술적 발달을
자극했는가 하는 질문을 던지도록 만들 뿐이다(서유럽 기술의 갑작스러운 도
약에 대한 니덤의 비유를 상기할 것). E. L. 존스와 S. J. 울프는 16세기의
독특한 특징을, 역사상 최초로 농업생산성의 팽창이 실질수입의 팽창으로 나
아가는 길을 열어준 것으로 간주한다 :

> 역사에서 얻는 유쾌하지 못한 교훈 중 하나는 기술적으로 진보하고 물리적으로 생산
> 적인 농업이라고 해서 반드시 일인당 실질소득의 지속적인 성장을 가져오지도 않으
> 며, 하물며 산업화를 촉진하지도 않는다는 사실이다. 정교한 농업기술을 지닌 고대의
> 문명들은 하나의 출발점이 될 수 있다. 중동, 로마, 중국, 중앙 아메리카의 어디에서
> 도……산업경제로의 발전은 없었다. 기술적으로 그들의 농업조직은 뛰어났다.……그
> 들이 생산한 곡물의 물리적 양 또한 방대했다. 그러나 그들의 사회사는, 상승 국면에
> 서든 하강 국면에서든, 인민 대중의 실질수입에 지속적인 증가가 없는 지독한 생산
> 순환의 역사이다.……
>   특히 관개농업을 시행한 제국들에서 나타난 공통적인 사실은 외부의 위협에 대한
> 방어와 국내에서의 자신의 지위 유지를 염려하는 관료제에 바탕을 둔 국가기구의 막
> 강한 힘이었다. 역사를 거시적으로 볼 때, 이러한 관료제들은 오랜 동안 그리고 인구밀도에
> 상관없이, 거대한 농민사회를 사실상 항상성(homeostasis)의 상태로 유지할 의도를 가지고 있었고
> 또 이에 성공했다고 결론짓는 것이 타당할 것이다.[63]

존스와 울프는 그와 같은 체제에서 총생산량의 증가는 단순히 "정적인 팽창",[64]
즉 상이한 사회계급들에게 동일한 상대적 비율로 동일한 절대량의 재화를 계
속 배분하면서 부양인구만 증가하는 현상으로 귀결한다고 주장한다.

63) E. L. Jones & S. J. Woolf, "The Historic Role of Agrarian Change in Economic
Development", in Jones and Woolf, eds., *Agrarian Change and Economic Development*
(London : Methuen, 1969), 1. 고딕체는 월러스틴의 강조.
64) 같은 책, p. 2.

항상성이라고 부르기 힘든, 어떤 다른 종류의 사회변화를 설명해주는 16세기 세계경제의 사회구조는 무엇이었는가? 물론 16세기의 관료제는 존스와 울프가 말한 이전의 관료제들과 크게 다른 동기를 가지고 있지는 않았다. 그런데도 그 결과가 다르게 나타났다면, 그것은 필경 세계경제가 이전의 제국들과 다르게 조직되었고, 그와 더불어 다른 종류의 사회적 압력들이 존재했기 때문일 것이다. 특히 우리는 그러한 체제가 지배계급들에게 어떤 종류의 긴장을 가져다주었는지 그리고 그 결과 일반 대중에게 어떤 종류의 기회를 제공했는지에 대해서 눈여겨볼 필요가 있을 것이다.

우리는 이미 유럽을 팽창시킨 압력들이라고 생각된 것들에 대해서 개관한 바 있다. 팽창은 그 나름의 불가피한 요구들을 수반한다. 성공적인 팽창 능력은 본국에서 적절한 사회적 결속을 유지할 수 있는 능력의 함수(따라서 보수의 분배 메커니즘의 함수)임과 동시에, 먼 곳에 있는 값싼 노동력을 이용할 수 있도록 해주는 제도들(수송비용 때문에 노동력이 멀리 있을수록 더 저렴해야 한다는 점이 한층 더 중요하다)의 함수이다.

팽창은 또한 불평등한 발전을, 따라서 차등적인 보수를 수반하며, 각 층마다 또 여러 층들이 포개져 있는 다층적인 전체 구성에서의 불평등한 발전을 수반하는데, 각각의 층은 이중 양식의 보수 분배에 의하여 양극화한다. 그러므로 구체적으로 말하자면, 16세기에는 유럽 세계경제의 핵심부 대 주변부 사이에 격차가 있었다. 유럽의 핵심부에서는 국가들 간에, 국가 내에서는 지역과 계층 간에, 지역 내에서는 도시와 농촌 간에 그리고 궁극적으로 좀더 지방적인 단위 안에서도 격차가 있었다.[65]

체제의 결속은 궁극적으로 이러한 불균등한 발전에 기반을 두고 있었다. 왜냐하면 다층적 복합체는 다층적인 정체성 확인의 가능성을 제공했으며, 정치세력들이 끊임없이 재편되도록 했기 때문인데, 정치세력의 재편은 기술적 발달과 정치적 변형을 허용한 잠재적 동란, 그리고 또한 반란들 —— 태업, 폭

---

65) Francois Mauro, *Le XVIe siècle européen aspects économiques* (Paris : Presses Universitaires de France, 1966 —— Collection Nouvelle Clio, 32), 285-286에서의 논의 참조.

력, 또는 도피 등 어떠한 형태의 반란이건 —— 을 포함한 이데올로기적 혼란
을 한꺼번에 초래했다. 사회적 지위와 사회적 보수의 그와 같은 다층적 체제
는 대체로 생산활동들의 복합적인 분배체제와 서로 연관되어 있다. 단순하게
말해서, 인력을 낳아 기른 사람은 식량 생산자를 부양하고, 식량 생산자는 다
른 원료 생산자를 그리고 원료 생산자는 공업 생산자들을 부양한다(그리고
물론 산업화의 진전과 더불어, 이러한 생산활동의 계서제는 이 마지막 범주가
세밀하게 구분되면서 한층 복잡성을 띠게 된다).

　이 시기의 세계경제에는 여러 종류의 노동자들이 있었다: 먼저 설탕 농장
에서 작업하거나, 노두(露頭 : 지면에 노출된 광맥 /옮긴이)를 걷어내는 것과
같은 손쉬운 광산작업에 종사하는 노예들이 있었다. 대규모 영지에서 곡물을
경작하고 나무를 채취하는 "농노들(serfs)"도 있었다. (곡물을 포함한) 다양한
환금작물을 재배하는 "차지인(tenant)" 그리고 농업생산에 종사하는 임금노
동자들도 있었다. 이들은 유럽 세계경제에서 인구의 90-95퍼센트를 점하고 있
었다. 새로운 계급인 "요먼(yeoman)"도 있었다. 또한 소규모의 중간 집단——
십장, 독립적인 장인, 소수의 숙련공 —— 이 있었으며, 대토지를 경영하고 주
요 사회제도들을 운영하며 어느 정도 여가를 누린 얇은 층의 지배계급이 있
었다. 이 마지막 지배집단에는 기존의 귀족과 귀족적 부르주아지(그리고 당연
히 그리스도교 성직자와 관료)가 포함되어 있었다.

　잠시만 생각해봐도 이러한 직업적 범주들이 새로 태어난 세계경제 내부에
서 지리적으로나 인종적으로 아무렇게나 분포되어 있지 않았음을 알 수 있다.
시작부터 잘못된 이 세계경제의 모습은 그뒤 급속하게 변화해갔다. 아프리카
출신의 노예계급이 서반구에 자리잡게 되었고, "농노" 계급은 두 부류로 나
뉘어졌다. 즉 한 부류는 동유럽에 위치한 더 큰 농노집단이었고, 또 한 부류
는 서반구의 아메리카 인디오들로 이루어진 좀더 작은 농노집단이었다. 서유
럽 및 남유럽의 농민들은 대부분 "차지인"이었다. 임금노동자들은 거의 다
서유럽인이었다. 요먼 농장주(farmer : 이 말은 원래 정액지대[firma]를 지불
하고 농장을 경영하는 차지농을 일컫는 말이었으나, 점차 모든 형태의 농장을
경영하는 사람을 가리키는 말로 사용되고 있음. 이 책에서는 주로 '농장주'로

옮기고 경우에 따라서 '차지농'으로도 옮겼음/옮긴이)는 대개 훨씬 더 협소하게, 주로 서북 유럽 출신이었다. 중간에 속하는 계급들은 그 출신이 범유럽적이었으며(여기에 메스티소[mestizo : 특히 에스파냐인 또는 포르투갈인과 아메리카 인디오의 혼혈/옮긴이]와 물라토[mulatto : 백인과 흑인의 혼혈/옮긴이]가 추가된다), 지리적으로 전역에 걸쳐 분포되어 있었다. 지배계급 또한 범유럽적이었지만, 나는 그들이 서유럽 출신에 편중되어 있었다고 믿는다.

왜 다양한 노동조직 방식들 —— 노예제, "봉건제", 임금노동, 자영 —— 이 세계경제 내에서 같은 시기에 존재했는가? 그것은 개개의 노동통제 방식이 특정한 유형의 생산에 가장 적합했기 때문이다. 그러면 왜 이러한 방식들이 세계경제의 각기 상이한 지역들에 —— 노예제와 "봉건제"는 주변부에, 임금노동과 자영은 핵심부에, 그리고 앞으로 보겠지만 분익소작제는 반주변부에—— 집중되어 있었는가? 그것은 노동통제 방식이 정치체제(특히 국가기구의 힘)와 토착 부르주아지의 성공 가능성에 크게 영향을 미쳤기 때문이다. 세계경제는, 그 안에 사실상 이러한 세 개의 지역이 존재하고 있으며, 이 지역들이 각기 상이한 노동통제 방식을 지니고 있다는 전제에 기초하고 있었다. 그러한 전제가 없었다면 자본주의 체제의 출현을 가능케 한 그런 종류의 잉여의 흐름을 보장하기란 불가능했을 것이다.

이제 노동통제 방식들 그리고 그것들의 생산물 및 생산성과의 관계를 살펴보기로 하자. 그래야만 이것이 어떻게 자본주의적 요인들의 성장에 영향을 미쳤는가를 이해할 수 있다. 먼저 노예제부터 살펴보기로 하자. 노예제는 중세 유럽에도 알려져 있었다.[66] 하지만 그것은 16세기에서 18세기 사이에 유럽 세계경제에서 노예제가 행한 역할과 비교해보면 미미한 것이었다. 그 한 가지 이유는 과거의 유럽이 군사적으로 취약했기 때문이다. 마르크 블로크는 이렇게 말한다 :

경험이 그것을 입증했다. 모든 형태의 번식 중에서 인간이라는 가축의 번식이 가장

---

66) Charles Verlinden, *L'esclavage dans l'Europe médiévale*, 2 vols. (Brugge : De Tempel, 1955) 참조.

140

어려운 일에 속한다. 노예제를 대규모 기업에 적용시켜 수지를 맞추고자 한다면 시장에 값싼 노예 노동력이 풍부하게 있어야만 한다. 그것은 전쟁이나 노예 사냥에 의해서만 얻을 수 있다. 따라서 한 사회가 인근에 쳐부수거나 침략할 수 있는 다른 허약한 사회들을 두고 있지 못하다면, 그 경제의 상당 부분이 길들여진 노예에 의존한다는 것은 거의 불가능하다.[67]

그처럼 열등한 생산방식은 적은 일인당 이윤을 대량 생산으로 벌충할 수 있을 정도로 시장의 규모가 클 경우에만 이윤을 남길 수 있다. 로마 제국이 번영을 누릴 수 있었던 이유가 여기에 있었고, 노예제가 두드러진 자본주의적 제도로서 자본주의 세계경제 초기의 전(前)산업 단계와 맞물리게 된 이유도 바로 여기에 있었다.[68]

그러나 기술이 요구되는 경우, 노예들은 대규모 기업에서는 쓸모가 없다. 노예들에게는 강요된 것 이상의 일을 기대할 수 없다. 그러므로 일단 기술문제가 끼어들면 다른 노동통제 방법을 찾는 것이 더 경제적이다. 왜냐하면 낮은 비용은 오히려 지극히 낮은 생산성을 수반하기 때문이다. 진정으로 노동집약적인 생산품은, "수확"하는 데 기술이 별로 필요하지 않기 때문에, 감독업무에 거의 투자할 필요가 없다. 잔인한 노예감독 아래 비숙련 노동자들을 집단적으로 끌어모은 분야는 주로 설탕이었고, 나중에는 면화였다.[69]

67) Bloch, *Cambridge Economic History of Europe*, I, p. 247. 또한 "Medieval 'Inventions'", in *Land and Work in Medieval Europe* (Berkeley : Univ. of California Press, 1967), 180.

68) 이러한 관점에 대한 고전적인 진술로는 Eric Williams, *Capitalism and Slavery* (London : Deutsch, 1964)가 있다. 이 관점을 지지하는 좀더 최근의 자료로는 Sergio Bagú, "La economía de la sociedad colonial", *Pensamiento crítico*, No. 27, abr. 1969, 53-61 참조.

69) 에릭 울프는 소규모 광산과 소규모 사탕수수 재배가 중앙 아메리카에서 기술적인 이유로 비경제적임이 판명되자, 대규모 자본주의적 기업에 급속하게 밀려났다고 지적한다. 광산업의 경우, 새로운 기술진보란 1557년의 테라스 공법(patio process)으로서, 이 공법은 수은을 이용하여 광석에서 은을 채취했다. 이 기법은 깊이 굴착해야만 수익성이 있었기 때문에 고가의 장비를 필요로 했다. 설탕 생산의 경우, 그와 같은 대규모의 자본 지출을 필요로 한 것은 대규모 분쇄기(ingenio)였다. 인디고 생산에서도 비슷한 기술적 필요가 유사한 사회적 결과를 수반했다. Eric Wolf, *Sons of the Shaking Earth* (Chicago, Illinois : Univ. of Chicago Press, 1959), 177-180 참조.

설탕 재배는 지중해의 섬들에서 시작되어 그후 대서양 제도로 옮아갔으며,
나중에 대서양을 건너 브라질과 서인도 제도로 확산되었다. 노예제는 설탕 재
배를 뒤따라갔다.[70] 이렇게 옮겨가는 과정에서 노예계급의 인종적 구성은 변
화를 겪었다.[71] 하지만 새로운 노예로서 하필이면 왜 아프리카인들이 이용되

---

70) "15세기에 사탕수수 생산이 마데이라 제도와 카나리아 제도로 확대된 첫번째 결과는 기
　 존 유럽 생산자들과의 치열한 경쟁이었다. 이러한 경쟁은 아메리카 식민지에서 사탕수수
　 가 생산되면서 더욱 심해졌다. 1580년에 이르러……시칠리아의 제당업이 소멸했다. 에스
　 파냐에서는 제당업이 시들었다.……남부 이탈리아, 몰타, 모레아(펠로폰네소스/옮긴이),
　 로도스, 크레타, 키프로스의 영세한 구식 제당업이 모두 비슷한 쇠퇴를 겪다가 마침내 소
　 멸해버렸다.
　 　 "마데이라 제도와 카나리아 제도에서는 모두 설탕 생산에 아프리카의 노예 노동력을
　 사용했다.……노예 노동력 덕분에 그들은 유럽의 생산자들보다 값싸게 설탕을 팔 수 있었
　 다. 그러나 마데이라 제도와 카나리아 제도는 그후 각기 브라질과 서인도 제도와의 경쟁
　 에서 압도당하고 말았다.……
　 　 "아메리카의 열대지방에서 설탕과 노예제의 역사는 한층 더 긴밀하게 연결되어 있다.
　 이 시기의 모든 열대 수출작물들 중에서 사탕수수는 가장 많은 노동력을, 특히 수확할 때
　 필요로 했다. 사탕수수는 베어낸 지 몇 시간 이내에 운반되어야 했던 까닭에 공장이 농장
　 에서 아주 가까운 곳에 있어야만 했으므로, 그것은 최초로 플랜테이션 체제를 필요로 했
　 다.……물론 사탕수수야말로 열대지방의 농업에서 노예제가 시행된 일차적인 원인이었
　 다." Masefield, *Cambridge Economic History of Europe*, IV, pp. 289-290.
　 　 섬들이 대서양 횡단의 디딤돌 역할을 한 것은 비단 이베리아만의 현상은 아니었다. A.
　 L. 로즈는 북유럽에서도 세 단계 —— 대륙에서 영국으로, 영국에서 아일랜드로, 그후 영
　 국에서 북아메리카로 —— 를 거쳐 같은 상황이 벌어졌다고 주장한다.
　 　 "우리는 북아메리카 식민을 1,000년 전의 대서양 횡단의 연장으로 간주할 수 있다. 즉
　 1,000년 전 민족이동(Volkerwanderungen) 시기에 영국은 앵글로-색슨족에 의해서 식민
　 화되었던 것이다.……
　 　 "섬들[영국과 아일랜드]의 통합은 대서양 횡단을 향한 대약진의 토대를, 북아메리카를
　 향한 여러 종족들의 엑소더스의 토대를, 그리고 엘리자베스 시대 영국인들이 추구한 문호
　 개방의 토대를 제공했다.……역사가들이 거의 주목하지 못한 것은 버지니아의 첫 식민지
　 건설에 지도적인 역할을 한 사람들이 다름 아닌 남부 아일랜드의 플랜테이션과 식민에 지
　 대한 관심을 기울였던 사람들 —— 험프리 길버트, 월터 롤리, 리처드 그렌빌 —— 이라는
　 사실이다. 아일랜드는 마치 아메리카 식민지 개척의 청사진과 같은 것이었다." Rowse,
　 "Tudor Expansion : The Transition from Medieval to Modern History", *William and
　 Mary Quarterly*, 3rd ser., XIV, 3, July 1957, 310, 315.
71) "노예제와 노예무역은 유럽이 아프리카로 팽창하기 수백 년 전부터 지중해에서 번성했
　 다. 그리고 15세기에 발달된 대서양 무역은 결코 아프리카 발견의 우연한 부산물이 아니

142

었는가? 그 이유는 플랜테이션 지역의 토착 노동력 공급이 고갈되었기 때문이며, 유럽인의 접근이 용이하고 사용지역에 비교적 인접해 있으면서도 상당 정도 인구가 밀집된 지역에서 노동력을 충당하고자 했기 때문이다. 그러나 노예 노동력은 유럽 세계경제의 외부에서 얻어야만 했다. 그렇게 함으로써 유럽은 해당 지역으로부터 대대적인 규모의 인력을 노예로 끌어다 쓸지라도 그 지역에 대한 경제적 결과에 대해서 염려할 필요가 없었던 것이다. 서아프리카는 이런 점에서 최적지였다.[72]

이밖에 다른 노동력의 공급원들이 바닥난 것은 분명하다. 지중해 및 대서양 제도에서 시행된 단일작물재배(monocultures)는 토양학적으로나 인구학적인 면에서 파멸적인 결과를 가져왔다. 토양은 파괴되었으며, 주민들은 사망하거나(예를 들면 카나리아 제도의 토착민들인 관체족의 경우), 고통을 피해서 이주했다.[73] 카리브 해 섬들의 인디오들은 완전히 멸종되었다. 멕시코의 인구는 1519년에 약 1,100만에 달하던 것이 1650년경에는 150만 명으로 격감했다.[74]

었다.······주로 가내 이용을 위한 악덕거래에서 플랜테이션이나 식민지 시장을 위한 노예매매에 이르기까지, 가장 중요한 변화는 아메리카 대륙의 발견 이전부터 이미 진행되고 있었다. 일반적으로 15세기에 노예의 피부색이 백인에서 흑인으로 바뀌었다. 그리고 이 시기에 노예를 가내 하인이나 농업 노동자로서 가족과 농장을 위해서 일하는 개인이라기보다는, 비인격적인 상품으로서 도맷금으로 다루는 경향이 점점 커졌다." Anthony Luttrell, *The Transatlantic Slave Trade*, pp. 78-79.
72) 노예 노동력이 해당 세계경제의 바깥에서 획득되었음을 확증해주는 증거는 14세기와 15세기의 크레타 섬에 대한 찰스 벌린든의 연구에서도 찾을 수 있다. 베네치아의 식민지로서 크레타는 환금작물 경작의 중심지이자 화물집산지로서의 두 가지 기능을 수행했다. 두 번째 기능, 즉 화물집산지라는 점 덕택에 크레타는 노예무역의 핵심지 역할을 했다. 노예들은 동남 유럽, 러시아, 서남 아시아 등 여러 지역들(모두 당시의 지중해 세계경제 바깥에 놓여 있던 지역들)로부터 충원되어 크레타를 비롯한 다른 베네치아 식민지들에서 사용되었고, 이집트, 프랑스 남부, 에스파냐 동부 등지로 되팔렸다. Charles Verlinden, "La Crête, débouché et plaque tournante de la traite des esclaves aux XIVe et XVe siècles", *Studi in onore di Amintore Fanfani*, III : *Medioevo* (Milano : Dott. A. Giuffrè-Ed., 1962), 591-619 참조.
73) Braudel, *La Méditerranée*, I, pp. 144-145 참조.
74) 셔번 F. 쿡과 레슬리 보이드 심슨이 제시한 자료에 따르면, 멕시코의 인구는 1519년의 1,100만 명에서 1540년에 650만 명으로, 1565년에 450만 명으로, 1600년에 250만 명으로 줄었다. Sherburne F. Cook & Leslie Boyd Simpson, *The Population of Central*

브라질과 페루 역시 극적인 감소를 보였다.[75] 이러한 인구 격감의 두 가지 직접적 원인은 질병 그리고 유럽인이 사육한 가축들이 인디오의 농경에 입힌 피해였던 것으로 보인다.[76] 그러나 특히 광산에서의 순전한 인력 고갈 역시 중대한 요인이었음에 틀림없다. 그 결과, 비교적 이른 시기에 에스파냐인과 포르투갈인들은 서반구에서 인디오들을 노예 노동력으로 이용하는 것을 중단하고, 플랜테이션의 노예 노동력을 위해서 오직 아프리카인들의 수입에만 의존하기 시작했다. 추정컨대, 운송비용이 토착민의 도주를 막는 데 드는 비용보다 더 많지는 않았다. 더욱이 토착민은 급속히 죽어가고 있었던 것이다.

그러나 노예제가 모든 곳에서 시행된 것은 아니다. "재판 농노제(second serfdom)"를 경험한 동유럽에서 노예제는 시행되지 않았다. 새로운 형태의 "지대(rent)"와 임금노동의 성장을 경험한 서유럽에서도 노예제는 이용되지 않았다. 에스파냐령 아메리카 경제의 많은 부문에서도 노예제는 이용되지 않았다. 이 지역에서 에스파냐인들은 노예에 의한 플랜테이션 대신 엥코미엔다(encomienda : 에스파냐령 아메리카에서 1503년에 제정된 제도. 에스파냐의 정복자 또는 식민자가 토지나 마을을 현지에 사는 원주민과 함께 수여받는

---

*Mexico in the Sixteenth Century*, Ibero-Americana : 31 (Berkeley : Univ. of California Press, 1948), 10-16, 38, 43, 46 참조. 우드로 보라는 1650년의 인구가 150만 명이었다고 덧붙인다. Woodrow Borah, *New Spain's Century of Dipression*, Ibero-Americana : 35 (Berkeley : Univ. of California Press, 1951), 3.

75) "브라질 토착민의 대대적인 절멸은 [멕시코와 마찬가지로] 철저했다. 예수회 소속의 호세 데 안치에타는 '20년 전부터 지금(1583년)까지 이곳(바이아)에서 죽은 사람의 수는 믿기지 않을 정도'라고 진술했다. 그리고 멕시코에서 진행된 것과 비슷한 규모의 인구 격감을 나타내는 수치를 제시했다." Celso Furtado, *Economic Development of Latin America* (London and New York : Cambridge Univ. Press, 1970), 5, 주 2.

페루에 대해서 알바로 하라는 다음과 같이 이야기한다 : "하락하는 인구 곡선을 한동안 지탱할 수 있었던 높은 밀도의 인구가 없었더라면, 탐욕스런 광산업은 힘없이 무너지고 말았을 것이다." Alvaro Jara, "Estructuras de colonización y modalidades de tráfico en el Pacífico Sur Hispano-Americano", in *Les grandes voies maritimes dans le monde, XVe-XIXe siècles*, VIIe Colloque, Commission International d'Histoire Maritime (Paris : S.E.V.P.E.N. 1965), 251.

76) J. H. Parry, *The Age of Reconnaissance* (New York : Mentor Books, 1963), 245-246 참조.

제도/옮긴이)로 알려진 제도를 이용했다. 그러면 에스파냐령 아메리카에서는 왜 모든 생산부문에 노예제가 이용되지 않았는가? 그것은 아마도 아프리카 노예가 대량 공급되기는 했지만, 그렇다고 무제한적으로 공급되지는 않았기 때문일 것이다. 그리고 **토착** 노예 인구(전세계적으로 이용 가능한 비토착 노예 노동력의 양이 제한되어 있었으므로 이것이 유일한 합리적 대안이었다)의 감독에 드는 비용과 상존하는 반란의 위험성으로 토착 노예 노동력의 이용이 썩 바람직한 일은 아니었기 때문일 것이다. 특히 곡물 생산, 가축 사육, 광산업 등은 설탕 생산보다 한층 높은 수준의 숙련된 일꾼을 필요로 했기 때문에 더욱 그러했다. 그러므로 이들 노동자들은 다소 손이 덜 가는 노동통제 방식으로 보상을 받아야만 했다.[77]

동유럽의 "재판 농노제"와 에스파냐령 아메리카의 엥코미엔다 제도 ── 이둘이 동시에 진행되었음을 주목하라 ── 는 많은 연구자들이 그것을 "봉건제"로 언급하고 있기 때문에, 이들 제도가 중세 유럽의 "고전적" 봉건제와 비교될 수 있는지 그리고 어떤 방식으로 비교될 수 있는지 여부를 놓고 불필요한 많은 논란이 빚어졌다. 이 논쟁은 본질적으로 다음과 같은 문제를 둘러싸고 벌어졌다. 즉 봉건제의 정의가 소유권의 계서제적 관계(봉신에 대한 봉토 수여, 지대와 부역의 대가로서의 보호 제공)인지, 또는 농민에 대한 영주의 정치적 재판권인지, 아니면 대영지가 있고 그 땅에서 농민이 최소한의 대가(현금이건, 현물이건, 또는 직접 사용하거나 판매할 물건을 생산하기 위해서 토지를 이용할 권리이건 간에)를 위해서 일 년 중 적어도 일정 기간을 부역하도록 얼마간 "강제된" 상태에 놓이는 것인지 여부를 놓고 전개되었다. 물론 이 세 가지를 이리저리 조합하는 것도 가능했다.[78] 더욱이 상급자에 대한 하

77) 가브리엘 아르당이 법적 제약의 점진적 철폐에 관한 논의에서, 숙련에 대한 제반 요건들과 노동통제 형태의 관계에 대해서 언급한 부분을 보라 : "농노의 작업일정을 조직화하는 한편, 농노에게 더 많은 생산을 요구하는 체제의 논리는 고정급료 제도와 자유의 확대라는 두 가지 결과를 초래했다.……명령 대신 급료를 지급하는 편이 생산성을 높인다는 것을 누구보다도 영주들 자신이 알아차렸다." Gabriel Ardant, *Théorie sociologique de l'impôt*, I, pp. 46–47. 또한 같은 책, I, p. 194 참조.
78) Rushton Coulbourn, ed., *Feudalism in History* (Princeton, New Jersey : Princeton

급자의 의무의 형태가 달랐을 뿐만 아니라, 종속의 정도 또한 다양했고, 도브
가 말한 대로 "전자의 변화가 반드시 후자의 변화와 맞물려 이루어지는 것도
아니었다.……"79)

우리가 여기에서 설명한 관점으로 보건대, 중세 유럽의 봉건제와 16세기의
동유럽 및 에스파냐령 아메리카의 "봉건제" 사이에는 근본적인 차이가 있다.
전자의 경우, 지주(영주)는 일차적으로 지역경제를 위해서 생산하며 중앙권력
의 취약성을 틈타 자신의 권력을 끌어낸다. 그의 착취 압력의 경제적 한계는
사회적으로 최고급이라고 인정된 일정량의 사치품을 자신의 가계에 공급할
필요성에 의해서 그리고 전쟁비용(그것은 시기에 따라서 달라진다)에 의해서
결정된다. 후자의 경우, 지주(영주)는 자본주의 세계경제를 상대로 생산한다.
그의 착취 압력의 경제적 한계는 시장의 수요공급 곡선에 의해서 결정된다.
그는 중앙권력의 취약성보다는 자신의 힘, 적어도 농업 노동자에 대한 우월한
힘에 의해서 권력을 유지한다. 혼란을 피하기 위하여 우리는 이런 형태의
"농노제"를, 용어가 불완전하고 어색하기는 하지만, 일단 "강제 환금작물 노
동(coerced cash-crop labor)"이라고 부르기로 하겠다.

"강제 환금작물 노동"은 하나의 농업적 노동통제 제도로서, 이 제도 아래서
농민은 국가가 부과한 법적 절차에 따라 대규모 영지에서 일정 시간 동안 세계
시장에 내다 팔 물품을 생산하기 위한 노동을 해야만 했다. 통상적으로 영지는
국가의 지명에 따라 개인의 "점유(possesion)"로 되어 있었지만, 반드시 상속
가능한 재산은 아니었다. 국가 스스로가 그와 같은 영지의 직접소유자가 될 수

Univ. Press, 1956)에 나오는 논의 참조. Claude Cahen, "Au seuil de la troisième
année : Réflexions sur l'usage du mot 'féodalité'", *Journal of the Economic and Social
History of the Orient*, III, Pt. 1, April, 1960, 2-20 ; Dobb, *Studies*, pp. 33-37 ;
Lefebvre, *La Pensée*, No. 65 ; Henryk Lowmianski, "The Russian Peasantry", *Past &
Present*, No. 26, Nov. 1963, 102-109 ; Joshua Prawer and S. N. Eisenstadt, "Feudal-
ism", in *International Encyclopedia of the Social Sciences* (New York : Macmillan and
Free Press, 1968), V, 393-403 ; George Vernadsky, "Feudalism in Russia", *Speculum*,
XIV, 3, July 1939, 300-323 ; Max Weber, *Economy and Society* (Totowa : Bedminster
Press, 1968), I, 255-256도 참조.

79) Dobb, *Studies*, p. 66.

146

있었지만, 이럴 경우는 노동통제의 메커니즘을 변화시키는 경향이 있었다.[80]
그와 같은 개념 정의를 이용한다면, 이런 형태의 노동통제는 16세기 유럽 세계
경제의 주변부에서 농업생산의 지배적인 형태가 되었다고 할 수 있다.

앙리 H. 스탈은 엘베 강 동쪽(좀더 일반적으로 동유럽)에서 나타난 "재판
농노제"의 기원이 어떤 면에서 "자본주의적"이었는가 하는 점을 분명히 밝
혀준다.[81] 다른 많은 연구자들도 우리가 "강제 환금작물 노동"이라고 부르는
것이 봉건경제가 아니라 자본주의적 노동통제의 한 형태였음을 인정하고 있
다. 세르히오 바구는 에스파냐령 아메리카의 경우를 일컬어 "식민적 자본주
의"라고 부른다.[82] 루이지 불페레티는 17세기 롬바르디아의 경우를 "봉건적
자본주의"라고 부른다.[83] 루이스 비탈레는 에스파냐의 라티푼디움(latifun-
dium)이 "매우 자본주의적인 기업"이라고 주장한다.[84] 에릭 울프는 "자신의

80) 찰스 기브슨의 논의를 보라. 여기에서 그는 국왕의 직접적인 관할권 아래 놓이고 코레히
   도르(corregidor)라고 불린 도시 행정관들에 의해서 관리된 엔코미엔다들이 어떻게 강제
   환금작물 노동으로부터 농민에 대한 징세기구로 서서히 변화하고 또 코레히도르들이 사
   실상 징세청부인이 되었는가에 대해서 설명한다. Charles Gibson, *The Aztecs Under
   Spanish Rule* (Stanford, California : Stanford Univ. Press, 1964), 82-97.
81) "독일에서 나타난 농노제의 재생은 과거의 농노제로의 복귀가 아니었으며, 엘베 강 동쪽
   의 낡은 중세 농노제의 반복도 아니었다. '재판 농노제'를 초래한 자본주의 세계시장의 영
   향은 지방의 사회발전에 새로운 법칙들을 강요했다.
      첫째, 그것은 더 많은 곡물 생산량을 확보할 필요가 있었다. 이를 위해서 중세 전성기
   이래의 '삼포제(Dreifeldwirtschaft)' 대신 융커들이 네덜란드로부터 받아들인 좀더 근대적
   인 기술인 '윤작제(Koppelwirtschaft)'가 도입되었다. 그들은 이 윤작제를 그들의 필요에
   맞게 응용했다('프로이센식 윤작').
      둘째, 농업생산의 목적은 더 이상 생존을 위한 소비재가 아니라 세계시장에서 가격이
   매겨지는 상품이 되었다.
      그 결과 농민에 대한 봉건적 착취는 '자본의 원시적 축적'이라는 성격을 띠게 되었다.
   ……" Henri H. Stahl, *Les anciennes communautés villageoises roumaines-
   asservissement et pénétration capitaliste* (Bucarest : Ed. de l'Académie de la République
   Socialiste de Roumanie, 1969), 15.
82) Sergio Bagú, *Pensamiento crítico*, No. 27, pp. 34-35, 42-53, 61 참조.
83) Luigi Bulferetti, "L'oro, la terra e la società : une interpretazione del nostro
   Seicento", *Archivio storico lombardo*, 8th ser., IV, 1953, 여러 곳 참조.
84) Luis Vitale, "España antes y después de la conquista de America", *Pensamiento
   crítico*, No. 27, abril 1969, 12.

영지 경계 안에서 세습적 지배권"을 유지하는 영주와, 자신의 영지를 "자본
주의적 기업으로" 운영하는 영주 사이에 다른 점이 없다고 본다.[85]

이러한 방식의 경영은 14세기에 크레타 등지에서 베네치아인들이 이미 시
작했으며,[86] 16세기에는 유럽 세계경제의 주변부 및 반주변부로 널리 확산되
었다. 우리의 관점에서 볼 때 다음과 같은 두 가지 측면들이 매우 중요하다.
첫째로, 피에트로 바카리가 말했듯이, "강제 환금작물 노동"은 "종래의 봉건적
예속을 고스란히 재편한 것으로 정의할 수 있는 형태"가 아니라는 것이다.[87] 그
것은 새로운 사회조직의 형태였다. 둘째로, 두 형태의 사회조직, 즉 자본주의
적 사회조직과 봉건적 사회조직이 병존한다거나 또는 병존할 수 있었다는 것
은 사실이 아니라는 것이다. 세계경제는 이것 아니면 저것의 어느 한 가지 형
태만을 띤다. 일단 그것이 자본주의적인 것이라면, 설령 그것이 봉건적인 관
계와 외형상 유사하더라도, 반드시 자본주의 체제의 지배원리라는 견지에서
재규정된다.[88] 이것은 에스파냐령 아메리카의 엥코미엔다 그리고 동유럽의 이
른바 "제2의 봉건제"에 다 같이 해당한다.

에스파냐령 아메리카의 엥코미엔다는 국왕이 직접 만들어낸 제도이다. 그
제도의 이념적 명분은 그리스도교화였다. 누에를 치고 엥코멘데로(enco-
mendero) 및 도시와 광산의 노동자들에게 농산물을 공급함은 물론이고 광산
과 가축 농장에 노동력을 제공하는 것이 그것의 주된 기능이었다.[89] 엥코미엔

85) Wolf, *Peasants*, p. 54.
86) "봉토는 [베네치아인들에게] 완전히 자유로운 이용권과 함께 수여되었다. 그러므로 그것
   은 그리스인과 유대인만을 제외하고는 교환하거나 양도할 수 있었다." Abrate, *Economia
   e storia*, IV, p. 262.
87) Pietro Vaccari, "I lavatori della terra nell'occidente e nell'oriente dell'Europa nella et
   moderna", *Studi in onore di Armando Sapori* (Milano : Istituto Edit. Cisalpino, 1957),
   II, 969.
88) Henri Stahl, *Les anciennes communautés* : "모든 '역사적 시대'는 단일한 문화권에 각기
   다른 발달수준에 있는 여러 국가들이 공존하는 특징을 지닌다. 항상 진보의 선두에 선 국
   가들이 있는가 하면 뒤처진 국가들도 있기 마련이다. 하나의 '역사적 시대'는 필연적으로
   가장 발달한 국가가 부과하는 특성을 띠기 마련이다. 뒤떨어진 국가들은 '시대'의 법칙에
   복종해야만 한다."[p. 17]
89) "엥코멘데로들은 공납을 광업, 농업, 축산업, 공업, 상업 등 모든 종류의 사업에 투자했

다는 원래 봉건적 특권, 즉 인디오들로부터 부역을 획득할 수 있는 권리였다.[90]

초기 엥코멘데로들의 착취로 노동력 공급이 위협 —— 예를 들면 서인도 제도의 인디오는 멸종되었다 —— 을 받게 되자, 1549년의 왕령은 엥코미엔다의 의무를 노동에서 공납으로 바꾸었고, 그 결과 그것은 노예제 비슷한 제도에서 "강제 환금작물 노동"이라고 부를 수 있는 제도로 옮아가게 되었다. 실비노 사발라가 지적하듯이, 새로운 형태의 엥코미엔다는 "자유로웠지만" 그 배후에는 강제의 위협이 있었다.[91] "자유"가 노동력 공급의 심각한 감소를 초래하

---

다. 그러나 투자는 대부분 광산에 그리고 나중에는 축산업에 집중되었다." Hosé Miranda, *El tríbuto indígena en la Nueva España durante el siglo XVI* (Mexico : El Colegio de Mexico, 1957), 186. 공납과 견직물 생산의 관계에 대해서는 pp. 197-204 참조. 비농업 인구에 대한 기본적인 식량 공급과 공납의 관계에 대해서는 pp. 204-223 참조.

90) "법적인 원칙 면에서 엥코미엔다는 인디오의 에스파냐화를 위한 자비로운 제도였다. 그것의 본질적 특징은 인디오 집단을 특권적인 에스파냐 식민자에게 공식적으로 위탁하는 것이었다. 수여받은 자, 즉 엥코멘데로들은 그들에게 맡겨진 인디오들로부터 공납과 노동력을 제공받을 권리가 있었다. 인디오들은 위탁된 기간 중 공납과 노동력을 요구받기는 했지만 자유를 인정받았다. 그들은 엥코멘데로들의 사유재산이 아니었기 때문이다. 그들의 자유는 엥코미엔다와 노예제를 구분하는 법률상의 특징이 된다.……엥코미엔다의 수여는 토지재산권, 사법권, 절대적 소유권, 영주권을 부여하지 않았다." Gibson, *The Aztecs*, p. 58. 엥코미엔다의 인디오들의 법적 권한과 경제적, 사회적 처지에 대한 설명은 J. M. Ots Capdequí, *El estado español en las Indias* (Mexico : Fondo de Cultura Económica, 1941), 24-33 참조.

91) "그 목적은……노역을 완화하면서 자발적인 임금노동제도를 확립하려는 데에 있었다. 그러나 인디오들이 자발적으로 부역을 하지 않을 경우를 예상하고, 그 왕령은 또한 식민지의 정부 당국이 노동자들을 필요로 하는 식민자에게 그들을 넘겨줄 수 있도록 했다. 어떤 의미에서, 이 명령은 에스파냐인 지배자와 인디오 엥코멘데로들 사이의 직접적인 관계에서 생기는 폐해를 방지하기 위한 것이었다. 그러나 다른 관점에서 보면, 이 명령의 의의는 인디오들이 작업을 거부함으로써 자발적인 제도를 확립하려는 시도가 실패할 경우, 국가가 즉각 중재자로 나서서 노동자들에게 작업을 강요하여 공공의 이익을 보호하려는 데에 있었다." Silvio Zavala, *New Viewpoints on the Spanish Colonization of America* (Philadelphia : Univ. of Pennsylvania Press, 1943), 94. 또한 사발라의 고전적 저작인 *Le encomienda indiana* (Madrid : Centro de Estudios Historicos, 1935) 참조. 다양한 관점들을 소개하는 것으로는 John F. Bannon, ed., *Indian Labor in the Spanish Indies : Was There Another Solution?* (Indianapolis, Indiana : Heath, 1966)이 참고가 된다.

또한 알바로 하라의 칠레 엥코미엔다에 대한 논급을 보라 : "원주민은 생산체제에 참여하도록 강요되었다. 이 체제에서 원주민은 자신의 줄어든 필요량을 크게 초과하는 잉여를

자 또다른 법적 수단 —— 멕시코에서는 쿠아테킬(cuatequil), 페루에서는 미타 (mita)라고 부른 강제적 임금노동 제도 —— 이 등장했다.[92]

그 결과, 에스파냐령 아메리카의 엥코미엔다(브라질의 도나타리아[donatária]도 마찬가지인데)는 봉건적 권리부여에서 유래했음에도 불구하고, 이내 법률개정에 의해서 자본주의적 기업으로 탈바꿈했다.[93] 이 점은 쿠아테킬과 미타가 봉건제의 원심적 성격을 피하기 위한 장치였다는 사실에 의해서 확증된다.[94]

---

에스파냐에 바치도록 요구받았다." Alvaro Jara, *Guerre et société au Chili : Essai de sociologie coloniale* (Paris : Institut des Hautes Etudes de l'Amérique Latine, 1961), 46.

92) Zavala, *New Viewpoints*, p. 95.

93) 이것이 바구의 관점인 것 같다. Bagú, *Pensamiento crítico*, No. 27. pp. 32-33 참조. 1549년 에스파냐 왕권에 의해서 시행된 엥코미엔다에서의 인신예속 폐지에 상당하는 브라질에서의 조치로서, 포르투갈 국왕은 세습 사령직(capitanias hereditarias)을 철회하고 그것들을 국왕직속 사령직(capitanias da coroa)으로 만들었다. 이 최초의 조치는 같은 해인 1549년에 시행되었다. J. Capistrano de Abreu, *Capítulos de historia colonial (1500-1800)* (Rio de Janeiro : Ed. da Soc. Capistrano de Abreu, Typ. Leuzinger, 1928), 63-76 참조.

94) 루이스 비탈레는 이렇게 주장한다 : "정복 초기에 엥코멘데로들은 자신들의 독립성을 주장하려고 했다. 에스파냐 왕실은 아메리카에 궁극적으로 자신의 권위를 부정하는 집단이 등장하는 사태를 피하기 위해서, 봉건적 반란을 저지할 목적으로 강력한 행정부를 수립했다.……엥코멘데로들은 인디오들의 주인이 아니며 사법권을 휘두를 수도 없었다. 왜냐하면 '인디오는 엥코멘데로들의 농노가 아니라 국왕의 신민이었기' 때문이다. 그 결과 부역의 엥코미엔다는 화폐공납의 엥코미엔다로 대치되었다.……급료를 받는 노동자는 계급간의 발생기의 자본주의적 계급관계를 의미했으며, 새로운 노동계급을 형성했다." Vitale, *Latin America*, pp. 37-38.

호세 미란다의 다음 설명을 보라 : "엥코멘데로들은 무엇보다도 그 시대의 인간이었다. 그들은 이윤에 대한 욕망에 의해서 움직였으며 부를 목적으로 삼았다. 동시대인들에게 엥코멘데로들은 활동가로 비쳤으며, 그들이야말로 신세계의 이념과 욕구를 가장 잘 반영해주었다. 그들은 중세인과는 현격하게 달랐다.……그들의 야심은 봉건영주들처럼 단지 공납과 부역을 향유하는 것으로 그치지 않았다. 그들은 공납과 부역을, 소득을 배가하는 토대로 전환시켰다.……그 결과 엥코멘데로들은 엥코미엔다의 자본주의적 노동력 징발[레파르티미엔토(repartimiento)]이라는 요소에 최고의 가치를 두었다. 이야말로 그들이 그토록 열렬히 추구한 목적 —— 부(富) —— 을 성취할 수 있게 해주는 유일한 요소였다." José "La función económico del encomendero en los orígenes del regimén colonial, Nueva España (1525-1531)", *Anales del Instituto Nacional de Anthropología e Historia*, II, 1941-1946, 423-424. 미란다가 지적하듯이(pp. 431-444), 엥코멘데로는 사

자본 창출과 농민 노동력 강제를 위해서 에스파냐 왕권에 의지했던 것은
지주만이 아니다. 지주는 통상 인디오 사회의 전통적 수장과 합의를 맺었으
며, 이 수장은 강제조치에 대한 식민지 지배자의 권위에 자신의 권위를 실어
주었다.[95] 물론 수장의 힘은 주로 전(前)식민지적인 방식으로 작용했다.[96] 추
장, 즉 카시케(cacique)의 관심이 무엇이었는가 하는 것은 노동자들이 실제로
어떻게 보상받았는가를 보면 극명하게 드러난다. 알바로 하라는 칠레에서
1559년에 수립되어 시행된 제도에 관해서 설명한다. 사금을 씻는 작업에 종
사한 인디오들은 금값의 6분의 1을 받았다. 그러나 세스모(sesmo : 6분의 1 /
옮긴이)라고 불린 이 지불방식은 인디오 개개인에게 지불되는 것이 아니라
그가 속한 집단에 지급되는 것이었다.[97] 이런 종류의 집단적인 지불제도에 얼
마나 불평등한 분배가 수반되었는가 하는 것은 능히 짐작할 수 있는 일이다.

---

고와 활동방식으로 보면 자본가였지만, 금융자본을 사업에 투자하는 그런 자본가는 아니
었다. 그의 창업 자본은 국가가 대준 것이고 그 이상의 자본은 자신의 이윤에서 끌어댄
것이다.

95) 페르난도 기옌 마르티네스는 이렇게 말하기도 한다 : "'엥코미엔다'와 '미타'는 수 또는 관
성의 힘에 의해서 인디오의 부족제도들이 유지된 지역들에서만 제도로서 살아남을 수 있
었다. 추장의 마술적인 혈족관계와 집단적 노예제가 사람들의 영혼에 새겨져 있는 한, 인
디오는 엄숙하게 그리고 체념한 채 노역을 하며 자신을 파멸시켰다. 그러나 그리스도교의
복음 전도와 인종간 혼인(mestizaje)으로 종족이 해체되고 개인주의가 싹트면서, 인디오는
더 이상 조직화된 굴종에 예속되지 않았다.……" Fernando Guillén Martinez, Raíz y
futuro de la revolución (Bogotá : Ed. Tercer Mundo, 1963), 80. '미타'의 정의와 기원에
대해서는 Ots Capdequí, El estado español, pp. 31-32 참조.

96) Furtado, Economic Development of Latin America에서 전통적으로 지방 지배계급이 약
했던 곳의 상황에 대해서 다음과 같이 설명한다 : "엥코미엔다는 하나의 사회조직 형태로
서 비효율적인 것이었고, 엥코멘데로들은 사람들에게 그들이 익숙하게 해왔던 것과는 매
우 다른 조건에서 집약적인 노동을 하도록 강제함으로써 좀더 직접적인 형태의 노예제에
의존했다. 이 제도는 급격한 인구 감소를 초래했다."[pp. 10-11]

97) "각 엥코미엔다의 인디오들에게 일년치 노동에 대한 보수로서 채취된 사금의 6분의 1,
즉 세스모를 배당하도록 한 '산티얀의 배당(Tasa de Santillan)'령을 필두로, 그와 같은 배
당에의 참여는 사회적 또는 공동체적 급료 —— 이것은 각 인디오 공동체 또는 마을의 금
고에 통째로 들어갔다 —— 로서의 명확한 특성을 띨 수 있게 되었다." Alvaro Jara,
"Una investigación sobre los problemas del trabajo en Chile durante el peri do col-
onial", Hispanic American Historical Review, XXXIX, 2, May 1959, 240.

강제 환금작물 노동은 정복의 결과로 성립된 에스파냐령 아메리카보다는 동유럽에서 한층 더 점진적으로 등장했다. 12세기와 13세기에 동유럽의 상당 부분(엘베 강 동쪽, 폴란드, 보헤미아, 슐레지엔, 헝가리, 리투아니아)에서는 서유럽 및 러시아에서와 마찬가지로 영주들이 농민층에게 점점 더 양보하며 봉건적인 노동 의무를 금납의 의무로 바꾸는 과정이 진행되었다.[98] 모든 지역이 똑같은 이유로, 즉 번영 및 경제적 팽창이 농노와 영주 사이의 교섭관계에 미친 영향으로 말미암아 그 과정을 거쳤다.[99] 그러나 14세기와 15세기의 경기 후퇴는 서유럽과 동유럽에서 상반된 결과를 초래했다. 우리가 앞서 보았듯이, 서유럽에서 그것은 봉건제의 위기를 초래했다. 동유럽에서는 "장원의 반동"[100]

---

98) 정확히 말하자면, 일부 지역에는 중세에 전혀 봉건제가 없었다. 그들은 '제2의' 봉건제만을 겪었을 뿐, 첫번째 봉건제는 전혀 경험하지 못했다. 스탈은 몰다비아와 왈라키아의 경우를 들어서 이런 주장을 펼친다. Stahl, *Les anciennes communautés*, pp. 241-244 참조.

99) "동유럽의 자연자원은 그것으로 이윤을 얻기 위해서는 많은 노력이 필요했다. 12세기와 13세기에 형성된 얼마간의 국가간 세력균형은 상호간의 침략이 누구에게도 도움이 되지 않는다는 것을 의미했다. 그리고 보헤미아와 폴란드에 대한 독일의 압력은 매우 심각한 위협이었다. 이러한 상황에서 군주, 세속귀족과 교회귀족들은 그들 자신의 자원을 개발하는 데에 더욱 큰 관심을 기울이지 않을 수 없었다. 그러나 그것은 농민의 협력을 통해서만 가능한 일이었다. 농민의 의무는 불확실했고 농민들은 잉여 생산물을 빼앗길 것을 두려워했으므로, 그들은 작업방식을 개선하는 데 아무런 관심도 없었다. 다른 한편으로, 귀족들은 농노에 대한 요구를 증대시킬 수 없는 처지였다. 농노들은 곧잘 도망을 치곤 했기 때문이다. 그 결과 재산을 늘리려는 군주와 귀족들은 신민들이 더 열심히 일하도록 격려해야만 했고, 특히 농업과 관련하여 새로운 방법을 도입하지 않을 수 없었다. 그들은 독일 또는 서유럽의 관습을 도입함으로써 이러한 목적을 달성했다. 새로운 관습에 의해서 농민의 부담은 규제되기만 한 것이 아니라 줄어들기도 했다. 부역과 현물공납을 화폐지대로 전환하는 과정은 보헤미아에서 13세기 초에 시작되었고, 얼마 후 폴란드에서도 실행되었다. 그것은 농업의 발달과 사회적 노동분업의 진보를 반영하는 것이었다." M. Malowist, "The Social and Economic Stability of the Western Sudan in the Middle Ages", *Past & Present*, No. 33, April 1966, 14-15. 다음 자료도 보라. Jerome Blum, "Rise of Serfdom in Eastern Europe", *American Historical Review*, LXII, 4, July 1957, 807-836.

100) 영주는 지대수취자(Grundsherr)에서 직접생산자(Gutsherr)로 바뀌었다. Hans Rosenberg, *Bureaucracy, Aristocracy and Autocracy : The Prussian Experience, 1660-1815* (Cambridge, Massachusetts : Harvard Univ. Press, 1966), Ch. 1의 논의 참조. 슬로베

152

을 초래했는데, 그것은 "재판 농노제" 및 새로운 지주 계급과 더불어 16세기
에 이르러 절정에 달했다.[101]

동일한 현상(경기후퇴)에 대해서 이렇듯 상반된 반응이 나타난 이유는, 앞
서 설명했듯이, 두 지역이 유럽 세계경제라는 좀더 복합적인 단일체제의 상호
보완적인 부분들이었기 때문이다. 이 유럽 세계경제에서 동유럽은 공업화된 서
유럽을 위한 원료 생산자의 역할을 했고, 그 결과 말로비스트의 표현처럼 "근
본적으로 고전적인 식민지 형태와 흡사한 경제"를 지니게 되었던 것이다.[102] 발

---

니아의 귀족들이 영지를 늘리고 지대를 올리고 상업에 종사함으로써, 그들의 재정적 어
려움을 극복한 방법에 관한 논의는 Ferdo Gestrin, "Economie et société en Slovénie
au XVIe siècle", *Annales E.S.C.*, XVII, 4, juil-août 1962, 665 참조.

101) "[15세기 이전에] 엘베 강 동쪽의 식민지에서는 튜튼 기사단을 제외하면 개개의 융커들
은 있었으나 융커 계급은 존재하지 않았다. 긴밀하게 결합된 귀족 지주 계급 —— 연대와
계급의식, 구체적인 방어와 공격을 통해서 형성된 집단의지, 카스트적인 자기 확신과 단
체정신을 과시하며, 또한 커다란 정치적 사회적 야심을 지닌 —— 이 형성된 것은 15-16
세기의 일이었다.……연대기적으로 그것은 잉글랜드와 헝가리의 젠트리, 보헤미아와 모
라비아의 지주귀족 그리고 폴란드의 신흥귀족(szlachta)이 등장한 시기와 일치한다. 또한
프랑스와 서부 독일에서의 지대수취 영주와 부재지주 등 유한귀족들의 경제적 정치적 쇠퇴
와도 일치한다." Hans Rosenberg, "The Rise of the Junkers in Brandenburg-Prus-
sia, 1410-1653", *American Historical Review*, XLIX, 1, Oct. 1943, 4. 주목할 점은 로
젠베르크가 잉글랜드를 동유럽 국가들에 포함시켜 언급하고 있다는 사실이다. 나중에 보
겠지만, 이것은 이해할 수는 있으나 혼란스러운 것이다. 이렇듯 잉글랜드의 젠트리를 동
유럽 지주들과 연결시킨 근거들 중 하나는, 양자가 모두 "부르주아적"이었다고 언급한
파흐에게 있다. Zs. P. Pach, "Die Abbiegun der Ungarischen Agrarenentwicklung
von der Westeuropaischen", in *International Congress of Historical Sciences*,
Stockholm, 1960. *Résumés des communications* (Göteborg : Almqvist & Wiksell,
1960), 155 참조.

102) M. Malowist, "Poland, Russia and Western Trade in the 15th and 16th Centuries",
*Past & Present*, No. 13, April 1958, 32. 또한 M. Malowist, "The Problem of the In-
equality of Economic Development in Europe in the Latter Middle Ages", *Economic
History Review*, 2nd ser., XIX, 1, April 1966, 15-28. 스타니수아프 호쇼프스키는 17
세기 전반기 잉글랜드의 외교관이었던 조지 커루 경의 다음과 같은 말을 인용한다 : "폴
란드는 유럽의 곡창이 되었고, 조선업에 필요한 원자재 창고가 되었다." Stanislaw
Hoszowski, "The Polish Baltic Trade in the 15th-18th Centuries", in *Poland at the
XIth International Congress of Historical Sciences in Stockholm* (Warsaw : The Polish
Academy of Sciences, The Institute of History, 1960), 118.

트 해 무역의 성격으로 보아도 이 사실은 충분히 확인할 수 있다. 15세기 이래 동유럽에서 서유럽으로 유입된 산물은, 종전의 모피 및 양초 수출이 지속되긴 했지만, 주로 부피가 큰 상품(곡물, 목재 그리고 나중에는 양모)이었다. 그리고 서유럽에서 동유럽으로는 직물(고급품과 중급품), 소금, 포도주, 비단 등이 흘러들어갔다. 15세기 말에 이르러 홀란트는 발트 해 지역의 곡물에 의존했고, 네덜란드와 잉글랜드의 해운업은 동유럽의 목재, 대마, 역청, 유지(油脂) 없이는 상상할 수 없었다. 반대로 밀은 동유럽의 가장 중요한 수출품이 되어, 심지어 이베리아 반도와 이탈리아에까지 도달했다.[103]

분명히 이러한 식민지적 교역 형태는 유럽 교역관계의 견지에서 볼 때, 종전에도 존재했던 것이다. 베네치아와 그 식민지 및 영향권 지역들은 서로 관계를 맺고 있었다.[104] 중세 말의 무역 중심지로서 카탈루냐가 있었다.[105] 13세기와 14세기에는 포르투갈이 플랑드르를 위한 1차 산품 생산지였으며,[106] 잉글랜드가 한자 동맹을 위한 1차 산품 생산지였다.[107] 선진지역의 공업제품과 교환하기 위한 1차 산품의 생산은, 브로델이 곡물에 관해서 언급했듯이, "빈번한 [지리적인] 변동을 거칠 수밖에 없는 주변적 현상"이었다. 그리고 그가 말했듯이 "매번 미끼는 현금이었다."[108] 16세기에 다른 점이 있다면, 그것은 거대한 세계경제를 총괄하는 1차 산품 시장이 존재했다는 것이다. 슬리허 반 바트는 저지방 국가들을 중심으로 한 국제 곡물 시장의 형성시기를 1554년으로 잡고 있다.[109]

---

103) Malowist, *Past & Present*, No. 13, pp. 26-27 참조.
104) 식민지의 1차 산품과 중심지의 공업제품 간의 교환은 Freddy Thiriet, *La Romanie vénitienne au Moyen Age* (Paris : Boccard, 1959), 304-305에 설명되어 있다. 크레타는 "제국의 곡창"[p. 414]으로 묘사되었다. 제국 밖 나라들과의 비슷한 관계들로 말하자면, "제국의 밀은 충분치 않았다." pp. 327-328 참조.
105) Jaime Vicens Vives, *An Economic History of Spain*, ch. 17, 특히 211-215 참조.
106) Oliveira Marques, *Studi in onore di Armando Sapori*, II, p. 449 참조.
107) Phillipe Dollinger, *La Hanse (XIIe-XVIIe siècles)* (Paris : Montaigne, 1964), 76-80 참조.
108) Braudel, *Civilization matérielle*, p. 94.
109) B. H. Slicher van Bath, *A.A.G.B.* No. 12, p. 28. 카를 헬라이너의 다음 설명을 보라 :

만일 우리가 브로델의 "빈번한 변동"이라는 개념을 진지하게 받아들인다
면, 우리는 어느 한 지역이 어떻게 핵심부가 아닌 주변부로 규정되는가 하는
질문을 던져야 한다. 중세에는, 심지어 중세 말기에도, 동유럽이 유럽 세계경
제의 주변부가 되고 말리라는 점은 전혀 확실치 않았다. 많은 연구자들은 동
유럽 발전과 서유럽 발전의 양립 가능성을 강조해왔다. 예를 들면 레지널드
R. 베츠는 14세기에 대해서 다음과 같이 설명한다. "묘하게도[원문 그대로!],
정화(正貨) 지불을 선호한 것은 프랑스와 잉글랜드의 대지주들만이 아니었다.
……체코, 헝가리, 폴란드의 지주들 역시 정화 지불을 선호했다.……"[110] 마찬
가지로 Zs. S. 파흐는 15세기에 이르러서도 "[헝가리에서] 농촌의 발전 추세
는 근본적으로 서유럽 여러 나라들의 발전 추세와 일치하고 있었다……"고
주장한다.[111]

그렇다면 차이는 왜 생겼는가? 우리는 서유럽의 급성장을 설명하는 요
인들 —— 지리적, 사회적 요인들 —— 에 기대어서 답변할 수 있다. 또한 우리
는 부분적으로 동유럽의 특수성에 기대어서 답변할 수 있다. 일례를 들자면,
도시의 취약성이 한 가지 중요한 요인이었다.[112] 이것은 13세기에는 작은 차

"16세기에 이르러 지역간 해상 식량 무역은 이미 그 역사가 오래되었다.……그러나 정
교해진 마케팅 메커니즘 때문에 그리고 무엇보다도 엘베 강 동쪽, 폴란드, 에스토니아에
서 처분 가능한 잉여 물자의 양이 증대한 까닭에, 항구적 또는 일시적 곡물 부족 지역들
은 종전보다 더욱 충분하게 그리고 정규적으로 해외로부터 식량을 조달할 수 있었다. 16
세기 중반에 이르러 그다니스크(단치히) 항을 통해서 매년 수출된 곡물의 양은 1490-92
년의 평균치보다 6-10배나 증가했다.……이 시기의 유럽인에게 두세 가지 새로운 동물
성 식품을 섭취할 수 있는 길이 열렸다. 코드 곶에서 래브라도 반도에 이르는 풍부한 어
장은 양질의 단백질을 제공했고, 한편 헝가리와 왈라키아 평원 및 덴마크 저지대는 오스
트리아, 독일, 홀란트로 수출될 수많은 소의 사육장이 되었다." Karl Helleiner, *Cam.
Eco. Hist. Eur.*, IV, pp. 77-78.

110) Reginald R. Betts, "La société dans l'Europe centrale et dans l'Europe occidentale",
*Revue d'histoire comparée*, n.s., VII, 1948, 173.

111) Zs. S. Pach, "The Development of Feudal Rent in Hungary in the Fifteenth Cen-
tury", *Economic History Review*, 2nd ser., XIX, 1, April 1966, 13.

112) "서유럽의 경제적 성장은 동유럽 도시들이 쇠퇴하게 된 가장 강력한 원인들 중 하나가
되었다." Hartung and Mousnier, *Relazioni del X Congresso Internazionale di Scienze
Storiche*, IV, p. 46. "15세기 중반에서 18세기 중반까지 폴란드 경제의 특징적 양상은

이에 불과했으나 16세기에는 커다란 차이가 되었다. 상호 보완적인 상이성이
발전한 결과, 서유럽의 도시들은 더욱 강성해졌고, 동유럽의 도시들은 상대적
으로 미약해졌기 때문이다. 또 13세기 말이 되면 서유럽에서는 이미 상대적
으로 넓은 토지 경작이 행해졌고, 반면에 동유럽에서는 훨씬 더 넓은 공한지
가 남아 있었다는 사실을 강조할 수 있다.[113] 강제 환금작물 노동의 과정은 이
"새로운" 땅에 비교적 좀더 수월하게 들어섰다.

그러나 다시 우리는 서유럽과 동유럽 사이의 그와 같은 사소한 차이는 또
어디에서 비롯된 것인가 하는 질문을 던질 수밖에 없다. 아마 단순한 지정학
적 설명이 가능할 것이다. 즉 중세 말기 투르크 및 몽골-타타르족의 침입이
커다란 파괴를 초래하면서 이주와 쇠퇴를 야기했고, 무엇보다도 국왕 및 대제
후들의 권위를 상대적으로 약화시켰기 때문이라는 것이다.[114]

여기에는 다음과 같은 일반적인 원리가 작용하고 있다. 즉 사회적 상호작용
에서 최초의 작은 차이점들은 강화되고 고정되어 하나의 "전통"으로 고착된다
는 것이다. 그러므로 "전통"이라는 말은 항상 현재의 한 모습이자 산물이지 결
코 과거의 한 모습이나 산물은 아닌 것이다. 안드레 군더 프랑크는 근대세계를
설명하면서 이렇게 주장한다. "경제발전과 저발전은 같은 동전의 양면이다.
양자는 세계 자본주의 체제의 내적인 모순의 필연적인 결과이자 동시대적 표

___

농노 노동에 입각한 직영지 경제의 확산이었다. 이것은 도시의 발달을 크게 방해했고,
국가 전체의 경제적, 사회적 상태에 부정적 영향을 미쳤다." Hoszowski, *Poland at the
XIth International Congress of Historical Sciences in Stockholm*, p. 117.
113) Doreen Warriner, "Some Controversial Issues in the History of Agrarian Europe",
*Slavonic and East European Review*, XXXI, No. 78, Dec. 1953, 174-175 참조.
114) 베츠는 이러한 침입과 "제2의 봉건제"를 예전의 침입과 유럽에서의 "최초의" 봉건제의
형성에 견주어 그 유사성을 주장한다. Betts, *Revue d'histoire comparée*, p. 175 참조. 그
는 후기의 침입이 동유럽 지배자들에게 미친 영향을 pp. 175-180에서 명쾌하게 설명하
고 있다. 워리너는 Doreen Warriner, *Slavonic and East European Review*, XXXI에서
다음과 같이 추측한다 : "만일 [유럽의] 무역경로가 해외의 금은을 좇아서 [동유럽을 떠
나] 서쪽으로 이동하지 않았다면, 상업과 도시의 팽창이 봉건사회와 경제를 용해시키면
서 동유럽은 서유럽과 같은 발전과정을 따라갔을 것이다. 또는 반대로 15세기 서유럽의
불황이 동유럽으로 옮겨갔을 것이다."[p. 176]

현물들이다."[115] 그러나 그 과정은 프랑크가 지적한 것보다 훨씬 더 광범한 것이다. 오언 래티모어가 말하듯이, "문명은 야만을 낳았다."[116] 세계의 변경 지역들에서 정주민족과 유목민족 간의 관계를 언급하면서, 래티모어는 그들의 기원과 그것들 사이의 관계를 파악하는 방법을 다음과 같이 주장한다:

> 그것은 본래의 한 통합된 사회로부터 두 개의 상이한 형태가 형성되는 것을 관찰하는 것이다. 편의상 우리는 이것을 "진보적" 형태(농업이 1차 산업이 되고, 수렵과 채취는 2차 산업이 되는 형태)와 "후진적" 형태(수렵과 채취가 1차 산업이고 농업이 2차 산업이 되며, 때로는 막연한 단계를 벗어나지 못하는 형태)로 부를 수 있을 것이다.[117]

그러므로 만일 어느 특정 시점에, 과거의 일련의 요인들 때문에 한 지역이 다른 지역에 비해 한 가지 핵심적 요인에서 근소하게 우세하고 또한 이 근소한 우세가 사회적 행동을 결정하는 데에 핵심적으로 중요해지는 상황이 조성된다면, 이 근소한 우세는 커다란 불균형으로 변화하며, 그러한 상황이 지나간

---

115) André Gunder Frank, *Capitalism and Underdevelopment in Latin America* (New York : Monthly Review Press, 1967), 9. 프랑크는 이렇게 말을 잇는다. "경제발전과 저발전은 전자가 후자보다 더 큰 경제발전을 나타낸다는 식의 상대적이고 양적인 개념이 아니다. 경제발전과 저발전은, 양자가 상대와의 관계에서 구조적으로 서로 다르다는 ── 그러나 그 관계로부터 영향을 받는다는 ── 점에서 상호관계를 맺고 있는 것이고, 질적인 것이다. 그러나 발전과 저발전은 양자가 모두 단일한, 그러나 정반대되는 경제구조 및 자본주의 과정의 산물이라는 점에서 동일한 것이다."

116) Owen Lattimore, "La civilisation, mère de Barbarie?" *Annales E.S.C.*, XVII, 1, janv.-fevr. 1962, 99.

117) Owen Lattimore, *Relazioni del X Congreso de Scienze Storichi*, I, p. 110. 모턴 프리드 역시 매우 비슷한 주장을 한다: "대부분의 부족들은 매우 특수한 의미에서 부차적 현상으로 보인다. 즉 그들은 훨씬 단순하게 조직된 사회들 가운데 비교적 고도로 조직된 사회들이 등장함으로써 촉진된 과정의 산물이라고 해도 무방하다. 만일 이것이 입증될 수 있다면, 부족주의는 복잡한 정치조직 발달의 필연적인 예비단계라기보다는, 그러한 정치조직의 등장에 대한 반동이라고 볼 수 있을 것이다." Morton Fried, "On the Concept of 'Tribe' and 'Tribal Society'" in June Helm, ed., *Essays on the Problem of Tribe*, Proceedings of 1967 Annual Spring Meeting of the American Ethnological Society, 15.

다음에도 그 우월성은 계속 유지된다.[118] 15세기와 16세기 유럽의 경우가 바로 여기에 해당했다. 상공업 세계의 지리학적, 인구학적 범위가 거대하게 팽창하는 상황에서, 유럽의 일부 지역들이 이러한 이윤 획득에 필수적인 활동에 전문화할 수만 있다면, 그들은 이와 같은 팽창으로부터 한층 많은 이윤을 끌어모을 수 있었다. 그리하여 그들은 더 적은 시간과 인력과 토지를 소모하고도 자신들의 생존에 필요불가결한 기본적인 요구들을 충족시킬 수 있었다. 동유럽이 서유럽의 "곡창지대"가 되거나, 또는 반대로 서유럽이 동유럽의 곡창지대가 될 수도 있었다. 둘 중 어느 한쪽의 해결책이 그러한 상황에서 "상황의 요구"를 충족시켜주었을 것이다. 근소한 우세는 두 가지 대안 중 어느 쪽이 우월해질 것인가를 결정했다. 이러한 시점에서 15세기의 근소한 우세는 17세기에 커다란 차이가 되었고, 19세기에는 어마어마한 차이로 벌어졌다.[119]

동유럽에서 채택된 노동통제 형태에서 고려해야 할 결정적인 사실은 생산이 증가할 경우 많은 이윤을 얻을 기회가 있었다는 것(세계시장이 존재했기 때문에) 그리고 노동력이 상대적으로 부족한 데다 많은 양의 비이용 토지가 있었다는 것이다.[120] 그러므로 16세기 동유럽 및 에스파냐령 아메리카 경제의

---

118) 실제로 사소한 차이점의 누적적 효과에 대한 인식은 양과 질에 대한 다소 비생산적인 논의를 극복하는 교량이 된다. 나는 고든-워커의 다음과 같은 주장에 동의한다 : "질적 변화와 양적 변화 사이의 구별은 비현실적인 것이다. 만일 역사학자들이 양과 정도의 변화를 찾으려고 노력한다면, 그들은 '질적 변화'가 사실상 양적 변화로부터 초래된 것에 불과함을 알게 될 것이다. 이것은 경제조직의 변화뿐만 아니라, 사상 및 사회적 사고방식의 변화에도 적용된다.……
    질적 변화는 이전의 양적 변화에 의해서 도달된 좀더 격렬한 단계에 다름 아니다." P. C. Gordon-Walker, "Capitalism and Reformation", *Economic History Review*, VIII, 1, Nov. 1939, 4-5.
119) 트라얀 스토야노비치는 서유럽과 동남 유럽 사이에서도 점점 더 큰 불균형이 발생했다고 주장한다 : "14세기에 발칸 사회들의 주철 공업과 [서]유럽의 주철 공업 사이에 양적인 차이가 거의 없었다고 할지라도, 그 차이는 1700년에는 주목할 만한 것이었고, 1800년에는 더욱 커졌으며, 1850년에는 엄청나게 커졌다." Traian Stoianovich, "Material Foundations of Preindustrial Civilization in the Balkans", *Journal of Social History*, IV, 3, Spr. 1971, 223.
120) 이브시 D. 도마르는 이런 가설을 세운다 : "[노예제와 농노제의 현상에] 관련된 농업구조의 세 가지 요소들 —— 자유토지, 자유농민 그리고 비노동 지주 —— 중에서 두 요소가

158

일부에서, 강제 환금작물 노동은 바람직하고(이익이 남고), 필요하고(지주의 이기심의 관점에서), 가능한(요구된 작업의 종류에 비추어) 것이었다. 노예제는 노동력의 상대적인 부족으로 실행이 불가능했다. **토착** 노동력은 노예와 마찬가지로 **항상** 공급이 부족했을뿐더러, 통제하기도 어려웠다. 그리고 원격지로부터의 노예 수입은 밀처럼 일일이 감독을 해야 하는 작물에서는 이익이 남지 않았다. 요컨대 노예에 들어가는 비용은 결코 사소한 것이 아니었다.

농민들은 형식적인 자유에 따르는 최소한의 위신과 특권 때문에 노예제보다는 강제 환금작물 노동을 선호했지만, 그렇다고 해서 강제 환금작물 노동자들의 물질적 조건이 노예보다 반드시 더 나았던 것은 아니다. 페르난도 기옌 마르티네스의 주장에 의하면, 에스파냐령 아메리카에서 엥코미엔다의 인디오들은 엥코멘데로들의 불안정한 사회적 처지 때문에 노예보다 더 비참한 대우를 받았다.[121] 알바로 하라 역시 칠레의 경우를 들어서, 엥코미엔다의 인디오들의 생활수준이 "최저 수준"에 머물러 있었다고 주장한다.[122]

---

동시에 존재한 경우는 있으나 세 요소가 동시에 존재한 경우는 결코 없었다. 그 요소들의 실제적인 결합은 정치적 요인 —— 정부의 조치 —— 에 달린 것이다." Evsey D. Domar, "The Causes of Slavery or Serfdom : A Hypothesis", *Journal of Economic History*, XXX, 1, March 1970, 21.

121) "영구히 다른 사람에게 종속된 집단인 카스트들의 창설과 구성은 [라틴 아메리카에서] 법적 승인을 얻지 못했다. 다만 미숙한 형태로 그리고 잠정적으로 용인되었을 뿐이다. 인디오의 개인적 노동에 대한 공식 법률은 백인, 인디오, 메스티소 간의 본질적인 사법적 불평등을 결코 인정하지 않았다.……

"법망을 피하는 조심성과 초법적인 줄다리기 게임 때문에, 착취계급(지주 및 이들과 결탁한 관료들)은 도덕적 무책임, 강탈, 비인간적 폭력성의 특징을 띠게 되었다. 그러한 행태는 특권적인 경제적 상황에서 국가의 강력한 지원을 받으면서 귀족계층이 유착했던 독일, 프랑스, 이탈리아 등지에서는 전혀 찾아볼 수 없는 것이다.

"이에 대한 증거는 다음과 같은 사실에서 발견된다. 뉴그라나다에서 흑인 노예의 수입이 허가되어, 그들을 안티오키아의 광산에서 작업시키고 리오 카우카 또는 대서양 해안지방에서 농업 노동에 종사시켰을 때, 흑인 노예들이 주인에게서 받은 온정적 처우는 종전에 인디오 부족들이 엥코멘데로들에게서 받은 대우보다 훨씬 덜 잔인하고 도덕적이고 비야만적이었다. 흑인 노예의 소유주는 법률에 의해서 특권적 지위를 보장받았으며, 이와 같은 노예제의 안정성에 대한 의식은 소유주들로 하여금 인디오를 사역한 엥코멘데로들에게는 없던 구체적인 책임감을 가지도록 했다." Guillén, *Raíz y futuro*, p. 81.

122) Alvaro Jara, "Salario en una economía caracterizada por los relaciones de

그러므로 신생 세계경제의 지리적, 경제적 주변부에서는 두 가지 주요 활
동, 즉 금은을 캐내기 위한 광산활동과 식량을 조달하기 위한 농업활동이 이
루어졌다. 16세기에 에스파냐령 아메리카는 주로 전자를 제공한 반면,[123] 동유
럽은 주로 후자를 제공했다. 두 경우 모두 기술은 노동집약적이었고, 사회제
도는 노동착취적이었다. 그 잉여는 전체적으로 핵심지역 주민들의 필수품들
을 공급하는 데 지나치게 많이 돌아갔다. 앞으로 보겠지만, 기업의 직접적인
이윤은 핵심지역의 집단들, 국제적 무역집단 그리고 지역의 관리자들(예를 들
면 폴란드의 귀족, 에스파냐령 아메리카의 관료와 엥코멘데로들)이 나누어 가
졌다. 인구의 다수는 강제노동에 종사했는데, 이 제도는 국가와 그 사법기구
에 의해서 규정되고 규제되고 시행되었다. 노예들은 이윤이 남는 한 이용되었

dependencia personal", *Third International Conference of Economic History*, Munich 1965 (Paris : Mouton, 1968), 608.

엥코미엔다 인디오들의 낮은 생활수준에 대한 또다른 증거를 인디고 산지인 과테말라에서 찾을 수 있다. 1563년에 에스파냐 국왕은 "매우 해로운 방법"이라는 이유로 인디오의 고용을 금지했던 아우디엔시아(Audiencia : 에스파냐 왕권의 대행기관으로서 에스파냐령 아메리카 식민지의 행정기관/옮긴이)의 결정을 지지했다. 로버트 S. 스미스는 이 법령이 효과가 없었다고 지적한다 :

"1583년에 식민지 관리들은 재배자들이 어떤 속임수를 꾸며냈다는 것을 알았다. 즉 임금을 주고 고용하는 대신, 재배자들은 화폐임금으로 받아야 할 금액의 10분의 1만을 옷감으로 지불하면서, 옷감 한 짐당 얼마씩 인디고 나무를 운반하도록 인디오들과 계약을 맺었던 것이다......7년 후 검찰관은 '많은 메스티소, 물라토, 자유흑인, 심지어 노예들'(정부측에서 노역을 요구했던 노동자들)마저 명목 임금으로 인디오들을 고용하여 수확과 시킬리테[인디고의 주원료로 쓰이는 식물] 운반을 시킴으로써 법령을 위반하고 있음을 적발했다." Robert S. Smith, "Indigo Production and Trade in Colonial Guatemala", *Hispanic American Historical Review*, XXXIX, 2 May 1959, 187. 심지어 노예마저 인디오들을 고용하고 있었다 —— 그 규정이 있다!

123) "[에스파냐의 정복이 겨냥한] 첫번째 목표는 여러 점령지와 정착지에서 광업경제를 창출하는 방향으로 쏠렸다.......인디오들이 유럽에 제공한 것은 기본적으로 귀금속이었다. 식민지의 여러 산물들은 부차적인 지위로 밀려난 것으로 보였다." Alvaro Jara, *Grandes voies maritimes dans le monde XV-XIXe siècles*, pp. 249-250. 하라는 해상 교통량을 보여주는 도표가 이 점에서 아주 명쾌하다고 지적한다 : "1591-1600년과 1621-30년을 제외하면, 1503년에서 1660까지의 기간은 이 공식에 들어맞는다. 광업생산량이 늘어날수록 그 상업적 대응물로서의 해상 교통량 또한 늘어났다."[p. 266]

고, 그러한 사법적인 극단주의가 너무 비용이 많이 들 경우에는, 그 대안으로서 형식상 자유롭되 법률적으로 강요되는 농업 노동이 환금작물 분야에서 채택되었다.[124]

세계경제의 핵심부인 서유럽(지중해의 그리스도교 세계를 포함하여)의 경우에 상황은 여러 면에서 달랐다. 인구밀도는 (심지어 14-15세기와 같은 인구 감소기에도) 기본적으로 매우 높았다.[125] 따라서 농업 역시 한층 더 집약적

---

124) 막스 베버는 플랜테이션 경제와 사유지(estate) 경제 ─── 빈번히 사용되는 용어이다 ─── 를 구분했다. 그 구분의 주된 기준은 노동통제의 형태와 대표적인 생산물인 것 같다. Max Weber, *General Economic History* (New York : Free Press, 1950), 79-92 참조. 플랜테이션은 (베버에 의하면) 사탕수수, 담배, 커피, 면화 같은 재배작물을 생산한다. 사유지는 가축 사육이나 밀 재배 또는 두 가지를 병행한다. 나는 그와 같은 구분이 유용한 것인지 확신이 서지 않는다. 예를 들면, 동유럽의 "사유지"는 잉글랜드의 "사유지" 보다는 아메리카의 "플랜테이션"에 훨씬 가까웠기 때문이다.

125) 그러나 나중에 설명되듯이, 남유럽의 인구밀도는 반주변부화의 과정이 진행되면서 줄어들었다. 이 시기 동유럽의 발달에 관련된 마리안 말로비스트의 논문을 언급하면서, 하이메 비센스 비베스는 다음과 같이 카탈루냐와 비교했다 : "15세기 폴란드와는 전혀 다른 나라인 카탈루냐의 농민계급 발달에 관한 전문가로서, 우리는 설령 두 지역에서 이른바 '재판 농노제'라는 아주 두드러진 공통점이 있다고 하더라도 이 유사성이 동일한 이유로 설명될 수 없음을 지적한 바 있다. 말로비스트 씨는, 기존 폴란드 연구자들의 뒤를 이어서, 폴란드의 발트 해 무역의 발전과 국내시장의 확대 ─── 이는 도시 성장의 자연스러운 결과이다 ─── 를 15세기와 16세기에 새로운 봉건화가 시작된 주요 요인으로 [간주한다]. 카탈루냐에서는 정반대로, 농민 인구의 법적 지위가 나빠진 것은 한편으로는 지중해 상업의 쇠퇴 그리고 다른 한편으로는 도시의 인구 감소에 기인한 것이었다. 그러므로 우리는 반대되는 사실로부터 출발하여 같은 결과에 도달하게 된다." Vicens Vives, "Rapport de M. Malowist"에 대한 논평, p. 148.

나는 비센스가 말로비스트의 입장을 정확히 지적했다고 보지 않을 뿐만 아니라, 그가 핵심을 놓치고 있다고 믿는다. 폴란드와 카탈루냐 농민이 새로운 지위를 가지게 된 원인들은 동일하다. 다만 출발점이 달랐을 뿐이다. 카탈루냐는 14세기 유럽에서 상대적으로 가장 발달한 지역들 중 하나였다. 카탈루냐의 인구 감소와 폴란드의 인구 증가는 결과적으로 서로의 인구밀도가 거의 비슷해지도록 했는데, 그것은 "장기" 16세기 말에 이르러 유럽 세계경제에서 그들의 지위가 별로 다르지 않았음을 반영하는 것이다.

마찬가지로, 피에르 자냉은 주변부에서의 도시의 쇠퇴를 과장하지 말라고 경고하면서, 16세기에 사실상 발트 해 항구들의 규모와 활력이 증대되었다고 지적하는데, 우리로서는 이를 인정하지 않을 수 없다. Pierre Jeannin, "Les relations économiques des villes de la Baltique avec Anvers au XVIe siècle", *Vierteljahrschrift für Sozial- und*

이었다.[126] 더욱이 토지의 일부는 경작지에서 목초지로 바뀌었다. 그 결과는 강제의 완화로 나타났다. 얼마간 좀더 숙련된 노동력은 법률적 강제의 완화를 주장할 수 있다. 아니, 오히려 강제는 시장 메커니즘을 통해서 좀더 간접적인 것이 되어야만 한다. 얼마간 가축 사육에서, 특히 겨울철의 경우, 가축 대신 사람이 먹을 식량으로 전용하려는 경향이 늘 있었다. 장원제는 이러한 문제를 효과적으로 처리할 수 없었다.[127] 그러나 16세기는 육류에 대한 수요가 늘어난 시기였고, 육류 수요는 생활수준의 향상과 더불어 탄력적으로 팽창하고 있었다.[128] 또한 인구 팽창과 더불어 곡물 수요도 늘어났다. 그 결과는 간단했다. 이윤을 남길 수 있는 가축 사육은 별개의 사회적 노동조직을 필요로 했다. 어떤 이유에서든 그것이 발달하지 못했을 때, 목축은 실질적인 쇠퇴를 겪

---

*Wirtschaftsgeschichte*, XLIII, 3 Sept. 1956, 196 참조. 그러나 염두에 두어야 할 여러 가지 점들이 있다. (1) 국제무역의 증가는 당연히 항만 활동의 증대를 야기한다. 그러나 행정 중심지와 지방교역 중심지는 어떠했는가? (2) 전반적인 인구 증가는 의당 도시의 절대규모의 증대를 초래한다. 그러나 도시인구의 상대적인 비율은 어떠했는가? (3) 주변부 도시인구 규모의 상대적인 증가조차도 서유럽의 도시화 정도에 견주면 상대적인 하락세를 보일 수 있다(그리고 틀림없이 보였다).

126) 집약적인 농업은 농민에 대한 더 나은 조건들을 필요로 한다. 10분의 1세가 어떻게 생산성을 하락시켰으며(*Théorie sociologique de l'impôt*, I, p. 208), 고정된 세금 및 지대가 어떻게 생산성을 향상시켰는가(같은 책, I, pp. 225-226)에 관한 아르당의 글들을 참조.

127) 비톨드 쿨라는 이론적 딜레마를 명백하게 한다 : "농노에게 가축을 맡겨 '번식'의 책임을 떠넘기는 제도는 그 자체로써 가축 사육에서 최악의 조건을 창출한다. 이 가축 —— 그것은 농민보다는 영주의 이윤의 한 원천이다 —— 에 대한 농민의 소홀한 관리는 장원을 경영하는 사람 누구에게나 늘 따라다니는 걱정거리였다. 식량이 부족하거나 강우량이 적은 해가 되면, 농민은 가축을 먹이는가 아니면 자신이 먹을 것인가 하는 선택의 기로에 섰다! 농민이 어느 쪽을 선택할 것인지는 쉽게 추측할 수 있다. 끝으로 그 낮은 생산성으로 인해서 소떼는 많이 있어야만 했는데, 그것은 먹이 공급을 더욱 어렵게 만들었다." Witold Kula, *Théorie économique du système féodal : Pour un modèle de l'économie polonaise, 16e-18e siècles* (Paris : Mouton, 1970), 31-32. 이러한 고찰은 단순한 이론에 그치는 것이 아니다. 엠마뉘엘 르 루아 라뒤리는 이런 일이 1515-30년에 랑그도크에서 일어났음을 보여준다. Le Roy Ladurie, *Les paysans de Languedoc* (Paris : S.E.V.P. E.N., 1966), I, 323.

128) Kristof Glamann, *Fontana Economic History of Europe*, II, pp. 45-52 참조. "가축무역의 전성기는 귀족의 황금시대와 일치한다."[p. 50]

었다.[129] 이리하여 유럽 전역에서 그것은 노동분업의 증대와 직결된 문제가 되었다.

핵심지역에서는 도시들이 번성하고 공업들이 탄생했으며, 상인들은 중요한 경제적 정치적 세력이 되었다. 16세기 전 기간을 통해서 농업은 여전히 인구 대다수의 생업이었다(그런 상황은 서북 유럽에서는 19세기까지, 남유럽에서는 20세기까지 지속되었다). 그럼에도 불구하고 16세기 동유럽과 에스파냐령 아메리카의 유럽 세계경제로의 편입은, (약탈과 높은 이윤을 통해서) 자본을 제공했을 뿐만 아니라, 핵심부의 일부 노동력을 해방시켜 다른 활동들에 전문화할 수 있도록 해주었다. 핵심부에서의 직업활동들의 범위는 매우 복잡했다. 그 안에는 주변부에서의 활동들과 유사한 커다란 잔재(예를 들면 곡물 생산)도 있었다. 그러나 핵심부에서의 추세는 다양성과 전문화를 지향하는 것이었고, 반면 주변부에서의 추세는 단일작물재배를 지향했다.

16세기의 팽창은 지리적 팽창에 그치지 않았다. 그것은 경제적 팽창이었다. 이 시기에는 인구가 증가하고, 농업생산성이 향상되었으며, "최초의 산업혁명"이 이루어졌다. 이 시기에는 유럽과 다른 지역 사이에 정규적인 무역이 확립되었다.[130] 16세기 말에 이르러 경제는 양상이 전혀 달라지고 더욱 향상된

---

129) 랑그도크의 경우가 여기에 해당한다. 르 루아 라뒤리의 설명을 보라 : "개간은 목초지를 감소시킨다. 플랜테이션(올리브, 밤 등), 토단(土壇) 그리고 돌로 쌓은 울타리는 공동사용권과 개방경지를 제한했다. 이 모든 이유들로 인해서, 가축 사육 곡선은 상승 국면에서 평평한 상태를 유지하다가 그후 하락하고 말았다. 사료작물이 없었고 가축을 채마밭에 풀어놓았던 옛날 방식의 농업에서, 가축 사육과 채소 재배를 동시에 발전시킨다는 것은 불가능한 일이었다. 두 분야의 요구는 양립할 수 없는 것이었다. 왜냐하면 두 분야는 모두 토지를 필요로 했는데, 토지는 아직 개방된 상태이면서도 날이 갈수록 희소해졌기 때문이다. 에스파냐에서와 같이 목양업자들의 이익을 보호하는 메스타(Mesta : 에스파냐에서 13세기에 형성된 이동 목양자 조합/옮긴이)가 없었으므로, 축산업은 팽창해가고 있던 전통사회에서 이내 희생되고 말았다." Le Roy Ladurie, *Les paysans de Langue-doc*, I, p. 324.

130) J. H. Parry, "Transport and Trade Routes", in *Cambridge Economic History of Europe*, IV, E. E. Rich and C. H. Wilson, eds., *The Economy of Expanding Europe in the 16th and 17th Centuries* (London and New York : Cambridge Univ. Press, 1967), 191 참조.

모습을 보였다.[131]

지금까지 우리는 주변부에서의 생산 및 노동통제의 초기 형태를 알아보고, 그것을 핵심부와 비교해보았다. 사실 핵심부 지역의 구조는 지금까지 지적한 것 이상으로 복잡하다. 그러나 이러한 복잡한 내용을 살피기에 앞서서 세번째 구조 영역인 반주변부의 농업생산에 관하여 살펴보기로 하자. 우리는 아직 반주변부가 세계체제에서 어떤 기능을 했는지에 대해서 설명하지 않았다. 현 단계에서는, 여러 경제적 기준들(그러나 모든 기준들은 아니다)에 입각해볼 때 반주변부가 핵심부에서 주변부로 흘러가는 연속선 상에서 중간 지점에 놓여 있었다는 점을 언급하는 것으로 충분할 것이다. 특히 이것은 경제제도의 복잡성이라는 점에서, (평균적 수준과 범위라는 관점에서 본) 경제적 보수의 정도 면에서 그리고 무엇보다도 노동통제 방식의 측면에서 사실이다.

주변부(동유럽과 에스파냐령 아메리카)는 강제노동력(노예노동과 강제 환금작물 노동)을 사용했다. 앞으로 보겠지만 핵심부는 점차 자유노동을 이용했다. (과거 핵심부였다가 주변부 구조로 돌아간) 반주변부에서는 대안으로서 그 중간 형태인 분익소작제(sharecropping)가 널리 행해졌다. 물론 분익소작제는 다른 지역들에도 알려져 있었다. 그러나 이 시기에 그것은 반주변부에서만 주요한 지위를 차지하고 있었다. 이탈리아의 메차드리아(mezzadria)와 프로방스의 파슈리(fâcherie)는 13세기 이래로 이미 알려져 있었다. 남프랑스 등지의 메타야주(métayage)는 14세기 이래로 알려져 있었다. 14세기와 15세기에 장원 영주들의 경제적 어려움이 커지자 영지들은 점차 이런 형식으로, 마을 전체보다는 한 가족을 부양할 수 있도록, 한 덩어리가 아니라 작은 단위들로 임대되었다. 뒤비의 지적에 의하면, 15세기 중반에 이르러 서유럽에서 여전히 존속 가능했던 "대규모 곡물 생산 기업들은 사라져버렸다." 그는 이것을 "농촌생활의 근본적인 변화들 중 하나"라고 불렀다.[132]

---

131) 1600년의 유럽과 1500년의 유럽에 대한 다음의 비교를 보라 : "무엇보다도, 아직 주요 활동분야였던 농업은 1500년보다 한층 더 많은 사람들을 더 잘 먹일 수 있었다. 해외무역과 섬유산업은 1500년보다 한층 더 규모가 커졌고, 광산업과 야금산업도 훨씬 더 거대해졌다." Mauro, *Le XVIe siècle européen*, p. 257.

132) Duby, *Rural Economy*, p. 325 ; 또한 p. 275도 참조. 그러나 카스티야에서는 상황이 다

164

그렇다면 그 변화는 왜 이런 특정한 형태를 취했는가? 즉 만일 그런 변형의 조짐이 있었다면 왜 영주들은 동유럽에서처럼 국가의 힘을 빌려 농민들로 하여금 토지에 머물도록 압력을 가하지 않았는가? 반면에, 만일 양보가 있었다면 그것은 왜 토지를 직접 구입하거나 또는 고정된 지대를 납부하는 소농들에게 토지를 양도하는 식의, 서북 유럽에서 주종을 이룬(물론 유일한 것은 아니었다) 해결책을 취하지 않고 분익소작제의 형태를 취하게 되었는가?

도브는 서유럽과 동유럽을 도주 및 인구 감소 현상에 대한 영주들의 대응이라는 견지에서 비교하면서 그리고 서유럽을 "양보"의 장으로, 동유럽을 "새로운 강제"의 장으로 간주하면서, 상이한 대응이 나타난 원인을 "농민 저항의 힘"[133] 탓으로 돌렸다. 다른 한편으로 이언 블랜차드는 농민의 동요 정도가 한 요인이기는 하지만, 좀더 간접적인 방식으로 그러하다는 데에 동의한다. 결정적인 요인은 노동력의 이용 가능성이었다. 그는 1520년대에 이르기까지 잉글랜드에는 노동력이 부족했고, 지주들은 달리 더 좋은 대안이 없었으므로 마지못해 인클로저를 시행한 반면, 입법자들은 노동자들로 하여금 토지에 남도록 강제하려고 했다고 주장한다.[134] 그래서 블랜차드는 인구 감소가 있을

소 다르게 진전된 것으로 보인다 : "14세기와 15세기에 카스티야의 귀족계급은 권력의 절정에 이르렀으며, 국가를 지배할 정도로 중요한 세력이 되었다. 카스티야의 귀족들은 여느 서유럽 왕국의 귀족들처럼 방어적인 자세를 취하지 않았다. 정반대로 그들은 왕조를 바꾸고, 국왕의 세습재산을 양도받아, 왕권을 그들의 야심을 달성하기 위한 수단으로 삼았다. 이러한 현상이 나타난 원인은 왕권이 도시들의 확고한 지원에 의지할 수 없었기 때문이다. 많은 카스티야 도시들은 귀족계급의 편에 서 있었고, 더욱 많은 도시들은 귀족계급에 종속되어 있었다." Vicens, *An Economic History of Spain*, p. 245. 그러므로 비센스는 16세기에 에스트레마두라와 안달루시아에서 대규모 라티푼디움들이 등장했으며, 그것들은 14세기와 15세기의 대규모 토지 수여에 의해서 예비되었다고 주장한다. pp. 247-248 참조.

133) 도브는 농민 저항의 힘에 대해서 다음과 같이 덧붙인다 : "지방 영주들의 정치적, 군사적 힘은 농민들의 저항을 극복하고 장원으로부터의 이탈을 강제로 막을 수 있는가에 따라서 그리고 왕권이 영주의 권위를 강화하기 위하여 영향력을 발휘했는가, 반대로 귀족 경쟁자들의 세력을 약화시키기 위한 기회를 환영했는가에 따라서 그것을 쉽게도 하고 어렵게도 했다." Dobb, *Studies*, pp. 51-52.

134) "[그러나] 1520년대 말 이후로, 종전에 인클로저에 대해서 침묵으로 일관했던 차지인들은 땅을 목장으로 이용함으로써 늘어가는 인구를 먹여살릴 새로운 보유지들을 자신들이

때는 강제력을 사용하는 방식이 잉글랜드에서도 시행되었다고 주장한다. 농민들이 실제로 토지를 요구하면서 봉기한 것은 인구가 증가 추세에 있었을 때뿐이었다.

어떤 경우에도 저항의 규모는 거의 아무것도 설명해주지 못한다. 왜냐하면 우리가 알고자 하는 것은 왜 잉글랜드 농민이 폴란드 농민보다 더 저항적이었으며 —— 도브는 정말 이렇게 믿었을까?[135] —— 왜 영주들이 더 강했는지 또는 더 약했는지 그리고 왜 국왕들이 영주의 권한을 강화시켰는지 또는 약화시켰는지이기 때문이다. 우리는 단일한 세계경제 안에서의 상호 보완적인 상이성이라는 사실에서 그러한 이유들을 찾을 가능성이 가장 크다고 생각하며, 이에 대해서 두 가지 설명, 즉 그러한 차이가 시작된 시점에서의 도시들의 상대적인 힘과 공한지의 정도라는 요인들을 제시했다.

"공한지"의 정도는 토지/노동력의 비율로 바꾸어 말할 수 있다. 만일 토지가 충분하다면 비교적 불충분한 생산수단을 가지고서도 꾸려나갈 수 있을 것이다. 조방농업을 할 수도 있다. 노예 또는 강제 환금작물 노동을 이용할 수도 있다. 집약농업은 자유노동자를 필요로 한다. 그렇다면 왜 분익소작제가 행해졌는가? 분명히 상황이 어중간했기 때문이다.

주목할 것은 농민의 입장에서 분익소작제가 강제 환금작물 노동보다는 선호되었을 테지만 그리 대단한 정도는 아니었다는 사실이다. 그 순수익이 번영기에는 오를 수도 있지만, 대체로 낮았다. 채무를 통한 강요의 메커니즘은 종종

---

획득하지 못하도록 가로막고 있는 사람들을 세차게 비난하기 시작했다. 이러한 분노는 종종 합법적인 경로를 통해서 조직화되기도 했지만, 점차 그들이 법에 대한 복종심을 보이지 않고 울타리들을 무너뜨리려고 한다는 사실이 명백하게 되었다." Blanchard, *Economic History Review*, XXIII, p. 440.

135) 브로델은 **실질적인** 저항이 어떻게 해서 다른 정도로 나타나게 되었는가를 인구밀도의 차이로 설명했다. 인구밀도가 낮은 중부 유럽의 촌락들을 인구밀도가 높은 이탈리아의 촌락들("도시화된 마을") 그리고 라인 강, 뫼즈 강, 파리 분지의 대규모 중심지들과 대비하면서 브로델은 이렇게 말한다 : "중부 및 동부 유럽의 수많은 나라들의 이렇듯 낮은 촌락 인구밀도는 농민의 운명에 영향을 미친 본질적인 원인 중 하나가 아니었을까? 대규모 공동체가 가지고 있던 연대감을 결여하고 있었으므로, 그들은 영주들에 맞설 경우 더욱더 무력할 수밖에 없었다." Braudel, *Civilization matérielle*, p. 42.

법률적 강요만큼이나 현실적이었다. H. K. 다카하시에 의하면 분익소작인들
(métayers)은 "고리대금 지주"를 위해서 일하는 "반(半)농노"였다.[136] 블로크
는 프랑스의 상황을 중세 말기에 이루어진, 영주로부터의 농민의 점진적 해방
이 뒷걸음질치는 과정으로 보았다:

터무니없는 가설이지만, 만일 [프랑스] 혁명이 1480년경에 일어났다면, 그것은 영주
의 수입(영주에 대한 부담)을 제거함으로써 토지를 거의 전적으로 소농 대중에게 넘
겨주었을 것이다. 그러나 1480년 이후 1789년까지 3세기에 걸쳐 대영지들은 재편되
었다.[137]

그러나 한편에서는 소작이 아닌 분익소작제가 행해졌는데, 왜 다른 한편에
서는 강제 환금작물 노동이 행해졌는가? 분익소작제는 강제 환금작물 노동에
비해서 감독에 커다란 어려움이 따른다는 것이 단점이기는 했지만, 그럼에도
불구하고 농민으로 하여금 생산성 증대를 위해서 노력하도록 고무하는 장점
이 있었다. 물론 농민이 법률적 강제 없이 영주를 위해서 일을 계속할 수 있
다는 전제에서 말이다.[138] 간단히 말해서 노동력이 풍부할 경우, 분익소작제는
강제 환금작물 노동보다 아마도 더 많은 이윤을 안겨줄 것이다.[139]
물론 이런 논리대로라면 임차지는 환금작물 노동보다 틀림없이 훨씬 더 많

136) H. K. Takahashi, "The Transition from Feudalism to Capitalism : A contribution to
the Sweezy-Dobb controversy", *Science and Society*, XVI, 4 Fall 1952, 324.

137) Bloch, *Caractères originaux*, I, p. 154.

138) 뒤비의 다음 설명을 보라 : "분익소작제는 영주에게 한 가지 중요한 이점을 제공했다. 그
것은 농산물 가격의 상승뿐만 아니라, 직영지 생산성의 기대 성장치로부터도 이윤을 얻
게 해주었다.⋯⋯영주가 최소한으로 관여하고서도 계약을 통해서 그는 순익의 상당한
몫을 보장받을 수 있었다[추정컨대 토지를 농민에게 임대했을 경우보다 더 많은 이윤을
얻었을 것이다]. 염두에 둬야 할 것은 분익소작인은 자신에게 남겨진 몫에서 종자와 때
로는 십일조를 공제해야만 했다는 것이다. 이것은 낮은 농업생산성에 지워진 무거운 짐
이었다. 그럼에도 불구하고 그 제도는 영주들이 잘 알고 있는 불편한 점도 드러냈다. 수
확고의 등락이 심했던 까닭에 철저한 감독이 불가피했던 것이다." Duby, *Rural Econ-
omy*, pp. 275-276.

139) 뒤비가 말했듯이, 지주가 분익소작제에서 얻는 이점은 "경작비용은 낮았고, 시장성 있는
상품의 수익은 아주 높았다"[같은 책, p. 280] 것이다.

은 이윤을 가져다줄 것이다. 그러나 여기에는 조건이 있다. 차지인들은 고정
된 계약을 맺고 있으며, 그래서 적어도 계약기간이 비교적 긴 만큼 인플레이
션 시기에 이익을 본다는 것이다. 물론 시장이 쇠퇴할 때에는 그 반대일 것이
다. 이렇듯 분익소작제는 위험부담을 최소화하는 한 방법이다.[140] 따라서 분익
소작제는 거래비용보다 상황의 변동에 따른 위험부담이 더 큰 전문농업 지역
에서 가장 바람직하다고 할 수 있다.

　그러나 이 시기는 위험부담이 높은 시점이었다. 지속적인 가격 상승은 전
혀 진정될 기미를 보이지 않았다. 분익소작제는 이에 대한 방어책 같았다.[141]
일부 지역의 농민들은 다행히 법적 방어장치를 갖추고 있었고, 이로 인해서
지주들은 분익소작제를 시행하는 데에 너무 많은 비용이 들기 때문에 순수한

---

140) 스티븐 N. S. 청은 이러한 주장을 이론적으로 펼친다. "분익 계약의 조건에는 무엇보
　　도 지대 비율, 경지에 대한 비토지 자산의 투입량 비율, 재배작물의 종류 등이 포함된다.
　　이러한 조건들은 지주와 차지인 양측에 의해서 결정된다. 그러나 고정지대 및 임금 계약
　　에서는, 시장가격이 주어지면, 상대방의 재원을 얼마나 사용할 것인지 그리고 어떤 작물
　　을 재배할 것인지 하는 것은 어느 일방만이 결정할 수 있다. 그리고 분익 계약에서 소출
　　의 분배는 현재의 수확량에 근거하기 때문에, 지주는 수확량을 확인하기 위한 노력을 기
　　울여야 한다. 그 결과 협상과 강제는 고정지대와 임금 계약보다 분익 계약의 경우가 한
　　층 더 복잡하다.……
　　　"만일 거래비용만이 유일한 고려사항이라면……분익 계약은 결코 선택되지 않을 것이
　　다. 그렇다면 왜 분익 계약이 선택되는가?……고정지대 계약에서는 차지인이 위험부담
　　〔생산량의 커다란 변동을 초래하는 생산 외적 요인들〕을 전부는 아닐지라도 대부분 떠
　　맡게 된다. 임금 계약에서는 지주가 위험부담을 전부는 아닐지라도 대부분 떠맡게 된다.
　　분익소작제는 위험부담을 분산하기 위한 방책으로 간주될 수 있을 것이다.……" Steven
　　N. S. Cheung, *The Theory of Share Tenancy* (Chicago, Illinois : Univ. of Chicago
　　Press, 1969), 67-68.
141) "대략적으로 분익소작은 16세기에 시작되었으며 ── 그전까지는 매우 고르지 않게 시행
　　되었고, 그것이 알려진 곳에서도 실제로 꽤 드물었다 ── 적어도 18세기까지는 프랑스
　　전역에 확산되었고 한층 더 중요한 비중을 차지했다. 화폐가치의 등락에 대응하는 처방으로
　　서 그보다 더 나은 것은 없었다. 이탈리아의 부르주아지와 교활한 금융업자들은 이것을 가
　　장 먼저 알아차렸다. 그들은, 예컨대 1376년에 볼로냐를 시작으로, 때로는 법률로써 유
　　력한 도시에 거주하면서 근교(contado) 주민들에게 토지를 임대한 모든 시민들에게 이
　　러한 종류의 계약을 요구하기까지 했으며, 근교 주민들은 결국 그러한 압력에 굴복했다.
　　오래지 않아 프랑스의 소유자들도 이러한 사정을 알아차리게 되었다." Bloch, *Carac-
　　tères originaux*, I, p. 152. 고딕체는 월러스틴의 강조.

임대를 더 선호했다. 잉글랜드가 바로 이 경우에 해당한다. N. S. 청은 문제
의 관건은 자유토지 보유(freehold tenure)였는데, 그것은 잉글랜드에는 알려
져 있었으나 예컨대 프랑스에는 알려지지 않았다고 말한다.[142]

  법률적 요인들만이 결정적인 것은 아니다. 여전히 우리는 대체로 임대차
계약 쪽으로 나아갔던 북프랑스와 분익소작제가 일반적인 방식이었던 남프랑
스 사이의 불일치를 설명해야만 하는 것이다. 두 지역의 법률은 사실상 동일
했다. 뒤비에 의하면, 중요한 차이점은 남부 농민의 "부진한 경제적 상태"와
는 대조적으로 북부의 차지농이 상대적인 풍요를 누렸던 데 있었는데,……남
부 농민들은 "아마도 북부에서와 같은 기술개량에 의해서 생산성이 늘지 않
고 있었던 토지를 경작하고 있었다."[143]

  그러나 만일 그것이 단지 기술의 문제라면 우리는 한걸음 뒤로 물러나서,
왜 지리적으로나 문화적으로 멀지 않았음에도 불구하고 한 지역의 발달된 기
술을 다른 지역이 받아들이지 않았는가 하는 질문을 던지게 된다. 브로델은
지중해 유럽과 서북 유럽의 토지가 근본적으로 달랐는데, 전자가 한층 척박했
다고 지적한다.[144] 포르슈네프는, 또 하나 고려해야 할 점은 세계경제와의 연

142) "영구임대제[이것은 법률에 의해서 평생 임대가 시행된 자유토지 보유에서 비롯된 것이
    다] 아래에서 분익 계약은 그 시행비용이 너무 높아서 바람직하지 못할 것이다. 차지 계
    약의 파기는 분익소작인의 작업성과가 낮을 경우를 대비하는 효과적인 수단이기 때문이
    다." Cheung, *The Theory of Share Tenancy*, p. 34.
143) Duby, *Rural Economy*, p. 327.
144) 두 지역의 상황을 브로델은 다음과 같이 비교해서 설명한다 : "[지중해 지역에서] 수확
    을 위협하는 모든 위험을 피하는 경우는 드물었다. 수확량은 빈약했고, 묘상(苗床)으로
    활용된 지역이 작았던 까닭에, 지중해는 항상 굶주림의 위기에 놓여 있었다." Braudel,
    *Civilisation matérielle*, I, p. 223.
      알도 데 마달레나는 이에 동의하지 않는다 : "전반적으로 우리는 [이탈리아에서] 경작
    지의 생산성이 예외적 상황을 제외하면 낮은 편이었음을 인정해야만 한다. 브로델은 지
    중해 토양의 낮은 생산성을 기후 탓으로 돌리고 있지만, 그러한 현상에 대한 좀더 타당
    하고 역사적으로 정당한 관점에 도달하기 위해서는 기술적인 장치, 문화적 제도, 농업이
    론, 사업능력, 자본의 이용 가능성, 정치 및 군사적 변화 등이 결여되었다는 점도 아울러
    고려해야만 한다." Aldo de Maddalena, "Il mondo rurale italiano nel cinque e nel
    seicento", *Rivista storica italiana*, LXXVI, 2 giug. 1964, 423. 물론 이러한 모든 요인
    들을 고려해야겠지만, 그 책의 내용은 타당한 인과적인 설명으로 좁혀들어가기 위한 유

관 정도인데, 대영지의 존재(따라서 분익소작제의 결여)는 높은 연관 정도와
상관관계가 있다고 지적한다.[145]

그렇다면 우리는 분익소작제를 일종의 차선책으로 간주할 수 있지 않을까?
잉글랜드처럼 인클로저와 임차지에 토대를 두거나 또는 동유럽처럼 강제 환
금작물 노동에 토대를 둔 대영지로 나아갈 수 없었던 남프랑스와 북이탈리아
의 지주계급은, 자본주의 세계경제의 출현에 대한 대응의 일환으로서, 반(半)
자본주의적 기업의 형태로 분익소작제라는 중간 단계[146]를 선택했는데, 사실
그것은 반주변부에 알맞은 형태였다.

반주변부가 계속 반주변부로 남아 있으면서, 주변부의 처지가 그리되었던
것처럼 완전한 위성지역이 되지 않았다면, 그것은 높은 토지/노동력 비율 때
문만은 아니었다. 그것은 또한 강력한 토착 **부르주아** 계급이 있어서 불황기에

---

용한 길잡이가 되지 않는다. 앞서 주 52에서 인용한, 중세 북부 이탈리아의 높은 비옥도
에 관한 실비아 스럽의 견해를 유념하라.

145) 보리스 포르슈네프는 이 시기의 프랑스가 잉글랜드에서처럼 대영지를 발달시키지 않았
음이 사실이라고 지적한다 : "그럼에도 불구하고 [이러한 영지들은], 아직 덜 발달된 경
제적 성향으로서, 특히 바다에 인접한 덕분에 유리한 상업적 위치를 부여받은 주변부 지
방에서 미약한 비율로 발견된다. 기옌, 랑그도크, 프로방스, 생통주, 푸아투, 노르망디,
브르타뉴의 항구들은 포도주, 농산물의 수출과 때로는 밀의 밀수출을 조장했으며, 양과
같은 가축의 수출을 시도하기도 했다. 간단히 말해서, 귀족들은 상업의 금지된 열매를
맛보려고 했다." Boris Porchnev, *Les soulèvements populaires en France de 1623 à
1648* (Paris : S.E.V.P.E.N., 1963), 289. 그러나 포르슈네프가 여기에 랑그도크와 프로방
스를 포함시키고 있음을 주목해야 한다. 지금은 복합된 인과관계의 한 사례를 논의하고
있으므로 이 문제는 잠시 접어두기로 하자.

146) 마르크스는 분익소작을 중간 단계로 보았다 : "본원적 지대 형태로부터 자본주의적 지대
로의 이행 형태로서 분익소작제를 생각할 수 있다.……이 경우 한편으로 농민은 완전한
자본주의적 경영에 필요한 충분한 자본을 가지고 있지 않으며, 다른 한편으로 지주가 차
지하는 몫은 순수한 지대 형태가 아니다. 이 몫은 사실상 그의 투하 자본에 대한 이자와
초과이윤적인 지대를 포함할 수도 있다.……이 경우 지대는 이미 잉여가치의 정상적인
형태로 나타나지 않는다. 한편으로 분익소작인은, 자기 자신의 노동력만을 사용하든 다
른 사람의 노동력을 사용하든 간에, 노동자의 자격으로서가 아니라 노동수단 일부의 소
유자로서 생산물의 일부를 요구한다. 다른 한편으로 지주는 그의 토지소유권에 입각해서
만이 아니라, 자본의 대여자로서도 자신의 몫을 요구한다." Marx, *Capital*, III, ch.
XLVII, sect, V, p. 803.

170

농업 생산력의 발달에 대한 특별한 영향력을 미쳤기 때문일 것이다. 뒤비의 지적에 의하면, 도시 상인들의 수가 많고 비교적 세력이 컸던 지역에서는 많은 영지들이 이들 도시민의 수중에 떨어졌다. 이들 도시민은 기근으로부터 보호받고자 했으며, 토지 소유에 따르는 사회적 지위는 추구하되, 손수 농사를 짓는 수고는 피하려고 했던 것이다. 토지를 분익소작제에 할당하는 것은 합리적인 타협이었다.[147] 농민의 관점에서 그것이 얼마나 "합리적인" 타협이었는가에 대하여, G. E. 드 팔그롤은 중요한 의문을 제기하고 있다. 왜냐하면 이들 도시 부르주아는 단기적 이윤을 노리고 투자하는 경향이 있었고, 그것은 다음 세기에 토지를 황폐화하는 결과를 가져왔기 때문이다.[148]

두번째 역설은 가장 "발전한" 지역에 관한 것이다. 우리는 앞서 도시 노동자의 힘이 임금수준을 유지하도록 했으며, 그 결과 북이탈리아가 서북 유럽에 비해서 공업분야에서 불리한 처지에 놓이게 되었다고 지적한 바 있다. 이러한 도시 노동자들의 힘은 길드의 제약을 이용하여 농촌 노동자들이 도시에서 고용되는 것을 차단함으로써, 인구가 급증한 16세기에 상대적으로 많은 수의 노동자들이 농촌에 머물게 된 원인이 되었을 것이다. 이것은 농민의 처지를 약화시켰을 것이다. 어떤 경우든, 도시 부르주아지의 "힘"은 분익소작제의 방향으로, 또 그리하여 서북 유럽의 경제발전에서 그토록 커다란 역할을 하게 될 요먼의 등장을 가로막는 방향으로 나아가게 했던 것으로 보인다.

147) "분익소작 계약은 [14세기와 15세기의 인구 감소기에] 이탈리아 및 프랑스의 지중해 연안의 도시지역들에서 주민의 이주로 비어 있는 땅에서 널리 행해지고 있었다. 이들 지역에서는 도시 주민들이 토지를 장악할 수 있었다. 이 경우 분익소작제는 사실상 농지를 경작하고 곡물을 생산하기 위한 시민과 농민 사이의 제휴의 한 형태였다." Duby, *Rural Economy*, pp. 356-357.
148) "실질적으로 분익소작제는 부르주아 소유주들의 필요에 부응하는, 본질적으로 자본주의 체제의 모습을 띠고 있었다. 그들의 이상은 자신의 땅에서 화폐로 바꿀 수 있는, 순수한 여분의 수입을 얻는 것이었다. 그들은 사업 운영에 상업적인 전망을 도입했다. 그들은 조심스럽게 자신의 회계장부 또는 수입장부에 수확에서 얻은 몫, 곡물과 가축의 판매, 대출금에 대한 이자 따위를 세세하게 기재했다. 이들 국외자들에게는 이윤이 일차적인 관심의 대상이었다. 그들은 농사에 대해서는 다소 무지했다." G. E. de Falguerolles, "La décadence de l'économie agricole dans le Consulat de Lempaut aux XVIIe et XVIIIe siècles", *Annales du Midi*, LIII, 1941, 149.

이제 1640년에 이르기까지 유럽 세계경제의 핵심부에 안주하고 있던 지역들, 즉 잉글랜드, 네덜란드, 북프랑스로 눈길을 돌려보기로 하자. 이들 지역은 자유로운 혹은 더 자유로운 노동과 비교적 효율적인 규모에 입각한 목축과 농경의 복합영농을 발전시켰다. 앞서 언급했듯이, 에스파냐는 처음에 이러한 길을 따라가다가 그뒤 그 길을 버리고 반주변부의 일부가 되었다. 경제적 역할에서의 이러한 변화의 이유들은 다음 장에서 자세히 설명할 것이다.

앞에서 이미 살펴보았듯이, 인구의 감소로 농산품 수요가 줄고 도시 노동자들의 임금이 상승한 (그 결과 농촌 노동자의 처지가 강화된) 중세 말기의 위기 상황에서 서유럽의 대규모 직영지는 쇠퇴했다. 이들 대규모 직영지들은 16세기의 동유럽에서처럼 환금작물을 재배하는 영지가 될 수 없었다. 전반적으로 암담한 경제상황에서 국제시장이란 존재하지 않았기 때문이다. 큰 직영지들에는 두 가지 대안만이 있었다. 한편으로 봉건적 의무를 현금 지대로 전환시킬 수 있었다.[149] 현금 지대는 비용을 낮추고 직영지 소유주의 수익을 증대시켜주었으나, 토지에 대한 지배권의 점진적인 양도를 수반했다. 다시 말해서 그것은 소규모 요먼의 등장을 가능하게 했는데, 이 요먼은 고정된 지대를 납부하는 차지인이거나, 또는 그보다 더 나은 경우, 독립적인 소유자(이는 몇년 치에 해당하는 지대를 한꺼번에 내고 토지를 구입한 경우로 볼 수 있다)였다.[150] 이 시기에 지주가 택할 수 있는 또 하나의 대안은 자신의 땅을 소나 양을 위한 목초지로 전환하는 것이었다. 15세기에는 양모 가격과 육류 가격이 경기침체의 영향에 좀더 잘 버티는 것으로 여겨졌으며, 게다가 이러한 전환은 노동력 품귀로 말미암은 높은 노동비용을 절감할 수 있었다.[151]

149) "[농노들의 해방은] 그들에게 주어진 것이기보다는 팔린 것이다." Marc Bloch, *Caractères originaux*, I, p. 111.
150) "[소분할토지 소유 체제에서] 토지 가격은 바로 자본화한 지대를 [나타낸다]." Karl Marx, *Capital*, III, ch. XLVII, sect. V, p. 805.
151) Slicher van Bath, *A.A.G.B.*, No. 12, 164-168 참조. 피터 J. 보든의 설명을 보라 : "15세기 중반에서 16세기 중반 사이에 특히 중부 잉글랜드에서 목양이 확산된 이유는 곡물 생산에 비해 목양업의 수익성이 높았기 때문이다.……
"직물의 생산과 수출이 늘면서 양모 가격은 상승했다. 1451-60년을 기준으로 할 때, 국내산 양모의 가격은 1541-50년에 이르러 거의 두 배가 되었다. 곡물 가격은 15세기

172

이 시기에 잉글랜드와 에스파냐에서는 모두 목축이 늘어났다. 16세기의 경제 팽창과 더불어 밀은 양모보다 더 유리한 것처럼 보였지만,[152] 소보다 유리하지는 않았다. 소는 고기뿐만 아니라, 경제 번영과 더불어 소비가 점점 늘어나고 있던 기름, 가죽, 낙농제품 등을 제공했기 때문이다.[153] 16세기의 목축에 관해서 유의해야 할 가장 중요한 점은 그것이 점차 지역적으로 전문화된 활동이 되었다는 사실이다. 한 지역에서 좀더 많은 소가 사육되고 그것이 대지주들에게 이윤을 가져다주었다는 것은 어느 다른 지역에 그만큼 소가 적다는 것을 뜻했고, 그것은 종종 농민의 고기 및 낙농제품 소비량의 감소, 즉 식생활의 퇴보를 가져왔다.[154] 에스파냐에서는 가축을 지나치게 중시하는 현상이

---

말에 비교적 안정된 상태를 유지했으며, 전반적으로 물가가 상승했던 1520년 이후로도 별다른 상승 기미를 보이지 않았다." Peter J. Bowden, *The Wool Trade in Tudor and Stuart England* (New York : Macmillan, 1962), 4-5.

152) "그러나 16세기 중반에 이르러 곡물에서 양모로 전환하려는 움직임은 약화되었다. 토지는 점점 더 희소해지고, 노동력은 좀더 풍부해졌다. 1520년대 이후 줄곧 상승한 곡물 가격은 전반적인 물가가 폭등했던 1540년대에는 두 배로 뛰었다. 그후 1557년에 잉글랜드 직물의 해외시장은 붕괴되고, 양모 가격은 폭락했다."[Bowden, 같은 책, p. 5]

피터 램지의 다음 설명을 보라 : "일반적으로 말해서 [잉글랜드에서] 1550년경에 이르기까지, 노동력 절감이 가능하다면 경작지의 목초지로의 전환은 여전히 이익이 남는 일이었다. 여기까지는 이전 연구자들의 주장이 확증된다. 그러나 1570년 이후에는, 노동 비용의 증가가 곡물 판매에서 얻는 더 큰 이윤을 상쇄하지 못한다면, 목초지를 경작지로 다시 바꾸는 편이 더 수지 맞는 일이었다." Peter Ramsey, *Tudor Economic Problems* (London : Gollancz, 1968), 25.

153) 들뤼모는 로마에 대해서 다음과 같이 설명한다 : "[농촌의 귀족들이 볼 때] 인구와 부가 늘어나던 도시에 대해서는 밀보다 고기와 치즈를 파는 것이 한층 유리했다. 그 결과 그들은 강제로 목초지를 줄이도록 한 당국의 모든 노력에 대해서 조직적인 태업으로 맞섰다. 귀족들의 점점 더해가는 이윤에 대한 갈망과 목축에 대한 선호는 실제로 영주들의 반발을 수반했던 것으로 보인다. 게다가 이것은 로마 교외에서만 볼 수 있는 현상이 아니었다." Delumeau, *Vie économique*, II, pp. 567, 569.

조르주 뒤비는 13세기 말 이래 프랑스에서의 목축의 확대를 "도시에서의 고기, 가죽, 양모에 대한 수요 확대"와 연결지었다. 한편 소(그리고 포도주) 생산의 중요성 증가는 "프랑스 농촌의 상업화를 크게 가속화했다." Duby, "The French Countryside at the End of the 13th Century", in Rondo Cameron, ed., *Essays in French Economic History* (Homewood, Illinois : Irwin, Inc., 1970), p. 33.

154) "[범유럽적인] 곡물 및 포도주에 대한 점증하는 수요는 지방, 특히 농민으로부터 육류

나타났다. 두 가지 선택 —— 영지를 임차지로 전환하고 경작지를 목초지로 전환하는 것 —— 은 나란히 진행되었다. 후자는 경지를 점점 줄어들게 했고, 그것은 지대를 더욱 인상시켰다.[155] 더욱이 경작지가 희소해지면서 좀더 집약적인 경작을 해야 했고, 그 결과 노동력의 질이 한층 중요해졌으며, 그것은 부역을 현금 지대로 전환하는 또 하나의 유인이 되었다.[156]

16세기에 등장한 목양업은 잉글랜드와 에스파냐에 거대한 인클로저 운동을 야기했다. 그러나 역설적이게도, 인클로저를 시행한 것은 대토지 소유자가 아니라 새로운 형태의 독립적인 소토지 소유자들이었다.[157] 이들 독립적인 소규

---

를 빼앗았고, 그 결과 농민의 생존에서 중요한 요소를 박탈했다. 마을 푸줏간을 위해서 오랫동안 마지막 목초지를 보존했던 마을들은 그것을 모두 상실하고 말았다.……

"아라곤처럼 상대적인 인구 부족으로 인해서 일인당 생산을 끌어올릴 능력이 없었던 지역들은 비옥도가 떨어지는 농지를 포기하고, 수출을 위한 생산을 발전시켰으며, 노동자들은 이주해버렸다.……그 결과 농민층의 궁핍과 종속 그리고 이윤율의 안정과 더불어 풍부한 영양원이 사라졌고, 그것은 불완전 고용을 초래했다.……" José-Gentil da Silva, *En Espagne : développement économique, subsistence, déclin* (Paris : Mouton, 1965), 169-170.

155) Dobb, *Studies*, p. 58 ; Douglass C. North & Robert Paul Thomas, "An Economic Theory of the Growth of the Western World", *Economic History Review*, 2nd ser., XXIII, 1 Apr. 1970, 13 참조.

156) Dobb, 같은 책, p. 53 참조.

157) 줄리어스 클라인은 그 이유를 다음과 같이 설명한다 : "잉글랜드의 인클로저 운동과 카스티야의 비슷한 과정은……놀라울 정도로 동시에 일어났다. 각각의 경우 사태의 발단은 14세기 목양업의 자극이었다.……잉글랜드에서의 몰수된 수도원 토지의 이용 그리고 카스티야에서의 국왕에 의한 군사교단들의 대토지의 취득은 16세기 중반에 두 나라의 목축업 성장에 물질적으로 기여했다. 그러나 그뒤 두 나라에서는 각각 인클로저가 점진적 증가세를 뚜렷이 보였다. 그것은 대규모의 목양업을 위한 것이라기보다는 잉글랜드의 경우, 소규모 등본보유농을 그리고 카스티야의 경우, 정주성 목양과 농민적 영농을 위한 것이었다. 두 나라의 고등법원은……인클로저 운동을 보호했으며, 두 나라에서 공유지에 울타리치기를 한 동기는 정주성 목양을 장려하기 위한 것이었다. 두 나라에서 궁극적 결과는 소규모 농업을 장려하는 것으로 나타났다.……이베리아 반도에서 인클로저 운동에 맞서 싸운, 그리고 사실상 그 과정을 두 세기 동안 가로막은 요인은 대규모 유목 목축업이었다. 중세 및 튜더 초기 잉글랜드에서 인클로저에 반대한 것은 대체로 농업계급이었다." Julius Klein, *The Mesta : A Study in Spanish Economic History, 1273-1836* (Cambridge, Massachusetts : Harvard Univ. Press, 1919), 314-315.

174

모 농장주들의 지속적 성장을 가능하게 한 것은 물론 16세기의 경제적 부흥이었다.

당시에 전해 내려온 "양이 사람을 먹는다"는 말처럼, 목양은 식량 부족을 초래했고, 그것은 잉글랜드에서는 좀더 효율적인 농작물 생산(요먼)에 의해서 그리고 발트 해의 곡물(강제 환금작물 노동)에 의해서 보충되어야 했다.[158]

더욱이 인클로저의 증대로 농촌에서 수공업이 성장할 수 있었다.[159] 그러나 에스파냐에서는 메스타(Mesta)의 지위가 워낙 확고해서 소규모 토지소유자가 너무 앞으로 나아갈 수는 없었다. 그리고 앞으로 보겠지만, 황제 카를 5세(곧 에스파냐 국왕 카를로스 1세/옮긴이)의 정책은 이들 대지주들의 힘을 어느 정도 강화시켜주었다. 공업발달을 위해서 농촌의 유휴 노동력을 고용하는 대

---

158) "프로이센과 폴란드로부터의 곡물 수출 무역은 13세기 말에 시작되었고, 그후 14세기에는 발트 해 연안 국가들이 그 뒤를 이었다. 곡물은 네덜란드, 북부 노르웨이 그리고 잉글랜드의 일부 지역들, 즉 소택지 및 광대한 목양지와 같이 곡물이 부족한 지역으로 선적되었다." Slicher van Bath, *A.A.G.B.*, No. 12, 170.

159) 이러한 산업이 왜 특정 지역에서만 발달했는지에 대해서 존 서스크는 이렇게 설명한다 : "공통된 요인들은 다음과 같은 것들로 보인다. 주로 자유토지 보유자들······또는 자유 보유지와 거의 같은 보유권을 지닌 관습 차지인들과 같은······소농들로 이루어진, 인구가 조밀한 공동체는 목축경제를 추구한다. 이런 공동체는 낙농에 의존할 수 있으며, 이 경우 농장은 대개 일찍이 울타리치기가 되었고, 그 결과 장원조직과 협동농업은 미약하거나 존재하지 않았다. 또는 울타리치기를 할 아무런 실질적 동기가 없었고, 경작지가 불충분했으며, 협동경작의 강력한 개방경지 체제가 없는 곳에서는 풍부한 공동 방목장에서의 가축 사육에 의존할 수도 있었다.······이러한 모든 것의 근저에서, 우리는 때로 이러한 공통 요인들을 서로 관련짓게 해주는 어떤 논리가 있음을 발견할 수 있다. 목초지에 가장 적합했던 일부 토지는 그 지역에 정착이 이루어지고 나서 비교적 뒤늦은 시기까지 개간이 되지 않았다. 그것은 당장이라도 울타리치기를 하기에 적당했다. 그것은 독립적인 농민들―― 협동작업의 단위로서 크든 작든 마을이 아니라 가족을 택하는――의 공동체를 생성시켰다. 만일 토지가 낙농에 적합했다면 그 토지는 또한 직물산업에 소용될 충분한 물을 가지고 있었다. 여건이 그다지 좋지 않은 시골의 경우, 공유지로 되어 있는 너른 황무지나 습지가 있고 적합한 곡물 경작지가 부족하다면, 농업은 목양 위주가 되지 않을 수 없었다. 공유지는 토지 없는 젊은이들을 유혹했다. 이와 같은 영농은 곡물 경작보다 일손이 적게 들었고, 그리하여 사람들에게 부업에 종사할 시간을 남겨주었다." Joan Thirsk, "Industries in the Countryside", in F. J. Fisher, ed., *Essays in the Economic and Social History of Tudor and Stuart England* (London and New York : Cambridge Univ. Press, 1961), 86-87.

신 에스파냐는 이들을 추방하고 수출할 것이었다.

우리는 서유럽의 농업발달 문제에 대해서 그리고 그것이 왜 동유럽과 같이 강제 환금작물 노동을 시행하는 대영지의 경로를 따르지 않았는지에 대해서 좀더 다루어야 한다. 그것은 결국 자본주의 세계경제가 출현하고 있었기 때문이다. 폴 스위지는 일종의 생태학적 연속성을 주장한다 : "상업 중심지 부근에서는 [교역 팽창의] 봉건경제에 대한 영향력이 강력한 분해작용을 한다. 중심지에서 멀리 떨어진 곳에서는 그 영향력이 정반대로 나타난다."[160] 포스턴이 주장하고 도브가 동의하듯이, 이것은 실로 지나친 단순화라고 할 것이다.[161] 스위지의 주장은 농민에게 주어진 대안들, 즉 도시로 탈출할 수 있는 능력 및 "도시 문명생활에의 근접성"에 근거하고 있다.[162] 그는 예컨대 동유럽과 같은

---

160) Sweezy, *Science and Society*, XIV, p. 141. 또 pp. 146-147도 참조. 존 서스크는 스위지의 가설을 어느 정도 뒷받침한다 : "그러나 16세기 초에 왕국의 변방에서는 여전히 선명한 대조가 드러나고 있었다. 콘월과 데번, 컴벌랜드, 웨스트멀랜드, 노섬벌랜드 등지에는 외딴 농가들로 흩어진 마을들이 많이 있었고, 그중 일부에는 아직도 씨족적인 흔적이 있었으며, 상업세계로부터 거의 완전히 고립되어 있었다. 반면, 이스트 앵글리아와 켄트 동부의 곡물 경작 마을들은 대규모 식량 교역에 깊숙이 관여했으며 씨족, 가족, 또는 장원 영주에 대한 어떠한 사회적 의무에도 구애받지 않고 그 일에 종사했다. 고지대와 저지대 사이의 지역들[예를 들면 서부 미들랜드]에서 이와 같은 차이들은 희미해졌다." "The Farming Regions of England", in *The Agrarian History of England and Wales*, IV, Joan Thirsk, ed., *1500-1640* (London and New York : Cambridge Univ. Press, 1967), 15. 이스트 앵글리아의 위치가 중심지에 인접하지 않았다고 생각할 수도 있으나, 유념할 것은 여기에서 문제삼고 있는 것이 20세기의 위치가 아니라 16세기의 위치라는 사실이다. 서스크는 이 점에 대해서 다음과 같이 말한다 : "이스트 앵글리아는 오늘날에는 런던과 북부를 이어주는 주요 교통로에서 다소 떨어진, 지리적으로 고립된 위치에 있다. 그러나 16세기에는 이스트 앵글리아로 흐르는 강들과 긴 해안선 그리고 많은 항구들로 말미암아 런던, 동북부 잉글랜드, 스코틀랜드, 네덜란드, 발트 해의 시장과 손쉽게 교역할 수 있었다. 그 결과 이 지역의 농업은 국내외 시장에 기여하면서 일찍이 발달했고, 농업의 전문화가 크게 진전되어 17세기 초에 이르러서는 심지어 풍년에도 대단히 많은 지역들이 곡물을 자급자족할 수 없을 정도였다."[pp. 40-41]

161) "특히 [잉글랜드의] 서북부처럼 거대 시장에서 멀리 떨어진 낙후지역에서 부역이 가장 먼저 소멸되었고, 좀더 발전된 동남부에서 가장 오래 유지되었다." M. Postan, "The Chronology of Labour Services", *Transactions of the Royal Historical Society*, 4th ser., XX, 1937, 171 ; Dobb, *Science and Society*, XIV, p. 161.

162) Sweezy, *Science and Society*, XIV, p. 147.

176

여러 주변부 지역들에서, 농민들이 변경지역을 도시만큼이나 매력적인 대안으로 삼고 있었다는 점을 간과하고 있다. 16세기에 그들을 토지에 결박하기 위한 법적 수단이 도입된 것은 바로 농민들이 이러한 대안을 이용했기 때문이다.

농민이 택한 대안들 사이의 차이는 지주가 택한 대안들 사이의 차이보다 더 작았다. 비록 그것들이 어떤 역할을 수행하긴 했지만 말이다. 지주는 어디에서 가장 크고 직접적인 이윤을 얻으려고 했는가? 한편으로 그는 자신의 토지를 다른 용도(이윤율이 높은 목초지로 전환하거나 또는 소농들에게 현금 지대를 받고 임대하는 것 —— 두 경우 모두 봉건적인 부역의 의무가 불필요해진다)로 전용하고, 새로운 이윤을 상공업에 투자하고 그리고/또는 귀족적 사치에 쓸 수 있었다. 다른 한편으로 그는 주요 환금작물(특히 곡물)의 집약적 생산으로 더 많은 이윤을 얻고, 새로운 이윤을 상업(공업 그리고/또는 귀족적 사치가 아니라)에 투자할 수 있었다.[163] 앞의 대안은 서북 유럽에서 그리고 나중의 대안은 동유럽에서 더 그럴듯했다. 왜냐하면 특화된 생산분야에서 이미 확고해진 **사소한** 차이점이란, 한 지역이 과거에 가장 잘 해낼 수 있었던 것을 좀더 광범위하고 효과적으로 수행함으로써 이윤 극대화를 이루었거나 또는 적어도 이루었다고 간주되었음을 의미하기 때문이다.[164] 그러므로 잉글

163) 여기에는 조건이 따른다. 동유럽의 자본주의적 지주 귀족들도 물론 귀족적 사치에 관심을 보였다. 자냉은 다음과 같이 말하기도 한다 : "분명한 것은, 일시적이든 영속적이든 국왕 재정의 궁핍으로 인한 구매력의 한계가 있기는 했지만, 사치성 소비의 증가는 16세기 북유럽[즉 발트 해 연안국들]의 귀족생활을 특징짓는 중대한 변화 가운데 하나였다." Jeannin, *Vierteljahrschrift für Sozial- und Wirtschaftsgeschichte*, XLIII, p. 215. 그럼에도 불구하고 자냉이 궁핍으로 인한 구매력의 '한계'라고 언급한 것에 주목하라. 이것이 바로 요점이다. 팽창하는 경제에서 사치에 대한 탐닉은 절대적으로 증대했다. 그러나 서유럽에서의 증대에 견줄 때, 그것은 아마도 상대적 감소라고 말할 수 있을 것이다.

164) 더글러스 C. 노스와 로버트 폴 토머스는 *Economic History Review*, XXIII에서 다음과 같이 설명한다 : "이 시기의 인클로저는……양모 생산을 위한 목초지와 채소 재배에 적합한 지역에서 행해졌다. 전자는 양모의 수요 팽창에 부응한 것이었고, 후자는 도시지역의 확대에 따른 식품 수요의 증가에 부응하기 위한 것이었다. 16세기의 인클로저 운동은 잉글랜드 고지대 지역에서 가장 폭넓게 이루어졌다. 왜냐하면 그 지역에서는 두 가지 이유에서 인클로저의 수익성이 경작지역에 비해서 높았기 때문이다. 첫째, 목축에 적합한

랜드 정부 당국은 목초지를 위한 (그리고 시판용 채소 재배를 위한) 인클로저를 장려했지만, 동유럽은 밀 재배를 위한 대영지의 등장을 장려했다.

왜 노동력이 서북 유럽에서는 계약적이고 동유럽에서는 강제적이었는지에 관해서는, 토지의 용도가 목초지와 농경지로 각기 달랐다고 설명하는 것만으로는 충분치 못하다. 그런 경우 에스파냐령 아메리카는 계약노동을 이용했을 것이기 때문이다. 앞에서 보았듯이, 결정적인 역할을 한 것은 오히려 인구였다. 서유럽이 선택한 대안은 지나친 비용부담 없이 지주의 필요를 충족할 정도의 저렴한 노동력이 충분히 존재하고 있음을 전제로 한다.[165] 동유럽과 에스파냐령 아메리카의 경우, 세계경제의 존재를 가정할 때, 개발로 이윤을 얻을 수 있는 토지의 양에 비해서 노동력이 부족했다. 그리고 그와 같은 노동력의 부족 앞에서 "시장의 팽창과 생산의 증가는 부역의 쇠퇴 못지 않게 부역의 증가를 초래했다."[166] 사실 에스파냐령 아메리카에서 인구의 감소는 목우와 목양이 대두한 것을 설명해준다. 목우와 목양은 16세기에 널리 확산되었고, 그것은 노동력 부족으로 말미암아 강제노동을 주요 구성요소로 한 대규모 기업의 형태를 띠게 되었다.[167]

끝으로 화폐지대를 조건으로 하는 임차지의 대두가 무엇을 의미했는가를 살펴보기로 하자. 앞 장에서 논의했듯이, 중세 말기 서유럽에서는 인구 감소로 말미암아 봉건적 부담들이 화폐지대로 전환되는 현상이 널리 나타났다. 우리

---

지역은 경작지역에 비해서 인구밀도가 낮았고, 따라서 인클로저 실행에 대한 동의를 받아내야 할 주민의 수가 더 적었다. 둘째, 그리고 좀더 중요한 이유로, 양모 가격의 상승으로 공유지를 보유하는 개인들이 더 많은 양들에게 풀을 먹이려고 함으로써 토지가 비효율적으로 이용되었다는 것이다. 개인이 공유지에서 추가로 양을 먹이는 비용은 영에 가까웠지만, 모든 사람들이 그렇게 함으로써 사회에 전가되는 비용은 무시할 수 없었다. 공유지는 과도하게 방목되었고 전체적인 양모 생산량은 실제로 줄어들었다.……공유지에 인클로저를 할 수 있는 힘을 지닌 개인들은 해당 지역에 울타리를 치고 타인의 접근을 거부함으로써 이러한 일이 일어나는 것을 방지할 수 있었다."[p. 13]

165) 도브는 그와 같은 인력원을 "프롤레타리아적 또는 반(半)프롤레타리아적 구성요소"라고 부른다. Dobb, *Science and Society*, XIV, p. 161.

166) Postan, *Transactions of the Royal Historical Society*, XX, pp. 192-193.

167) François Chevalier, *Land and Society in Colonial Mexico* (Berkeley : Univ. of California Press, 1963) 참조.

178

는 이것을 양자택일의 문제로 생각해서는 안 된다. 봉건적 공납은 부역이나 현물 또는 화폐로 지불될 수 있었다. 그것을 이리저리 바꾸는 것은 종종 지주에게 유리했다.[168] 이 때문에 봉건적 지대의 형태를 바꾸는 것은 그 자체로서는 중요한 것이 아니다. 사실 다카하시는 그것을 부수적 현상이라고까지 주장하는데,[169] 내가 보기에 이것은 문제를 상당히 과장하고 있는 것 같다. 설령 그것이 13세기와 14세기에는 어느 정도 들어맞는다고 하더라도, 여러 부담을 화폐로 지불하는 현상이 일어난 것은 16세기에 이르러 분명히 의미 있는 차이로 변화해갔다. 왜냐하면 "경제 외적" 강제는 농촌 노동자보다는 오히려 지주에게 압력을 가하여 지주로 하여금 그가 의도한 것 이상으로 나아가도록 했기 때문이다.[170] 또는 적어도 경제 외적 강제는 일부 지주들에게 압력을 가

168) "화폐지대의 발달이 반드시 부역의 금납화와 결부되는 것은 아니다. 상당수의 장원들에서 화폐지대는 현물지대의 변환으로서 등장했다. 게다가 화폐지대는 부역 및 현물지대와 나란히 등장할 수 있었다. 끝으로 화폐지대는 직영지의 일부를 임대한 결과로 등장했다." Eugen A. Kosminsky, *Past & Present*, No. 7, pp. 16-17. 포스턴의 다음 설명을 보라 : "이 글에서 암묵적으로 가정하는 것은 지대와 부역이 상호 보완적인 관계에 있었으며, 정상적인 상황에서 어느 한쪽의 증가는 다른 쪽의 감소를 수반했으리라는 것이다." Postan, *Transactions of the Royal Historical Society*, XX, p. 191.

169) "장원제의 쇠퇴를 수반한 봉건적 토지소유 구조의 변화는 지대 형태의 변화를 몰고 왔다. 즉 잉글랜드에서는 화폐지대로, 프랑스와 독일에서는 생산물 지대로 변화되었다. 그러나 봉건지대의 기본 성격은 조금도 변하지 않았다. 이전에 농민은 노동의 형태로 잉여노동을 직접 바쳤지만, 이제는 실현된 형태 —— 생산물 또는 그 현금 가격 —— 로 그것을 지불했다. 변화는 이것뿐이었다.……두 경우에서, 봉건영주는 자신의 소유권에 의거하여 직접 '경제 외적 강제'를 이용함으로써 상품 교환 법칙의 개입 없이도 생산수단인 토지를 실질적으로 점유하고 있는 농민 생산자들로부터 잉여를 끌어냈다." Takahashi, *Science and Society*, XVI, p. 327.

170) 베버는 왜 장원 외부의 수많은 세력들이 이러한 과정을 좀더 완벽한 상황 변화로 밀고 나아가는 데 관심을 가졌는가에 대해서 설득력 있게 설명한다 : "도시의 신흥 부르주아지의 상업적 관심은……장원의 약화 또는 해체를 조장했다. 장원이 그들의 시장 기회를 제한했기 때문이다.……차지인의 강제부역과 납부라는 그 사실 자체로써 장원제는 농촌주민의 구매력에 한계를 지웠다. 왜냐하면 그것은 농민들로 하여금 그들의 모든 노동력을 시장을 위한 생산에 기울이지 못하도록 했고, 그들의 구매력을 신장시키지 못하도록 가로막았기 때문이다.……더욱이 발전도상의 자본주의로서는 자유노동시장의 창출에 관심을 두고 있었다.……신흥 자본가들은 토지 획득 욕구로 인해서 장원제에 대하여 점점 적대적으로 되어갔다.……끝으로, 국가 역시 재정적 관심에서, 장원의 해체를 통한 농촌의 납

하고 있었다. 팽창기에는 노동력을 얻기 위한 경쟁이 있었다. 아주 부유한 지주들은 다른 지주들에 속한 노동력을 살 능력이 있었다. 아주 영세한 지주들은 자신의 토지에서 농사 지을 차지인들을 얻는 것으로 만족할 밖에 다른 선택의 길이 거의 없었다. 낡은 봉건적 관계에 가장 오래도록 집착했을 사람들은 중간 규모의 지주들이었다.[171]

잉글랜드와 프랑스는 중세 말기에 같은 과정을 겪었다. 두 지역에서 다 같이 농노 해방, 화폐지대 임차지의 등장 그리고 이들과 관련해서 임금노동의 대두가 이루어졌다. 그러나 16세기에 묘한 일이 일어났다. 잉글랜드는 이 길을 계속 걸어나갔다. 동유럽은 "재판 농노제"를 향해 나아갔다. 남프랑스는 분익소작제로 나아갔다. 북프랑스에서는 그 변화가 갑자기 멈춘 것처럼 보였다. 블로크의 지적대로, "[16세기]까지 자유를 얻지 못한 마을들은 그뒤로 자유를 얻기가 점점 더 어려워졌다."[172]

이 문제를 바라보는 한 가지 길은 농노가 스스로 자유를 얻을 수 있는 능력에 어떤 한계가 있었다고 보는 것이다. 블로크는 오히려 농노에게 임차 계약을 강요할 수 있는 영주의 능력에 어떤 한계가 있었다고 간주한다.[173] 블로

---

세능력 증대에 기대를 걸고 개입했다." Weber, *General Economic History*, p. 94.

171) 도브의 다음 설명을 보라 : "농노 노동의 공급에서, 소영지는 대영지, 특히 교회의 토지에 비해 흔히 한층 더 어려움을 겪었다. 더욱이 한 영주가 다른 영주의 농노를 '유혹'하거나 또는 폭력으로 납치할 경우, 소영주는 좀더 부유하고 유력한 이웃 영주의 경쟁이나 약탈로 인해서 피해를 입지 않을 수 없었다. 그러므로 소영주들은 법의 보호를 열망했다.……그러나 때때로 이것은 반대의 결과를 초래하기도 했다. 만일 어떤 영지에서 유지해야 할 농노 노동의 양이 심각하게 떨어졌는데도 그 영주가 직영지 경작을 조금이라도 유리하다고 판단했다면, 그는 주로 고용노동에 의존하지 않으면 안 되었다. 그렇게 되면 영주가 농노 각자에게 명령할 수 있는 강제부역의 양은 그에게 비교적 문제가 되지 않으며, 더욱이 좀더 부유한 인접 대영주에 비교하면 훨씬 더 문제될 것이 없었다. 만일 영주가 고용노동을 이용할 수 없는 경우에 그가 취할 수 있는 다른 방도는 부역을 증가하거나 확충하는 것이 아니라(이것들은 어떤 경우에도 충분치 않았을 것이기 때문이다) 직영지 경작을 포기하고 그 대신 토지 이용의 대가로 지대를 지불할 차지인을 찾는 것이었다." Dobb, *Studies*, pp. 59-60.

172) Bloch, *Caractères originaux*, I, p 117.

173) "엘베 강 너머의 동부 독일에서 그리고 그보다 동쪽의 슬라브 국가들에서는 영주제 전체가 변화하여 새로운 제도로 나아갔다. 봉건적 공납은 더 이상 수익성이 좋지 않았다.

크는 프랑스와 잉글랜드의 이러한 결정적 차이를 이전에 존재했던 차이들에 의거해서 설명한다. 프랑스는 화폐경제가 좀더 일찍 광범위하게 확산되어 있었다는 점에서 잉글랜드보다 경제적으로 발달해 있었다. 잉글랜드는 강력한 중앙정부를 가지고 있었다는 의미에서 프랑스보다 정치적으로 "발달되어" 있었다. 그것은 궁극적으로 잉글랜드에서는 왕권이 정복에 의해서 창출된 반면, 프랑스 국왕들은 참다운 봉건적 권력 분산이라는 상황 속에서 그들의 권위를 서서히 결집해나갔다는 사실에서 기인한다. 이러한 주장들 각각의 논리를 살펴보자.

첫째, 프랑스는 유럽의 상업과 기술의 흐름에 대해서 잉글랜드보다 중심에 자리잡았고, 따라서 프랑스에서는 지주계급이 일찍 형성되었으며 봉건적 부담의 화폐지대로의 전환도 더 먼저 일어났다.[174] 그러나 장원의 붕괴에 대한 반대압력이 잉글랜드와 프랑스에서 거의 동시에 발생했기 때문에, "장기" 16세기로 들어설 무렵 잉글랜드의 장원들은 프랑스의 장원들에 비해서 본래의 모습을 비교적 고스란히 간직하고 있었다. 그러므로 블로크의 설명에 따르면, 잉글랜드의 지주들은 프랑스 지주들에 비해서 좀더 자유롭게 대영지의 새로운 상업화 가능성들을 이용할 수 있었다. 잉글랜드는 임금노동 체제로

---

그것은 대수롭지 않았다! 지주 자신이 밀의 생산자이자 상인이 되었던 것이다. 마을 사람들에게서 빼앗은 밭들이 그의 수중에 다시 모여들게 되었고……직영지는 농민보유지들을 먹어치우거나 아니면 고혈을 짜냈다. 잉글랜드에서는 사태가 이와는 다른 과정을 밟았다. 물론 잉글랜드에서도 [지주에 의한] 직접 개발이 농민과 공유지를 희생시키면서 발빠르게 진행되었다. 그럼에도 불구하고 지주는 대개 지대수취자로 남았다. 그러나 대부분의 지대들은 더 이상 고정된 것이 아니었다. 차후 소(小)보유지는 고작해야 제한된 조건으로, 그것도 대개 영주의 자의대로 할당되었다. 지대를 당시의 경제상황에 맞게 조정하기란 더없이 간단한 일이었다. 유럽의 양쪽 끝에서 근본적인 특징은 동일하게 나타났다. 주로 [13세기와 14세기의 봉건제의] 위기로 말미암아 영구보유지 제도는 없어도 그만이었다.

그런데 프랑스에서는, 그와 같은 노골적인 방식으로는 이런 일이 불가능했다."[Bloch, 같은 책, I, 131-132]

174) "[잉글랜드에서] 장원의 축소를 향한 [그] 움직임은 [프랑스보다] 훨씬 나중에, 즉 11세기-12세기-13세기 초가 아닌 13세기-14세기-15세기 초에 일어났다. 그것은 영주권이 뒤늦게 발생되었으므로 자연스러운 지체였다." Marc Bloch, *Seigneurie française et manoir anglais*, p. 114.

나아갔고 농노 해방을 계속했다. 프랑스는 열악한 여건을 최대한 이용해야
만 했고, 지주들은 옛날식의 압력을 새롭게 가함으로써 수입을 증대시키려
고 했다.

두번째 논의는 12세기의 국왕과 귀족 사이의 관계에 대한 것이다. 잉글랜
드는 사법부에 대한 강력한 중앙통제권을 확립했다. 그러나 이러한 성취의 이
면을 들여다보면, 영주는 비록 형사범죄에 대한 사법권은 상실했음에도 불구
하고, 적어도 장원 내부에서는 토지의 보유에 관한 어떠한 조치라도 마음대로
실행할 수 있는 전권을 쥐고 있었다. 14세기와 15세기에 장원법정은 관습법
을 해석하는 데에서 등본보유(copyhold)를 경시했다. 15세기 말에 이르러 국
왕법정이 마침내 이러한 문제에 개입할 수 있게 되었을 때, 그들은 "관습법"
이 다양한 지대를 허용하고 있음을 밝혀냈다.

그러나 프랑스에는 중앙집권적인 형사재판권이 없었다. 반면, 장원 영주는
토지법에 대한 배타적인 권한을 결코 가지지 못했다. 그러므로 농민의 세습권
은 쉽사리 침해될 수 없었다. 누가 진정한 "소유자"인가 하는 것은 모호한
법률적 문제가 되었다. 16세기에 이르러서는 차지인을 쫓아낼 수 없다고 주
장하는 법학자들도 있었다. 그러므로 지대를 변경할 수 없게 된 영주들은 증
빙문서들을 법적으로 조작함으로써 그리고 그런 문서들의 "재발굴"을 통해서
봉건적 공납의 의무를 확대함으로써 토지를 재취득해야만 했다.[175] 장기간에

175) Bloch, *Caractères originaux*, I, 132–139 참조. 루블린스카야는 이 분석에 대해서 다음
과 같이 말한다 : "마르크 블로크의 이와 같은 설명은 피상적인 것으로 보인다." 그러나
그녀는 자신의 논문에서 그 이상의 분석을 제시하지 못한다. Lublinskaya, "Préface à
l'édition russe des *Caractères originaux de l'histoire rurale française*", *Annales E.S.C.*,
XIV, 1, janv.–mars 1959, 201.
　에두아르 페루아는 같은 맥락의 주장을 블로크보다 한층 더 강력하게 펼친다. 그의
주장에 따르면, 잉글랜드는 중세 말에 봉건적 성격을 벗어던지고 있었던 반면, 바로 같
은 시기에 프랑스는 사실상 봉건적 성격을 강화시켰고, 그것도 국왕의 동의 아래서, 아
니 국왕의 주도로 강화시켰던 것이다. 그의 주장은 다음과 같이 이어진다. 즉 프랑스는
중세 초에 봉건적 분열의 영향을 가장 많이 받은 나라였다. 그러므로 국왕은 비록 지주
들 중 으뜸가는 지위를 누리기는 했지만 사실상 일개 지주의 권력을 지니고 있었을 뿐
이다. 이러한 딜레마에 대한 카페 왕조의 해결책은 국왕의 영지를 확대하여 프랑스 전역
을 포함하도록 하고, 그리하여 프랑스는 국왕을 유일한 정점으로 하는 광대한 봉건적 피

걸쳐 이러한 차이는 결정적인 중요성을 띠게 될 것이다.[176]

따라서 블로크는 다음과 같은 내용을 주장하고 있는 듯하다. 즉 잉글랜드의 법적 제도는 지주에게 좀더 신축적인 활동의 여지를 허용했던 까닭에 화폐대 임차지와 임금노동은 계속해서 확대되었고, 그와 더불어 목축업을 영위하는 대영지와 젠트리가 되어가고 있던 요먼층이 다 같이 번성할 수 있었다는 것이다. 그것은 또한 좀더 많은 농촌 노동력을 도시지역으로 내몰아 산업화의 역군인 프롤레타리아 계급을 형성하도록 했다. 반면, 프랑스에서는 역설적으로, 다름 아닌 국왕의 권력이 영주계급으로 하여금 경제적으로 기능이 떨어지는, 좀더 "봉건적인" 형태의 토지 보유를 유지토록 함으로써 프랑스의 발목을 붙잡고 있었다.

토지 보유 문제의 해결은 또한 세계체제 안에서 한 국가가 수행하게 될 역할에 중대한 영향력을 미쳤다. 동유럽에서와 같은 영지 경영 체제는 많은 감독 요원을 필요로 했다. 만일 잉글랜드의 지주들이 이런 방향으로 나아갔더라면, 신흥 세계경제에서 요구되는 그 많은 새로운 행정요원들 —— 상무관, 마침내는 해외파견 인력 등 —— 을 충원할 인력이 충분치 못했을 것이다. 지주들이 그들의 인적 자원을 이러한 다른 용도를 위해서 순순히 내주었다는 것이 아니라, 이들 다른 용도가 확대되면서 영지의 감독을 맡을 요원이 더욱 줄어들었다는 것이다. 임차지는 하나의 탈출구였던 것이다.

이제 전체적인 윤곽을 보기로 하자. 서북 유럽은 토지의 용도를 목축과 농경으로 나누는 과정에 있었다. 이것은 확대되는 시장이 낙농품을 위한 더 큰

---

라미드가 되었다. 그러므로 13세기 이후에 국왕들은 자유토지의 봉토로의 전환을 조장함으로써 이러한 토지들을 국왕의 궁극적인 권위 아래 귀속시켰던 것이다. Perroy, *Le Moyen Age*, pp. 370-371 참조.

176) 이 점을 설명하려면 우리의 이야기를 앞당겨야 할 것이다 : "잉글랜드에서 절대주의의 몰락은 '인클로저 운동'의 확산과 기술상의 변화를 가능케 함으로써 젠트리에게 유리하게 작용했지만, 그것은 또한 이러한 변화와 그 변화가 몰고 온 결과 때문에 수많은 차지인들의 파멸과 권리 박탈을 초래했다. 프랑스에서는, 이와 흡사하지만 상반된 발전과정에 의해서, 절대군주의 승리는 '봉건적 반동'의 범위를 제한했다." Bloch, *Caractères originaux*, I, p. 139.

시장을 창출하고[177] 또한 세계경제의 주변부가 핵심부에 곡물을 공급함에 따라 오로지 가능했다. 반주변부는 공업(그것은 점차 핵심부에 국한된 활동분야가 되었다)을 외면하고 비교적 자급자족적인 농업을 향해 나아갔다. 핵심부의 농업 전문화는, 작업이 좀더 숙련되어가면서 그리고 지주들이 잉여 농업노동자들의 부담에서 벗어나려고 하면서, 농촌의 노동관계의 화폐화를 촉진했다. 임금노동과 화폐지대는 노동통제의 수단이 되었다. 이러한 체제에서 독립적인 소(小)농장주들이 등장할 수 있었으며, 사실 그들의 농업생산품 그리고 새로운 수공업과의 관계를 바탕으로 하여 성장할 수 있었다. 인구가 증가하고 임금이 하락하는 상황에서, 마르크스가 말했듯이, 이들 요먼 농장주들은 "그들의 노동자와 지주를 희생시킴으로써 부유하게"[178] 되었다. 그들은 공공연하게 국가의 식량 공급을 보장해야 할 필요성을 내세우면서 (인클로저에 의해서) 노동자들의 토지를 강탈했고,[179] 그리고 나서는 그들을 낮은 임금으로 고용했으며, 다른 한편으로 고정지대를 지불하고 대영지 소유자로부터 점점 더 많은 토지를 얻어냈다. 이러한 새로운 요먼 계급의 힘에 관해서 길게 논의할 생각은 없다. 다만 그들이 중대한 경제적, 따라서 정치적 세력이 되었음을 인식하는 것으로 충분하다. 그들의 경제적 힘은 그들이 "기업가적"으로 될 모든 동기를 가지고 있었다는 사실에 놓여 있었다. 그들은 부와 신분 상승을 추구했다. 성공으로 가는 길은 경제적 효율성이었다. 그러나 그들은 아직 푸짐하게 베풀어야 하는 전통적인 의무, 또는 사치스러운 소비나 도시생활이라는 신분적 의무에 얽매여 짓눌리지 않았다.[180]

---

177) 런던의 식량시장의 성장이 어떻게 잉글랜드와 웨일스의 더욱 넓은 지역에서 낙농품 생산을 자극했는지에 대해서는 F. J. Fisher, "The Development of the London Food Market, 1540-1610", in E. M. Carus-Wilson, ed., *Essays in Economic History*, I (New York : St. Martin's, 1965), pp. 135-151 참조.

178) Marx, *Capital*, I, ch. XXXIX, p. 744.

179) "〔잉글랜드에서〕 새로운 산업주의의 확산은 대규모 목축을 소규모 경작지로 대치하는 것이 식량문제에 대한 국가의 유일한 해결책이라는 등본보유농의 항변에 힘을 실어주었다." Klein, *The Mesta*, p. 344.

180) 마르크 블로크는 16세기 프랑스에서 "젠틀맨 농장주(gentleman farmer)", 즉 자신의 토지를 직접 감독하는 영지 소유자라는 새로운 사회적 유형이 등장했다고 지적한다 : "현

184

분명히 농촌에서의 경제적 노력의 그와 같은 재배치는 도시의 성격에 커다란 영향을 미쳤다. 도시는 어떻게 되어가고 있었는가? 알다시피, 16세기는 전반적으로 인구가 증가하고 도시의 규모가 커진 시기였다. 그것은 모든 곳에서 절대적인 현상이었고 핵심부에서는 상대적인 현상이었다. 그러므로 논리적으로 그리고 경험적 증거로 미루어, 헬라이너가 말하듯이 "[16세기에] 토지자원에 대한 인구의 압력은 치솟고 있었다고 추정해야 할 것이다."[181] 동유럽에서 일부 주민들은 변경의 땅으로 이주했다. 일부는 이베리아 반도에서 아메리카 대륙으로 이주했고, 일부(유대인, 나중에는 무어인)는 지중해의 다른 지역들로 추방되었다. 서유럽에서는 전반적으로 도시로의 이주가 일어나고 유랑민이 점차 늘어났는데, 그것은 서유럽의 "풍토적"현상이었다.[182] 인클로저로 추방당한 농촌 노동자들 그리고 수확기의 몇 주일 동안 산악지대에서 평야로 내려와 머물렀던 이주 노동자들 —— 브로델은 그들을 "진정한 농촌 프롤레타리아들"이라고 부른다 —— 과 같은 농촌의 대이동만이 있었던 것은 아니다.[183] "봉건적 가신단의 몰락에 기인한 그리고 봉신들에 맞서서 국왕을 섬기고자 모여든 방대한 군대의 해산으로 말미암은" 방랑도 있었던 것이다.[184]

이 방랑자들은 모두 무슨 일을 했는가? 그들은 물론 여러 새로운 산업에

명하게만 한다면, 이와 같은 주인 자신의 감독보다 더 유리한 것은 없었다. 그러나 그것은 주인의 상주(常住)를 전제로 한다.……그러나 [파리로부터의] 망명은 결국 절망적인 해결책이었다. 더욱이 귀족이건 부르주아이건 간에 많은 대지주들은 자신들의 토지에 사는 것이 취향에 맞지도 않았고 또 그럴 만한 시간적 여유도 없었다. 부유한 사람들이 대개 광범한 지역에 산재한 여러 토지를 소유했는데, 이 많은 토지들을 본인이 직접 감독하기가 불가능했다는 사실은 두말할 필요도 없다." Bloch, *Caractères originaux*, I, p. 149.
181) Helleiner, *Cambridge Economic History of Europe*, IV, p. 24.
182) Braudel and Spooner, *Relazoni del X Congresso Internazionale di Scienze Storiche*, IV, p. 242.
183) Braudel, *La Méditerranée*, I, p. 67. "끔찍한 보건위생 상태에서 이곳의 농민들은 근근히 살아갔다. 농민에게는 주인들이 있었고, 농민이 생산한 것은 주인들에게 돌아갔다. 종종 산골 집에서 뛰쳐나온 순진한 풋내기가 새로 도착하곤 했는데, 그는 지주나 그의 마름에게 기만당하기 일쑤였다. 그가 처한 정확한 법률적 지위가 어떠하든 간에, 그는 여러 면에서 말하자면 식민지의 고립지역 같은 곳에 있었다.……들판은 영주에 속해 있었다."
184) Karl Marx, *The German Ideology* (New York : International Publ., 1947), 51.

비숙련 노동력을 제공했다. 마르크스의 관점에 따르면, "특히 잉글랜드에서 매뉴팩처(manufacture)의 급격한 대두는 그들을 점차 흡수했다."[185] 그리고 이미 살펴보았듯이, 지주들이 기꺼이 봉건적 의무를 지대로 바꾼 이유 중 하나도 바로 그들을 이용할 수 있었기 때문이었다.[186]

그러나 식량 생산에 종사하지 않는 노동력이 이처럼 팽창했다는 것은 또 하나의 사실과 부합하기 힘들다. 존스와 울프의 주장에 의하면, 산업발달의 전제조건으로서 16세기 서북 유럽에서 역사적으로 처음 충족된 조건은 생산성 증대 및 광대한 시장과 나란히, "강한 인구압력으로부터 숨돌릴 여유가 있었고, 그 기간 동안 인구보다는 수입이 더 증가했다"[187]는 점이다.

---

185) 같은 책, 51-52.
186) Dobb, *Studies*, p. 55. 도브는 이렇게 덧붙인다 : "역설적이지만, 사실 고용노동의 생산력이 (임금과 비교하여) 이 결정적인 수준을 넘기만 한다면, 고용노동이 부역노동보다 효율이 떨어져도 고용노동에 의한 경작이 유리한 것이다."[p. 56] 그는 각주에서 이렇게 덧붙인다 : "고용노동으로부터 얻을 수 있는 잉여가 농노노동에 의한 잉여(즉 영주를 위해서 일할 때의 농노노동의 생산물)보다 커야 할 필요는 없었다. 왜냐하면 비록 우리들은 고용노동이 직영지에서 농노노동을 대치했다고 가정하고 있지만, 그것은 잉여의 원천으로서의 농노노동을 대치한 것이 아니라 농노노동에 더해진 것이기 때문이다. 만일 농노가 잉여 노동시간을 직영지 경작에 종사하여 생산하는 생산량과 똑같은 양으로 영주가 노동부역을 금납화했다고 가정하면, 새로운 고용노동이 그들의 임금보다 조금이라도 더 생산하는 한, 영주는 이 변화에 의해서 이윤을 보게 될 것이다. 왜냐하면 영주는 농노로부터 금납화한 지대를 받는 것 외에도 이 잉여를 추가로 가지기 때문이다." 더욱이 마르크 블로크가 언급했듯이, "부역노동은 [영주가] 항상 절대적으로 자유롭게 처분할 수 있는 것이 아니었다. 특히 '가외 부역(boon-works)'을 할 때에는 영주가 농노들에게 식사를 제공하는 것이 관례였다. 그러므로 식비가 노동가치를 초과한다면 그것은 가치가 없었다. 임금노동자에 대한 식비보다 임금이 더 적다고 생각하는 것은 터무니없는 일로 보인다. 그러나 우리는 빈약한 노동의 질을 염두에 둬야만 한다.……[더욱이] 부역의 의무가 있는 농민에게 그런 노동이 더 이상 요구되지 않았다면, 그것은 농민이 그 부역을 되샀다는 것을 의미했다. 즉 부역을 하는 대신 돈으로 치러야 했던 것이다. 그러므로 우리는 한쪽 난에, 충분한 사회적 압력의 결과로서 정당하게 기대될 수 있을 대체 지불액 및 이때 절약된 응분의 식사비용을 더한 값을 두어야 한다. 다른 난에는 부역노동을 대치하는 임금노동일의 비용을 두어야 한다. 어떤 한 난의 총합이 다른 난을 초과하는가 못 하는가에 따라서, 부역 없이도 지낼 수 있는지 없는지를 고려하게 된다." Bloch, *Seigneurie française*, pp. 116-117.
187) Jones and Woolf, *Agrarian Change and Economic Development*, p. 4.

그렇다면 핵심부 국가들의 도시에 넘쳐난 잉여 인구와, 유랑자로서 농촌을 배회한 잉여 인구는 어떠했는가? 한 가지 사실은 많은 수의 사람들이 죽어가고 있었다는 것이다. 일부는 부랑자라는 이유로 교수형에 처해졌다.[188] 특히 "운송속도가 늦고 물류비용이 과다할 경우, [그리고] 수확이 불규칙한"[189] 상황에서 기근은 흔한 일이었다. 브로델과 스푸너가 언급하고 있듯이, 이러한 경제구조에 대한 분석은 "이들 [부랑] 인구의 '젊은 층'을 고려에 넣어야만 하는데, 그들의 수명은 기근과 전염병으로 말미암아 평균적으로 짧았다."[190]

이것은 브로델이 지적한 다른 기이한 현상들을 설명해준다 : "도시의 프롤레타리아트는, 지속적인 이민의 물결이 없었다면, 인구 증가는커녕 현상 유지도 할 수 없었을 것이다."[191] 그것은 또한 펠프스-브라운과 홉킨스가 지적한 기묘한 상황, 즉 노동자의 임금이 크게 하락했음에도 불구하고 사회적 동요가 비교적 적었던 당시의 상황을 설명하는 데에 도움을 준다. 그들은 이렇게 대답한다. "답변의 일부는 그것이 [15세기의] 높은 임금수준으로부터의 하락이었으며, 따라서 임금의 하락 폭이 컸음에도 불구하고 노동자들은 여전히 생존에 필요한 정도의 임금을 받고 있었다"[192]는 것이다.

---

188) Marx, *German Ideology*, 51.

189) Braudel, *La Méditerranée*, I, p. 300.

190) Braudel and Spooner, *Relazioni del X Congresso Internazionale di Scienze Storiche*, IV, pp. 241–242.

191) Braudel, *La Méditerranée*, I, p. 306. "이들 필수불가결한 이주자 가운데는 가난하거나 범용하지 않은 이들도 종종 있었다. 그들은 도시생활에 인력을 제공했을 뿐만 아니라 필수불가결한 새로운 기술을 도입했다. 가난 때문이 아니라 종교 때문에 추방당했던 유대인들은 이와 같은 기술 이전에서 남다른 역할을 수행했다."

192) Phelps-Brown and Hopkins, *Economica*, XXVI, p. 294 참조. 다양한 도시민 계급의 생활방식의 상대적 차이는 오늘날 유럽의 모습과 전혀 동떨어진 것이 아니었다. 이것은 말라가(Málaga)의 3,096가구(약 1만2,000명)에 관한 1559년의 연구에서 엿볼 수 있다. 이 연구는 다음과 같이 계급을 구분한다 :
부유층[razonables], 반드시 부자라고는 할 수 없다. 10퍼센트
서민[pequeños], 70퍼센트
빈민[pobres], 20퍼센트
　20세기의 말라가 또는 파리에 대한 조사가 이것과 현격하게 다른 양상을 보여주겠는가? 이 조사는 Braudel, *La Méditerranée*, I, p. 413에서 재인용한 것이다.

그러나 서북 유럽 노동자들의 임금수준이 그나마 생존수준을 유지할 수 있었던 것은 주변부에서 밀을 수입할 수 있었고, 유통에 필요한 금은을 보유하고 있었으며, 그 인구의 일부가 죽어간 덕분이었는데, 이 부분은 그 자체만으로도 탐구할 만한 매력적인 주제로 보인다. 그렇다면 16세기에 이미 유럽 여러 도시들의 노동계급 내에 체계적인 인종차별이 있었음직하지 않은가? 예를 들면, 카지미에슈 티미니에키는 16세기 엘베 강 동쪽의 도시들에서 이런 현상이 있었음을 지적했는데, 이 지역에서는 독일 노동자들이 슬라브 이주자들을 고급 직종에서 배제했던 것이다.[193] 근대 초기 유럽의 도시 노동계급의 인종적 분포에 대한 연구는 충분하지 않은 것 같다. 그러나 나는 티미니에키의 설명이 세계경제 전반을 단적으로 보여준 것이라고 생각한다. 이 세계경제 안에서 도시의 분포는 불균등했을 뿐만 아니라, 아마 개개의 도시들 내부에서도 인종집단들이 고르지 않게 분포되어 있었다. 우리는 계층 내부에 다시 여러 계층들이 있었다는 점을 잊어서는 안 된다.

도시 노동자들을 고찰하는 데에 신중해야 한다면, 상층계급을 고찰하는 데에도 주의를 기울여야 한다. 중세 유럽에서 고위직은 귀족으로 불리는 전사-지주가 장악하고 있었다. 그들은 대부분 직업적으로 동질적인 집단이었으며, 대략 영지의 크기 및 봉신의 수와 연관된 지위로 구별되었다. 분명히 개인들과 가문들의 지위는 올라가기도 하고 내려가기도 했다. 또한 도시귀족이 출현한 소수의 도시들이 있었다. 우리는 이미 앞 장에서 도시귀족의 출현에 따른 그 정체성에 관한 몇몇 개념상의 혼란에 대해서 논의한 바 있다.

---

193) "14세기 이후, 특히 15세기 및 16세기 전반에 이르러 엘베 강 동쪽 지역의 독일에서는 루사티아에서 브란덴부르크를 거쳐 메클렌부르크 —— 따라서 오랜 동안 독일인들(또는 독일화한 군주들)이 지배했음에도 불구하고 슬라브적 요소가 특히 시골에서 아직 강하게 남아 있었던 지역들 —— 에 이르기까지 여러 도시들에서 슬라브인이 수공업자 길드에 참여하는 것을 제한하는 일이 전형적으로 일어났다. 그 결과 우리는 국적에 따른 차별과 함께 [슬라브] 주민을 겨냥한 '사회적' 차별을 보게 된다. 이것은 슬라브인들이 도시지역으로 이주하는 경향을 강하게 보이면서 발생했다." Kazimierz Tyminiecki, "Le servage en Pologne et dans les pays limitrophes au moyen âge", *La Pologne au Xe Congrès International des Sciences Historique à Rome* (Warszawa : Académie Polonaise des Sciences, Institut d'Histoire, 1955), 25.

188

그러나 16세기에 지주-상인은 과연 귀족이었는가 아니면 부르주아였는가? 일반적으로나 구체적으로나 이것은 불분명하다는 것이 분명하다. 상업 및 자본주의적 농업에 기반을 둔 세계경제의 출현과 더불어 상황은 모호해졌다. 이제 국제적 상인들과 "산업가들(industrialists)"을 차례로 살핀 다음, 그들의 지리적 분포 및 그들과 지주계급과의 관계를 고찰하기로 하겠다.

여러 면에서 16세기에 사용된 상업적 이윤 획득의 기법들은 중세 말의 도시들이 인접 배후지역을 상대하면서 습득한 방법의 연장에 불과했다. 도시들이 공통적으로 직면한 문제는 그들 자신의 시장을 통제하는 문제, 즉 농촌으로부터 구입하는 품목의 가격을 낮추는 것과 외지 상인들의 역할을 최소화하는 것이었다.[194] 두 가지 수법이 사용되었다. 한편으로, 도시들은 시장활동에 세금을 부과할 법적 권리를 얻고자 했을 뿐만 아니라, 거래활동을 규제할 권리(누가, 언제, 무엇을 거래해야 하는가 등)도 얻고자 했다. 더욱이 그들은 도시 인근 배후지역이 해당 도시를 경유하지 않고는 교역에 참여하지 못하도록 규제하려고 했다. 그 결과는 도브가 말한 일종의 "도시 식민주의"[195]였다. 시

---

194) 어떤 면에서, 사업에 참여한 귀족을 도시 부르주아지의 관점에서 단순한 "낯선 상인"으로 생각할 수도 있을 것이다. 프리츠 레들리히의 분석을 참고해보자. "[상업에 종사하는 귀족들을 상대로 한] 수많은 제한적 규제와 제재 법규들은 뒤늦게, 즉 1600년에 이르러서야 발표되기 시작한 것으로 보인다.……실제로 규제조치들은 상속자들보다는 차남 이하 아들들의 직업에 의해서 결정된 것으로 보인다.……몇몇 경우에서, 귀족의 사업활동에 대한 규제는 귀족 경쟁자들에 의해서 위태롭게 된 도시 상인들을 보호하기 위하여 발표된 것이지, 이러한 활동이 귀족에게 부적절하다고 간주되었기 때문은 아니었다.…… 금지조치는 대개 소매업과 수공업 분야에 적용되었다. 그것은 늘 농업과 대규모 공업 분야의 기업활동에 대해서는 여지를 남겨두었으며……많은 경우 해외무역에 대해서도 마찬가지였다." Redlich, "European Aristocracy and Economic Development", *Explorations in Entrepreneurial History*, VI, 2, Dec. 1953, 83.

195) Dobb, *Studies*, p. 95. 프레드릭 레인이 말한 것처럼, 일단 기술이 무력에 대한 "자연적 독점"의 규모를 확대했다면, "도시 식민주의"로부터 "국가 식민주의"로의 이행은 자연스러운 단계로 볼 수 있다. "중세 유럽에서는 한 지방 이상의 여러 영토를 통치한다는 것은 규모의 불이익을 가져왔다. 이와는 대조적으로, 17세기에 이르러 한 민족국가 전부를 정복할 만한 강력한 군사력이 없다면, 정부가 외부세력에 맞서서 단 한 지방에 대해서라도 독점을 지켜낸다는 것이 불가능했다. 자연적 독점의 크기는 변화해왔다. 그리고 새로운 기술에 부응하는 새로운 자연적 독점이 확립되는 동안, 경쟁과 높은 방어비용이

간이 지나면서 이러한 다양한 메커니즘은 도시민에게 유리하도록, 다시 말해
서 지주 및 농민계급에게 불리하고 도시 상인계급에게 유리하도록 거래조건
을 변경했다.

그러나 여기에서 얻은 이윤이 중요한 것이기는 했지만 원거리 무역, 특히
식민무역 또는 반(半)식민무역에서 획득한 이윤에 비해서는 적었다. 앙리 세
는 초기 식민지 상업활동의 이윤의 폭이 매우 높았다고 추정한다 : "해적질이
나 별로 다를 것이 없던 상거래에서 이윤의 폭은 200-300퍼센트를 초과한
때도 있었다."[196] 이러한 높은 이윤율에는 두 가지 별개의 측면이 있었다. 첫
째는 식민지 지역의 "구매독점(monopsony)" 상황, 즉 토지와 노동력에 대한
"구매"의 독점이었다. 앞서 살펴보았듯이, 이러한 장치는 에스파냐령 아메리
카이건 동유럽이건 간에 법의 힘에 의존하여 이루어졌다. 둘째는 1차 산물
판매지역인 서유럽에서의 사실상의 경쟁 부재였다. 이러한 경쟁 부재의 원인

---

소요되는 기간이 있었다. 원자력 무기가 등장한 우리 시대에는 지구 전체보다 더 작은
규모의 자연적 독점은 아마 없을 것이다." Lane, "Economic Consequences of
Organized Violence", in *Venice and History* (Baltimore, Maryland : Johns Hopkins
Press, 1966), 415-416, 주 4.
196) Henri Sée, *Modern Capitalism* (New York : Adelphi Co., 1928), 41. 도브 역시 비슷한
주장을 한다. "[잉글랜드에서] 국내시장의 팽창은 도시의 성장과 도시시장의 증가뿐만
아니라 고용노동의 성장과 화폐지대에 바탕을 둔 직영지 임대와 더불어 화폐경제가 장
원에 침투한 데 기인한 것이었다. 그럼에도 불구하고 급속한 상업발달에 더욱 큰 기회를
제공한 것은 해외무역이었다. 그리고 가장 큰 부가 형성된 것도 해외무역에서였다."
Dobb, *Studies*, p. 129.
레닌 역시 국가 자본주의의 발달에서 국제교역이 핵심적인 역할을 했다고 주장했다 :
"자본주의 국가가 대외시장을 가질 필요성은 사회적 생산물(및 특히 잉여가치)의 실현
법칙에 의해서 결정되는 것이 아니라, 무엇보다도 자본주의가 폭넓게 발달된 상품유
통――그것은 국가의 한계를 초월한다――의 결과로서만 등장한다는 사실에 의해서
결정된다. 그러므로 대외무역 없이 자본주의 국가를 상상한다는 것은 불가능하며, 그러
한 국가는 존재하지도 않는다." V. I. Lenin, *The Development of Capitalism in Russia*
(Moscow : Foreign Languages Publishing House, 1956), 44.
프랑수아 모로가 "1500년과 1800년을, 즉 르네상스와 산업혁명을 구분하는 것은 상업
자본주의"라고 주장할 수 있는 것은 세계무역이 차지하는 비중이 이렇듯 컸기 때문이다.
François Mauro, "Towards an 'Intercontinental Model' : European Overseas Expan-
sion Between 1500-1800", *Economic History Review*, 2nd ser., XIV, 1, 1961, 1-2.

190

은 일부는 기술발달의 결여에 그리고 일부는 수직적인 상품 거래망에 있었다.

분명히 은행 예금업무, 환어음, 중개인, 중앙 상업조직의 지점망 등의 상거래 기법은 13세기 말과 14세기 초에 괄목할 만한 진보를 보였다. 쇼뉘는 이러한 기법들이 상업 자본주의의 잉여 수취 능력을 "아마도 10배나" 증가시킬 수 있도록 했으며, 그 결과 "국가와의 긴밀한 유대 속에서 모험항해 사업과 신세계의 착취에 소요되는 선박과 인력과 수단"을 갖추게 해주었다고 추정한다.[197] 그럼에도 불구하고 이 모든 상업적 혁신들은 원거리 상인들이 상당한 자본과 으레 얼마간의 국가지원 없이 세계시장에 뛰어들 수 있기에는 불충분했다. 이런 탓에 여기에 뛰어들 수 있었던 사람은 많지 않았고, 이미 뛰어든 사람들도 이런 상황을 바꾸려고 적극적으로 노력하지 않았다.[198]

더욱 중요한 것은 수직적인 연계였다. 자본의 원천은 제한되어 있었다. 심지어 국가기구들마저 대규모의 채무자였음을 새겨두도록 하자. 예를 들면, 노예노동에 입각한 포르투갈인의 설탕 플랜테이션에서 나온 이윤은 직접 관련된 포르투갈인에게만 가는 것이 아니라, 창업 자본과 공업적 판로를 제공한 좀더 "발전된" 유럽 경제 내의 사람들에게도 갔다.[199] 서북 유럽은 공장을 발달시킬 수 있었을 뿐 아니라, 그들의 수직적 상업연계는 금융상의 의존을 조

197) Chaunu, *L'expansion européenne*, p. 311.
198) "상인 자본에 천금의 기회를 제공한 것은 바로 시장이 발달하지 못한 점——즉 생산자가 자신들의 생산물을 국지적인 규모로밖에는 교환할 수 없었다는 점——이었다. ……이러한 원시적 상태가 지속되는 한, 그것을 이용할 수단을 가진 상인에게 예외적인 수익의 기회는 늘 있었다. 그러므로 이러한 상태를 제거하기는커녕 그것들을 언제까지나 지속시키는 것이 상인 자본의 의식적 정책이 된 것은 너무나 당연한 일이었다." Dobb, *Studies*, p. 89.
199) "[상 투메 섬의] 사탕수수 플랜테이션은 처음에는 안트베르펜 그리고 나중에는 암스테르담의 대기업들이 참여한 대규모 국제무역과 긴밀하게 연관되어 있었다. 이들 경제 중심지에는 상 투메 섬으로부터의 당밀 공급이 증가한 덕분에 16세기에 수많은 제당시설이 설치되었다. 눈여겨봐야 할 것은 이 섬으로부터 설탕을 수출하는 데에 포르투갈 상인들이 적극적인 역할을 하기는 했지만, 제당과정은 경제기반이 취약한 포르투갈에 의해서가 아니라, 당시 큰 자본과 숙련 자유노동력을 보유함으로써 경제적 번영을 누렸던, 즉 이미 발전도상에 올라 있던 나라들에 의해서 이루어졌다는 사실이다." Marian Malowist, "Les débuts du système des plantations dans la période des grandes découvertes", *African Bulletin*, No. 10, 1969, 29.

장했다. 실로 그것은 국제적인 채무노예제도(debt peonage)라고 불러도 지나
치지 않을 것인데, 이 제도는 먼저 중세 말기에 노르웨이의 어부와 모피 덫사
냥꾼을 상대한 한자 상인들에 의해서 확립되었고,[200] 그뒤 동유럽의 배후지를
상대한 리가, 레발, 그다니스크 같은 도시의 독일 상인들에 의해서 확립되었
다. 그 기법은 다른 곳에도 알려져 있었으니, 툴루즈의 상인들, 이베리아 반
도의 제노바인들에 의해서 그리고 잉글랜드와 에스파냐의 양모 교역에서도
부분적으로 이용되었다. 그 방법은 어떠했는가? 아주 간단했다. 그것은 상품
이 생산되기도 전에 미리 구매하는 것, 즉 앞으로 인도될 공급품의 대금을 미
리 지불하는 것이었다. 이것은 공개시장에서의 판매를 가로막았다. 그것은 생
산자가 아닌 상인으로 하여금 세계시장을 상대로 되팔아 넘길 최적 시기를
결정하도록 해주었다. 그리고 미리 받은 선금은 상품을 인도할 무렵이 되면,
초과 소비되지는 않는다고 하더라도 다 소진되기 일쑤였으므로, 생산자는 언
제나 그러한 거래방식을 영구화하기 마련이었다. 이론상 법으로 금지되기는
했지만, 이 체제는 오로지 그 관행을 유지할 수 있는 수단과 영향력을 가진
상인들, 즉 "외국 시장에 쉽게 접근할 수 있는 외국 상인들 또는 부유한 상
인들"[201]만이 이용할 수 있었다. 이 상인들은 그것을 통해서 가격혁명의 이윤
을 취할 수 있었고 또 그 이윤을 배가할 수 있었다. 이 제도가 어떠한 방식으
로 수직적 착취망과 이윤 창출을 수반했는가 하는 것은 폴란드의 사례에 대
한 말로비스트의 설명에서 잘 드러난다 :

그다니스크의 상인들은 아직 해상무역에 별로 관심을 기울이지 않던 16세기와 17세

200) "이것은 입도선매제였다.……알다시피 250년 동안 베르겐의 한자 상인들은 북부 노르웨
이산 생선과 모피 교역을 장악하기 위해서 이러한 수단에 의지했다. 한자 상인들은 북부
노르웨이의 어부들에게 미리 대금을 지불함으로써 어부들을 자신들에게 직접 종속시켰
다. 동시에 이것은 오랜 동안 노르웨이인으로 하여금 이 무역에 참여하지 못하도록 만들
었다." Marian Malowist, "A Certain Trade Technique in the Baltic Countries in the
Fifteenth to the Seventeenth Centuries", *Poland at the XIth International Congress of
Historical Sciences* (Warsaw : Polish Academy of Sciences, The Institute of History,
1960), 103.
201) 같은 책, p. 104.

기 초에, 폴란드 전역의 농업에 점점 더 큰 영향력을 미치기 시작했다. 곡물 수출 여건이 각별히 좋았던 16세기 말에 이르러 그다니스크 상인의 대리인들은 폴란드의 도시와 마을을 정규적으로 돌며 곡물을 매점했다.……17세기에 그다니스크의 부유한 상인들은 리가의 상인들과 마찬가지로 미약한 젠트리뿐만 아니라, 폴란드와 리투아니아의 부유한 귀족들에게까지 선금을 지급했다.……광대한 배후지에서 이루어진 그다니스크의 무역이 이처럼 크게 융성한 이유는 가격혁명기에 그다니스크 상인들의 부가 엄청나게 증대한 데에서 찾을 수 있다.……그다니스크 상인들은 네덜란드인들로부터 선금을 받았다. 그리고……네덜란드인들은 때로 선금 지급을 위해서 안트베르펜의 상인으로부터 어느 정도의 자금을 끌어모았다.[202]

이러한 국제적 채무노예제도 덕분에, 국제상인들의 핵심 집단은 동유럽의 토착 상인계급(그리고 어느 정도로 남유럽의 토착 상인계급)을 우회하여(그리하여 궁극적으로 이들을 파멸시키면서), 본질적으로 자본주의적 농장주인 지주-기업가(귀족을 포함한)와 직접적인 관계를 맺을 수 있었다. 이들 지주-기업가들은 상품을 생산하고, 상품이 처음 기착하는 대항구에 도달할 때까지 그것을 관리했다. 그 다음에 상품은 서유럽 국가(또는 북부 이탈리아) 국적의 일부 상인들의 수중에 넘어갔다.[203] 이들 서유럽 상인들은 몇몇 도시들에 집중되어 있던 신흥 금융계급을 통해서, 또 그들과 더불어 일했다.

만일 유럽 세계경제에서 국제적 상인들이 대개 특정 국적을 가지고 있었다면, 이것은 "산업가들"의 경우에도 마찬가지였는가? 그리고 이들 두 집단의 관계는 어떠했는가? 공업생산은 이미 중세에도 있었지만, 산재되어 있었고, 소규모였으며, 대부분 사치품 시장에 연관되어 있었다. 산업적 기업가가 출현할 수 있었던 것은 세계경제의 구조 안에서 자본주의 체제가 등장하면서부터의 일이었다.[204]

---

202) 같은 책, p. 114.

203) Dobb, *Studies*, p. 71 참조.

204) "자본주의적 생산이 행해지기 이전인 중세에, 소규모 공업은 일반적으로 생산수단을 소유한 노동자의 사유재산에 기반을 두고 있었다. 농촌의 경우는 소농, 자유민, 또는 농노에 기반을 두었고, 도시의 경우는 길드로 조직된 수공업자에 기반을 두고 있었다.……이렇듯 분산되고 제한된 생산수단을 집중하고 확대시켜서, 오늘날과 같은 생산의 강력한 지렛대로 만든 것 ── 이것이 자본주의적 생산과 그것을 지탱해준 부르주아지의 역사

팽창기뿐만 아니라 수축기에도 공업화를 향한 추진력이 있었던 곳은 농업 전문화가 좀더 잘 이루어진 지역들이었다. 말로비스트는 14세기와 15세기의 직물공업의 성장 및 농업의 위기를 겪은 이들 지역의 상황에 대해서 언급한 다.[205] 존 서스크는 농촌의 압력, 즉 쫓겨난 농촌 노동자들을 위한 다른 일자 리를 찾아내야 할 필요성이 16세기의 잉글랜드에서 어떻게 해서 계속 작용했

_____

적 역할이었다." Frederick Engels, *Socialism : Utopian and Scientific* (New York : International Publishers, 1953), 28.

205) "잉글랜드, 저지방 국가들, 남부 독일, 이탈리아에서 농촌의 직물공업이 현저히 발달한 것은 바로 14세기와 15세기였다. 농민들은 도시에 거주하는 기업가들을 위해서, 또는 때로 자신들의 이윤을 위해서 이 일에 종사했다. 이런 사실은 농업이 그들의 생계를 유지하기에 충분치 못했음을 입증하는 것으로 보인다.……사실 플랑드르, 브라반트, 토스카나에서는 이 기간에 사치품 생산이 점차 쇠퇴했지만, 플랑드르, 에노(헤네후벤), 홀란트, 잉글랜드, 남부 독일, 이탈리아 일부에서는 소도시와 시골에서 새로운 형태의 직물 생산이 성장했다. 이러한 직물은 고급품은 아니었지만 값이 저렴했던 까닭에 가난한 귀족들을 비롯하여 서민들이 애용했다.……14세기와 15세기 동안 공업과 원거리 무역에서 일상용품은 사치품에 비해 그 역할이 점점 더 중요해졌다." M. Malowist, "The Economic and Social Development of the Baltic Countries from the 15th to the 17th Centuries", *Economic History Review*, 2nd ser., XII, 2, 1959, 178.

　　마르크스의 다음 글을 보라 : "자본이 처음에 산발적으로 또는 지역적으로, 낡은 생산 양식들과 나란히 그러나 점차 그 생산양식들을 깨뜨리면서 등장하게 되는 본래의 역사적 형태들은 진정한 의미에서의 매뉴팩처(아직 공장은 아니다)를 이룬다. 이것은 수출을 위한 대량 생산이 이루어지는 —— 따라서 대규모 해상 및 육상 무역의 기반 위에 있는—— 곳에서 그리고 이탈리아의 도시들, 콘스탄티노플, 플랑드르, 네덜란드의 도시들 그리고 바르셀로나를 비롯한 몇몇 에스파냐 도시들과 같은 무역 중심지에서 등장한다. 매뉴팩처는 처음에는 이른바 도시 수공업을 장악한 것이 아니라, 방적과 방직 —— 최소한의 숙련과 기술적 훈련을 요하는 작업 —— 같은 농촌의 부업들을 장악했다. 수출시장의 기지가 되는 그리고 생산이 말하자면 자발적으로 교환가치를 지향하는 —— 즉 매뉴팩처가 해운업(조선을 포함하여)과 직접 연관되는 —— 거대한 상업 중심지를 벗어난 경우, 매뉴팩처는 처음에는 도시가 아니라 농촌에서, 길드가 없는 마을 등에서 설립된다. 농촌의 부업들은 매뉴팩처의 폭넓은 기반을 제한하는 반면, 도시 수공업을 공장제 공업으로서 경영하기 위해서는 생산에 높은 수준의 진보가 요구된다. 유리 제조, 금속 제조, 제재소와 같은 생산분야 —— 처음부터 보다 큰 노동력의 집중을 요구하는 분야 —— 는 자연력을 더많이 이용하며, 대량 생산 및 생산수단의 집중을 요구한다. 이러한 분야는 매뉴팩처에도 적응한다. 제지 공장 등도 마찬가지이다." Marx, *Pre-capitalist Economic Formations*, p. 116.

는가에 주목한다.[206]

그러나 이러한 농촌의 압력은 가장 "발전된" 지역에서는 작용하지 않았다. 왜냐하면 이들 많은 공업들이 당시 농촌에 자리잡았다고 하는 사실은 농촌이 고용을 찾았을 뿐만 아니라 도시가 이들을 농촌으로 내친 결과였기 때문이다. 플랑드르와 북부 이탈리아의 여러 중세 직물공업 중심지들은 자본을 고급 사치품 생산에 투자했으며, 먼저 14세기와 15세기의 통화위기로 필요하게 되고, 그후 16세기의 세계경제 창출로 이익을 얻게 된 새로운 시장에 투자할 수 없거나 투자하기를 주저했다. 이런 경우, 이 지역의 기업가들은 변경지역에는 관심이 없었다.[207] 이런 종류의 움직임으로서 널리 알려진 한 가지 중요한 예는 플랑드르 자본가들이 잉글랜드로 도피한 일이었다. 우리가 염두에 두어야 할 것은 이 단계에서는 모든 산업들의 기반이 매우 불안정했다는 사실이다. 그들은 흥망을 거듭했고 안식처를 찾아 헤매는 방랑자들과 같았다. "그들은 메마른 광대한 초원에서 동시에 불붙은, 희미하게 깜빡이는 수천 개의 불꽃과 흡사했다."[208] 분명한 것은 국제무역을 장악했던 옛 선진 중심지가 반드시 창조적이거나 대담하지는 않았다는 사실이다. 그것은 자본주의적 기업가들의 비연속성에 대한 앙리 피렌의 신념을 뒷받침해주는 것으로 보인다.[209]

---

206) "16세기 요크셔 계곡의 인구 증가 및 토지에 대한 압력 그리고 이 지역에서의 수직(手織) 공업의 흥기 사이에 일정한 관계가 있다는 것은 충분히 납득할 수 있는 일이다." Thirsk, *Essays in Economic and Social History of Tudor and Stuart England*, p. 88.

207) "판매하기 위한 값싼 직물을 찾았던 산업 자본가들은 자신들의 도시에서 그러한 제품을 얻고자 했으나 그것이 가능하지 않음을 알았다. 그러므로 그들은 점점 일감을 농촌의 일꾼들에게 하청으로 맡기게 되었다. 도시 길드와 정부가 그것을 금할 경우, 그들은 그들의 산업을 다른 국가들로 옮기기까지 했다. 대륙의 '나라들'은 그렇게 크지 않았다." Robert L. Reynolds, *Europe Emerges* (Madison : Univ. of Wisconsin Press, 1967), 399.

208) Braudel, *La Méditerranée*, I, p. 399.

209) "나는 우리 경제사의 각 시기마다 독특하고도 개별적인 자본가 집단이 있었다고 믿는다. 다시 말해서 어느 한 시대의 자본가 집단은 그 앞 시대의 자본가 집단에서 나오지 않았다는 것이다. 경제조직이 변화하는 과정에서 우리는 연속성의 단절을 본다. 그때까지 활동적이었던 자본가들은 전혀 새로운 필요성에 의해서 조성된 상황에 그리고 여태껏 이용되지 않은 새로운 방법을 요청하는 상황에, 그들 스스로 적응할 수 없음을 깨달 기라도 한 것 같다. 그들은 투쟁에서 물러나 하나의 귀족계급이 되었는데, 사태의 과정

우리는 용어 사용에 신중해야 한다. 사회변화를 설명하기 위해서 계급 범주를 사용하여 서술할 경우, 부르주아 계급과 봉건 계급을 타성적으로 "상인"과 "지주"를 뜻하는 것으로 이해해서는 안 된다. 유럽 세계경제가 창출된 오랜 기간 동안에, 이 세계경제의 핵심 국가들에는 "봉건제"와 연관된 생산형태, 즉 농민의 노동력이 조직적, 법률적으로 그 생산물의 가장 큰 부분을 지주에게 넘겨주는 생산형태(예컨대 부역, 봉건지대 등)를 유지함으로써 이익을 얻으려고 한 상인들과 지주들이 있었다. 그리고 계약노동에 근거한 새로운 형태의 공업생산으로부터 이윤을 얻으려고 한 상인들과 지주들도 있었다. 16세기에는 이러한 구분은 얼핏 보기에 규모의 크고 작음에 상응했다. 대상인과 대지주들은 낡은 봉건체제에서 더 많은 이익을 얻었고, 소규모의(중간 규모의? 상승하는?) 상인과 지주들은 새로운 자본주의에서 더 많은 이익을 얻었다. 그러나 대-소의 이분법은 미묘한 의미의 차이에 유의하여 조심스럽게 사용해야만 한다. 그리고 그것은 이 당시의 역사적 시점에만 적용되는 것이다. 물론 이론상 그것은 풍부한 의미를 가진다. 새로운 형태의 사회조직은 대개 기존 제도 아래서 번영을 누리는 사람들보다는, 정력적이고 야심적이기는 하지만 아직 성공하지 못한 사람들에게 더 큰 호소력을 가진다. 경험상 그것은 다른 중요한 문제들에 의해서 복잡성을 띠게 된다.

그들의 기원이 무엇이든, 일부는 요먼 농장주 출신이고 일부는 다시 상인으로 변신한 이 새로운 "산업가" 계급은, 빌라르가 언급한 근대경제의 본질적 특성, 즉 "대규모 시장에서 중간 정도의 이윤을 달성하는 일, 단위당 소득은 더 적지만 대량으로 판매하는 일"[210]에 전념하고 있었다. 그 이윤의 일부는 임금 지체에서 나왔다.[211] 일부는 초과이윤이었다. 일부는 낮은 실질 이자

에서 다시 한번 어떤 역할을 맡게 될 경우, 그것을 지극히 수동적인 방식으로 할 뿐이었다." Henri Pirenne, *American Historical Review*, XIX, 3, Apr. 1914, 494-495.

210) Pierre Vilar, in *Actes du Colloque de la Renaissance*, p. 50.

211) 이 가설에 회의적인 굴드마저도 "이 시기에 임금소득자의 실질소득이 현저하게 떨어졌다"는 점을 인정하고 있다. J. D. Gould, "The Price Revolution Reconsidered", *Economic History Review*, 2nd ser., XVII, 2, 1964, 265 참조. 도브의 다음 글도 참조하라 : "14-15세기의 상인 자본의 현저한 이득은 한편으로는 독점의 덕분이었고, 일반적 생활

율이었다. 일부는 감가상각을 계산하지 않음으로써 미래 몫의 이윤을 미리 앞당겨 챙기는 것이었다.[212] 그러나 이윤은 있었다. 그리고 이윤의 총계는 이 계급의 정치적 기반을 창출했을 뿐만 아니라, 경제 전반에 직접적인 영향을 미쳤다. 이것은 원료 생산과 인력 동원에 대한 자극, 점증하는 수요 —— 그것은 대량 수요가 되었다 —— 에 부응하는 방식 등, 여러 면에서 감지되었다. 여기에 더하여, 그것은 도로, 홍수통제 장치, 항만 등 외형적 시설물들을 창출하는 산업을 가능케 했다.[213]

또한 16세기에 직물 공장의 소재지에 커다란 변화가 있었다는 것 또한 분명하다. 15세기 말에서 16세기 초 사이에, 직물공업은 "옛" 중심지들인 북부 이탈리아, 남부 독일, 로렌, 프랑슈-콩테, 에스파냐령 네덜란드에서 그리고 잉글랜드에서는 서남부 지역에서만 그리고 모직물 산업에서만 팽창했다. 그 후 새로운 중심지들은 주로 잉글랜드와 북부 네덜란드에서 등장했다. 이들 국가는 네프가 말한 대로 "16세기 초까지만 해도 공업적으로 낙후된"[214] 곳이었다.

우리는 이 장에서 16세기의 새로운 경제활동 구조 —— 자본주의적 방식들에 입각한 유럽 세계경제 —— 가 등장한 사례들을 보여주고자 했다. 그것은

수준의 실질적 저하에서 비롯되었다기보다는 오히려 확대되는 무역규모의 이익으로부터 생산자 대중을 배제함으로써 얻어졌다. 다시 말해서 신흥 상업계급의 막대한 이윤의 원천은 생산자의 소득의 절대적 감소라기보다는 오히려 그 상대적인 감소에 기초하고 있었던 것이다. 그러나 16세기 후반기에는 (또는 아마도 17세기, 적어도 그 전반기 동안에는) 이러한 상황이 소멸되었다는 증거가 있다." Dobb, *Studies*, pp. 119-120.

212) 굴드에게는 이 요인이 특히 중요했다 : "오늘날 널리 인정되는 바와 같이, 12세기 중반에 공업 이윤에 대한 물가 상승의 영향은 임금이 물가를 따라가지 못한 것 —— 대부분의 경우 그와 같은 지체는 없었다 —— 으로부터 온 것이 아니라, 자본비용이 물가를 따라가지 못한 것으로부터 온 것이다.……**명목상의** 이윤의 일부 —— 점증하는 일부 —— 는 결국 기계설비가 교체될 때 어쨌든 벌충되어야 하는, 계산되지 않은 감가상각비이다. 청산의 날은 마침내 온다. 그러나 만일 기계 또는 설비의 수명이 길다면 —— 튜더나 스튜어트 시대의 고정 자본의 상당 부분(물레방아, 제염소, 용광로 등)이 여기에 해당했다 —— 이러한 시기에는 높은 **명목상의** 이윤율이 광범위하게 존재했을 것이다." 같은 책, p. 264.

213) Mauro, *Le XVIe siècle européen*, p. 298 참조.

214) Nef, *Conquest of Material World*, p. 116.

생산 노동력의 분업을 수반했으며, 이 분업은 세계경제 전체를 고려할 때에만
적절히 평가할 수 있다. 공업부문의 등장은 중요한 것이었다. 그러나 이것이
가능했던 것은 농업활동이 봉건적 형태에서 자본주의적 형태로 변화했기 때
문이다. 이러한 자본주의적 "형태들"이 모두 "자유" 노동에 기반을 둔 것은
아니었다. 오직 세계경제의 핵심부에서만 자본주의적 형태들이 "자유" 노동
에 바탕을 두고 있었다. 그러나 비(非)"자유" 영역에서 활동한 지주와 노동자
의 동기 역시 핵심부의 지주와 노동자의 동기와 마찬가지로 자본주의적인 것
이었다.

  이와 같은 분석에 대한 반대 입장을 살피지 않고 논의를 중단할 수는 없는
일이다. 에르네스토 라클라우는 16세기 에스파냐령 아메리카에 자본주의 경
제가 있었다고 주장한 안드레 군더 프랑크에 대해서 비판을 가했다. 그는 이
것이 부정확할 뿐만 아니라 비(非)마르크스주의적이라고 주장한다. 마르크스
주의적인 해석에 관한 긴 여담으로 빗나갈 것 없이 간단하게 말하자면, 나는
라클라우가 마르크스의 주장을 문자 그대로 받아들일 경우에는 옳지만 마르
크스의 정신에 입각해서 볼 때는 틀렸다고 생각한다. 문제의 본질에 관한 라
클라우의 주요 논거는 다음과 같다. 즉 프랑크는 자본주의를 시장이윤을 위한
생산으로 정의하고, 여기에서 이윤은 생산자에게 직접 가지 않는 것으로 보았
으며, 봉건제를 폐쇄적인 자급자족 경제로 보았는데, 두 가지는 모두 개념적
으로 틀렸다는 것이다. 그는 프랑크의 정의가 "생산관계"(즉 본질적으로 노
동이 "자유로운가" 그렇지 못한가)를 누락시킴으로써, 16세기 에스파냐령 아
메리카의 노예뿐만 아니라, "로마 라티푼디움의 노예 또는 중세 유럽의 토지
에 매인 농노(적어도 영주가 농노로부터 수취한 경제적 이윤의 일부[고딕체
는 월러스틴의 강조]를 시장에 판매하는 경우에는 —— 이런 경우가 압도적으
로 많았다)"까지도 한묶음에 넣게 되었다고 주장한다.[215] 그리고 나서 그는
만일 프랑크가 옳다면 "우리는 엘리자베스 시대의 잉글랜드나 르네상스
시대의 프랑스도 사회주의를 위한 여건이 성숙해 있었다고 결론지어야 할

---

215) Ernesto Laclau(h), "Feudalism & Capitalism in Latin America", *New Left Review*,
    No. 67, May-June 1971, 25.

198

것"[216]이라고 말한다. 끝으로 그는 봉건제와 자본주의가 양립 불가능하기는커녕, 에스파냐령 아메리카의 대외시장 확대는 "[봉건제를] 가속화하고 공고히 하는 데"[217] 기여했다고 말한다.

라클라우는 분명히 문제를 혼란스럽게 만들고 있다. 첫째, 중세의 토지에 매인 농노와, 에스파냐령 아메리카의 엥코미엔다의 노예나 노동자 또는 폴란드의 "농노" 사이의 차이는 3중적이었다. 즉 잉여의 "일부"를 시장에 내다 파는 것과 "잉여의 대부분"을 내다 파는 것 사이의 차이, 지역시장을 위한 생산과 세계시장을 위한 생산 사이의 차이, 이윤을 소비하는 착취계급과 이윤을 극대화하고 그 일부를 재투자하려는 동기를 가지고 있는 착취계급 사이의 차이가 있었다. 엘리자베스 시대의 잉글랜드에 대한 라클라우의 언급은 불합리하고 논란의 대상이 된다. 자본주의 세계시장과 관계를 맺은 것이 봉건제를 가속화했다는 지적은 확실히 맞는 말이다. 그러나 이때의 봉건제는 새로운 종류의 "봉건제"인 것이다.

요컨대 한 체제를 규정하는 "생산관계"는 체제 전체의 "생산관계"이며, 이 시점에서의 그 체제는 유럽 세계경제라는 것이다. 자유노동은 실로 자본주의의 중요한 특징이지만, 모든 생산 기업들에서 자유노동이 행해진 것은 아니다. 자유노동은 핵심부 국가들에서 숙련작업에 적용된 노동통제 방식이었고, 반면 강제노동은 주변부 지역들에서 비숙련작업에 적용된 노동통제 방식이었다. 두 방식을 결합하는 것이 자본주의의 본질이다. 모든 곳에서 노동이 자유롭다면 그것은 사회주의로 불러 마땅하다.

그러나 자본주의는 세계제국의 구조 안에서는 번영할 수 없다. 이것이 자본주의가 로마에서 출현하지 못한 한 가지 이유이다. 상인들은 단일한 국가구조 안에서보다 새로운 세계경제에서 정치적으로 한층 수월하게 다양한 이점을 누릴 수 있었다. 단일 국가의 지배자들은 다양한 이해관계와 압력에 대응해야만 했을 것이다.[218] 자본주의의 비밀이 단일한 민족국가의 구조 안에서보

216) 같은 책, p. 30.
217) 같은 곳.
218) 탤컷 파슨스는 산업주의의 초기 발달이 자본주의 형태 안에서만 가능하다고 주장한다.

다는 비(非)제국적인 세계경제 구조 안에서의 노동분업의 확립에 있다고 하
는 이유가 바로 여기에 있다. K. 베릴은 20세기의 저개발 국가들에서 "국제
무역이 종종 국내교역보다 훨씬 비용이 적게 들고 용이하며……국가간의 전
문화가 종종 한 국가 내에서의 지역간 전문화보다 훨씬 빠르고 용이하다"고
지적한다.[219] 이것은 16세기 유럽에서도 사실이었다. 우리는 이 책에서 이것이
어떻게 그리고 왜 작동되었는가를 보여주려고 할 것이다.

요컨대 16세기의 경제적 업적은 무엇이었으며 우리는 그것을 어떻게 설명해
야 하는가? 이 시대는 잉글랜드와 북부 프랑스에서 석탄이 연료로 도입된 것을
제외하면 결코 위대한 기술진보의 세기가 아니었다. A. 루퍼트 홀은 이 시기의
공업과 농업이 14세기의 "위기"와 더불어 출발한 "기술적이며 조직적인 일련
의 변화의 마지막 단계"에 와 있었다고 본다. 그러나 그는 "유럽 문명의 핵
심부에서 주변부로 기술이 확산된" 것은 바로 16세기였다고 지적한다.[220]

16세기는 네 가지 점에서 주목할 만하다. 첫째, 유럽이 아메리카 지역으로
팽창했다. 이것은 그 자체로서는 결정적인 것이 아니었을지 모르나 그래도 중

자본주의 체제는 "정치권력의 행사에 대한 제도적 규제가 있고, 정치구조와 관계 없이
경제발달에 특유한 자극을 주는 체제"인 것이다. Talcott Parsons, *Structure and Process in Modern Societies* (New York : Free Press, 1960), 101-102. 파슨스에 의하면
그 이유는 다음과 같다 : "정치적 영향력은 비교적 단기적인 '유권자의 이해관계'를 지향
하거나 인습적인 정형화에 빠지기 쉽다. 베버가 정치적 이해관계의 '경제적으로 불합리
한' 영향력을 거론한 것은 바로 이런 이유 때문인 것으로 보인다."[p. 107]
　　이것은 일견 그럴듯한 추론이긴 하지만, 자본주의 발달에서 국가의 역할이 근대사에
서 부단히 지속되었다고 하는 경험적 사실과 부합하지 않는다. 파슨스는 구조적 차별성
의 핵심적인 지리적 요인을 간과하고 있는데, 경제활동은 세계경제 안에서 일어난 반면,
정치 지도자의 권위 —— 권력까지는 아니더라도 —— 는 경제활동의 범위보다 좁은 지
역에 국한되어 있었다. 자본가들에게 필수적인 활동의 여지를 허용하는 것은 바로 이러
한 결정적인 구조적 불일치였다.
219) K. Berrill, "International Trade and the Rate of Economic Growth", *Economic History Review*, 2nd ser., XII, 3, 1960, 352.
220) A. Rupert Hall, "Scientific Method and the Progress of Techniques", *Cambridge Economic History of Europe*, IV, E. E. Rich and C. H. Wilson, eds., *The Economy of Expanding Europe in the 16th and 17th Centuries* (London and New York : Cambridge Univ. Press, 1967), 100.

200

요한 사건이었다.[221] 브로델은 팽창에 관한 핵심적 사실을 이렇게 파악했다. "신세계의 금과 은은 유럽으로 하여금 수입 이상의 생활을 하도록 했고, 저축 이상으로 투자하도록 해주었다."[222]

둘째로, 유럽이 저축 이상으로 투자하고 저축을 증대시킬 수 있었던 것은 가격혁명과 임금 지체 덕분이었다. 금은의 팽창이 생산 확대의 원인이 되었든 아니든 그리고 인구 팽창이 얼마만큼이나 그 원인 또는 결과였든지 간에, 금은 그 자체는 "상품"이었다. 그리고 무역의 전반적인 팽창은 "16세기 '번영' 을 뒷받침했으며, 이는 게임도, 신기루도, 금전적 환상도 아니었다."[223]

세번째 현저한 변화는 농촌 노동의 양식 —— 주변부에서의 강제 환금작물 노동의 대두와 핵심부에서의 요먼 농장주의 등장 —— 이었다. 다카하시가 요먼 농장주를 봉건제 멸망의 "원동력"[224]이라고 부른 것은 과장된 것이지만, 과연 요먼 농장주 없이 자본주의 체제가 등장할 수 있었는지는 의심스럽다. 그러나 자본주의 체제는 또한 강제 환금작물 노동 없이는 등장할 수 없었을 것이다.

장 네레는 도브가 자본주의의 등장을 설명하면서 프롤레타리아 노동력의

221) "그러므로 대서양 저편 해안에 새로운 변경이 열리자 새로운 기회가 나타났다. 그리고 성공 가능성에 대한 자신감을 불어넣는 사고의 풍토가 나타났다. 기회는 분명히 있었다. 그러나 그와 같은 기회를 잡으려 들고 또 그렇게 할 수 있는 개인들이 또한 있었다.…… 아메리카는 응당 유럽의 진보를 가속화했을 것이다. 그러나 만일 이러한 극단적인 주장을 받아들인다고 하더라도, 브로델 교수의 귀중한 경고를 염두에 두는 것이 현명할 것이다. '아메리카만이 유일한 해결사는 아니다.'" J. H. Elliott, *The Old World and the New, 1492-1650* (London and New York : Cambridge Univ. Press, 1970), 78.
222) Braudel, in *Chapters*, p. 268.
223) Braudel and Spooner, *Relazioni del X Congresso Internazionale di Scienze Storiche*, IV, pp. 243.
224) "생산과 소유권의 봉건적 질서를 폐지하고 매우 자연스럽게 자본주의 사회의 형성을 몰고 온 **원동력**은, 소규모 상품 생산(상품 생산자로서의 소부르주아지와 자영농)의 발달 그리고 그 결과로 나타난 산업자본가와 임금노동자 —— 토지를 상실하고 노동력을 판매하지 않을 수 없게 된 —— 사이의 경제적 '양극화'에서 찾을 수 있다. 우리가 믿기로는, 이런 형태의 자본주의적 진화는 서유럽 경제사의 전형적이고 본질적인 특징임에 틀림없다." Takahashi, "On the 'Transition' from Feudalism to the Bourgeois Revolution", *Indian Journal of Economics*, XXXV, 140, 1955, 149-150.

이용 가능성만을 지나치게 강조했다고 비판한다. 그는 이 요인을 가격운동과
더불어 고려해야 한다고 말한다.[225] 반면, 브로델과 스푸너는 구조적 변화를
우연적인 변동(가격혁명)과 혼동하지 말도록 조심하라고 경고한다.[226] 분명한
것은 16세기에 "자본주의 시대"[227]가 출현하고, 그것이 세계경제의 형태를 띤
다는 사실이다. 물론 "세계라는 이 최초의 통일체에 내재된 취약성"[228]은 정
치적 발전과정을 설명하는 중대한 변수이다. 그러나 분명한 사실은 이 통일체
가 살아남고, 17세기와 18세기에는 더욱 강화되었다는 점이다.

16세기 유럽 세계경제의 주요 특징 중 하나는 누가 누구를 지배했는가 하
는 질문에 대한 단순명료한 답이 없었다는 점이다. 그다니스크를 통해서 폴란
드를 착취한 저지방 국가들 그리고 확실히 아메리카의 소유지를 착취한 에스
파냐를 그 좋은 사례로 꼽을 수 있을 것이다. 핵심부가 주변부를 지배했다.
그러나 핵심부는 매우 광대했다. 제노바의 상인과 금융업자들이 에스파냐를
이용했는가, 아니면 에스파냐의 제국주의가 이탈리아의 일부 지역들을 병합
했는가? 피렌체가 리옹을 지배했는가, 아니면 프랑스가 롬바르디아를 지배했
는가, 아니면 양자가 서로를 지배했는가? 안트베르펜(나중에는 암스테르담)과
잉글랜드 사이의 진정한 관계를 어떻게 설명해야 하는가? 이 모든 경우에 우
리는 한편으로는 상업 도시국가를, 다른 한편으로는 좀더 큰 민족국가를 다룬
다는 것을 유념하자.

---

225) "도브 씨는……경제사의 미궁 속에서 '가용 인력의 변화'를 실마리로 삼았다. 그것은 분
   명히 연구해볼 만한 흥미로운 현상일 것이다. 그러나 저자는……또다른 단서, 즉 장기적
   인 가격운동을 거의 전적으로 간과했다.……그는 두 개의 접근방식을 통합할 가능성을
   고려하지 않았다." Jean Néré, "Le développement du capitalisme", Revue historique,
   CCIII, janv.-mars 1950, 68.
226) "모든 경제적 변동은, 그것이 결정적이든 격렬하든 또는 창조적이든 간에, 장기적인 '구
   조적' 역사 —— 자본주의의 발달 —— 의 관점에서 보면 우연적인 것이다. '구조적' 역
   사는 본질적으로 우연성을 초월한다." Braudel and Spooner, Cambridge Economic
   History of Europe, IV, p. 450.
227) "자본주의적 생산의 최초의 단서는 일찍이 14-15세기에 지중해 연안의 몇몇 도시들에
   서 볼 수 있지만, 자본주의 시대는 16세기에 비로소 시작된다." Marx, Capital, I, ch.
   XXVI, p. 715.
228) Braudel, in Chapters, p. 285.

이런 상황을 좀더 자세히 규명하고자 한다면, 우리는 정치적 측면, 즉 다양한 집단들이 그들의 이윤을 보호, 증진하기 위해서 국가구조를 이용하려고 했던 방식들을 살펴봐야만 한다. 이제 이 문제로 눈길을 돌려보자.

# 3

절대왕정과 국가통제주의

그림 4 : "대공이 리보르노 항을 요새화하다." 「메디치가의 페르디난도 1세의 생애」라는 작품집에 실린 자크 칼로의 판화. 페르디난도는 1587－1609년 토스카나의 대공이었다. 이 판화는 1614－20년 사이에 제작될 것이다. 파리 : 국립도서관.

서유럽에서 절대왕정의 등장이 유럽 세계경제의 등장과 시기적으로 일치한다는 것은 분명한 사실이다. 그러나 그것은 원인인가, 결과인가? 두 입장 모두 제각기 적절한 논거를 댈 수 있다. 한편으로, 상업의 팽창과 자본주의적 농업의 발흥이 없었다면 확대된 관료제적 국가구조에 자금을 조달할 경제적 토대는 거의 마련될 수 없었을 것이다.[1] 그러나 다른 한편으로, 국가구조는 그 자체가 새로운 자본주의 체제의 (정치적 보증이 되었음은 물론) 중요한 경제적 버팀목 역할을 했다. 브로델이 말하고 있듯이, "그들이 원했든 원치 않았든 간에, [국가는] 그 세기의 가장 큰 기업가였다."[2] 더욱이 국가는 상인들의 가장 중요한 고객이었다.[3]

자본주의적 기업으로서의 국가의 역할에 관해서는 여러 가지 다양한 주장들이 있다. 그 하나는 그것의 범위에 관한 것이고, 둘째는 그것의 경제적 영향력에 관한 것이며, 셋째는 그것의 계급 내용에 관한 것이다. 세번째 논의에 대해서는 다음에 다루기로 한다. 첫째로, 19세기 세계경제에서의 국가의 개입 범위에 대해서는 논의가 분분한 반면, 16세기에 시작되어 적어도 18세기까지 지속된 근대 세계체제의 초기에, 국가가 유럽 세계경제에서 중심적인 경제 행위자였다는 점에 대해서는 폭넓은 의견의 일치가 있는 듯하다.

그러나 국가가 이런 역할을 했다는 것을 대부분의 사람들이 인정한다고 해도, 그것이 불필요하고 바람직하지 않은 역할이었다고 생각하는 사람들도 더러 있다. 예를 들면 슘페터는 사기업의 장기적이고 우월한 효율성에 대한 그

---

1) "16세기의 국가들은 대규모로 수입을 거두고 분배하는 역할을 떠맡게 되었다. 그들은 세금, 관직 매매, 지대, 몰수 등을 통해서 다양한 '국민생산'의 막대한 부분을 손에 넣었다. 이처럼 다양한 점유는 효과적이었다. 왜냐하면 예산은 얼마간 경제상태에 따라서 변화하고 가격수준의 등락에 좌우되기 때문이다. 그러므로 국가의 등장은 경제의 속성을 따르는 것이며, 그것은 슘페터가 다소 성급하게 추단했던 것처럼 우연적인 또는 방해하는 힘은 아니었다." Braudel, *La Méditerranée*, I, p. 409.

2) 같은 책, I, pp. 409-410.

3) "국가를 상대로 한 대출, 세금 징수, 왕령지 개발, 전쟁과 궁정에 충당된 경비 등의 수지 맞는 사업이 없었다면, 상업 자본주의는 16세기 전반기에 그토록 두드러진 발전을 이룩하지 못했을 것이다." Hartung & Mousnier, *Relazioni del X Congresso Internazionale di Scienze Storiche*, IV, p. 44.

의 신념에 걸맞게, 국가가 재화나 신용의 구매자로서 기업활동에 유능했다고 는 보지 않는다. "궁정의 사치와 낭비가 없었다면, 그에 상응하는 수단을 박탈당한 농민과 부르주아에게서 같은 값의 재화가 나오지는 않았을 것이라고 생각하는 것은 용납할 수 없는 [오류]"4)라는 것이다. 용납할 수는 없을지라 도, 아마 오류는 아닐 것이다. 세금 징수에 대비하기 위하여, 농민이 다른 상황에서라면 소비해버리거나 생산하지 않았을 잉여 농산물을 생산한다는 것이 왜 생각할 수 없는 일이란 말인가? 슘페터는 정말로 16세기의 유럽 농민 모두가 상업시장을 지향했다고 추정하는 것일까?

궁정의 지출이 신용 창출에 결정적이었다는 명제에 대한 슘페터의 반응은 두 가지이다. 첫째, "신용관리 기구"의 발달에서 얻어진 어떠한 이익도 "그러한 수입을 거두어들이는 방법과 그 수입의 용도에 의해서 초래된 모든 파괴와 그것들에 의해서 확산된 모든 경제활동의 마비에 비추어"5) 비교평가되어야 한다. 이는 거창한 반사실적 주장을 수반하는 것으로, 그 타당성은 오로 지 이 책의 전체적인 논지에 의거해서 평가될 수 있을 뿐이다. 이 책에서 개진된 관점은 유럽 핵심부에서의 강한 국가들의 발달이 근대 자본주의 발전의 필수적인 구성요소였다는 것이다. 슘페터의 두번째 대답은 궁정에 대여금을 제공한 대가는 경제적 특권이었으며, 그것은 더 큰 공동체의 이익이라는 시각에서 볼 때 대부분 경제적으로 불건전했다는 것이다.6) 물론 사실이다. 그러나 내가 보기에 이것은 자본주의적 작동의 우연한 왜곡이 아니라 바로 자본주의 본질에 대한 서술로 보이며, 그러므로 사실상 슘페터의 첫번째 주장을 논박하 는 하나의 훌륭한 근거를 제공하는 주장으로 여겨진다.

---

4) Joseph A. Schumpeter, *Business Cycles*, I, p. 236.
5) 같은 곳.
6) "궁정에 돈을 빌려준다는 것은 통상 막대한 이익이 약속된다는 점에도 불구하고 그 자체 로서는 이익이 남는 거래인 경우가 극히 드물었다. 그러나 그와 같은 대출금이 대개 상환 되지 않았다는 바로 그 이유 때문에, 그것은 당시 커다란 이권사업이었던 상공업 분야 에서 특권과 이권을 얻도록 해주었다.……푸거가(家)가 다른 어떤 금융회사도 오르지 못 한 지위로 올라선 것은……카를 5세의 난처한 처지와 관련이 있다."[같은 책, I, p. 236, 주 1]

우리는 앞서 국가관료제의 완만하되 꾸준한 성장에 기여한 14-15세기의 경제적 위기의 다양한 국면들을 살핀 바 있다. 우리는 또한 중세 기사들을 무용지물로 만들고, 그 결과 대규모 보병을 통제할 수 있는 중앙권력을 강화시킨 군사기술의 발달에 관해서 언급했다. 군주들의 정치적 목표는 주로 질서의 회복이었다. 질서가 경제 소생의 전제조건이었던 것이다. 제니코의 간결한 설명처럼, "권위 붕괴라는 나쁜 결과들을 드러냄으로써 고난의 시대는 중앙집권화의 여건을 확립했다."[7]

하지만 그러한 정치체제가 왜 이 특정한 시기에 전면에 등장하게 되었는가? 이에 대한 한 가지 고전적 대답은 새로운 국가들의 지방분권적 현상이라는 관점에서 설명하는 것인데, 그것은 20세기 신생국가들의 경우에 종종 원용되는 주장이다.[8] 15세기 "질서 회복자들"의 최초의 추진력은 "봉건제의 위기"에서 나왔다. 영주에 대한 경제적 압박은 농민 착취를 강화시켰고, 결과적

---

7) Génicot, *Cambridge Economic History of Europe*, I, p. 700. 조지프 스트레이어도 흡사한 주장을 한다. 즉 중세 말의 질서의 붕괴 그리고 16세기 귀족계급이 새로 "국왕의 리더십"을 기꺼이 받아들이려고 한 태도 사이에는 어떤 인과관계가 있다는 것이다. 그는 이 둘 사이에 개재된 변수가 집단적 사회심리의 변화가 아닌가 생각한다 :
  "어떤 요인들이 소유계급의 행동을 변화시켰는가 하는 문제를 해결하기란 어려운 일이다. 그들 가운데 일부, 특히 소지주들은 빈민과 마찬가지로 국내의 폭력으로부터 시달림을 받았고, 빈민과 마찬가지로 평화와 안정을 원했다. 그들 중 일부는 경제부흥 —— 그것은 안정된 정부를 지지함으로써 시작되었다 —— 으로 가장 큰 이익을 얻을 수 있음을 깨달았다. 그들 중 일부는 15세기 말에 일어난 혁명들이 대부분 실패했다는 사실에서 깊은 인상을 받았을 것이다." Joseph Strayer, *On The Medieval Origins of the Modern State* (Princeton, New Jersey : Princeton Univ. Press, 1970), 91.
8) 무니에는 16세기 서유럽에 대해서 이렇게 말한다. "강력한 [중앙] 권력의 필요성은 국가의 구성 그 자체에서 나온다. 국가는 지역공동체, 지방(province), 지역(pays), 자치도시, 마을 공동체 그리고 신분……관료집단, 대학, 길드와 같은 조합단체들이 합쳐진 것이다. ……국왕은 공동 이익의 관점에서 그들의 대립을 중재하고 그들의 노력을 조정할 만큼 충분히 강력해야만 했다. 그러나 그들의 분열 덕택에 국왕은 그들을 서로 대립시킬 수 있었다." Mousnier, *Les XVIe et XVIIe siècles*, p. 97. 고딕체는 월러스틴의 강조.
  강력해야만 했다? 왜 그런가? 기능적 설명은 발생론적 문제를 거의 해명하지 못한다. 기능적 대안들은 상상만이 가능한 것일뿐더러, 또한 기능적 필요에 부응하지 못하는 경우가 있을 수 있으며, 그 개연성이 매우 크기 때문이다. 그러므로 "원인"에 대한 판단은 잠시 유보하기로 하자.

208

으로 농민반란을 초래했다. 그것은 또 귀족들간의 내전을 초래했다. 약화된 귀족계급은 상존하는 무질서의 위협으로부터의 안전보장을 국왕에게 기대했다. 국왕들은 이런 상황을 이용하여 귀족들보다 한층 우월한 부와 권력을 누리게 되었다. 이것은 안전을 제공한 대가였는데, 프레드릭 레인은 그것을 "보호 지대(protection rent)"라고 부른다. 그는 당시에 안전보장이 "상업활동에서 얻어진 부의 주요 원천이자, 산업기술과 산업조직의 우월성보다……더 중요한 이익의 원천"이었음을 우리에게 상기시킨다.[9]

물론 국왕의 권력 신장은 그럴 기회를 얻었기 때문만이 아니라 그가 받은 압력 때문이기도 했다. 아이젠슈타트는 주장하기를, 이른바 "관료제적 정치"가 등장하게 된 것은 "정치 지배자들이 그들 자신의 재원(예를 들면 왕령지)을 통해서 또는 다른 집단들의 무조건적인 참여를 통해서, 그들이 이용할 수 있는 편의들에 의존할 수 없을 때"[10]였다는 것이다. 그러나 그런 참여가 과연 무조건적이었는가? 그리고 재원의 이용 가능성으로 말하자면, 국왕 개인들의 재원이 그들의 목적 달성에 충분치 못했다는 사실은 그들이 더욱 야심적인 목적을 추구했기 때문이었다. 그래서 우리는 지배자들로 하여금 좀더 야심적인 목적의 **달성**을 추구하도록 한 압력에 눈을 돌려야 한다.

그 한 가지 설명을 아치볼드 루이스에게서 들을 수 있는데, 그는 이 문제를 토지의 이용 가능성에 결부시킨다. "군주가 마음대로 처분할 수 있는 토지를 모두 분배하고 남은 것이 없게 될 때, 그는 세금을 걷기 시작해야만 한다 —— 즉 이전에 그가 국민에게 듬뿍 나누어 주었던 부를 다른 형태로 회수하는 것이다."[11] 이러한 전국적인 과세의 필요성이 곧바로 "절대주의"를 초래한 것은 아니다. 오히려 군주는 세금을 거두는 과정에서 귀족의 지원을 얻어내기 위해서 의회를 창설해야만 했는데, 다만 그것은 "지배자가 그와 같은 지원 없이도 해나갈 수 있을 만큼 강력해질 때까지"[12]였다. 도브는 다른 면을

---

9) Lane, *Venice and History*, pp. 421-422 참조.
10) S. N. Eisenstadt, "Political Struggle in Bureaucratic Societies", *World Politics*, IX, 1, Oct. 1956, 17.
11) Archibald Lewis, *Speculum*, XXXIII, p. 483.
12) 같은 책, p. 483. 에드워드 밀러의 다음 글을 보라 : "전반적인 직접징세를 확립하려는 시

강조한다. 그는 국왕에 대한 압력이 토지의 부족에서 비롯된 것이 아니라 "노동력 부족"에서 비롯된 것으로 본다. 국가기구의 성장은 "노동시장에 대한 통제력"을 증진시키는 데 이바지했다는 것이다.[13]

이런 분석으로부터 다음과 같은 결론이 나올지도 모른다. 즉 만일 경제위기가 군주들에게 더 큰 힘을 가져다주었다면, 16세기의 경제적 팽창은 그 반대의 효과를 나타낼 수 있다는 것이다. 앞으로 보겠지만, 이것은 어느 정도까지는 사실이다. 다음 장에서 논의하겠지만, "1차" 16세기는 강한 국가들의 시대가 아닌, 제국적 투쟁의 시대였다. 강한 국가들이 다시 한번 전면에 등장한 것은 "제국의 실패"가 있은 다음의 일이었는데, 이에 관해서도 다음 장에서 이야기하겠다. 그리고 역사학자들이 "절대주의 시대"라고 생각할 시기는 실로 18세기에 이르러서야 도래했던 것이다.[14]

그러나 곡선에 기복이 있기는 하지만, 우리는 근대 전 시기를 통해서 국가권력이 장기적으로 증대했음을 보게 된다. 자본주의 세계경제는, 적어도 핵심부 국가들 내에서는, 이처럼 증대된 중앙집권화와 내부 통제의 장기적인 과정을 필요로 했을 뿐만 아니라 이를 가속화시켰던 것으로 보인다.

16세기의 국가기구 관리자인 국왕들은 어떻게 그들 자신의 힘을 강화시켰는가? 그들은 관료제화, 권력의 독점, 정통성의 창출 그리고 신민의 동질화라는 네 가지 주요 메커니즘을 이용했다. 이 네 가지를 차례로 살펴보도록 하자.

만일 국왕이 좀더 강력해졌다면, 그것은 의심할 나위 없이 그가 새로운 기

도는 13세기 이후 대의체 —— 그것은 여러 납세자 집단의 대리인 또는 대표들의 모임이었다 —— 가 성립하게 된 주된 배후 원인들 중 하나였다." Edward Miller, *Fontana Economic History of Europe*, I, p. 14.
13) Dobb, *Studies*, p. 24. 도브는 "국가 간섭"과 "자유"를 자본주의 사회 내 정치조직의 두 양식으로 대비시킨다. 그것은 한 마르크스주의자의 견해라고 하기에는 지나치게 자유주의적인 관점이다. 그는 그것들의 교체를 노동력 부족이라는 관점에서 설명한다. "자본주의에서는 프롤레타리아의 과잉으로 생산양식이 안정될 때 자유가 매우 크게 신장된다. 반면에 일손이 달리고 생산양식이 자본 소득의 원천으로서 점차 이윤을 덜 내고 불안정하게 되면 곧 법률적 강제가 우세해진다."[pp. 24-25]
14) 예를 들면 Max Beloff, *The Age of Absolutism, 1660-1815* (New York : Harper, 1962) 참조.

210

구, 즉 영속적이고 종속적인 일단의 관료들을 이용할 수 있었다는 사실에 기인한다.[15] 물론 이 점에서 유럽은 이제 막 중국을 따라잡고 있었다. 따라서 우리는 관료제 국가 그 자체만으로는 16세기의 거대한 변화들의 이유를 밝히기는 고사하고 그 변화의 모습을 가려내기에도 충분치 못하다는 것을 알 수 있다. 그럼에도 불구하고 국가관료제의 발달은 결정적인 것이었다. 왜냐하면 그것은 차후의 경제정책이 국가구조를 거치지 않고서는 쉽사리 결정될 수 없도록 함으로써, 정치적 게임의 규칙을 근본적으로 바꾸기 마련이었기 때문이다. 그것은 모든 계층 사람들의 에너지가 주로 정치적 왕국의 정복사업에 돌려져야 했음을 의미했다. 확실히 우리가 지금 논의하고 있는 이 시대에 관료기구는 분명 현대 유럽에 비해서 비교적 규모가 작았다.[16] 그럼에도 불구하고 규모와 구조 면에서 이 시기는 중세 말에 비하여 현저한 질적 도약을 보여주었다.

---

15) "그렇다면 16세기의 **실질적** 절대주의와 결코 실질적인 것이 되지 못하거나 일시적, 단속적, 간헐적인 것이 되고 말았던 중세의 **이론적** 절대주의 사이의 차이점은 무엇인가?
  "우리는 그 해답을 국가의 새로운 내부 구조에서 찾아야 한다. 우리는 일단의 공복(公僕), 즉 국왕(또는 제후)의 '관리집단'——오늘날의 '관료기구'——의 강화와 확대 그리고 그들이 장악한 권력에서 그 답을 찾아야 한다. 그들은 공공생활의 전면에 등장했으며, 국가의 일상활동, 무엇보다도 대외업무에 관여했다." Chabod, *Actes du Colloque*, pp. 63–64.
  에두아르 페루아는 이 과정이 프랑스에서 일찍이 13세기에 시작되었다고 주장한다 : "프랑스 국왕의 사적 권위——영주적이며 봉건적인——의 증대는 [중앙] 권력기구의 발달을 초래했다.……
  "13세기 마지막 사분기에 왕권은 부단히 강력해지면서 두 가지 요인의 영향을 받아 그 본질이 변화하기 시작했다. 그 하나는 절대주의 사상, 즉 공적 권력[주권] 사상이었다.……역시 중요한 다른 하나는 국왕 자신에 딸린 사람들의 압력이었다. 그들은 행정이 복잡해지고 기록의 관행이 확대되면서 그 수가 크게 늘어났다. 새로운 계급이 등장했으니, 그들은 권력의 대리인이며 법률가이자 문사였다.……바로 그 순간, 정부 구성원 집단——이제 스스로의 힘으로 움직일 수 있게 된 권위의 수탁자들——이 사실상 국왕이라는 인격을 능가해버렸다." Perroy, *Le Moyen Age*, pp. 372–373.
16) "거대 정치기구들의 장려한 모습은 잘못된 이미지일 것이다. 15세기와 비교해볼 때 16세기의 정치기구들은 그 규모가 크게 증대했다. 그러나 그것은 여전히 상대적일 뿐이다. 오늘날의 상황과 국가에 복무하는 공무원들의 거대한 규모를 생각하면 16세기의 '관리들'의 수는 터무니없이 적었다." Braudel, *La Méditerranée*, II, p. 37.

국왕은 어떻게 이들을 확보했는가? 그는 돈을 주고 그들을 샀다. 국왕의 문제는 그에게 대리인들이 없었다는 것이 아니었다. 국내에는 행정과 군사의 기능을 수행한 사람들이 있었다. 그러나 그들은 대체로 이전에는 국왕에 **종속되**어 있지 않았으며, 그래서 자신들의 이해관계나 또는 그들의 동료와 가족의 이해관계에 따른 반대압력에 직면할 경우, 국왕의 뜻을 수행하지 않아도 그만이었다. 국왕은 대개 "평범한 출신"[17]의 사람들에게 관심을 돌렸으며, 그들은 봉급을 받는 상근 직원이 되었다. 이것을 가능케 한 주요한 관행은 "관직 매매"로 알려지게 되었다. 재정적 공평무사와 보편적 충원의 규범에 기반을 둔 관료제와는 달리, 이러한 형태의 관료제는 의심할 나위 없이 **제한된** 국왕 권력을 예고하며, 국가의 수입이 관직을 매입한 이 관리집단에 대한 증대된 보상으로 전용된다는 것을 나타낸다. 그러나 과거의 봉건제와는 달리, 관직 매매는 국가체제의 상대적 우월성을 가능케 했다. 하르퉁과 무니에가 말하듯이, "언뜻 보기와는 달리, 관직 매매는 흔히 절대군주에게 유리한 것이었다."[18]

국왕은 현실적 대안들 중에서 정치적 선택을 했다. 합리적인 관료제를 수립하기 위해서 국가는 관료기구가 들여오게 될 자금과는 다른 좀더 중요한 자금의 확실한 원천을 필요로 했다. K. W. 스바르트는 16세기의 군주들이 그후의 정부들과는 달리 "그들의 수입의 일정 부분을 이자에 대한 보증으로 설정하지 않고서는 채권을 발행할"[19] 수 없었다고 말한다. 그들은 어떤 순환 고리에 걸려 있었다. 왜냐하면 이런 방식으로 자금을 조달할 수 있으려면 먼저 보다 강력한 국가기구를 창출해야만 했기 때문이다. 관직 매매는 즉각적인 수입(관직의 매각)과 관료진을 동시에 제공하는 이점이 있었다. 물론 이것은

---

17) 같은 책, p. 29.

18) "그것은 에스파냐 국왕으로 하여금 도시들을 국왕의 보호 아래 두도록 해주었다. 프랑스에서는 루이 12세, 프랑수아 1세와 앙리 2세, 앙리 4세와 루이 13세에게 궁정과 회사들에 대한 막강한 영향력을 가져다주었다.……관직 매매를 더 이상 계속할 수 없었던 것은 오스트리아 왕위계승 전쟁(1748) 이후의 일이었다.……" Hartung & Mousnier, *Relazioni del X Congresso*, IV, p. 48.

19) K. W. Swart, *Sale of Offices in the Seventeenth Century* (The Hague : Nijhoff, 1949), 117.

212

관직을 사들인 이기적인 관리집단의 발달과 나란히 진행되었다.[20] 리처드 에 렌버그가 지적하고 있듯이, 분명히 관직 매매는 "악순환"을 만들어내는데, 그러한 악순환 속에서 비대해진 관료제는 국가의 수입을 먹어치우고 부채를 증가시키면서 국가의 재정적 수요를 더욱더 늘어나게 했다.[21] 해결의 묘책은 그 순환을 상향적 나선형으로 변형시키는 것이었는데, 그렇게 되면 관료기구가 충분히 효율적인 것이 되어 그 기구의 유지비용보다 더 큰 잉여를 국민에게서 짜낼 수 있었다. 어떤 국가들은 이 일에 성공했고 어떤 국가들은 실패했다. 양 자를 가르는 결정적 요인은 세계경제 내에서의 그들의 역할이었을 것이다.

상향적 순환은 대략 다음과 같은 방식으로 작동했다. 중세 말기에 국왕이 귀족에 대한 경제적 압박을 통해서 얻은 일시적인 이점들은 하나의 관료집단 을 "사들이기" 시작할 수 있게 해준 자금을 창출했다. 이것은 다시 더 많은 과세와 더 많은 차입을 동시에 가능케 했다. 세계경제 내에서 경제적 변화가 세계 잉여의 불균등한 분배를 확고히 하는 방식으로 진행된 지역에서는, 국가 들이 세금을 부과하고 돈을 빌리기가 더 용이했는데, 이는 자금 소유 집단의 미래 지향적 확신을 여실히 반영한 것이었다. 국가는 이렇게 늘어난 수입을 그들의 강제력을 강화하는 데 사용했고, 그 강제력은 다시 국가의 "강제 잠 재력에 대한 확신"을 증대시켰다.

이것은 국채(national debt), 즉 적자 국가예산의 출현을 가능케 했다. 국채 는 고대 세계에서는 알려져 있지 않은 것이었으며, 중세에는 중앙정부의 취약 성과 왕위계승의 불확실성 때문에 불가능한 것이었다. 우리는 이러한 경제적

---

20) "군주제의 재무규정이 발달하면서 국가 내에서 재무관리들의 중요성도 커졌다. 관직 매 매가 발달하면서, 재무관리들은 증가하고 조직되었으며 결속되었다. 그리고 그것은 더 많 은 이익을 확보할 것을 목적으로 그들의 권력범위를 확대시켰다." G. Pagès, "Essai sur l'évolution des institutions administratives en France du commencement du XVIe siècle à la fin du XVIIe", Revue d'histoire moderne, n.s., No. 1, janv.-fevr., 1932, 26.
21) "군주의 과도한 부채는 우리가 살펴본 조건들 때문에 필연적인 것이 되었다. 그것은 징세 청부제도 또는 개별 수입원을 담보로 잡는 것 없이는 유지될 수 없었다. 이것은 재무제도 의 놀라운 퇴보를 초래했는데, 그것은 같은 상황이 지속되는 한 회피할 수 없었고, 부채 의 거듭된 누적을 초래했다." Richard Ehrenberg, Capital and Finance in the Age of the Renaissance (New York : Harcourt, 1928), 39.

현상을 16세기 프랑스의 프랑수아 1세의 체제에서 처음으로 발견하게 된다.[22] 국채란 국가가 국민에게 부채의 회수를 연기하도록 강요하거나, 경우에 따라서는 그 상환을 거부할 수 있을 때, 또 그와 동시에 여러 집단들에게 정화(正貨) 또는 여러 가지 서면계약으로 과잉 통화를 빌려주도록 강요할 수 있을 때에만 존재할 수 있기 때문이다. 그것은 국왕의 수입 증대를 보장하려는 노력의 일부이다. 국왕은 국가기구를 건설할 돈이 필요했으며, 또 그 돈을 얻을 수 있을 만한 국가기구를 가지고 있었다. 이때 채택된 체제는 아직은 중상주의 정책, 즉 국가의 장기적인 조세 기반을 강화하려는 정책이라기보다는 마틴 울프가 말한 "재정정책(fiscalism)", 즉 국가의 직접적인 수입을 증대시키려는 정책이었다.[23]

---

22) Earl J. Hamilton, "Origin and Growth of the National Debt in Western Europe", *American Economic Review*, XXXVII, 2, May 1947, 118-130 참조. 이러한 설명은 우리가 오늘날의 국가들에 관해서 말하는 것이라면 사실이다. 실제로 대부분의 근대적 현상이 그러하듯이, 그것은 르네상스 시대의 이탈리아 도시국가들에서 시험되었다. 마빈 B. 베커는 피렌체의 공공 부채의 성장을 추적한다. 이에 따르면 그것은 1303년의 "사소한 액수"에서 1427년에는 피렌체 주민 전체의 재산 총액과 거의 맞먹을 정도로 증가했다. Marvin B. Becker, "Economic Change and the Emerging Florentine Territorial State", *Studies in the Renaissance*, XIII, 1966, 7-9 참조.

23) Martin Wolfe, "Fiscal and Economic Policy in Renaissance France", *Third International Conference of Economic History*, Munich 1965 (Paris : Mouton, 1968), 687-689. 페르낭 브로델의 다음 글을 보라 : "16세기에 시작해서 이 쇄신의 세기에 더욱더 광채를 띠게 된 국가들 —— 살아남고, 번영하고, 특히 육전 및 해전의 소모적인 지출을 견더낼 —— 은 경제생활을 지배하고 변형시켜 통제망에 종속시켰다. 국가들은 그것을 그들의 그물 안에 사로잡았다. 모든 것을 국가들의 욕망과 약점을 통해서, 그들의 불안정한 게임을 통해서 설명하려는 유혹은 크다. 그러나 역사는 결코 일방적인 것이 아니다. 하지만 다음과 같은 주장을 단호하게 옹호할 수 있다. 즉 그 시점에서 가장 근대적이었던 경제분야 그리고 거대한 상업 자본주의의 틀 안에서 작동했다고 단정할 수 있는 경제분야는 국가들의 이와 같은 재정적 부침(浮沈)에 연결되어 있었다는 것이다. 그러한 경제분야는 국가에 의해서 자극되고 추구되었으며, 국가의 탐욕에 의해서 그리고 과도한 공공 지출의 불가피한 불모성에 의해서 점차 마비되기에 이르렀다. 이 탐욕과 비효율성 —— 역사의 거대한 힘들 —— 은 이를테면 16세기의 후퇴에 어느 정도 역할을 했다." Braudel, "Le pacte de ricorsa au service du roi d'Espagne et de ses preteurs à la fin du XVIe siècle", *in Studi in onore di Armando Sapori* (Milano : Istituto Edit. Cisalpino, 1957), II, 1115.

그럼에도 불구하고 이 시점에서 진정한 국가 재정기구의 **결여**는 여전히 뚜렷한 일이었으며, 그것은 그후의 국가들에 견주어볼 때, 브로델이 말한 대로, 16세기의 국가가 가지고 있던 "취약성을 보여주는 또 하나의 징표"였다.[24] 그러나 국가가 재정의 조종자로서의 취약성을 안고 있었다고 해서, 국채가 경제적 행위자로서, 단 국가의 경제적 목적을 추구하는 특별한 능력을 지닌 행위자로서의 국가의 자율적 관심이 늘어나고 있었음을 반영했다는 사실을 외면할 수는 없다.

투여된 잉여 자금의 가장 중요한 용도는, 그것을 모으는 데 사용된 행정기구의 비용을 제외한다면 아마도 상비군의 창설일 것이다. 이번에도 국가가 해당 인력을 충당한 방식은 주로 돈을 주고 그들을 사는 것이었다. "관직을 매매한" 관료들의 맞은편에는 "고용된" 병사들이 있었다.

그러나 이렇게 돈으로 살 수 있는 사람들은 누구였는가? 아무나 되는 것은 아니었던 것이, 용병은 때로 보수가 좋은 직업이었지만 위험한 직업이었기 때문이다. 그것은 흔히 말하듯 누구나 선택할 수 있는 직업이 아니었다. 일을 보다 잘 해낼 수 있었던 사람들만이 민첩하게 그 일을 해냈다. 따라서 그것은 지리적, 사회적으로 불균형하게 충원된 직업이었으며, 유럽의 새로운 노동분업의 중요한 부분을 차지하고 있었다.

앞서 언급했듯이, 서유럽의 인구 증가는 "유랑" 현상을 가져왔다. 모든 곳에서 "룸펜프롤레타리아트"가 늘어났다. 그들은 질서가 제대로 잡혀 있지 않았던 신생 국가들에게 위협적인 존재였다. 그들 중 일부를 군대에 편입시킴으로써 여러 가지 기능이 충족되었다. 그것은 일부 사람들에게 고용 기회를 제공했고, 또한 다른 사람들을 억압하는 데 이들 집단이 이용되기도 했다.[25] 그

---

24) "거대한 국가들은 아직 납세자 대부분과 전면적인 접촉을 하지 못했고, 따라서 그들을 임의로 착취할 수 없었다. 그러므로 세무상의, 따라서 재정상의 약점을 안고 있었다. 이탈리아[의 몇몇 지방] 이외에는 16세기 말에 국가들은 아직 국고나 국립은행을 가지지 못했다." Braudel, *La Méditerranée*, II, p. 39.

25) 프리츠 레들리히는 용병에 두 종류가 있다고 지적했다. 물론 뿌리 뽑힌 사람들 —— 당시의 표현대로 하면 부랑자들(fahrendes Volk) —— 이 있었다. 한편 스위스와 독일에는 "그들이 원래 살았던 공동체에서 뿌리 뽑힌 채로 남아 있는" 좀더 "정착적인" 부류도 있

것은 국왕들에게 귀족들을 통제할 새로운 무기가 되었을 뿐만 아니라, 그들을
지탱해주는 무기도 되었다. V. G. 키어난은 얼마나 많은 용병들이 가스코뉴,
피카르디, 브르타뉴, 웨일스, 코르시카, 사르데냐, 달마치아 등 서유럽의 "저
개발" 지역 출신이었는가를 지적했다. "전체적으로 보아 가장 많은 인원이
충원된 지역은 켈트인이나 바스크인 같은 이질적인 주민들이 거주하는 유럽
변방의 산악지대였다."[26] 그리고 특히 스위스에서 많은 인원이 충원된 것으로
보인다.[27]

키어난의 주장에 따르면, 이러한 충원방식은 16세기의 사회적 폭발을 통제
하는 데에만 그 직접적인 목적이 있었던 것이 아니라,[28] 지금 우리가 다루고

---

었다. 이들은 비상시에 소집되는 재향군인과 흡사했다. Redlich, "The German Military
Entrepriser and His Work Force", I, *Vierteljahrschrift für Sozial- und Wirtschaftsge-
schichte*, Supp. No. 47, 1964, 115–117.

26) V. G. Kiernan, "Foreign Mercenaries and Absolute Monarchy", *Past & Present*, No.
11, April 1957, 70.

27) "유럽에 결정적인 영향을 미친 국가인 프랑스의 예로서, 루이 11세는 프랑스 혁명기까지
존속될 하나의 제도를 창설했다. 즉 1474년에 그는 스위스의 자치주들과 협정을 맺어 스
위스 외인부대를 모병했다. 그때 이래로 스위스는 프랑스 국왕에 대해서, 마치 웨일스인
이 잉글랜드 국왕에게 했던 것과 같은 역할을 떠맡았다."[같은 책, p. 72]

오톤 라스코프스키는 스위스 용병이 그들의 군사적 능력 덕택에 인기를 얻었다고 보았
다. Otton Laskowski, "Infantry Tactics and Firing Power in the XVIth Century",
*Teki Historyczne*, IV, 2, 1950, 106–115 참조.

당시에 보병이 지극히 취약했던 프랑스로서는 그들이 더욱더 필요했다. 찰스 오먼 경
은 이것을 다음과 같이 설명한다 : "스위스 상비군을 제외하면, 군대는 항상 급히 모집되
었으며 일단 위기가 사라지면 해산되었다." Sir Charles Oman, *A History of the Art of
War*, p. 45. 이 설명은 프랑스 보병이 왜 다른 곳보다 빨리 해산되었는가 하는 의문을 제
기하도록 한다. 그 대답은 분명치 못하며, 그 사실이 확실한 것도 아니다. 그러나 사실이
라면, 그것은 프랑스 왕정이 강력한 국가를 창출하기 위해서 힘겨운 싸움을 면치 못했다
는 또 하나의 증거가 된다.

28) "그러므로 유럽 각국의 정부들은 외국 용병에 크게 의존하고 있었다. 그들에게 특히 잘
어울린 업무는 반란을 일으킨 신민을 진압하는 일이었다. 혁명이 풍토병처럼 번졌던 16세
기에 그들은 종종 이런 목적을 위해서 소집되었다. 클라우디우스 외에도 많은 당황한 군
주들이 '나의 스위스 용병은 어디 있느냐?'라고 절규했다.……재력가들이 이끈 반란세력
역시 용병을 고용했다.……그러나 대체로 정부가 이 게임에서 더 높은 가격을 부르기 마
련이었다." Kiernan, *Past & Present*, No. 11, pp. 74–75.

있는 세계경제의 관점에서 볼 때, 두번째의 좀더 미묘한, 그러나 마찬가지로
중요한 영향을 미쳤다 :

용병 인력을 제공한 지역들은 영국 육군의 거대한 두 충원지역인 네팔과 편자브 지
방이 오랫동안 그랬던 것과 얼마간 비슷하게, 그 이웃 지역들에 비해서 정치적으로
정체되어 있었다. 스위스의 경우, 전제적인 프랑스와의 3세기 동안의 공생이 나쁜 결
과를 초래했다. 자치주(canton)의 정치는 병사의 수출을 인허하는 데 대한 사례금으
로 부패했으며, 귀족집단은 평민을 희생시키면서 그들의 세력을 강화했다.……알피
에리가 신랄하게 지적했듯이, 이들 산악의 자유민들은 전제정을 지키는 주요 경비견
이 되었다. 스위스가 농민전쟁이 치러졌던 1524년에, 그보다 50년 전에 그랬던 것처
럼 혁명적인 세력으로 남아 있었더라면 유럽 역사는 다른 방향으로 나아갔을 것이
다.[29]

용병은 대개 국가가 직접 모집하지 않았다. 당시의 기구가 그것을 허용하
지 않았다. 오히려 국가는 이익을 도모하는 "군수사업가들"과 계약을 맺었
다. 레들리히는 이것이 자본 축적을 위한 최상의 수단이었는지에 대해서 의문
을 가진다. 설령 그들의 수입이 "유별나게 높았다고 하더라도……대체로 그
들의 지출 또한 엄청났기"[30] 때문이다. 그러나 그것은 국가 건설이 자본주의
의 성장에 어떤 방식으로 영향을 미쳤는가에 대한 또 하나의 증거이다. 적어
도 단기적으로 볼 때 "만성적 불완전 고용 상태에 있는 사회에서 군사비 지
출의 증가는 종종 다른 종류의 산업을 자극함으로써, 전시에는 잉여의 양이
늘어난다."[31] 그러나 군수사업에는 상업과 생산 이상의 것이 관련되어 있었

용병을 이용하여 사회적 폭발을 견제한 데에는 또다른 의미가 있다. 즉 그것은 전쟁의
참화를 제한했다. 오먼은 용병들이 돈을 받지 못할 경우 즉각 전쟁을 중단했다는 점을 지
적한다. 이것은 군사전술에 직접적인 영향을 미쳤다. 때로는 정면공격 대신 지연작전을
쓰는 것이 군사적 우위로 밀어붙이는 것보다 성공적이었다. 군 사령관들은 종종 시간이
흘러 "적 진영에서 고통의 징후"가 나타나기를 기다렸다. 왜냐하면 "몇주만 더 궁핍과
파산사태가 지속되면 적을 파멸시킬 수 있었기" 때문이다. Oman, *A History of the Art
of War*, p. 38.

29) Kiernan, *Past & Present*, No. 11, p. 76.
30) Redlich, *Vierteljahrschrift für Sozial- und Wirtschaftsgeschichte*, p. 401.
31) 프레드릭 레인은 이런 관점을 H. 존 허배컥의 것으로 돌린다. 그러나 레인은 다음

다. 그 제도는 신용을 창출했던 것이다. 군주들만 은행가들로부터 돈을 빌린 것이 아니었다. 군수사업가들도 마찬가지였는데, 그들에게 자본을 공급한 것은 푸거가와 같은 대규모 상인 은행가들이었다. 이런 상황은 30년전쟁 시기에 이르기까지 지속되었다.[32]

더욱이 용병부대는 빈민에게 일자리를 제공하고 군수사업가들에게 사업 기회를 제공한 것으로 그치지 않았다. 군대는 식량을 공급받아야만 했던 것이다. 대개 식량 상인들은 전쟁터에서 군대를 따라다녔을 뿐 아니라 전리품 처리의 중개인 노릇도 했다.[33] 앨런 에버릿은 군대에 대한 식료품 공급이 튜더 시대 잉글랜드의 지역별 곡물 전문화에 중요한 자극제가 되었고,[34] 심지어 수출무역을 자극하기도 했다고 주장한다.[35] 국가 역시 성장하는 관료기구를 위해서 충분한 식량을 확보해야 할 책임감을 느꼈다는 사실을 감안할 때, 이 주장은 더욱 그럴듯해 보인다.[36] 이렇듯 자본주의의 팽창은 국가의 단기적 요구

---

과 같은 단서를 붙인다 : "그러나 장기적으로 볼 때, 다른 조건이 같다면, 많은 군사비 지출에 의해서만 높은 고용수준을 달성할 수 있는 사회는, 적은 군사비 지출로도 같은 고용수준을 달성할 수 있는 경우보다 잉여 생산량이 적다." Lane, *Venice & History*, p. 422, 주 11. 물론 문제는 같은 고용수준을 이룰 수 있는가에 달려 있다.

32) Fritz Redlich, "Military Entrepreneurship and the Credit System in the 16th and 17th Centuries," *Kyklos*, X, 1957, 186-188 참조.

33) Redlich, *Vierteljahrschrift für Sozial- und Wirtschaftsgeschichte*, Suppl. No. 39, pp. 49-50 참조.

34) Alan Everitt, "The Marketing of Agricultural Produce", in *The Agrarian History of England and Wales*, IV : Joan Thirsk, ed., *1500-1640* (London and New York : Cambridge Univ. Press, 1967), 521-522 참조.

35) "튜더 시대 군대의 수요에 부응하여 전시에 생산을 늘리거나 경작면적을 늘린 잉글랜드 농민들은 평화가 회복되었을 때 상당한 잉여를 확보하게 되었다. 십중팔구 그들은 전시에 얻은 경험을 통해서 유럽 시장 이용의 편리함을 깨달았고, 그들의 잉여는 잉글랜드 병사들로부터 프랑스 또는 플랑드르의 수공업 장인들에게로 방향을 틀었을 것이다."[같은 책, p. 524]

36) "정부에 고용된 전문관료——물론 상비군을 포함해서——의 등장은 굶주린 인구를 늘렸다. 정부는 이 문제에 직접적인 책임이 있었다." Charles Tilly, "Food Supply and Public Order in Western Europe" (등사 인쇄물), p. 20. 또한 pp. 36-40도 참조.
　　데이비스의 다음 지적을 보라 : "산업혁명 이전 시대에, 정부가 전장의 군대를 위해서 충분한 식량을 확보하는 것보다 더 어려운 문제는 거의 없었다." C. S. L. Davies, "Pro-

218

를 충족시키는 데 기여하게 되었다.

여기에서도 군주는 문민관료제에 대해서와 마찬가지로 딜레마에 빠졌다. 군수사업가는 군주의 권력 추구에 필수적인 부속물이었다. 군수사업가는 또 잉여의 상당 부분을 고갈시켰다. 물론 군수사업가는 귀족 봉신 이상으로 군주의 믿음직한 대리인이었다. 그러나 궁극적으로 그 역시 일차적으로는 자신의 개인적 이익을 추구했다. 현금결제 능력이 없는 군주에게 화 있을진저![37] 그러나 이런 일이 발생할 수 있다는 것 또한 세계경제 안에서 국가가 떠맡고 있는 역할의 직접적인 결과의 하나였다.

어쨌든 군대는 어느 정도까지는 제몫을 해냈다. 그들은 더 많은 세금을 거둘 수 있게 해주었기 때문이다. "[이런 세금의] 부담은 거의 다 국민, 특히 농촌 주민에게 지워졌기"[38] 때문에 국민들은 분노했고, 그래서 그들의 힘이 닿는 데까지 반란을 일으켰다.[39] 그러자 군대가 나서서 역시 그들의 힘이 닿는 데까지 반란을 진압했다. 가장 손쉬운 형태의 반란은 비적행위였는데, 그것은 국가가 대응하기 가장 어려웠기 때문이다. 비적행위는 산악지역일수록 더욱 쉬웠다.[40] 국가의 경찰력은 중심지를 제외하면 아직도 너무 미미하여 이

visions for Armies, 1509-50 : A Study in the Effectiveness of Early Tudor Governments", *Economic History Review*, 2nd ser., XVII, 2, 1964, 234.

37) "사실 전쟁 중인 군주에게 최악의 위험부담은 군수사업가 및 노동력이 군주의 정치적 목표를 희생시켜가면서 스스로 급료를 챙기려고 하는 것이었다. 채무 상환을 거부하거나 지연시킴으로써(군수사업 및 그 사업상의 위험부담에 늘 따르는 일), 군주는 대가를 지불받지 못한 사업가와 노동세력에 의해서 전쟁에서 패배당할 위험을 자초했다." Redlich, *Vierteljahrschrift für Sozial- und Wirtschaftsgeschichte*, p. 69.

38) Génicot, *Cambridge Economic History of Europe*, I, p. 700.

39) 브로델은 16세기 전반기가 특히 활발했고, 그후 1550-1600년에는 소강 국면에 접어들었다고 지적한다. 그는 이렇게 말한다 : "그러므로 펠리페 2세 시대의 국가의 견고함이 이러한 침묵과 대중의 신중함을 설명한다고 할 수 있다. 경찰력이 대단히 완강했던 것이다. ……" Braudel, *La Méditerranée*, II, p. 80.

40) "그 결과 16세기가 끝나갈 무렵 지중해의 산자락 곳곳은 사람들과 압박에 견디다 못해 스스로의 해방을 위해서 폭발하고 말았다. 이렇듯 확산된 전쟁은 우리가 비적행위라는 모호한 표현으로 부르는 끝없는 사회적 전쟁과 혼동되어 희미하게 보인다. 알프스와 피레네에서, 아펜니노 산맥이나 다른 산지에서, 그리스도 교도이든 무슬림이든, 바다를 에워싼 이 거대한 산맥의 굽이굽이에서 공통적인 현상을 발견할 수 있다."[Braudel, 같은 책, p. 93]

에 대처할 수단이 그다지 많지 않았다. 그리고 이러한 비적행위는 종종 신생 국가에 반항한 일부 전통 영주들의 호응을 받았다.[41)]

들뤼모의 말처럼, "비적행위는 흔히 도시에 대한 농촌의 반란이었던"[42)] 것이 틀림없다. 그러나 농촌의 누가, 그리고 매우 중요한 것인데, 언제 반란을 일으켰는가? 분명한 것은 농민의 비적행위에 대한 가담은 곡물이 부족한 시점과 밀접한 관련이 있어 보인다는 점이다.[43)] 물론 식량폭동이 일어났을 경우에 최빈민층도 가담했지만, 하나의 운동으로서 등장한 비적행위의 경우, 특히 지중해 지역의 경우, 운동의 핵심을 이룬 것은 최빈민층이 아니었다. 16세기에 일어나고 있던 "재봉건화(refeudalization)"에 대한 항의 그리고 그들 농촌의 반(半)주변부화에 대한 항의의 형태를 비적행위에서 찾은 것은 분명히 새로 태어나고 있던 요먼 농장주들이었다.[44)] 그러한 농촌지역들, 특히 남부

---

41) "해적들의 배후에는 도시 및 도시국가들이 있었다. 노상강도들의 배후에는 모험가들을 지원하는 영주들이 있었다. 비적들은 믿을 만한 영주를 그들의 두목 또는 배후세력으로 두고 있었다.……
    "지나치게 단순화하지 않도록 하자. 일부 귀족들은 광범하고 다양한 형태의 비적행위를 이용했는데, 그것은 종종 다른 귀족들을 겨냥한 것이었다. 비적행위는 귀족집단 일부의 위기에만 관련된 것이 아니었다. 그것은 대중적이며, 농민에 기반을 둔 운동이었다." [같은 책, II, pp. 88-90]

42) Delumeau, *Vie économique*, II, p. 547.

43) 같은 책, II, pp. 543, 546-547, 608, 625 참조.

44) 로사리오 빌라리는 농업분규가 남부 이탈리아에 미친 영향을 이렇게 설명한다 : "프로테스탄트 종교개혁의 확산에 뒤따른 농촌반란의 물결이 미치지 않은 남부 지방은 이제 한층 강화된 봉건적 토지공납의 재부과에 대해서 그리고 교회를 경제적, 재정적으로 재조직하려는 당시의 세력에 대해서 대응했다. 중요한 사실은 운동에 참여한 사람들이 빈민에 국한되지 않고, 농촌을 관리하고 사회적으로 결속시키는 역할을 맡았던 집단들까지 포함하고 있었다는 점이다.
    "그들은 농업 기업가(마사로)로서, 반(半)자본주의적인 곡물 생산의 주체였다. 그들은 농촌세력으로서, 부분적으로 임금 하락의 열매를 거두면서 그리고 간접적으로는 귀족의 재정위기와 도시 부르주아지의 성장을 기회로 삼아서 16세기의 유리한 국면을 틈타 이익을 얻을 수 있었다. 당시 그들은 임금노동자, 중소 지주, 농업 기업가였다. 부유한 부르주아지와는 매우 다른 특징을 지닌 마사로는 왕국의 1차 생산에서 그리고 목축업에서 매우 중요한 조직적 기능을 떠맡고 있었다." Rosario Villari, *La rivolta antispagnola a Napoli : Le origini (1581-1647)* (Bari : Laterza, 1967), 61.

이탈리아의 마사로(massaro : 자영농) 같은 소기업가들은 흉년이 들 경우, 대지주보다 가난에 맞설 수단이 적었기 때문에 농촌 빈민의 지위로 몰락하는 것을 두려워했으며, 그래서 자신들의 직접적인 적으로 본 이들 대지주들에 맞서서 비적행위에 가담했던 것이다.[45]

비적행위에 가담한 다른 부류는 일부 귀족이었다. 그러나 역시 어떤 귀족이었는가? 이들은 경제적 격변에 의해서 압박을 받고 있던 귀족들일 것이다. 용병에 관하여 논의하면서, 우리는 인구 증가와 함께 다양한 동기로 추진된 인클로저 운동이 유랑의 문제를 초래했으며, 용병대의 등장이 다른 목적들 가운데서도 이들 "유랑민들"의 일부를 고용하여 나머지를 억제하는 역할을 했음을 지적한 바 있다. 용병은 군주의 힘을 강화시켰다. 게다가 그들은 국왕의 의지를 관철시킬 수 있는 강력한 군대를 세울 뿐만 아니라 소귀족들의 일자리를 빼앗음으로써, 전통적인 귀족의 힘을 약화시켰다.[46] 물론 여러 지역의 몰락한 기사들에게 한 가지 선택의 길이 있었다. 그들은 국왕을 위한 복무에 참여할 수 있었다. 더욱이 국왕의 힘이 보다 센 곳에서는 비적행위가 그만큼 더 어려웠다. 그러나 군주의 힘이 약한 지역에서는 비적행위에 많은 이익이 돌아갔고, 국왕을 위해서 복무할 기회는 그만큼 더 적었다. 바로 이런 의미에서, 비적행위는 "전통적 저항"으로의 도피라기보다는 보다 강력한 국가를 바라는 하나의 요청이라는 의미를 담고 있었다. 그것은 일종의 저항이었고, 경우에 따라 "왕국 안에 존재하는 가장 큰 저항세력"[47]이었다. 그러나 그것은

45) 같은 책, pp. 61-62.
46) 게오르크 루셰와 오토 키르히하이머는 이러한 상황의 결과를 다음과 같이 설명한다 : "용병의 값싼 공급으로 기사들이 남아돌게 되었고, 그 때문에 기사들은 수입의 상당한 부분을 잃었다. 일부 기사들, 특히 하층 기사들은 이중으로 고통을 받았다. 왜냐하면 지력 고갈과 농민의 비참한 상황으로 인해서 그들은 지대를 제대로 받을 수 없었기 때문이다. ……신분은 세습받았으되 토지는 가지지 못한 많은 기사들은 평민들과 마찬가지로 노상 강도 노릇을 했다. 둘 사이에 다른 점이 있다면, 가난한 농민들은 공공연하게 강도짓을 했지만, 기사들은 정당한 전쟁이라는 구실로, 또는 도탄에 빠진 대중을 위해서 부유한 도시 상인들에게 복수를 한다는 구실로, 그들의 목적을 은폐했다는 점이다.……" Georg Rusche & Otto Kirchheimer, *Punishment and Social Structure* (New York : Russell & Russell, 1939), 13.
47) Villari, *La rivolta antispagnola a Napoli*, p. 58.

근대국가 구조 안에서의 저항이었다.

그러므로 비적행위를 국가 권위에 대한 일종의 전통적이고 봉건적인 저항의 한 형태로 보는 것은 중대한 잘못일 터이다.[48] 그것은 국가 권위의 불충분한 성장, 경제적 사회적 동요에 의해서 촉발된 혼란에 대한 국가의 균형 회복능력의 결여 그리고 인플레이션, 인구 증가와 식량 부족의 시기에 평등한 분배를 보장하려는 국가의지의 결여 등에 기인한 것이었다. 이런 의미에서 비적행위는 일부 귀족들에게서 전통적 권리를 (따라서 부의 근거를) 박탈하고 일부 농민들에게서 새로운 관료기구를 부양할 농산물을 박탈함으로써 그리고 동시에 국가 자체에 부를——그 일부를 차지하고 싶은 충동을 더욱더 불러일으킬 정도로——집중시킴으로써 국가 자체가 만들어낸 것이다. 비적행위는 유럽 세계경제의 등장의 결과 나타난 거대한 경제적 재배치에 의해서 초래된 혼란의 한 징후였다.

정치조직체는 비록 부분적인 정당성일지라도 이를 획득하게 되면 언제나 그만큼 더 안정을 얻는다. 정당화 과정에 대한 분석들에는 많은 신비화가 있기 마련인데, 이것은 정부와 국민 대중과의 관계에 대한 거의 유일하다고 할 만한 하나의 관점에 기인한다. 인류 역사상 등장한 그렇게 수많은 정부들이 과연 정부에게 착취당하고, 억압되고, 학대받은 다수에 의해서 "정당하다"고 간주되어왔는지는 의문스럽다. 대중은 그들의 운명에 묵묵히 따르거나, 고집스럽게 버티거나, 자신들의 일시적인 행운에 놀라거나, 또는 적극적인 반항을 펼쳤다. 그러나 정부들은 인정도, 찬양도, 사랑도, 지지도 받지 못하는 가운데서도 견디어나가기 마련이었다. 16세기의 유럽이 바로 이런 상황이었다.

정당화는 대중이 아니라 핵심집단과 관련된다. 정치적 안정성의 문제는 국가기구를 관리하는 소수 집단이 다수 집단인 중앙의 간부진 및 지방의 유력자들에게 다음과 같은 점을 얼마나 납득시킬 수 있는가 하는 정도에 달려 있

48) "〔비적행위〕 현상을 국가에 대한 봉건적 저항 개념과 결부짓는 것은 이러한 역사적 상황에 부합하지 않는다.……16세기 말은 국가의 반귀족적 압력이 특별히 강했던 시기가 아니었다. 로마에서도 대지주〔페우다타로(feudataro)〕가 찬탈한 재산과 권리를 되찾으려던 교황의 시도는 1581년에 찬탈자들의 결정적인 승리로 끝났다."〔같은 책, p. 60〕

222

다. 즉 그 체제가 이들 핵심집단이 존재한다고 믿는 어떤 합의된 가치에 근거하여 형성되었고 또 작동한다는 것 그리고 그와 아울러 이 체제가 커다란 장애 없이 계속 작동하는 것이 이들 핵심집단의 이해관계와 일치한다는 것을 납득시킬 수 있는 정도에 달려 있다. 그러한 상황이 실현될 때, 우리는 한 체제를 "정당하다"고 부를 수 있을 것이다.

더욱이 정당성의 문제는 단 한 차례로 결판나는 문제가 아니다. 그것은 지속적인 타협의 문제이다. 16세기에 군주의 새로운 권위를 정당화하는 수단으로 떠오른 이데올로기는 왕권신수설이었으며, 그 체제를 우리는 절대왕정이라고 부르게 되었다. 절대주의는 하나의 이데올로기였기 때문에 우리는 그 주장을 액면 그대로 받아들이는 것에 대하여 조심해야 한다. 그러므로 정확히 그 주장이 무엇이었으며, 그 주장이 사회구조의 현실과 어떻게 부합했는지를 검토하는 것이 유익할 것이다.

첫째로, "절대적"이라는 것은 과연 어느 정도나 절대적이었는가? 대부분의 상황에서, 선포된 군주의 의지에 거역하는 그 어떤 정당한 주장도 펼 수 있는 인간집단이 없다는 이론은 전혀 새로운 것이 아니었다. 그러나 이 시기에는 그 이전이나 이후에 비해서 그 이론이 더욱 널리 확산되고 지적으로 수용되었다. 그러나 "절대적"이라는 말은 이론적으로나 실제적으로나 모두 잘못된 표현이다. 이론적으로, 절대적이란 무제한적이라는 것을 의미하지 않았다. 하르퉁과 무니에가 지적하고 있듯이, 그것은 "신법과 자연법에 의해서 제한되었기" 때문이다. 그들은 "절대적"이란 "무제한적"이 아니라 "감독받지 않는 (pas contrôlée)"의 뜻으로 이해해야 한다고 주장한다. 군주정은 과거의 봉건적인 권력의 분산에 반대된다는 의미에서 절대적이었다. "그것은 전제정치와 참주정치를 의미하지 않았다."[49] 마라발의 이야기도 이와 비슷하다. "근대국가의 첫 단계에서도, 그 이후의 단계에서도, '절대군주정'은 무제한적인 군주정을 의미하지 않았다. 그것은 상대적인 절대성이었다."[50] 관건이 되는 유효

---

49) Hartung & Mousnier, *Relazioni del X Congresso*, IV, p. 8.
50) Jose A. Maravall, "The Origins of the Modern State", *Cahiers d'histoire mondiale*, VI, 4, 1961, 800.

한 주장은 군주가 법률의 구속에 제한받을 수 없다는 것이었다 : 법에 매이지 않는다(ab legibus solutus)는 것이었다.

그러한 주장들이 무엇이든 간에, 군주의 권력은 이론으로만이 아니라 실제적으로도 사실 상당히 제한을 받았다. 대체로 국왕의 권력은 제도적, 도덕적으로 여러 제약을 받고 있는 20세기의 자유민주주의 국가의 행정부의 권력보다 훨씬 못한 것이었다. 한편으로, 20세기의 국가기구는 그 배후에 어느 정도의 조직적 역량을 갖추고 있는데, 그것은 늘어난 제약을 보상하고도 남는다. "절대" 군주의 진정한 권력을 이해하기 위해서는 이를 그 시대와 장소의 정치적 현실이라는 맥락에 놓고 보아야만 한다. 군주는 정책 대립이 있을 경우에 국가 내에서 다른 세력을 압도할 가능성을 얼마나 지니고 있었는가, 그 정도만큼 절대적이었다.[51] 그러나 16세기에는 가장 강력한 국가마저도, 신민으로부터 최우선적인 충성을 받기는 고사하고 그 경계 내에서 무력수단의 명백한 우위나 또는 재원에 대한 지배권을 입증하는 것마저도 버거운 일이었다.[52]

하나의 사회세력으로서의 국가의 등장 그리고 그 이데올로기로서의 절대주의를 민족 또는 민족주의와 혼동해서는 안 된다. 세계체제 내에서 강한 국가들을 만들어내는 것은 강한 국가들 내부에서든 주변부에서든 민족주의가 등장하기 위한 하나의 역사적 전제조건이었다. 민족주의는 한 국가의 구성원들

51) 에리크 몰나르는 다음과 같이 신중한 정의를 내린다 : "절대주의는 군주가 자신이 지배하는 군사 및 관료 조직의 도움을 받아, 영토 전역에 대해서 근본적이고 실질적으로 국가권력을 행사하는 정치체제이다. 이러한 정의에서는 예컨대 의회나 세습관료 집단으로 구성된 반대세력의 도전을 받았을 때 이를 제압할 수 있는 실질적 권력이 있는지 여부가 그 본질적 기준이 된다." Erik Molnar, "Les fondements économiques et sociaux de l'absolutisme", in *XIIe Congrès Internationale des Sciences Historiques : Rapports, IV : Méthodologie et histoire contemporaine* (Wien : Verlag Ferdinand Berger & Sohne, 1965), 155.

52) "각국 정부가 지속적인 재정난에 빠져 있었던 점, 담세 능력이 가장 많은 자들의 재산에 손끝조차 대지 못했던 점 그리고 충분한 수입을 거두려고 할 때마다 엄청난 비용을 치를 반란이 일어나곤 했다는 점만큼 16세기의 왕권이 처한 제약을 더 명확히 보여주는 것도 없다." William J. Bouwsma, "Politics in the Age of the Renaissance", in *Chapters in Western Civilization*, 3rd ed. (New York : Columbia Univ. Press, 1961), I, 233.

224

을 신분집단의 구성원으로서, 시민으로서, 그것이 함축하는 집단적 결속의 모든 필요조건들과 함께 받아들이는 것이다. 절대주의는 국가 그 자체의 생존이 무엇보다 중요하다는 주장이다. 전자의 본질은 하나의 집단적 감정이고, 후자의 본질은 국가기구에 직접적인 이해관계를 가지는 소수 집단의 감정이다.

물론 강한 국가의 지지자들은 시일이 흐르면서 그들의 목적을 견실하게 보강하고자 민족감정을 조장할 것이다. 그리고 그들은 이미 16세기에 어느 정도 이에 필요한 어떤 수단을 가지고 있었다.[53] 그러나 이 집단적 감정은, 만일 그것이 존재하는 한에서, 전체로서의 국민보다는 주로 군주 개인에 맞물려 있었다.[54] 절대군주는 "영웅적" 인물이었고,[55] 신격화의 과정은 시간이 지나면서 더욱더 열기를 띠었다. 이 시대는 정교한 궁정의식이 발달한 시대였는데, 그것은 군주로 하여금 평범한 일에서 멀어지게 하는 것이 (그리고 그와 동시에 궁정 귀족들에게 일자리를 제공하여, 그들을 감독하고 견제할 수 있을 만큼 가까이에 두는 것이) 더 바람직하다는 생각에서였다.

민족주의가 부르주아지 사이에서 최초의 진정한 옹호자를 얻게 된 것은 오

---

53) "15세기 또는 16세기에 진정한 민족적 전통이란 없었다. 그러나 어떤 공동체적 감정이 존재했는데, 이러한 감정을 국왕들은 그들 자신의 목적 달성에 이용할 수 있었으며, 그래서 그들의 권력 장악을 받아들일 만한 것으로 만들고 또 모든 사람이 자유롭게 협력할 수 있는 어떤 것으로 만들었다." Maravall, *Cahiers d'histoire mondiale*, VI, p. 796.
54) "우리는 정치사상의 이런 새로운 지향[국가 개념]을 집단적인 민족적 연대의식으로 해석하려는 유혹을 피해야 한다.……
  "우리는 16세기에 국가 개념을 점진적으로 구축해나간 법학자들과 이념가들이 인민보다는 **군주**(마키아벨리의 용법에 따르면)를, **전체 집단**보다는 권위에 대하여 훨씬 더 많이 언급했다는 사실에 유의해야 한다.
  "그러므로 우리는 이 출발점에 대해서 숙고해야만 한다. '국가'는 그 자체로서는 존재하지 않았다. 그것은 무엇보다도 본질적으로 새로운 형태의 권위, 즉 **군주의 공적 권력**에 대한 확인이었다." Georges de Lagarde, "Réflexions sur la cristallisation de la notion d'Etat au XVIe siècle", in Enrico Castelli, ed., *Umanesimo e scienza politica* (Milano : Dott. Carlo Marzorati, 1951), 247-248.
55) "16세기에 고대 문화가 유행한 것은 로마 법이 새로운 힘을 발휘했음을 나타낸다. 그것은 여기에 고대의 '영웅' 개념, 즉 반신반인의 전능하고 자애로운 영웅 개념을 덧붙였다.……인민에게 영웅이란 그들 자신을 의탁할 욕구를 느끼는 존재의 모델이었다." Mousnier, *Les XVI et XVII siècles*, pp. 96-97.

직 17세기 말과 18세기에 중상주의의 틀 안에서의 일이었다.<sup>56)</sup> 그러나 16세기의 부르주아지의 이해관계는 아직도 국가에 확실히 고정되어 있지 않았다. 너무나 많은 사람들이 폐쇄경제보다 개방경제에 더 많은 이해관계를 가지고 있었다. 그리고 국가 건설자의 처지에서 볼 때, 어설픈 민족주의는 소규모의 종족적, 영토적 실체를 중심으로 한 결속을 부추길 위험이 있었다. 초기의 국가통제주의는 거의 반(反)민족주의적이었다고 할 수 있었는데, 그것은 "민족주의적" 감정의 경계가 군주국가의 범위보다 흔히 더 협소했기 때문이다.<sup>57)</sup> 훨씬 후대에 가서야 국가기구 관리자들은 "통합된" 국가의 창출을 기도하게 될 것이며,<sup>58)</sup> 그 안에서 지배적인 인종집단은 외곽지역을 "동화할" 것이다.

16세기에 몇몇 국가들은 중앙집권화를 향한 실질적인 진보를 이룩했고, 이러한 중앙집권의 정당성을 적어도 부분적으로는 인정받기에 이르렀다. 이런 상황이 일어날 수 있는 조건들을 개괄한다는 것은 그다지 어려운 일이 아니다. 다양한 핵심집단 그리고 재원을 장악한 다양한 집단들이 군주를 설득하고 그에게 영향력을 행사하는 편이 다른 행동경로를 통해서 정치적 이익을 추구하는 것보다 자신들의 집단이익을 정치적으로 더 잘 보장한다고 느끼게 된 경우, 우리는 비교적 효율적인 군주제도, 즉 비교적 "절대적인" 국가를 거론할 수 있다.

56) "순수 경제학의 정반대 편에, '시장은 부르주아지가 처음으로 민족주의를 배운 학교이다'라는 꽤 두리뭉실한 문구가 들어설 자리가 있다." Pierre Vilar, *La Catalogne dans l'Espagne moderne*, I (Paris : S.E.V.P.E.N., 1962), 34.
57) "〔서유럽 국가들의〕 상당수 인민들, 특히 수도나 수도권 거주자들은 그들 자신을 오늘날의 국민(Staatsvolk)에 해당하는 지위를 지닌, 국왕 자신의 신민으로 생각하기에 이르렀다.……유력한 신민들을 자신의 지배권 아래 두고자 분투한 군주는 부르주아지를 그들과 대립시킬 수 있었다. 그러나 그는 또한 영토 확장에 의하여, 즉 외곽지역을 장악하여 본거지의 봉건제를 측면에서 공격함으로써 소기의 목적을 달성하고자 꾀했다." Kiernan, *Past & Present*, No. 31, p. 33.
58) "한 사회는 마땅히 통합되어야만 하며, 가능하다면 한 국가에는 오직 한 민족, 한 언어, 한 문화만이 있어야 한다는 관념 그리고 정치적 경계를 같이하는 전 국민 또는 대부분의 국민이 정책결정권을 가져야만 한다는 관념 —— 이 모든 것은 19세기의 서유럽적인 사고의 결과로 나타난 새로운 관념이다." Wolfram Eberhard, *Conquerors and Rulers : Social Forces in Medieval China* (Leiden : Brill, 1965), 2nd rev. ed., 6.

"절대적"이라는 말은 그릇된 어감을 전달하는데, 그것은 물론 국왕들이 전달하고 싶었던 어감이다. 절대주의는 진정한 주장이 아니라 수사적인 명령이었다. 아마도 군주 개인으로의 권력 집중을 덜 강조하고, 다만 강화된 국가 또는 더 많은 "국가성(stateness)"[59]을 언급하는 것이 현명할 것이다. 우리는 그 이데올로기를 "국가통제주의(statism)"라고 부르는 편이 나을 것이다. 국가통제주의는 국가기구의 수중에 더 많은 권력이 주어져야 한다고 주장한다. 16세기에 이것은 절대군주의 수중에 들어간 권력을 의미했다. 그것은 권력에 대한 요구였으며, 이 요구는 그것을 획득하기 위한 시도의 일부였다. 그때나 지금이나 누구도 그것을 당시의 현실세계에 대한 기술로 받아들이지 않았고, 또 그렇게 받아들여서도 안 될 것이다. 이러한 요구는 어떤 국가들, 즉 유럽 세계경제의 핵심부를 이루게 될 국가들에서는 어느 정도까지 유효했다. 그러나 다른 지역에서는 실패했는데, 그 이유들은 나중에 설명할 것이다.

중앙집권화 과정의 중요한 한 메커니즘일 뿐만 아니라 성공의 주요 지표들 중 하나로 꼽을 수 있는 것은 주민들이 이런저런 수단에 의해서 얼마만큼이나 문화적인 동질집단으로 변형될 수 있는가 하는 점이었다. 이 경우에도 중요한 것은 대중보다는 국왕, 관료와 궁정인들, 농촌의 (대-소) 지주들, 상인 등 넓은 의미의 핵심집단이다. 16세기의 핵심부 국가들은 이들 계층 사이에서 "인종적" 동질성을 더욱 강화하는 방향으로 나아간 반면, 주변부는 정반대의 방향으로 나아가고 있다.

"소수" 집단에 속했던 상인들에 대해서 국가기구가 어떤 태도를 취했는가를 살펴보는 것부터 시작하자. 첫째, 중세 전 기간을 통해서 교역활동에서 큰

---

59) 찰스 틸리는 "국가성"을 "형식적 자율성, 비정부 조직들과의 차별성, 중앙집권, 대내적 일치"라는 잣대로 측정했다. 여기에서 다음과 같은 결론이 도출된다 : "극단적인 국가성은 정치적 안정을 보장하지도 않고 국제적 영역에서의 힘을 확증해주지도 않는다. 국가성의 증대는 대개 신민의 유동자원에 대한 정부의 지배력을 증대시키며, 자원을 국가적, 국제적 차원의 여러 목적에 자유롭게 이용할 수 있는 힘을 증대시킨다." Tilly, "Reflections on the History of European Statemaking", 근간 예정인 Charles Tilly, ed., *The Building of States in Western Europe* (Princeton, New Jersey : Princeton University Press), 제9장 18-19(등사판 원고)에서 인용.

역할을 맡았던 유대인 집단이 있었다. 한 가지 주목해야 할 사실은 사회, 경
제의 양면에서 "유대인의 지위는 중세 말기에 꾸준히 저하되고 있었다"[60]는
점이다. 한편으로 잉글랜드, 프랑스, 에스파냐는 좀더 강력한 중앙집권 구조
를 건설하게 되면서 유대인들을 추방하기 시작했는데, 잉글랜드는 1290년에,
프랑스는 14세기 말에, 에스파냐는 1492년부터 이런 움직임이 나타났다. 그
러나 이러한 현상은 독일에서도 발생했는데, 여기에서는 유대인들이 추방당
하지는 않았을지라도 교역집단으로서의 역할은 여러모로 약화되었다. 유대인
들은 서기 800년에서 1200년까지 북부 대륙횡단 통로를 따라, 서유럽과 동유
럽 사이의 국제교역에서 큰 몫을 담당함으로써 그 교역을 지탱해준 기둥이었
다.[61] 이 기간에 동-서 유럽 양 지역에서 그들의 법적 지위는 상당히 유리했
다.[62] 13세기와 14세기에는 유럽 전역에 걸쳐 유대인의 법적 지위와 경제적 역

---

60) Salo W. Baron, *A Social and Religious History of the Jews*, 2nd ed., XI : *Citizen or Alien Conjurer* (New York : Columbia Univ. Press, 1967a), 192.

61) "13세기 말에 국제무역에서 유대인의 지위가 약화된 또 하나의 이유는 그들을 겨냥한 일
련의 금지조치 때문이었다. 그 이래로 동유럽과의 무역활동은 전체적으로 좀더 최근의 그
리고 좀더 잘 알려진 경로 ―― 남부에서는 이탈리아-지중해 그리고 북부에서는 한자 동
맹 도시들 ―― 를 따라 흘러갔다. 종전에 활기를 띠었던 러시아 및 폴란드 경유의 대륙
횡단로는 더 이상 사료에 나타나지 않았다." J. Brutzkus, "Trade with Eastern Europe,
800-1200", *Economic History Review*, XIII, 1943, 41.

62) 폴란드에 대해서 살로 W. 바론은 이렇게 말한다 : "우리는 [11세기와 12세기의] 유대인
의 생활에 대해서 아는 바가 거의 없다. 그러나 유대인들은 분명히 완전한 행동의 자유를
누렸으며, 법적 제약은 거의 없었다." Salo W. Baron, *A Social and Religious History
of the Jews*, 2nd ed., III : *Heirs of Rome and Persia* (Philadelphia : Jewish Publication
Society of America, 1957a), 219. 서유럽에서 봉건체제는 유대인들을 "그리스도교 귀족
들과 비슷한, 국왕의 새로운 봉신집단으로" 대우해줌으로써 그들에게 호의를 보였다. 같
은 책, IV : *Meeting of East & West* (Philadelphia : Jewish Publication Society of
America, 1957b), 50. 이것은 에스파냐(pp. 36-43 참조), 카롤링 시대의 프랑스(pp. 43-
53 참조), 독일(pp. 64-75 참조), 잉글랜드와 노르망디(pp. 75-86 참조)의 경우에도 마찬
가지였다. 봉건제는 "그 무정부적인 다양성과 유대인들에 대한 교회 권위의 강화에 의해
서 서유럽에서 유대인들의 생활을 아주 복잡하게 만들기는" 했지만, 그럼에도 불구하고
"중앙과 지방의 교회기구들은 기본적인 관용을 지속적으로 주장함으로써, 왕권신수설의
강조로 왕권을 강화함으로써, 국왕에게 공정하게 다스릴 것을 요구함으로써 그리고 성직
자와 유대인 등 무방비 집단을 보호하고자 '신의 휴전'을 확립하기 위한 협약을 끊임없이
전파함으로써, 유대인의 안전에 크게 기여했다."[pp. 53-54]

228

할의 양면에서 전반적인 쇠퇴현상이 나타났다.[63] 그러나 16세기에 이르면, 지리적 불균형 현상을 볼 수 있다. 즉 그들은 서유럽에서 사실상 완전히 사라진 반면에, 동유럽 그리고 남유럽의 일부 지역에서는 그 수가 점점 더 증가하고 있었다. 즉 핵심부에서는 소멸하고 주변부 및 반주변부에서는 증가하고 있었다.[64]

유대인들은 동유럽 경제생활에서 점점 더 중요한 역할을 떠맡게 되었지만, 노동계급의 신분보다 더 높은 직업 가운데서 오직 상인의 역할만을 허용받았다. 그들에게만은 기업가에서 금리생활자가 되는 고전적 진로가 불가능했다.[65]

63) 중세 초기에 유대인들은 "국왕의 봉신"으로서 이익을 취했다. 중세 말기에 접어들어 국왕은 강력해졌지만 유대인들의 지위는 하락하기 시작했다. 바론은 이렇게 말한다. "그들의 주군이 그러한 관계로부터 더욱 큰 재정적 이익을 얻었기 때문에, 그가 유대인 '농노들'을 좀더 실질적으로 보호하기 위해서 자신의 신장된 권력을 사용하지 않은 것은 매우 놀라운 일이다."[p. 198] 바론은 그 설명을 "중세 말기에 점차 틀을 잡아갔던 새로운 형태의 민족주의"[p. 199]에서 찾았다. 더욱이 "중세 사회의 세속화 경향은 민족적-종교적 불관용을 격화시켰다."[p. 200]

64) "이 나라에서 저 나라로 추방당한 [14세기와 15세기의 유대인들은] 점점 더 많은 숫자가 동유럽 및 중유럽의 개방된 변경지역으로 이동했다. 그리고 그들은 슬라브, 헝가리, 리투아니아 영토에서 점점 더 자의식이 강한 공동체를 확립했다. 그렇듯 각고의 노력을 기울이는 가운데, 그들은 개별 사회에 대해서는 현금과 신용 제공자로서의 유용성이, 그리고 국가에 대해서는 만만하고 종종 무력한 과세대상으로서의 유용성이 자신들의 가장 큰 경제적 강점이라는 것을 알게 되었다." Salo W. Baron, *A Social and Religious History of the Jews*, 2nd ed., XII : *Economic Catalyst* (New York : Columbia Univ. Press, 1967b), 30-31.

독일은 변두리 지역이었다 : "그러나 흑사병의 참화가 지나간 후 희생당하고 몰락한 독일의 유대인들은 더욱더 대금업에 몰두하지 않으면 안 되었다. 재정적 수익이 감소했지만, 그럼에도 불구하고 그들의 활동 자체가 주민들의 격렬한 증오심을 불러일으켰다.…… 징세를 통해서 유대인 금융업자의 암묵적인 동업자 노릇을 했던 지배자들은 이제 점점 그들의 피보호자들을 드러내놓고 보호하기가 어려워졌다. 16세기 초의 험난한 시기에 상황은 점점 더 악화되었으니, 사회불안과 종교분쟁은 내란과 종교전쟁의 토대를 마련하고 있었다."[pp. 151-153]

65) "폴란드의 많은 유대인들의 경우는 상황이 달랐던 것으로 보인다. 그들에게는 토지 소유와 사회적 상승이 원칙적으로 차단되어 있었다. 우리가 믿기로는, 이 경우 투자자본은 [공업 및 광산 활동에] 더 빈번히 관여했다." Marian Malowist, "L'évolution industrielle en Pologne du XIVe au XVIIe siècle : traits généraux", *Studi in onore di Armando Sapori* (Milano : Istituto Edit. Cisalpino, 1957), I, 601.

북부 이탈리아에서도, 부분적으로 도시국가의 작은 규모 그리고 그로 말미암은 과세 기반의 미약, 국외 거주 시민들을 보호할 능력의 결여 등으로 인해서 도시국가들의 재정능력이 쇠퇴한 결과,[66] 유대인들이 다시 한번 주로 상인의 역할을 수행하면서 그들의 지위가 얼마간 개선되었다.[67] 지배자들에게 유대인 문제는 "재정정책(fiscalism)"대 초기 "중상주의(mercantilism)"의 딜레마로 나타났다. 한편으로 이들 유대인 상인들은 국가 수입의 중요한 원천이었으나, 다른 한편으로 비유대인 상인들에게 그들은 경쟁자였고 지주들에게는 채권자였다. 그리하여 이들 두 집단은 한결같이 지배자들에게 유대인을 제거하라고 압력을 가했다. 처음에는 종종 국왕이 나서서 조정을 맡아볼 정도로, 유대인을 국가 수입의 원천으로 바라보는 시각이 우세했다.[68] 그러나 토착 부르주아

---

66) "그러나 [이탈리아 도시국가들의 상업적 주도권의] 이러한 몰락을 어떻게 설명할 수 있는가? 그것을 부추긴 요인들은 도시국가들에서 성행한 계급투쟁, 왕실 채무자들의 지불불능으로 말미암은 파산(바르디가와 페루치가의 파산), 재외 시민을 보호해줄 거대한 국가의 부재 등이었다. 다시 말해서, 근본적인 원인은 스스로를 대규모 영방국가로 변모시키지 못한 도시국가의 구조에 있었다." Antonio Gramsci, Il Risorgimento (Roma : Giulio Einaudi Ed., 1955), 9.

67) "북부 이탈리아의 공화국들이 세계의 금융 중심지로서 기능하는 한, 유대인은 이들 '롬바르디아인'의 조국에서 사실상 소외되어 있었다. 이 롬바르디아인들의 재원은 흔히 유럽 여타 지역에 있는 유대인들의 재원을 합친 것보다도 많았다. 그러나 13세기의 재정위기를 겪으면서 [수많은] 거대 회사들이 도산하자……유대인들에게 새로운 기회가 열렸다.
  "이탈리아의 공국들 역시 머지 않아 경제력을 보강할 수 있는 근거로서 유대인들의 존재를 평가하게 되었다." Baron, A Social and Religious History of the Jews, XII, pp. 161, 163.
  1492년에 에스파냐와 시칠리아에서 유대인들이 추방되었을 때, "이탈리아는 그리스도교적 유럽에서 망명자들에게 열려 있는 유일한 나라였다.……" Cecil Roth, The History of the Jews of Italy (Philadelphia : Jewish Publication Society of America, 1946), 178-179.

68) "만일 유대인들이 [서유럽의] 몇몇 지역에서 전면적인 희생을 모면했다면……이것은 대부분 개별 정부들의 재정적 이해관계에 기인한 것이었다. 개별 정부들은 점점 더 엄청난 규모의 세금 징수에 토대를 둔 유대인의 자금 대출을 통해서 직간접으로 수입을 거둬들였다." Baron, A Social and Religious History of the Jews, XII, p. 197.
  J. 리 슈나이드만은 13세기와 14세기의 아라곤에 대해서 이렇게 설명한다 : "금전을 빌려주면 그 돈의 회수를 기대하는 것이 보통이다. 그러나 국가에 돈을 빌려줄 때는 상황이 전혀 달라진다. 국왕은 적은 대출금의 경우에는 상환을 하기도 하지만, 일반적인 관행은

지의 힘이 핵심 국가에서 더욱 강해지면서 유대인들에 대한 불관용은 점차
실질적인 법률적 성과를 얻게 되었다.

유대인들은 경쟁자들의 손쉬운 과녁이었다. 그들에 대해서는 이념적 명분
을 꾸며낼 수 있었기 때문이다. 사람들은 종교적인 근거에서 그들의 경제적
역할에 대하여 비난할 수 있었다. 서유럽 군주들이 이 문제를 다룬 하나의 방
법은 유대인을 추방하되 종교적인 면에서 약점이 적은 다른 집단으로 대체하
는 것이었다. 토착 상인들의 견지에서 볼 때는 이들도 똑같은 경쟁자이기는
했지만 말이다. 예를 들면 P. 엘먼은 잉글랜드 국왕이 1290년에 마침내 유대
인을 추방할 수밖에 없었을 때 어떻게 이탈리아의 대금업자들을 대신 받아들
였는가에 대해서 기술하고 있다. 국왕은 종종 대출금을 상환하지 않았기 때문
에 "실질적인 의미에서 이탈리아인들의 대출금은 유대인들의 인두세와 크게
다를 바 없었을 것이다."[69] 그럼에도 불구하고 16세기에 이르러 이탈리아인들
은 잉글랜드에서 기업가로서의 역할을 박탈당하고 말았다.[70] 한편 에스파냐에

다시 빌려서 되갚거나 또는 처음 빌린 사람에게 상환하기 위해서 다른 개인에게서 또 대
출을 받는 것이었다. 대개의 경우 유대인은 국가에 빌려준 돈을 돌려받지 못했다. 이 경
우 그는 세금 징수에서 얻는 이익으로 손실을 벌충했다. 이러한 이익금이 또다른 대출의
근거가 되었던 까닭에, 군주들은 유대인들이 대출금에 이익금을 합친 것만큼을 보상받을
수 있도록 하기 위해서 각별한 관심을 기울였다." J. Lee Shneidman, *The Rise of the
Aragonese-Catalan Empire, 1200-1350* (New York : New York Univ. Press, 1970), II,
433.

69) P. Elman, "The Economic Causes of the Expulsion of the Jews in 1290", *Economic
History Review*, VII, 1, Nov. 1936, 151. 엘먼은 이탈리아인들을 유대인의 자리로 끌어
들인 것은 유대인들이 "거덜났기" 때문이라고 주장한다.

70) "그때에 이르러……잉글랜드 해외상인들이 잉글랜드 도시민들과 합세했고, 도시의 외국
인 혐오증은 경제적 민족주의로 확대되고 있었다. 14세기 말에 잉글랜드 직물 상인들은
발트 해에 진출하려고 했으나 이 시도는 한자 동맹 도시들로부터 환영을 받지 못했다. 이
러한 상황에서 잉글랜드 내의 한자 동맹 상인들이 누리는 특권(예를 들면 그들은 귀화 외
국인들보다 직물세를 적게 납부했다)은 매우 부당하게 보였다. 그러므로 잉글랜드 무역상
들은 발트 해에서의 호혜주의 또는 잉글랜드에서의 한자 동맹 상인들의 특권에 대한 제한
을 요구했다.……한편 이탈리아인들도 비슷한 논란의 대상이 되었다.……[도시민들은]
당시 널리 유포되고 있던 중금주의적 관념에 반감을 품게 되었다. 그들의 금융 및 환업무
는 금은의 수출로 이어지고, 그들의 무역 특성[사치성 '소품들']은 끊임없이 금은을 고갈시
킨다고 주장되었던 것이다." Edward Miller, "The Economic Policies of Governments:

서는 이러한 일이 벌어지지 않았다.[71] 그러나 유대인들은 폴란드에서 폴란드인들을 몰아내고 있었다.[72] 도대체 어떻게 이런 일이 가능했는가?

서유럽에서, 새로운 산업들과 더불어 점점 다양해지고 있던 농업 기반은 상업 부르주아지를 강화시켰고, 그 결과 국왕은 그들을 정치적인 고려의 대상에 넣지 않을 수 없었다. 이것의 다른 측면은 그들이 외국 상인들 이상은 아니더라도 적어도 그들과 대등할 정도로 —— 납세자로서, 대금업자로서 그리고 상업 파트너로서 —— 군주제를 재정적으로 지탱하는 데 기여할 수 있었다는 것이다. 그리하여 "민족주의적" 반응이 자연스럽게 나

France and England", in *Cambridge Economic History of Europe*, III : M. M. Postan & E. E. Rich & Edward Miller, eds., *Economic Organization and Policies in the Middle Ages* (London and New York : Cambridge Univ. Press, 1963), 330-331.

71) 1492년이 결정적인 시점이다. 비센스는 이렇게 설명한다 : "서유럽의 다른 국가들에서와 같은 도시 부르주아지가 없었다. 이러한 공백을 그리스도교 바깥의 사회계급인 유대인들이 메꿨다." Vicens, *An Economic History of Spain*, p. 248. 그 다음에 제노바인들이 두각을 나타냈다. "에스파냐에 거주한 제노바 상인들의 역사적 전환점은 아메리카의 발견과, 뒤이어 활짝 열린 신대륙과의 무역이었다. 그 이래로 에스파냐에서 그들의 경제적 우월성은 에스파냐가 16세기에 세계의 패권국가로 떠오른 것에 필적하는 것이었다. 에스파냐는 두 개의 제국을 동시에 거느리는 행운을 차지했다. 그 하나는 구대륙에, 다른 하나는 신대륙에 있었다. 에스파냐가 특히 경제분야에서 제국의 책임을 짊어질 준비를 미처 못했다는 점이 제노바인들에게는 도약의 발판이 되었다." Ruth Pike, "The Genoese in Seville and the Opening of the New World", *Journal of Economic History*, XXII, 3, Sept. 1962, 348. Chaunu, *Séville*, VIII, (1) 285-286 참조.
    하비에르 루이스 알만사의 설명도 보라 : "세 인종집단(그리스도 교도, 유대인, 무어인)은 그 시대의 사회경제 구조에서 제각기 명확한 기능을 떠맡았다. 한 집단을 배제한다는 것은 채우기 힘든 공백을 초래했고, 에스파냐 사회의 구조적 격변을 야기했다. 제노바와 플랑드르의 상인은 과거 유대인들이 수행했던 기능을 대신 떠맡기는 했지만, 전담하지는 못했다. 남프랑스의 수공업자들은 무어인들이 남긴 공백의 상당 부분을 채웠다." Javier Ruíz Almansa, "Las ideas y las estadísticas de población en España en el siglo XVI", *Revista internacional de sociología*, I, 1947. (Juan Regl , "La expulsión de las moriscos y sus consecuencias", *Hispania, revista española de historia*, XIII, No. 52, 1953, 445에 재인용).

72) "15세기 초에 갑작스럽게 근대화가 시작된 폴란드에서는 수적인 우세 덕택에 유대인들이 점차 우월해졌으며, 그리하여 폴란드는 거의 유대 민족의 국가가 되다시피 했다. 이러한 모든 우월성은 17세기의 경체적 곤경과 가차없는 억압 속에서 사라지고 말았다." Braudel, *La Méditerranée*, II, p. 137.

타났다.[73] 그러나 동유럽에서는 문제가 다른 양상으로 나타났다. 군주들은 보다 미약했고 상인들도 보다 미약했지만, 농업생산자들은 보다 강력했다. 16세기 동유럽의 문제는, 환금작물 생산에 점점 더 전문화하게 된 자본주의 세계체제의 모든 다른 지역들에서처럼, 상업 부르주아지가 존재했느냐 존재하지 않았느냐의 문제가 아니었다. 화폐경제가 존재한다면, 화폐 사용이 촉진하는 재화와 용역의 복잡한 교환을 위한 깔대기 역할을 해줄 사람들이 있어야만 한다. 문제는 이 상업 부르주아지가 주로 외국인인가 아니면 토착인인가 하는 것이었다. 만일 그들이 토착인이었다면 그들은 국내정치에 중대한 요인을 하나 추가했다. 만일 그들이 외국인이었다면 그들의 이해관계는 주로 새로 부상하고 있던 발전 중심축들의 이해관계와 연결되어 있었는데, 그러한 중심축들은 차차 식민 본국(metropoles)으로 불리게 될 것이다.

16세기 동유럽이 유대인들을 "환영한" 결정적인 이유는 토착 지주들이 (그리고 아마도 서유럽의 상인들 역시) 동유럽의 불가결한 지역 상인으로서 토착 상업 부르주아지보다 유대인들을 선호했기 때문이 아니었을까?[74] 만일 토

---

73) "13세기에서 14세기로 넘어갈 무렵에 이탈리아의 대(大)가문들은 잉글랜드의 양모 수출을 지배했으며, 어떤 때에는 수출을 완전 독점하고 국왕의 관세를 통째로 장악했다.……
　　"이러한 지위를 누리던 이탈리아인들은 마침내 토착 상인들의 신디케이트에 의해서 그리고 궁극적으로 잉글랜드 양모회사에 의해서 축출되었다.……
　　"1361년에 이르러 잉글랜드 양모회사는 북유럽에 대한 '양모 수출'의 실질적인 독점권을 쥐고 있었다.……
　　"독점은 양모 상인들에게……편리한 수단이었다. 그것은 직물 제조업자들의 이익 증진에 부합했다. 왜냐하면 그것은 국내 및 해외 양모 가격에 커다란 격차를 초래했기 때문이다. 무엇보다도 그것은 국왕에게 편리한 수단이었다. 양모 수출에 대한 관세와 보조금은 국왕이 제공할 수 있는 최선의 보증이었다. 그리고 무역독점권을 누린 특허회사는 백년전쟁 초기에 하나둘씩 파산해갔던 상사 및 신디케이트들보다 훨씬 안전한 대출 제공자였다. ……손해를 본 것은 양모 생산자들뿐이었다. 그리고 이것이 양모 생산이 쇠퇴하게 된 이유들 중 하나였을 것이다." M. M. Postan, "The Trade of Medieval Europe : The North", in *Cambridge Economic History of Europe*, II : M. M. Postan & E. E. Rich, eds., *Trade and Industry in the Middle Ages* (London and New York : Cambridge Univ. Press, 1952), 238.
74) 에스파냐와 포르투갈에서는 개종이 강요되었다. 이것은 반(半)주변부화를 위한 최상의 조치였다. 유대인들은 마라노(Marrano : 중세 후기에 그리스도교로 개종한 에스파냐계 또는

착 상업 부르주아지가 힘을 얻으면, 그들은 정치적 기반을 얻게 될 것이며(그 것은 유대인에게는 전적으로 결여된 것이다), 게다가 제조업 부르주아지가 되려고 꾀했을 것이다. 그들이 택했던 경로는 당연히 국가경제의 "개방성"을 줄이는 방향이 되었을 것이다. 왜냐하면 그러한 개방성이 동유럽 지주-상인들의 공생적 이해관계를 위협할 것이기 때문이다. 알다시피 근대 초기가 동유럽 토착 부르주아지에게는 **쇠퇴**의 시기였지만,[75] 다른 한편으로 농촌에서는 유대인들이 지주들의 대리인으로서 그리고 작은 촌락들에서는 상인이자 수공업자로서의 역할을 수행했다.[76] 이것은 세계경제의 좀더 전반적인 현상을 예시한다. 국가의 정치체제 내에서의 계급의 연합은 지배집단이 주로 세계시장에 대한 1차 산물의 판매에 이해관계를 두고 있는 사람들에 의해서 좌우되는가, 아니면 상공업적 이윤에 이해관계를 두고 있는 사람들에 의해서 좌우되는가 여부에 달려 있다.

이러한 초국가적인 정치적-경제적 연합의 노리개가 된 것은 유대인만이 아니었다. 가톨릭 국가들의 상인들은 흔히 "개신교도(Protestants)"였다. 16세기와 17세기의 전 유럽적인 이데올로기 논쟁 —— 종교개혁 대 가톨릭 종교개혁 —— 은 강한 국가들 및 자본주의 체제의 탄생과 뗄래야 뗄 수 없이 연관되어 있었다. 16세기 유럽에서 다시 농업화된 지역들은 가톨릭 종교개혁

---

포르투갈계의 유대인. 사회적 압박 때문에 그리스도교로 개종했으나 은밀히 유대교를 믿던 사람들을 말함/옮긴이)로 살아갈 수 있었다. 이것은 그들로 하여금 부르주아지 안에서 전보다 훨씬 중대한 역할을 떠맡도록 해주었다. 지역 부르주아지로부터 자금을 끌어내는 것이 바람직하게 여겨질 정도로 이베리아 반도가 발달했을 때, "부르주아"와 "새로운 그리스도 교도" 사이의 일치는 후자를 손쉬운 박해의 표적으로 만들었다. I. S. Revah, "L'hérésie marrane dans l'Europe catholique du 15e au 18e siècle", in Jacques Le Goff, *Hérésies et sociétés dans l'Europe préindustrielle, 11e-18e siècles* (Paris : Mouton, 1968), 특히 포르투갈에 대한 언급이 있는 p. 333 참조.

75) Malowist, *Past & Present*, No. 13 ; Ferdo Gestrin, *Annales E.S.C.*, XVII, (1962) 참조.
76) Salo W. Baron, 개인 서한, Nov. 16, 1970. 스탠리 에이첸의 다음 설명을 보라 : "유대인들은 [16세기에] 귀족과 군주들을 위해서 한 역할 때문에 더욱 미움을 샀다. 그들은 군주의 재정 대리인으로 봉사했고, 왕령지와 귀족의 영지를 임대하고 관리했으며, 종종 세금 징수인으로 일했다." D. Stanley Eitzen, "Two Minorities : The Jews of Poland and the Chinese of the Philippines", *Jewish Journal of Sociology*, X, 2, Dec. 1968, 227.

234

이 승리를 거둔 지역이고, 대체로 산업화된 국가들이 개신교 국가로 남아 있었다는 것은 우연한 일이 아니다. 독일, 프랑스, "벨기에"는 그 "중간 언저리에" 자리잡고 있었는데, 그 장기적 결과는 이념적 타협이었다. 독일은 개신교와 가톨릭으로 양분되어 있었다. 프랑스와 "벨기에"는 극히 소수의 "개신교도"를 가지게 되었지만, 일정 집단들이 신봉할 수 있는 반성직적이고 자유사상적인 전통을 발전시켰다.

이것은 결코 우연한 일이 아닌데, 우리가 베버를 따라 개신교 신학이 가톨릭 신학에 비해서 자본주의에 더 잘 조화된다고 생각하기 때문에 그런 것이 아니다. 물론 이런 주장에 대한 옹호론을 펼 수 있을 것이다. 반면, 어떤 사상적 복합체계가 어떤 특정한 사회적, 정치적 목적에 봉사하도록 조작될 수 있다는 것은 대체로 사실인 것으로 보인다. 분명히 가톨릭 신학 역시 그 사회적 환경에 적응할 수 있는 능력을 입증했다. 추상적 사상의 수준에서 볼 때, 누군가가 "가톨릭 윤리와 자본주의의 흥기"라는 제목의 그럴듯한 책을 쓰지 못했을 이유는 별로 없다. 그리고 칼뱅주의 신학은 반(反)자본주의적 함의를 지닌 것으로 간주될 수도 있었을 것이다.[77] 내가 제기하는 논점은 이와는 다

---

77) "그럼에도 불구하고 오늘날에는 칼뱅주의가 기업가의 노력을 격려한 종교였다는 것이 자명한 것으로 간주되곤 한다. 거칠게 표현하자면, 이 이론은 칼뱅주의가 재산 소유 열정을 찬양했다고 주장하거나, 또는 적어도 칼뱅주의가 사업에서의 성공을 신의 선택을 받은 징표로 간주될 수 있다는 신념을 북돋았다고 주장한다. 이와 같은 칼뱅주의의 왜곡이 도저히 생각할 수 없는 일은 아니다. 그러나 지적해두어야 할 것은 그것이 왜곡이었을 것이라는 점뿐만 아니라, 불가해한 섭리의 역사(役事)를 드러내고자 외람된 추정을 함으로써 특히 엄격한 칼뱅주의자에게 거부감을 주는 왜곡이었을 것이라는 점이다. 칼뱅주의에 대한 좀더 흔한 왜곡은 그 성격이 전혀 다르다. 이것은 인간의 예정에 대한 믿음을 운명론으로 빠져들게 하며, 신의 의지 앞에서 개인적 노력이 무력함을 느끼게 함으로써, 자신의 행위에 대한 무감각과 무관심에 빠지도록 만드는 것이었을 것이다. 몇해 전 남아프리카의 '백인 빈민' 문제 조사를 위해서 카네기 재단의 임명을 받은 위원들은 '백인 빈민'의 적극성 및 자립심 결여가 '그릇된 칼뱅주의'의 영향을 받은 이런 유형의 운명주의가 아닌지에 대해서 진지하게 논의했다. 이것은 칼뱅주의가 기업활동에 대한 자극제로서 기능했다고 하는 널리 받아들여지고 있는 믿음에 대한 흥미로운 비평이다. 그것은 경제적 기회와 자극에 대한 칼뱅주의자들의 태도를 결정한 것이 교리 이외의 다른 요인들이었음을 강력하게 시사한다." H. M. Robertson, "European Economic Developments in the Sixteenth Century", *South African Journal of Economics*, XVIII, I, Mar. 1950, 48.

른 것이다. 지적으로 우연적인[78] 일련의 역사적 발전에 의해서, 개신교는 종
교개혁 시대에 상당 부분 강한 민족국가의 구조 안에서 상업 자본주의 팽창
을 옹호하는 세력과 동일시되었으며, 또 이들 세력이 우세한 국가들과 동일시
되었다. 그러므로 폴란드나 에스파냐 또는 "이탈리아"나 헝가리에서 그와 같
은 세력이 힘을 잃게 되었을 때, 개신교 역시 쇠퇴했으며, 그것도 흔히 급속
하게 쇠퇴했던 것이다. 수출농업의 확대에 유리하게 작용했던 요인들은 가톨
릭의 재주장에도 유리하게 작용했다.

우리는 종교개혁을 그것이 전개된 양상 그대로 바라보아야 한다. 크리스토
퍼 힐은 이렇게 지적하고 있다 :

> 교회는 오랫동안 프랑스나 에스파냐 같은 강대국 지배자들에게 권력과 후원과 부의
> 근원이었다. 16세기 초에 로마와 결별한 정부들은 가톨릭 문명의 변두리에 위치한
> 잉글랜드, 스웨덴, 덴마크, 스위스, 스코틀랜드 같은 이류 국가들이었고, 그 지배자들
> 은 교황청과의 힘겨운 교섭을 추진할 만큼 그렇게 강력하지 못했다.[79]

78) 나는 자본주의적 활동을 정당화하기 위해서 가톨릭 신학보다 칼뱅주의 신학을 이용하는
것이 좀더 손쉽다는 점을 부정하려는 것이 아니다. 베버뿐 아니라, 그를 가장 강력하게 비
판한 일부 학자들 역시 그렇게 생각했다. 예컨대 크리스토퍼 힐은 이렇게 주장한다 : "마
음의 동기를 중요시하면서, 사회적 압력들이 개개인의 행동에 좀더 자유롭게 영향을 미치
도록 허용하는 교리들은 특히 급격한 사회변화의 시기에 그리고 그러한 사회적 변화의 영
향력에 가장 많이 노출된 사람들 사이에서 무성하게 자란다. 그리스도교는 바로 그러한
시기에 등장했다. 종교개혁가들이 신학적으로 그토록 의존했던 성 아우구스티누스 역시
낡은 기준이 붕괴하는 시기에 살았다. 그 역시 외면적 행동보다는 내면적 동기를 강조했
다.……기성 교회가 의식(儀式)으로 돌아가려고 하고, 반대집단이 내면의 요인을 강조하
려고 하는 것은 영원한 속성인 것으로 보인다." Christopher Hill, "Protestantism and
the Rise of Capitalism", in F. J. Fisher, ed., *Essays in the Economic and Social His-
tory of Tudor and Stuart England* (London and New York : Cambridge Univ. Press,
1960), 34-35.
　내가 말하려는 요지는, 사회적 요구가 있었다면 가톨릭 교의가 자본주의를 정당화하는
데에 이용될 수도 있었다는 것 그리고 개신교 교의는 그렇게 이용될 필요가 없었다는 것
이다. 나는 힐의 다음과 같은 진술에 동의한다 : "개신교 교의에 자동적으로 자본주의로
이끄는 요소 같은 것은 없다. 그것의 중요성은 차라리 가톨릭 교의가 강요한 좀더 경직된
제도와 의식의 장애물들을 침식했다는 데에 있다."[p. 37]
79) Christopher Hill, *Reformation to the Industrial Revolution, 1530-1780*, Vol. II of the
Pelican Economic History of Britain (London : Penguin Books, 1967), 34.

보다 "선진적인" 그리스도교권 지중해의 경제적 비중에 대해서 북유럽이 안달이 나 있던 하나의 요인이 바로 이 점에 있었다.[80] 그러나 알다시피, 16세기 말에 이르러 서북 유럽은 세계경제의 핵심부가 되었고, 동유럽은 주변부가 되었으며, 남유럽은 그 방향으로 빨리 미끄러져 내려가고 있었다.

P. C. 고든-워커는 개신교의 진화과정 —— 처음에는 루터, 그 다음에는 칼뱅 —— 을 가격혁명의 두 단계와 연결시키고자 한다. 즉 온건하고 독일 및 네덜란드에 국한된 1520-40/50년의 기간은 (중유럽의 은 생산과 연결된) 국면이며, 1545년 이후의 약 1세기 동안은 (아메리카 은의 유입과 연결된) 국면이라는 것이다. 그는 한 쌍을 이루는 이 두 단계가 또한 새로운 자본주의 체제의 잇따른 구조적 요구들과도 결부되어 있다고 주장한다 :

> 가격혁명으로 나타난 사회적 문제는 사실상 두 부분으로 이루어진 문제였다. 첫번째 요구는 시초 축적(primary accumulation)이었다.……두번째의 이어지는 그리고 진실로 근본적인 요구는 자본주의 사회의 여러 계급들을 본원적 축적(primitive accumulation)의 재원에 의해서 필요하게 된 새로운 지위들에 순응시키는 것이었다.……
> 이들 두 단계는 다양한 유럽 지역들의 비중을 조절했다. 1520-40년에는 주도적인 지역이 (중세로부터 강력한 중간계급을 이어받지 못했던) 에스파냐[81]와 (강력한 봉건적 부르주아지를 가지고 있었던) 독일이었다. 1545-80년에는 에스파냐와 독일이 모두 떨어져나가고, 잉글랜드, 네덜란드 그리고 프랑스와 스코틀랜드의 일부 지역들이 주도권을 잡았다. 이들 지역과 종교개혁이 일어난 지역들 사이의 대응은 뚜렷하다. 또한 가격혁명의 첫 단계와 루터(둘 다 1520-40년) 그리고 가격혁명의 두번째 단계와 칼뱅(둘 다 1545-80년) 사이의 시간적 대응도 뚜렷하다.[82]

---

80) "1520년대에는 대반란, 즉 루터의 반란이 있었다. 그것은 유럽의 오래 전부터 성숙한 경제 내에서의 반란이 아니었다. 그것은 북유럽과 중유럽의 '저개발된', '식민' 지역들의 반란이었다. 이런 지역들은 지중해 및 라인 강 유역의 고도의 문명을 유지하기 위해서 오랫동안 세금을 바치고 좌절하고 착취당했다(고 느꼈다)." H. R. Trevor-Roper, "Religion, the Reformation, and Social Change", in *The European Witch-Craze of the Sixteenth and Seventeenth Centuries, and other Essays* (New York : Harper, 1969b), 32-33.

81) Baron, *A Social and Religious History of the Jews*, XII, p. 18 참조.

82) P. C. Gordon-Walker, *Economic History Review*, VIII, 1937, p. 14. "루터 시기의 구체적인 결과는……중간계급과 하층계급에 대한 가톨릭의 장악력의 붕괴 그리고 가톨릭 및 봉건세력 재산의 몰수 허용이었다.

이것이 적합한 가설임을 확인하기 위하여 모든 역사적 세부 사실들을 받아들일 필요는 없다.

더욱이 폴란드에서의 가톨릭 종교개혁의 승리에 눈을 돌리면, 우리는 종교적 국면들과 정치경제적 국면들이 서로 밀접하게 관련되어 있음을 보여주는 또다른 증거를 확인하게 된다. 스테판 차르노프스키는 폴란드가 종교개혁의 기반을 확보하는 듯이 보이다가 왜 가톨릭교로 되돌아갔는지 그리고 왜 그토록 빨리 되돌아갔는지에 대해서 조심스러운 분석을 펼친다. 그는 토지귀족이 그가 "계급 독재"라고 부르는 것을 통해서 권력을 장악한 시기와 가톨릭이 공세를 취한 시기가 일치했음을 지적한다. 그는 자신의 분석에서 특권귀족(aristocracy), 토지귀족(landed nobility), 그리고 소귀족(petite nobility)을 구별한다. 그는 종교개혁의 옹호자들이 (부르주아지는 물론이고) 특권귀족 안에 있었다고 주장한다. 특권귀족들이 교회 토지를 탐내고 있었다는 것이다. 소지주들로서는 사실상 아직도 막강한 가톨릭 주교들의 지원을 받고 있었던 지역의 교구 사제들과 맞서 싸운다는 것이 더욱 어려웠다. 그러므로 소지주들에게는 개신교를 수용한다고 해서 별로 득이 될 것이 없었고, 따라서 그들은 그렇게 하지 않는 경향이 있었다. 차르노프스키를 비롯한 연구자들은, 폴란드의 영주들이 칼뱅주의를 선호한 반면, 국왕과 부르주아지는 루터교에 기울었다고 지적한다.[83] 이것은 베버의 명제와 꽤 어긋나는 것이지만, 군주와 소귀족

---

"[두번째 단계에서] 중요한 문제는 이제 계급이 새로운 상황에 순응하는 일이었다.……부르주아지는 그 굴종성을 지배하려는 의지로 바뀌어야 했다.……노동계급은 느슨하고 조방적인 노동을, 규제되고 규칙적이며 조직화된 노동으로 바꿔야만 했다.……자본주의 사회는 사회의 계급구조 ―― 그것은 봉건제에서보다 더 피상적이었다 ―― 를 은폐시켜줄 개인주의를 필요로 했다.……그 계급구조는, 사회적 구분의 유일한 기준으로서 개인의 종교적 행위를 강조함으로써, (종교적으로) 정당화되기도 했고 불분명해지기도 했다. 계급구조의 작동을 위한 올바른 사회윤리와 방법은 선택된 자들 사이에서는 자진해서 행해졌다는 점에서 이미 확립된 것이었고, 만일 필요하다면, 저주받은 자들에게는 강제로 부과될 것이었다.……

"종교개혁의 지상 과제였던 계급 순응이 점진적으로 달성되면서, 개신교도들은 더욱더 중요하게 된 다른 활동들을 좇아야 했다. 무엇보다도 종교개혁은 세속국가와 과학에 자리를 내줘야만 했다."[pp. 16-17, 18]

83) Stefan Czarnowski, "La réaction catholique en Pologne à la fin du XVIe siècle et au

238

과 부르주아지가 연합하여 특권귀족에 대항했다고 본 에리크 몰나르의 주장을 떠올리게 한다. 게다가 차르노프스키는 이때 "부르주아지"가 분열되어 있었다고 주장한다. 도시들, 특히 ("오랜" 상업 중심지인) 크라쿠프의 "상층 부르주아지"는 귀족과 연합했다. 그는 여기에서 도시귀족을 말하고 있는데, 그들은 15세기 말에서 16세기 중엽까지 "초기 자본주의의 대두와 더불어 등장하게 된 대금업자 및 상인 계급의 일부였다."[84] 그러나 폴란드는 유럽 세계경제에서 부르주아지의 한 활동무대였던 잉글랜드와 같은 길을 걷게 될 운명이 아니었다. 뒤에서 논의하겠지만, 1557년의 위기는 리옹, 안트베르펜, 남부 독일의 금융가들뿐만 아니라 크라쿠프의 은행가들마저도 파멸시켰다 :

---

début du XVIIe siècle", *La Pologne au VIIe Congrès Internationale des Sciences Historiques* (Société Polonaise d'Histoire, Varsovie : 1933), II, 300 참조. 타데 그라보프스키는 이렇게 설명한다 : "[1530년에서 1555년까지] 루터교의 주요 지지자들은 독일 출신의 성직자와 부르주아 그리고 당시 대학교육의 중심지였던 비텐베르크와 쾨니히스베르크에서 돌아온 폴란드 학생들이었다.

"귀족은 거의 전혀 포함되지 않았다. 루터교는 그들에게는 너무 온건한데다, 왕권을 지지하고 있었다.……지나치게 독단적이고 군주제적이었던 까닭에, 그것은 고대 로마 공화국과 같은 형태의 공화국을 꿈꾸고 있던 영주들의 비위에 거슬렸다." Thadée Grabowski, "La réforme religieuse en Occident et en Pologne", *La Pologne au Ve Congrès Internationale des Sciences Historiques*, Bruxelles, 1923 (Warsaw, 1924), 67-68.

그러나 스타니수아프 아르놀트는 이러한 주장이 정확한 것만은 아니라고 주장한다 : "유력자들의 일부(오직 일부)가 개혁, 특히 칼뱅주의의 열렬한 신도가 된 것은 분명하다. 그러나 칼뱅주의는 이 당시 농촌에서, 특히 의회(Diet)에서 권력을 잡고 있던 중간 귀족 중에서 가장 진보적인 부류를 끌어들였다." Stanislaw Arnold, "Les idées politiques et sociaux de la Renaissance en Pologne", *La Pologne au Xe Congrès International des Sciences Historiques à Rome* (Warszawa : Académie Polonaise des Sciences Institut d'Histoire, 1955), p. 160. 아르놀트는 특히 차르노프스키를 비판한다. p. 159 이하 참조.

그러나 폭스와 타지비르는 차르노프스키와 그라보프스키와 비슷하게 상황을 설명한다 : P. Fox, "The Reformation in Poland", in *The Cambridge History of Poland*, I, W. F. Reddaway 외, eds., *From the Origins to Sobieski (to 1696)* (London and New York : Cambridge Univ. Press, 1950), 329, 345-346 ; J. Tazbir, "The Commonwealth of the Gentry", in Aleksander Gieysztor 외, *History of Poland* (Warszawa : PWN - Polish Scientific Publishers, 1968), 185-186 참조.

84) Czarnowski, p. 301.

그 이래로 특권귀족과 칼뱅주의의 활력은 약화되었다.……앞 시대의 거대한 상업활동을 번영하도록 한 재화들, 즉 올쿠시의 은, 헝가리의 구리, 공산품들은 그 가치가 줄곧 하락했다. 농민들이 지대로 납부하던 화폐는 엄청난 속도로 가치가 떨어졌다. 한편 폴란드의 밀, 포타슘, 오크나무 껍질, 가죽, 뿔 있는 동물들에 대한 국제적 수요는 더욱 늘어났다. 이 나중 상품들의 생산자가 농노들의 무상 강제노동을 이용하고 이 산물들을 그에게 필요한 다른 산물들과 물물교환함으로써 현금 없이 살아갈 수 있게 되면 될수록, 그는 [금융위기의 영향을] 그만큼 더 잘 견딜 수 있었다. 소규모 또는 중간 규모의 지주/귀족이 할 수 있었던 것은 바로 이런 일이었다.[85]

차르노프스키의 지적에 따르면, 이것은 폴란드에 부르주아지가 없었음을 의미하지 않았다. 크라쿠프의 부르주아지는 파산했지만, 그들은 이탈리아인, 아르메니아인, 독일인들로 대체되었다. 1557년에는 하나의 국제적 교역망이 무너지고, 거기에 연결되어 있던 폴란드의 부르주아지-특권귀족도 함께 몰락했다. 그 뒤를 이어 또 하나의 교역망이 등장했다. 이 교역망에서 활동한 폴란드인들 —— 즉 "귀족" —— 은 세계경제에서의 폴란드의 새로운 역할을 받아들였다. 그들은 자녀들의 교육을 예수회에 맡김으로써 그들을 구(舊)특권귀족의 영향으로부터 차단시켰다. "이리하여 폴란드 교회는 말하자면 결국 귀족의 종교적 표현이 되고 말았다."[86] 그리고 바야흐로 승리를 거둔 이 귀족들은 폴란드의 "민족적" 감정을 가톨릭 신앙과 사실상 불가분의 것으로 규정지을 수 있었다.

그러므로 폴란드가 확고한 가톨릭 국가가 된 것은 폴란드가 세계경제에

---

85) 같은 책, p. 304.
86) 같은 책, p. 308. 우민스키는 폴란드 개신교의 비폴란드적 요소를 강조한다 : "루터교로 개종한 사람들은 주로 폴란드 도시에 거주하던 독일계 주민들이었다.……귀족들 사이에서 곧 칼뱅주의를 대신하기 시작한 이른바 반(反)삼위일체 교리는 엄밀히 말해서 폴란드적인 것이 아니었다. 폴란드의 반삼위일체 교리는 외국인이 조직하고 지도했다." J. Umiński, "The Counter-Reformation in Poland", in *The Cambridge History of Poland*, I, 412.
　　야누시 타지비르는 종교적 민족주의의 국제적 함의를 지적한다 : "가톨릭교는 폴란드를 개신교의 스웨덴, 이슬람교의 투르크와 구분지었다."[p. 228] 반대로 "교황청은 폴란드를 통해서 그 자신의 정치적 목적뿐 아니라, 빈번히 합스부르크가의 정치적 목적을 달성하고자 했다."[p. 229]

240

서 결정적으로 주변부가 되었기 때문이었다. 개신교도들은 가톨릭 종교개혁을 "사회적 후퇴"로 보았는데, 가톨릭 종교개혁은 사회적 후퇴를 (일으킨 것이 아니라) 상징하는 것이었다. 그러나 그들의 종교적 충격은 잘못된 곳을 짚고 있었다. 왜냐하면 서북부 유럽의 사회적 진보는 물론 서북부 유럽의 아메리카 지배에 의해서 가능했지만, 그에 못지 않게 동유럽 및 남유럽의 "후퇴"에 의해서도 가능했기 때문이다. 가톨릭 종교개혁은 개신교만이 아니라, 르네상스와 결부된 인문주의의 다양한 세력들도 겨냥했다. 이것은 16세기 베네치아와 로마 사이의 긴장관계를 통해서 잘 드러난다. 베네치아가 로마 교회의 몇몇 권리를 제한하는 조치를 취한 데 대해서 로마가 베네치아 원로원을 파문하기에 이르렀던 1605년에 그 싸움은 절정에 달했다. 가톨릭 종교개혁은 이탈리아에서는 반(反)르네상스였으며,[87] 그 승리는 북부 이탈리아를 세계경제의 반(半)주변부로 변화시키는 구실을 했다.

교회가 전력을 기울여 근대성에 반기를 든 것은 **초국가적** 기구인 교회가 똑같이 초국가적인 경제체제의 등장에 위협을 받았기 때문이다. 초국가적인 경제체제는 특정 (핵심부) 국가들의 강력한 **국가기구** 창출에서 그 **정치적** 힘을 얻었는데, 그러한 진전은 이들 국가들 안에서의 교회의 위상을 위협했던 것이다. 그러나 역설적이게도 유럽 세계경제의 장기적 성공을 확실하게 만든 것은 주변부 국가에서의 교회의 성공이었다. 1648년 이후 종교개혁의 전쟁열기가 마침내 식어버린 것은 양측이 지쳐서 교착상태에 빠졌기 때문이라기보다는 오히려 유럽의 지리적 분업이 세계경제의 근원적인 추진력의 자연스러운 실

87) "새롭게 등장한 이단인 루터교와 칼뱅주의의 배후에는 잠재적으로 더 위험한 적이 도사리고 있었고, 가톨릭은 그 존재를 잘 알고 있었다. 또한 교황청은 결국 (일과성의 도전에 불과한) 개신교를 억압하는 것보다는 다른 데 관심을 두고 있었다. 즉 교황청은 당시의 점증하는 정치적 지방주의를 돌이키는 일, 모든 곳에서 점차 연맹적이고 자율적으로 되어가던 교회행정을 중앙집권화하는 일, 평신도들을 성직자의 권위에 복종시키는 일, 예술적, 지적 활동에 번지고 있던 위험스러운 자유 풍조를 종식시키는 일 그리고 그리스도교 세계의 다양한 활동에 대한 감독권을 지지해주는 객관적, 계서제적, 철학적 실재 개념의 타당성을 재천명하는 일에 관심을 기울였다. 간단히 말해서 역사학자들이 르네상스 시대와 결부시켜온 모든 과정들을 제지하려고 했던 것이다." William J. Bouwsma, *Venice and the Defenses of Republican Liberty* (Berkeley : Univ. of California Press, 1968), 294.

현이었기 때문이다. 개신교 윤리의 역할에 대해서 나는 C. H. 윌슨의 견해에
동의한다 :

> 개신교와 그것의 윤리는 한때 그랬을 것만큼 그렇게 경제현상을 설명해주지 못하는
> 것으로 보이는데, 종교개혁 시대에도 그것으로 설명될 수 있을 만한 것이 별로 없는
> 것 같다.……경제문제에 관한 주도권은 서서히 지중해에서 북부로 옮아갔고, 이탈리
> 아 도시들이 쇠퇴함에 따라서 네덜란드 도시들이 흥기했다. 그러나 북부 경제에서
> 사용된 상업이나 공업 기술의 방식 중에서, 15세기의 베네치아 상인 또는 피렌체 직
> 물업자에게 알려지지 않았을 사항은 별로 없었다.[88]

16세기의 일부 군주들은 관직 매매 관료, 용병군대, 왕권신수설, 그리고 종
교적 통일성(cuius regio)으로 막강한 권력을 얻었다. 그러나 또 어떤 군주들
은 실패했다. 이미 언급했듯이, 이것은 세계경제 내의 노동분업에서 그 지역
이 떠맡은 역할과 긴밀한 관련을 맺고 있다. 상이한 역할은 상이한 계급구조
를 낳았고, 그것은 상이한 정치를 초래했다. 이것은 우리를 새로운 자본주의
시대의 주도 계급인 자본주의적 지주, 자본주의적 상인에 대한 국가의 역할이
라는 고전적인 문제로 돌아오게 한다. 이들 자본주의적 지주와 자본주의적 상
인을 때때로 귀족계급과 부르주아지로 약칭하는 것은 별로 도움이 되지 않는
데, 왜냐하면 일부 귀족은 자본가였지만 어떤 귀족은 그렇지 않았기 때문이
다. 유감스럽게도, 국가는 무슨 역할을 했는지, 누구의 대리인이었는지, 또 어
느 정도로 어떤 제3의 세력으로 간주될 수 있을 것인지, 이 모든 문제들에 대
해서는 아무런 일치된 견해도 없다. 피에르 빌라르는 기본적인 이론문제에 관
해서 다음과 같이 잘 설명해주고 있다 :

> 여기에 특히 관련된 문제는 봉건적 수입이 "재판" 제도나 그밖의 다른 방식에 의해
> 서, 나태한 귀족과 중간계급인 "상인-경작자" 또는 영주의 수입을 변형시켜 그것을
> 새로운 형태의 투자에 이용하고자 했던 유사한 유형의 사람들 사이에 어떻게 분배되

---

88) C. H. Wilson, "Trade, Society and the State", in *Cambridge Economic History of Europe*, IV, 490.

있는가 하는 문제이다. 다시 말해서 어떻게 봉건적 수입이 자본주의적 투자를 위해서 동원되었는가 하는 문제이다.[89]

이것의 한 가지 측면은 봉건제의 "위기", 영주 수입의 감소, 다른 계급들(상업 부르주아지, 요먼 농장주, 농업 노동자)의 거센 공격 등에 직면한 봉건 귀족계급에게 절대주의 국가가 얼마만큼이나 최후의 보루로 비쳐졌는가 하는 점이다. 다카하시는 이에 대한 하나의 관점을 제시한다. 그는 절대주의를 "[농민의 해방과 독립의 방향으로 나아가는] 필연적 발전에서 비롯된 봉건제의 위기에 대응하기 위한 하나의 권력집중 체제에 다름 아니"[90]라고 보고 있다. 크리스토퍼 힐,[91] V. G. 키어난,[92] 에리크 몰나르,[93] 보리스 포르슈네프[94] 등도 사실상 견해를 같이하고 있다.

두번째 관점은 절대왕정의 정치는 귀족계급이 상당한, 어쩌면 결정적인 영향력을 행사한 정치이지만, 그 안에서 군주는 이들 귀족계급의 요구에 따라서 단순히 부가된 것 이상의 지위를 누린다고 주장한다. 예컨대 슘페터는 다음과 같이 주장한다:

---

89) Vilar, *Past & Present*, No. 10, pp. 33–34.
90) Takahashi, *Science and Society*, XVI, p. 334.
91) "절대왕정은 봉건국가의 한 형태이다." Christopher Hill, "The Transition from Feudalism to Capitalism", *Science and Society*, XVII, 4, Fall 1953, 350.
92) "서유럽의 절대왕정은 특정한 종류의 봉건왕정으로부터 성장했다." V. G. Kiernan, *Past & Present*, No. 31, p. 21.
93) "모든 형태의 유럽 절대주의는 귀족 또는 지주계급의 이익을 위해서 봉사했으며, 사회의 나머지 계급들, 무엇보다도 최대 다수의 계급인 농민계급에 대한 그들의 정치적 지배를 표현했다." Erik Molnar, *XIIe Congrès International des Sciences Historiques: Rapports*, IV, p. 156.
94) 포르슈네프는 관료제의 부르주아적 기원을 바로 봉건체제의 고유한 모순들에서 비롯된 것으로 설명한다. 즉 봉건체제에서 정치적 현상과 경제적 현상의 불가분성은 귀족 각자가 추구하는 특정한 이익이 반드시 귀족계급 전체의 이익과 일치하지 않음을 의미한다는 것이다. "그 결과 기묘한 어려움이 초래된다. 즉 귀족 국가[état nobiliaire]의 권력구조는 귀족들의 수중에 놓일 수 없다는 것이다. 특정한 귀족집단의 권력 장악은 필연적으로 영주계급 내 다른 집단과의 공공연한 투쟁을 촉발하기 때문이다." Porchnev, *Les soulèvements populaires*, p. 563.

그러므로 [절대군주 아래에서] 전체로서의 귀족계급은 여전히 고려해야 할 강력한
세력이었다. 그들의 왕위에 대한 복종은 항복이라기보다는 협정의 성격을 띠고 있었
다. 그것은 확실히 강제적인 것이긴 했지만, 국왕을 귀족의 지도자이자 집행기관으로
선출한 것과 흡사했다.……

　　[귀족들이 소극적으로도 체제에 저항하지 않은] 이유는 요컨대 국왕이 그들이 원
하는 바를 수행했고, 국가의 국내자원을 그들 마음대로 사용하도록 내맡겼기 때문이
다.……국가의 실질적인 주인은 개인이 아니라 한 계급이었다.[95]

브로델 역시 비슷한 주장을 펼친다. 즉 국왕과 귀족계급의 대립은 제한된 것
으로서, 한편으로는 귀족을 자신의 규제 아래 두려는 국왕의 노력을 포함했지
만, 다른 한편으로는 인민의 압력에 맞서서 귀족의 특권을 보호하려는 노력도
포함했다는 것이다.[96] A. D. 루블린스카야의 입장은 브로델과 매우 흡사한
것으로 보인다.[97] J. 허스트필드는 "귀족 없이는 지배하기가 어렵고, 그렇다고
해서 귀족과 더불어 지배하기도 어려운" 왕정의 딜레마를 강조한다.[98]

95) Joseph A. Schumpeter, "The Sociology of Imperialism", in *Social Classes, Imperialism* (New York : Meridian Books, 1955), 57-58.
96) "이슬람교에서와 마찬가지로 그리스도교에서 귀족은 최고의 지위를 차지했으며, 그것을
포기하지 않으려고 했다.……정치적일 뿐만 아니라 하나의 사회적 혁명 ── 그러나 단
지 진행중이었을 뿐인 혁명 ── 이기도 했던 국가는 모든 곳에서 이들 '봉토 소유자, 마
을과 들과 도로의 주인, 거대한 농촌 인구의 보호자들'에 맞서 투쟁해야만 했다. 투쟁한다
는 것은 그들과 타협한다는 것이며, 그들을 분열시키고, 그들을 보존한다는 것을 의미한
다. 왜냐하면 지배계급과 결탁하지 않고서 한 사회에서 권력을 유지한다는 것은 불가능하
기 때문이다. 근대국가는 이러한 무기를 손에 넣었다. 그것이 파괴된다면 모든 것을 다시
시작해야 한다. 사회질서의 재창출은 작은 문제가 아니었다. 16세기에는 누구도 이러한
가능성을 진지하게 고려하지 않았기에 더욱 그러했다." Braudel, *La Méditerranée*, II,
p. 50 (p. 54도 참조).
97) "두 귀족집단에 관련하여, 절대주의 정책은 이들의 기본적인 계급이익, 즉 그들의 재산권
을 수호하려고 했다. 절대왕정은 대검귀족(noblesse d'epée)의 공공연한 반동적 요구를 받
아들이지 않았으며, 여러 경우에 그들의 요구를 정면으로 반대했다. 그러나 이것은 '평등
주의'와는 거리가 멀었다." A. D. Lublinskaya, *French Absolutism : The Crucial Phase,
1620-1629* (London and New York : Cambridge Univ. Press, 1968), 26.
98) J. Hurstfield, "Social Structure, Office-Holding and Politics, Chiefly in Western
Europe", *New Cambridge Modern History*, III : R. B. Wernham, ed., *The Counter-
Reformation and the Price Revolution, 1559-1610* (London and New York :

244

세번째 관점은, 아마도 가장 전통적인 것인데, 바로 롤랑 무니에의 관점이다. 이에 따르면 왕정은 자율적인 세력으로서, 종종 부르주아지와 결탁하여 귀족계급에 맞서기도 했고, 때로는 둘 사이를 중재하기도 했다는 것이다.[99]

그러나 이 두 주장, 즉 국가기구에 상대적인 자율적 역할이 있었다는 주장과 계급투쟁을 귀족계급과 부르주아지 사이의 투쟁으로 보는 주장 사이에는 필연적인 관련이 있는가? 몰나르는 그렇게 생각하지 않는 것 같다. 첫째로, 그는 좀더 많은 범주들을 이용한다. 그는 군주와 명백한 대립관계에 있었던 봉건적인 특권귀족에 관해서 말한다. 여기에 덧붙여, 잠재적 동맹세력인 "귀족"과 부르주아지가 있었다. 귀족은 소지주 그리고 좀더 자본주의적 농업을 지향한 지주들로 보이나, 이것이 전적으로 뚜렷한 것은 아니다. 그는 절대주의가 농민에게 무거운 세금을 부과한 것으로 보이기는 하지만, 그 돈이 어떻게 분배되었는지는 그렇게 분명하지 않다고 지적한다. 한편으로, 증대된 국가예산은 세금징수원과 관료집단에게 급료를 지불하기 위해서, 국채를 상환하기 위해서 그리고 군사장비를 구입하기 위해서 사용되었는데, 이 모든 것들은 부르주아지에게 유리한 것이었다. 그러나 다른 한편으로, 국가의 모든 통상적 지출——궁정과 군대의 유지——은 귀족에게 지불하는 것이었다. 그는 이 것을 "귀족과 부르주아지 사이를……조종하는" 하나의 전술이라고 보고 있다.[100] 엥겔스 역시 국가기구가 적어도 "예외적인 시기"에, 여러 면에서 그 내면의 의지에 거슬러 중재기능을 하게 된 방식을 비슷하게 지적하고 있다.[101]

---

Cambridge Univ. Press, 1968), 130. 그는 계속해서 이렇게 설명한다. "그러나 서유럽 전역에서 귀족계급의 사회적 기능은 근본적으로 모순된 것이었다. 봉신으로서 그들은 전통적인 야심과 경쟁의식을 가지고 있었고, 그것은 종종 평화에 대한 국왕의 관심을 거슬렀다. 그러나 세습적인 관직보유자——많은 귀족들이 이러한 관직보유자들이었다——로서 그들은 법률을 집행해야 했다. 그리고 법률이 강력하게 유지되기 위해서는 그들 자신의 이기심을 억제해야만 했다."

99) "절대왕정은 두 계급, 즉 부르주아지와 귀족의 경쟁관계에서 초래되었다.……
"이 계급투쟁은 아마도 절대왕정 발달의 가장 중요한 요인일 것이다." Mousnier, *Les XVIe et XVIIe siècles*, pp. 97, 99.

100) Molnar, *XIIe Congrès International des Sciences Historiques : Rapports*, IV, p. 163.

101) "공권력과 징세권을 가진 관리들은……사회 위에 존재하는 사회조직으로서 등장했다.……

군주와 특권귀족의 관계가 불분명한 한 가지 이유는 귀족의 구성요소에 존재하는 모호함 때문이다. 물론 귀족이라는 가족의 구성원은 시기에 따라서 변화한다. 귀족이 있는 모든 사회에는 영속적인 유동성이 있다. 그러나 16세기는 가족의 유동성뿐만 아니라 직업의 유동성도 있었던 시기였다. 예컨대 서유럽의 봉건제에서 귀족의 지위는 기업가의 직무와 양립 불가능하다고 여겨졌다. 이것은 아마도 중세 말기의 자치도시들에서는 상당한 정도로 이미 하나의 신화였다. 그리고 16세기에 이르면 전 유럽에서 그리고 도시나 농촌 모두에서, 그것은 전혀 사실이 아니었다. 모든 곳 ── 이탈리아, 헝가리, 폴란드, 동(東)엘비아, 스웨덴, 잉글랜드 ── 에서 귀족 구성원들은 기업가가 되었다.[102]

"국가가 계급간의 적대를 견제할 필요에서 생겨나고, 또한 계급간의 투쟁이 한창 치열하게 벌어지는 가운데 발생하기 때문에, 그것은 통상 경제적으로 가장 강력한 지배계급의 국가이다. 그들 경제적 지배계급은 또한 정치적 지배계급이 되며, 그리하여 피지배계급을 억압하고 착취하는 새로운 수단을 얻는다.⋯⋯그러나 교전중인 계급들의 세력이 거의 팽팽해서, 외형상의 중재자로서의 국가권력이 일시적으로 이 두 계급에 대하여 어느 정도 독립성을 획득하는 예외적인 시기들이 있다. 이것은 17세기와 18세기의 절대왕정에 해당하는 [그러나 16세기에는 해당하지 않는] 경우로서, 이 시기의 절대왕정은 귀족과 부르주아지를 서로 대립시켜 양자가 균형을 이루게 했다." Frederick Engels, *The Origins of the Family, Private Property and the State* (London : Lawrence Wishart, 1940), 195-196.

102) 폴 콜스는 15세기 이탈리아의 여러 도시들에서 사업에 종사한 귀족들에 관하여 이렇게 말한다 : "귀족들은 16세기 유럽의 사업활동에서 맡게 될 주요 역할을 시연(試演)하고 있었다.⋯⋯" Paul Coles, "The Crisis of Renaissance Society : Genoa, 1448-1507", *Past & Present*, 11, April 1957, 19.

"[15세기 말에 이르러] 경제적인 면에서, 처음에는 영주계급의 시장거래에 대한 참여 그리고 나중에는 바로 이러한 상품들[포도주, 가축, 밀]의 생산에 대한 참여로 요약할 수 있는, 헝가리의 발전의 새로운 경향이 시작되었다." Zs. P. Pach, "En Hongrie au XVIe siècle : l'activité commerciale des seigneurs et leur production marchande", *Annales E.S.C.*, XXI, 6, nov.-déc. 1966, 1213.

"15세기 말에 시작되어 그후 점차 늘어난 귀족의 농축산물 수출무역에 대한 참여는 귀족의 직접적인 토지 이용의 증가에 관련된 흥미로운 현상들 중 하나이다.⋯⋯16세기에 [직물과 사치품 수입업자로서 귀족들의] 이러한 참여를 촉진시킨 요인은 귀족의 압력 아래 대도시들에서 관세 압력이 점차 폐지되었다는 것이다." Marian Malowist, *Studi in onore di Armando Sapori*, I, pp. 587-588.

"융커의 기업활동 범위는 도시의 공업생산 및 무역독점에 대한 공략과 더불어 16세기에 사정이 이러했으므로 귀족들은, 에스파냐처럼 이와 같은 직업적 역할에 대한 모든 형식적 장애물들이 존재한 곳에서, 곧잘 이를 말끔히 제거하려고 했다.[103] 또한 비록 개신교 국가들에서 교회가 토지를 몰수당하기는 했지만, 16세기는 특히 이탈리아에서 교회가 자본주의적 농업 경영자로 활약했던 시대라는 사실을 잊어서는 안 된다.[104]

다른 한편으로, 성공한 부르주아지는 끊임없이 지주와 귀족이 되어가고 있었으며, 그리하여 30년 뒤에는 이 둘 사이의 구분선을 긋는다는 것이 어렵게 되었다. R. H. 토니는 그 과정이 16세기에 가속화되기는 했지만 그것을 하나의 정상적 과정이라고 보고 있다.[105] 비귀족 신분의 사람들이 기업가로부터

---

확대되었다.……무역업자, 밀수업자, 산업가로서의 융커의 등장은 도시와 지방의 전통적 균형을 무너뜨렸다." Hans Rosenberg, *American Historical Review*, XLIX, p. 236.

16세기 말부터 로마 외곽의 대부분 지역은 10여 명의 지주들 수중에 들어갔다. 그들은 지방상인(mercanti di campagna)으로 일컬어졌다. Delumeau, *Vie économique*, II, p. 571 참조.

앞서 논의한 군수사업가들은 대부분 귀족 출신이었다. 그렇지 않은 경우라도, 이러한 종류의 사업활동은 통상 그 사업가들을 귀족으로 만들었다. Redlich, *Vierteljahrschrift für Sozial- und Wirtschaftsgeschichte*, Suppl. No. 47, pp. 411, 427-428 참조.

Goran Ohlin, "Entrepreneurial Activities of the Swedish Aristocracy", *Explorations in Entrepreneurial History*, VI, 2, 1953, 147-162 ; Lawrence Stone, "The Nobility in Business, 1540-1640", *Explorations in Entrepreneurial History*, X, 2, Dec. 1957, 54-61도 참조.

103) "1622년에 이들은 장래의 어려움을 방지하고 획일적인 규칙을 확립하기 위하여 교황의 교서를 손에 넣었다. 이 교서는 산티아고 법령을 모든 [군사] 교단들에게 확대 적용했는데, 그것은 [교단의 단원들의 경우] 상업활동의 금지가 대규모 기업가들이 아니라 오직 소규모 상점주와 통상적인 대금업자들에게만 적용된다는 취지를 담고 있었다.……무역은 분명히 에스파냐를 제국세력으로 지속시킨 핵심 요인이었으며, 단순히 통속적인 돈벌이로만 간주될 수는 없는 것이었다." L. P. Wright, "The Military Orders in Sixteenth and Seventeenth-Century Spanish Society", *Past & Present*, No. 43, May 1969, 66-67.

104) "토지에 대한 투자 경쟁에서 교회와 비영리 단체들(대부분이 [교회]의 영향력 아래 놓여 있었다)은 유리한 위치에 있었다. 왜냐하면 그들은 평신도나 '민간단체'보다 더 일찍 그런 경쟁에 참여했기 때문이다. 1500년대 말에 이르러 밀라노 지주들의 태반은 잘 알려진 사회적, 종교적 결과물들을 수중에 넣게 되었다." Bulferetti, *Archivio storico lombardo*, IV, pp. 21-22.

105) "매우 오래 전부터 성공한 상인은 저축한 돈을 토지에 투자함으로써 위신과 사회적 체

금리생활자로 이행해가는 지속적인 양상에 대해서 브로델[106]과 포스턴[107]은 견해를 같이하고 있으며, 이러한 현상을 장기적인 안정의 추구로 풀이한다. 그러나 중요한 점은 이러한 직업적 유동성에도 불구하고 지주계급의 세력이 붕괴되지는 않았음을 인정해야 한다는 점이다. 블로크가 말하고 있듯이, "영주체제는 침식되지 않았다. 사실 그것은 곧 활력을 되찾았다. 영주 재산의 소유자가 크게 바뀌었을 뿐이다."[108] 구성원과 직업의 대대적인 이동을 허용하면서도 그와 동시에, 적어도 이 시점에, 근본적으로 계서제적인 지위와 보수의 구분을 해체하지 않은, 그런 안정을 창출한 것은 바로 군주의 절대주의였던 것이다.

---

면을 획득했다. 가난한 젠틀맨은 가세의 몰락을 상업적 투기로 만회하려고 했다. 상인 가문과의 통혼은 모험이긴 했지만, 제법 이익이 남는 일이었다. 16세기 초에 두 움직임은 동시에 진행되었으며, 전에 없이 빠르게 진행되었다. 그것은 모든 형태의 상업활동이 크게 성장한 결과라고 설명해야만 할 것이다. 상업에서 벌어들인 막대한 수입은 사업가라는 새로운 범주를 등장시켰다. 그들의 사업은 항구와 특권도시에 국한되지 않고 토지 재산의 구입에까지 확산되었다. 그와 같은 현상은 수도원 재산의 세속화로 인해서 토지 투기가 모든 세대를 열광케 하기 전부터 이미 나타나고 있었다." R. H. Tawney, *Agrarian Problems in the Sixteenth Century* (New York : Longmans, 1912), 187.

106) "왕정과 관계를 맺고 국왕에게 봉사했던 16세기의 부르주아지는 항상 소멸 직전의 위험에 처해 있었다. 그러나 파멸의 위험만 있었던 것이 아니다. 거부(巨富)가 되거나 상업활동의 모험에 지치게 되면, 그들은 관직, 지대, 작위, 또는 봉토를 구입했고, 귀족이 누리던 위신과 평온한 나태의 유혹에 빠져들었다. 국왕에 대한 봉사는 귀족이 되는 빠른 통로였다. 이러한 통로―― 그렇다고 다른 길이 없었던 것은 아니다 ―― 에 의해서도 부르주아지는 소멸했다." Braudel, *La Méditerranée*, II, p. 68.

107) "금리생활자의 생활로 물러서고자 하는 성향은 어렵지 않게 설명할 수 있다. 상업활동의 물리적 위험은 반드시 축재의 기회를 가져온 것은 아니며, 해외시장의 규모가 날로 줄어들면서 그러한 기회도 점차 적어졌다. 그와 동시에 높은 이자율을 요구할 수 있을 정도로 자본이 여전히 희소했다.……[이런 과정은] 신흥 부르주아지의 한 성분만을 설명해준다. 다른 성분들도 있었던 것이다. 무엇보다도 대체로 상업에 관련된 직업의 바깥이 아니라 그 내부에서 안정을 찾아낸 사람들이 있었다. 그들은 잘 조직되고 보호된 시장 내에서의 소규모 상업활동을 통해서 그러한 안정을 누렸다.……대부분의 상업활동은 보통 정도의 자산가들이 담당했다. 중간 수준이었으므로 그들은 안정을 추구했고, 협동과 연합, 그리고 좀더 일반적으로 수적 우세에서 그런 안정을 찾아냈다." M. M. Postan, in *Cambridge Economic History of Europe*, II, p. 218.

108) Bloch, *Caractères originaux*, I, p. 129.

그렇다면 상업 부르주아지가 자기 권리를 주장하고, 이윤을 획득하며, 그
이윤을 지키도록 도와주었다고 하는 이른바 국가의 관건적 역할은 무엇인가?
이 둘 사이에는 확실히 내밀한 관계가 있었다. 그러나 그것은 정도와 시기의
문제였다. 초기의 상호 협력 관계는 나중에는 숨막히는 통제로 바뀌어갔던 것
이다. 상인과 국왕의 공생적 관계가 17-18세기에 정반대의 관계로 보이게 된
것은 우연한 일이 아니다. 하르퉁과 무니에는 이미 16세기에 이러한 긴장의
징후가 나타났다고 지적한다.[109] 더글러스 C. 노스와 로버트 폴 토머스는, 단
순히 소득을 재분배하는 형태의 상업에 반대되는 것으로서 생산성 증대에 기
초한 기업활동을 장려할 수 있는 다양한 법적, 경제적 제도들의 등장을 개관
하면서,[110] 국가의 제도적 역할을 강조하도록 유도한 여러 조건들을 밝히고
자 한다. 그들은 이렇게 주장한다. 즉 국가의 개입이 시장에 대해서, 따라서
혁신의 가능성에 대해서 끼치는 경제적 왜곡들과 함께, "사회의 일부에서
제기할 수 있을 강력한 반대에도 불구하고 정부로 하여금 일련의 정책들을

---

109) "자본주의와 절대왕정의 내밀한 관계가 항상 자본주의에 유리한 것은 아니었다. 분명한
것은, 1560년대 이래 전 유럽과 국가조직에 파급효과를 미친 수많은 파산들이 대륙의 상
업 자본주의의 발전을 늦추는 데 결코 작지 않은 영향을 미쳤다는 점이다. 다른 한편으
로 이러한 둔화는 장기적으로 절대왕정측에 유리한 것이었다. 그것은 부르주아지의 지나
치게 빠른 성장을 막고, 부르주아지와 귀족 간의 상대적 균형을 유지하는 데 기여했는
데, 이러한 균형은 분명히 서유럽 절대주의의 여러 특징 가운데 하나였다." Hartung
and Mousnier, *Relazioni del X Congresso Internazionale di Scienze Storiche*, IV,
p. 45.
　크리스토퍼 힐 역시 비슷한 주장을 한다 : "독점은 그 자체로서는 나쁜 것이 아니었
다. 그것은 후진국가에서 새로운 산업을 보호하기 위한 한 방식이었다. 최초의 독점은
국방과 관련되어 있었다. 엘리자베스의 왕립광산은 대포 제조 분야에서 외국 구리의 영
향으로부터 잉글랜드를 독립시키려는 목적을 가지고 있었다. 초석과 화약에도 유사한 독
점이 있었다. 그러나 독점은 그것이 자본주의 발달에 적대적인 정부에 의해서 재정적인
목적으로 이용되었을 때, 급속히 해로운 것이 되었다. 17세기에 이르면 독점은 팔기 위
해서 만들어졌다.······" Hill, *Reformation to Industrial Revolution*, p. 96.
110) 이들은 규모의 경제뿐만 아니라, (중개업을 통해서) 정보비용을 줄이고 (합자회사를 통
해서) 보험비용을 줄이는 등 (재산권의 재편을 통한) 외부성들의 "내부화"에 의한 거래
비용의 감소 역시 언급한다. Douglass C. North & Robert Paul Thomas, *Economic
History Review*, XXIII, pp. 5-7.

실행토록 해주는 강제력"[111]에 대해서도 주목해야 한다는 것이다. 문제를 이런 식으로 설정하는 것은 자본주의에 대한 국가통제주의의 기능을 비용-효과 분석(cost-benefit analysis)의 견지에서 바라보도록 일깨워준다. 특권귀족에게는 절대왕정이 특권 수호를 위한 일종의 최후 보루로 비쳐졌지만, 반면 회사의 경제적 효율성의 극대화를 통해서 수입을 얻는 사람들에게 국가기구는 때로는 지극히 유용한 것이었고,[112] 때로는 커다란 장애물이었다.

우리는 이제까지 근대 세계체제의 두 가지 중대한 구성요소를 개관했다. 한편으로, 자본주의 세계경제는 범세계적인 노동분업 위에 구축되었는데, 이 노동분업에서 자본주의 세계경제의 다양한 영역들(핵심부, 반주변부, 주변부)은 특별한 경제적 역할을 떠맡았고, 상이한 계급구조를 발전시켰으며, 그 결과 상이한 노동통제 방식을 발달시켰고, 그 체제의 작동으로부터 불균등하게 이득을 얻었다. 다른 한편으로, 정치적 활동은 주로 국가의 틀 안에서 이루어졌으며, 국가들은 세계경제 안에서 떠맡은 다양한 역할의 결과로 제각기 상이한 구조를 가지게 되었는데, 그중 핵심부 국가들이 가장 중앙집권화되어 있었다. 우리는 이제 16세기 전체를 하나의 과정, 즉 자본주의 세계경제에서 각 지역들이 주변부, 반주변부, 또는 핵심부가 된 과정이라는 견지에서 살펴볼 것이다. 이로써 우리는 지금까지 해온 자칫 추상적으로 흐를 위험이 있었던 분석에 살과 피를 불어넣고자 한다. 우리는 또한 그로써 전체 과정의 통일성을 입증하기를 바란다. 그러한 발전들은 우연적인 것이라기보다는, 있을 수 있는 편차의 일정한 범위 안에서 구조적으로 결정된 것이었다.

---

111) 같은 책, p. 8.
112) 사이먼 쿠즈네츠는 기업가에 대한 국가의 유용성 중에서 핵심적인 요인을 다음과 같이 지적한다 : "주권국가의 존재는, 국가 내에 또는 인민 사이에, 경제성장의 주요 대안을 놓고 종종 벌어지는 직접적이고도 공공연한 대립이 있을 경우, 어떠한 결단이 내려질 수 있음을 뜻한다." Simon Kuznets, "The State as the Unit of Study of Economic Growth", *Journal of Economic History*, XI, 1, Winter 1951, 28.

# 4

세비야에서 암스테르담까지 : 제국의 실패

그림 5 : "무고한 자들의 학살." 피테르 브뢰겔(아버지)의 유화. 네덜란드에서 뻗어진 에스파냐의 잔학행위에 항의하기 위하여 1565년경에 그려진 것이다. 빈 : 미술사 박물관.

형성되고 있던 유럽 세계경제는 매우 값진 성과였으며, 따라서 사람들이 그것을 장악하려고 했다는 것은 이해할 수 있는 일이다. 제국 지배라는 경로는 당대의 사람들에게 친숙했던 고전적인 경로였다. 많은 사람들이 그 가능성을 꿈꾸었다. 카를 5세 치하의 합스부르크 제국은 유럽 전체를 그 안에 흡수하려는 용감한 시도를 펼쳤다. 1557년에 이르러 그 시도는 실패하고 말았고 에스파냐는 자신의 정치적 지배권만이 아니라 경제적 구심점으로서의 역할까지도 줄곧 상실해갔다. 많은 도시들이 유럽 세계경제의 중심이 되기를 원했다. 세비야, 리스본, 안트베르펜, 리옹, 제노바 그리고 함부르크 등이 모두 그런 주장을 내세우지는 않았을지라도 그런 소망을 품고 있었다. 그러나 실제로 1450년에는 그럴 가능성이 없어 보이던 암스테르담이 세계경제의 중심이 되었고, 1600년까지는 그 우월한 자리를 확고히 굳혔다. 이제 우리는 이처럼 제국이 실패하고, 뒤따라 에스파냐와 그 동맹 도시국가들이 몰락한 대신, 암스테르담의 반란자들이 성공하게 된 이야기로 눈길을 돌려보기로 하자.

대략 1450년경부터 시작된 경기 상승은 우선 오랜 교역 중심지들 모두에 활기찬 번영을 가져다주었다. 유럽의 척추라고 불려온 지역 —— 플랑드르, 남부 독일, 북부 이탈리아 —— 과 함께 지리상의 발견의 결과 당연히 에스파냐가 여기에 해당되었다. 이 지역들이 정확히 카를 5세 치하의 합스부르크 제국을 구성하게 되었다는 사실은 퍽 인상적이다. 이러한 팽창에서 가장 새롭게 주목받은 요인은 세비야와 아메리카의 상무청이 중심이 된 에스파냐의 16세기 대서양 횡단 무역이었는데, 이 무역은 그 중요성이 매우 커져서 "온 유럽인들의 삶과, 당시에 한 세계가 존재했던 한에서의 전 세계의 삶이 [이 교역에] 의존했다고 말할 수 있을 정도였다. 세비야와 그 무역계정들은……당시 세계의 순환 움직임을 이야기해줄 것이다."[1]

에스파냐는 어떻게 하여 이와 같은 중심적인 역할을 떠맡게 되었을까? 하지만 제1장에서 논의했듯이 15세기 유럽의 해외팽창에서 선두에 나선 나라는 포르투갈이었지 에스파냐가 아니었다. 게다가 15세기는 에스파냐의 역사에서 평온한 시기가 아니었다. 사실, 하이메 비센스 비베스는 "위기라는 단어가 15

1) Chaunu, *Séville*, VIII, (1), p. 14.

254

세기 에스파냐의 역사를 요약한다"[2]고 말한다.

위기는 정치적이고(반란과 내전의 시기) 경제적인(범유럽적인 경기침체) 것이었다. 경제적 측면에서 에스파냐의 위기대응책은 목양산업을 발전시켜서 저렴한 가격으로써 (축소된) 세계시장에서 상당한 몫을 차지하는 것이었다.[3] 에스파냐의 양모 생산자 조합, 즉 메스타의 힘이 매우 강력했던지라 14-15세기에 국왕으로 하여금 보호주의 정책을 채택하게 하려던 장래의 카스티야 부르주아들의 시도는 모두 실패했다.[4] 심지어 산업활동의 옹호자로 알려진 가톨릭 국왕(Catholic Monarchs : 1494년 교황 알렉산데르 6세가 붙인 페르난도와 이사벨의 호칭/옮긴이) 페르난도와 이사벨의 공동군주 치하에서조차도, 앞에서 말한 산업들은 "사치품목들을 생산하거나 오직 국지적 시장을 가졌을 뿐"[5]이라고 비센스 비베스는 보고 있다. 잉글랜드와는 달리 에스파냐는 어떤 중요한 직물산업을 발전시키는 방향으로 나아가고 있지 않았다.[6] 묘하게도 잉

2) Jaime Vicens Vives, *Approaches to the History of Spain*, 2nd ed. (Berkeley : Univ. of California Press, 1970), 76.
3) "14-15세기의 위기가 없었더라면, 대체로 저렴한 카스티야산 양모의 매력이 없었더라면, 잘 알려져 있듯이 잉글랜드산 양모 수출의 감소현상이 없었더라면, 이탈리아 도시들의 활발한 직물산업이 없었더라면, 카스티야에서 돌아다니는 수백만의 양떼를 치는 목양의 대두는 불가능했고 생각할 수도 없는 것이었으리라." Braudel, *La Méditerranée*, I, p. 84.
4) "직물산업이 15세기에 상당한 발전을 이루었다는 사실은 외국 직물의 수입 및 카스티야산 양모의 수출 금지를 요청한, 1348년 마드리갈에서 열린 코르테스(Cortes : 포르투갈과 에스파냐의 의회/옮긴이)의 제안에서 드러난다. 이런 명백한 보호주의 정책은 상인, 징세업자, 무역업자, 고리대금업자 등 메스타와의 양모 거래로 이익을 얻은 모든 사람들의 끈질긴 간섭 때문에, 후안 2세에게 받아들여지지 않았다. 카스티야 부르주아지의 성장을 막기 위해서 대지주들이 격렬한 투쟁을 벌이기 시작한 것이 바로 이때였다. 엔리케 4세가 카스티야 직물산업이 보유할 수 있는 양모의 비율을 메스타의 총수출량의 3분의 1로 고정시켰던 1462년 톨레도의 코르테스에서의 합의는 이런 관점에서 이해해야만 한다. 만일 해외로 빠져나가는 부를 국내에 묶어두어 많은 귀족들에게 안겨주려는 의도가 있었다면, 이것은 낮은 비율이었다." Jaime Vicens Vives, *An Economic History of Spain*, pp. 259-260.
5) 같은 책, p. 305.
6) "카스티야는 기본적으로 1차 산물들의 수출국이었고 직물이 아닌 양모 수출국이었다.……가톨릭 공동국왕들의 중상주의 정책의 기반 가운데 하나는 메스타의 메리노 양모 생산을 장려하는 것이었다. 한편으로 역시 목양산업이 번창했고 양털의 10분의 9를 전통적으로 플랑드르로 수출한 잉글랜드는 목양 규모가 커지기 시작한 14세기에 이미 원자재의 병행 산

글랜드를 산업발전의 길로 나아가도록 자극한 것은 중세 후기의 침체와 결부된 바로 카스티야의 경쟁이라는 사실이었을지 모른다. 그러나 사실 에스파냐는 이 길을 택하지 않았던 것이다.

그런데 만약 에스파냐의 경제가 구조적으로 그렇게 취약했다면, 16세기 전반기에 에스파냐가 경제 면에서 중심적 지위를 차지한 것을 어떻게 설명할 것인가? 한편으로는 그 약점들이 단기적이 아니라 장기적인 것이었기 때문이고, 또 한편으로는 어느 정도 정치제도가 강력했기 때문이다. 카스티야는 중세를 통하여 명백한 "민족적" 과업을 떠안고 있었다. 한편으로는 이베리아 반도로부터 무어인들을 점진적으로 축출한 재정복사업이 있었다. 이 사업은 무슬림 그라나다의 함락과 에스파냐로부터의 유대인 추방으로 절정을 이루었는데, 이 두 가지 일이 모두 콜럼버스가 아메리카를 발견한 1492년에 일어났다. 다른 한편으로는 히스파니아의 그리스도교 국가들을 통일하려는 운동이 있었다. 이 운동은 정상에서의 통일을 완성시켰을 뿐이었고, 아라곤은 별개의 입법기구, 국가예산, 사회적-법적 체제를 유지하고 있었다.

에스파냐는 재정복의 바탕 위에 세워졌기 때문에 정치적 형태로서의 봉건제는 미약했다.[7] 그 결과 호세 마라발이 진술하고 있듯이, "봉건구조에 바탕을 두지 않은 정치적, 사회적 질서를 가지고 있었던 점이 '국가' 형태들의 발전에 유리한 터전을 제공했다."[8] 일급의 도로체계가 중앙과 주변과의 정치적,

---

업으로의 전환 정책을 시작했다." José Larraz, *La época del mercantilismo en Castilla (1500-1700)* (Madrid : Atlas, 1943), 20.

7) 루이스 비탈레는 왜 봉건제가 다른 서유럽 국가들보다 에스파냐에서 미약했는가에 대하여 다섯 가지 이유를 제시한다. 그것들 가운데 아랍-무슬림 정복의 영향, 메스타의 역할, 부르주아지의 초기 역할이 두드러진다. Luis Vitale, *Latin America : Reform or Revolution?* pp. 34-36 참조.

8) Maravall, *Cahiers d'histoire mondiale*, VI, p. 791. 그렇다고 반드시 대지주들의 경제적 역할이 미약했다는 말은 아니다. 반대로 피에르 빌라르는 이 사실을 근거로 에스파냐의 제국주의가 "봉건제의 최고 단계"였다고 주장한다. Pierre Vilar, "Le temps de Quichotte", *Europe*, 34, No. 121-122, janv.-févr., 1956, 8.
그러나 우리는 이미 앞 장에서 왜 라티푼디움들과 같은 현상의 출현이 "제2의 봉건제"가 아니라 오히려 "자본주의 농업"으로 간주되어야 하는가에 대해서 논의했다. 그럼에도 불구하고 빌라르는 다음과 같이 지적한다 : "에스파냐에서는……좀더 정확히 말해서 카스

경제적 연결을 상대적으로 쉽게 했다.[9] 페르난도와 이사벨은 강력한 **전국 시장**[10] 체제를 만들어내기 위해서 메스타를 후원했다. 그들은 비록 서열과 계서제의 가치들을 유지하는 맥락 안에서이기는 했지만 개인적 이동이 가능한 제도를 마련했다.[11] 그들은 관료기구를 강화하고, 그것을 "공동체에 기초

티야에서는 지배계급들이 재정복의 방법으로, 즉 **봉건적 방식으로** 정복을 수행했다. 토지를 점유하는 것, 사람들을 예속시키는 것, 재보(財寶)를 끌어모으는 것, 이 모든 것들이 사람들로 하여금 '투자할' —— 이 용어의 자본주의적 의미에서 —— 마음이 내키지 않게 했다. 성장하기 시작하는 부르주아지 같았으면 그런 투자를 할 수 있었을 것이다. 그리고 1480년부터 1550년까지 부르주아지는 그런 투자를 주저하지 않았다. 그러나 화폐순환 과정에서 그들이 차지하고 있던 위치 때문에 부르주아지는 우선 항구와 정기시의 불안정한 자본주의를 시도했다. 게다가 그들이 이용할 수 있었던 '생산력들' —— 토지, 인구, 기술혁신 —— 은 카스티야의 평원에서 금방 수확체감의 법칙에 직면했다. 그래서 1550년 이후 부르주아지는 화폐 유입이 몰고 온 불모화 효과를 느끼게 되었다. 어떤 이는 소비하고, 어떤 이는 수입하며, 어떤 이는 이자를 받고 돈을 빌려준다. 생산은 조금밖에 이루어지지 않는다. 가격과 임금이 오른다. 기생하는 현상이 나타나고 사업은 기울어진다. 이것은 내일의 가난을 의미하는 것이다."[같은 책, pp. 9-10]

빌라르의 "항구와 정기시의 불안정한 자본주의"에 대한 논의는 상인 자본의 진보적 성격에 대한 마르크스의 회의적 태도를 연상시킨다 : "그러나 그 발전은……그 자체만으로는 한 생산양식에서 다른 생산양식으로의 이행을 촉진시키거나 설명할 수가 없다.……반대로 상인 자본이 여전히 지배하는 곳에서는 퇴행적 상황들이 발견된다." *Capital*, III, Ch. XX, p. 327. 고딕체는 월러스틴의 강조.

9) "카스티야가 자신을 에워싸며 또 종종 바다로부터 분리시킨 반도 주변지역들과의 연결을 확보할 수 있었던 것은 '화물 수송' 덕분이었다. [오르테가 이 가세트가] 말했듯이 '에스파냐를 만든' 것은 카스티야만이 아니라 바로 이러한 현상이었다.……[사실] 교통의 문제가 효율적인 정부에 맨 먼저 요구되는 것이 아닐까? 이 모든 이유들로 인해서 카스티야는 ……에스파냐의 무게중심이자 심장이 되었다." Braudel, *La Méditerranée*, I, p. 49.

10) "메스타의 가축들에 부과되는 세금(portazgos)[시장으로 가는 통로에서 상품과 가축들에 대하여 도시가 부과하는 예전의 세금]을 제한하고 규제하려는 페르난도와 이사벨의 특별한 관심은 국내의 교통을 촉진하기 위한 기구로서 이 조직의 중요성이 크게 증대된 것에 기인했다. 교역의 전국화, 지방 및 대도시 시장으로부터 전국 시장으로의 발전은 경제성장의 한 단계였는데, 이 개명된 군주들이 그 진정한 중요성을 반도에서 처음으로 인식했던 것이다." Klein, *The Mesta*, p. 223.

11) "그러므로 페르난도와 이사벨의 정책들이 가져온 효과는 카스티야 사회에서 서열과 계서제의 중요성을 확인하고 강화한 것이었다. 그러나 동시에 이전의 통치 아래서는 특권적 지위를 얻을 가망이 적었던 많은 사람들에게 사회적으로 상승할 수 있는 기회를 제공한 것이기도 했다. 이렇게 상승하는 데 필요한 열쇠 중 하나는 교육이었다. 이것은

를 둔" 관료기구로 만들었는데, 이러한 관료기구는 "공동체, 즉 '국가의 일부 (pars rei publicae)'인 것이다."[12] 그들은 가톨릭 성직자들을 말하자면 귀화시 켰다.[13] 무엇보다도 그들은 "카스티야의 현존하는 경제적 잠재력이 충분히 실 현될 수 있는 조건들"[14]을 조성했다.

만약 금은이 에스파냐를 통해서 흘러나오고 카스티야가 유럽의 하늘 한가 운데로 부상할 수 있었다면, 그것은 피에르 빌라르가 말하듯이 "원인일 뿐만 아니라 결과였다."[15] 그러나 정확히 무엇의 결과였는가? 사실상 귀금속의 경 제적 역할을 둘러싼 일련의 긴 사실들의 결과였다 : 즉 지중해 세계에서 금은 의 기반이 취약했다는 점, 금 공급자로서 이전에 수단이 지녔던 중심적 역할, 포르투갈의 팽창이 이탈리아 도시국가들의 북아프리카 중개업자들에게 미친

---

결국 왕실에서 봉사할 수 있는 자리에까지 이르게 했다. 다른 하나는 부, 특히 도시의 부 였는데, 이는 부유한 상인가문(유대인 출신의 가문을 포함한)과 지체 높은 귀족가문의 결 합을 가능케 했다." J. H. Elliott, *Imperial Spain, 1469-1716* (New York : Mentor, 1966), 113-114.

12) Maravall, *Cahiers d'histoire mondiale*, VI, p. 805.

13) "가톨릭 공동국왕들은 그들의 왕국에서 외국인들이 성직을 차지하고 있는 것을 원치 않 았는데, 한편으로는 그들의 특권을 유지하기 위해서였고 또 한편으로는 외국인들이 왕국 의 문제들에 대해서 알고 있는 것이 별로 없다는 생각에서 그러했다."[같은 책, p. 86]

14) Elliott, *Imperial Spain*, p. 117. 엘리엇은 다른 한편으로 그들의 통치에서 나타나는 부정 적인 여러 측면들에 대해서 기술하고 있다. pp. 123-127 참조.

15) Vilar, *Past & Present*, No, 10, p. 32. 알바로 하라는 에스파냐가 부상한 것은 에스파냐 령 아메리카를 정복했기 때문이라고 덧붙인다 : "에스파냐는 유럽의 틀로부터 고립되지 않았다 ; 에스파냐는 그 나름대로, 유럽의 금융 중심들로부터 비롯되어 이런저런 방식으로 유럽에 전달된 경제적 필요들의 영향을 받고 또 그 필요들을 반영했다. 이런 것들이 에스 파냐의 소비(일반적으로 생필품의 소비)에 필요한 것이든, 왕국의 군사활동에 필요한 것 이든 간에, 아메리카 식민지는 에스파냐를 보호하는 배후막을 형성했는데, 그 도움을 빼 놓고 에스파냐의 우월한 지위를 설명하기는 불가능할 것이다. 그래서 우리는 에스파냐가 아메리카에서 광범위하게 —— 개인적 사업에 의거한 —— 정복을 추진한 것(rasgos)과 본국의 국가기구의 필요 사이의 평행적 이해관계의 일치를 말하는 데 주저할 필요가 없 다. 이것이 에스파냐로 하여금 위험이나 큰 비용을 들이지 않고 거대한 부를 모을 수 있 게 한 정복형태를 촉진했다." Alvaro Jara, "Estructuras de colonización y modalidades del tráfico en el Pacifico sur hispano-americano", *Les grandes voies maritimes dans le monde, XV-XIXe siècle, VII Colloque, Commission Internationale d'Histoire Maritime* (Paris : S.E.V.P.E.N., 1965), 251.

영향, 에스파냐에서의 제노바인들의 역할, 금은의 원천을 포르투갈을 통하지 않고서 찾으려고 했던 제노바인들의 욕구(오직 에스파냐만이 이런 욕구를 충족할 수 있는 위치에 있었다) 등의 결과였던 것이다.

이 복잡한 이야기를 추적해보자. 우리는 이미 중세 무역에서의 금은의 역할에 대해서 이야기했으며, 어떻게 수단의 금이 유럽으로, 다시 말해서 북아프리카를 경유해서 그리스도교권의 지중해 세계로 들어왔는지를 논의했다. 15세기 중엽 갑자기 북아프리카의 역할이 크게 축소되었다. 이 축소의 정도는 얼마간 논란거리인 것 같다. 브로델은 북아프리카의 지위가 몰락했다고 이야기한다.[16] 말로비스트는 그 지위의 축소는 인정하지만 파멸은 아니라고 말한다.[17]

---

16) "15세기의 마지막 10년대부터 수단의 금은 더 이상 북아프리카의 도시들에 들어오지 않게 된다. 적어도 이전과 같은 양은 들어오지 않았다.……지중해는 금 공급의 중요한 부분을 갑자기 상실한다.……그러자 북아프리카 지방의 번영은 종이로 만든 집같이 무너지고 만다.……무슨 일이 일어났는가?……오직 이것이다 : 1460년에 포르투갈의 탐험가들은 기니 만에 접근했다. 1482년부터 상 조르제 다 미나가 건설되었다.……이것으로 사하라의 경제적 교통에 대한 진정한 '포획'이 시작된다. 방향의 역전과 우회가 시작된 것이다." Fernand Braudel, "Monnaies et civilisation : de l'or du Soudan l'argent d'Amerique", *Annales E.S.C.*, I, 1, janv.-mars 1946, 12-13.

17) "아르귄(1448년 이후)과 상 조르제 다 미나(1482-84년)의 포르투갈 상관(商館)이 아프리카의 황금해안에 미친 영향을 둘러싸고 많은 오해가 일어났다. 우리는 아르귄 상관이 수단산 금의 수출방향을 어느 정도 수정시켰다는 점은 인정해야 하지만, 이것이 사하라 사막을 가로지르는 나라들과 그 주민들의 이익을 해치지는 않았다.……이 교역에 종사하는 베르베르 유목민들과 마찬가지로 수단의 공급자들은 아르귄에 유럽인들이 도착함에 따라 이 금속의 새로운 구매자들을 얻게 되었지만 이것이 이 교역에서의 그들의 지위에는 어떠한 영향도 미치지 않았다. 한편 전통적인 금 구입자들 —— 즉 유럽인 경쟁자들이 서아프리카 해안에 나타난 것에 영향을 받기 마련이었을 마그레브인들과 이집트인들 —— 은 사정이 달랐다.

연구의 현 단계에서 우리는 오히려 마그레브와 이집트로의 수단산 금의 수출은 사실상 줄어들었으나 이 현상이 아랍 세계에 치명적인 정도는 아니었다고 생각한다. 와르단에서 금의 유통이 감소된 것이 미나 항에 설치된 상관의 활동에 기인한다는 것 또한 의심스럽다. 미나 항은 너무 멀리 떨어져 있었으니 말이다.……

경우야 어쨌든 「수단의 역사(*Tarikh es-Soudan*)」의 저자에 따르면 16세기 말-17세기 초에 젠네는 여전히 사하라의 소금을 금과 교환하는 거대한 중심지였다." Marian Malowist, "Le commerce d'or et d'esclaves au Soudan Occidental", *Africana Bulletin*, No. 4, 1966a, 56-59.

갑작스런 금은의 부족은 계산화폐인 마라베디(maravedi)의 가치를 하락시킴으로써, 군사비와 왕실비용의 증가로 꾸준히 늘어나고 있던 에스파냐의 재정 부담을 가중시켰다.[18]

재정위기는 심각했으며, 그것은 에스파냐의 제노바인들로 하여금 이에 대응하도록 만들었는데, 그들은 에스파냐의 은행가들이면서 또한 금의 구매자들이었기 때문이다. 우리는 이미 에스파냐의 상업에서 제노바가 맡은 역할에 대해서 언급한 바 있다. 제노바인들은 금융가로서만이 아니라 여러 가지 방식으로 관련되어 있었다.[19] 그러나 제노바인들은 왜 포르투갈을 통해서 금을 구할 수는 없었는가? 아마도 탐험을 주도하는 나라로서 포르투갈의 힘이 강했다는 것은 포르투갈이 제노바에 제시하는 조건이 에스파냐가 제시하는 조건만큼 유리하지 않았음을 의미했을 것이다.[20] 어쩌면 포르투갈의 바로 그런 힘이 상상력의 결핍을 초래했기 때문일 수도 있다. 상상력이란 대개 단기적 통로가 막혀 있는 자들이 바로 중기적 이윤을 추구하는 것에 다름 아니다. 통로가 막혀 있지 않을 때 상상력은 무뎌진다. 포르투갈은 이미 아프리카 해안을 따라 내려가는 항해로 충분한 수입을 벌어들이고 있었다. 포르투갈은 위험한 서쪽으로의 항해에 굳이 나서야 할 필요를 느끼지 않았다.[21] 쇼뉘는 에스파냐

---

18) Miguel Angel Ladero Quesada, "Les finances royales de Castille à la veile des temps modernes", *Annales E.S.C.*, XXV, mai-juin 1970, 784 참조.
19) 제노바인들과 다른 비(非)에스파냐인들은 금은의 획득이나 에스파냐의 상업에서만이 아니라 카나리아 제도에서의 1차 생산 부문에서도 큰 역할을 담당했다. Manuela Marrero, "Los italianos en la fundación de Tenerife hispánico", in *Studi in onore di Amintore Fanfani*, V : *Evi moderni e contemporaneo*. (Milano : Dott. A. Giuffrè-Ed., 1962), 329-337 참조.
20) "당시 반(反)포르투갈적 해결책을 찾은 유일한 나라였다는 것이 제노바의 자랑이라면 자랑인 것이다." Braudel, *Annales E.S.C*, I, p. 14.
21) "콜럼버스가 포르투갈에서 실패한 것은 바로 정부와 상업 관계자들의 지리적 지식이 발전되어 있었다는 사실로 설명될 수도 있다. 지각이 있는 사람이라면, 그리고 특히 건너가야 할 거리를 고려했다면, 아무도 그처럼 명백하게 잘못된 가정들에 기꺼이 돈과 사람의 생명을 내맡기려고 하지는 않았을 것이다.
    "더욱이 포르투갈은 성공적인 아프리카 탐험 정책과, 수단을 거쳐 향료 제도(몰루카 제도/옮긴이)로 가는 직항로를 찾는 일에 너무 깊이 빠져 있었기 때문에 콜럼버스가 제안

가 아메리카를 발견한 것은 단순히 운이 좋았기 때문은 아니라는 현명한 주장을 설득력 있게 제시하고 있다. 에스파냐는 당시의 정황에서 볼 때 "주어진 기회들을 붙잡을 뿐만 아니라 스스로 기회를 만들어낼"[22] 가장 유리한 조건을 갖춘 나라였다. 잉글랜드는 이탈리아 태생의 존 캐벗을 고용했으나 그의 두번째 "영국인의" 원정은 에스파냐의 지원을 필요로 했다. 프랑스와 잉글랜드는 17세기가 되어서야 비로소 해외탐험 국가가 되었으며, 18세기에 가서야 확실히 성과를 거두게 되었다.[23]

그러나 에스파냐는 16세기에 아메리카에 거대한 제국, 즉 해상수송 비용이 허용할 수 있는 한 최대의 제국을 세우는 데에 성공했다.[24] 이는 대서양 횡단 무역의 눈부신 성장을 의미했는데, 무역량은 1510년에서 1550년 사이에 8배로 늘어났고, 1550년에서 1610년 사이에 다시 3배로 늘어났다.[25] 이 교역의 초점은 세비아에서의 국가독점이었는데, 이것은 여러 면에서 에스파냐의

한, 있을 것 같지도 않은 항로를 찾는다는 그런 희박한 가능성에 도전할 수가 없었다." Chaunu, *Séville*, VIII (1), pp. 89-90.
22) 같은 책, p. 235.
23) "16세기 초에서 18세기 사이에 어떤 기술혁명이 있었다는 것, 또 '재정복사업'의 선봉으로서의 카스티야의 위치, 즉 지중해와 대서양이 교차하며 북쪽으로 부는 무역풍의 최강점과 남쪽으로 흐르는 중위도 지역의 역류점이 교차하는 지점에 자리잡고 있다는 점이 카스티야의 역할에 당연히 유리하게 작용했다는 것, 바로 이러한 사실들을 무시하고 부인한다면, 우리는 팔로스 항을 출발한 제노바 출신의 한 항해자가 아메리카를 발견한 사실을 우연으로, 즉 터무니없는 일로 돌리게 된다. 또 같은 견지에서, 바람의 상태며, 16세기 안달루시아의 생활이며, 반도 남부 이베리아인들의 오랜 학구적 노력을 고려하지 않는다면, 안달루시아의 독점은 어처구니없는 변덕에서 나온 어처구니없는 결실이 되고 만다.……" Chaunu, *Séville*, VIII (1), pp. 236-237.
24) "에스파냐령 아메리카는 반 세기도 채 안 되어 자신의 한계에 도달했다. 아라우칸인들이 거주하고 있던 칠레를 정복하지 못한 것이 이를 입증한다. 식민지 아메리카는 성장하고 생존하기 위하여 곧 효율적인 해양 상업체제에 기초하기 시작했다. 수송비용은 거대한 부의 생산을 요구했다. 이 때문에 최초의 아메리카는 이러한 부를 즉시에 생산할 수 있는 가장 알맞은 체제들이 되어야만 했던 것이다." Pierre Chaunu, *L'Amérique et les Amériques* (Paris : Lib. Armand Colin, 1964), 85-86.
25) "이 팽창의 첫번째 국면이 보여주는 원동력은 얼마나 놀라운 것인가 : 우리는 진실로 구조적 단절의……현장에 있다. 이러한 불균형은 쉽게 설명된다 : 1504-50년의 기간은 무에서 유로 이행한 시기가 아닌가?" Chaunu, *Séville*, VII (2), p. 51.

핵심적인 관료제적 구조가 되었다.[26] 대서양 횡단 무역의 중심 품목은 금은이었다. 처음에 에스파냐인들은 잉카인들이 이미 채굴하여 의식용으로 사용하고 있던 금을 거둬들이기만 하면 되었다.[27] 그것은 일종의 노다지였다. 이러한 금이 바닥이 나자 에스파냐인들은 은 아말감 방법을 발견했는데, 이 덕분에 풍부하게 존재하는 은을 유리한 조건에서 채굴할 수 있었으며, 또 아주 다량의 금은이 유럽으로 흘러들어오게 되었던 것이다.[28]

무역의 "놀라운 성장"은 유럽에서의 놀라운 정치적 팽창을 동반했다. 1519년, 카를 5세가 신성 로마 제국의 황제로 즉위하자 유럽 내의 그의 영토는 (아라곤을 포함한) 에스파냐, 네덜란드, (오스트리아를 포함한) 남부 독일의 여러 지역들, 보헤미아, 헝가리, 프랑슈-콩테, 밀라노, 에스파냐의 지중해 영토들(나폴리, 시칠리아, 사르데냐, 발레아레스 제도 등)과 같은 다양하고 분산되어 있는 지역들을 포괄했다. 당시 쉴레이만 대제의 오스만 제국이나 이반 뇌제(雷帝)의 모스크바 제국 등과 구조가 유사했던 이 제국은 한때 유럽의 정치적 공간을 흡수하는 것처럼 보였다. 이제 막 탄생하는 세계경제는 또 하나의 제국이 되는 것처럼 보였다. 카를 5세만이 유럽 세계경제를 그의 영토 안으로 흡수하고자 꾀한 것은 아니었다. 프랑스의 프랑수아 1세도 똑같은 일을 시도하고 있었으며,[29] 게다가 프랑스는 영토의 규모로 보나 그 중앙의 위

---

26) "그 대양정책에서, 상황을 통제한 안달루시아인들의 영향력으로부터 벗어날 수 없었던 에스파냐 국가는 다른 여러 장점들 중에서도 특히 그것의 효율적인 통제력을 뒷받침해주는 [세비야의] 독점을 엄격히 존중하도록 하는 데 전력을 다했다." Huguette & Pierre Chaunu, "Economic atlantique, économie-monde (1504-1650)" *Cahiers d'histoire mondiale*, I, 1, juli. 1953, 92.

27) Alvaro Jara, "La producción de metales preciosos en el Perú en el siglo XVI", *Boletín de la Universidad de Chile*, No. 44, nov. 1963, 60 참조. p. 63의 표 참조.

28) "수은의 성질을 이용한 기술의 사용이 없었더라면 전 유럽의 물가 상승 과정은 멈추고 아메리카의 광업은 아마 정체와 쇠퇴의 국면으로 들어갔을 것이다." Alvara Jara, "Economía minera e historia económica hispano-americana", in *Tres ensayos sobre economía minera hispano-americana* (Santiago, Chile : Centro de Investigaciones de Historia Americana, 1966), 37.

29) "[16세기에는] 프랑스의 제국주의가 있다. 첫째로 프랑스는 [신성 로마] 황제에 대한 어떠한 종속도 받아들이려고 하지 않았다. '국왕은 그의 왕국에서 황제인 것이다.' 그때 샤

치로 보나 이점을 안고 있었다.[30] 그러나 프랑스는 그러한 시도를 뒷받침할
만한 자원이 부족했고, 카를 5세가 프랑수아 1세를 제치고 황제로 선출된 것
은 프랑스에 커다란 좌절을 안겨주었다. 그럼에도 불구하고 에스파냐 제국의
"한복판에"[31] 위치한 프랑스는 차후 50년간의 이야기를 사실상 두 거대 제국,
즉 합스부르크와 발루아 간에 계속된 전쟁의 이야기로 만들기에 충분할 만큼
강력했다. 이 투쟁은 결국 1557년, 양자가 모두 쇠진하고 유럽에서 제국의 오
랜 꿈이 종결되는 것으로 결말이 났다.

이 두 거인, 곧 프랑스와 에스파냐의 오랜 투쟁 —— 처음에는 1494-1516

---

를 8세는 동방에 도달하여 십자군을 지휘하고 콘스탄티노플 제국에서 몇몇 새로운 칭호
를 얻기 위하여 이탈리아로 내려갔다[1494년]. 그는 머리에 금관을 쓰고 황제의 홀(笏)과
지구의를 손에 든 채 그리고 모든 사람들이 '가장 존엄하신 황제'라고 외치는 가운데 나
폴리에 입성했다. 그러자 독일에서는 큰 공포가 일어났는데, 사람들은 그가 독일 신성 로
마 제국의 황제직을 탐내고 있다고 생각했다. 프랑수아 1세가 이탈리아를 지배하고, 1519
년 신성 [로마] 제국의 [선거에서] 황제 후보로 나서는 양상으로 나타난 프랑스의 제국
주의는 카를 5세의 선출 이후 합스부르크에 대한 방어정책으로 바뀌었다." Mousnier,
*Les XVe et XVIe siècles*, pp. 132-133.

미셸 프랑수아도 유사하게 프랑수아 1세의 "이중의 상속"에 대하여 말한다. 한편으로
는 그 권위가 정치철학자들(légistes)과 정부 종사자들의 고된 작업에 의해서 고안된 국왕
으로서의 상속권과, 다른 한편으로는 "프랑스 왕정에 유난히 확대된 전망을 열어준" 샤를
7세와 루이 12세의 이탈리아에서의 제국 사업들에 대한 계승자로서의 상속권을 말한다.
Michel François, "L'idée d'empire sous Charles-Quint", in *Charles Quint et son
temps*, Colloques internationaux du C.N.R.S., Paris, 30 sept.-3 oct. 1958 (Paris : Ed.
du C.N.R.S., 1959). 25.

30) 1500년경에 사람들은 다음과 같이 말했다 : "잉글랜드와 에스파냐 그리고 부르고뉴-오스
트리아는 유럽 최대의 강국인 프랑스를 중심으로 하는, 말하자면 일종의 궤도 안에서 회
전했다.……프랑스의 중요한 이점들은 그 영토의 규모와 중앙의 위치였다. 근대가 시작될
무렵 서유럽에서 프랑스는 중심 지역에 해당했다. 잉글랜드와 에스파냐, 이탈리아 그리고
독일제국은 그 주위에 대칭적으로 포진해 있었고, 그래서 프랑스는 대외적 내부 전선들을
통제했다. 그리고 이 중심지역은 또한 가장 인구가 많은 왕국이었다." Garrett Mattingly,
*Renaissance Diplomacy*, pp. 129, 131.

31) 이러한 표현은 16세기의 한 에스파냐인이 한 것이다. A. Pérez, in *L'art de gouverner.
Discours adressé à Philippe II* (Ruggiero Romano, "La pace di Cateau-Cambrésis e
l'equilibrio europeo a metà del secolo XVI", *Rivista storica italiana*, LXI, 3, 1949,
527에 재인용).

년의 프랑스-에스파냐 전쟁, 그리고 나서는 1559년까지 계속된 합스부르크-
발루아 경쟁 —— 은 군사적 측면에서는 주로 이탈리아 반도에서 벌어졌다.[32]
제국들의 관점에서 볼 때 이탈리아를 놓고 투쟁을 벌인 이유는 분명했다. 북
부 이탈리아의 도시국가들은 중세 말기에 유럽 대륙에서 공업과 상업과 같은
경제활동이 가장 "앞서 있던" 중심지들이었다. 이 도시국가들이 이제 더 이
상 원거리 무역을 독점하지는 않았을지라도 그들은 축적된 자본과 경험으로
볼 때 여전히 강력했고,[33] 따라서 세계제국이 되기를 원하는 세력은 그들에
대한 지배권을 확보할 필요가 있었던 것이다. 이탈리아의 분산된 정치적 형세
로 보건대,[34] 오직 롬바르디아만이 중간 규모의 지역에 걸친 비교적 강력한

---

32) Oman, *A History of the Art of War*, p. 14 참조. 그는 얼마나 많은 전투가 이탈리아에
서 벌어졌는지 그 비율을 논한다.

33) 로페스는 이들을 1870년 이후의 잉글랜드에 견주는 것이 적절하다고 제시하며 다음과 같
이 덧붙인다 : "이 모든 것이 쇠퇴를 의미했다고 해도, 이탈리아인들도 그들의 새로운 경
쟁자들도 이 사실을 충분히 깨닫지 못했다." R. S. Lopez, "The Trade of Medieval
Europe : The South" in *Cambridge Economic History of Europe*, II : M. M. Postan &
E. E. Rich, eds., *Trade and Industry in the Middle Ages* (London and New York :
Cambridge Univ. Press, 1952), 351.
　아민토레 판파니 역시 중세 후기 이탈리아의 영광과 15-16세기의 이탈리아의 쇠퇴에
대해서 말하고 있다 : "중세 이탈리아의 번영은 다음과 같은 사실, 즉 이탈리아 반도의 항
구들이 레반트로 향하는 서방무역의 기지였고 또한 서방으로 향하는 레반트 무역의 기지
였다는 점과 관련되어 있다. 게다가 서방과의 연계가 공산품 수출자의 연계였던 반면, 레
반트와의 상업적 연계는 식민적 성격을 띠었다는 사실과 관련되어 있는 것이다. 이탈리아
인들이 해외에 자신의 식민지를 소유했고 알프스 건너편에는 식민지가 없었다는 것이 꼭
맞는 말은 아니다. 그러나 사실상 모든 혹은 거의 모든 이탈리아인들이 순수한 경제적 식
민화의, 그렇게 명백하지는 않고 따라서 상당한 정도로 용인된, 그러나 실질적이고 따라
서 매우 결실이 많은 식민화의 혜택을 누리고 있었다.……
　14세기가 시작되면서 이탈리아의 번영의 기반을 이루고 있던 상황을 교란시키는 두 가
지 사실이 나타났다.……투르크족이 전진해오고 프랑스인들과 영국인들이 자유롭게 놓이
면서 이탈리아 경제의 번영에 대한 전망들이 줄어들었다. 비록 16세기 동안에도 내내 그
런 전망들이 완전히 사라지지는 않았다고 하더라도 말이다." Amintore Fanfani, *Storia
del lavoro in Italia dalla fine del secolo XV agli inizi del XVIII* (Milano : Dott. A.
Giuffré-Ed., 1959), 24-25.

34) 왜 이탈리아가 정치적으로 그렇게 분열되어 있었는가 하는 것이 이 분석에 관련된 문제
는 아니다. 그 답은 아마도 중세 초기의 정치적 발전들과 중세 후기의 몇몇 도시국가들의

국가기구를 발전시켰으나,³⁵⁾ 정치적으로 살아남기에는 여전히 너무 작은 규모
였다.³⁶⁾

---

상대적인 경제적 성공에 놓여 있다. 하나의 고전적인 설명은 야코프 부르크하르트가 제시
한 것이다 : "교황과 호엔슈타우펜가(家) 사이의 투쟁은 이탈리아를 서방 여러 나라들과는
근본적으로 다른 정치적 조건 속에 놓이게 했다. 프랑스, 에스파냐, 잉글랜드의 봉건제는
그것이 사라질 무렵 통일된 왕정으로 자연스럽게 변형될 수 있도록 조직되어 있었으며,
독일의 봉건제는 적어도 겉으로는 제국이 통일을 유지하는 데 도움을 주었지만, 이탈리아
는 봉건제를 거의 완전히 떨쳐내버렸다. 14세기의 황제들은 심지어 아주 유리한 경우에도
더 이상 봉건영주로서가 아니라, 기존 권력의 가능한 지도자나 지지자로서 대접받거나 존
경받았다 ; 교황청은 자신의 앞잡이들과 동맹자들을 이용해서 미래의 국민적 통일을 방해
하기에 충분할 정도로 강력했던 반면 그러한 통일을 이루어낼 만큼 강력하지는 않았다.
이 둘 사이에 많은 정치적 단위들이 모여 있었는데,……그들의 존재는 오직 스스로를 지
탱할 그들 자신의 힘에 근거하고 있었다." Jacob, Burckhardt, *The Civilization of the
Renaissance in Italy* (New York : Modern Library, 1954), 4.
　윌리스 퍼거슨의 다음과 같은 지적을 보라 : "르네상스기 이탈리아의 국가들은 북쪽에
있는 나라들과는 다를 수밖에 없었다. 왜냐하면 이탈리아의 과거 역사가 매우 달랐기 때
문이다. 또 그런 차이는 부분적으로 순전히 정치적인 두 가지 사실들의 결과였다 : 첫째는
10세기에서 13세기에 이르기까지 이탈리아는 독일 신성 로마 제국에 병합되어 있었다는
점이고, 둘째는 교황들이 반도의 중심을 가로질러 뻗어 있는 영방국가를 통치했다는 점이
다." Wallace Ferguson, "Toward the Modern State", in Wallace Ferguson, ed.,
*Renaissance Studies*. No. 2 (London, Ontario : Univ. of Western Ontario, 1963), 147-
148.
35) "14-15세기에 롬바르디아를 이탈리아의 나머지 지역들로부터 분리시켜놓은 것은 그것의
정치적 변형이었다.……시뇨리아(signoria : 중세 말과 르네상스 시기의 이탈리아 도시국가
들에서 공화정을 대체하고 들어선 1인독재 체제/옮긴이)는 당시 롬바르디아의 거대한 경
제적 변화의 기저에 놓여 있는 근본적인 '혁신'[이다]……여러 면에서 그 당시 롬바르디
아의 경제정책들은 코뮌(commune)의 정책들을 훨씬 뛰어넘어 영국 중상주의의 전조를
보여주었는데, 이는 교회와 그 토지들을 다루는 데에서도 잘 드러났다.……
　"이른바 그들의 공공사업, 산업과 교역의 촉진 정책, 농업 개량 그리고 인구정책(대가
족에 대한 물질적 지원, 롬바르디아로의 귀환과 이민)에서, 밀라노의 공작들은 여러 가지,
어쩌면 모든 중요한 면에서, 머지 않아 등장할 소위 중상주의 국가들을 앞지르고 있었
다." Douglas F. Dowd. "The Economic Expansion of Lombardy, 1300-1500 : A
Study in Political Stimuli to Economic Change", *Journal of Economic History*, XXI,
2, June 1961, 147. 160.
36) 이러한 현상이 비단 롬바르디아에 국한되지 않고 보다 일반적이었다는 것에 대한 증거로
는 Mousnier, *Les XVIe et XVIIe siècles*, p. 93 참조.

우리는 실상 비교적 작은 한 지역, 즉 "베네치아, 밀라노, 제노바, 피렌체 등의 도시로 구성된 좁은 사변형 지역"에 관해서 이야기하고 있는데, "이 도시들은 서로 반목하고, 여러 갈래로 경쟁관계에 있었으며, 각 도시마다 얼마간 다른 비중을 지니고 있었다.……"[37] 이들 도시국가들이 당면한 정치적 과제는 (플랑드르의 도시국가들처럼) 자신들을 봉건적 간섭으로부터 [해방시킴]과 [동시에] 새로운 왕국들이 행사하는 더욱 중앙집권화된 정치적 통제가 몰고 올 새로운 위협을 저지하는 것이었다.[38] 그들이 왕국들을 저지한 방식들 가운데 하나는 제국과 제휴하는 것이었다.[39] 그래서 지노 루차토가 1530-39년에 일어난 현상을 이탈리아 "반도의 대부분이 에스파냐의 직간접적 지배"[40] 아래 들어가는 것으로 묘사하고, 마찬가지로 폴 콜스가 "16세기 전반기 국제관계사의 주요 테마는 이탈리아를 둘러싼 프랑스 제국주의와 에스파냐 제국주의 사이의 투쟁"[41]이었다고 말하고 있지만, 도시국가들이 이러한 형태의 "지배"에 그토록 격렬하게 저항했는지는 분명치 않다. 도시국가들로서는 그것을 최선의 대안이라고 생각했음직하다. 우리는 이것이 하나의 세계경제였

---

37) Braudel, *La Méditerranée*, I, p. 354.

38) C. H. Wilson, *Cambridge Economic History of Europe*, IV, p. 492.

39) 앙리 피렌은 몇몇 도시들이 해방되는 두 단계의 과정을 지적한다 : "도시공화국은 그 직속의 영주에 대한 충성을 버린다고 해도 사실상 절대적인 독립을 누리지 못했다. 도시공화국은 오직 보다 높은 종주권자의 직접적인 권력 아래 들어감으로써 백작이나 주교의 권력으로부터 빠져나올 수 있었다. 독일의 도시는 가까이 있고 매우 실질적인 그 영주의 권력을, 멀리 떨어져 있고 매우 약한 황제의 권력으로 교체했다는 의미에서만 오직 자유로웠다." H. Pirenne, *Early Democracies in the Low Coutries* (New York : Norton, 1971), 183.

　　강한 국가들의 형성에 대한 그것의 결과들은 분명했다 : "프랑스와 잉글랜드에서는 근대국가의 중요한 적대자들이 대귀족들 가운데 있었던 반면에, 저지방 국가들에서 근대국가의 발전을 가로막은 것은 도시들이었다."[p. 187]

40) Gino Luzzatto, *Storia economica dell'età moderna e contemporanea*, Part I, *L'età moderna* (Padova : CEDAM, 1955). 116. 그는 덧붙인다 : "베네치아만이 이탈리아에서 독립을 유지했다. 그러나 베네치아는 점점 심각해지는 투르크의 압력으로 그 활력을 잃어갔다."[p. 117] 도메니코 셀라는 여전히 "베네치아는 반도의 다른 도시들을 강타한 위기 속에서 자신만의 행운을 찾았다"고 여긴다. *Annales E.S.C.*, XII, p. 36.

41) Coles, *Past & Present*, No. 11, 41.

다는 점 그리고 경제활동의 중심지와 핵심적 경제 그룹들의 "국적"이 정치적 의사결정의 구심점과 일대일로 대응하지 않았다는 점을 염두에 둬야만 한다. 이러한 틀 안에서 도시국가들과 제국의 연결은 주로 "이해관계의 결합"[42]이 었다. 이리하여 비유가 현실이 되어버린 것이다. 루스 파이크의 지적에 따르면, 세비야에서 제노바인들이 가장 많이 늘어난 것은 1503년에서 1530년 사이였으며, 16세기 중반에 이르러 그들은 "대체로 아메리카의 무역을 지배했고, 세비야의 경제생활에 강력한 영향력을 행사했다."[43] 그러나 포르투갈인들이 제노바인들의 초기 유입의 물결에 대응했던 것처럼 에스파냐인들도 그들을 흡수함으로써 용해시켜버렸다 : "귀화를 통해서 안정과 동화가 이루어졌으며, 이러한 안정과 동화는 16세기 에스파냐에서 그들의 후손들로 하여금 무역을 포기하도록 유도할 수밖에 없었다."[44]

주요 이탈리아 도시국가들 넷 가운데 셋(베네치아는 지배범위 밖에 있었다)을 통제하는 것 외에도 카를 5세의 제국은 두 개의 또다른 경제적 지주들, 즉 남부 독일의 상인-은행가 가문들(특히 푸거가)과 "제1차" 16세기에 유럽 세계경제의 거대한 시장이었던 안트베르펜을 가지고 있었다.

알프스의 다른 쪽인 남부 독일 상업도시들의 상황은 북부 이탈리아의 상황과 실제로 크게 다르지 않았다. 예를 들면 R. S. 로페스는 "15세기에 가장 빠르게 발전하고 있던 지역은 남부 독일과 스위스의 도시들이었다"[45]고 말한

---

42) "이탈리아에서 16세기의 제국주의는 초기의 군사적 정복 이상의 것을 의미했다. 이탈리아의 공화국들에 의한 정치적 독립의 상실에 대한 경제적 보상조치는 필수적이었다. 제노바의 경우가 특히 절박했는데, 제노바 시민들은 레반트 무역의 축소로 인한 손실의 보상을 간절히 원했다. 에스파냐는 신세계에 있는, 나중에는 플랑드르에 있는 소유 재산으로 이러한 종류의 보상을 제공하기에 매우 적합했던 것이다. 16세기의 에스파냐와 이탈리아 국가들 사이의 관계에 관한 역사는 근본적으로 이해관계의 결합에 관한 역사이다. 에스파냐 왕가는 이탈리아를 정치적으로 이용해서 살찌고, 이탈리아의 사업가들은 에스파냐를 경제적으로 이용해서 살쪘던 것이다."[같은 책, p. 41] pp. 46-47의 주 57에 열거된 그의 참고 문헌 참조.

43) Ruth Pike, *Journal of Economic History*, XXII, p. 370

44) 같은 책, p. 351.

45) Lopez, *Cambridge Economic History of Europe*, II, p. 349.

다. 1460년부터 1500년 혹은 1510년까지 은광산업은 경제력의 새로운 원천
을 제공하며 중앙 유럽에서 매우 빠른 속도로 성장해갔다.[46] 16세기의 무역
팽창은 오직 북부 이탈리아-플랑드르 무역의 통로로서의 독일의 역할을 강화
하는 것으로 보였다.[47] 처음에는 대서양 무역의 성장과 지중해 무역의 상대적
쇠퇴조차도 그들의 경제적 번영에 영향을 미치지 못하는 듯했다. 이는 일단
그들이 합스부르크 제국의 틀 안에서 대서양 무역의 혜택에 참여할 수 있게
되면서 특히 더 그러했다.[48]

　이때로 말하자면 모든 근대 상인-자본가들 중 가장 돋보였던 푸거가가 번
영을 누린 시대였다. 그들의 세력이 정점에 달했던 카를 5세의 시대는 종종
푸거가의 시대라고 일컬어진다. 푸거가는 카를에게 그의 제위를 사주었다.[49]
그들은 카를 제국의 재정적 지주였으며 특히 그의 개인적 물주였다. 당대의
연대기 작가였던 클레멘스 젠더는 그들에 관하여 이렇게 적고 있다 :

---

46) John U. Nef, "Silver Production in Central Europe, 1450-1618," *Journal of Political
　Economy*, XLIX, 4, Aug. 1941, 575-591 참조. 에스파냐와 포르투갈의 새로운 식민지들
　에서 남부 독일인들이 떠맡은 역할과 남부 독일의 산업활동 간의 연결관계에 대해서는
　Jacob Streider, "Origin and Evolution of Early European Capitalism", *Journal of
　Economic and Business History*, II, 1, Nov. 1929, 18 참조.
47) "16세기 전반을 통하여 북부 이탈리아와 플랑드르는 유럽의 산업 및 상업 활동에서 주요
　한 두 지역이었다. 그들 사이의 접촉은 양 지역의 번영에 필수적이었다.……부피가 아주
　큰 상품들을 제외하고는 육상수송이 많은 이점들을 가졌다.……북부 이탈리아와 남부 독
　일 사이에 이루어진 알프스 횡단 무역의 번성은 16세기를 넘어 오래 지속하지 못했다."
　Parry, *Cambridge Economic History of Europe*, IV, p. 185.
48) 제럴드 스트라우스는 무역의 지리적 방향 전환에 대한 독일 상인들의 반응에 대해서 말
　한다 : "[그들은] 유럽 교통의 중심지들[안트베르펜과 리스본]과 맺어온 오랜 관계를 강
　화함으로써 이러한 발전에 적응했다. 1500년 이후 약 반세기 동안 새로운 상업이 뉘른베
　르크와 아우크스부르크 그리고 다른 도시들의 국제무역을 촉진시켰는데, 이런 현상은 이
　도시들이 이전에 의존했던 알프스 횡단 무역의 급속한 쇠퇴를 보상하고도 남음이 있었
　다." Gerald Strauss, *Nuremberg in the Sixteenth Century* (New York : Wiley, 1966),
　148. 바로 앞에서 인용한 패리는 1세기가 더 지나서야 "급속한 쇠퇴"가 시작된다고 생각하
　는 것 같다. 그러나 두 저자들은 적어도 1550년경까지는 상업이 남부 독일에서 번창하고 있
　었다는 데에 동의한다. Streider, *Journal of Economic and Business History*, 14-15도
　참조.
49) Richard Ehrenberg, *Capital and Finance*, pp. 74-79 참조.

야코프 푸거와 그의 조카들의 이름은 모든 왕국과 영토에 알려져 있다 ; 실로 이교도들 사이에서도 그러하다. 황제와 국왕, 제후와 영주들이 그와 교섭하기 위하여 사람을 보냈고, 교황은 그를 사랑스런 아들처럼 맞이하고 반겼다. 추기경들이 그를 알현했다. 세상의 모든 상인들은 그를 개명된 사람이라고 불렀고, 모든 이교도들은 그로 인해서 놀랐다. 그는 독일 전체의 영광이다.[50]

푸거가와 카를은 그들의 힘과 기반을 서로 주고받았다. 그러나 이것은 그들이 함께 번영하고 함께 쇠퇴했다는 것을 또한 의미했다. 왜냐하면 사실상 푸거가의 활동은 "카를 제국의 영역에 한정되어 있었고……제국이 국제적이라고 간주될 수 있는……범위 안에서만 국제적이었기 때문이다."[51] 카를과 그의 후계자들이 지불불능 상태에 빠지자 푸거가는 더 이상 이익을 거둘 수 없었다. 결국 17세기 중엽에 이르기까지 합스부르크가의 밀린 빚으로 푸거가가 입은 전체 손실을 "800만 라인 굴덴(Rhenish gulden)으로 잡더라도 결코 과다하게 계산한 것이 아니다."[52]

그러나 북부 이탈리아나 푸거가보다 더욱 중요한 것은 안트베르펜이었는데, 안트베르펜은 "16세기의 경제생활에서 주도적인 역할을 떠맡고 있었다."[53] J. A. 반 하우테는 14세기에 "국내" 시장의 중심(즉 주로 플랑드르의 중심)이었던 브뤼헤 그리고 16세기에 지중해 및 발트 해 무역을 남부 독일을 통해서 대륙 횡단 무역과 연결시킨 "국제" 시장의 중심이었던 안트베르펜, 이 둘 사이의 커다란 차이를 추적했다.[54] 안트베르펜은 합스부르크 제국이 벌인 국제

50) 같은 책, p. 83에 재인용.
51) Lublinskaya, *French Absolutism*, p. 8.
52) Ehrenberg, *Capital and Finance*, p. 131.
53) Emile Coornaert, "La genèse du systéme capitaliste : grande capitalisme et économie traditionelle au XVIe siècle", *Annales d'histoire économique et sociale*, VIII, 1936, 127.
54) J. A. van Houtte, "Bruges et Anvers : marchés 'nationaux' ou 'internationaux' du XVIe au XVIe siècles", *Revue du Nord*, XXXIV, 1952, 89-108 참조. 헤르만 반 데르 베(1963) : "안트베르펜이 서유럽 상업의 중심 대도시로서 등장한 것과 중부 독일을 중심으로 한 대륙 횡단 무역의 성장은 불가분하게 연결되어 있었다." H. Van der Wee, *The Growth of the Antwerp Market and the European Economy* (The Hague : Nijhoff, 1963), II, 119. 그는 이러한 현상이 대략 1493년에서 1520년 사이에 일어났고, 그 결과

무역의 많은 부분을 조정했을 뿐만 아니라 잉글랜드와 포르투갈을 유럽 세계
경제에 연결시키는 결합점이기도 했다.[55] 안트베르펜은 무엇보다도 잉글랜드
의 주요 집산지 구실을 했다.[56] 가령 잉글랜드-이탈리아 무역이 함부르크를
경유했더라면 운송비가 적게 들었을 텐데도 안트베르펜이 이러한 역할을 할
수 있었던 것은 안트베르펜과 같은 제국의 상업 중심지만이 줄 수 있는 여러
가지 부수적 이익들을 상인들에게 제공했기 때문이다.[57]

남부 독일인들은 16세기 전반기 동안 안트베르펜에서 "상업상의 주도권을 잡았다"고 주
장한다[p. 131]. 피에르 자냉의 다음과 같은 지적을 보라 : "16세기 안트베르펜의 육상무
역은 해상무역의 중요성을 능가하지는 않았을지라도, 거기에 필적할 만큼 중요성을 지니
고 있었다." P. Jeannin, *Vierteljahrschrift für Sozial- und Wirtschaftsgeschichte*, XLIII,
p. 198. Ehrenberg, *Capital and Finance*, pp. 112-113.

55) "잉글랜드의 직물산업은 안트베르펜의 번영에 결정적인 영향을 미쳤다. 그것의 추이는 안트
베르펜 시장이 대체로 발전해간 추이와 일치했다.……포르투갈인, 남부 독일인, 영국인들은
안트베르펜 세계무역의 세 지주였다." J. A. van Houtte, "Anvers aux XVe et XVIe
siècles : expansion et apogée", *Annales E.S.C.*, XVI, 2, mars-avr. 1961, 258, 260.

필리프 드 브리스의 다음과 같은 지적을 보라 : "16세기 초에 잉글랜드는……부르고뉴
의 유산에 해당하는 몇몇 합스부르크의 나라들과 경제적 통일체를 형성했다. 그중에서 안
트베르펜과 플랑드르는 금융과 공업의 중심이었다." Philippe de Vries, "L'animosité
anglo-hollandaise au XVIIe siècle", *Annales E.S.C.*, V, 1, janv.-mars 1950, 43.

다른 한편으로 제국의 경쟁은 안트베르펜과 프랑스의 경제적 관계를 해쳤다. "아주 당
연하게도 안트베르펜의 리옹과의 무역, 특히 포르투갈 향료의 수출은 크게 타격을 입었
다." Van der Wee, *The Growth of the Antwerp Market and the European Economy*,
II, p. 144.

56) 얀 크라이베크는 '주요 집산지(staple)'의 개념을 다음과 같이 정의한다 : "추상적인 구분
보다 실제의 모습에 더 관심을 두는 사람이라면 누구나 주요 집산지가 무엇보다도 하나의
시장이라는 점에 쉽게 동의할 것이다. 어느 정도 규모가 큰 시장만이 자신의 '주요 집산
지'를 반드시 설치할 권리를 요구할 수 있고, 또 상인들로 하여금 그 규칙들에 따르도록
강제할 수 있는 것이다.……따라서 오직 소수의 도시들만이 제공할 수 있었던 특권들은
본질적인 것이 아니었다. 다소 넓은 영역에서 법적으로든 실제적으로든 자신의 지배권을
충분히 행사할 수 있을 만한 시장이나 '기본 산물'(좁은 의미의 staple)을 가지고 있는 도
시는 어느 것이나 하나의 주요 집산지로 간주되어야 한다." Jan Craeybeckx, "Quelques
grands marchés de vins français dans les anciens Pays-Bas et dans le Nord de la
France à la fin du Moyen Age et au XVIe siècle : Contribution à l'étude de la no-
tion d'étape", *Studi in onore di Armando Sapori*, II. (Milano : Istituto Edit. Cisalpino,
1957), 819.

57) Wilfred Brulez, : "Les routes commerciales d'Angleterre en Italie au XVIe siècle,"

게다가 이 시기에 안트베르펜은 유럽 최대의 금융시장이 되었는데, 이는 "주로 단기적 여신에 대한 수요의 증가에 기인했으며, 그러한 수요 증가는 대체로 황제 카를 5세의 세계정책에서 연유했던 것이다.……"[58] 안트베르펜은 제국의 증권거래소 구실을 했을 뿐 아니라, 도시 자체가 한 집단으로서 카를에 대한 주요 대부자들 가운데 하나가 되었다.[59] 제국들은 확고한 징세 기반을 가지고 있지 않았기 때문에 근대국가들이 비교적 쉽게 조작해내는 그런 종류의 신용을 얻기가 어려웠다. 16세기의 제국이 얻는 신용은 그 통치자가 얻은 신용만큼의 정도였다.[60] 그래서 그는 그의 차입금에 대한 보증을 얻기 위하여 "공공의 부의 중심지"[61]로서의 도시들에 눈을 돌리지 않으면 안 되었다. 그러나 도시들 역시 신용은 한정되어 있었으며, 그래서 롱셰의 다음과 같

*Studi in onore di Amintore Fanfani*, Ⅵ : *Evo moderno* (Milano : Dott. A. Giuffrè-Ed., 1962), 181-184 참조.

58) Van der Wee, *The Growth of the Antwerp Market and the European Economy*, Ⅱ, p. 362. 그는 후기의 상대적인 쇠퇴에도 불구하고 "안트베르펜의 금융시장은 심지어 50년대 초까지도 합스부르크 재정의 전략적 중심으로 남았다"[p. 206]고 주장한다.
　　자본은 안트베르펜, 베네치아, 리옹, 피아첸차, 피렌체, 세비야, 루앙 사이의 중개를 통하여 이동했다. José-Gentil da Silva, "Trafics du Nord, marchés du 'Mezziogiorno', finances génoises : recherches et documents sur la conjoncture à la fin du XVe siècle", *Revue du Nord*, XLI, 1959, 140 참조.

59) Fernand Braudel, "Les emprunts de Charles-Quint sur la Place d'Anvers", *Charles Quint et son temps*, Colloques internationaux du C.N.R.S., Paris : 30 sept.-3 oct., 1958 (Paris : Ed. du C.N.R.S., 1959), 197-198 참조.

60) "전반적인 부의 성장으로 오늘날 국가들은 거의 무한정한 신용을 누린다. 한 국가, 다시 말해서 생산력이 있는 국가는 돈을 쉽게 구한다.……
　　"공공 여신, 용이함, 신속성 등은 근대국가들이 얻는 여신의 특징들이다. 16세기에는 사정이 달랐다. 자본의 희소성과 분산으로 인하여 거대 자금은 그것을 빌려가는 사람들에게 부담스런 조건으로만 제공되었다 ; 국가의 재원에 대한 인식의 부족이 군주를 믿지 못하게 했다. 국가의 수장과 군주 개인 간의 구별, 이를테면 국왕과 사적 개인 간의 구별이 이루어지지 않았다." H. Lonchay, "Etude sur les emprunts des souverains belges au XVIe et au XVIIe siècles", *Académie Royale de Belgique, Bulletins de la Classe des Lettres et des Sciences Morales et Politiques et de la Classe des Beaux-Arts* (1907), 926, 928.

61) 같은 책, p. 941.

은 서술이 보여주듯이, 그들은 그들대로 푸거가와 같은 대가문의 보증을 필요
로 했던 것이다 :

> 도시들의 신용은 지방들이나 여신을 받는 사람들의 신용과 마찬가지로 한정되어 있
> 었다. 이것이 바로 몇몇 금융가들이 정부에 대한 여신에 동의하기 전에 지불능력이
> 있는 상업가문의 보증, 특히 대은행의 보증을 요구한 이유이다. 그래서 1555년, 상인
> 들은 20만 파운드의 여신에 대한 보증으로 국가들로부터의 차용증서나 푸거가로부터
> 의 "확인보증서"를 요구했다. 헝가리의 마리아는 푸거가의 대리인인 오르텔에게 (여
> 신을) 승인해달라고 요청했고, 그 대신 세금의 수익을 반대급부로 보장해주겠다고 약
> 속했다.[62]

그래서 카를 5세, 카스티야, 안트베르펜, 푸거가는 마치 [카드 집 짓기를 하
며 /옮긴이] 카드 위에 카드를 세우듯이 신용을 근거로 제공된 신용의 거대
한 창출에, 달리 말하면 기대와 낙관주의에 근거한 이윤에 대한 유혹에 다 같
이 뒤얽혀들어갔다.

　1530년 이래 증가해온 대서양 횡단 무역은 안트베르펜에 새로운 팽창 국면
을 가져다 주었다.[63] 상업팽창의 두 초점이 결합함으로써, 즉 남부 독일 상인
들을 중심으로 한 대륙 횡단 무역과 (제노바인들을 포함한) 에스파냐인들의
대서양 무역이 금융시장이기도 했던 안트베르펜 시장으로 함께 모여들면서
"매우 활기찬 자본주의적 번영의 분위기가 조성되었다."[64] 이 번영은 소위 합

---

62) 같은 책, p. 943.
63) "새로운 상업적 팽창은 네덜란드에 매우 유리했다. 이것은 우연의 일치가 아니었다. 에스
　파냐-네덜란드의 접촉은 견고한 왕조적 결합으로 강화되었고, 또 이 결합은 네덜란드의
　직물산업에서의 에스파냐산 양모 소비의 증가로 뒷받침되었다. 신세계의 귀금속은 30년대
　이래 합스부르크가의 세계정책에서 중요한 역할을 하기 시작했다. 그들의 재정은 주로 안
　트베르펜의 금융시장에 의존하고 있었으므로 이것은 더욱 중요한 자극이었다. 1539년에
　네덜란드 경제는 안트베르펜을 통해서 이미 에스파냐와 매우 단단히 연결되어 있어서 반
　데르 몰렌은 평가절하로 야기된 위기 동안 다음과 같이 기술했다 : '만약 이탈리아나 에스
　파냐로부터 대규모 주문이 곧 오지 않으면 대부분의 플랑드르 직물업자들은 파산하게 될
　것이다.'" Van der Wee, *The Growth of the Antwerp Market and the European Mar-*
　*ket*, II. p. 178.
64) 같은 책, p. 317

스부르크 세계제국의 정치적-행정적 틀을 압도하는 그 자체의 원동력을 지니고 있었다. 한편으로는 독일 여러 지역을 휩쓸고 있던 사회적 위기로, 또 한편으로는 유럽의 나머지 부분을 모두 끌어안으려는 욕망에서 비롯된 군사비 지출로 엄청난 재정적 압박에 몰리게 되자, 제국이 파산하거나 아니면 자본가 세력들이 파산해야만 했다. 결국 후자의 힘이 더 강력한 것으로 드러났다. 이 제국이 작동하면서 받고 있었던 두 가지 압박을 검토해보도록 하자.

정치적 측면에서 볼 때 1450-1500년의 기간은 독일의 "제후국들이 공고화된" 시기였는데, 이는 어려운 일이었지만 부분적으로는 성공한 과업이었다. 제프리 배러클러프는 다음과 같이 쓰고 있다 : "제후들은……물려받은 무정부 상태로부터……독일을 일으켜세웠다."[65] 하지만 그러한 공고화는 너무나 부분적이었다. 종교개혁과 1525년의 농민전쟁이 마침내 새로운 번영을 어지럽혔을 때, 독일은 정치적 분열 때문에 당시의 다른 나라들과 달리 혼란을 막을 수가 없었다.[66] 독일이 "민족국가(nation)"를 형성하지 못한 이유는 여러 가지로 설명되어왔다. 나폴레옹은 그것은 카를 5세가 독일 개신교의 수장이 되지 못했기 때문이라고 말한 바 있다.[67] 엥겔스는 그것은 요컨대 루터와 독일 중산층이 농민들의 혁명적 소망을 두려워했기 때문이라고 주장

---

65) Geoffrey Barraclough, *The Origins of Modern Germany* (Oxford : Blackwell, 1962), 352.

66) 안트베르펜 역시 16세기 전반기 동안, 즉 카를 5세의 치세기 동안, 커다란 사회적 긴장으로 시달렸다. 비록 이곳에서의 주된 불만들은 1561년까지도 극복되지 않았던 임금 지체의 문제로 시달리고 있던 도시 노동자들로부터 나온 것으로 보이지만 말이다. Charles Verlinden, "Crises économiques et sociales en Belgique à l'époque de Charles Quint", *Charles-Quint et son temps*, Colloques internationaux du C.N.R.S., Paris. 30 Sept.-3 Oct. 1958 (Paris : Ed du C.N.R.S., 1959), 특히 p. 183 참조. 그러나 안트베르펜은 이 시기에 어떤 정치적 격변도 겪지 않았는데, 이는 아마도 도시 노동자들이 농민들보다 자발적인 봉기에 호소하는 경향이 더 적다는 파논의 가설에 대한 하나의 증거가 됨직하다. Frantz Fanon, *The Wretched of the Earth* (New York : Grove Press, 1966), 85-117.

67) A. J. P. Taylor, *The Course of German History* (London : Hamilton, 1945), 163에서 재인용. Hurstfield : "The Protestant Reformation which might have unified Germany against the Pope divided Germany against the Emperor." *New Cambridge Modern History*, III, p. 130 참조.

했다.[68] 토니는 농민들(즉 요먼들)이 다른 계급에서 중요한 동맹자들을 찾았고 또한 이들이 "국익에 관심을 가진 정치가들에게 염려의 대상이 될" 만큼 중요한 존재로 간주되었던 잉글랜드와의 현저한 차이를 지적했다.[69]

이탈리아의 많은 지역들이 겪은 완전한 종속과 결과적으로 크게 다를 것이 없는, 정치적으로 자기파멸적인 성격을 띤 사회적 위기의 원인은 무엇이었는가? 아마도 동일한 요인, 즉 **무엇보다 우선하는** 정치적 통일이 이루어져 있지 않았다는 점, 다시 말해서 맹아적 형태의 국가기구조차도 갖추지 못하고 있었다는 점일 것이다. 16세기 초의 "독일"은 "민족주의적" 감정이 하나의 통치체의 틀 안에서 성장하지 않고 그것에 앞서가는 경우 얼마나 분열적이 될 수 있는지를 보여주는 좋은 본보기이다. 카를 5세는 제국의 일에 골몰했기 때문에 독일의 개신교를 이끌어나갈 수가 없었다. 독일의 정치가들은 어떤 정치적 타협이 이루어졌을 때 이를 확증할 어떠한 국가도 존재하지 않았기 때문에 국익의 틀 안에서 요먼들의 요구를 고려할 수가 없었다. 사람들은 자신들의 목적을 달성할 수 있을 정치적 무대로 눈을 돌렸다. 이 무대가 바로 제후국들이었는데, 이것들은 너무 작아서 경제적으로 별 의미가 없었기 때문에, 그들은 다시 외부의 후원자들에게 눈을 돌렸다. 그 결과는 허우적거리다가 파멸하는 것이었다.

결정적인 순간은 카를 5세의 치세 초기였던 것으로 보인다. A. J. P. 테일러는 다소 극적으로 그러나 꽤 설득력 있게 다음과 같이 주장한다 :

카를 5세의 치세 초기는 한번 잃어버리면 영원히 다시 돌아오지 않는다는 괴테의 구절 같은 순간이었다. 민족적이고 중간계급 중심의 독일을 형성할 수 있는 순간은 1521년에 아마도 영원히, 확실히 수세기 동안은 사라져버렸다. 1525년에 이르면 민족적 각성의 시기는 분명히 지나가버렸으며, 그 순간부터 250년 이상 부단히 계속된 절대주의와 권위주의의 꾸준한 전진이 시작되었다.[70]

---

68) Friedrich Engels, *The Peasant War in Germany, in The German Revolutions* (Chicago, Illinois : Univ. of Chicago Press, 1967), 여러 곳.

69) Tawney, *Agrarian Problem*, p. 347.

70) Taylor, *The Course of German History*, p. 162

274

어쨌든 혼란은 1555년 아우크스부르크 조약이 체결될 때까지 그리고 한 지역의 종교는 그 지역 통치자의 종교를 따른다(cuius regio eius religio)는 조약의 원칙에 입각하여 독일을 분할하는 결정이 내려지기까지 매우 극심한 형태로 계속되었다. 심지어 그리고 나서도 혼란은 끝나지 않았다. 17세기 초에 독일은 30년전쟁의 전쟁터가 되었고 인구상으로나 경제적으로나 심각한 퇴보를 경험했다.

그러나 독일 여러 지역들의 사회적 혼란은 카를 5세에게는 한 가지 문젯거리에 불과했으며, 더군다나 최대의 문젯거리는 아니었던 것 같다. 확실히 사회적 혼란만으로 그의 제국의 붕괴를 제대로 다 설명할 수는 없다. 그렇다면 제국은 왜 분열되었는가? 왜 제국은 마침내 에스파냐와 에스파냐령 아메리카로 축소되고 말았는가? 그리고 왜 이 후자의 에스파냐는 그 우월한 지위를 잃어버리고 유럽의 반주변부의 일부가 되고 말았는가? 피에르 쇼뉘는 에스파냐령 아메리카의 경제적 중요성이 커지고 이 지역이 합스부르크 제국의 그리고 사실상 전 유럽의 경제생활에서 중심적 역할을 맡게 된 것을 "카를 5세의 국가들이 분할된 결과가 아니라 그 원인"[71]으로 보고 있다. J. H. 엘리엇과 라몬 카란데도 이와 비슷하게 카를 5세의 유럽 제국정책은 에스파냐에, 특히

---

71) Pierre Chaunu, "Séville et la 'Belgique', 1555-1648", *Revue du Nord*, XLII, 1960, 269. 그는 이렇게 덧붙인다 : "우리는 이러한 소위 분열이 실제로는 증식이라는 사실에 대해서 충분한 주의를 기울였는가? 오직 유럽에만 주목하는 역사가들이 주는 여러 인상과는 달리, 1560년 이후의 펠리페 2세의 국가가 1540년 이전의, 즉 아메리카에 의해서 야기된 근본적인 변화가 일어나기 이전의 카를 5세의 제국보다 얼마나 더 광대무변했는가를 우리는 깨달은 바가 있는가?……

"일단 이런 전망이 받아들여질 때, 1555-59년의 분할이 그 진정한 전망 속에 놓이게 된다. 카를 5세는 그의 아들[펠리페 2세/옮긴이]이 자기가 시작했던 과제들을 유럽에서 계속 추진할 능력이 없다고 생각되지는 않았다. 그 고생과 노고와 인간의 시간이라는 척도에서 측정할 때, 우리가 살고 있는 20세기의 이 작은 혹성이라기보다는 차라리 하나의 우주나 다름없는 세계에서, 훨씬 더 광대하고 수많은 그리고 바다 건너까지 퍼져 있는 나라들을 한데 합친다는 것은 불가능한 일로 보였다.……카를 5세의 제국이 분할된 것, 아니 좀더 정확히 말해서 그것이 세비야와 카리브 해 사이의 교통이라는 자양분을 중심축으로 하여 구성된 것은 정복이 끝났을 때 나타난 아메리카의 충격 아래서이다." [pp. 270-271]

카스티야에 지나치게 많은 비용을 부담시켰다고 주장한다.[72] 사실 브로델은
심지어 축소된 제국(중앙 유럽이 빠진 에스파냐와 네덜란드)조차도 당시의
엄청난 가격 상승 아래서 건전한 재정을 유지할 능력이라는 관점에서 볼 때
결국 "너무 넓은" 것이었으리라고 주장한다.[73] 이와 같은 논의는 다음과 같이
이해할 수 있을 듯하다. 즉 수입원으로서 정치적 말단지역들의 가치보다 인플
레이션이 더 크게 일어나는 시기, 어쩌면 특히 자본주의의 이 초기 단계에서,
그러한 말단지역은 제국에 대해 재정적인 부담이 된다는 것이다.[74] 16세기의

---

72) "카를 5세의 제국정책은 그의 아들의 제국정책과는 달리 본질적으로 유럽에 기초한 제국
정책이었다. 카를의 유럽 내의 영토들 가운데 그의 치세 전반기 동안 제국의 지출을 주로
감당한 것은 네덜란드와 이탈리아였다. 그러나 두 지역이 차례로 고갈되기 시작함에 따라
서 카를은 더 큰 수입원을 다른 곳에서 찾을 수밖에 없었다.……[1540년 이후에] 에스파
냐 —— 이것은 본질적으로 카스티야를 의미했다 —— 의 재정적 기여는 저지방 국가들
의 기여와 비교해서 꾸준히 그 중요성이 증가했다.……

"아라곤 국왕으로부터 보다 큰 기부를 끌어내는 데 실패한 황제는 카스티야의 재정자
원에 점차 의존하지 않을 수 없었는데, 카스티야에서는 코르테스의 힘이 훨씬 더 약했고,
코르테스의 통제 밖에 있는 중요한 수입원들이 많았다." Elliott, *Imperial Spain*, pp. 197,
199.

"지옥처럼 영원한 결핍의 고통에 직면한 카를 5세는 경제가 그의 계획들을 실행하는
하인이라는 것을 알고 있었지만, 그가 절정에 올려놓은 에스파냐의 패권에 부응하는 정책
을 마음대로 펼칠 수가 없었다. 그도, 카스티야인도 국가정책이라는 것을 어렴풋하게나마
인식하지 못했다. 그의 권력은 그의 야심만큼 그렇게 크지 않았으며, 그가 제국의 영역에
서 가티나라가 그에게 제안했던 적절한 정책을 이해할 수 있었다고 하더라도 주어진 상황
에서 그 정책을 시행할 수 있었을지는 의문이다. 근대경제의 가장 거대한 양의 재보들이
들어오고 또 이것을 신속하게 옮겨 실어날랐음에도 불구하고 이런 난처한 행위들의 복합
적인 원인들 때문에 카스티야는 빈곤에 빠져들었다." Ramon Carande, *Carlos V y sus
banqueros : La vida económica en Castilla (1516-1556)*, 2a ed. corr. y aum. (Madrid :
Sociedad de Estudios y Publicaciones, 1965). I, 140.
73) "이 물가의 폭풍 속에서 지중해 국가들 혹은 지중해에 가까운 국가들은 다른 나라들보다
영향을 더 많이 받았는가, 그렇지 않았는가? 에스파냐에 관한 한 이를 긍정하는 답변이
아마도 맞을 것 같다. 특히 지나치게 거대한 이 제국에 필요했던 엄청난 전쟁비용을 염두
에 둘 때 그렇다." Braudel, *La Méditerranée*, I, p. 486.
74) "또 하나의 움직임을 제국 안에서 볼 수 있는데……그것은 유럽 내에서의 카스티야의 고
립이다. 제국의 여타 구성원들의 '배반'과, 이 고립으로 말미암아 결국 카스티야에 돌아가
게 될 여러 가지 부담으로 인해서 카스티야의 번영은 마침내 무너지기 마련이었다.

우리는 아메리카에서도 이와 유사한 현상을 볼 수 있는데, 이곳에서는 재정적인 곤경

276

에스파냐에 필요했던 것은 중간 정도 크기의 국가였는데, 이때 에스파냐는 하나의 제국이었던 것이다. [당시 에스파냐의 /옮긴이] 관료제는 적당한 것이 아니었다. 왜냐하면 에스파냐 제국은 주어진 인적, 재정적 자원으로 에스파냐가 세울 수 있었던 것보다 더 큰 관료제가 필요했기 때문이다. 역사가들이 에스파냐 관료기구의 "굼뜬 기질"이라고 불렀던 것의 근본 원인이 바로 여기에 있는 것이다.[75]

다시 한번 한 체제로서의 세계제국에 대한 한 체제로서의 세계경제의 구조적 우위가 두드러지게 나타나는 것 같다. 예를 들면 H. G. 쾨니히스버거는 시칠리아 식민지를 이용하지 못한 에스파냐의 무능을 이야기하면서 그 이유를 정치이론의 결여에 두고 있다.[76] 이러한 설명은 내게는 앞뒤가 뒤바뀐 것

---

에 처하게 된 주변부의 위급한 상황이 급격히 심화되면서 멕시코와 페루 북부의 활력적이던 광업분야가 마침내 몰락하고 만다. 그것은 마치 하시라도 본체로부터 떨어져나갈 태세인 귀퉁이가 지나치게 무거워지는 것과도 같고, 또 경제가 팽창에서 장기적 수축으로 옮아감에 따라 제국을 결집시키는 비용이 그러한 결속과 지배의 단위에 비해서 지나치게 증대하는 것과도 같은 형국이다. 카스티야가 그 한 예이고, 멕시코와 페루 북부의 광산이 또다른 예이다. 이것이 진실이라는 것은, 18세기에 이탈리아와 플랑드르 같은 주변부가 카스티야에서 떨어져나갔을 때, 이것이 카스티야의 경제적 부활을 자극한 것에서도 잘 나타난다. 사실, 그동안 제국 결집의 부담 때문에 아무런 소득도 없이 국력을 소모해버린 카스티야가 이때에 와서야 그런 부담에서 벗어날 수 있었던 것이다.……
　카스티야의 경우, 16세기 전반기만 해도 역동적인 요소였던 지중해의 확장지들이 점점 더 비용을 들여야 하는, 즉 군대와 돈에 의해서 유지되는 수동적인 요소들이 되었다. 이것들은 (1640년의 아라곤처럼) 공동방위를 위한 추가적인 노력을 요구받을 때마다 늘 반란을 일으킬 태세였다." Chaunu, *Séville*, VIII (1), pp. 248-249.
75) Braudel, *La Méditerranée*, I, p. 343 참조.
76) "시칠리아는 그 이웃 나라들과 전통적인 상업관계를 누려온, 수립된 지 오래된 왕국이었으므로 에스파냐의 정치가들에게는 시칠리아를 아메리카 식민지처럼 다루겠다는 생각이 아예 떠오르지 않았다. 유럽 안에서는 에스파냐 제국에 관한 발전된 이론이 없었기 때문에 시칠리아는 에스파냐가 신세계의 식민자들에게 부과했던 무역독점을 모면할 수 있었다. 경제자원을 제대로 조정하지 못했기 때문에 그와 같은 무역독점은 에스파냐의 경제적 제국주의가 자신을 드러낼 수 있는 유일한 방법이었을 것이다. 시칠리아는 제노바 은행가들의 재정적 후견과 피렌체와 베네치아 제조업자들에 대한 상업적, 산업적 종속에서 해방될 수가 없었다 ; 그러나 그 시민들은 적어도 그들의 밀과 비단의 대부분을 자신들에게 완제품을 공급하는 자들에게 팔 수 있었던 것이다." H. G. Koenigsberger, *The Government of Sicily Under Philip II of Spain* (London : Staples Press, 1951), 143.

으로 보인다. 에스파냐는 시칠리아에서 무역독점을 수립하도록 부채질한 어떤 이론도 가지고 있지 않았는데, 그것은 관료제의 측면에서 볼 때 에스파냐가 이미 너무 엷게 퍼져 있어서 자기 제국을 적절히 활용할 수 없었기 때문이다. 에스파냐는 네덜란드에서 전쟁을 치르고 히스파니아를 통치하는 일과 아울러 북부, 남부, 중부 아메리카 일대에서 하나의 제국을 유지하는 데 주력했다. 아메리카의 제국을 유지하기 위해서 에스파냐는 에스파냐 식민자들과 인디오 귀족 가운데서의 동맹자들을 통제할 수 있는 관료제를 성장시키는 일에 투자해야 했다.[77]

에스파냐 제국은 제대로 작동할 수 있었을까? 제국이 다르게 구성되어 있었더라면 아마 그럴 수 있었을 것이다. 쾨니히스버거가 말하고 있듯이, "에스파냐 제국의 근본적 약점은……과세의 기반이 협소했다는 점이다. 카스티야와 은은 제국의 재정을 지원하고 제국을 보호했다 ; 그밖의 영토들은 정도의 차이는 있었으나 모두 방관자들이었다."[78] 페란 솔데빌라는 어떻게 카스티야인들이 카탈루냐인들과 같은 "가까운" 집단조차 히스파니아-아메리카 무역에서 의도적으로 배제했는지를 기록하고 있다.[79] 그러나 에스파냐 제국이 다르게 구성되어 있었더라면 그것은 제국이 아니었을 것이며, 이것이 바로 우리가 말하고자 하는 요점인 것이다. 만약 카탈루냐인들이 카스티야인들과 함께 하나의 국가 안에 통합되어 있었더라면 —— 실제는 그렇지 않았지만 —— 그

---

77) "1570년대 이래 분명히, 에스파냐인들과 그 동맹자들인 아메리카 인디오 귀족 출신의 카시케들 —— 에스파냐인들은 이들을 통해서 공물과 노동을 손에 넣었다 —— 의 거침없는 무자비한 행위를 억제하기 위하여 사적 기업의 운영과 식민지 행정이 수정되어야 했을 것이다. 인디오 사회를 효율적으로 유지하고, 조직하고, 조종하기 위하여 이를 도시화하고 그리스도교화하고 그리고 서유럽 경제에 편입시키는 것이 필요했다." Stanley J. Stein & Barbara H. Stein, *The Colonial Heritage of Latin America* (London and New York : Oxford Univ. Press, 1970), 71.

78) H. G. Koenigsberger, "The European Civil War", in *The Hapsburgs and Europe, 1516-1660* (Ithaca, New York : Cornell Univ. Press, 1971), 257.

79) Ferran Soldevila, "Barcelona demana a l'Emperador Carles V L'autorització per a comerciar directament amb America (1522)", *in Studi in onore di Amintore Fanfani*, V : *Evo moderno e contemporaneo* (Milano : Dott. a. Giuffrè-Ed.), 638-641 참조.

278

리고 만약 카를 5세의 제국적 야망이 카스티야를 쇠진시키지 않고, 또 그로 하여금 그 제국의 다른 부분들과 불가피한 이해관계의 갈등, 자멸적이었던 그 갈등을 빚게 하지 않았더라면,[80] 에스파냐는 사실 유럽 세계경제에서 핵심 국 가가 될 기회를 잡을 수도 있었을 것이다. 그런데 거꾸로 과잉 팽창은 카를 5세와 그 후계자들을 지쳐버리게 할 따름이었다.

1556년에 제국은 분열되었다. 카를 5세가 퇴위했다. 카를 5세의 아들인 에 스파냐의 펠리페 2세가 네덜란드를 물려받았으나, 중앙 유럽의 영토들은 별 개의 영역이 되었다. 1557년에 펠리페는 파산선고를 했다. 에스파냐-네덜란 드 안에서는, 펠리페가 1559년에 에스파냐로 그의 궁정을 옮김에 따라 정치 적 무게중심이 다시 에스파냐로 이동했다. 그러자 네덜란드 혁명이 일어났는 데, 이 혁명은 결국 큰 소동과 혼란을 겪고 난 약 80년 뒤에, 이 지역이 칼뱅 파인 북부의 독립 연합주(대체로 지금의 네덜란드)와 가톨릭인 남부의 이른 바 에스파냐령 네덜란드(대체로 지금의 벨기에)로 분열되는 것으로 끝을 맺 었다.[81] 그러나 이 위기는 에스파냐의 위기나 합스부르크 제국의 위기 이상의 의미를 담고 있었다. 그것은 유럽 세계경제의 발전과정에서 하나의 전환점이

---

80) 예를 들면 말로비스트의 다음과 같은 지적을 보라 : "발트 해안으로부터의, 특히 폴란드로 부터의 곡물과 목재의 수송에서 발생한 모든 혼란은 홀란트를 비롯한 저지방의 모든 지역 에서 생계비 증가를 야기했고, 이베리아 반도의 국가들과 브르타뉴 및 잉글랜드와의 상품 교환을 가로막음으로써 홀란트의 대외무역을 마비시켰다. 그래서 암스테르담과 그 이웃 도시들의 상인들은 그다니스크 및 폴란드와 좋은 관계를 유지하려고 노력했다. 게다가 그 들은 16세기 전반기 동안 덴마크에 대한 카를 5세의 적대정책에 대하여 강력히 반대했는 데, 그러한 정책은 외레순 해협의 폐쇄를 야기했고 그 결과 발트 해에 대한 접근을 차단 했던 것이다." Malowist, *Economic History Review*, XII, p 185.

마찬가지로 안트베르펜 상인들은 금-은 간의 고정 비율을 유지하려는 카를 5세의 시 도 때문에 타격을 입었는데, 그의 시도는 여러 지점에서 네덜란드로부터 프랑스로 금이 유출되도록 만들었다. Florence Edler, "The Effects of the Financial Measures of Charles V on the Commerce of Antwerp, 1539-42," *Revue belge de philogie et d'histoire*, XVI, 3-4, juil.-dec. 1937, 665-673 참조.

81) 혁명의 사회적 구성에 대한 설명과 그 원인들에 대한 평가에 관해서는 J. W. Smit, "The Netherlands Revolution", in Robert Forster & Jack P. Greene, eds., *Preconditions of Revolution in Early Modern Europe* (Baltimore, Maryland : Johns Hopkins Press, 1970), 19-54 참조. 이 논문에는 간결하고 훌륭한 참고문헌 목록이 있다.

었다. 왜냐하면 이 혁명에서 한 가지 핵심적 요소는 1559년 에스파냐와 프랑
스가 체결한 카토-캉브레지 평화조약(Peace of Cateau-Cambrésis : 1559년
4월 2일에 프랑스와 잉글랜드가 카토-캉브레지에서 체결한 조약으로 프랑스
는 칼레 지방을 계속 소유하되 그 대가로 잉글랜드에 50만 에퀴를 지불하기
로 함. 한편 다음날인 4월 3일에 프랑스와 에스파냐가 체결한 조약은 프랑스
가 이탈리아를 침공하여 일으킨 이탈리아 전쟁을 종식시키고 프랑스는 메스,
툴, 베르됭을, 또 에스파냐는 사부아 공작령 및 피에몬테의 주요 도시들을 소
유하도록 결정함/옮긴이)이었기 때문이다. 이 조약의 중요한 의미를 이해하
기 위해서 우리는 먼저 제국 지배를 갈망한 또다른 나라, 곧 프랑스를 살펴봐
야만 한다.

"제1차" 16세기에 서유럽 국가들의 딜레마를 프랑스만큼 잘 보여주는 나라
는 없다. 다른 한편으로, 중세 후기에 이보다 더 강력한 왕정으로 등장한 유
럽 국가도 아마 없었을 것이다.[82] 우리는 이미 앞 장에서, 16세기에 출현한
토지보유제도의 측면에서 프랑스, 잉글랜드 그리고 동유럽의 차이점들에 대
한 블로크의 설명을 살펴보았는데, 그러한 토지보유제도의 차이는 중세 후기
의 그들의 법률구조가 지닌 상이한 활력에 근거한 것이었다. 우리가 본 바와
같이, 잉글랜드의 제도는 14세기에서 16세기까지 토지소유자들의 새로운 수
요를 충족시키기 위해서 토지보유에 관한 법률적 재규정을 허용한 반면, 프랑

---

82) "절대왕정의 기초가 가장 잘 닦여진 나라는 프랑스였다.……사실상 1484년에 삼부회가
실패한 이래로 국왕[의 권위]에 대항하여, 사적이든 공적이든, 어떠한 자유에 대한 요구
도 제기될 수가 없었다." Mousnier, *Les XVIe et XVIIe siècles*, p. 100.
　엘리 F. 헥셔의 다음과 같은 지적을 보라 : "지리적으로 [프랑스는] 일찍이 16세기 전
반기에, 고립된 영토(enclave)나 중첩되는 주권국가들의 문제로부터 거의 완전히 자유로
운, 통합되고 잘 짜여진 왕국이었다. 프랑스 국왕은 자기 나라에 대하여 아마 유럽의 다
른 어떤 국왕보다도 더 큰 권력을 쥐고 있었다. 끝으로 프랑스의 정치가들은 일찍부터 의
식적인 경제정책을 추구했는데, 그러한 경제정책에서는 여러 가지 통행세가 성취해야 할
일정한 목적을 지니고 있었다.……봉건적 조직형태들의 존속은 오직 강과 도로의 통행세
(péages, pedagia)에서만 실제로 나타났지만, 여기에 더하여 도시들의 여러 가지 통행세도
존속했는데, 이것은 여느 나라들에서와 마찬가지로 프랑스에서도 다소간 자치적인 도시경
제의 유물이었다." Eli F. Heckscher, *Mercantilism*, I, rev. ed. (London : Geo. Allen &
Unwin, 1955), 78-79.

스에서는 이러한 규정들이 더 단단히 고정되어 있었다. 이 때문에 귀족들은 그들의 유리한 지위를 유지하기 위해서 정치적으로 더욱 호전적이 되어야만 했다. 그래서 블로크가 16세기에 이르기까지 프랑스에서는 "영주 재판권의 쇠퇴"[83]가 있었다고 지적한 것은 옳지만, 러시턴 쿨번이 지적하는 것처럼 귀족들의 정치적 힘이 새로운 세계경제에서 대처해나갈 능력이 떨어지는 경제구조를 가져왔다는 점도 또한 사실인 것이다.[84]

프랑스에서는 잉글랜드에서와 같이 귀족층과 새로운 상인-젠트리들의 융합이 별로 나타나지 않았는데, 이런 사실은 다양한 결과들을 낳았다. 잠시 동안 세계체제 안에서의 국가정책에 대해서 이 사실이 함축하는 의미들을 집중적으로 고찰해보자. 에드워드 밀러는 무역 관계자들의 정치적 힘이 프랑스보다 잉글랜드에서 더 강력했다고 지적한다. 그 결과 프랑스의 무역정책은 중세 후기에 훨씬 더 개방적이었다.[85] 이것의 궁극적인 결과는 16세기 초에 프랑스는 더 강력한 관료제를 가지고 있었음에도 불구하고 "경제를 이끌어가는 세력들"[86]이 잉글랜드보다 더 적었다는 것이다. 이런 상황에서 재정적 압박은

---

83) Bloch, *Caractères originaux*, I, p. 107.

84) "15세기에 [프랑스의] 귀족들은 잉글랜드의 귀족들과 마찬가지로 평민들(roturiers)과 융합하는 동일한 경향을 보였지만, 16세기에는 정부가 이를 의도적으로 중지시키려고 했고, 귀족들에게 상업과 그밖의 특정한 영리활동들을 금지하는 입법을 통해서 그 일에 성공했다. 문제는 대륙의 국가들 대부분처럼 프랑스에서도 귀족들이 면세특권을 획득하고 있었다는 점이었으며, 그들이 장사길에 들어선 경우에도 그들의 개인적인 면세권을 그대로 지니고 있었고, 그래서 국가가 그 중요한 새로운 수입의 일부를 상실했다는 점이었다.……프랑스 국왕은 여전히 귀족들을 상당히 두려워하고 있었기 때문에 감히 귀족들의 면세권을 빼앗을 수가 없었다." Rushton Coulbourn, "A Comparative Study of Feudalism", Part Three of Rushton Coulbourn, ed., *Feudalism in History*, p. 316.

85) "[루이 11세의] 주된 의도는 '정기시와 시장이 국가를 부유하게' 하고, 왕국 내에서 교통과 상품을 '증가시키는' 데서 부가 불어나리라는 확신 아래 프랑스를 다시 한번 교역로의 합류점으로 만들려는 것이었다.……프랑스에서 정부의 후원은 내국인 무역 관계자들에게 오직 제한된 범위에서 주어졌고, 그러한 무역 관계자들을 영구적인 형태로 조직하지 못했다." Miller, *Cambridge Economic History of Europe*, III, pp. 334-335.

86) 같은 책, p. 338. 조지프 스트레이어도 비슷하게, 보다 중앙집권화된 프랑스의 행정방식이 훨씬 더 낮은 법률의 통일성과 따라서 훨씬 더 희박한 국민적 경제정책의 가능성을 은폐했다고 주장한다 : "잉글랜드처럼 프랑스에서도 중요한 발전분야는 사법과 재정이었다. 그

프랑스 국왕으로 하여금 제국의 야망을 품도록 부추겼는데, 합스부르크가 역
시 같은 야망을 가지고 있었기 때문에 더욱더 그러했다. 그들도 에스파냐처럼
해외팽창을 시도해볼 수도 있었겠지만, 거기에 필요한 국제자본, 즉 북부 이
탈리아 자본의 후원이 없었다.[87] 또다른 대안은 유럽 자체 내에서 제국적 팽

---

러나 프랑스 국왕들은 [이것들을 /옮긴이] 천천히 세워나가야만 했으며, 그들의 초기 제
도들은 잉글랜드의 제도들보다 훨씬 더 단순하고 훨씬 덜 형식화되어 있었다.……

"[12세기와 13세기에 프랑스에 의한] 일련의 병합들은 프랑스 정부에 심각한 문제들을
안겨주었다. 소규모 왕령지를 경영하기에 알맞았던 비교적 단순한 제도들은 이제 국왕에
게 귀속되어 크게 늘어난 영역과 인구를 다루기 위해서 분명히 확대되고 정교화되어야만
했다. 이 새로운 지방들은 국왕 정부의 제도들보다 흔히 더 정교하고 전문화된 그들 자신
의 제도들과 관례들을 지니고 있었다.……

"이런 문제들에 대한 근본적 해결책은 프랑스 국가의 진정한 창건자였던 국왕 필리프
오귀스트(1180-1223)가 찾아냈다. 그는 각 지방이 자체의 관습과 제도를 유지하도록 허
용했으나 지방의 모든 요직들을 파리에서 파견한 사람들로 채웠다. 이리하여 노르망디의
법정은 여전히 노르망디의 법을 집행했지만, 이를 주재하는 관리들은 노르망디인이 아니
라 주로 예전의 왕령지에서 파견된 국왕의 대리인들이었다. 지방의 자존심을 세워주는 한
편으로 국왕은 자신의 새 영지에 대한 효과적인 지배를 유지해나갔다.……

"(이와는 대조적으로, 단일한 형태의 제도와 법률을 계속 유지해온 영국인들의 국가는
웨일스의 공국들이나 아일랜드의 소왕국들과 같은 별개의 정치적 전통을 지닌 지역들을
동화시키는 데 큰 어려움을 겪었다.) 그러나 새로 등장하고 있던 프랑스인들의 국가는 그
융통성을 유지하는 데 비싼 값을 치러야 했다. 지방의 지도자들은 지방의 관습과 특권들
을 보존하는 데 주로 관심이 있었다 ; 중앙정부가 그들을 불신했듯이 그들은 중앙정부를
불신했다. 그들은 지방행정의 업무에 그리 크게 이용될 수가 없었다. 사실 프랑스 행정의
기본 원칙은 누구도 자신의 출신 지방에서 관직을 보유할 수 없다는 것이었다." Joseph
Strayer, *On the Medieval Origins of the Modern State*, pp. 49-51.

87) "15세기와 16세기에 프랑스는 세계 7대양에서 두 번의 실패를 겪었다.……한 번의 실패
는 15세기에 프랑스 선원들을 제외하고 혹은 거의 제외하고 대발견들이 이루어진 것이고,
또 한 번의 실패는 16세기에 프랑스가……대서양, 아프리카, 아메리카에서 항로, 섬, 해안
그리고 이익을 얻기 위한 투쟁을 포기한 것이다.……

"제노바의 갤리선들이 지중해와 북해의 연결에 성공한 이래, 심지어 백년전쟁 이전에
도, 우선적인 관심사는 거대한 무역망들로부터 대륙 횡단 통상로와 프랑스 경제를 배제시
키는 일이었다. 샹파뉴 정기시는 잠시 동안만 지속되었다. 이제 전반적 경제의 이러한 협
력을 고려하지 않고서는, 다시 말해서 15세기에 베네치아나 제노바의 지지 없이는 그리고
이탈리아나 북유럽 국제자본의 개입 없이는 어떻게 리스본이며 세우타의 점령이며 혹은
제노바인들이 안달루시아에 수립하고 있었던 그런 기반들이며 혹은 훨씬 뒤에 일어난 마
젤란의 항해를 설명할 수 있겠는가? 이베리아의 행운의 배경에는 14-15세기의 이러한 추

창을 하는 것이었는데, 이는 바로 북부 이탈리아를 겨냥해서 나아가는 것이었다.

프랑스는 리옹을 중심으로 한 유력한 국제 금융망과 교역망을 가지고 있었다. 중세 성기에 샹파뉴 정기시들은 한동안 북부 이탈리아와 플랑드르의 상인들이 모이는 대시장이었다. 이들은 또한 국제적인 금융 중심지 역할도 했다. 그런데 13세기 말, 14세기 초에 쇠퇴가 시작되었다.[88] 15세기에 프랑스 국왕들은 리옹의 성장을 세심하게 뒷받침했으며,[89] 당시 대은행가들의 도시였던[90] 피렌체와의 유대를 북돋았다.[91] 16세기 초에 막대한 양의 자본을 모음으로써 리옹과 안트베르펜은 다 같이 "개인 금융가들의 힘을 감당할 만한 한도로 축소시켰고 [그래서] 적절한 이자율로 막대한 양의 자본을 조달할 수 있게끔

진력들이 있었고, 또한 세비야, 리스본 그리고 나중에는 안트베르펜 등 운명을 같이한 도시들과 국제적 자본주의 및 그 추진력들의 공모가 있었는데, 프랑스는 여기에서 제외되어 있었던 것이다. 이 모든 것들에 더하여……백년전쟁의 드라마가 모든 것을 더욱 악화시켰다. 악화는 시켰지만 그것이 교역로의 혁명적 변화로 인해서 이미 시작된 위기를 야기한 것은 아니었다." Fernand Braudel, "La double faillite 'coloniale' de la France aux XVe et XVIe siècles", *Annales* E.S.C., IV, 4, oct-déc. 1949, 454. 아마도 외부의 뒷받침이 없었다는 것만이 아니었다. 브로델은 이렇게 결론짓는다 : "식민사업은 한 나라의 전체 생활과 전체 구조를 속속들이 문제로 삼는다. 16세기의 프랑스는……아직 이 일에 (외면적으로든 내면적으로든) 준비되어 있지 않다."[p. 456]

88) 로베르-앙리 보티에는 다음과 같이 설명한다 : "우리의 견해로는 샹파뉴 정기시의 쇠퇴와 몰락의 원인은 13세기 말과 14세기 초 서유럽 경제의 일반적 변화와 관련되어 있다. 중요한 변화들은 두 개의 본질적인 영역에서 발생했다 : (1) 이탈리아의 공업화 ; 그리고 (2) 귀금속 시장에서의 혁명.……

샹파뉴 정기시의 주목적은 이탈리아인들이 프랑스나 플랑드르의 직물을 구입하는 것에 대해서 정화(正貨)를 제공하는 것이었으므로 북프랑스 전역의 직물업이 동일한 위기에 직면했을 때 그것의 쇠퇴는 불가피한 일이었다.……

국제경제는 전통적으로 은에 의존했다. 13세기 말에 금이 어떤 역할을 떠맡기 시작했으며, 두 금속간의 교환비율의 갑작스런 변동은 자신의 활동을 외환과 정화 판매에 의존하고 있던 회사들의 수지균형을 완전히 깨뜨려버렸다." Robert-Henri Bauthier, "The Fairs of Champagne", in Cameron, ed., *Essays in French Economic History*, 62-63.

89) Ehrenberg, *Capital and Finance*, pp. 281-306 참조.

90) 같은 책, p. 193 참조.

91) 같은 책, p. 202-220 참조.

했다.……"[92] 리옹은 안트베르펜과 같은 국제적 중심지는 전혀 아니었는데, 그것은 프랑스 국왕들이 리옹을 또한 "그들의 재정적 병기고"[93]로 만들려고 했기 때문이다. 리옹은 상업 중심지로서도 도저히 안트베르펜에 필적할 수 없었다. 요컨대 리옹은 이류였던 것이다.

그럼에도 불구하고 프랑스는 팽창을 시도했다. 합스부르크 제국과 발루아 제국은 둘 다 실패했고 함께 몰락했다. 에스파냐뿐만 아니라 프랑스도 1557년에 파산을 선고했다. 그러나 마치 여기에서도 자신의 우선권을 강조하려는 듯이 합스부르크가 먼저 파산했다. 두 제국의 재정파탄으로 군사적 투쟁이 곧바로 중단되고 1559년에 카토-캉브레지 조약이 체결되었는데, 이 조약은 차후 100년 동안 유럽의 정치적 판도를 바꾸어놓을 것이었다. 그래서 이들 두 제국의 파산은 재정상의 재조정 이상의 의미를 담고 있었다. 하나의 세계 전체가 무너지게 된 것이다.

무너진 것은 어느 특정한 국가구조만이 아니었다. 그것은 기사들이 눈물짓는 가운데 카를 5세가 비극적으로 퇴위한 것에 그치지 않았다. 무너진 것은 그 세계체제였다. 100년 동안 유럽은 새로운 번영을 누리고 있었다. 사람들은 예전의 방식으로 그 번영에서 이익을 끌어내려고 노력했다. 그러나 기술적 발전과 자본주의적 요소들의 부상은 이미 너무나 멀리 앞서나가 있어서 경제영역과 부합될 어떤 정치적 제국들을 다시 만들어내기란 불가능했다. 1557년이라는 해는, 이를테면 그러한 시도가 실패하고 유럽에 하나의 세력균형이 확립된 것을 알려준 해였는데, 이러한 세력균형은 민족이 되고자 하는 국가들(이를 민족국가들[nation-states]이라고 부르기로 하자)로 하여금 제몫을 챙기고, 또 계속 번창하는 세계경제를 통해서 살쪄나갈 수 있도록 해주었다.

위기는 전환점의 상징이다. 많은 역사가들이 지적해왔듯이, "제1차" 16세기의 많은 조직상의 특징은 훨씬 후에까지도, 즉 네덜란드에서 에스파냐의 권력이 붕괴된 1576년이나, 무적함대가 패배한 1588년이나, 베르뱅 평화조약(Peace of Vervins : 1589년에 시작된 프랑스-에스파냐 전쟁을 끝맺은 조약으

---

92) 같은 책, p. 333.
93) 같은 책, p. 307.

284

로 에스파냐가 점령한 모든 영토가 프랑스에 반환됨/옮긴이)이 체결된 (그리고 낭트 칙령이 발포된) 1598년까지도 사라지지 않았다. 이들 중 어느 해가 가장 적절한 연대인가를 따지는 것은 부질없는 일이다. 왜냐하면 바닥에 깔려 있는 구조적 요인들이 빙하처럼 서서히 움직이므로 조직상의 중심점이 이동하는 것은 언제나 점진적이기 때문이다.

그러나 이동은 실재했다. 우리는 이것이 유럽 세계경제에 대해서 지니고 있던 여러 가지 함의를 똑똑히 밝힐 필요가 있다. "제1차" 16세기의 조직상의 중심점에 관한 R. H. 토니의 기술부터 먼저 살펴보자:

> 16세기의 경제조직 안에서 국제무역기구는 3세기 후의 그것에 비해서도 그다지 뒤떨어지지 않는 효율적 상태에 도달해 있었다. 아주 고도로 조직된 당대의 경제체제들이 에스파냐와 네덜란드 간의 투쟁과 프랑스의 종교전쟁으로 말미암아 파괴되기 이전에, 그 금융시장이 유럽 무역의 금융적 발전소 역할을 한 약 10-12개의 상업가문들이 있었는데, 이들의 의견과 정책은 금융 상황을 결정짓는 데 핵심적 구실을 했다. 금융조직이 그 정점에 달했고, 잉글랜드가 그들의 제자에 불과했던 플랑드르와 프랑스와 이탈리아의 도시들에서, 16세기 금융조직의 본질은 국제주의, 모든 자본가들이 자기 능력껏 어떠한 계약도 체결할 수 있는 자유, 모든 주요 시장들이 서로 동조하여 움직이는 조짐을 보인 통일성 그리고 그 결과로서 국제금융의 전략지점들에서의 막대한 자원의 동원 등이었다. 그 중심과 상징은 "어떠한 민족에 속하거나 어떠한 언어를 사용하는 상인들이라도 이용할 수 있도록(ad usum mercatorum cujusque gentis ac linguae)"이라는 의미심장한 헌정사를 지닌 안트베르펜 증권거래소 —— 이곳에서는, 귀차르디니가 말한 바와 같이, 하늘 아래 모든 언어를 들을 수 있었다 —— 이거나 또는 어느 베네치아인이 말한 대로, "이탈리아 전체 및 에스파냐와 네덜란드의 상당 부분의 금전거래의 기반"을 형성한 리옹의 정기시들이었다.[94]

토니는 이 체제가 파괴적인 전쟁들로 인해서 붕괴되었다고 말한다. 이는 사실이지만, 그 인과적 연결이 너무 직접적이다. 우리는 앞 장에서 그 유효한 원인은 16세기 유럽의 일정한 경제적 추진력 아래서, 그러나 자체의 구조적인 한계들 —— 즉 상대적으로 낮은 생산성, 분산된 중간 규모의 기업들에 기초

94) R. H. Tawney, "Introduction" to Thomas Wilson, *4 Discourse Upon Usury* (London: Bell & Sons, 1925), 62.

한 팽창 경제를 상대하는 관료조직의 빈약성 —— 아래서, 존속 가능한 어떤 제국체제를 이루어낼 만한 능력의 결여라고 이야기했다.

하나의 중대한 장애요인이 결국 제국의 국가기구들의 재정적 요구가 증가하고 그 결과 공공부채가 크게 늘어나 16세기 중엽에 제국이 파산에 이르는 상황으로 귀결되었다. 카를 5세는 나폴리, 시칠리아, 밀라노, 안트베르펜, 카스티야 등 재정 원천이 될 만한 나라들과 그런 나라 상인들의 돈을 모두 탕진했다.[95] 앙리 오제는 이와 같은 주장에 대한 고전적 설명을 제시했는데, 1559년 유럽의 재정위기는 "아마도 상업 자본주의의 발전을 방해했을 것이며, 경제적 지리의 변형을 자극했을 것"[96]이라고 주장했다. 오제는 1557년에 시작된 에스파냐와 프랑스 간의 전쟁은 단적으로 말해서 국가의 신용도를 지나치게 하락시키고 채무불이행으로 이끌어, 두 나라로 하여금 1559년에 서둘러 카토-캉브레지 조약을 체결케 했다고 주장한다.

이것이 확대된 합스부르크 제국에 미친 결과들은 대단히 컸다. 그것은 곧바로 에스파냐의 쇠퇴를 몰고 왔다.[97] 이 위기는 안트베르펜과 잉글랜드 사이를 결정적으로 단절시켜, 잉글랜드로 하여금 암스테르담과의 새롭고도 성공적인 경제동맹을 한껏 발전시킬 수 있게 했을 것이다.[98] 안트베르펜 자체에서

95) Braudel, *Charles Quint et son temps*, p. 199.
96) Henri Hauser, "The European Financial Crisis of 1559", *Journal of European Business History*, II, 2, Feb. 1930, 241. 신용 팽창에 관한 서술에 대해서는 pp. 242-250 참조.
97) "그러나 우리가 1560-65년의 기간에 시작된 가격 상승의 속도가 느려진 것을 무시한다면, 펠리페 2세의 통치가 시작된 바로 그때부터의 잠재적 위기상태를 깨닫지 못하게 될 것이다. 그 나라의 첫번째 파산이 1557년에 이미 일어났던 것이나 펠리페의 정책에서의 첫번째 커다란 변화가 1568년에 일어난 것은 우연이 아닌 것이다." Nadal, *Hispania*, XIX, p. 513. 나달은 에스파냐의 가격 앙등이 세기말에 정점에 달했다는 해밀턴의 주장과는 반대로 자료상으로 볼 때 1551-1600년 사이의 증가(98퍼센트)보다 1501-50년 사이의 증가(107퍼센트)가 더욱 컸다는 점을 지적한다. 같은 책, pp. 511-512 참조.
98) "1557년의 위기는 공공재정 부문에서 안트베르펜이 차지하는 위치의 기반에 이미 파멸적인 영향을 미쳤다. 그후에도 쇠퇴는 계속되었다. 그레셤의 자극을 받아 잉글랜드 왕실은 60년대에 안트베르펜의 영향력으로부터 완전히 떨어져나왔다.……
"1569년 잉글랜드-네덜란드의 통상금지 조치가 완전한 결별로 나아갔을 때 잉글랜드는 안트베르펜의 상업과 재정적 영향으로부터 자신을 해방시킬 수 있을 만큼 충분히 강하

286

는 에스파냐와의 주축관계에 기초했던 번영이 끝났다. "1557년 펠리페 2세의
파산은 마침내 안트베르펜의 운명을 결정지은 단절을 몰고 왔다."⁹⁹⁾

플랑드르 전역에 걸쳐 위기는 칼뱅주의적 성향을 강화시켰는데, 특히 숙련
공들 사이에서 그러했다. 1567년, 에스파냐는 알바 공을 보내 새로운 사회정
치적 소요를 진압하도록 했는데, 이것은 결국 칼뱅파 상인들과 수공업 기술자
들이 개신교 국가들로 탈출하는 결과를 낳았을 뿐이며,¹⁰⁰⁾ 마침내 1585년에
이르러서는 "여러 해 동안 정체상태에 머물러 있던 플랑드르의 공업과 상업
이 붕괴하게 되었다."¹⁰¹⁾ 이 재앙에 잇따른 사회적, 정치적 불안을 결집시킨

---

다고 생각했다. 함부르크는 안트베르펜의 상업적 유산을 물려받았고, 런던은 재정적 유
산을 물려받았다. 두 지역은 모두 밝은 미래를 확신하고 있었다. 그래서 안트베르펜은
자신의 첫번째 팽창의 마지막 기반을 영원히 상실했다." Van der Wee, *The Growth of
the Antwerp Market and the European Economy*, II, pp. 222, 238.

99) 같은 책, p. 207.
100) 같은 책, pp. 232-236 참조. 패리의 다음과 같은 지적을 보라 : "1576년의 '에스파냐의
분노'는 안트베르펜에 심각한 타격을 입혔다. 파르마를 포위하고 1585년에 이 도시를 점
령한 것은 많은 사업가 가문들을 제거하거나 파산시키고 수천 명의 개신교도 장인들을
추방하는 ── 대부분 암스테르담으로 ── 결과를 가져왔다.……안트베르펜이 다루었
던 해상무역은 암스테르담으로 이동했다." Parry, *Cambridge Economic History of
Europe*, IV, p. 169.
101) Van der Wee, *The Growth of the Antwerp Market and the European Economy*, II,
p. 183. 그러나 최근의 두 저자는 안트베르펜의 쇠퇴론이 과장되었다고 반박하면서 이
도시가 오랫동안 비교적 강력하게 존속했다고 주장한다. Jan Craeybeckx, "Les indus-
tries d'exportation dans les villes flamandes an XVIe siècle, particulièrement à Gand
et Bruges", *Studi in onore di Amintore Fanfani*, IV : *Evo moderno* (Milano : Dott. A.
Giuffrè-Ed., 1962). 415 참조. 그럼에도 불구하고 크라이베크는 1585년 이후 안트베르
펜의 새로운 사업들조차도 "국제상업의 무게중심이 암스테르담과 런던으로 서서히 이동
해가는 현상을 물론 막지 못했다"[p. 416]는 점을 인정한다.
  얀 A. 반 하우테의 지적은 더욱 강력하다. 그는 예의 쇠퇴론이 "몹시 왜곡된 것"이라
고 말한다. J. A. van Houtte, "Déclin et survivance d'Anvers (1550-1700)", *Studi in
onore di Amintore Fanfani*, V : *Evi moderno e contemporaneo* (Milano : Dott. A.
Giuffrè-Ed., 1962), 706. 그는 설령 전시봉쇄가 안트베르펜의 해상무역을 해쳤다고 하
더라도, 그것이 안트베르펜의 육상무역에 영향을 미치지는 않았다고 지적한다. 같은 책,
p. 720 참조. 그는 17세기 내내 안트베르펜의 상인계급이 "무시할 수 없는 중요한 세력"
[p. 722]으로 남아 있었다고 주장한다.

네덜란드 반란을 통하여, 저지방 북부 지역은 16세기 말부터 시작된 세계상
업의 중심지 역할을 떠맡게 될 자생력 있는 정치적 근거지로 발돋움했다.[102]

남부 독일 역시 큰 타격을 입었다. 루차토는 "가장 심각한 타격은 처음에
는 에스파냐 왕실의 지불불능 상태에서, 그리고 나서는 그것의 파산에서 비롯
되었는데, 왕실의 파산은 푸거가의 개인재산뿐만 아니라 남부 독일의 대(大)
상인-은행가들 대부분의 개인재산까지도 완전히 날려버렸다"[103]고 지적한다.
경제적 상황이 악화됨에 따라서 남부 독일과 북부 이탈리아의 오래된 상업
동맹들은 경쟁적인 사업관계 속에서 서로 남의 영토를 침범하기 시작했는데,
이는 서로가 서로를 파괴하는 짓이었다.[104]

이러한 붕괴가 독일 여러 나라들에 미친 정치적 결과들은 엄청난 것이었
다. 배러클러프가 "제국의 쇠퇴에 대처하는 과정에서……매우 민족주의적인
성격을 보였던 개신교의 혁명적 비등"[105]이라고 부른 것이 독일을 휩쓸었다.
그러나 이미 언급했듯이 카를 5세는 그의 제국에 관한 일에 몰두함으로써 그
의 정치적 자산을 독일의 통일에 투자할 수 없었다. 이는 그가 에스파냐 민족
주의자의 전망을 가질 수 없었던 것과 마찬가지였다. 한 지역의 종교가 그 지
역 통치자의 종교에 따른다고 하는 타협은 독일 제후국들의 지반을 강화했고,
독일 부르주아지의 기반을 침식했으며, 수세기 동안 통일에 대한 희망을 지연
시켰다. 독일은 대체로 루터파의 북부와 북동부(북동부는 적어도 경제적으로
는 동유럽 주변부의 일부였다) 그리고 보다 부유한 가톨릭의 남서부(여기에
는 라인 지방의 여러 곳이 포함된다)로 나뉘게 되었다. A. J. P. 테일러가 말
하고 있듯이, "양쪽의 발전이 모두 전 독일을 포괄했던 르네상스의 번영기로

102) *Charles Quint et son temps*에 수록된 빌린든의 글을 보라. 하이메 비센스 비베스는 잇
    따른 논의에서 동일한 내용이 카탈루냐에도 그대로 적용된다고 주장한다. J. Vicens
    Vives, 같은 책, p. 187 참조. 스미트의 다음과 같은 지적을 보라 : "요컨대 네덜란드 혁
    명의 선행조건으로서 당시의 사회경제적 상황이 주는 깊은 인상을 우리는 지울 수가 없
    다."[J. W. Smit, *Preconditions of Revolution*, p. 43]
103) Luzzatto, *Storia economica*, p. 151.
104) Strauss, *Nuremberg in the Sixteenth Century*, p. 150 참조.
105) Barraclough, *Origins of Modern Germany*, p. 370.

부터 후퇴한 것이었다.……"[106] 심지어 비교적 부유했던 남서부조차 17세기에 이르러 수공업 생산으로 되돌아가게 되었던 것이다.[107] 테일러는 16세기 초 독일의 번영과 경제적 지도력의 정도를 과장하고 있는지 모른다. 그러나 이제 막 시작된 경제적 발전이 극적으로 붕괴되었다는 것은 분명히 올바른 지적이다.[108]

유럽 세계경제를 정치적으로 지배하고자 한 카를 5세의 노력은 그래서 에스파냐와 독일 여러 나라들, 플랑드르와 북부 이탈리아의 도시들 그리고 자신들의 운명을 제국과 결부시켰던 상인가문들에게 부정적인 영향을 끼쳤다. 하나의 제국을 건설하는 것은 시도해볼 만한 온당한 일로, 심지어 실현 가능한 일로 보였다. 그러나 실은 그렇지가 않았던 것이다.

우리는 이미 아메리카에서 펼쳐진 에스파냐의 식민사업에 관해서 자세히 논의했다. 에스파냐의 쇠퇴가 아메리카에 미친 영향을 측정하기 위하여 여기서는 그저 그 상황을 에스파냐 제국의 내부적 현상으로 서술하는 것이 나을 듯싶다. 에스파냐는 페루와 칠레뿐만 아니라 카리브 해역과 그 일대의 해안지방(지금의 멕시코, 과테말라, 콜럼비아)에 식민지를 건설했다. 이들 식민지들은 전체 유럽의 경제적 보완물로서만이 아니라, 특히 에스파냐의 경제적 보완

---

106) Taylor, *Course of German History*, p. 20.
107) 루들로프는 독일의 상황을 다음과 같이 묘사한다 : "16세기에 기술적 발전과 자본주의적 조직을 향한 확실한 진보 그리고 이러한 진보에 대한 저지 —— 이것은 17세기에 영방 제후들의 봉건적 권력에 의한 착취가 늘어난 것과, 소생산 방식으로 되돌아간 것에 부분적으로 기인한 것이었다 —— 가 있었다." R. Ludloff, "Industrial Development in 16th-17th Century Germany", *Past & Present*, No. 12, Nov. 1957, 58.
108) "독일은 이 시기에 유럽 상업의 생명선이었고 그 도시들은 다른 모든 도시들보다 번영을 누렸다. 정말이지 다른 여러 나라들에서의 민족주의적 왕정들은 제국에 대한 저항보다는 독일 상업의 패권에 대한 저항에서 나온 것이었다.……
   "모든 무역집단은 세계시장에 따라 부침을 경험한다 ; 그러나 근대 유럽의 어떤 무역집단도, 독일 중산계급의 재정적 힘이 가장 강력하고 그들의 민족주의적 합의가 마음껏 주장된 시점에 —— 사실 그들이 중앙 유럽에서 이미 지배적인 경제세력이었던 만큼, 지배적인 정치세력이 되기를 기대했을 만한 바로 그 시점에 —— 독일 중산계급이 경험했던 것과 같은 심각하고 지속적인 재난을 경험하지는 않았다." Taylor, *The Course of German History*, pp. 17-18.

물로 간주되었다.[109] 에스파냐는 아메리카에서 거대한 관료기구를 구축할 만한 행정적 능력을 지니지 못했다. 그러므로 그들은 제국들의 낡은 방편, 즉 국왕과 에스파냐 정착민들 사이의 중개자로서 지역의 족장들을 그 정치체제에 끌어들이는 편법을 사용했다.[110]

에스파냐는 또 자신의 정착민들을 완전히 통제할 힘을 갖추지 못했다. 그들의 정치적 충성을 유지하기 위해서 에스파냐는 많은 경제적 양보를 했다. 이런 것들 중 하나는 인디오들이 가축을 기르지 못하도록 함으로써 그들에게 경제활동의 독립적 기반을 허용하지 않은 것이었는데, 가축을 기르는 것은 그들이 새로운 자본주의 경제에서 효과적으로 경쟁할 수도 있었을 행위였다.[111] 게다가 인디오들은 이익이 많은 이 일을 금지당했을 뿐 아니라, 바로 이 일의 성공이 그들을 경제적으로 약화시켰으니, 그것은 잉글랜드에서처럼 중앙 아

---

109) "이 정착민들은 아메리카의 환경에서 그들의 에스파냐식 생활양식을 유지하는 데 필요로 했던 재화를 에스파냐로부터 수입했다. 그들은 이런 수입품의 대금을 지불하기 위하여 목장, 플랜테이션, 광산을 개발했고 유럽에서 판매할 재화를 생산했다. 플랜테이션 경작을 위해서 그들은 노예를 필요로 했고 그래서 서아프리카와의 완전히 새로운 교역을 위한 시장을 만들었다. 마침내 세기 중반에 그들은 세계에서 가장 풍부한 은광을 발견했다. 이 은광은 그들이 더욱 많은 수입품을 살 수 있게 해주었고 동쪽 상품의 구입에 필요한 정화를 공급함으로써 유럽과의 무역을 강화시켰다." Parry, *Cambridge Economic History of Europe*, IV, p. 199.

110) "다양한 토착사회들 안에서 콜럼버스 이전 시대에 있었던 최고 권력이 사라진 것은 한편으로는 대중에 대한 전통적 족장들[카시케(cacique), 쿠라카(curaca)]의 권력 남용을 증가시켰고, 다른 한편으로는 이들 족장들이 정착민들과, 특히 엥코멘데로들과 스스로 협력하도록 했다.……

　19세기에 잉글랜드, 프랑스, 벨기에 등의 나라들이 아프리카나 아시아에서 그랬던 것처럼, 16세기 에스파냐 국가는 아메리카에서 토착사회들의 오래 전부터의 영토 분할을 조정했고, 인구의 중심들을 바꾸어놓았으며, 오직 하나의 족장 계서제 —— 국가에 의해서 지명되고(investie) 통제되는 —— 를 인정하도록 요구했다. 그래서 19세기처럼 16세기에도 식민지 권력은 타협하게 되었지만 그러나 족장들 —— 전통적이든 혹은 새롭게 등장했든 —— 은 결국 식민지 권력의 세금 징수를 위한 앞잡이였을 뿐이다." Charles Verlinden, "L'état et l'administration des communautés indigènes dans l'empire espagnole d'Amérique", *International Congress of Historical Sciences*. Stockholm 1960. *Résumés des communications*. (Göteborg : Almquist & Wiksell, 1960), 133.

111) Wolf, *Sons of the Shaking Earth*, pp. 182-183 참조.

290

메리카에서도 양이 사람을 잡아먹었기 때문이다.[112] 그럼에도 불구하고 정착
민들은 에스파냐의 계속되는 후원에 의존했는데, 그것은 인디오나 아프리카
노예들의 반란을 우려한 때문이 아니라, 잉글랜드나 다른 나라들이 자신의 무
역을 침해하고 따라서 그 이익을 침해하는 것을 막기 위해서였다.[113] 그래서
그들은 때때로 국왕과 그의 관료기구에 대해서 불쾌하게 생각했지만 그들 스
스로가 자율적인 세력으로 조직화하지는 않았다. 게다가 미천한 출신이 많았
던 정착민들은 식민지들이 수출경제 체제였다는 사실에서 이득을 얻었다.[114]

　사실 제국의 구조 안에서는, 흔히 일어나는 일인데, 하위 제국주의들
(subimperialisms)이 겹겹으로 여러 층을 이루며 생겨났다. 우리는 멕시코(즉

112) 같은 책, pp. 197-198 참조.
113) 노예무역의 경제학에 대한 리치의 묘사를 보라 : "수요가 결코 충분하고도 값싸게 충족
　　될 수 없다는 것은 노예노동에 대한 의존이 드러내는 거의 불가피한 특징이었다. 왜냐하
　　면 노예소유제도에서 노동력은 가장 쉽게 소비되는 생산요소였기 때문이다.……그러한
　　환경에서 밀수나 묵인된 노예의 수송이 엄청났고 또 매력적이었다는 것은 놀라운 일이
　　아니다.……일반적으로, 그들이 노예를 구하기 위해서 아프리카 해안으로 갔을 때 그러
　　한 수송은 포르투갈의 실물 재산을 크게 침해할 것이라고 생각되었다. 그러나 그 노예들
　　을 에스파냐 속령들에서 팔아버린다면 노예무역에 대한 포르투갈의 공식적인 거부를 회
　　피할 수 있으리라 생각되었다 ; 포르투갈은 에스파냐보다 자유무역에 대한 더 큰 장애였
　　던 것이다. 노예무역에 대한 이런 접근은 16세기 상인들을 크게 자극했다. 그리하여 강
　　력한 영국 상인 집단은 노예에 대한 정착민들의 수요, 경제적인 지배를 바라는 에스파냐
　　정부의 욕망, 여기에 수반되는 이윤에 대한 영국 상인들의 욕구 등을 충족시키기 위하여
　　이 무역에 대한 영국-에스파냐 간의 협력체제를 세울 수 있다고 생각했다.……존 호킨
　　스는 잉글랜드와 에스파냐 간의 정규적인 통상협력 관계를 이룰 수 있다는 희망에서 서
　　인도 제도에 대한 노예무역을 시작했다." E. E. Rich, *Cambridge Economic History of
　　Europe*, IV, pp. 325-326. 우리는 왜 에스파냐 당국이 주로 포르투갈 상인들을 겨냥한
　　것으로 보이는 호킨스의 계획을 수용하려고 들지 않았는지 자문해보아야 한다. 그것은
　　잉글랜드의 개입이 장기적으로는 국왕과 정착민들에게 더 위험하게 보였고 국왕이 이
　　제안을 그 시작으로 보았기 때문이 아닐까?
114) "[16세기에] 바로 식민지가 존재하기 시작하면서부터 칠레는 수출경제 체제를 갖추고
　　있었다.……칠레는 전형적인 금 수출 국가로 출발했다. 그러나 그 광산들은……매장량이
　　풍부하지 않았고 오래 지속되지도 않았다.……그러나 에스파냐의 대륙 본토 식민지들
　　가운데서 예외적으로 —— 과테말라도 아마 다르지 않았지만 —— 칠레는 그 당시에도
　　자신의 생산물, 즉 가축들에서 나오는 수지(獸脂)를 수출했다." André Gunder Frank,
　　*Capitalism and Underdevelopment in Latin America*, p. 29.

멕시코의 에스파냐인들)가 페루를 "식민지화"한 방식들에 관해서 이야기할
수 있다. 멕시코는 훨씬 더 많은 인구를 가지고 있었다. 16세기와 17세기의
전 기간을 통해서 가격수준의 불균형이 꾸준히 지속되었다. 멕시코는 수공업
생산품과 사치품과 노예를 페루에 수출했고 그 대가로 정화(正貨)와 수은을
받았다.[115] 필리핀이 에스파냐의 무역권 안으로 들어왔을 때, 멕시코의 에스파
냐인들은 에스파냐 마닐라인들을 대신해서 마닐라와 리마 사이의 중간상인이
되었다.[116] 마닐라를 경유하여 멕시코에서 페루로 중국 도자기들을 재수출하
는 것은 식민지간 무역의 근간이 되었다.[117] 에스파냐 국왕은 멕시코가 카스
티야의 이익을 침해하게 되자 멕시코의 역할을 저지하려고 했으나 성공하지
못했다.[118] 쇼뉘는 "누구도 16세기에 멕시코가 페루를 식민지로 대했다는 것
에 이의를 제기할 수 없을 것"[119]이라고 말한다.

"제2차" 16세기의 경제적 수축과 아울러 유럽에서 일어난 정치적 과잉 팽창
의 영향들 가운데 하나는 아메리카로 가는 에스파냐 이민자 수의 증가였다.[120]
이것은 직업을 구하는 에스파냐인들에게는 하나의 배출구를, 에스파냐 국가
에는 즉각적인 수입원을 제공했다. 왜냐하면 아메리카 식민지 관료기구의 관
직들은 판매되었기 때문이다.[121] 다른 한편으로 경제 수축에 직면하여 토지에

---

115) Woodrow Borah, *Early Colonial Trade and Navigation Between Mexico and Peru*,
    Ibero-Americana : 38 (Berkeley : Univ. of California Press, 1954), 81-82. 86-88 참조.
116) William C. Schurz, "Mexico, Peru, and the Manila Galleon", *Hispanic American His-
    torical Review*, I, 4, Nov. 1918, 391 참조.
117) Borah, *Early Colonial Trade*, p. 121 참조.
118) 같은 책, pp. 118-120, 124-127 참조.
119) Pierre Chaunu, "Pour une histoire économique de l'Amérique espagnole coloniale",
    *Revue historique*, LXXX, 216, oct.-déc. 1956, 218.
120) 이민의 정도는 Jorge Nadal, *La población española (siglos XVI a XX)* (Barcelona : Ed.
    Ariel, 1966), 73-80 에서 검토되고 있다. 확실히 인구과잉 상태가 있었다. "[인구 과잉
    상태의 카스티야에 대한] 이미지는 에스파냐의 위대성에 대한 이미지와 분리될 수 없다"
    고 호세-젠틸 다 실바는 확언하고 있다. José-Gentil da Silva, "Villages castillans et
    types de production au XVIe siècle", *Annales E.S.C.*, XVIII, 4, juil.-août 1963, 735.
    따라서 이민은 쇠퇴와 연결될 수 있는가? 어쩌면 그럴지도 모른다. 그러나 단순한 상관관
    계에서 그런 것은 아닐 것이다.
121) "식민지에서의 관직 보유는……지위와 소득의 고하를 막론하고 모든 에스파냐인들에게

292

의존해서 살아가는 아메리카 에스파냐인들의 인구 증가는 초기 에스파냐 통치
하에서 나타난 인디오들의 파멸적인 인구 감소와 더불어 에스파냐령 아메리카
에서 "침체의 세기"를 조성했으며,[122] 그 결과 채무노예에 기반을 둔 아시엔다
(hacienda : 에스파냐의 식민자들이 아메리카에 세운 대농장. 여기서 일하는 노
동자들은 대개 인디오들로 이론상으로는 임금노동자였지만 사실상 채무로 인
해서 토지에 매인 상태였음/옮긴이) 체제를 점차로 대두시켰다.[123] 그러나 아

고용과 치부의 기회를 제공했는데, 이러한 기회는 수축하는 모국 경제에서는 그들에게 가
로막힌 것이었다. 게다가 비대해진 식민지의 행정기구는 몰려드는 엽관배들에게 식민지
관직들을 판매할 기회를 에스파냐 왕국에 제공했는데, 이 엽관배들은 또 그들대로 순종하
는 아메리카 인디오 대중을 통제하는 직책들을 위해서 새로 임명된 행정관들에게 돈을 대
부하려는 다른 에스파냐인들이 있다는 것을 알고 있었다." Stein & Stein, *The Colonial
Heritage of Latin America*, pp. 71-72. 스바르트는 에스파냐가 프랑스와는 달리 관직매
매를 식민지에까지 확대했다는 사실을 강조하고 있는데, 그러한 사실은 이 당시에 식민지
들이 지고 있던 **부담**을 보여준다. Swart, *The Sale of Offices*, p. 41 참조.
122) "이용 가능한 모든 자료는, 17세기 대부분을 통해서 오직 1576-79년 이후의 최상의 시기
에만 백인 거주자들이 자신들 그리고 그들에게 직접 종속된 하인들과 노동자들을 먹여살
리기에 충분한 식량을 쉽게 확보할 수 있었다는 결론을 제시한다. 노동공급 이외의 다른
요인들이 아마도 이 시기에 작동했을 것이다 ; 16세기 말과 17세기 초의 설명되지 않은 가
축 수의 감소 현상은 가축을 돌보는 사람들이 부족했던 것에만 기인한 것으로 보기 어렵
다 ; 그러나 노동공급은 식료품과 도시에 공급되는 다른 물품들이 계속 부족했던 상황에서
아마도 가장 중요한 요인이었을 것이다.……광산에서의 증거 역시 인디오 인구의 감소에
기인하는 심각하고도 지속적인 노동력 부족 현상을 확실히 보여준다.……
"신에스파냐(New Spain)의 여러 도시들을 괴롭혀온 경제적 어려움은……신세계의 주
요 에스파냐 식민지들에서 일어난 유사한 사태 진전과 거의 병행하다시피 했다.……에스
파냐에서 경제적 기회가 적어지고 생활조건이 악화되자 많은 에스파냐인들이 식민지로 이
민을 떠나게 되었는데, 식민지에서는 16세기 후반과 17세기의 대부분 동안 비록 경제적
조건들은 **나빴**을지라도 식량은 에스파냐보다 훨씬 더 풍부했던 것이다. 식민지 사회의 성
격으로 인하여 이들 이민자들은 신에스파냐에서 노동력을 증가시키는 데에는 별로 기여한
바가 없고, 오히려 먹여살려야 할 인구 수를 증가시켰을 뿐이다.……이윽고 이 모든 요인
들이 동시에 작용함으로써 에스파냐와 그 식민지의 경제적 위기들은……양쪽 모두에게
불리하게 작용했다." Borah, *New Spain*, pp. 25-26, 29. 그 세기 말의 칠레의 위기에 대
해서는 Alvaro Jara, *Guerre et société en Chili : essai de sociologie coloniale*, pp. 105-
119 참조.
123) "아시엔다의 대두가 본질적으로 어떤 투쟁이기보다는 하나의 발전이었다고 결론지을 수
도 있을 것이다. 대영지의 발전은 도시들의 크기, 에스파냐의 인구, 인디오들 사이에서의

시엔다는 플랜테이션보다는 더 작은 경제세계에 적합한 체제,[124] 즉 정착민 엘
리트들의 상대적으로 자족적인 세계에 적합한 체제였다.[125] 에스파냐는 경제적

문화적 동화의 정도, 근대 초기 에스파냐 사회의 성격 등과 같은 현실들에 대응해서 진척
되었으며……국왕이나 교회가 그 발전에 주된 원동력이 된 것처럼 보이는 곳에서는 어디
서나, 자세히 조사해보면 보다 은밀한 힘들이 작용하고 있었음을 발견하게 될 것이다.
국왕의 정책이 엥코미엔다를 파괴하는 것으로 여겨져왔으나, 식민지에서의 자연적 발
전이 그 제도의 운명을 결정지었다. 한편 상업과 광산으로부터 나오는 부는 엥코미엔다
에 직접 의존하지는 않았다 ; 다른 한편 에스파냐 사회의 급속한 성장은 경직적인 엥코미
엔다 제도를 무너뜨리면서, 그들 자신의 대영지를 이루어가기 시작한 유력한 새 가문들을
배출했다." James Lockhart, "Encomienda and Hacienda : The Evolution of the Great
Estate in the Spanish Indies", *Hispanic American Historical Review*, XLIX, 3, Aug.
1969, 428.
124) 스테인 부부는 아시엔다와 플랜테이션을 이런 방식으로 구별한다 : "[아시엔다는] 곡물을
재배하거나 가축을 기르는 대규모의 농장이다. 여기서 나오는 상품은 광산 중심지들에서
지역적으로 소비되거나 혹은 멕시코 시티나 리마 같은 대도시 지역에서 소비되었다. 아메
리카 원주민들이 그 노동력을 구성했는데, 이들은 예속적이고, 상대적으로 비유동적이며,
특별한 임금노동 형태인 채무노예제에 묶여 있었다.……아시엔다와는 달리 플랜테이션은
외부의 소비, 즉 유럽에서 소비되는 상품들을 생산하기 위해서 창출된 독립적인 경제단위
였다." Stein & Stein, *The Colonial Heritage of Latin America*, p. 40.
125) "1590년대 초에 이르러 에스파냐인 소유의 영지체제는 충분한 노동력을 확보할 수 있는
한, 이곳에서의 생산이 에스파냐 도시들의 식량 수요를 충족시킬 수 있는 수준에 분명히
도달했다. 이것은 도시들이 인디오의 생산에 전적으로 의존하던 상태에서 벗어났다는 뜻
이 아니라, 오히려 위급한 경우에 도시들이 그들 자신의 주민들(vecinos)이 직접 소유하고
운영하는 농장에서 생산된 식량으로 간신히 견디어냈다는 뜻이다." Borah, *New Spain*,
p. 33.
　에스파냐로부터 아메리카로의 수출은 16세기에는 주로 정착민들을 겨냥한 1차 상품으
로 구성되어 있었는데, 17세기에는 이것이 제조품들——이탈리아나 북유럽에서 제조되
어 에스파냐를 통해서 운송된——로 바뀌었다고 지적하는 위게트 쇼뉘와 피에르 쇼뉘의
지적을 보라. 그들은 이렇게 묻는다 : "우리는 어떻게 이 중요한 변화를 설명할 수 있는가?
에스파냐의 식민운동이 진점됨에 따라서 그것은 더욱 그 자연적 조건들을 극복하게 되었
다는 사실로 설명할 수 있다. 무엇보다도 이런 예를 하나 들 수 있다 : 즉 안달루시아의 귀
족들이 안이한 정부로부터 얻어낸 다소 관념적인 금지령에 아랑곳없이, 태평양 연안 페루
의 건조한 오아시스에서 포도주용 포도가 성공적으로 재배되었다는 점이다. 그리고 서인
도 제도에서 인디오들 사이에 태어난 다음 세대의 에스파냐인들은 하나의 세계에서 다른
세계로 이주해간 그들의 아버지가 토속 음식에 대해서 지녔던 동일한 미각적 편견을 더이
상 품지 않았다는 또다른 사실에 의해서도 설명할 수 있다. 마지막으로 그리고 특히, 원래
에스파냐와 아메리카 사이의 장거리를 실어나를 수 없는 저가의 상품들을 엄청난 비용

이익은 줄어들고 정치적 곤경은 점점 더 커지는 발전체제를 따르고 있었다. 에스파냐가 계속 제국의 정치적 비용들을 부담하고 있는 동안 유럽의 다른 국가들은 훗날 보다 용이하게 에스파냐령 아메리카로부터 경제적 혜택을 누리게 되었을 것이다.[126]

그래서 1557년 이후의 시기에 에스파냐는 제국의 중앙 유럽 지역을 잃었을 뿐 아니라, 오랜 싸움 끝에 북부 네덜란드까지도 잃게 되었다. 에스파냐는 남아 있는 식민지들에서 얻는 혜택도 일부 상실하고 있었다. 게다가 아메리카가 에스파냐 세입의 중요한 —— 전체 세입의 10퍼센트나 될 정도로 —— 원천이 되었다는 바로 그 사실 때문에 에스파냐는 이미 얻은 수입을 확고히 지키고자 팽창과정을 늦추지 않을 수 없었다.[127] 그러나 이러한 늦춤은 결국 잠정적인 현

<hr/>

을 들여 운송하는 경제적 어리석음 —— 신세계의 은광처럼 아주 높은 수익이 있다면 몰라도 그렇지 않다면 가능하지 않았던 어리석은 짓 —— 때문이라는 점이다. 이러한 높은 수익이 여러 가지 이유들(가장 손쉽게 채굴할 수 있는 광맥들이 고갈된 것, 광산지역에서 노동력이 부족해진 것, 아말감에 필요한 수은의 가격이 오른 것, 특히 16세기 가격혁명의 결과 은의 구입가격이 내린 것 등)로 해서 감소했을 때, 은은 유럽에 보다 적게 수출되었고 오히려 아메리카에서 좀더 균형잡히고 다양한 경제를 창출하는 데 이바지했다." H. Chaunu & P. Chaunu, *Cahiers d'histoire mondiale*, I, pp. 99–100.

126) "펠리페 2세 치하의 제국주의는 에스파냐-대서양 경제에 기초하고 있었다. 그것은 아메리카의 자원과 신세계의 은광으로부터 정기적으로 은을 공급받았던 카스티야의 자원으로부터 자금을 마련했다.……

"1590년대부터……네덜란드와 잉글랜드의 밀무역업자들이 넓어지는 틈새로 비집고 들어오는 가운데 에스파냐 경제와 그 아메리카 속령의 경제는 갈라지기 시작했다[즉 상호 보완적인 경제라기보다는 상호 경쟁적인 경제가 되었다]." Elliott, *Imperial Spain*, pp. 285, 287. 이것은 에스파냐가 유럽 세계경제의 반주변부의 일부가 되고 있었다는 것을 또다른 방식으로 말해주는 것이다.

안드레 군더 프랑크는 16세기에 칠레에서 발생한 경제적 잉여가 얼마나 사치품에 소비되었는지 그 정도를 지적하고 있는데, 이것은 "칠레의 외환 및 국내자원의 유출"과 다름없는 것으로 볼 수 있으며, 에스파냐에 꼭 이익이 되는 것은 아니었다. André Gunder Frank, *Capitalism and Underdevelopment in Latin America*, p. 33.

127) "펠리페[2세]가 안정을 도모하고자, 기존 지역들이 근면한 에스파냐인들과 정착한 인디오들로 채워지고, 규율 바르고 순종적인 관리들에 의해서 관리될 때까지 더 이상의 정복을 중단하고자 했으리라는 것은 당연한 일이었다. 무엇보다도 팽창의 억제는 왕실 수입원으로서의 서인도 제도의 중요성이 커지는 것을 인식한 데서 나온 것이었다.……펠리페 2세의 즉위 당시에 서인도 제도로부터의 수입은 그의 전체 수입의 약 10퍼센트에 달했으

상으로 그치지 않았다.

에스파냐의 쇠퇴는 근대 유럽사 기술의 중요한 주제들 중 하나가 되어왔
다. 우리의 시각에서 볼 때, 그 이유는 16세기에 에스파냐가 유럽 세계경제에
서 지리적-경제적으로 중앙에 위치하면서도, 그 지배계급들로 하여금 유럽
세계경제의 형성으로 이익을 얻을 수 있게 해줄, 그런 종류의 국가기구를 세
우지 않았다는 데(아마도 에스파냐는 그렇게 할 수 없었기 때문일 것이다) 있
었던 것 같다. 이 점은 "핵심" 지역들이 지리적 측면이나 혹은 교역활동의
측면에서 반드시 가장 "중심적일" 필요가 없다는 것을 보여준다.

에스파냐는 이미 16세기에 들어섰을 때 그 경제구조의 밑바닥에 깔려 있는
결점들 때문에 시달리고 있었다. 첫째, 앞에서 언급했듯이, 이동 목양업자들
의 비교적 조직된 힘은 요먼층의 성장에 커다란 방해물이었다. 왜냐하면 그들
은 경작지의 인클로저에 맞서서 자신들의 특권을 유지할 수 있었기 때문이다.
잉글랜드에서 목양은 그 이동이 덜했고, 등본보유의 느린 성장을 허용한 인클
로저 체제와 보다 쉽게 양립할 수 있었다.[128] 둘째, 어떤 주목할 만한 산업부
문이 없었으며, 또 기존의 것들(카스티야의 직물 및 견직 공업)은 1590년의
위기를 맞아 몰락하기 마련이었다.[129] 비센스는 그 이유를 좀 난해하게도 "카

<hr/>

며, 게다가 점점 더 증가하고 있었다. 펠리페가 진 막대한 채무와 유럽에 대한 광범한 개입
이라는 견지에서 볼 때, 서인도 제도의 수입을 더욱더 빠르게 증가시키는 것, 즉 에스파냐
의 자본과 재능 그리고 인디오의 노동력을 은광이나 그밖의 영리활동들에 집중시키는 것 ;
그리고 원거리의 투기적인 새로운 사업들(entradas)로 정력을 분산시키기보다는 기존의 수
익성이 있는 지방들의 발전을 추진하는 것이 왕실정책의 주요 목표가 될 수밖에 없었
다." J. H. Parry, *New Cambridge Modern History*, III, pp. 510-511.
128) "[16세기에 에스파냐의 대도시인들은] 농업경제의 기본적인 진실을 이미 알아차리고 있었
는데, 카스티야에서는 매우 불행하게도, 재앙의 두 세기가 다 지나갈 때까지도 이를 충분히
깨닫지 못하고 있었다. 사실은 농경과 목축이 매우 잘 결합될 수 있으며 이 두 활동이 결
코 적대적이거나 상호 배타적이지 않았던 것이다." Klein, *The Mesta*, pp. 327-328.
129) "16세기부터 17세기까지 네덜란드, 잉글랜드, 프랑스는 에스파냐로부터 올리브유, 염료,
양모 등 원자재는 수입했다 : 반면 에스파냐는 그 대가로 이 나라들의 공산품과 곡물을
받아들였다. 그렇게 정해진 국제적인 분업은 에스파냐의 산업에 대한 지속적인 투자를
불가능하게 했다. 오직 영세한 장인적 기업만이 생존을 위해서 투쟁하고 있었다." Da
Silva, *En Espagne*, pp. 177-178.

스티야가 자본주의 세계를 이해하지 못한 탓"[130]으로 돌린다. 어쨌든 위기 이후에 일어난 현상에 대한 그의 경험적 기술은 지출의 방식이 적어도 쇠퇴의 한 매개변수라는 것을 보여준다 :

> 돈을 소유하고 있는 바로 그들(귀족, 안달루시아와 에스트레마두라의 젠트리, 퇴역 정부관리)이 돈을 건축물(교회, 왕궁, 수도원) 속의 돌로 바꾸어버리거나 예술작품들로 바꾸어 거룩하게 만들었다. 그러나 그들 중 아무도 공업에, 혹은 하다못해 단순히 상업에 뛰어들려는 유혹에 빠지지 않았다.[131]

투자 형태에서의 유사한 변동이 새로운 자본주의 경제를 훨씬 더 지향하고 있던 카탈루냐 부르주아들에게 영향을 미쳤다. 브로델은 그들이 상업에서부터 경작지에 투자하는 쪽으로 점차 쏠리고 있었다고 지적한다. "이것이 바르셀로나가 펼친 경제적 드라마의 여러 측면들 중 하나가 아닌가? 바르셀로나의 부르주아지는 위험을 무릅쓰고 해양사업에 계속 투자하기보다 토지에 투자하기 시작했다."[132] 그렇다면 이런 질문이 제기된다 : 어떻게 유럽에서 가장 중요한 제국의 복판에서, 이 시기에, 제국의 부르주아지는 그들의 산업기지를 건설하는 대신 해외투자로부터 방향을 바꾸어 곡물 재배 쪽으로 나아갔는가?[133]

---

130) Vicens Vives, *Approaches*, p. 98. 16세기 내내 에스파냐의 직물생산이 질적으로 꾸준히 쇠퇴했다는 라몬 카렌데의 지적이 어쩌면 좀더 적절한 듯하다. Ramón Carande, *Carlos V*, I, pp. 191-192 참조. Elliott, *Imperial Spain*, p. 193 참조.

131) Vicens Vives, *Approaches*, p. 9.

132) Braudel, *La Méditerranée*, I, p. 63.

133) 에스파냐는 점차 영지에서의 생산에 적합한 농업작물로 눈길을 돌리고 있었다. 그중 중요한 하나의 예가 "임금을 받는 농민들과 농업노동자들의 활동"이 된 포도주 생산이었다. Da Silva, *En Espagne*, p. 159. 게다가 노동자들의 임금수준은 프랑스 이민의 유입으로 더욱 하락했다(p. 113). Nadal, *La población española*, pp. 80-88 참조.
반대로 에스파냐는 어업에서 소비시장으로서 존속한 반면, 생산자로서는 기반을 잃고 있었다. 이니스는 이것의 의미들을 상세히 설명한다 : "[뉴펀들랜드에서의] 에스파냐 어업의 쇠퇴는 프랑스, 잉글랜드, 뉴잉글랜드 어업에 대한 에스파냐 시장 개방의 이면이다. 잉글랜드측에서 보자면, 그것은 수세기 동안 뉴펀들랜드의 발전, 꾸준한 선원 양성, 영국 공업제품의 소비 그리고 에스파냐의 정화 유입을 의미한 교역을 불러들였다. 16세기와 17세기에 대영제국의 주춧돌은 사실 에스파냐 무역이었다고 해도 과언이 아닐 것이다.

또 하나의 수수께끼가 있다. 빌라르를 비롯한 여러 저자들이 한결같이 지적하
듯이 : "에스파냐를 기생적인 방법으로 부유하게 만든 금속들이……그 구매력
이 가장 큰 나라들로 흘러들어간 것이다."[134] 혹은 비센스가 말하고 있듯이 :
"사실 카스티야는 유럽 다른 지역들과 투쟁하고 있는 중요한 시기에 아메리
카로부터의 귀금속 유입에 의존하고 있었다."[135]

분명히 이것의 한 요인은 제노바인들, 네덜란드인들, 포르투갈인들, 유대인
들, 프랑스인들과 같은 외국인들이 재정적으로 줄곧 핵심적인 역할을 떠맡고
있었다는 점이다.[136] 또 하나의 요인은 카스티야의 부르주아지가 물가 상승

---

개신교적 잉글랜드의 대구 소비는 생활수준의 변동에 따라 줄어들었다. 가톨릭적 에스파
냐는 꾸준하고도 성장하는 시장이었다. '교황과 10실링을 위하여'라는 뉴펀들랜드 어민
들의 축배는 대영제국의 모든 선량한 시민들이 동참하고자 하는 축배인 것이다." H. A.
Innis, "The Rise and Fall of the Spanish Fishery in Newfoundland", *Proceedings
and Transactions of the Royal Society of Canada*, 3rd ser., XXV, Section II, 1931,
167.

134) Vilar, *Past & Present*, No. 10, p. 32 (주 88).

135) Vicens Vives, *Approaches*, p. 97.

136) "이 위기의 주된 수혜자들은 외국인들, 즉 미움받는 제노바인들(분노한 카탈루냐인들이
이름붙인 '하얀 무어인들'), 포르투갈 유대인 그리고 이단의 네덜란드인들이었다. 외국
은행가들은 국왕의 재정을 운영했다 ; 외국 상인들은 카스티야 경제의 목을 움켜쥐고 있
었으며 그들의 촉수는 이익이 많이 나는 세비야의 아메리카 무역을 감싸고 있었다."
John Elliott, *Past & Present*, No. 20, p. 69.
"세속적인 문제들에 대한 깊은 경멸, 에스파냐의 세계교회적(ecumenical) 선교의 이상은
카스티야의 경제회복을 위한 그 어떤 계획도 완전히 묻어버렸다. 제노바 은행가들은 아메
리카 광산의 개발 이윤을 독점했다 ; 제노바의 선박의장업자들은 함대에 대한 식량 공급을
도맡았다. 한편 이탈리아, 플랑드르, 프랑스의 상인들은 메디나 델 캄포의 정기시와 세비
야나 카디스로부터의 출항을 수단으로 하여 식민지 무역에 대한 통제권을 장악했다. 왕
국은 이를 반대하기는커녕 피레네 산맥 너머에 있는 자본주의 기구에 왕국을 결합시킨
위험스런 재정적 혼란에 점점 더 빠져들게 되었다 ; 처음에는 이러한 결합이 불가피했고,
다음에는 파멸적이었으며, 결국에는 쓸모없는 것이 되었다.……농토의 생산성을 증대시
키기 위하여, 혹은 대양세계를 개발할 상업회사들을 세우기 위하여 투자된 어떤 자본도
찾아볼 수 없다. 심지어 노예무역을 이용하기 위한 노력조차도 없었는데, 이것은 포르투
갈인과 프랑스인들의 수중에 들어가 있었다." Vicens Vives, *Approaches*, pp. 97~98.
라몬 카란데는 16세기에 에스파냐가 이처럼 외국 은행가들에게 의존한 것은 유대인을
축출한 직접적 결과라는 점을 아주 분명히 밝히고 있다 : "16세기 이전에 외국 은행가들

및 귀족들의 사치스런 지출의 영향, 황제의 차입이 몰고 온 인플레이션 및 반
(反)보호주의적 효과들[137)]에 완전히 압도당하기 전에, 카를 5세가 에스파냐

---

은, 예를 들면, 잉글랜드나 프랑스에는 있었지만 카스티야와 아라곤에는 없었다. 13, 14,
15세기 전 시기를 통하여 이들 왕국에 외국 상인들이 오랫동안 없었다는 것은 아니다.
……그렇지만 우리의 국왕들, 즉 카스티야와 아라곤의 국왕들은 외국 은행가들을 필요
로 하지 않았다. 아브라함들, 이삭들, 사무엘들로 충분했다. 경제적 영역에서, 특히 대부
업 분야에서 유대인들은 중세를 통하여 이 나라에서 그들을 대신할 만한 경쟁자를 찾지
못했다. 유대인들은 국고 담당자이면서 동시에 국왕들에 대한 대부자들이었다." Caran-
de, *El crédito de Castilla en el precio de la política imperial*, discurso leído ante la
Real Academia de la Historia (Madrid, 1949), 24. Klein, *The Mesta*, p. 38 참조.
137) Elliott, *Imperial Spain*, pp. 192-193 참조. 클라인은 황제의 부채가 에스파냐 국내의 갈
등을 해결하는 그의 능력을 어떤 식으로 해쳤는지 지적하고 있다. 16세기 초에 메스타의
특권은 식품가격의 상승을 가져옴으로써, 코르테스에서 더 많은 경작의 장려를 희망한
다양한 이해 당사자들의 도전을 받았다 : "카를 자신은 목축업 전반의 문제와 관련하여
다소 난처한 처지에 있었다. 첫째로 그는 그의 할아버지가 그랬던 것처럼 당연히 메스타
와 그 산업을 개발할 것을 제안했는데, 이것은 무제한의 목축을 의미하는 것이었다. 이
러한 방향을 좇은 그의 정책은 1525년에 그가 자신의 대금주인 푸거가에게 마에스트라
스고(maestrazgo), 즉 군사 교단의 유력한 지휘자들의 매우 값진 목초지를 임대해준 사
실로도 또한 촉진되었다. 게다가 경작지가 이러한 토지들을 상당 정도 잠식하도록 방치
한다면 국왕 자신이 그의 은행가들부터 성가신 질문 공세에 시달릴 것이었다. 다른 한편
으로 그의 재정적 필요가 증가함에 따라 특별 보조금, 즉 세르비시오(servicio : 원래 국
가의 경조사시 국왕에 대한 신민들의 재정부조를 의미했던 것으로 보이나 15세기 말 이
후 국왕의 정규적 수입이 됨/옮긴이)를 코르테스에 요청해야만 했다. 이러한 금액을 확
보하기 위하여 그는 코르테스에서 보조금에 대한 표결을 얻어내는 데 그 영향력이 필요
했던 몇몇 대도시들에게 공유지의 인클로저를 인가하지 않으면 안 되었다.……
"그러나 카를은 결정을 내리는 데 길게 끌지 않았다. 왜냐하면 그의 계획과 야망은
새로운 산업 전반의 발전을 끈기 있게 기다릴 수 있는 종류의 것이 아니었기 때문이다.
그는 당장에 자금이 필요했다. 에스파냐의 영토 안에서 이용 가능한 가장 이윤이 많이
나는 자원들 가운데 하나는 오래 전에 자리잡은 그리고 지금은 가장 번창하는 목축업이
었는데, 이 산업은 바로 그 당시에 과거의 어느 때보다도 혹은 사실 다시는 그럴 수 없
을 정도로 번창했다.……산림 보존과 경작지는 모두 목축업의 이익에 종속되어야 했다."
Klein, *The Mesta*, pp. 327-328.
그리고 마치 이것으로도 충분치 않다는 듯, 1590년 이후의 은 수입의 감소는 에스파
냐 정부로 하여금 잔존하는 에스파냐 부르주아지에 과도한 세금을 부과하는 파멸적인
정책을 취함으로써 그 손실을 메꾸도록 떠밀었다. Elliott, *Past & Present*, No. 20,
p. 71 참조.

민족주의의 전망을 취하여 중상주의 정책을 채택하기를 꺼려했다는 점이다.[138]
그런데 이 모든 것들은 에스파냐가 범유럽적 합스부르크 제국의 사업에 말려
들게 된 것과 관련되어 있었다. 이들 두 요인 —— 즉 에스파냐 안에 있는 비
(非)에스파냐계 금융업자들의 커다란 역할, 정부가 적절한 보호조치를 취하기
를 꺼려했던 (혹은 취할 수 없었던) 점 —— 의 결과들이 에스파냐의 경제적
역할을 뒤집어놓고 말았다.[139]

  에스파냐는 외국 상인들에 대항하는 방향으로 나아간 것이 아니라 에스파
냐 내의 비(非)가톨릭 세력을 추방하는 길을 따랐는데, 이는 자멸적인 길이었
다. 유럽의 개신교 세력과 지중해 세계의 이슬람 세력에 대한 주도적 반대자
로서의 에스파냐의 국제적 위치는 1588년에 에스파냐의 무적함대가 패배하
자,[140] 국제정책의 논리적, 내면적 결론에 따라 움직여나가게 되었다. 1492년

---

138) Elliott, *Imperial Spain*, p. 196. 이것은 또한 라몬 카란데가 "The mercantilist
crossroads", *Carlos V*, I, ch. vii에서 제기하는 비판이다. 다음과 같은 지적을 보라 :
"자신의 목적을 추구하면서 카를 5세는, 그 자신이 시인했듯이, 에스파냐를 그의 식량창
고로 만들었다. 그는 페르난도에게 이렇게 써보냈다 : '나는 에스파냐에 있는 나의 왕국
들 덕택에 지탱해나갈 수 있다'; 그러나 그렇기 때문에 그는 어떤 민족적 통일계획도 세
우지 않았다. 각 영토들은 고대와 같이 양립할 수 없는 이해관계를 가진 매우 많은 지방
들로 구성되어 있었다. 비록 전체적으로 제국에 포함되지는 않았지만, 그들의 집단적인
경제적 이해는 황제의 의사결정에 의존했고, 따라서 국내시장에서 응분의 관심을 끌지
못했다."[p. 159]
   루이스 비탈레는 에스파냐의 정책은 "중상주의적"이 아니라 "교환주의적"[캄비아리
아(cambiaria)]이었다고 주장한다. Vitale, *Pensamiento crítico*, No. 27, p. 23. 실로 그는
에스파냐의 쇠퇴의 근원은 보호주의적 정책을 취하지 못한 데 있다고 주장한다. "역설적
이게도 에스파냐는 잉글랜드와 프랑스 같은 적대국가들의 산업에 대한 주요한 자극제로
변신했다."[p. 24]
139) "펠리페 2세는 생산과 광산 혹은 플랜테이션에서는 풍요롭지만 국제금융에 대해서는 더
욱더 무력했던 19세기 남아메리카 정부와 같은 입장에 처해 있다고 늘 생각했을 것 같
다.……정부는 마음대로 화를 내고 심지어 폭력을 휘두를 수도 있었으나, 그리고 나서는
굴복하고 자신의 자원과 그 지배권을 넘겨주고 '양해할' 수밖에 없었다." Braudel, *La
Méditerranée*, I, p. 464.
140) "얼마 동안은 에스파냐가 국제적 개신교 세력과의 대결에서 지고 있음이 분명했다.……
처음 두 합스부르크 황제의 의기양양한 에스파냐와 그 계승자들의 패배주의적이고 환멸
에 찬 에스파냐를 구분하는 해가 있다면, 그것은 1588년이다." Elliott, *Imperial Spain*,
pp. 282-283.

에 유대인을, 1502년과 1525년에는 무어인을 추방하고, 16세기를 통해서 마라노들과 "에라스무스의 추종자들(Erasmians)"을 박해한 에스파냐는 1609년에 마지막 유사종교적 소수집단인 소위 모리스코들(Moriscos)[141]을 추방했다. 모리스코들은 30만 명에 달했는데, 대개 농업노동자들이었으며 발렌시아와 안달루시아에 불균형적으로 산재해 있었다.[142] 모리스코들의 추방은 에스파냐의 국내 사회구조를 파괴했다. 이러한 추방은 한편으로는 17세기 초 10년간의 경제적 후퇴의 결과로서,[143] 다른 한편으로는 에스파냐의 쇠퇴하는 국제적 지위의 결과로서 비롯되었다.[144] 이것은 에스파냐의 부르주아 세력들이 라티푼디움을 소유하고 있는 토지귀족 계급을 겨냥한 움직임이었는데, 말하자면 자본주의적 성장과 연결되지 않은 이 계급의 거점을 부수려는 마지막 시도였다.[145] 그러나 이 귀족들은 그들이 부르주아에게 진 부채의 변제를 거부함으

---

141) "모리스코는 그리스도교의 세례를 받거나 에스파냐를 떠나도록 —— 카스티야에서는 1502년부터, 아라곤에서는 1525년부터 —— 강요된 그리스도교권 안에 거주하는 무슬림들을 지칭하는 용어이다. 대부분은 최소한의 범위 안에서 순응했으나, 아랍어와 오랜 관습을 그대로 지니고 있었다." Vicens Vives, *Approaches*, p. 31에 있는 존 코넬리 울만의 각주.

142) Vicens Vives, *Approaches*, pp. 102-103 참조. 비센스의 수치는 앙리 라페이르의 연구에 바탕을 두고 있다. Henri Lapeyre, *Géographie de l'Espagne morisque* (Paris : S.E.V.P. E.N., 1959).

143) "17세기 초의 수년 동안 [에스파냐에서는] 1601-04년에 물가의 기본 추세에 하나의 반전이, [그리고] 1608-09년에 대서양 지역 에스파냐령과 에스파냐령 아메리카 사이의 전체 무역량[의] 기본 추세에 하나의 반전이 [일어났다]. 모리스코들을 축출한 시기가 바로 이 시점[1609년]이었던 것은 에스파냐의 이와 같은 국면의 양상에서 기인한 바가 크다." Pierre Chaunu, "Minorités et conjoncture : L'expulsion des Morésques en 1609", *Revue historique*, CCXXV, 1, janv.-mars 1961, 93.

144) 후안 레글라는 16세기에 모리스코는 잠재적인 "제5열"로 간주되었고, 오스만의 진출에 대한 두려움이 모리스코를 다루는 데에 영향을 미쳤다고 지적한다. Juan Reglá "La cuestión morisca y la conyuntura internaciónal en tiempos de Felipe II", *Estudios de historia moderna*, III, 1953, 222-228 참조.

145) Juan Reglá, "La expulsión de los moriscos y sus consecuencias", *Hispania, revista española de historia*, XIII, No. 51, 1953, 222 참조. 그러나 클라인은 이것을 부분적으로는 농경의 이해관계에 대하여 목축의 이해관계를 방어하려는 시도로 보고 있다 : "메스타가 1609년에 모리스코들의 축출을 확실히 하기 위해서 군주들에 대한 자신의 영향력을 이용했을 가능성이 없지 않았던 것 같다. 경작할 목적으로 목초지를 개인적으로 인

로써 그들이 상실한 소득을 보상받는 자구책을 강구했는데, 이러한 움직임은
국가의 지원을 받았다.[146] 피에르 빌라르는 그 결과를 다음과 같이 요약한다 :
"그 결과는 봉건경제에 타격을 입히는 대신에, 그들의 채권자들에게, 즉 부유
한 요먼들(laboureurs riches)과 부르주아에게 되돌아왔다."[147] 그 진정한 결
과는 이중적이었다. 한편으로 "모리스코들의 추방은 100년 이상이나 이베리
아 반도의 균형을 깨뜨리는 결과를 가져왔다. 카스티야에서 결정된 이 조치가
발렌시아와 아라곤을 파멸시켰다."[148] 다른 한편으로 그것은 경제적 어려움을
더욱 심화시켰고[149] 에스파냐로 하여금 그 쇠퇴에 대한 점점 더 덧없는 희생
양들을 찾도록 내몰았다.[150]

---

클로저하는 것에 반대하는 소송들의 기록은 펠리페 2세의 치세 말년 동안 모리스코 피
고인들의 수가 놀랍도록 많았다는 것을 보여준다. 비록 상당수의 모리스코들이 행상, 상
인, 탁발수도사들이었지만 훨씬 더 많은 수는 농민 경작자들이었다. 그들을 축출한 것은
……의심할 여지 없이 에스파냐 농업사에서 이제까지 알려진 가장 심각한 손실 가운데
……하나였다." Klein, *The Mesta*, p. 338. 나달의 다음과 같은 지적을 보라 : "이러한
박해의 동기는 두 가지로 간추릴 수 있다 : 한편으로 이데올로기적으로 완고한 무어인 소
수집단은 경제적 어려움이 더해가는 속에서도 그리스도교인 소수집단보다는 경제적 상
황이 더 나아졌다 ; 다른 한편으로 그들의 적대자들보다 더 유순한 무슬림 봉신들은 봉건
귀족의 이해관계를 옹호했다." Nadal, *La población española*, p. 63.

146) Juan Reglá, *Hispania, revista española de historia*, XIII, No. 52, 1953, 446 참조.
147) Vilar, *Europe*, 34, p. 6.
148) Chaunu, *Revue historique*, CCXXV, p. 97. Juan Reglá, "La expulsión de los mo-
riscos y sus consecuencias en la economia valenciana", *Studi in onore di Amintore
Fanfani*, V : *Evi moderni e contemporaneo* (Milano : Dott. A. Giuffrè-Ed., 1962), 525-
545 참조. 엘리엇은 모리스코의 축출이 에스파냐 전체에 미친 부정적인 경제적 영향에
대해서 다소 유보적이지만, "그러나 적어도 발렌시아에 관한 한 모리스코의 축출이 경제
적 재앙이었다"는 점을 인정한다. J. H. Elliott, "The Spanish Peninsula, 1598-1648",
*New Cambridge Modern History*, IV : J. P. Cooper, ed., *The Decline of Spain and
the Thirty Years' War. 1609-48/59* (London and New York : Cambridge Univ.
Press, 1970), 455.
149) "모리스코 축출의 즉각적인 결과 가운데 하나는, 1614년-22년의 기간 동안 카레라
(Carrera : 에스파냐와 신대륙을 오가는 정기 선단으로 1년에 두 차례 출항했음/옮긴이)
의 무역량이 1605-13년의 절정기 무역량에 필적할 수 없었다는 점인 듯하다.……"
Chaunu, *Revue historique*, CCXXV, p. 93.
150) "우리는 17세기의 에스파냐의 상황이 악화되어가는 과정에서, 희생양으로 쓰기에 알맞

한편 정부는 해외에 점점 더 많은 부채를 지고, 채무 상환을 거부함으로써 (1557년, 1575년, 1596년, 1607년, 1627년, 1647년) 더욱더 자주 예산위기를 맞게 되었으며, 그래서 결국은 "더 이상의 자금을 조성할 수가 없게 되고 따라서 전투를 계속할 수 없게 되었다."[151] 그리고 국내에서는 "유별나게 비용이 많이 드는 카를 5세의 외교정책과 여기에 자금을 대기 위하여 대부에 의존함으로써 외국의 은행가들이 나라의 재원을 지배하게 되었을" 뿐만 아니라, "카스티야 내에서 가장 감당할 능력이 없는 계층들이 그 부담을 정면으로 떠맡게 되었다"[152]고 J. H. 엘리엇은 지적한다. 그 결과로서 에스파냐가 안게 된 딜레마는 1600년에 이미 마르틴 곤살레스 데 세요리고라는 법률가이자 신학자가 포착하고 있었다 : "그러므로 에스파냐에 금이나 은이 없다면, 이는 그것들이 있기 때문이다 ; 에스파냐가 빈곤한 원인은 에스파냐의 부에 있다."[153]

에스파냐의 증대하는 경제적 어려움에 강력한 국가기구를 만들지 못한 무능함이 겹쳐 광범위한 약탈현상이 일어났는데, 국가는 여기에 제대로 대처하지 못했다.[154] 바로 이러한 어려움에서 구조적 경직성이 비롯되고 이러한 구

　　있던 쓸모있는 모리스코들이 갑자기 사라져버리자, 그 [대상이] 얼마나 많은 유대인들 혹은 유대인이라고 고발된 사람들에게로 옮아갔는지 하는 문제에 대해서……충분한 관심을 기울였는가?" Chaunu, 같은 책, p. 94.
151) G. N. Clark, *The Seventeenth Century* (London and New York : Oxford Univ. Press (Clarendon), 1929), 42.
152) Elliott, *Imperial Spain*, p. 204.
153) Vilar, *Europe*, 34, p. 10에 재인용되어 있다. 쾨니히스버거는 좀더 현대적인 표현으로 같은 사실을 지적한다 : "그래서 외국인들에게는 놀랍게도 페루로부터 들여온 모든 은이 에스파냐를 부유한 국가로 만들 수는 없었다. 아메리카의 귀금속은 황제의 전쟁비용을 치르고 제노바 은행가들의 부를 이루었으나, 국가의 경제적 후진성을 극복하기 위하여 생산에 투자된 부분은 극히 미미했다. 카를 5세의 제국이 점점 더 에스파냐 제국이 되어감에 따라 에스파냐의 경제적 취약성은 서유럽 경쟁자들과의 경쟁에서 훨씬 더 심각한 약점이 되었다." H. G. Koenigsberger, "The Empire of Charles V in Europe", in the *New Cambridge Modern History*, II : G. R. Elton, ed., *The Reformation, 1520-1559* (London and New York : Cambridge Univ. Press, 1958), 322-323.
154) 다 실바는 약탈행위의 증가를 "판매가격과 시장의 극단적인 긴장상태 아래서 농민들의 운명이 지방 영주들의 손아귀에 들어갔다……"는 사실에 기인하는 것으로 보고 있다.

조적 경직성 속에서 "에스파냐 국왕들이 최소한의 변화와 개혁만으로 그럭저
럭 버텨나가고 또 지배할 수 있었기" 때문에 관료기구의 "굼뜬 기질"은 줄어
들기는커녕 더욱 심해졌다.[155] 그리고 국가수입의 감소에도 불구하고 국가는
기생적인 궁정 관료기구의 사치스런 지출을 높은 수준으로 유지해나갔고 어
쩌면 심지어 증가시켰을 것이다.

　최대의 타격은 인구상의 타격이었을 것이다(우리가 이미 주장한 바와 같
이, 인구상의 타격이 작용할 때, 그것은 하나의 매개변수로서 작용하는 것이
다). 설령 "제1차" 16세기에 에스파냐(혹은 적어도 카스티야)의 인구가 많았
고 또 증가했다고 하더라도,[156] 이것은 아메리카로의 이주, 전투에서의 사망,
1599-1600년 동안의 안달루시아와 카스티야에서의 기근과 역병 그리고 이미
살펴본 바와 같은 1609년의 모리스코들의 추방 등 여러 가지 이유로 해서
"제2차" 16세기에는 더 이상 사실이 아니었다. 그러므로 에스파냐가 유럽의
다른 지역들에 비해서 기업가 정신이 얼마간 뒤떨어진 것이 아니었다.[157] 우
리가 이미 제시한 이유들 때문에 국가기구가 적당하고 적절하게 형성되지
못했으며, 그래서 엘리엇의 말을 빌리면 "불리한 환경이 결국 너무 완강했
고",[158] 쇼뉘의 말을 빌리면 에스파냐가 "장기적인 수축에 대해서……과민증

　　Da Silva, *En Espagne*, p. 161. 후안 레글라는 그것을 프랑스의 위기가 낳은 부산물의
　　하나로 간주한다 : "게다가 프랑스의 위기는 비적행위로 맹위를 떨쳤던 가스코뉴 이민자
　　들의 넘쳐나는 물결을 카탈루냐와 아라곤으로 끌어들였다." Reglá, *Hispania*, XIII,
　　p. 233. 그 모든 것을 가스코뉴인들 탓으로 돌리는 것은 분명히 지나친 처사이다. 그러나
　　엔리케 세라이마는 1582년 피레네 지방에서 위그노와 토착 산적들이 "제휴함으로써" 비
　　참한 상황이 벌어졌다고 지적한다. Enrique Serraima, "Hugonotes y bandidos en el
　　Pirineo catalán", *Estudios de historia moderna*, IV, 1954, 211.
155) V. G. Kiernan, *Past & Present*, No. 31, p. 37.
156) "16세기에 에스파냐가 보여준 제국의 위대한 성공들은 과밀한 카스티야의 잉여인구가
　　보여준 용기와 활력에 의해서 일차적으로 성취되었다. 16세기의 에스파냐의 인구에 대한
　　수치들은 빈약하고 신뢰하기가 어렵다. 그러나 카스티야의 인구가 16세기 대부분의 기간
　　동안, 유럽의 여느 지역에서처럼 증가했고 특히 1530년대에 가장 빠른 증가율을 보였다
　　는 점은 오늘날 아마도 일반적으로 받아들여질 수 있을 것이다." Elliott, *Past & Pres-
　　ent*, No. 20, p. 57.
157) *Imperial Spain*, pp. 194-195.
158) 같은 책, p. 195.

세"[159]를 보였던 것이다. 어쨌든 에스파냐는 유럽의 주요 세력이 되지 못했다. 그러기는커녕, 20세기에 와서 서서히 다시금 상향운동을 시작하려고 모색할 때까지, 에스파냐는 처음에는 반주변부로, 그 다음에는 주변부로 전락할 운명 이었다. 에스파냐만 쇠퇴한 것은 아니다. 에스파냐는 북부 이탈리아, 남부 독 일, 안트베르펜, 크라쿠프, 포르투갈 등 한때 자신의 지위 상승과 연관되었던 유럽의 모든 지역들을 자신이 가는 길로 끌고 내려갔다. 포르투갈을 예외로 하고 이들 지역은 모두 본질적으로 도시국가들이었는데, 세계경제 전체뿐만 아니라 합스부르크 제국(그리고 에스파냐 제국) 모두에 봉사했다. 이들의 번 영은 "제2차" 16세기에 세계체제가 재구성되고 얼마 안 가서 이내 사그라들 고 말았다.

새로운 체제는 그 이래로 줄곧 우세하게 된 체제, 즉 하나의 자본주의 세 계경제가 될 것이었는데, 그 세계경제의 핵심 국가들은 주변부를 착취하고(또 주변부의 국가기구들을 약화시키고), 특정한 실체들에게 반주변부 국가들로서 의 특수한 매개 역할을 맡도록 허용하면서, 끊임없는 경제적, 군사적 긴장상 태에 뒤엉켜 있게 될 것이었다.

핵심 국가들 자체는 합스부르크 제국과 발루아 제국의 경제적 파탄으로부 터 유익한 재정적 교훈을 끌어냈다. 그들은 그들이 통제할 수 없는 재정적 혼 란에 다시는 덜미를 잡히지 않겠다고 굳게 결심하고 있었다. 첫째로 그들은 유리한 무역수지를 유지할 수 있게 해줄 일종의 수입통제를 창안하려고 했는 데, 이러한 생각은 당시에 널리 유행하게 된 개념이었다.[160] 그러나 각 국가들 이 무역수지만을 염려했던 것은 아니다. 그들은, 비록 당시에 그렇게 부르지 는 않았지만, 국민총생산을 또한 염려했으며, 국민총생산에서 국가가 차지하

---

159) Chaunu, *Séville*, VIII, (1), p. 244.

160) "1550년대 후기에 전쟁의 압력에 따른 모든 강대국들의 재정파탄과 뒤이은 카토-캉브 레지의 평화는 모든 정부로 하여금 군자금을 금은으로 축적할 필요성을 느끼게 했다." Lawrence Stone, "Elizabethan Overseas Trade", *Economic History Review*, 2nd ser., II, 1, 1949, 35. 스톤은 새로운 프랑스의 지침을 인용한다 : "사람들에게 없어도 그만인 것들을 필요한 것으로 판단해서는 안 된다(Les choses desquelles les hommes se peuvent passe ne doibvent estre jugées nécessaires)."

는 몫과 그것에 대한 국가의 통제를 염려했다. 그 결과는 카를 프리드리히가 지적하듯이, "제2차" 16세기 말에 이르러서 "이제까지 자금을 대부해준 금융 가문들보다도 국가 자체가 신용의 원천이 되었던 것이다."[161]

이리하여 내부로 관심을 전환하는 시기가 시작되었다. 전반적으로 볼 때 뒤이은 시기는 R. B. 워넘의 언급처럼, 아마 "근대 유럽의 역사에서 가장 잔혹하고 편협한 시기"[162]라고 볼 수 있지만, 여러 분쟁들은 처음에 국가들 사이에서보다는 국가들 내부에서 일어났다. 국가들 사이에서는, 지친 끝에 찾아온 상대적인 평온상태 —— 즉 "티격태격 하는 가운데 여전히 폭발의 위험을 안고 있는 일종의 공존상태"[163] —— 가 한동안 지배했다.

국가의 이와 같은 내부로의 정치적 전환 —— 반드시 민족주의는 아니었으므로 말하자면 국가통제주의라고 부를 만한 것인데 —— 은 경제발전의 성격과 밀접하게 연관되어 있었다. 인구비교를 되새겨보는 것에서 시작할 필요가 있다. 프랑스는 1600년에 유럽 최다인 1,600만의 인구를 가졌던 것으로 추산되는데, 독일의 여러 제후국들의 인구는 모두 합해야 2,000만이었다. (1580년 이후 통일된) 에스파냐와 포르투갈은 약 1,000만이었고, 잉글랜드와 웨일스는 450만이었다. 인구밀도의 순위는 전혀 다르다. 전통적인 상공업 도시국가들이

---

161) Carl J. Friedrich, *The Age of the Baroque* (New York : Harper, 1952), 8.

162) "Introduction", *New Cambridge Modern History*, III : R. B. Wernham, ed., *The Counter-Reformation and the Price Revolution, 1559-1610* (London and New York : Cambridge Univ. Press, 1968), 1.

163) "그래서 16세기 전반기 동안 유럽을 갈라놓은 커다란 분쟁들은 투쟁 당사자들이 하나씩 지쳐서 주저앉음에 따라 소멸했다. 동쪽에서 그리스도 교도들과 무슬림 투르크인들 사이의 오랜 투쟁은 서로 티격태격 하는 가운데 여전히 폭발적인 공존상태 속으로 천천히 냉각되어갔다. 중앙의 신성 로마 제국에서는 1555년 아우크스부르크의 협정이 루터파 군주들, 가톨릭 군주들 그리고 합스부르크 황제 사이의 위태롭지만 대체로 존중된 삼자 균형을 이루어냈는데, 이때 황제의 권력은 (사실상) 점점 더 제국의 극동 변경들인 오스트리아 공국들과 보헤미아에 의존하고 있었다. 서쪽에서는 1559년 4월 카토-캉브레지 조약이, 다른 모든 열강 위에 여전히 우뚝 솟아 있었고, 오랜 투쟁이 끝났다기보다는 중단되었다고 해야 할 두 거인인 프랑스 왕국과 에스파냐의 합스부르크 왕가 사이의 조악하고 불안한 균형을 확인했다. 그래서 이러한 분쟁들은 그것이 소멸함에 따라 제각기 자신의 특수한 정치체제를 그 뒤에 남겼고, 1559년 이후에 이러한 체제들은 제각기 다른 체제들로부터 점점 고립되면서 더욱더 자기 자신의 길을 따라가게 되었다." 같은 책, p. 2.

자리잡은 지역들이 앞 순위를 차지했다 : 이탈리아가 제곱마일당 114명, 저지
방 국가들은 104명이었다. 프랑스는 88명, 잉글랜드와 웨일스는 78명이었다.
에스파냐(그리고 포르투갈)는 겨우 44명이었다.[164]

절대적인 인구 수와 인구밀도가 의미하는 것은 둘 다 불확실하다. 인구 수
는 전쟁과 산업에서의 힘을 의미했다. 그것들은 또한 통치할 주민들과 먹여살
릴 입의 수를 의미했다. 앞선 논의에서 이미 지적된 바와 같이, 그 적정한 크
기가 얼마인지는 전혀 명확하지 않다. "제2차" 16세기에 관한 한, 프랑크 C.
스푸너는 인구 팽창의 경제적 혜택에 대하여 회의적인 견해를 밝히고 있다.
그는 "수확체감"의 법칙에 대하여 말한다.[165] 카토-캉브레지 이후 처음에는
"서유럽의 경제활동이 지속되는 안락과 회복의 시기를 누렸다."[166] 이 시기는
독일의 광산을 몰락시키고, 금의 가치를 높이며, 유럽 경제를 자극한 은 인플
레이션의 시기였다.[167] 은 인플레이션의 한 결과는, 토니가 말하고 있듯이,
"16세기 후반까지 농업, 공업 및 해외무역이 대체로 여신에 의존했다"는 점
이었다.[168] 두번째 결과는 그것이 경제적 무게중심을 서쪽으로, 즉 중앙 유럽

---

164) 이러한 수치들은 Frank C. Spooner, "The Economy of Europe, 1559-1609" in *New Cambridge Modern History*, III : R. B. Wernham, ed., *The Counter Reformation and The Price Revolution, 1559-1610* (London and New York : Cambridge Univ. Press, 1968), 33에서 찾아볼 수 있다. Braudel, *La Méditerranée* I, pp. 361-362 ; Cipolla, *Guns and Sails*, p. 86 (주) 참조.
165) "그러나 인구변동은 언뜻 생각되는 것처럼 경제발전에 항상 유리하지는 않았다. 늘어난 인구는 사회와 법의 변경지역에서 살아가는 더 많은 유랑민들과 비적들을 몰고 왔다 ; 그들은 또한 고용에 대한 요구를 제기했는데, 이것은 또다른 어려운 문제를 야기했다. 요컨대 인구증가는 여러 가지 부담과 불편함이 뒤섞인 일련의 전체적인 이익들을 의미했던 것이다. 어느 시기에 사람들의 생산이 수확체감의 법칙, 즉 쇠퇴의 과정을 따른다는 것은……가능한 일이다. 16세기 말에 유럽은 상대적으로 인구과잉 상태가 되었다. 특히 가장 인구밀도가 높고 부유했던 서유럽 지역에서 더욱 그러했다. 산업혁명과 같은 기술혁명은 이러한 상황을 구원했을지 모르나, 그것은 2세기 후에야 찾아왔다. 다시 말해서 생산수준이 요구되는 정도에 미치지 못했고, 인구에 대해서 불충분했을 가능성이 있다. 사실상 공급은 증가하는 수요를 따르지 못했다." Spooner, *New Cambridge Modern History*, III, p. 34.
166) 같은 책, p. 14.
167) 같은 책, p. 26 참조.
168) Tawney, *A Discourse Upon Usury*, p. 86.

에서 새로운 대서양 무역으로 확실히 옮겨놓았다는 점이다. 스푸너는 카토-
캉브레지 조약에 대해서 그것이 "한 시대의 종막이라기보다는 미래의 개막"
이었다고 말하면서 다음과 같이 덧붙인다 : "미래의 길은 대서양과 7대양을
가로질러……놓여 있었다."[169]

그러나 경제적으로 볼 때 이 시대의 가장 중요한 사건은 대서양이 아니라
북쪽에서 벌어졌다. 그것은 "유럽 여러 지역들의 발트 해 재화들의 수입, 특
히 곡물의 수입이 급증한 것과 동시에 진행된 네덜란드와 잉글랜드에서의 해
양무역의 놀라운 팽창"이었다고 아스트리트 프리스는 주장한다.[170] 그녀의 견
해로는 금은과 신용과 재정상의 위기들은 경제적 (그리고 정치적) 변화를 일
으키는 원동력이 아니라 그러한 변화의 결과인 것이다.[171] 이 경우에 금융시
장이 경색되는 직접적 원인은 곡물의 결핍이었다고 그녀는 말한다.[172] 이 결
과들 가운데 하나는, 이미 당시에 발트 해 곡물시장의 중추였고, 그래서 안트
베르펜이나 남쪽 지방의 다른 도시들보다 더 큰 지불능력을 갖추고 있었던
암스테르담의 영향력이 크게 강화된 점이었다.

---

169) Frank C. Spooner, "The Hapsburg–Valois Struggle", *New Cambridge Modern His-
tory*. II : G. R. Elton, ed., *The Reformation 1520–1559* (London and New York :
Cambridge Univ. Press, 1958), 358.

170) Astrid Friis, "An Inquiry into the Relations between Economic and Financial
Factors in the Sixteenth and Seventeenth Centuries", *Scandinavian Economic History
Review*, I, 2. 1953, 193 또한 pp. 209–213 참조.

171) 1557–59년의 위기에 관한 오제의 논문을 특별히 언급하면서 그녀는 다음과 같이 주장
한다 : "불길한 발전의 뿌리는 재정정책에서보다는 지배적인 경제적 조건들에서 찾을 수
있다. 그렇다고 전자를 두둔하겠다는 것은 아니다. 아마도 네덜란드–에스파냐의 재정 붕
괴는 장기적으로 회피할 수 없었을 것이다. 그러나 분명히 주민들이 세금을 내고, 앞으
로 거둬들일 세금에서 소득을 얻을 것을 기대하면서 미리 돈을 꾸어줄 능력은 네덜란드
통치자의 재정제도에서 하나의 중요한 요소였다.……
    "근대 초기의, 특히 잉글랜드의 경기침체에 관심을 가졌던……W. R. 스콧은 경기침
체를 가속화했으리라고 짐작되는 당시의 여러 가지 요인들 가운데 흉작, 역병, 전쟁으로
인한 상업의 중단 등이 무시할 수 없을 정도로 특히 눈에 띄는 것이라고 말한다. 다름
아닌 바로 이 세 요인들을 운명의 해인 1557년의 네덜란드에서 추적할 수 있다." 같은
책, p. 195.

172) 같은 책, p. 213–217 참조.

그래서 우리는 세비야에서 암스테르담으로 넘어가게 된다. "제2차" 16세기에 관한 이야기는 어떻게 암스테르담이 해체되고 있던 합스부르크 제국의 실타래를 잡음으로써, 잉글랜드와 프랑스로 하여금 강력한 국가들로 등장하여 결국 강력한 "국민경제"를 가질 수 있게 해준 세계경제에 대하여 하나의 원활한 작동체계를 만들어주었는가 하는 이야기이다.

이러한 발전들은 대부분 유럽 세계경제의 첫번째 팽창 국면이 이 시기에 끝나가고 있었다는 사실의 결과였다. 이때는 "하나의 거대한 조류가 마치 그 상승기에 자신이 세워놓은 장애물들을 극복하기에 필요한 힘을 결여한 듯, 퇴조하기 시작한"[173] 순간이었다. 우리는 이제 인구와 금융의 전통적 중심지인 저지방 국가들과 북부 이탈리아의 반응에 눈을 돌려보자. 그리고는 다음 장에서 (프랑스, 에스파냐와 더불어) 유럽 제3의 정치세력으로서만이 아니라 산업분야에서 가장 빠르게 발전하는 세력으로서의 잉글랜드의 출현과 함께, 프랑스가 하나의 제국적 지향에서 국가통제주의적 지향으로 선회하면서 그런 조직상의 이동으로부터 충분한 혜택을 얻어내는 데 제약받은 방식들을 다루어보겠다.

이 시기에 저지방 국가들은 얼마나 중요했는가? 뤼시앵 페브르는 대서양 무역을 다룬 쇼뉘의 대작에 대한 서문에서 네덜란드의 수출입 무역이 상대적으로 보잘것없었음을 시사하고 —— 아니, 확언하고 —— 있다 :

높은 곳에서 바라본 경제사의 견지에서, 거시적인 세계사 및 문화사의 견지에서, 한편으로 북에서 남으로, 남에서 북으로 왕래하는 유용하지만 결코 값비싸지 않은 대량 상품(bulk goods)의 이 연안무역……즉 식료품의 연안무역, 그것이 낳은 물물교환, 적절한 구매, 근거리 수송 따위와 또 한편으로 아메리카에서 유럽으로 가는 무역만을 고려할 때, 다량의 따라서 정확히 알 수 없는 양의 귀금속의 공헌 사이에 어떠한 공통점이 있는가? 이러한 귀금속으로 말하자면 경제와 정치(유럽 열강들의 "거대정책들")를 다 같이 되살리고, 그리하여 엄청난 규모의 사회적 격변들 —— 즉 푸거가나 다른 가문들처럼 군주의 지위로 올라서고 있는 상인 및 금융 부르주아지의 치부, 부의 창조자들이 창출하는 이익을 오직 기생적인 방법으로 착취함으로써 자기의

---

173) Spooner, *New Cambridge Modern History*, III, p. 42.

신분과 영광을 유지하는 귀족들의 점진적인 쇠퇴, 해외의 금은을 장악한 합스부르크
가의 유럽 내에서의 장기적인 패권 등 ── 을 촉진시키고 가속화시키기 마련이었다.
이렇듯 많은 거창한 일들에 비하여 그러한 국지무역(trafic casanier), 안개 낀 하늘
아래서 불룩한 밥통들(식료품 화물)을 조심스럽게 끌고 가는, 외레순 해협과 그 바지
선들의 주먹구구식 교역의 중요성은 무엇이란 말인가?[174]

과연 무엇인가? 이것이 문제인 것이다. 페브르가 말한 사실들이 완전히 맞다
고 하더라도 ── 그리고 그가 북방무역을 너무 낮게 평가했다고 믿을 만한
이유가 있는 것 같다[175] ── 우리는 페브르의 위압적일 만큼 현란한 글을 받
아들이는 데 망설여질 수밖에 없다. 왜냐하면 이 주먹구구식 국지무역이 새
로운 산업들에 원자재를 공급하고 도시 사람들에게 식량을 제공했기 때문
이다.[176] 이미 살펴보았듯이, 이 무역은 새로운 유럽의 노동분화를 정착시키고

174) Lucien Febvre, "Préface" to Huguette Chaunu & Pierre Chaunu, *Séville et
l'Atlantique (1504-1650)*, I : *Introduction méthodologique* (Paris : Lib. Armand Colin,
1955), xiii.

175) Emile Coornaert, *Les français et le commerce internationale à Anvers (fin du XV e-
XV Ie siècles)*에 대한 얀 크라이베크의 서평을 보라. 여기서 그는 다음과 같이 지적한다.
코르네르트의 책은 "구대륙의 여러 지역들 사이의 교통이, 뤼시앵 페브르가 쇼뉘 부부의
훌륭한 책 「세비아와 대서양」 제1권의 서문에서 기술한 것처럼, 자질구레한 일상사 이
상의 의미를 지니고 있었다는 데 대한 풍부한 증거를 제시하고 있다. 이러한 진술은 단
지 미들부르그로부터 도착한 포도주들이 때로 가치에서는 아닐지라도 적어도 톤 수에서
는 에스파냐와 신대륙 사이의 연간 수송량과 맞먹었다는 (심지어 능가했다는) 사실을 알
게 될 때, 상당히 수정되어야만 한다." Craeybeckx, "Les français et Anvers au XVIe
siècle", *Annales E.S.C.*, XVII, 3, mai-juin 1962, 543.

176) 악셀 E. 크리스텐센의 다음과 같은 기술을 보라 : "발트 해의 수출은……곡물 외에 사실
상 오직 네덜란드와 남서 유럽의 산업을 위한 원료 및 보조원료들만으로 구성되어 있었
다. 그것이 지원한 산업들 중에 조선업이 가장 중요했다.……대마는 밧줄 제조업──
조선업과 어업(어망)에 대한 또다른 보조산업 ── 을 위한 원료였다. 한편 아마는 다른
보조산업, 곧 돛 제작의 기반이었다[또한 피치, 타르 그리고 선박 견조용 금속들이 있었
다].……
　"실로 발트 해 무역은 네덜란드 무역의 '모태'이자 '혼'으로서, 가장 먼저 시작되고 여
전히 가장 중요한 도매무역이었을 뿐만 아니라 또한 상선단의 번영과 성장을 위한 기본
바탕이었던 것이다." Aksel E. Christensen, *Dutch Trade to the Baltic about 1600*
(Copenhagen : Munksgaard, 1941), 365-366. J. G. van Dillen, "Amsterdam's Role in

조직했다. 귀금속들은 결국 현물을 사는 데 쓰여야만 했고, 역시 앞에서 살펴보았듯이, 에스파냐에게 귀금속들은 고작해야 원장(元帳)에 기록되고 곧 빠져나가는 것 이상의 일을 별로 하지 못했을 것이다.

그것은 저지방 국가들을 중심축으로 한 교역의 **경제적** 구심성의 문제만도 아니었다. 그것은 또한 세계경제의 재정적, 상업적 중심지를 운영해나가는 데 필요한 새로운 기술들에서의 전문화의 문제이기도 했다. "제1차" 16세기에서 "제2차" 16세기로 나아감에 따라 네덜란드가 포르투갈로부터 세계 향료 무역에 대한 통제권을 빼앗을 수 있었던 것은 네덜란드가 바로 그러한 기술들을 장악했기 때문이다.[177]

유럽 내 무역에서의 저지방 국가들의 중요성은 물론 새로운 것이 아니다.

---

Seventeenth-Century Dutch Politics and its Economic Background", in J. S. Bromley & E. H. Kossman, eds., *Britain and the Netherlands*, II (Groningen : Wolters, 1964), 특히 pp. 133-135 참조.

177) "[15세기 후반에] 새로운 세계경제가……형성되었는데, 이 세계경제에서 리스본과 상무청은 세계의 향료 무역을 통제했고 향료 선단을 고아에 있는 그들의 집산지로, 그리고는 타구스 강의 정박지로 향하게 했다. 포르투갈의 행정 및 재정기술은 그렇게 수지 맞는 임무를 떠맡기에 결국 부적합했고, [그래서] 네덜란드가 그 중개자로서의 능력을 입증했다.……네덜란드가 통제하는 향료 무역은 네덜란드의 발트 해 무역과 북서 유럽 무역에 매우 값진 부가물이 되었다. 향료와 동방 상품에 대한 새롭고도 확대된 무역은 유럽 전역에 걸쳐 그리고 실은 대서양 너머까지 확대된 무역체제에 연결되어 있었다." E. E. Rich, "Preface," in *Cambridge Economic History of Europe*, IV : E. E. Rich & C. H. Wilson, eds., *The Economy of Expanding Europe in the 16th and 17th Centuries* (London and New York : Cambridge Univ. Press, 1967), xii.

또한 E. E. 리치의 다음과 같은 지적을 보라 : "한동안 네덜란드인들은 동쪽 혹은 서쪽으로의 항해와 교역에 적극적으로 참여할 필요성을 느끼지 못한 채 신대륙 무역의 혜택을 거둬들였다. 그들의 많은 정력은 종교적 분쟁 및 에스파냐와의 장기적인 투쟁에 소모되었다 ; 하지만 그들은 자신의 지리적 위치와 상업적 재능 덕택에 그들의 나라와 위대한 도시 안트베르펜을 동방 향료의 집산지와 아메리카 재보의 거래소로 만들 수 있었다. 북해의 청어 교역 역시 그들을 포르투갈 및 지중해와의 유리한 상업적 접촉을 가능케 해주었고, 목재, 아마, 타르, 모피 등의 발트 해 무역은 그들을 서유럽의 여러 국가들, 특히 잉글랜드에 필수불가결한 존재로 만들었다." "Expansion as Concern of All Europe", *New Cambridge Modern History*, I : G. R. Potter, ed., *The Renaissance, 1493-1520* (London and New York : Cambridge Univ. Press, 1957), 468.

S. T. 빈도프가 일깨워주고 있듯이, "11세기에서 17세기까지 네덜란드는……
유럽 무역의 구심점들 중 하나였다.……"[178] 우리는 "제1차" 16세기에 안트
베르펜이 떠맡은 핵심적인 역할을 언급한 바 있다.[179] 안트베르펜은 1559년에
몰락했는데,[180] 여기서 유의해야 할 중요한 점은 그 뒤를 계승할 곳이 어딘지
전혀 분명하지 않았다는 것이다. 알다시피, 암스테르담이 그 틈 사이로 들어
왔다. 그런데 로렌스 스톤은 이 사실을 해석하는 한 가지 방법은 이를 네덜란
드의 성공이자 동시에 잉글랜드의 실패로, 즉 세계체제에서 잉글랜드가 부상
하는 것을 "지체시킨" 실패로 보는 것이라고 주장한다.[181]

---

178) S. T. Bindoff, "Economic Change : The Greatness of Antwerp", *New Cambridge Modern History*, II : G. R. Elton, ed., *The Reformation, 1520-1599* (London and New York : Cambridge Univ. Press, 1958), 51.

179) 프랑스에 대한 그리고 나중에 이베리아 반도에 대한 한자 무역은 13세기에 이미 브뤼헤를 통해서 이루어졌다. 16세기에 이르러서는 안트베르펜을 그냥 지나칠 수 없었다. 대체로 이때가 되면 한자의 선박들은 대서양 무역에서 상인으로서보다는 운수업자들로서 살아남았다. Pierre Jeannin, "Anvers et la Baltique au XVIe siècle", *Revue du Nord*, XXXVII, avr-juin 1955, 107-109 참조. 자냉은 "안트베르펜의 주위 환경이 한자의 전통과 제도들을 해체하는 힘으로 작용했다"[p. 97]고 지적한다.

180) 모든 사람들이 여기에 동의하는 것은 아니다. 프랭크 J. 스몰라 주니어는 안트베르펜의 쇠퇴가 과장되어 있다고 주장한다. Frank J. Smolar, Jr., "Resiliency of Enterprise : Economic Causes and Recovery in the Spanish Netherlands in the Early Seventeenth Century", in Charles H. Carter, ed., *From the Renaissance to the Counter-Reformation* (New York : Random House, 1965), 247-268. 그의 자세한 논의는 pp. 251-252에 나와 있다. 그의 결론은 다음과 같다 : "내재된 경제력과 폭넓은 회복의 가능성에 대한 징후들은 강력하다 ; 그 증거는 풍부하고, 대체로 미개척 상태이다."[p. 253]

181) "잉글랜드는 안트베르펜의 몰락이 가져온 파괴적 충격을 적절하게 보상할 수 있도록 상업을 재조직하는 데 성공했다. 그러나 잉글랜드는 '엘리야의 외투'(구약성서에 나오는 이스라엘의 예언자 엘리사가 스승 엘리야로부터 예언자의 직분을 계승하면서 넘겨받은 것으로 힘과 권위를 함축함/옮긴이)를 넘겨받는 데 실패했다 —— 실은 시도하지도 않았다. 안트베르펜이 몰락하고 암스테르담이 대두하는 기간에 주어진 절호의 기회는 그냥 지나가버렸다. 영국 경제사의 중요한 시기에 잉글랜드는 광업 및 공업기술에서의 지도력을 독일로부터 넘겨받는 데 사실상 성공했다는 징표들이 있다. 그러나 잉글랜드는 상업과 해운업을 둘러싼 수위 다툼 경쟁에서 더욱 진취적이고 효율적이며 좀더 잘 조직된 네덜란드에게 패배했다. 안트베르펜의 몰락에서 이익을 얻지 못한 것이 잉글랜드가 세계 대국의 위치로 떠오르는 것을 적어도 한 세기나 지체시켰다는 것은 그리 지나친 말이 아니다." Stone, *Economic History Review*, II, p. 54.

당시 암스테르담의 성공은 경제적으로만이 아니라 정치적으로도 중요했다. 그러나 이러한 성공을 가능하게 한 정치적 틀은 무엇이었는가? 16세기 후반기는 암스테르담의 부상만이 아니라 이른바 네덜란드 혁명이 일어난 시기인데, 네덜란드 혁명의 시간적, 공간적 범위는 그 사회적 내용만큼이나 그 모습이 불분명하다(좀더 정확히 말하면 의견이 분분하다고 할 수 있다).

먼저 그것은 혁명이었는가? 그리고 그것이 혁명이었다면 민족혁명이었는가, 부르주아 혁명이었는가? 그리고 이 두 개념 사이에 어떤 차이가 있는가? 여기서 혁명의 개념에 대하여 길게 부언할 생각은 없다. 우리는 아직 이 연구의 논리 안에서 그 질문을 다룰 준비가 되어 있지 않다. 여기서 나는 다만 이 질문이 근대의 여느 대 "혁명들"의 경우와 마찬가지로 네덜란드 "혁명"의 경우에도 모호하지 않은 (그리고 확실히 분명하지 않은) 것 같다는 점을 강조하고 싶을 따름이다.

역사적 문헌은 이것의 해석에서 아주 큰 차이를 드러낸다. 어떤 이들은 네덜란드 혁명을 본질적으로 "네덜란드" 민족의 이야기라고 생각한다 —— 즉 칼뱅파인 북부 네덜란드인들이 가톨릭파인 "벨기에인"(남부 네덜란드인)의 원조와 사주를 받은 에스파냐 국왕 정부에 대항해서 자유와 독립을 얻으려고 한 투쟁이라고 생각한다. 또 어떤 이들은 이를 본질적으로 모든 종교집단 구성원들로부터 지지를 받고, 결국 한 민족의 절반만을 해방시킨 모든 네덜란드 ("부르고뉴") 민족의 봉기라고 생각한다. J. W. 스미트는 다음과 같은 퍽 일리 있는 논평으로 네덜란드 혁명의 역사에 대한 개관을 끝맺고 있다:

> 그러나 이러한 문제들은, 오직 우리가 그 봉기를 하나의 덩어리로 다루기를 멈출 때 그리고 우리가 다양한 사회적, 경제적, 이데올로기적 집단들의 이해관계와 이상들을 대표하는 많은 봉기들, 때로는 나란히 진행되고 때로는 서로 상충하고 또 어떤 때는 하나의 운동으로 뭉치기도 하는 봉기들이 있었다는 것을 깨닫게 될 때, 풀릴 수 있다.[182]

---

182) J. W. Smit, "The Present Position of Studies Regarding the Revolt of the Netherlands", in Bromley & Kossmann, eds., *Britain and the Netherlands* (Groningen: Wolters, 1964), I, 28.

발전하는 세계체제의 관점에서 볼 때 우리는 왜 민족적-사회적 복합 혁명이 다른 곳(무엇보다도 프랑스를 제외하고)에서는 사회질서가 비교적 평온한 시기였던 "제2차" 16세기에 네덜란드에서, 또 오직 여기서만 일어났는가 그리고 어떻게 봉기가 대체로 성공할 수 있었는가 하는 질문을 던질 필요가 있다.[183]

카를 5세의 치세 동안 네덜란드의 국내정치는 유럽 다른 지역의 정치와 크게 다르지 않았다. 귀족은 군주에 대해서 이중적인 관계에 놓여 있었다. 즉 군주의 정치적, 경제적 힘의 성장을 두려워하면서도, 군주를 부르주아지와 대중봉기에 맞서 자신들의 이익을 지켜주는 보호자로 간주하며, 군주에 대한 봉사가 "작은 아들들"이나 곤경에 빠진 귀족들에 대한 하나의 재정적 구원이라는 것을 알고, 결국 군주의 편에 서게 되었다.[184] 그런데 갑자기 우리는 "번영을 누리는 도시들의 좌절된 부유한 부르주아들이 절망에 빠진 몰락한 수공업자들 그리고 번영하거나 혹은 쇠퇴하는 귀족들과 손을 잡고, 지방의 소요들이 전반적인 혁명으로 응집되어가는"[185] 상황을 맞게 된다. 어떻게 이런 일이 일어났는가?

나는 혁명의 **발발**에 대한 열쇠는 장인들이나 도시 노동자들의 사회적 불만이나, 혁명의 커다란 수혜자들임에 틀림없는 부르주아지에 있는 것이 아니라, 많은 "네덜란드" 귀족들이 군주는 **자기들의** 대변자가 아니며, 군주의 정책들은 중단기적으로 볼 때 그들의 이익을 현저히 해칠 것이고, 군주가 정책을 바꾸도록 설득하는 것은 그들의 정치적 능력 밖의 일이었다는(왜냐하면 군주의

183) "지배적 가문들이 이끄는 상인계급에 의해서 수행된 경제의 극적인 성장과 함께 [16세기 말에] 일어났던……정치적 발전은 17세기에 그들이 홀란트에서 차지하게 된 두드러진 지위를 대부분 설명해준다." D. J. Roorda, "The Ruling Classes in Holland in the Seventeenth Century", in Bromley & Kossman, eds., *Britain and the Netherlands*, (Groningen : Wolters, 1964), II, 112-113.

184) "귀족은 그들 공동의 적인 부르주아에 대항하여 군주의 도움을 구하거나, 아니면 군주에 대항하여 부르주아와 동맹을 맺는 길을 선택할 수 있었는데, 군주는 귀족들의 권력을 축소하기를 원하는 경향이 역시 강했다. 카를 5세의 치세기에 귀족은 군주를 선택한 것 같았다. 상층귀족들은 재빨리 황제를 섬기는 자리에 올랐지만, 하급귀족들은 보다 낮은 행정직을 맡거나 군대에 복무하는 것으로 만족했다." J. W. Smit, *Preconditions of Revolution*, p. 31.

185) 같은 책, p. 41

정치적 무대, 즉 에스파냐 제국이 만약 확고히 자리잡는다면, 그것은 그들이 통제할 수 있는 무대보다 훨씬 더 컸기 때문이다) 것을 갑자기 우려하게 되었다는 점에 있다고 생각한다.[186] 요컨대 그들은 "민족주의적" 저항을 반영하고 있었던 것이다.[187]

몇 가지 증거들을 살펴보자. 다른 지역에서처럼 그곳의 귀족들도 빚이 증가하고 있었다. 게다가 황제는 그들의 경상 소득원을 꾸준히 잠식하고 있었다.[188] 펠리페 2세가 권좌에 올랐을 때 그는 자신의 자금 조성 노력에 대한 갑작스런 저항에 부딪쳤다.[189] 카를 5세의 치세 말년은 몹시 힘든 시기였다 ──

---

186) "순전히 빈곤으로부터 나온 혁명들이 실질적으로 단명했던 반면, 대혁명들은 혁명적이 되기를 원하는 번영하는 계급들과 혁명적이 될 수밖에 없는 비참한 계급들의 연합에 기인하지 않는가?" 이것은 피에르 빌라르의 논평이다. Vilar, *Charles-Quint et son temps*, p. 188.

187) "16세기에, 거의 처음으로, 여러 저항운동은 전국적인 것이 되었고, 왕족들로부터 실직한 장인들에 이르는 여러 계급들 혹은 계급의 구성원들을 포함했다." H. G. Koenigsberger, "The Organization of Revolutionary Parties in France and the Netherlands During the Sixteenth Century", *The Journal of Modern History*, XXVII, 4, Dec. 1955, 336.

188) "게다가 중앙정부와 증오의 대상인 법률가들은 그들의 잔존하는 영주권을 꾸준히 침해하고 있었다. 1520년의 한 포고령은 새로운 십일조의 부과를 금지시켰고, 40년이 안 된 봉건적 권리들을 폐지시키려고 했다. 1531년에 국왕은 영주들이 그들의 차지인들에게 선물을 강요하거나 새로운 부역을 부과하는 것을 금지했다. 재판권의 행사에서 나오는 소득이 줄어든 것은 이미 언급한 바와 같다." H. G. Koenigsberger, "Property and the Price Revolution (Hainault, 474-1573)", *Economic History Review*, 2nd ser., IX, 1, 1956, 14.

스미트의 다음과 같은 진술을 보라 : "하지만 그러한 적대감이 주로 그들의 경제적 지위를 유지하려는 관심에 의해서 촉발된 것인지 혹은 그들의 사회적 지위를 유지하려는 욕망으로부터 비롯된 것인지를 분간하기란 쉽지 않다. 상층귀족은 여전히 상당한 수입을 얻었다. 그러나 그들의 상대적인 경제적 지위는 현저한 지출로 인하여 하급귀족의 그것처럼 (보다 낮은 정도로) 쇠퇴했던 것으로 보인다. 분명히 경제적 압력들은 귀족들의 많은 불만들 가운데 하나에 불과했으나 그것들은 사방이 포위된 것으로 느꼈던 한 계급에게 혁명으로 나가게 하는 중요한 동기가 되었던 것이다." Smit, *Preconditions of Revolution*, pp. 41-42.

189) Pieter Geyl, *The Revolt of the Netherlands (1559-1609)* (London : Williams & Norgate, 1932), 69-70 참조.

인플레이션으로 귀족의 실질소득은 감소한 반면 황제의 재정적 요구는 컸다. 카토-캉브레지 평화조약에서 비롯된 파산과 경제적 어려움들은 상황을 갑자기 악화시켰다.[190]

그러자 경제적 불만에 더하여 펠리페 2세는 1559년에 새로운 주교구들을 창설하도록 로마로부터 허가를 받아냈다. 이러한 조처는 정치적, 언어적 경계들을 합리적으로 조정하고, 주교직의 수를 늘리고, 주교들이 전문적으로 숙련될 것을 (즉 대영주들의 자제들이기보다는 신학자들일 것을) 요구하려는 의도를 담고 있었다. 한술 더 떠서 이 계획은 새로운 주교구의 설립기금을 유서 깊고 이제까지 재정적으로 독립해 있던 몇몇 수도원들의 수입에서 갹출하고, 여러 가지 정치적 회의에서 수도원장들을 새로운 주교들로 교체할 것을 요구했다. 피테르 헤일이 짤막하게 말하고 있듯이, 확실히 그것은 펠리페가 "부지런한"[191] 국가건설자라는 것을 보여주었다. 그렇기는 하지만 "그의 계획들이 사방에서 불신을 받고 있었던 바로 그 시점에, 국왕의 권위를 그토록 강화시키려는 계획에 대해서 격렬한 저항이 일어났다는 점은 놀라운 일이 아니다."[192]

반대 방향에서 귀족들은 국무회의(Council of State)를 "오직 귀족들만의 집행기구"[193]로 변형시키려고 꾀했다. 펠리페는 거부했으나, 결국 네덜란드 안의 그의 정부에 대하여 지방귀족과 도시들이 제공하는 질서유지용 병력만 남겨두고, 에스파냐 군대를 철수시킴으로써 타협책을 강구했다. 이러한 상황에다가, 1560년대 불경기가 몰고 온 하층계급들과 중간층 부르주아지의 공통적

---

190) "만약 하층귀족의 실질소득 감소가 사실상 물가 상승에 기인했다면, 그것은 아마도 16세기의 처음 75년 동안 골고루 분포된 것이 아니라, 물가가 이전보다 훨씬 더 급격히 상승했던, 대반란의 발발 이전의 15년이나 20년 동안, 즉 1550년 이후의 기간들에 집중되었을 것이다. 그러므로 만약 위기가 있었다면 그것은 1559년 카토-캉브레지 조약 이후에 네덜란드 귀족 기병대의 해체로 악화된 비교적 심각하고 갑작스러운 위기였다." Koenigsberger, *Economic History Review*, IX, p. 14.
191) "그것은 국왕이 국가 형성 과정에서 할 수 있는 일에 대한 주목할 만한 사례였고, 펠리페를 그의 가문의 전통 속에서 부지런한 일꾼으로 드러낸다." Geyl, *The Revolt of the Netherlands*, p. 71.
192) 같은 책, p. 72.
193) Smit, *Preconditions of Revolution*, p. 47.

316

인 불만[194] 그리고 이제까지 40년 동안 공격받아온 교회의 전반적 약화 현상이 덧붙여질 때, 봉기가 일어날 수 있었던 것이다 :

> 종교에 무관심했던 폭도들은 억압의 상징인 감옥들을 공격하여 개신교도들을 석방했다. 관용은 일반적인 구호가 되었고, 자유로운 삼부회에 대한 요구와 함께 반대자들의 정치적 프로그램의 핵심이 되었다. 잠시 동안 이런 구호들은 전국적인 혹은 지방을 넘나드는 범위에서 완전히 일반화된 신념들로 구실했다 ; 그것들은 단순한 원칙들이었고 무엇보다도 사회적으로 중립적이었다.[195]

우리는 이때가 카토-캉브레지의 평화 직후라는 것, 이 평화가 트리엔트 공의회를 열리게 했고, 그리하여 가톨릭 종교개혁이 제도화되었다는 것을 잊어서는 안 된다.[196] 이때부터 가톨릭교와 에스파냐 왕실은 이전보다 더욱 긴밀하게 동일시되었던 것이다.

"혁명"은 (북부와 남부 모두에서의) 최초의 봉기와 그 진압(1566-72), 북부의 홀란트와 젤란트에서만 일어난 (보다 "개신교적인") 제2차 봉기와 헨트 평화조약에 의한 봉기의 종결, 플랑드르 남부에서 일어난 급진적인 봉기(1577-79), 1579년 이래 나라가 두 부분(북부에는 연합주, 남부에는 국왕파의 체제)으로 갈라진 것, 1598년의 재통일 시도, 1609년 영구적인 휴전 성립 등 많은 단계들을 거쳤다.

이 시기에 관해서 우리가 알아두어야 하는 것은 분쟁이 —— 처음에는 형태가 불분명하고 다양한 측면을 지니고 있었지만 —— 차츰 북부의 국가적 독립을 달성하려는 개신교적인, 좀더 정확히 말하면 "개신교화된" 북부의 투쟁으로서 분명한 형태를 띠게 되었다는 점인데, 북부는 상업 부르주아지의 요구와 합치하는 체제를 지니고 있었다. 이 상업 부르주아지의 힘은 투쟁을 통해서

194) 같은 책, pp. 42-43 참조.
195) 같은 책, p. 48.
196) "프랑스와 에스파냐 사이의 평화는 트리엔트 공의회를 통한 가톨릭 재조직의 정치적 기반이었다. 이는 한 국민에게만이 아니라 모든 그리스도교인들에게 더없이 엄연한 하나의 사실이었다." Manuel Fernández Alvarez, "La Paz de Cateau-Cambrésis", *Hispania, revista española de historia*, XIX, No. 77, oct.-dic., 1959, 544.

성장했으며, 마침내 17세기에 세계적인 규모로 성장했던 것이다. 일단 분쟁이
시작되자, "제국이 실패한" 상황에서, 특히 앞으로 살펴볼 것인데, 새로운 유
럽의 세력균형이 나타난 상황에서 이를 막기 위하여 에스파냐가 할 수 있는
일은 거의 아무것도 없었던 것이다.[197] 사실 에스파냐에 대한 여러 가지 압박
은 1557년에서 1648년까지 에스파냐-네덜란드 간의 관계에서 나타난 사실상
모든 주요 정치적 전환점들 직전에 에스파냐의 재정적 위기가 있었다는 사실
에 의해서 분명히 드러난다.[198]

197) 쾨니히스버거는 펠리페 2세를 옹호하고 나선다 : "펠리페 2세는 알바 공작을 네덜란드에
    파견한 것 때문에 거의 모든 사람에게서 비난받아왔다. 그러나 이런 판단들은 대체로 역
    사가들의 사후 판단에 근거한 것이 아니었는가? 16세기의 어떤 강력한 지배자라고 하더
    라도 상층귀족의 반항(합헌적 반항이기는 하지만)과 군사조직을 가진 혁명적 종교운동의
    반항(아직 초기 단계이기는 하지만)이라는 이중적 반항에 직면했을 때 달리 행동할 수
    있었을까? 프랑스와 스코틀랜드 정부의 힘이 약했기 때문에 그 두 지역의 칼뱅주의자들
    은 가공할 조직들을 만들었다. 반란은 초기에 분쇄되어야 한다는 것은 16세기 국가정책
    의 상식이었다. 게다가 이 정책은 거의 성공했다. 그것은 아마도 이미 때가 너무 늦었기
    때문에 —— 심지어 1567년에도 —— 또 알바가 해상걸인들(Water Beggars : 펠리페
    2세에 대항하여 네덜란드로부터 도주한 귀족들이 조직한 해상세력. 걸인들이라는 이름은
    1566년에 귀족들이 연합하여 정부에 청원한[beg] 데서 비롯됨/옮긴이)을 분쇄할 해군을
    가지고 있지 않았기 때문에 실패했던 것이다. 펠리페는 복잡한 상황을 이해하지 못하고
    있었음에 틀림없고, 알바는 그의 목적을 달성하는 데 잘못된 선택이었다는 것이 드러났
    다. 그러나 이 점 역시 그 당시로서는 나중에 드러난 것처럼 그렇게 명백하지 않았다 ;
    왜냐하면 알바는 교황 파울루스 4세에 대항하는 전쟁에서 꽤 재치 있게 행동했기 때
    문이다. 그러나……심지어 알바의 잔인성조차도 억압받는 인민들로부터 자연발생적인
    반란이 터져나오도록 만든 원인은 아니었다 ; 1572년의 봉기는 고도로 조직되고 무자비
    한 해상걸인들의 행위와, 홀란트와 젤란트에서의 그들의 똑같이 고도로 조직된 '제5열'의
    행동을 통해서만 가능했던 것이다." Koenigsberger, *Journal of Modern History*,
    XXVII, p. 341.
198) 네덜란드 혁명의 부침과 에스파냐의 국내사건들과의 연계는 H. 롱셰가 꽤 요령 있게 설
    명하고 있다 : "이러한 [에스파냐의 재정적] 위기들은 안트베르펜, 런던 그리고 암스테르
    담의 환거래소의 관심을 불러일으켰을 뿐만 아니라, 이제까지 주목받지 않았던 [벨기에
    의] 사건들에도 영향을 미쳤다. 1557년의 위기는 생-캉탱과 그라블린에서의 승리에도
    불구하고, 펠리페 2세가 왜 그렇게 서둘러 프랑스와 평화를 이루려고 했는지를 설명해준
    다. 1575년의 위기는 '에스파냐의 광포'와 오랫동안 급여를 받지 못한 외국 병사들의 난
    폭한 행동을 이해할 수 있게 해준다. 1596년의 거래는 저지방 국가들을 대공들에게 넘겨
    주기에 앞서 이루어진 것인데, 펠리페 2세는 무력을 사용하기보다는 그런 방식으로 저지

318

네덜란드 혁명은 하나의 "민족주의" 운동이었지만, 그것은 처음부터 종교
적 요소를 지니고 있었다. 귀족들은 처음에 국왕과의 대결이라는 형태와 성격
을 독점하려고 했지만, 칼뱅파 집단은 그들에게 맡겨진 수동적인 역할에서 뛰
쳐나와 성상(聖像) 파괴로 알려진 광란으로 빠져들었고, 그러한 광란은 그 나
라의 남과 북 양쪽을 모두 휩쓸었다. 헤일은 당국이 "공포로 얼어붙어 있었
고" 칼뱅파 지도자 자신들이 "경악하고 당황하는" 모습을 보였다고 기술한
다.[199] 혁명에 이데올로기적 열정의 음조를 더하고, I. 쇠퍼로 하여금 성상 파
괴를 바스티유 감옥 습격이나 1917년 3월의 페트로그라드 거리 폭동과 비교
할 수 있게 한 것은 종교였다.[200]

비록 이 단계는 빨리 지나갔지만, 하나의 혁명정당으로서의, H. G. 쾨니히
스버거의 비유를 빌리자면[201] 16세기 자코뱅으로서의 칼뱅주의자들의 힘은,
여느 사람들이 길가에 지쳐 쓰러져 있을 때 계속 버틸 수 있고, "사람들을
공포로 몰아넣는" 정책을 사용할 수 있으며,[202] "전략적인 순간에 폭도들을

방 국가들에서 평화를 이룩하는 것이 더 용이하다는 생각만으로 그렇게 결정했던 것이
다. 1607-08년의 법령들은 왜 펠리페 3세가 자신의 명예에 상처를 내면서까지 12년 동
안의 휴전협정에 조인하기로 체념했는지 그 이유를 설명해주고 있다. 1647년의 위기는
펠리페 4세가 연합주들의 독립을 확실히 인정하기로 갑자기 마음 먹게 된 것과 분명히
무관하지 않았다. 이렇듯 벨기에의 운명은 에스파냐의 운명과 결부되어 있었고 그래서
종종 우리는 한쪽의 재정상태를 모르고서는 다른쪽의 정치사를 이해할 수 없는 것이다."
H. Lonchay, *Académie Royale de Belgique*, pp. 994-995.
199) 헤일은 이렇게 덧붙인다 : "어쨌든 그것은 예술과 미에 대한 존중에 의해서 억압받지 않
으며, 신으로부터 선택된 자들을 위한 땅에서 우상숭배의 악마적 장식들을 일소하고, 천
년의 과거를 일격에 허물어뜨리려고 노력하는 격렬하고 순수한, 참으로 칼뱅주의적인 활
동이었다. 또한 일단 행해진 어떤 행위도 칼뱅주의의 지적 지도자들로부터 엄격한 승인
을 받지 못하는 일은 없었다." Geyl, *The Revolt of the Netherlands*, p. 93.
200) I. Schöffer, "The Dutch Revolution Anatomized : Some Comments", *Comparative
Studies in Society and History*, III, 4, July 1961, 471 참조.
201) Koenigsberger, *Journal of Modern History*, XXVII, p. 335 참조. 마찬가지로 고든 그
리피스 역시 네덜란드 혁명은 크레인 브린턴이 세운 범주들의 관점에서 볼 때 프랑스
혁명과 유사하게 보일 수 있다고 넌지시 말한다. Gordon Griffiths, "The Revolution-
ary Character of the Revolution of the Netherlands", *Comparative Studies in Society
and History*, II, 4, July 1960, 452-472 참조.
202) Koenigsberger, *Journal of Modern History*, XXVII, p. 342.

동원할 수 있는"[203] 역량이 있음을 의미했다. 헨트의 화의에서 당국이 종교적
인 분할로 분규를 해결하려고 했을 때, 당국은 그저 홀란트와 젤란트에서 개
혁파의 입지를 굳혀주고 그 정치적 주장과 종교적 주장의 일치를 강화시켰을
뿐인데,[204] 이것은 결국 개신교도의 지배 아래 있는 지역들의 "개신교화"를
가져왔다. 1579년의 영토 분할은 분할된 각 진영을 강화시켰고 종교의 영구
적인 양극화를 가져왔다.[205] 실제의 행정적 경계선은 군사지리적 요인들의 결
과였다. 남부 네덜란드는 에스파냐 기병대가 장악할 수 있는 탁 트인 지역이
었다. 북부는 기병대가 움직이기에 불리한 수로들과 여타 장애물들로 뒤덮

203) 같은 책, p. 343.
204) Geyl, *The Revolt of the Netherlands*, p. 161 참조.
205) 피테르 헤일은 이렇게 주장한다 : "개신교의 북부와 가톨릭교의 남부로 네덜란드가 분할
된 것에 대한 진정한 설명은 오늘날의 통설과는 정반대이다. 반란이 여기서는 실패하고
다른 곳에서는 성공한 것은 남부가 가톨릭이며 북부가 개신교였기 때문이 아니다 : 그것
은 에스파냐가 전략적 방벽의 반대쪽에 위치한 주들을 회복하는 동안, 하천들이 북부에
반란의 터전을 굳힐 수 있게 만들었기 때문이다. 그래서 시간이 지나자 개신교의 북부
공화국과 가톨릭교의 남부 네덜란드, 다시 말해서 개신교의 홀란트와 가톨릭교의 벨기에
라는 이원적 체제가 나타났던 것이다." Geyl, *Debates with Historians* (New York :
Meridian, 1958), 209. Henri Lapeyre, *Les monarchies européennes du XVIe siècle*,
Collection Nouvelle Clio 39 (Paris : Presses Universitaires de France, 1967), 188–189
참조.
　이와 같이 행정적 분리는 종교적 양극화를 불러온다. 게다가 칼뱅주의자들이 자본가
가 된 것이 아니라 자본가들이 칼뱅주의자가 된 것이다. 트레버-로퍼는 다음과 같이 주
장한다 : "만약 17세기 중엽의 칼뱅파 대기업가들이 칼뱅파 신앙에 의해서, 혹은 심지어
칼뱅파 신앙의 이른바 사회적 표현에 의해서 통합되지 않았다면, 무엇이 그들을 통합시
켰는가? 그들을 주의 깊게 살펴보면, 금방 어떤 분명한 사실들을 발견하게 된다. 첫째,
좋은 칼뱅주의자든 나쁜 칼뱅주의자든 그들의 다수는 그들이 활동한 나라의 토박이들이
아니었다. 네 곳의 분명한 칼뱅파 사회 즉 홀란트, 스코틀랜드, 제네바, 팔츠는 그 어느
곳도 그들 자신의 기업가를 배출하지 않았다. 이들 사회의 토박이들에게 주입시킨 강제
적인 칼뱅주의 교육은 그러한 효과를 낳지 못했다. 거의 대부분의 대기업가들은 이민이
었던 것이다. 둘째, 이들 이민자의 다수는 네덜란드인이었다.……게다가 보다 자세히 살
펴보면, 이 네덜란드인들이 대개 네덜란드 공화국 안의 특정한 계급 출신이라는 것을 발
견하게 된다. 심지어 거기서도 그들이나 혹은 그들의 선조들은 이민이었다. 그들은 '플랑
드르인들(Flemings)' ―― 즉 이제는 에스파냐 통치하에 들어간 남부 주들로부터의 이민
―― 이거나 아니면 가톨릭인 리에주 주교-제후령(prince-bishopric)에서 온 리에주 주
민들이었다." H. R. Trevor-Roper, *The European Witch-Craze*, pp. 15-16.

320

인 지역이었다. 단적으로 이곳은 게릴라 전투를 벌이기에 이상적인 지역이었다.[206] 시간이 지나면서 북쪽 사람들은 개신교도가 되었고, 남쪽 사람들은 가톨릭 교도가 되었다.

그래서 이제까지 많은 사람들이 주장한 것처럼 개신교가 사회변동과 특별히 어울리는 것은 아니다 —— 즉 자본주의와 특별히 어울리지 않는 것처럼 민족주의와도 특별히 어울리는 것은 아니다. 차라리, 루이스 네이미어 경의 말을 인용하면, "종교는 민족주의를 일컫는 16세기의 용어인 것이다."[207] 개신교는 북부 네덜란드를 통일시키는 데 기여했다. 우리는 앞 장에서 어떻게 그리고 왜 가톨릭 신앙이 폴란드의 민족감정과 연결되었는지를 살펴보았다. 그런데 가톨릭 신앙은 아일랜드에서도 같은 역할을 했다.[208] 종교가 민족적 대의와 확실히 연결되어 있지 않은 곳에서는 어디든 그러한 종교는 살아남을

206) "(근대의 용어로) 벨기에는 장블루에서 워털루에 이르기까지 탁 트인 곳에서 대전투를 치르기에 적합한 '기병국가'에 가까웠다. '유럽의 투계장(鬪鷄場)'은 육상전투에서 차지하거나 빼앗길 수 있는 지역인 것이다. (다시 근대의 용어로) 홀란트는 그렇지가 못했는데, 그 영역의 상당 부분이 만, 하천, 운하, 늪에 의해서 분할되어 그 국경선 안에서 대규모 육군을 정식 대형으로 배치할 공간을 찾기가 어려웠다." Oman, A History of the Art of War, p. 541.

207) Christopher Hill, Reformation to the Industrial Revolution, p. 23에 재인용. 한 개인 서신에서 힐은 다음과 같이 진술하고 있다 : "네이미어는 옥스퍼드의 포드 강좌를 담당하던 1934년에 [베일리얼] 칼리지의 학부생들과 가졌던 몇 차례의 저녁 토론회 가운데 하나에서 그렇게 지적했다." 샤보의 다음과 같은 지적을 보라 : "16세기에 국가의 삶에서 어떤 역할을 맡는 감정들이 있다면, 그것들은 민족적이거나 애국적인 것이라기보다는 사실상 종교적인 것이다. 프랑스의 경우, 이것은 오직 국내정치에만 적용되는 이야기였다. 프랑스의 대외정책은 일찍부터 이데올로기에서 풀려나 있었기 때문이다. 그러나 합스부르크 제국의 경우에는 이것이 대외정책에도 적용되지 않았을까?" F. Chabod, Actes du Colloque, p. 620.

208) "아일랜드의 가톨릭교는 네덜란드의 개신교처럼 가톨릭교를 민족적 대의와 동일시하는 데에서 새로운 힘을 끌어냈다. 비록 아일랜드 사회는 네덜란드 사회보다 훨씬 덜 복잡했지만, 잉글랜드의 지배에 대항하는 그 투쟁은 에스파냐의 지배에 대항하는 네덜란드의 투쟁과 동일한 여러 특징들을 지니고 있었다. 이 두 사회에서 종교적 대의는 민족적 정체성을 고양시키고 또 이것에 의해서 고양되었다. 이 두 사회에서 민족적 지도자들이 국제적인 종교운동에 연계된 것은 국제적 지원을 확보하는 데 새로운 기회들을 제공했다." J. H. Elliott, Europe Divided, 1559-1598 (New York : Harper, 1968), 302.

수 없다는 것이 입증되었는데, 이는 프랑스에서 칼뱅주의가 살아남지 못한 것
과 같은 이치이다.[209]

실제로 일어나고 있던 일은 상충하는 이해관계들의 소용돌이 속에서 새로
운 조직의 구조들이 오직 기묘하고 불안정한 동맹들에 의해서만 형성될 수
있었다는 사실이었다. 사람들은 이러한 동맹을 확보하려고 했다. H. G. 쾨니
히스버거는 요점을 정확히 포착하고 있다 :

종교는 상이한 계급들의 상이한 이해관계들을 한데 묶는 결속력이었으며, 그들에게
근대 유럽사에서 최초의 진정한 민족적, 국제적 당파들을 만들어낼 수 있는 조직과
선전기구를 제공했다 ; 왜냐하면 이 당파들은 그들을 구성하는 각 계급들의 소수집단
만을 포함했기 때문이다. 게다가 그러한 당파들이 최하층 계급과 폭도들에게 자신들
의 빈곤에 대한 분노와 실업에 대한 절망을 야만적인 대량 학살과 광적인 약탈로 분
출시키도록 부채질할 수 있었던 것은 종교를 통해서였던 것이다. 사회적, 경제적 불
만은 어느 쪽의 충원을 위해서든 기름진 토양이었다. 그리고 대중 민주주의의 폭정
은 칼뱅파의 헨트와 가톨릭파의 파리에서 모두 나타났다.[210]

209) "프랑스의 체제와 네덜란드의 체제 사이에는……하나의 근본적인 차이점이 있었는데,
    그것은 그들의 정치적 반항세력의 성격에 깊은 영향을 미쳤다. [프랑스의] 카트린 자신
    은 반은 외국인이었다. 그러나 그녀는 분열된 나라에서 여전히 국가적 통일의 상징이었
    던 국왕 정부를 이끌었다. 카를 5세와 한 플랑드르 여인 사이에서 태어난 딸 마르가레테
    는 태어날 때부터 네덜란드인이었다 ; 그러나 그녀는 점차 외국 정부라고 여겨진 한 국왕
    정부를 이끌었다. 이것은 결국 대단히 중요한 사실로 드러났다. 왜냐하면 그것은 반항세
    력이 외국인에 의한 개혁들에 반대하는 민족적 전통의 수호자로서 나타나게 했기 때문
    이다 —— 그것은 1560년대의 프랑스에서라면 전혀 있을 법하지 않은 일이었다." Elliot,
    같은 책, p. 126.
        만약 왜 엘리자베스의 잉글랜드에서는 칼뱅주의가 이 시기의 네덜란드나 프랑스에서
    처럼 혁명적이지 않았느냐고 묻는다면, 우리는 다시 한번 국왕 권위의 지위가 그러한 차
    이를 낳았다고 해야 할 것이다 : "먼저 잉글랜드에서는 헨리 8세가 로마 교회와 투쟁하
    는 동안 교황청에 대항하는 민족주의 정신이 상당 부분 발휘되었다.……잉글랜드에서
    메리 여왕 이후 외국 영향력의 문제는 찰스 2세의 치세 때까지 다시는 심각한 문제가
    된 적이 없었다. 그러나 잉글랜드의 상황에서 더욱 중요했던 것은 1588년 이후에 가톨릭
    군주가 없었다는 점이다. 가톨릭 군주는 프랑스나 홀란트에서처럼 로마의 적(敵)그리스
    도를 끊임없이 상기시켜주는 존재였던 것이다." Leo F. Solt, "Revolutionary Calvinist
    Parties in England Under Elizabeth I and Charles I", *Church History*, XXVII, 3,
    Sept., 1958. 235.
210) Koenigsberger, *Journal of Modern History*, XXVII, pp. 350-351. 초국적 운동으로서

322

종교가 그와 같이 민족을 결합시키는 힘으로서 구실하기는 하지만, 그것에서 결과한 국가구조들의 사회적 내용에 대해서는 별로 알려주는 것이 없다. J. W. 스미트는 네덜란드 혁명은 그 모호성에도 불구하고 부르주아지를 권력의 자리에 앉게 한, 본질적으로 하나의 부르주아 혁명이었으며, 네덜란드의 분할과 그 결과로 나타난 국가의 경계들은 그 적대자들에 맞서는 부르주아지의 힘을 측정하는 하나의 척도였다고 주장한다.[211]

확실히 귀족들은 다양한 장소와 시점들에서, 특히 초기에 이 운동에 가담했으나, 사회적 급진주의의 되풀이되는 저류(底流)에 놀라 민족주의적 대의로부터 떨어져나가게 되었다.[212] 그러나 급진적 사회운동들은 얀 반 헴비제가

---

의 칼뱅주의에 대해서는 로버트 M. 킹던의 다음과 같은 지적을 보라 : "16세기의 반란들은 단지 개별 국가 역사의 장면들로만 볼 수는 없다 ; 그것들은 적어도 부분적으로는 혁명적 국제 종교조직, 즉 칼뱅파 교회의 작용으로 간주되어야 한다." Robert M. Kingdon, "The Political Resistance of the Calvinists in France and the Low Countries", *Church History*, XXVII, 3, Sept. 1958, 233.

211) "요컨대, 몇몇 수정을 가해야 하겠지만, 새로운 공화국은 아주 뚜렷하게 부각된, 매우 상업적이고 민족적인 정체성을 지닌 최초의 진정한 자본주의적 부르주아 국가가 되었다. [모순적인 사실들을 해석하는 데 필요한] 열쇠는 혁명이 오직 네덜란드의 일부에서만 성공했다는 사실에 있다고 나는 생각한다. 나는 네덜란드 혁명은 다른 많은 것들 중에서 진정으로 혁신적이고 진보적인 사회혁명이었다는 견해를 옹호하고 싶다. 그러나 상업 부르주아 계급은……네덜란드 전체에 자신의 정부를 수립하기에는 너무 약했다 ; ……그들은 오직 홀란트에서만 자신의 이미지에 따른 국가를 수립할 수 있었는바, 이곳에서는 이미 앞선 발전단계 속에 있던 시장경제는 남부의 자본, 인구 그리고 기술에 의해서 부풀려져 있었으며, 또 경쟁적인 사회집단들로부터 어떤 커다란 저항도 받지 않았다." Smit, *Preconditions of Revolution*, pp. 52-53. 위트만의 다음과 같은 지적을 보라 : "에스파냐에 대항하여 1566-1605년의 기간 동안 벌어진 독립전쟁은 하나의 일관된 과정을 이루었으며, 부르주아 혁명의 기준을 완전히 충족시킨다. 도시 및 농촌 대중의 반(反)봉건 투쟁들은 에스파냐의 압제와 가톨릭 교회에 대한 그들의 저항과 뒤섞였다 ; 그리고 이러한 대중운동들은 하나의 지도세력을 삼부회의 전면에 내세웠는데, 그러한 지도세력은 특히 위트레흐트 동맹의 결성 이후에 그리고 그 한계와 모순들에도 불구하고, 부르주아지의 사회적 갈망을 표명하고 있었다." T. Wittman, Quelques problèmes relatifs à la dictature révolutionnaire des grandes villes de Flandres, 1577-1579", *Studia historica*, No. 40 (Academicae Scientarum Hungaricae), 1960, 3-4.

212) "심각한 사회혁명의 위협 —— 1566년의 성상 파괴로부터 1570년대 후반 헨트의 칼뱅파의 공격적인 민주주의적 독재에 이르기까지 —— 에 있을 때마다 에노의 귀족은 자신

헨트를 1577-79년 잠깐 동안 장악했을 때처럼,[213] 경기침체를 **동반한** 경제적
팽창으로 형성된 도시의 룸펜프롤레타리아층에 충분한 기반을 두고 있었다고
하더라도, 민족적 문제를 도외시하고 부르주아지에 등을 돌리며 그래서 역설
적이게도 국왕의 군대와 동맹을 맺는 방향으로 나아감으로써 급속히 고립되
고 자멸하게 되었다.[214]

들의 사회적 현상유지를 위하여 결속을 다지고 단결했다. 설사 이것이 에스파냐의 통치
에 대한 복종을 의미했다고 하더라도 말이다." H. G. Koenigsberger, *Economic History
Review*, IX, p. 15.

"결국 종교조차도 귀족층을 민주주의적 독재와 화해시킬 수는 없었고, 이쪽 아니면
저쪽이 이전의 공동의 적과 동맹을 맺게 되었다. 그 결과는 매번 혁명적 집단의 붕괴
와 대중운동의 패배였다." H. G. Koenigsberger, *Journal of Modern History*, XXVII,
p. 351.

213) 위트만의 다음과 같은 기술을 보라 : "동업조합들은……결코 혁명의 좌파적 움직임의 배
후에 있지 않았다 : 그들은 오히려 혁명의 수혜자들이었고 심지어 때로는 혁명의 족쇄였
다. 거대한 플랑드르의 도시들에는 급진화의 조건들, 즉 자본주의적 생산으로의 급속한
이행을 촉진하는 요소들이 아직은 존재하지 않았던 상황에서 봉건적 체제의 해체로 야
기된 빈곤화와 가속된 사회분화 현상이 존재했다. 몰락한 장인, 직인, 도제, 소상인 그리
고 다양한 룸펜프롤레타리아 성분 등 여러 계층들로 형성된 평민 대중은, 단지 본능적이
라고 할지라도, 그들의 정치적 행동 속에 이러한 발전단계를 반영했다." Wittman,
*Studia historica*, p. 16. 위트만은 각주에서 이렇게 덧붙이고 있다 : "16세기에 룸펜프롤
레타리아의 거대한 성장과 관련하여……엥겔스는 「독일에서의 농민전쟁」에서 몇 가지
적절한 지적을 했다.……중세의 대중운동을 분석하면서 마르크스주의 역사가들은 아직
이 요인에 대하여 엄밀히 검토한 바가 없다."[p. 16]

스미트는 이 룸펜프롤레타리아들의 종교적 견해들을 다음과 같이 논평한다 : "동시에
우리는 교조적 종교에 대한 무관심이 대중 사이에도 얼마나 광범위하게 퍼져나갔는가를
자문해보아야 한다 : 1566년의 성상 파괴자들과 1572년의 혁명적 실업자들은 얼마나 무
관심한 부동층 집단들이었으며, 그 당시의 개신교나 가톨릭교의 선봉이었다기보다는 미
래의 신병들이었는가를 자문해보아야 한다. 봉기의 성격이 칼뱅주의적이었는가 아니면
순수하게 정치적이었는가, 근대적이었는가 아니면 보수적이었는가 하는 질문에 대한 답
변은 대체로 주민의 사회적, 이데올로기적 구조에 대한 검토에 달려 있다." Smit,
*Britain and the Netherlands*, I, p. 24.

214) "헨트만큼 혁명이 진행된 곳은 어디에도 없었다." Koenigsberger, *Journal of Modern
History*, XXVII, p. 344. 또한 위트만의 다음과 같은 지적을 보라 : "그럼에도 불구하고
자신의 이해관계에 따라서 움직이는 혁명적 부르주아지라는 객관적 조건도, 헴비제와 그
의 지지자들측의 좀더 일관된 정책이라는 주관적 조건도 존재하지 않았다. 이러한 것들
이 결여된 상태에서 급진화는, 1583년 '프랑스의 광포' 이후 오란예파의 권위를 완전히

324

그래서 어떠한 "민주주의적" 장식들도 재빨리 떨쳐버린, 그러나 또한 낡은 에스파냐 체제에 참여함으로써 입었던 경제적 부담들로부터 해방된 도시정부들의 연합이 서서히 출현했다.[215] 상인들은 스스로의 힘으로 대부분의 다른 국가들에서와 같은 행정기구가 없는, 느슨한 연합(confederation)을 결성했다. 많은 이들이 이를 약점이라고 규정해왔지만, 스미트는 다음과 같은 점을 일깨워주면서 좀더 문제의 정곡을 찌르고 있다. 네덜란드 공화국의 국가기구는 "유럽의 여느 왕국들보다 더 높은 경제적 통합을 성취할 수 있게 해주었다. 홀란트의 부르주아지는 경제적 팽창을 촉진하는 데 필요한, 그러면서도 지나친 중앙집권화는 면했다고 느끼게 하는, 꼭 그만큼의 개혁을 완수했다."[216] 따라서 네덜란드 혁명은 많은 귀족들이 기존 질서로부터 떨어져나가지 않고서는 시작될 수 없었을 것이다. 혁명은 아래로부터의 급진적 조류가 없었더라면 두 번째 바람을 타지 못했을 것이다. 그러나 결국 권력을 손아귀에 쥐고 또 새로운 사회질서의 수혜자로 등장한 것은 부르주아지였다.

그러나 왜 다른 곳이 아닌 네덜란드였는가? 우리는 "제2차" 16세기는 내부로 눈을 돌린 시대, 강한 국가를 창출하기 위해서 제국의 이상을 거부한 시대였다고 말했다. 그러나 이 시기의 얼마 동안은 여전히 모든 강대국들이 개입

파괴한 헴비제가 오란예가(家)의 빌렘에 대항하는 헨트 세력의 수장이 되고 에스파냐인들의 도움을 호소했을 때, 자기 부정의 결과를 가져왔다. 헴비제의 반역은, 이제까지 역사가들에 의해서 일반적으로 취급되어온 방식과는 반대로, 도덕적 문제를 제기하지 않는다. 그것은 오히려 모든 조숙한 부르주아 혁명들에서 찾아볼 수 있는 과정인 것이다. 잉글랜드에서도 크롬웰 호국경 시절에 몇몇 수평파들은, 헴비제와 달테누스가 그랬던 것과 똑같이, 그들의 조직이 붕괴되자 왕당파 및 에스파냐인들과 관계를 맺었다." Wittman, *Studia historica*, p. 36.

215) "그래서 공화국의 도시귀족들은 아래로부터 견제당하지 않았다. 그러나 더욱 두드러진 점은 반란이 위로부터의 거의 모든 제약 또한 사라지게 했다는 점이다. 16세기 전반기에 중앙행정은 야심에 찬 명사들과 불만에 찬 소시민들이 그들의 도시에서 연합하는 것에 대항하여 지방의 귀족들을 지원했다. 중앙행정은 또한 통치자들이 그들 자신의 도시 밖에서 권력을 행사하지 못하도록 주의를 기울였다. 한편 반란 이후에 도시 행정관들은 사실상 완전히 독립적인 존재가 되었다. 그들은 누구의 간섭도 받지 않고서 또 거의 아무런 제약도 받지 않고서 통치했다." Roorda, *Britain and the Netherlands*, II, pp. 114-115.

216) Smit, *Preconditions of Revolution*, p. 52.

한 하나의 영역, 그들 모두가 휘말려들어간 하나의 무대가 있었다. 그곳이 바로 네덜란드였다. 네덜란드 혁명을 해석하는 한 가지 방법은 에스파냐, 프랑스, 잉글랜드가 최소한 누리려고 했던 것과 똑같은 외부인들의 정치적 간섭의 배제와 자신에 대한 스스로의 통제를 향한 지방 지배집단들의 노력이라고 보는 것이다.

네덜란드 혁명을 해석하는 또 하나의 방법은 1559년 이후 에스파냐, 프랑스, 잉글랜드가 서로 힘의 균형을 이루고 있었기 때문에 네덜란드인들이 그들의 정체성을 주장하고 에스파냐의 멍에를 벗어버릴 사회적 여지를 가지게 되었다고 보는 것이다. 이는 특히 1588년 에스파냐 무적함대의 패배 이후의 시기에 잘 들어맞는 이야기였다.[217] 이 나라들 가운데 어느 하나가 네덜란드의 독립을 지지했던 것은 아니다. 에스파냐는 그 영토의 일부를 잃고 싶지 않았다. 프랑스는 비록 에스파냐를 약화시키고 싶었으나 프랑스 국내의 종교적 투쟁과의 관련성 때문에 흔들리고 있었다. 잉글랜드는 에스파냐를 몰아내고 싶었으나 프랑스를 불러들이고 싶지는 않았고, 차라리 네덜란드가 명목상으로 에스파냐의 주권 아래 놓여 있으면서 자치를 얻기를 원했다.[218] 그러나 요는, 세계체제 내에서의 이러한 분쟁과 에스파냐의 세계지배의 약화로 말미암아 연합주들의 부르주아지가 자신들의 이익 극대화를 꾀할 수 있었다는 점이다. 바로 직전까지도 이쪽 아니면 저쪽에 예속된 상태처럼 처신했던 연합주들이 1596년이 되면서 프랑스, 잉글랜드와의 조약에 동등한 자격으로 참여할 수 있게 되었다. 헤일이 논평하고 있듯이 "다시 한번 저지방 국가들이 관련된 곳에서 프랑스와 잉글랜드가 서로 질투를 벌이는 것은 네덜란드에 이익으로 드러났다."[219]

네덜란드 혁명의 의미는 그것이 민족해방의 모델을 확립했다는 것이 아니

---

217) Geyl, *The Revolt of the Nethrlands*, pp. 217–219 참조.
218) 프랑스에 대해서는 G. N. Clark, "The Birth of the Dutch Republic", *Proceedings of the British Academy*, 1946, 191 참조. 잉글랜드에 대해서는 R. B. Wernham, "English Policy and the Revolt of the Netherlands," in Bromley & Kossman, eds., *Britain and the Netherlands*, (Groningen : Wolters, 1964), I, 30–31 참조.
219) Geyl, *The Revolt of the Netherlands*, p. 255.

다. 19세기의 낭만적인 자유주의적 역사서술에도 불구하고 네덜란드의 예는 이데올로기적 조류를 형성하는 데 이바지하지 않았다. 그 중요성은 유럽 세계 경제에 대한 경제적 영향에 있다. 네덜란드 혁명은 영국인들이 (그리고 프랑스인들이) 세계체제의 결정적인 공고화에 필요한 조처를 취할 준비가 될 때까지, 어려운 조정기에 걸쳐 세계체제를 하나의 체제로서 지탱해줄 수 있는 힘을 풀어놓았던 것이다.

암스테르담과 북부 네덜란드의 다른 도시들이 겪은 이 시기 이전의 경제사를 더듬어 보자. 네덜란드인들은 발트 해 무역에서 점차 그 역할이 증대되고 있었다.[220] 그들은 중세 후기에 발판을 얻었으며, 16세기 초까지 한자 도시들을 대체해나가고 있었다. 그들의 총 발트 해 무역량은 상승 곡선을 그리고 있었으며, 1560년경에는 그 무역의 70퍼센트를 장악하는 데까지 도달했다. 비록 네덜란드 혁명기가 발트 해 무역의 수준에 다소 영향을 미치기는 했으나 네덜란드는 1630년에 이르면서 일시적인 쇠퇴를 만회했다.[221]

---

220) "15세기 동안 젤란트 주와 홀란트 주의 어업 및 조선업 도시들은 느리지만 확실히 번영해나갔고, 연안무역을 점점 더 동쪽으로 확대나감으로써 마침내 한자 동맹의 중요한 경제력이 의존했던 바로 그 프로이센 지역에서 그들이 한자 상인조합의 가장 위험한 경쟁자들이 되었다." Carl Brinkmann, "The Hanseatic League : A Survey of Recent Literature", *Journal of Economic and Business History*, II, 4, Aug. 1930, 591.

동시에 홀란트는 스코틀랜드 해외무역의 상당 부분, 즉 1560년경에 총 톤수의 약 절반을 차지하고 있었다. 이런 통계도 그렇게 믿음직한 것은 아니다. "어쨌든 상이한 교역로를 따르는 선박의 수 혹은 심지어 총 톤수는 스코틀랜드와 저지방 국가들 간 교역의 실질적인 중요성에 대해서는 불완전한 지침일 것이다. 왜냐하면 석탄과 소금은 제쳐두고, 이 무역에 들어오는 재화들은 가령 [스코틀랜드의] 노르웨이 무역과 비교해볼 때 상대적으로 고가품이었기 때문이다." S. G. E. Lythe, *The Economy of Scotland in its European Setting, 1550–1625* (Edinburgh : Oliver & Boyd, 1960), 245.

221) "네덜란드의 발트 해 무역에 투입된 선박 수에 대한 분석은, 1600년을 전후한 수년 동안에 일어난 반(反)에스파냐 반란이나 원거리 신항로를 따라나간 대팽창 때문에 발트 해 무역에 대한 네덜란드의 지배가 계속 쇠퇴하지는 않았다는 잠정적인 결론에 이르게 한다." Christensen, *Dutch Trade*, p. 90.

오스카르 알베르트 욘센은 노르웨이인들이 1572년에 일어난 네덜란드의 반(反)에스파냐 봉기를 틈타서 "에스파냐 국왕의 나라들과의 직접적이고 정규적인 상업관계를……" 맺기 시작했음을 보여준다. 그러나 1621년에 12년간의 휴전이 체결된 뒤 네덜란드 함대의 힘은 노르웨이인들을 공격할 만큼 충분히 강력했다 : "이러한 해적행위와 몰수행위는

네덜란드 혁명의 효과는 플랑드르의 경제적 쇠퇴를 확실하게 했을 뿐만 아
니라 많은 플랑드르 부르주아가 북쪽으로 이주함으로써 인적 자원 면에서 북
부를 강화시켰다는 점이다. "홀란트와 젤란트가 번창했다면 그것은 부분적으
로는 그들이 플랑드르와 브라반트의 가장 활력 있는 세력들을 흡수했기 때문
이다.²²²⁾ 게다가 1579년 연합주들이 선언한 종교적 관용의 원칙은 1597년부터
시작된 이베리아계 유대인들을 그리로 불러들였다. "그들의 부와 사업수완을
불러들임으로써 북부 상업국가들의 번영을 더해준 그러한 이민은 당연히 하
나의 유럽적 현상이 되었다."²²³⁾

네덜란드 안에서의 정치투쟁이 안정되는 것처럼 보이자 곧 네덜란드인들은
단순히 발트 해 무역의 중심에서 세계무역의 중심이 되는 방향으로 밀고 나
갔다.²²⁴⁾ 게다가 새로운 무역은 발트 해 무역의 중요성을 감소시키기보다 증

---

우리의 지중해 항해를 사실상 완전히 파멸시켰다." Oscar Albert Johnsen, "Les
relations commerciales entre la Norvège et l'Espagne dans les temps modernes", *Re-
vue historique*, 55e année, fasc. 1, sept.-déc. 1930, 78. 욘센은 노르웨이를 몰락시킨 것
이 홀란트의 해군력만이 아니라 그들의 상업적 힘이었다는 점을 인정한다. p. 80 참조.
  피에르 자냉은 다음과 같이 말한다 : "네덜란드 상업이 언제 한자 상인조합에 승리를
거두었는지 그 정확한 시점에 대해서는 논란이 있을 수 있지만, 그러나 1600년경에 이르
러 그 승리는 완벽한 것이었다." Jeannin, *Vierteljahrschrift für Sozial and Wirt-
schaftsgeschichte*, XLIII, pp. 193-194.
222) Geyl, *Revolt of the Netherlands*, p. 239.
223) Spooner, *New Cambridge Modern History*, III, p. 31. 브로델은 한걸음 더 멀리 나아간
다 : "1350-1450년의 장기적 후퇴가 유대인 상인들을 이탈리아와 그 보호경제로 밀어넣
었듯이, 1600-50년의 위기는 또다시 그들을, 이번에는 북해라는 보호구역으로 몰아넣는
다. 개신교 세계는 차라리 그들을 받아들임으로써 구원했고, 역으로 유대인 상인들은 개
신교도들을 택함으로써 그 세계를 구원했다. 결국 베르너 좀바르트가 지적했듯이, 제노
바는 아메리카, 인도, 중국으로 가는 해상로라는 측면에서 함부르크나 암스테르담처럼
좋은 위치에 자리잡고 있었던 것이다." Braudel, *La Méditerranée* II, p. 151.
224) "1590년에서 1600년 사이의 짧은 기간 동안 네덜란드인들은……완전히 새로운 교역제도를
만들어냈다. 아직도 매우 초보적인 상태이기는 했지만, 네덜란드의 식민지 무역과 레반
트 무역의 여러 통상로가……즉시 자리를 잡았다. 주로 인도 무역이었던 새로운 무역은
즉시 지배기구들과 선도적인 상인들 그리고 당시의 일반 대중 전체의 이해관계의 중심
이 되었다." Christensen, *Dutch Trade*, p. 19.
  바이얼릿 바버는 암스테르담의 빠른 성장이 당대인들이 보기에도 뚜렷했다고 말한다 :

328

가시켰는데, 네덜란드인들 자신은 발트 해 무역을 "모(母)무역"이라고 불렀
다. 결국 동유럽은 네덜란드 도시들의 인구를 먹여살릴 곡물과, 네덜란드의
수산업과 조선업에 필수적인 선박물자들을 공급했다.[225] 이번에는 조선업이
다른 곳에서 네덜란드가 성공할 수 있는 열쇠가 되었다.[226]

　이는 다시 한번 경제적 이점의 누적적인 성질을 보여준다. 네덜란드인들은

　　"외국인들은 암스테르담이 세계무역의 수위로 떠오르는 것을 반감 섞인 놀라움으로 지
　켜보았다. 얼핏 보기에 갑자기 그　도시가 나타났다." Violet Barbour, *Capitalism in
　Amsterdam in the Seventeenth Century* (Ann Arbor, Michigan : Ann Arbor
　Paperbacks, 1963), 17. Da Silva, *Revue du Nord*, XLI, p. 143 참조. 그는 네덜란드가
　수위로 떠오른 시기를 정확히 1597년에서 1598년 사이로 잡고 있다.

225) Christensen, *Dutch Trade*, p. 424. 바버의 다음과 같은 지적을 보라 : "이 도시의 새로운
　부의 주요 원천은, 그 이전부터 어느 정도 누릴 수 있었던 우월성의 원천과 마찬가지로,
　곡물과 선박물자의 교역 그리고 이들 재화와 여타 대량 소비재들의 수송, 저장, 판매에
　있었던 것 같다. 여러 가지 환경조건 ──── 기근, 전쟁 그리고 더 많고 더 큰 대포를 요
　구한 전쟁기술의 변화, 더 많고 더 크고 더 잘 무장된 배를 요구한 해상모험 등 ──── 은
　암스테르담이 공급할 수 있는 재화와 용역들에 대한 수요를 크게 증가시켰다."
　Barbour, *Capitalism in Amsterdam*, p. 26. 그녀는 또한 1592년 이후의 해상보험(pp. 33-
　35)과 1609년 이후의 무기 및 군수품 공급(pp. 35-42)에서 암스테르담이 맡은 역할에
　대해서 말하고 있다.

226) "암스테르담이 목재의 집산시장이었기 때문에 홀란트의 조선업은 다른 어느 곳보다도
　값이 싸게 먹혔다. 영국인들이 대형 무장 상선들을 고수했던 것과 달리 1595년경 네덜란
　드인들은 플로이트(fluyt)라는 새로운 형태의 배를 건조하기 시작했다. 가볍지만 실용적
　이고 길고 좁으며 빠른 이 선박은 무겁고 부피가 큰 화물을 수송하는 데 사용되었다. 플
　로이트는 소수의 승무원으로 쉽게 조종할 수 있었다. 낮은 운임은 다른 해상국가들이 왜
　발트 해, 노르웨이, 러시아로 향하는 네덜란드인들의 해운업과 거의 경쟁상대가 되지 못
　했는지 그 이유를 설명해준다." J. G. van Dillen, *Britain and the Netherlands*, II,
　p. 136. Violet Barbour, "Dutch and English Merchant Shipping in the Seventeenth
　Century", in Carus-Wilson, ed., *Essays in Economic History* (New York : St. Mar-
　tin's, 1965), I, 227-253 참조.
　　네덜란드의 플로이트의 기술적 장점에 대한 간략한 기술은 다음 책에 나와 있다. J.
　H. Parry, *The Age of Reconnaissance* (New York : Mentor Books, 1963), p. 83. 허버
　트 히튼은 네덜란드 조선업의 우월성은 재정적, 경제적 이유들로 설명된다고 주장한다 :
　"(1) 원자재들이 낮은 현찰가격에 대량 구입되었다……(2) 선박들을 건조하는 데 디자인
　과 부품 그리고 건조기술 등의 어떤 표준화가 있었다……(3) 조선업자는 그의 외국 경쟁
　자보다 훨씬 낮은 이자율로 돈을 차입해올 수 있었다." Herbert Heaton, *Economic His-
　tory of Europe*, rev. ed. (New York : Harper, 1948), 275.

발트 해 무역에서 우세했기 때문에 목재의 집산시장이 되었다. 그들이 목재의
집산시장이었으므로 그들은 조선비용을 낮추고 기술혁신을 이루어냈다. 그리
고 이번에는 발트 해 무역에서 더 잘 경쟁할 수 있었다. 이러한 이점 때문에
그들은 더 이상의 팽창에 대하여 재정지원을 할 수 있었다.[227] 이러한 바탕 위
에서 암스테르담은 유럽 경제의 삼중적 중심, 즉 상품시장, 해운업 중심지,
자본시장이 되었으며, 그래서 "그 도시의 위대함 가운데 어느 측면이 가장
본질적인 것인지를 말하거나, 그중 어느 하나를 다른 둘에 대한 의존에서 떼
어놓기가 어렵게"[228] 되었다. 이러한 누적적 이득의 과정은 선도지역이 구식
장비와 상대적으로 고정된 높은 노동비용으로 말미암은 불이익을 당하기 전
인, 경제발전의 팽창주의적 단계에서 가장 원활하게 작동한다.

네덜란드인들의 능력이 뻗어나갈 수 있었던 또 하나의 이유가 있었다. 브
로델은 영국인들이 왜 1588년 이후에 해양을 지배하지 못했는가 —— 결국에
가서 지배하게 된 것처럼 —— 라는 질문을 제기한다. 그는 그 이유를 정치적
혼란에도 불구하고 비교적 손상받지 않은 네덜란드와 에스파냐의 경제적 유
대에서 찾고 있다.[229] 잉글랜드는 에스파냐의 아메리카 재보에 대해서 똑같은

---

227) "곡물은 선적할 화물을 제공했고, 암스테르담의 상선대를 움직이도록 하는 화물 운임을
지불했으며, 그래서 적재량에 더 작은 상품들의 저렴한 수송을 가능하게 했다.……1666
년에 이르기까지도 암스테르담 증권거래소에서 움직이는 자본의 4분의 3은 발트 해 무
역과 관련된 것으로 추산되었다." Barbour, *Capitalism in Amsterdam*, p. 27.

228) Barbour, 같은 책, p. 18. 앙드레-E. 세유는 금융 중심지로서의 암스테르담의 이점을 말
하고 있다 : "다른 한편 암스테르담은 자신의 기법들을 개선했다 : 자본가 집단들 사이로
해상의 위험부담을 분산시키고, 근대적 형태의 대부를 얻는 것이 보다 쉬워졌다. 보험료
를 결정하는 데에 위험을 분산시키고 그 위험의 정도를 더욱 정확히 예상하여 보험률을
책정하는 많은 사람들의 참여 덕택에 해상보험이 발달했다.……신용대부에 관한 한, 그
방법은 개선되지 않았다고 할지라도 적어도 상품에 대한 대부액은 증가했다 ; 그리고 환
어음은 한 지역에서 다른 지역으로 지불을 이전하는 데뿐만 아니라 진정한 선대부(an-
ticipatory credit)로도 이용되었다 : 그러나 그것은 여전히 시장 수요에 따른 중개매매의
구실을 하지는 않았다." André-E. Sayous, "Le rôle d'Amsterdam dans l'histoire du
capitalisme commercial et financier", *Revue historique*, CLXXXIII, 2, oct.-déc. 1938,
263. 또한 pp. 276-277도 참조. 세유에게, 암스테르담의 대두에 결정적인 요소들은 사실
상 "자본 집적과 투기의 새로운 형태들"[p. 279]이다.

229) "그럴듯한 설명은 하나뿐이다 : 가톨릭 저지방 국가들에 가까이 위치한 덕분에, 또 에스

330

연결 고리를 만들 수 없었을까? 아직은 그럴 수 없었다. 잉글랜드는 에스파냐에 여전히 너무나 큰 위협이었기 때문에 이러한 종류의 관계가 허용되지 않았다.[230] 그리고 에스파냐는 여전히 잉글랜드를 충분히 저지할 수 있을 만큼 강력했다. 제국은 실패했을지 모르지만, 유럽 세계경제를 통제하는 것은 여전히 에스파냐 식민지의 부에 대한 접근에 의존하고 있었다. 홀란트는 비록 에스파냐에 대하여 반항하고 있던 중인데도 여전히 에스파냐의 일부였다. 그리고 어느 경우에도 프랑스나 잉글랜드처럼 정치적 위협이 되지 않았다.

이렇듯 홀란트는 작은 나라라는 점 때문에 이득을 보았다. 그리고 "재정적으로 건전한" 국가라는 점 때문에 이득을 보았다.[231] 홀란트는 그 영역을 이용하려는 상인들에게 최대의 이득을 부여했다. 부를 향해 나아가는 홀란트의 길은 다른 국가들의 경우와 같은 초기 중상주의 —— 장기적 이득을 위해서는 필수적이었으나 상인 및 금융가 계급에 의해서 단기적 이윤을 극대화하는 데에는 그렇지 않았던 —— 의 길이 아니었다.[232] 홀란트의 길은 자유무역의 길

파냐의 문호를 억지로 열도록 강요함으로써 홀란트는 [잉글랜드]보다 더 긴밀히 [이베리아] 반도와 그리고 반도의 상업을 유지하는 데 필수불가결한 아메리카의 재보들과 연결되어 있었다.……에스파냐와 홀란트 사이에는 1609년에서 1621년까지의 평화로 강화된 금전의 고리가 있다. 이 고리는 17세기 중엽에 에스파냐의 부 전체가 무너지면서 함께 깨어졌는데 —— 순전히 우연의 일치일까? —— 17세기 중엽은 운명의 바퀴가 홀란트에 불리하게 돌아가기 시작한 시점이었다." Braudel, La Méditerranée, I, pp. 572-573.

바버는 암스테르담의 곡물 통제를 중시한다 : "금은시장으로서의 암스테르담의 대두는 에스파냐와의 전시무역 덕을 많이 봤으며, 또 전시의 약탈 덕도 어느 정도 보았을 가능성이 있다. 그래서 에스파냐 정부는 1595년과, 그후 1630년에 이르기까지의 몇년 동안 곡물 수입에 대한 대가로 귀금속의 수출을 허가해야만 했다." Barbour, Capitalism in Amsterdam, p. 49. 그래서 다시 한번 우리는 이득이 누적되는 것을 보게 된다 : "그러나 카디스의 항구로부터 홀란트로의 은의 직접적인 송출은 이야기의 한 부분에 불과했다. 카디스에서 방출된 귀금속을 나누어 가졌던 사람들의 나라들로부터 간접적인 송출이 또한 있었다. 그것은 투기 가능성에 유인되거나, 혹은 단지 매각처분의 안전과 자유를 추구하여, 상품구입 서비스에 대해서 송출 지불한 것이었다."[pp. 50-51]

230) Braudel, La Méditerranée I, p. 209 참조.
231) Friedrich, The Age of the Baroque, p. 8.
232) 호세 라라스(1943)가 말하듯이 만약 네덜란드 중상주의가 있었다면 그것은 "오히려 중상주의의 자유주의적 변종이었다." José Larraz, La poca del mercantilismo, p. 186.

이었다.[233] 좀더 정확히 말해서 그것은 홀란트가 해양을 지배했던 "제2차"16 세기에 취한 길이었다. 암스테르담이 여전히 상업세계에서 한 자리를 차지하려고 노력하고 있었을 때는 암스테르담은 정책 면에서 보호주의적이었던 것이다.[234]

팽창기가 끝나가고 있던 유럽 세계경제 전체의 관점에서 볼 때, 네덜란드의 세계무역은 일종의 귀중한 생명수가 되었는데, 그것은 여러 나라들이 그들 내부의 정치기구와 경제기구를 재조직하는 데 열중하고 있는 동안 그 기계가 계속 작동하도록 유지했다. 그러나 역으로 네덜란드의 정책이 성공한 것은 잉글랜드나 프랑스가 자유무역이라는 가설에 입각하여 움직이는 네덜란드 상인들의 시장을 잠식해들어갈 정도로 그들의 중상주의적 경향을 아직은 밀어붙이지 않았던 덕택이었다.[235] 이는 네덜란드인들이 에스파냐와의 연계를 유지하여 금융시장을 상대적으로 통제함으로써 여전히 매우 강력했기 때문일 것이다.[236]

---

233) "네덜란드는 어느 곳에서나 가장 광범위하게 개방된 무역을 선호했다 ; 잉글랜드는 엄격히 제한된 무역을 선호했다. 특히 잉글랜드와 그 식민지와의 무역에서 그랬고, 외부 국가들과 잉글랜드 사이의 무역에서도 그랬다." Robert Reynolds, *Europe Emerges* (Madison : Uinv. of Wisconsin Press, 1967), 442.

　　또한 바버의 다음과 같은 지적을 보라 : "화폐용 금속들의 수출 자유는 —— 17세기에 다른 곳에서는 드물었는데 —— 암스테르담의 환시세를 안정시켰으며 그래서 양도 가능한 신용수단으로서 환어음의 유통을 조장했다. 그리고 환어음의 할인과 판매는 도시에서 활발한 사업이 되었다." Barbour, *Capitalism in Amsterdam*, p. 53.

234) "서유럽의 상품교환에서 암스테르담이 당당한 역할을 맡게 된 중요한 조건은 15세기 후반에 암스테르담의 해운정책이 따랐던 보호주의적 노선에 의해서 조성되었던 것 같다. 여기에 부합하여 발트 해에서 도착하는, 암스테르담 시민이던 모든 선장들은 이 도시에 기항하도록 요구되었다. 동일한 요구사항이 시민이 아닌 선장과 선박을 공동 소유하는 암스테르담 시민들에게도 적용되었다. 초기 형태의 항해법이었던 이 규정은 뤼베크를 그리고 발트 해로부터 플랑드르, 특히 브뤼헤로 가는 직접 교통을 겨냥한 것이었다." Glamann, *Fontana Economic History of Europe*, II, p. 35.

235) "대량 구매, 자유로운 여신, 값싼 수송 등이 결합하여 암스테르담의 물가를 원산지의 일반적 물가수준으로 유지했다. 1606년 영국의 한 하원의원이 네덜란드는 영국 무역회사들보다 더 값싸게, 네덜란드에서 마무리된 영국 모직물을 판매하고 거기서 재수출할 수 있다고 주장했다." Barbour, *Capitalism in Amsterdam*, p. 95.

236) 예를 들면 네덜란드의 해외투자와 그 강도에 대해서는 바버의 다음과 같은 지적을 보라 : "[17세기에] 구매용 여신이나 단기 선대출을 원하는 외국 재화들은 대부분 암스테르담

암스테르담이 세비야를 계승했다면, 북부 네덜란드가 "제2차" 16세기에 유럽 세계경제의 상업 및 금융의 중심지가 되었다면, 북부 이탈리아의 도시국가들에서 일어난 일들, 특히 바로 이 시기에 그들의 상업적, 재정적 역할을 축소시키기보다는 확대시킨 것으로 보이는 베네치아나 제노바에서 일어난 일들을 우리는 어떻게 설명할 수 있을 것인가? 여기서 말할 수 있는 것은 이러한 팽창이 단명했고 번영 아래 숨어 있는 쇠퇴의 과정을 은폐하고 있었다는 점이다. 그래서 "제2차" 16세기가 끝날 무렵에 이르러 이 지역들은 유럽 세계경제의 반주변부로 전락했던 것이다.

암스테르담의 진정한 전진은 1590년에 가서야 비로소 시작되었다. 1557년의 위기와 1590년 사이에 네덜란드 혁명이 일어났다. 이 시기에 세계의 상업에서 네덜란드의 역할은 줄어들 수밖에 없었다. 그 결과 제노바는 이전에 안트베르펜이 맡았던, 또 금융분야에서는 푸거가가 맡았던 기능들 가운데 일부를 떠맡았다.[237] 안트베르펜의 몰락은 아메리카의 금은에 대한 잉글랜드의 접

의 개인 자본에 눈을 돌렸다.……

"발트 해 지역에서 우위를 차지하려는 북유럽 왕국들간의 일련의 전쟁에서 네덜란드의 자본은 네덜란드의 해운업처럼 양쪽에서 싸웠다.……

"잉글랜드와 프랑스는 북유럽의 나라들보다 외국의 자본주의에 처녀지를 적게 제공했는데, 그것은 이들 나라 자체의 중간계급의 상업적, 공업적 재능은 활기차고 경쟁적이었으며, 그들 각국의 재화에 대한 적극적인 지원을 모색하고 있었다. 그러나 네덜란드 자본은 이 양국 모두에서 활동하고 있었다." 같은 책, pp. 105, 111, 119. 각주 229에 있는 브로델의 지적 참조.

237) "거대 자본주의의 시계로 볼 때, 1557년에서 1627년에 이르는 제노바 은행가들의 세기는 푸거가의 짧은 세기와 암스테르담의 혼합된 자본주의의 세기 사이에 해당한다.……분명히 제노바의 부는 에스파냐 국가의 기묘한 파산에 뒤이어 1557년에 마술 지팡이를 휘두름으로써 갑자기 나타난 것이 아니었으며, 1627년에 에스파냐의 다섯번째 혹은 여섯번째 파산이 일어났을 때, 하룻밤 사이에 사라진 것도 아니었다.……제노바는 오랫동안 국제금융의 중심지 가운데 하나였다." Braudel, *La Méditerranée*, I, pp. 454-455.

또한 엘리엇의 다음과 같은 지적을 보라 : "제노바 은행가들은 푸거가와 함께 카를 5세의 채권자로 등장했다. 그리고 1557년 왕국의 파산 이후 푸거가의 영향력이 쇠퇴함에 따라 제노바의 영향력은 더 커졌다." Elliott, *Europe Divided*, pp. 59-60.

그리고 스푸너는 다음과 같이 말한다 : "대략 1570년 이후 제노바가 푸거가로부터 주도권을 넘겨받았을 때, 한 세기를 열면서 제노바의 전성기가 시작되었다. 푸거가의 재정

근을 위협했으므로 이 몰락으로 인해서 잃을 것이 많았던 잉글랜드는[238] 이상
하게도 군사력을 이용한 성급한 단기적 재보 강탈에 나섰는데, 이런 사정으로
말미암아 에스파냐인들은 금은을 제노바를 통해서 수송해야 했다.[239] 그러므
로 제노바의 힘은 일부는 네덜란드의 혼란으로부터 나왔고, 일부는 제노바가
경제적 이해관계를 최우선적으로 고려하여 전력을 쏟은 데에서 나왔으며,[240]

적 우위는 1530년 이후 독일 광산의 번영이 퇴조하면서 쇠퇴했다." Spooner, *New
Cambridge Modern History*, III, p. 27.

베네치아 역시 이 시기에 금융분야에서 핵심적인 역할을 했다 : "베네치아는 16세기의
장기적인 경제팽창에서 환어음의 국제적 유통의 결정적인 중개지점이 되었다.……1587
년 이래 베네치아는 리알토 광장 은행(Banco della Piazza di Rialto)이라는 예금은행을
보유하고 있었다. 원로원은 1593년의 법령으로 환어음은 그 원장에 등재하는 방식으로
결제되어야 한다고 규정했다. 이렇게 해서 국제거래에서의 하나의 중요한 수단이 생겨났
다. 사실상 공화국은 이중의 통화체제[시중통화(moneta corrente)와 은행환(moneta di
banco)]를 가지고 있었다." Frank C. Spooner, "Venice and the Levant : An Aspect
of Monetary History (1610-1614)", in *Studi in Onore di Amintore Fanfani*, V : *Evi
moderno e contemporaneo* (Milano : Dott. A. Giuffrè-Ed., 1962), 646-647.

238) "여왕과 영국 상인들이 안트베르펜의 환거래소에서 돈을 차용하여 아메리카의 금광에
참여하는 것이 허용되는 한 펠리페 2세와 엘리자베스의 연합정책은 가능했다. 그러나 정
확히 그 질서와 균형은 1556년의 위기와 1567년 알바 공작이 네덜란드에 위협적인 상륙
을 감행함으로써 위태롭게 되어버렸다.……그후로 모든 것이 대서양의 거대한 영역 안
에서 변동했다." Braudel, *La Méditerranée*, I, p. 438.

239) "잉글랜드의 엘리자베스가 플리머스 항에 대피중이던 에스파냐의 갤리선 함대에서 발견
한 보물들을 몰수한 1568년부터 안트베르펜은 금융분야에서 그 중심적 위치를 상실하기
시작했다.……영국해협은 이제 안전한 곳이 아니었으며, 그래서 제노바의 은행가들은 귀
금속이 제노바와 브장송 정기시를 경유케 함으로써 그 통로를 바꾸기로 작정했다. 그래
서 브장송은 16세기 말경에 서유럽에서 선도적인 은행도시가 되었고, 또 신세계로부터
계속 유입되는 은을 분배하는 중심지가 되었다.

은행의 관점에서 볼 때 안트베르펜을 계승한 도시는 암스테르담이 아니었다……암스
테르담은 1640년까지 귀금속의 세계적 중심이 되지 못했다." Raymond de Roover,
"Anvers comme marché monétaire au XVIe siècle", *Revue Belge de philologie et
d'histoire*, XXXI, 4, 1953, 1044-1045.

브로델의 다음과 같은 지적을 보라 : "1580년부터 백색 금속(은)을 분배하는 진정한 중
심은 에스파냐만큼이나 또는 그 이상으로 이탈리아의 대도시들이었다. 그들은 에스파냐의
남아도는 은화의 일부를 레반트로 수출한다는 손쉽고도 수지 맞는 조건으로, 이 역할로부
터 막대한 이익을 끌어냈다." Braudel, *La Méditerranée*, I, pp. 450-451.

240) "나는 제노바가 어떤 비(非)상업적인 요인의 간섭으로부터도 특히 자유로운 금융시장이

334

또 일부는 에스파냐 왕국 및 그 상업제도와 계속 밀접한 유대관계를 유지한 데에서 나왔는데,[241] 이 유대의 기원에 대해서는 앞에서 상세히 설명했다.

베네치아에 관해서는, "제1차" 16세기가 지중해 무역의 쇠퇴기(투르크에 의한 콘스탄티노플과 이집트 정복의 영향, 포르투갈의 새로운 동방 해상항로 등)였던 반면, "제2차" 16세기는 베네치아의 무역이, 특히 동부 지중해에서 크게 부활하는 시기였다.[242] 이러한 부활은 이미 1540년경에 시작되었는데, 일부는 포르투갈이 인도양 무역을 제대로 통제하지 못했던 것에,[243] 일부는 포르투갈

───

었다는 주지의 사실을 새삼 강조할 필요는 없다고 생각한다. 예를 들면 금융활동에 대한 어떤 눈에 띌 만한 교회의 압력은 전혀 존재하지 않았다." Carlo M. Cipolla, *Economic internazionale*, V, p. 256.

241) 롱셰는 이탈리아 은행가가 에스파냐 국왕에게 부과한 실질 이자율은 16-20퍼센트였다는 것을 보여준다. Lonchay, *Académie Royale de Belgique*, pp. 950-951 참조. 쾨니히스버거는 다음과 같이 말한다 : "어떤 다른 국가들보다도 제노바는 자신의 운명을 에스파냐 왕국의 운명에 걸었다.……페루가 은을 세비야로 보내는 한 제노바의 금권정치는 번창했다." Koenigsberger, "Western Europe and the Power of Spain", *New Cambridge Modern History*, III : R. B. Wernham, ed., *The Counter-Reformation and the Price Revolution, 1559-1610* (London and New York : Cambridge Univ. Press, 1968), 257.

242) 몇몇의 서로 다른 힘들이 수렴한 덕택에 16세기 중엽에 레반트의 시장들은 동방의 상품들을 잘 구비했고, 베네치아는 이전의 상업적 번영을 되찾았다. 그러나 16세기의 전반기 동안 경기침체는 매우 심각했다. Vitorino Magalhães-Godinho, "Le repli vénitien et égyptien et la route du Cap, 1496-1533", in *Eventail de l'histoire vivante : hommage à Lucien Febvre*, Vol. II (Paris : Lib. Armand Colin, 1953), 300. Frederic C. Lane, "The Mediterranean Spice Trade : Its Revival in the Sixteenth Century", in *Venice and History*, (Baltimore, Maryland : Johns Hopkins Press, 1966), 581-590과 또 그의 앞선 논문 "Venetian Shipping During the Commercial Revolution", in *Venice and History*, 13-24 참조 ; 또한 E. E. Rich, *New Cambridge Modern History*, I, 특히 p. 447도 참조.

243) "아랍의 중계상들에 연계된 지중해 상업은 보다 높은 가격을 제시함으로써 고품질의 상품들을 확보할 수 있었을 것이다. 포르투갈인들은 아시아에서 지나치게 낮은 구입가격을 고수하는 무리를 범했을 것이다.……오리엔트에 대한 지중해 상업은 중계상들로 해서 어떤 이익도 상실하지 않았으므로 오직 원산지들에 대한 감독을 의미하는 강압에 의해서만 중단될 수 있었다. 포르투갈인들은 몇몇 경우에 그렇게 하는 데 성공했다.……그러나 그들의 엄격한 감독은 단지 제한된 기간 동안만 지속되었으며, 그리고는 저절로 이완되었다." Braudel, *La Méditerranée*, I, pp. 459-496.

에 대한 베네치아의 몇몇 경쟁상의 우위들에,<sup>244)</sup> 또 일부는 유럽에서의 포르
투갈의 약점들과<sup>245)</sup> 에스파냐가 네덜란드에서 맞은 위기에<sup>246)</sup> 기인했다.

그러나 북부 이탈리아의 부활은 오래가지 못했다. 북부 네덜란드와는 달리,
잉글랜드와는 더욱더 달리, 북부 이탈리아의 농업 기반이나 산업 기반은 모두
건실하지 못했으며, 17세기에 이르면 우리는 이탈리아의 쇠퇴를 말하게 된다.

16세기의 인구 증가, 특히 1580-1620년의 두드러진 인구 증가 속에서<sup>247)</sup>
농업 기반의 취약성은 여러 방면에서 나타났다. 우리는 이미 토양조건들의 상
대적 빈약함에 대해서 언급했다. "제1차" 16세기 동안 무역이익이 감소하자

244) "16세기 초에 포르투갈이 희망봉을 경유하여 인도와 직접 교역을 하게 된 결과 에스파
냐의 지중해 무역은 심각한 위기를 겪었다.……그러나 포르투갈의 독점은 결국 오래가
지 못했다. 포르투갈인들은 바다에서 비록 막강했지만, 넓게 퍼진 기지로부터 발진하는
몇척의 전함들을 가지고 유럽의 고객은 물론 이집트와 투르크 제국에까지 상품을 공급
하고 있는 번영하는 전체 교역을 영구히 누르겠다는 희망을 품을 수 없었다.……에스파
냐의 인도양 무역, 혹은 그 대부분은 곧 예전의 통상로들로 다시 들어왔다 ; 이와 더불어
베네치아 선박들의 지중해 무역이 부활했다. 가격과 품질 면에서의 직접적인 경쟁에서,
모든 이점이 다 포르투갈의 대양무역 편에 있었던 것은 결코 아니다. 희망봉 항로의 비
용과 위험은 컸고 또 증가하는 경향이 있었다 ; 그리고 포르투갈인들은 외국으로 운송할
이윤이 나는 재화들을 가지지 못했다. 그들은 금은으로 향료를 사들였고 국내로의 항해
에서 나온 수입은 국외로의 항해비용을 또한 감당해야만 했다.……향료의 질에도 차이
가 있었을 것이다. 포르투갈의 향료는 '장기간의 항해로 상하거나 향기를 잃어버리기' 십
상이었다." J. H. Parry, *Cambridge Economic History of Europe*, IV, pp. 164-165.
245) 1549년 영구적인 제도로서의 포르투갈 왕립공장이 폐지된 결과에 대해서는 빈도프의 다
음과 같은 지적을 보라 : "이 조치를 취한 이유들이야 무엇이든, 혹은 그 직접적인 결과
들이야 무엇이든, 그것은 한 시대가 지나감을 상징했다." Bindoff, *New Cambridge
Modern History*, II, p. 68.
246) J. B. Harrison, "Colonial Development and International Rivalries Outside Europe,
II : Asia and Africa", *New Cambridge Modern History*, III : R. B. Wernham, ed.,
*The Counter Reformation and the Price Revolution, 1559-1610* (London and New
York, Cambridge Univ. Press, 1968), 533-534 참조.
247) 예를 들면 카를로 M. 치폴라는 1580년에서 1610-20년 사이 밀라노에서는 "강력한 인
구 팽창이 있었다"고 지적한다. Carlo M. Cipolla, *Mouvements monétaires dans l'Etat
de Milan (1580-1700)* (Paris : Lib. Armand Colin, 1952), 31. 피렌체에서도 유사한
팽창이 진행되다가, 1619-20년을 고비로 하여 감소세로 돌아섰다. Ruggiero Romano,
"A Florence au XVIe siècle : industries textiles et conjoncture", *Annales E.S.C.*, VII,
7, oct.-déc. 1952, 508-512.

농경, 특히 밀 경작으로의 투자 이동이 있었던 것은 사실이다.[248] 이러한 변화는 도시의 상업에 종사하는 것이 허용되지 않은 수도원의 경우에 특히 사실이었다. 이 경향은 지방 투자자들이 농산물 가격의 앙등과 산업이윤의 감소에 반응함에 따라 1570년에서 1630년 사이 베네치아 주변의 테라페르마(Terraferma : 아드리아 해 연안의 육지에 있던 베네치아의 식민지/옮긴이)[249]에서 특히 두드러지게 나타났다.

그러나 생산은 증가했는데도 기근이 발생했다. 일부는 사회체제의 관점에서 우연적이고 외부적인 요인으로, 즉 16세기의 마지막 몇십 년 동안의 강우량과 한파의 갑작스런 증가로 소택지가 늘고 그래서 말라리아가 늘어난 현상으로 설명이 된다.[250] 말라리아는 특히 심각했는데, 이탈리아는 내부 식민화과정에서 토지 경작이 확대된 결과 나타난 말라리아의 증가로 이미 고통을 받고 있었기 때문이다.[251] 하지만 사람들은 그렇게 금은이 많은 지역이라면

---

248) 밀은 그 자체로 다른 모든 [16세기의 경제활동들에 대한] 농업생산의 압도적인 우위를 다졌다. 비록 밀이 농업소득의 단지 일부만을 차지한다고 해도, 농업은 지중해의 주된 산업인 것이다." Braudel, *La Méditerranée*, I, p. 385.

249) "[이러한 이동의] 근본적인 이유는 베네치아인들이 토지로부터 어떠한 이윤을 원했는가 하는 데 있었음에 틀림없다.……초기의 한 자극제는 아마 이미 15세기에 토지개간을 통해서 대수도원들이 기둔 이윤의 보기였을 것이다.……

토지소유에 중요한 변화가 일어난 시기는 베네치아인들의 소유가 약 35퍼센트 정도로 증가했을 때인 1570년에서 1630년에 이르는 기간으로 보인다." S. J. Woolf, "Venice and the Terraferma : Problems of the Change from Commercial to Landed Activities", in Brian Pullan, ed., *Crisis and Change in the Venetian Economy in the Sixteenth and Seventeenth Centuries* (London : Methuen, 1968), 194-195.

부스마의 다음과 같은 지적을 보라 : "이탈리아에서 전체적으로 교회의 토지소유는 가톨릭 종교개혁의 시기에 증대하고 있었으며 또 특별한 조건들이 이 경향을 다른 곳에서보다 베네치아의 영토에서 더 심화시켰다. 종교단체들은 당시의 대규모 개간사업에 그들 자신의 축적된 자본을 가지고 적극 참여했다." Bouwsma, *Venice and the Defenses*, p. 343.

250) 브로델은 다음과 같은 논평으로 강우와 경기침체의 관계에 대한 그의 설명에 결론을 맺는다 : "한 세기의 마지막 몇해를 지배했던 굶주림의 사회적 드라마 전체는 그 진정한 기원이 아마도 이 기후조건의 동요에, 아마도 다소 가벼운 동요에 있을 것이다. 우리는 이 가정을 아주 조심스럽게 제시하지만, 그러나 반드시 거론해야만 한다." Braudel, *La Méditerranée*, I, p. 248.

251) "우리는 어디서나 16세기에 [말라리아의] 재앙이 재발했다는 인상을 떨칠 수가 없다.

밀을 수입했을 것이라고 생각했을 것이다. 이러한 현상은 어느 정도로는, 즉 다른 어느 곳에 결핍을 야기함으로써 기근의 영향을 확산시키기에 충분할 만큼은[252] 일어났을 것으로 보인다. 그러나 공업생산을 위한 농업 기반을 유지하기에 분명히 충분할 정도로는 일어나지 않았던 것 같다. 왜 그렇지 않았겠는가? (수도원 같은) 새로운 대규모 농업생산자들이 그들의 정치적 영향력을 곡물 수입의 확대에 실어주지 않았다고 생각해볼 수 있다.[253] 물론 비용의 요

---

아마도 사람들이 당시에 그들의 숙적인 저지대의 토지개발에 몰두했기 때문일 것이다. 16세기 전체가, 심지어 15세기조차도, 추가할 수 있는 토지를 얻으려는 시기였다. 습기가 많고 끈기가 없는 토질의 들판말고 어디서 그런 땅을 더 쉽게 찾을 수 있겠는가? 그러나 해충이 들끓는 땅을 휘젓는 것보다 더 해로운 것은 없다.……16세기에 지중해의 모든 곳에서 진행된 내부 식민화는 매우 비싼 대가를 치러야 했다.……그 대가는 특히 이탈리아에서 컸다. 이탈리아가 머나먼 지역의 토지들에 대한 정복의 기회를 놓친 채 그 거대한 운동에 뛰어들지 못했다면 그것은 무엇보다도 그 당시 국내에서 가능한 기술을 이용하여 물에 잠긴 평지들에서 산꼭대기에 이르기까지 경작 가능한 모든 지역을 정복하는 일에 몰두해 있었기 때문이 아닐까?" Braudel, *La Méditerranée*, I, 59. P. J. Jones, "Per la storia agraria italiana nel medio evo : lineamenti e problemi", *Rivista storica italiana*, LXXVI, 2, giugno 1964, 307-308 참조.

252) "만약 아메리카로부터의 금은의 유입이 대량의 곡물 구입에 대한 지불수단을 제공하지 않았다면 지중해 지역의 식량사정은 아마도 훨씬 더 심각했을 것이다. 그래서 기후변동은 유럽 전역에 귀금속 유입의 효과를 퍼뜨리도록 한 요인들 가운데 하나가 되었다. 15세기 중엽 이래 꾸준히 진행된 상업과 해운업의 팽창 역시 필경 흉작의 영향을 완화시키는 데 일조했을 것이다. 그럼에도 불구하고 기후의 변화는 대서양과 북해 연안의 성장하는 국가들에 비해서 지중해 국가들을 크게 약화시켰다." Utterström, *Scandinavian Economic History Review*, III, p. 44.

253) "[1591년의 식량] 위기 이후와 마찬가지로 그 이전에도 지중해는 본질적으로는 자체의 농업생산물로 살아나갔다. 암스테르담의 경우와 같이 저지방 국가들에서 일어난 현상이나, 자유로운 교역이 행해진 잉글랜드에서 더욱 광범위하게 그러나 훨씬 뒤에 일어날 현상과 비교될 만한 사태는 결코 일어나지 않는다. 도시세계들은 식량을 조달하는 과제를 다른 누구에게도 떠맡기지 않는다." Braudel, *La Méditerranée*, I, p. 387.

그럼에도 불구하고 곡물의 수입은 증대했다. 로마노와 더불어, 밀이 레그혼의 팽창에서 떠맡은 역할을 지적한 사람은 사실상 브로델이었다 : "레그혼의 대두는 밀의 무역항으로서의 역할 증대와 연결되어 있지 않은가? 1591년의 대기근과 북부지역으로부터의 밀의 유입은……내가 보기에, 중요한 전환점을 이룬다." Fernand Braudel and Ruggiero Romano, *Navires et marchandises à l'entrée du Port de Livourne (1547-1611)* (Paris : Lib. Armand Colin, 1951), 22.

338

인도 있었다. 발트산 곡물은 멀리 있었고, 이집트나 시리아산 곡물의 경우,
이들 두 나라 역시 부족현상을 겪고 있거나, 아니면 투르크와의 전쟁상태 때
문에 종종 수입할 수가 없었다.[254]

게다가 그들이 곡물을 수입하고 있었던 만큼, 그것은 최악의 거래조건 아
래 있었고, 또 그들의 상업 경쟁상대인 네덜란드인을 통해서 이루어졌다. 왜
냐하면 암스테르담이 발트산 비축물량을 통제했으며 그것을 자신의 뜻대로
분배했기 때문이다.[255] 북부 이탈리아에 대해서 홀란트가 누리고 있던 이러한
국면적인 우위는 세계경제가 만들어낸 연관관계들 때문에 좀더 항구적인 우

---

254) 곡물원으로서의 레반트가 차단된 것이 얼마나 중요했는가는 15세기의 상황에 대한 J. H
패리의 묘사에서 지적되어 있다 : "인구는 더 많고 생산성은 더 낮은 서방에서 상황은 더
욱 어려웠다. 피렌체, 제노바, 베네치아, 라구사, 나폴리 그리고 에스파냐 동해안의 도시
들 ——— 이 에스파냐 도시들은 대개 포도주, 혹은 기름, 혹은 양모를 생산하는 지방에
위치했는데 ——— 은 모두 해상으로 곡물을 수입하고 있었다. 왜냐하면 이 도시들에 대한
국지적 공급은 불충분하고 불확실했으며, 국지적 육상수송은 비용이 많이 들었기 때문이
다. 서방의 중요한 공급원은 아풀리아와 시칠리아였다. 두 지역은 모두 아라곤의 지배자
들에 의해서 정치적으로 통제되었는데, 이 지배자들은 정기적인 곡물 수입자들이었다.
그러나 서부 지중해는 전체적으로 거의 곡물을 자급자족하지 못했으며, 곡물을 수입하는
도시들 또한 레반트의 값싸고 풍부한 곡물에 계속 의존했다. 특히 베네치아는 동방의 곡
물에 의존했다 ; 베네치아의 에게 해 식민지들은 유용한 공급원이었고, 공화국은 또한 이
집트로부터 정기적으로 곡물을 수입했다. 따라서 동부 지중해에는 곡물에 대한 전문화되
고 복잡하며 필연적으로 탄력적인 해상무역이 존재했다. 베네치아, 제노바, 라구사의 선
박들은 컸으며, 부피가 큰 화물을 수송하도록 설계되어 있었고, 그래서 대개는 그밖의
다른 것들을 운반하지 않았다." Parry, *The Age of Reconaissance*, p. 53.
255) "지중해에서는 상황이 달랐다 : 알제리 해적선의 끊임없는 위협 때문에 대형 무장선박은
이 지역에서 필수적이었다.……그럼에도 불구하고 암스테르담은 대량의 곡물 비축으로
지중해 무역의 일부를 장악하는 데 성공했다. 16세기 후반기와 17세기 전반기에 이탈리
아와 에스파냐에서는 곡물이 부족한 해가 빈번했다. 반면 암스테르담의 창고는 폴란드와
동프로이센의 호밀과 밀로 가득 차 있었으므로 네덜란드 상인들은 커다란 이윤을 올릴
수 있었다." Van Dillen, *Britain and the Netherlands*, II, p. 136.
　　Parry, *Cambridge Economic History of Europe*, IV, pp. 158-159 참조. 패리는 지중
해에서 곡물이 부족했던 이유에 대해서 한 가지 고려할 점을 덧붙인다 : "1570년대 투르
크와 에스파냐 간의 대규모 적대행위와, 베네치아와 에스파냐의 연합은 또한 정상적인
곡물 무역을 혼란에 빠뜨렸고, 동시에 해군, 육군, 수비대들에 대한 식량 공급 요구를 증
대시켰다."[p. 159]

위로 변형될 수 있었다. 스푸너는 새롭고 정교한 신용기술들 —— 즉 환어음
의 이서(裏書), 파토 디 리코르사(patto di ricorsa : 단기 여신의 한 형태), 공
공은행들 —— 의 역할을 지적하고 있는데, 이 모든 것들이 바로 이 시점에
출현하고 있었다. 이러한 신용제도는 국제적인 것이었으며, 그래서 북부 이탈
리아가 쇠퇴하기 시작하자 이러한 활동들의 중심지는 별 어려움 없이 이동했
다.[256] 왜냐하면 다른 곳에서처럼 제노바에서도 상인 금융가들은 지리적 충성
심에 별로 연연해하지 않고 자신들의 이익을 지켜냈기 때문이다.

그러나 공업의 경우는 어떠했는가? 북부 이탈리아는 공업의 중심이요, 사실
새로운 생활로 가득 찬 곳이 아니었는가? 특히 베네치아의 경우가 그렇지 않
았는가? J. H. 엘리엇은 1560년에서 1600년 사이의 새로운 투자와 "부귀영
화"[257]의 순간에 대해서 언급한다. 그러나 풍요는 지속되지 않았다. 북부 이탈
리아는 1600년경 유럽에서 가장 앞선 산업지역 중의 하나였지만 1670년에
와서는 침체된 농업지역이 되어버렸다. 우리는 이미 기만적인 그 번영에 대하
여 시사한 바 있다. 도메니코 셀라는 16세기 후반의 베네치아의 경제적 번영
에 대해서, 그 번영은 "그것이 의존한 기초가 과거보다 더욱 협소해졌으며
따라서 베네치아의 경제는 더욱 공격당하기 쉬운 상태가 되었다는 사실을 숨

256) "또다른 측면에서, 신용의 범위는 유럽 전역의 항구, 시장, 정기시들에서의 교역망 및
상인조합들과 밀접히 연결되어 있었다. 제노바의 상인 금융가들의 활동은 탁월한 보기였
다. 유럽의 전통적 중심인 이탈리아에 자리잡고, 에스파냐의 대서양 모험사업에 관여하
고, 대륙 전역에 대리인들을 두고 있었던 제노바의 금융가들은 국제경제에서 그 중심점
이 유럽 남부에서 유럽 북부와 대서양으로 이동해간 통로였던 것이다. 이렇게 그들은 홀
란트의 엄청난 성공의 길을 준비했던 것이다." Spooner, *New Cambridge Modern His-
tory*, III, p. 31.
257) "유럽의 다른 지역들이 자신들의 관심과 자원의 많은 부분을 해상무역에 쏟아붓고 있을
때 베네치아는 정확히 그 반대방향으로 나아가는 길을 선택했다. 베네치아의 선단은
1560년 이후 쇠퇴하기 시작했다.……그러나 해상에서의 이러한 쇠퇴는 베네치아의 자본
이 바다에서 본토로 대이동한 것과 동시에 일어났다. 여기서 이 자본은 무역을 위해서가
아니라 토지 획득을 위하여, 또 북부 이탈리아 및 네덜란드의 직물산업 —— 이것들은
모두 유럽의 전쟁에 시달리고 있었다 —— 과 성공적으로 경쟁할 수 있는 대규모 직물
산업을 건설하기 위하여 사용되었다. 이 정책은 적어도 단기적으로는 풍부한 보상을 가
져왔다. 그 세기의 나머지 기간 동안……[베네치아는] 마치 이전의 영광의 나날들이 기
적적으로 되돌아온 듯한 부귀영화 속에서 지냈다." Elliott, *Europe Divided*, pp. 58-59.

340

길 수 없었다"²⁵⁸⁾고 말한다. 여기서 고려해야 할 두 가지 주요 사항이 있다.
하나는 프랑스와 잉글랜드에서 직물산업이 대두함으로써, 프랑스와 잉글랜드
라는 고객을 잃은 점이다. 그래서 이제 시장은 북부 이탈리아와 독일로 제한
되어버렸다. 두번째는 해상수송이 이제 더욱더 비(非)베네치아 선박들의 수중
에 넘어가게 되었다는 점이다. 카를로 치폴라가 말하듯이, "나라의 전체 경제
구조는 그 나라가 내놓을 수 있는 제조품과 서비스의 많은 부분을 해외에 판
매하는 능력에 너무 크게 의존하고 있었다."²⁵⁹⁾

제조품의 판매에 지나치게 의존했다는 것은 무엇을 의미하는가? 결국 세계
경제에서 핵심부의 성공비결은 그들이 그들의 제조품들을 주변부의 원자재와
교환한다는 데 있다. 그러나 이러한 단순한 상황파악은 두 가지 요인, 즉 원
자재의 수입가격을 낮출 수 있는 정치경제적 능력(이것은 북부 이탈리아보다
는 네덜란드의 경우에 보다 가능했다고 우리는 주장했다) 그리고 핵심 국가들
의 시장에서 다른 핵심 국가들의 제조품들과 경쟁할 수 있는 능력을 설명에
서 빠뜨린다.

여기서의 이야기는 매우 간단했다. 네덜란드인들이 잉글랜드에서 영국인들
보다 상품을 더 낮은 가격으로 팔 수 있었던 것과는 달리, 아마도 이탈리아인
들의 상품은 이와는 대조적으로 값이 비쌌고²⁶⁰⁾ 또한 구식이 되어버렸던 것이

258) Domenico Sella, "Crisis and Transformation in Venetian Trade", in Brian Pullan, ed., *Crisis and Change in the Venetian Economy in the Sixteenth and Seventeenth Centuries* (London : Metheun, 1968), 90.

259) Carlo M. Cipolla, "The Decline of Italy : The Case of a Fully Matured Economy", *Economic History Review*, V, 2, 1952, 180-181. 이런 사정은 베네치아만이 아니라 밀라노에서도 역시 마찬가지이다. Cipolla, *Mouvements monétaires*, pp. 33-34 참조. 베네치아의 이러한 쇠퇴에 대한 상세한 내용은 1620-1720년의 기간을 다룬 심포지움에서 훌륭하게 설명되었다 : *Aspetti a cause della decadenza economica veneziana nel secolo XVII. Atti del Convergno (27 giugno-2 luglio 1957)* (Venezia-Roma : Istituto per la Collaborazione Culturale, 1961).

260) 홉스봄은 이탈리아가 가격을 비싸게 매겼다는 주장의 타당성에 다소 유보적이다. E. J. Hobsbowm, "The Crisis of the Seventeenth Century", in Trevor Aston, ed., *Crisis in Europe, 1560-1660* (London : Routledge & Kegan Paul, 1965), 19 참조. 그러나 배리 서플은 *Commerical Crisis and Change in England, 1600-1642* (London and New

다.[261] 이탈리아의 길드들은 노동비용을 끌어올렸다. 국가의 과세는 상대적으로 높았다. 이탈리아인들은 고품질 시장을 겨냥해 생산했다. 다른 나라들은 보다 덜 부담스럽고 더 나채로운 직물 —— 내구성에서 떨어지고 질이 낮지만 보다 값싼 직물 —— 을 내놓았다. 근대산업의 성공비결이 일찌감치 모습을 드러내고 있었다. 30년전쟁이 또한 독일 시장을 망쳐놓자, 직물 생산이 쇠퇴하고 자본이 이탈하여 길드의 노동비용과 세금징수원을 피하기 위해서 산업이 농촌으로 이동하는 등의 재앙이 뒤따랐다. 산업들은 경쟁력이 약했기 때문에 소멸했다.[262]

York : Cambridge Univ. Press, 1959), 159-160에서 치폴라의 가설에 대한 다소 확실한 증거를 제시한다. 또 베네치아 조선업의, 특히 1570년 이후의 쇠퇴에 대한 루지에로 로마노의 설명을 보라 : "[조선을 위한 여신정책은] 베네치아 병기창이 부과한 높은 가격, 다른 지역, 특히 북부 유럽에서의 군함 건조 가격과 비교해볼 때 그런 높은 가격을 상쇄할 수 없었다." Romano, "La marine marchande vénitienne au XVIe siècle", in M. Mollat 외, eds., *Les sources de l'histoire maritime en Europe, du Moyen Age au XVIIIe siècle*, Actes du IVe Colloque International d'Histoire Maritime (Paris : S.E. V.P.E.N., 1962), 46.

261) "북부의 직물이 성공한 것은 두 가지 요인에 기인했다 : 비용이 적게 들었으며 상품의 질은, 아마 베네치아 상품의 질보다는 좀더 떨어졌겠지만, 새로운 유형의 요구들에 보다 잘 대응했다." Sella, *Annales E.S.C.*, XII, p. 39.

우리는 16세기에 **고품질** 작업이란 덜 산업화된 작업이 아니라 더 산업화된 작업을 의미했다는 점을 잊어서는 안 된다. 공장의 작업이 대량 생산만이 아니라 대중을 위한 생산과 연관되어 있고, 장인의 작업이 특수한 시장을 위한 정교한 수공업 기술 양식으로 아직도 살아남아 있는 이 시대에, 산업시대 이전에는 이것의 정반대가 진실이었음을 깨닫는 데에는 상상력의 비약이 요구된다. 당시에 공장들, 즉 직접적인 통제 아래 한 작업장에서 협업하는 노동자들의 집합체들은 몇몇 사치품목에서처럼 품질이 근본적으로 중요하거나, 혹은 안전상의 이유로 정확성이 매우 중요시되거나, 혹은 많은 통제를 필요로 하는 어떤 다른 문제들이 있었던, 오직 그 같은 드문 경우에만 이용되었다. 16세기 베네치아에서의 밧줄 생산의 경우가 그 보기였는데, 이곳의 원로원은 "우리 갤리선들 및 선박의 안전과 또한 마찬가지로 우리 선원들 및 자본의 안전"에 대해서 염려했다. 게다가 원로원은 그러한 사업을 개인의 손에 맡기지 않았다. 원로원의 진술은 Frederic Lane, "The Rope Factory and Hemp Trade in the Fifteenth and Sixteenth Centuries", in *Venice and History*, (Baltimore, Maryland : Johns Hopkins Press, 1966), 270에 재인용되어 있다.

262) "어느 나라가 17세기 초에 이탈리아와 같은 불행한 처지에 놓이게 되면, 조만간에 자연적 혹은 의도적인 많은 힘들이 작동하여 재조정을 이루게 된다. 불균형을 바로잡기 위해

적어도 북부 이탈리아가 북부 네덜란드의 역할을 맡을 수 있었을까? 가능했을지 모르지만, 아마도 양쪽 모두가 그렇게 할 여지는 없었을 것이며, 홀란트가 베네치아나 밀라노나 제노바보다 여러 가지 이유로 그 역할에 보다 적합했다. 이탈리아는 우선 정치적 통일의 결여 때문에 잉글랜드나 프랑스의 길을 따를 수 없었다.[263] 1630년, 역병이 이탈리아를 강타했을 때,[264] 그것은 식

서 필요한 조처들은 새로운 생산방식의 개발, 새로운 시장의 추구, 특정한 종류의 소비억제, 국내 가격수준과 세계 가격수준 사이의 관계의 약화 등으로 다양할 수 있다. 만약 어느 나라가 새로운 생산방식을 개발하거나 새로운 시장을 개척할 수 있다면, 폭넓게 말해서 그 나라는 자체의 고용수준과 생활수준을 둘 다 유지할 수 있다. 그러지 못하면 그 나라는 당연히 생활수준에서만이 아니라 거의 틀림없이 고용수준에서도 급격한 하락을 감내해야 할 것이다." Cipolla, *Economic History Review*, V, pp. 186-187.

E. J. 홉스봄은 북부 이탈리아가 실제와 달리 행동할 수 있었을지 의문을 나타낸다 : "이탈리아의 쇠퇴는……봉건세계에 기생하는 '자본주의'의 약점을 잘 보여준다. 그래서 16세기의 이탈리아인들은 아마도 가장 거대한 양의 자본을 통괄하고 있었으나 그것을 터무니없이 잘못 투자했다. 그들은 건축물들에다 자본을 묶어두었고, 가격혁명 동안 해외여신으로 자본을 탕진했거나(그것은 당연히 채무자들에게 유리했다), 자본을 제조활동에서 여러 가지 형태의 고정 투자로 돌렸다.……그러나 지나치게 거대한 성당들이 사업을 망친다는 것을 오래 전부터 알고 있던 이탈리아의 투자가들은 아주 분별 있게 행동하고 있었다. 수백 년 동안에 걸친 많은 경험은 최대 이윤은 기술적 진보나 심지어 생산에서 얻어지는 것이 아니라는 점을 보여주었다.……그들이 거대한 양의 자본을 비생산적인 방식으로 소비한 것은 단순히 그 나라의 '자본주의적 분야'의 여러 가지 한계 안에서는 어떤 규모로든 진보적인 방식으로 투자할 더 이상의 여지가 없었기 때문일 것이다.……16세기 후반의 전반적인 호황과……사적인 계약자들에게 의존했던 거대한 절대왕정들의 갑자기 팽창한 수요와 그 귀족들의 유례없는 사치는 재앙의 날을 뒤로 미루었다." Hobsbowm, *Crisis in Europe*, pp. 18-19.

263) 판파니는 이것을 쇠퇴에 대한, 비록 유일한 것은 아니지만 첫번째 설명으로 꼽는다 : "이탈리아에서는 농업에서 도피처를 찾는 것말고 다른 가능성은 없었다. 그리고 다른 한편 그들은 세 가지가 결여되었기 때문에 쇠퇴의 속도를 줄이는 데 성공할 수 없었다 : 즉 (1) 거대한 단일시장의 결여, 혹은 통일을 향한 강력한 추진력의 결여 ; (2) 유럽의 대양 팽창이라는 거대한 운동에 이탈리아가 참여하지 못한 것 ; (3) 이탈리아 경제의 실질적인 요구에 부응하는 중요 경제 프로그램의 결여가 그것이다." Fanfani, *Storia del lavoro*, p. 48.

264) 역병의 심각성은 그것이 인구에 미친 영향에서 잘 드러난다 : "1630년과 1657년의 유행병은 1580-1629년과 1631-55년의 기간 동안에 일어난 인구 증가를 지워버렸고, 이탈리아의 인구를 약 1,100만의 수준으로 되돌려놓았다." Carlo M. Cipolla, "Four Centuries of Italian Demographic Development", in D. V. Glass & D. E. C. Eversley, eds., *Population in History* (London : Arnold, 1965), 573.

량 공급에 대한 압력을 완화시켰으나 임금을 더욱 높이기도 했다. 이것이 마지막 결정타가 되었다. 이리하여 북부 이탈리아의 핵심부에서 반주변부로의 이행이 마무리되었다. 우리는 에스파냐가 이 시기에 동일한 이행을 하고 있었다는 사실을 이미 앞에서 지적했다. 의심할 바 없이 북부 이탈리아는 남부 이탈리아[265)]와 시칠리아[266)]를 비롯한 여러 지중해 지역들처럼 크게 몰락하지는 않았다. 그러나 이것은 앞으로 다가올 수세기 동안 하나의 작은 위안이 될 것이었다. R. S. 로페스는 1450년 이래 그리스도교권의 지중해에서 잘못되어나간 모든 일들을 하나하나 되새기면서 애석해하며 이렇게 결론짓는다 : "분명히 남다른 우위를 누리고 있던 지중해 사람들도 그 많은 역경들을 이겨내지는 못했다."[267)]

---

265) "토지의 매각은 [그리고 이에 따른 봉건적 자본주의의 대두는] 피에몬테에서……시칠리아까지 [이탈리아] 반도 전역에 걸쳐서 일어났다.……" Bulferitti, *Archivio storico lombardo*, IV, p. 21, 주 30. 빌라리는 남부 이탈리아에서의 소위 그가 말하는 "봉건적 토지[페우도(feudo)]의 상업화" 과정을 묘사한다. Villari, *La rivolta antispagnola a Napoli*, p. 164. 국가가 그러한 토지들을 매각함으로써 귀족화된 새로운 집단들의 대두가 촉진되었다. "그것은 상층 부르주아지가 강력한 자극을 주고, 전통귀족의 경제적, 사회적 권력에 대한 매우 강력한 긍정과 동시에 일어난, 봉건적 영지의 팽창과 공고화의 복합적인 운동이었다."[p. 192] 그 하나의 결과는 "도시들의 봉건화"[p. 168]였는데, 이에 대한 강력한 저항이 있었지만 그 효과는 별로 없었다. 도시의 생활양식이 바뀌었다 : "봉건적 팽창의 가장 뚜렷한 결과들 중 하나는 도시개발의 새로운 국면을 맞은 지역의 도시 중심들에서 궁전, 예배당, 별장, 정원들이 건설되는 현상과 함께, 사치품과 비생산적인 재화들의 소비가 증가한 것이었다."[pp. 193-194]

266) "대부분의 은행과 여신은 외국인들에게 장악되어 있었고, 수출무역의 이윤은 제노바, 베네치아, 카탈루냐의 상인들을 살찌웠으며, 봉건경제의 약점들과 근대적 신용제도의 약점들이 결합된 농업제도를 지닌 채, 산업화에서 크게 뒤져 있던 시칠리아는 빈곤한 나라로 남아 있었고, 이탈리아 북부가 중세 후기에 누렸던 선두 자리를 결코 따라잡을 수 없었다." Koenigsberger, *The Government of Sicily*, p. 82.

267) Lopez, *Cambridge Economic History of Europe*, II, p. 53. 브로델은 1620년대에 시작되는 지중해 전역에 걸친 "경제의 썰물"에 대해서 논의한다. "L'économie de la Méditerranée au XVIIe siècle", *Les Cahiers de Tunisie*, IV, 14, 2e trimestre, 1954, 195. 엠마뉘엘 르 루아 라뒤리는 "[1620년 이래로] 이탈리아인, 카스티아인, 에스파냐령-아메리카인들을 괴롭힌 나환자 같은 퇴화증세"에 대해서 말하고 있다. Le Ray Ladurie, *Paysans*, p. 36.

# 5

강한 핵심부 국가들 : 계급 형성과 국제교역

그림 6 : "두 걸인의 싸움." 1602년에서 1616년까지 낭시 소재 로렌 궁전의 공식 화가이자 판화가 겸 장식가인 자크 벨랑주의 에칭 동판화. 이 에칭은 1612–17년 사이에 제작된 것이다. 워싱턴 D.C. : 미국국립미술관, 로젠발트 컬렉션.

근대세계사의 지속적인 주제들 중의 하나는 "민족주의(nationalism)"와 "국제주의(internationalism)" 사이의 시소 놀이이다. 나는 여기서 이데올로기상의 시소 놀이 —— 물론 그것이 존재하기는 하지만 —— 가 아니라 조직상의 시소 놀이에 대해서 이야기하는 것이다. 역사상 어떤 시점에서는 주요 경제적, 정치적 기관들이 국제적 영역에서 활동하는 것을 지향하고, 국지적인 이해관계들이 세계의 다른 곳에서 나타나는 발전들과 직접적으로 결부되어 있다는 것을 느끼게 된다. 또 어떤 시점에서는 사회적 행위자들이 국지적인 문제에 그들의 노력을 기울이고, 국경의 강화를 우선시하는 경향을 보이게 되며, 따라서 국경 밖의 사건들에 대해서는 상대적으로 무관심한 방향으로 움직인다. 물론 이것들은 **경향들**일 뿐이다. 모든 행위자들이 지배적인 경향을 따라야 하는 것도 아니며 또 반드시 어떤 일관성을 유지해야 하는 것도 아니다.

나는 구조적인 경향이 아니라 조직의 경향에 대해서 이야기하고 있다는 것을 강조했으면 한다. 그 문제는 세계경제가 더 혹은 덜 통합되어 있는가, 경제적 추세가 가격 상승 쪽인가 아니면 가격 하락 쪽인가, 재산권이 어느 정도 집중되어 있는가 하는 따위가 아니다. 이러한 구조적 변수들은 조직에 관한 선택들을 뒷받침하는 것이기는 하지만 이 양자간의 상호 관련성은 장기적인 것이지 중기적인 것이 아니다. 조직에 관한 선택들은 정치적 선택들이며, 인간들이 그들의 이익을 가장 잘 뒷받침함직한 형태가 무엇인가에 대해서 내리는 결정인 것이다.

카토-캉브레지 평화조약 이후의 "제2차" 16세기에 경제적 균형이 흔들리게 되었다. 북서부 유럽이 유럽 세계경제의 경제적 심장부가 되었다. 이제 어떻게 해서 잉글랜드와 프랑스가 그렇게 강력한 힘을 누리게 되었는가에 대해서 살펴볼 때이다. 이 문제에 관련해서는 공업부문의 대두가 중요한 요소이므로, 어떤 형태의 산업변화가 일어났고, 또 어떻게 잉글랜드가 그것으로부터 그렇게 많은 이익을 취할 수 있었던가를 살펴보기로 하자.

"제2차" 16세기의 산업변화의 가장 중요한 측면은 그 새로운 기술(물론 이런 것들이 얼마간 있었다)이나 그 사회조직에 있는 것이 아니었다. 근본적으로 공장과 대량 생산은 여전히 알려지지 않은 상태였다. 또한 유럽 세계경제의 전반적인 공업생산 수준이 그 정도로 상승한 것도 아니었다. 도메니코 셀라는 "장기" 16세기의 모든 경제발전에도 불구하고 "1700년의 유럽의 공업 부문은 19세기의 후손보다는 중세의 조상을 훨씬 더 많이 닮은 것이었다"[1]는 점을 상기시켜주고 있다.

핵심적인 변화는 공업의 지리적 배치에서 일어났다. 1550년경까지 유럽 각지에 공업활동의 중심지가 있었다. "유럽의 공업적 중추는……플랑드르에서 토스카나에 이르는 지역"[2]이었으나, 모든 지역에 약간의 공업활동이 존재했다. 대략 1550년경부터 공업활동은 "북서부" 유럽의 몇몇 국가에 집중되고, 다른 유럽 국가들에서는 쇠퇴하기 시작했다. 이러한 쇠퇴가 카를 5세 제국의 영토들에 차례차례로 놀라울 정도의 타격을 입혔다.[3]

어떤 지역들에서 공업이 급격하게 쇠퇴할 때, 유럽의 나머지 지역에서는 공업이 두 종류로 나뉘었던 것 같다. 존 네프는 북부 이탈리아, 프랑스, 스위스를 하나의 지역으로 묶고, "북부" 유럽(잉글랜드, 네덜란드, 스웨덴, 덴마크, 스코틀랜드)을 또 하나의 지역으로 묶는다. 그에 따르면 :

[앞의 지역에서는] 공예품 및 사치품 산업 제품들의 괄목할 만한 성장, 공예 및 장인층의 새로운 발전이 이루어졌으나 중공업 생산의 증가는 매우 미미했기 때문에 생산량이 크게 달라지지 않았다. [나중의 지역에서는] 중공업이 팽창했고, 따라서 생산량이 팽창했다. 이는 전례가 없는 팽창이었다.[4]

---

1) Domenico Sella, "European Industries, 1500-1700", *Fontana Economic History of Europe*, II, 5, 1970. 5. 루지에로 로마노는 16세기에는 "진정한" 공업이 거의 없었다고 주장한다. 오직 "직물업, 광산업, 조선업[만이 공업이라고 할 만한 것들이었다 /옮긴이]. 그외의 모든 생산활동은 근본적으로 개개 장인들의 작업에 바탕을 두고 있었다." Romano, *Revista storica italiana*, LXXIV, p. 500.

2) Sella, *Fontana Economic History of Europe*, II, 5, p. 64.

3) "대부분의 유럽 지역, 에스파냐 제국과 그 지배지(프랑슈-콩테와 남부 네덜란드를 포함한) —— 황제 카를 5세 치하에서 한 세대 동안 명목적으로 통일되어 있었던 영토 전역 —— 에서 공업생산량의 뚜렷한 하락, 산업체 규모의 감소 그리고 공업의 상대적인 중요성의 감소와 같은 현상이 일어났다.……" John U. Nef, *War and Human Progress* (New York : Norton, 1963), 6. 네프는 pp. 6-7에서 예전 합스부르크 제국의 각 지역에서 그러한 쇠퇴가 일어난 시점을 제시한다.

4) 같은 책, p. 6.

셀라는 지리적 경계선을 조금 다르게 긋는다. 그는 북부 이탈리아와 함께 플랑드르와 남부 독일을 쇠퇴지역에 포함시키는데, 앞에서 살펴본 대로 그럴 만한 이유가 충분히 있다. 그는 스위스에 대해서는 언급하지 않는다. 오히려 약간의 이익을 본 스웨덴과 프랑스 그리고 "훨씬 더 대단한"[5] 이익을 거둔 잉글랜드와 네덜란드 공화국으로 구별하고 있으며, 이 각각의 지역에서 "광범위한 공업활동"[6]이 자리잡았다고 본다.

하지만 두 저자 모두 잉글랜드의 엄청난 성장에 대해서는 동의하고 있다. 이러한 성장은 많은 이들이 중세 잉글랜드를 유럽 대륙의 "식민지"[7]로 기술

5) Sella, *Fontana Economic History of Europe*, II, 5, p. 65.
6) 같은 책, p. 66. Heaton, *Economic History of Europe*, pp. 314-319 참조. "중세 경제의 성숙기", 즉 1520년에서 1600년에 이르는 기간의 스웨덴에 대한 엘리 F. 헥셔의 기술은 셀라의 견해를 확증해준다 : "16세기 스웨덴 경제에서 주목할 점은 마침내 변화가 일어났다는 것이 아니라 그 변화가 너무 늦게 일어났다는 것이다. 스웨덴은 그 시기 내내 본질적으로 중세적인 나라였다. 정치적, 경제적, 지적으로 고립되어 있었기 때문에, 그 나라는 미래가 아닌 과거를 여전히 지향하고 있었다. 정부가 수행하는 과업들이 여전히 보잘것없었기 때문에 통치자이든 납세자이든 자연경제가 지속되는 것에 불편함을 느끼지 않았다. 해외에서 상당한 수준의 비용을 지출하는 일이 없었기 때문에, 수출을 통해서 정부가 다른 나라의 통화를 획득해야 할 필요가 없었다. 인구 대부분의 생활방식이 거의 변하지 않았기 때문에 소금을 제외하고 수입은 일반적인 관심거리가 아니었다." Eli F. Heckscher, *An Economic History of Sweden* (Cambridge, Massachusetts : Harvard Univ. Press, 1954), 77-78.
프랑수아 모로는 잉글랜드와 홀란트의 주도적인 역할을 설명하기 위해서……"오늘날 제3세계에서의 철강산업과 유사한 역할을 상업혁명 시기에 떠맡은 것은 광산업과 야금업이었다. 상인계급의 곁에 산업가들의 계급이 나타났다. 잉글랜드와 네덜란드가 누린 큰 행운은 그 두 계급이 모두 있었다는 것이다 : 한 계급은 다른 계급을 도왔는데, 한 계급은 기계를 제공하고 다른 한 계급은 노동자 대중에게 소비재를 공급했다. 안트베르펜-리에주-혼트스호테 : 이것이 16세기 벨기에의 성공을 일궈낸 삼각형이었다. 런던-뉴캐슬, 이것은 엘리자베스 치세에 일어난 영국의 전(前)산업혁명의 기축이다." François Mauro, *Le XVIe siècle européen*, pp. 298-299.
7) Postan, *Cambridge Economic History of Europe*, II, p. 233. 그러나 다른 곳에서 포스턴은 중세 잉글랜드가 이탈리아와 맺고 있는 관계들을, 기술과 자본을 빌린 후에 식민지 지배자를 축출하는 20세기 식민주의의 주기와 유사한 것으로 파악하는 데 좀더 주저하는 태도를 보인다. 그는 차이점은 잉글랜드의 성장이 보이는 점진성에 있는 것이며, 그 성장의 근거는 주로 인구 팽창과 다른 국내적 요인들이 약간의 차관, 해외투자와 결합된 것에 있었다고 주장한다. 그는 여기서 이탈리아인들의 지배는 "국민경제 전체에 비추어볼 때 아

하고 있다는 점과 잉글랜드가 1547년까지만 하더라도 "프랑스를 포함한 대부분의 대륙 국가들에 비해서 공업적으로 뒤떨어진" 지역이었다는 네프의 주장을 돌이켜볼 때, 더더욱 놀라운 것이다. 그러나 잉글랜드의 공업 팽창, 특히 1575년에서 1620년 사이의 팽창으로 인하여 "양국의 지위는 역전[되었다]. ……"[8]

중세 말 잉글랜드 수출교역의 구성과 그에 따른 그 목적지의 일대 변화가 일어났다. 잉글랜드는 처음에 원료 —— 곡물, 양모 그리고 좀더 소규모이지만 금속과 가죽 —— 의 공급지였다. 16세기에 이르면서 이 품목들의 수출은 상대적으로 쇠퇴했고, 특히 곡물의 경우에는 절대적으로 쇠퇴했던 반면에, 직물이 잉글랜드의 주요 수출품이 되었다.

곡물(특히 밀)의 역할은 14세기부터 점차 줄어들었다. 이는 부분적으로 동유럽이 곡물을 수출하기 시작하여 국제 곡물 시장의 대부분을 흡수하게 되었다는 사실에 기인한다. 설령 잉글랜드가 지나치게 생산을 팽창하려고 했더라도 이 때문에 그러한 경향이 위축되었을 것이다.[9] 그 대신에 잉글랜드에서는,

---

주 부차적이었으며, 상대적으로 중요하지 않았다고 주장한다. 사실상 이탈리아인들의 영향력이 가장 두드러졌던 면은 그들의 직접투자나 혹은 고도의 기술이 남긴 교훈이 아니라, 영국 국왕들이 국가경제를 동요시키는 데에 그들이 일조했다는 점이라고 해도 과언이 아니다. 국왕의 과세와 재정은 토지소유 계급과 토지노동 계급으로부터 이전까지는 동원되지 않았던 거대한 양의 부를 짜냈으며, 그것을 상인, 금융업자, 군수품 공급업자, 전시의 모리배들에게 이전시켰다. 이런 방식으로, 십중팔구 사장되었을 국부의 일부가 상공업 쪽에 돌아갈 수 있었다." "Italy and the Economic Development of England in the Middle Ages", *Journal of Economic History*, XI, 4, Fall 1951, 345.

8) John U. Nef, *Industry and Government in France and England, 1540-1640* (Ithaca : Great Seal Books, 1957), 1.

9) "중세 초기 내내, 그러나 특히 13세기에 잉글랜드는 곡물을 포함한 식량의 수출국이었다. 하지만 또 하나의 더 중요한 곡물 공급원이 등장했다. 엘베 강 너머의 슬라브 땅들을 독일이 식민화한 결과로 광대한 새로운 농업자원이 개발되었고, 13세기 말부터 동부 독일과 폴란드의 호밀이 서유럽으로 흘러들어오기 시작했다. 14세기가 시작될 무렵 발트 해의 곡물은 플랑드르 지방에 대한 곡물 공급에 일조하기 시작했고, 그럼으로써 스칸디나비아 시장에서 잉글랜드의 곡물을 몰아내게 되었다." Postan, *Cambridge Economic History of Europe*, II, p. 121.

마이어스의 다음과 같은 주장을 보라 : "16세기까지 영국의 수출품들은, 직물을 제외하고는 대개 원료 —— 금속, 밀과 그밖의 식료품, 모직, 가죽 —— 였고, 14세기에 이르면 이

잘 아는 바와 같이 영주 직영지가 해체되기 시작했다. 그것은 흔히 인구 감
소, 가격수준의 하락(특히 곡물 가격의 하락) 그리고 높은 생계비가 낳은 결
과로 설명된다. 분명히 15-16세기에 나타난 런던 시장의 성장은 새로운 곡물
수요를 낳았다.[10] 그러나 그 시점에 이르면 잉글랜드의 직영지들은 해체되었
고, 곡물의 일부가 해외로부터 공급되었다.[11] 비록 잉글랜드가 여전히 대륙의
"식민지"였지만, 한편으로는 아일랜드와 노르웨이가 잉글랜드의 경제적 "식
민지들"이 되었던 것이다.[12] 이 시점은 또한 웨일스가 잉글랜드에 법적으로
통합된 시기였는데, 특히 목우(牧牛)에 전념하고 있던 웨일스는 잉글랜드에
내부 식민지를 제공했던 것이다.[13]

---

러한 상품들 중 몇몇을 취급하는 수출업자들, 특히 밀 수출업자들은 최근에 식민화된 동
부 독일 지역의 점점 더 강력한 경쟁에 직면하게 되었다." A. R. Myers, *England in the
Late Middle Ages*, Volume IV of the Pelican History of England (London : Penguin
Books, 1952), 57.

10) F. J. Fisher, *Essays in Economic History*, II, pp. 197-207 참조.

11) M. M. Postan, "The Economic and Political Relations of England and the Hanse
(1400 to 1475)", in Eileen Power & M. M. Postan, eds., *Studies in Englsih Trade in
the Fifteenth Century* (New York : Barnes & Noble, 1966), 특히 139-141 참조. 또한
그라스의 주장을 참조하라 : "튜더 왕조 시대에 가장 중요한 변화가 일어났다.……런던이
해외 곡물을 받아들이지 않았던 그 초창기 이래의 연속성을 깨뜨린 것이다.……런던의
성장은 대규모의 수요를 창출했고, 그것은 조직적인 수입교역을 낳았다.……이 모든 것은
16세기에 곡물 수출이 전체적으로 크게 증가했다는 것을 생각해보면 더욱 흥미롭다."
N. S. B. Gras, *The Evolution of the English Corn Market* (Cambridge : Harvard Univ.
Press, 1915), 101-102. Marian Malowist, "Histoire sociale : époque contemporaire",
in *IXe Congrès International des Sciences Historiques.* I : *Rapports* (Paris : Lib.
Armand Colin, 1950), 310.
　　그러나 반 딜렌은 다음과 같이 주장한다 : "[17세기에] 잉글랜드는 자급자족을 하고 있
었으나 네덜란드는 그렇지 못했다. 처음부터 수입된 곡물이 대개 네덜란드를 향했던 이유
는 바로 여기에 있다." Van Dillen, *Britain and the Netherlands*, II, p. 134. 또한 Alan
Everitt in *Agrarian History*, IV, pp. 524-527도 참조.

12) G. N. Clark, *The Wealth of England from 1496 to 1760* (London : Oxford Univ.
Press, 1946), 27-28. 그러나 노르웨이는 스코틀랜드, 덴마크, 네덜란드에도 1차 산업 생
산품들을 수출하고 있었고, 이는 잉글랜드에 대한 노르웨이의 경제적 의존을 줄였다.
Lythe, *The Economy of Scotland*, p. 147 참조.

13) "튜더 시대에 웨일스에서 일어난 행정적 변화들은 잉글랜드와 웨일스의 경계지방

양모 수출업은 15세기에 "이미 꾸준히 쇠퇴하고"[14] 있었는데, 이는 에스파냐와의 경쟁, 직물 수출의 성장 그리고 잉글랜드 직물산업 자체의 양모 소비 때문이다. 특히 국가가 재정적 수단으로 이용한, 양모에 대한 수출세는 "초창기의 잉글랜드 직물산업을 보호하는 보호관세 역할을 했다."[15] 1614년에 이르면 양모 수출은 공식적으로 금지되었고, 그 시기 잉글랜드는 아일랜드의 양모업을 규제하여 아일랜드가 오직 잉글랜드에 대해서만 그리고 직물이 아닌 양모만을 수출하도록 만들었다.[16]

잉글랜드의 직물산업에는 이제 막 등장하고 있던 세계경제에 대하여 막중한 의미를 지니는 두 가지 특징이 있었다. 잉글랜드에서 직물산업은 점점 더 **농촌 공업**의 성격을 띠게 되었고, 또한 잉글랜드로 하여금 광범위한 수출시장을 찾아나서게 했던 것이다.

우리는 제4장에서 유럽의 여느 지역들과 마찬가지로 잉글랜드에서도 농업 소득을 급감시켰던 14-15세기의 경기후퇴에 직면하여 수입을 보충하기 위한 농촌 직물산업이 창출되었다는 마리안 말로비스트의 이론에 대해서 논의했다. 자본가의 관점에서 보면 농촌 공업들은 도시 길드가 강제하는 고임금을 피할 수 있으며,[17] 축융기를 가동하는 데 더 값싼 수력을 이용할 수 있다는 이점을 지니고 있었다.[18] 이 농촌 공업은 "고품질이 아니라 더욱 값싸고, 따

---

(Marches)에서의 무질서를 진압함으로써 소[牛] 교역의 발전에 도움이 되었다." Caroline Skeel, "The Cattle Trade Between Wales and England From the Fifteenth to the Nineteenth Centuries", *Transactions of the Royal Historical Society*, 4th Ser., IX, 1926, 138.

14) Eileen E. Power, "The Wool Trade in the Fifteenth Century", in Eileen E. Power and M. M. Postan, eds., *Studies in the English Trade in the Fifteenth Century* (New York : Barnes & Noble, 1966), 39.

15) Myers, *England in the Late Middle Ages*, p. 132.

16) P. J. Bowden, *The Wood Trade in Tudor & Stuart England* (London : Macmillan, 1962), pp. 203-212 참조.

17) Postan, *Cambridge Economic History of Europe*, II, p. 244 참조. Ramsey, *Tudor Economic Problems*, p. 101 참조.

18) "12세기 말부터 급속하게 확산된 축융기 덕분에 그때까지 손발로 하던 작업을 수력으로 할 수 있게 되었다. 축융기를 가동시킬 흐르는 물은 코츠월즈, 페나인 산맥, 잉글랜드 북

라서 빈궁해진 귀족뿐만 아니라 귀족만큼 부유하지 못한 소비자들이 살 수
있는"[19] 직물들을 생산했다. 이러한 잉글랜드 농촌 직물산업의 팽창은 도시
[공업/옮긴이] 중심지들의 쇠퇴를 보충하고도 남았다.[20] 그러나 경제의 수축
기에는 국내시장은 너무 좁아서 직물산업을 지탱해주지 못했다. "따라서 이
산업은 해외시장을 찾아야만 했다. 14세기 후반 이래로 잉글랜드와 홀란트의
직물산업은 이 일에서……실패한 적이 없었다."[21]

　이처럼 직물은 잉글랜드 수출업의 중추가 되었는데, 곡물 수출이 더 큰
역할을 담당했던 13세기로부터의 이러한 이동은 포스턴이 "조숙한 중상주

----

　서부의 호수 지방(Lake District)에 있었으며, 14세기가 시작될 무렵이면 직물산업은 이
미 이 지역들로 옮겨가고 있었다. 소모사(梳毛絲), 특히 이스트 앵글리아에서 생산되는 소
모사는 축융이 필요 없었기 때문에 수력에 그다지 의존하지 않았으나, 소모사 제조업자들
조차도 도시 수공업 길드의 제한정책 때문에 그 촌락들로 이동하는 경향이 있었다. 상품
의 가격을 유지하려는 길드의 시도들은 그들 자신의 몰락을 재촉했다. 왜냐하면 조직되지
않은 촌락의 직물업자들은 더욱 낮은 임금을 받아들일 용의가 있었기 때문이다.……따라
서 중세말 잉글랜드에서의 농촌 직물산업의 발전은 (흔히 추정되는 것처럼) 에드워드 3세
가 플랑드르의 직조공들을 잉글랜드에 정착하도록 초청했던 것보다는 오히려 이러한 기
술과 조직의 발전에서 비롯된 것이었다." Myers, *England in the Middle Ages*, p. 56.
19) M. Malowist, *Economic History Review*, XII, p. 178.
20) "13세기에 [직물]산업이 가장 번성하던 도시 중심지에서 쇠퇴했다는 것은 같은 시기에
　농촌에서 그 산업이 팽창했다는 것만큼이나 놀라운 일이다. 그러나 이제까지 역사가들의
　관심을 끌어온 것은 예의 도시적 측면이었으며, 그로부터 역사가들은 직물산업 전체의 쇠
　퇴라는 그릇된 결론을 유추해왔다." E. M. Carus-Wilson, "An Industrial Revolution
　of the Thirteenth Century", *Economic History Review*, XI, 1941, 59. 에드워드 밀러의
　다음과 같은 주장을 보라 : "[잉글랜드 직물산업의] 생산량은 많은 학자들이 경제수축기
　라고 여겨왔던 14세기 동안 급속하게 늘어났다." Edward Miller, "The Fortunes of the
　English Textile Industry During the Thirteenth Century", *Economic History Review*,
　2nd ser., XVIII, 1, Aug., 1965, 39-60.
21) Malowist, *Economic History*, p. 179. 포스턴의 다음과 같은 주장을 보라 : "잉글랜드의
　수출품들이 주로 양모인 한, 잉글랜드의 상인들은 시장과 고객들을 찾아서 멀리 나갈 필
　요가 없었다. 양모는 공업의 한 원료였고, 그 고객들은 외국의 직물업자들이었다 ; 그리고
　유일한 직물업 중심지들은 매우 집중되어 있었을 뿐만 아니라 그것도 아주 가까운 곳, 즉
　저지방 국가들에 있었다. 다른 한편, 완성된 직물은 잠재적인 고객들 그리고 잠재적인 주
　요 소비 중심지들, 바꿔 말해서 유럽 대륙 전역과 그 너머의 선남선녀들에게 팔아야만 했
　다." Postan, *Cambridge Economic History of Europe*, II, p. 245.

의"[22]라고 부른 것의 맥락에서 일어난 일이었다. 이 이동의 한 측면은 다른 지역의 상인들, 특히 이탈리아 상인들을 밀어내는 것이었는데, 분명히 많은 난관이 있었지만[23] 그 과정은 15세기에 마무리되었다.[24] 한자 동맹의 상인들을 밀어내는 것은 더욱더 어려운 일이었으나 이 역시 16세기에 이르면 마무리되었다.[25]

직물 교역은 잉글랜드에 커다란 난관들을 불러일으켰다. 많은 시장에서 팔아야 한다는 것은 상대적으로 보호를 받고 있던 양모 교역에 비하여 경쟁과 정치적 어려움으로 잉글랜드가 더 많이 손해를 보기 십상이라는 것을 의미했다.[26] 사실상 직물산업은 그 노출된 지위로 인하여 15세기에 숱한 좌절을 겪어야 했다. 포스턴과 S. T. 빈도프는 이러한 좌절이 공식적으로 1486년에 창설되어 안트베르펜과의 수출망을 독점했던 해외무역업자들의 새로운 상업조직인 런던모험상인회(Fellowship of Merchant Adventurers of London)가

---

22) Postan, in Power & Postan, eds., *Studies in English Trade*, p. 103 ; 참고. Clark, *Wealth of England*, pp. 39-40.

23) Jacques Heers, "Les Génois en Angleterre : la crise de 1458-1466", *Studi in onore di Armando Sapori* (Milano : Instituto Edit. Cisalpino, 1957), II, 812, 814 참조.

24) Alwyn A. Ruddock, *Italian Merchants and Shipping in Southampton, 1270-1600* (Southampton : University College, 1951), 여러 곳 참조

25) Postan, *Studies in English Trade*, p. 101 참조.

26) "15세기 양모 교역과 직물 교역 사이의 두드러진 차이점은 각 상품들이 판매되는 조건에 있었다. 이탈리아로의 선적분을 제외하고, 영국인들은 대륙의 구매자들에게 잉글랜드 소유의 시장이자 또 정부가 드러내놓고 아끼던 시장이었던 칼레에서 양모를 팔았다. 대조적으로 영국인들뿐 아니라 다양한 외국인들이 대륙에서 팔았던 직물은 프로이센으로부터 유럽의 서해안을 따라서 이탈리아에 이르는 광대한 지역에서 판매되었다. 이처럼 광범위한 비보호 시장 지역은 칼레의 집중된 양모 보호 시장에 비해서 훨씬 더 방해를 받기 쉬웠다. 잉글랜드 직물의 더욱 큰 시장은 발트 해 지역들, 특히 프로이센과 폴란드, 저지방 국가들 그리고 라인 강 하류, 마지막으로 프랑스 북부와 기옌이었다. 1448-76년의 기간에 잉글랜드는 기옌을 잃었을 뿐만 아니라, 발트 해와 저지방 국가들의 시장 역시 정치적인 분쟁으로 불안정해졌다. 따라서 직물 교역이 쇠퇴한 원인들을 평가할 때 이 세 시장 지역들의 조건들을 반드시 주목해야만 한다." H. L. Gray, "English Foreign Trade from 1446 to 1482", in Eileen E. Power & M. M. Postan, eds., *Studies in English Trade in the Fifteenth Century* (New York : Barnes & Noble, 1966), 25.

탄생하게 된 주요 배경이라고 생각한다.[27] 그러나 영국인들은 시장의 폭에서 잃었던 것을 판매량으로 보충했다. 더욱이 그들은 합리화와 효율성의 제고라는 압력에 시달리고 있었는데, 그것은 빈도프가 지적하듯이 "새로운 상황이 단지 직물에 대한, 특히 해외의 구매상들이 선호했던 특정 상품들에 대한 수요 증대뿐만 아니라 —— 더욱 중요한 것은 —— 특정한 시점에 해외시장으로 더 많은 직물을 인도하도록 요구했기"[28] 때문이다. 게다가 도시 사이의 경쟁에 시달리고 있던 네덜란드 상인들에 비해서 잉글랜드의 상인들은 더욱 단합된 세력이었으므로, 모험상인들은 "한 도시에만 지나치게 의존하는 것을 의도적으로 피할 수 있었고",[29] 그에 따라 경제적으로 유리한 교섭력을 유지할 수 있었다.

잉글랜드의 교역상의 지위에는 또 한 가지 유리한 측면이 있다. 잉글랜드

---

27) "15세기 중반에 이르면, 잉글랜드의 직물 상인들은 그들의 모든 원거리 무역거점들을 빼앗기게 되었다. 스칸디나비아 시장은 세기 전환기에 잃었다. 프로이센과의 연결점들, 또한 그 나라를 통한 중유럽 및 동유럽 전역과의 연결점들이 30년대와 50년대의 잉글랜드와 한자 동맹 사이의 일련의 갈등들로 인하여 마침내 봉쇄되었다. 잉글랜드 교역의 네덜란드에 대한 집중, 잉글랜드 산업의 미완성 직물에 대한 특화, 무역회사와 모험상인회의 흥기 등 우리에게 익숙한 중세 말 잉글랜드 교역의 이 모든 특징들은 백년전쟁이 끝나면서 중세 잉글랜드 제국이 분해된 것에 기인한다." Postan, *Economic History Review*, XII, 1942, 3. 또한 Postan in Power & Postan, eds., *Studies in English Trade*, p. 153 참조.
  "그러나 이때 안트베르펜의 '외국 상인단들' 사이에서 자리 값을 지키고 있었던 것은 의심할 여지 없이 영국인들이었으며, 그곳에 유럽 전역으로부터 상인들이 몰려들었던 이유들 가운데 잉글랜드의 직물을 판매하기 위한 '시장 도시'로 안트베르펜을 선택한 것은 향료 집산시장을 설립한 것에 버금갈 만큼 중요하다. 15세기 동안 잉글랜드의 직물 교역이 네덜란드에 화물집산지를 설립한 것은 많은 장애물에 맞서서 이루어진 것이다. 그것이 보여준, 또 충분한 보상을 이끌어내게 될 그 지속성은 필요로부터 태어난 이점이었다. 왜냐하면 그렇게 많은 잉글랜드의 상인들이 네덜란드에서 운을 시험하도록 내몰린 것은 그들이 유럽의 다른 해안선에서 버텨내는 데 실패했기 때문이다 ; 잉글랜드의 안트베르펜 직물 교역이 흥기한 것은 그것을 지배하게 된 모험상인회의 흥기와 마찬가지로, 전체적인 잉글랜드의 해외교역이 성장한 것이 아니라 위축된 데에서 비롯된 것이다." S. T. Bindoff, *New Cambridge Modern History*, II, pp. 53-54.
28) S. T Bindoff, *Tudor England*, Vol. V of the Pelican History of England (London : Penguin Books, 1950), 20.
29) Bindoff, *New Cambridge Modern History*, II, p. 54.

356

의 과세는 좀더 유서 깊은 상업 중심지들(플랑드르, 북부 이탈리아)에 비해서
덜 가혹했고 기술조직은 좀더 최신식이었으며 따라서 더욱 경제적이었기 때
문에 잉글랜드는 "제1차" 16세기가 시작될 때부터 이미 경쟁에서의 우위를
누리고 있었던 것이다.[30] 이리하여 "제2차" 16세기가 시작될 무렵 잉글랜드
의 수출업은 번성했다. 수출품의 3분의 2는 안트베르펜으로 향하고, 나머지
3분의 1은 프랑스와 이베리아 반도로 향했다. 프랑스와의 교역에서 비롯된 순
적자는 합스부르크 지역과의 교역에서 얻은 금으로 상쇄되었다. 엘리자베스
의 치세가 시작될 무렵 잉글랜드의 해외교역은 이미 빛나는 찬사들로 기술될
수 있었다.[31]

　"제2차" 16세기가 시작되었을 때 잉글랜드는 경제적인 면에서뿐만 아니라
정치적인 면에서도 우위를 누리고 있었다. 예외적으로 잉글랜드는 비교적 일
찍부터 국내적인 통합을 이루고 있었다고 주장할 수 있다.[32] 그 원인들에 대

30) "국제교역이건 혹은 국내거래이건 간에, 포장, 수송, 하역, 법률소송 그리고 세금에 따른
　　비용은 전체 비용의 작은 일부에 지나지 않았다. 이것은 강조할 만한 가치가 있는 사실이
　　다 ; 15세기의 이 서유럽 상업은 훨씬 더 무거운 과세정책을 고수하고 있었던 제노바보다
　　도 더 유리한 조건에 놓여 있었다. 어쨌든 몇몇 상업적 기술들(운송 혹은 부대 작업들)이
　　상대적으로 낮은 가격을 허용할 만큼 충분하게 발전되었다. 잉글랜드 직물처럼 고가품의
　　문제이건 혹은 명반처럼 저가품의 문제이건 간에, 이러한 비용은 줄곧 낮은 수준이었다 :
　　이는 곧 좀더 근대적인 경제의 상징이었다.……
　　　"신용의 조건 또한 매우 중요하다. 런던에서는 지나친 요식절차나 다소 부정한 방법들
　　을 동원하지 않고도 쉽게 돈을 얻을 수 있었다." Heers, *Studi in onore di Armando
　　Sapori*, II, p. 832.
31) "잉글랜드의 대외교역은……한 가지 생산물, 즉 직물 ── 그 시대로서는 어떤 중요한 농
　　업혁명과 국내경제의 모든 양식의 변화를 수반하는 진정으로 거대한 산업화의 결과 ── 을
　　수많은 제품들과 교환하는 것이었다. 그중 많은 품목들은 기후조건 때문에 [잉글랜드가]
　　생산할 수 없는 것들과, 세련되고 사치품을 사랑하는 상층 및 중간계급들의 점증하는 수
　　요를 충족시키기 위한 일련의 완성된 공산품들이었다. 잉글랜드는 북유럽 농민들에게 옷
　　을 입혔으며, 그 대가로 유럽의 기술로 만들어지거나 유럽의 상선들이 동양과 남부로부터
　　수입한 제품들의 많은 부분을 흡수했다. 교역의 균형은 전적으로 잉글랜드가 거의 무제한
　　으로 공급할 수 있는 직물을 취급, 운반, 구매할 수 있는 유럽의 능력에 달려 있었다."
　　Lawrence Stone, *Economic History Review*, II, p. 39.
32) Strayer, *On the Medieval Origins of the Modern State*, pp. 44-45 참조. 헥셔는 잉글랜
　　드가 12세기 후반, 헨리 2세 치하에 통일된 주화를 가지고 있었던 반면에 프랑스는 1262년

해서는 이미 상당 부분 논의했으므로, 여기서 다시 검토하지는 않겠다. 다만
그 설명들이 두 부류로 나뉜다는 것만을 지적하고 넘어가겠다. 중세 사회구조
의 형태가 강력한 왕정이 발전하는 데 특히 도움이 되었다는 점[33]과 섬이라
는 천혜의 지리적 조건 덕택에 대륙의 다른 지역들에 비해서 국왕이 중앙집
권화 정책을 추진하는 데 장애물이 적었다는 것이다.[34]

그러한 설명들을 염두에 두고 이제 튜더 왕조의 국왕들이 이러한 "자연적"
기회들을 어떻게 효과적으로 이용했는지 살펴보고, 그럼으로써 "제2차" 16세
기에 잉글랜드가 어떻게 불확실한 공업적 이점들을 줄곧 유리하게 이용할 수
있었는지를 설명해보자.

한 가지 요인은 G. R. 엘턴이 저 "가장 급진적인 근대화 추진자"[35] 토머스
크롬웰이라는 천재의 주도로 1530-42년에 일어났다고 주장한, 이른바 헨리의
혹은 튜더 왕조의 "행정혁명"이었다. 엘턴의 주장에 따르면 이 시기는 근대

---

에 가서야 이러한 주화를 가지게 되었다는 점을 지적한다. Heckscher, *Mercantilism*, I,
p. 119.
33) 예를 들면 마르크 블로크의 다음과 같은 주장을 보라 : "[윌리엄의 정복은] 서유럽 전역에
걸친 경제적, 지적 조건의 변혁이 중앙권력의 해체에 맞선 투쟁에 유리하게 작용하기 시작
했던 순간에 일어났다. 거의 처음부터 한 차례의 성공적인 전쟁으로 태어난 이 왕정이 교육
받은 인력과 관료기구를 마음대로 이용할 수 있었던 듯하다는 것은 의미심장하다.……
  "비록[이것을 '왜냐하면'이라고 읽어야 하지 않을까?] 몇몇 측면에서 어떤 국가도 더
완벽하게 봉건적일 수 없었을지라도, 그 봉건제는 궁극적으로 국왕의 위엄을 강화하는 종
류의 것이었다. 모든 땅이 하나의 차지(借地)였던 이 나라에서, 국왕은 문자 그대로 모든
주군들의 주군이었다. 다른 어떤 곳에서도 군사적 봉토체계가 더 엄격하게 적용되지는 않
았다." Bloch, *Feudal Society*, pp. 429-430.
34) 예를 들어서 헥셔에 따르면 : "[중세에 중앙집권화된 국가를 창출하는 데 따르는 어려운
점들]의 두 가지 중요한 원인 가운데 하나는 당시의 교통시설의 조건, 특히 육상교통의
조건이었다. 원시적인 기술상태 아래서 위대한 발명들이 나오기 이전에는 항상 육상교통
이 내륙수로나 혹은 해안수송보다도 훨씬 더 큰 어려움을 안겨주었던 것이다. 육지에 비
해서 두드러지게 긴 해안선을 가지고 있는 잉글랜드와 같은 나라에서는 이러한 연유로 인
하여 대륙국가들에 비해서 정치적 통일을 이룩할 가능성이 훨씬 더 컸던 반면, 독일만큼
이러한 면에서 불리했던 나라도 없었다." Heckscher, *Mercantilism*, I, p. 36. Clark, *The
Wealth of England*, pp. 4-5, 44-45 참조.
35) 이 표현은 트레버-로퍼가 "England's Modernizer : Thomas Cromwell", in *Historical
Essays* (New York : Harper, 1966), 74에서 사용한 것이다.

적 주권국가가 탄생하는 진정한 변화의 시기였다 : "튜더 국가는 잉글랜드에
서 얼마간 새로운 민족적 왕정이었고, 겉으로 돋보이는 것은 군주였으나 실질
적인 주안점은 이미 그 민족적 성격에 있었다."[36) 그 행정혁명은 부상하고 있
던 자본가들이 요구하고 있던 좀더 큰 차원의 조절에서 비롯된 부산물이었다.
잉글랜드가 세계경제의 틀 안에서 하나의 응집된 실체가 되려면 그것은 더
이상 어떤 분리된 경제들로 존재할 수 없었던 것이다.[37)

엘턴은 새로 제도화된 일련의 절차들, 즉 재정문제를 다루는 새로운 방식,
수석비서관을 정점으로 하는 행정의 중앙집권화, 조정의 영역으로서 추밀원
의 조직, 왕실의 합리화 등 하나하나가 "좀더 분명한 한계의 설정, 전문화,
중앙집권화, 관료제적 질서를 추구하는 방향으로의"[38) 재조직을 내포하는 것
이었다고 주장한다. 엘턴의 저작은 끝없는 논쟁을 낳았는데, 역사가들은 계량
적 자료들을 일단 접어둔 채 몇몇 "차이점들"이 합쳐져서 어떤 질적인 도약
을 낳았는가에 대해서 계속 논쟁하고 있다.[39)

헨리 8세의 종교개혁은 진정으로 새로운 것이었는가 혹은 그렇지 않았는
가? 행정의 변화들은 정말로 혁명적인 것이었는가 혹은 14세기에서 17세기까
지 끊임없이 진행되던 과정에서의 또 하나의 단계에 불과했는가? 크리스토퍼
힐은 사태의 추이에 대해서 더욱 균형 있는 시각을 견지하고 있는 것 같다 :

---

36) G. R. Elton, *The Tudor Revolution in Government* (London and New York :
Cambridge Univ. Press, 1953), 4.

37) "19세기 유럽 각국들의 경제발전이 대개 별개의 역사로 취급되는 것과 마찬가지로……잉
글랜드 각 지역들(그리고 어느 정도로는 심지어 각 도시들)은 14-15세기에 각각의 경제
사를 가지고 있었다.……이 점에서 자본주의의 출현은 그 자체가 (서로 다른 지역들의 경
제발전을) 조정할 수 있는 강력한 영향력을 행사했다." Dobb, *Studies*, p. 21.

38) Elton, *Tudor Revolution*, p. 415. 또한 "근본적인 변화는 교회나 왕실에서 훈련받은 관료
집단으로부터 장관의 가정에서 훈련받고 국가의 업무에 고용된 관료집단으로 변화한 것
[이었다]."[p. 308]

39) Penry Williams & G. L. Harriss, "A Revolution in Tudor History", *Past & Present*,
25, July 1963, 3-58 ; G. R. Elton, "The Tudor Revolution : A Reply", *Past & Pres-
ent*, 29, Dec. 1964, 26-49 ; G. L. Harriss & Penry Williams, "A Revolution in Tudor
History?", *Past & Present*, 31, July 1965, 87-96 ; G. R. Elton, "A Revolution in
Tudor History?", *Past & Present*, 32, Dec. 1965, 103-109.

중세 전반에 걸쳐 시소 놀이는 계속되었다. 국왕이 미약하거나 나이가 어렸을 때, 잉글랜드 정부는 영주들이 통제하는 더욱 "관료적인" 정부였고, 국왕이 강력할 때는 국왕 개인이 통제하는 "왕실" 정부였다. 그러나 16세기에 이 순환이 깨졌다. 각 정부 부서는 여전히 국왕의 통제 아래 있으면서도 "궁정에서 벗어나 자율성을 누리기 시작했다."[40)]

국가의 행정력이 강화되는 이 시기는 동시에, 힐이 일깨워주는 것처럼, "1066년 이래 잉글랜드 역사에서 (아일랜드를 제외하고) 해외영토를 소유하지 않은 유일한 시기"[41)]였다. 따라서 모든 행정적 재능이 한결같이 국내의 문제로 집중될 수 있었다. 그 결과는 매우 즉각적이고도 중요했다.

잉글랜드는 문화적, 경제적으로 국가를 통합할 수 있는 힘을 가진 강력한 수도를 발전시킬 수 있었다.[42)] 그리고 대륙에서 큰 혼란이 일어나고 있던 시

---

40) Hill, *Reformation to Industrial Revolution*, p. 28. 내 생각에는 이 견해가 다음과 같은 엘턴의 좀더 극단적인 해석보다 더 나은 요약인 것 같다 : "1530년대의 개혁들, 즉 정부의 관료제화는 근대 정부를 특징짓고, 심지어는 내란기에도 무정부 상태가 실제로 출현하는 것을 막을 수 있었던, 그 연속성을 확보하는 데 성공했다." Elton, *Tudor Revolution*, p. 417.

41) Hill, 같은 책, p. 25.

42) "16세기에는 잉글랜드의 도시들이 대륙과는 비교할 수 없을 정도로 하나의 전국적인 단위로 통합되었다.……런던이 상당히 팽창하여 통일을 주도하는 힘으로서 점차 세력을 떨친 것은 종교개혁 이후 시대의 일로 추정할 수 있을 것이다.……법과 질서 그리고 국내 치안의 확립, 웨일스와 북부에서의 사적인 전쟁의 종식, 독점판매권의 폐지, 점진적인 교통수단의 개량 등을 이용하여, 시티(City : 런던의 도심지/옮긴이)의 상인들은 점차 지방 자치시들의 특권들을 파괴하기 시작했다. 동시에 개신교 설교자들은 런던의 재정적인 지원 아래 왕국의 촌구석들에게 수도에서 받아들여진 종교를 정말로 이해시키는 역할을 했다." Hill, 같은 책, pp. 25-27.
   대륙과 비교할 때 잉글랜드의 예외적 위치는 헥셔 또한 강조한 것이다 : "잉글랜드에서처럼 단일한 통행세 체제를 만들기가 쉬웠던 곳은 어디에도 없었는데, 여기에는 두 가지 주요 요인이 있었다. 다른 모든 영역에서와 마찬가지로 첫째는 잉글랜드 왕정의 통일된 힘이었고, 둘째는 해운이 압도적으로 중요했기 때문에 독일이나 프랑스와 같은 조밀한 땅덩어리에서보다도 육로와 내륙수로가 훨씬 덜 중요했다는 것이다.……
   "잉글랜드는 도로 및 하천 통행세가 무의미하다는 면으로만 독특한 위치를 차지한 것은 아니다. 잉글랜드는 또한, 자치시들의 통행세와 완전히 독립되어 있고 또 국가의 수중에 완전히 장악된 단일한 전국적 관세체제를 발전시킬 수 있었다. 이러한 관세체제는

기에 상비군 없이도 국내의 평화를 유지할 수 있었고, 그것이 부분적으로 산업발전의 밑거름이 되었다.[43] R. B. 워넘이 주장하고 있듯이, 카토-캉브레지 조약 직후 "[주로 잉글랜드 왕위계승의 불확실성에 의해서 야기된] 브리튼 제도의 내부적 불안으로 이 지역이……서유럽의 경쟁국들 사이에 위험지역이자 초점이 되었다"[44]고 말할 수 있을 이 시기에, 어떻게 잉글랜드는 대륙의 종교전쟁을 피할 수 있었을까? "서유럽에서 제3의 강대국의 출현과 여러 국가간

---

수많은 예외조건들에 의해서 변경되거나 으레 그랬듯이 징세청부업자들이 징수를 떠맡는 일도 없었다.……

"게다가 그 관세들은 국가에 장악되었을 뿐만 아니라 일찍부터 해외교역과 국내교역을 구별하고 있었다는 점에서 특징적이다." Heckscher, *Mercantilism*, pp. 46, 51, 52. Gino Luzzatto, *L'età moderna* (Padova : CEDAM), p. 14 참조.

배리 서플은 경제적 통합의 문제에 대해서 좀더 조심스런 의견을 피력한다 : "우리는 아직 생산요소 혹은 대부분의 소비재에 대한 전국적 시장에 대해서 논할 수 없다. 그러나 지역적 전문화와 교역은 충분히 발전되어 상업의 교란에 놀라울 정도로 민감하게 반응하는 경제적 균형을 이루어냈다." Barry Supple, *Commercial Crisis*, p. 3. 전국적 경제발전을 자극하는 요인으로서 런던 시장의 성장을 논의한 것으로는 피셔의 두 논문을 보라. F. J. Fisher, "The Development of London Food Market, 1540-1640", in Carus-Wilson, ed., I, 135-51 ; "The Development of London as a Centre of Conspicuous Consumption in the 16th and 17th Centuries", in Carus-Wilson, ed., II, 197-207.

43) "중세에서 근대로 이행할 때 영국인들은 서부 및 남부 독일을 포함한 서유럽과 중유럽의 여타 지역과 비교할 때 문화적으로 뒤떨어져 있었다 ; 그 기간을 15세기 말로 잡건 혹은 더 앞의 시기로 잡건 간에 그리고 산업 및 물질문명을 비교하건 혹은 지적인 성취와 예술을 비교하건 간에 그 사실은 마찬가지였다. 그러나 뒤이은 세기 동안 잉글랜드 공동체는 놀라운 성취를 이룩하여 세기가 끝날 무렵에는 (아마도 의심의 여지는 상당히 많겠지만) 대륙의 이웃들에 뒤지지 않게 되었다. 이러한 영국의 성취는 절대적인 동시에 상대적인 것이며, 비록 16세기 말보다도 17세기 동안 대륙에서의 지체가 더욱 두드러지게 나타나기는 했지만, 그 섬나라 안에서의 가속된 발전에 힘입은 것이었다.……

"엘리자베스 시대의 잉글랜드는 나머지 그리스도교 세계가 파괴적인 전쟁에 개입되어 있었던지라 잉글랜드의 산업 공동체에게는 운좋게도, 그들의 가장 유력한 상업적, 공업적 경쟁자들이 혹심하게 타격을 입었다는 남다른 이점을 누렸다." Thorstein Veblen, *Imperial Germany and the Industrial Revolution* (Ann Arbor, Michigan : Ann Arbor Paperbacks, 1966), 92, 98.

44) R. B. Wernham, "The British Question 1559-69", *New Cambridge Modern History*, III : R. B. Wernham, ed., *The Counter-Reformation and the Price Revolution, 1559-1610* (London and New York : Cambridge Univ. Press, 1968), 209.

의 세력균형이 합스부르크 왕가와 발루아 왕가라는 두 제국주의 세력을 대체할
수 있었던"[45] 것은 주로 잉글랜드를 국교회 국가로 확립한 1559년 수장법
(Act of Supremacy)의 대담성[46]과 더불어 바로 (앞서 우리가 자세히 논의했
던) 프랑스 제국과 에스파냐 제국의 경쟁 및 그에 따른 상대적 기력 쇠진 때
문이었다.

　상대적인 내부의 평화와 상비군의 부재는 또한 관직매매를 통해서 그 효율
적 규모 이상으로 팽창하게 되는 관료제와 과세에 대한 필요가 적었다는 것
을 의미한다.[47] 중앙권력의 팽창은 더욱 확대된 (따라서 더욱 부담스러운) 관
료기구보다는 더 효율적인 관료기구를 통해서 이루어졌다. 그것은 또한 국왕
자신의 경제적 지위, 즉 잉글랜드 최대의 지주라는 지위를 통해서 이루어질
수 있었다.[48] 그러나 새로운 공업들로부터 경제력을 얻었던, 상대적으로 고립
되고 통합된 국민경제 내에서, 최대의 지주로서의 국왕의 이해관계는 어디에
있었던가? 확실히 국왕의 이해관계는 모호했다. 왜냐하면 지주로서의 국왕은

---

45) 같은 책, 212 참조
46) 같은 책, 233.
47) 잉글랜드를 포함하여 유럽 전체의 일반적인 문제에 대해서는 허스트필드의 논의를 보라 :
"16세기 유럽의 정부들은 점점 불어나는 의무에 비해서 상대적으로 빈약한 자원들을 가
지고 있었다.……[정부들은] 중간계급들이 통치비용의 큰 부분을 감당할 수 없거나 혹은
감당하려고 하지 않는 상황에 직면했다. 그러나 중간계급들이 비협조적인 것만큼이나, 왕
정 자체가 중간계급들과의 관계에서 어느 정도 모호한 태도를 보였다.……[따라서 그 결
과] 유럽 전역에서 책략을 통해서 과세하려는……광범위한 일련의 시도가 비롯되었다 ;
기존 상업 및 공업 과정들을 재정적인 발판으로 이용하는 것. 그것은 필연적으로 경제의
왜곡을 수반했다 ; 게다가 이것은 대규모로 진행되었다. 가장 뚜렷한 표현은 광범위한 관
직매매이다." J. Hurstfield, New Cambridge Modern History, III, pp. 139-140.
　　그러나 잉글랜드에 대한 크리스토퍼 힐의 주장을 보라 : "튜더 시대의 평화와 잉글랜드
상비군의 부재는 과세가 대륙의 기준에 비추어볼 때 상대적으로 가벼웠다는 것을 의미했
다.……한편 얼마 안 되는 세금은 잉글랜드가 예를 들어서 프랑스에 필적할 만한 힘을 가
진 관료제를 발전시키는 데 실패하는 원인이 되었다." Hill, Reformation to Industrial
Revolution, p. 101.
48) "왕권을 회복하는 데 근본적인 사실은 왕의 부를 회복하는 것이다 ; 왕국에서 가장 강력
한 인물이 되려면, 국왕은 가장 부유한 사람이 되어야만 했다. 15세기 말에 사실상 이것
은 그가 최대의 지주가 되어야만 한다는 것을 의미했다." Elton, Tudor Revolution, p. 25.

362

토지로부터의 수입을 극대화하려고 했고, 국왕으로서의 그는 지주들로부터의 소득을 극대화하려고 했기 때문이다.[49] 그 딜레마를 해결하는 한 가지 방식은 국왕이 지주로서의 역할을 줄이려고 노력하는 것이었다. 그러나 그렇게 되면 왕정은 대체 수입원을 찾아야 했다. 이러한 의도에서 1610년에 국왕은 의회에 "대계약(Great Contract)"——일정한 연간 교부금을 대가로 국왕의 봉건적 권리들을 포기하는 것——을 제시했다.[50] 이 제안은 연간 교부금의 규모에 대한 이견 때문에 무위로 돌아갔다. 당시에 왕령지로부터의 지대소득이 감소하고 있었기 때문에 이 제안의 실패는 그 시기의 정치적 긴장의 원인으로 작용했다.

국내의 불안정과 국내의 평화, 행정혁명, 그러나 상대적으로 소규모의 관료기구, 전국적인 시장망의 존재와 한 사람의 대지주로서의 국왕——이 기묘한 조합은 G. E. 에일머의 표현을 빌리면 "스튜어트 왕조 초기의 잉글랜드는 '많이 통치된' 나라인 동시에 아주 작은 정부를 가진 나라였다는 역설과 빤한 사실"[51]을 낳았다. 이 역설이 사실상 잉글랜드가 상대적으로 성공할 수 있었던 비밀이다. 그것을 이해하기 위해서 우리는 근대 영국사 서술의 중심 논쟁 가운데 하나로 관심을 돌려야 한다. 즉 영국 혁명 이전 한 세기 동안의

49) "절대주의 시대는 수도원의 해체로부터 시작되었는데, 그것은 경제적으로 지배계급을 다시 한번 부상시켰고 새로운 가문들에게 (수도원의 토지를 매각함으로써) 아래로부터 지배계급을 충원하는 계기가 되었다. 이러한 일이 일어나기 이전에 한동안 지주들은 인클로저 운동과 지대 인상을 통해서 경제력을 재건하려고 해왔지만, 그러한 수단들이 농민의 불만을 자극했기 때문에 지주의 경제적, 사회적 권력을 강화시켜줄 강력한 중앙정부를 필요하게 만들었다. 그러나 이로 말미암아 절대왕정은 다음과 같은 딜레마에 빠지게 되었는데, 절대왕정은 이 문제를 결코 해결하지 못했으며, 그리하여 결국 몰락하게 되었다. 만일 지주에게 자유로운 권력을 부여한다면, 정부는 지배계급을 몰락시킬 수도 있을 농민반란에 직면하게 되었다 ; 만일 지주의 권력을 제한하고 농민을 보호한다면, 정부는 왕정을 위험에 빠뜨릴 수도 있을 지배계급의 반란에 직면하게 되었다." Brian Manning, "The Nobles, the People, and the Constitution", *Past & Present*, 9, Apr. 1956, 48.
50) Gordon Batho, "Landlords in England. A. The Crown", in *The Agrarian History of England and Wales*, Joan Thirsk, ed., IV : *1500-1640* (London and New York : Cambridge Univ. Press, 1967), 273 참조.
51) G. E. Aylmer, *The King's Servants* (New York : Columbia Univ. Press, 1961), 7.

잉글랜드 상층계급들의 성격과 수많은 격론을 불러일으켰던 "젠트리(gen-try)"의 역할이 바로 그것이다.

이 논쟁에 관한 저작들을 살펴보면, J. H. 헥스터가 "젠트리를 둘러싼 한 바탕의 격론"[52]이라고 불렀던 것은 마치 너무나 빨리 진행되고 끝날 것 같지도 않은 탁구 경기의 한 장면을 보고 있는 것 같은 느낌을 준다. 그 경기에서 선수들은 끊임없이 서로의 공격에 대해서 멋지게 반격한다. 두 가지 논쟁, 즉 "제2차" 16세기의 영국사에서 중요한 문제에 관한 논쟁과 근대 사회과학의 기본적인 경향들에 관한 논쟁이 서로 뒤얽혀 있다는 것을 깨닫기 위해서는 관심의 집중보다 오히려 분산이 필요하다. 이러한 통찰력을 갖추고서, 어떤 논자들이 논쟁 도중에 잽싸게 논지를 바꾸고 있으며 그래서 마치 단일한 경기가 죽 펼쳐지고 있는 듯한 착각을 불러일으킨다는 점을 깨닫기 위해서는 이제 관심의 집중이 필요하다.

논쟁이 결말나기 어려운 것은 이야기 자체가 대단히 복잡하기 때문이다. 토지소유권의 측면에서 일어났다고 생각되는 변화를 살펴보는 것부터 시작하기로 하자.

프랭크 C. 스푸너는 1540년에서 1560년 사이에 유럽을 뒤흔들었던 심각한 경제위기는 "잉글랜드의 경우에……특히 극심했다"[53]고 주장한다. 의심할 여지 없이 이 위기가 수도원과 기타 교회재산을 몰수한 종교개혁을 공식적으로 선언하게 만든 한 요인이었다. 그후 국왕은 즉각 수입을 얻고, 정치적 입지를 다지기 위한 수단으로 이 토지들의 대부분을 즉시 매각했는데, 이것은 토지 구매자들에게 크리스토퍼 힐이 "개신교에 대한 기득권"[54]이라고 부른 것을

52) J. H. Hexter, "The Myth of the Middle Class in Tudor England", *Reappraisals in History* (New York : Harper, 1963), 117-162.

53) Spooner, *New Cambridge Modern History*, III, p. 15. 로렌스 스톤은 1540년부터 "놀랄 만한 호황 그리고 끝을 알 수 없는 불황이 교차하는 세 차례 주기변동의 시기가 있었으며, 결국 1553년의 재정적 붕괴로 끝났다"고 말한다. Stone, "State Control in Sixteenth-Century England", *Economic History Review*, XVII, 1, 1947, 106.

54) Christopher Hill, "Some Social Consequences of the Henrician Revolution", in *Puritanism and Revolution* (New York : Schocken Books, 1958), 44. 마르크 블로크는 다음과 같이 주장한다. "수도원의 해체(1536-39)는 계급들의 융합을 촉진했다. 국왕은 그 토

364

제공했다. 이러한 정치적 결정은 시장의 토지 매매량을 급격하게 팽창시켰고, 그것은 (어쩌면 북부 네덜란드의 경우를 제외하고) 유럽의 다른 어떤 국가도 경험한 적이 없는 규모와 방식으로 자본주의적 작동양식의 확대과정을 가속시켰던 것이다.[55] 일단 팔린 토지들이 다시 팔렸다(그리고 흔히 수차례에 걸쳐 매매되었다). 이후 75년 동안 이 모든 일들은 결국 어디로 귀결했는가? 이것이 논쟁의 근본적인 문제들 가운데 하나로 보인다.

R. H. 토니가 그의 처음 논문들에서 제시한 두 주장에 대해서는 비교적 논쟁이 거의 없는 것 같다. 한 가지 주장은 "활발한 토지시장은 전체적으로 중간 규모의 토지재산들의 수를 증가시키는 반면에 대토지의 수를 줄이는 경향이 있었다"[56]는 것이었다. 그러나 이 주장은 "중간 규모의" 토지소유자들이 과연 누구인가, 작위귀족(peers)인가 아니면 "젠트리(gentry)"인가에 대해서 분명하게 말해주지 않는다는 점을 염두에 둘 필요가 있다.[57] 토니가 지적하고 있는 두번째 주장은 이러한 토지의 이동이 "좀더 기업적인 농업"[58]을 낳았다는 점이다. 이 점에 대해서도 역시 비교적 논쟁이 없다.

그러나 토지를 통제한 사람들에 대한 사회적 분류는 어떠한가? 폭풍과 같은 격론이 있다. 분명히 그것은 의미론상의 문제 이상의 것이었지만 모든 이가 저마다 특권귀족, 젠트리(상층 젠트리, 하층 젠트리, 단순 젠트리[관직 보

지의 대부분을 주거나 팔았다. 모든 계급들, 귀족, 젠트리(그들 중 다수는 관리인으로서 수도사들에게 봉사하거나 그들의 토지들을 임차했다), 상인들(런던의 상인조합들)이 그 수혜자들이었다." Bloch, Seigneurie française, p. 122.
55) Clark, Wealth of England, pp. 64-65 참조. 로렌스 스톤은 또한 가족제도상의 요구들로 인하여 귀족가문들이 그들 토지의 상당 부분을 팔게 되었다고 주장한다. Stone, The Crisis of the Aristocracy, 1558-1641, abr. ed. (London : Oxford Univ. Press, 1967), 76-88.
56) R. H. Tawney, "The Rise of the Gentry, 1558-1640", in E. M. Carus-Wilson, ed., Essays in Economic History (New York : St. Martin's, 1965), I, 202.
57) 이것은 특히 토니에 대한 가장 혹독한 비판자 중의 한 사람인 쿠퍼가 지적한 점이다. 그는 많은 작위귀족들이 중간 규모의 영지들을 소유했고 많은 속인들이 열 개 이상의 장원을 보유하고 있었다고 주장한다. J. P. Cooper, "The Counting of Manors", Economic History Review, VIII, 3, 1958, 381-383 참조.
58) Tawney, Essays in Economic History, I, p. 189.

유 젠트리에 상대되는 개념으로서의/옮긴이], 젠틀맨) 그리고 요먼에 대해서
다양한 의미를 제시하고 있기 때문에 의미론이 논쟁에서 그 나름대로의 역할
을 떠맡고 있다. 이 대목에서 학자들이 격렬하게 논쟁을 벌이는 것도 우연은
아니다. 왜냐하면 영국사에서 이 시기가 경제적 변화와 대규모의 개인적인 사
회적 이동의 시기일 뿐만 아니라 범주들이 변화하는 시기였다는 것이 논쟁의
핵심이기 때문이다. 의미심장한 [변화를 겪고 있던/옮긴이] 사회적 집단들을
어떻게 지칭해야 하는지에 대해서 확신하지 못하는 것은 우리뿐만 아니라 당
대인들도 마찬가지였다.[59] 그러나 어떤 시대에 한 개념이 가지는 의미의 유동
성을 지적하는 것이 곧 그 개념이 무용함을 뜻하는 것은 아니다. 그것은 연구
자들에게 모든 문제를 회의하는 대담한 자세를 촉구할 것이다.

---

59) "근대사회의 출발을 엄격한 '계급'의 견지에서 파악하려고 한다면, 특히 우리가 계급의
    개념을 마르크스주의의 3분적인 계급구분 방식으로 제한하려고 한다면, 분명히 오해를 불
    러일으킬 것이다. 어떤 시점에서 임금노동자들은 그들의 고용주들에 대항하여 행동할 수
    도 있을 것이고, 그 다음에는 반대로 상업자본이나 정부의 억압에 대항하여 그들의 고용
    주들과 행동을 같이할 수도 있을 것이다 ; 농민들은 그들의 귀족들의 권력을 감소시키기
    위한 국왕의 책략에 대항하면서도 동시에 봉건적 부과조의 세율을 높이려는 귀족들의 시
    도에 대항하여 봉기할 수도 있을 것이다. 나라 전체의 수준에서 농민들은 진정한 연대를
    확립하는 데 성공한 적이 없었다 ; 그리고 반대로 농민들은 흔히 도시 거주자들이 그들의
    억압자라는 것을 알게 된다. 모든 사람은 여러 가지 사회집단에 속해 있다 : 그의 가족, 동
    업조합, 도시 혹은 촌락, 주(county) —— 16세기에는 '나라(country)'라고 불렸다 —— 근
    대적 의미의 국가 그리고 경제적 계급. 의심할 여지 없이 그는 대개 그 자신을 이처럼 다
    양한 사회적 집단의 결합이라는 견지에서 정의했다. 우리는 직물노동자 전체나 혹은 노퍽
    주의 주민 전체보다는 '노퍽의 직물노동자들'에 대해서 말했다. 개인들이 그 자신, 그들이
    속한 사회적 집단들 그리고 그들이 충성을 바쳤던 대상들에 대해서 품고 있는 인식은 단
    지 그 시점의 상황에 달려 있었다. 한 개인이 '근본적인' 충성심을 가졌던 대상이 무엇인
    가 하는 문제는 답이 없는 질문인 것이다. 왜냐하면 자료를 평가하기가 어려울 뿐만 아니
    라 이러한 선택들이 특정한 상황과 관련해서가 아니라 추상적으로 이루어지는 경우란 거
    의 없기 때문이다." C. S. L. Davies, "Les révoltes populaires en Angleterre (1500–
    1700)", *Annales E.S.C.*, 24, I, janv.–févr. 1969, 59–60. 한 개인이 사회적 친화관계에
    대해서 스스로 명명하는 방식과 그 복잡한 성격에 관한 데이비스의 논의는 물론 사실이
    다. 그러나 그것이 마르크스주의의 계급모형과 모순되는 것은 아니다. 마르크스는 정확히
    똑같은 문제들을 고려했다. 그러나 데이비스의 논의는, 이 당시의 많은 이들에게 한 계급
    의 성원이라는 것은 전국적이 아니라 지역적인 것임을 일깨워주었다는 점에서 유익하다.

논쟁의 얽힌 실타래를 풀기 위해서 우리는 먼저 그 담론들에서 사용된 용어들을 추적하는 것에서 출발해야 한다. 귀족, 젠트리, 요먼의 순서로 따라가 보기로 하자. 그러나 이 용어들을 살펴볼 때, "경제적 변화들은 [그들을 무엇이라고 부르든 간에, 토지를 통제했던 사람들] 중에 더욱 기업가다운 사람들에게 새로운 토지 경영 방식을 채택하도록 재촉하고 있었다.……새로운 상업적 조건들에 농장 경영을 적응시킬 수 있다면, 많은 이익을 거둘 수 있는 상황이었다. 그러나 너무나 보수적이어서 옛 방식을 고수한다면, 많은 것을 잃을 수도 있었다"[60]는 것을 기억하자. 자본주의적 농업이 요구하는 것들에 적응하는 능력과 사회적 신분 사이에 일반적인 상관관계가 없다는 것은 분명해 보인다. 로렌스 스톤은 귀족을 대토지의 "무능력한 경영"이라는 허물을 안고 있으면서도 "허세로 가득 찬 낭비에 대한 다양한 취향"을 가진 사람들로 묘사하고, 그런 탓에 "수입과 지출의 격차는 조그만 틈에서 거대한 골짜기로 벌어졌다"고 주장한다.[61] 게다가 "튜더 왕조는 무급 관료제를 통해서 운영되었기"[62] 때문에 귀족은 소송과 공공업무에 드는 많은 비용을 떠맡아야만 했다. 그러나 수입을 증대시키려는 그들의 노력은 아무런 성과가 없었다. 그들은 당장의 현금수입을 장기 임대계약과 맞바꾸었고, 무엇보다 돈을 너무 많이 빌렸다. 또 그들은 국가가 더 이상 줄 수 없고, 또 주려고 하지 않을 때까지 국가의 시혜에 의존했다. 그러나 이 모든 것이 허사였다 :

귀족이 경제적 자원을 탕진하는 것은……엘리자베스의 치세 내내 간단없이 계속된 과정이었다.……1603년에 이르면, 마치 튜더 사회의 모든 계서제적 구조의 해체가 임박한 것으로 보였다.[63]

---

60) Tawney, *The Agrarian Problem*, p. 195.
61) Lawrence Stone, "The Anatomy of the Elizabethan Aristocracy", *Economic History Review*, XVIII, 1 & 2, 1948, 3–4.
62) 같은 책, p. 15.
63) 같은 책, pp. 37–38. 토니의 다음과 같은 주장을 보라 : "일반화를 위한 자료들은 아직까지 정리되지 않았다. 그러나 많은 귀족가문들 —— 비록 그들만이 그랬던 것은 아니지만 —— 이 내란 이전의 두 세대 동안에 재정적 위기에 직면했다는 것은 과장된 진술이 아닐 터이다." Towney, *Essays in Economic History*, I, p. 181.

그러나 몇해 뒤에 엘리자베스 시대의 이 귀족들이 지닌 상상력과 기업가
정신을 찬양한 사람이 바로 같은 저자이다:

이 시기에 작위귀족은 다른 어떤 계급들, 말하자면 젠트리나 상인들이 맞설 수도 없
고 또 맞서려고 하지도 않은 역할을 해냈다.······이 시기에 귀족들이 중요했던 것은
그들이 기꺼이 새로운 모험사업들을 장려하고 재정적으로 뒷받침했기 때문인데, 이
러한 모험사업은 위험한 일로 통했으며 그래서 좀더 신중한 사회집단들의 지원을 얻
지 못했던 것이다. 대규모의 광산업이나 야금업은 튜더 시대에도 여전히 생소했기
때문에, 그들은 그 산업들의 팽창을 주도했다. 그들은 또한 새로운 모험이었던 원양
무역과 탐험에서도 두드러진 역할을 했다.[64]

이 진취적 정신은 그들의 직영지에서도 나타난 것으로 보인다:

구(舊)귀족은 자신의 영지에서 새로운 자원을 개발하는 데······놀라울 정도의 기민함
을 보여주었다.······1558년에서 1642년 사이에 귀족들이 젠트리에 비하여 사회적, 경
제적으로 상대적인 쇠퇴를 보인 것은 분명 기업가적인 진취성이 부족했던 탓이 아니
다.[65]

스톤이 그리고 있는 귀족계급의 이 두 가지 모습을 조화시키기는 쉽지 않
다. 귀족의 재정적 위기의 정도에 관한 스톤의 통계는 거센 공격을 받았고,
그가 부분적으로 후퇴하기는 했지만 자신의 주장을 완전히 철회하지는 않았
기 때문에,[66] 우리는 H. R. 트레버-로퍼처럼 다음과 같이 질문해볼 만하다:

---

64) Lawrence Stone, "The Nobility in Business, 1540-1640", *Explorations in Entrepreneurial History*, X, 2, Dec. 1957, 61.
65) 같은 책, p. 60.
66) H. R. Trevor-Roper, "The Elizabethan Aristocracy : An Anatomy Anatomized", *Economic History Review*, 2nd ser., III, 3, 1951, 279-298과 그에 대한 다음의 답변을 보라: "그러나 트레버-로퍼 씨는 내가 1590년대 위기의 장기적인 심각성을 과장했다고 비난하는데, 그것이 정확한 지적일지도 모른다." Lawrence Stone, "The Elizabethan Aristocracy —— A Restatement", *Economic History Review*, 2nd. ser., IV, 1, 2, & 3, 1951-52, 311. 그런데 결론 부분에서, 스톤은 다음과 같이 말한다: "[트레버-로퍼가] 엘리자베스 시대 귀족의 대다수가 경제적으로 쇠퇴일로에 있었음을 부정하는 것은 그 증거

만약 "1600년에 잉글랜드 귀족의 3분의 2 이상이 분수에 맞지 않은 생활을 하고 있었을 뿐만 아니라 재정적 파산의 벼랑 끝에 서 있었다면"……우리는 그들이 이 임박한 파산을 극복했을 뿐만 아니라 그후 60여 년간의 더욱 큰 위기에서도 살아남았다는 사실을 어떻게 설명해야 할까? 그들의 사치는 이 시기에도 여전했다.……그들은 어떻게 그럴 수 있었을까?[67]

트레버-로퍼에 따르면, 귀족이 곤궁했다는 것은 "사실이었지만, 스톤 씨가 그의 과장된 수치들을 근거로 생각하는 것만큼 그렇게 심각한 것은 전혀 아니었다." 또한 귀족들은 그들의 토지에 "들러붙어" 있었으며, 1600년 이후의 토지가치의 상승은 "국왕 제임스나 다른 어떤 왕이 할 수 있었던 것보다도 더" 귀족들의 재산을 유지하는 데 도움이 되었다.[68] 그러나 스톤도 결국은 더 이상 이의를 달지 않는다. 그는 시기를 1620년부터로 잡고 있기는 하지만 다음과 같이 주장한다:

[지주계급에 속한 사람들 가운데] 아무리 무능력한 사람이라도 17세기 초에 나타난

와 어긋나는 것으로 보인다.……"[p. 320] 또한 Cooper, *Encounter*, XI, p. 388 ; Lawrence Stone, "Letter to the Editor", *Encounter*, XI, 1, July 1958, 73 ; J. H. Hexter, "Letter to the Editor", *Encounter*, XI, 2, Aug., 1958, 76 참조.

67) Trevor-Roper, *Economic History Review*, III, pp. 290-291.

68) 같은 책, 291-292. 보든은 왜 쇠퇴가 몇몇 사람들이 생각하는 것보다 심각하지 않았던가에 대한 또 하나의 설명을 제시한다 : "그러나 이러한 상황에서조차도, 지주가 실질소득의 하락으로 고통을 겪어야만 했다는 결론이 필연적으로 도출되는 것은 아니다. 사실, 이전의 가정, 즉 지대가 지주의 유일한 수입원이라는 가정은 실제 상황과 어긋난다. 16-17세기에 지주의 수입원은 다양했다. 대부분의 지주들은 아마도 시장을 겨냥한 것은 아닐지라도 가계의 필요를 충족시키기 위해서 직접적인 농업 경영에 뛰어든 것 같다.……

"지대소득과 직접경작을 통해서 얻은 수확물들을 제외하고……대부분의 지주들에게 가장 중요한 소득원은 목재였다." P. J. Bowden, "Agricultural Prices, Farm Profits, and Rent", in *The Agrarian History of England and Wales*, Joan Thirsk, ed., IV : *1500-1640* (London and New York : Cambridge Univ. Press, 1967), 675, 677. 보든은 고정되어 있는 지대도 있고 또 그렇지 않은 지대도 있었기 때문에 실제적인 결과는 두 가지였다고 주장한다 : "서로 다른 보유지들의 지대에서 나타나듯이 지대의 편차가 [확대되었다].";한편 "토질이 나쁜 토지와 좋은 토지 사이의 차이는 [줄어들었다]."[pp. 689, 693]

평균지대의 급격한 상승으로 이익을 얻어낼 수 있었고, 그후의 가격안정은 비효율적인 영지 경영의 중요성을 감소시켰다.[69]

헥스터는 한편으로는 스톤과 토니를 그리고 다른 한편으로는 트레버-로퍼를 공격한다:

1580년대를 전후해서 토지시장이 호황을 누리기 시작했고, 다음 반세기 동안 계속해서 그 호황이 이어진 것으로 보인다.……대체로 전반적인 토지가격의 상승은 이윤을 얻을 수 있는 토지를 가장 많이 소유한 사람들에게, 즉 토니와 트레버-로퍼가 경제적으로 쇠진해갔다고 생각한 바로 그 부류의 지주계급에게 가장 유리하기 마련인 것이다.[70]

그러나 시기에 관한 어물쩍한 언급을 제외하고, 이 문제에 대한 헥스터의 견해는 스톤과 트레버-로퍼의 견해와 다르지 않다. 마지막으로 이 세 사람의 견해와 여러모로 다른 네번째의 견해, 즉 크리스토퍼 힐의 견해를 살펴보자. 이 문제에 대해서 그는 다음과 같이 말한다.

물론 그 계급 전체는 아니라고 해도, 어떤 부류의 귀족에게는 종교개혁이 경제적 손실을 끼쳤다. 우리는 이 [토지이전의] 과정을 "반(反)봉건적인"것으로 파악하지 않도록 유의해야 한다. 사실상 어떤 면에서는, [수도원의] 해체는 봉건제를 오히려 강화시키는 결과를 낳았다. 왜냐하면 그것은 국왕 직속의 수봉지(受封地)를 증가시켰

---

69) Stone, *The Crisis of the Aristocracy*, p. 94.
70) J. H. Hexter, "The Storm Over the Gentry", in *Reappraisals in History* (New York : Harper, 1963), 133. 헥스터의 논의를 따른다면, 이 논쟁에는 원래 두 진영 —— 토니와 트레버-로퍼 —— 이 있었을 것이다. 그러나 헥스터는 양측 모두 "준마르크스주의자들"이라는 것을 정확히 인식하고 있었으며, 이들에 대항해서 그 자신의 "휘그적 해석"을 내놓았다. 그런데 좀더 면밀하게 검토해보면, 묘하게도 헥스터의 주장들이 사실상 세 가지 범주 —— 첫번째는 사실상 토니를 옹호하는 논의(그리고 "더 나쁜 경우로" 크리스토퍼 힐의 주장과 일치하는 논의), 두번째는 트레버-로퍼를 옹호하는 논의 그리고 세번째는 이 둘과는 또다른 논의 —— 로 나뉠 수 있음을 발견하게 된다. 이들 가운데 세번째 범주의 논의가 가장 비중이 크다고 확신할 수는 없다. 더욱이, 인용문에서 잘 드러나듯이, 헥스터는 때때로 실재하지도 않는 차이점을 들먹이곤 한다.

기 때문이다.……[왕국]으로 넘어간 교회의 재산은 곧 분산되었다.……그렇다면 단기적으로 볼 때, 비록 그것이 이제껏 강력했던 일부 지주계급 구성원들을 약화시켰다고 하더라도, 종교개혁은 세속의 토지지배 계급을 전체적으로 강화시켰던 것이다.[71]

얼핏 보기보다 귀족에 대한 의견들이 그렇게 다르지 않다면, 이 논쟁의 본래 초점이었던 젠트리에 대해서도 똑같이 말할 수 있을까? 물론 젠트리는 훨씬 더 모호한 용어이다. 쿠퍼는 그 어려움들 중 몇 가지에 대해서 똑똑히 말해준다 :

> 작위귀족은 각 가문의 오직 한 남자 성원에……속한, 법적으로 규정된 신분을 누리는 개인들의 집단이다. 따라서 토니 교수의 분류에 따르면 작위귀족의 작은 아들들과 그 후손들은 젠트리가 된다. 으레 대지주들은, 여력만 있다면, 더러 생각되는 것보다 아들들에게 현금이나 토지를 대체로 넉넉하게 나누어주었다.……이러한 관행은 분명히 재산의 분배에 영향을 미쳤다.……작위귀족과 마찬가지로 젠트리 역시 아래로부터 충원되었을 뿐만 아니라 위로부터도 충원되었다.……더욱이 이 집단들은 또 다른 면에서도 양립할 수 없는 처지이다. 즉 작위귀족은 법적 지위에 의해서 엄격하게 규정된 집단인 반면, 젠트리는 어떤 방식으로도 규정할 수가 없다. 그것은 부에 따른 분류이기도 하지만 어느 정도는 생활방식에 따른 분류이기도 하다.……1603년 이후 귀족의 작위는 매매되었으나, 작위귀족이 된다는 것은 부와 생활방식이라는 단순한 기준에 의거하지 않았다.[72]

그렇다면 누가 젠트리인가? 젠트리는 아직 작위귀족에는 미치지 못하며, "요먼(yeoman)"보다는 더 상위에 있는 계층인데, 이 요먼이라는 용어는 젠트리만큼이나 정의하기 어려운 말이다. 그러나 우리는 "젠트리"에, 큰아들을 제외한 작위귀족의 자제들뿐만 아니라 나이트(knight : 국왕이 개인적인 자질을 인정하거나 혹은 국왕, 국가에 대한 봉사의 대가로 내린 작위의 한 가지. 또는 의회에서 주를 대표하는 젠틀맨 /옮긴이), 에스콰이어(esquire : 잉글랜드

---

71) Hill, *Puritanism and Revolution*, pp. 36-37.
72) Cooper, *Economic History Review*, VIII, p. 381. 헥스터는 또한 작위귀족들의 차남 이하의 자제들을 "젠트리"가 아니라 "특권귀족"으로 취급함으로써, 작위귀족과 특권귀족을 구별하려고 한다. Hexter, *Reappraisals in History*, p. 127.

젠트리 중 나이트 바로 밑의 작위를 가진 사람 혹은 지주를 통칭하는 말로
스콰이어와 혼용되기도 했음 /옮긴이), 젠틀맨(gentleman : 문자 그대로 양가
출신의 사람을 통칭하는 용어. 좀더 정확하게 말하면 귀족은 아니더라도 문장
[紋章]을 부여받은 사람을 가리키는 용어 /옮긴이)과 같은 다양한 범주의 사
람들이 모두 포함된다는 것을 알고 있다. 이 점이 실제의 상황을 분명하게 해
줄 것이다. 봉건제의 계서제적 질서 아래서는 지위, 의무, 특권, 명예를 규정
하고 있는 수많은 범주들이 발전했다. 지위가 끊임없이 변화하고, 가문의 연
속성은 물론 불안정했으며, 지위와 수입의 상관관계도 일정하지가 않았다. 자
본주의적 농업의 팽창은 "지주(landowner)"(이는 분명히 토지보유 규모에 따
라 세분될 것이다)라는 새로운 범주에 따른 분류체계에 반영되었다. 젠트리는
바로 자본주의적 지주를 포괄하는 용어로서 나타났다. 다른 용어들이 사라지
지는 않았다. 그러나 "젠트리"는 점차 팽창하여 다른 용어들을 흡수하고 없
애버린 한 집단의 호칭이었다. 엘리자베스 시대에는 적어도 "젠트리"와 함께
여전히 "특권귀족(aristocrat)"과 "요먼"이 있었다. 20세기에는 사실상 "농장
주(farmer)"만이 있다. 우리가 만약 "젠트리"를 어떤 시대의 특정 순간에 정
의된 것으로 정의하거나 혹은 그 사회적 실재가 바로 그 시점에 존재했다고
우리가 정한 대로 정의함으로써 그것을 정형화한다면 우리는 아무것도 얻을
수 없다. "젠트리"에 관한 핵심적인 논점은 그것이 형성중인 하나의 계급이
라는 것뿐만 아니라 형성중인 하나의 개념이라는 것이다. 그러나 그것은 마치
헌 부대에 새 술을 담는 것과 같았다. 내가 보기에 F. J. 피셔는 이 점을 분
명하게 지적하고 있는 듯하다 : "16-17세기의 새로운 경제적 변화의 결과는
새로운 범주의 인간들을 빚어냈다기보다는 오히려 기존의 범주들에 새로운
기회를 제공하고 그것들에 새로운 정신을 불어넣어준 것이다."[73]

---

73) F. J. Fisher, "The Sixteenth and Seventeenth Centuries : The Dark Ages in English
Economic History?" *Economica*, n.s., XXIV, 93, 1957, 17. 그러나 피셔는 또한 그 범주
들의 종래의 의미에서 아직 그 사회적 결과들이 제거된 것은 아니라는 점을 일깨워준다.
"그리고 토지 자체가 사회적 행복에 이를 수 있는 충분한 통행증이 아니라고 할지라도,
젠트리의 지위에 도달하는 것이 완전히 불가능한 것은 아니었다. 언뜻 보기에 16-17세기
의 신분체계는 신진세력에게 그렇게 유리한 것으로 보이지 않는다. 내가 이해하기에, 적

372

반대로 크리스토퍼 힐은 문제를 다음과 같이 규정함으로써 우리를 더 혼란
스럽게 만드는 것 같다 :

우리는 분명히 "젠트리"가 하나의 경제적 계급이 아니라는 사실에서 출발해야 한다.
그들은 사회적, 법적 계급이며 경제적으로는 분열되어 있었다. 1640년 이전의 인플
레이션 시대는 하나의 커다란 분수령이었는데, 그 시기에 사회의 모든 분야에서 경
제적 분화가 진행되고 있었다. 어떤 요먼들은 번성하여 젠트리층에 이르게 되었다.
반면 다른 요먼들은 가난에 빠지게 되었다. 어떤 귀족들은 방대한 영지를 축적하고
있었던 반면, 다른 귀족들은 파산 직전의 상태에 놓여 있었다. 우리가 젠트리 계급
중 어떤 표본을 선택한다면 "젠트리"가 "부상하고 있다"거나 혹은 "쇠락하고 있다"
고 주장하기가 쉽다. 왜냐하면 어떤 가문들은 상승하고 있었던 반면 다른 가문들은
쇠락하고 있었기 때문이다.[74]

사회적 사실들에 대한 경험적 묘사로서는 오류가 없는 것처럼 보이지만, 이론
화는 핵심을, 정확히 말해서 마르크스주의적 핵심을 놓치고 있는 것처럼 보인
다. 줄리언 콘월에 따르면 "젠트리의 표식은 토지의 소유였다."[75] 젠트리라는
용어는 생산수단에 대해서 같은 관계에 있는 일군의 사람들, 즉 시장을 위해
서 생산하며 한사상속(限嗣相續)되지 않는 토지의 소유자들을 모두 포괄하는
용어가 되어가고 있었다. 이러한 과정의 명료함은 사람들이 여전히 예전의 법

어도 아주 노골적인 모습으로 나타날 때 그 체계는 근본적으로 생물학적인 것이었다. 그
것은 하나의 색 구분선에 바탕을 두고 있었다 —— 물론 여기서 말하는 색은 피부색이
아니라 피의 색깔이다. 한 인간의 신분은 그 자신의 특출한 재능이 아니라 윗대에 두각을
나타냈던 한 선조를 두고 있다는 데에 바탕을 두고 있었다. 그리고 그 조상이 더 멀리 떨
어진 사람일수록, 따라서 그의 피가 엘리자베스 시대의 이 사람에게 덜 흐를수록, 이 엘
리자베스 시대 후손의 신분은 더 높아졌다. 내 생각에 16세기의 가장 슬픈 이야기들 가운
데 하나는 벌리 경 —— 어떤 합리적 기준에서 보더라도 비범한 사람 —— 이, 존재하지
도 않았을 그리고 설령 존재했다고 하더라도 그 고향산천의 선남선녀들과 그리 다를 바
없었을 웨일스의 소공자의 후손이라는 점을 밝히려고 애썼던 이야기이다."[pp. 13-14]

74) Christopher Hill, "Recent Interpretations of the Civil War", in *Puritanism and Revol-
ution* (New York : Schocken Books, 1958), 8.
75) Julian Cornwall, "The Early Tudor Gentry", *Economic History Review*, 2nd ser.,
XVII, 3, 1965, 470. 그는 덧붙이기를 "그들은 사실상 이 시대에 어쨌든 극소수였던 작위
귀족들을 수적으로 능가하는 가장 중요한 지주계급이었다."

적 범주에 따른 사회적 특권들의 가치를 높이 평가하고 있다는 사실에 의해서 흐려졌으나,[76] 16세기와 그 이후에 이 범주의 일관된 한 가지 지배적인 주제는 공통된 **경제적** 추진력이었다. 한 경제적 계급 내에서 어떤 사람들은 다른 사람들에 비해 더 부유할 수도 있고, 시장에서 다른 사람들에 비해 더 성공을 거둘 수도 있다. 수입의 차이가 어떤 집단이 하나의 계급이 아니라는 것을 드러내주지는 않는다.

그렇다면 이것이 젠트리에 관한 예의 고전적인 논쟁에 대하여 무엇을 시사해주는가? 토니의 기본 논지는 씀씀이가 헤픈 귀족이나 야반도주하는 투기꾼들에 비해서 젠트리가 인플레이션 시대의 생존에 적응하는 데 더 적합한 생활방식을 영위한 집단이라는 것이었다. "결코 가져본 적이 없는 재산을 주무르는 모험가들에 비해서 지방 젠트리들은 단순한 약탈꾼들에 맞서는 정착민들이었다."[77] 그들과 같은 부류의 프랑스인들에 비해서 그들이 가진 이점은 그들이 "제도에 개인을 희생시키는 냉혹한 영국의 가족제도에 의해서 소수로 유지되고 강하게 길들여진"[78] 사람들이었다는 점이다. 그들은 "농촌의 출신지로부터 완전히 단절된",[79] 같은 부류의 네덜란드인들에 비해서 정치적으로 훨씬 강력했는데, 왜냐하면 그들은 "대표자가 필수적으로 갖추어야 할, 지방민과 지역에 대한 애착을 소귀족들의 귀족적 기품과 결합시켰으며, 그리고는 이 두 가지 카드를 세련된, 그러나 냉혹한 현실인식 위에서 번갈아 가면서 이용했기"[80]

---

76) 내친 김에 토니는 젠트리, 좀더 정확히 말해서 이 대목에서는 스콰이어(squire : 중세 말 군사조직에서 나이트를 수행하는 양가 출신의 젊은이 혹은 나이트 바로 밑의 지위에 있는 사람. 17세기 중반부터 시골 젠틀맨의 성[姓] 앞에 붙여주는 칭호로 사용됨 /옮긴이) 계층이 "법적인 구별이 아니라 일반의 평가에 의해서 결정된 지위……"를 가지고 있었다고 주장한다. Tawney, *Essays in Economic History*, I, p. 174.

77) 같은 책, p. 197.

78) 같은 책, p. 174.

79) 같은 책, p. 175. 최근에 발표된 한 박사학위 논문은 네덜란드의 상황에 대한 이러한 평가를 반박한다. 그 논문 축약본이 출간되었는데, 이에 따르면 잉글랜드에서와 마찬가지로 그 시대의 네덜란드 경제에서도 농촌부문은 어느 모로 보나 중요했다. Jan de Vries, "The Role of the Rural Sector in the Development of the Dutch Economy : 1500-1700", *Journal of Economic History*, XXXI, 1, Mar. 1971, 266-268 참조.

80) Tawney, *Essays in Economic History*, I, p. 175.

때문이다. 따라서 그들은 피렌이 자본주의 사회사의 핵심이라고 주장했던 엘리트의 승계과정을 전형적으로 보여준다.[81] 그 결과는 "정치적 제도들이 경제적 현실들과 [조응하지 않는다는 것]"이었고, 그리하여 "상승하는" 젠트리가 주도하고, "[의회나 통치자가 통제하기에는] 너무나 강력한 비인간적인 힘들"[82]이 야기한 영국 혁명을 낳았다.

잘 알려진 대로, 토니의 통계와 그 분류작업에 대한 비판은 제쳐놓고,[83] 트레버-로퍼가 근본적으로 공격하는 것은 정치적 투쟁무대에 관한 토니의 기본적 모델이 완전히 그릇되었다는 것이다 :

> 이미 나는 토지가 아니라 관직이, 많은 "상승하는" 가문들의 기반이었다고 주장한 적이 있다. 나는 여기서 한걸음 더 나아가려고 한다. "구"지주와 "신흥" 지주, 귀족과 젠트리의 구분 대신에 나는 "궁정(court)"과 "지방(country)", 관직보유자와 단순한 지주 사이의 구분이 튜더 및 스튜어트 왕조 시대의 지주사회에 대한 의미 있는 구분이라고 주장하고자 한다.……
>
> 수도원 재산의 국유화를 단행한 헨리 8세 치세기의 관직보유자들이 얼마나 많은 재산을 차지했던가! 당연히 최상의 매물들은 그들과 그들의 지방 대리인, 즉 각 주(州)의 관직보유 젠트리들에게로 돌아갔다.……
>
> 그러나 이런 지위를 차지하지 못한 단순한 젠트리들은 어떠했는가? 그렇듯 탐나는 포상의 가치가 점점 더 올라감에 따라서 그것은 그들의 능력 밖으로 점점 더 멀리 벗어나고 있었다.[84]

---

81) "피렌 교수는 잘 알려진 한 논문에서 각 시대의 자본가들은 보통 그 앞 시대의 자본가들로부터 충원되는 것이 아니라 출세를 위해서 애썼던 비천한 출신의 사람들로부터 충원되었으며, 시간이 지나면 이들이 새로운 부호층을 형성하고, 그뒤로 영예로운 동면상태로 빠져들어 신진세력에게 자리를 내주게 된다고 주장했다. 지주계급의 역사에서도 마찬가지로 진보와 정체가 교차하는 시기를 찾을 수 있다. 해링턴이 글을 쓰기 이전의 세 세대는 그런 시기들 가운데 하나였다." R. H. Tawney, "Harrington's Interpretation of His Age", *Proceedings of the British Academy*, 1941, 218.

82) 같은 책, p. 207.

83) H. R. Trevor-Roper, "The Gentry, 1540-1640", *Economic History Review*, Supplement 1, 1953, 4-24 참조. 논쟁의 이 측면에 대해서 계속된 논의로는 R. H. Tawney, "Postscript", in E. M. Carus-Wilson, ed., *Essays in Economic History* (New York : St. 1965), I, 206-214 ; Cooper, *Economic History Review*, VIII, pp. 377-381 ; Hexter, *Reappraisals in History*, pp. 124-129 ; Hill, "Recent Interpretations," p. 9 참조.

84) Trevor-Roper, *Economic History Review*, pp. 26, 27, 30.

따라서 영국 내란은, 적어도 부분적으로는, 혹사당한 "단순" 젠트리가 르네상스 궁정에 대해서 반란을 일으킨 것으로 해석할 수 있는 것이다.

마지막으로 헥스터는 "잉글랜드 지주들 중에는 세번째 집단"[85]이 있다고 주장한다. 그는 스튜어트 왕조에 대한 의회 내의 반대파를 살펴보면, 그들이 "권력에 굶주린 농촌의 중간계급" 출신이 아니라는 것을 알 수 있다고 주장한다. 왜냐하면 그들은 "부유한 지방 젠트리"이기 때문이다. (이 주장이 토니의 주장과 과연 그렇게 다른가?) 또한 그들은 트레버-로퍼가 주장하는 "돈에 쪼들리는 화난 촌뜨기들"도 아니었는데, 왜냐하면 그들은 "충분한 교육을 받은 흔치 않은 집단"이었기 때문이다. (이 주장이 트레버-로퍼의 주장과 정말 양립할 수 없는 것인가?)[86]

하지만 헥스터의 명확한 주장에 따른다면, 사실상 젠트리의 사회적 역할에 대한 꽤 분명한 모습을 보게 될 것이다. 비록 헥스터가 우리에게 보여주겠다고 작정했던 그런 모습은 아니지만 말이다. 그는 비판하는 글의 한 대목에서 다음과 같이 지적한다. "우리는 토니가 탐구하기 시작한 문제들을 여전히 해명하지 못하고 있다.……왜 이 특정한 역사적 시점에서 '지방'은 최상층 바로 밑의 사회계층에서 그 지도자들을 찾았는가? 왜 귀족이 아니라 젠트리 중에서 찾았는가?"[87] 헥스터의 대답은 젠트리의 정치적 부상은 근본적으로 국왕

---

85) Hexter, *Reappraisals in History*, p. 131.

86) 같은 책, pp. 135–136. 다른 대목에서, 이미지를 포착하는 데에는 능숙하지만 통계수치를 싫어하는 헥스터는 스튜어트 시대 초기의 잉글랜드에 대해서 다음과 같이 이야기한다 : "권력자들의 일시적인 무능으로 빚어진 권력의 공백 속으로 지방의 젠트리들 —— 토니 교수의 활기차고 억센 소(小)젠트리도 아니고 트레버-로퍼 교수의 구태의연하고 벼룩에 물려뜯긴 단순 젠트리도 아니라 제임스 1세와 찰스 1세 시대의 의회에 앉아 있었던, 부유하고 버젓이 교육을 받은 기사들과 스콰이어들"[p. 148] —— 이 쇄도했다. 통계자료에 대한 헥스터의 태도에 관한 쿠퍼의 논평을 보라 : "마지막으로, 헥스터 교수와는 달리, 먼저 회계장부들과 지대장부들을 좀더 면밀하게 연구하고, 장원 수를 세는 일을 조금 덜 했더라면, 그 논쟁이 지금의 모습처럼 되지는 않았을 것이라 믿는다. 스톤 씨에 대해서 공정하게 말하자면, 그가 그 주제에 처음 개입한 이래로 많은 시간을 이러한 연구에 보냈다는 점을 덧붙이고자 한다. 나는 스톤 씨와 내가 적어도 헥스터 교수가 주장하는 것처럼 그와 같은 연구를 포기하기보다는 계속해야 할 필요성에 대해서 동감하고 있다고 생각한다." Cooper, "Letter to the Editor," *Encounter*, XI, 3, Sept. 1958, p. 74.

87) Hexter, *Reappraisals in History*, p. 142.

측의 군사력 증강과 그에 따른 지방 권력자들측의 군사력 쇠퇴로 설명되어야
한다는 것이다. "결과적으로 튜더 시대의 젠트리는 랭커스터나 요크 시절의
선조에 비해서 훨씬 더 독립적으로 행동했다.……"88) 많은 이들이 지적했듯
이, 누가 그렇지 않다고 말한 적이 있었나? 그리고 스톤이 적절하게 지적하는
것처럼, "젠트리의 정치적 권력이 부상하는 것을 설명하기 위해서 헥스터 씨
가 내세우는 만능 해결책은 너무 지나치게 피상적이다. 그는 귀족이 군사적
통제권을 잃었다고 주장한다. 물론 사실이다. 그러나 왜 이러한 일이 일어났
는가?"89) 따라서 우리는 다시 한번 (토니나 트레버-로퍼와 마찬가지로) 우리
가 지금까지 논의했던 가장 중요한 변수들, 즉 관료제적 국가기구의 성장과
자본주의적 농업의 발전 그리고 이 둘 사이의 상관관계 등의 문제로 되돌아
온 것이다.90)

다음 단계로 헥스터는 "중간계급의 신화"에 대한 공격에 나선다. 그러나
사실상 여기서 그가 도전하고 있는 것은 소위 근대 경제사의 밑바탕에 깔려
있다고 하는 "무의식적인 마르크스주의"가 아니라 19세기의 자유주의이다.91)
실제로 그 자신의 분석은 토니나 트레버-로퍼의 주장과 그렇게 동떨어진 것
이 아니다. 그는 "튜더 시대 상인-은행가들의 소수 내부집단," 즉 "왕실과

88) 같은 책, p. 147.
89) Lawrence Stone, *Encounter*, p. 74.
90) "우리가 더 이상 토니의 명제, 즉 젠트리가 1540년에서 1640년 사이에 귀족들을 희생시
키면서 부상했다는 것, 혹은 제임스 1세 시대의 영지 경영은 엘리자베스 시대와 분명하게
달랐다는 것을 무조건 받아들일 수 없다고 하더라도, 지주계급 내에서 몇몇 가문들이 부
상했으며, 그 가문들 중 다수가, 특히 스튜어트 시대 초기에, 그들의 토지 생산물보다는
관직, 전문직, 혹은 교역을 통해서 얻은 이익 덕택에 신분 상승을 누릴 수 있었다는 것을
부정할 수 없다." Gordon Batho, "Landlords in England. B. Noblemen, Gentlemen,
and Yeomen", in *The Agrarian History of England and Wales*, IV: Joan Thirsk, ed.,
*1500-1640* (London and New York: Cambridge Univ. Press, 1967), 285. 그러나 베이
토는 다음과 같이 덧붙인다: "그러나 몇몇 가문들을 사회계서제 내에서 상승시키는 데에
서의 정치적 영향력과 관직보유의 중요성을 과장하지 말아야 한다. 운좋은 극소수의 사람
들이 많은 수입을 향유했던 반면에, 대다수의 왕실 및 중앙정부의 직책들의 보수는 스튜
어트 시대에조차도 보잘것없었으며, 공식적인 보수 이외의 많은 소득을 허용하지 않았
다."[p. 289]
91) J. H. Hexter, "A New Framework for Social History", *Reappraisals*, p. 14.

결탁한 자본가" 집단을 제외하고는 튜더인들은 중간계급에 친화적인 위인들이 아니었다고 주장한다.[92]

튜더 왕조의 정책은 정말로 아주 일관된 것이었다:

[그것은] 기득권을 가진 이해집단들에 대해서는 으레 퍽 부드럽게 대했다. 그것은 기존의 이해집단들을 보호했고, 점차 기업이라는 형태로 새로운 이해집단을 창출했다.……변화의 길을 고집센 노새처럼 가로막고 서 있다거나 혹은 그 변화가 제멋대로 나아가게끔 내버려두는 것이 아니라, 변화를 인도하고 그들이 말하는 대로 훌륭한 질서에 순응하는 어떤 규칙을 부여하는 것이 튜더 왕조의 정책이었다.[93]

그리고 헥스터는 "튜더 왕조는 중간계급을 나라의 젖줄로 생각했다"[94]고 부연한다.

그러나 튜더 왕조가 어느 정도 경제적 통제를 시행하고, 부르주아 계급 전체가 아니라 한줌의 기업가들에게 특혜를 주고, 국가의 군사력 강화를 얼마나 중요시했던가를 강조한 이는 바로 로렌스 스톤이었고,[95] 젠트리가 바로 그 국가의 젖줄이 되는 것에 반감을 품고 반란을 일으켰다는 것이 트레버-로퍼의 핵심적인 주장이다.

마지막으로 헥스터는 자본주의 정신이 16세기에야 비로소 출현했다는 것은

---

92) J. H. Hexter, *Reappraisals in History*, pp. 103, 105.
93) 같은 책, p. 109.
94) 같은 책, p. 110.
95) "16세기 전반기는 일시적인 그러나 전례 없이 많은 경제적 통제에 대한 실험이 이루어진 시기였다. 그러나 상업적 자유가 증대했다는 증거는 없다.……
　"번영이 아니라 안보가 튜더 왕조의 경제적 통치의 가장 중요한 목표였다.……
　"그러나 튜더 행정부의 역설이자 아마도 그 체제 전체가 붕괴하게 된 궁극적인 원인은 튜더 왕조의 온정주의적 국가 또는 사회정의 및 보수주의를 지향하는 프로그램이 계획적인 자급자족 체제와 기회주의적인 전비 조달이라는 보다 더 급박한 필요에 얼마만큼이나 희생되었는가에서 찾을 수 있을 것이다. 모든 튜더 왕조의 정부들은 그와 같은 사회변화와 응당 이에 대한 가장 열렬한 지지자였다고 여겨지는 새로운 부르주아 계급들을 이론적으로 가장 단호하게 반대했다." Stone, *Economic History Review*, XVIII, pp. 109, 111, 115.

378

그 정신이 이미 오래 전부터 존재하고 있었기 때문에 사실이 아니며, 또한 "16세기의 지주들"이 자본주의적 농업에 참여하기 위해서 "도시 상인들의 모범과 감화를 기다렸다"[96]는 것도 사실이 아니라고 주장한다. 지당한 이야기이다. 그렇다면 우리는 이제 다시 다양한 사회적 배경을 가진 사람들로부터 충원되는 부상하는 자본가 계급의 모습으로 되돌아오게 된다.[97]

왜 이것이 이상한 일이란 말인가? 이미 살펴본 대로 이런 일은 유럽 세계경제 전역에 걸쳐서 일어나고 있었다.[98] 의심할 여지 없이 "젠트리" 내에는 서로 다른 하위집단들의 다양한 정치적 표현이 있었다. 예를 들면 베링턴 무어는 트레버-로퍼의 "몰락하는 젠트리(declining gentry)"의 정치적 저항이 토니의 "상승하는 젠트리(rising gentry)"의 정치적 저항과 완전히 양립할 수 있는 현상이라고 주장한다. 그는 토니를 인용한다. "정체하거나 혹은 쇠퇴의 길을 걷고 있던 수많은 젠트리들이 있다. 시대의 흐름에 발맞추어 나가면서 그들의 재산을 십분 활용하는 귀족들을 발견하기란 손쉬운 일이다."[99] 그리고 나서 무어는 "정체하고 있던" 사람들에 대해서 이야기한다 :

---

96) Hexter, *Reappraisals in History*, p. 91 ; pp. 83-84도 참고.
97) 크리스토퍼 힐이 주장하는 것처럼 진상은 다음과 같을 것이다 : "인플레이션의 세기에, 성공에 필요한 부르주아적인 자질들 —— 검약, 근면, 착취 지대와 시장 감시에 대한 즉각적인 태도, 소비의 절제와 이윤의 재투자 —— 을 처음으로 발전시킨 것은 차지농, 요먼, 소지주들이었던 것으로 보인다. 전통적인 지출수준을 유지하는 작위귀족들과 대(大)젠트리들은 상황에 적응하는 데 더 많은 시간을 필요로 했으며 지대장부상으로는 정당화할 수 없는 금액을 계속 지출했다. 그러한 사람들은 점점 더 경제적 생존을 궁정에 의존하게 되었다." Hill, *Reformation to Industrial Revolution*, pp. 65-66. 그러나 그것은 기껏해야 정도의 문제일 것이다.
98) 파흐가 특히 헝가리와 잉글랜드를 비교한 것을 보라 : "[상인으로서의 지주들은] 유사한 과정을 겪고 있던 이 당시 잉글랜드의 발전에 [헝가리를] 비교해보면 그렇게 독특한 현상은 아닐 것이다. 우리는 '새로운 귀족', 예전에는 봉건적 부과조였던 것을 본질상 지대라는 형태로 받게 된 잉글랜드의 '젠트리'를 염두에 두고 있다. 그들은 양모, 밀 그리고 다른 상품들의 판매에 개입했으며, 소농민과 차지농들을 토지에서 몰아냄으로써 부르주아지의 특징인 자신의 재산에 대한 직접적 경영에 착수했다." Zs. S. Pach, *Annales E.S.C.*, XXI, p. 1230.
99) Tawney, *Essays in Economic History*, I, p. 186.

이 "불평분자들"이 크롬웰과 청교도 혁명 배후에 있는 급진적 요소의 일부를 제공했을 것이다. 물론 이 급진적 요소의 추진력은 훨씬 더 낮은 사회계급에서 찾아야 하지만 말이다. 상업과 몇몇 공업의 자극으로 말미암아 잉글랜드 사회 최상층부터 하층까지 파열을 겪었으며, 팽배해 있던 급진적 요소의 불만이 동일한 충격에 의해서 마침내 불꽃으로 분출되었던 것이다.……구질서가 붕괴할 때와 같은 이러한 과정에서, 장기적인 경제추세로 말미암아 피해를 입게 된 여러 사회집단들이 전면에 나서서 구체제를 파괴하는 폭력적인 "더러운 일"을 대부분 떠맡게 되었고, 그럼으로써 일련의 새로운 제도들이 출현할 수 있는 길을 닦았다. 잉글랜드에서 이러한 형태의 더러운 일 가운데 가장 주요했던 것은 바로 찰스 1세의 목을 치는 상징적 행위였다.[100]

지주에는 세 가지 유형, 즉 "상승하는" 지주, "몰락하는" 지주 그리고 그 밖의 지주들이 있다는 헥스터의 주장은 아마 옳을 것이다. 그리고 정치적 저항은 세번째 집단보다는 주로 처음 두 집단과 관련된 것이었다는 주장도 꽤 설득력이 있다. 스튜어트 시대 초기의 정치를 설명하는 데 이러한 세부사항들은 대단히 중요하다.[101] 사회변화의 추세를 평가할 때에는, 젠트리의 흥기를 하나의 경제적 세력 혹은 정치적 실체로서가 아니라 사회적 범주로서의 흥기로 보는 것이 훨씬 더 중요하다.

세부적인 사실에 집착하다보면, 종종 그것이 어설픈 일반화의 공허함을 드러내기도 하지만, 장기적인 변화의 모습을 흐릴 수도 있다. 바로 이 시기의 잉글랜드에서 일어난 사회적 이동의 복잡한 모습을 세밀하게 분석한 후에, 로렌스 스톤은 이러한 형식의 분석이 잉글랜드 사회의 두 가지 커다란 변화를 그냥 지나치기 십상이라고 지적한다 :

첫번째는 사회가 부자들과 빈민들로 양극화하는 것이었다. 상층계급들은 상대적으로 그 수가 더욱 늘어났으며, 그들의 실질소득은 상승했다. 빈민들은 상대적으로 더 다수였으나 그들의 실질소득은 하락했다. 두번째는 상층계급들이 더욱 평등해졌다는 것이다. 첫째로 대(大)젠트리의 부와 권력은 귀족에 비해 상승했다. 둘째로 상공업

100) Barrington Moore, Jr., *Social Origins of Dictatorship and Democracy* (Boston : Beacon Press, 1966), 16.
101) 이 점에서 크리스토퍼 힐의 (다음과 같은 주장은) 절대적으로 옳다 : "[우리는] 젠트리에 관한 일반화를 포기해야 한다." Hill, *Puritanism and Revolution*, p. 27.

및 전문직 종사자들은 지주계급들에 비해서 그 부와 수효 그리고 사회적 신분이 상
승했다.[102]

J. 허스트필드는 그러한 변화가 "제2차" 16세기의 정치에 미친 영향을 강조
하면서 스톤과 비슷한 지적을 한다:

> 잉글랜드에서 귀족은 한번도 어떤 카스트가 된 적이 없었으며 토지 젠트리가 소귀족
> 이 된 적도 없었다. 따라서 중간계급과 상층계급은 왕정에 대해서보다는 그들끼리
> 훨씬 더 밀접한 관계를 맺고 있었다. 그리고 위기 때에는 그들이 국왕과 공유하고
> 있는 것보다 그들끼리 공유하고 있는 것이 훨씬 더 많았다.[103]

스톤과 허스트필드는 여기서 매우 중요한 논점을 보여준다. 즉 그들은 귀족-
젠트리라는 "낡은" 구분법이 그 의미를 잃어가고, 새로운 계급범주가 등장하
는 과정을 보여주는 것이다. 페레즈 자고린이 그 상황에 대해서 요약하는 것
처럼, 장기 16세기에 잉글랜드에서 나타난 일반적인 경향은 "농업, 상업 그리
고 공업에 자본을 활용할 수 있는 위치에 있는……사람들이……사회생활을
통제하게 된다는 것이었다."[104] 그리고 이렇게 결합된 계급은 농민의 희생을
바탕으로 이익을 얻었다.[105] 잉글랜드의 상황은 래티모어의 일반화에 대한 하

102) Lawrence Stone, "Social Mobility in England, 1500-1700", *Past & Present*, 33, April 1966, 28-29.
103) Hurstfield, *New Cambridge Modern History*, III, p. 148.
104) Perez Zagorin, "The Social Interpretation of the English Revolution", *Journal of Economic History*, XIX, 3, Sept. 1959, 388. 그는 다음과 같이 덧붙인다 : "현재 그 형성 과정에 관심이 집중되고 있는 계급은 끊임없이 충원되고 있었고 따라서 신분, 부 그리고 소득원으로 보건대 당연히 다양한 요소들을 포함하고 있었다. 그러나 이러한 차이점들에도 불구하고, 그 구성원은 동일한 범주에 속한 종차들이었다. 그들은 단일한 경제적 계급을 구성했다. 왜냐하면 그들이 공유했던 것은 그들이 이윤, 더 나아가 축적을 목적으로 사용하는 자본을 소유하고 있었다는 점이다."[p. 389]
105) "1500년에서 1700년 사이에 매우 활발하게 진행된 토지 이동의 결과는 이전된 토지의 약 4분의 1 정도가 그 소유자들의 사회적 경계를 넘나들며 이동했다는 것이다. 즉 이런 정도의 토지에 관련하여 때로는 새로운 소유자가 토지를 취득함으로써 그의 사회적 신분이 이동하기도 했고, 때로는 토지가 다른 사회적 신분의 소유자에게로 넘어가기도 했

나의 좋은 사례이다 : "점진적으로 변화하는 어떤 사회에서나, 구질서가 남겨 놓은 최상의 유산을 거머쥐고 동시에 새로운 질서가 제공하는 것을 최대한으로 이용하며, [시간이 지나면 결국] 그 내부에서 분화를 일으키는 사람들은 항상 지배하는 자들이다."[106]

"젠트리"가 하나의 계급으로 형성되고 있던 자본주의적 농장주에게 붙여진 이름에 불과하다면, 요먼은 무엇인가? 요먼은 젠트리와 마찬가지로 기존의 사회적, 법적 용어였는데, 16세기에 그 내용이 달라지고 있었다. 밀드레드 캠벨은 잉글랜드의 요먼에 대한 그녀의 저서에서, 그 단어의 다양한 용례와 그 단어가 농장주, 젠틀맨, 자유토지보유농(freeholder), 중농(husbandman), 농업노동자(laborer)와 같은 다양한 용어들과 맺고 있는 관계를 면밀하게 검토한 뒤에 다음과 같이 신랄하게 지적한다 : "방금 포기한 그 구분법만큼 명료한 것은 아무것도 없다고 우리는 처음부터 말할 수 있을 것이다."[107] 그녀의 결론은 이렇다:

사회구조 내의 다른 집단들과의 관계를 통해서 살펴보건대 요먼 신분은 성격이 꽤 명확했다. 그들은 토지와 농업의 이익에 주로 관심을 두고 "부귀와 빈곤의 중간지

---

다. 이 과정에서 이익을 얻은 사람들은 대지주와 젠트리였으며, 손해를 보았던 사람들은 왕실이나 교회 같은 기관 보유자들과 농민들이었으며, 그 비율은 대체로 비슷했던 것 같다.……

"16세기에 토지소유의 구조는 생존을 위한 경작에서 상업적인 경작으로 변화하는 경향에 따라 나타나는 시장의 압력, 농산물에 대한 점증하는 수요에 대응하는 것이었고, 이것은 농민에게 영향을 주었다 ; 이러한 추세는 많은 장원에 ' ' 이 자신의 법적 권리를 최대한으로 이용하는 상황을 조성했을 뿐만 아니라 유복하⋯ 신취적인 요먼들이 번영을 누릴 수 있을 기회를 제공했다. 그러나 그 구조는 또한 치열한 경쟁이 벌어지던 신분 세계의 압력과 새롭게 창출된 상업적 부를 토지에 투자하여 안정을 찾으려는 추세에 상응한 것이었다. 신분은 수많은 가신이나 추종자의 무리들에서가 아니라 지출에서 새로운 방어책들을 필요로 했고, 이것이 농민의 지위를 압박하는 또 한 가지 요인이었다." F. M. L. Thompson, "The Social Distribution of Landed Property in England since the Sixteenth Century", *Economic History Review*, 2nd. ed., XIX, 3, 1966, 515.

106) Owen Lattimore, *Inner Asian Frontiers of China*, p. 123.

107) Mildred Campbell, *The English Yeoman Under Elizabeth and the Early Stuarts* (New Haven, Connecticut : Yale Univ. Press, 1942), 25.

대"에서 살아가는, 농촌의 견실한 중간계급이었는데, 잉글랜드에는 젠트리와 농민층 사이에 위치하여……나라에 능력껏 봉사하는 "중간층 사람들"이 있었던 것이다.[108)

이 집단의 역할을 평가하기 위해서 우리는 바로 앞 장에서 논의한 주제, 즉 영국 농업에서 진행된 토지보유 체계의 변모과정으로 되돌아가야 한다. 마르크스는 자본주의적 지대의 기원을 논의하는 가운데 그의 견해에 대한 [후대의/옮긴이] 주석에서 흔히 간과되는 중요한 견해를 피력한 바 있다 :

> 지대가 화폐지대의 형태를 띠고 그에 따라 지대를 지불하는 농민과 지주 사이의 관계가 계약으로 고정된 관계가 되자마자 —— 이것은 세계시장, 상업 그리고 제조업이 상대적으로 높은 수준에 도달했을 때에만 가능한 발전인데 —— 자본가들에 대한 토지의 임대가 필연적으로 나타난다. 자본가들은 그때까지 농촌의 한계들을 벗어나 있었으나 이제 도시에서 얻은 자본을 농촌과 농업으로 이전시켰으며 그와 함께 자본주의적 경영방식이 발달했다 —— 즉 어떤 생산품을 단순히 하나의 상품으로서 그리고 오직 잉여가치를 수취하는 수단으로서 만들게 되었다. 이 형태는 봉건적 생산양식에서 자본주의적 생산양식으로의 이행기에 세계시장을 지배하는 나라들에서만 일반적인 법칙이 될 수 있다.[109)

이와 같은 지적의 적절함은 토지보유 체계의 변화과정이 분명히 잉글랜드에만 독특한 것은 아니라는 점에 있다. 그러나 잉글랜드가 (그리고 네덜란드 공화국이) "제2차" 16세기에 점점 더 유럽 세계경제의 핵심부 지역이 되어감에 따라 (그리고 심지어 17세기 말과 18세기에는 더더욱 그러함에 따라), 이러한 과정은 분명히 그 지역들이 핵심부라는 이유로 더 빠르고 광범위하게

---

108) 같은 책, p. 61.
109) Marx, *Capital*, III, chap. XLVII, Sect. IV, p. 799. 고딕체는 월러스틴의 강조. 마르크스는 다음과 같이 덧붙인다 : "이렇게 농업에서 독립적이며 주도적인 힘으로서 자본이 출현하는 것은 단번에 그리고 일반적으로 일어나는 것이 아니라 점진적으로 그리고 특정한 생산부문에서 일어난다. 그것은 처음에 농업 자체가 아니라 목축, 특히 목양과 같은 생산부문들을 포괄하는 것이었다. 목양의 주요 생산물, 즉 양모는 산업이 흥기하는 초기 단계에 늘 시장가격이 생산가를 훨씬 초과했고, 이 초과분은 나중에 가서야 안정되었다. 잉글랜드에서는 16세기 동안에 그러했다."[p. 801]

진행된다. 세계경제에서 교역과 금융 중심지로서의 위치를 통해서 이익을 얻기 위해서는 자원들을 더 효율적으로 이용해야 한다는 것이 매우 중요하다. 잉글랜드에서는 토지의 양도가 완전히 자유로운 체계로 이행하는 것이 지주계급들에게 이득이 되었는데, 폴란드에서는 (그리고 심지어는 가령 남부 프랑스에서도) 그러한 방향으로의 전환을 억제하는 것이 지주계급들에게 이득이 되었던 것이다.

토지를 완전히 양도 가능한 것으로 만들고, 상품 판매를 농업생산의 주요 동기로 삼기 위해서는 다양한 형태의 봉건적 토지보유 체계를 제거할 뿐만 아니라 농민 농장주도 제거해야 한다. 왜냐하면 농민은 끈질기게 토지에 집착할 것이고, 단기적 수익성을 극대화하는 것이 아닌 다른 목적들을 달성하기 위하여 한계적인 생산활동에 관여할 수도 있기 때문이다. 그러한 제거과정은 실제로 어떻게 완결되었을까?

H. 존 허배컥은 농민으로부터 토지소유권을 박탈하는 데에는 세 가지 방식이 있다고 지적한다. 즉 농민을 보유지로부터 축출하고 그들의 토지를 직영지에 통합하는 것, 그들로부터 제한된 임대료를 받고 평생보유권을 박탈하는 것, 농민들의 공동사용권을 잠식하는 것이 그 방식들이다. 그는 "제2차" 16세기에는 계약갱신권이 없이 일정 기간 동안 혹은 평생 동안의 보유권을 가지고 있던 농민들만이 실제로 그러한 형태의 몰수를 당했다고 주장한다. 그의 추계에 따르면 이러한 농민은 전체 농민의 35퍼센트에 불과했다.[110] 토지 판

110) H. John Habakkuk, "La disparition du paysan anglais", *Annales E.S.C.*, XX, 4, juil.-août 1965, 652-654 참조. 토니는 법률적 여건이 이러한 상황을 어떻게 용인했는지를 지적한다 : "경제적 원인들이 새로운 영농체제를 유리하게 만들기도 했지만, 그 이윤들을 누리게 될 사람들이 결정하는 법률적 원인들이 [그렇게 했다는 것] 또한 사실이다.……많은 관습 차지농들이 상당한 규모로 목양을 하고 있었으며, 양털을 빗질하고 실을 잣고 옷감을 짜는 바로 그 농민들이 직물제조업의 발전에 필요한 값싼 양모를 공급하지 못할 어떤 이유도 발견하기 어렵다. 결정적인 요인은……소규모 경작자 대다수의 토지보유 조건이 그들을 과도한 벌금에 의해서 마구 쥐어짜도록, 그리고 대개 평생 동안 보유하는 토지등본의 시효가 만료되면 그들을 마음대로 내쫓도록 내버려두었다는 사실이다. 15세기 이래로 등본보유농에게 주어졌던 법정의 보호가 기존의 장원관습을 시행하는 것 이상으로 확대되지 않았다는 것은 그들에게 불운한 일이었다.……예속 보유농의 표식을 여전히 달고 살아가는, 우리가 다루는 시대의 소규모 경작자들은 중세의 관습이

매의 측면에서 보면, 상황은 결코 일방적인 것이 아니었다 :

[이] 시기 동안……농민으로부터 토지를 구매한 영주들이 분명히 있었다. 하지만 아
주 많은 토지재산을 축적하여 젠트리층으로 상승한 농민들도 더러 있었다. 두 경우
모두 그 결과는 농민의 토지재산이 줄어들었다는 것이다. 그러나 대영지가 시장에
나왔을 때, 그것을 사거나 혹은 등본보유 차지권(copyhold lease)을 획득한 농민들도
있었다. 이러한 거래가 낳은 결과는 알려져 있지 않다. 그러나 그러한 토지취득 과정
이 결국 농민들에게 손해보다는 이익이 될 가능성이 있었다. 한편으로 영주들이 농
민들의 토지를 빼앗은 반면, 다른 한편으로 농민들이 재산을 모아 영주들의 영지에
서 떼어낸 토지들을 조금씩 취득해갔다.[111]

잉글랜드에 완전한 자본주의적 농업의 시대는 아직 도래하지 않았다. 16세기
에 요먼은 여전히 그 나름의 역할을 가지고 있었다. 이 시기에 농업의 상업화
가 진전된 것은 소토지 소유자들에게 "위험"만이 아니라 "기회"를 제공하기
도 했다. 조금은 낭만주의자가 된 캠벨은 요먼을 오히려 영웅적인 집단으로
생각한다 :

---

제공했던 실제적인 보호도 누리지 못한 채, 중세의 법적 결격성이라는 잔존하는 유산들
에 의해서 속박받고 있었고, 오직 국가만이 할 수 있는 보호도 받지 못한 채 근대 상업
주의의 쓰디쓴 숨결을 느껴야만 했다." Tawney, *Agrarian Problems*, pp. 406-408. (토
니가 "대다수의 소규모 경작자들"에 대해서 이야기하고 있다는 것에 주목하라. 그러나
그는 이 경험적인 문제를 허배컥처럼 면밀하게 검토하지 않았다.)
　토지보유 체계상의 모호한 점들이 또한 도시에서 법률가 계급이 부상하는 한 가지
중요한 요인이 되었다. 더욱 많은 토지들이 사실상 양도 가능한 것으로 되자, 개인의
권한들을 더욱 정확히 정의하려는 요구가 싹텄다. 소규모 경작자들이 강매나 토지보
유 조건상의 다른 어떤 바람직하지 못한 변경들에 대처할 수 있는 한 가지 대안은 법
률가들을 고용하여 그의 권한들에 대한 반(半)합법적인 침범으로부터 스스로를 보호
하는 것이었다.
　"자영상인이며 그들의 대리인이며 하인들과 함께, 소수의 그러나 강력한 전문직업인
엘리트들이 16세기에 부상했다. 어느 정도 규모 이상의 모든 지방도시들에는 일군의 공
증인, 법률가, 대서인들이 있었다 ; 노샘프턴이나 메이드스톤 크기 정도의 도시에는 이런
사람들이 여섯 명 정도 있었을 것이다. 그들은 스스로를 '젠트리'라고 불렀으며, 대개 소
지주 가문 출신들이었다.……" Everitt, *Agrarian History*, IV, p. 555.
111) Habakkuk, *Annales E.S.C.*, XX, p. 657.

교활한 영주들과 토지에 굶주린 이웃들은 언제라도 한 사람의 불행을 이용하려고 들었다. 대체로 가격은 줄곧 상승하고 있었으나 때때로 예고도 없이 종잡을 수 없는 가격파동이 일어났다. 또다른 재앙들이 그 시대의 불안을 더해주었다. 통제 불능의 각종 전염병은 끊임없는 공포의 대상이었다. 화재에 의한 손실은 다반사였고 어떤 형태의 보험도 사실상 알려지지 않았다. 그처럼 불운한 시절에 대비해서 항상 수중에 저금을 지니고 있어야만 하거나 아니면 빚을 질 수밖에 없는 시대였다.……

그러나 물에 빠지거나 혹은 헤엄치는 것, 이 둘 중 하나를 선택해야 할 때에는, 어쩔 수 없는 상황이 아니라면 사람들은 대개 헤엄을 치려고 애쓰기 마련이다.……그리고 위에서 기술한 불확실한 조건들에도 불구하고, 근면성과 풍부한 기업가 정신을 가진 그 보잘것 없는 사람은 잉글랜드 토지보유의 역사에서 전례가 없는 기회를 맞고 있었다. 그 폭풍우를 견딜 수 있었던 사람들은 더 높은 가격과 더 좋은 시장에서 이윤을 얻을 기회들을 잡았고, 그렇게 얻은 이윤은 그들에게 더욱더 많은 노력을 기울이도록 부추겼다. 이익은 더 많은 이익에 대한 욕망을 낳는 법이다.[112]

---

112) Campbell, *English Yeomen*, pp. 68-69. 에릭 울프는 더욱 면밀하게 농민들이 시장을 위한 생산을 더욱 지향하게 된 조건들을 분석한다 : "따라서 농민들이 끊임없이 골몰하게 되는 문제는 외부세계의 수요들과 자신의 가정에 공급해야 하는 농민의 필요 사이의 균형을 잡는 일이었다. 그러나 이처럼 근본적인 문제에 대해서 농민들은 상반된 두 전략을 따를 수 있었다. 첫번째는 생산을 늘리는 것이고 두번째는 소비를 줄이는 것이다.

"농민이 첫번째 전략을 따른다면, 그는 자신의 보유지에서 생산성을 높이고 시장에 내놓는 생산물의 양을 늘리기 위해서 노동생산량을 증대해야만 한다. 이렇게 할 수 있을 그의 능력은 대개 그가 필요한 생산요소들 —— 토지, 노동, 자본(저축, 현금 혹은 신용 중 어떤 형태이건 간에) —— 을 얼마나 수월하게 동원할 수 있는가에 그리고 물론 시장의 일반적인 상황에 달려 있었다.……

"첫째, 〔이 전략은〕 농민들의 지대기금들에 대한 전통적인 선취권(liens)이 약화될 때 —— 기금들이 전통적인 상위 영주들에게 흡수되도록 매개하는 권력구조가 효력을 잃게 될 때 나타나는 조건 —— 가능해진다. 둘째, 우리는 농민이 각종 의례에 대한 지출을 통해서 동료들과의 전통적인 사회적 유대관계를 다지는 데 부가된 요구들을 피할 수 있는 곳에서 이러한 현상이 나타나리라고 기대할 수 있다. 그가 그의 잉여를 각종 의례에 대한 지출에 바치는 것을 거부할 수 있다면, 그는 그 자금들을 그의 경제적 상승을 뒷받침하는 데 사용할 수 있는 것이다. 이 두 가지 변화는 흔히 함께 진행된다. 농민에게 드리워져 있는 권력구조가 약화되면, 많은 전통적인 사회적 유대관계들이 또한 특별한 구속력을 잃어버릴 것이다. 그러한 상황에 처한 농민공동체에서는 부유한 농민들이 좀 불운한 동료들을 밀어내고, 쇠퇴하고 있는 권력보유자들이 남긴 공백으로 침투하는 일이 나타나는 것이다. 이렇게 사회적으로 상승하는 가운데, 그들은 흔히 사회적 관계들이 어떻게 이루어져야 하고 상징화되어야 하는가에 대한 전통적인 기대들을 저버리게 된다 —— 흔히 그들은 새로 얻은 권력을 이웃들을 희생시키면서 부를 증대하는 데 이

386

요먼이 수도원 해체의 직접적인 수혜자는 아니었다고 하더라도, 결과적으로
그는 파이의 한 조각을 손에 넣을 수 있었을 것이다.[113]

많은 이들이 지적한 것처럼 그 시대에는 두 종류의 인클로저, 즉 목초지를
위한 대토지의 인클로저와 더욱 효율적인 경작을 위한 소토지의 통합이 진행
되고 있었다. 요먼은 주로 후자의 과정에서 중요한 역할을 담당했다. 목초지
인클로저에 따른 정치적 저항을 야기하지 않으면서도 식량 공급을 증대시킨다
는 점에서 소토지의 통합은 사회적으로 중요한 결과를 낳았기 때문에, 요먼의
역할은 그만큼 더 중요했다.[114] 농업개량의 일부는 노동효율성을 증대시킨 또다
른 요인들에서 비롯되었다. 서스크는 그것을 다음과 같은 요인들로 파악한다:

용하곤 한다. 그와 같은 사람들이 16세기 잉글랜드의 상승하는 요먼들, 중국의 부농들,
혁명 전 러시아의 쿨라크들(kulaki), 즉 '주먹들'이었다." Wolf, *Peasant*, pp. 15-16.
113) "아마도 수도원 해체 직후의 몇년 동안은 극소수의 요먼들만이 수도원 토지의 방출로
이익을 얻었을 것이다 ; 왜냐하면 이 재산은 처음에 선물이나 봉사의 대가로 대토지 보유
자들에게 돌아가거나 팔렸던 것이다. 그러나 많은 토지들이 일찍이 투기꾼들의 손에 들
어갔으며, 따라서 시장에 들어갔다. 그곳에서 분할과 재분할이 반복되는 가운데 16세기
중반에 이르면 그것은 소규모 구매자들의 손에 들어가기 시작했다." Campbell, *English
Yeomen*, pp. 70-71.
　　조이스 유잉스는 상황을 과장하는 것에 대해 주의를 환기시킨다. "많은 수도원 토지
가 본래 토지를 양도받은 사람들에 의해서 되팔렸고, 그중 일부는 수차례에 걸쳐서 소유
자가 바뀌었을 것이다. 그러나 많은 저자들이 주장하는 것만큼, 시장에서의 거래가 그렇
게 활발하지 않았을 뿐만 아니라, 투기가 극성을 부렸던 것도 아니었다.……이와 같은
토지소유권의 변화들이 모두 명백한 판매였던 것은 아니다. 토지 양도의 당사자들 사이
에서 토지의 일부가 전대(轉貸)된 것은 무시되어왔으나 '전매(轉買) 행위'의 일부는 분명
히 중개인들이 원래의 당사자들에게 단순히 전대한 것에 불과했다." Joyce Youings,
"Landlords in Egland. C. The Church", in *The Agrarian History of England and
Wales*, Joan Thirsk, ed., IV : *1500-1640* (London and New York : Cambridge Univ.
Press, 1967), 349-350. 더 나아가 그녀는 다음과 같이 지적한다 : "젠트리이건 혹은 요
먼이건 간에, 대다수의 속인들은 수도원 토지를 사들이기보다 임차함으로써 더 빨리 이
윤을 거둘 수 있었다."[p. 348]
114) "그러나 보통 요먼들은 토지를 조금씩 늘려나간 사람들이어서, 그들은 동시대인들과 대
부분의 후대 저술가들로부터 비교적 비난을 받지 않았다. 또한 소규모의 인클로저 운동
은 대개 목초지로 전환하는 것보다는 경작을 위한 것이기 때문에 그러한 인클로저의 시
행자들은 인구 감소의 과정을 거들었던 장본인들에게 쏟아졌던 비난을 대부분 모면할
수 있었던 것이다." Campbell, *English Yeomen*, p. 91.

더욱 많은 양의 비료 투입과 함께 이루어진 좀더 집약적인 윤작의 이용, 개량된 종
자들의 활용 그리고 무엇보다 중요한 것으로 황무지의 개간과 목초지의 전환을 통한
총경작면적의 상당한 증가가 있었다.……물론 경작지에 더 많은 비료를 투입할 수
있게 된 것은 더 많은 가축을 길렀기 때문이며, 그로부터 또한 고기, 양모 그리고 다
른 축산품들의 공급이 크게 늘었다. 더 많은 수의 가축을 기를 수 있었던 것은 비료
에 의한 목초지와 초지의 개량, 서쪽 지방에서의 목초지의 물대기와 다른 곳에서의
살갈퀴 재배를 통한 봄 사료의 공급 개선 그리고 소택지의 이용과 해변의 습지와 늪
의 간척을 통한 여름 사료 공급의 증대 같은 요인들에 힘입은 것이었다. 따라서 경작과
**목축의 개량은** 서로 도우면서 **함께 발전했고, 각 지역들의 전문화와 상호 의존성을 촉진하는 데**
**기여했다.**[115]

이 시기에 웨일스가 잉글랜드의 분업체계에 편입된 것이 이러한 농업개량
과정에 도움을 주었다. 우선, 잉글랜드의 법률형태, 특히 장자상속제를 강제
한 것은 토지보유 체계를 매우 불안정하게 만들었다. 이것은 웨일스에서 대영
지들이 출현하는 데 도움이 되었다. "그때는 웨일스의 한 쪽 끝에서 다른 쪽
끝까지 영지를 조성하고 가산을 축적한 시기였다."[116] 이러한 경향은 "보유지
규모의 불평등을……뚜렷이" 보여준 "국교화한 저지대"[117]에서 특히 분명했
다. 나로서는 지주들 중에서 잉글랜드인들이 아주 큰 비중을 차지하지 않았을
까 생각한다. 인클로저에 의한 농업개량의 정도는 잉글랜드보다 웨일스에서
더 컸던 것 같다. 웨일스는 그때까지도 여전히 "약탈농법들"[118]로 고통을 겪

---

115) Joan Thirsk, "Farming Techniques", in *Agrarian History of England and Wales*, IV :
　　Joan Thirsk, ed., *1500-1640* (London and New York : Cambridge Univ. Press,
　　1967), 199. 고딕체는 월러스틴의 강조. 그러나 잉글랜드와 웨일스 사이의 경우와는 반대로
　　잉글랜드 내부에서도 지역적 전문화가 상당히 진전되었는지는 불확실하다. 적어도 버캐츠
　　시는 과세 평가에 대한 그의 연구에서 "잉글랜드에서 부의 지리적 분배 양상은……13세기
　　말부터 17세기 말까지 근본적으로 거의 변화가 없었고, 18세기 동안에 근본적으로 [변화해
　　갔을 뿐이다]"라는 점을 보여준다. Buckatzsch, E. J. "The Geographical Distribution
　　of Wealth in England, 1086-1843", *Economic History Review*, III, 2, 1950, 195.
116) Frank Emery, "The Farming Regions of Wales", in *The Agrarian History of
　　England and Wales*, Joan Thirsk, ed., IV : *1500-1640* (London and New York :
　　Cambridge Univ. Press, 1967), 124.
117) 같은 책, p. 152.
118) T. Jones Pierce, "Landlords in Wales. A. The Nobility & Gentry", in *The Agrarian*

388

고 있었다. 그러나 이것은 더욱더 많은 인구의 이동을 의미했는데, 많은 사람들이 잉글랜드로 이주했고, 그곳에서 아마도 대부분은 룸펜프롤레타리아의 일부가 되었으며, 많은 사람들이 우리가 앞서 언급한 대로 용병으로서 생애를 마쳤다. 캠벨은 그 시대가 "토지 기근"[119]의 시대였다고 주장한다. "토지에 굶주린 사람들 중에 요먼들보다 더 탐욕스러운 사람들은 없었다."[120] 그것은 분명히 우리가 1570년에서 1640년까지의 이른바 "대(大)재건(Great Rebuilding)" 시기에 잉글랜드의 농촌 주택공급에 관한 증거로 입증된다. 이 재건 사업은 W. G. 호스킨스에 따르면 "중세에는 사회적 출신이 대체로 모두 같았던 부농, 요먼, 소젠트리들"[121]이 이루어낸 일이었다. 그러나 로렌스 스톤은 그 사실을 "젠트리의 흥기"를 뒷받침하는 또 하나의 증거로 인용하고 있다.[122] 여기서도 우리가 사용하고 있는 명칭들의 유동성이 나타난다. 이 요먼들은 자본주의적 농장주인 젠트리보다 자본주의화가 덜된 사람들이 아닐까?[123]

---

*History of England and Wales*, Joan Thirsk, ed., IV : *1500-1640* (London and New York : Cambridge Univ. Press, 1967), 380.

119) Campbell, *English Yeomen*, p. 65.

120) 같은 책, p. 72.

121) W. G. Hoskins, "The Rebuilding of Rural England, 1570-1640", *Past & Present*, No. 4, Nov. 1953, 30.

122) Stone, *Past & Present*, No. 33, p. 26.

123) 피터 래슬릿은 젠틀맨(귀족+젠트리)과 나머지들(요먼+일반 농업노동자들) 사이에서 근본적인 계급의 분화를 파악한다. Peter Laslett, *The World We Have Lost* (New York : Scribner's, 1965), chap. 2, 특히 26-27 참조. 그러나 같은 장에서, 그는 1688년에 대한 그레고리 킹의 도식을 그대로 차용하는데(pp. 32-33), 내 생각에 그것은 킹의 용어를 빌려서 좀더 정확히 말하자면, 왕국의 부를 '증대시키는' 사람들(귀족, 젠트리, 상인, 자유보유농, 장인)과 그것을 '감소시키는' 사람들(노동자, 빈농, 일반 사병, 유랑민)을 구분하는 것이었다(다시 말해서 나는 그의 구분선이 옳다고 생각하는 것이지, 각각의 구분선에 부여한 노동의 성격에 대한 킹의 규정이 옳다고 주장하는 것은 아니다). 래슬릿은 요먼이 "토지에서 일하는 사람들 중에 가장 성공한 사람들에게 붙는 지위의 이름이었다"는 것을 인정하고 또 이것을 "매우 일찍부터 사람들이 감지하고 있었다고 주장한다."[p. 43] 그러나 그는 그들의 경제적, 정치적 이해관계들에 대한 이 분석가의 관찰보다는 '유한' 계급에 속하지 않는 사람들을 배제하려는 젠트리의 성향에 주안점을 두는 것 같다.
　　"엘리자베스 시대부터 소(小)젠트리의 생활방식을 보여주는 수많은 가내재산 목록이 있다;그것은 물론 좀더 부유한 요먼들의 것과 거의 구별되지 않는다." M. W. Barley,

사실상 이것은 (두 가지 종류의) 인클로저 과정에서 누가 손해를 보았는가를 살펴보면 더욱 분명해진다. 인클로저가 진행됨에 따라 ―― 목양업자들의 대규모 인클로저이건 혹은 농업개량을 추구하는 요먼들의 소규모 인클로저이건 ―― 이전에는 간헐적으로 토지에 의존하여 살았던 수많은 사람들이 토지를 떠날 수밖에 없었고, 또다른 사람들은 임금을 얻기 위해서 일하는 무토지 농촌 노동자의 지위로 전락하고 말았다.[124] 이것은 오랫동안 "영국인들의 생활의 상업화"에서 결정적인 요소인 잉여 노동을 창출하는 데 주요한 요인으로 간주되어왔다.[125] 이러한 변화는 1540년에서 1640년 사이에 일어났다. 경

"Rural Housing in England", in *The Agrarian History of England and Wales*, Joan Thirsk, ed., IV: *1500-1640* (London and New York : Cambridge Univ. Press, 1967), 713.

　고든 베이토의 다음과 같은 주장을 보라 : "소젠트리와 부유한 요먼들 사이에 명확한 차이점은 없었다.……[요먼에 대한 법률적인] 정의는 사실상 알맹이가 없는 것이었다. 왜냐하면 튜더 시대와 스튜어트 시대 초기의 많은 요먼들은 래티머의 아버지처럼 자신의 토지가 전혀 없는 등본보유농이거나 소작농이었기 때문이다. 그 시대의 수많은 유언장과 법적인 문서에서 어떤 사람은 한 곳에서는 요먼으로 기재되고, 다른 곳에서는 젠틀맨으로 기재되고 있으며, 혹은 그 자신은 젠틀맨을 자처하지만 남들은 그를 요먼이라고 기재한다. 왜냐하면 계급들을 구별짓는 것은 출생이나 부의 정도가 아니었기 때문이다. 소젠트리의 많은 자제들이 요먼이 되었다 ; 많은 젠트리가 요먼층으로부터 새롭게 부상했거나 혹은 사업과 전문직으로부터 얻는 이윤 덕분에 더욱 미천한 신분으로부터 부상했다. 데번의 레더웨이 일가와 같은 몇몇 요먼 가문들처럼, 그들의 선조를 3세기 이상까지 추적할 수 있는 젠트리는 거의 없었던 것이다." Batho, *Agrarian History*, IV, p. 301.

124) 요는 그러한 압박이 이 방향 아니면 저 방향으로 미쳤다는 것이다 : "요컨대 상당수의 소농이 튜더 시대에 위태로운 처지였다. 인클로저의 유인이 강했던 주에서 그들은 토지로부터 자칫 추방당하기 쉬웠는데, 16세기 초와 말의 미들랜드가 바로 그러했다. 한편 인클로저가 통례가 아니었던 곳에서 그들은 지대 약탈, 자의적인 벌금, 공유지의 목초지에 대한 권한들을 침범당하기 일쑤였다.……위험은 일상적인 것이었으며, (당대인들이 동의했던 것처럼) 잉글랜드 농업의 중추를 구성했던 등본보유농들은 튜더 정부들로부터 오직 제한적이고 단속적인 보호만을 기대할 수 있었을 뿐이다." Ramsey, *Tudor Economic Problems*, p. 36.

125) "보다 넓은 관점에서 보자면, 16세기의 농업변화는 잉글랜드의 생활의 상업화에서 하나의 긴 발걸음으로 간주할 수 있을 것이다. 직물산업의 성장은 목축업의 발전과 긴밀하게 관련되어 있었다. 또한 잉글랜드가 처음으로 세계교역에서 두각을 나타내게 된 원동력이자, 새로운 시장들을 발견하기 위한 초기 탐험들의 주요 동기였던 것은 모직물의 수출, 이른바 '경이로운 교역'이었고, 바로 이것으로부터 플랜테이션, 식민지들, 제국이 자라나

제적 압박 속에서 이익을 본 영세민들도 더러 있었으나 대다수는 손해를 보았다.[126] 사실상 농민을 봉건적 속박들로부터 해방시키는 바로 그 과정이 또 다른 양식의 빈곤화 과정이었던 것 같다. 알렉산더 새바인은 튜더 시대 잉글 랜드에서의 봉건적 예농제의 유물에 대한 그의 논문에서, "16세기의 농노(bondman)에게 영주에 대한 그의 인신적 종속은 그가 자유를 얻는 그 순간에 가장 부담스러운 것이 되었다"[127]는 역설을 지적한다. 이 역설을 해명하기란 퍽 수월한 일이다. 농노해방은 공짜로 이루어지는 것이 아니었다. 그것은 사야만 했던 것이다. 사실상 그것은 매우 높은 가격에 구매되었는데, 왜냐하면 새바인에 따르면 :

> 농노의 해방은 영주의 정규적인 수입원으로 간주되었다.……마지막 농노들을 해방시켜주는 것은 제법 돈벌이가 되는 일이었다. 그 일은 16세기에 너무나 공공연하게 이루어져서 엘리자베스 여왕의 궁정인들은 왕령지에서 일정한 수의 예농 가족들을 해방시키는 업무를 위탁받는 것이 국왕의 특별한 시혜라고 생각할 정도였다. 다시 말해서 그들은 해방에 대한 대가로 자신의 재산을 보충할 수 있었던 것이다.[128]

예농들은 더 이상 영주 직영지에서 주(週) 부역을 하지 않았다.[129] 오히려 "농

---

왔다.……상당수의 농가가 토지로부터 축출되었다는 것은, 비록 그 시작은 아니었다고 하더라도, 노동력이 부족해서 일어났던 중세의 임금문제로부터 노동력이 많아서 일어나는 근대적인 임금문제로 이행하는 것을 가속시켰다." *Tawney, Agrarian Problems*, p. 3. Joan Thirsk, "Enclosing & Engrossing", in *The Agrarian History of England and Wales*, Joan Thirsk, ed., IV : *1500–1640* (London and New York : Cambridge Univ. Press, 1967), 210 ; Bowden, *Agrarian History*, IV, p. 598 참조.

126) "여전히 극소수의 농장 노동자들은 비교적 넓은 보유지 혹은 공동사용권들을 가지고 있었고, 그 시대의 새로운 상업적 출구들로부터 이윤을 얻어서 한두 세대 후에 요먼층으로 상승할 수 있었다. 그러나 중하층의 빈농들은 많지 않은 재산권들을 그나마 잃어버리고 무토지 프롤레타리아로 주저앉고 말았다." Alan Everitt, "Social Mobility in Early Modern England", *Past & Present*, 33, Apr. 1966, 57.

127) Alexander Savine, "Bondmen Under the Tudors", *Transactions of the Royal Historical Society*, n.s., XVII, 1903, 268.

128) 같은 책, pp. 270–271.

129) 같은 책, p. 275 참조.

노의 인신적 종속은 강탈을 위한 단순한 구실이 되었다."[130] 그리하여 의심할
여지 없이 이 과정을 통해서 많은 사람들이 토지 없는 빈민이 되었다.

우리는 중농이라는 범주가 사실상 사라져버렸다는 것에서 이러한 빈곤화의
증거를 발견할 수 있다. 한편으로, 몇몇 중농들은 "요먼으로 상승하여, 요먼
과 중농 사이의 구분이 흐려지고 있었다."[131] 그리고 다른 한편으로, 좀더 가
난한 중농은 빈농이었던 많은 농촌 노동자들보다 더욱더 빈곤해져서, 가계의
수지균형을 맞추기 위하여 때때로 임금노동을 해야 할 형편이었다.[132] 부정기
적으로 고용된 중농들은 정규적으로 고용되는 노동자가 되는 편이 차라리 더
바람직하다고 생각하지 않았을까?

어떤 경우이건, 이런 범주들에 속한 농장 노동자들은 인클로저와 공동사용
권에 대한 침해로부터 피해를 입기 쉬운 사람들이었다. 특히 공동사용권의 침
해는 폐촌과 이주를 낳았다.[133] 에버릿에 따르면, 농민-요먼 그리고 "사실상
토지가 없으며, 흔히 최근에 다른 곳에서 축출된 가난한 오막살이(squatter :
숲이나 황무지 같은 공유지에 무단으로 입주하고 있는 사람/옮긴이) 및 방랑
자들" 사이의 구분이 뚜렷해지는 것은 특히 아주 최근에 정착지가 들어선 산
림지역에서 눈에 띄는 현상이며,[134] "상업적 농업에 필요한, 점증하는 계절 노
동자군은 바로 후자의 집단으로부터 충원되었고 또 이는 그들의 반(半)유랑

---

130) 같은 책, p. 276.
131) Batho, *Agrarian History*, IV, p. 303.
132) "자신의 보유지에서 일하면서 계절적인 임노동으로 수입을 보충하던 부유한 노동자와,
가족을 부양하기에 불충분한 보유지를 가지고 있어서 그의 수입을 증대시키기 위하여
임노동에 의존해야만 했던 가난한 중농 사이에는 때때로 명확한 구분이 없었다. 우리가
말할 수 있는 것은 전자의 고용이 더 정규적이었던 반면에 후자의 고용은 단속적이었다
는 것이다." Everitt, "Farm Labourers", in *The Agrarian History of England and
Wales*, Joan Thirsk, ed., IV : *1500-1640* (London and New York : Cambridge Univ.
Press, 1967), 397.
133) 같은 책, p. 409 참조.
134) 삼림지역의 매력들 중의 하나는 부업(임산물과 관련된 각종 수공업 ; 아마, 대마, 혹은 양
모의 방적과 방직)을 할 수 있다는 것이었다. Everitt, *Agrarian History*, IV, pp. 425-
429 ; Thirsk, *Agrarian History*, IV, pp. 109-110.

적인 성격이 빚어낸 결과였다."[135]

　이렇게 하여 엘리자베스 시대 잉글랜드의 악명 높은 특징이었던 구걸과 유
랑이라는 정치적 문제가 나타났다.[136] 프랭크 에이들롯은 엘리자베스 시대에
유랑민이 급증한 것은 서로 다른 세 가지 요인들이 함께 작용한 결과로 본다.
분명히 인클로저가 가장 중요한 요인이었다. 그러나 튜더 시대의 평화와 이에
따라 귀족들이 유지하고 있던 대규모의 가신집단이 해산된 것, 그리고 수도원
의 해산과 이에 따라 자선가로서의 수도원의 역할이 사라져버린 것 역시 그
요인들이었다. 당대의 통치자들의 관점과 크게 다르지 않은 에이들롯의 관점
은 유랑민의 문제를 하나의 **사회** 문제로 파악한다:

　16세기의 유랑민들은 무력하고 무해한 집단이 아니라, 중세 잉글랜드의 확고한 힘을
한껏 드러내주었다. 그중 많은 이들이 버젓한 가정 출신이었으나 근대 잉글랜드의
경제구조 속에서 유용한 위치를 찾을 수가 없었다. 그들은 악행을 계획할 만한 두뇌
와 그것을 실행할 만한 대담성을 지닌 자들이었다. 그들 가운데에는 정치적, 종교적,
사회적 불평분자와 선동가들이 있었다. 이 때문에 그들은 엘리자베스 시대 잉글랜드
의 해충이자 동시에 위험이기도 했던 것이다. 유랑민들은 분명히 위험적인 세력이었
기 때문에 헨리 7세의 시대 이래로 줄곧 입법자들은 법령을 만들고 그것을 시행함으
로써 어떤 해결책을 찾는 데 전력을 다했고, 입법으로 해결할 수 있는 한 그 문제는
1572년, 1597년, 1601년의 칭찬할 만한 빈민법들에 의해서 마침내 해결되었다.[137]

135) Everitt, *Past & Present*, No. 33, p. 58.
136) "잉글랜드에서 구걸과 유랑은 16세기에 시작된 것이 아니었다.……그럼에도 불구하고
16세기에 떠돌이 거지와 유랑민들의 수가 인구에서 차지하는 비율이 그 전이나 후에 비
해서 컸다는 증거는 수두룩하다.……" Frank Aydelotte, *Elizabethan Rogues and
Vagabonds*, Volume 1 of Oxford Historical and Literary Studies (London and New
York : Oxford Univ. Press (Clarendon), 1913), 3.
　"엘리자베스 시대 잉글랜드의 연구자들에게는 친숙한, 통제하기 힘든 유랑민들과 공
포를 자아내는 거지떼들에 필적하는 상대는 스코틀랜드 일대를 떠돌면서 음식과 돈을
우려내고, 외딴 농장과 산촌(clachans)에서 훔치고 위협하고 공포를 불러일으키는, '이집
트인이라고 자처하는 놀고 먹는 불한당들과 창녀들'이었다." Lythe, *The Economy of
Scotland*, p. 29.
137) Aydelotte, *Elizabethan Rogues and Vagabonds*, p. 17.

칭찬할 만하다? 물론 단순한 의미로 한 말은 아니겠지만, 에이들롯은 우리가
그 법들을 찬양하기를 바라고 있다.

하지만 이 법들은 국가기구가 수행하던 역할을 이해하는 데 도움을 준다.
먼저 일찍이 유럽에 알려져 있지 않았던 "사회복지" 입법이 이때 여러 곳에
서 등장한다는 점을 지적했으면 한다. 뿐만 아니라 그것은 심지어 각지에서
동시에 이루어진 고안의 문제가 아니라, 의식적인 문화 전파의 문제인 것이
다.[138] 둘째, 경제적 변화에 대한 그러한 입법의 관계는 양면성을 띠고 있다.
그것은 분명히 경제적 변화로 야기된 사회적 위기에 대한 대응, 즉 정치적 반
란을 회피하는 수단이었다.[139] 그러나 그 경제적 의미는 자본가 계급에 대한
직접적인 지원을 뜻하는 것은 아니었다. 결과적으로 그것은 노동자들뿐만 아
니라 사용자들을 구속하는, 심지어 더욱 심하게 구속하는 정치적 안정화의 한
형태였다.[140] 왕정이 자본주의의 자유로운 활동을 구속하는 16세기의 이러한
정책은 18세기에 국가가 결정적인 대규모 인클로저의 과정에 개입하여 협력

---

138) Robert M. Kingdom, "Social Welfare in Calvin's Europe", *American Historical Re-
view*, LXXVI, 1, Feb. 1971, 50-51 참조.

139) "대부분의 16세기 반(反)인클로저 법의 입법시기는 기근시기와 일치한다. 기근에 대한
불만은 1536년, 1548-49년, 1596년의 봉기에서 들을 수 있다." Edwin F. Gay, "The
Midland Revolt and the Inquisitions of Depopulation of 1607", *Transactions of the
Royal Historical Society*, n.s., XVIII, 1904, 213, 주 2.

140) 클라크는 장인법(또는 도제법), 관세, 조선업 진흥법들, 반인클로저 법들 그리고 빈민법
들에서 알 수 있는 튜더 시대의 경제관련 법들을 기술하면서 다음과 같이 말한다 : "새로
운 입법은 시장경제를 수용할 뿐만 아니라 심지어 촉진하기조차 했다 ; 그것은 물물교환
[클라크의 원문에는 truck으로 되어 있는데, 월러스틴은 trade로 잘못 인용하고 있음/옮
긴이]이나 현물 임금의 제한을 추진했다. 그러나 이러한 입법들의 일반적인 경향은 보
수적인 것이었다 : 그것들은 우선 농업 부문에, 그 다음은 좀더 단순한 수공업 부문에
충분한 노동력을 공급하는 것을 목표로 했으며, 더욱 높은 사회적 지위에 해당되는 직
업들과 부적합한 곳에서 수행되는 직업들에 진입하는 것을 제한하려는 목표를 가진
것이었다.……
　　"따라서 엘리자베스 시대의 법률은 특권들을 부여하고 사회적 이동과 계약의 자유에
장애물을 설치함으로써 기존의 계급구조, 산업입지 그리고 노동력 공급의 흐름을 안정화
하려는 것이었다 ; 그러나 그것은 단순히 교조적인 경제정책의 산물이 아니었다 ; 그것은
상충하는 이해관계를 가진 집단들의 합의를 이끌어내거나 실현하는 것이었다." G. N.
Clark, *Wealth of England*, pp. 84, 86.

394

하는 것과는 분명히 상반되는 것이다.[141)

흔히들 튜더 왕조와 초기 스튜어트 왕조가 "실패했다"고 생각하는데, 그것은 그 왕조들의 정책이 낳은 궁극적인 결과가 영국 혁명이었기 때문이다. 그러나 튜더, 스튜어트 국왕들이 그렇게 오랫동안 반란을 지연시켰다는 점에서, 영국 혁명은 튜더-스튜어트 국왕들의 어느 정도의 "성공"으로 보아야 마땅할 것이다. 압박받고 있던 16세기 영국 농민들의 대응들을 살펴보자. 많은 이들이 유랑을 택했다. 또다른 가능성은 농민반란이었으며, 또 실제로 반란들이 일어났다. 그러나 이 당시에 잉글랜드에서는 반란들이 이전보다, 또 당시의 프랑스나 대륙의 다른 어떤 곳보다 덜 일어났다.

이렇게 대조적인 상황들은 모두 제각기 살펴볼 만한 가치가 있다. R. H. 힐턴은 16세기의 인클로저에는 "전사(前史)"가 있었다고 주장한다. 토지를 떠나는 과정은 13세기까지 거슬러올라간다. 그 배경에는 물론 인구 감소의 현상도 있었으나, 힐턴은 가난이 농촌 탈출의 근본적인 원인이라고 생각한다.[142) 이후 인플레이션이 일어난 "장기" 16세기가 도래했다. 동유럽에서는 환금작물 생산에 대한 요구가 팽창함에 따라 영주들은 노동자들을 다시 토지에 묶어두었던 반면, 잉글랜드는 (노동력이 덜 필요한) 목축의 길을 택했고 곡물 생산의 효율성을 증대시켰다(이 역시 노동력을 덜 필요로 했다). 영지의 직접경영을 원하기는커녕 대지주들은 차지인을 찾아나섰으며, 차지인으로서 "농

---

141) "잉글랜드는 큰 피해를 겪지 않고도 [16세기] 인클로저들의 재앙을 견더낼 수 있었다. 그것은 오직 튜더 왕가들과 스튜어트 초기 왕가들이 경제적 개선과정의 속도를 사회적으로 감당할 수 있을 때까지 늦추는 데 국왕의 권력을 이용했기 때문이다. 다시 말해서 그들은 중앙정부의 권력을 이용하여 그 변화의 희생자들을 구제하고, 변화의 과정을 덜 파괴적인 것으로 만들기 위하여 그 배출구들을 마련하려고 꾀했다." Karl Polanyi, *The Great Transformation* (Boston : Beacon, 1944), 38.
142) "보유지들이 영주들의 손으로 넘어간 것은 단지 인구가 자연적으로 재생산되지 못했기 때문이 아니었다.…… 가난…… —— 토지의 부족이 아니라 장비와 자금의 부족—— 이 [보유지를 포기하는] 한 가지 요인이 될 수 있을 것이고, 그것은 도시 혹은 농촌 산업으로의 유입과 양립 가능한 것이었다." Rodney H. Hilton, "A Study in the Pre-History of English Enclosure in the Fifteenth Century", *Studi in onore di Armando Sapori* (Milano : Istituto Edit. Cisalpino, 1957), I, 678-679.

민"보다 "자본가적 차지농"을 선호했다.[143] 이것이 분명히 농촌지역의 많은 사람들에게 불리한 것이었음에도 불구하고 왜 농민들은 더 강력하게 저항하지 않았을까? 힐턴은 그들이 너무나 미약했기 때문에 저항하지 못했다고 주장한다.[144] 이에 대한 또다른 확증을 C. S. L. 데이비스의 관찰에서 찾을 수 있는데, 그에 따르면, "제1차" 16세기에는 "제2차" 16세기보다 상대적으로 더 많은 농민의 저항이 일어났는데, 만일 가혹한 조건들만으로 농민들의 저항을 충분히 설명할 수 있다면, 그 반대의 현상이 나타났어야 한다는 것이다. 지대 상승이 가격 상승을 앞지른 것은 1590년 이후에야 나타난 일이다. 데이비스는 이에 대해서 두 가지 설명을 제시한다. 첫번째로, 변동지대라는 개념은 "제1차" 16세기에는 비교적 새로운 것이었고, 따라서 잔인무도한 것이었던 반면, "제2차" 16세기에 이르면 농민들이 이 개념에 익숙해졌다는 것이다.[145] 두번째로 그리고 아마도 더욱 중요한 것으로, "요먼"은 인클로저로부터 불리한 영향을 받지 않았다는 것이다.[146]

이제 같은 이 시기의 잉글랜드와 프랑스에서의 "요먼들"의 운명을 비교해 보기로 하자. 여기서 데이비스는 중앙권력에 대한 반란을 유발한 가장 직접적인 원인은 과세부담이었다는 점 그리고 잉글랜드는 국가의 규모가 더 작았고,

---

143) "직영지는 수입의 대부분을 토지가 아니라, 토지생산물로부터 얻으려고 했던 대규모의 자본가적 차지농들에게 임대될 수 있었다. 어떤 면으로 보건 지주들에게 이러한 방법은 선호할 만한 것이었다. 자본가적 차지농은 농민보다 더 많은 자본을 가지고 있었고, 그는 농민처럼 지주로부터 임대한 토지를 소홀히 하면서 자신의 토지에 더 많은 관심을 기울이려는 유혹을 받지 않았다. 따라서 우리는 왜 지주들이 다수의 농민보다는 소수의 자본가적 차지농에게 제한된 임차권을 주는 것을 선호했는지를 이해할 수 있다." Habakkuk, *Annales E.S.C.*, XX, p. 650.

144) "13-14세기 잉글랜드의 농민공동체들은 거세게 저항할 능력이 있었고, 심지어 자신들의 생활조건에 대한 지주측의 공격에 성공적으로 저항할 만한 능력도 있었다. 그들이 15-16세기에 자신들이 축출되는 것을 좌시했다면, 그것은 경제적, 사회적 변화들이 과거에 그들의 무기였던 결속력을 파괴했기 때문이다." Hilton, *Studi in onore di Armando Sapori*, p. 685.

145) C. S. L. Davies, *Annales E.S.C.*, XXIV, p. 35 참조.

146) 그러나 "이것은 임금으로 살아가야만 하는 사람들이나 공업 혹은 농업 노동에서 얻은 임금으로 그들의 생계를 보충해야만 했던 소규모 차지보유농들에게는 전혀 사실이 아니었다. 후자는 이 기간에 많은 것을 잃었다." 같은 책, pp. 36-37.

상대적으로 관직매매가 적어서 관료의 수탈이 적었으며, 지방들의 제도적 취약성으로 말미암아 국가기구의 무게가 줄어들고 반란의 구심점들이 제거되었기 때문에, 잉글랜드에서는 이러한 과세부담이 프랑스에서보다 더 적었다는 점을 지적한다.[147]

마지막으로 또 하나의 대조점, 즉 16세기 잉글랜드의 농민반란과 18세기 농민반란 사이의 차이를 살펴보자. 토니는 인클로저라는 동일한 잠재적 원인이 있었음에도 불구하고 소요가 "16세기 중엽에……만연했고" 그리고 "두 세기 뒤에는 상대적으로 희소했다"고 지적한다.[148] 토니는 16세기의 농업소요들은 "한 지역의 모든 계급들의 연합에 바탕을 두고 중앙정부에 대항하여 일어났던 15세기의 봉건적 반란으로부터 경제적 이해관계의 대립을 통해서 한 계급이 다른 계급에 대항하여 일어나는 반란들로 이행하는 특징이 있다"고 주장한다.[149]

그렇다면 우리가 논의하고 있는 문제는 어떠한가? 16세기, 특히 1540년에서 1640년에 이르는 시기는 일종의 계급형성기, 자본가적 농업계급의 형성기인 것 같다(그중 좀더 부유한 사람들은 "젠트리"로 부르고, 그에 못 미치는 사람들은 "요먼"으로 부른다). 이 시기의 잉글랜드에서 일어난 토지 통합의 사회적 과정은 좀더 하위의 구성원까지도 포함한 이 계급 전체의 소득이 상승하는 과정이었던 한편, 프롤레타리아의 형성이 시작되는 과정을 수반하고 있는데, 그러한 프롤레타리아들의 대부분은 여전히 도시에 확고한 뿌리를 내리지 못하고 "유랑민"이 되거나, 생존을 위한 최소한의 땅뙈기를 가진 계절적 임금노동자가 되거나, 아니면 도시의 룸펜프롤레타리아가 되었다.

국가기구는 하나로 응집된 강력하고 독립적인 힘이 아니라 상충하는 두 추세 사이의, 즉 새로운 여러 경제적 가능성에 기껏해야 부분적으로만 적응하고 있었던 전통적인 상위 신분의 사람들과 (전통적인 신분의 견지에서 볼 때 그들의 출신 배경이 무엇이든 간에 그리고 현재 그들의 상대적 부가 어떠하든

---

147) 같은 책, pp. 54-55 참조. Tawney, *Agrarian Problems*, pp. 340-342 참조.
148) 같은 책, p. 321.
149) 같은 책, p. 322.

간에) 경제생활의 완전한 상업화를 향해 나아가고 있던 상승하는 사람들 사이의 격전장이었다.

이 두 세력 다 국가의 조력을 구했고, 때때로 그것을 얻기도 했지만, 주로 양측 모두가 상대편이 국가 관료기구를 지배하게 되지나 않을까 하고 두려워했기 때문에, 어느 쪽이든 자신들이 크게 강화된 국가기구로부터 이익을 얻을 수 있는 위치에 있다고 확신하지 못했다. 어떤 "사회복지" 정책은 기존 질서를 유지하고 시장의 힘의 완전한 작동을 방해하는 사람들의 이해관계에 봉사했다. 그것은 이행을 순조롭게 했으며, 따라서 대립하는 모든 세력들에게 이익이 되었다.

세계경제에서 잉글랜드가 차지한 그 지위 덕택에 바로 이러한 균형이 이루어질 수 있었다. 잉글랜드는 거대한 두 군사강국, 즉 에스파냐와 프랑스의 투쟁 덕분으로 지나친 외부 간섭으로부터 보호를 받았다. 잉글랜드는 제국으로서의 여러 가지 의무를 떠맡지 않았다.[150] 따라서 잉글랜드는 자유롭게 경제적 전문화를 추구할 수 있었다. 특히 네덜란드 공화국과의 상업적 제휴를 통해서 들여온 동유럽산 원료의 도움을 얼마간 받았는데, 네덜란드 공화국 역시 군사대국들을 피할 수 있는 은신처를 원했으며, 세계무역기구를 계속 작동시키는 데 드는 "비용을 지불하고 있었다." 잉글랜드의 국가기구는 해로운 외부 영향력들을 저지할 만큼은 강력했으나, "전통주의적" 집단들이나 국가관료제의 새로운 기생자들에게 지나치게 큰 이점을 주지 못할 정도로 아직 힘

---

150) "잉글랜드에서 중세의 종말은 팽창이 아니라 수축으로 특징지어진다 : 프랑스 정복에 대한 오랜 꿈의 포기 그리고 특히 의미심장한 것은 아일랜드에서 잉글랜드가 지배하고 잉글랜드의 언어와 문명이 우세한 지역이 현저하게 축소되었다는 것이다. 게일족(더불어 그들의 언어와 문명)이 호수의 물처럼 도시 —— 초기 앵글로-아일랜드의 마지막 보루들이었던 더블린, 워터퍼드, 코크, 골웨이 —— 의 장벽들에 다시 한번 밀어닥쳤다. 15세기 초에 오언 글렌다워의 반란과 함께, 웨일스는 일시적인 준독립을 획득했다 ; 비록 그 반란이 패배하고 분쇄되기는 했지만, 웨일스는 (잉글랜드에) 흡수되지 않고 분노하며 고고하게 남아 있었다. '국왕은 몰라도 퍼시 가문은 아는' 콘월이나 스코틀랜드 변경지방을 국가의 틀 안으로 통합한 것 역시 실질적으로 조금도 진전되지 못했다." A. L. Rowse, "Tudor Expansion : The Transition from Medieval to Modern History", *William and Mary Quarterly*, 3rd ser., XIV, 3, July 1957, 312.

이 약했는데, 바로 그랬기 때문에 전통주의적 집단이나 새로운 기생자들 가운데 어느 측도 가장 생산적인 세력들이 창출하는 잉여를 완전히 먹어치울 수 없었던 것이다. 요컨대 그것은 최적 상태의 문제였다. 즉 세계경제의 경제적 이익들을 취하면서도 상대적인 정치적 고립을 유지하는 것이며, 국내의 평화를 극대화하면서도 지나치게 위압적인 국가기구의 오류들을 최소화하는 대내적인 상대적 세력균형을 유지하는 것이었다.

이제 영국 혁명은 어떻게 해서 일어났는가 하는 질문이 마땅히 제기될 수 있다. 이제 우리가 논의하고 있는 것은 이 시기에 잉글랜드가 "성공"을 거두었다는 증거는 영국 혁명이 —— 더 일찍도 더 나중도 아닌 —— 바로 이때 일어났다는 점과, 근대 자본주의 세력들이 —— 그들이 "패배했다"는 둥, 구세력이 "복고했다"는 둥의 주장에도 불구하고 —— 분명히 승자로 등장했다는 점이라고 말할 수 있을 것이다. 영국 혁명이 일어난 이 시기상의 문제를 제대로 평가하기 위해서, 우리는 이 당시의 정치적 동맹관계, 이주의 형태들 그리고 이른바 초기 스튜어트 시대의 상업의 위기 등 서로 관련된 세 가지 현상을 살펴보아야만 한다. 이를 통해서 우리는 영국 혁명 배후의 "진정한 문제들"에 대해서 논의할 수 있을 것이다.

트레버-로퍼는 궁정과 지방의 갈등이 근본적인 것이라고 주장한다. 이것이 그의 핵심 논지라면, 그는 옳았다. 왜냐하면 이 주장은 그의 적수들 —— 예를 들면 스톤과 힐[151] —— 도 사실로 인정했기 때문이다. 그러나 문제는 거기에 있는 것이 아니다. 문제는 궁정이 어떤 정치적 게임을 벌이고 있었는가, 그 게임이 사회적, 경제적 변화와 어떤 관련을 맺고 있었는가 그리고 어떤 면에서 그것은 유럽 세계경제에서 잉글랜드가 맡은 역할의 결과이자 원인이 되었는가 하는 것이다.

국가기구, 궁정은 그 드라마의 한 주역이자 중개자이며, 동시에 서로 다른 힘들의 벡터였다. 이런 사정은 이른바 모든 절대왕정 국가들에서도 마찬가지였다. 그들은 세력의 균형을 잡아주었고, 권력 중개자의 구실을 했으며, 타협을 이루어냈다. 그러나 그들이 기대했던 결과 중 하나는 스스로를 강화하는

---

151) Stone, *Encounter*, XI, p. 73 ; Hill, *Puritanism and Revolution*, p. 28.

것이었고, 한낱 이론과 야망에서뿐만 아니라 행동에서도 절대적인 국가가 되는 것이었다.

그 역할과 목표들이 모호했던 터라, 궁정은 자본주의적 요소들의 비등에 대해서 이중적인 태도를 취했다. 한편으로 국왕은 "부르주아지", 즉 자본가적 토지소유자와 부유한 농장주, 전문직업인(법률가, 성직자, 개업의), 부유한 상인들의 집합체에 추파를 보냈다.[152] 토니가 지적하고 있는 것처럼, "봉건적 반란의 공포에 사로잡힌"[153] 국가는 그 자신의 목표들을 성취하기 위한 동맹자들을 부르주아지 속에서 찾았다. 그러나 결국 궁정은 귀족 —— 구귀족, 새로 작위를 얻었으며 그래서 그만큼 작위를 소중히 여기는 사람들, 작위귀족이 되기를 열망하는 그밖의 궁정인들 —— 에 의해서 지배되었는데, 국왕은 그러한 귀족들 가운데 제일인자였다. 그래서 궁정은 그 자신이 정점을 이루고 있는 신분의 계서제가 흔들리는 것을 낙관적으로 받아들일 수 없었던 것이다. 궁정은 결코 낙관적이지 않았다. 이 체제를 소중하게 여겼으며 그것을 강화하고 구축하고 그 대가를 지불했다. 그 르네상스 궁정은 유럽에서 나타났던 다른 모든 궁정들을 능가했다.

돈과 정치적 동맹자들이 필요했기 때문에 궁정은 더욱 상업과 상업화를 촉진하게 되었다. 안정과 복종에 대한 필요 때문에 그것은 새로운 계급의 공세적인 성공들에 대해서 불안해했다. 유능한 만큼 궁정은 점점 더 빠르게 진행되던 자본주의적 변혁 과정에 서서히 제동을 걸려고 애쓰는 한편, 이와 동시에 국가제도들의 정치적 구심력을 증대시키려고 했다. 이것은 발루아 왕조의 프랑스나 합스부르크 왕조의 에스파냐에서든 튜더 왕조의 잉글랜드에서든 마찬가지였다. 차이점은 새로운 잉글랜드의 자본주의적 계급을 상대적으로 더욱 강력하게 만들어주고, 숱한 구귀족들을 그 계급 속에 흡수할 수 있도록 해주었던 16세기 잉글랜드의 국제적 지위와 역사적 배경이다.

많은 연구자들이 대략 1590-1600년 사이에 잉글랜드의 정치에서 결정적인 순간이 있었다고 지적한다. 토니의 지적에 따르면 :

---

152) Tawney, *Essays in Economic History*, I, p. 176 참조.
153) Tawney, *Proceedings of the British Academy*, p. 211.

400

튜더 왕조 초기의 통치자들만큼 권력의 기반이 경제에 있다는 격언에 충실한 이들은
없었다. 그들은 신(新)왕정의 주춧돌 가운데 두 가지인 국왕직영지의 확대와 농민의
보호를 도모했다. 엘리자베스 치세 말기에 이르면 첫번째 정책은 무너지고 있었고,
대토지 소유자들에게 항상 인기가 없었던 두번째 정책은 더욱더 끈질긴 저항에 직면
하고 있었다.[154]

시간이 흐르자 국왕의 결정들의 무게추가 귀족 일반의 이해와 맞선 자본주의
적 농장주 쪽으로 기울어갔다.[155] 귀족들은 살아남기 위해서 점점 더 "상승하
는 젠트리"를 닮아가야 했고, 따라서 농민들의 입장에서 보면 더욱더 착취적
으로 되어갔다.[156] 이렇게 영주와 농민 사이를 맺어주던 끈이 점점 더 얇아졌
고, 전국적인 갈등이 일어났을 때 농민들은 더 이상 지방차원의 수직적 충성
에 대한 호소에 호응하려고 들지 않았다.[157] 그러나 국왕의 관료제는 그 자체
가 지나치게 팽창했고, "낭비적"으로 변했는데, 트레버-로퍼가 주장하는 대
로 그 과정은 자연적인 한계가 있기 마련이었다.[158] 그리하여, 스톤과 트레버-
로퍼가 인정하듯이, 1590년에 이르면 과도한 지출이 줄어들게 되었다. 유럽의
평화(1598년에서 1618년에 이르는 기간)로 모든 국가들은 비용을 줄일 수 있
었다.[159] 잉글랜드에서는 제임스 1세의 작위 판매가 수입을 증대시켰고[160] 그
럼으로써 위기를 모면할 수 있었다. 위기는 모면했으나, 국왕의 이중적 기준

154) 같은 책, p. 216. Tawney, *Essays in Economic History*, I, pp. 176-177 참조.
155) Stone, *Crisis of the Aristocracy*, pp. 124, 133 참조.
156) Tawney, *Agrarian Problems*, 191-192 참조. 토니는 다음과 같이 결론을 맺는다 : "엘리
    자베스로부터 시작된 빛나는 시대는 사회적인 비참함과 곤궁 앞에서 희미하게 비쳤다.
    ……농민이 알고 있는 것은 그의 토지대리인들이 더 가혹하다는 것뿐이었다."[p. 103]
157) 같은 책, p. 229 참조.
158) "호황기의 경제는 많은 비정상적인 일들과 악습을 수반할 수 있다. 그것은 심지어——
    호황이 계속된다면 —— 믿기 어려울 정도로 낭비적이고, 장식적이며, 기생적인 르네상
    스 궁정과 교회들을 수반할 수도 있었다. 그러나 얼마나 오랫동안 호황이 지속될 수 있
    을까? 이미 1590년에 이르면 균열이 나타나기 시작한다." H. R. Trevor-Roper, "The
    General Crisis of the Seventeenth Century," in *The European Witch-Craze of the
    16th and 17th Centuries and Other Essays* (New York : Harper, 1969a), 68-69.
159) 같은 책, p. 69 참조.
160) Stone, *Economic History Review*, XVIII, p. 39 참조.

에 따른 정책의 논리로 말미암아 사치는 늘어났다.[161]

튜더 왕조가 통치한 한 세기 동안에, 토니가 원래 생각했던 것처럼, 작위귀족들의 토지소유가 급감하는 일은 일어나지 않았다. 결국 실제로 일어났던 일은 국왕의 직영지가 작위를 가지지 못한 자본주의적 농장주들에게 조금씩 분할되었던 것뿐인 것 같다.[162] 튜더 통치의 수혜자들은 의심할 여지 없이 새로운 경제를 완전히 체득하고 있었던 작위귀족과 비작위귀족들 모두였던 것이다.[163] 튜더 왕조의 곡예는 그들이 그 상황에서 우위를 유지할 수 있도록 해주었다. 그러나 "장기"16세기는 그 종말에 다다르고 있었다. 그리고 그 모순들이 낳은 긴장들이 스튜어트 왕조 초기에 감지될 터였다. 트레버-로퍼의 견해는 이러하다 :

1590년대에는 유지비가 훨씬 덜 들고, 더욱 효율적인 관료제라도 평화 속에서만 살아남을 수 있었다. 한심하기 짝이 없는 이 낭비적인 [스튜어트 왕조와 이 시기 다른 유럽의 왕정들의] 체제가 16세기의 장기적인 번영 혹은 17세기의 평화가 없었다면 어떻게 살아남을 수 있었겠는가?
사실상 1620년대가 되자 번영과 평화 모두 한꺼번에 사라졌다. 1618년 프라하에서의 정치적 위기[30년전쟁의 발단이 된 개신교도 귀족들의 반란을 말함/옮긴이]로 유럽의 모든 세력들이 꿈틀대기 시작했다.……그 사이에 유럽 경제는……갑자기 대단한 불황, 즉 "1620년의 교역 쇠퇴"로 충격을 받았다.[164]

따라서 우리는 다시 한번 세계체제의 작동이라는 문제로 되돌아오게 된다.

---

161) 엘리자베스가 1590년대의 경제적 위기에 대응하려고 했을 때, 귀족 자신이 위협을 받았다. Stone, *Crisis of the Aristocracy*, pp. 124, 133 참조. "귀족만이 제공할 수 있는 버팀목"을 제거할 준비는 아직 갖추지 못했지만(Tawney, *Proceedings of the British Academy*, p. 212) 국왕은 다시 낭비를 일삼았고 게다가 더 늘렸다. Trevor-Roper, *The European Witch-Craze*, p. 69 참조.

162) R. W. K. Hinton, "Letter to the Editor", *Encounter*, XI, 1, July 1958, 74-75 참조.

163) H. R. Trevor-Roper, "Letter to the Editor", *Encounter*, XI, 1, July 1958, 73-74 참조. 쿠퍼가 주장하는 것처럼, 사실 "작위귀족의 총토지재산이 [1559년보다 1642년에] 더 적었다는 충분한 증거는 아직 없다"(*Encounter*, XI, p. 74)고 해도, 토지가 자본주의적 시장을 지향하는 작위귀족들에게로 이동했을 가능성은 있다.

164) Trevor-Roper, *The European Witch-Craze*, p. 70.

402

이른바 "17세기의 위기"에 대한 잉글랜드의 대응은 다른 나라들과 얼마간 달랐다. 이것이 잉글랜드가 더욱더 강력한 힘을 가지고 중상주의 시대에 진입할 수 있었던 까닭이다. 이 힘의 한 측면은 우리가 이제까지 기술했던 과정, 즉 고도로 상업화된 잉글랜드의 농업이었다. 다른 측면은 잉글랜드의 "산업화"였다.

존 네프는 1540-1640년의 기간에 잉글랜드는 "초기 산업혁명"을 겪은 반면, 프랑스는 그렇지 않았다고 주장한다.[165] 그는 잉글랜드에서 세 가지 주요 발전이 나타났다고 주장한다. 이미 대륙에서는 알려졌지만 잉글랜드에서는 그렇지 못했던 수많은 공업들이 도입되었다(제지 및 화약 공장들, 대포 주조소, 명반 및 구리 공장들, 제당 공장, 질산 제조소, 황동 제조소). 새로운 기술들, 특히 광업과 야금업 분야의 기술들이 대륙에서 도입되었다. 마지막으로 영국인들은 스스로 기술, 특히 나무를 석탄으로 대체하는 기술을 개발하는 데 나름대로 이바지했다.[166] 더욱이 네프는 "신기술 개발의 천재성과 함께 자본투자가 전례 없이 생산의 양적 팽창을 지향했다"[167]고 주장한다. 그러나 네프는 잉글랜드가 갑자기 산업적 "정체" 상태를 탈피하여 상대적으로 선진적인 국가로 변화한 이유가 무엇인가 하는 물음에 대해서 근본적으로 지리적인 해답을 제시한다. "그 섬나라로서의 고립된 위치와 좋은 항구들 덕택에, 홀란트를 제외하고는 다른 어떤 나라들보다도 잘 갖추어진 값싼 수상운송 시설들" 덕택에, 산업집중에 필수적인 거대한 내부시장을 형성할 수 있었다는 것이다.[168]

---

165) John U. Nef, "A Comparison of Industrial Growth in France and England from 1540 to 1640", in *The Conquest of the Material World* (Chicago, Illinois : Univ. of Chicago Press, 1964), 144-212 참조. 그러나 이러한 가설에 대하여 P. J. 보든이 *Agrarian History*, IV, pp. 608-609에서 제시한 유보사항들을 보라. 한 프랑스 사료를 근거로 네프의 견해에 좀더 동조적인 평가를 제시하는 것으로는 Gaston Zeller, "Industry in France Before Colbert", in Rondo Cameron, ed., *Essays in French Economic History* (Homewood, Illinois : Irwin, Inc., 1970), 128-139.

166) 뉴캐슬의 석탄 생산은 1563-64년의 연간 3만 톤에서 1658-59년의 50만 톤으로 증대했다. Braudel, *Civilisation matérielle*, p. 281 참조.

167) John U. Nef, "The Progress of Technology and Growth of Large-Scale Industry in Great Britain, 1540-1640", in *Conquest of the Material World* (Chicago, Illinois : Univ. of Chicago Press, 1964), 136.

168) 같은 책, p. 142. 또한 네프의 다음과 같은 주장도 보라 : "잉글랜드의 점증하는 경제적

물론 이것은 사실이지만, 지리적 조건은 이전 세기에도 역시 마찬가지였기 때문에 갑작스러운 도약의 원인이 무엇인가 하는 의문은 여전히 남는다.

분명히 공업기술, 산업화의 정도 그리고 이들과 상관관계가 있는 인구에서의 어떤 도약이 있었던 것 같다. K. W. 테일러는 튜더 왕조 치세에 잉글랜드의 인구가 두 배로 늘었다는 점을 지적하면서 두 가지 설명, 즉 국내의 평화 그리고 "세계" 속에서의 잉글랜드의 위치를 바꾸고 따라서 남부와 동부의 인구집중을 종결시켰던 새로운 세계무역의 지리적 상황을 제시한다. "화분에 심은 화초처럼, 오랫동안 창턱에서 조용히 지내다가 탁 트인 정원에 이식된 잉글랜드의 경제에서 새로운 잎과 가지들이 뻗어났다."[169] 테일러의 지리적 설명은 국내의 지리적 이점들에 대한 네프의 주장과는 반대로 세계경제에서 잉글랜드가 차지하고 있는 위치에 대해서 이야기해주고 있기 때문에 더욱 만족스럽다. 테일러는 16세기에 분명히 달라졌던 한 가지 요인을 다루고 있는 것이다. 더욱이 우리가 대서양 교역뿐만 아니라 발트 해 교역의 새로운 중요성을 기억한다면, 그 주장은 더욱더 설득력을 띤다. 그러나 여전히 지리적 조건만으로는 프랑스와의 차이를 충분히 설명할 수 없다. 우리는 잉글랜드와 달리 새로운 지리적 상황을 이용하지 못하게 된 프랑스 내부의 요인들에 대해서 살펴봐야 할 것이다.

더 나아가서, 잉글랜드 인구의 배가는 선별적인 현상이었다는 점에 주목해야 한다. 즉 [절대적인/옮긴이] 인구성장뿐만 아니라 우수한 인구의 국내 유입과 [열등한 인구의/옮긴이] 바람직한 해외 이주를 내포했던 것이다. 한편으로 대개 종교전쟁이라는 격동 때문이었다고 하는, 대륙의 장인들 ──── 플랑

___

독립과 힘은 무엇보다도 해안선을 따라서 이루어지는 교역과 육로와 하천을 통해서 이루어지는 교역이 엄청나게 팽창한 덕분이었다. 그와 같은 팽창이 가능했던 것은 그레이트 브리튼 섬 내의 자연자원과 시장을 활발하게 이용했기 때문이다. 영국은 광물자원이 매우 풍부하고 비옥한 토양을 가지고 있으며 항구들이 매우 잘 갖추어져 있기 때문에 상대적으로 저렴한 비용으로도 수로를 통하여 상품을 브리튼 제도 내의 모든 항구에서 선적할 수 있었다." Nef, *War and Human Progress*, p. 111.

169) K. W. Taylor, "Some Aspects of Population History", *Canadian Journal of Economics and Political Science*, XVI, Aug. 1950, 308.

드르의 직물업자들, 독일의 야금업자들 등—— 의 유입이 흔히 지적된다. 그
러나 그들이 잉글랜드로 갔다면, 그것은 G. N. 클라크가 주장하는 것처럼,
잉글랜드가 "자본과 사업경영으로 더 많은 수익을 거둘 수 있는 곳"[170]이 되
었기 때문이다. 그러나 엘리자베스 시대가 끝나는 시점이 경제적, 사회적 긴
장의 순간—— 궁정의 지나친 지출과 인클로저와 관련된 인구의 증가 그리고
그로 인한 유랑민의 증가—— 이었다는 점을 유념할 필요가 있다. 피셔가 일
깨워주는 것처럼, 당대인들이 생각했던 엘리자베스 시대의 잉글랜드는 "인구
압력으로 점차 많은 사람들이 가난해지고, 아마도 일인당 국민소득이 감소하
고 있는 나라"[171]였다.

한 나라에서 잉여인구 문제를 처리하는 방식은 두 가지가 있다. 즉 그들을
도시로부터 이주시키거나(다시 말해서 그들을 지리적으로 격리시키는 것) 그
들을 그 나라로부터 완전히 이주시키는 것이다. 튜더-스튜어트 시대의 잉글
랜드에서는 두 가지 방식이 모두 시도되었다. 한편으로 빈민법, 브로델의 표
현으로 하면 "빈민에 반대하는 법"[172]은 그들을 농촌지역으로 밀어내어 아슬
아슬하게 생계를 유지하도록 강제했다. 다른 한편으로 잉글랜드가 해외식민
화—— 대략 1590년경부터 아일랜드로, 그후에는 북아메리카와 서인도 제도
로—— 에 대해서 궁리하기 시작했던 것이 바로 이 시점이다. 해외이민의 경
우, 이민들을 유혹했던 것은 사회적 이동의 가능성이었다.[173] 말로비스트는 16

---

170) Clark, *Wealth of England,* p. 51. Edward Taube, "German Craftsmen in England
During the Tudor Period", *Journal of Economic History,* IV, 14, Feb. 1939, 167-
168 참조. 플랑드르로부터의 이민들이 "기본적이고도 사소한 문제들에서 잉글랜드의 생
활방식들을 바꾸었던" 다양한 방식은 John J. Murray, "The Cultural Impacts of the
Flemish Low Countries on Sixteenth and Seventeenth Century England", *American
Historical Review,* LXII, 4, July 1957, 853 이하에 기술되어 있다. 이 시기는 또한 상
당수의 웨일스 이민들이 처음으로 잉글랜드에 들어온 때이다. Bindoff, *Tudor England,*
p. 24 참조.

171) Fisher, *Economica,* XXIV, p. 16.

172) Braudel, *Civilisation matérielle,* p. 56. 클라크는 다음과 같이 지적한다 : "에스파냐의 무
적함대 시절부터 국왕은 런던의 팽창을 막으려고 했는데, 처음에는 의회법령, 그리고 나
서는 포고령, 각종 위원회와 사법절차들을 이용했다." Clark, *Wealth of England,* p. 94.

173) Stone, *Past & Present,* No. 33, pp. 32-33 참조.

세기 말에 시작된 유럽 팽창의 두번째 물결 ——— 잉글랜드, 홀란트, 그리고 좀
더 소규모로 이루어진 프랑스의 팽창 ——— 에 대한 설명을, 흔히 지적되는 상
업적 요인뿐만 아니라 잉여인구를 처리해야 할 필요에서도 찾아야 한다고 지
적한다. 그는 많은 이들이 인구 팽창을 경제적 팽창의 촉진요인으로 간주하지
만, 실은 어떤 최적점이 있다는 점을 일깨워준다. "따라서 어려운 경제상황과
경제적 진보에 불리한 어떤 사회적 상황은 이민을, 심지어 아주 위험한 이민
까지도 장려하는 상황을 빚어낼 수도 있다."[174] 거듭 말하거니와, "[경제적
조건에 비해서/옮긴이] 때이르게 과잉인구 상태에 빠진"[175] 나라에서는 오직
인구의 최적 수준만이 고려될 수 있다. 잉글랜드처럼 프랑스도 16-17세기에
에스파냐에(축출된 모리스코들을 대체하기 위해서), 그후에는 아메리카 대륙
의 "여러 섬들"에 인구를 수출했고, 개신교도를 탄압하면서 많은 사람들을
죽였다.[176] 18세기 말에 이르면, 분명히 프랑스의 인구는 다시 한번 균형을 되
찾았다.[177] 그러나 잉글랜드에 비해서 프랑스에서는 이 균형에 도달하는 데
더욱 오랜 시간이 걸렸다. 그리고 그 균형은 몇몇 부적절한 세력들을 강화시
키고 적절한 세력들을 축출하는 내전이라는 희생을 치러야 했다 ——— 물론 산
업변형의 관점에서 본 부적절한 세력이고 적절한 세력이다. 이와 같은 잉글랜
드의 발전 동향은 1620년대 유럽의 경제위기의 결과에서 뚜렷해졌다. 그러나
우리는 이 문제를 다루기 전에 카토-캉브레지 조약과 이 위기 사이에 프랑스
에서 무슨 일이 일어났는가를 먼저 살펴보아야 한다.

---

174) Malowist, *Annales E.S.C.*, XVII, p. 929.

175) Braudel, *Civilisation matérielle*, p. 37. 루블린스카야는 이것은 일찍이 1615년에 A. 드
몽크레티앵이 주장했던 것이라고 지적한다. Lublinskaya, *French Absolutism*, p. 132 참
조.

176) 그러나 피에르 구베르가 프랑스의 인구는 종교전쟁에도 불구하고 16세기에 꾸준히 증가
했다고 주장하는 것을 주목하라. Pierre Goubert, "Recent Theories and Research in
French Population between 1500 and 1700", in D. V. Glass & D. E. C. Eversley,
eds., *Population in History* (London : Arnold, 1965), 465.

177) 이 점에서 1628-33년에 창궐한 대역병은 의심할 여지 없이 도움이 되었다. J. Meuvret,
"Demographic Crisis in France from the Sixteenth to the Eighteenth Century," in
D. V. Glass & D. E. C. Eversley, eds., *Population in History* (London : Arnold,
1965), 509. 역병은 독일과 이탈리아에서도 또한 창궐했다.

406

프랭크 스푸너가 보기에 "1550-60년의 10년간이 [프랑스에는] 결정적인 시기이다."[178] 이 기간은 갑작스러운 금 부족 사태가 나타나서 프랑스가 아프리카 탐험에 관심을 가지기 시작하고, 그 결과 서해안 지역이 발달하는 것으로 특징지어진다. 그것은 (1580년에 이르면 분명하게 쇠퇴하고 있던 리옹 대신에) 파리가 금융 중심지로 부상하는 것을 의미한다.[179] 나아가 그 시기는 세기의 나머지 기간 동안 프랑스가 사로잡히게 되었던 종교적 내전이 시작된 것으로 특징지어진다. 이러한 (해안지역과 파리의) 이중적 발전과 종교전쟁은 서로 무관한 사건이 아니다.

가격 상승은 귀족, 특히 고정지대로 살아가는 소귀족들의 수입에 영향을 주었다. 그러나 농민은 흔히 예상되는 것과는 달리 이익을 얻지 못했는데, 그 이유는 내전이 몰고 온 황폐화 때문이었다. 한 가지 중요한 결과는 이 시기에 징세청부가 크게 확대되었을 뿐만 아니라 경제적으로 살아남기를 원했던 귀족들이 궁정에 의탁하여 재정적 피난처를 찾았기 때문에 국가기구의 비중이 굉장히 커졌다는 것이다.[180]

이 시기의 프랑스는 카토-캉브레지 조약 이후의 새로운 유럽 세계에서 스스로의 방향을 재설정하는 가운데 한 가지 중요한 문제에 봉착했다. 프랑스는 이도 저도 아닌 정체불명의 상태였다. 그것은 더 이상 제국도 아니었고 그렇다고 민족국가도 아니었다. 이 나라는 반쯤은 육상수송을, 또 반쯤은 해상수송을 지향하고 있었다. 그 국가기구는 너무나 강력하기도 했고 또 동시에 너무나 취약하기도 했다.

이러한 선택의 모호함을 가장 뚜렷하게 엿볼 수 있는 두 영역이 있다. 하

---

178) Frank C. Spooner, "A la côte de Guinée sous pavillon français (1559-1561)", *Studi in onore di Armando Sapori* (Milano : Istituto Edit. Cisalpino, 1957), II, 1001.

179) Braduel, *La Méditerranée*, I, 449 참조. Emile Coornaert, "Les échanges de la France avec l'Alemagne et les pays du Nord au XVIe siècle", *Revue d'histoire économique et sociale*, XXXV, 3, 1959, 244 참조.

180) Henri Hauser, "The Characteristic Features of French Economic History from the Middle of the Sixteenth Century to the Middle of the Eighteenth Century", *Economic History Review*, IV, 3, Oct. 1933, 261-262.

나는 교역 분야이고, 다른 하나는 정치와 종교 분야이다. 경제적 교역지대의
현실이 정치적 경계와 잘 맞물리지 않았던 것이다. 이것은 물론 유럽 어디서
든 어느 정도 사실이었지만 (그리고 얼마간은 언제나 사실이었지만), 프랑스
에서 특히 두드러지게 나타났으며, 장차 프랑스의 커다란 경제적 경쟁국들이
될 북부 네덜란드, 잉글랜드와 비교해볼 때 더욱더 그랬다. 에밀 코르네르트
는 16세기가 시작될 무렵의 이러한 상황을 다음과 같이 기술한다 :

> 대략적으로 말해서, 파리에서 루아르 강 만곡부를 지나 지중해에 이르는 지역에서,
> 프랑스는 중세 말 이래로 여전히 서유럽 전역에 걸쳐 가장 주된 사업가이자 상업기
> 술의 대가였던 이탈리아인들의 영향력을 강하게 받는 경제권의 일부였다. 바로 이들
> 덕택에 이 경제권은 조직과 작업방식의 측면에서 볼 때 가장 발달된 지역이었다. 프
> 랑스에서 이 지역의 중심축을 이루고 동시에 출구가 되었던 곳은 리옹이었는데, 그
> 곳은 대륙의 남부와 중부를 연결해주고 북서부와도 밀접한 관계를 맺는 데 활발히
> 기여했다. 프랑스 북부와 포낭(Ponant : 레반트와 대[對]가 되는 대서양에 면한 서쪽
> 여러 나라/옮긴이)의 프랑스 해안 전초지, 저지방 국가들, 잉글랜드 그리고 신성 로
> 마 제국의 라인 강 인접지역을 포함하는 북서부 유럽은 또 하나의 경제권을 형성했
> 다. 그 중심축은 안트베르펜이었는데, 그곳은 북유럽 및 대부분의 독일지역과의 접촉
> 을 통제했다. 기술적 측면에서 볼 때, 그 경제권은 남유럽권의 수준을 추격하고 있는
> 중이었다.[181]

이러한 경제적 분화는 프랑스가 잉글랜드에 비해서 훨씬 더 진전된 형태의
**국민경제**로 나아가고 있었으며, 그점에서 에스파냐에 더욱 가까웠다는 것을
의미했다. 그러나 에스파냐의 문제는 에스파냐가 적어도 카를 5세 치하에서
그 자신이 실제로 통제할 수 없었던 더 넓은 합스부르크 제국의 일부였다는
데 있었던 반면에, 프랑스의 문제는 1557년 이후에 프랑스가 적어도 세 방향
으로 끌려갔다는 데 있었다. 프랑스의 정치적 심장부 —— 대략 북동부와 수
도를 포함하는 지역 —— 는 "제1차" 16세기를 지배했고, 심지어 안트베르펜
의 쇠퇴 이후에도 이 도시와 긴밀한 관계를 맺고 있던 경제권, 다시 말해서

---

181) Coornaert, *Revue d'histoire économique et sociale*, XXXV, p. 242.

408

유럽 대륙 쪽으로 끌리고 있었다.[182] 프랑스의 북서부와 서부는 새로운 유럽 세계경제와 그 세계경제 내의 대서양 및 발트 해 무역 쪽으로 끌리고 있었다.[183] 프랑스의 남부는 앞에서 논의했던 분익소작제를 발전시키고 있었는데, 그것은 그리스도교권 지중해 지역이 1차 산품 생산, 즉 수출지향적인 자본주의적 농업으로 향하고 있던 전반적인 움직임의 일부였다.[184]

---

182) "1550년 이후에도 오랫동안 안트베르펜이 프랑스인들을 강력하게 끌어당겼다는 것은 프랑스의 경제적 분할(morcellement)로 설명할 수 있다. 프랑스는 산업설비가 턱없이 부족한 나라였다." Jan Craeybeckx, "Les français et Anvers au XVIe siècle", *Annales E. S.C.*, XVII, 3, mai−juin 1962, 548. 사실 네프는 설비 부족이 점점 더 심각해졌다고 주장한다 : "잉글랜드가 급속한 성장을 보였던 〔그〕 50년간[1550−1600]은 프랑스에서 후퇴의 시기였다.……" Nef, *Conquest of the Material World*, 1964a, p. 146.

183) J. H. Parry, "Colonial Developments and International Rivalry Outside Europe, I. America", *New Cambridge Modern History*, III : R. B. Wernham, ed., *The Counter-Reformation and the Price Revolution, 1559−1610* (London and New York : Cambridge Univ. Press, 1968), 530. 이니스는 다음과 같이 지적한다 : "16세기 전반기에 신세계의 어선단은 주로 프랑스 소속이었다.……" Innis, *The Cod Fisheries* (New Haven : Yale Univ. Press, 1940), 49. 영불해협과 비스케이 만의 항구들이 모두 관여했다. 그 교역은 매우 광범위한 것이어서 "잉글랜드 시장을 위한 건어물의 생산까지" 떠맡을 수 있었다.

마찬가지로 자냉도 다음과 같이 지적한다 : "발트 해의 프랑스 해양원정 사업에서 주역을 떠맡은 것은……분명히 디에프였다.……16세기에 외레순 해협을 횡단한 프랑스 선박들은 거의 모두 노르망디로부터 온 것이며, 노르망디인들 중에서도 디에프 출신이 대부분이다." Jeannin, *Vierteljahrschrift für Sozial- und Wirtschaftsgeschichte*, XLIII, p. 329.

스코틀랜드와 프랑스의 광범위한 교역은 두 부분으로 이루어져 있었다 : 제조업 제품과 용역이 수출되는 노르망디 교역과 소금과 포도주가 수출되는 비스케이 만 교역. Lythe, *The Economy of Scotland*, pp. 172−182. 전자의 교역은 그 시기에 저지방 국가들이 스코틀랜드를 상대로 하던 교역과 매우 유사했다. "양국[북부 프랑스와 저지방 국가들]은 자신들만의 독특한 채소들을 생산하고 있었고, 상대적으로 높은 수준의 산업기술을 보유하고 있었으며, 더 먼 곳에서 수입된 이국적인 상품들을 위한 화물집산지의 기능을 하고 있었다."[pp. 174−175]

184) "사실상 분익소작제는 근본적으로 부르주아 지주들의 필요를 충족시키기 위한 자본주의적인 생산양식인 것으로 보였다.……" G. E. de Falguerolles, "La décadence de l'economie agricole dans le Consulat de Lempaut aux XVIIe et XVIIIe siècles", *Annales du Midi*, LIII, 1941, 149. 드 팔그롤은 이 체제의 기원을 16세기 말의 가격 상

앙리 오제는 이처럼 다채로운 종류의 활동과 지향 덕택에 인접 국가들은
프랑스 없이 살아갈 수 없지만, "[프랑스는] 인접 국가들 없이도 살아갈 수
있었던 행복한 상황"[185]이었다고 주장한다. 그는 심지어 이것을 "자급자족"
체제라고 부르고 싶어한다. 내가 보기엔 정반대로, 원심적인 경제적 힘들이
집결한 것이 프랑스가 처했던 상황인 것 같다. 국가기구의 통제자들이 국가기
구를 그렇듯 두드러지게 강화하여 유럽에서 가장 강한 국가를 창출하려고 했
던 것은 바로 이러한 분할을 저지하기 위한 것이었으며, 이는 결국 루이 14
세가 당대인들에게든 역사적으로든 절대왕정의 본보기가 될 국가를 건설하는
것으로 귀결되었다.

프랑스가 경제적 딜레마에 빠진 가장 중요한 원인들 중의 하나는 유럽 세
계경제의 기술적 토대에서 일어난 한 가지 변화였다. 그 변화의 중요성을 올
바로 인식하기 위해서, 우리는 먼저 전(前)산업시대 유럽의 육상수송과 해상
수송의 상대적 비용에 관한 상충하는 증거들을 면밀하게 검토해야 한다. 한편
으로 전산업시대 유럽에서는 "육상수송이 여전히 엄청나게 비용이 많이 들었
으며 해상무역을 가장 확실하게 장악했던 나라들이 가장 빠른 경제성장을 도
모할 수 있었다"[186]는 흔하고 명백해 보이는 진술들이 있다. 나아가, 크리스토
프 글라만이 주장하는 대로, 경제적 교류의 한 결과로 운송망의 반경이 확대
된다는 이론은 특히 해상교역에 적용된다. 사실 그의 주장에 따르면, "국내교
역에 비해서 [해로를 통한] 국제교역은 대개 비용이 적게 들고 교역망을 개
설하기가 더 쉽다."[187] 다른 한편, 윌프리드 브륄레는 다음과 같이 지적한다 :

승과 국왕의 과세 증대로 인하여 소토지 보유자들이 지게 된 빚이 축적된 것에서 찾을
수 있다고 주장한다. pp. 142-146 참조. 그의 견해에 따르면, 그 체제 아래서 토지는 (1)
밀 수출에 의한 세금의 납부, (2) 부르주아지에 대한 지대의 지불(곡물, 채소, 가축 생산
물, 벽돌, 가을 추수, 수목의 첫번째 수확물), (3) 사람과 소의 생존 등을 모두 충족시켜
야 했으므로 엄청난 부담을 지우게 되었다. 또한 다음과 같은 세 가지 부담의 결합은 18
세기에 결국 파국을 낳았다 : "토지의 피폐화, 부르주아지의 몰락, 농촌 인구의 곤궁."
[p. 167]

185) Hauser, *Economic History Review*, IV, p. 260.
186) K. Berrill, *Economic History Review*, 2nd ser., XII, 3, p. 357.
187) Glamann, *Fontana Economic History of Europe*, II, p. 87.

16세기에⋯⋯육상수송은 본래의 역할을 유지하고 있었다. 이러한 사실은 저지방 국가들과 이탈리아 사이의 교역에 관한 한, 이론의 여지가 없다. 비록 저지방 국가에는 안트베르펜이라는 일류 항구, 나아가 세계의 중심지가 있었으나, 저지방 국가들은 이탈리아와의 통상관계 중 압도적으로 많은 부분을 육로를 통해서 수행했다. [해로를 통한 운송이] 두 나라 사이에서 이루어지기는 했지만, 그 중요성은 최소한에 그쳤다.[188]

17세기가 되자 상황이 달라진 것 같다. 어떤 일이 일어났는가? 매우 간단하다. 이 시기에 육상 및 해상운송 양 부분에서 모두 기술진보가 이루어졌지만, 그 개량의 정도가 사뭇 달라서 "매우 무겁고 부피가 큰 상품의 경우에 해상운송이 [살아 있는 소를 제외하고는] 언제나 가장 경제적이었다"[189]는 것이 사실로 굳어진 듯하다. 앞 장에서 언급한 네덜란드의 플로이트선(船)의 개발이 이 점에서 아마도 가장 중요했을 것이다. 역으로 16세기에 육로는 인간이나, 가볍고 값비싼 공산품, 귀금속을 수송하는 데 여전히 더 저렴하고 효율적이며 안전한 수단이었다.[190]

이러한 변화가 프랑스에 어떤 의미가 있는가? 우리는 "제1차" 16세기의 정치가 유럽 세계경제를 세계제국으로 전환하려는 에스파냐와 프랑스의 시도들을 중심으로 전개되었다고 주장했다. 대서양 탐험에도 불구하고 이러한 시도들은 근본적으로 육로에 바탕을 둔 것이었다. 사실상 이것은 그 시도들이 실패한 한 가지 부차적인 원인이라고 볼 수 있다. "제2차" 16세기의 정치는 비제국적인 세계경제의 틀 안에서 정치적, 상업적 우위를 누리는 통합된 민족국가의 창출을 지향하는 것이었다. 이 시도들은 기본적으로 (국외와 국내의) 해

188) Wilfrid Brulez, *Studi in onore di Amintore Fanfani*, IV, 125. 그는 덧붙이기를, 이 시기에 잉글랜드와 이탈리아 교역의 대부분이 육로를 통해서 이루어진 것도 같은 요인들로 설명될 수 있으리라고 말한다 : "분명히 잉글랜드-이탈리아 교역의 핵심이었던 직물들은 부차적인 것을 제외하고는 해로를 이용하지 않았고 그 세기 내내 육상을 통해서 수송되었다."[p. 126]

189) Glamann, *Fontana Economic History of Europe*, II, p. 31.

190) Jacques Heers, "Rivalité ou collaboration de la terre de l'eau? Position générale des problèmes", *Les grandes voies maritimes dans le monde, XVe-XIXe siècles*, VIIe Colloque Commission Internationale d'Histoire Maritime (Paris : S.E.V.P.E.N., 1965), 47-50.

로를 최대한 이용하는 것을 지향했다. 이 점에서 북부 네덜란드와 잉글랜드의
자연적인 지리적 이점들이 제몫을 톡톡히 했다. 프랑스의 정치는 육상지향적
인 세력과 해상지향적인 세력들 사이의 긴장, 흔히 암묵적인 긴장상태였다.[191]
프랑스측과 잉글랜드 및 연합주측의 근본적인 차이점은 뒤의 두 나라의 경우
에 해상지향적인 정책과 강력한 정치체제 및 국민경제를 건설하려는 소망이
양립 가능한 선택이었던 반면, 프랑스에서는 그 지리적 조건 때문에 이러한
선택들이 어느 정도 상충했다는 점이다.
  이 대목에서 대뜸 뇌리에 떠오르는 유력한 단서는 1560년 프랑수아 2세의
사망에서 1598년 낭트 칙령에 담긴 휴전에 이르기까지 프랑스를 괴롭혔던 종
교적 분쟁들과 내란이다.
  그 종교적 투쟁의 계급적, 지리적 좌표들을 간략하게 살펴보기로 하자. 프
랑스가 기본적으로 합스부르크 제국과의 투쟁을 목표로 삼고, 리옹을 주요 국

191) 어떻게 프랑스 국가가 16세기 중반에 해상지향적인 집단들의 이해관계에 봉사하는 데
  실패했는지에 대한 로즈의 논의를 보라 : "1550년대에 프랑스의 밀무역업자들은 서인도
  제도에서 점점 활발하게 활동했다. 그러나 1556년의 휴전으로 프랑스는 자신이 특허를
  내준 경우를 제외한 모든 교역을 금지한다는 펠리페 2세의 요구를 받아들였다 ── 그
  러한 특허가 즉각 발부될 것 같지는 않았다. 프랑스의 선장들은 이것을 받아들이기를 거
  부했으나 정부의 지지를 얻을 수 없었다. 엘리자베스 시대의 잉글랜드와는 정반대의 경
  우였다 : 잉글랜드가 개신교 국가였다는 사실은 더없는 이점이었다 ; 그것은 우리에게 자
  유로운 손을 주었으니, 우리는 더 이상 프랑스인들처럼 방해를 받거나 제지당하지 않았
  다. 결정적인 카토-캉브레지 조약(1559)으로, 앙리 2세는 가톨릭 국가들의 단결을 위하
  여 남아메리카의 모든 프랑스 사업들을 포기했다.……그 불쌍한 (그리고 정통 가톨릭파
  인) 발루아가로 인하여 프랑스는 얼마나 많은 것을 잃었는가! 등불은 프랑스의 국익을
  진정으로 그리고 장기적인 안목을 가지고 대표할 수 있는 위그노파 지도자 콜리니 제독
  의 손에 넘어갔다." A. L. Rowse, *The Elizabethans and America* (New York : Mac-
  millan, 1959), 7-8. 분명히 로즈의 개신교적인 열정은 무시되어야 한다. 그러나 프랑스
  내의 각 집단들 사이의 내부적인 갈등과 그것이 세계경제에서 프랑스가 담당하게 될 역
  할에 미친 결과들에 대한 서술은 올바른 것처럼 보인다. 우리가 폴란드의 쇠퇴를 다룰
  때 논의했던 것처럼, 개신교에 관한 논지는, 세계경제 내에서 활동하는 민족국가들의 새
  로운 약진에 이해관계를 가진 사람들로서는 개신교로 개종하는 것이 자신의 이해관계와
  부합한다고 인식하는 경향이 있었고, 그리하여 개신교가 카토-캉브레지 조약 이후 가톨
  릭 종교개혁과 특히 밀접하게 관련된 합스부르크가의 제국적인 권력 및 세계관에 대한
  저항을 상징했다는 것이다.

412

제 무역 중심지로 내세웠더라면, 종교적 관용은 가능했다.[192] 카토-캉브레지 조약 이후에 종교적 관용을 표방하지 않고서도 국제적인 재정적 요구들이 충족될 수 있었다. 동시에 리옹의 번영은 쇠퇴했는데, 그것은 금융 중심지로서의 리옹의 중요성이 감소되었던 것과 함께 그곳이 종교전쟁의 주된 싸움터였기 때문이다.[193] 전쟁은 서로 다른 여러 세력들을 한군데로 결집시켰는데, 그러한 세력들의 정치는 거센 정치적 소용돌이의 열기 속에서 으레 일어나는 것처럼, 그들의 원래의 동기에서 종종 벗어나곤 했다. 그럼에도 불구하고, 그렇듯 얽혀 있는 실타래의 몇 가닥을 풀어낼 수가 있다. 허스트필드가 「신 케임브리지 근대사」에서 내란의 기원에 관해서 제시한 설명은 다음과 같다 :

이 기간에 프랑스에서는 왕정과 귀족 사이의 긴장이 장기간에 걸친 유혈투쟁으로 폭발했다. 물론 잘 알다시피 프랑스의 내란은 종교적 원인들만큼이나 강력한 세속적 원인에서 비롯되었다.……프랑스에서 칼뱅파 운동은 16세기 중반에 먼저 상인과 장인층을 장악했다. 그리고 그 초기의 순교자들은 —— 메리 여왕 시대의 잉글랜드에서와 마찬가지로 —— 출신이 가장 비천한 사람들이었다. 그러나 1562년 내란이 일어나기에 이르렀을 때, 상층귀족과 지방귀족들이 합세하여 사실상 통제력을 확보했다. 당대의 프랑스인들은 "종교적 위그노"라고 부르는 집단과, "국가적 위그노"라고 부르는 집단을 구별하는 것이 얼마나 중요한 것인지 알고 있었다. 후자의 집단은 종교적 불복종 이상의 것을 위해서 싸웠다. 그들은 지방 프랑스의 지배가문들이 파리의 권력에 대해서 적의를 대표하는 세력이었다. 그들은 또한 국왕과 그 동맹자인 가톨릭 교회에 대한 적의를 대표하는 세력이기도 했다. 그리고 무엇보다도 가톨릭 교회

192) "1552년에 '독일 여행'의 경비를 충당하기 위하여 그 군주, 다름 아닌 투르농(리옹 대주교/옮긴이)은 이탈리아인들뿐만 아니라 리옹에 자리잡고 있던 두 아우크스부르크 사람 즉 장마이스터 형제와 울름의 게오르크 바이크만에게 도움을 구했다. 그 군주는 독일의 이 반(反)제국적인 재정대리인들을 보호하고, 그들의 종교적 자유를 보장해주었으며, 그들에게 밀을 약속했다." Henri Hauser, *Journal of European Business History*, II, p. 247.
193) "프랑스에서 종교전쟁이 터지자마자 거의 즉시 생-캉탱의 위기(1557년 에스파냐 군대가 몽모랑시 원수의 군대를 격파하고 이 도시를 점령한 사건/옮긴이)가 뒤따랐다. 이제 리옹 시는 특히 그 지리적인 위치 때문에 위험에 노출되었다. 그것은 가톨릭 교도와 위그노파에게 차례로 점령되고 포위되고 약탈되었으며, 프랑스의 모든 적들로부터 위협을 받았으며, 그 세력의 선두에는 사보이 공작이 있었다." Hauser, 같은 책, p. 255.

와 밀접한 관계를 맺고 있으며, 쇠퇴하는 지방의 귀족가문들의 이익과 목표들에 대해서 가장 극심하게 대립하던 기즈 가문(16세기 종교전쟁 당시 가톨릭 동맹의 지도세력이었음/옮긴이)에 대한 적대를 드러내는 세력이었다. (오랫동안 "지방귀족"이라는 표현을 사용한 것이 그 문제를 혼란하게 만든 한 가지 요인이다. 그 구성원의 대부분이 잉글랜드에서라면 귀족들이 아니라 기사나 젠트리의 가문에 속한 사람들로 통했을 것이다.)[194]

따라서 허스트필드는 트레버-로퍼가 잉글랜드의 상황을 파악한 것과 같은 방식으로, 즉 궁정과 지방의 대립으로 프랑스의 상황을 보고 있다. 그리고 이와 같은 상황은 잉글랜드의 유사한 상황이 드러내는 여러 불명확한 점들 —— 귀족(혹은 젠트리)은 "상승"하고 있었는가 혹은 "쇠퇴"하고 있었는가, 국가는 실제로 누구의 이익을 위해서 움직였는가? —— 을 그대로 드러낸다.

허스트필드가 제시한 설명과 쾨니히스버거가 「신 케임브리지 근대사」의 같은 권에서 제시했던 설명을 비교해보자 :

1557년의 파산 이후에 앙리 2세는 여러 가지 특별세를 통해서 불행한 백성들로부터 700만 리브르를 또다시 짜냈다. 그렇지만 그 한계점에 다다랐다. 노르망디와 랑그도크에서 농민봉기가 일어났다. 귀족들은 과세를 면제받기는 했지만, 생-캉탱의 파국(1557) 이후 국왕 대신에 귀족 포로들의 무거운 몸값을 물어주기 위해서 그들의 수입을 소비하거나 영지를 저당잡히거나 팔아야 했다.……

도시에서는, 소장인들과 소상점주들이 무거운 과세와 1557년과 같은 흉작에 뒤따르는 주기적인 농촌 구매력의 폭락으로 타격을 입었다. 직인들에게는 임금에 비해서 식품 가격이 더욱 빠르게 상승했고, 길드의 영향력 확대와 엄격한 규정으로 인해서 장인으로 상승하는 길이 대개 봉쇄되어 있었다.……

1559년 이후에 귀족은 그 운동에 대거 참여했고, 특히 남부에서 그 현상은 두드러졌다.……

위그노 조직이 도피네로부터 프로방스와 랑그도크를 거쳐 베아른과 기옌을 아우르는 넓은 호를 그리면서 전면적으로 발전한 것은 [1573년] 이후의 일이었다. 네덜란드에서와 마찬가지로, 성공적인 혁명은 간섭적인 중앙정부에 대한 지방 감정과의 결합에 의해서 그리고 군사적 상황에 거는 기대에 의해서 지역화되는 경향이 있었다.[195]

---

194) Hurstfield, *New Cambridge Modern History*, III, p. 131.
195) H. G. Koenigsberger, "Western Europe and the Power of Spain", *New Cambridge Modern History*, III : R. B. Wernham, ed., *The Counter-Reformation and the Price*

414

이에 대항하여 가톨릭 지방연합들이 생겨났는데, 그들 역시 지역적 정체성과 (전통적인) 지방의 자율성을 강력하게 주장했다. 파리 사람들은 가톨릭 동맹의 편에 섰다.[196] 더욱이 양측은 외부세력들과 연결되어 있었는데, 위그노들은 잉글랜드와 독일의 개신교 영방 군주들과 결탁하고 있었고, 가톨릭 교도들은 로마와 에스파냐 및 사보이의 통치자들과 결탁했다. "이렇게 그 시기 모든 혁명운동은 국경 밖의 세력 및 이해집단들과 결탁하고 있었다."[197]

앙리 3세는 그 투쟁을 중재하려고 꾀하다가 결국 양측에 타격을 입히고 서로를 유리시켰다. 개신교도 왕위요구자인 나바르의 앙리(앙리 4세)를 그가 가톨릭 신자가 된다는 조건에서 왕위계승자로 인정함으로써 갈등의 수위를 낮추려고 했던 것은 어떤 의미에서는 매우 뛰어난 전략적 명안이었다. 앙리 4세가 "파리는 미사를 받을 만한 가치가 있다"는 유명한 말을 남긴 때가 바로 이때였다. 그것이 프랑스가 아니라 파리이고, 그것을 말한 사람이 나바르의 앙리였다는 점을 유념할 필요가 있다.

앙리 4세는 진영을 바꾸었는데, 이는 그 자신의 동기가 그의 대중적 기반 세력들의 동기와 다른 것이었기에 그만큼 수월한 일이었다. 그때 귀족은 대개 투쟁으로부터 발을 빼고 있었고 가톨릭화하고 있었다. 이것은 그 투쟁의 종교적 내용을 제거하는 것이었고 그럼으로써 정치적 저항의 강도를 약화시켰다.[198] 그것은 또한 분노에 찬, 그러나 비교적 무기력한 자크리에 호소한 하층계급들

*Revolution, 1559-1610* (London and New York : Cambridge Univ. Press, 1968), 281-282, 290. 고딕체는 월러스틴의 강조. 쾨니히스버거가 길드의 영향력이 점점 커졌다고 이야기한다는 점을 주목하라. 존 네프는 다음과 같은 비교를 제시한다 : "그러나 16세기 말과 17세기 초 동안 길드 체제는 잉글랜드에서 붕괴하기 시작했고, 바로 그 시기에 프랑스에서는 강화, 확대되었다." Nef, *Industry and Government*, p. 25.

196) Koenigsberger, *New Cambridge Modern History*, III, pp. 302-303 참조.
197) 같은 책, p. 292.
198) "종교는 여러 계급들의 서로 다른 이해관계들을 묶어주는 힘이었으며, 그들에게 근대 유럽사에서 최초의 진정한 국가적, 국제적 정당을 결성할 수 있는 조직과 선전기제를 제공했다 ; 왜냐하면 이 정당들은 그 구성 계급들 각각에서 소수 분자만을 포용했기 때문이다. 그들은 바로 종교를 통해서 최하층 계급들과 군중에게 그들의 가난에 대한 분노와 실업에 대한 절망을 광기 어린 약탈과 야만적인 학살로 발산하라고 호소할 수 있었던 것이다." Koenigsberger, *New Cambridge Modern History*, III, pp. 306-307.

을 좌절시켰다.[199] 결국, 위그노들은 그 어느 때보다도 강력한 지역적인 기반
을 가지고 있었다. 그들은 북부와 동부에서 세력을 잃었으나 남부에서는 여전
히 강력한 세력이었다.[200]

  기본적인 갈등들 중의 하나는 분명히 지역적인 것이었다. 한편으로 노르망
디와 브르타뉴가 떨어져나가고 있었고, 다른 한편으로 13세기의 패배 이후에
도 여전히 분리주의가 잠재적인 힘으로 남아 있었던 남부 전역도 마찬가지로
떨어져나가고 있었다. 두 경우 모두, 그와 같은 노력이 일어난 이유들은 강력
한 국민경제의 형성이 지방의 명사들, 즉 자신의 돈을 국가 관료기구와 군대
의 창설이 아니라 대서양-발트 해 무역로를 개척하는 데 사용하고자 했던 서
부 연안의 부르주아지, 자유로운 국제시장을 추구했던 남부의 지주 자본가들
에게 이윤 획득의 기회들을 확대하기보다는 오히려 제한하는 구실을 했다는
것이다. 중앙의 당파들이 지향하는 것이 반자본주의적인 것은 아니었다. 그들
은 근본적으로 중도를 지향했는데 그것은, 우선 국가를 강화하라, 그러면 자
연스럽게 상업적 기회들이 뒤따르리라는 것이었다.

  잉글랜드에서와 마찬가지로 그 왕정은 새로운 세계경제에서 성공적으로 경
쟁할 수 있는 새로운 세력들에 기반을 둔 하나의 국민경제를 창출하려는 소

---

199) "그 정당들이 혁명적 추진력을 잃고, 또 그들의 설교가 사회적 내용을 상실했을 때, 그
    들은 하층계급들의 지지를 급속하게 잃었다. 동맹전쟁들이 야기한 유린과 프랑스 농민들
    의 점증하는 곤궁은 영주들과 그들이 걷는 지대, 성직자들과 그들이 걷는 십일조 그리고
    세금징수인들과 그들이 걷는 타유(taille)에 대해서 반대하도록 만들었다 ; 그러나 그들은
    종교나 정치적 정파들을 고려하지 않았다. 이 자크리들은 1594-95년에 중부, 남부 프랑
    스에서 일어난 크로캉 운동에서 절정에 달했다. 그들은 오로지 그들을 진압하기 위해서
    결성된 영주들의 연맹에 대항하여 열띤 전투를 벌였다. 이것과 17세기에 일어난 많은 유
    사한 저항들의 분출은 농촌사회와 프랑스의 조세제도에 우울한 빛을 던졌다 ; 그러나 그
    것들은 1789년의 혁명까지 이렇다할 정치적인 효과 없이 잔존했다." 같은 책, p. 307.
       자크리들은 르 루아 라뒤리가 1550-90년에 랑그도크의 최하층 농민이 겪었던 "이중
    적인 빈곤화"라고 부른 것의 견지에서 쉽사리 설명될 수 있다 : "소토지 소유자들을 괴
    롭혔던 것, 즉 토지의 분할로 인하여 토지의 숫자가 불어난 반면, 토지의 규모가 감소한
    것을 보충할 정도로 토지단위당 실질소득이 늘어나지는 않았다는 것 ; 그리고 실질임금이
    하락한 결과로 임금노동자들을 괴롭혔던 것." Le Roy Ladurie, *Paysans du Languedoc*,
    I, p. 317.
200) Koenigsberger, *New Cambridge Modern History*, III, p. 314.

망과 사회적으로 보수적인 세력들에 바탕을 둔 신분과 특권체제의 정점이 되려는 희망 사이의 모순에 사로잡혀 있었다. 무모한 선택을 피하기 위하여, 국왕은 —— 잉글랜드에서와 마찬가지로 프랑스에서도 —— 새로운 세력의 선구자로서의 역할보다는 귀족적인 편향을 좀더 편안하게 느꼈다. 그러나 두 나라 사이에 차이점이 있었다면 그것은 잉글랜드에서는 농촌과 도시의 신생 자본주의적 집단들이 더욱 강력한 국민경제로부터 이익을 얻을 수 있다고 느낀 점이다. 하지만 프랑스에는 멀리 떨어진 파리에 희생당하고 있다고 느끼는 상인집단들이 있었으며, 그 직영지 내에서 새로운 가내공업을 키워가고 있었던 잉글랜드의 지주들보다는 그 구조와 필요 면에서 (다른 무엇보다도 개방경제를 필요로 했던) 폴란드와 같은 주변부 국가들의 지주에 가까웠던 남부의 자본주의적 농업이 있었다. 잉글랜드에서, 국왕은 그의 "민족주의적" 태도가 그의 반대자들의 "단기적" 이해관계와 일치했기 때문에 반대자들의 자제를 기대할 수 있었다고 말할 수 있다. 프랑스 국왕은 이렇게 할 수 없었고, 국가를 결속하기 위해서는 더욱 엄격한 수단을 사용할 수밖에 없었다. 그에 따라 나타난 결과가 바로 16세기 후반의 내란과 17세기 초반에 출현한 관료제적 중앙집권이었다.

그러나 그 대가는 무거웠다. 분명히 종교전쟁은 절대주의의 성장을 촉진했을 것이다. 그러나 무니에가 부연하고 있듯이, "잉글랜드에서와는 달리, 교역, 산업 그리고 부르주아지의 발전에 제동이 걸렸다."[201] 그것으로도 아직 대가를 다 치른 것은 아니었다. 루이 13세와 리슐리외의 시대는 더 많은 희생을 치러야 했다. 그러나 이 대가를 평가하기 위해서, 우리는 이제 세계경제의

---

201) Mousnier, *Les XVIe et XVIIe siècles*, p. 103. 종교전쟁이 경제에 미친 부정적인 영향은 점증적인 영향력을 지닌 것이었다. 왜냐하면 로버트슨의 주장처럼 "경제적 조건들이 나빠지는 곳에서, 위협을 받고 있는 기존의 이해관계들을 보호하기 위한 수단으로서 국가를 이용하는 것은 일반적인 관례가 되었기" 때문이다. 독일에서, 권력집단들이 여럿이라는 것은 시장의 축소를 의미했으며 길드와 도시의 독점이 소생하도록 방치한다는 것을 의미했다. "프랑스에서도 또한 길드의 권력은 1581년과 1597년의 칙령들을 통해서 상당히 강화되었다." H. M. Robertson, "European Economic Developments in the Sixteenth Century", *South African Journal of Economics*, XVIII, 1, 1950, 46.

일반적인 상황으로 관심을 돌려야 한다.

"장기" 16세기는 이제 막을 내리고 있었다. 그리고 대부분의 역사가들이 주장하는 것처럼, 그 증거는 위기가 있었다는 사실이다. 위기인가 혹은 위기들인가? 왜냐하면 1590년대에 경기후퇴가 있었고, 1620년대에 또 한번의 경기후퇴가 찾아왔으며, 1650년 무렵 최후의 일격이라고 할 만한 위축이 나타났으니 말이다. 정확한 시기에 대한 논쟁 —— 이상적인 구분점이 1622년인가, 1640년인가, 혹은 1650년인가에 대한 논쟁 —— 에 대해서 그렇게 장황하게 논의하지는 않겠다. 스푸너는 사실상 장기 16세기의 이 "절정과 분수령"의 문제에서 인식해야 할 가장 중요한 현상들 중 하나는 전환점이 "꽤 넓은 기간에 걸쳐서 퍼져 있었다"[202]는 점이라고 주장한다. 우리는 여러 가지 이유로 1640년을 종결점으로 선택했지만, 이 경계를 벗어나지 않는다고 장담할 수는 없다. 그럼에도 불구하고 주된 논점은 거의 예외 없이 역사가들이 이 시기를 전후한 어떤 시점에 일종의 결정적인 전환점이 있었다는 생각을 받아들인다는 것이다.[203]

그 위기는 어떤 요소들로 이루어져 있었는가? 첫째는 가격동향의 반전, 즉 유럽 세계경제의 경제적 팽창을 지탱해주었던 가격 상승의 종결이다. 그런데 일반적으로 이 반전이 북부보다는 남부에서 그리고 동부보다는 서부에서 그리고 내륙지역보다는 해안지역에서 더 빨리 일어났다는 것을 인식하는 것이 이 시기와 그 이후의 세계경제의 발전을 이해하는 데 결정적으로 중요하다.[204] 어떤 시기상의 격차가 있었으며, 그것도 한두 해의 격차가 아니었다.

202) Frank C. Spooner, "The European Economy, 1609-50", *New Cambridge Modern History*, IV : J. P. Cooper, ed., *The Decline of Spain and the Thirty Years' War, 1609-48/59* (London and New York : Cambridge Univ. Press, 1970), 69.

203) 오직 르네 베렐만이 그러한 조류에 역행하면서 1594년에서 1689년에 이르는 기간을 하나의 가격의 국면으로 지적하고, 1628-55년은 그저 (그 국면의 중간에 낀) 중간기라고 주장한다. René Baehrel, *Une croissance : la Basse-Provence rurale (fin XVIe siècle-1789)* (Paris : S.E.V.P.E.N., 1961), 50-57.

204) Pierre Chaunu, "Le renversement de la tendance majeure des prix et des activités au XVIIe siècle", *Studi in onore di Amintore Fanfani*, IV : *Evo moderno* (Milano : Dott A. Giuffrè-Ed., 1962), 231 참조.

418

문제는 무적함대가 패배한 직후에 에스파냐에서 시작되었다. 그러나 교역은 여전히 부침을 거듭하고 있었다. 쇼뉘의 자료는 1608년이 에스파냐의 대서양 무역이 정점에 도달한 시점이라는 것을 보여준다. 그 이후 1622년까지 일종의 정체기가 나타났는데, 쇼뉘는 이것을 일시적인 평화가 가져온 경제적인 안정효과에서 비롯된 것이라고 생각한다.[205] 그 정체기에 이어 결정적인 경기하락이 나타났다. 그러나 무적함대의 군사적, 정치적 패배는 번영을 뒷받침해준 자원이 바닥나 표면이 얇아진 풍선을 터뜨린 것에 불과하다. 에스파냐의 아메리카 대륙에 대한 착취는 특히 파괴적이었는데, 그것은 발전된 기술로 행하는 일종의 원시적 사냥, 채집에 가까운 것이었다.[206] 그 과정에서 에스파냐는 토지와 인력을 모두 탕진했다. 에스파냐는 단지 인디오 노동력을 소진시켰을 뿐만 아니라, 우리가 살펴본 것처럼, 또다른 방식으로 자신의 노동력을 소진시켰던 것이다.[207]

대단히 중요한 한 가지 결과는 금은 수입의 감소였다. 예를 들면 1641-50년에 아메리카로부터 세비야로 수입된 금은의 연평균량은 은의 경우는 1591-1600년의 평균 수입량의 39퍼센트였고, 금의 경우는 8퍼센트에 불과했다. 금

---

205) "평화는 아마도 매우 역설적이게도 1608-12년에서 1619-22년에 이르는 기간에 그 교역이 지속될 수 있었던 주된 비밀일 것이다. 이 10년 남짓한 시기가 대서양 에스파냐에게는 오랜 머뭇거림 끝에, 더 이상 존재하지 않는 번영의 상승국면의 분명한 종결과 쇠퇴 국면의 분명한 출발점을 갈라놓는다." Pierre Chaunu, *Séville et l'Atlantique (1504-1650)*, Vol. VIII (2 bis) : *La conjoncture (1593-1650)* (Paris : S.E.V.P.E.N., 1959), 889. 또한 pp. 1404-1405도 참조.

206) "16세기에 모든 아메리카의 땅은 생산물을 줍기만 하면 되는 거대한 들판으로 생각되었다. 그러한 수집은 단순히 수세기에 걸친 단조로운 노동으로 축적된 잠재적인 부를 상업적인 망에 이전시키는 것에 의해서이건 혹은 수송로에 가장 가까운 토지들이나 혹은 지표의 광맥들을 훑어내는 방식으로 이루어진 것이건 간에, 중개자를 통해서만 가능한 것이었다. 즉 그것은 인디오라는 완충장치를 통해서만 가능했던 것이다. 그러나 이러한 목표로 인디오를 최초로 이용한 것은 그들을 보존하는 데에는 전혀 신경쓰지 않고 인간들을 파괴하는 짓이었으며, 보충할 생각은 하지 않고 부를 써버리는 것이었다. 따라서 그 지역은 급속하게 고갈되어 40여 년 만에 씨를 뿌린 지역이 고갈되었고, 70여 년 만에 전 지표가 고갈되었다. 그럼으로써 17세기의 대(大)플랜테이션 농장들은 수입노동력에 전적으로 의존할 수밖에 없는 형편이었다." Chaunu, 같은 책, pp. 1422-1423.

207) 같은 책, pp. 1423-1425 참조.

은의 산출량은 "가혹한 한계수확체감법칙과 이윤체감법칙의 희생물"[208]이 되었다. 그러나 교역이 갑작스럽게 감소하지는 않았기 때문에 —— 사실 그것은 여전히 팽창 중이었다 —— 가치절하는 불가피했다.

바로 이 시점에서 처음으로 불균등한 국가발전을 수반하는 단일한 세계경제의 존재 때문에 결정적인 차이가 나타난다. 북서부 유럽 국가들에서의 가치절하는 남부, 중부, 동부 유럽의 국가들에 비해서 그 정도가 훨씬 덜했다.[209] 이러한 가치절하들은 물론 금은의 가격에 관한 것이었다. 르네 베렐은 그 책의 부록에서 금은의 가격 변동과 물가의 변동 사이에 필연적인 관계가 있는 것은 아니며, 사람들이 주로 후자에 입각하여 실제적인 경제적 결정을 내린다는 것을 보여준다.[210] 그러나 그가 이러한 지적을 17세기와 18세기의 경제에 관한 책에서 논의하고 있다는 점에 유념해야 한다. 루블린스카야는 16세기와 17세기를 구분해주는 것이 바로 1615년 이후에 처음으로 "금과 은의 유입에 종속되지 않은, 독립적인 가격운동"[211]이 나타난다는 사실이라고 지적한다. 그녀는 이 사실이 "가격혁명"의 종언을 규정한다고 주장한다. 루지에로 로마노는 1619-22년 사이에 화폐의 가치하락이 급격히 가중되는 현상이 나타난다고 주장한다. "중요한 것은 그 현상의 강도이다.……"[212] 1619년에는 화폐가 너무 풍부해서 이자율이 1.2퍼센트로 떨어졌는데, 그것은 "1522-1625년 전체

---

208) Spooner, *New Cambridge Modern History*, IV, p. 79.
209) 같은 책, 표 2(p. 86)와 지도 1(p. 87)에서 스푸너는 이것을 매우 분명하게 보여준다. 잉글랜드와 홀란트는 평가절하에 대해서 가장 강력하게 반발했으며, 폴란드, 제노바 그리고 에스파냐는 반발이 약했던 지역이었다. 프랑스는 에스파냐보다 상황이 약간 나았을 뿐이다.
210) René Baehrel, *Une Croissance*, pp. 2-20 ; "Economie et histoire à propos des prix", in *Eventail de l'histoire vivante : hommage à Lucien Febvre* (Paris : Lib. Aramnd Colin, 1953) I, 287-310. 베렐은 다음과 같이 이 논문의 결론을 맺는다 : "마르크 블로크는 '사회적 은폐막'에 주의를 기울이라고 권했다. 우리도 또한 '경제적 은폐막'에 대해서 이야기해야만 할까? 한번은 뤼시앵 페브르가 나에게 루터가 면죄부에 대해서 반대한 것은 그것이 허구적인 안정을 제공한다는 점이었다고 가르쳐주었다. 우리는 금은 가격들에 대해서도 같은 이야기를 할 수 있을까?"[p. 310]
211) Lublinskaya, *French Absolutism*, p. 15.
212) Romano, *Rivista storica italiana*, LXXIV, p. 522.

를 통틀어 가장 낮은 이자율"[213]이었다.

오직 홀란트와 어느 정도로(어느 정도였는지 곧 살펴보겠지만) 잉글랜드만이 전반적인 경기침체를 피했다.[214] 사실 로마노는 홀란트가 경기침체를 피했을 뿐만 아니라, 대략 1590-1670년 언저리의 시기는 홀란트의 농업팽창기라고 주장한다.[215]

왜 북서부 유럽은 이렇듯 불행의 바람들로부터 비교적 안전하게 보호받을 수 있었는가? 쇠뉘는 좀더 복잡한 설명을 제시한다. 16세기에 북서부 유럽에서 물가는 금은이 도착하는 시간격차 때문에 에스파냐의 물가에 비해서 덜 급격하게 상승했다. 그러나 북서부 유럽은 항상 그 금은의 일부를 밀수로 획득했다. 밀수된 금은의 비율은 시간이 흐를수록 높아졌다. 따라서 에스파냐의 물가가 하락하기 시작하는 그 순간에, 밀수된 금은이 가격 상승에 미친 효과는 (가격 상승에 영향을 주는) 전체적인 영향력 중에서 훨씬 큰 비중을 차지하게 되었다. "따라서 경기침체 요소의 영향을 덜 받았기 때문에, 북유럽의 가격들은 에스파냐의 가격수준에 더욱 근접하는 경향이 있다."[216] 이러한 설명은 약간 무리가 있는 것 같다. 왜냐하면 이 설명이 설득력을 가지려면 밀수된 금은의 상대적인 공급량이 아니라 절대적인 공급량의 상당한 하락이 없었

---

213) 같은 책, p. 525. 로마노는 그의 수치를 Cipolla, "Note sulle storia del saggio d'interesse", 표 3에서 끌어냈다. 로마노는 치폴라가 제시한 수치들을 잘못 베낀 듯하다. 그것은 1.1퍼센트가 되어야 한다.

214) Ruggiero Romano, "Encore la crise de 1619-22", *Annales E.S.C.*, XIX, 1, janv.-févr. 1964, 33 참조.

215) Romano, *Rivista storica italiana*, LXXIV, p. 516. 내친 김에 글라만은 왜 이러한 팽창이 결국 끝나는지에 대해서 설명한다. 그는 남유럽과 서유럽에서 곡물의 새로운 자급자족이 나타나는 바람에 유럽에서 발트 해의 곡물이 차지하는 역할이 1650년 이후에 상당히 쇠퇴하며, 그에 따라 네덜란드의 경제적 역할도 쇠퇴한다고 지적한다. *Fontana Economic History of Europe*, II, p. 42. 이것은 다시 부분적으로 (아마도) 인구의 감소와 대부분 경작지의 생산성과 그 면적의 증가로 설명할 수 있을 것이다. 남부 유럽의 경우 그것은 그 지역의 주변부화의 일부였다. 더욱이 1650-1750년의 유럽 세계경제의 위축기에, 잉글랜드는 더 많은 이윤을 거둘 수 있었던 시기에 주변부에 넘겨주었던 국제 곡물 교역의 일부를 되찾아오는 것이 고도의 무역 균형을 유지하는 데 유리하리라는 점을 알았다.

216) Chaunu, *Séville*, VIII (2bis), p. 90.

다는 것을 전제해야 하는데, 스푸너의 수치들로부터 추론할 수 있는 것처럼 그것은 사실이 아니었기 때문이다.

피에르 자냉은 경기침체를 낳는 힘들에 대한 북서부 유럽의 저항이 세계경제 내에서 이 지역이 가진 이점들에서 비롯된 것이라고 분석함으로써, 표적에 더욱 가까이 다가서고 있는 것 같다.[217] 그는 지리적 입지조건(북동부의 곡창지대 및 삼림지역과 그 수출품들을 필요로 하는 나라들 사이의 교차점에 있는 대서양), 산업적 능력(네덜란드와 잉글랜드의 직물처럼 과거에 뿌리를 둔 능력 또는 스웨덴의 주철처럼 국제경제의 확대에 의해서 실현된 경제적 잠재력에 근거를 둔 능력)을 거론한다. 더욱이 지중해 지역에서 인구가 하락하고 있던 바로 그 시점에, 북유럽의 생산력이 팽창했다는 것은 인구의 지속적인 증가를 의미했다. 피에르 쇼뉘는 1620년에서 1650년 사이에 제국의 인구는 2,000만에서 700만으로 감소했고, 1600년에서 1650년 사이에 이탈리아의 인구는 200만이 감소했던 것으로 추산한다. 비교적 인구감소가 심하지 않았던 나라는 잉글랜드와, 이번에는 프랑스였다.[218]

하나의 지정학적 현상으로서 이것은 에스파냐가 지배하는 대서양의 종결과 유럽이 지배하는 대서양의 확립을 의미했다.[219] 1624년에 재개되어 사실상 에스파냐 경제에 결정적인 타격을 입혔던 전쟁은 네덜란드가 브라질의 포르투갈 식민지를 공격하면서 시작되었는데, 당시 포르투갈은 에스파냐 국왕의 영토였다.[220] 1590년에서 1600년 사이에 네덜란드인들과 영국인들은 그때까지는 포르투갈-에스파냐가 독점하고 있던 아시아 교역, 특히 후추

217) "북서부가 누린 '번영'은 알 수 없는 어떤 신비한 힘이 내린 은총이 아니다 ; 그것은 내부적인 요인들로부터 비롯된 것이었고, 그 요인들의 개략적인 목록은 구조적 요인들과 콩종크튀르적인 요인들 사이에서 금방 드러난다." Pierre Jeannin, "Les comptes du Sund comme source pour la construction d'indices généraux de l'activit économique en Europe (XVIe–XVIIe siècles)", *Revue historique*, CCXXXI, avr.–juin 1964, p. 325.
218) Pierre Chaunu, "Réflexions sur le tournant des années 1630–1650", *Cahiers d'histoire*, XII, 3, 1967, 259–260 참조.
219) Lublinskaya, *French Absolutism*, p. 52 참조.
220) 에스파냐 경제에 미친 영향에 대해서는 Chaunu, *Séville*, VIII (2 bis), 1535–1537 참조.

교역을 공략하기 시작했고, 그에 따라 향료 가격이 폭락했다.[221] 여기서 우리는 당대인들이 "세계의 부의 총량은 일정하므로 상업정책의 목표는······ 개별 국가에게 가능한 한 그 케이크의 가장 큰 조각을 확보하기 위한 것이어야 한다"[222]고 생각하게끔 이끈 중상주의적 시각을 어떻게 발전시켰는지 잘 이해할 수 있다.

그러나 사실상 그것은 늘 일정한 것이 아니었다. 한편으로 우리는 16세기의 종결이 유럽 전역에 걸친 "이윤의 폭락, 지대의 폭등, 경제적 정체"[223]를 의미했다고 주장할 수 있다. 그러나 이러한 주장은 좀더 구체적이어야 한다. 로마노는 16세기가 "12-13세기와 마찬가지로 대규모 농업이윤의 세기"[224]였다고 주장한다. 17세기 말과 18세기에 더 강제적이고, 저임금의 농업노동력에 바탕을 둔 대규모의 자본주의적 농업이 확대되었다는 것은 그만큼 손쉽게 얻을 수 있는 농업이윤이 하락했음을 뜻한다. 로마노의 논평은 적절하다:

페르낭 브로델이 한편으로 "파산", "부르주아지의 배신"이며 다른 한편으로는 "영주의 반동"이라고 불렀던 이 거대한 현상들은 자세히 살펴보면 서로 다른 두 유형이 아니라 하나의 유형이었던 것 같다. 거의 같은 사람들, 아니면 적어도 한 가문의 후손들이 부르주아라는 그들의 출신을 배반하고 (그리고 무엇보다도 부르주아로서의 기능들을 저버리고) 영주의 반동체제에 들어갔던 것이다. 이탈리아의 예를 다루면서 나

221) Herman Kellenbenz, "Autour de 1600 : le commerce de poivre des Fuggers et le marché internationale de poivre", *Annales E.S.C.*, XI, 1, janv.-mars 1956, 특히 23, 27 참조.

222) Glamann, *Fontana Economic History of Europe*, II, p. 5. 오늘날의 관점에서 보아도 이것이 그렇게 그릇된 것일까? 로버트슨의 견해는 다음과 같다 : "19세기에는 아마도, 경제적 진보의 비용을 최소화하거나 혹은 심지어 무시하려는 경향이 있었다 ; 오늘날에는 그것에 지나치게 관심을 쏟는 경향이 있는 것 같다. 16세기에는 한 사람 혹은 한 나라의 이익은 다른 측의 손해라는 것이 거의 공리로 보였을 정도로 이러한 비용들은 전면에 부각되어 있었다. 이곳에서 더 많은 경제활동이 이루어지는 것은 다른 곳에서 고용이 줄어든다는 것을 의미했던 것이다. 네덜란드의 속담이 간명하게 말해주듯이, "한 사람의 죽음은 다른 한 사람의 빵"인 것이다. Robertson, H. M., *South African Journal of Economics*, XVIII, p. 46.

223) Chaunu, *Cahiers d'histoire*, XII, p. 264.

224) Romano, *Annales E.S.C.*, XIX, p. 33. 고딕체는 월러스틴의 강조.

는 이 현상을 "재봉건화"라고 부른바 있다.[225]

그러나 로마노도 주장하고 있는 것처럼 홀란트와 잉글랜드는 이번에도 역시 예외였다.

그러나 우리는 우리의 이야기보다 너무 앞서나가지 말아야 한다. 차후의 시대를 이해하기 위해서는 잉글랜드와 프랑스가 "장기" 16세기를 마감하는 격동들에 어떻게 대처했는가를 면밀하게 살펴보는 것이 매우 중요하다. 17세기와 18세기에 일어난 유럽 세계경제의 강화는 잉글랜드와 프랑스의 패권 다툼을 중심으로 나타났다. 그러나 어떤 의미에서 이 승부의 결정적인 패는 1600-40년의 기간에 나누어졌다.

클라크는 "제2차" 16세기에 잉글랜드에서 나타난 "괄목할 만한" 산업발전을 설명하면서, 그 근원이 국제교역에 있다고 주장한다. 그리고 그는 이 시기 잉글랜드의 국제교역에 대한 분석을 통해서 이 시기의 시작과 끝 사이에 세 가지 중요한 차이점이 있다는 것을 알아냈다. 첫째, 잉글랜드의 국제교역이 절대적으로는 팽창했음에도 불구하고 소비수요를 충족시키는 면에서는 국내 산업에 비해 상대적으로 쇠퇴했다. 둘째, 암스테르담이 안트베르펜을 계승하여 유럽 세계경제의 중추가 되었으나, 네덜란드에 대한 잉글랜드의 관계는 의존과 보완의 관계에서 경쟁의 관계로 변했다. 셋째, 잉글랜드의 외부교역이 유럽 내에서 훨씬 다변화되었고, 그리하여 잉글랜드는 러시아, 레반트, 인도양 지역 그리고 아메리카와 체계적인 교역을 시작했다.[226]

그러나 엘리자베스 여왕의 치세가 끝나기 전까지 이 변화들은 눈에 띌 정도로 나타나지 않았다. 또한 이 변화들이 클라크가 생각하는 것만큼 순조롭게 전개된 것도 아니었다. 왜냐하면 이 변화들은 튜더 왕조의 국왕들이 퍽이나 노련하게 이뤄내고자 했던 그 미묘한 사회적, 정치적 균형을 무너뜨리고, 그에 따라 잉글랜드의 정치체제를 분열시키는 상충된 이해관계들이 공공연하게

---

225) Romano, *Rivista storica italiana*, LXXIV, pp. 511-512. 예외로서 홀란트에 대해서는 p. 512 참조. 더욱 제한적인 예외로서 잉글랜드에 대해서는 pp. 517, 519 참조.

226) Clark, *Wealth of England*, pp. 103-107 참조.

424

드러났기 때문이다.

국민총생산에서 국제교역이 차지하는 비중이 작아졌고, 이것을 잉글랜드 경제의 장기적인 건전성을 드러내는 한 징표로 해석할 수 있다는 것은 틀림 없는 사실이다. 그러나 이 해석은 국내의 산업화 과정 그 자체가 잉글랜드의 사회구조를 세계시장의 변동에 오히려 더 의존적으로 만들었다는 점을 간과 하고 있다. 배리 서플은 산업혁명 이후의 시기와는 달리 산업에서 고정자본이 담당하는 역할이 작았으므로, 국민경제의 주기적 변동이 생산력 과잉에 의해 서 야기되지 않았을 뿐만 아니라 자본재 산업의 변동에 의해서 그러한 경기 변동이 격화되는 것도 아니었다고 지적한다. 신용의 변동 역시 그후의 시대에 비해서 그렇게 큰 요인이 아니었다. 따라서 국내시장의 번영은 대개 (기후 변 동으로 유발되는) 수확 변동과 "흔히 국내 경제활동의 변화에 대한 전략적인 결정요인이었던 해외수요"[227]에 따라 좌우되었다. 게다가 그와 같은 변화는 바로 잉글랜드의 산업발전 때문에 정치적으로 대단히 중요한 것이었다 :

> 직물 생산은 충분히 발전한 나머지, 더 이상 농업을 주업으로 삼는 사람들의 부업이 아니었다. 따라서 정부와 사회 전체에게 직물산업의 존재는 항상 무토지 그리고 심 지어 무산계급 사이에서 빈곤과 혼란을 야기할 수 있는 항구적인 위험이었다. 이런 상황이 엘리자베스 시대의 빈민법을 낳는 데 기여했고, 여러 세대의 정치인들이 공 업 성장의 장려를 꺼리도록 만들었다.[228]

그렇다면 경제적 안정과 그에 따른 정치적 안정을 확보하기 위해서 잉글랜 드는 무엇을 할 수 있었을까? 서플은 한 가지 해답을 가리킨다. 그것은 더 멀 리 후퇴하는 것이었다. 피셔에 따르면 "베이컨은 엘리자베스의 치세기를 잉 글랜드가 위험천만하게도 외국의 곡물에 의존했던 위기의 시기로 회고했다. ……"[229] 장기적으로 볼 때, 이것은 북부 이탈리아가 걸었던 탈산업화의 길이

227) Supple, *Commercial Crisis*, p. 9.
228) Supple, 같은 책, 6–7. Astrid Friis, *Alderman Cockayne's Project and the Cloth Trade* (Copenhagen : Levin & Munksgaard, 1927), 22 참조.
229) F. J. Fisher, "Tawney's Century", in Fisher, ed., *Essays in the Economic and Social*

다. 또다른 해답은 더욱더 해외로 팽창하여 새로운 공급원을 확보함으로써 공급에 대한 압박을 극복하고, 새로운 시장을 확보하여 수요에 대한 압박을 극복하는 것이었음.[230] 이것이 바로 북부 네덜란드가 걸음을 내딛고 있던 길이다. 이 두 가지 해결책 가운데 어느 하나를 선택한다는 것은 잉글랜드의 국내 사회구조의 견지에서 볼 때 운명을 좌우할 중대한 결정을 내려야 한다는 것을 의미했다. 튜더 왕조는 모든 노력을 기울여 이러한 선택을 피하려고 했다. 그 결과는 어중간한 타협책이었다. 엘리자베스 시대의 대외교역량에 대한 분석을 통해서 로렌스 스톤은 "저 유명한 엘리자베스 치세기의 교역 팽창은 하나의 거룩한 신화처럼 보인다"[231]라고 결론짓는다.

1600년경 잉글랜드가 네덜란드의 경제적 후견으로부터 얼마나 벗어나 있었는가 하는 점을 살펴볼 때, 우리는 국내교역에 대한 잉글랜드 상업 부르주아지의 통제권이 증대되는 과정이 1552년에 처음으로 그리고 1598년에 결정적으로 한자 동맹의 특권들을 폐지하는 법령들에 의해서 어느 정도 완결되었다는 것을 확실히 알 수 있다.[232] 이것은 모험상인들과 같은 폐쇄적인 독점체들

---

*History of Tudor and Stuart England* (London and New York : Cambridge Univ. Press, 1961), 4-5.

230) 피셔는 그 압박을 다음과 같이 개괄한다 : "1차 상품 생산에서, 팽창에 대한 장애물들은 주로 공급의 측면에 있었고 대개 당시의 기술적 한계들로부터 비롯되었다.……
"중세와 마찬가지로 16-17세기에도 인간은 식량뿐만 아니라 음료, 연료와 목재, 양모, 피혁, 수지와 같은 기본적인 공업원료들을 토지로부터 구했다.……그러한 상황 아래서 경제적, 인구적 팽창은 토지에 어떤 긴장을 주었다. 그 긴장은 이를테면 후대에 그리고 다른 상황에서라면 무역수지에 가해졌을 것이다.……
"반면에 2차 상품 생산에서, 팽창의 장애물은 공급보다는 수요 부문에 있었을 것이다.……대부분의 공업분야에서, 주된 생산요소는 노동이었고 이 노동은 값싸고 풍부했다.……비정규적으로 고용되고 그나마 몇푼밖에 받지 못하는 노동자와 빈농은 빈약한 구매자였다." 같은 책, pp. 3-4, 6.

231) Stone, *Economic History Review*, II, p. 50.

232) "1598년의 사건은 잉글랜드가 주변부에서 새로운 교역체계의 중심으로 이동하고 있다는 것을 보여주는 상징적인 징표였다." W. E. Minchinton, "Introduction", *The Growth of English Overseas Trade in the Seventeenth and Eighteenth Centuries* (London : Methuen, 1969), 3. 아직 그곳에 도달한 것이 아니라, "……그곳을 향하여 움직이고 있었다"는 것, 바로 이것이 핵심이다!

에게 이익이 되기 마련이었다.[233] 이러한 집단들의 이익은 대개 그 중간적인 타협책의 불안한 균형상태 속에 있었던 것이다.

스튜어트 왕조 치하에서 다른 상인들이 네덜란드가 담당하던 직물산업의 마무리 공정에 좀더 직접적으로 도전할 수 있는 법적 권리를 얻었을 때——이른바 시 참사회원 코케인의 계획(1614년 런던 시 참사회원 코케인이 제안한 것으로 잉글랜드가 그때까지 모험상인들을 통해서 수출하던 염색하지 않은 모직물을 잉글랜드에서 직접 염색하고 마무리 작업을 하여 수출하도록 한 계획/옮긴이)[234]—— 독점체들은 실패했다. 서플에게 이 실패는 다음과 같은 사실을 보여준다 :

> 네덜란드인들이 잉글랜드의 반가공된 직물들을 염색하고 마무리했던 국제적 분업은 회사에 관한 규제를 인위적으로 종속시켜서 유지되는 임의적인 현상이 아니었다. 반대로 17세기 초에 이르면 그것은 잉글랜드가 자국의 위험을 무릅쓰고서라도 도전하려고 했던 경제적 현실을 반영하는 것이었다.[235]

따라서 엘리자베스 여왕이 해외팽창을 주저하며 보여준 자제력은 그렇게 무분별한 것만은 아니었다.[236] 튜더 왕조의 국왕들은 외부세력에 대한 국가기구의 정치적 자율성을 강화할 때까지 국내의 사회적 갈등을 지연시켜왔고, 그럼으로써 잉글랜드는 정치적, 사회적 세력들 사이의 폭발적인, 그러나 불가피한 재조정을 감당할 만한 힘을 갖추게 되었던 것이다.

마지막으로, 엘리자베스 시대는 얼마만큼 해외 다변화의 시대였는가? 분명히 바로 이때 잉글랜드의 상선들이 발트 해로 되돌아가고 지중해, 러시아, 아프리카로 항해하기 시작했다. 그리고 이 시기는 최초로 특허회사들이 설립된

---

233) Rich, *New Cambridge Modern History*, I, pp. 461-462 참조.
234) 일반적인 설명은 Friis, *Alderman Cockayne's Project*, p. 22에서 찾을 수 있다.
235) Supple, *Commercial Crisis*, pp. 49-50.
236) 스톤 자신도 다음과 같이 인정한다 : "생산의 팽창으로 공급받던 거대한 두 소비시장이 국가의 군수품과 빈곤한 계급들의 기본적인 생필품 시장이었다는 점은 잉글랜드 경제의 새로운 양식에서 매우 의미심장한 것이다." Stone, *Economic History Review*, XVII, p. 108.

때였다. 그러나 과장하지 않도록 조심해야 한다. 우선 동유럽은 여전히 잉글랜드보다는 프랑스, (암스테르담을 통해서) 에스파냐 경제와 더욱 긴밀한 관계를 맺고 있었고,[237] 또한 엘리자베스 시대의 잉글랜드에 여전히 더 중요했던 것은 프랑스와 반란을 일으킨 네덜란드 여러 주들과의 교역인 것이다.[238]

잉글랜드의 상업 무대에서 펼쳐진 현실들은 튜더 국왕들의 정책들의 원인이자 결과이다. 그들은 양다리를 걸치고 있었다.[239] 1590-1640년 사이의 국제적 경제위기로 이러한 양다리 걸치기가 점점 더 불가능해졌기 때문에 왕정과 그것이 보호하고 있던 독점들의 정치적 안정은 점점 더 약화되고 있었다. 안정이 항상 모든 사람들의 최고선은 아니다. 어떤 이들에게 그것은 "짜증스러운" 것이었다.[240] 1604년에 이르면 상업 팽창의 가능성을 모색하고 있던 상인들의 조바심이 의회에 제출된 각종 자유무역 법안들에서 잘 나타났다. 그 직접적인 동기는 아마 에스파냐와의 평화였는데, 이것은 교역에 대한 몇몇 장애물들을 없애고, 또한 종전에 번성했던 해적 사업가(privateer) 무리를 이를테면 실직시킴으로써, 평화가 으레 그러기 마련인 것처럼, 교역 변화의 전망을 열었던 것이다.[241]

그후 10년 동안에 잉글랜드 직물산업의 상황은 밝아 보였고, 수출은 1614년에 절정에 도달했다. 그러나 서플의 어구를 빌리면, 그것은 "일시적인 인디언 섬머(Indian summer : 뒤늦게 찾아온 호황/옮긴이)"[242]였다. 그 여

237) R. W. K. Hinton, *The Eastland Trade and the Common Weal in the Seventeenth Century* (London and New York : Cambridge Univ. Press, 1959), ix-x 참조.
238) Stone, *Economic History Review*, XVII, p. 51 참조.
239) "안정은 자본주의의 성장을 제한하는 데 달려 있었고, 그것이 절대왕정의 경제정책이었다.……[동시에] 절대왕정의 군사적, 전략적 요구들은 어느 정도로는 산업 자본주의의 출현을 촉진하는 결과를 낳았다." Manning, *Past & Present*, No. 9, p. 49.
240) "16세기 말에 이르면, 한 세대 전에는 무척 바람직한 것으로 보였던 안정이 이제 귀찮은 것으로 여겨졌다 ; 교역 팽창의 조건들이 다시 한번 나타남에 따라, 그러한 팽창에 반대하는 감정은 수그러들었다 ; 그리고 대불황기의 규제들의 이면에서 자라난 기득권들을 뿌리 뽑는 것이 17세기의 주요 과업들 중 하나가 되었다." Fisher, in Carus-Wilson, ed., *Essays in Economic History*, I, p. 72.
241) Friis, *Alderman Cockayne's Project*, pp. 49-150 참조.
242) Supple, *Commercial Crisis*, p. 29.

름에 뒤이어 확실하게 "구 직물류의 해외시장을 영구적으로 제한했던" "전례 없는"[243] 경제불황이 도래했다. 무엇이 이 갑작스러운 경기하락을 낳았을까? 사실 그것은 그렇게 갑작스러운 것이 아니었고, R. W. K. 힌튼이 주장하는 것처럼, 차라리 "한동안 악화되고 있던 상황이 갑자기 더 나빠진 것"[244]이었 다. 실제로 일어난 일은 잉글랜드에 대한 대륙 통화들의 가치절하로 인하여 교역조건이 대단히 불리해졌고, 그럼으로써 "[영국의] 직물이 [그들의 북부 및 중부 유럽] 시장에서 팔리지 않을 만큼 가격이 올라간"[245] 사실이다. 이것 은 금은의 유출을 낳았고, 설상가상으로 1621년과 1622년의 흉작 때문에 곡 물을 수입해야 했으므로 유출은 더욱 심해졌다.[246] 금은의 급격한 손실은 "안 정적인 금속 주화를 지속적으로 공급받아야만 하는 미숙한 경제에서는 매우 중요한 의미가 있었다."[247]

J. D. 굴드는 잉글랜드가 1550-1600년 사이의 국제적인 가격우위를 "특권 쟁탈에" "낭비해버린" 대가를 이제와서 치르는 것이었다고 주장한다. 그 결 과, 이제 가격우위가 역전되었으므로 "잉글랜드는 저비용, 적응력, 끊임없는 개량에 바탕을 두고 번성하던 경쟁국[네덜란드]에 대항하기에 부적합한 경직 되고 과점적인 고비용 경제의 짐을 지게 되었다."[248] 네덜란드인들은 이제 잉 글랜드 자체의 수입교역에 파고들 수 있었으며,[249] 독일과 동유럽으로의 직물

243) 같은 책, p. 52.
244) Hinton, *The Eastland Trade*, p. 20. 서플의 다음과 같은 주장을 보라 : "코케인 계획, 경쟁 산업들의 성장, 잉글랜드 직물의 재정적 부담들, 대륙의 전쟁으로 야기된 혼란 그 리고 잉글랜드 상인들이 이미 겪고 있었던 광범위한 어려움들로부터 비롯된 폐해를 언 급해야만 불황의 완전한 영향을 설명할 수 있다는 것을 염두에 둘 필요가 있다. 이것들 은 어떠한 불운한 사건이 일단 일어나기만 하면, 경제가 또 한차례의 극심한 경제적 쇠 퇴기를 겪어야 한다는 것을 의미했다. 그 경제적 쇠퇴는 역사상 '대공황'이라는 명칭을 두고 [1929년의 대공황과/옮긴이] 영원히 다툼을 벌일 만한 정도의 것이다." Supple, *Commercial Crisis*, p. 64.
245) Supple, 같은 책, p. 80.
246) 같은 책, pp. 89-96 참조.
247) 같은 책, p. 162.
248) J. D. Gould, "The Trade Depression of the Early 1620s", *Economic History Review*, 2nd ser., VII, 1, 1954, 87.
249) Hinton, *Eastland Trade*, pp. 18-19 참조. 또한 한 가지 특정한 경험적 연구에 대한 그

수출은 네덜란드의 경쟁과 지역적 경쟁으로 타격을 입었다.[250]

상인들과 정부가 모두 놀랐다. 상인들은 잉글랜드로 상품을 수입할 수 있
는 비영국인들의 권리 제한, 영국 상선에 대한 의무적인 이용의 확대, 직물
교역을 증대시키고 금은을 국내로 벌어올 수 있는 발트 해 곡물의 자유로운
재수출과 같은 보호조치의 확대를 요구함으로써 이에 대응했다.[251] 정부는 매
우 다른 시각을 가지고 있었다. 첫째, 의회에서 충분한 교섭력을 확보하고 있
던 농업적 이해집단은 수입곡물의 낮은 가격으로부터 보호를 받아야 했기 때
문에 곡물 수입의 금지를 요구하고 나섰다.[252] 둘째, 정부는 "폭동과 소요를
방지하기 위하여 지방의 빈곤을 완화시키고 경제적 안정과 권력을 유지하기
위하여 상업을 부활시켜야 할"[253] 필요들을 조화시키는 데 골몰하고 있었다.
첫번째 목표를 달성하기 위하여 정부는 20세기의 저발전 국가의 정부들이 사
용하는 해결책, 즉 고용의 창출이라는 정책에 매력을 느꼈다. 그러나 오늘날
과 마찬가지로 그러한 해결책은 수월한 것이 아니었다.[254] 새로운 보호를 제

의 설명을 보라 : "1611년에서 1618년까지의 기간은 우리의 연구시기에서 잉글랜드와 연
합주가 평화를 유지했던 유일한 기간이었고, 따라서 그들의 상선과 상인들이 이 점에서
같은 조건으로 경쟁했던 유일한 기간이었다. 같은 조건에서 경쟁할 때 네덜란드의 상인
들이 기어코 그들의 악명 높은 저운임을 통해서 절대적인 상업적 우위를 재빨리 차지하
리라는 것은 자명하다. 1615년은 보스턴[영국 링컨셔] 항구의 장부들에 기록된 최초의
해이다.……우리는 1615-16년에 연합주로부터 수입된 모든 직물류(즉 포도주를 제외하
고)의 가치가 다른 모든 곳으로부터 온 수입품의 가치보다 훨씬 더 컸던 반면에 다른 모
든 시기에 대해서는 그 반대가 사실이라는 것을 알 수 있다. 마찬가지로 같은 시기에 다
른 모든 곳을 합친 것보다도 연합주로부터 보스턴으로 들어온 선박의 수가 더 많았는데,
이는 교역이 매우 소규모로 이루어진 해였던 1628년을 제외하고는 여기서 논의하는 시
계열의 다른 어떤 때에도 들어맞지 않는 것이다.……[이러한 사실들은] 1620년의 불황
에 대한 당대의 설명, 즉 주로 그것이 네덜란드라는 화물집산지가 잉글랜드의 수입교역
에 미친 영향력에 기인했다는 설명에 설득력을 더해준다." "Dutch Entrepôt Trade at
Boston, Lincs., 1600-40", Economic History Review, 2nd ser., IV, 3, Apr. 1957, 470.
250) Hinton, Eastland Trade, p. 45.
251) 같은 책, pp. 28, 31-32 참조.
252) 같은 책, p. 29 참조.
253) Supple, Commercial Crisis, p. 64.
254) "적자를 보면서 해외시장에 판매할 수는 없노라고 주장하는 무역업자들에게 계속해서
직물을 사달라고 설득할 수 있는 몇 가지 수단을 찾아내려고 애쓰는 가운데 —— 그 시

430

공하기보다 정부는 오히려 독점을 완화하는 방향으로 정책을 펼쳐서, 그것이 상업과 공업을 부활시킬 것인지 시험해보려고 했다.[255] 그러나 특권을 부여받은 회사들과의 협력이 정부에게 아주 많은 이점들을 선사했기 때문에, 정부는 그러한 방향의 정책을 추진할 수 없었다. 그러한 협력은 영사업무와 세관기능을 수행하고, 대부와 과세를 통한 수입원이었으며, 심지어 국제상업을 보호하는 해군의 역할까지 대신하는, 공적 관료기구에 준하는 한 집단의 충성을 확보하는 길이었다.[256] "상투적인 장광설로 이기적인 목표를 감추고 있는 특허회사들과 독점체들은 스튜어트 정부구조의 본질적인 일부였던 것이다."[257] 정부가 조금이라도 반독점의 방향으로 움직였다면, 그것은 사실상 "외항과 소젠트리들을 대표하여 떠들어대는"[258] 의회의 압력 아래서였을 뿐이다.

잉글랜드는 신들의 도움도 별로 받지 못했다. 1623-24년의 교역 부활은 흉작뿐만 아니라 1625년의 흑사병으로 후퇴했다. 에스파냐와의 전쟁 재개는 앞에서 살펴보았듯이 에스파냐에 매우 해로웠을 뿐만 아니라 잉글랜드에게도 도움이 되지 않았다. 또다시 곡물이 필요했기 때문에 국제수지의 위기가 다시 도래했다.[259] 이리하여 잉글랜드 산업의 전통적 심장부는 "쇠퇴, 고통스러운 적응 그리고 광범위한 과잉투자의 긴 역사 한가운데 놓이게"[260] 되었다. 왕권의 개입은 문제를 해결하지 못했다. 그것은 "상업상의 신뢰 위기"를 낳음으로써 상황을 악화시켰을 뿐이다.[261]

도가 어느 정도 성공했는가는 단정할 수 없지만 ── [추밀원은] 논쟁적인 문제들의 벌집 한가운데 서 있음을 깨닫게 되었다." 같은 책, p. 237.
255) 같은 책, pp. 68-69 참조.
256) 같은 책, pp. 242-243 참조.
257) 같은 책, p. 227.
258) 같은 책, p. 71.
259) 같은 책, pp. 99-102 참조. 스티븐스는 다음과 같이 주장한다 : "20년대 후반이 많은 외항들에게 진정한 위기의 시기였던 반면에 20년대 초반에 겪었던 후퇴는 제한적이고 단기적이었으며 어느 정도의 호황이 뒤따르는 것이었다고 단언할 수 있는 문헌상의 근거는 별로 없다." W. B. Stephens, "The Cloth Exports of the Provincial Ports, 1600-1640", *Economic History Review*, 2nd ser., XXII, 2, Aug. 1969, 241.
260) Supple, *Commercial Crisis*, p. 119.
261) 같은 책, p. 125.

잉글랜드의 직물산업이 비용을 절감하는 것은 그렇게 쉬운 일이 아니었다. 부분적으로 그것은 상인들이 국가기구와 아주 긴밀하게 얽혀 있어서 왕권이 산업가들에게 좀더 감량된 작업장을 경영하도록 강제할 수 없었기 때문이다.[262] 또한 노동자들이 상당한 임금삭감에 저항할 수 있을 만큼 비교적 강력했다는 것도 틀림없는 사실이었다.[263] 따라서 탈산업화 이외의 유일한 해결책은 새로운 산업을 발전시켜서 기존 이해집단들을 우회하는 것이었다. 잉글랜드가 구원을 찾은 곳은 바로 "신 직물류"[264]였으니, 이것은 "구 직물류"가 몰락하고

---

262) "처음부터 정부는 가망이 없는 과업을 부여받았다. 법적인 요구들을 강행하려고 한다면, 지나친 비용 상승으로 전반적인 실업이 일어날 것이다. 생산방식의 어떤 변화가, 흔히 그런 것처럼, 경제적 불황의 결과라면, 전자를 억제한다고 해서 후자에게 어떤 해답이 될 수 없었다. 당시의 산업기술들로 볼 때, 잉글랜드의 직물이 주로 불량하다는 이유로 해외에서 입지를 잃었던 몇몇 경우가 있을 수 있었다. 그러나 그러한 인과관계가 역전되었던 예들이 더 많은 것 같다 ; 그리고 이런 경우에, 부실한 제조는 비용을 삭감하는 데 제한적이고 가망이 없는 방식이었기 때문에, 잉글랜드의 문제들에 대한 해답은 다른 방면에 있었다." 같은 책, p. 147.

263) "미숙련 노동력이 값싸고 풍부한 곳에서, 저품질의 제품들을 저비용으로 제조할 수 있었다. 이것은 특히 직물생산이 노동자들에게 부업만을 제공하는 지역에서 빈곤이 만연해 있는 경우에 적용할 만한 것이었다. 한 가지 일로 생계를 유지하는 데 필요한 모든 수단을 생산할 수 있으리라고 기대되는 노동력은 한 가지 일을 전업으로 삼고 있는 경우보다 보통 싸게 먹혔던 것이다. 이것이 애덤 스미스가 섬세한 직물에 비해서 조잡한 직물들이 역사적으로 값이 쌌다는 것을 설명하는 데 들었던 이유이다. 17세기 초에 동부 유럽의 경제적 여건은 이러한 상황에 가까웠고, 이것은 시장의 수요가 요구하는 품질에 대한 기대가 낮아진다면 값싼 직물을 효과적으로 생산하는 데 그 지역이 매우 적합했다는 것을 의미한다." 같은 책 p. 140.

264) 옷감의 종류는 매우 다양했다. 우선 (a) 방모사 직물(woollens) : 따뜻하고 무거운 모직, 즉 폭이 넓고 질이 좋은 나사(broadcloth). 양모의 펠트와 같은 재질에 의존하여 질기고, 짧고 곱슬곱슬한 섬유를 이용했으며, 흔히 털실을 빗질하여 실톳으로 전환시켰다. 양털은 축융과정을 거치게 되는데, 그것은 축축한 상태에서 비누에 담가 두들겨서 더 따뜻하고 촘촘하고 질기게 만든다. 그렇게 되면 디자인이 단조롭고 좀더 차가운 기후에 어울리는 옷감이 된다. (b) "새로운 유형"의 옷감(그러나 기본적으로 여전히 모직이다) : 폭이 좁고 값이 싸다. 커지, 더즌, 스트레이트가 이 유형에 포함된다. 새로운 남부의 시장으로 일찌감치 팔려나가던 것. (c) 본래의 소모사(worsteds) : 빗질한 긴 양모로, 날실과 씨실의 힘에 의존하고, 넓은 폭의 옷감보다 가볍고 야드당 소모되는 양모가 적으며, 축융을 거치지 않고, 비열대 지중해 기후에 적합하다. (d) "신 직물" : 기본적으로 소모사의 일종. 가장 가볍고, 다양한 패턴이 있으며, 때로 축융도 한다. 때때로 실크, 리넨 혹은 면으로

432

있는 바로 그때 수출품목으로서 눈에 띄게 부상하고 있었던 것이다.[265]

높은 가격의 딜레마에 대한 두번째 해결책이 있었다. 잉글랜드는 일종의 재수출 교역을 발전시켰다. 그리고 17세기의 가장 두드러진 두 가지 새로운 특징, 즉 식민지 팽창에 대한 관심 및 네덜란드와의 경쟁을 자극했던 것은 잉글랜드 상업정책의 이러한 측면이었다. 두 가지 흐름은 내란 이후에 뚜렷해졌으나, 진작에 이미 그 징후가 나타났다.[266]

새로운 상품들은 새로운 시장을 요구했다. 그리고 잉글랜드의 수출에 가장 중요한 새로운 영역[267]을 제공했던 곳은 기존의 잉글랜드 독점체들의 규제로

---

날실을 만드는데, 베즈, 세즈, 서지, 퍼페추언, 스타메트, 태미, 래쉬, 퍼스티언 등등이 포함된다. Bowden, *Wool Trade*, pp. 41-43 ; Friis, *Alderman Cockayne's Project*, p. 2 ; Supple, *Commercial Crisis*, p. 5 ; D. C. Coleman, "An Innovation and its Diffusion : The 'New Draperies'", *Economic History Review*, 2nd ser., XXII, 3, Dec. 1969, 418-423.

265) 보든은 이러한 부상의 원인을 상업적인 요인들보다는 기술적 요인들에서 찾는다. 그의 주장은 다음과 같다 : "온도보다는 목축과정이 양모의 굵기와 그 섬유의 길이에 훨씬 큰 영향을 미친다. 양이 영양분을 많이 섭취하면 할수록 그 크기도 커진다. 양모의 품질도 예외가 아니어서 그 동물의 다른 모든 부위와 마찬가지로 잘 먹이면 그만큼 그 길이와 양이 증가한다.……목양을 위한 인클로저들은 목장주든 양이든 좀더 편안히 살아가도록 해주었다. 얼 경이 이미 말했던 것처럼, '인클로저가 늘어남에 따라 양들은 더 잘 먹을 수 있게 되었고, 그 양모는 품질의 미세함이 조금 떨어지기는 했지만 길이와 무게는 훨씬 늘어났다.' 따라서 16-17세기 전체에 걸쳐서 잉글랜드에서 생산하는 곱고 짧은 양모의 공급은 점차 줄어들었고, 좀더 길고 거친 양모의 공급은 늘었다." Bowden, "Wool Supply and the Woollen Industry", *Economic History Review*, 2nd ser., XI, 1, 1956, 45-46. 서플은 다음과 같은 반론을 제기한다 : 보든은 "저급품의 비교 대상이었던 대륙 산업의 팽창이나 혹은 대륙의 산업화가 기반을 두고 있었던 유럽 양모 공급의 현저한 증가를 고려하지 않는다. 더욱이 경쟁은 직접적으로 고급품 시장에서 가장 격렬하게 일어난 것이 아니라, 상대적으로 조잡한 직물들의 시장에서 일어났다 —— 그것은 해외에서 생산되는 저급품들이 전통적인 잉글랜드의 고급 나사를 대체할 정도로 팽창되었다. 구 직물에 그처럼 불행한 반향을 불러일으킨 것은 잉글랜드의 산업이 악화되었던 것 때문만이 아니라 시장과 다른 공급처에서 일어난 일련의 근본적인 변화들 때문이었다." Supple, *Commercial Crisis*, p. 143.

266) F. J. Fisher, "London's Export Trade in the Early Seventeenth Century", *Economic History Review*, 2nd ser., III, 2, 1950, 159-161 참조.

267) "내란 이전의 반세기 정도의 시간에 잉글랜드 경제가 점차 강력해졌던 것은 지중해 지

부터 비교적 자유로운 영역,[268] 즉 에스파냐와 지중해 지역이었다. 에스파냐 시장은 특히 "(에스파냐) 국내의 가격 상승과 식민지로부터의 구매"때문에 매력적이었다.[269] 잉글랜드는 에스파냐 제국의 썩은 고기를 먹어치우기 시작했다. 그리고 이탈리아의 산업이 쇠퇴함에 따라, 잉글랜드의 수출은 특히 그 빈틈을 메웠다.[270]

식민화에 관한 한, 우리는 오랫동안 잉글랜드(프랑스 혹은 홀란트)가 직접 식민지 경영에 관여할 필요가 없었다는 점을 기억해야 한다. 확실히 식민지 팽창에 대한 얼마간의 염증을 보여주는 하나의 상징이었던 카토-캉브레지 조약은 다음과 같은 특별조항을 담고 있다. "본초자오선 서쪽과 북회귀선 남쪽에서……한 측이 다른 측에 행사한 폭력은 조약의 위반으로 간주되지 않는다."[271] "경계선 너머에는 평화가 없다"라는 것으로 흔히 알려진 이 개념은 1598년 베르뱅에서 다시 한번 확인되었다(위그노파의 지도자였던 나바르 왕에 대항하여 가톨릭 동맹을 지원한 에스파냐가 이 해 5월에 베르뱅에서 프랑스와 맺은 조약으로, 에스파냐는 프랑스 내의 모든 점령지를 되돌려주고, 펠

---

역과의 관계에서 가장 분명하게 나타난다. 이 시기에 잉글랜드의 공업은 그때까지 걸림돌이 되어왔던 기술적인 문제점들을 해결하여 양모제품들을 가지고 동-서 지중해의 시장들로 물밀듯이 들어갔고, 또한 터키와 이탈리아를 원료공급자의 역할로 격하시켰다." Ralph Davis, "England and the Mediterranean, 1570-1670," in F. J. Fisher, ed., *Essays in the Economic and Social History of Tudor and Stuart England* (London and New York : Cambridge Univ. Press, 1961), 117.

268) Fisher, *Economic History Review*, III, p. 336 참조. 보든의 주장을 보라 : "[구 방모사 제품은] 북부, 중부 그리고 동부 유럽에서 입기에 가장 적합한 것이었던 반면에 [새로운 소모사는] 따뜻하지만 열대지방은 아닌 지중해 지역에 매우 적합했다. 잉글랜드가 긴 양모를 거의 독점하고 있었다는 것은 행운이었다.……" Bowden, *Economic History Review*, IX, p. 57. 여기서 독점은 시장 진입에 대한 법률적인 제한이라는 의미가 아니라 경쟁이 없다는 것을 의미한다. 17세기 중반에 이르면, 긴 양모는 아일랜드에서 생산되었고 세기말에 이르면 홀란트, 젤란트와 플랑드르 지방에서 제한된 양이 생산되었다(p. 53, 주 3 참조).

269) Fisher, *Economic History Review*, III, p. 155.

270) Charles Wilson, "Cloth Production and International Competition in the 17th Century", *Economic History Review*, 2nd ser., XIII, 2, 1960, 212 참조

271) Rich, *New Cambridge Modern History*, I, p. 467에 재인용.

434

리페 2세는 그의 딸을 프랑스 왕위에 앉히려는 야심을 포기하게 됨 /옮긴이).
분명히 그것은 새로운 정착지를 건설할 수 있는 자유뿐만 아니라 약탈의 자
유도 용인하는 것이었다. 그리고 약 50년 동안 약탈은 정착 식민지에 비해서
훨씬 많은 이익을 가져다주었다.[272] 반면에 식민화는 미심쩍은 모험처럼 보였
다. 에스파냐인들이 이미 좋은 지점들을 장악했고 게다가 "심지어 약삭빠른
엘리자베스 시대인들은 —— 그리고 무엇보다 여왕 자신이 —— 광활한 대륙에
서 무작정 채굴한다는 것이 부질없는 짓이라는 생각에서였다.[273] 게다가 잉글
랜드에는 아일랜드라는 자작농장 이민자들(homestead emigrants)을 위한 출
구가 있었던 것이다.[274]

  1600년 이후에 이러한 태도들이 변했다. 잉글랜드는 제임스 1세를 중심으
로 두 왕위를 통합함으로써 스코틀랜드와의 유대를 다졌다. 아일랜드의 식민화
는 잉글랜드나 스코틀랜드 모두에게 무시 못할 새로운 요인으로 떠올랐다.[275]

---

272) "[신대륙의 에스파냐] 식민자들 —— 충분한 양의 가처분 정화들을 가지고, 노예와 모
든 종류의 제조업 제품들을 (구입하기를) 열망하고 있었으나, 법적으로 탐욕스럽고 비효
율적인 독점체와 거래해야 했던 —— 은 진입하는 데 상당한 위험부담이 따르는 완전한
밀무역 시장을 제공했다." Parry, *New Cambridge Modern History*, III, pp. 516-517.
    존 메이너드 케인스는 잉글랜드의 자본축적 과정에서 사적인 약탈이 차지하는 중요성
을 최초로 인식한 인물 가운데 하나였다. 그는 이전 세대의 역사가들이 이처럼 중요한
금은 획득원을 무시했다고 비난했다 : "예를 들면 「케임브리지 근대사」가, 엘지자베스
시대를 형성하고 그 시대의 위대함을 가능하게 만들었던 이러한 경제적 요인들을 전혀
언급하지 않는 것이 우리 역사가들의 모습이다." John Maynard Keynes, *Treatise on
Money*, II, p. 156, 주 1.
    웨브는 그 과정을 "일단 물러선 다음 일확천금을 가로채는 것"이라고 표현했다 : "에
스파냐인들이 그랬던 것처럼 금과 은을 그 원천으로부터 가져가는 대신에, 에스파냐인들
이 그것을 획득하고 나면 이들을 재빨리 해치우고 그것을 취했다.……" Webb, *The
Great Frontier*, p. 196.
273) Parry, *New Cambridge Modern History*, III, p. 524.
274) 같은 책, p. 526 참조. 아일랜드에서조차도, 잉글랜드의 태도는 이 시기에 부드러워졌다.
아일랜드는 에스파냐와 폭넓게 교역을 하고 있었다. 영국인들은 언짢게 여기고 의심을
품었음에도 불구하고, 그러한 교역을 억압하려고 하지 않았다. "엘리자베스 치세의 잉글
랜드는 적어도 이 문제에서는 후대에 비해서 좀더 태평했다. 게다가 아일랜드의 가톨릭
교도는 경제적인 무능력 상태에 빠지지 않았다." Cryil Falls, *Elizabeth's Irish Wars*
(London : Methuen, 1950), 20.
275) Lythe, *The Economy of Scotland*, pp. 63-70 참조. 이 시기에 노바 스코샤(신스코틀랜

아일랜드는 잉글랜드의 노동분업 체계 속에 통합되었다. 아일랜드의 삼림은 잉글랜드에 목재를 공급하는 데 사용되었다.[276] 그곳은 그후 100년 동안에 영국인들이 통제하는 중요한 제철업 지대가 되었다.[277] 그리고 잉글랜드는 북아메리카에 정착지들을 건설하기 시작했다. 패리는 그 변화의 원인이 에스파냐 세력의 쇠퇴와 원료——값싼 식량, 특히 생선[278]과 전시에 발트 해로부터의 공급이 차단될 우려가 있는 전략물자들(목재, 대마, 피치)——의 추구에 있었다고 생각한다. 더욱이 그 정착지들은 제조업자들을 위한 새로운 시장과 빈민 수출지가 될 수 있었다.[279] 이 모든 것들은 의심할 여지 없이 사실이다. 그러나 에스파냐의 군사력을 제외한 나머지 모든 요인들은 한 세기 전에도 대개 같은 상황이었다. 북서부 유럽의 세 열강의 식민지 쟁탈전은 단지 그들 사

---

드)에 정착지들을 건설하려고 했던 스코틀랜드인들의 상응한 시도는 실패했다. 왜냐하면 "1603년 이후에 스코틀랜드는 더 이상 독립적인 대외정책을 펴지 못했고, 아직까지 잉글랜드의 완전한 호의를 얻지도 못했으며, 자신의 야심을 지지했을 법한 다른 한 나라 즉 프랑스와 노바 스코샤에서 충돌했기"[p. 75] 때문이다.

276) 1600년에 아일랜드는 그 영토의 8분의 1이 삼림으로 덮여 있었다. 1700년에 이르면 그 삼림은 사실상 거의 사라졌다. 가죽의 무두질, 조선, 파이프 및 통널 제조, 제철에 필요한 목재 판매로부터 쉽게 이윤을 얻을 수 있었다. 목재는 또한 가정용(건축재, 연료)으로 벌채되었다. 경제적 동기뿐만 아니라, 소택지와 숲을 제거하여 잉글랜드의 기마병들이 아일랜드의 저항자들을 추적할 수 없도록 하려는 군사적인 이유도 있었다. Eileen McCracken, "The Woodlands of Ireland circa 1600", *Irish Historical Studies*, XI, 44, Sept. 1959, 273, 287, 289.

277) "아일랜드에서 잉글랜드가 통제하는 제철업이 부상한 것은 잉글랜드의 연료 부족과 일치하는 것이라고 일반적으로 가정되어왔다. 이제는 연료의 부족보다는 연료비용이 잉글랜드 공업에 끼친 어려움이었던 것으로 보인다.……

"16세기 말에 이르면 연료와 노동력은 잉글랜드의 작업장들을 운영하는 데 가장 비용이 많이 드는 항목이었다.……같은 기간에 아일랜드에서 그것은 훨씬 적게 들었다.……" 같은 책, p. 295.

278) 1550-1600년의 기간에, 영국인들은 북아프리카의 어업에서 에스파냐인들을 밀어냈다. 이것은 덴마크가 아이슬란드 앞바다에서 조업하는 데 따르는 허가료 제도를 강행하게 된 1580년 이후에는 더더욱 그러했다. 16세기 말에 이르면, 잉글랜드는 아발론 반도에 자리를 잡았다. 그러나 잉글랜드가 뉴펀들랜드와 뉴잉글랜드에 안전하게 자리를 잡고 에스파냐의 시장을 장악하게 된 것은 1600-50년에 가서의 일이다. Innis, *The Cod Fisheries*, pp. 30-81 참조.

279) Parry, *New Cambridge Modern History*, III, p. 527 참조.

이의 경쟁관계의 표현이 아닐까? 그것은 특히 에스파냐의 몰락 이후에 나타
난 선제적인 식민화가 아니었을까? 이러한 경제적 변동은 필연적으로 잉글랜
드의 정치적 위기를 야기했다. 나는 페레즈 자고린이 그 갈등의 본질을 매우
정확하게 짚어냈다고 생각한다 :

> 잉글랜드 혁명의 기원은 계급투쟁에서 찾을 수 없다. 왜냐하면 내란에서 양측의 주
> 요 분파들은 동일한 경제적 계급 출신의 사람들을 다수 포함하고 있었고, 그들의 경
> 제적 발전은 지난 1세기 동안 꾸준하게 이루어지고 있었기 때문이다. 오히려 그 기원
> 은 잉글랜드의 통치집단들 가운데 이 계급 내부에서 일어난 갈등에서 찾아야 한다.[280]

그리고 통치계급 내에서 일어난 서로 죽고 죽이는 이 전쟁은 국제경제 영역
에서의 위급한 상황들에 의해서 강제되었을 뿐만 아니라, 스톤이 주장하고 있
는 것처럼, 잉글랜드의 정치체제에 대한 두 가지 커다란 위험이 이미 제거되
었기 때문에 가능한 것이었다. 즉 "링에 빈민들이나 에스파냐인들이 끼어들
여지가 아마 차단되어 [있었다].……"[281]

내란의 발발에 관해서 다소 어리석은 두 가지 논쟁이 있다. 하나는 그것이
불가피했는가 혹은 그렇지 않았는가에 관한 것이다. "왕정을 지키려는 튜더
왕조의 정책들은 오히려 그 몰락을 재촉했다"는 토니의 주장에 대해서,[282] 트

---

280) Zagorin, *Journal of Economic History*, XIX, pp. 391-392. 이 주장은 토니가 처음에
제기한 주장과 매우 유사하다 : "그것은 무엇보다도 서로 다른 형태의 경제들 사이의 투
쟁이었으며, 그 형태들은 사회적 분화보다는 지역적 특성과 더욱 긴밀한 상관관계를 맺
고 있었던 것이다." *Essays in Economic History*, I, p. 186.

281) Stone, *Economic History Review*, XVII, p. 120. 분명히 특허회사들이 그들의 후원자인
국가에 적대적인 모습을 보이는 묘한 광경이 펼쳐진 것은 그처럼 상대적으로 안정된 상
황에서일 뿐이다. 로버트 애슈턴의 설명을 보라 : "많은 회사들이 그 발전상 어떤 단계,
즉 그들이 정부의 많은 지원을 당연한 것으로 여기기 시작하고 실제로 획득한 상당한
이익보다는 여전히 충족되지 않은 목표들을 의식하기 시작하는 때가 왔다는 결론을 피
하기 어렵다. 그러한 태도로 볼 때, 특권에 대한 명백한 침해들은 특권 소유자들의 눈에
는 더없이 중대한 문제로 비쳤을 것이다." Robert Ashton, "Charles I and the City",
in Fisher, ed., 151. 사회구조가 내부로부터이건 외부로부터이건 정말로 공격을 받고 있
었다면, 특허회사들이 그렇게 방종했다는 것은 상상하기 어렵다.

282) Tawney, *Proceedings of the British Academy*, p. 212.

레버-로퍼는 의회가 개혁할 수도 있었을 낭비적인 행정이 중요한 문제였다고 주장한다. "왜냐하면 당연히 왕정 자체는 장애물이 아니었기 때문이다. 그러한 정책이 혁명 없이는 불가능했다고 말하는 것은 터무니없는 일이다."[283]

우리는 트레버-로퍼가 과거를 회고하면서 장기의회(1640년 10월, 찰스 1세가 스코틀랜드와의 전쟁에 필요한 전비를 마련하기 위해서 소집한 의회로 1683년에 가서야 해산되었기 때문에 '장기'의회라고 부름 /옮긴이)가 시행했어야만 했다고 주장하는 그 행정개혁이 프랑스에서 어떤 결과들을 낳았는가를 잠시 살펴볼 것이다. 그러나 "필연성" 여부는 논쟁할 만한 초점이 아니다. 한 가지 요인이 달랐다면, 물론 그 결과들도 달랐을 것이다. 그러나 한 가지 요인이 달랐다면, 왜 두세 가지 요인들이 달라서는 안 되었는가? 실제는 내란이 사실상 일어났다는 것이고 연구자의 과업은 그것을 설명하는 것이다.

또 하나의 어리석은 질문은 잉글랜드를 분열시킨 "진짜" 문제가 자유와 종교에 관한 신념들이었는가 혹은 그렇지 않았는가 하는 것이다. 헥스터 씨는 이 신념들이 문제였다고 주장하면서 논쟁에 참여한 그의 많은 동조자들과 적대자들이 이 점에서 일치한다는 점(힐턴, 스톤, 포코크, 힐, 트레버-로퍼가 그 자신과 토니를 대변하고 있다는 점)에 다소 의외라는 듯이 말한다. 그는 그들을 자신의 "휘그적 해석"의 동지로 기꺼이 받아들인다.[284] J. G. A. 포코크는 그가 "신휘그주의자"라기보다는 "포스트-마르크스주의자"라고 주장하면서, 어쨌든 불쾌한 기색을 보인다.[285] 그러나 내란의 주인공들도 물론 정치적 자유와 종교적 전망들을 둘러싼 이데올로기적 용어로 그들 사이의 분열을 표현했기 때문에, 그것은 어리석은 논쟁인 것이다. 그리고 물론 그들은 진정으로 그렇게 말한 것이다. 또한 마땅히 내란의 결과는 잉글랜드의 정치생활을 지배하는 규범체계에 중요한 결과들을 낳았다.

어떤 정치적, 사회적 갈등의 이데올로기적 좌표를 분석하는 일은 우리가 그 분석을 당시의 지배적인 사회관계에 근거하고, 그럼으로써 이데올로기적

---

283) Trevor-Roper, *The European Witch-Craze*, pp. 86-87.
284) Hexter, *Encounter*, XI, p. 76.
285) J. G. A. Pocock, "Letter to the Editor", *Encounter*, XI, 4, Oct. 1958, 70.

438

요구들이 이 관계들에 어떤 함의를 가지는가를 이해할 수 없다면 아무 의미가 없다. 진실로 의미 있는 논의는 이 관계들의 총체에 관한 것이고, 그 관계들이 현재 상태로 남을 것인가 아니면 어떤 특정한 방향으로 변화할 것인가 하는 문제에 관한 것이다.

모든 중요한 사회적 격동들과 마찬가지로, 잉글랜드 내란은 하나의 복잡한 투쟁이었다. 그 하나의 중요한 추진력은, 한편으로 왕정의 역할을 강조하여 느슨해지고 있던 특권과 복종의 체계를 유지하고자 했으며[286] 다른 어떤 요인보다 사회혁명에 대한 공포에 사로잡혀 있었고 세계경제가 강제한 선택 앞에서 다소간 무력해졌던 사람들과, 다른 한편으로 농업의 지속적인 상업화를 우선시하며 사회형태의 어떤 변화를 환영했고 궁정의 사치에서 어떤 미덕도 찾을 수 없었으며 세계경제 내에서 잉글랜드의 이점을 극대화하고자 했던 사람들 사이의 투쟁이었다.

이제 시대적 조건은 같았지만, 가장 중요한 부분에서 잉글랜드와 달랐던 프랑스로 눈을 돌려보자. 데이비스 비턴은 1560-1640년의 시기가 "중세 말의 프랑스 귀족이 구체제의 프랑스 귀족으로 이행하는 결정적인 국면"[287]이었다고 주장한다. 이는 잉글랜드에서도 마찬가지였다. 그러나 프랑스에서는 매우 다른 방식으로 이행이 일어났다. 조금 후에 살펴보게 될 보리스 포르슈네프와 롤랑 무니에의 대논쟁에서 포르슈네프는 근본적으로 이 시기에 프랑스에서 일어났던 것은 "관직매매가 권력의 '부르주아화'를 초래한 것이 아니라, 부르주아의 '봉건화'를 낳았던"[288] 것이라고 주장한다. 이 주장에 대해서 무니에는 다음과 같이 반박한다. "'봉건적-절대주의적' 질서와 같은 것은 없었다. 절대주의를 향한 경향이 있었다면 그것은 봉건적 질서에 대한 투쟁과 결부된 것이었다. 봉건질서의 유물은 절대주의를 무력화하는 경향이 있었다."[289] 나는

286) Stone, *Crisis of the Aristocracy*, pp. 349-351 참조.
287) Bitton, *The French Nobility in Crisis* (Stanford, California : Stanford Univ. Press, 1969), 1.
288) Boris Porchnev, *Les soulèvements populaires en France de 1623 à 1648* (Paris : S.E.V. P.E.N., 1963), 577.
289) Roland Mousnier, ed., *Lettres et mémoires adressés au Chancelier Séguier (1633-*

이런 논쟁이 부분적으로 의미론과 관련된 것이었으며, 그 이외의 것에 대해서는 포르슈네프가 승리를 거두었다고 생각하지만, 우리가 잉글랜드를 설명하는 데 무니에의 추론을 적용해보고, 프랑스를 설명하는 데 포르슈네프의 추론을 적용해본다면, 무니에의 주장이 더 진실에 가깝다고 말할 수 있다. 다시 말해서 도식적으로 다소 단순화시켜 이야기한다면, 우리는 잉글랜드에서는 귀족 자신이 부르주아 자본가로 변신함으로써 단기적으로는 손해를 보았으나 장기적으로 이익을 얻었던 반면에, 프랑스에서는 귀족이 부르주아지로 하여금 그 고유의 기능을 포기하도록 강요하고 그리하여 어느 정도 경제적 정체를 초래하도록 함으로써 단기적으로는 이익을 얻었으나 장기적으로는 손해를 보았다고 주장할 수 있다. 우리는 이렇게 될 수밖에 없었던 이유가 본질적으로 양국이 세계경제와 맺고 있는 관계의 차이에 있었다고 주장할 것이다.

그러나 먼저 이것이 프랑스의 사회체제에 대해서 얼마나 공정하게 기술하고 있는가를 검토해볼 필요가 있다. 이미 우리가 개략적으로 제시했던 이유들 때문에 1600년경의 프랑스 국가는 잉글랜드 국가보다 더욱 강했다. 이것은 잉글랜드에 비해서 훨씬 더 많은 경우에 관료기구가 "사회적 계서제에서 부르주아지가 상승할 수 있는 주요 수단"[290]이었음을 의미했다. 따라서 이 관직 매매는 부르주아지가 프랑스 왕정에 더욱 직접적인 이해관계를 가지도록 만드는 결과를 낳았다.[291] 무니에는 이것을 근거로 당시 프랑스는 계급적으로 비교적 개방적인 상황이었다고 주장한다.[292] 그러나 무니에 자신이 그와 같은 신분 상승이 얼마나 어려웠는가를 보여준다. 그는 한 평민(roturier)이 청원 심리관(maître des requêtes)의 지위에 오르는 데 보통 4세대가 걸렸다고 지

1649), Vol. I (Paris : Presses Universitaires de France, 1964), 82-83.
290) Roland Mousnier, La vénalité des offices sous Henri IV et Louis XIII (Rouen : Ed. Maugard, n.d., ca. 1945), 58. 또한 pp. 518-532도 참조.
291) G. Pagès, "La vénalité des offices dans l'ancienne France", Revue historique, CLXIX, 3, 1932, 493-494 참조.
292) "계서제 내의 계급들 사이의 거리가 계속 유지되고, 심지어 때때로 계급투쟁이 유지된다고 하더라도, 계급들 사이의 칼로 벤 듯한 분리는 있을 수 없다. 한 계급에서 다른 계급으로 이동하는 것은 매우 다양한 그리고 미묘한 차이를 가진 관계들의 미세한 눈금들을 따라서 일어나는 것이다." Mousnier, Vénalité, p. 532.

440

적한다.[293] 나는 사실상 포르슈네프가 계급적 상황을 더 면밀하게 파악한다고 생각한다. 계급간의 이동이 매우 빈번했다기보다는 구체적인 상황에 따라 계급에 대한 소속감이 달라지는 계층들이 있었다는 것이다. 그런 성격을 가진 가장 중요한 계층은 부르주아 출신의 관료들, 즉 법복귀족(noblesse de robe)이다.

> 농촌 촌락과의 유대관계를 유지하고 있는 노동자가 공장에서 그의 직업을 잃는 순간 그는 다시 농민이 된다. 마찬가지로 누군가 관직보유자들로부터 그들의 재산권과 특권을 도로 거두어들이고자 할 때, 다시 말해서 그들로부터 특권귀족의 지위를 빼앗으려고 할 때, 그들은 자동적으로 사실상 부르주아라는 본래의 지위로 다시 떨어졌다.……마자랭[의 결정들]으로 인해서 불이익을 당했던 관직보유자들은 자신들이 부르주아라고 느꼈으며, 프롱드의 난이 터질 때 그들의 태도는 부르주아 계급 전체의 태도와 똑같았다.[294]

16세기에 "귀족 지위의 모호함"이 나타나 프랑스 귀족들이 불평을 늘어놓고, 그들이 "명예상의 특권들에 대한 강렬하고 강박관념에 가까운 관심"[295]을 가지게 된 것과 엄격한 행동수칙이며 자격상실(dérogeance : 구체제 아래서 귀족이 어떤 종류의 일에 종사함으로써 귀족의 특권을 상실함을 말함/옮긴이) 이론을 지나치게 강조하게 된 것은 프랑스에서 공식적으로 귀족의 지위를 얻기가 비교적 쉬웠기 때문이다(스튜어트 왕조 치하의 잉글랜드에서도 마찬가지였으나 그 정도는 덜했다).[296]

절대왕정이 귀족에 대항하는 부르주아지와 동맹관계를 맺고 있었다고 생각하는 전통적인 서술은 루이 14세의 이른바 고전적 절대왕정 체제가 또한 영주의 특권을 재주장한 주요한 예였다는 사실과 늘 충돌해왔다. 마르크 블로크는 영주권의 재주장이 두 가지 대조적인 현상 가운데 더 본질적인 것이었으며, 절대왕정이 없었다면 이 경향이 압도했을 것이라고 주장함으로써 이 딜레

293) Mousnier, *Lettres et mémoires*, I, pp. 168-169 참조.
294) Porchnev, *Les soulèvements populaires*, p. 578.
295) Bitton, *The French Nobility in Crisis*, p. 100.
296) 같은 책, pp. 70-76 참조.

마를 해결했다. 다시 말해서 우리는 "절대왕정의 승리가 '봉건적 반동'을 제
한했다"[297)고 주장할 수도 있다는 것이다.

  루블린스카야는 이에 근본적으로 동의하면서,[298) "제2차" 16세기의 프랑스
에서 이러한 상황이 나타났다고 주장한다. 1559년 이후 이탈리아와 독일이
쇠퇴하고 종교전쟁을 겪음으로써 프랑스에서 해외 은행가들의 역할은 쇠퇴했
다. 그러나 이 전쟁은 프랑스 상업 부르주아지가 그 공백을 메우는 것을 방해
했다. 그러므로 자금을 얻기 위해서 프랑스 정부는 징세청부제도를 만들어냈
고 결국 징세청부업자들은 국가의 재정기구 속에 융화되었다. "징세청부는
수익성이 높은 사업이었다. 정부가 강제대부제도를 만들고 주요 징세청부업
자들을 그 대부자로 만들었던 것은 바로 이러한 사실에 기반을 두고 있었
다."[299) 여기에서 "금융업자들(financiers)"과 국가 사이의 친밀한 유대관계가
나타났는데, "그들이 원하는 강한 정부가……여전히 그들의 대부를 필요로
하는 한", 자신의 생존이 국가의 힘에 달려 있었기 때문에 그러한 유대관계
는 그만큼 더 강화되었던 것이다.[300) 왕정이 귀족들에게 세금을 전혀 부과하
지 않았다는 것은 아마도 사실이 아니었겠지만,[301) 국가가 바로 관직매수자들
에게 의존하고 있었다는 사실이 이를 매우 어렵게 했던 것이다. 왜냐하면, 루
블린스카야의 주장에 따르자면, 세제개혁은 필연적으로 비용이 아주 많이 드
는 관직의 되사기를 위한 현금의 지출을 수반했을 것이기 때문이다.[302) 국가의

297) Bloch, *Caractères originaux*, I, p. 139.
298) "절대왕정 정책의 주된 기조는 프랑스 국경 내에서뿐만 아니라 밖에서도 경제적 이익을
    방어할 수 있는 강력한 중앙권력을 절실하게 필요로 했던 부르주아지에게 유리한 방향
    을 따랐다." Lublinskaya, *French Absolutism*, p. 330.
299) 같은 책, p. 240.
300) 같은 책, p. 271.
301) "루이 13세와 섭정의 정부가 국가에 부가했던 재정적인 압력들로부터 귀족이 완전하게
    보호받고 있었다고 상상하는 것은 완전히 그릇된 것이다." Pierre Deyon, "A propos
    des rapports entre la noblesse et la monarchie absolue pendant la première moitié
    du XVIIe siècle", *Revue historique*, CCXXXI, avr.-juin 1964, 342.
302) Lublinskaya, *French Absolutism*, p. 226 참조. 코라도 비반티는 그러한 움직임이 국가에
    게 재정적으로나 정치적으로 모두 위험했을 것이라고 덧붙인다. 왜냐하면 그것은 "절대
    왕정에 대항하는 제3신분 전체의 연합을 야기했을" 것이기 때문이다. Corado Vivanti,

채무를 증대시키는 것은 무엇이건 이들 관직보유자의 입지를 강화시켰다. 특히 "전쟁은 금융업자들에게는 매우 많은 이익을 안겨주는 것이었다."[303]

이러한 추론 중 상당 부분이 퍽 견강부회하다는 것은 잉글랜드의 경우를 잠깐 살펴보기만 해도 분명해진다. 엘리자베스 여왕과 초기 스튜어트 왕조 치하에서 "재정적 봉건제(fiscal feudalism)" 혹은 사업가들의 연합에 의한 징세 청부는 그것을 설명해주는 종교전쟁이나 그것에 따른 관직매매의 대규모 성장이 없었는데도 일반적인 관행이 되었던 것이다.[304] 더욱이 징세업무에서 부당한 이익을 취하는 일이 어느 정도 제한된 것은 행정개혁의 결과였으며, 그 행정개혁의 직접적인 동기는 전쟁비용 조달의 필요성과 국가와 납세자들 사이에서 중개업자들이 가로채는 몫을 크게 줄여야 한다는 필요성에서 비롯된 결과였다.[305]

그러나 문제될 것이 없다. 이러한 추론에 대하여 보리스 포르슈네프는 더욱 근본적인 공격을 펼친 바가 있었다. 포르슈네프는 파제와 무니에가 제기한 이론, 즉 "관직매매는 부르주아지의 정치적 우위를 드러내는 하나의 형태였다."[306]는 주장을 전면적으로 공격한다. 포르슈네프는 17세기의 프랑스가 "그 주요 특징에서, 여전히 봉건적 생산관계와 봉건적 경제형태들의 지배로 특징지어지는 하나의 봉건사회였다"[307]고 주장하고자 한다.

포르슈네프는 자본주의적 형태들은 존재하지만, 부르주아지가 "자본주의 사회의 한 계급으로서 행동하지 않았다는 오직 그 정도로만 봉건적 국가의 정치권력에 참여했다"[308]고 주장한다. 부르주아지는 허영과 탐욕 때문에 귀족

"Le rivolte popolari in Francia prima della Fronde e la crisi del secolo XVII", *Rivista storica italiana*, LXXVI, 4, dic. 1964, 966.

303) Lublinskaya, *French Absolutism*, p. 271.

304) J. Hurstfield, "The Profits of Fiscal Feudalism, 1541-1602," *Economic History Review*, 2nd ser., VIII, 1, 1955, 53-61 ; Robert Ashton, "Revenue Farming under the Early Stuarts", *Economic History Review*, 2nd ser., VIII, 3, 1956, 310-322 참조.

305) Hurstfield, *Economic History Review*, VIII, p. 60 참조.

306) Porchnev, *Les soulèvements populaires*, p. 39.

307) 같은 책, p. 43.

308) 같은 책, p. 545.

의 지위를 추구했으며 또한 귀족적 생활방식을 받아들였다. 게다가 그들은 돈
을 산업 혹은 농업 자본이 아니라 대부 자본으로 활용할 때 얻을 수 있는 재
정적 이익의 유혹 때문에 진정한 부르주아의 경제활동들을 포기했다.[309]

따라서 1623-48년에 농민봉기들이 일어났을 때(이것에 대해서는 잠시 후
에 살펴볼 것이다), 부르주아지는 동요했다. 한편으로 그들 역시 높은 세금에
불만을 품고 있었다. 다른 한편으로 그들은 귀족의 이해관계와 자신들의 이해
관계를 동일시했으며 평민들을 두려워했다. 반란을 일으킨 사람들이 있었는
가 하면, 프랑스를 떠난 사람들도 있었다. 그리고 또다른 사람들은 관직을 구
매하고 그들의 돈을 대부사업에 투입함으로써 국가와 타협했다.[310]

어째서 잉글랜드와 홀란트는 "부르주아화한" 귀족을 만들었는데, 프랑스
는 그러지 않았는가라고 묻는다면, 그 대답은 "프랑스에서는 봉건제가 완벽
성을 띠었고 귀족의 부르주아화를 막는 어떤 전통적인 활력이 있었다"는
것이다.[311] 그것은 프랑스가 더 후진적이었기 때문이 아니라, "프랑스 경제
의 질적인 특수성 때문에 잉글랜드의 모델에 따른 부르주아 준(準)혁명을
가능케 할 만한 계급집단들이 형성될 수 없었기" 때문이다.[312] 포르슈네프의
명쾌한 주장은 이 핵심적인 비교에서 수렁에 빠지게 된다. 이 비교에서 그
는 설명되지 않은 완벽성을, 정의되지 않은 특수성들 그리고 "준혁명"이라
는 모호한 개념에 의지해야만 했던 것이다.

코라도 비반티는 바로 이 대목에서 포르슈네프에게 도움의 손길을 내밀었
다. 그는 프롱드의 난이 프랑스사에서 하나의 고립된 사건이었다는 무니에의
주장들에 대한 포르슈네프의 거부에 전적으로 동의하면서, 포르슈네프가 자
신의 주장의 논리를 끝까지 따라가는 대신에, 부르주아지가 혁명을 배신했다
고 비난하기 때문에 수렁에 빠져들었다고 주장한다. 그들은 그렇게 할 수밖에
없었다. 왜냐하면 그들은 달리 행동할 만큼 "충분히 강력하고 자율적인 사회

---

309) 같은 책, pp. 545-561 참조.
310) 같은 책, pp. 282-285, 446 참조.
311) 같은 책, p. 580.
312) 같은 책, pp. 580-581.

444

집단을 아직까지 형성하지 못했기"때문이다.³¹³⁾ 비반티는 이 가설을 질문의
형태로 제시한다 :

> 어느 정도로, 17세기의 "봉건적 반동" 혹은 "복고" 그리고 바로 그 "부르주아의 배
> 신"이 ── 비슷한 위기상황 속에서 다른 곳에서 찾을 수 있는 것과는 다른 방식으
> 로 ── 16세기의 [프랑스] 경제가 이룩하지 못했던 자본 축적을 위한 기반을 마련
> 했다고 말할 수 있는가?³¹⁴⁾

다시 말해서, "제3신분이 정치적, 사회적 영역에서 자율적으로 행동하는 것을
끝내 방해한 객관적 장애물들"³¹⁵⁾ 아래에서 이 길이 차선책이 아니었을까? 이
때문에 프랑스가 장차 잉글랜드가 이룩하게 될 수준의 발전을 성취하지 못했
다고 하더라도, 그것은 적어도 프랑스가 에스파냐나 이탈리아처럼 반주변부
국가의 역할로 전락하는 것을 막아주었다. 분익소작제의 길을 걸었던 남부 프
랑스조차도 인접한 지중해 지역들만큼 경제적으로 후퇴하지는 않았다. 르 루
아 라뒤리는 주장하기를, 북부 이탈리아나 카스티야와는 달리 남부 프랑스(그
리고 카탈루냐)에서는 경제상황이 "진정되고 억제되며, 더디게 변형되고 성
장하지만, 아직 방향을 바꾸지는 않는다.……랑그도크의 드라마는 농업생산의
몰락이 아니라 비탄력성과 경직성의 드라마이다. 또한 그것은 후퇴(décrois-
sance)가 아니라 뚜렷한 성장이 나타나지 않는 드라마이다"라고 말할 수 있
다는 것이다.³¹⁶⁾ 그러한 성장은 결국 남부 프랑스에 일어날 터이지만, 다른 지
역들보다 50년 늦게 일어난다.

뤼시앵 골드만은 절대왕정과 부르주아지의 동맹이론에 대하여 라뒤리와 비
슷한 비판을 펼친다. 그의 주장에 따르면, 기본적인 동맹은 반대로 왕정과 귀
족 사이에 맺어진 것이었지만, 왕정이 새로운 부르주아지를 창출함으로써 자
신의 측면을 방어했다는 것이다. 그러나 골드만에 따르면, 왕정은 그때 이 부

313) Corrado Vivanti, *Rivista storica italiana*, LXXVI, p. 966.
314) 같은 책, p. 965.
315) 같은 책, p. 965.
316) Le Roy Ladurie, *Paysans*, pp. 636-637.

르주아지를 준귀족이 아니라 부르주아로 유지하기 위해서 17세기 초에 폴레트(paulette)의 개혁을 도입했다.[317] 사실상 관직에 대한 과세를 제도화함으로써 폴레트 제도는 매매 가능한 관료제를 유지했고, 그럼으로써 부르주아지를 부르주아답게 유지했으며,[318] 또한 그렇게 하여 그들이 왕정에 의존하도록 만들었다.[319]

골드만의 설명은 두 가지 다른 형태의 국가관료들을 구분하는 것, 즉 한편으로는 명사(notables), 법복귀족(noblesse de robe), 관직보유자(officiers) 그리고 종심법원(Cours souverains)과 고등법원(parlements)들의 구성원들로 이루어진 구 관료와 다른 한편으로는 위임관(commissaires)과 국가참사회원(Conseiller d'Etat) 그리고 지사(intendants)와 청원심리관(maître de requête)으로 복무하는 사람들로 구성된 새로운 관료들로 구분하는 것에 집중하고 있다. 골드만은 "17세기 전반기, 특히 1620년에서 1650년 사이에" 후자가 전자를 대체한다고 생각한다.[320] 골드만은 "1598년 앙리 4세가 권좌에 오른 이후, 종교전쟁 동안에 잃었던 입지를 회복하려는"[321] 왕정의 시도가 이

317) 폴레트 세는 그것을 착안했던 금융업자 폴레의 이름을 따서 붙여진 명칭이다. 폴레트 세를 규정한 1604년의 칙령 이전에 관직은 한 사람이 다른 사람에게 판매할 수 있는 것이었으나 상속할 수는 없었다. 왜냐하면 한 관리가 그의 사임 40일 이전에 죽으면, 그 거래는 무효화되었기 때문이다. 1604년의 칙령으로 그 관리가 매해 초에 관직 가격의 60분의 1에 상당하는 세금(폴레트 세)을 지불하면, 그의 상속인에게 물려주는 것이 가능해졌다. Swart, *The Sale of Offices*, pp. 9-10.
318) "제한 왕정의 정부는 관직보유자와 종심법원들에 의존했으므로 국왕과 제3신분 사이의 긴밀한 이해를 전제하는 것이었다. 절대왕정의 정부는 참사회들과 지사들에 의존했고, 따라서 서로 다른 계급들, 즉 한 측에는 귀족, 다른 측에는 관직보유자와 제3신분 사이의 권력균형을 전제하는 것이었다. 그러므로 절대왕정의 발전은……국왕과 귀족 사이의 동맹정책을 내포하는 것이었다. 이것은 국왕이 제3신분과 동맹을 맺었을 때 부르주아지가 그랬던 것과 마찬가지로, 귀족이 정부기구 내에 들어올 수 있는 길을 찾게 되리라는 위험을 수반했다. 따라서 국왕은 우선 이러한 기구가 여전히 모든 사회계급들 위에 존재하는 것이라는 것을 확인하고, 관직들이 중간계급의 배타적인 영역이라는 점을 보장해야만 했다." Lucien Goldmann, *The Hidden God* (New York : Humanities Press, 1964), 127-128. 그러므로 폴레트 제도를 도입한 것이다.
319) 같은 책, p. 120 참조.
320) 같은 책, p. 141.
321) 같은 책 p. 106.

446

새로운 체제의 추진력이었다고 생각한다.

관직보유자들은 종교전쟁 동안에 왕정에 큰 도움을 주었기 때문에 그들의 권력과 중요성이 떨어지는 것이 아니라 증대되리라고 기대했으므로 폴레트 제도³²²⁾와 위임관들의 등장에 당혹스러워했다. 관직보유자들과 위임관들 사이의 긴장은 증대되어 1637-38년에 최고조에 달했다. 골드만은 관직보유자들 사이에서 "세속은 근본적으로 덧없는 것이고, 고독과 은둔에서만 구원을 찾을 수 있다고 주장하는"이데올로기였던 얀세니즘(Jansenism : 17세기 초 네덜란드의 신학자 코넬리우스 얀센[1585-1638]의 사상으로부터 나온 그리스도교의 일파. 얀센은 아우구스티누스의 은총론과 예정론을 계승함으로써, 인간의 자유의지를 중시하는 예수회에 대립했음. 교황청과 프랑스 왕정으로부터 공격을 받았던 얀세니스트들은 절대왕정에 반대하는 입장을 취함/옮긴이)이 번성했던 것이 이것과 관계가 있다고 주장한다.³²³⁾

왕정에 대한 골드만의 서술은 포르슈네프와 가까운 반면에 부르주아지에 대한 서술은 무니에와 가깝다. 무니에는 "17세기는 '상업 자본주의'가 전국에 깊숙이 침투했던 시기이기 때문에"──도시뿐만 아니라 농촌 전역에 걸쳐──"17세기를 '봉건' 시대로 파악하는 것에 극도의 반감을 느낀다."³²⁴⁾ 독점은 자본주의의 성장에서의 어떤 단절이 아니라 "이 단계에서 그것이 발전하는 조건"³²⁵⁾이었다. 그러나 무니에는 관직보유자들과 귀족을 같은 부류로 취급하는 것에 대해서 몹시 분개한다. 그는 진짜 귀족처럼 예민하게 반박한다 :

상당히 중요한 관직보유자는 법적으로 귀족이다. 귀족이기는 하지만 젠틀맨도 영주(féodal)도 아니다. 포르슈네프는 결코 이것을 구분하지 않는다. 우리는 대(大)상인들이었던 베네치아의 귀족을 봉건적 집단이라고 부를 수 있을까? 프랑스에서 대중

322) 우선 당황했을 것이다. 일단 그들이 일찍이 품었던 권력과 영향력에 대한 희망들을 버리자, 그들은 폴레트 제도의 유리한 측면을 보기 시작했다. Goldmann, *The Hidden God*, p. 129.
323) 같은 책, p. 120.
324) Roland Mousnier, "Recherches sur les soulèvement populaires en France avant la Fronde", *Revue d'histoire moderne et contemporaine*, V, 1958, 107.
325) 같은 책, p. 108.

은 이러한 구별을 고집했다. 관직에 의해서 귀족이 된 관직보유자는 여전히 부르주
아였다. 사람들은 진정한 귀족, 젠틀맨의 자질을 갖춘 귀족이 국가에 의해서 고용되
지 않으며 공직이 비꼬는 말로 "펜과 잉크의 젠틀맨"이라고 불리던 자들의 특권이었
다는 사실을 개탄했다. 부르주아는 그가 관직보유자이건 위임관이건 간에, 심지어 백
합(fleur de lys : 궁정. 백합은 프랑스 왕가의 문장임 /옮긴이) 꽃밭에서 공직자의 진
홍색 의복을 입었든, 기사, 남작, 고등법원장 혹은 국왕참사회원의 복장을 갖추었든
간에 이전과 마찬가지로 여전히 부르주아였던 것이다.[326]

무니에는 그 자신이든 파제든 부르주아지가 왕정을 통제했다고 주장한 적이
없다고 부인함으로써 결론을 맺는다. "국가를 개조하는 과정에서 모든 계급
들을 복속시켰던 것은 왕정이다. 그러나 이 과업을 수행하기 위하여 국가는
부르주아지의 조력을 얻었다.……"[327]

이 논쟁에 수많은 문제들이 한데 뒤섞여 있다는 것을 인식하는 것이 중요
하다. 한 가지 문제는 그 체제의 성격이다. 또 하나의 문제는 계급관계의 본
질이다. 세번째는 왕정의 역할이다. 우리는 이미 앞 장에서 왜 이 시기의 농
업생산(강제적 혹은 반강제적인 노동에 기반하고 있으나 시장지향적인 환금
작물 경작)을 분석하는 데 "봉건제"라는 용어가 혼란을 야기할 뿐 별 도움이
되지 못하는가를 설명했다. 하지만 이 시기에 프랑스가 기본적으로 자본주의
세계경제에 편입되어 있다고 주장하는 것이 반드시 부르주아지가 상당한 정
치권력을 행사했다는 주장을 내포하는 것은 아니다. 동유럽에서는 귀족들이
자본주의적 농장주였고 토착 상업 부르주아지는 소멸되어가고 있었다. 또한
그와 같은 주장이 반드시 이 세계경제 속에서 다른 국가들과 반대되는 프랑
스 왕정의 특수한 역할에 대해서 언급하고 있는 것도 아니다. J. H. M. 새먼

---

326) 같은 책, p. 110. 코라도 비반티는 무니에에 대하여 다음과 같이 반론을 제기한다 : "게다
　　가 이러한 용어 사용의 극단적인 결과들과 오용의 사례들을 지적하면서 무니에가 '우리
　　는 대상인들이었던 베네치아의 귀족을 봉건적 집단이라고 부를 수 있을까'라고 물을 때,
　　대뜸 이런 유명한 시구가 떠오른다. '사르데냐에서는 왕이지만 피사에서는 부르주아인
　　그대.' 그리고 적어도 우리는, 사실상 베네치아의 도시귀족이 동유럽[즉 비잔티움, 후일
　　의 오스만] 제국과 테라페르마에서 봉건영지들을 취득하는 데에도 열중했다고 대답하지
　　않을 수 없다." *Rivista storica italiana*, LXXVI, p. 969.
327) Mousnier, *Revue d'histoire moderne et contemporaine*, V, p. 110.

은 "잉글랜드의 젠트리와 귀족에 대한 논쟁과 마찬가지로 [17세기 프랑스에 관한] 논쟁은 근대 초의 사회와 정부의 성격에 관한 것"[328]이라고 말한다. 바로 그렇다!

무니에는 왕정이 상황을 지배하기는커녕, 프랑스 내에서조차 정치적 우위를 주장하려고 애쓰고 있었던 하나의 제도라고 파악했다는 점에서 아마도 포르슈네프보다 옳을 것이다. 그러나 포르슈네프는 프랑스를 잉글랜드와 더욱 뚜렷하게 구별해주는 발전들 중의 한 가지는 프랑스의 구귀족들이 정치적으로 비교적 성공한 것이라고 보고 있다는 점에서 무니에보다 더 옳은데, 이들 구귀족의 단기적 이해관계 때문에 프랑스는 세계경제의 노동분업으로부터 최대한으로 이익을 끌어낼 만한 장기적인 능력을 키우지 못했던 것이다.

이제 "장기" 16세기의 최후의 "위기"를 살펴보고 이것이 프랑스의 정치적 영역에 정확하게 어떤 영향을 미쳤는가를 살펴보기로 하자. 우리는 1600-10년 사이에 프랑스에서 나타난 가격 하락은 사실상 프랑스와 그 부르주아지에게 경제적으로 유리한 것이었다는 사실에서 출발한다.[329] 포르슈네프조차도 산업자본가들이 프랑스에서 전혀 중요하지 않았다는 주장은 지나치다는 점을 인정한다. 그는 "자본주의의 발전은 제 갈 길을 계속 걸어가고 있었지만, 더 느린 속도로 나아가고 있었다"[330]는 사실을 받아들인다.

문제는 주로 해외무역 쪽에 있었는데, 그것이 국민경제에 얼마나 중요한지에 대해서는 무역위기에 대한 잉글랜드의 대응을 논의하면서 이미 논의했다.

---

328) J. H. M. Salmon, "Venality of Office and Popular Sedition in Seventeenth Century France", *Past & Present*, No. 37, July 1967, 43. 포르슈네프의 저서와 로베르 망드루의 저서에 대한 서평에서 미나 프레스트윅은 이와 거의 비슷한 의견을 피력한다 : "이렇게 17세기 프랑스에서 일어난 봉기들의 성격에 대한 논쟁에서 출발한 것이 사회구조와 정부의 성격에 대한 논쟁으로 옮겨갔다.……" Minna Prestwick, *English Historical Review*, CCCXX, July 1966, 572.

329) "낮은 물가가 산업에 나쁜 영향을 미친 것은 아니다. 프랑스에서, 예를 들면 17세기의 첫 10년은 제조업, 수공업 생산 그리고 농업에서 호황기였고, 국가의 부채가 줄어들고, 국가의 예산이 균형을 이루는 등등의 시기였다. 상인과 제조업자들의 이윤이 증대했고, 그리하여 그들은 이 시절에 상당한 치부에 성공했다." Lublinskaya, *French Absolutism*, p. 13.

330) Porchnev, *Les soulèvements populaires*, p. 560.

1600-10년 사이에 프랑스는 종교전쟁이 낳은 분열로 인한 손실들을 어느 정도 만회했지만, 1610년 이후에 또 한 차례의 커다란 쇠퇴가 시작되었는데, 이번에는 주로 네덜란드 그리고 어느 정도로는 잉글랜드와의 경쟁이 빚어낸 결과였다. 그리고 이 시기에 네덜란드인들과 심지어 영국인들조차도 가격경쟁에서 프랑스인들을 누를 수 있었던 것은 세계시장이 축소되고 있던 순간에, 이전의 50-60년 사이에 축적된 산업자본과 기술의 우위가 결정적이었기 때문이다 :

프랑스는 모든 주요 지표에서 경쟁국들에 뒤처졌다. 프랑스 제조업체들의 노동분업 수준은 더 낮았다. 숙련노동자들이 부족했기 때문에 기업가들은 적절한 임금 계서제를 정착시킬 수 없었다. 그 시기에 절대적으로 필요했던 국가의 보조는 부정기적이었고 단속적이었으며, 보잘것없었으며, 화폐의 축적은 충분한 규모로 이루어지지 않았다. 프랑스는 잉글랜드의 산업뿐만 아니라 홀란트와 에스파냐의 본원적 축적을 촉진시켰던 식민지들에 대한 직접적인 약탈로부터 배제되었다.

  그 결과 프랑스 공산품의 생산비용이 상대적으로 높았다. 따라서 프랑스의 상업, 공업 부르주아지는 국내시장과 어느 정도로는 해외시장에서 네덜란드인이나 영국인들과 경쟁하여 성공을 거둘 수 없었다. 그들은 자신의 자본을 다른 방식으로 사용해야만 했다.……프랑스의 조선과 해운, 따라서 프랑스의 대양횡단 무역 또한 기술적으로나 경제적으로 잉글랜드와 네덜란드에 비해서 뒤처졌다.……

  이 모든 이유들 때문에, 프랑스의 부르주아지는 실제로 보호정책을 강화하는 데 관심을 가졌고, 프랑스 정부는 이 점에서 그들의 요구를 충족시켜주려고 노력했다.[331]

---

331) Lublinskaya, *French Absolutism*, pp. 144-145. 젤러는 16세기 프랑스, 특히 앙리 4세 치하에서 번성했던 모든 **왕립 매뉴팩처** 체제가 귀금속이 국외로 유출되는 것을 막고자 하는 욕구에 바탕을 두고 있었다는 점을 지적한다. 따라서 국왕은 사치품 수입을 피하기 위하여 사치품 산업들의 설립을 장려했다. Zeller, *Essays in French Economic History*, pp. 130-131.
  그 결과들은 17세기 초반의 경제적 위축기에 심각하게 나타났다. "가격 하락은 특히 프랑스 경제에 어려움을 안겨주었다. 프랑스가 수출한 생산물들의 이윤 폭은 그리 대단한 것이 아니었다. 프랑스의 수출은 주로 프랑스와 에스파냐의 가격차에 바탕을 두고 있었다. 귀금속의 유입이 줄어들기 시작하는 그날부터, 그 차이는 줄어들었다.
  "또다른 관점에서 보면, 가격하락기는 자본주의적 생산의 방향으로 단호하게 나아간 나라들, 즉 연합주와 잉글랜드에서는 경제적 합리화를 위한 주목할 만한 시도로 특징지어졌다. 자본주의적 생산은 화폐의 축적을 통해서 충분한 화폐수단을 가지고 시장에서 이리하여 프랑스는 세계경제의 중간 층위에 적합한 나라가 되었다. 프랑스인들은 에스파냐와 독일의 시장을 어느 정도 이용할 수 있었던 반면, 영국인과 네덜란드인들은 에스파냐뿐만 아니라 프랑스의 시장을 이용할 수 있었다.[332]

잉글랜드와 네덜란드 연합주에 비해서 상대적으로 강력했던 프랑스의 국가기구는 이 딜레마를 해결하는 데 꼭 도움이 되는 것은 아니었다. 그 시기의 프랑스 국왕들이 산업발전과 부르주아지의 이해관계에 전적으로 헌신했다고 하더라도, 아마도 프랑스는 다른 두 나라들이 차지하고 있던 선두자리를 결국 따라잡지 못했을 것이다. 그러나 프랑스 국왕들의 태도는 모호했다. 그들의 개입이 세계경제에서 국가의 상업적 이익을 극대화하는 데 항상 도움이 된 것은 아니다. 사실, 네프는 잉글랜드가 성공을 거둘 수 있었던 비밀들 가운데 하나는 왕정이 어떤 의도를 품고 있었는가가 아니라 프랑스 국왕들이 부르주아의 사업에 더 효율적으로 개입했다는 사실이라고 주장한다.[333] 마찬가지로 네프의 주장에 따르면, 잉글랜드가 이 시기 유럽의 전쟁들로부터 비교적 떨어져 있었다는 것은 프랑스에 비해서 "국왕의 권위에 복종하는 습성"[334]이 덜

---

이윤을 극대화하려는 것이었다.

"비교해보면, 왜 앙리 4세로부터 루이 14세 시대에 이르기까지 프랑스 제조업의 노력들이 단지 수입을 제한하기 위해서 사치품 산업들을 발전시키려는 다소 성공한 일련의 시도들에 불과했는지를 이해하기는 쉽다. 이 모든 것에도 불구하고, 데마레가 관찰했고, 일찍이 1670년에 콜베르가 국왕에게 '지방들로부터 돈을 끌어내는 데' 징세청부업자들이나 세무총감들이 겪었던 '일반적인 어려움'을 시인하고, '공공 상업'에서 그것은 더욱 부족하다고 결론을 내릴 때 인정했던 것처럼 전체적으로 국가는 화폐의 궁핍 상태에 있었다." Jean Meuvret, "Monetary Circulation and the Economic Utilization of Money in 16th- and 17th-Century France", in Rondo Cameron, ed., Essays in *French Economic History* (Homewood, Illinois : Irwin, Inc., 1970), 148-149.

332) Lublinskaya, *French Absolutism*, p. 328 참조.

333) "그러나 [프랑스와 잉글랜드의] 큰 차이점은 [산업 관련] 법률의 성격에 있는 것이 아니었다 ; 그 차이는 이런 법률을 강행하는 데 있었다. 프랑스에서 관리들은 그 법률을 집행하는 데 너무나 엄격해서 장인들은 때때로 너무 열성적인 그들을 학살하려고까지 했다. 잉글랜드에서 관리들은 너무 태만하여 노동자들은 때때로 그들에게 그들의 의무를 일깨워주려는 노력의 일환으로 파업을 벌이기도 했다.……대부분의 규제들은 자본주의적 산업발전을 방해하는 것이었다.……" Nef, *Industry and Government*, p. 56.

334) 같은 책, p. 98.

강조되었음을 의미했다. 귀족들이 과세를 면제받을 수 있는 능력과 아울러 프랑스 국왕들의 과세 능력은 평민들뿐만 아니라 부르주아지에게도 더 많은 부담을 의미했던 것이다.

마지막으로 우리는 대략 1610년경의 세계경제에서의 지위와 미래의 지위 사이의 관련성을 놓치지 말아야 한다. 네덜란드인이나 영국인들과 이들의 국내시장에서 경쟁하기가 어려웠기 때문에 프랑스인들은 역사적으로 어느 정도 우위를 점하고 있으며 다른 유럽 국가들에 비해서 상대적으로 자국 시장의 규모가 큰 상품들 —— 사치품, 특히 견직물 —— 의 생산에 집중하려고 했다.[335] 그러나 더 넓은 시장을 상대하는 더 값싼 상품들이 장기적으로는 더 확실한 산업기반을 제공하기 마련이었다.

30년전쟁은 프랑스인들에게 더 큰 부담이 되었다. 군비가 늘어나고 군대가 팽창함에 따라 국가 관료기구의 규모가 커져갔고, 그 원인이자 결과로서 국가의 과세와 군대의 농촌 약탈이라는 사실상의 과세가 모두 증대했다.[336] 전쟁이 발트 해의 곡물과 따라서 식량 가격 전반에 걸쳐 어떤 영향을 주었는가에 대해서는 이미 언급했다. 그 충격은 1628년에서 1633년, 특히 1630-31년에

---

335) Sella, *Fontana Economic History of Europe*, II, p. 26 참조.

336) 포르슈네프와 무니에 모두 이 점에 대해서 동의한다. Porchnev, *Les soulèvements populaires*, pp. 458-463 참조. Roland Mousnier, *Peasant Uprisings in Seventeenth-Century France, Russia and China* (New York : Harper, 1970), 306-311 참조.

"오랫동안의 경제불황과 같은 시기에 일어난 전쟁으로 [서부 및 북부 유럽] 국가들의 재정자원과 행정기구가 필요해졌으므로, 각 정부가 행정적인 능력을 확대하고 조세를 증대시켜야만 했다. 그러나 이 두 가지 정책들이 논리적으로는 상보적이었던 반면, 사실상 정치적으로는 양립 불가능한 것으로 드러났다. 국왕의 권력을 확대하기 위한 관료기구가 아예 없거나, 있다고 하더라도 비효율적이고 제대로 통제되지도 않았다. 재정적인 압력이 커지면 커질수록, 중앙정부는 점점 더 특권 계급들 및 단체들의 자발적인 협력에 의존할 수밖에 없었다.……

"이론적으로 프랑스 왕정은 절대적이었다. 그것의 사법적, 행정적 권위와 거의 무제한적인 과세권은 그 세기 내내 일반적으로 받아들여졌다. 그러나 왕정은 사실상 계급들, 단체들 그리고 개인들의 침범할 수 없는 면세권과 대규모의 이질적인 관직보유 집단들에 대한 효과적인 중앙통제의 부족 때문에 제약받았다. 여느 곳에서와 마찬가지로, 전쟁에 필요한 생산은 중앙집권화를 더욱 요구하는 한편, 이것을 수행하기는 더욱 어렵게 만들었다." H. G. Koenigsberger, *The Hapsburgs and Europe*, pp. 279-280.

창궐했던 전염병들로 상당히 심화되었다. 흉작이 질병의 확산을 낳았건 혹은 질병이 곡물 부족을 낳았건 간에, 양자는 동시에 일어났으며 프랑스에 심각한 타격을 주었다.[337]

이러한 분석을 염두에 둔다면, 이 시기 프랑스에서 왜 그렇게 농민봉기가 광범위하게 일어났는지 쉽게 이해할 수 있다. 농민들에 대한 국가의 세금수탈이 증가했을 뿐만 아니라 경제적 압박 때문에 귀족들도 농민에게서 지대와 부과조를 걷기가 점점 더 어려워졌다.[338] 의심할 여지 없이 이것은 대개 한 지역의 귀족들과 농민들이 동시에 왕정으로부터 타격을 입었고, 17세기 프랑스에서 어느 정도 "[영주와 농민 사이의] 충성심과 상호 의무감이 존속했다"[339]는 것을 의미했다. 그러나 몇몇 연구자들이 희망하는 대로, 이러한 주장을 지나치게 밀어붙이는 것은 그릇된 일이다. 왜냐하면, 새먼이 기술하는 것처럼, 확실히 오늘날의 분석자들뿐만 아니라 그 시대의 농민들도 종교전쟁 이후에, 영주들이 "구귀족이건 혹은 신귀족이건 간에, 농민들의 빈궁의 동반자라기보다는 그 원인의 일부였음"[340]을 깨달을 수 있었기 때문이다. 느린 경제발전의 책임은 바로 귀족들의 정치적 행위에 있었다.[341] 동시에 프랑스의 부분적인 산업화로 인하여 그와 같은 불만은 농촌지역에서 도시지역으로 확산될 것이

---

337) J. Meuvret, *Population in History*, 특히 511-512 참조. "프랑스에서 세금부담은 1623년에서 1640년 사이에 4,300만 리브르에서 8,000만 리브르로 늘어났다. 그러나 밀 가격은 1638-40년부터 급격하게 떨어지기 시작했다. 이러한 재정적 증가와 경제적 후퇴의 결합이 리슐리외 행정부의 막바지에 일어났던 대반란들을 설명해준다." Ardant, *Impôt*, II, p. 754.

338) Porchnev, *Les soulèvements populaires*, p. 119 참조.

339) Elizabeth S. Teall, "The Seigneur of Renaissance France", *Journal of Modern History*, XXXVII, 2, June 1965, 150.

340) Salmon, *Past & Present*, No. 37, p. 43.

341) "프랑스는 여전히 지대수취 영주계급에 의해서 압박받는 가난한 농민들의 땅이었다 ; 프랑스는 여전히 전통적인 경제방식들에 의존하는 가난하고 발전이 덜된 나라였다. 종교전쟁이 발발하기 이전의 평화기에 시작된 경향들이 성숙하지 못했던 반면, 잉글랜드에서는 그것들이 쑥쑥 발전했다." Friedrich Lütge, "Economic Change : Agriculture", *New Cambridge Modern History*, II : G. B. Elton, ed., *The Reformation 1520-1559* (London and New York : Cambridge Univ. Press, 1958), p. 47.

분명했는데, 두 지역은 점점 더 늘어나고 있던 고정된 일자리가 없는 일종의 룸펜프롤레타리아에 의해서 연결되었다. 그들은 여기저기로 옮겨다녔으며, 그들에게 생존의 여지는 아주 좁았기 때문에 그와 같은 심각한 위기를 견디기 힘들었던 것이다.[342]

로베르 망드루는 1623-48년의 민중봉기들을 그 이전이나 이후에도 계속해서 일어났던 봉기들의 역사적 맥락에서 살펴보아야 한다고 주장함으로써 이 논쟁에 기여한다. 그는 다양한 세금들이 "단순히 반란의 유일한 혹은 가장 직접적인 원인으로서가 아니라 대단히 악화되고 있던 경제적 상황의 징후로 이해되어야 한다"[343]는 점을 일깨워준다. 이어 망드루는 우리에게 훨씬 더 생산적인 길로 되돌아갈 것을 촉구한다. 그는 다음과 같이 요구한다 :

즉 지역적 차이와 그 지도 작성에 더욱 주의할 것. 서부, 노르망디, 기옌, 중부(마르세, 베리, 부르보네), 이들이 가장 빈번하게 영향을 받은 지역이고, 연쇄반응적인 소요로 가장 자극을 받은 곳이다. 여기에서 우리는 "장기" 16세기의 번영의 중단에 직면한 이 지방들이 더욱 활발하게 참여한 결과를 볼 수 있지 않을까? 1620-80년의 썰물은 더 대륙적이고 덜 발전된 지역들보다 이곳에서 더욱 분명한 경제적 불황을 몰고 온 것이 아닐까? 그러나 이들 17세기의 농촌과 도시의 소요지역들은 또한 이전 세기에 종교전쟁이 가장 치열했던 지방들이 아닌가?[344]

이것은 실로 귀중한 단서이고 우리의 전반적인 가설에 아주 잘 들어맞는 것이며, 더 나아가 무니에나 포르슈네프 모두 동의하는 것이다. 무니에는 이렇게 말한다 :

---

342) Porchnev, *Les soulèvements populaires*, pp. 268-275 참조. 포르슈네프는 이 도시인들을 기술하기 위하여 "하층민(plebeian)"이라는 용어를 Engels, *Peasant War in Germany*에서 빌려왔다. 그는 다음과 같이 말한다 : "하층민들은 아직 프롤레타리아의 원형을 구성하지 않았고, 봉건사회의 여러 집단에 뿌리를 두고 있으며 점차 진정으로 통일된 집단으로 융합되어가고 있던 이질적인 대중이었다."[p. 269]

343) Robert Mandrou, "Les soulèvements populaires et la société française du XVIIe siècle", *Annales E.S.C.*, XIV, 4, oct.-déc. 1959, 760.

344) 같은 책, p. 761.

454

각 봉기에 대한 연구는 그 지역의 경제 및 사회 구조에 대한 연구와 떼어놓을 수 없는 것이다. 왜 농촌봉기들이 주로 서부, 중부, 남서부에서 일어났는가? 각 도시들을 자본주의 발전의 정도에 따라 분류하고, 그것이 반란에서 나타나는 어떤 상수들과 상호 관련이 있는지 없는지 검토할 수 있지 않을까?[345]

포르슈네프는 16세기에 1623-48년의 봉기들의 선례가 세 차례 있었다는 것을 지적한다. 처음의 두 사례는 종교개혁과 관련된 1520-50년의 봉기들과, 민중운동이 "그들의 열성적 지지자라고 선언한 가톨릭 동맹에 희망을 걸었던" 1570-90년의 봉기들이다. 그후 1590-1600년 사이에 형태상으로 비종교적이었던 마지막 물결이 있었다.[346] 사실, 포르슈네프는 더 나아가 종교전쟁에 대한 민중의 혐오는 권위에 대한 탈신성화를 낳았으며, 그것이 17세기 초에 국가의 권위를 다시 한번 강조해야만 했던 원인이라고 주장한다.[347]

포르슈네프의 이러한 주장은 다시 한번 근대 초 유럽에서 종교운동들 및 그 친화관계의 의미, 그것들과 민족적 실체들의 주장과의 관련들 그리고 반대로 종교적 원심력과의 관련들에 대한 의문들을 다시 한번 제기한다. 앞에서 우리는 쾨니히스버거가 위그노파를 프랑스의 민족주의적 혁명운동으로 취급하는 것에 대해서 이야기했다.[348] 칼뱅파가 북부 네덜란드를 통합했던 것과 같은 방식으로 위그노파가 프랑스 남부와 서부에서 통합될 수도 있었으며, 그것은 네덜란드에서와 마찬가지로 국가의 분할을 낳을 수도 있었다는 것은 충분히 생각해볼 수 있는 것이다. 이는 분명히 그 당시에 공포의 대상이었다.[349]

---

345) Mousnier, *Revue d'histoire moderne et contemporaine*, V, p. 112.

346) "16세기 말에 이르면, 종교개혁과 가톨릭주의의 깃발이 그들의 이익을 방어하는 데 더 이상 소용이 없다는 것을 확신하게 된 인민 대중은 모든 정치적, 신앙적 몽상에서 깨어났고 그후 그들의 계급투쟁을 종교로 위장하는 것을 거부했다. 16세기 말에 프랑스의 인민 대중이 솔직담백하게 계급의 언어로 말했을 때 프랑스의 봉건계급들이 '상호 파멸적인 종교전쟁의 종식'을 서두르고, 그들 사이의 싸움을 잊은 채 앙리 4세의 왕정으로 집결하게 된 것은 부분적으로 이러한 이유 때문이었다." Porchnev, *Les soulèvements populaires*, p. 47. 또한 pp. 280-281도 참조.

347) 같은 책, pp. 572-573 참조.

348) Koenigsberger, *Journal of Modern History*, XXVII, pp. 338-340 참조.

349) Lublinskaya, *French Absolutism*, p. 166 참조.

이러한 시각에서 보면, 위그노파가 한때 가톨릭 에스파냐에 조력을 구했다는
것은 놀라운 일이 아니다. 그렇다면 위그노파에 대한 숙청은 하나의 국가로서
의 프랑스를 온전하게 지키려는 운동의 일환이었던 셈이다.[350] 게다가 무니에
는 관직매매가 1620년 이후에 칼뱅의 핵심분자들을 매수하는 데에 수행했던
역할을 지적한다.[351]

종교적 분열보다는 지역주의가 더 근본적이었다는 것은 예전의 옥시타니였
던 남부 프랑스가 위그노의 아성으로부터 변신했던 과정에서 분명하게 나타
난다. 앙리 에스피외는 종교개혁의 아성이 "6세기 고대 로마적 갈리아 지방
의 변방과 옥시타니에서 모두 발견되는 반면에, 가톨릭은 근본적으로 북부의
현상이었다……"[352]고 주장한다. 그러나 그는 나바르의 앙리가 "옥시타니 지
방의 대의를 손상시키면서" 국왕이 되었을 때, "옥시타니는 단 한 번의 변신
으로 가톨릭 연맹에 동조하게 되었는데, 이것이 그 지방의 차별성을 추구하기
위하여 선택할 수 있는 유일한 길이었다……"[353]고 지적한다. 마지막으로 에
스피외는 옥시타니인들은 "그들의 반골 기질을 유지하는 데 기여했던" 하나
의 대의였던 "비(非)국교도 정신"으로 얀세니즘을 받아들였다고 주장한다.[354]

---

350) 조르주 뒤비와 로베르 망드루는 "왕국의 정치적 통일을 수호하고 있던 가톨릭 교도들"
   에 대해서 이야기한다. George Duby & Robert Mandrou, *Histoire de la civilisation
   française*, Vol. Ⅰ : *Le Moyen Age et le XVIe siècle* (Paris : Lib. Armand Colin, 1958),
   341. 빅토르-L. 타피에의 다음과 같은 주장도 보라 : "섭정기와 루이 13세 치세 초기의
   프랑스는……하나의 제물이었다.……프랑스의 몇몇 지방들은 여전히 영토경쟁의 대상이
   었다.……
   "그때에는, 어떤 국가도 평화와 경제적 진보를 보호하는 방벽을 두를 만큼 강력하거
   나 부유하지 못했으나, 단호한 국가라면 영토의 독립성을 보호하고 국가의 자연자원들이
   스스로 결실을 맺을 수 있는 가능성을 허용할 수 있었다. 리슐리외의 장점은 이것을 알
   아차리고 있었다는 것이며, 루이 13세의 장점은 그의 대신이 그에게 훌륭하게 봉사하고
   있다는 것을 이해하고 있었다는 점이다." Vitor-L. Tapié, *La France de Louis XIII et
   de Richelieu* (Paris : Flammarion, 1952), 524-526.
351) Mousnier, *Vénalité*, pp. 601-602 참조.
352) Henri Espieux, *Histoire de l'Occitanie* (Nîmes : Le Centre Culturel Occitan. Collec-
   tion Cap-e-Cap, 1970), 155.
353) 같은 책, p. 159.
354) 같은 책, p. 161.

456

에스피외는 이 반항정신이 옥시타니 지방이 프랑스로 편입되는 데 저항하는 방식이었다고 본다. 옥시타니는 16세기에 프랑스로의 편입을 강요당했는데, 이것은 옥시타니가 지게 된 재정적 부담들에 의해서 이루어지고 강화되었으며 "제2차" 16세기에 파리에 비해서뿐만 아니라 바르셀로나와 제노바에 비해서도 마르세유와 보르도가 경제적으로 쇠퇴하고 있었다는 사실에 의해서 더욱더 참기 어려운 것이 되었다 ── 여기서 다시 한번 여러 층위 안에서 여러 층위가 나타나는 현상을 볼 수 있다.[355]

1639년 노르망디 지방의 봉기에 대한 포르슈네프의 서술도 비슷한 주제들을 담고 있다. 그의 추적에 따르면, 노르망디의 농민들은 14-15세기에 프랑스의 다른 어떤 지역보다도 무거운 영주제의 부담을 지고 있었다. 백년전쟁이 빚은 파괴뿐만 아니라 이러한 사실 때문에 농민들은 도망을 쳤고, 그럼으로써 극심한 노동력 부족 현상을 야기했다. 그것은 농민들에게 좀더 유리한 정기 임대에 비해서 영구 임대가 상대적으로 빠르게 쇠퇴하는 결과를 낳았다. 가격혁명과 세계경제에서 프랑스가 맡게 된 역할은 농민 토지소유자들에게 좌절 ── 즉 더 높아진 지대, 더 작아진 땅뙈기, 자연경제로의 부분적인 회귀, 한마디로 자본주의 발전에 대한 제동 ── 을 안겨주었다.[356] 잉글랜드의 요먼층이 경작지의 인클로저로부터 이익을 얻고 있었던 때에 노르망디의 요먼층은 쇠퇴해가고 있었다. 부르주아지에 대해서 포르슈네프는 그 두 분파 사이의 분열을 지적한다 : 지방의 이해관계에 매여 있었고 따라서 반란에 동조했던 법관들(magistrates)과, 국가에 굳게 결속되어 있었고 따라서 지방의 귀족계급을 유지하는 데 힘썼던 금융업자들.[357] 반란은 노르망디의 농민 토지소유자들이 (그리고 지방의 부르주아들이) 새로운 세계경제에 완전히 참가하여 얻을 수 있는 이익들을 중앙의 정치에 빼앗기고 있다는 불만으로 파악될 수 있다.

옥시타니 지방에서와 마찬가지로 서부에서도 왕정은 경제적으로 퇴행적인 프

---

355) 같은 책, pp. 146-154 참조.
356) Porchnev, *Les soulèvements populaires*, pp. 402-403, 418-419 참조.
357) 같은 책, p. 578 참조.

랑스의 "국가적" 전망을 추구하는 것으로 비쳐지고 있었다. 전통의 이름을 빌려 외곽 지방들은 경제적 진보를 오히려 더욱 강력하게 요구하고 있었다.[358] 따라서 1639년 노르망디의 봉기가 프로방스, 브르타뉴, 랑그도크, 푸아투의 봉기에 뒤이어 일어났다는 것은 우연이 아니었다.[359] 또한 노르망디 봉기의 직접적인 배경이 1632-33년의 전염병에 뒤이어 나타난 경제적 어려움들에도 불구하고 왕정이 노르망디의 조세부담을 경감시켜주지 않으려고 했던 것이라는 점 역시 우연이 아니었다. 왜냐하면 "지나치게 과도한 비용을 떠맡고 있는 전하는 그가 원하는 대로 백성들의 부담을 덜어줄 수 없기"[360] 때문이다. 그는 이렇게 할 수 없었다. 왜냐하면 그 돈은 프랑스의 국가적 실체를 건설하는 데 사용되고 있었기 때문이다.

프랑스가 루앙을 수도로 하고 프랑스의 북부와 서부만을 포괄하는, 지리적으로 다른 형태를 띤 실체였다고 가정해보자 —— 이는 대단한 역사 놀이이다. 옥시타니 지방이 13세기부터 하나의 독립된 국가였다고 상상해보자. 그처럼 축소된 프랑스라면 중앙 국가기구의 국가적 이해관계와 부르주아지의 상업적 이해관계가 어느 정도 서로 조화를 이루지 않았을까? 그와 같은 프랑스라면 더 약해 보이기는 하지만 잉글랜드가 그랬던 것처럼, 산업적 기반을 창출하여 등장하는 세계경제에 대응할 수도 있지 않았을까? 아마도 그랬을 것이다.

그러나 그러한 프랑스는 존재하지 않았다. 실제로 존재했던 프랑스는, 우리가 주장한 것처럼, 이것도 저것도 아니었으며 종교적, 지역적 분쟁으로 분열되어 있었다. 단일종교 국가를 향한 압력은 20세기의 아프리카에서 일당국가를 향한 압력만큼이나 16세기 유럽에서 강했으며 같은 이유로 각종 원심적인 경향에 맞서 싸워야 할 필요도 그만큼 컸다. 그러나 그 대가는 모질었다. 프랑스에게 그 대가는 대개 귀족계급이 제시한 조건 —— 즉 영주제의 반동, 부

358) 이러한 현상의 20세기적인 예는 Jeanne Favret, "Le traditionalisme par excès de modernité", *European Journal of Sociology*, VIII, 1, 1967, 71-93에서 기술되었다.
359) Porchnev, *Les soulèvements populaires*, p. 470 참조.
360) 같은 책, p. 425.

458

르주아지의 봉건화──에 따라 귀족과 타협하는 것이었다. 17세기에는 내란
이 없었으며 오직 프롱드 난만이 있었을 뿐이다. 부르주아 혁명은 1789년이
라는 다른 시대에, 또다른 이유로 그리고 어떤 면에서는 너무나 뒤늦게 도래
했다. 17세기에 프랑스의 행정적 부르주아지, 즉 법복귀족은 자신의 협소한
이해관계를 지나치게 추구하는 사치를 누릴 여유가 없다는 것을 유념해야만
했다. 만일 그럴진대, 국가의 통합과 따라서 이 행정적 부르주아지의 경제적
기반이 필경 위협받을 것이었다.

잉글랜드와 프랑스의 왕정이 떠맡은 서로 다른 역할들(의도들이 아니라)이
결국 결정적인 요인이었다. 이것을 파악하는 한 가지 방식은, 정치적 투쟁을
그 시대의 왕정들이 국가와 관련을 맺지 않은 모든 집단들의 특권을 침식하
고자 했던 것으로 정의하고, 쿠퍼가 그랬던 것처럼, 대개 그들이 토지계급들
에 대해서보다는 도시들(따라서 부르주아지의 분파들)에 대해서 더욱더 큰
성공을 거두었다고 주장하는 것이다.[361] 브로델은 왕정에 의해서 "제어된" 혹
은 "길들여진" 도시들에 대하여 이야기한다.[362] 이러한 견해에 따르자면 토지
계급들은 경제적 팽창의 빠른 물결 앞에서 꿋꿋이 버티어나가는 데 도움이
되도록 국가를 이용하고 있었다. 이러한 관점에서 볼 때 프롱드들은 패배했지
만 승리한 것이며, 반면에 잉글랜드의 귀족들은 왕정복고가 이루어지기는 했
지만 패배했던 것이다. 결국 브로델은 세계에서 잉글랜드의 우위는 런던의 우
위였으며, "그것은 1688년의 평화적 혁명 이후 그 자신의 필요에 따라 잉글
랜드를 건설했다"[363]고 주장한다.

부르주아지와 귀족의 요구 사이에서 흔들리면서 잉글랜드와 프랑스의 왕정
들은 귀족의 요구에 더욱더 가까이 다가섰다. 차이점은 잉글랜드에서는 상업
부르주아지의 이해관계가 강력한 중앙정부와 연결되어 있었던 반면에 프랑스
에서는 그들이 어느 정도 국가의 변방과 연결되어 있었다는 것이다. 이러한

---

361) J. P. Cooper, "General Introduction", *New Cambridge Modern History*, IV : J. P.
Cooper, ed., *The Decline of Spain and the Thirty Years' War, 1609-48/59* (London
and New York : Cambridge Univ. Press, 1970), 15.

362) Braudel, *Civilisation matérielle*, p. 399.

363) 같은 책, p. 396.

차이점은 유럽 세계경제의 틀 안에서의 지리적 요인들에서 비롯된 결과였다.

한 가지 결과는 본질적으로 더욱 다루기 힘든 부르주아지를 제어하기 위해서 프랑스의 왕정이 그 자신을 강화시켜야 했을 뿐만 아니라 관직매매를 통해서 그들을 매수해야 했고, 또 이는 그들을 산업투자로부터 다른 곳으로 관심을 돌리게 만들었다는 것이다. 잉글랜드에서는 귀족들이 살아남기 위해서 부르주아지의 생활방식을 배워야만 했으며 부분적으로 그들과 뒤섞여야만 했다. 프랑스에서 그런 압력은 살아남아야만 하는 부르주아지에게 가해졌다. 프랑스와 잉글랜드 모두에서 중심부는 주변부에 대해서 승리했다. 그러나 잉글랜드에서 이것은 민족적 부르주아지라는 대의를 더욱 발전시키는 것을 의미했던 반면, 프랑스에서는 부르주아지의 후퇴를 의미했다.

잉글랜드의 내란은 일어날 수 있는 마지막 순간에 일어났다. 향후 150년 동안 토지계급들의 소생은 어디에서나 대단했고, 심지어 잉글랜드에서도 대단했다. 그러나 그곳에서는 적어도 부르주아지가 시민권(droit de cité)을 획득했다. 그리고 토지계급들은 귀족이기보다는 궁극적으로 선량한 부르주아(bons bourgeois)였던 젠트리였다. 프랑스에서 크롬웰 같은 인물을 낳기에는 17세기 부르주아지가 너무 미약했다. 그들이 자신들의 이해관계와 국가로서의 국가의 이해관계가 조응한다는 것을 발견하게 된 것은 1789년에 가서의 일이었다. 그때에 이르면 세계경제는 이미 변화되어 있었고 그 안에서 프랑스가 우위를 획득하기에는 너무 늦은 때였다.

# 6

유럽 세계경제 : 주변부 대 외부지역

그림 7: "모잠비크에서 발견한 (네덜란드) 함대와 고아 근해에서의 (포르투갈) 범선의 나포." 1651년에 간행된 "유나이티드 최아의 위대한 다하
돌을 위하여 항해한 반탐 호의 조타수, 푸르메렌트의 코르넬리스 코르넬리스존의 동인도 항해 일지"에 실려 있는 삽화. 이서귀 : 로넬 대한 도서관.

정치적 용어로 정의된 실체의 경계는 비교적 확인하기 쉽다. 우리가 1600
년경 중국제국의 판도를 알고 싶다면, 그 시기의 법적 주장들을 우리에게 전
해주는 몇몇 문서고들을 참조할 필요가 있다. 분명히, 경쟁하는 두 국가가 주
권을 다투고 있는 변두리 지역들이나 혹은 제국의 권위가 사실상 피부에 와
닿지 않기 때문에 주권에 대한 주장이 법적인 허구라고 결론짓게 하는 지역
이 있기 마련이다. 그러나 그 기준은 꽤 간명하다. 즉 (아무리 미약하더라도)
어느 정도의 실제적인 권위와 (아무리 대단하더라도) 주장된 권위의 결합이
대체로 우리에게 필요한 기준으로 구실할 것이다.

  그러나 정치적 용어로 정의되지 않는 사회체제, 우리가 이제까지 다루어온
"세계경제"의 경계들에 대해서는 어떻게 이야기해야 할까? 16세기에 유럽 세
계경제가 있었다는 말은 그 경계들이 지구 전체보다는 작은 범위라는 것을
뜻한다. 그러나 얼마나 작은가? 단순히 "유럽"이 교역했던 모든 지역을 그
안에 포함시킬 수는 없다. 1600년에 포르투갈은 일본뿐만 아니라 중앙 아프
리카의 모노모타파 왕국과도 교역했다. 그러나 모노모타파나 일본이 그 당시
에 유럽 세계경제의 일부였다고 주장하는 것은 언뜻 보기에도 어려운 일일
것이다. 하지만 우리는 브라질(혹은 적어도 브라질 해안지역들)과 아조레스
제도가 유럽 세계경제의 일부였다고 주장한다. 러시아를 경유하여 서유럽과
페르시아 사이에 통과무역이 이루어졌다.[1] 그러나 우리는 페르시아가 분명히
이 세계경제의 외부에 있었으며 러시아조차도 마찬가지였다고 주장한다. 러
시아는 세계경제 외부에 있었지만, 폴란드는 내부에 있었다. 헝가리는 내부에
있었지만, 오스만 제국은 외부에 있었다. 어떤 근거에서 이러한 구분들이 결
정되고 있는가? 그것은 단순히 교역량이나 교역품목의 구성의 문제가 아니다.
첼소 푸르타도는 다음과 같이 주장한다 :

1) 이 교역에 대한 요약적인 설명으로는 H. Kellenbenz, "Landverkehr, Fluss- und
  Seeschiffahrt im Europäischen Handel", in *Les grandes voies maritimes dans le monde,
  XVe-XIXe siècles*, VII Colloque. Commission Internationale d'Histoire Maritime
  (Paris : S.E.V.P.E.N., 1965), 132-137 참조.

464

금과 은을 제외하고, 최초로 식민화가 이루어진 세기에, 아메리카에서 생산될 수 있었던 것 중 유럽에 팔 만한 상품은 거의 없었다. 단위무게당 가치가 매우 높았던 후추, 비단, 모슬린과 같은 물품들을 생산했던 동인도와는 달리, 아메리카는 수지타산이 맞는 무역을 뒷받침할 만한 상품을 전혀 생산하지 못했다.[2]

그럼에도 불구하고 아메리카는 내부에 포함되지만 동인도는 외부에 있었다. 적어도 우리는 그렇게 주장한다.

우리는 세계경제의 주변부(periphery)와 외부지역(external arena) 사이의 구분이라는 의미에서 이러한 구분법을 적용할 것이다. 하나의 세계경제의 주변부는 그 내부에서 주로 낮은 등급의 상품들(다시 말해서 노동에 대하여 많은 대가를 받지 못하는 상품들)을 생산하지만, 그 상품들이 일상적인 생활필수품이기 때문에 전체 분업체제에서 없어서는 안 될 지리적 영역이다. 세계경제의 외부지역은 하나의 세계경제가 때때로 "호화스런 교역"이라고 불리는 귀중품들의 교환을 위주로 무역관계를 맺고 있는 다른 세계체제들로 구성된다. 우리는 주로 16세기 러시아와 동유럽의 여러 지역들 그리고 인도양 지역과 에스파냐령 아메리카 사이의 차이점들을 분석함으로써 이러한 구분의 유효성을 증명해볼 것이다.

언뜻 보면, 러시아와 동유럽은 많은 유사점들을 지닌 것처럼 보인다. 그 지역들은 모두 환금작물 생산에 참여하고 강제노동에 기반을 둔 대영지들의 등장을 경험한 것으로 보인다. 사실, 브로델이 지적한 대로, 이러한 현상은 이 시기에 오스만 제국에서도 일어난다.[3] 양 지역에서 모두, 농민에 대한 강제는

2) Celso Furtado, *Economic Development of Latin America*, II.
3) "역사가들이 서양의 16세기에서 18세기 사이의 시대에 일어난 '재봉건화'에 대해서 이야기하는 것처럼, 유사한 현상이 투르크에서도 일어난다.……부쉬-잰트너의 선구적인 업적에 따르면, 이러한 직영지들(tschiftliks)은 곡물경작 지역들에서 농업개선 과정의 일부분으로 형성되었다. 외메르 루트피 바르칸과 그의 제자들은……근대적 소유권의 성장이 곡물 '호황'에 관여한 것으로 알려져 있는 술탄과 파샤(pasha : 터키의 문무 고관/옮긴이)에게 이로운 것이었다고 주장한 바 있다.……그들은 서양 상인들에 대한 곡물 판매를 '인민'에게 금지하고 자신들이 독점했다. 우리는 그 변화의 정도를 짐작할 수 있다. 투르크는 서유럽과 마찬가지로 인구증가의 결과로 나타난 가격'혁명'과 농업혁명의 시대에 살아가고 있었던 것이다." Braudel, *La Méditerranée*, I, p. 537.

주로 국가권력이 취한 조치들이 빚어낸 결과이다. 양 지역에서 모두, 지주계급은 이때부터 매우 강력해지고 부르주아지는 약화된 것 같다. 더욱이 양 지역이 모두 가격혁명의 영향을 받았으며, 어느 정도 충실하게 가격혁명의 전반적 동향에 순응했던 것 같다. 그러나 좀더 면밀하게 살펴보면 어떤 차이점들이 드러난다.[4]

우리는 러시아와 서유럽의 관계 그리고 동유럽과 서유럽의 관계 사이의 차이점들을 다음의 세 가지 주요 항목 아래 다룰 것이다 : 1) 무역의 성격상의 차이점, 2) 국가기구의 힘과 역할상의 차이점 그리고 3) 앞의 두 차이점이 빚어낸 결과로, 토착 도시 부르주아지의 힘과 역할상의 차이점.

혁명 전 러시아의 위대한 역사가 V. O. 클루체프스키는 "러시아 역사에서 중요하고 근본적인 요인들은 이민 혹은 식민화였다. 그리고……다른 모든 요인들은 어느 정도 그것과 불가분의 관계를 맺고 있었다"[5]는 가정 위에서 그의 러시아사를 구성했다. 그것이 유럽의 다른 지역들과 마찬가지로 러시아가 "새로운 경제성장의 시대에 들어섰던……"[6] 16세기의 현상이라고 생각한다면

4) 우리 입장의 핵심을 엘리엇이 이렇게 대변해주었다. "유럽인들이 행군했던 땅〔즉 동유럽〕에서의 생활의 몇몇 특징들은 러시아의 토양에서 그대로 재현되었다." 이 말은 양 지역에서 모두 이 시기에 강제 환금작물 노동을 이용한 시장지향적인 대규모 직영지의 생산활동이 발전되었다는 사실을 지적하는 것이다. 그럼에도 불구하고 엘리엇의 주장에 따르면, "그러나 모스크바의 봉건사회는 점증하는 군사력으로 인접국가들을 위협하면서도 경제적으로 유럽 세계와 관계를 맺지 않는, 그 자체가 독립된 하나의 세계로 남아 있었다. 반면에 폴란드, 슐레지엔, 브란덴부르크, 프로이센은 서유럽의 생활방식의 궤도로 가차없이 끌려들어가고 있었다……" Elliott, *Europe Divided*, p. 47. 조지 버나드스키의 다음과 같은 주장도 보라 : "지정학적으로 말해서, 러시아의 배후지는 유럽이 아니라 유라시아 대륙이었다. 중세 러시아는 동유럽이라기보다는 서유라시아의 일부인 것이다." George Vernadsky, "Feudalism in Russia," *Speculum*, XIV, p. 306.

5) V. O. Kluchevsky, *A History of Russia*, I (London : Dent, 1911), 2.

6) Jerome Blum, *Lord and Peasant in Russia from the Ninth to the Nineteenth Century* (Princeton, New Jersey : Princeton Univ. Press, 1961), 120. 그는 다음과 같이 덧붙인다 : "이것의 가장 뚜렷한 증거들 가운데 하나는 그 영토의 영역과 인구가 증가했다는 것이다. 러시아는 서유럽의 대서양 국가들과 마찬가지로 16세기에 야심적인 식민팽창 계획에 착수했던 것이다. 몽골 세력이 붕괴하고 모스크바의 지도 아래 통일된 러시아 국가가 등장했던 것은 모스크바의 국경 너머에 놓여 있는 광대한 유라시아의 토지에서 외면적으로 무한한 영토 획득의 기회를 제공했다."

그의 주장은 옳다. 흔히 1552년 카잔의 볼가 한국의 정복과 뒤이은 1556년 아스트라한의 정복이 분기점이었다고 주장된다.[7] 다음 세기에 러시아는 남쪽의 돈 강을 따라서 아조프 해 그리고 볼가 강을 따라서 카스피 해에 이르는 광활한 삼림, 스텝 지역들을 식민화했다. 또한 러시아는 시베리아를 가로지르는 광활한 지역으로 진출했다. 같은 시기에 (당시 폴란드의 통치 아래 있던) 우크라이나인들은 드네프르 강을 따라서 전진했으며, 그 모든 지역이 1654년에 러시아의 일부가 되었다. 남부와 동부로의 러시아의 팽창은 근대 세계사에서 중요한 사건이었으며, 그 팽창의 방향은 러시아를 둘러싼 지역들에 존재하던 체제들이 가진 힘과 함수관계였다는 점을 주목할 필요가 있다. 조지 버나드스키가 일깨워주고 있는 것처럼, "러시아인들이 시베리아를 향해 동쪽으로 진출하기 시작했던 것은 그들이 서유럽에서 저지당하고 밀려난 바로 그 시점"[8]이었다.

따라서 러시아와 거래할 때, 서유럽의 무역상들은 폴란드, 보헤미아, 혹은 메클렌부르크보다도 훨씬 더 광대한 나라 그리고 그 자체가 분명히 하나의 제국적 구조였던 국가를 상대했던 것이다. 폴란드의 대외무역은 거의 전적으로 서유럽만을 상대로 이루어졌던 데 반하여, 러시아는 동-서 양 방향으로 교역했으며, 제롬 블룸이 주장하는 것처럼 "동방 무역이 서유럽과의 상업보다 러시아에게 더 중요했다."[9]

---

7) "카잔의 정복은 엄청난 군사적 승리인 동시에 위대한 정치적 업적이었다. 종교적인 관점에서 보자면, 그것은 이슬람에 대한 그리스도교의 승리로 이해되었다." George Vernadsky, *The Tsardom of Muscovy, 1547-1682*, Vol. V of *A History of Russia* (New Haven, Connecticut : Yale Univ. Press, 1969), Part 1, 58.
   "카잔의 몰락은 슬라브인들이 동방으로 진출하는 것을 가로막던 장애물을 일순간에 치워버린 것이다." Roger Portal, *Les Slaves* (Paris : Lib. Armand Colin, 1965), 110.
8) Vernadsky, *Tsardom*, V, 1, p. 175.
9) Blum, *Lord and Peasant*, p. 128. M. 몰라 등이 인용하는 M. V. 페치네르의 주장을 보라. 몰라 등의 인용에 따르면 그는 하천과 대상을 이용한 러시아와 동양의 무역은 ("항상 과대 평가되는") 서양과의 무역보다 "훨씬 더 중요했다"고 주장한다. Fechner, *Torgovlya russkogo gosudarstva so stranani voctoka v XVI veke* ; Mollat 외, *Relazioni del X Congresso Internationale di Scienze Storiche*, III, p. 780. 몰라 등은 "수치가 제시되지 않은" 상대적인 양에 대해서 그들 자신이 어떤 입장을 취해야 할지 주저한다.

동방 교역은 그 양이 더 많았을 뿐만 아니라 그 성격과 양에서 그 자체가 하나의 세계경제, 혹은 조금 다른 이론적 틀로 연구하는 사람들이 주장하는 것처럼 하나의 전국시장을 형성하는 경향이 있었다. A. G. 만코프는 이미 우리에게 익숙한 개념, 즉 곡물 생산의 결정적인 역할에 대해서 지적한다. "곡물이 상품이 되기 전까지 봉건사회 내에서 상업적 관계들이 실제로 발전했다고 이야기할 수 없으므로, 곡물의 상품화는 농업과 수공업 사이에 어느 정도 수준의 분화가 일어났다는 것을 보여주는 것이다."[10] 그러므로 이제 15-16세기에 폴란드와 러시아에서 나타난 곡물 생산의 팽창이라는 현상에 대해서 검토해보자. 앞에서 이미 주장한 것처럼, 폴란드는 16세기에 이르면 유럽 세계경제에 편입된다. 유럽 세계경제의 시장에서 곡물이 판매되고, 그 시장들을 위해서 곡물이 재배되는 것이다. 브로델과 스푸너가 주장한 것처럼, "[16]세기 말의 지배적인 특징은 분명히 폴란드의 곡물이 이제 전체적인 유럽의 물가에서 한 품목으로 포함되었다는 사실이다."[11] 이것은 폴란드뿐만 아니라 유럽의 다른 지역에도 매우 중요한 일이었다. 폴란드는 16세기 말 유럽에서 "가장 중요한 곡물 수출업자"[12]가 되었던 것이다.

이미 살펴보았듯이, 폴란드 곡물 수출 경제의 대두는 강제 환금작물 노동에 바탕을 둔 대영지들의 등장을 의미했다. 그것은 또한 귀족의 정치권력이 강해지는 것을 의미하기도 했는데, 서유럽 상인들과 마찬가지로 그들도 무역에 대한 장애물들을 제거하는 데 관심을 두고 있었다. 그들이 함께 노력을 기울임으로써 폴란드의 개방경제가 유지되었다.[13] 폴란드 귀족의 번영이 이 자

---

10) A. G. Mankov, *Le mouvement des prix dans l'état russe au XVIe siècle* (Paris : S.E.V. P.E.N., 1957), 28.

11) Braudel & Spooner, *Cambridge Economic History of Europe*, IV, p. 398.

12) Stanislas Hoszowski, "L'Europe centrale dans la révolution des prix : XVIe et XVIIe siècles", *Annales E.S.C.*, XVI, 3, mai-juin 1961, 446.

13) "그러나 귀족의 경제정책은 1565년의 의회 법령에서 가장 온전하게 표현되었다. 그것은 폴란드의 상인들이 폴란드 생산품을 수출하고 외국의 상품들을 수입하는 것을 금지하여 공식적으로 외국상인들이 폴란드에 진입하는 것을 장려했다. 분명히 이 법령은 사문서로 남아 있었다. 그러나 그것은 이 시기에 폴란드 귀족들이 정치, 경제 정책에서 어떤 경향을 보이고 있었는가를 분명하게 보여주는 것이었으며, 스웨덴을 제외하고 여타 발트 해 국가들에서도

유무역에 얼마나 의존하고 있었는가는 폴란드의 "중추를 무너뜨리려고" 했던 스웨덴 국왕 구스타프 아돌프가 1626-29년에 시행한 비수아 강 봉쇄정책이 야기한 경제적 어려움들에서 분명하게 드러난다.[14] 예르지 토폴스키는 "발트 해의 항구들을 경유하는 곡물 수출이 전체 경제구조를 지배할 정도로 〔폴란 드에서〕 급속하게 성장했다"[15]는 사실을 폴란드에서 17세기의 경기후퇴가 불 러온 파괴적인 효과들을 설명하는 데에 원용하는데, 그 효과들은 폴란드의 각 지방경제가 얼마나 수출지향적인가에 따라서 달랐다.[16]

유럽 세계경제의 총생산에서 곡물이 차지하는 비중으로 볼 때 곡물의 가치 는 그렇게 크지 않았다고 반박할 수도 있으나, 보리스 포르슈네프는 "학자들 이 관심을 가져야만 하는 것은 (사실의 관점에서 보면 그렇게 대단치 않은) 수출상품의 양이 아니라 농노들의 노동력을 착취하는 지주들과 중간상인들이 나누어 가진 이윤의 비율"[17]이라고 반박한다. 그리고 스타니수아프 호쇼프스

비슷한 경향이 나타났다고 생각된다. 우리는 부르주아지의 산업과 무역에 대한 그 당시 귀족들의 태도를 특징짓는 것은 독특한 반(反)중상주의였다고 간주할 수 있다." Marian Malowist, "Über die Frage des Handelspolitik des Adels in den Ostseeländern im 15, und 16. Jahrhundert", *Hansische Geschtichsblätter*, 75Jh., 1957, 39.

14) "그때부터 폴란드 곡물의 수출이 금지되었다. 구스타프 아돌프는 이러한 행동이 폴란드 의 귀족들에게 얼마나 중요한 것이었는지를 완벽하게 이해하고 있었다. 그는 베틀렌 가보 르의 공사에게 이렇게 말했다 : '이 강〔비수아 강〕이 점령되었고, 그다니스크 역시 봉쇄되 었으며, 그리하여 발트 해에 대한 접근이 완전히 차단되었으니, 이제 폴란드의 힘줄이 잘 린 셈이다.' 그는 옳았다. 밀 수출을 금지한 것은 그 나라에서 곡가가 하락하는 결과를 낳 았으며, 귀족과 폴란드의 주요 납세자였던 농민들이 그것에 영향을 받았다. 군대를 소집 하기 위한 지출 때문에 국가의 비용은 늘어갔고 세금을 거두는 것은 그만큼 더 어려워졌 다. 폴란드가 재정적인 어려움에도 불구하고 그렇게 엄청난 노력을 요구하는 이 전쟁을 3 년 동안 치를 수 있었던 것은 순전히 국왕과 그 측근들의 노력에 힘입은 것이었다." Wladyslaw Czalpinski, "Le problème baltique aux XVIe et XVIIe siècles", *International Congress of Historical Sciences*, Stockholm, 1960. *Rapports*, IV : *Histoire moderne* (Göteborg : Almqvist & Wiksell, 1960), 41.

15) Jerzy Topolski, "La régression économique en Pologne", *Acta poloniae historica*, VII, 1962, 46.

16) 같은 책, pp. 47-48.

17) Boris Porchnev, "Les rapports politique de l'Europe Occidentale et de l'Europe Orientale a l'époque de la Guerre des Trente Ans", *XIe Congrés International des*

키는 16세기의 전반적인 인플레이션 속에서, 폴란드의 물가는 아메리카의 재
보들이 물가에 영향을 미치기 이전에 그리고 서유럽과 중유럽에서 물가 상승
이 일어나기 이전에 오르기 시작했을 뿐만 아니라,[18] 폴란드 내에서도 "[물가
상승으로] 가장 큰 이익을 거둔 것은 지주였고 농민과 도시민들은 그것으로
부터 손해를 보기만 했다"[19]는 점을 지적한다. 농민들에 대한 이러한 경제적
압박이 빚어낸 결과는 농민반란의 빈번한 발발이었다.[20]

이제 이 시기 러시아에서 곡물 생산이 차지하는 역할을 비교해보자. "이 시
기에는 오직 국내 곡물 시장에 대해서만 이야기할 수 있다"[21]는 16세기 러시아
에 관한 만코프의 주장에서 출발하자. 즉 곡물이 거의 수출되지 않았지만, "이
미 16세기에 지역 시장들, 때때로 매우 멀리 떨어져 있는 시장들이 서로 연결
되어 있었다"[22]는 것이다. 이처럼 자본주의적 농업이 이 시기에, 비슷한 형태로
폴란드(그리고 다른 여러 동유럽 국가들)와 러시아에서 출현했다. 그러나 전자
가 팽창하고 있는 서유럽 시장을 겨냥해 생산했던 반면에, 러시아에서는 "영주
들이 팽창하는 국내시장을 목표로 생산했다."[23] 사실, 16세기에는 "나라 밖으
로 [곡물을] 실어내려면 차르의 특별한 허가가 필요했다."[24] 16세기 유럽 세계
경제의 전문화는 러시아 세계경제 내에서 좀더 축소된 모습으로 모사(模寫)되
어 있었다. 러시아 세계경제의 핵심부는 공업제품들(각종 철물제품, 직물, 피혁
제품, 무기와 갑옷)을 수출하고 사치품, 면직물, 말 그리고 양을 들여왔다.[25] 게

Sciences Historiques, Stockholm, 1960. Rapports, IV : Histoire moderne (Göteborg : Almqvist & Wiksell, 1960), 137.
18) Hoszowski, Annales E.S.C., XVI, p. 446 참조.
19) 같은 책, p. 453.
20) S. Pascu, V. V. Mavrodin, Boris Porchnev, & I. G. Anteleva, "Mouvement paysans dans le centre et le Sudest de l'Europe du XVe au XXe siècles", XIIe Congrès International des Sciences Historiques, Rapports, IV : Methodologie et histoire contemporaine (Wien : Verlag Ferdinand Berger & Söhne, 1965), 21-35.
21) Mankov, Le mouvement des prix, p. 28.
22) 같은 책, p. 38. pp. 38-43의 토론 참조.
23) Blum, Lord and Peasant, p. 205.
24) 같은 책, p. 128.
25) 같은 책, 128-129 참조. 힐턴과 스미스의 다음과 같은 지적을 보라. "덧붙이자면 16세기

다가 그들은 "비록 16세기에 그렇게 큰 의미가 있었던 것은 아니지만"[26] 서유럽의 공업제품을 동부로 재수출했다. 러시아는 한 경제적 공동체의 초점이라는 데에서 비롯된 행복한 결과들을 맛보고 있었던 것이다. "모피, 소금, 가죽 그리고 다른 여러 가지 상품들이 식민지들로부터 유구한 지역들로 흘러들어와서, 새로운 부를 창조하고 상업 및 공업 활동에 생기를 불어넣었다."[27]

그러나 러시아와 서유럽의 교역은 어떠한가? 그것은 폴란드의 교역활동과 비슷한 것이 아니었는가? 주의할 것은 독립적인 러시아 세계경제가 사실상 사라지고 러시아가 유럽 세계경제의 또 하나의 주변부가 되었던 18-19세기의 현상들에 미루어서 16세기를 바라보면 안 된다는 것이다.[28]

언뜻 보면 16세기에 일어나고 있던 것은 "서유럽과의 교역에서, 러시아는 원료와 반제품을 공업제품들과 교환한"[29] 것이다. 러시아는 해군의 군수품으로 사용되는 다양한 원료들(아마, 대마, 수지, 밀랍)과 모피를 수출했고, 사치품과 (무기를 포함한) 금속제품을 수입했다. 그러나 수출과 수입 중 어떤 측면에서 보더라도 무역이 그렇게 중요했던 것 같지는 않다. 서유럽측에서 보면, 적어도 17세기는 되어야 러시아가 "곡물과 임산물의 저장고"[30]로서 중요했다고 말할 수 있다. T. S. 윌런은 16세기에 러시아와 가장 활발한 무역활동

에 이란, 터키, 킵차크 한국, 우즈베크 한국과의 다양한 상품들의 지역적 교역이 발전되었다는 것이 특히 중요했다는 점을 주목해야만 한다. 이 시기에 러시아는 때때로 서양에 원료를 공급하는 반식민지로 간주되었던 반면, 동방의 러시아에는 원료뿐만 아니라 제품의 공급자였던 것이다." Hilton & Smith, "Introduction" to R. E. F. Smith, *The Enserfment of the Russian Peasantry* (London and New York : Cambridge Univ. Press, 1968), 27.

26) Blum, *Lord and Peasant*, p. 129.

27) 같은 책, p. 122.

28) "15세기 말 이반 대제의 시대로부터 우리는 러시아와 서유럽 간의 관계가 점점 더 가까워지고 있는 것을 쉽게 추적할 수 있다.……이 점에서 표트르 대제의 치세는 어떤 급격한 변화를 야기한 것이 아니다. 그러나 사실 외지인들의 —— 그리고 의심의 여지없이 내지인들에게도 —— 마음에 남은 인상은 여전히 그때부터 러시아가 매우 달라졌다는 것이다." Geoffrey Barraclough, *History in a Changing World* (Oxford : Blackwell, 1957), 192-193.

29) Blum, *Lord and Peasant*, p. 128.

30) Malowist, *Economic History Review*, XII, p. 180.

을 벌였던 서유럽 국가인 잉글랜드에게 러시아는 "해군의 필수적인 원료
공급원"으로서 중요한 가치가 있었다고 생각한다. 그러나 그는 이렇게 덧붙
인다 :

그 무역이 러시아인들에게도 역시 가치 있는 것이었다고 말하기는 다소 어려운 점이
있다. 잉글랜드에 수출되었던 해군 군수품의 등가물은 아마도 영국 회사가 특히 "50
년대"와 "60년대"에 러시아로 보냈다고 내세우는 소화기와 중화기였을 것이다.[31]

"특히 '50년대'와 '60년대'" —— 우리는 곧 이 부분에 대해서 논의할 것이다.
A. 애트먼은 결정적으로 중요한 수입품들은 금속제품이 아니라 은괴와 예술
품 형태로 유입된 은이었다고 주장한다. 그는 이 가설을 입증하는 것으로서
교회, 수도원 그리고 궁전에 축적되어 있던 놀라운 양의 은과 중요한 몇몇 은
괴 발견물들을 제시한다.[32] 주요 수출품의 하나가 이른바 "호화스런 교역"의
한 품목으로서 "당시에 부와 위엄을 상징하는 제복"[33]이었던 모피였다는 점
을 염두에 둔다면, 우리는 16세기 러시아와 서유럽의 교역 대부분이 사치품
의 교환이었다고 생각할 수 있다. 이 사치품의 교환은 잉여를 생산하기보다는
소비하는 방법이며, 따라서 경제적인 위축기에는 중단될 수도 있으므로, 경제
체제의 기능에 중요한 것이 아니었다. 이것은 그 무역이 중요하지 않았다고
이야기하는 것이 아니다. 중간상인들은 그러한 교역을 통해서 이익을 얻었다.
물론 국가도 그것으로부터 관세수입을 얻었다. 의심할 여지 없이 그것은 또한
사회적인 위신의 축적제도를 강화해주었다. 그러나 핵심은 1626년에 구스타프
아돌프가 비수아 강을 봉쇄한 것과 같은 사건이 일어나더라도, 러시아의 국내
경제에 대한 그 영향력이 폴란드에 비해서 훨씬 적었을 것이라는 데 있다.
  우리는 폴란드를 (외부지역에 속한다는 것과 상대되는 의미로서의) 유럽

---

31) T. S. Willan, "Trade Between England and Russia in the Second Half of the Six-
teenth Century", *English Historical Review*, LXIII, No. 247, July 1948, 320.
32) Mollat 외, *Relazioni del X Congresso Internazionale de Scienze Storiche*, III, p. 782에
재인용.
33) Parry, *Cambridge Economic History of Europe*, IV, p. 167.

472

세계경제의 주변부에 있는 국가의 한 사례로 이용해왔다. 그러나 폴란드는 여러 가지 면에서 극단적인 경우였다. 우리가 주변부에 있는 다른 나라들을 살펴본다면 어떤 차이점이 있을까? 그 대답은 몇몇 다른 점들이 있겠지만, 결정적인 것 같지는 않다는 것이다.

예를 들면 보헤미아와 헝가리에서 모두, "농노"의 "강제노동"이 항상 강제 부역노동의 형태로 이루어진 것은 아니며 때때로 "강제 임금노동"의 형태로 이루어지기도 했다.[34] 요제프 발카는 보헤미아에 이처럼 중간적인 형태의 노동부역이 존재했던 것은 농업생산이 다변화되어 있고 하나의 내부시장을 지향하는 것과 관계가 있다고 지적한다.[35] 조제프 페트랑은 마찬가지로 중부유럽의 여러 소규모 영방들(보헤미아, 슐레지엔, 작센, 오스트리아)에서 대영지가 성장하는 경향이 덜 나타났다는 점을 지적하고, 농업과 공업 사이의 전문화뿐만 아니라 농업 내부의 전문화가 탄생하고 있음을 확인할 수 있으나, 여기서는 "자연히 이러한 전문화 과정이 완결될 수 없다"[36]고 주장한다. 말로비스트는 덴마크에서의 농업의 전문화는 동유럽의 그것과 같은 맥락에서 출현했다고 지적한다. 왜냐하면 16세기 동안에 덴마크와 홀슈타인의 귀족들은 "상업에 참여할 기회가 극도로 제한되어 있는 그들 농노의 생산물과 농산물, 낙농제품의 교역뿐만 아니라 농노의 노동력에 바탕을 둔 경제를 발전시켰기"[37] 때

34) "[체코의 영주들은 16세기에] 사실상 강제 부역노동뿐만 아니라 임금노동, 강제 임금노동을 이용하고 있었다.……따라서 임금노동자들이 존재했던 것이다. 그러나 그것은 봉건적 관계들의 무거운 압박을 받는 임금노동의 형태를 띤 것이다. 영주 영지에서의 임금노동은 단지 농노들에게 의무가 한 가지 더 늘어난 것에 지나지 않았다." Joseph Válka, "La structure économique de la seigneurie tchèque au XVIe sièlce", *Deuxième Conférence Internationlae d'Histoire Economique*, II : *Middle Ages and Modern Times* (Paris : Mouton, 1965), 214-215.
  "임금노동은 강제노동과 결합되었으나, 어쨌든 늘 봉건체제 아래에서 압박을 받는 것이었다. 따라서 16세기 헝가리의 농업에서 나타난 새로운 경향들은 농민보유지를 희생시켜 영주들의 영지가 확대된 것, 영주들의 시장생산이 확대된 것 그리고 여러 가지 형태의 임금노동에 의존하게 된 것으로 특징지어진다." Zs. S. Pach, *Annales E.S.C.*, XXI, p. 1229.
35) Válka, *Deuxième Conférence Internationale*, II, pp. 212-213 참조.
36) Josef Petrań, *Deuxième Conférence Internationale d'Histoire Economique*, II, p. 222.
37) Malowist, *Economic History Review*, XII, p. 180.

문이다. 그러나 그는 "폴란드, 브란덴부르크, 포메라니아, 메클렌부르크, 리보
니아에서 가장 분명하게 드러나는" 이러한 귀족에 의한 전유(專有)의 사회적
과정이 "덴마크에서는 좀더 약하게 나타난다"[38]고 주장한다.

이러한 사례들에 대해서 이야기할 수 있는 것은 그것이 16세기에 이미 점
점 더 복잡해지고 있던 유럽 노동분업의 구조를 보여준다는 점이다. 그러나
유럽 세계경제에 속한 국가들로 둘러싸여 있는 하나의 소국 보헤미아에서 수
출의 비중이 작았다는 것과 유럽 세계경제의 끄트머리에 자리잡고 있던 대제
국 러시아에서 수출의 비중이 마찬가지로 작았다는 것은 그 의미가 분명히
다르다. 보헤미아에게 정치적 행동의 자유는 훨씬 더 적었으며, 따라서 경제
적 종속은 더욱더 심했다. 이것은 분석자가 최소값에 대해서는 절대기준을 그
리고 최대값에 대해서는 그 비율을 따져봐야 하는 경우인 것이다.[39] 러시아에
비해서 보헤미아에는 교역이 차단되었을 때 탄력적으로 대응할 수 있는 여지
가 적었다. 따라서 그 경제활동은 더욱 의식적으로 유럽 세계경제의 필요라는
틀 속에서 발전되어야만 했던 것이다.

이제 1550년대와 1560년대에 관한 윌런의 서술로 돌아가보자. 이제까지의
설명을 통해서, 주변부와 외부지역의 경계선은 분석자가 확정하기 어렵고 또
쉽사리 이동한다는 의미에서 유동적이라는 사실이 분명해졌을 것이다. 이 시
기의 러시아사를 바라보는 한 가지 방식은 러시아를 세계경제의 일부로 편입
시키려는 유럽의 암묵적인 시도에 대한 러시아의 대응으로 파악하는 것이다.
이러한 시도는 그 당시 유럽의 기술과 경제가 아직 충분히 강력하지 못했기
때문에 실패했다. 그러나 후대에 그것은 결국 성공한다. 로버트 레이놀즈는
이러한 과정을 다소 자민족 중심적으로 기술한다 :

우리가 말할 수 있는 것은 어떤 출구를 터주어 러시아의 팽창을 폭발시킨 것은 영국

---

38) 같은 책, p. 188. 고딕체는 월러스틴의 강조.

39) 예를 들면 말로비스트의 다음과 같은 지적을 보라 : "외국의 제조업자들이 매우 중요했다
   고 하더라도 발트 해 국가들에서처럼 러시아의 산업발전이 방해받은 것은 아니다. 이는,
   비록 처음에 러시아 산업이 별로 발전하지 못했다고 하더라도, 그 나라가 광대한 영역을
   보유한 덕분이었다." Malowist, *Economic History Review*, XII, p. 189.

474

인들이었다는 점이다.⋯⋯잉글랜드가 [1553년에] [북방]무역로를 열었던 것은 러시
아에게 엄청난 규모의 모피 시장을 열어주었으며, 그것은 변경의 카자크인들과 스트
로가노프 가문이 자본과 경영수완을 가지고 그야말로 재빠르게 동쪽과 북쪽 방면으
로 진출하는 계기가 되었다. 프랑스와 잉글랜드의 모피상들과 그 당시 미국의 모피
상들이 북아메리카에서 서쪽으로 계속 뻗어나갔던 것처럼, 매년 그들은 모피 무역
지역을 개척해나갔다. 그 거대한 모피 시장 덕택에, 서유럽으로부터 고급직물, 금속
제품 그리고 다른 여러 가지 물품들을 사들일 수 있는 길이 열렸던 것이다.⁴⁰⁾

　어떻게 러시아 세계를 향한 영국인의 침투가 러시아 내의 정치발전과 맞물
려 있었는가? 우리가 이제 관심을 돌려야 할 것은 바로 이러한 상황이다. 즉
러시아가 "러시아를 유럽에 편입시키려는 것"에 어떻게 대응했으며, 이러한
대응이 러시아와 동유럽을 얼마나 차별화시켰는가를 살펴보는 것이다. 말로
비스트는 중앙 러시아에서 경작된 곡물이 유럽권 러시아의 북부와 북동부 그
리고 시베리아에서 판매되었다고 지적한다.⁴¹⁾ 이처럼 러시아에서 곡물 생산의
발전은 그 나라 북부와 동부의 부유한 영토들을 "식민화하고 정복하는 것을
수월하게 해주었고", 이는 다시 "무엇보다 차르의 금고와 그리고 나중에는
상인들에게 엄청난 부를 안겨다주었다."⁴²⁾

　러시아에서의 국가의 역할을 제대로 평가하기 위해서, 우리는 앞 장에서
서유럽의 핵심부 국가들에서의 국가의 역할에 대해서 주장했던 것을 다시 한
번 되새겨보고, 동유럽의 주변부 국가들에서의 국가의 역할을 살펴본 후, 양
자를 러시아의 경우와 비교해보아야 한다. 우리는 절대왕정을 국왕과 그의 측
근이, 세습과 관직매매를 통해서 충원된 관료기구와 용병으로 구성된 상비군
의 직접적인 도움으로 정치적 우위를 획득하고자 열망했던 구조라고 주장했
다. 한편으로 국왕은 구귀족의 원심적인 영향력에 대한 어떤 정치적 평형추와
돈을 제공한, 특혜를 받은 일부 상업 부르주아지의 조력을 구했다. 다른 한편
으로 국왕은 전통적인 사회신분 체제의 정점이었으며, 궁극적으로는 발전하

40) Reynolds, *Europe Emerges*, pp. 450, 453.
41) Malowist, *Past & Present*, No. 13, pp. 35-36 참조.
42) Malowist, *Economic History Review*, XII, p. 189.

는 자본주의 체제의 부식작용으로부터 귀족을 감싸주는 보호자였다.[43]

따라서 두 사회적 신분, 즉 구귀족과 도시 상업 부르주아지 쪽에서 볼 때, 절대왕정은 이 두 신분에게 차악(次惡)의 선택이었고, 또한 다른 대안이 없다는 정황 위에서 그 힘이 성장했던 것이다. 왜냐하면 국가의 힘은 하나의 실체로서의 국가가 전 유럽 세계경제의 잉여생산물 가운데 불균형적으로 많은 몫을 차지할 수 있는 가능성을 창출함으로써, 양자 모두에게 이익이 되었기 때문이다. 16세기에 우리는 기껏해야 국가 "재정정책"이나 "조숙한 중상주의"에 대해서 논할 수 있다. 1650년경부터 서유럽 국가들은 세계경제 내에서 그들의 상대적 지위를 더욱 강화하기 위해서 전면적인 중상주의 정책을 시행했다.

16세기가 서유럽에서는 국가권력이 대두하는 기간이었지만, 동유럽에서는 국가권력이 쇠퇴하는 시기였다. 그것은 동유럽의 경제적 지위를 규정하는 원인이자, 그 결과이기도 했다. 이것은 사회적 변동들의 누적적인 영향을 보여주는 또 하나의 예이다. 국제무역에서 이윤을 누릴 수 있는 자리를 차지함으

---

43) 슘페터는 절대왕정의 내부적인 모순들을 매우 예리하게 포착한다 : "국왕, 궁정, 군대, 교회 그리고 관료제는 자본주의적 과정들로부터 창출된 수입에 점점 더 의존하게 되었다. 심지어 순전히 봉건적인 소득원 역시 자본주의 발전들의 결과로 불어나게 되었던 것이다. 또한 대내외 정책들과 제도적 변동들 역시 점점 더 그 발전에 맞추어, 또 그것을 촉진할 수 있는 방식으로 수립되었다. 그렇다면, 이른바 절대왕정 구조 내의 봉건적인 요소들은 격세유전적인 현상들이라는 제목 아래에만 분류될 수 있으며, 사실상 이러한 진단은 누구든 얼핏 보기만 해도 내릴 수 있는 것이다.

"그러나 좀더 면밀하게 검토해보면, 우리는 이 요소들이 그 이상의 의미를 띠고 있다는 것을 깨닫게 된다. 그 구조의 뼈대는 여전히 봉건사회의 인적 자원으로 구성되어 있었고, 이 자원은 여전히 전(前)자본주의적인 양식들에 따라 행동했던 것이다. 그들이 국가의 공직을 차지하고, 군대의 장교로 충원되었으며, 정책들을 고안했다. 즉 그들은 지도계급으로서의 기능을 수행했으며, 비록 부르주아의 이해관계를 참작했겠지만, 부르주아지와 거리를 두기 위해서 세심한 주의를 기울였다. 그 중심, 즉 국왕은 신의 은총으로 세워진 왕이었으며……그가 아무리 자본주의가 제공하는 경제적 기회를 활용했다고 하더라도 그 지위의 뿌리는 봉건적인 것이었다. 이 모든 것은 격세유전 이상의 의미를 띠고 있다. 그것은 두 사회계층의 능동적인 공생관계였으며, 그 관계에서 한 측은 의심의 여지 없이 다른 측을 경제적으로 뒷받침했으며, 그 반대급부로 정치적 지지를 얻었던 것이다." Joseph A. Schumpeter, *Capitalism, Socialism and Democracy* (London : Allen & Unwin, 1943), 136.

476

로써 폴란드의 토지귀족이 점점 더 강력해지고, 토착 부르주아지가 약화됨에 따라 국가의 과세기반이 조금씩 사라져갔고, 그것은 곧 국왕에게 적절한 수준의 군대를 유지할 여유가 없음을 의미했다.[44] 유력자들은 그들 스스로 자신을 보호해야 했지만, 이 또한 사적인 전쟁의 가능성을 조장하는 것이었다.[45] 이러한 사적 군대 중 몇몇은 그 규모에서 국왕의 군대에 필적했다.[46] 국왕은 선출직이 되었고, 중앙의 입법기관, 즉 세임(Seym)은 그 권위를 대부분 지방 신분의회에 넘겨주기 시작했다.

이때부터 국가기구가 급속하게 해체되었다. 야누시 타즈비르는 어떻게 한 단계가 다음 단계로 귀결하는가를 보여준다 :

1613년부터 과세에 관계된 결정들은 일반적으로 지방 신분의회로 이전되었다. 이러한 재정제도의 탈집중화는 어떤 지역이 다른 지역들에 비해서 더 많은 세금을 부담해야 하는 상황을 낳았다. 그러한 혼돈상태는 지방 신분의회가 국방세에 대한 결정권까지 떠맡았을 때 더욱 심화되었다(1640년경). 이 모든 것이 국고 수입의 감소를 낳기 마련이었으며, 따라서 군대에 대한 급료 지불이 불가능해졌다.

급료가 연체된 군인들이 군사동맹 또는 연맹들을 조직하여 농촌을 약탈하면서 정치적 혼란의 온상이 되었다.[47]

44) "[폴란드에] 16세기에 결여되어 있었던 것은 활기찬 정신이 아니라 —— 그 증거는 매우 많다 —— 대규모의 활동적인 화폐경제였다. 폴란드 국가가 근본적으로 취약하고, 국왕이 '권력을 행사하기 위해서가 아니라 억압하기 위해서' 존재했다는 것에 대한 설명은 은으로 상당한 자원을 축적할 수 없었고 또 그런 탓에 근대적인 군대를 보유할 수 없었다는 것에서뿐만 아니라 그 '공화국'의 사회적, 정치적 질서에서 찾아야 하는 것이다." Braudel, *La Méditerranée*, I, p. 184.
45) "궁정의 개혁에 대한 열망은 행정제도를 더욱 약화시키려는 유력자들의 욕구를 자극했다. 국왕의 전권을 점진적으로 제한하는 것은 대귀족들, 특히 자신의 군대, 거대한 재력 그리고 지방의 종속적인 지주들을 마음대로 주무를 수 있었던 동부 변경의 유력자들의 특권이 성장하는 과정과 맞물려 있었다. 그처럼 유력자들은 군림하는 국왕들이 가질 수 없었던 모든 것 —— 풍부한 재정자원, 강력한 군대, 그리고 정치적 붕당의 지지 —— 을 가지고 있었던 것이다.……이미 17세기 초에 이 유력한 가문들은 사적인 전쟁들에 빠져들었고, 그 결과 국가를 황폐화시키고 그 자원들을 소진시켰던 것이다." Janusz Tazbir, *History of Poland*, p. 209.
46) 같은 책, p. 244.
47) 같은 책, p. 225.

서유럽에서 국왕의 재산은 교회재산을 희생시키면서 성장했고, 심지어 가톨릭 에스파냐도 마찬가지였다. 하지만 폴란드는 사정이 달랐다. 종교개혁의 최초의 충격이 지속되는 동안, 몇몇 교구 교회의 토지들이 개신교도 젠트리에게 몰수되었으나, 대부분의 교회재산은 영향을 받지 않았다. 그때 가톨릭 종교개혁이 우리가 이미 설명했던 이유들 때문에 승리했다. 그러나 국가의 바로 그 취약성 때문에, 국왕의 재산은 감소했다.[48]

비슷한 과정들이 동유럽의 다른 곳에서도 일어나고 있었다. 오늘날, 사람들은 프로이센 국가와 두 가지 현상, 즉 강력한 국가와 강력한 융커 계급을 관련지어서 생각한다. 분명히 16세기에, 나중에 프로이센을 구성하게 될 지역들에서 강력한 융커 계급이 부상했다. 그러나 그 시기는 또한 국가가 점점 강력해지는 것이 아니라, 약화되는 세기였다.

우선, 영세한 농민보유지와 부역노동에 기초한 영지경영 체제가 이 시기에 엘베 강 동쪽에서 등장하여 구츠비르트샤프트(Gutswirtschaft)라는 예전의 봉건적 형태를 대체하면서 구츠헤어샤프트(Gutsherrschaft)라고 불리게 되었다. 명칭 자체가 가리키는 것처럼, 그 체제는 그 내부의 권위체제에서 이전의 체제와 뚜렷한 차이점을 보였다.[49] 프리드리히 뤼트게가 지적하듯이, 새로운 체제에서 "영지는 국가 내의 작은 정치단위와 같은 것[이었다]. 그 주민은 오직 간접적으로만 영방군주의 신민[이었다]."[50] 둘째로, 폴란드에서처럼, 호엔

---

48) "교회, 특히 수도원 영지와는 매우 대조적으로, 근대의 국왕 재산은 점점 더 줄어들어갔다. 국왕 알렉산드르의 법령(1504)은 왕령지를 기증하거나 팔거나 혹은 담보 잡히는 것을 금지했으나, 만성적인 현금 부족으로 인하여 그의 후계자 지그문트 1세(1506-48)는, 규모는 작지만, 여전히 그의 형의 정책을 지속할 수밖에 없었다. 왕령지들은 도시의 주된 담보였다. 상인과 은행가들이 주로 돈을 대부해주는 서유럽에서는 채권자들이 왕의 수입원, 즉 관세 혹은 조세를 담보로 확보하곤 했다. 그러나 폴란드에서는 몇몇 부유한 상인, 은행가뿐만 아니라 귀족 채권자들이 왕령지를 확보할 수 있는 모든 기회를 이용했다." Antoni Maczak, "The Social Distribution of Landed Property on Polland from the Sixteenth to the Eighteenth Centuries", *Third International Conference of Economic History* (Paris : Mouton, 1968), I, 456-457.

49) "구츠헤어샤프트는 예전의 장원 차지농의 점진적인 소멸과 수많은 영세 보유농들의 창출을 수반했다.……" Helleiner, *Cambridge Economic History of Europe*, IV, p. 26.

50) Lütge, *New Cambridge Modern History*, II, p. 36. 지멘스키는 폴란드의 상황에 대해서

478

촐레른 가문은 그들의 왕령지들과 심지어 이전의 교회토지들을 대부금의 담보
로 이용했는데,[51] 이는 점차 그들의 세력을 약화시키는 한 과정이었다. 극한 상
황에서 왕실이 취한 이러한 조치들은 융커 계급에게 지극히 이로운 것이었다.[52]

---

비슷한 지적을 한다 : "요컨대 [16세기에] 대영지들은 영주들과 그 종사(從士)들이 통치하
는 소국가들이 되었다. 그들은 (영주에 대한 봉사와 독점권들의 이용이라는 형태로) 농민
에 대한 부과조들과 농민자치의 범위를 결정했다.……" J. Siemenski, "Constitutional
Conditions in the Fifteenth and Sixteenth Centuries", Cambridge History of Poland,
I : W. F. Reddaway 외 eds., From the Origins to Sobieski (to 1696) (London and
New York : Cambridge Univ. Press, 1950), 427.

51) 그 지역의 경제적 기초가 적절한 조세원을 제공할 만큼 튼튼하지 못하다면, 교회토지들의
몰수조차도 도움이 되지 못한다 : "바로 잉글랜드에서와 똑같이, [엘베 강 동쪽에서의] 수
도원의 해체로 통치자들이 신분의회에 의해 승인되는 여신의 의결권으로부터 자유롭게
된 것은 아니었다. 영방군주들은 점점 더 많은 돈을 필요로 했고, 가격은 급격히 상승했
기 때문에 그들은 많은 수도원 토지들을 귀족들에게 팔거나 저당잡힐 수밖에 없었다.……
따라서 많은 이들이 주장하는 것과는 반대로, 영방군주의 권력은 종교개혁으로 강화된 것
이 아니라 줄곧 쇠퇴했다." F. L. Carsten, Origin of Prussia (London and New York :
Oxford Univ. Press (Clarendon), 1954), 166.

52) "토지, 특히 직영지들의 형태로 빚을 갚는 것은 가격혁명 시대에 분명히 채권자들에게 대
단한 이익이 되었다. 국왕의 영지들을 저당잡히고, 그 경영권을 채권자들에게 담보로 넘
겨주는 방식으로 신용을 창출하는 것이 지배적인 체제였는데, 이 체제에서 대부금을 빌리
고 상환하는 행위는 화폐경제와 자연경제가 결합된 체제에 바탕을 두고 있다. 지주의 관
점에서 보면 '공적인' 신용에 대한 수요는 토지에 대한 투기적인 투자를 매개로 자본이
스스로를 급속하게 재생산할 수 있는 기회를 열어주었다. 차용자가 받는 현금은 보통 저
당잡힌 자산의 실제 자본가치보다 훨씬 적었다. 토지와 농업생산물의 가격이 끊임없이 상
승하는 경향이 있었기 때문에 그 차액은 더욱 커졌다. 따라서 채권자는 담보물을 보유하
고 있는 동안 그것을 더 효율적으로 이용하거나 무자비한 착취를 통해서 가변적인 경제
지대를 더욱 증대시킴으로써 보상을 얻었던 것이다. 극심한 재정적 불균형의 지속과 도시
및 시민들의 경제적 쇠퇴로 인하여 자본시장은 점점 더 대토지 소유자들과 고위 공직자들
의 영향력 아래 좌우되는 제한된 성격을 띠게 되었으며, 그 결과 호엔촐레른가의 군주들
이 이러한 방법에 더욱 의존하게 되었다." Rosenberg, American Historical Review, Part
1, XLIX, p. 22.

토지귀족에 비해서 영방군주의 권력이 쇠퇴하는 현상은 에스파냐 지배하의 나폴리 왕
국에서도 찾을 수 있다. 따라서 그것은 새롭게 떠오르는 경제적 역할과 정치구조 사이의
밀접한 상관관계를 보여주는 또 하나의 증거가 된다. 특히 17세기부터 그곳의 지주들은
곡물 생산으로 돌아섰다. 그들은 의회에서의 전권을 유지, 강화했고, 에스파냐의 부왕(副
王)이 행사할 수 있는 권력의 범위를 효과적으로 줄여나갔으며, 그 자신의 측근들을 고위

독일에서 군주들의 권력이 쇠퇴하는 이 과정은 16세기 내내 지속되었으며, 30년전쟁을 종결시키는 베스트팔렌 평화조약이 체결된 1648년에 최고조에 달했다. A. J. P. 테일러는 이 평화가 "독일이 쇠퇴하고 약화된 원인이 아니라, 오히려 그 결과……"라고 주장한다. 비록 평화가 외부의 힘에 의해서 "강제된" 것이기는 하지만, 그러한 개입이 없었더라면 상황은 더욱 나빠졌을 것이다. "1648년에 독일에 남겨진 유일한 선택은 더 적은 외부의 간섭이 아니라 더 많은 간섭, 즉 전쟁을 계속하여 결국 독일의 대부분이 스웨덴, 프랑스 그리고 합스부르크에 의해서 분할되는 것이었다."[53]

스웨덴의 상황은 잠시 주목해볼 만한 가치가 있다. 왜냐하면 스웨덴은 경제적으로 이 시기에 매우 저발전되어 있었지만, 국가기구의 발전과정은 주변부가 아니라 서유럽의 모델에 가까운 것이었기 때문이다. 철 생산이 1540년부터 꾸준히 성장하기는 했지만, 강력한 상공업 덕택에 스웨덴이 강했던 것은 아니었다.[54] 그것은 역설적으로 농업이 취약하여 귀족들이 자신들의 땅에서 스스로 이윤을 창출할 수 없었기 때문에, 다른 땅으로부터 이윤을 얻고자 했기 때문이었다. 혹은 적어도, 말로비스트가 주장하는 것처럼 :

스웨덴의 발트 해 지배에 대해서는 몇 가지 검토해볼 만한 측면이 있다. 사실상 스웨덴의 팽창은, 처음에는 물론 보잘것없었지만, 15세기부터 찾아볼 수 있다. 게다가 15-16세기의 스웨덴은 서유럽과 비교할 때만이 아니라 동부 독일이나 폴란드와 비교해도 경제적으로 매우 후진적인 나라였다.……그러므로 스웨덴 상인들의 처지로 보자면 스웨덴이 공격적으로 그 인접국가들로 팽창하는 것을 설명할 수 있는 요인은 아무것도 없었다는 점에 주목해야 한다. 왜냐하면 이 상인들은 스웨덴의 정복으로부터 지극히 적은 이윤만을 얻었으며, 또한 때때로 정복활동이 세금을 인상시키는 원인이라고 생각하여 심지어 그러한 정복을 반대했기 때문이다.

반대로 팽창을 강력하게 지지했던 집단은 강력하고 잘 조직된 농민들을 억누르고

직에 앉히는 한편 오직 하위직에 대해서만 관직매매제도를 존속시킴으로써 관료제에 대한 통제권을 유지했으며, 군사조직에서의 절대적인 우위를 유지했다. Villari, *La rivolta antispagnola*, pp. 3-5, 14, 17, 24-25, 28.

53) Taylor, *Course of German History*, p. 23.
54) Frank C. Spooner, *New Cambridge Modern History*, IV, p. 97 참조.

480

자신의 수입 ── 그 당시에는 오히려 적은 편이었는데 ── 을 증대시킬 수 없었던 특권계급, 귀족이었다. 그리고 정복활동과 정복지의 관리를 통해서 새로운 수입원을 확보한 것은 바로 대영주와 귀족들이었다.[55]

그리고 농민이 왜 그토록 강했는가 하고 묻는다면, 그것은 정확하게 그 당시의 스웨덴이 "자국에 필요한 양도 거의 공급하지 못했던 농업"을 지니고 있었으며, 따라서 직접적인 부의 유일한 원천은 "귀족의 힘이 엄청나게 성장한 결과로서 약한 인접국가들에 기생하는 삶과 같은 것"[56]이었다는 사실 때문이 아닐까?

정상에서 약간 벗어난 사례로서 스웨덴은 그 과정을 잘 보여준다. 취약한 부르주아지를 지닌 주변부 국가로서, 스웨덴은 귀족의 정치권력이 16세기의 경제적 팽창과 함께 성장한 지역이었다. 그러나 곡물 경작은 특히 스칸디나비아 국가들에게 나쁜 영향을 미쳤던 그 시기의 기후 악화로 방해를 받았다.[57] 따라서 귀족은 정복을 필요로 했고, 그 목표를 위해서 그들은 약한 국가가 아니라 강한 국가를 요구했던 것이다. 일단 그들이 강력한 국가를 가지게 되자, 17-18세기에 그들은 중상주의를 산업발전의 지렛대로 이용할 수 있었고, 그럼으로써 폴란드와 같은 운명을 피했던 것이다.

이제 러시아를 살펴볼 차례가 되었다. 러시아가 유럽 세계경제의 일부가 아니었다는 가설의 한 가지 가장 중요한 증거는 러시아의 절대왕정이 서유럽에서의 발전과 상당히 유사하면서도 동유럽과는 사뭇 다른 방식으로 성장했다는 점이다.

사실은 어떠한가? 16세기 러시아에서 강제 환금작물 노동이 등장한 것은 경제에 대한 국가의 개입이 빚어낸 산물이었다. 그것은 차르의 지지자들에게

---

55) Malowist, *Annales E.S.C.*, XVIII, p. 926.
56) Malowist, *Economic History Review*, XII, p. 189.
57) "따라서 노르만 국가들의 사례는 특별한 경우로 생각해야만 한다. 그곳 겨울의 지독한 추위는 곡물 경작에 지극히 해로웠으며, 그처럼 혹독한 겨울이 계속해서 찾아오면 그것은 심각한 결과들을 낳을 수 있었다. 반면에 그것은 프랑스에서는 사실상 아무런 해도 입히지 않았고, 심지어 이로운 것일 수도 있었다." Le Roy Ladurie, *Histoire du climat*, p. 281.

보상을 지급하기 위해서 사용되었던 포메스티예(pomestye : 왕실소유의 토지로서, 궁정관리와 군대소집 등에 응하여 봉사하는 귀족에게 분배함/옮긴이)라는 군사적 은대지(恩貸地)와 직접적으로 관련된 것이었다. 어떤 의미에서 그것은 에스파냐령 아메리카의 엥코미엔다와 유사하다. 그러나 에스파냐령 아메리카에서와는 달리 토지를 우선 구귀족(보야르[boyar : 세습영지를 소유한 러시아의 전통적인 혈통귀족/옮긴이])과 수도원들로부터 강탈해야 했기 때문에, 강제노동제도를 갑작스럽게 도입할 수 없었다. 또한 러시아 정교 사제가 몇몇 지역에서 비슷한 역할을 한 것을 제외하고 러시아에는 [아메리카 인디오의/옮긴이] 카시케와 같은 어떤 중개자 계층도 없었다. 오히려 "봉건제"의 법적 강제는 농민 부채의 증가로 인해서 "재봉건화"가 시작되는 과정이 끝났을 때 도래한 것이었다. V. O. 클루체프스키는 이것이 어떤 방식으로 이루어졌는지를 설명한다 :

> 지주의 대부는 영지의 농민이 일정 기간의 파산 농민 상태와 무기한의 노예 상태[즉 개인노동의 형태로 빚을 청산하는 것] 사이에서 선택해야만 하는 관계를 낳았다. 그러나 이러한 제한은 거주지에 경찰이 주재하는 것과 같은 것은 아니었고……빚을 짐으로써 일반적인 민법 아래에서 한 개인(즉 지주)에게 단순히 생업상으로 의존하고 있다는 것이었다. 따라서 16세기 말에는 농민의 거주이전의 권리가 법에 의해서가 아니라 자동적으로 소멸되었다.……
> 농민은 지주와 한 필지의 땅이나 대부에 관해서 협상할 때, 스스로 그리고 영원히, 계약상 그가 부담하기로 한 의무들을 (그의 차지계약을 통해서) 언젠가 또는 어떤 수단에 의해서 청산할 수 있는 권리를 포기했다.[58]

그러나 16세기 중반에 이반 뇌제(雷帝)가 군사적으로 성공을 거두어 오늘날의 유럽권 러시아의 남동부에 있는 광활한 토지를 병합했을 때, 자발적 농노화만으로는 불충분했다. 농민이 이 새로운 토지로 달아나는 것은 포메스티예 보유자들에게는 노동력의 상실을, 따라서 정부에게는 납세자의 상실을 의미했다. 바로 이런 사태를 막기 위해서, "농민의 이동의 자유를 제한하는 조

---

58) Kluchevsky, *A History of Russia*, II, pp. 233, 241.

482

치들이 도입되었다."⁵⁹⁾ 알렉산더 거센크론은 "농노화의 과정은 국가권력 없이
는 생각할 수도 없는 것이다. 대러시아 평원처럼 동쪽과 남쪽에 엄청나게 넓
은 공간이 펼쳐져 있는 나라에서, 다른 어떤 방식으로 그것이 이루어질 수 있
었겠는가?"⁶⁰⁾라고 말한다. 따라서 국가기구의 능동적인 역할은 러시아가 정복
활동을 벌이고 있었다는 사실과 밀접하게 관련되어 있었다.

물론 이런 사정은 에스파냐도 마찬가지였다. 그러나 에스파냐는 그 금은,
이탈리아의 채권자들 그리고 합스부르크가와의 관계 때문에 유럽 세계경제와
밀접한 관계를 맺고 있었고, 또 계속해서 그럴 수밖에 없었다. 러시아는 그
자신의 세계경제를 건설하려고 했다. 그럼에도 불구하고 러시아가 국가를 창
출하는 본래의 과정은 에스파냐의 그것과 유사한 점들이 있다. 에스파냐는 북
아프리카에서 건너온 무슬림 정복자들에 대항하여 그리스도교 십자군이 그
영토를 재정복한 결과로 탄생했다. 러시아는 중앙 아시아로부터 온 무슬림
(혹은 이슬람화된) 침략자들에 대해서 그리스도교 십자군이 그 영토를 재정복
하는 것, 즉 "타타르의 멍에"(타타르인들은 몽골 제국에 속한 남부 러시아
및 중앙 아시아의 몽골족 및 투르크족으로, 1240년에 러시아를 정복한 뒤로
약 250여 년간 러시아를 사실상 지배했음/옮긴이)를 무너뜨리는 과정에서
생겨났다. 모스크바국의 역할은 카스티야의 역할과 같은 것이었으며 공통된
투쟁의 열의는 모스크바국의 승리에 큰 도움이 되었다.⁶¹⁾

이러한 재정복에서 전통적인 전사계급, 즉 보야르의 조력을 얻는 대가의

---

59) Marc Szeftel, "Aspects of Feudalism in Russian History", in Rushton Coulbourn,
ed., *Feudalism in History* (Princeton, New Jersey : Princeton Univ. Press, 1956), 176.
60) Alexander Gerschenkron, "Review article : Lord and Peasant in Russia from the
Ninth to the Nineteenth Century", *Journal of Economic History*, XXIV, 1, Mar.
1964, 56.
61) "모스크바가 15세기 중반부터 계속해서 러시아를 흡수하면서 새롭게 나타난 주목할 만한
현상들은 다음과 같다. 먼저 지방공동체들은 스스로의 동의에 의해서건, 혹은 공동체들이
속한 정부의 권고에 의해서건 간에, 공공연히 모스크바에 의지하기 시작했다. 이리하여
모스크바 공국에 의한 국가의 통일은 색다른 성격을 띠게 되었고, 더욱 빠르게 진전되었
다. 다시 말해서 그것은 영토의 강탈이나 사적인 협상의 문제가 아니라 국가적, 종교적
운동이 되었던 것이다." Kluchevsky, *A History of Russia*, II, p. 8.

일부로, 모스크바국의 차르는 그들에게 그 옛날의 지위서열에 따라 영원히 우
위를 차지할 수 있는 권리를 주어야 했다.[62] 메스트니체스트보(mestniche-
stvo)라고 알려진 이 체제는 변화의 과정이 빚어낸 주요 전통들 중의 하나였
다. 귀족의 새로운 힘에 균형을 맞추기 위하여, 이반 3세는 15세기 말에 군사
적 봉사에 대한 대가로, 일종의 녹봉으로 수여되는 포메스티예라는 조건부 토
지보유제도를 만들었다. 포메스티예는 정복한 변경의 토지들, 수도원과 불온한
보야르들로부터 몰수한 토지들 그리고 또한 자유농민의 토지로 창출되었다.[63]

그러나 종교개혁을 겪지 않았기 때문에 교회는 반격을 가할 수 있었고, 두
가지 토지보유 형태, 즉 포메스티예와 보트치나(votchina : 보야르 귀족의 세
습영지/옮긴이)로 알려진 전통적인 장원의 존재는 수도원들에게 좋은 탈출구
를 제공했다. 왜냐하면 보트치나의 소유자들이 특히 1550년 이후에 평생 동
안의 토지보유를 조건으로 교회에 토지를 매각하거나 기증하기 시작했기 때
문이다. 분명히 종교적 변명사유가 있었겠지만 가장 중요한 요인은 사회정치
적인 것으로 보인다.[64]

16세기 전반에 걸쳐, 즉 1497년의 법전에서 시작하여 1649년의 대법전에서
절정에 이를 때까지, 정부가 농민의 노동과 거주의 의무들을 점차 강제적인

---

62) 같은 책, II, p. 44 참조.
63) "그 변화는 세습적인 사영지(보트치나)가 축소되고 국가에 대한 봉사에 기반을 둔 한시
적인 보유지(포메스티예)가 등장하는 것 이상을 수반했다. 그 과정에서 국가는 이전의 '흑
토의'[즉 자유로운] 농민토지 중 상당 부분을 그 종복에게 재분배했다. 이러한 정치적 과
정은 팽창하는 국가와 그에 따른 필요의 증가라는 틀 안에서가 아니면 결코 이해할 수 없
는 것이다." Alexander Gerschenkron, "An Economic History of Russia", *Journal of
Economic History*, XII, 2, Spring 1952, 131. 그 체제의 재정적 기원에 대해서는
Ardant, *Impôt*, II, pp. 1089-1097 참고.
64) "수도원들의 토지획득은 16세기 후반의 정치적, 경제적 위기 동안에 그 절정에 도달했다.
많은 보트치니크들(votchinniki : 보트치나 소유자들/옮긴이)은 경제적 재앙 혹은 국왕의
몰수로부터 토지를 잃지 않도록 그들의 재산을 수도원에 기증하고, 그 대가로 그들이 기
증한 토지의 일부나 전부 혹은 수도원이 소유한 다른 토지에 대한 평생 보유권을 얻었다.
따라서 예전의 토지소유자들은 수도원의 보호 아래 일생을 평화롭게 보낼 수 있었고, 그
의 재산으로부터 얻는 소득을 향유했으며, 이반 뇌제의 치세 동안에 보트치니크 계급을
괴롭혔던 재앙을 피할 수 있었다." Blum, *Lord and Peasant*, pp. 191-192.

484

것으로 만드는 길을 걷게 된 것은 전통적인 봉건적 쌍무관계에 기반을 두지 않고 흔히 변경지역에 나타났던 새로운 토지보유 형태, 즉 포메스티예의 창출과 영토의 팽창, 그에 따른 가용토지의 확대가 결합된 결과였다.[65] 그러한 제한이 없었더라면 농민들은 봉사를 거부했을 것이다. 교회가 지닌 정치적 힘은 토지가 과세제도에서 빠져나가는 것을 국가가 막을 수 없다는 것을 의미했다. 유일한 대안은 남아 있는 토지들에 대한 과세를 증대하는 것이었고, 그것은 곧 농민들을 더욱더 쥐어짠다는 것을 의미했다.[66] 게다가 농민들은 수도원 토지에서 더 좋은 조건을 제시받았기 때문에, 과세의 증가는 농민의 이주를 더욱 부추길 수밖에 없었다.

이것이 "50년대와 60년대"의 문제의 배경이다. 1547-84년에 이르는 이반 4세(뇌제)의 치세는 러시아사에서 결정적으로 중요한 시기였다. 왜냐하면 유럽 세계경제로부터 러시아의 자율성을 확보하고, 동시에 국가의 권위를 증진시키려는 목표에 대한 이반 4세의 한결같은 신념은 다가올 몇 세기 동안 러시아에서 나타날 국내 사회구조의 형태를 구체화시켰기 때문이다. 앞으로 살펴보겠지만, 그는 단기간에 첫번째 목표를 이룩할 수 있었다. 다시 말하면, 그는 늑대들을 문간에서 오랫동안 막고 서서, 러시아가 나중에 세계경제에 편입될 때 (폴란드와 같은) 주변부 국가로서가 아니라 (17-18세기의 에스파냐와 같은) 반주변부 국가로서 편입될 것이라는 점을 확실하게 했던 것이다.

---

65) 같은 책, pp. 247-268 참조. 힐턴과 스미스는 그 시발점을 1460년으로 추정하지만(Hilton & Smith, *Enserfment*, pp. 18-19, 42-46, 73-75 참조) 그것이 1649년에 확립되었다는 데 동의한다(pp. 25, 141-152).

66) "수도원령 보트치나의 문제와 농민의 운명 사이의 상관관계는 이중적이었다. 한편으로 수도원령 보트치나들이 납세토지, 왕실토지 그리고 봉사토지들로부터 형성되었다는 사실, 그 토지들이 수도원으로 유출되는 것을 막고 그것들을 국고와 봉사귀족들에게 되돌려놓으려는 모든 시도가 헛수고로 돌아갔다는 사실은 정부가 수도원에게 잃은 것을 (과세 인상을 통하여) 농민의 노동으로 보충할 수밖에 없도록 만들었다. 반면 수도원의 임차지들은 세금과 봉사를 제공하는 영지들이 국가수입을 창출할 가능성들을 항구적으로 위협했기 때문에(수도원 토지의 유리한 임대조건이 농민층을 이러한 영지에서 꾀어냈기 때문에) 정부는 농민의 이주권을 제한함으로써 그 폐해를 줄이려고 했다." Kluchevsky, *A History of Russia*, II, 197. 농민의 일반적인 처지에 대해서는, Blum, *Lord and Peasant*, pp. 219-246 참조.

러시아 내에서 국가권력을 강화하는 데 차르가 사용한 주요 무기는 (서유럽에서와 마찬가지로) 세습적인 국가기구의 창설이었다. 그런데 러시아의 경우에 그것은 프랑스나 잉글랜드의 경우보다도 토지에 대한 권리들을 재분배하는 것과 훨씬 더 밀접한 관계를 맺고 있었다. 한 가지 중요한 개혁은 징세청부권의 형태로 녹봉을 주던 제도, 즉 코름레니에(kormlenie)라는 지역행정체제를 일부는 현금으로, 일부는 토지 형태로 급료를 받는 관료제로 대체한 것이었다.[67] 이 개혁은 하나의 중앙집권적인 관료기구를 창출했을 뿐만 아니라 동시에 그 과세기반을 창출했다.[68] 이것은 차르의 권위가 팽창하는 과정의 일부이자 또 이로부터 이익을 얻은 지방 젠트리들이 확고하게 장악하는 지방정부기구들을 창설하는 과정과 맞물려 있었다.[69] 군사적 봉사가 확실하게 포메스티예의 보유와 결부되어, 비교적 충성스러운 상비군을 보유했다는 확신을 차르에게 안겨준 것이 바로 이때였다(1556).[70] 포메스티예가 점점 더 늘어남에 따라 그 제도의 운용을 감독하는 일이 점점 더 복잡해졌기 때문에 모스크바에 포메스티예를 관장하는 중앙의 토지관리 부서가 설립되었다.[71]

그 사이에, 대외적으로 이반 4세는 남부의 변경지대(당시에는 크림)를 향해서만이 아니라 발트 해를 향해 서쪽으로 팽창하는 정책을 추구하고 있었다. 발트 해를 향한 팽창은 25년(1558-83)에 걸쳐서 질질 끌었던 이른바 리보니

---

67) 같은 책, pp. 142-143 참조. 코름레니에(kormlenie)라는 말은 R. E. F. Smith, *The Enserfment of the Russian Peasantry* (London and New York : Cambridge Univ. Press, 1968), 156에서 "녹봉(living)"이라는 말로 번역되었다.

68) 러시아에서 국가가 직접 과세하는 제도가 확립된 것은 이반 뇌제의 치세기였다. A. Miller, "Considérations sur les institutions financières de l'état moscovite au XVIe et XVIIe siècles", *Revue internationale de sociologie*, XL, 7-8, juil.-août 1932, 374-378 참조. 밀레르는 이것이 코름레니에의 폐지와 어떻게 관련된 것인가를 분명하게 보여준다. "사람들이 더 이상 '코르멘슈치크들(kormenshchiki)'에게 지불하지 않아도 되었으므로, 그것을 중앙정부에게 이익이 되도록 일련의 세금으로 대체하게 되었다."[p. 378]

69) Vernadsky, *Tsardom*, I, pp. 84-85.

70) 같은 책, pp. 85-86 참조.

71) "봉사관계가 제 기능을 다할 수 있도록 표준화와 관료화를 도입하는 것이 필요해졌다. ……통일성을 향한 움직임은 특히 포메슈치크들(pomeschchiki)에게 지급하는 보유지의 규모를 표준화하는 데에서 두드러졌다." Blum, *Lord and Peasant*, p. 179.

486

아 전쟁(이반 4세가 발트 해로 진출하기 위해서 리보니아 기사단과 벌인 전쟁/옮긴이)을 낳았다. 그 목표는 발트 해의 한 열강으로서 러시아의 입지를 분명하게 다지는 것이었다. 그것은 길고도 또 근본적으로 결론이 나지 않는 전쟁이었다.[72] 이 전쟁이 좀더 확실한 결론을 맺고 끝났더라면, 러시아는 그때 결정적으로 유럽 세계경제로 편입되었을지도 모른다.

우리는 왜 차르가 서쪽으로 팽창하여 기업가로서의 능력을 발휘하고 싶어했는가를 이해할 수 있을 것이다. 동유럽의 다른 여러 나라들의 통치자들과는 달리, 차르는 이미 강력한 국가기구를 보유하고 있었으므로 무역의 확대를 통해서 직접 이익을 거둘 수 있는 처지에 있었다. 폴란드에서 수출무역에 대한 독점적인 통제권을 얻은 것은 귀족이었다. 러시아에서 그것은 차르였다. 그는 이 권한들을 자신과 그의 측근들에게만 허용하고 있었다.[73] 따라서 대외무역은 차르에게 관세수입의 원천으로서만이 아니라 농민들이 그에게 현물로 가져다주는 엄청난 양의 재화를 판매하는 통로로서도 중요한 관심사였다. 도시가 중세의 봉건영주에게 봉사했던 것과 마찬가지로, 이반 4세는 유럽 전역을 이용하려고 했다. 사업의 규모가 아주 방대했기 때문에, 그는 상거래를 처리해줄 수 있는 (외국 및 토착) 상업 부르주아지의 협력을 구하는 것이 편리하고 또 이익이 되리라는 점을 알게 되었다. 폴란드의 귀족들은 폴란드의 중간 상인들을 제거함으로써 그들의 상품에 대한 몇몇 세금을 피할 수 있었다. 따라서 국가는 수입을 잃었고, 폴란드의 부르주아들은 쇠퇴했다. 지주가 주권자

---

72) Vernadsky, *Tsardom*, I, pp. 87-174.
73) "외국인들이 보기에 차르 이반 4세는 유럽에서 가장 부유한 봉건영주 가운데 하나였다. ……매우 이윤이 높은 국왕의 대외무역 독점은 오로지 차르 자신과 측근의 장원경제에 의존했다." Peter I. Lyashchenko, *History of the National Economy of Russia to the 1917 Revolution* (New York: Macmillan, 1949), 213-214.
이것은 이반 4세가 처음에 잉글랜드와의 상업관계의 증진에 그렇게 우호적이었던 이유를 설명해줄 수 있다. 사실 이나 루비멘코는 이반 4세가 엘리자베스보다도 더 적극적으로 그것을 원했으며, 그의 강력한 반발을 불러일으킨 것은 잉글랜드의 유보적인 태도였다고 주장한다. Inna Lubimenko, *Les relations commerciales et politiques de l'Angleterre avec la Russie avant Pierre le Grand* (Paris: Lib. Ancienne Honor Champion, 1933), 40-53 참조.

일 때, 면제되거나 감면된 세금이란 단지 장부상의 거래에 불과한 것이었다. 따라서 러시아에서는 재화의 이동을 감독하는 사람들을 독립적인 기업가와 대립되는 것으로서 회사의 임직원으로 만드는 것이 그렇게 큰 재정적 이익을 가져다주는 것은 아니었다. 그들은 사업을 시작할 때 이미 독립적인 기업가들이었기 때문에, 그들을 그렇게 내버려두는 것이 더욱 간편했다.

따라서 서유럽과 마찬가지로 러시아에서도 토착 상업 부르주아지는 살아남았고, 동시에 국가기구는 강화되었다.[74] 차르 이반 4세가 성공했다고 하더라도, 러시아의 상인들이 그들이 예상한 것처럼 잘 꾸려갈 수 있었을지는 불확실하다. 리보니아 전쟁이 외형상 교착상태로 막을 내렸을 때부터 러시아가 실제로 이루어낸 일은 국내의 사회적, 경제적 위기를 막다른 길로 몰아넣은 것뿐이었다.

근본적으로 불안정한 당시의 정치무대에서, 한 국가가 국제분야에서 실패를 거듭하는 것은 국내의 이해집단들 사이의 전면적인 충돌을 낳고, 그것은 곧 국가의 해체라는 위기를 수반하게 마련이었다. 이러한 국내의 혼란에 대응하기 위해서, 이반 4세는 강력한 경찰력에 의존했다. 그가 "뇌제(雷帝)"라는 별칭을 얻었던 것도 바로 악명 높은 오프리치니나(Oprichnina : 황제 직속의 비밀경찰. 검은 복장에 검은 말을 타고 다니며 황제의 적으로 간주되는 사람들을 처형했음/옮긴이) 때문이었다. 그것은 근본적으로 특별한 궁정경비대의 창설을 수반하는 것이었고, 그 경비대의 도움을 얻어 차르는 특히 귀족 사이에 있던 그의 적들을 과감하게 숙청했다. 죽음과 재산의 몰수, 이것이 두 가지 무기였다. 몰수한 토지를 가지고 차르는 한결같은 충성을 끌어내고픈 사람들에게 토지를 재분배할 수 있었다.

그것은 쿠데타의 위협을 종식시켰다는 점에서 정치적 성공이었다. 그러나

---

74) "따라서 해상무역은 러시아에서 자본축적을 용이하게 했을 뿐만 아니라 국가의 통일과 국력에 이해관계를 가지고 있었던 세력들을 강화했다. [점점 더 늘어나는 부유한 상인들이] 국내의 자유무역과 해외로의 정치적, 상업적 팽창에 관심을 가지고 있었다. 왜냐하면 그러한 팽창은 [그들로 하여금] 리투아니아와 발트 해를 통하여 서양과 접촉할 수 있는 계기를 마련해 줄 것이었고, 시베리아 그리고 중동과 극동의 부를 이용할 수 있도록 해줄 것이었기 때문이다." Malowist, *Past & Present*, No. 13, pp. 38-39.

488

많은 이들의 의견에 따르면, 그것은 뜻밖의 결과를 가져왔다. 예를 들면 블룸은 다음과 같이 주장한다 :

> 오프리치니나의 충격은 길고도 성공적이지 못했던 리보니아 전쟁이 점진적으로 국가의 자원을 소진시켰던 것과 함께 영토 내의 사회적, 경제적 구조를 혼란시켰다.……
> 대토지를 몰수하여 그것을 포메스티예로 잘게 나눈 것은 국가경제가 기초하고 있던 농업제도를 파괴함으로써, 기술을 후퇴시키고 생산을 감소시키며, 영주와 농민들 사이에 새로운 긴장을 불러일으켰다.[75]

블룸은 또한 대규모 농민 탈주의 원인으로 전염병, 흉작, 침략 그리고 이것들과 결합된 무거운 세금을 꼽는다.[76] 1575년에서 1590년 사이의 갑작스럽고

---

75) Blum, *Lord and Peasant*, pp. 146-147. 블룸은 또한 "1570년대와 1580년대의 엄청난 생산 하락"에 관하여 이야기한다. Jerome Blum, "Prices in Russia in the Sixteenth Century," *Journal of Economic History*, XVI, 2, June 1956, 196. 랴슈첸코의 다음과 같은 주장을 보라 : "대규모의 봉건적 자급자족 경제로부터, 노동력을 최대한으로 착취하려는 노력에 뿌리를 두며 농노를 통해서 작동되는 포메스티예로의 이행은 16세기 모스크바 국가 국민경제의 꽤 오랜 시간에 걸친 전반적인 쇠퇴를 가져올 수밖에 없었다.……
"불수불입권을 통해서, 보트치니크들은 농민들을 그들의 토지에 결박시키기 위한 여러 특권들을 지니고 있었기 때문에 그들은 쉽사리 많은 노동력을 끌어모을 수 있었고 농민들의 점진적인 노예화를 초래할 수 있었다.……평균적인 포메스티예 경제는 홀로프(kholop) ['예농' —— Smith, p. 162 참조]의 노동으로 운영될 수 없었다. 특히 화폐경제의 조건 아래서 이러한 노동력은, 그 형편없는 질은 말할 것도 없고, 포메슈치크에 의해서 거의 소유되지 않았다. 그러나 포메스티예의 경제적 잠재력이 흔히 그렇게 대단한 것이 아니었기 때문에, 경제적으로 종속적인 농민 노동력에 전적으로 의존하여 생산할 수도 없었다. 그러므로 포메스티예의 노동력의 필수적인 조직은 경제 외적 강제, 즉 부채, 대부, 속박 등을 통하여 농민을 노예화하여 포메스티예에 '결박시키는 것'뿐만 아니라 농민의 강제노동에 대한 포메슈치크의 '권리'를 인정하는 것을 통하여 이루어질 수밖에 없었다.……
"농민이 피폐해지고 포메슈치크에 대한 경제적 압박이 증가함에 따라 농민들은 그들의 경작지를 축소할 수밖에 없었고["16세기 중반에 95퍼센트 이상"에 이르렀으나, "1580년대에 이르면 중부 지방에서는……31.6퍼센트, 노브고로트 지방에서는 단 6.9퍼센트로" 하락했다] 노예의 땅에서 '자유로운' 땅으로 도피하는 것에서 구원을 찾을 수밖에 없었다. 그 결과, 포메스티예 자체의 쇠퇴뿐만 아니라 그것과 관련된 농민경제의 쇠퇴 역시 16세기 동안 뚜렷하게 나타났다." Lyashchenko, *National Economy of Russia*, pp. 191-193.
76) Blum, *Lord and Peasant*, pp. 158-159 참조.

급속한 인플레이션은 이러한 사건들을 반영하는 것이며 또 이 사건들의 영향
을 더욱 악화시켰다. 만코프는 16세기 러시아의 가격동향에 대한 그의 연구
를 근거로 "1580-90년의 위기에서 국민경제의 전반적 위기를 찾는"[77] 데까
지 나아가려고 한다. 그는 소련의 역사서술이 이러한 견해를 일반적으로 공유
하고 있다고 주장한다.[78]

같은 맥락에서 버나드스키도 리보니아 전쟁이 끔찍한 실수였다고 주장한
다. 왜냐하면 러시아에게는 크림 반도의 전선에서 싸움을 계속하는 것 외에
다른 선택의 여지가 없었으므로 리보니아에서의 전쟁을 선택한 것은 러시아
가 두 전선에서의 전쟁에 뛰어든 것이고, 그 정책은 비참한 결과들을 낳았기
때문이다.[79] 내가 볼 때 이러한 주장은 러시아로서는 리보니아에서도 역시 다
른 선택의 여지가 없었다는 결정적인 점을 놓치고 있는 것으로 보인다. 버나
드스키는 리보니아 전쟁을 실패로 간주하고, 러시아인들이 "매우 불리한 휴
전조건에도 불구하고, 1583년 8월 5일에 스웨덴과 휴전할 수 있었던 것은 다
행이었다"[80]고 생각한다. 이러한 해석과 달리 우리는 그것을 대단한 성공이라

77) Mankov, *Le mouvement des prix*, p. 126. 불어판에는 1570-80년이라고 나와 있으나, 그
맥락을 살펴보면 조판상의 실수로 생각되므로 수정했다.

78) "널리 알려진 경제적 위기의 결과로 차후 10년 동안[1580-90] 상황이 갑작스럽게 달라
졌다. 소련의 역사서술에서는 이 위기가 근본적인 역할을 했던 것으로 그려진다. 그 원인
들, 성격, 지리적 범위가 상세하게 설명되었다. 고통스러운 리보니아 전쟁 동안 각 경제세
력들 사이에 나타난 극도의 긴장, 그 전쟁이 낳은 불운한 결과들, 농업경제가 전쟁 직전
까지만 하더라도 고도로 발전했던 전 지역의 황폐화와 방기, 바로 이러한 순간에 보야르
와 영방군주들의 보유지를 해체시켰던 오프리치니나가 형성되었고, 토지가 강제로 재분배
되었으며, '하찮은 민중이 뿔뿔이 흩어져버렸다.'······농업의 피폐와 남겨진 영토에서 살아
가던 농민들의 파멸은 특히 곡물 시장이 위축되는 결과를 낳았다. 곡물이 부족했기 때문
에 수요는 급속하게 상승했고, 물가 또한 상승했다." Mankov, 같은 책, p. 36.
    만코프는 러시아가 유럽의 가격혁명의 영향을 어느 정도 받았다고 확신한다. 이점에
대해서 블룸은 다음과 같이 지적한다 : "[러시아에서 유사한 가격 상승이] 일어났을지도
모르지만 [만코프의] 자료는 그것을 입증하지 못한다.······" Blum, *Journal of Economic
History*, XVI, p. 185.

79) Vernadsky, *Tsardom*, I, pp. 94-95 참조.

80) 같은 책, p. 166. 그는 이렇게 덧붙인다 : "사반세기 동안 지속되었고, 러시아 민중에게 크
나큰 고통과 희생을 요구했으며, 오프리치니나가 가져온 결과와 함께, 러시아를 깊은 사
회경제적 위기로 몰아넣었던 리보니아 전쟁은 그렇게 끝났다."

490

고 생각할 수도 있을 것이다. 러시아는 유럽 세계경제로 편입되지 않았다. 러시아의 부르주아지와 왕정은 적어도 한동안 폴란드와 같은 운명을 피할 수 있었던 것이다.

이것이 순전히 공상만은 아니다. 보리스 포르슈네프의 분석에 따르면, 16세기 유럽의 국제관계의 큰 흐름은 단일한 제국체제를 건설하려는 가톨릭 합스부르크 왕조의 목표에 대한 반대자들이 동부 국가들의 장벽 —— 즉 스웨덴, 폴란드(나중에는 폴란드-리투아니아), 오스만 제국 —— 의 건설을 촉진하는 것이었는데, 이 장벽은 "주로 중부 유럽에 대항한" 것이었지만, 또한 "점점 더 강력해지고 있던 러시아를 나머지 유럽 지역으로부터 고립시키는 장벽"[81] 이기도 했다.

그러나 폴란드에서 가톨릭이 세력을 회복하면서, 폴란드-리투아니아는 에스파냐의 동맹국이 되었다. 이반 4세 사후의 몇년 동안, 이른바 "동란기(Smutnoe Vremia)"(1610-13)에 절정에 달한 국내의 분쟁들로 러시아가 분열되어 있을 때, 합스부르크의 은밀한 지원을 받은 폴란드, 그리고 또다른 동기에서 스웨덴은 "러시아를 해체하고 복속시키려는 시도"[82]에 착수했으나, 결국 실패하고 말았다. 더욱이 버나드스키는 이 시기에 잉글랜드가 "러시아 전역 혹은 일부에 걸쳐서 보호령"[83]을 건설하는 데 관심이 있었다고 주장한다. 의심할 여지 없이 이러한 시도가 실패한 한 가지 중요한 요인은 러시아의 직접적인 적들로 하여금 더 급박한 과업들로 끊임없이 관심을 돌리게 했던 30년전쟁의 첨예한 분열이었다.

그러나 러시아는 점점 더 유럽에 흡수당하는 길로 다가서고 있었다. 이반 4세의 "불길한" 정책들이 이것을 지연시켰다. "장기" 16세기가 끝나갈 무렵 어떤 일이 일어나고 있었는지에 대해서 클루체프스키는 다음과 같이 기술한다:

81) Porchnev, *International Congress of Historical Sciences*, 1960, IV, p. 140.
82) 같은 책, p. 142.
83) Vernadsky, *Tsardom*, I, p. 291.

우리는 잉글랜드와 홀란트가 [차르] 미하일[1613-45]로 하여금 그의 적들, 즉 폴란
드, 스웨덴과 화해하도록 돕고 있는 것을 볼 수 있는데, 그것은 모스크바국이 가치
있는 시장이며, 또한 동양으로 가는 ──페르시아와 심지어 인도에 이르는── 편
리한 통로였기 때문이다. 또한 우리는 프랑스 국왕이 잉글랜드나 홀란트와 같은 경
쟁국들이 터를 잡고 있던 동양에서 프랑스의 상업적 이해관계를 충족시키기 위하여
미하일에게 동맹을 제안하고 있었던 것을 볼 수 있다.……차르 미하일의 제국은 차
르 이반[4세]이나 표도르[1584-98]의 제국에 비해서 약했을지 모른다. 그러나 유럽
에서는 훨씬 덜 고립되어 있었다.[84]

"그러나"를 "그러므로"로 읽어야 하지 않을까? 이반이 추구했던 것은 유럽
이라는 파이의 한 조각이 아니라 단일한 러시아 제국의 건설이었다. 그것은
나중에 표트르 대제의 목표이기도 했다.

러시아와 동유럽의 세번째 큰 차이점은 우리가 이미 지적한 대로, 서로
다른 상업의 구조와 방향 그리고 서로 다른 국가기구의 힘이 낳는 직접적인
결과였다. 러시아에서는 도시들과 토착 부르주아지가 "장기" 16세기에 살
아남은 반면 동유럽에서 그들은 대개 소멸했다. 그리고 토지는 비록 대부분
이 동유럽에서 발전한 것과 같은 대규모 영지의 형태였음에도 불구하고, 러
시아에서 그 토지들은 때때로 "젠트리"라고 불리거나, 혹은 "소귀족"이라
고 불린(우리는 이미 이 구분이 얼마나 부적절한 것인지를 살펴보았다) "새
로운 사람들"이 장악했다. 이들은 예전의 보야르 계급 출신들이 아니라 두
집단, 즉 드보리안(dvoriane : 일종의 궁정귀족)과 예전에 소귀족이었거나 혹
은 변방의 귀족이었던 이른바 "보야르의 아들들"로 충원되었다. 잔존하는
보야르는 대개 "차르의 비왕실 친척들"[85]이었다. 이렇게 혼란기 이후에, 차
르 미하일이 이반 4세의 정책들을 그 논리적 결말에 이르기까지 밀고 나갈

---

84) Kluchevsky, *A History of Russia*, III, p. 128. 고딕체는 월러스틴의 강조.
85) "17세기의 유력자들은 주로 새로운 사람들이었다. 17세기 중반에 차르의 관리들 중 가장
　　부유한 23명 가운데 단 9명만이 영방군주 가문 출신이었다. 나머지는 차르의 비왕실 친척
　　(그 가문은 모스크바의 보야르 출신이었다)이었고, 소젠트리 출신을 포함하여 작위를 받
　　지 못한 관리계급의 일원이었다." Blum, *Lord and Peasant*, p. 212. 또한 Malowist,
　　*Economic History Review*, XII, p. 189 ; Lublinskaya, *French Absolutism*, p. 60 참조.

수 있었을 때, 새로운 유력자 계급이 등장했다.[86] 결국 새로운 귀족은 구귀족의 모든 형식적 장치들을 계승하게 되었다. 메스트니체스트보는 1682년에 폐지되었다. 포메스티예는 매매와 상속으로 사실상 이전할 수 있게 되었고, 그럼으로써 보트치나와의 차별이 사라져버렸다.[87] 1649년의 대법전은 두 가지 형태의 재산의 차별을 상당히 줄여버렸고,[88] 1731년에 양자는 법적으로 통합되었다.[89]

물론 "새로운 사람들"의 등장은 모든 곳에서 일어났다. 이미 살펴보았듯이 확실히 동유럽에서뿐만 아니라 서유럽에서도 여러모로 이러한 일이 일어났다. 그러나 블룸은 핵심을 지적한다 :

> 러시아의 경험은……한 가지 중요한 측면에서 다른 동유럽 국가와는 달랐고 서유럽 국가와 비슷했다. 다른 동유럽 나라들에서 소귀족의 흥기는 군주들의 권력이 쇠퇴했기 때문에 가능했다. 러시아에서 젠트리의 흥기는 차르의 권력이 강화되었던 것에서 비롯되었다. 그것은 새로운 절대주의라는 연의 꼬리였다.[90]

---

86) "그러나 하나의 계급으로서 젠트리는 절대주의의 승리를 함께 나누었다. 대귀족에 대한 투쟁에서 차르들이 이용했던 하수인들, 즉 동란기[17세기 초의 몇해]에 국가적 부흥을 이끌었던 지도자들, 그리고 [차르] 미하일을 선출했던 선제후들[1613]은 영방군주들(kiazhata)과 보야르 대신에 지배계급이 되는 것으로 보상을 받았다. 권력을 일부나마 유지할 수 있었던 구귀족 세력의 일부는 젠트리가 국가의 고위직을 장악해가는 것에 맞서 싸웠지만 실패할 수밖에 없었다. 그들은 이제 폐물이 되어버린 메스트니체스트보 체제에 기대어 젠트리의 흥기를 막아보려고 했지만, 가문의 내력을 내세우는 것이 더 이상 차르의 의지를 꺾을 수 없었던 것이다. 관리의 임명과 승진은 국왕의 명령에 의해서 이루어졌으며, 가문이 아니라 능력, 아마도 더 많은 경우에는 정실인사에 의해서 이루어졌다. 마침내 1682년에 오랫동안 제 구실을 하지 못하던 메스트니체스트보는 폐지되었다." Blum, *Lord and Peasant*, p. 151.

87) "17세기에 보야르와 포메슈치크를 구별하는 것은 거의 불가능해졌다. 양자의 토지 모두 세습이 가능했으며, 실제로 수행되는 봉사와 필연적인 관계도 없었다." C. M. Foust, "Russian Expansion to the East Through the Eighteenth Century", *Journal of Economic History*, XXI, 4, Dec. 1961, 470. "[1731년에] 또다른 황제칙령은 이제부터 포메스티예가 보트치나로 간주되어야 한다고 명령했다." Blum, *Lord and Peasant*, p. 185.

88) Vernadsky, *Tsardom*, I, pp. 394-411.

89) Vernadsky, *Speculum*, XIV, pp. 321-322 참조.

90) Blum, *Lord and Peasant*, p. 151. 여기서 블룸이 "젠트리"라는 용어를 슬그머니 "소귀

마지막으로 동유럽과 러시아의 뚜렷한 차이는 도시지역들에서 분명하게 나타난다. 도시, 토착 도시 부르주아지 그리고 토착 산업은 동유럽에서 더욱 쇠퇴했다. 그것은 분명히 상대적인 문제였다. 서유럽과 비교할 때 러시아는 절대적으로는 아닐지라도 상대적으로 쇠퇴했다고 생각할 수 있다. 그리고 그 쇠퇴는 동유럽에서 총체적인 것이 아니었다. 그런데도 증거는 동유럽과 러시아 사이의 어떤 질적인 격차를 가리키는 것처럼 보인다.

그 차이점은 "제1차" 16세기에는 두드러지게 나타나지 않았다.[91] 그러나 지주들이 점점 더 직접 무역활동을 수행함에 따라, 동유럽에서 그들은 "반

족"과 동일한 말로 사용하고 있는 것에 주목하라. 폴란드에서 젠트리와 왕정과의 관계에 대해서는 타즈비르의 다음과 같은 지적을 보라 : "이리하여 1537년에 이른바 '암탉의 전쟁'이 일어났다. 그때 리보프 근교에 모인 젠트리들이 공공연하게 적의를 드러내고 무력원정을 준비하자, 국왕, 왕비 보나 그리고 고관대작들은 어떤 합의를 받아들일 수밖에 없었다. 젠트리들이 성공할 수 있었던 근본적인 원인은 그들의 경제적 지위가 또한 확고해졌다는 데 있었다. 이것은 농노의 노동으로 경작되던 영지들이 발전한 결과였는데, 이 과정에서 농민들은 보유지를 빼앗기고 더 작거나 혹은 생산성이 낮은 토지를 받게 된 반면에 농노들의 규모는 더욱 커졌다." Tazbir, *History of Poland*, p. 176.

91) 예를 들면 타즈비르는 폴란드에서 대해서 다음과 같이 주장한다. "젠트리가 구매하는 모든 물품들과 그들의 토지에서 생산되는 모든 상품들에 대해서 면세해주었던 세임의 법령들이 도시의 경제적 번영을 저해한 것은 아니다. 다른 나라들에서도 비슷한 법령들은 도시인들에게 나쁜 영향을 주지는 않았다. 그 시기에 폴란드에는 도시민과 젠트리가 함께 운영하는 수많은 상사들이 꽤 번성하고 있었다. 1565년의 법령으로 도시민들은 곡물을 교역할 수 없게 되었고 폴란드의 상인들은 자국의 상품을 해외에 팔거나 외국제품들을 수입할 수 없게 되었지만, 대도시는 오히려 유리한 위치를 차지했던 것이다. 왜냐하면 대도시는 이제 무역의 유일한 중개자가 되었기 때문이다. 외국상인들은 그곳에서만 상품을 진열할 수 있었다. 게다가 1565년의 법령은 실효를 거두지도 못했다. 도시인들이 토지를 구매하는 것을 금지했고, 세임에 의해서 여러 차례 시행되었지만, 도시의 발전을 막지는 못했다. 오히려 그것은 무역으로부터 얻은 자본을 공업에 투자하도록 유도했던 것이다." Tazbir, 같은 책, pp. 177-178.

그러나 그는 또 다음과 같이 지적한다. "16세기로 넘어가는 무렵에 폴란드의 도시들은 농노 노동에 바탕을 둔 장원경제의 지속적인 발전의 결과들을 느끼기 시작했다.⋯⋯그 무렵에 유력자들의 라티푼디움 위에 새로운 종류의 도시들이 들어섰다.⋯⋯이 도시들은 지방영주들의 소유였기 때문에 당연히 영주들의 수탈에 종속되어 있었다. 귀족의 지배권은 다른 도시에서도 느껴졌다.⋯⋯농노 노동에 바탕을 둔 농장경제의 팽창과 젠트리의 정치적 우위가 폴란드의 도시와 수공업에 끼친 악영향은 세월이 조금 더 흐른 뒤에야 느껴지기 시작했지만, 경제위기의 최초 징후는 이미 17세기 초반에 분명하게 나타났다."[pp. 226-227]

494

(反)도시적"활동들을 공공연하게 추진했다.[92] 폴란드에서 "소군주들"과 엘베 강 동쪽에서 구츠헤어샤프트가 등장함에 따라, 지주로서의 군주는 도시인들에게 동조적으로 대해야 할 절박한 필요가 없었다.[93] 그리고 도시가 쇠퇴함에 따라 귀족은 더욱 강력해졌다.[94] 러시아에서 클루체프스키가 "16-17세기에 이루어진 러시아 도시와 도시산업들의 아주 느리고 고통스러운 성장"[95]에 관해서 논의할 수도 있겠지만, 적어도 그것은 성장이었지 쇠퇴는 아니었던 것이다. 블룸은 좀더 긍정적이다. 그는 다음과 같이 주장한다:

> [16세기의] 경제생활에서 교환의 새로운 중요성은 상공업의 중심지로서의 그리고 러시아와 외국에서 생산되는 농산물이나 여타 상품을 위한 시장으로서의 도시의 재등장으로 뚜렷하게 나타났다. 옛 도시들은 활력을 되찾았고, 새로운 도시들이 들어섰으며, (노브고로트의 토지대장이 보여주는 것처럼) 몇몇 농촌의 촌락들은 상공업을 위해서 농업을 포기하기 시작했다.[96]

도시의 힘이 강성해짐에 따라 토착 상업 부르주아지의 힘도 커지기 시작했다. 지방귀족들은 지방상인들이 담당하던 수출업을 넘겨받아 "그들을 중개인으

---

92) "도시의 쇠퇴는 동부 독일, 리보니아, 폴란드, 보헤미아의 귀족들이 따르던 반(反)도시정책들로 가속되었다.……그들의 가장 중요한 목표 가운데 하나는 해외 및 국내 교역에 대한 도시의 독점권들을 분쇄하는 것이었다. 또한 그들은 도주한 농민들을 받아들이는 도시의 관행을 근절하기로 작정했다." Jerome Blum, *American Historical Review*, LXII, p. 834.
93) "종교개혁은 [동유럽에] 또다른 결과를 낳았다. 프로이센 밖에서 통치자들은 대영지의 소유자가 되었고, 따라서 그때부터 지주로서의 이해관계가 귀족의 이해관계와 일치하게 되었으며 상업적 문제들에서 도시의 이해관계와 대립하게 되었다." Carsten, *The Origins of Prussia*, p. 166.
94) "무엇보다도 귀족의 흥기에 대한 모든 저항들을 일소시켰던 것은 오랜 동안에 걸친 동유럽 도시들의 쇠퇴와 종속이었다.……
  "도시의 종속과 쇠퇴는 근본적으로 중세적인 사회적 균형을 변화시켰고 한 계급이 다른 계급을 지배할 수 있는 길을 열어주었다. 프로이센에서는 모든 주요 도시들이 [쾨니히스베르크를 제외하고] 1466년에 폴란드에 이양됨으로써 같은 결과가 나타났다." 같은 책, pp. 116, 147.
95) Kluchevsky, *A History of Russia*, II, p. 145.
96) Blum, *Lord and Peasant*, p. 23.

로 격하시켰을"[97] 뿐만 아니라 외국 부르주아지와 함께 수입업에 종사했다.[98] 한 나라의 토착 부르주아지는 다른 나라의 입장에서 보면 외국의 부르주아지였다. 엘베 강 동쪽의 경제들에 끼어들 여지를 찾지 못한 독일의 상인들은 폴란드에서 환대를 받았으며, 그만큼 정치적으로 감사를 표시했다.[99] 사실 우리

97) Malowist, *Economic History Review*, XII, p. 186. 카스텐의 지적을 보라 : "16세기까지 브란덴부르크의 곡물 수출은 도시와 도시민들의 손을 거쳤고, 그들은 여기에서 상당한 이익을 보았다. 귀족이 시장지향적인 곡물 생산에 더욱 많은 관심을 가지게 되었을 때, 그들은 도시의 사업영역에 침투하기 시작했다."[p. 170]

페르도 제스트랭을 참조하라 : "슬로베니아의 부르주아지들은 일반적인 과정에 비추어 정반대의 방향으로 나아갔다. 비농업적 생산 이상으로 그들은 여전히 상업, 특히 통과무역에 매달리고 있었으나, 그들은 이 영역에서 농민과 영주라는 두 경쟁세력에게 패하고 말았다. 그것이 [16]세기 내내 그들의 상황이 때때로 개선되었음에도 불구하고 점차적으로 꾸준히 쇠퇴하게 된 원인이었다." Ferdo Gestrin, "Economie et société en Slovénie au XVIe siècle", *Annales E.S.C.*, XVII, p. 687.

호쇼프스키를 참조하라 : "[폴란드의 젠트리는] 토지생산물로부터 얻는 소득뿐만 아니라 그 생산물들의 교역으로부터 얻는 수입도 원했다. 이러한 이유로 그들은 세임의 적절한 입법에 의하여 비수아 강과 그 지류들에서의 통행의 자유, 직영지로부터 해외에 수출되는 농산물 및 임산물에 대한 관세 면제, 자신의 영지와 농장에서 소비되는 모든 수입품에 대한 관세 면제를 얻으려고 노력했다. 실제로 봉건계급은 이러한 관세의 특권을 확대했고, 마을과 지역 시장에서 농민들로부터 사들인 곡물, 소, 그밖의 농산물을 관세를 물지 않고서 수출했다. 또한 그들은 무관세로 비수아 강을 따라서 외국상품들을 농촌에 수입해왔고, 그것들을 자신의 영지에 주민들에게 팔았다. 이러한 방식으로 젠트리는 그들 자신의 토지에 농산물, 목재 그리고 임산물 교역을 집중시켜 도시민들을 이 교역으로부터 축출하고 도시상인들이 수입제품으로부터 이익을 얻을 수 있는 기회를 엄격하게 차단했다." Hoszowski, *Poland at the XIth International Congress*, p. 127.

98) "발트 해 국가들의 귀족의 경제정책은 또한 도시의 쇠퇴에 큰 영향을 끼쳤다. 이 정책은 식량과 1차 산물의 수출을 강화하고 자신의 영역에서 대외무역을 강력하게 지원하여 제조업 제품들의 수입을 유리하게 하는 것이었다. 이러한 과정은 외국상품들을 풍부하게 공급하여 그 가격을 인하시키려는 의도를 담고 있었다." Malowist, *Economic History Review*, XII, p. 188. 말로비스트는 이 정책을 "반(反)중상주의"라고 부른다.

"폴란드 수출무역의 일차적인 특징은 폴란드 전역에서 젠트리가 무역을 지배했다는 것이다.……반면에 해외로부터의 수입은 대개 외국상인들의 손에 들어갔다." Hoszowski, *Poland at the XIth International Congress*, p. 129.

"상업 부르주아지와 도시의 번영에 농촌지역에서의 경쟁보다도 더욱 두려웠던 것은 [이탈리아와 남부 독일로부터의] 해외자본의 유입이었다." Gestrin, *Annales E.S.C.*, XVII, p. 680.

99) "그다니스크의 도시민들은 폴란드와의 정치적 통일이 가져오는 경제적 이익을 잘 알고

는 후대의 독일 부르주아지가 보여준 회복력은 그들이 폴란드나 슬로베니아와 같은 곳에서 살아남았다는 사실에 근원을 두고 있는 것이 아닐까 하고 생각해볼 수 있다. 반대로 러시아에서는 토착 상인들이 수도원을 포함한 대토지 보유자들 그리고 무엇보다 특히 차르 자신과의 경쟁에서 살아남았다.[100] 한 가지 도움이 되었던 요소는 고스티(gosti)라고 알려진 대상인들이 차르의 상업적, 재정적 대리인이라는 역할과 독립적인 상인으로서 자기 자신의 역할을 동시에 할 수 있도록 허용되었던 점이다.[101] 그리고 나서 그들은 차르와의 거래관계를 청산할 수 있었고, 심지어는 사실상의 경쟁자가 되었다. 그리고 결국 "사실상, 사기업이 국가의 지원을 거의 받지 못하고, 오히려 국가와 경쟁관계에 있었음에도 불구하고, 러시아가 태평양으로 팽창하는 데 큰 몫을 담당했다."[102]

수공업은 어디에서나 쇠퇴했던 것 같다. 그것은 주로 관세장벽이 없었으므로 더욱 경제적인 서유럽 산업의 생산물들이 해당 지역 생산품들의 판매량을

---

있었고, 따라서 귀족, 상인, 무역업자들의 대다수가 독일 출신이며 또한 독일어를 사용함에도 불구하고 폴란드에 의지하려는 경향이 매우 강했다.……[그다니스크 도시민들은] 번영의 원천이 되었던 폴란드와의 통일을 유지하기를 열망했다." Hoszowski, *Poland at the XIth International Congress*, p. 141.

100) "교역이 대개 중간계급의 직업이었던 서유럽과는 달리, 러시아에서는 모든 계층의 사람들이 상업에 종사했다.……차르 자신이 그의 조상들, 즉 키예프의 군주들과 마찬가지로 전 제국에서 가장 중요한 사업가였던 것이다.……차르들은 자신의 보유지에서 얻은 산물을 교역하는 데 그치지 않았다. 그들은 많은 품목에 대한 독점권을 유지했다.……때때로 차르는 사업 대리인과 관리들을 통하여 한 상품의 생산량 전체를 매점하고, 그 가격을 올려서 상인들이 그것을 구매하도록 강제했다." Blum, *Lord and Peasant*, p. 129.

101) "자신의 무역업을 수행하는 동시에, [고스티는] 차르의 사업 대리인이었다. 그들은 제국 영토 내에서 가장 성공한 무역업자들 가운데 이러한 기능을 수행하도록 선택된 사람들이었다. 그들은 또한 몇몇 세금을 거두는 책임을 부여받았고 정부가 지정한 액수를 한꺼번에 납입하도록 요청받았다. 이러한 의무들에 대한 대가로 그들은 봉사귀족에 가까운 특별한 지위를 부여받았다. 상인들 가운데, 스트로가노프 가문이 가장 유명했다. 농민 출신인 그들은 14세기 후반에 소금 무역으로 출세하기 시작했다. 시간이 지남에 따라 그들은 상공업 기업으로 그들의 활동 폭을 넓혀나갔다. 그들은 북부 식민지의 대지주가 되었으며 시베리아의 부를 상업적으로 이용하는 데 주도적인 역할을 담당했다." 같은 책, pp. 130-131.

102) Foust, *Journal of Economic History*, XXI, p. 475.

앞지를 수 있었기 때문이다.[103] 지역 산업들이 살아남은 경우, 예를 들면 체코
의 레이스 산업과 같은 경우는, 그 산업이 그 지역 외부의 상인회사들을 위한
농촌 가내공업으로 운영되었기 때문이다.[104] 그럼에도 불구하고, 그것은 농업
의 다변화를 촉진했을 뿐만 아니라 훗날 보헤미아 산업발전의 기틀을 마련했
다는 점에서 중요한 것이었다.[105] 그러나 러시아에서는, 러시아 자체가 하나의

---

103) "발트 해 국가들과 네덜란드 그리고 여타 서유럽 국가들 사이의 이처럼 활발한 무역관
계들은 다음과 같은 사실을 부각시킨다. 예컨대 폴란드 귀족들의 부가 네덜란드로의 곡
물수출과 긴밀한 상관관계를 가지고 있었다면, 거꾸로 서유럽 상품을 자유롭게 수입하여
낮은 가격에 질 좋은 상품(특히 네덜란드와 잉글랜드의 직물)을 팔았던 것은 국가산업
의 파멸을 초래했던 것이다. 같은 맥락에서 점점 더 강화되는 네덜란드 선단의 독점적인
경향들은 점차 폴란드의 주요 항구도시인 그다니스크를 포함한 발트 해 도시의 선단들
을 파멸시켰다.……
　　"발트 해에서 특권적인 경제적 지위를 통해서 많은 이윤을 거둠으로써, 네덜란드, 잉
글랜드 그리고 일찍부터 프랑스는 유럽의 이 지역에서 일어나는 일에 점점 더 많은 관
심을 가지게 되었다. 무엇보다도, 이 국가들은 전쟁의 폐해로부터 무역활동을 보호하려
고 했던 것이다. [1617년, 1629년, 1635년의] 갈등을 조정하려는 새로운 노력들이 주목
을 끄는 것은 바로 이런 사정 때문이다.……" Czalpinski, *XIe Congrès International
des Sciences Historiques, Rapports*, IV, p. 37.
104) "16세기 후반부터 독일 뉘른베르크의 상사들과 다른 도시들 그리고 체코의 레이스 제조
업자들 사이에 집단적인 계약이 체결되기 시작했다. 이 계약은 체코의 제조업자들이 규
정된 품질과 양의 레이스를 계약에 명시된 가격으로 납품한다는 서약을 담고 있다.
　　"30년전쟁 이후, 새로운 상황 아래서 제조업자들이 상사들에 제공하는 집단적인 납품
의 형태들이 더 이상 해외수출에 필요한 충분한 양의 상품들을 으레 확보해주지 못한
것 같다. 그리하여 새로운 형태의 생산 및 상업 방식을 발전시켜야만 했다. 이것이 선대
제(Verlagssystem)라고 불리는 것이었다. 선대제가 시작된 것은 이미 16세기였지만, 그
것이 완전하게 발전한 것은 17세기 후반과 18세기의 일이었다." A. Klíma & J.
Macůrek, "La question de la transition du féodalisme au capitalisme en Europe
centrale (16e-18e siècles)", *International Conrgress of Historical Siences*, Stockholm,
1960, *Rapports*, IV : *Histoire moderne* (Göteborg, Almqvist & Wiksell, 1960), 87.
105) "16세와 17세기 초 체코의 대영지에는 한 가지 특별한 성격이 있었다. 그곳에서도 곡물
생산과 1차 농업의 발전이 이루어졌다. 그러나 동시에 그들은 농산물 가공에도 손을 뻗
쳤는데, 예를 들면 곡물로 맥주를 만든다거나 다른 산업생산을 시작했다. 인접한 독일,
폴란드, 헝가리 북부(즉 슬로바키아)의 대영지와는 달리 체코의 대영지에서 특히 성행한
것은 양조업이었다.……다른 인접국가들과 비교할 때, 또 한 가지 16세기 체코의 농업생
산에서 두드러지게 나타나는 것은 양어장의 발달이었다.……게다가 체코의 대규모 봉건

498

세계경제였기 때문에, 축적된 자본의 일부가 산업발전에 투입되었다.[106] 서유럽 세계경제의 가장 중요한 수출산업이었던 직물의 경우조차, 얼핏 보기에는 러시아 산업이 서유럽 국가의 경쟁으로 몰락하기 십상이었을 터인데도, 그 지역 산업은 대부분의 대중용품 시장을 장악했을 뿐만 아니라 심지어는 고급품 시장의 일부마저 차지했던 것이다.[107]

우리는 왜 오스만 제국이 유럽 세계경제의 일부가 아니었는가에 대해서 비슷한 분석을 할 수 있을 것이다.[108] 이제 포르투갈의 인도양 무역의 문제로 관

영지는 산업생산에 손을 대려고 했다. 16-17세기에 그들은 특히 광물탐사, 광업, 제철업에 관여하고 있었던 것이다." 같은 책, pp. 99-100.

106) "토착 상인들이 자본을 축적할 수 있는 조건들은 폴란드보다 러시아에서 훨씬 더 유리했다. 16-17세기에 매우 심각한 위기들을 겪은 러시아 귀족이 대규모 무역활동에 대거 참여할 수 없었기 때문에 이는 한층 더 큰 이점이 되었다.

"또한 국지적으로 축적된 자본이 폴란드에서 비해서 생산적인 활동에 사용되는 경우가 훨씬 많았다. 그 자본의 투자는 경제적으로 뒤처진 러시아 지역들과 북부, 남동부의 변경을 따라서 이루어지는 식민화의 속도를 가속시켰다. 그것은 분명히 러시아의 국내 수요와 해외무역에 필수불가결한 생산량을 증가시키는 데 기여했다. 게다가 상인들은 소금 채굴, 우랄 지방의 제철업과 같은 몇몇 산업들에 많은 투자를 했는데, 이는 결국 러시아 군대의 무장에 상당히 중요한 것이었다. 따라서 러시아인들 모두에게 필수적인 상품들의 양은 증가했다. 더욱더 많은 수의 농민들이 상품경제의 망으로 끌려들어갔다." Malowist, *Past & Present*, No. 13, p. 39.

107) "따라서 우리의 결론은 모직물 가운데 16세기에 가장 흔했던 것은 린지-울지(linsey-woolsey : 삼과 양모로 짠 성긴 모직물/옮긴이)와 스비트카(svitka)였다는 것이다. 이것은 바르베리나라는 한 외국인 방문객의 증언으로 증명된다. 오만하게도 그는 러시아인들이 직물을 제조할 줄 몰라서 해외로부터 수입한다고 힘주어 말한다. 그래도 '러시아 농촌에서 사람들은 하층계급, 특히 농촌의 하층계급이 이용하는 일상적인 직물을 만든다. 이것이 린지-울지 직물들이다. 이것들의 질은 고급, 중급, 저급으로 구별되며, 마을 장터에서 팔린다.'

"이보다 시장규모가 훨씬 더 작은 두번째 부류는 차르의 궁정과 최상층 계급들이 이용하는 고품질의 직물들이다. 이것들은 대개 수입직물들이다. 처음에는 주로 플랑드르(브뤼헤, 이프르, 브라반트로부터)의 직물이 수입되었고, 나중에는 잉글랜드산이 애용되었다. 그러나 이 범주에는 러시아에서 만들어진 직물들이 있었다. 특히 노브고로트는 고급 직물로 유명했다." Mankov, *Le mouvement des prix*, p. 102.

108) Bernard Lewis, "Some Reflections of the Decline of the Ottoman Empire", *Studia islamica*, XI, 1958, 111-127과 Ömer Lutfi Barkan, "'La Méditerranée' de Fernand Braudel vue d'Istamboul," *Annales E.S.C.*, IX, 2, avr.-juin 1954, 189-200. 이 두 논

심을 돌려 그것이 에스파냐의 대서양 무역과 어떻게 다른가를 살펴보는 것이
적절할 듯하다.

　우리는 우선 포르투갈의 인도양 무역이 대두하는 데 투르크인들이 떠맡은
역할에 대한 신화를 떨쳐버릴 필요가 있다. 오스만 제국의 흥기가 서유럽으로
이어지는 동부 지중해를 차단하는 결과를 낳았고, 그럼으로써 포르투갈이 아
시아에 이르는 희망봉 항로를 찾게 된 것이 아니라, 포르투갈의 해외탐험이
오스만의 흥기에 앞서 일어났으며, 동부 지중해 향료무역의 쇠퇴는 포르투갈
의 동부 지중해 진출보다 먼저 일어났다는 점이 일반적으로 받아들여지고 있
다. 사실, A. H. 라이바이어는 분명하게 레반트 지역의 “쇠퇴”의 원인을 근
대 기술에 대한 문화적 저항이 아니라 무역의 구조적인 방향 전환과 그 결과
레반트 지역이 팽창하는 유럽 세계경제에 편입되지 못한 것에서 찾는다.

　[투르크인들이] 의도적으로 그 무역로를 차단한 행위 주체는 아니었다. 전혀 그렇지
않다고 할 수는 없겠지만, 그들이 그 악명 높은 무관심과 보수주의로 동방교통의 어
려움들을 크게 증대시킨 것은 아니다. 또한 그들이 새로운 무역로의 발견을 불가피
한 것으로 만들지도 않았다. 오히려 그들은 새롭고 더욱 우월한 무역로의 발전으로
부터 손해를 보았다. 아프리카를 우회하는 길이 없었더라면 1500년 이후 레반트 지
역의 역사는 대단히 달라졌을 것이다. 우선, 무역에 방해를 받지 않았다면 맘루크 왕
조의 술탄들은 1516년 투르크인들의 공격을 성공적으로 방어하기에 충분한 재정적
지원을 구할 수 있었을 것이다. 그러나 설령 투르크인들이 이집트를 정복했을 때 동
방무역이 여전히 활발했다고 하더라도 그들은 실제보다 훨씬 더 빨리 이 무역로들에
대한 통제권을 잃어버리거나 아니면 그들의 판도를 가로질러 대규모로 그리고 빠르
게 성장하는 무역에 스스로 적응해야만 했을 것이다. 이 나중의 경우에, 그들은 부득
이 근대적인 방식을 받아들이고, 영토를 통일하는 놀라운 능력과 아울러 그들의 무
역을 조직하는 또다른 전략을 갖추어야 했을는지도 모른다.……무역로의 이동은 투
르크인들에 의해서가 아니라 그들의 의사에 아랑곳없이 또 그들에게 불리한 방향으

<hr>

문은 유럽과의 관계에 비추어 16세기 오스만 제국에 대하여 논의한다.
　　또한 오토 브루너의 다음과 같은 논평을 보라. “정치권력, 원거리 무역 그리고 사치품
교역 사이의 밀접한 관계로 볼 때 확실히 비잔티움은 서유럽 [유형]보다는 러시아의
[경제]유형에 더 가까웠다.” Otto Brunner, “Europäisches und Russisches Bürger-
tum”, *Vierteljahrschrift für Sozial-und Wirtschaftsgeschichte*, XL, 1, 1953, 15.

500

로 진행되었던 것이다.[109]

우리는 앞의 한 장에서 15세기의 탐험, 16세기의 대외무역과 제국들을 낳았던 포르투갈 (그리고 에스파냐) 내의 복잡다단한 세력관계들을 설명하려고 했다. 이 탐험의 이데올로기는 인도로 가는 길을 찾는 일에 크나큰 기대를 걸었지만, 이베리아의 팽창의 경제적 동기들이 아시아가 아니라 대서양 지역들 (그들로서는 이런 사정을 몰랐지만, 서반구와 서아프리카)을 지향하고 있었다는 것을 생각해본다면 참으로 놀라운 일일 것이다. 예를 들면 비토리노 마갈랴잉스 고디뇨가 포르투갈의 팽창의 초기 국면을 지배했던 요인들의 긴 목록을 (금의 부족으로부터 곡물 부족, 설탕 생산을 위한 토지와 노예 및 어업수역에 대한 필요성에 이르기까지) 제시할 때, 후추, 향료, 약재, 혹은 비단, 도자기, 귀금속 등 한마디로 16세기에 포르투갈인들이 아시아로부터 수입했던 것에 대해서는 한마디도 언급하지 않는다.[110] 그러나 15세기의 마지막 사반세기에 향료 무역에 대한 포르투갈인들의 관심이 깨어났고,[111] 주앙 2세의 마음 속에서 프레스터 존을 찾겠다는 의욕과 이러한 관심이 결합되었던 것이다. "왜냐하면 [프레스터 존의] 왕국은 그에게 인도로 가는 도정의 중간 역이 될 것이며, 그때부터 포르투갈의 선장들은 이제까지 베네치아가 나누어주던 그런 부를 가져올 것이기 때문이다."[112] 아시아의 향료와 후추와 서아프리카의 금은 사실상 1506년경에 이르면 포르투갈 국가수입의 절반 이상을 차지하게 되었고, 그후 아시아 무역의 비중은 점점 더 커져서 "제국경제의 중

---

109) A. H. Lybyer, "The Ottoman Turks and the Routes of Oriental Trade", *English Historical Review*, CXX, Oct. 1915, 588.

110) Godinho, *L'économie de l'empire portugaise*, pp. 40-41. 첫째, 유럽은 레반트를 통하여 향료들을 충분히 공급받았던 것처럼 보이며(p. 537 참조), 고디뇨는 그 당시 포르투갈인들에게 항해와 향료에 대한 낭만적 관심 이상의 무엇이 있었는지에 대해서 의심한다. "[엔리케] 혹은 그 시대의 다른 포르투갈인들의 활동이 정말 [동방에 있는] 경이로운 국가들로 향한 것이었는가? 거의 그런 것 같지 않다. 무엇 때문에 그 당시 포르투갈 상업이 그 이윤을 향료 무역으로 돌리려고 애썼겠는가?"[p. 548]

111) 같은 책, pp. 43, 550-551 참조.

112) 같은 책, p. 551.

추"[113]가 되었던 것이다.

바스코 다 가마는 갔고, 보았고, 율리우스 카이사르보다도 더 많은 것을 더 빠르게 정복했다. 불과 몇년 안에 포르투갈의 선박들이 인도양의 방대한 무역을 지배했다는 것은 실로 놀라운 일이다. 이러한 사업의 구조는 어떠했고, 또 어떻게 해서 그리도 빨리 확립될 수 있었는가?

두번째 질문에 대한 답은 비교적 쉽다. 두 세기 전부터 대서양 유럽에서 발전해온 포함의 기술적 우위와 결정적인 기술혁신 —— 선박의 상부가 아니라 선체에 포문을 낸 것 —— 이 1501년에 성취되었던 것이다.[114] 이러한 기술적 이점이 포르투갈의 성공을 설명하는 데 충분한 것인가, 혹은 조지 B. 샌섬이 주장한 것처럼, 포르투갈은 "아시아 민족들의 저항의지보다도 더 굳은 성공에 대한 결의를 품고 아시아에 갔다"는 믿음을 그러한 이점에 덧붙여야만 할까?[115] 어쩌면 그래야 할 것이다. 비록 내가 일종의 집단심리학적 정신과 같

---

113) 같은 책, p. 831. p. 830의 표 참조.

114) "[선체에 포문을 낸 것은] 매우 중요했다. 그것은 대형 선박의 무장을 엄청나게 증가시킬 수 있는 가능성을 열어주었다. 주(主)갑판에 포를 장착함으로써 더 많은 포들을 탑재할 수 있었을 뿐만 아니라 배의 균형을 무너뜨리지 않으면서 더 큰 포들을 탑재할 수 있었다.……

　"대서양 유럽의 선박들이 [인도양에] 나타났을 때, 어떤 것도 그들을 저지할 수 없었다. 1513년에 알부케르케가 그의 국왕에게 자랑스럽게 썼던 것처럼, '우리가 다가온다는 소문만으로도 (본토의) 배들은 모두 자취를 감추었고, 심지어 새들도 수면 위를 날려고 하지 않았다.' 이것은 수사적인 글귀가 아니었다. 인도양에 도달한 후 15년 내에, 포르투갈인들은 완벽하게 아랍인들의 해군력을 파괴했으며, 국왕은 정당하게도 그 자신을 '에티오피아, 아라비아, 페르시아, 인도의 정복과 항해와 무역의 군주'라고 불렀던 것이다." Carlo M. Cipolla, *Guns and Sails*, pp. 82, 137.

　이 시기의 포르투갈 선박에 대한 세밀한 서술로는 François Mauro, "Types de navires et constructions navales dans l'Atlantique portugais aux XVIe et XVIIe siècles", *Revue d'histoire moderne et contemporaine*, VI, juil.–août 1959, 185–193.

115) 기술적인 설명이 충분한 것인지 의심할 수 있는 근거로 박서는 다음을 인용한다 : "그러나 독점은 그 말이 풍기는 인상만큼 모든 것을 포괄하는 것은 아니었다. 포르투갈인들이 언제 어디서나 행동을 개시할 수 있는 정도의 전함들을 보유하고 있지 않았다는 사실은 접어두고라도 부패한 식민지 관리들은 쉽게 매수되었으며 토착 해상무역업자들은 포르투갈 상인들에게 (혹은 그 이름만으로도) 겁을 집어먹곤 했던 것이다." C. R. Boxer, "The Portuguese in the East, 1500–1800", in H. V. Livermore, ed., *Portugal and*

502

은 문화적 특성들은 특정한 사회구조적 국면의 산물이며 그러한 기반보다 더 오래가지는 못한다고 생각하지만 말이다.

어쨌든 포르투갈이 디우에서 이집트 선단을 패퇴시킨 1590년부터 포르투갈 해군은 인도양에서 "도전받지 않는 패권"¹¹⁶⁾을 장악했다. 게다가 16세기 동안 (그러나 말라카 해협의 경우에는 1570년까지만) 포르투갈의 무역업자들은 그 곳뿐만 아니라 중국해, 아프리카의 동서 연안들, 대서양 남부, 뉴펀들랜드 제도 그리고 물론 유럽에도 진출했다. "이렇게 포르투갈의 경제는 모든 곳에 임했다."¹¹⁷⁾

아시아에서의 포르투갈의 통제체제는 두 개의 소함대로 이루어진 선단(하나는 홍해를 봉쇄하기 위한 것이고 다른 하나는 인도의 서해안을 정찰하기 위한 것), 고아의 총독, 변방의 일곱 개 요새로서 기본적으로 퍽 단순하다.¹¹⁸⁾ 상업적 목표를 위해서 그들은 일련의 상관(feitoria)을 유지했으며, 말라카, 캘리컷, 호르무즈 그리고 아덴의 중간 기착지에 세 곳의 대규모 중개시장을 설립했다.¹¹⁹⁾ 그중에서도 말라카가 가장 컸는데, 그곳은 몬순으로 인하여 동쪽에서 오는 선박들이 그곳에 하역하지 않을 수 없었기 때문에 거의 강제적으로 자리를 잡게 된 거대한 화물집산지였다.¹²⁰⁾ 이러한 구조는 그 무대의 주역이었던 아퐁소 데 알부케르케에 의해서 발전되었는데, 그는 이런 구조를 그 사업의 군사적 딜레마에 대한 해결책으로 제시했다.¹²¹⁾

*Brazil, and Introduction* (London and New York : Oxford Univ. Press (Clarendon), 1953), 193.
116) Godinho, *L'économie de l'empire portugais*, p. 18.
117) 같은 책, p. 19
118) 같은 책, p. 574 참조.
119) 같은 책, pp. 591, 595 참조.
120) 같은 책, p. 594 참조.
121) "똑같은 해상권력을 지니고 있는 유럽의 경쟁국들이 포르투갈에 도전함으로써, 이제까지 확보했던 광범위한 무역망을 방어하기 위해서는 면밀한 조직이 필요했고, 요새지는 유럽인들의 공격에 맞서고 해군의 지원이 없을 때 버텨낼 수 있는 병력을 필요로 했다. 아퐁소 알부케르케는 포르투갈인들의 대책을 논문으로 정리했다. 그는 일련의 독립된 요새들 그리고 말라바르 해안에 있는 고아의 화물집산지를 통과하는 무역로와 리스본의 유일한 항구를 통하여 유럽으로 가는 무역로를 개설하려는 계획을 발전시켰고, 그의 방

대개 무역은 국가가 장악했고,[122] 16세기 후반에 포르투갈의 역할이 기울기 시작했을 때, 사무역 부문은 그 위험부담이 커졌기 때문에 위축된 무역으로부터 완전히 손을 뗐다.[123]

몇몇 작은 지역들에서 포르투갈인들은 직접 통치했다. 코친 혹은 실론과 같은 몇몇 지역에서는, 지역 통치자가 포르투갈의 "보호"아래 있었다. 그러나 대부분의 경우에, 포르투갈인들은 정치적으로 통치하려는 태도를 보이지 않았고, 대신에 "그들이 머무르는 국가들의 법, 관례, 관습에 따라 유통과 무역"[124]에 종사했다. 도널드 래치가 지적한 것처럼, 그 시기에 유럽인들은 "사실상의 국가적 통일과 중앙권력 덕택에 안정된 무역조건과 복음 전파에 유리한 환경을 제공받을 수 있는 나라들에 주로 관심을 두고 있었다."[125]

어체계를 페르시아 만과 아덴 만의 취약지역에 집중시켰으며, 혼혈인들을 낳아서 인력문제를 해결하는 방안을 지지했다." Rich, *Cambridge Economic History of Europe*, IV, pp. 204-205.

122) "국가가 수행한 가장 광범위한 대외무역은 포르투갈이 인도와 아프리카 해안에 있는 항구들과 벌인 무역이었다 ―― 그것은 완전히 새로 개척된 무역이었다. 이러한 식민지 무역은 초창기부터 1577년까지 수행되었고, 그 무역을 규제하는 법적 형태들이 지속되는 한에서, 그것은 전적으로 국왕의 주도 아래, 그 자신의 위험부담으로, 그 자신의 선박으로 이루어지는 것이었고, 개별 상인들에게 인도 무역을 허가하는 것은 아주 예외적인 경우였을 뿐이다. 물론 아프리카 무역에서 이러한 일이 좀더 흔했지만 말이다." Heckscher, *Mercantilism*, I, p. 341.

123) "그러나 16세기 말부터 희망봉 항로에 불운이 닥쳤고, 무역은 상당히 쇠퇴했다. 이제 잉글랜드인과 네덜란드인들이 후추 및 기타 향료와 약재를 대량으로 유럽에 실어나르고 있었다. 그것이 1597년부터 무역이 국가의 손에 되돌아가게 된 근본적인 이유였다. 개인 사업가들은 되돌아오는 상품['la ferme de trazida'](포르투갈 상인들이 희망봉 항로를 통해서 유럽으로 들여오는 상품들 /옮긴이)의 '수확'을 위하여 더 이상 회사들을 설립하는 위험을 감수하려고 들지 않았다.……네덜란드인들은 처음부터 무역과 포르투갈 선박들을 장악할 수 있다는 확신을 가지고 사업에 뛰어들었다. 그들의 배는 공격에 대한 두려움 없이 곳곳을 누볐지만, 포르투갈의 선박은 그렇지 못했다. 따라서 개인사업가들은 자본을 투자하려고 하지 않았고, 국가가 투자하는 자본이 대부분이었던 소액의 투자자금은 하나의 회사를 구성하는 데 충분치 못했다." Godinho, *L'économie de l'empire portugais*, pp. 696-697.

124) 같은 책, p. 656.

125) Donald F. Lach, *Asia in the Making of Europe*, Vol. I : *The Century of Discovery* (Chicago, Illinois : Univ. of Chicago Press, 1965), Book II, 827-828.

왜 유럽의 한 강국에 의해서 그토록 완전하게 지배되었다는 사실에도 불구하고 인도양 무역지대를 유럽 세계경제의 일부로 보지 않는가를 설명하기 위해서는, 해당 아시아 국가들에서의 이러한 지배의 의미, 유럽에 대한 그것의 의미 그리고 그것이 이베리아 반도 국가들의 지배 아래 있던 아메리카 대륙의 여러 지역들과 어떤 차이점이 있는지를 잇따라 살펴봐야 한다.

포르투갈이 인도양과 뒤이어 중국해에서 순식간에 우위를 차지하게 된 중요한 요인은 이 시기에 두 지역에 존재했던, 트레버-로퍼의 표현에 따르면, "해상운송 무역의 공백"이었다. "아시아의 방대한 무역——유럽과의 원거리 무역은 그 일부분에 불과했다——은 먼저 오는 사람들의 차지였다. 포르투갈인들이 먼저 와서 그것을 차지했다. 그리고 이러한 공백이 지속되는 한——유럽이 그것을 장악하거나 혹은 아시아가 그것에 저항할 때까지——그들이 무역을 독점했다."126) 그 공백은 경제적인 것이 아니라 정치적인 것이었다. 포르투갈인들이 그 무역을 처음으로 시작하지 않았다는 점이 그 상황을 이해하는 데 중요하다. 그들은 당시에 인도양의 경우에는 무슬림 상인들[아랍인들과 구자라트인들] 그리고 중국해의 경우에는 왜구들이 장악하고 있었던 기존의 무역망을 넘겨받은 것이었다.127) 시간적으로 먼저 일어났던 무슬림 무역업자들의 추방은 "평화로운 경쟁이 아니라 무자비한 폭력에 의해서"128) 이루어졌다. 그것은 무엇보다도 정치적인 우위와 해군력의 우위에 바탕을 두고 있었다.129)

아시아에서 리스본으로 수입된 주요 품목은 후추, 혹은 후추와 향료였다.

---

126) H. R. Trevor-Roper, *Historical Essays*, p. 120.

127) 인도양에서의 무슬림들의 축출에 관해서는 Godinho, *L'économie de l'empire portugais*, p. 630 ; C. R. Boxer, *The Portuguese Seaborne Empire*, pp. 45-48. 포르투갈인들이 왜구를 대신하게 된 것에 대해서는 Trevor-Roper, *Historical Essays*, p. 120 참조. 그것은 C. R. Boxer, *The Christian Century in Japan*과 Sansom, *A History of Japan*, II, p. 268에 바탕을 두고 있다.

128) Boxer, *Portuguese Seaborne Empire*, p. 46.

129) "포르투갈인들에게는 다행스럽게도 그들이 아시아의 바다에 나타났을 때 이집트, 페르시아 그리고 비자야나가르 등의 제국들은 인도양에 무장선박들을 보유하고 있지 않았고, 중국의 선박들은 공식적으로 황제의 칙령에 따라 중국해를 따라서 항해하는 데 그쳤다." Boxer, in Livermore, *Portugal and Brazil*, pp. 189-190.

포르투갈이 그 무역에 나서기 전이었던 15세기 말에 이미 유럽은 아시아의
생산량 중 4분의 1 가량을 소비했다.[130] 그리고 증가하는 유럽의 수요를 충족
시키기 위해서, 아시아의 생산은 그 세기 동안에 두 배로 늘었다.[131] 그 대가
로 아시아가 유럽으로부터 얻은 것은 주로 금과 은이었다.[132] 은은 대개 아메
리카 대륙과 일본으로부터 온 것이었다.[133] 금은 처음에는 주로 서아프리카에

---

130) Godinho, *L'économie de l'empire portugais*, p. 569 참조.
131) 같은 책, pp. 581-582, 591 ; Boxer, *Portuguese Seaborne Empire*, p. 59.
132) "후추는 동양으로부터 수입되는 가장 중요한 상품이었고, 은괴는 '황금의 고아'로 수출
되는 가장 중요한 품목이었다.……16세기 후반기 내내 말라바르 해의 후추 상인들은 금
이외의 어떤 것으로도 결재를 받으려고 하지 않았다.……" Boxer, *Portuguese Seaborne
Empire*, pp. 52, 60.
    이 무역이 유럽에 유리한 거래였다는 쇼뉘의 생각은 주목할 필요가 있다. "다른 상품
을 거의 주지 않고 오로지 150톤의 금만으로 12만에서 15만 톤의 향료를 살 수 있었다.
그것은 지배력이 취약한 아프리카 사회들로부터 강탈한 것이었으며, 정화의 양으로 계산
하기는 어렵지만, 대략 6,000톤 상당의 은괴는 비교할 수 없는 것이었다." *Conquête et
exploitation des nouveaux mondes (XVe siècle)*, Collection Nouvelle Clio 26 bis
(Paris : Presses Universitaires de France, 1969), p. 323.
133) "유럽이 아시아 무역을 발전시킬 수 있었던 것은 아메리카와의 무역이 있었기 때문이
다. 신세계의 은이 없었다면, 서양은 향료, 후추, 비단, 보석 그리고 나중에는 중국 도자
기, 이 모든 귀중품들을 얻을 수 없었을 것이다." Chaunu, *Séville*, I, pp. 13-14.
    "서양과의 무역은 멕시코-페루 은광들을 채굴하기 시작한 이후에 전환점에 도달했다.
왜냐하면 그 산물들은 상당한 정도로 비단, 도자기, 차와 교환되어 중국으로 흘러들어갔
기 때문이다." Max Weber, *Religion of China*, p. 5. 베버는 이 시기 중국에서 은이 금
에 비하여 계속 가치가 하락했음을 지적했다. 그것은 1368년에는 4 : 1의 비율이었으나,
1574년에는 8 : 1, 1635년에는 10 : 1, 1737년에는 20 : 1의 비율로 떨어졌던 것이다.
    "중국 이외에 포르투갈의 주요 무역 상대국은 일본이었다. [16세기] 마카오의 번영은
상당 부분 일본으로부터의 금괴 수출에 힘입은 것이었다." Chang, *Sino-Portuguese
Trade*, p. 117. 동남 아시아와 인도에서 무역활동을 매개하는 상당량의 금은을 보유하게
된 것은 포르투갈이 일본과 중국 사이의 무역을 통제할 수 있었기 때문이다.
    "16세기 이후 금과 은, 특히 은 생산이 급격하게 증대한 것은 해외무역의 새로운 발
전과 밀접하게 관련되어 있었다.
    "포르투갈 선박과 일본의 무역이 발전하고 그에 따라 이윤이 증가할 수 있었던 것은
사실상 일본의 은과 중국의 생사(生絲) 및 다른 상품들과의 교환을 중개한 결과였다.
    "히데요시(秀吉)가 무역을 허가한 주요 목적은 중국의 상품들을 제3국에서 확보하기
위해서였다. 왜냐하면 명나라는 외국 선박,.특히 일본 선박이 본토에 정박하는 것을 금
지했기 때문이다. 일본의 대외무역은 눈부신 번영을 누리고 있었으며, 바로 이 시기에

서,[134) 나중에는 남동 아프리카, 수마트라 섬 그리고 중국에서 유입된 것 같다.[135)

유럽이 열심히 금은을 축적했던 것을 돌이켜볼 때, 이처럼 공식적인 무역 수지 불균형이 그토록 오랫동안 지속되었다는 점은 실로 기이한 일이다. 그러나 유럽이 아시아가 제공하는 상품들을 원했다면, 이것은 그들이 치러야만 하는 대가였을 것이다. 이것이 나타내는 한 가지 본질적인 의미는 이 시기에 아시아가 유럽 세계경제의 일부가 아니었다는 점이다. 왜냐하면 1500년부터 1800년까지 유럽과 아시아 국가들과의 관계는 "보통 아시아 민족들이 세워놓은 조건과 틀 속에서 이루어졌다. 몇몇 식민활동의 거점들에 사는 사람들을 제외하고, 유럽인들은 모두 그곳에서 [아시아인들의] 묵인 아래 살았기"[136) 때문이다. 그리고 이러한 상황은 유럽의 군사적 우위에도 불구하고 지속되었다. 우리는 이러한 군사적 우위가 단지 **해군력의** 우위에 불과했다는 점을 기억해야만 한다.[137)

아시아인의 관점에서 보면, 포르투갈의 무역업자들은 한 가지 중요한 측면에서 역사적으로 그들보다 먼저 활동했던 사람들과 달랐다. 구매자들은 "상인들 —— 사기업가들 —— 이 아니라 한 국가의 이름으로, 상인들과 그 자신

---

일본의 귀금속 생산이 절정에 도달했다." A. Kobata, "The Production and Uses of Gold and Silver in 16th and 17th Century Japan", *Economic History Review*, 2nd ser., XVIII, 2, Oct. 1965, 245-246.

134) Chaunu, *Conquête*, p. 316 참조.

135) Boxer, *Portuguese Seaborne Empire*, p. 60.

136) Lach, *Asia in the Making of Europe*, Book I, p. xii. 브로델의 다음과 같은 지적을 보라 : "16세기와 그 다음 세기에 향료, 약재, 견직물을 생산했던 광대한 아시아 지역에서 [지중해 지역에서 주조된] 금과 특히 은으로 된 귀금속 주화들이 유통되었다.……그 위대한 발견들은 무역로와 가격들을 뒤바꾸어놓을 만했다. (그러나) 그 발견들은 [수지적자의] 근본적인 현실들을 전혀 바꾸지 못했다." Braudel, *La Méditerranée*, I, p. 422.

137) "유럽인들은 아시아의 항로를 따라서 쉽게 여행할 수 있었음에도 불구하고, 그들이 주요 대륙국가에 침투하는 일은 흔치 않았고, 또 매우 어려웠다. 그리고 16세기에 그들은 자신의 의지를 인도나 중국의 황제들에게 강제할 수 있는 처지가 결코 아니었다. 아시아 대륙의 정치적, 문화적 대(大)수도들은 그들의 무기를 결코 두려워하지 않았던 것이다." Lach, *Asia in the Making of Europe*, Book I, p. xii.

을 대표하여 활동하는 강력한 해군력"[138])이었던 것이다. 이것은 무역관계
들 —— 사실상 가격들 —— 이 국제법 아래 인정된 조약들에 의해서 고정되었
다는 것을 의미했다. 그러나 국가들은 국가들과 상대해야만 했다. 그리고 포
르투갈인들이 그들이 마주하게 된, 위신이 높은 국가들에 익숙해지기까지는
상당한 시간이 걸렸다.[139] 처음에 포르투갈인들은 강탈로 얻을 수 있는 엄청
난 이윤을 기꺼이 챙기려고 했지만, 10년 뒤에는 이것이 매우 근시안적인 정
책이라는 것을 깨달았다.[140] 그들은 아시아 내부 무역의 중개인과 중재자가 되
는 방향으로 돌아섰고, 그것으로부터 얻는 이윤을 희망봉 항로 무역에 투자하
여 포르투갈에 향료 그리고 금은을 들여왔던 것이다. 고디뇨가 주장하는 것처
럼, 그것은 "원대한 꿈"이었고 "[포르투갈의] 가능성을 넘어서는 사업"[141])이
었다. 그들은 향료를 얻기 위해서 금은을 (그리고 그 이상을) 희생시켰으나,
"중앙집권화된 아시아 내부 무역"을 성취했고, 그것은 "아시아에서 전혀 새
로운 것"[142]이었다. 유럽 세계경제의 용어로 옮기자면, 중간상인으로서의 포르
투갈의 역할은 "유럽의 수입품의 대부분이 해운 및 상업 서비스들과 같은 무
역외 수출을 통해서 획득되었음"[143]을 의미했다. 아시아 내부 무역이 포르투
갈의 아시아 사업에서 얼마나 중요한 것이었는가는 리스본에서 말라카에 이
르는 첫번째 직항로가 불과 75년 뒤인 1578년에 출범했다는 것에서 분명하게
드러난다.[144]

  이처럼 아시아에게 포르투갈의 무역업자들은 두 가지 의미였다. 즉 아시아
의 무역업자들은 무역업자들의 대리인 역할을 하는 국가와 거래해야만 했고,
또한 아시아 내부 무역이 합리화되었던 것이다. 그러나 J. C. 반 뢰르는 이것

138) Godinho, *L'économie de l'empire portugais*, p. 619.
139) 바스코 다 가마가 처음 캘리컷의 왕을 만났을 때 저질렀던 실수에 관한 놀라운 이야기
    는 Godinho, 같은 책, pp. 588-590 참조.
140) 같은 책, pp. 627-629 참조.
141) 같은 책, pp. 630-631.
142) Meilink-Roelofsz, *Asian Trade*, p. 119.
143) Cipolla, *Guns and Sails*, p. 136.
144) Godinho, *L'économie de l'empire portugais*, p. 655.

이 사회변동이라고 지칭할 만한 정도는 아니었다고 생각한다 :

포르투갈의 식민체제가……남부 아시아의 상업에 단일한 경제적 요소를 도입한 것은
아니었다.……포르투갈의 체제는 기존의 해운 및 무역 구조에 별로 심각하지 않은
누수를 가져왔을 뿐이다. [네덜란드의] 다음 시기는 새로운 대외무역과 해운체제를
조직할 것이었고, 철저한 식민지 관계들을 조성할 것이었으며, 유럽에 새로운 경제적
형태들 ── 그 체제가 낳은 직접적인 결과로서가 아니라 그것이 뒷받침하는 또다른
발전의 하나로서 ── 을 창출할 것이었다.……
  아시아 무역의 국제적인 성격은 유지되었던 반면, 동방 국가들의 정치적 독립은
유럽의 영향력으로부터 사실상 거의 아무런 침해도 받지 않은 상태로 유지되었다.
그 거대한 아시아 내부 무역로는 그 온전한 의미를 고스란히 유지했던 것이다.[145]

많은 연구들이 반 뢰르의 평가를 뒷받침하는 것 같다.[146] 포르투갈인들은

─────────

145) J. C. van Leur, *Indonesian Trade and Society* (The Hague : Hoeve Ltd., 1955), 118-
119, 165. 반 뢰르의 분석에 대해서 전반적으로 유보적인 입장을 취하는 마일링크-뢸로
프스조차도 커다란 변화가 17세기에 가서야 일어난다고 본다 : "오늘날의 연구는 기껏해
야 17세기 전반기에……유럽의 우위가 명백해지기 시작했고, 그 우위 ── 이런 주장을
일단 받아들인다고 하더라도 ── 조차도 아직까지는 모든 곳, 혹은 모든 측면에서 나타
나지는 않았다는 것을 보여줄 뿐이다." Meilink-Roelofsz, *Asian Trade*, pp. 10-11.
146) "1,000여 년에 걸친 경험을 받아들이지 않고 그것을 뛰어넘으려고 했다거나, 기존에 존
재하는 것에 기반을 두지 않았더라면, 포르투갈인들은 15년 안에 인도양 무역의 절반을
통제하는 데 결코 성공할 수 없었을 것이다. 그들의 항로는 새로운 계서제를 얹어놓았
다. 그들은 중요한 무역의 흐름을 바꾸어놓았다. 그러나 근본적으로 그들은 1,000여 년
에 걸친 교통망과 교환망을 보존했다. 포르투갈의 혁명은 급속했다. 왜냐하면 그것은 그
정상에 국한된 것이었기 때문이다." Chaunu, *Conquête*, p. 177.
  "인도에서 포르투갈인들의 존재는 몇몇 곳에서 몇몇 사람들을 제외하고는 거의 느껴
지지 않았다.……포르투갈인들이 16세기 말에 인도 제국을 포기했다면, 그들은 그리스
인, 스키타이인, 파르티아인들보다도 흔적을 덜 남겼을지도 모르는 일이다 ── 아마도
몇몇 주화들, 시장의 언어 중에서 몇몇 변형된 낱말들, 점차 줄어드는 혼혈인 공동체들
그리고 외국인 군인과 사제들의 쇠퇴해가는 몇 가지 전통들." George B. Sansom, *The
Western World and Japan* (New York : Knopf, 1950), 87.
  "긴요한 무역거점으로서 말라카는 포르투갈인들이 장악한 이후에도 오래 전부터 뿌리
를 내리고 있던 상업의 관습들을 여전히 따르고 있었다." Lach, *Asia in the Making of
Europe*, Book II, p. 829.
  "포르투갈인들은 오직 해군력으로만 버틸 수 있었고, 그때조차도 그들의 위치는 불안

아시아에 도착하여 번성하는 하나의 세계경제를 발견했다. 그들은 그 조직을 조금 개선했고, 그러한 노력에 대한 대가로 몇몇 상품들을 본국으로 가져갔다. 정치적 상부구조뿐만 아니라 경제의 사회적인 조직은 거의 영향을 받지 않았다. 주요 변화는 후추 생산에서 일어났고, 그것은 "대량 생산이 등장했던"[147] 유일한 향료가 되었다. 그러나 후추 생산의 기술은 아주 단순하기 때문에 노동력을 매우 적게 들이고도 조방적인 생산을 통해서 생산량을 확대할 수 있었다. 왜냐하면 후추는 "한번 심어놓으면, 그뒤에는 돌볼 필요가 없다"[148]는 한 가지 중요한 특징을 가지고 있었기 때문이다. 따라서 한 세기 동안의 포르투갈의 지배는 대부분의 아시아 국가들에게 아랍인들이 아니라 주로 포르투갈인들이 이윤을 챙겼다는 것을 의미했다. 인도의 역사가 K. M. 파니카르는 이러한 시각을 다음과 같이 요약하고 있다 :

> 인도의 통치자들에게는 그 상인들이 상품을 포르투갈인들에게 파는가 혹은 아랍인들에게 파는가 하는 것이 중요하지 않았다. 사실, 포르투갈인들은 인도의 통치자들에게 그들이 원했던 무기와 장비를 팔 수 있었다는 점에서 유리했다. 인도 상인들의 입장에서 보면, 그들은 곧 아랍 상인들과 경쟁하지 않고 교역할 수 있도록 하는 허가제도를 만들었고, 그런 의미에서 보면 포르투갈인들의 독점은 그들에게 도움이 되었다고 말할 수 있을 것이다.[149]

바로 이 때문에 "포르투갈 국왕들의 사업이……보호, 운송 그리고 운송되는 상품들의 독점을 결합시켰음에도"[150] 불구하고, 찰스 박서가 포르투갈의 해상지배를 "본질적으로 취약한 상부구조"[151]라고 부를 수 있는 것이다. 아시

---

정한 것이었다. 지상전에서 그들의 우월한 무기는 별로 쓸모가 없었고, 사실 열대 토양에서 전투를 치르기에는 원주민의 무기보다도 못했다. 게다가 유럽인들은 주변 환경과 기후에 익숙한 훨씬 더 많은 수의 원주민들과 대적해야만 했다. 따라서 16세기 내내 포르투갈의 영향력은 해안 정착지 주위의 작은 영역에 국한되어 있었다." Meilink-Roelofsz, *Asian Trade*, p. 124.

147) Godinho, *L'économie de l'empire portugais*, p. 577.

148) 같은 책, p. 578.

149) K. M. Pannikar, *Asia and the Western Dominance*, p. 53.

150) Frederic C. Lane, *Venice and History*, pp. 426-427.

151) Boxer, *Portuguese Seaborne Empire*, p. 57.

아, 혹은 심지어 인도양의 국경지역들조차도 16세기에는 유럽 세계경제의 일부가 되지 않았다. 아시아는 유럽이, 분명히 다소 불평등한 조건으로 교역하던 하나의 외부지역이었다. 다시 말해서 힘에 의해서 강제된 독점의 요소들이 시장의 작동에 침투했다. 쇼뉘의 말을 빌리면, 포르투갈에 의한 "해양정복 (thalassocratic Conquista)"[152]이 있었던 것이다. 그러나 아시아 내의 생활은 그 접촉의 영향을 받지 않았다. 분명히 아시아의 1차 생산이 이 시기에 유럽의 노동분업의 일부였다고 주장하기는 어려울 것이다.

포르투갈의 아시아 무역이 유럽에 미친 영향을 살펴보면 또다른 증거를 찾을 수 있을 것이다. 유럽은 16세기에 아시아를 정복하지 않았다. 왜냐하면 그럴 수 없었기 때문이다. 유럽의 군사적인 우위는 오직 바다에서 존재했다.[153] 육지에서 유럽은 오스만의 공격으로 여전히 후퇴하고 있었고,[154] 이러한 군사적 균형은 산업혁명 이후에야 비로소 변화했다.[155]

이 시기에 아시아가 유럽에 제공한 것은 사치품이었다. 오늘날 사치품은 중요하고 또 얕잡아볼 수 없는 것이지만, 그래도 식량(곡물, 소, 생선, 설탕)과 그것을 얻기 위한 노동력의 다음 자리를 차지한다. 또한 그것들은 금은,

---

152) Chaunu, *Conquête*, p. 205. 박서의 다음과 같은 주장을 보라 : "포르투갈의 식민제국은 본질적으로 하나의 해양지배, 해상 상업제국이었다. 그것은 주로 동양의 향료, 서아프리카의 노예, 혹은 브라질의 설탕, 담배 그리고 금에 관심이 쏠려 있었다. 그러나 그것은 군사적, 종교적 주형에서 주조된 하나의 해상제국이었다." Boxer, *Race Relations in the Portuguese Colonial Empire, 1415-1825* (London and New York : Oxford Univ. Press (Clarendon), 1963), 2.

153) "유럽의 상대적인 우위는 바다에 있었다. 육지에서 그들은 오랫동안 매우 취약한 상태였다.……유럽인들은 1740년대까지는 효과적인 기동 포병대를 갖추지 못했던 것이다.……
"유럽인들은 일반적으로 아시아의 배후지에 대한 통제권을 확대하려는 어떠한 시도도 성공할 가능성이 없다고 생각했다.
"1689년에 가서야 동인도회사의 세력들이 인도의 육지에 완전하게 침투하기 시작했다." Cipolla, *Guns and Sails*, pp. 138, 141, 145.

154) "유럽이 대담하게 해상에서 팽창하고, 그 지배권을 아시아, 아프리카 그리고 아메리카 대륙들에 공세적으로 강요하고 있을 때, 동쪽 경계선에서는 투르크의 세력으로 인하여 후퇴하고 있었다." 같은 책, p. 140.

155) "유럽인들이 광대한 배후지를 사실상 정복 혹은 통제하게 된 것은 산업혁명의 부산물이었다." 같은 책, p. 146.

즉 퇴장되는 금은으로서가 아니라 화폐로서의 금은 다음의 자리를 차지했다
(금은이 화폐로 사용될 수 있었다는 것은 사실 불가사의한 일일 뿐이었지만,
그것이 가능했던 것은 필요하다면 결국 금은을 상품으로 사용할 수도 있었기
때문이다). 식량이나 심지어 금은과 비교해볼 때, 한 세계경제는 사치품 공급
의 변동에 대해서 비교적 수월하게 적응할 수 있는 것이다.

물론 후추 혹은 향료들조차도 식품의 방부제와 의약품으로 필수적이었으므
로 사치품이 아니었다고 주장할 수 있다.[156] 이 역시 정도의 문제였다. 보존되
는 식량은 대개 고기였는데, 그것이 꼭 사치품은 아닐지 모르지만, 겨우 연명
할 정도의 식단으로 살아가는 사람들을 위한 것은 아니었다. 의약품도 마찬가
지였다.[157] 물론, 쇼뉘가 주장하듯이, 유럽에서 생활수준이 상승하고 세계의
세력균형이 변화함에 따라, 후추는 점점 더 사치품으로서의 성격을 잃어갔다.
내 생각에 문제는 어느 정도까지 사치품이 아니었는가 하는 점이다 :

언제 [후추가] 서양에 처음 나타났는가? 전통적으로 사람들은 몇몇 전환점들을 지적
한다. 첫번째 전환점은 12-13세기 십자군 시대에 지중해에서 서양과 동양이 만난 시
점이다. 사실은 두 가지 요인들이 고려되어야 한다. 후추 소비의 증가는 이미 정설로
굳어진 14-15세기의 육류 소비의 증가와 분명히 관계가 있다. 그러나 멀리서 온 값
비싼 상품들을 사용하는 소비형태가 더욱 지속적으로 발전한 것은 12-13세기부터
진행된 권력의 변화와 불가분의 관계에 있는 것으로 보인다. 13[세기]의 상황에서 얻을
수 있는 향료들은 하나의 사치품이었다. 그것들을 얻으려면 서양 그리스도교 세계로

156) "오늘날 우리는 16세기 유럽에서 향료가 얼마나 중요했는지 상상하기 어렵다.……그러
나 설탕이 전혀 알려지지 않았고 냉장기술이나 겨울용 사료를 전혀 이용할 수 없었으며
오직 소금에 절이거나 향료로 가미한 고기만을 먹을 수 있었을 .때, 비타민을 공급해주는
야채도 거의 없고 향료나 동부 유럽의 약재들이 의약품의 대종을 이루고 있었을 때, 그
것들은 유럽의 상업에서 진정으로 중요한 위치를 차지했다." Robertson, *South Africa
Journal of Economics*, XVIII, p. 42. 그러나 앞에서 살펴본 것처럼, 설탕이 이 시기에
실제로 알려지지 않았다는 것은 사실과 다르다. 그것은 지중해와 대서양의 여러 섬들에
서 광범위하게 재배되고 있었으며, 브라질과 나중에는 카리브 해에 도입되었다.
157) 그러나 우리는 그 중요성의 서열을 염두에 두어야만 한다. 후추는 상대적으로 다른 향료
들에 비해서 더욱 중요했다. 쇼뉘의 주장에 따르면, "후추는 16세기 무역에서 하나의 향
료로 취급되지 않았다. 궁궐의 보병이자 육류 저장의 보병인 이 후추의 명성은 좀더 좁
은 의미의 향료나 약품 정도가 아니었다." Chaunu, *Conquête*, p. 200.

하여금 그 잠재력을 서서히 발전시키게 한 힘을 더욱 발전시켜야만 했다. 이러한 힘
으로 서양은 신경체계와 미각기관에 대한 다양한 자극제들을 하나하나 얻어나가게
되었는데, 동양 문명들에 비해서 라틴 그리스도교 문명은 이런 자극제를 생산하는
지혜가 뒤져 있었던 것이다.[158]

어쨌든, 후추가 사치품이 아니라 준생필품이었던 만큼, 가격 면에서는 아닐지
라도 **물량** 면에서 가장 중요했던 것은 아시아 산물이 아니라 서아프리카산 말
라게트(malaguette)였다.[159]

물론 아시아 무역이 포르투갈에 이익이 되었다는 것은 의심할 여지가 없다.
결국 이것이 핵심이었다. 고디뇨는 이것을 평가하는 데 25쪽을 할애했다. 한
가지 극적인 예만으로도 충분할 것이다. 1512년에 알부케르케가 추산한 바에
따르면, 포르투갈의 화폐로 계산할 때 들여온 상품은 내보낸 상품의 8배 가
치가 있었다.[160] 따라서 왜 후추가 "그 시대의 대상인들과 자본가들의 관심을
끌었던, [16-17세기의] 가장 주목할 만한 투기상품"[161]이었는가를 이해하기
란 쉬운 일이다. 후추의 이윤 폭뿐만 아니라 가분성(可分性)과 내구성은 "그
것을 투기에 매우 적합한 상품으로 만들었다."[162]

자본가들이 이러한 투기를 단순히 개별 기업가의 자격으로 벌인 것은 아니었

---

158) 같은 책, pp. 316-317. 고딕체는 월러스틴의 강조.
159) "포르투갈의 아프리카 향료 무역은 후추와 생강을 제외하고는 다른 어떤 아시아의 향료
    들보다도 눈에 띄게 더 많은 무역량을 나타냈으며, 아시아와의 무역량을 훨씬 넘었다.
    말라게트 하나만 해도 계속해서 생강의 무역량을 능가했다. 물론 말라게트의 가격은 동
    양의 향료 가격에 비하면 보잘것없었다. 1506년 3월 [말라게트] 1퀸탈은 8크루자도스였
    던 반면에, 후추는 22, 육계피는 32-33, 생강은 18-19크루자도스였다. 낮은 가격에도
    불구하고, 말라게트의 총무역액은 흔히 후추와 생강을 제외한 다른 모든 향료들의 총무
    역액과 맞먹거나 혹은 더 많았다. 8크루자도스(1506년에는 11크루자도스)에 200퀸탈의
    말라게트를 팔면 그 가치는 32크루자도스짜리 육계피 500퀸탈, 혹은 19크루자도스짜리
    생강 840퀸탈과 같았던 것이다." Godinho, *L'économie de l'empire portugais*, p. 547.
    서아프리카 산물들에 대한 식물학적 설명이나 지리적 입지에 대한 설명으로는 pp. 539-
    542 참조.
160) 그 계산은 같은 책, pp. 683-709 참조. 예는 p. 699 참조.
161) Glamann, *European Trade*, p. 52.
162) 같은 책, p. 53.

다. 그것은 무엇보다도, 프레드릭 레인이 요약한 바에 의하면, "군사력을 통한
국부의 증대"를 추구했던 포르투갈 국가에 의해서 이루어진 것이었다.[163] 우리
는 곧 이 정책의 비용을 검토할 것이다. 그러나 이 대목에서 이러한 집단적
"투기"에 대한 레인의 평가를 삽입하는 것이 적절하다 :

> 50년 혹은 100년 동안을 놓고 보자면, 동양 무역을 더 크게 진작하기 위해서는 좀더
> 평화적인 정책이 국가를 더 부유하게 만들었을 것이다. 인도의 정복이 포르투갈의
> 국민소득을 한동안 증가시키기는 했지만, 나중에는 국민의 노동생산성이 하락하는
> 결과가 뒤따랐다. 따라서 그것은 국민의 번영을 증진시키기 위한 군사력 사용의 뚜
> 렷한 성공사례를 제공하지는 않는다.[164]

그러나 포르투갈이 "좀더 평화적인 정책"을 추구할 수 있었을까? 이것은 레
인 자신이 부분적으로 시사하고 있는 것처럼, 1500년에 포르투갈에 존재했던
자본과 노동의 성격으로 보아 의심스러운 일이다.[165]

그럼에도 불구하고 수익성에 대한 논의는 외부지역에서의 무역이 산출하는
이윤의 한계들을 명확하게 보여준다. 결국 그 이윤들은 약탈의 이윤들이다.
그리고 그 약탈은 시간이 지날수록 자기파괴적으로 변할 수밖에 없는 반면에
단일한 세계경제 내의 착취는 스스로 강화되는 것이다.

이것은 아시아에서의 이베리아 국가와 아메리카에서의 이베리아 국가를

---

163) Frederic C. Lane, "National Wealth and Protection Costs", in *Venice and History*
(Baltimore, Maryland : Johns Hopkins Press, 1966), 376.

164) 같은 책, p. 381.

165) "그때 포르투갈인들이 다른 민족들에 비해서 우월함을 보여주었던 활동영역은 능란한
무역활동이 아니라 항해나 전쟁에서의 대담한 모험이었다. 포르투갈인들의 군사적, 종교
적 전통들과 포르투갈의 계급구조를 생각할 때, 인도에서 추구한 십자군 정책은 포르투
갈이 좀더 평화적인 수단을 통해서 얻을 수 있었을 것보다도 더 많은 부를 안겨다준 활
력을 불러일으킬 만했다. 1500년경의 베네치아인이라면 포르투갈인들이 평화적인 정책
을 통해서 더 많은 것을 얻을 수 있으리라고 생각했을 것이다. 왜냐하면 1500년경의 포
르투갈 지배계급이 베네치아의 지배계급과 그 성격이 비슷했다면, 그것이 사실이었을 것
이기 때문이다. 당시 많은 베네치아의 귀족들은 평화로운 무역활동과 시골 영지의 경영
에 몰두하고 있었다. 그들은 더 이상 300-400여 년 전에 비잔티움을 협박할 때처럼, 상
인으로서나 바다의 침략자로서 유능하지 못했던 것이다." 같은 책, pp. 395-396.

514

체계적으로 비교하면 더욱 분명해질 것 같다. 우선 포르투갈과 에스파냐의 관계에 대해서 한마디 해야겠다. 「인테르 코에테라(*Inter Coetera*)」라는 교황교서는 1493년 6월의 제2판에서 복음 전파를 위해서 비유럽 세계의 여러 지역을 포르투갈과 에스파냐의 관할 아래 두도록 분배하는 유명한 경계선을 그었다.[166) 대서양 지역으로 보면 이것은 브라질과 카리브 해를 제외한 대서양 제도에 대한 포르투갈의 주권을 인정하는 한편 대륙의 대부분에 대해서는 에스파냐의 주권을 인정하는 것을 의미했다. 아시아는 포르투갈에 "할당된다"고 추정되었다. 그러나 마젤란은 카를 5세에게 16세기에 경도를 측정하기란 어려웠으므로 지도를 재해석해야 한다고 설득했고, 1520년에 필리핀 제도에 대한 에스파냐 국왕의 권리를 주장했다.[167) 그러나 그 제도는 실제로 1564년에 가서야 점령되었다. 사실 에스파냐가 필리핀 제도와 중국의 후추를 찾아서 필리핀 제도에 원정대를 파견한 것은 베네치아의 역할이 부활함으로써 후추 공급원으로서의 포르투갈의 지위가 흔들리기 시작했을 때의 일이었을 따름이다.[168)

이처럼 아메리카에서는 대개 에스파냐가 주된 역할을 맡았고 포르투갈이 한 구석을 맡았던 반면에, 아시아에서는 포르투갈이 주된 역할을 맡았고 에스파냐가 한 구석을 맡게 되었다. 양 지역에서 이베리아 국가들의 정책이 얼마나 비슷했는가는 놀라울 정도이다. 16세기에 양국은 아메리카 대륙에는 식민지들을 설립했던 반면에 아시아에서는 상관(商館)들을 설립한 것이다.[169)

166) 그 이야기는 외교적인 음모들 때문에 복잡하다. Samuel Eliot Morison, *Admiral of the Ocean Sea* (Boston : Little Brown, 1942), 367-374 ; Chaunu, *Conquête*, pp. 251-254 참조.
167) Pierre Chaunu, "Le galion de Manille", *Annales E.S.C.*, VI, 4, oct.-déc. 1951, 449.
168) 같은 책, pp. 450-451 참조.
169) 에스파냐는 원래 아메리카 대륙에 식민지가 아니라 상관을 설립하려고 했다. 에스파냐를 식민화의 길로 끌어들인 것은 이러한 무역관계의 확립을 가능케 할 만한 정치경제가 없었다는 점이었다. 루이스 아스나르는 이러한 발전을 다음과 같이 기술한다 : "초보적인 사금광이나 노예무역 혹은 인두세 등 어떤 것도……15세기에 콜럼버스가 행한 세 번의 탐험비용을 충당하고 최초 거주자들의 봉급을 지급할 만큼 충분한 수입을 제공하지 못했다. 히스파니올라에서의 불운에 대한 소식은 급속하게 퍼져나갔고 궁정에서 불신을 불러일으켰다.……

우리는 방금 아메리카 대륙에서의 에스파냐의 정책과 아시아에서의 포르투 갈의 정책을 기술했다. 양국 모두 지배적인 경험을 일반화하여 다른 지역에 적용하려고 했으나, 그 오류를 깨닫고 그 지역의 요구에 적응하게 되었다는 점은 주목할 만하다. 포르투갈인들은 브라질에 대한 그들의 개입을 화물집산 지 설립에 한정하려고 했지만 1530년에 선제조치로서 그것을 식민화할 수밖 에 없었다.[170] 마찬가지로 에스파냐인들은 필리핀 제도에서 엥코미엔다 체제 를 이용하려고 했으나, 그 비용을 감당할 만큼 국제무역이 충분치 못했기 때 문에 포르투갈의 방식으로 전환했다. "마닐라의 무역은 따라서 신에스파냐 (New Spain)로부터 나오는 은을 중국의 상품들과 직접 교환하는 것으로 귀 착되었다."[171]

"〔궁정은 정책을 바꾸었고 그럼으로써〕 이러한 방식, 즉 봉건적 사업으로 시작되었던 것이 16세기 초에는 유기적인 통치체제, 즉 식민국가들이 근대의 처음 두 세기 동안에 이루어낼 것의 원형이 되었던 것이다." Luis Aznar, "Las etapas iniciales de la legislación sobre indios", *Cuadernos americanos*, VII, 5, sep.-oct. 1948, 177-178.

170) "16세기 전반기 동안 포르투갈인들은 브라질의 발견(1500)을 부차적인 일 정도로 생각 했다. 사실상, 대략 현재의 산투스 항과 레시페 항 사이에 있는 오늘날의 브라질 연안지 역에 대한 통제권을 확보하려는 노력은, 주로 프랑스와 잉글랜드가 저지방 국가들과 잉 글랜드의 양모 가공에 사용되는 브라질의 염료식물의 수출을 위한 해안의 고립영토를 설립하는 것을 막기 위해서 취한 반사적인 조치였다. 오직 경쟁의 위협만이 16세기 후반 에 점령지를 유지하고 플랜테이션 경제를 수립하는 결과를 낳았다." Stanley J. Stein & Barbara H. Stein, *The Colonial Heritage of Latin America*, p. 22 ; Chaunu, *Conquête*, p. 222.

이 시점의 브라질에 대한 포르투갈의 태도에 관해서는 이러한 분석을 보라 : "쉽게 약 탈할 수 있는 보물이 없었고, 특히 포르투갈과 동인도 사이의 무역이 정점에 도달하고 있었기 때문에, 초기에 포르투갈은 브라질에 대한 관심이 별로 없었다. 아메리카 식민지 에 사적 자본을 끌어들이기 위해서 포르투갈 국왕은 식민지를 12개의 세습적인 사령관 구들(donatários)로 나누고, 국왕의 특권 중 많은 부분을 양도했다. 사탕수수 경작이 도입 된 지역을 제외하고는 이렇다할 경제적 기반이 없었기 때문에 이러한 실험은 실패했다. 국 왕은 경제적 가치가 거의 없는 채로 남아 있던 광대한 영토의 방어비용을 직접 떠맡아야만 했다. 공식적으로 포르투갈의 봉건제도를 모형으로 삼았지만, 세습영지 체제는 16세기 후반 잉글랜드와 네덜란드가 세웠던 무역회사들과 마찬가지로 국왕이 이끄는 상업 팽창 의 과업을 수행하기 위하여 사적 자본을 끌어들이려는 노력의 일환으로 이해되어야만 한다." Celso Furtado, *Economic Development of Latin America*, pp. 9-10, 주 2.

171) Harrison, *New Cambridge Modern History*, III, p. 554.

서로 다른 두 정책들이 사용된 이유는, 앞에서 넌지시 말한 것처럼, 두 가지이다. 한편으로 아메리카 식민화의 보상들은 어떤 의미에서 더 컸다. 다른 한편으로는 아시아를 식민화하는 데 따르는 어려움들이 더 컸다. 그 두 요인은 곧 16세기에 아메리카는 유럽 세계경제의 **주변부**가 되었던 반면에 아시아는 **외부지역**으로 남았다는 것을 의미했다.

보상이라는 것은 단기적인 이윤을 의미하는 것이 아니라 기회비용의 측면에서 파악되는 장기적인 이윤이다. 물론 단기적인 이윤에서도 아메리카 지역에서 얻을 수 있는 이윤은 아시아에 비해서 약 50퍼센트가 높았다.[172] 아시아의 무역은 **수입무역**, 특히 중요한 부분은 레반트 지역을 우회하는 무역이었다.[173] 사실 에스파냐가 마닐라 갈레온 선단을 포기했던 이유들 중의 하나가 바로 그것이

---

172) "그럼에도 불구하고, 우리는 16세기 각 지역의 중요도를 매겨볼 수 있다.······극동을 거느린 리스본이 1이라면, 브라질은 0.05에서 0.1 사이이며, 세비야는 1.5이다. 17세기 초에 세비야는 리스본에 비해서 약 1.5배의 가치를 가지고 있었다." Chaunu, *Conquête*, p. 269.

그러나 이것은 우리에게 이 무역이 유럽 전체에 대해서 어느 정도의 중요성을 지니고 있는지에 대해서 아무것도 이야기해주지 않는다. "세비야와 리스본의 몫, 다시 말해서 그 독점의 몫, 이베리아 반도의 남서부 지역(반도의 4분의 1)의 몫을 측정하는 것은 어렵다. 왜냐하면 독점은 그것이 근거하고 있는 유럽 세계에 비해서 측정하기가 더 쉽기 때문이다. 세비야가 지배하는 아메리카 무역과 리스본이 지배하는 아시아 무역의 중요성의 정도를 측정하는 것과 관련하여 측정 가능성에서 나타나는 차이는 근본적으로 독점들을 측정하기가 어렵다는 것 때문이 아니라 현재 우리가 그 나머지[즉 독점부분이 아닌 것]를 측정할 수 없다는 것에 기인하는 것이다." 같은 책, p. 273.

173) "대부분의 수입은 금은과 주화의 수출로 지불되었던 반면에 —— 동인도 무역은 유럽 상품들의 수출시장을 찾는 것이 아니라 주로 유럽의 수요를 충족시키려는 목표를 지닌 수입무역이었다 —— 레반트를 통한 수입은 조금 다른 면모를 보인다. 아랍과 인도 세계는 지중해 국가들의 수많은 상품들을 갈망하고 있었다. 구리는 특히 요구되는 금속으로서, 동유럽으로부터 베네치아를 거쳐서 동양으로 급송되었다. 튀니지 해안의 어장에서 나온 산호도 동양으로 수출되었으며, 그중 일부는 16세기 후반부터 마르세유에서 영업을 하던 프랑스 산호회사(Compagnie du Corail)를 통해서 수출되었다. 직물, 수은, 사프란 그리고 이집트산 아편도 지중해 국가들, 레반트 국가들 그리고 인도 사이의 교환품목이 되었다. 이러한 상황은 포르투갈인들이 인도로 가는 항로를 찾고 후추 수송로를 바꾸려고 했을 때에도 왜 대상(隊商) 무역이 중단되지 않았는가를 또한 분명하게 설명해준다." Glamann, *Fontana Economic History of Europe*, pp. 56-57.

의미하는 금은의 유출에 대한 국내의 반대였던 것이다.[174] 앞에서 지적한 것처럼 분명히 이것에 예외가 없었던 것은 아니다. 예를 들면 인도의 티크 삼림은 고아의 조선소에서 건조되는 선박용 목재 공급원으로서 유럽 세계경제에 어느 정도 편입되었던 것 같다.[175]

그러나 이것은 신세계로부터 거두어들였던 금은, 목재, 가죽 그리고 설탕의 수확과 비교해볼 때 사소한 것이다. 신세계에서의 그러한 수확은 그 세기 동안에 채집에서 값싼 노동력과 유럽인의 감독을 이용한 안정된 생산형태로 발전해갔고,[176] 그럼으로써 관계된 지역들을 유럽 세계경제의 일부로 편입하면

---

174) "마닐라 갈레온 선단의 가장 큰 적은 의심할 여지 없이 에스파냐 행정부 그 자체였다. 세비야 상인들이 볼 때 —— 그들의 불만은 쉽게 국왕참사회에 전해졌다 —— 그리고 궁정의 중금주의자들이 볼 때, 갈레온 선단의 무역은 극동과의 무역 가운데 최악이었다. 그 무역에서 발생하는 적자는 귀금속 수출로 메꿔졌다." Chaunu, *Annales E.S.C.*, VI, p. 48.

이러한 금은의 유출을 반대하는 또 한 가지 이유는 그것이 점점 더 리스본과 세비야를 통과하지 않았다는 것이다 : "희망봉 항로를 통해서, [은] 레알화는 동양 전역으로 유출되었다. 그것 덕택에, 중국과의 무역 —— 도자기, 생사와 견직물, 금 —— 이 다른 무역들을 압도하게 되었으며, 비단 무역의 활로이자 은의 원천이었던 일본까지 자주 들르게 되었다. 그 하얀 금속을 향한 중국의 열망과 에스파냐령 아메리카의 발전은 아카풀코에서 마닐라에 이르는 직항로의 개설을 낳았으며, 그것이 고아와 리스본의 적대감을 불러일으켜서 같은 피해를 입은 세비야와 더욱 가까워지는 계기가 되었다." Godinho, *L'économie de l'empire portugais*, p. 833.

에스파냐의 사례는 잉글랜드의 경우와 놀랍도록 대조적인 모습을 보인다. 17세기 초에 잉글랜드의 동인도회사도 마찬가지로 은 무역의 결과로서, 많은 사람들이 당시의 무역불황의 원인이라고 생각했던 은의 유출을 겪었다. "이것에 대한 평범한 해답은 유럽 대륙과 중동지역에 대한 동인도회사의 재수출은 그 가치로 볼 때 인도 제도로 보낸 귀금속을 능가하는 것이었기 때문에 모든 문제는 잉글랜드의 전체 국제수지와 불가분의 관계가 있었다는 것이다." K. M. Chaudhuri, "The East India Company and the Export of Treasure in the Early 17th Century", *Economic History Review*, XVI, 1, Aug. 1963, 25. 동인도회사는 물론 전적으로 옳았다. "유럽"은 금은을 잃고 있었으나, 잉글랜드는 아니었다. 이러한 차이점을 빚어낸 것은 잉글랜드와는 달리 에스파냐가 유럽의 지역간 교역망 내에 자리를 잡을 수 없었다는 점이다.

175) Boxer, *Portuguese Seaborne Empire*, pp. 56-57 ; Godinho, *L'économie de l'empire portugais*, p. 683 참조.

176) Chaunu, *Conquête*, pp. 290-296, 300-311.

서 그 지역들의 사회구조를 **변화시켰다.**[177]

유럽이 외부지역에 나가서 어떤 제품을 더 비싼 가격을 치르고라도 구입한 것은 유럽 세계경제의 틀 내에서 그 제품을 얻을 수 없고, 다른 선택의 여지가 없을 때에만 이루어지는 일이었다. 우드로 보라는 16세기 말에 멕시코의 생사 생산이 몰락한 이유들을 기술했다.[178] 쇼뉘가 지적한 것처럼, "인도양 시장에 중국 비단이 대규모로 순식간에 밀려들어온, 마닐라 선단 무역의 절정기"[179]를 맞은 것이 바로 그때였다. 물론 중국에 제공할 수 있는 아메리카 은이 더 이상 없을 때, 에스파냐인들은 비단을 살 수 없었고, 그럼으로써 마닐라 선단 무역은 대략 1640년경에 몰락했다.[180]

---

177) 설탕이 브라질 사회구조에 미친 영향에 대한 박서의 설명을 보라. Boxer, *Portuguese Seaborne Empire*, pp. 84-105. 광업에 대해서는 알바로 하라를 보라 : "의심할 여지 없이 아메리카의 여러 지역에서 광업은 식민지 이전 시대의 사회구조를 재조직하고, 심지어는 약화시키는 엄청난 위력을 지니고 있었다. 광업 중심지가 생겨남에 따라 토착인들이 새로운 중심지로 집중된 것 ── 우리는 포토시뿐만 아니라 다른 많은 은, 금 그리고 수은 생산지들을 염두에 두고 있다 ── 은 아마도 처음으로 모든 뿌리를 잃고 떠돌아다니는, 박탈당한 대중이라는 사회현상을 낳았다. 그들에게는 미래도, 내일에 대한 보장도 없었으며, 도시 아닌 도시지역들에 모여 살았다. 적어도 도시생활이 생활수준의 상승을 내포하는 것이라면, 도시라는 개념은 그 자체로서는 그들에게 아무런 의미도 없었다." Jara, *Tres ensayos sobre economía minera hispano-americana*, p. 28.

178) 우드로 보라는 비단은 원래 "부피가 작아서 사람이나 노새가 쉽게 운반할 수 있으므로 수송비가 낮았을 뿐만 아니라 식민지 혹은 에스파냐 내의 확실한 판로와 많은 이윤을 약속했기" 때문에 양잠이 이루어졌다고 지적한다. Borah, *Silk-raising in Colonial Mexico*, Ibero-Americana : 20 (Berkeley : Univ. of California Press, 1943), 15. 보라는 이것이 쇠퇴한 것에 대해서 세 가지 설명을 제시한다 : 부당한 처우로 인한 인디오 인구의 감소 ; 인디오들에 대한 지나친 과세와 착취(그것은 그들이 떠나고, 뽕나무밭을 파괴하는 사태를 낳았다) ; 세계시장에 필리핀 제품들이 공급됨에 따라 나타난 이윤의 하락. 이러한 쇠퇴의 원인에 대한 그의 논의는 pp. 85-101 참조.

179) Chaunu, *Annales E.S.C.*, VI, p. 462 (주 1). 보라는 어떤 곳에서는 필리핀 무역의 부상이 멕시코 양잠업이 쇠퇴한 하나의 원인이라고 지적하는 듯하지만, 다른 곳에서 그 역이 사실이라고 주장하며, 쇼뉘의 주장을 뒷받침한다. "반대로, 필리핀 무역의 발전은 멕시코 양잠업의 쇠퇴와 동시에 일어났다 ; 중국산 비단의 대규모 수입은 1579년에 시작되었으며, 대략 그때에 국내의 양잠업이 쇠퇴하기 시작했던 것이다." Borah, *Silk-raising*, p. 90.

180) Chaunu, *Annales E.S.C.*, VI, pp. 460-461.

일반적으로 한 세계경제의 지리적 범위는 평형의 문제이다. 핵심부에서 작동하는 세력의 역학은 (우리가 보았듯이 15세기 유럽에서 일어났던 것과 같은) 팽창의 압력을 낳을 수 있다. 그 체제는 손해가 이익보다 더 커지는 지점에 도달할 때까지 팽창한다. 물론 한 가지 요인은 거리이고, 거리는 기술 상태와 함수관계를 이룬다. 일찍이 우리는 60일 거리의 세계라는 개념에 대해서 언급했다. 시간을 측정하는 데에는 여러 가지 방법이 있다. 이베리아 반도에서 아메리카 대륙에 이르는 시간과 이베리아 반도에서 아시아에 이르는 시간에 대한 쇼뉘의 설명을 비교해보자. 첫번째 시간에 대해서 그는, "동한기 (冬閑期)들 사이의 전 기간에 걸친 1년간의 주기에서 화물을 선적하고 하역하는 것까지 포함하는 왕복여행에는 가는 데 한 달, 되돌아오는 데 6주가 걸렸다"[181]고 말한다. 두번째 시간에 대해서 그는 이렇게 말한다 :

> 최장거리 지점 —— 예를 들면 1565년경의 세비야에서 마닐라를 잇는 축 —— 에서 보자면, 15-16세기의 장기적인 변화에서 태어난 세계는 5년 거리의 세계이다. 즉 에스파냐로부터 필리핀 제도까지 왕복여행을 하는 데 필요한 평균적인 시간이 5년이라는 것이다.[182]

분명히 그 차이란 상당한 것이었다.

그러나 거리의 저항말고도 기존 권력의 저항이 있었다. 아메리카는 쉽게 정복되었다. 심지어 아스텍이나 잉카처럼 확실한 구조를 갖춘 국가들조차도 유럽의 무기에 상대가 되지 못했다. 아시아에서는 사정이 완전히 달랐다. 포르투갈이나 심지어 17세기의 계승국가들도 웬만큼 육지를 정복하는 데 화력을 동원할 수 없었다. 그렇기 때문에 그들은 적은 군사력으로도 막대한 잉여를 수취할 수 있었던 아메리카나 혹은 동유럽에서처럼 하나의 제도를 설립할 수 없었던 것이다. 반대로, 아시아에서는 (그 지역 통치자들이 훨씬 더 큰 몫을 고집할 수 있었기 때문에) 더 적은 양의 잉여를 얻는 데에 많은 무력(해양

---

181) Chaunu, *Conquête*, p. 290.
182) 같은 책, p. 27. 거리-시간에 대한 긴 토론은 pp. 277-290에서 찾을 수 있다.

520

의 경쟁국들에 대항한 포르투갈의 무력)이 필요했다. 이 상황을 검토하는 한 가지 방법은 다른 방식으로 무력을 사용했을 때 어느 정도 이윤을 얻을 수 있었겠는가를 추산해보는 것이다. 프레드릭 레인은 이를 다음과 같이 개념화한다 :

> 경쟁국들의 무역을 약탈하고 방해하기 위하여 무력[예를 들면 아시아에서의 포르투갈의 무력]을 사용했던 [식민]사업들의 수확이 일반적으로 체감했던 반면에, [그 자본을 훼손하거나 강탈하는 짓이나 노동력을 붕괴시키는 짓에 맞서서] 보호령을 건설하는 데 무력을 이용하거나 [예를 들면 브라질에서의 포르투갈처럼] 강제노동을 부과했던 많은 사업들은 수확체증의 이점을 누리고 있었다는 점을 나는 하나의 가설로 제시하고자 한다.[183]

주변부와 외부지역에서 처신하는 것은 서로 다른 수법들이다. 경제적으로 더 강력한 집단이 문화적 지배를 통해서 입지를 강화하는 것은 오직 주변부에서만 가능한 일이다. 포르투갈인들은 에스파냐인들보다 이 점을 훨씬 더 잘 이해하고 있었다. 에스파냐인들은 포르투갈인들에 비해서 그리스도교의 선교가 우선이라고 생각했던 반면에 포르투갈인들은 16세기 아시아에서 벌어진 그리스도교와 이슬람교의 그 거대한 만남에서 그들 자신의 힘의 한계를 더욱 예민하게 느꼈던 것이다. 쇼뉘는 에스파냐인들이 필리핀 제도에 무슬림이 침투하는 것을 막기 위해서 많은 노력을 기울였다는 점을 지적한다. 그들은 어느 정도 성공을 거두었지만, 경제적 대가를 치러야 했다. "포르투갈인들의 저항이 아니라 이슬람에 대한 깊은 적대감, 몰루카의 무슬림 소제후들과 거래할 수 없었던 그런 무능함이야말로 에스파냐인들이 필리핀 제도에서의 향료 무역에 실패했던 진정한 이유가 아닐까?"[184] 이것을 포르투갈인들이 콩고에서 내렸던 결단과 비교해보자. 그곳에서 포르투갈인들은 처음에 선교활동을 시도했고, 식민화하려고 했으며, 심지어 환금작물 농업을 시도하기도 했지만, 나중에 그 비용이 너무 크다는 것을 깨닫고는 화물집산지로서의 관계를 맺는

183) Lane, *Venice and History*, p. 28.
184) Chaunu, *Annales E.S.C.*, VI, p. 455 (주 2).

것으로 후퇴했고, 그 관계를 통해서 주로 노예와 상아를 얻는 것에 만족했던 것이다.[185]

아시아에서 인도양과 말라카 해협에 대한 포르투갈의 지배는 "장기" 16세기가 진행되면서, 베네치아와 아랍인들(예전의 레반트 항로), 북서부 유럽의 떠오르는 별들(잉글랜드와 홀란트) 그리고 아시아의 토착 세력들과 같은 점점 더 많은 도전에 직면하게 되었다.

우리는 앞에서 "장기" 16세기의 동부 지중해의 부활을 다룬 바 있다. 따라서 그 문제를 다시 한번 간략하게 검토해보자. 레반트 무역로를 차단하는 데에는 상당한 비용이 소요되는 봉쇄가 필요했다. 문제의 핵심은 "포르투갈이 이 방대한 무역망, 그에 따른 요새며 함대며 관리들을 유지할 만큼 부유하지 못했다"[186]는 것이다. 1530년대에 이르면, 투르크인들은 다시 한번 페르시아 만에 상륙할 수 있었고, 그때부터 포르투갈이 그 무역에서 차지하는 몫은 줄어들기 시작한다.[187] 1560년경에 이르면 알렉산드리아는 확실히 그 비율로 보면 좀 떨어지기는 했지만, 15세기 말만큼이나 많은 양의 향료를 유럽에 수출

---

185) 알프레도 마르가리도는 다음과 같이 지적한다 ; "'이교도국' 콩고는 가톨릭교의 낙인을 거부했으며 식민지 경제(économie de traite)의 긴급한 요구들에 저항했다. 포르투갈인들은 남아메리카에서 식민화 정책을 추구하는 데 필수불가결했던 잉여를 그곳에서 창출하기 위해서 그 왕국을 붕괴시켜야 했다." "L'ancien royaume du Congo," *Annales E.S. C.*, XXV, 6, nov.-déc. 1970, 1725.

　　박서 또한 그가 "장래가 보장된 실험"이라고 부른 것이 1543년 돔 아퐁소 1세의 죽음 이후부터 붕괴되었다고 주장한다. 그것은 "부분적으로는 포르투갈이 점차 아시아와 남아메리카에 전념했기 때문이었지만, 주로 노예무역이 확대, 가열되었기 때문이었다." Boxer, *Race Relations*, p. 20. 또한 Boxer, *Portuguese Seaborne Empires*, pp. 97-103 ; Georges Balandier, *Daily Life in the Kingdom of the Kongo* (New York : Pantheon, 1968) 참조.

186) Braudel, *La Méditerranée*, I, p. 496. 이 고이윤의 무역에 끼어든 또다른 요소는 부패였다 : "1500년 이후 수십 년 동안, 포르투갈인들은 홍해 무역에 심각한 장애물이 되었으며 알렉산드리아의 향료 가격을 15세기 수준 이상으로 인상시켰다. 나중에 인도에 주재하던 포르투갈 관리들은 너무 무능해지고 혹은 너무 쉽게 매수되어 홍해와 페르시아 만을 통한 무역에 더 이상 값비싼 장애물이 되지 못했다." Frederic C. Lane, *Venice and History*, p. 33.

187) Lybyer, *English Historical Review*, XXX, p. 586 참조.

하고 있었다.[188] 더욱이 포르투갈인들은 베네치아와의 경쟁에 대응하기 위하여 가격을 내리려고도 하지 않았고 또 내릴 수도 없었다.[189] 물론 우리는 여기서 후추 무역을 언급하고 있는 것이다. 왜냐하면 약재 무역은 한번도 포르투갈의 독점사업이었던 적이 없기 때문이다.[190] 사실 포르투갈의 쇠퇴는 결국

188) Lane, *Venice and History*, p. 31.
189) 고디뇨는 16세기 베네치아의 상인 체사레 데 페드리치의 말을 인용한다 : "리스본으로 가는 후추는 메카 해협[아마도 홍해]을 통과하는 후추만큼 좋지 않았다. 왜냐하면 수년 전에 포르투갈 국왕의 사자는 포르투갈 국왕의 이름으로 코친의 왕과 계약을 맺었고 후추 가격을 고정시켜 가격이 오르거나 떨어질 수 없었기 때문이다. 따라서 가격이 매우 낮아서 농민들은 후추를 넘기기를 주저했을 정도였고, 후추는 설익거나 더러웠다. 아랍 상인들은 더 높은 가격을 쳐주었기 때문에 그들은 더 좋은 후추를 받았고, 또 더 나은 대우를 받았다." Godinho, *L'économie de l'empire portugais*, pp. 638-639.
고디뇨는 희망봉 항로에서 입은 손실들이 포르투갈의 쇠퇴의 원인이 아니라고 주장한다 : "결론적으로 말해서, 136년 동안을 통틀어서 외국으로 나가는 항해의 손실은 11퍼센트가 채 안 되었고, 본국으로 귀환하는 항해의 손실은 15퍼센트가 채 안 되었다. 1558년에 향료무역에 대한 일종의 예산안을 작성할 때, 매우 넉넉하게 계산해도 매년 본국으로 들어오는 배 다섯 척 중 한 척(즉 20퍼센트)이 손실 항목에 포함되었다. 지중해에 매우 익숙하고 그 전해에 그가 출발한 항구로 되돌아올 수밖에 없었던 이탈리아인 사세티는 바르셀로나에서 제노바로 가는 것보다 리스본에서 인도로 가는 것이 덜 위험하다는 편지를 코친에서 보냈다."[p. 671]
고디뇨의 책에 대한 서평에서 기 쇼시낭-노가레가 그랬던 것처럼, 왜 이 시기의 포르투갈인들은 후대의 잉글랜드인이나 네덜란드인들처럼 유럽의 다른 경쟁국들을 앞설 더 효율적인 상업적 방법을 이용할 수 있었던 거대한 사기업들을 발전시키지 않았는가라는 질문을 던질 수 있을 것이다(그러한 회사를 만들려는 1628년의 시도는 실패했다). "근대 상업 자본주의가 탄생하는 그 거대한 움직임의 전위에 있었던 것으로 보이는 포르투갈이 왜 17세기 초에 이르러 [그때 이미 나타난] 북[유럽] 유형을 따를 수 없게 되었을까? 그 해답의 일부는 버지니아 로가 '전 세계적인 투기'라고 부른 바 있는, 리스본에서의 국제 자본주의의 역할에 있지 않을까? 그 질문은 우리를 다시 누가 향료 무역의 가장 큰 수혜자였던가 하는 문제로 되돌아오게 한다. 분명히 독점을 장악하고 있던 그 나라는 아니었다 : '후추 왕'은 그의 재정이 너무나 엄청난 투자요구에 잠식되는 것을 보았다." Virginia Rau, "L'or, le poivre, le Portugal et l'économie mondiale", *Annales E.S.C.*, XXV, 6, nov.-déc. 1970, 1595. 이러한 논평에 비추어서 주 170에서 이미 제시한 Furtado의 견해를 참조.
그러한 사기업을 설립하려는 포르투갈인들의 한 차례 시도는 사실상 국가가 시작한 것이었다. 그것은 1628년에 설립되어 1633년에 해체되었다. Da Silva, *En Espagne*, pp. 140-141 참조.
190) Godinho, *L'économie de l'empire portugais*, pp. 596-616 참조. 그는 인도양에서의 포

1580년 이후에 그들이 베네치아의 무역에 끼어들고자 했다는 점에서도 잘 나타난다.[191] 따라서 포르투갈의 쇠퇴는 분명한 사실이었다. 고디뇨는 우리에게 다른 극단으로 나아가서 [포르투갈이 몰락한 대신/옮긴이] 베네치아가 부상했다는 장밋빛 그림을 떠올리지 말라고 경고한다.[192] 이 견해에 대해서 우리는 이미 자세하게 검토했다. 왜냐하면 베네치아는 포르투갈이 떨어뜨린 모든 것을 주워담을 수 없었기 때문이다.

더욱 실질적인 경쟁자는 북서부 유럽이었다. 우리는 에스파냐와 프랑스의 국왕들이 1557년에 파산을 선고했고, 1560년에 포르투갈 국왕이 그뒤를 따랐음을 잊지 말아야 한다. 네덜란드와 잉글랜드가 부상한 이유들은 다시 논의하지 않겠다. 그러나 향료 무역에서 하나의 결정적인 요인을 주목해야 한다. 그것은 사실상 두 가지 향료 무역들, 즉 흔히 부르는 대로 "아시아의 계약"과 "유럽의 계약"이 있었다는 것이다. 다시 말해서 아시아에서 리스본으로 (혹은 베네치아, 더 나중에는 암스테르담으로) 오는 향료로부터 얻는 이윤이 있고, 같은 향료를 주로 북유럽에 있는 최종 소비자에게 되파는 것으로부터 얻는 이윤이 있었던 것이다.[193]

포르투갈인들은 유럽에서 후추를 팔 수 있는 판매망을 가지고 있지 않았다. 특히 그들이 밀접한 관계를 맺고 있었던 안트베르펜이 쇠퇴한 이후에는 더욱 그러했다. 쇼뉘는 1585년의 포르투갈에 대해서 다음과 같이 말한다 :

르투갈의 조치들이, 그 효력이 정점에 달했을 때에도, "약품 공급에 거의 아무런 영향도 미치지 못했다"[p. 616]고 주장한다.

191) 같은 책, p. 771 참조. 투르크인들이 그들의 영토에서 에스파냐 국왕의 신민들(1580년 이후에는 포르투갈인들을 포함하여)이 교역하는 것을 금지했기 때문에, 포르투갈 상인들은 프랑스, 잉글랜드, 혹은 베네치아식 이름을 가졌다.

192) 같은 책, p. 714 참조. 또한 고디뇨는 1502년에 베네치아인들이 처음 부딪쳤던 어려움들에 대해서 이야기한다 : "그 위기는 포르투갈인들의 항해 때문에 비롯된 것이 아니었다. 왜냐하면 그것은 포르투갈인들의 항해에 앞서서 일어난 일이기 때문이다.……다시 말해서 홍해 무역에 대한 대응조치와 인도 항로의 설립은 지극히 민감한 외상으로 고통받는 한 집단에 대항하여 취해진 것이었고, 그 외상은 위기 발발의 직접적인 원인보다도 더 오랫동안 지속되어 그 위기를 지속적인 불황으로 변화시켰다."[p. 729]

193) H. Kellenbenz, *Annales E.S.C.*, XI, p. 8.

북유럽으로부터 고립된 채, 1580년부터 리스본에서 통치한 에스파냐 국왕은 유럽의 계약을 제시했으나 헛수고였다. 이탈리아는 그렇게 강력하지 못했다[그럴 능력이 없었다]. 에스파냐에서는 누구도 그것을 꿈꿀 수 없었다. 그는 안트베르펜을 한층 더 강력한 독일 자본주의, 푸거가와 벨저가의 자본주의로 대체해야만 한다.

어떻게 그것을 이보다 더 분명하게 이야기할 수 있을까? 유럽의 계약이 결국 아시아의 계약보다 우선했던 것이다.[194]

그러나 벨저가와 푸거가 역시 영국인과 네덜란드인들에 맞설 만큼 그렇게 강력하지는 못했다.[195] 그리고 네덜란드의 부상은 사실상 베네치아에게는 최후의 일격이었는데, 왜냐하면 "[리스본]보다 더 효율적인 암스테르담이 오랜 지중해 무역의 목을 부러뜨렸기"[196] 때문이다.

네덜란드인들(그리고 영국인들)은 유럽에서만 이점을 가진 것이 아니었다. 인도양에서의 해군력의 우위는 덤으로 재정상의 이점을 가지는 것이기도 했다. 그들은 인도양 무역에서 이윤을 얻을 수 있었을 뿐만 아니라 포르투갈의 선박들을 약탈함으로써 이익을 챙길 수 있었던 것이다.[197] 그럼에도 불구하고,

---

194) Chaunu, *Conquête*, p. 358.

195) "함부르크는 아주 잠깐 동안 국제 향료 무역에서 우위를 차지했을 뿐이다. 1590년대는 식민지 무역의 확대에 매우 중요한 시기였다. 네덜란드인과 잉글랜드인들은 성공적으로 세계 향료 시장에서의 몫을 키워나갔다." Kellenbenz, *Annales E.S.C.*, XI, p. 23.

유럽에 있는 네덜란드의 무역망도 이 시기에 브라질의 설탕 무역에 끼어드는 데 이용되었다. "브라질은 유럽에서 소비되는 설탕의 주산지였다. 여전히 브라질과 포르투갈 혹은 서아프리카와 브라질 사이의 설탕과 노예 무역의 대부분은 대개 유태인 출신이었던 포르투갈 상인들과 청부업자들의 손에 있었다 : 그러나 포르투갈로부터 유럽의 나머지 지역으로 가는 설탕 수출은 네덜란드인들이 취급했으며, 네덜란드의 선장들은 또한 브라질 항구들과의 밀무역에 열성이었다. 그런 지역의 포르투갈인들이 이러한 무역에 동참했으며, 이를 막고자 했던 에스파냐 관리들의 시도에 저항했다. 포르투갈 상인들은 네덜란드가 이베리아 항구들에 취항하는 것이 공식적으로 금지되었을 때, 네덜란드의 상사들에게 이름을 빌려주어 수수료를 챙겼다." Parry, *Age of Reconnaissance*, p. 277.

196) Chaunu, *Séville*, I, p. 13.

197) Godinho, *L'économie de l'empire portugais*, pp. 666-697 참조. p. 671에서 고디뇨는 적어도 포르투갈인의 관점에서 바로 이 요인의 중요성을 지나치게 강조해서는 안 된다고 신중하게 경고한다.

네덜란드인과 잉글랜드인들이 또한 이 시기에 아메리카 대륙으로 진출하기 시작한다.

네덜란드인들(그리고 영국인들)은 여전히 아시아에 새로운 요소를 침투시키지 못했다. 그들은 포르투갈이 담당했던 중간상인의 역할을 계속했던 것이다.[198]

에스파냐가 1595년에 이베리아 반도에서 네덜란드의 해운을 봉쇄하자 네덜란드는 이베리아의 수출품의 하나였던 소금의 극심한 품귀로 고통을 겪었다. 헤르만 켈렌벤츠는 소금이 "[네덜란드의] 청어산업에 대단히 중요한 것이었다⋯⋯"는 사실을 강조한다. Godinho, "Spanien, die nördlichen Niederlande und die Skandinavisch-baltische Raum in der Weltwirtschaft und Politik um 1600", *Vierteljahrschrift für die Sozial- und Wirtschaftgeschichte*, XLI, 4, 1954, 293.

네덜란드인들은 남아메리카의 카리브 해안에 자리잡은 아라야 반도에서 소금을 구할 수 있다는 사실을 발견했다. 그들은 그것을 채취하기 시작했고, 귀환하는 선박들은 상당한 규모로 밀수와 약탈을 자행했다. 그 결과는 에스파냐에게 심각했다 : "에스파냐에게 무엇보다도 그것은 자국의 제한적인 유럽 소금 정책[북부 네덜란드의 '반역자들'에 대한 정치적 압력]이 완전한 실패로 돌아갔음을 의미했다. 에스파냐는 이전까지 네덜란드인들에게 반도의 소금을 처분함으로써 얻었던 판매액과 세금을 완전히 잃었다. 이제 네덜란드는 전혀 비용도 들지 않고 세금도 내지 않는 아메리카 대륙의 소금을 얻었으며, 그것은 1년에 약 100만 플로린에 해당하는 가치가 있다고 평가되었다." Engel Sluiter, "Dutch-Spanish Rivalry in the Caribbean Area, 1594-1609", *Hispanic American Historical Review*, XXVIII, 2, May 1948, 181.

에스파냐는 네덜란드인들을 몰아내려 했고 일시적으로 성공했으나 대규모 함대의 인력을 유지하는 비용과 1609년의 휴전으로 네덜란드에게 다시 이베리아 반도를 개방하는 대가를 치러야 했다. 어떤 의미에서 보면 피해를 복구하기에는 너무 늦은 때였다. "에스파냐에게 극동, 서아프리카, 브라질, 기니 그리고 이베리아 반도 자체에 대한 네덜란드의 엄청난 해운적-상업적 압력과 동시에 네덜란드인들이 카리브 해로 대거 침입한 것은 열대 식민세계에 대한 에스파냐의 방어를 더욱 복잡하게 만든 또 한 가지 요인이었다.⋯⋯ 에스파냐는 일시적으로는 카리브 해와 어느 정도로는 다른 곳에서도 그 방벽들을 보수할 수 있었지만 그 대가는 엄청났다! 이 시기에 네덜란드에 의해서 식민지 곳곳에서 뚜렷한 수세에 몰리게 된 에스파냐는 중요한 열대지역들을 보호하는 데 기력을 소진한 나머지 제국의 변두리에 여전히 남아 있던 미점령지역들에 대한 배타적인 권리를 주장할 힘도 없었다. 이러한 맥락에서 바라볼 때에만 비로소, 예컨대 잉글랜드가 카리브 해와 플로리다에 단단히 자리잡고 있던 에스파냐의 간섭을 받지 않고도 아메리카 안에 최초의 미약한 전초기지인 버지니아 식민지를 세우고 유지할 수 있었다는 것을 이해할 수 있는 것이다." Sluiter, *Hispanic American Historical Review*, XXVIII, pp. 195-196.

198) Cipolla, *Guns and Sails*, p. 136 참조. 초두리의 다음과 같은 주장을 보라 : "잉글랜드인과 네덜란드인들 모두 아시아의 '국지 무역'에 참여하는 것이 매우 큰 이윤을 가져다준다는 것을 알았고 그들의 일반적인 무역 형태는 그들의 은을 투자하여 인도에서 피륙을 사서 동인도의 향료와 교환하는 것이었다." Chaudhuri, *Economic History Review*, XVI, p. 26.

526

이는 우리에게 아시아에서 무슨 일이 일어나고 있었는지를 알려준다. 포르투
갈인들이 몰락함에 따라, 아시아의 통치자들이 어느 정도 통제권을 회복한다.
예를 들면 1570년부터 말라카 해협에서 자바인들은 향료 무역을 넘겨받아서
적어도 1596년에 네덜란드인들이 침투하기 전까지 무역활동을 계속했다.[199] 잠
시 동안 포르투갈인들은 중국과 일본 사이의 무역을 독점하는 새로운 사업으
로 이것을 벌충했다.[200] 그러나 일본인들이 국내의 무정부 상태를 극복함에
따라 그들은 더 이상 포르투갈인들을 필요로 하지 않았다. 본래 명나라 황제
들은 왜구에게 분노를 느끼고 있었기 때문에 일본인들과의 교역을 금지했으
나, 일단 왜구가 그 통제권 아래 놓이게 되자, 직교역이 다시 한번 가능해졌
다. 게다가 이제 네덜란드인과 잉글랜드인들이 에스파냐(-포르투갈)에게 한
마디 양해도 구하지 않고 끼어들었다. 일본인들은 예수회 신부들에게 점점 더
언짢은 감정을 품게 되었고, 토착 제조업자들이 성장하여 중국의 비단이 이제
불필요해짐에 따라 일본은 세계로부터 움츠러들 수 있었다.[201]

　박서가 주장하는 것처럼 일본의 퇴각은 그리스도교 교회의 선교활동이 지
나치게 공격적이었기 때문에 일어났다는 것이 사실일지도 모른다.[202] 우리는

199) Godinho, L'économie de l'empire portugais, pp. 814-817 참조.
200) Boxer, Portuguese Seaborne Empire, p. 63 참조.
201) Trevor-Roper, Historical Essays, pp. 120-123 참조.
202) "16-17세기에 전투적인 그리스도교의 도입, 성장, 강제적인 억압이 없었더라면, 도쿠가
　　와 시대의 일본이 고립주의의 껍데기 속으로 움츠러들지 않았을지도 모른다. 따라서 이
　　것은 그 당시 일본의 해외팽창이 실패하지 않았을지도 모른다는 것을 의미한다. 17세기
　　에 이르면 일본인들은 평화적으로든 혹은 다른 어떤 수단으로든 필리핀 제도, 인도차이
　　나 그리고 인도네시아의 일부 지역에 자리를 잡았을 것이다 ; 그리고 그들은 실제로 누렸
　　던 것보다도 수십 년은 빨리 유럽의 산업혁명의 결실들을 공유할 수 있었을 것임에 틀
　　림없다." C. R. Boxer, The Christian Century in Japan, p. vii. "만약 그랬다면 어땠을
　　까?" 하는 식의 분석들을 다루는 것은 언제나 어려운 일이다. 그러나 차후의 전개과정을
　　아주 다른 방식으로 해석할 수도 있을 듯하다. 그 시기에 일본이 너무나 효과적으로 그
　　껍데기 속으로 들어갔다는 바로 그것 덕분에 일본이 19세기에 세계체제에서 주변부의
　　역할을 떠맡는 데 저항할 수 있을 정도로 강력하게 부상하고, 따라서 급속하게 산업화할
　　수 있었다고 주장할 수 있지 않을까?
　　에이지로 혼조는 일본의 쇄국 동기에 대해서 박서와 비슷한 견해를 피력한다 : "일본
　　에서 로마 가톨릭교가 확산됨에 따라 나타난 해악들은 도쿠가와 막부의 쇼군들로 하여

존경할 만한 폭넓은 지식과 역사적 식견을 겸비한 박서가 제시한 가설을 진지하게 고려해야만 한다. 그러나 그는 이러한 판단을 뒷받침할 만한 구체적인 경험적 증거를 거의 내놓지 못한다. 일본의 내적 힘이 점점 더 성장하고 어떠한 세계경제와도 관계를 맺어야 할 필요가 점점 더 희박해졌다는 것을 고려할 때, 일본은 어떻게든 움츠러들지 않았을까?

포르투갈의 시민들은 화물집산지의 호황이 쇠퇴하는 데에서 교훈을 얻었다. 그들은 본국과의 관계를 단절하고 아시아에서 살아남는 데 적응하기 시작했다. 정치적, 문화적 견지에서는 전혀 그렇지 않았을지 모르지만, 경제적인 견지에서 그들은 대개 유럽 출신의 아시아인이 되었다. J. B. 해리슨은 16세기를 거치면서 인도 주(Estado da India)의 군사적, 정치적 자율성이 점점 더 증대하는 과정을 기술한다. 그 과정은 포르투갈인들에게 아시아 내부 무역의 중요성이 점차 커가는 것과 함께 진행되었다.[203] 국내의 포르투갈인들과 인도의 포르투갈인들 사이의 이해관계의 갈등이 자라남에 따라서,

> 포르투갈인들은 모든 곳에 카사도스(casados)[문자그대로, 한 가계를 부양하는 사람들]로서 동양세계에 자신을 의탁하고, 그 지방 혹은 지역의 이해관계에 적응했으며, 지방 혹은 지역간 활동에 전념했다.[204]

에스파냐가 1580년에 포르투갈을 흡수한 뒤 그 과정은 더욱 가속되었다. 지방의 포르투갈인들은 카스티야인들이 그들의 시장에 침투하는 것을 원하지 않았고, 에스파냐 국왕은 그들을 억누를 힘이 없었다.[205] 그러나 이것은 1세기

금 쇄국정책을 채택하도록 만들었다.……" Eijiro Honjo, "Facts and Ideas of Japan's Oversca Development Prior to the Meiji Restoration", *Kyoto University Economic Review*, XVII, 1, Jan. 1942, 1.

203) Harrison, *New Cambridge Modern History*, III, pp. 538-543 참조. 고디뇨는 1570년 무렵의 몰루카 사령관구에 대해서 그것이 "사실상 독립상태"였다고 주장한다. Godinho, *L'économie de l'empire portugais*, p. 812.

204) Godinho, *L'économie de l'empire portugais*, p. 783.

205) "[1580년 포르투갈과 에스파냐의 통일을 1582년에 알게 되었을 때] 마카오에 살고 있던, 공포에 휩싸인 포르투갈인들의 첫번째 움직임은 식민지를 에스파냐 총독들의 세력권

동안의 이베리아의 개입이 아시아를 주변부의 지위로 조금씩 끌어들이는 대신에 더욱 멀어지게 만들었다는 것을 의미했다. 유럽이 이 지역들의 통합을 시작할 수 있을 만큼 강력해진 것은 한 세기 뒤, 혹은 더 나중의 일이었다.

---

밖으로 규정하는 일이었다. 왜냐하면 마카오에 있는 포르투갈인들이 보통의 에스파냐 신민의 지위로 격하되고 마카오 항이 예상대로 에스파냐인들에게 개방된다면, 중국 무역에 대한 포르투갈인들의 '독점권'은 즉시 사라지고 그들의 손해는 보상할 수 없을 정도로 클 것이었기 때문이다." Chang, *Sino-Portuguese Trade*, p. 100.

타협이 이루어졌다. 마카오의 포르투갈인들은 에스파냐 국왕에게 충성을 맹세하지만 포르투갈의 깃발을 계속해서 내거는 한편, 중국인들로부터는 이급 고위관료의 지위를 얻음으로써 준독립적인 지위를 인정받았다. 창은 에스파냐인들이 이러한 타협을 받아들인 동기를 분명하게 밝히고 있다: "카스티야의 국왕은 마카오에 대한 내정간섭이 국왕에 대한 반항이나 심지어 공공연한 반란을 초래할 수도 있다는 것을 두려워하여 명목적인 충성서약을 암묵적으로 받아들였다." 같은 책, p. 101.

# 7

이론적 재고찰

그림 8 : "리처먼드 궁전" 또는 "리처먼드의 템스 강." 데이비드 빈켈분스(1578~1629)가 1700~25년 사이에 그린 유화. 그는 잉글랜드로 이주한 플랑드르인으로서, 제임스 1세와 찰스 1세 양대에 왕립위원회에서 작품활동을 했다. 케임브리지 : 피츠윌리엄 미술관.

이론화는 경험적 자료의 분석과 동떨어진 활동이 아니다. 분석은 오직 이론적 도식과 명제들을 통해서만 가능하다. 한편 사건이나 과정에 대한 분석은 하나의 출발점으로서 일정 변수들에 대한 특정 값들의 전체 계열을 포함해야 하는데, 이를 바탕으로 해서 우리는 최종적인 결론이 어떻게 도출되었는가를 설명할 수 있다. 역사적 설명을 명료하게 전달하기 위해서는 여러 변수들 사이의 형식적인 상호관계들은 이미 설명된 것으로 가정하거나 그냥 건너뛰어야만 할 경우가 종종 있다.

따라서 결론에서 자료를 다시 한번 좀더 간략하게 간추려서 재검토하는 것은 종종 일리가 있는 일이다. 아마도 독자에게는 이것이 유익할 것이다. 그러나 분석의 엄밀성을 기한다는 점에서 저자에게 더욱더 중요한 일인데, 복잡한 세부 사항에 깊숙이 빠져 있다보면 그와 같은 엄밀성의 결여를 알아차리지 못하고 그냥 지나치기 십상이기 때문이다. 이제까지 다루어온 경험적 자료는 확실히 복잡한 것이었다 —— 실은 제대로 묘사할 수 없으리만큼 대단히 복잡했다. 이 책에서 이제껏 논의해온 것을 재검토했으면 하는 이유도 바로 여기에 있다.

세계체제의 여러 기원과 그 초창기의 활동들을 서술하기 위해서 나는 세계체제에 대한 어떤 특정한 개념을 내세워야만 했다. 세계체제는 하나의 사회체제이다. 그것은 경계, 구조, 성원집단, 정당화의 규정 그리고 일관성을 가진 사회체제이다. 그 생명은 서로 투쟁하는 세력들로 이루어져 있는데, 이 세력들은 서로 당기는 힘에 의해서 그 체제를 결합시키며, 또 각 집단이 자신에게 유리한 쪽으로 그것을 개조하려고 끝없이 노력함으로써 체제를 분열시킨다. 그것은 유기체의 특징들을 가지고 있다. 하나의 유기체로서 그것은 수명이 있는데, 그 동안에 어떤 특징은 변화하고 또 어떤 특징은 변함없이 그대로 남아 있다. 우리는 그 체제의 내부적 작동논리에 의해서 그 구조들을 어느 때는 강하고 어느 때는 약하다는 등 때에 따라 다르게 규정할 수가 있다.

내 생각으로는 한 사회체제를 특징짓는 것은 그 안에서의 생활이 "주로" 자기완결적이라는 점과 그 발전의 원동력이 주로 내재적이라는 점이다. 독자들은 "주로"라는 표현이 틀에 박힌 얼버무림이라고 느낄지 모르겠다. 내가

532

그것을 수량화하지 못하고 있다는 점은 시인한다. 아마 그 누구라도 그렇게 하지 못할 것이다. 방금 내린 정의 자체가 사실에 입각하지 않은 어떤 가정에 의거하고 있기 때문이다. 즉 그 정의는, 만일 그 체제가 어떤 이유로건 모든 외부의 영향으로부터 단절되더라도(이런 일은 실제로는 결코 일어나지 않지만), 그것은 전과 동일한 방식에 따라서 대체로 작동을 계속하리라는 것을 암암리에 전제한다. 물론 여기서도 대체로라는 말을, 믿을 만한 객관적 지표들로 바꾸어 제시하기는 어렵다. 그렇지만 그 기본 취지는 중요한 것이며, 이 책 곳곳에서 시도한 경험적인 분석에서 관건이 된다. 아마도 우리는 자기완결적이라는 것을 이론상의 절대 개념, 즉 좀처럼 볼 수가 없는 그리고 인위적으로 만들기는 더욱더 어려운 일종의 사회적 진공상태로 생각해야 할 것이다. 하지만 그럼에도 불구하고 그것은 사회적으로 실재하는 하나의 점근선으로서, 그 선으로부터의 거리는 어떻게든 측정이 가능한 것이다.

이러한 기준을 이용할 경우, "부족", 공동체, 민족국가 등과 같이, 으레 사회체제로 기술되는 대부분의 실체들은 사실은 총체적 체제(total system)가 아니라는 것이 우리의 주장이다. 사실 우리는 이와 반대로 진정한 사회체제들은 한편으로는 정규적인 공납을 요구하는 어떤 체제에 속해 있지 않은, 비교적 작고 매우 독립적인 자급자족 경제들과, 다른 한편으로는 세계체제들이라고 주장한다. 이 나중의 체제들은 확실히 앞의 체제들과 구별되어야 한다. 그것은 이들이 비교적 규모가 큰 체제, 즉 일반적인 말로 하면 "세계들"이기 때문이다. 그러나 좀더 엄밀하게 규정하자면, 이들은 그 경제적-물질적 실체로서의 자기완결성이 광범위한 하나의 분업체계에 입각하고 있으며, 그 안에 복수의 문화를 포함하고 있다.

한걸음 더 나아가 우리는 이제까지 나타난 세계체제는 오직 두 종류, 즉 비록 그 실질적인 통제력이 아무리 미약하다고 하더라도 그 지역 대부분에 걸쳐 단일한 정치제도가 존재하는 세계제국들 그리고 그 공간 전체 또는 사실상 전체에 걸쳐 그와 같은 단일한 정치제도가 존재하지 않는 체제들이 있을 뿐이었다고 주장했다. 편의상 그리고 좀더 적절한 용어가 없기 때문에 우리는 이 후자를 가리켜 "세계경제(world-economy)"라는 용어를 쓰고 있다.

　마지막으로 우리는 근대 이전의 세계경제들은 매우 불안정한 구조들이어서 세계제국으로 바뀌어가든가 붕괴하든가 하기 십상이었다고 주장했다. 하나의 세계경제가 500년 동안이나 생존해오면서도 아직도 세계제국으로 변모해가지 않았다는 점이 근대 세계체제의 특수성인데 —— 이 특수성이야말로 그 힘의 비밀이다.

　이 특수성은 자본주의라고 하는 경제조직 형태의 정치적 측면이다. 자본주의가 이제까지 번영해올 수 있었던 것은 바로 그 세계경제가 그 영역 안에 단일한 정치체제가 아니라 복수의 정치체제들을 가지고 있었기 때문이다.

　나는 여기서 자본주의는 경제문제에 대한 국가의 불간섭 원칙에 기초하고 있는 제도라는 식의 고전적인 자본주의 이데올로기를 내걸고 있는 것이 아니다. 아니 그와 정반대이다! 자본주의란, 경제적 소득은 "개인의" 수중에 나누어 주면서, 경제적 손실은 정치체가 줄곧 감당하는 데 바탕을 두고 있다. 오히려 나의 주장은, 하나의 경제양식으로서의 자본주의는 경제적 요소들이 어느 한 정치체에 의해서 완전히 통제될 수 있는 범위보다 더 넓은 영역 안에서 작동하고 있다는 사실에 기초하고 있다는 것이다. 이것이 자본가들에게 구조적으로 뒷받침되는 행동의 자유를 부여한다. 몹시 편중된 그 보수의 분배에도 불구하고 그것은 세계체제의 부단한 경제적 팽창을 가능케 해왔다. 높은 수준의 생산성을 유지하면서 또한 분배제도를 변화시킬 수 있는 대안적인 다른 세계체제만이 모름지기 정치적, 경제적 의사결정의 수준들을 통합할 수 있을 것이다. 이것은 제3의 가능한 세계체제, 즉 하나의 사회주의적 세계정부로 성립할 것이다. 이것은 오늘날 존재하는 형태가 아니며, 16세기 당시로서는 먼 훗날의 일로 그려볼 수조차 없었던 형태이다.

　유럽 세계경제가 왜 16세기에 생겨났으며, 왜 제국으로 변모시키려는 여러 시도를 저지해왔는가 그 역사적 이유들은 상세히 설명했다. 여기서 다시 그것들을 되풀이하지는 않겠다. 하지만 세계경제의 규모는 기술상태의 함수이며, 특히 그 영역 내에서의 교통과 통신 능력의 함수이다. 이것은 끊임없이 변화하는 현상이기 때문에, 게다가 반드시 더 나은 쪽으로 변화하는 것만도 아니기 때문에, 세계경제의 경계는 항상 유동적이다.

우리는 세계체제를 광범위한 분업이 존재하는 체제로 규정한 바 있다. 이 분업은 비단 기능적인 ── 즉 직업적인 ── 것일 뿐만 아니라 지리적인 것이 기도 하다. 다시 말해서 여러 종류의 경제적인 활동영역이 그 세계체제 전역에 걸쳐 균등하게 분배되어 있지 않다. 이것은 부분적으로 생태학적인 요인들의 결과임에 틀림없다. 그러나 대부분의 경우 그것은 노동의 사회적 조직의 함수인데, 이것이 그 체제 내의 어떤 집단이 다른 집단들의 노동을 착취할 수 있는 능력, 즉 보다 큰 몫의 잉여를 차지할 수 있는 능력을 증대시키고 합법화한다.

제국 안에서는 정치적 구조가 문화를 직업과 결부시키는 경향이 있는 데 반하여, 세계경제 안에서는 정치적 구조가 문화를 공간적 위치와 결부시키는 경향이 있다. 그 이유는 세계경제 안에서는 집단들이 이용할 수 있는 정치적 압력이 맨 먼저 미치는 지점이 지역적(민족적) 국가구조라는 데 있다. 문화적 동질화는 핵심적 집단들의 이익에 봉사하기 마련이며 그래서 문화적-민족적 정체성을 조성하기 위한 여러 압력들이 형성된다.

이는 세계경제 안에서 이점이 많은 지역 ── 즉 우리가 핵심국가라고 불러 온 지역 ── 에서 특히 그렇다. 이러한 국가에서는 강력한 국가기구의 창출이 민족문화 ── 흔히 통합이라고 일컫는 현상 ── 와 한 짝을 이루고 있는데, 이는 세계경제 안에서 일어나는 불평등을 유지하는 하나의 메커니즘으로서의 그리고 이러한 불평등을 유지하는 데 쓰이는 이념적 가면이자 정당화로서의 두 가지 구실을 다한다.

그런데 세계경제는 핵심국가들과 주변지역들로 나뉘어 있다. 나는 주변국가들이라고 말하지 않는다. 그것은 주변지역의 한 가지 특징이 토착적인 국가가 약하다는 점이기 때문인데, 그 약한 정도는 국가가 없는 상태(즉 식민지 상태)에서 낮은 수준의 자치(즉 신식민지 상태)에 이르기까지 다양하다.

경제활동의 복합성, 국가기구의 힘, 문화적 동질성 등과 같은 일련의 준거로 볼 때 핵심과 주변의 중간에 자리잡는 반주변지역이 또한 존재한다. 이들 지역 중에는 특정 세계경제의 이전 단계들에서 핵심지역이었던 곳도 있다. 또 개중에는 예전의 주변지역이었던 곳이, 말하자면 팽창하는 세계경제의 지정학적 조건들이 변화한 결과, 차후에 지위가 올라간 경우도 더러 있었다.

그러나 반주변부는 통계상의 상한선 하한선 따위를 두어 일부러 꾸며낸 범주가 아니며, 또한 여분으로 남겨진 범주도 아니다. 반주변부는 세계경제에 필수적인 구성요소이다. 이 지역은, 구체적인 차이점들을 감안해서 말하자면, 한 제국 내의 중간 교역집단들이 떠맡은 것과 비슷한 역할을 수행한다. 이 지역들은 흔히 정치적으로 평판이 나쁘지만 꼭 필요한 조화(造化)들이 두드러지게 펼쳐지는 지점들이다. 이들 중간지역은 (한 제국 내의 중간 집단들과 마찬가지로) 만일 이러한 중간지역이 없다면 주로 주변지역에 위치한 집단들이 핵심국가들에 대해서 가하게 될 그리고 핵심부의 국가기구 내에서 또 그 국가기구를 통하여 활동하는 집단들에 대해서 가하게 될 정치적 압력의 일부를 다른 방향으로 비껴나게 한다. 다른 한편으로 주로 반주변부에 위치한 여러 이해관계는 핵심국가들의 정치적 영역 밖에 위치하고 있으며, 그래서 만일 그것들이 동일한 정치적 영역 안에 위치한다면 이루어질지도 모를 정치적 연합을 통해서 그들의 목적을 추구하기가 어렵게 되는 것이다.

세계경제의 분업은 직업적 활동의 계서제를 필요로 하는데, 그 안에서 고도의 기술수준과 보다 큰 자본화를 필요로 하는 직무는 보다 높은 지위를 차지하고 있는 지역의 몫으로 유보되어 있다. 자본주의적 세계경제는 본래 "미숙한"노동력에 대해서보다는 인간 자본을 포함한 축적된 자본에 대해서 보다 높은 비율의 보수를 부여하기 때문에 이러한 직업적 기술들이 지역적으로 불균등하게 분포되어 있는 상황이 자기보존적으로 유지되는 경향을 강하게 띤다. 시장의 힘은 그것들을 침식하기보다는 오히려 강화시킨다. 게다가 세계경제에 어떠한 중앙 정치기구도 없기 때문에 보수의 불공정한 분배를 강제적인 수단으로 저지하기가 매우 어렵다.

이리하여 세계경제의 진행과정은 바로 그 발전과정 속에서 여러 지역간의 경제적, 사회적 격차를 넓혀가는 경향이 있다. 이러한 사실을 은폐하기 마련인 한 가지 요인은 세계경제의 발전과정이 세계경제의 경계를 확대할 수 있도록 해주는 기술의 발전을 낳는다는 사실이다. 이 경우, 세계의 어느 특정 지역들이 세계경제 안에서 떠맡는 그 구조상의 역할을 유리한 방향으로 바꿀 수 있다. 그 세계경제 전체의 각기 다른 부문간의 보수의 불평등은 이와 동시에 커질 수 있지만 말이다. 우리가 어느 특정한 세계경제의 주변지역과 그 세계경제의 외부적 영역을 구별해야 한다고 주장해온 것은 바로 이 중대한 현상을 또렷이 인식하기 위해서이다. 어느 한 세기에 외부적 영역이었던 곳이 다음 세기에는 종종 주변부——또는 반주변부——가 된다. 그러나 그때 핵심국가들이 또한 반주변부가 될 수 있고 반주변부가 주변부로 될 수도 있다.

핵심국가들의 이점들이 근대 세계체제의 전 역사를 통하여 계속 늘어왔지만, 특정 국가가 줄곧 핵심지역 안에 존속할 수 있는 능력은 도전받을 여지가 없지 않다. 토끼를 쫓는 사냥개들은 언제나 선두에 서는 개가 되려고 한다. 사실, 오랜 역사의 시간이 흐르는 동안, 이런 종류의 체제 안에서 엘리트의 교체를 피하기란 구조적으로 불가능한 일이다. 그와 같은 엘리트의 교체가 불가피하다는 것은 특정 시기에 지배권을 가진 특정한 나라가 조만간에 다른 나라에 의해서 대체되기 마련이라는 것과 같은 이치이다.

우리는 근대 세계경제가 자본주의 세계경제이며, 또한 그것만이 자본주의 세계경제일 수 있다고 주장해왔다. 바로 이러한 이유 때문에 우리는 세계경제 안에서 성장한, 강제노동에 입각한 자본주의적 농업의 여러 가지 형태를 두고 "봉건제"라고 부르기를 거부해왔다. 뿐만 아니라 이 책에서 논의되지는 않았지만, 바로 이와 동일한 이유로, 우리는 앞으로 이어질 책들에서 20세기 세계경제의 틀 안에 (세계경제 안에서의 특정한 국가기구를 지배한 사회주의 운동들과 대립되는 것으로서의) 사회주의적 민족경제들이 존재한다는 주장을 매우 신중하고 면밀하게 고찰할 것이다.

만일 세계체제만이 (완전히 고립된 생존경제 이외의) 유일하게 참다운 사회체제라면, 계급과 신분집단들의 출현, 공고화, 정치적 역할은 응당 이러한 세계체제의 구성요소로서 평가되어야 할 것이다. 그러므로 또한 계급과 신분집단을 분석하는 데 한 가지 핵심적인 요소는 그 자기의식의 상태만이 아니라 자기규정의 지리적 범위이기도 한 것이다.

계급은 잠재적으로(즉자적으로[an sich]) 언제나 존재한다. 문제는 그것이 어떤 조건에서 계급의식을 갖추게(대자적으로[für sich]) 되느냐, 즉 정치경제적 장에서의 한 집단으로 그리고 어느 정도로는 하나의 문화적 실체로서까지 활동하느냐 하는 점이다. 이와 같은 자기의식은 투쟁의 상황에 달려 있다. 그러나 상위계층들에게 노골적인 투쟁, 따라서 공공연한 의식은 늘 부득이한 차선책에 불과하다. 계급의 경계선이 분명하게 그어지지 않으면 않을수록 특권들을 유지할 수 있는 가능성이 그만큼 더 큰 것이다.

투쟁의 상황에서는 다수의 당파들이 서로 동맹을 맺음으로써 결국 둘로 남기 마련이므로 셋 이상의 (의식적인) 계급이 존재하기란 원칙상 불가능하다. 사회구조 안에서 영향력을 행사하기 위하여 스스로 조직을 꾸릴 수 있는 다수의 직업적 이해집단이 존재할 수 있다는 것은 분명하다. 그러나 이러한 집단들은 실제로는 일종의 신분집단이며, 사실은 인종적, 언어적, 종교적 기준에 의하여 규정되는 것들과 같은 여러 다른 종류의 신분집단과 종종 심하게 중첩되어 있다.

그러나 셋 이상의 계급이 있을 수 없다고 해서 반드시 둘이라는 말은 아니다. 드물기도 하고 일시적이기도 한 경우이지만, 하나도 없을 수가 있다. 하나일 수도 있으며, 또 이런 경우가 가장 흔하다. 둘일 수도 있는데, 이 경우는 매우 폭발적이다.

요컨대 오직 한 계급만이 있을 수 있다는 것이다. 계급은 투쟁 상황에서만 실제로 존재하며, 투쟁은 양측의 존재를 가정한다고도 말한 바 있지만, 그래도 한 계급만이 있을 수 있다는 게 나의 주장이다. 여기에 모순은 없다. 왜냐하면 투쟁은 자신을 보편적 계급이라고 생각하는 한 계급과 다른 모든 신분 사이의 투쟁으로 규정될 수 있기 때문이다. 근대 세계체제에서는 사실 이것이 통상적인 상황이었다. 자본가 계급(부르주아지)은 보편적 계급을 자처해왔으며, 두 적대자들에 맞서서 그들의 목적을 달성하기 위한 정치생활을 조직하고자 노력해왔다. 한편에는 전통적인 신분들이 원래 가지고 있던 경제적 기능과의 상관관계를 상실했음에도 불구하고, 그러한 신분 구분의 유지를 옹호하는 사람들이 있다. 이러한 사람들은 사회구조를 이왕이면 비계급적인 구조로 규정하려고 든다. 부르주아지가 자의식을 가진 하나의 계급으로서 활동하게 된 것은 바로 이러한 이데올로기에 맞서기 위해서였다.

그러나 부르주아지에게는 노동자라는 또 하나의 적대세력이 있었다. 16세기에 그렇게 흔한 일은 아니었지만, 노동자들이 하나의 계급으로서의 자의식을 가지게 되면 언제나 그들은 상황을, 양극화한 두 계급의 대립으로 규정했다. 이러한 정황 속에서 부르주아지는 심각한 전술적 딜레마에 빠지게 되었다. 그들이 자기 자신의 **계급의식**을 견지하면 할수록 이것은 그 자체로써 노동자들의 계급의식을 부추겼고, 그럼으로써 그들 자신의 정치적 지위를 침해할 위험이 있었다. 한편 이 문제에 대처하기 위하여 그들이 자신들의 계급의식을 잠재워버린다면 전통적으로 높은 지위를 차지하고 있는 자들과 대립하는 그들의 지위를 그만큼 약화시킬 위험이 있었다.

자신을 보편적 계급으로 생각하고, 그 성원을 모든 사회신분에서 끌어들인 부르주아지의 계급의식이 구체화되는 과정은, 튜더 시대 잉글랜드에서의 한 사회적 범주로서의 젠트리층의 등장과 북부 네덜란드에서의 시민층의 흥기에 관한 논의에서 이미 예증한 바 있다. 자신들이 하나의 보편적 계급이라는 그들의 주장을 뒷받침하는 한 가지 방식은 민족감정을 북돋우는 것이었는데, 이것은 그들의 주장에 대하여 문화적 외피를 입히는 일이었다.

이른바 좌측의 반란에 의해서 덫에 걸리고, 자신의 두 적대세력들이 지역주의적인 요구의 형태로 동맹하는 것을 두려워한 부르주아지의 심각한 딜레마는 "제2차" 16세기 때의 프랑스에 관한 우리의 논의에서 예증되었다. 프랑스의 부르주아지는 일시적인 후퇴의 길을 선택했다. 그들에게는 아마 달리 헤쳐나갈 길이 없었음직하다. 그러나 이러한 후퇴는 훗날 프랑스 혁명이라는 사회적 급진주의를 (비록 잠시 동안이나마) 낳았고, 프랑스의 경제발전을 오랫동안 잉글랜드에 뒤지게 하는 장기적 결과를 빚고 말았다.

우리가 여기에서 제시한 보기들은 자의식을 가지게 된, 그러나 민족국가의 테두리 안에서 그렇게 된 부르주아지에 관한 것들이다. 이것만이 유일한 선택의 길은 분명 아니었다. 부르주아지들은 하나의 세계적 계급으로서의 자의식을 가질 수도 있었다. 그리고 많은 집단들이 스스로를 이렇게 규정하는 방향으로 나아갔다. 한편으로 국제적 상인-은행가들의 여러 단체들이 있었다. 다른 한편으로 주변지역에는 많은 무리의 자본가적 차지농들이 있었다.

카를 5세의 전성기에는 저지방 국가들, 남부 독일, 북부 이탈리아 등지에서 자신들의 희망을 합스부르크 제국의 야망에 건 이들이 꽤 있었다(발루아 가문 안으로도 역시 한쪽 발을 들여놓고 있는 조심성 있는 이들도 더러 있었다). 이와 같은 집단들이 여전히 하나의 사회계층으로 머문 채 자의식을 가진 계급을 아직 형성하지 못하고 있었다고 해도, 그들은 그런 방향으로 나아가고 있었으며, 또 그리 되는 것은 다만 시간문제로 보였다. 그러나 제국이 무너지면서 유럽의 부르주아지들은 그들의 경제적, 사회적 미래가 핵심국가들에 결부되어 있다는 것을 깨달았다. 그리고 자신들의 인종적-종교적 소속에 근거하여 정치활동의 장으로서 민족국가에 의지할 수 있었던 사람들 또한 마찬가지였다.

주변부의 자본가적 차지농들로 말하자면, 그들은 자신을 국제적인 젠트리 계급의 일부로 생각하려고 들었다. 그들은 "세계적"문화에 동참하기 위하여 지역적 문화의 뿌리를 기꺼이 희생했다. 그러나 국제적 계급의 일부가 되기 위해서는 핵심국가의 자본가 계층의 협력이 필요했는데, 이것은 당장에 실현될 수 있는 일이 아니었다. 그리하여 이들 주변부의 자본가적 차지농들은 잠재적인 국제적 계급의식에서 지역의 신분적 연대 쪽으로 뒷걸음질치면서 점점 더 고루하고 속물적인 에스파냐-아메리카의 아센데로들(hacenderos)이나 그뒤 몇 세기 동안의 동유럽 귀족들이 되어갔다 —— 이것은 서유럽 부르주아지의 이익에도 곧잘 부합하는 것이었다.

특정 경제활동의 지역적 집중은 신분집단의 형성에 대한 지속적인 압력으로 작용했다. 지역의 지배계층이 하위계층들 안에서 싹트는 계급의식으로 위협받을 때는, 지역 문화에 대한 강조가 외부에 대항하는 지역적 연대를 일궈냄으로써 지역 내부의 투쟁을 다른 방향으로 돌리는 데 썩 도움이 된다. 게다가 이들 지역의 지배계층 자신들이 세계체제 내의 보다 높은 계층들에게 억압받는다고 느끼는 경우, 그들은 지역적 정체성의 형성을 추구하려는 동기를 이중으로 가지게 된다.

분명히 정체성이 허공에서 이루어지는 것은 아니다. 우리는 언어며 종교며 특유한 생활양식이며 우리에게 있는 무엇인가를 기반으로 그것을 건설한다.

그렇기는 하지만 언어적, 종교적 동질성과 열정(독자적인 생활양식에 대한 강한 애착은 더 말할 것도 없고)은 모두 다 영구적인 전통의 단순한 연속으로 설명될 수 없는 사회적 창조물임이 분명하다. 그것들은 출산의 고통 속에서 형성된 사회적 창조물이다.

유럽 대부분의 지역에서 16세기는 그와 같은 산고의 시기였다. 그것은 물론 종교개혁과 가톨릭 종교개혁의 시기였다. 그것은 커다란 종교 내전의 시기였다. 그것은 국제적인 종교 "분파들"의 시기였다. 그러나 마침내 먼지가 가라앉자, 모든 종교적 동란은 국제적 자유방임이라는 기본 틀 안에서 여러 정치체들이 상대적인 종교적 동질성을 지니는 양식 ── 그 지역 통치자의 종교를 따르는 것(cuius regio eius religio) ── 으로 귀결되었다.

우리는 여러 개별적인 발전상들을 논의하는 가운데 왜 여러 가지 형태의 개신교가 핵심국가들의 종교로 정착하고(프랑스는 예외인데, 그 이유는 또 무엇인지), 가톨릭교가 주변부와 반주변부의 종교로 정착하게 되었는가 하는 문제를 설명하고자 했다. 우리는 여러 신학적 교의들이 이 일을 촉진했을 수는 있지만, 그것이 그렇게도 큰 관련을 맺고 있었다는 점에 대해서는 회의를 품어왔다. 오히려 신학적 교의는 실제로는 그 원래의 개념과 전혀 다르게 변화해감으로써 세계체제 내의 여러 지역이 떠맡은 역할들을 반영하고 또 그 역할들을 떠받쳐주었다.

카를 5세는 종교적 분열의 한 주역이 아니라 조정자의 자리를 지키려고 시도함으로써 통일된 독일 개신교 국가를 세울 절호의 기회를 놓쳤다고들 이야기한다. 그러나 이러한 비판은 카를 5세가 세계제국을 세우려고 했지, 세계경제 내의 한 핵심국가를 세우려고 한 것이 아니라는 사실을 무시하고 있다. 제국은 특정한 정치적 영역 안에 거의 집중되어 있지 않은 다양한 역할을 반영하는 다양한 종교를 기반으로 하여 번성한다. 반면에 국제적 이질성 안에서의 민족적 동질성이 세계경제의 공식인 것이다.

적어도 이것이 단출한 초창기 때의 공식이다. 핵심국가들은 국내 분업의 복합성으로 말미암아 전체로서의 체제의 양식을 나타내기 시작한다. 16세기에 잉글랜드는 이미 브리튼이 되어가는 방향으로 나아가고 있었는데, 장차 브리튼은 국가 전체로 보자면 상대적인 이질성 안에서 지역적 동질성을 띠게 될 것이었다.

종교가 주요 신분집단을 규정하는 문화적 특성의 전부는 아니다. 우리는 언어를 이용할 수도 있다. 사실 언어는 16세기에 이런 구실을 하기 시작했으며, 여러 세기를 거치면서 그 중요성이 커지기 마련이었다. 하지만 세계경제 내에서 역할의 전문화를 강화하는 데에는 종교가 언어보다 유리한 점이 있다. 종교를 통해서 전문화를 강화하는 것은 세계경제 내에서 진행되는 커뮤니케이션 과정에 덜 개입한다. 그리고 그것은 고립주의적인 자기 폐쇄에 덜 빠지게 하는데(기껏해야 덜 빠지는 정도이다), 이는 세계종교의 기저에 깔려 있는 보편주의적인 주장들 때문인 것이다.

16세기 유럽의 세계경제는 전체적으로 단일계급 체제가 되려는 경향을 띠었다. 그것은 경제적 팽창과 자본주의 체제를 통해서 이익을 얻고 있는 역동적인 세력들, 특히 핵심국가 내의 세력들이었는데, 이들은 계급의식을 갖추는 방향으로, 다시 말해서 주로 그 경제 내에서의 그들의 공통적인 역할에 따라 규정되는 하나의 집단으로서 그 정치적 장 안에서 활동하는 방향으로 나아갔다. 이러한 공통적인 역할은 실은 20세기의 관점으로 보자면 약간 넓게 규정된 것이었다. 그것은 차지농, 상인, 산업가로서 일하는 사람들을 포함하고 있었다. 개인 기업가들은 언제나 이러한 활동들 사이를 왔다갔다 하거나 혹은 그런 여러 활동들을 결합시켰다. 결정적인 구분은 그들이 무슨 일에 종사하건 간에 원칙적으로 세계시장 안에서 이익을 얻으려는 사람들과 그런 의도가 없는 다른 사람들 사이에 놓여 있었다.

이 "다른 사람들"은 자기들의 신분적 특권들, 즉 전통 귀족의 특권, 소규모 차지농들이 봉건체제에서 얻어낸 특권, 시대에 뒤떨어진 길드의 여러 독점권에서 유래한 특권들에 의거하여 반격을 펼쳤다. 문화적 유사성을 구실로 종종 기묘한 동맹들이 맺어질 수 있다. 그러한 기묘한 동맹들은 매우 극성한 형태를 띨 수 있으며, 그리하여 정치적 중심들로서는 그것들을 염두에 두지 않으면 안 된다. 우리는 프랑스에 관한 논의에서 이러한 보기들을 지적했다. 기묘한 동맹들은 혹은 세계체제 내의 지배적인 세력들의 요구를 적절히 충족시켜주는, 정치적으로 소극적인 형태를 띠기도 한다. 문화적인 세력으로서의 폴란드 가톨릭교의 승리가 바로 이런 경우였다.

화폭의 세밀한 면면들은 다양한 형태의 신분집단들과 이들 나름의 힘과 특색들이 어우러진 장면들로 채워져 있다. 그러나 그 굵직굵직한 윤곽은 계급의 형성과정을 그린 것이다. 그리고 이 점에 관한 한 16세기는 흐릿한 시기였다. 자본가 계층은 살아남아 시민권을 획득한 계급을 형성했으나 정치의 장에서는 아직 승리를 거두지 못한 채였다.

국가기구들의 진화과정은 바로 이러한 불확실성을 반영했다. 강한 국가들은 어떤 집단의 이익을 거들고 다른 집단들의 이익을 해친다. 그러나 세계체제 전체의 관점에서 볼 때, 복수의 정치체가 들어서 있을 때는 (즉 체제가 세계제국이 아닌 때는) 이 모든 정치체들이 똑같이 강력한 경우란 있을 수가 없다. 만일 그들이 똑같이 강력하다면, 그 국가들은 어느 한 국가에 자리잡고 있는 초국가적 경제 주체들의 효율적인 활동을 저지할 수 있는 처지에 서게될 것이기 때문이다. 그렇게 되면 세계적 분업이 지장을 받을 것이며, 세계경제가 쇠퇴하고, 마침내는 세계체제가 분해되고 마는 사태가 뒤따를 것이다.

강한 국가기구가 **하나도 없는** 경우 또한 있을 수 없다. 이런 경우에는 자본가 계층이 그들의 재산권을 지켜주고, 다양한 독점권을 보장해주며, 손실을 보다 많은 사람들 사이에 분산시키는 등 그들의 이익을 보호해줄 아무런 기구도 가지지 못할 것이기 때문이다.

그러므로 세계경제는 국가구조가 핵심지역에서는 비교적 강하고 주변부에서는 비교적 약한 양상을 발전시키게 된다. 어느 지역이 어떤 역할을 맡는가 하는 것은 여러 면에서 우연적이다. 필요한 조건은 어떤 지역의 국가기구가 다른 지역보다 훨씬 더 강해야 한다는 점이다.

강한 국가기구란 무슨 뜻인가? 그것은 다른 핵심국가들을 포함해서 세계경제 내의 다른 국가들에 맞설 만한 힘이 있다는 뜻이요, 또한 그 국가영역 내의 지역적인 정치단위들에 맞설 만큼 강하다는 뜻이다. 요컨대 법률상의(de jure) 주권이자 사실상의(de facto) 주권을 뜻한다. 그것은 또한 국가 내의 어느 특정 사회집단에도 맞설 만큼 강하다는 뜻이다. 분명히 이러한 집단들이 국가에 가할 수 있는 압력의 크기는 집단에 따라서 다르다. 그리고 분명히 이러한 집단들의 특정한 결합체들이 국가를 통제한다. 국가가 어떤 중립적인 조정자라는 말이 아니다. 그러나 국가는 특정 세력들의 단순한 벡터 이상의 것이다. 이들 중 많은 세력들이 하나 이상의 여러 국가들 안에 위치하고 있거나 그들이 국가의 경계와 거의 무관하게 규정되고 있다는 이유만으로도 그러한 것이다.

그래서 강한 국가는, 어느 정도나마 행동의 자유가 있다는 의미에서, 부분적으로 자율적인 실체이다. 그런데 이러한 행동의 자유가 허용되는 여지의 한계가 근본적인 힘을 가진 어떤 집단들의 존재에 의해서 결정된다고 하더라도, 그것은 다양한 이해관계들 사이의 타협을 반영하고 있는 것이다. 부분적으로 자율적인 실체가 되려면, 국가의 관리자들이나 관료집단처럼, 자신들의 직접적 이해관계가 이러한 실체에 의해서 보호되는 일단의 사람들이 존재해야 한다.

이런 집단들은 자본주의 세계경제의 틀 안에서 출현한다. 왜냐하면 강한 국가야말로 정치적, 경제적, 군사적으로 가장 유력한 두 집단들, 즉 새로 등장하는 자본가 계층과 오랜 귀족계서제가 택해야 하는 버거운 선택 대안들 가운데 최상의 것이기 때문이다.

전자, 즉 새로 등장하는 자본가 계층에게 "절대왕정" 형태의 강한 국가는 주요 고객이요, 지방적 약탈과 국제적 약탈을 막아주는 보호자이며, 사회적 정당화의 방식이요, 다른 곳에 강국의 장벽이 세워지는 것을 미리 막아주는 보호책이었다. 후자, 즉 귀족계서제에게 강한 국가는 바로 이들 자본가 계층을 억제하는 제동장치요, 신분제적 관습의 옹호자이며, 질서의 유지자요, 사치의 장려자였다.

귀족들과 부르주아들 양자가 다 국가기구를, 감당하기 힘든 자금의 소모자요, 간섭을 일삼는 비생산적 관료기구라고 생각했다. 하지만 그들에게 달리 어떤 선택의 길이 있었는가? 그럼에도 불구하고 그들은 늘 반항적이었으며, 그 세계체제의 당면 정치는 이들 두 집단이 자신들에게 부정적이라고 여겨지는 국가기구의 영향들을 차단하려고 노력하는 과정에서 펼쳐지는 밀고 당기는 공방전으로 점철되어 있다.

국가기구는 말하자면 편향장치 같은 것을 내장하고 있다. 거기에는 힘이 더 큰 힘을 만들어내는 어떤 지점이 있다. 세금 수입은 국가로 하여금 보다 거대하고 효율적인 문민관료제와 군대를 보유할 수 있게 해주며, 다시 이것이 더 많은 세금 수입을 가져오게 하는데, 이러한 과정은 나선형을 이루며 계속된다. 이 편향장치는 다른 방향으로도 작동한다 —— 즉 허약은 더 심한 허약을 부른다. 이러한 두 편향지점 사이에 국가 형성의 정치학이 놓여 있다. 특정한 관리자 집단들의 재간이 차이를 드러내는 곳이 바로 이 마당이다. 그리고 어느 특정 지점에서, 세계체제 내의 작은 격차가 순식간에 크게 벌어질 수 있는 것도 바로 이 두 가지 편향장치의 작동 때문인 것이다.

국가기구가 약한 국가들에서는 국가의 관리자들이 공업-상업-농업의 복합적인 구조를 조화롭게 조직하는 구실을 하지 못한다. 차라리 그들은 다른 여러 지주집단들 가운데 한 집단이 될 뿐, 전체를 관장하는 합법적 권위를 거의 주장하지 않는다.

이들은 곧잘 전통적인 지배자들이라고 불린다. 정치투쟁은 흔히 전통 대 변화라는 말로 표현된다. 이것은 물론 크게 오해를 빚기 쉬운 이데올로기적 용어이다. 어느 특정 시점에서 전통적인 것이라고 생각되는 것은 사람들이 일반적으로 생각하는 것보다 더 가까운 기원을 가지고 있으며, 그것이 주로 사회적 신분의 쇠퇴에 직면한 어떤 집단의 보수적인 본능을 표현한다는 것은 사실 일반적인 사회학적 원리로 인정될 수 있을 것이다. 정말이지, 그럴 필요가 생길 때마다 "전통"만큼 발빠르게 출현하고 변모해가는 것도 없지 않나 싶다.

단일계급 체제 아래서 "전통적인 것"이란, "다른 사람들"이 그 이름을 내걸고 계급의식을 가진 집단과 맞서 싸우는 하나의 방편이다. 만일 그들이 자신들의 가치를 널리 정당화함으로써 또는 더욱 바람직하게 그것을 법률적인 장벽으로 입법화함으로써 자신들의 가치에 단단한 외피를 입힐 수 있다면, 이를 통해서 그들은 자신들에게 유리한 방식으로 체제를 변형시킨다.

전통주의자들이 몇몇 국가에서 승리할 수도 있다. 그러나 세계경제가 살아남기 위해서는 다른 여러 국가에서 그들이 얼마간 패배해야 한다. 뿐만 아니라 한 지역에서의 승리는 다른 지역에서의 패배와 대응하는 것이다.

이를 두고 결코 제로-섬(zero-sum) 게임이라고 할 수는 없다. 그러나 자본주의 세계경제 내의 모든 구성분자들이 그들의 가치를 어느 특정한 방향으로 동시에 바꾸어간다는 것 또한 생각할 수 없는 일이다. 이 사회체제는 그 안에 다양한 가치체계들이 존재한다는 사실에 입각하고 있으며, 그 가치체계들은 세계적 분업 내에서 여러 집단과 지역들이 떠맡은 특정한 기능들을 반영하고 있다.

세계경제의 작동과 관련된 이론상의 문제들을 이 책에서 모두 다 다루지는 않았다. 우리는 다만 세계경제가 형성되고 있던 초기, 즉 16세기 유럽에서 모습이 드러난 문제들에 대해서만 거론하려고 노력했다. 다른 많은 문제들이 다음 무대 위에 나타났는데, 그런 문제들은 앞으로 이어질 책들에서 실증적이고 또 이론적으로 다루어질 것이다.

16세기의 유럽은 뛰어오르는 야생마와도 같았다. 어떤 집단들이 특정한 노동분업에 입각한 세계경제를 수립하고, 이 체제의 정치경제적 보장책으로서 핵심지역에 민족국가들을 창출하며, 노동자들로 하여금 이윤만이 아니라 체제유지 비용까지도 지불케 하려고 꾀했던 여러 시도들은 쉽지 않은 일이었다. 이런 일을 해낸 것은 유럽의 공적이었다. 16세기에 그렇듯 저돌적인 추진력이 없었다면 근대세계는 태어나지 않았을 테니까 말이다. 근대세계가 저지른 그 온갖 잔인한 짓들에도 불구하고 그것이 태어난 것은 태어나지 않은 것보다는 좋은 일이다.

그 일이 쉽지 않았다는 것, 특히 단기적으로 대가를 치른 사람들이 그 모든 불공정함에 대해서 큰 소리로 외쳐댔기 때문에 쉽지 않았다는 것이 또한 유럽의 공적으로 돌릴 만한 점이었다. 폴란드와 잉글랜드와 브라질과 멕시코의 농민과 노동자들 모두가 그네들 나름의 온갖 방식으로 소란을 피웠다. R. H. 토니가 16세기 잉글랜드의 농민소요에 관해서 이야기하고 있듯이, "이러한 운동들은 그들의 혈기와 정력, 드높고 용감한 기상의 증거이다.……인민들이 반역하는 법을 잊어버리지 않은 민족은 행복하리라."[1]

근대세계의 징표는 그 안에서 부당한 이득을 취하는 자들의 상상력과 억압

1) Tawney, *Agrarian Problems*, p. 340.

받는 자들의 단호한 반대이다. 착취 그리고 착취를 불가피하거나 정당한 것으로 받아들이는 데에 대한 거부는 근대의 끊임없는 모순을 이루고 있는데, 이 둘은 20세기에도 그 절정에 도달하기는 까마득한 하나의 변증법 속에 서로 결합되어 있다.

참고 문헌

Abel, Wilhelm, *Die Wüstungen des Ausgehenden Mittelalters*, 2d ed. Stuttgart: Fisher Verlag, 1955.
Abrate, Mario, "Creta, colonia veneziana nei secoli XIII–XV," *Economia e storia*, **IV**, 3, lugl.–sett., 1957, 251–277.
*Actes du Colloque de la Renaissance.* Paris: Lib. Philosophique J. Vrin, 1958.
Ardant, Gabriel, *Théorie sociologique de l'impôt*, 2 vol. Paris: S.E.V.P.E.N., 1965.
Arnold, Stanislaw, "Les idées politiques et sociaules de la Renaissance en Pologne," *La Pologne au Xe Congrès International des Sciences Historiques à Rome.* Warszawa: Académie Polonaise des Sciences, Institut d'Histoire, 1955, 147–165.
Ashton, Robert, "Revenue Farming under the Early Stuarts," *Economic History Review*, 2d ser., **VIII**, 3, 1956, 310–322.
Ashton, Robert, "Charles I and the City," in F. J. Fisher, ed., *Essays in the Economic and Social History of Tudor and Stuart England.* London and New York: Cambridge Univ. Press, 1961, 138–163.
*Aspetti e cause della decadenza economica veneziana nel secolo XVII. Atti del Convegno (27 giugno–2 luglio 1957).* Venezia-Roma: Istituto per la Collaborazione Culturale, 1961.
Aydelotte, Frank, *Elizabethan Rogues and Vagabonds*, Vol. I of Oxford Historical and Literary Studies. London and New York: Oxford Univ. Press (Clarendon), 1913.
Aylmer, G. E., *The King's Servants.* New York: Columbia Univ. Press, 1961.
Aznar, Luis, "Las etapas iniciales de la legislación sobre indios," *Cuadernos americanos*, **VII**, 5, sept.–oct., 1948, 164–187.
Baehrel, René, "Economie et histoire à propos des prix" in *Eventail de l'histoire vivante: hommage à Lucien Febvre.* Paris: Lib. Armand Colin, 1953, **I**, 287–310.
Baehrel, René, *Une croissance: la Basse-Provence rurale (fin XVIe siècle-1789).* Paris: S.E.V.P.E.N., 1961.
Bagú, Sergio, "La economía de la sociedad colonial," *Pensamiento crítico*, No. 27, abril 1969, 30–65.
Balandier, Georges, *Daily Life in the Kingdom of the Kongo.* New York: Pantheon, 1968.
Bannon, John F., ed., *Indian Labor in the Spanish Indies: Was There Another Solution?* Boston, Massachusetts: D.C. Heath, 1966.
Barbour, Violet, "Dutch and English Merchant Shipping in the Seventeenth Century," in E. M. Carus-Wilson, ed., *Essays in Economic History.* New York: St. Martin's, 1965, **I**, 227–253. (Originally in *Economic History Review*, **II**, 1930.)
Barbour, Violet, *Capitalism in Amsterdam in the Seventeenth Century.* Ann Arbor, Michigan: Ann Arbor Paperbacks, 1963.
Barkan, Ömer Lutfi, "La 'Méditerranée' de Fernand Braudel vue d'Istamboul," *Annales E.S.C.*, **IX**, 2, avr.–juin 1954, 189–200.
Barley, M. W., "Rural Housing in England," in *The Agrarian History of England and Wales*, **IV**: Joan Thirsk, ed., *1500–1640.* London and New York: Cambridge Univ. Press, 1967. 696–766.
Baron, Salo W., *A Social and Religious History of the Jews*, 2nd ed., **III**: *Heirs of Rome and Persia.* Philadelphia: Jewish Publication Society of America, 1957.
Baron, Salo W., *A Social and Religious History of the Jews*, 2nd ed., **IV**: *Meeting of East and West.* Philadelphia: Jewish Publication Society of America, 1957.
Baron, Salo W., *A Social and Religious History of the Jews*, 2nd ed., **XI**: *Citizen or Alien Conjurer.* New York: Columbia Univ. Press, 1967.
Baron, Salo W., *A Social and Religious History of the Jews*, 2nd ed., **XII**: *Economic Catalyst.* New York: Columbia Univ. Press, 1967.
Barraclough, Geoffrey, *History in a Changing World.* Oxford: Blackwell, 1957.
Barraclough, Geoffrey, *The Origins of Modern Germany.* Oxford: Blackwell, 1962.

Barraclough, Geoffrey, "Universal History," in H. P. R. Finberg, ed., *Approaches to History: A Symposium.* Toronto: Univ. of Toronto Press, 1962, 83–109.

Batho, Gordon, "Landlords in England, A: The Crown," in *The Agrarian History of England and Wales*, **IV**: Joan Thirsk, ed., *1500–1640*. London and New York: Cambridge Univ. Press, 1967, 256–276.

Batho, Gordon, "Landlords in England, B: Noblemen, Gentlemen, and Yeomen," in *The Agrarian History of England and Wales*, **IV**: Joan Thirsk, ed. *1500–1640*, London and New York: Cambridge Univ. Press, 1967, 276–306.

Bauthier, Robert Henri, "The Fairs of Champagne," in Rondo E. Cameron, ed., *Essays in French Economic History.* Homewood, Illinois: Irwin, 1970, 42–63.

Becker, Marvin B., "Economic Change and the Emerging Florentine Territorial State," *Studies in the Renaissance*, **XIII**, 1966, 7–39.

Beloff, Max, *The Age of Absolutism, 1660–1815.* New York: Harper, 1962.

Bennett, M. K., *The World's Food.* New York: Harper, 1954.

Beresford, Maurice W., *The Lost Villages of England.* London: Lutterworth Press, 1954.

Berrill, K., "International Trade and the Rate of Economic Growth," *Economic History Review*, 2nd ser., **XII**, 3, 1960, 350–359.

Betts, Reginald R., "La société dans l'Europe centrale et dans l'Europe occidentale," *Revue d'histoire comparée*, n.s., **VII**, 1948, 167–183.

Bindoff, S. T., *Tudor England,* Vol. V of the Pelican History of England. London: Penguin Books, 1950.

Bindoff, S. T., "Economic Change: The Greatness of Antwerp," *New Cambridge Modern History*, **II**: G. R. Elton, ed., *The Reformation, 1520–1559.* London and New York: Cambridge Univ. Press, 1958, 50–69.

Bishko, Charles Julian, "The Castilian as Plainsman: The Medieval Ranching Frontier in La Mancha and Extremadura," in Archibald R. Lewis and Thomas F. McGann, eds., *The New World Looks at Its History.* Austin: Univ. of Texas Press, 1967, 47–69.

Bitton, Davis, *The French Nobility in Crisis.* Stanford, California: Stanford Univ. Press, 1969.

Blanchard, Ian, "Population Change, Enclosures, and the Early Tudor Economy," *Economic History Review*, 2nd ser., **XXIII**, 3, Dec. 1970, 427–445.

Bloch, Marc, "Medieval 'Inventions'" in *Land and Work in Medieval Europe.* Berkeley: Univ. of California Press, 1967, 169–185. (Translated from *Annales d'histoire économique et sociale*, No. 36, Nov. 1935.)

Bloch, Marc, "Economie-nature ou économie-argent: un pseudo-dilemme," *Annales d'histoire sociale*, **I**, 1939, 7–16.

Bloch, Marc, *Esquisse d'une histoire monétaire de l'Europe,* Cahiers des Annales, **9**, Paris: Lib. Armand Colin, 1954.

Bloch, Marc, *Seigneurie française et manoir anglais.* Paris. Lib. Armand Colin, 1960.

Bloch, Marc, *Feudal Society.* Chicago, Illinois: Univ. of Chicago Press, 1961.

Bloch, Marc, *Les caractères originaux de l'histoire rurale française,* 2 vol. Paris: Lib. Armand Colin, 1964.

Bloch, Marc, "The Rise of Dependent Cultivation and Seigniorial Institutions," *Cambridge Economic History of Europe*, **I**: M. M. Postan, ed., *The Agrarian Life of the Middle Ages*, 2nd ed. London and New York: Cambridge Univ. Press, 235–290.

Blum, Jerome, "Prices in Russia in the Sixteenth Century," *Journal of Economic History*, **XVI**, 2, June 1956, 182–199.

Blum, Jerome, "Rise of Serfdom in Eastern Europe," *American Historical Review*, **LXII**, 4, July 1957, 807–836.

Blum, Jerome, *Lord and Peasant in Russia from the Ninth to the Nineteenth Century.* Princeton, New Jersey: Princeton Univ. Press, 1961.

Borah, Woodrow, *Silk-raising in Colonial Mexico,* Ibero-Americana: **20**. Berkeley: Univ. of California Press, 1943.

Borah, Woodrow, *New Spain's Century of Depression*, Ibero-Americana: **35**. Berkeley: Univ. of California Press, 1951.

Borah, Woodrow, *Early Colonial Trade Between Mexico and Peru*, Ibero-Americana: **38**. Berkeley: Univ. of California Press, 1954.

Boserup, Ester, *The Conditions of Economic Growth*. Chicago, Illinois: Aldine, 1965.

Bouwsma, William J., "Politics in the Age of the Renaissance," in *Chapters in Western Civilization*, 3rd ed. New York: Columbia Univ. Press, 1961, I, 199–244.

Bouwsma, William J., *Venice and the Defenses of Republican Liberty*. Berkeley: Univ. of California Press, 1968.

Bowden, P. J., "Wool Supply and the Woollen Industry," *Economic History Review*, 2nd ser., **IX**, 1, 1956, 44–58.

Bowden, P. J., *The Wool Trade in Tudor and Stuart England*. New York: Macmillan, 1962.

Bowden, P. J., "Agricultural Prices, Farm Profits, and Rents," in *The Agrarian History of England and Wales*, **IV**: Joan Thirsk, ed., *1500–1640*. London and New York: Cambridge Univ. Press, 1967, 593–695.

Boxer, C. R., *The Christian Century in Japan*. Berkeley: Univ. of California Press, 1951.

Boxer, C. R., "The Portuguese in the East, 1500–1800," in H. V. Livermore, ed., *Portugal and Brazil, an Introduction*. London and New York: Oxford Univ. Press (Clarendon), 1953, 185–247.

Boxer, C. R., *Four Centuries of Portuguese Expansion, 1415–1825*. Johannesburg: Witswatersrand Univ. Press, 1961.

Boxer, C. R., *Race Relations in the Portuguese Colonial Empire, 1415–1825*. London and New York: Oxford Univ. Press (Clarendon), 1963.

Boxer, C. R., *The Portuguese Seaborne Empire, 1415–1825*. New York: Knopf, 1969.

Braudel, Fernand, "Monnaies et civilization: de l'or du Soudan à l'argent d'Amérique," *Annales E.S.C.*, **I**, 1, janv.–mars 1946, 9–22.

Braudel, Fernand, "La double faillite 'coloniale' de la France aux XVe et XVIe siècles," *Annales E.S.C.*, **IV**, 4, oct.–déc. 1949, 451–456.

Braudel, Fernand, "Qu'est-ce que le XVIe siècle?," *Annales E.S.C.*, **VIII**, 1, janv–mars 1953, 69–73.

Braudel, Fernand, "L'économie de la Méditerranée au XVIIe siècle," *Les Cahiers de Tunisie*, **IV**, 14, 2e trimestre 1956, 175–196.

Braudel, Fernand, "Le pacte de ricorsa au service du roi d'Espagne et de ses prêteurs à la fin du XVIe siècle," in *Studi in onore di Armando Sapori*. Milano: Istituto Edit. Cisalpino, 1957, **II**, 1115–1125.

Braudel, Fernand, "Les emprunts de Charles-Quint sur la Place d'Anvers," *Charles Quint et son temps*, Colloques internationaux du C.N.R.S., Paris, 30 sept.–3 oct., 1958. Paris: Ed. du C.N.R.S., 1959, 191–201.

Braudel, Fernand, "European Expansion and Capitalism: 1450–1650" in *Chapters in Western Civilization*, 3rd ed. New York: Columbia Univ. Press, 1961, I, 245–288.

Braudel, Fernand, *La Méditerranée et le monde méditérranéen à l'époque de Philippe II*, 2e éd. revue et augmentée, 2 vol. Paris: Lib. Armand Colin, 1966.

Braudel, Fernand, *Civilisation matérielle et capitalisme (XVe–XVIIIe siècle)*. Vol. I. Paris: Lib. Armand Colin, 1967.

Braudel, Fernand, and Romano, Ruggiero, *Navires et marchandises à l'entrée du Port de Livourne (1547–1611)*. Paris: Lib. Armand Colin, 1951.

Braudel, Fernand, and Spooner, Frank C., "Les métaux monétaires et l'économie du XVIe siècle," in *Relazioni del X Congresso Internazionale di Scienze Storiche*, **IV**: *Storia moderna*. Firenze: G. B. Sansoni, 1955, 233–264.

Braudel, Fernand, and Spooner, Frank C., "Prices in Europe from 1450 to 1750," in *Cambridge Economic History of Europe*, **IV**: E. E. Rich and C. H. Wilson, eds., *The Economy of Expanding Europe in the 16th and 17th Centuries*. London and New York: Cambridge Univ.

Press, 1967, 374–486.

Brenner, Y. S., "The Inflation of Prices in Early Sixteenth-Century England," *Economic History Review*, 2nd ser., **XIV**, 2, 1961, 225–239.

Brinkmann, Carl, "The Hanseatic League: A Survey of Recent Literature," *Journal of Economic and Business History*, **II**, 4, Aug. 1930, 585–602.

Brulez, Wilfrid, "Les routes commerciales d'Angleterre en Italie au XVIe siècle," in *Studi in onore di Amintore Fanfani*, **IV**: *Evo moderno*. Milano: Dott. A. Giuffrè-Ed. 1962, 121–184.

Brunner, Otto, "Europäisches und Russisches Bürgertum," *Vierteljahrschrift für Sozial- und Wirtschaftsgeschichte*, **XL**, 1, 1953, 1–27.

Brutzkus, J., "Trade with Eastern Europe, 800–1200," *Economic History Review*, **XIII**, 1943, 31–41.

Bücher, Karl, *Industrial Evolution*. New York: Holt, 1901.

Buckatzsch, E. J., "The Geographical Distribution of Wealth in England, 1086–1843," *Economic History Review*, 2nd ser., **III**, 2, 1950, 180–202.

Bulferetti, Luigi, "L'oro, la terra e la società: una interpretazione del nostro Seicento," *Archivio storico lombardo*, 8th ser., **IV**, 1953, 5–66.

Burckhardt, Jacob, *The Civilization of the Renaissance in Italy*. New York: Modern Library, 1954.

Cahen, Claude, "A propos de la discussion sur la féodalité," *La Pensée*, No. 68, juil.–août 1956, 94–96.

Cahen, Claude, "Au seuil de la troisième année: Réflexions sur l'usage du mot 'féodalité,'" *Journal of the Economic and Social History of the Orient*, **III**, Pt. 1, Apr. 1960, 2–20.

Campbell, Mildred, *The English Yeomen Under Elizabeth and the Early Stuarts*. New Haven, Connecticut: Yale Univ. Press, 1942.

Capistrano de Abreu, J., *Capítulos de história colonial (1500–1800)*. Rio de Janeiro, Ed. da Soc. Capistrano de Abreu, Typ. Leuzinger, 1928.

Carande, Ramón, *El crédito de Castilla en el precio de la política imperial*, discurso leído ante la Real Academia de la Historia. Madrid, 1949.

Carande, Ramón, *Carlos V y sus banqueros: La vida económica en Castilla (1516–1556)*, 2a. ed corr. y aum., 2 vol. Madrid: Sociedad de Estudios y Publicaciones, 1965.

Carsten, F. L., *The Origins of Prussia*. London and New York: Oxford Univ. Press (Clarendon), 1954.

Carus-Wilson, E. M., "An Industrial Revolution of the Thirteenth Century," *Economic History Review*, **XI**, 1941, 39–60.

Chabod, F., "Y a-t-il un état de la Renaissance?" in *Actes du Colloque sur la Renaissance*. Paris: Lib. Philosophique J. Vrin, 1958, 57–74.

Chang, T'ien-Tsê, *Sino-Portuguese Trade from 1514 to 1644*. Leiden, Netherlands: Brill, 1934.

Chaudhuri, K. N., "The East India Company and the Export of Treasure in the Early 17th Century," *Economic History Review*, 2nd ser., **XVI**, 1, Aug. 1963, 23–38.

Chaunu, Pierre, "Le galion de Manille," *Annales E.S.C.*, **VI**, 4, oct.–déc. 1951, 447–462.

Chaunu, Huguette & Pierre, "Économie atlantique, économie-monde (1504–1650)," *Cahiers d'histoire mondiale*, **I**, 1, juil. 1953, 91–104.

Chaunu, Huguette & Pierre, *Séville et l'Atlantique (1504–1650)*, **I**: *Introduction méthodologique*. Paris: Lib. Armand Colin, 1955.

Chaunu, Pierre, "Pour une histoire économique de l'Amérique espagnole coloniale," *Revue historique*, **LXXX**, 216, oct.–déc. 1956, 209–218.

Chaunu, Pierre, *Séville et l'Atlantique (1504–1650)*, **VIII** (1): *Les structures géographiques*. Paris: S.E.V.P.E.N., 1959.

Chaunu, Pierre, *Séville et l'Atlantique (1504–1650)*, **VIII** (2): *La conjoncture (1504–1592)*. Paris: S.E.V.P.E.N., 1959.

Chaunu, Pierre, *Séville et l'Atlantique (1504–1650)*, **VIII** (2 bis): *La conjoncture (1593–1650)*. Paris: S.E.V.P.E.N., 1959.

Chaunu, Pierre, "Séville et la 'Belgique,' 1555–1648," *Revue du Nord*, **XLII**, 1960, 259–292.

Chaunu, Pierre, "Minorités et conjoncture: l'expulsion des Morèsques en 1609," *Revue historique*, **CCXXV**, 1, janv.–mars 1961, 81–98.

Chaunu, Pierre, "Le renversement de la tendance majeure des prix et des activités au XVIIe siècle," *Studi in onore di Amintore Fanfani*, **IV**: *Evo moderno*. Milano: Dott. A Giuffrè-Ed., 1962, 219–255.

Chaunu, Pierre, *L'Amérique et les Amériques*. Paris: Lib. Armand Colin, 1964.

Chaunu, Pierre, "Réflexions sur le tournant des années 1630–1650," *Cahiers d'histoire*, **XII**, 3, 1967, 249–268.

Chaunu, Pierre, *L'expansion européenne du XIIIe au XVe siècle*, Collection Nouvelle Clio 26. Paris: Presses Universitaires de France, 1969.

Chaunu, Pierre, *Conquête et exploitation des nouveaux mondes (XVIe siècle)*, Collection Nouvelle Clio 26 bis. Paris: Presses Universitaires de France, 1969.

Chaussinand-Nogaret, Guy, "L'or, le poivre, le Portugal et l'économie mondiale," *Annales E.S.C.*, **XXV**, 6, nov.–déc. 1970, 1591–1596.

Cheung, Steven N. S., *The Theory of Share Tenancy*. Chicago, Illinois: Univ. of Chicago Press, 1969.

Chevalier, François, *Land and Society in Colonial Mexico*. Berkeley: Univ. of California Press, 1963.

Christensen, Aksel E., *Dutch Trade to the Baltic about 1600*. Copenhagen: Munksgaard, 1941.

Ciocca, Pierluigi, "L'ipotesi del 'ritardo' dei salari rispetto ai prezzi in periodi di inflazione: alcune considerazioni generali," *Bancaria*, **XXV**, 4, apr. 1969, 423–437; 5, maio 1969, 572–583.

Cipolla, Carlo M., *Mouvements monétaires dans l'Etat de Milan (1580–1700)*. Paris: Lib. Armand Colin, 1952.

Cipolla, Carlo M., "Note sulla storia del saggio d'interesse—Corso, dividendi, e sconto dei dividendi del Banco de S. Giorgio nel secolo XVI," *Economia internazionale*, **V**, 2, magg. 1952, 255–274.

Cipolla, Carlo M., "La prétendue 'révolution des prix,' " *Annales E.S.C.*, **X**, 4, oct.–déc. 1955, 513–516.

Cipolla, Carlo M., "Four Centuries of Italian Demographic Development" in D. V. Glass & D. E. C. Eversley, eds., *Population in History*. London: Arnold, 1965, 570–587.

Cipolla, Carlo M., *Guns and Sails in the Early Phase of European Expansion, 1400–1700*. London: Collins, 1965.

Cipolla, Carlo M., *Clocks and Culture, 1300–1700*. New York: Walker & Co., 1967.

Cipolla, Carlo M., *Money, Prices, and Civilization in the Mediterranean World: Fifth to Seventeenth Century*. New York: Gordian Press, Inc., 1967.

Cipolla, Carlo M., "The Economic Decline of Italy," in Brian Pullan ed., *Crisis and Change in the Venetian Economy in the Sixteenth and Seventeenth Centuries*. London: Methuen, 1968, 126–145. (Revised and expanded version of "The Decline of Italy: The Case of a Fully-Matured Economy," *Economic History Review*, V, 1952.)

Clark, G. N., *The Seventeenth Century*. London and New York: Oxford Univ. Press (Clarendon), 1929.

Clark, G. N., "The Birth of the Dutch Republic," *Proceedings of the British Academy*, 1946, 189–217.

Clark, G. N., *The Wealth of England from 1496 to 1760*. London: Oxford Univ. Press, 1946.

Coleman, D. C., "An Innovation and its Diffusion: the 'New Draperies,'" *Economic History Review*, 2nd ser., **XXII**, 3, Dec. 1969, 417–429.

Coles, Paul, "The Crisis of Renaissance Society: Genoa, 1448–1507," *Past & Present*, No. 11, April 1957, 17–47.

Colvin, H. M., "Castles and Government in Tudor England," *English Historical Review*, **LXXXIII**, No. 327, Apr. 1968, 225–234.

Cook, Sherburne F., and Simpson, Lesley Boyd, *The Population of Central Mexico in the*

554

*Sixteenth Century*, Ibero-Americana: **31**. Berkeley: Univ. of California Press, 1948.

Cooper, J. P., "The Counting of Manors," *Economic History Review*, 2nd ser., **VIII**, 3, 1956, 376–389.

Cooper, J. P., "Letter to the Editor," *Encounter*, **XI**, 3, Sept. 1958.

Cooper, J. P., "General Introduction," in *New Cambridge Modern History*, **IV**: J. P. Cooper, ed., *The Decline of Spain and the Thirty Years' War, 1609–48/59*. London and New York: Cambridge Univ. Press, 1970, 1–66.

Coornaert, Emile, "La genèse du système capitaliste: grande capitalisme et économie traditionelle au XVIe siècle," *Annales d'histoire économique et sociale*, **VIII**, 1936, 127–139.

Coornaert, Emile, "Les échanges de la France avec l'Allemagne et les pays du Nord au XVIe siècle," *Revue d'histoire économique et sociale*, **XXXV**, 3, 1959, 407–427.

Coulbourn, Rushton, ed., *Feudalism in History*. Princeton, New Jersey: Princeton Univ. Press, 1956.

Coulbourn, Rushton, "A Comparative Study of Feudalism," Part III of Rushton Coulbourn, ed., *Feudalism in History*. Princeton, New Jersey: Princeton Univ. Press, 1956, 183–395.

Craeybeckx, Jan, "Quelques grands marchés de vins français dans les anciens Pays-Bas et dans le Nord de la France à la fin du Moyen Age et au XVIe siècle: Contribution à l'étude de la notion d'étape," *Studi in onore di Armando Sapori*. Milano: Istituto Edit. Cisalpino, 1957, **II**, 849–882.

Craeybeckx, Jan, "Les français et Anvers au XVIe siècle," *Annales E.S.C.*, **XVII**, 3, mai–juin 1962, 542–554.

Craeybeckx, Jan, "Les industries d'exportation dans les villes flamandes au XVIIe siècle, particulièrement à Gand et à Bruges," *Studi in onore di Amintore Fanfani*, **IV**: *Evo moderno*. Milano: Dott. A. Giuffrè-Ed., 1962, 411–468.

Cromwell, Julian, "The Early Tudor Gentry," *Economic History Review*, 2nd ser., **XVII**, 3, 1965, 456–471.

Czalpinski, Wladyslaw, "Le problème baltique aux XVIe et XVIIe siècles," *International Congress of Historical Sciences*, Stockholm, 1960. *Rapports*, **IV**: *Histoire moderne*. Göteborg: Almqvist & Wiksell, 1960, 25–47.

Czarnowski, Stefan, "La réaction catholique en Pologne à la fin du XVIe siècle et au début du XVIIe siècle," *La Pologne au VIIe Congrès Internationale des Sciences Historiques*, Varsovie: Société Polonaise d'Histoire, 1933, **II**, 287–310.

Darby, H. C., "The Clearing of the Woodland in Europe," in William L. Thomas, Jr., ed., *Man's Role in Changing the Face of the Earth*. Chicago, Illinois: Univ. of Chicago Press, 1956, 183–216.

da Silva, José-Gentil, "Trafics du Nord, marchés du 'Mezziogiorno,' finances génoises: recherches et documents sur la conjoncture à la fin du XVIe siècle," *Revue du Nord*, **XLI**, 1959, 129–152.

da Silva, José-Gentil, "Villages castillans et types de production au XVIe siècle," *Annales E.S.C.*, **XVIII**, 4, juil.–août 1963, 729–744.

da Silva, José-Gentil, *En Espagne: développement économique, subsistence, déclin*. Paris: Mouton, 1965.

da Silva, José-Gentil, "L'autoconsommation au Portugal (XIVe–XXe siècles)," *Annales E.S.C.*, **XXIV**, 2, mars–avr. 1969, 250–288.

Davies, C. S. L., "Provisions for Armies, 1509–50: A Study in the Effectiveness of Early Tudor Government," *Economic History Review*, 2nd ser., **XVII**, 2, 1964, 234–248.

Davies, C. S. L., "Les révoltes populaires en Angleterre (1500–1700)," *Annales E.S.C.*, **XXIV**, 1, janv.–févr. 1969, 24–60.

Davis, Ralph, "England and the Mediterranean, 1570–1670," in F. J. Fisher, ed., *Essays in the Economic and Social History of Tudor and Stuart England*. London and New York: Cambridge Univ. Press, 1961, 117–137.

de Bary, William Theodore, "Introduction," to William Theodore de Bary, ed., *Self and Society in Ming Thought.* New York: Columbia Univ. Press, 1970, 1–27.

de Bary, William Theodore, "Individualism and Humanitarianism in Late Ming Thought," in William Theodore de Bary, ed., *Self and Society in Ming Thought.* New York: Columbia Univ. Press, 1970, 145–247.

de Falguerolles, G. E., "La décadence de l'économie agricole dans le Consulat de Lempaut aux XVIIe et XVIIIe siècles," *Annales du Midi,* **LIII,** 1941, 142–168.

de Lagarde, Georges, "Réflexions sur la cristallisation de la notion d'Etat au XVIe siècle," in Enrico Castelli, ed., *Umanesimo e scienza politica.* Milano: Dott. Carlo Marzorati, 1951, 247–256.

Delumeau, Jean, *Vie économique et sociale de Rome dans la seconde moitié du XVIe siècle,* 2 vol. Paris: Boccard, 1957.

de Maddalena, Aldo, "Il mondo rurale italiano nel cinque e nel seicento," *Rivista storica italiana,* **LXXVI,** 2, giug. 1964, 349–426.

de Oliveira Marques, António H., "Notas para a história da feitoria portuguésa na Flandres no século XV," *Studi in onore di Amintore Fanfani, II: Medioevo.* Milano: Dott. A. Giuffrè-Ed., 1962, 437–476.

de Roover, Raymond, "Anvers comme marché monétaire au XVIe siècle," *Revue belge de philologie et d'histoire,* **XXXI,** 4, 1953, 1003–1047.

de Vries, Jan, "The Role of the Rural Sector in the Development of the Dutch Economy: 1500–1700," *Journal of Economic History,* **XXXI,** 1, Mar. 1971, 266–268.

de Vries, Philip, "L'animosité anglo-hollandaise au XVIIe siècle," *Annales E.S.C., V,* 1, janv.–mars 1950, 42–47.

Deyon, Pierre, "A propos des rapports entre la noblesse et la monarchie absolue pendant la première moitié du XVIIe siècle," *Revue historique,* **CCXXXI,** avr.–juin 1964, 341–356.

Dobb, Maurice, *Studies in the Development of Capitalism.* London: Routledge & Kegan Paul, 1946.

Dobb, Maurice, "Reply," *Science and Society,* **XIV,** 2, Spring 1950, 157–167.

Dobb, Maurice, *Papers on Capitalism, Development, and Planning.* New York: International Publ., 1967.

Dollinger, Philippe, *La Hanse (XIIe–XVIIe siècles).* Paris: Montaigne, 1964.

Domar, Evsey D., "The Causes of Slavery or Serfdom: A Hypothesis," *Journal of Economic History,* **XXX,** 1, Mar. 1970, 18–32.

Dowd, Douglas F., "The Economic Expansion of Lombardy, 1300–1500: A Study in Political Stimuli to Economic Change," *Journal of Economic History,* **XXI,** 2, June 1961, 143–160.

Duby, Georges, "Le grand domaine de la fin du moyen âge en France," *Première Conférence Internationale d'Histoire Economique,* Stockholm, August 1960: *Contributions.* Paris: Mouton, 1960, 333–342.

Duby, Georges, "The French Countryside at the End of the 13th Century" in Rondo E. Cameron, ed., *Essays in French Economic History.* Homewood, Illinois: Richard D. Irwin, Inc., 1970, 33–41. (Translated from *Bolletino dell'Istituto Storico Italiano per il Medio Evo,* No. 74, 1962.)

Duby, Georges, "Démographie et villages désertés," *Villages désertés et histoire économique, XIe–XVIIIe siècles.* Paris: S.E.V.P.E.N., 1965, 13–24.

Duby, Georges, *Rural Economy and Country Life in the Medieval West.* Columbia: Univ. of South Carolina Press, 1968.

Duby, Georges, and Mandrou, Robert, *Histoire de la civilisation française, I: Le Moyen Age et le XVIe siècle.* Paris: Lib. Armand Colin, 1958.

Duby, Georges, and Mandrou, Robert, *Histoire de la civilisation française, II: XVIIe–XXe siècle.* Paris: Lib. Armand Colin, 1958.

Eberhard, Wolfram, *Conquerors and Rulers: Social Forces in Medieval China,* 2nd ed. Leiden: Brill, 1965.

Edler, Florence, "The Effects of the Financial Measures of Charles V on the Commerce of Antwerp, 1539–42," *Revue belge de philologie et d'histoire,* **XVI,** 3–4, juil.–déc. 1937, 665–673.

Ehrenberg, Richard, *Capital and Finance in the Age of the Renaissance.* New York: Harcourt, 1928.

Eisenstadt, S. N., "Political Struggle in Bureaucratic Societies," *World Politics,* **IX,** 1, Oct. 1956, 15–36.

Eisenstadt, S. N., "The Causes of Disintegration and Fall of Empires: Sociological and Historical Analyses," *Diogenes,* No. 34, Summer 1961, 82–107.

Eisenstadt, S. N., "Empires," *International Encyclopedia of the Social Sciences.* New York: Macmillan and Free Press, 1968, **V,** 41–49.

Eitzen, Stanley D., "Two Minorities: The Jews of Poland and the Chinese of the Philippines," *Jewish Journal of Sociology,* **X,** 2, Dec. 1968, 221–240.

Elliott, J. H., "The Decline of Spain," *Past & Present,* No. 20, Nov. 1961, 52–75.

Elliott, J. H., *Imperial Spain, 1469–1716.* New York: Mentor, 1966.

Elliott, J. H., *Europe Divided, 1559–1598.* New York: Harper, 1968.

Elliott, J. H., *The Old World and the New, 1492–1650.* London and New York: Cambridge Univ. Press, 1970.

Elliott, J. H., "The Spanish Peninsula, 1598–1648," in *New Cambridge Modern History,* **IV:** J. P. Cooper, ed., *The Decline of Spain and the Thirty Years' War, 1609–48/59.* London and New York: Cambridge Univ. Press, 1970, 435–473.

Elman, P., "The Economic Causes of the Expulsion of the Jews in 1290," *Economic History Review,* **VII,** 1, Nov. 1936, 145–154.

Elton, G. R., *The Tudor Revolution in Government.* London and New York: Cambridge Univ. Press, 1953.

Elton, G. R., "The Tudor Revolution: A Reply,"*Past & Present,* No. 29, Dec. 1964, 26–49.

Elton, G. R., "A Revolution in Tudor History?" *Past & Present,* No. 32, Dec. 1965, 103–109.

Emery, Frank, "The Farming Regions of Wales," in *The Agrarian History of England and Wales,* **IV:** Joan Thirsk, ed., *1500–1640.* London and New York: Cambridge Univ. Press, 1967, 113–160.

Engels, Frederick, *Socialism: Utopian and Scientific.* New York: International Publishers, 1935.

Engels, Frederick, *The Origins of the Family, Private Property and the State.* London: Lawrence & Wishart, 1940.

Engels, Frederick, *The Peasant War in Germany,* in *The German Revolutions.* Chicago, Illinois: Univ. of Chicago Press, 1967.

Espeiux, Henri, *Histoire de l'Occitanie.* Nîmes: Le Centre Culturel Occitan, Collection Cap-e-Cap, 1970.

Everitt, Alan, "Social Mobility in Early Modern England," *Past & Present,* No. 33, Apr. 1966, 56–73.

Everitt, Alan, "Farm Labourers," in *The Agrarian History of England and Wales,* **IV:** Joan Thirsk, ed., *1500–1640.* London and New York: Cambridge Univ. Press, 1967, 396–465.

Everitt, Alan, "The Marketing of Agricultural Produce," in *The Agrarian History of England and Wales,* **IV:** Joan Thirsk, ed., *1500–1640,* London and New York: Cambridge Univ. Press, 1967, 466–592.

Falls, Cyril, *Elizabeth's Irish Wars.* London, Methuen, 1950.

Fanfani, Amintore, *Storia del lavoro in Italia della fine del secolo XV agli inizi del XVIII.* Milano: Dott. A. Giuffrè-Ed., 1959.

Fanon, Frantz, *The Wretched of the Earth.* New York: Grove Press, 1966.

Favret, Jeanne, "Le traditionalisme par excès de modernité," *European Journal of Sociology,* **VIII,** 1, 1967, 71–93.

Febvre, Lucien, "Préface" to Huguette & Pierre Chaunu, *Séville et l'Atlantique (1504–1650),* Paris: Lib. Armand Colin, 1955, **I.** ix–xv.

Felix, David, "Profit Inflation and Industrial Growth: The Historic Record and Contemporary Analogies," *Quarterly Journal of Economics*, **LXX**, 3, Aug. 1956, 441–463.

Ferguson, Wallace, "Toward the Modern State," in Wallace Ferguson, ed., *Renaissance Studies*, No. 2. London, Ont.: University of Western Ontario, 1963, 137–153. (Originally in *The Renaissance: A Symposium*, 1953.)

Fernández Alvarez, Manuel, "La Paz de Cateau-Cambrésis," *Hispania, revista española de historia,* **XIX**, No. 77, oct.–dic. 1959, 530–544.

Fisher, F. J., "The Development of the London Food Market, 1540–1640," in E. M. Carus-Wilson, ed., *Essays in Economic History.* New York: St. Martin's, 1965, **I**, 135–151. (Originally in *Economic History Review*, V, 1935.)

Fisher, F. J., "The Development of London as a Centre of Conspicuous Consumption in the Sixteenth and Seventeenth Centuries," in E. M. Carus-Wilson, ed., *Essays in Economic History.* New York: St. Martin's, 1966, **II**, 197–207. (Originally in *Transactions of the Royal Historical Society*, 4th ser., XXX, 1948.)

Fisher, F. J., "London's Export Trade in the Early Seventeenth Century," *Economic History Review*, 2nd ser., **III**, 2, 1950, 151–161.

Fisher, F. J., "The Sixteenth and Seventeenth Centuries: The Dark Ages in English Economic History?," *Economica*, n.s., **XXIV**, 93, 1957, 2–18.

Fisher, F. J., "Tawney's Century," in F. J. Fisher, ed., *Essays in the Economic and Social History of Tudor and Stuart England.* New York and London: Cambridge Univ. Press. 1961, 1–14.

Fourastié, Jean, and Gradamy, René, "Remarques sur les prix salariaux des céréales et la productivité du travailleur agricole en Europe du XVe et XVIe siècles," *Third International Conference of Economic History*, Munich, 1965. Paris: Mouton, 1968, 647–656.

Foust, C. M., "Russian Expansion to the East Through the Eighteenth Century," *Journal of Economic History*, **XXI**, 4, Dec. 1961, 469–482.

Fox, P., "The Reformation in Poland," in *The Cambridge History of Poland*, **I**: W. F. Reddaway et al., eds., *From the Origins to Sobieski (to 1696).* London and New York: Cambridge Univ. Press, 1950, 322–347.

François, Michel, "L'idée d'empire sous Charles-Quint," *Charles Quint et son temps*, Colloques internationaux du C.N.R.S., 30 sept.–3 oct. 1958. Paris: Ed. du C.N.R.S., 1959, 23–35.

Frank, André Gunder, *Capitalism and Underdevelopment in Latin America*. New York: Monthly Review Press, 1967.

Fried, Morton, "On the Concept of 'Tribe' and 'Tribal Society,' " in June Helm, ed., *Essays on the Problem of Tribe*, Proceedings of 1967 Annual Spring Meeting of the American Ethnological Society, 3–20.

Friedrich, Carl J., *The Age of the Baroque.* New York: Harper, 1952.

Friis, Astrid, *Alderman Cockayne's Project and the Cloth Trade.* Copenhagen: Levin and Munksgaard, 1927.

Friis, Astrid, "An Inquiry into the Relations between Economic and Financial Factors in the Sixteenth and Seventeenth Centuries, *Scandinavian Economic History Review*, **I**, 2, 1953, 193–241.

Furtado, Celso, *Economic Development of Latin America.* London and New York: Cambridge Univ. Press, 1970.

Gay, Edwin F., "The Midland Revolt and the Inquisitions of Depopulation of 1607," *Transactions of the Royal Historical Society*, n.s., **XVIII**, 1904, 195–244.

Génicot, Leopold, "Crisis: From the Middle Ages to Modern Times," in *Cambridge Economic History of Europe*, **I**: M. M. Postan, ed., *The Agrarian Life of the Middle Ages*, 2nd ed. London and New York: Cambridge Univ. Press, 1966, 660–741.

Gerschenkron, Alexander, "An Economic History of Russia," *Journal of Economic History*, **XII**, 2, Spr. 1952, 146–154.

Gerschenkron, Alexander, "Review article: Lord and Peasant in Russia from the Ninth to the Nineteenth Century," *Journal of Economic History*, **XXIV**, 1, Mar. 1964, 53–59.

558

Gerth, Hans, "Glossary" in Max Weber, *The Religion of China*. New York: Free Press, 1951, 298–308.

Gestrin, Ferdo, "Economie et société en Slovénie au XVIe siècle," *Annales E.S.C.*, **XVII**, 4, juil.–août, 1962, 663–690.

Geyl, Pieter, *The Revolt of the Netherlands (1559–1609)*. London: Williams & Norgate, 1932.

Geyl, Pieter, *Debates with Historians*. New York: Meridian, 1958.

Gibson, Charles, *The Aztecs Under Spanish Rule*. Stanford, California: Stanford Univ. Press, 1964.

Glamann, Kristof, "European Trade, 1500–1700," *Fontana Economic History of Europe*, **II**, 6, 1971.

Godinho, Vitorino Magalhães, "Création et dynamisme économique du monde atlantique (1420–1670)," *Annales E.S.C.*, **V**, 1, janv.–mars 1950, 32–36.

Godinho, Vitorino Magalhães, "Le repli vénitien et égyptien et la route du Cap, 1496–1533," in *Eventail de l'histoire vivante: hommage à Lucien Febvre*, Paris: Lib. Armand Colin, 1953, **II**. 283–300.

Godinho, Vitorino Magalhães, *L'économie de l'empire portugais aux XVe et XVIe siècles*. Paris: S.E.V.P.E.N., 1969.

Goldmann, Lucien, *The Hidden God*. New York: Humanities Press, 1964.

Gordon-Walker, P. C., "Capitalism and the Reformation," *Economic History Review*, **VIII**, 1, Nov. 1937, 1–19.

Goubert, Pierre, "Recent Theories and Research in French Population between 1500 and 1700," in D. V. Glass and D. E. C. Eversley, eds., *Population in History*. London: Arnold, 1965, 457–473.

Gould, J. D., "The Trade Depression of the Early 1620's," *Economic History Review*, 2nd ser., **VII**, 1, 1954, 81–90.

Gould, J. D., "The Price Revolution Reconsidered," *Economic History Review*, 2nd ser., **XVII**, 2, 1964, 249–266.

Grabowski, Thadée, "La réforme réligieuse en Occident et en Pologne," *La Pologne au Ve Congrès International des Sciences Historiques*, Bruxelles, 1923. Warsaw: 1924, 67–72.

Gramsci, Antonio, *Il Risorgimento*. Roma: Giulio Einaudi, 1955.

Gras, N. S. B., *The Evolution of the English Corn Market*. Cambridge: Harvard Univ. Press, 1915.

Gray, H. L., "English Foreign Trade from 1446 to 1482," in Eileen E. Power and M. M. Postan, eds., *Studies in English Trade in the Fifteenth Century*. New York: Barnes & Noble, 1966, 1–38.

Griffiths, Gordon, "The Revolutionary Character of the Revolution of the Netherlands," *Comparative Studies in Society and History*, **II**, 4, July 1960, 452–472.

Guillén Martinez, Fernando, *Raíz y futuro de la revolución*. Bogotá: Ed. Tercer Mundo, 1963.

Habakkuk, H. John, "La disparition du paysan anglais," *Annales E.S.C.*, **XX**, 4, juil.–août 1965, 649–663.

Hall, A. Rupert, "Scientific Method and the Progress of Techniques," *Cambridge Economic History of Europe*, **IV**: E. E. Rich and C. H. Wilson, eds., *The Economy of Expanding Europe in the 16th and 17th Centuries*. London and New York: Cambridge Univ. Press, 1967, 96–154.

Hamilton, Earl J., "American Treasure and Andalusian Prices, 1503–1660," *Journal of Economic and Business History*, **I**, 1, Nov. 1928, 1–35.

Hamilton, Earl J., "American Treasure and the Rise of Capitalism," *Economica*, **IX**, 27, Nov. 1929, 338–357.

Hamilton, Earl J., "Origin and Growth of the National Debt in Western Europe," *American Economic Review*, **XXXVII**, 2, May 1947, 118–130.

Hamilton, Earl J., "Prices and Progress: Prices as a Factor in Business Growth," *Journal of Economic History*, **XII**, Fall 1952, 325–349.

Hamilton, Earl J., "The History of Prices Before 1750," in *International Congress of Historical Sciences*, Stockholm, 1960. *Rapports*, I: *Méthodologie, histoire des universités, histoire des prix avant 1750*. Göteborg: Almqvist & Wiksell, 1960, 144–164.

Hammarström, Ingrid, "The 'Price Revolution' of the Sixteenth Century: Some Swedish Evidence," *Scandinavian Economic History Review*, V, 1, 1957, 118–154.

Harrison, J. B., Colonial Development and International Rivalries Outside Europe, II: Asia and Africa," *New Cambridge Modern History*, III: R. B. Wernham, ed., *The Counter-Reformation and the Price Revolution, 1559–1610*. London and New York: Cambridge Univ. Press, 1968, 532–558.

Harriss, G. L., and Williams, Penry, "A Revolution in Tudor History?" *Past & Present*, No. 31, July 1965, 87–96.

Hartung, Fr., and Mousnier, R., "Quelques problèmes concernant la monarchie absolue," in *Relazioni del X Congreso Internazionale di Scienze Storiche*, IV: *Storia moderna*. Firenze: G. B. Sansoni, 1955, 1–55.

Hauser, Henri, "The European Financial Crisis of 1559," *Journal of European Business History*, II, 2, Feb. 1930, 241–255.

Hauser, Henri, "The Characteristic Features of French Economic History from the Middle of the Sixteenth Century to the Middle of the Eighteenth Century," *Economic History Review*, IV, 3, Oct. 1933, 257–272.

Heaton, Herbert, *Economic History of Europe*, rev. ed. New York: Harper, 1948.

Heckscher, Eli F., *An Economic History of Sweden*. Cambridge, Massachusetts: Harvard Univ. Press, 1954.

Heckscher, Eli F., *Mercantilism*, 2 vol., rev. ed. London: Allen & Unwin, 1955.

Heers, Jacques, "Les Génois en Angleterre: la crise de 1458–1466," *Studi in onore di Armando Sapori*. Milano: Istituto Edit. Cisalpino, 1957, II, 809–832.

Heers, Jacques, "Rivalité ou collaboration de la terre et de l'eau? Position générale des problèmes," in *Les grandes voies maritimes dans le monde, XVe–XIXe siècles*, VIIe Colloque, Commission Internationale d'Histoire Maritime. Paris: S.E.V.P.E.N., 1965, 13–63.

Helleiner, Karl, "The Population of Europe from the Black Death to the Eve of the Vital Revolution," in *Cambridge Economic History of Europe*, IV: E. E. Rich and C. H. Wilson, eds., *The Economy of Expanding Europe in the 16th and 17th Centuries*. London and New York: Cambridge Univ. Press, 1967, 1–95.

Hexter, J. H., "Letter to the Editor," *Encounter*, XI, 2, Aug., 1958.

Hexter, J. H., "The Myth of the Middle Class in Tudor England," *Reappraisals in History*. New York: Harper, 1963, 71–116.

Hexter, J. H., "A New Framework for Social History," *Reappraisals in History*. New York: Harper, 1963, 14–25.

Hexter, J. H., "Storm Over the Gentry," *Reappraisals in History*. New York: Harper, 1963, 117–162. (Originally appeared in *Encounter*, X, 5, May 1968.)

Hibbert, A. B., "The Origins of the Medieval Town Patriciate," *Past & Present*, No. 3, Feb. 1953, 15–27.

Hill, Christopher, "The Transition from Feudalism to Capitalism," *Science and Society*, XVII, 4, Fall 1953, 348–351.

Hill, Christopher, "Recent Interpretations of the Civil War," in *Puritanism and Revolution*. New York: Schocken Books, 1958, 3–31.

Hill, Christopher, "Some Social Consequences of the Henrician Revolution," in *Puritanism and Revolution*. New York: Schocken Books, 1958, 32–49.

Hill, Christopher, "Protestantism and the Rise of Capitalism," in F. J. Fisher, ed., *Essays in the Economic and Social History of Tudor and Stuart England*. London and New York: Cambridge Univ. Press, 1960, 15–39.

Hill, Christopher, *Reformation to the Industrial Revolution, 1530–1780*, Vol. II of The Pelican Economic History of Britain. London: Penguin Books, 1967.

Hilton, R. H., "Peasant Movements in England before 1381," in E. M. Carus-Wilson, ed.,

*Essays in Economic History:* New York: St. Martin's, 1966, **II**, 73–90. (Originally in *Economic History Review,* II, 1949.)

Hilton, R. H., "Y eut-il une crise générale de la féodalité?" *Annales E.S.C.,* **VI**, 1, janv.–mars 1951, 23–30.

Hilton, R. H., "The Transition from Feudalism to Capitalism," *Science and Society,* **XVII**, 4, Fall 1953, 340–348.

Hilton, R. H., "A Study in the Pre-History of English Enclosure in the Fifteenth Century," *Studi in onore di Armando Sapori.* Milano: Istituto Edit. Cisalpino, 1957, **I**, 673–685.

Hilton, R. H. and Smith, R. E. F., "Introduction" to R. E. F. Smith, *The Enserfment of the Russian Peasantry.* London and New York: Cambridge Univ. Press, 1968, 1–27.

Hinton, R. W. K., "Dutch Entrepôt Trade at Boston, Lincs., 1600–40," *Economic History Review,* 2nd ser., **IX**, 3, Apr., 1957, 467–471.

Hinton, R. W. K., "Letter to the Editor," *Encounter,* **XI**, 1, July 1958.

Hinton, R. W. K., *The Eastland Trade and the Common Weal in the Seventeenth Century.* London and New York: Cambridge Univ. Press, 1959.

Hobsbawm, E. J., "The Crisis of the Seventeenth Century," in Trevor Aston, ed., *Crisis in Europe, 1560–1660.* London: Routledge & Kegan Paul, 1965, 5–58.

Honjo, Eijiro, "Facts and Ideas of Japan's Over-sea Development Prior to the Meiji Restoration," *Kyoto University Economic Review,* **XVII**, 1, Jan. 1942, 1–13.

Hoskins, W. G., "The Rebuilding of Rural England, 1570–1640," *Past & Present,* No. 4, Nov. 1953, 44–57.

Hoszowski, Stanislaw, "The Polish Baltic Trade in the 15th–18th Centuries," *Poland at the XIth International Congress of Historical Sciences in Stockholm.* Warsaw: The Polish Academy of Sciences, The Institute of History, 1960, 117–154.

Hoszowski, Stanislaw, "L'Europe centrale dans la révolution des prix: XVIe et XVIIe siècles," *Annales E.S.C.,* **XVI**, 3, mai–juin 1961, 441–456.

Hudson, G. F., *Europe and China.* London: Arnold, 1931.

Hurstfield, J., "The Profits of Fiscal Feudalism, 1541–1602," *Economic History Review,* 2nd ser., **VIII**, 1, 1955, 53–61.

Hurstfield, J., "Social Structure, Office-Holding and Politics, Chiefly in Western Europe," *New Cambridge Modern History,* **III**: R. B. Wernham, ed., *The Counter-Reformation and the Price Revolution, 1559–1610.* London and New York: Cambridge Univ. Press, 1968, 126–148.

Innis, Harold A., "The Rise and Fall of the Spanish Fishery in Newfoundland," *Proceedings and Transactions of the Royal Society of Canada,* 3rd ser., **XXV**, Section II, 1931, 51–70.

Innis, Harold A., *The Cod Fisheries: The History of an International Economy.* New Haven, Connecticut: Yale Univ. Press, 1940.

Jara, Alvaro, "Una investigación sobre los problemas del trabajo en Chile durante el periodo colonial," *Hispanic American Historical Review,* **XXXIX**, 2, 1959, 239–244.

Jara, Alvaro, *Guerre et société au Chili: essai de sociologie coloniale.* Paris: Institut des Hautes Etudes de l'Amérique Latine, 1961.

Jara, Alvaro, "La producción de metales preciosos en el Perú en el siglo XVI," *Boletín de la Universidad de Chile,* No. 44, nov. 1963, 58–64.

Jara, Alvaro, "Estructuras de colonización y modalidades del tráfico en el Pacífico sur hispano-americano," *Les Grandes voies maritimes dans le monde XV–XIXe siècles,* VIIe Colloque, Commission Internationale d'Histoire Maritime. Paris: S.E.V.P.E.N., 1965, 247–275.

Jara, Alvaro, "Economía minera e historia económica hispanoamericana," in *Tres ensayos sobre economía minera hispanoamericana.* Santiago de Chile: Centro de Investigaciones de Historia Americana, 1966, 15–54.

Jara, Alvaro, "Salario en una economía caracterizada por las relaciones de dependencia personal," *Third International Conference of Economic History,* Munich 1965. Paris: Mouton, 1968, 601–615.

Jeannin, Pierre, "Anvers et la Baltique au XVIe siècle," *Revue du Nord,* **XXXVII,** avr.–juin 1955, 93–113.

Jeannin, Pierre, "Les relations économiques des villes de la Baltique avec Anvers au XVIe siècle," *Vierteljahrschrift für Sozial- und Wirtschaftsgeschichte,* **XLIII,** 3, Sept. 1956, 193–217; 4, Dez. 1956, 323–355.

Jeannin, Pierre, "Les comptes du Sund comme source pour la construction d'indices généraux de l'activité économique en Europe (XVI–XVIIIe siècles)," *Revue historique,* **CCXXXI,** janv.–mars 1964, 55–102; avr.–juin 1964, 307–340.

Johnsen, Oscar Albert, "Les relations commerciales entre la Norvège et l'Espagne dans les temps modernes," *Revue historique,* 55e Année, **CLXV,** 1, sept.–déc. 1930, 77–82.

Jones, E. L., and Woolf, S. J., "The Historic Role of Agrarian Change in Economic Development" in E. L. Jones and S. J. Woolf, eds., *Agrarian Change and Economic Development.* London: Methuen, 1969, 1–21.

Jones, P. J., "Per la storia agraria italiana nel medio evo: lineamenti e problemi," *Rivista storica italiana,* **LXXVI,** 2, giugno 1964, 287–348.

Kellenbenz, Herman, "Spanien, die nördlichen Niederlande und die Skandinavisch-baltische Raum in der Weltwirtschaft und Politik um 1600," *Vierteljahrschrift für Sozial- und Wirtschaftsgeschichte,* **XLI,** 4, 1954, 289–332.

Kellenbenz, Herman, "Autour de 1600: le commerce de poivre des Fuggers et le marché internationale de poivre," *Annales E.S.C.,* **XI,** 1, janv.–mars 1956, 1–28.

Kellenbenz, Herman, "Landverkehr, Fluss- und Seeschiffahrt im Europäischen Handel (Spätmitterlalter-Anfang des 19. Jahrhunderts)," in *Les grandes voies maritimes dans le monde, XVe–XIXe siècles,* VIIe Colloque, Commission Internationale d'Histoire Maritime. Paris: S.E.V.P.E.N., 1965, 65–174.

Kerridge, Eric, "The Movement in Rent, 1540–1640," in E. M. Carus-Wilson, ed., *Essays in Economic History.* New York: St. Martin's, 1966, **II,** 208–226. (Originally in *Economic History Review,* VI, 1953.)

Keynes, J. M., *A Treatise on Money,* 2 vol. New York: Macmillan, 1950.

Kiernan, V. G., "Foreign Mercenaries and Absolute Monarchy," *Past & Present,* No. 11, Apr. 1957, 66–83.

Kiernan, V. G., "State and Nation in Western Europe," *Past & Present,* No. 31, July 1965, 20–38.

Kingdon, Robert M., "The Political Resistance of the Calvinists in France and the Low Countries," *Church History,* **XXVII,** 3, Sept. 1958, 220–233.

Kingdon, Robert M., "Social Welfare in Calvin's Europe," *American Historical Review,* **LXXVI,** 1, Feb. 1971, 50–69.

Klein, Julius, *The Mesta: A Study in Spanish Economic History, 1273–1836.* Cambridge, Massachusetts: Harvard Univ. Press, 1919.

Klíma, A., and Macůrek, J., "La question de la transition du féodalisme au capitalisme en Europe centrale (16e–18e siècles)," *International Congress of Historical Sciences,* Stockholm, 1960. *Rapports,* **IV:** *Histoire moderne.* Göteborg: Almqvist & Wiksell, 1960, 84–105.

Kluchevsky, V. O., *A History of Russia,* 5 vol. London: J. M. Dent, 1911.

Kobata, A., "The Production and Uses of Gold and Silver in 16th and 17th Century Japan," *Economic History Review,* 2nd ser., **XVIII,** 2, Oct. 1965, 245–266.

Koenigsberger, H. G., *The Government of Sicily Under Philip II of Spain.* London: Staples Press, 1951.

Koenigsberger, H. G., "The Organization of Revolutionary Parties in France and the Netherlands During the Sixteenth Century," *The Journal of Modern History,* **XXVII,** 4, Dec. 1955, 335–351.

Koenigsberger, H. G., "Property and the Price Revolution (Hainault, 1474–1573)," *Economic History Review,* 2nd ser., **IX,** 1, 1956, 1–15.

Koenigsberger, H. G., "The Empire of Charles V in Europe," in *New Cambridge Modern*

562

*History*, **II**: G. R. Elton, ed., *The Reformation, 1520–1559*. London and New York: Cambridge Univ. Press, 1958, 301–333.

Koenigsberger, H. G., "Western Europe and the Power of Spain," *New Cambridge Modern History*, **III**: R. B. Wernham, ed., *The Counter-Reformation and the Price Revolution, 1559–1610*. London and New York: Cambridge Univ. Press, 1968, 234–318.

Koenigsberger, H. G., "The European Civil War," in *The Habsburgs and Europe, 1516–1660*. Ithaca, New York: Cornell Univ. Press, 1971, 219–285. (Originally in H. R. Trevor-Roper, ed., *The Age of Expansion*.)

Kosminsky, Eugen A. "The Evolution of Feudal Rent in England from the XIth to the XVth Centuries," *Past & Present*, No. 7, Apr. 1955, 12–36.

Kosminsky, Eugen A., "Peut-on considérer le XIVe et le XVe siècles comme l'époque de la décadence de l'économie européenne?" *Studi in onore di Armando Sapori*. Milano: Istituto Edit. Cisalpino, 1957, **I**, 551–569.

Kovacevic, Desanka, "Dans la Serbie et la Bosnie médiévales: les mines d'or et d'argent," *Annales E.S.C.*, **XV**, 2, mars–avr. 1960, 248–258.

Kula, Witold, *Théorie économique du système féodal: pour un modèle de l'économie polonaise, 16e–18e siècles*. Paris: Mouton, 1970.

Kuznets, Simon, "The State as the Unit of Study of Economic Growth," *Journal of Economic History*, **XI**, 1, Winter 1951, 25–41.

Lach, Donald F., *Asia in the Making of Europe*, Vol. I: *The Century of Discovery*, 2 books. Chicago, Illinois: Univ. of Chicago Press, 1965.

Laclau (h), Ernesto, "Feudalism and Capitalism in Latin America," *New Left Review*, No. 67, May–June 1971, 19–38.

Ladero Quesada, Miguel Angel, "Les finances royales de Castille à la veille des temps modernes," *Annales E.S.C.*, **XXV**, 3, mai–juin 1970, 775–788.

Lane, Frederic C., "The Rope Factory and Hemp Trade in the Fifteenth and Sixteenth Centuries," in *Venice and History*. Baltimore, Maryland: Johns Hopkins Press, 1966, 269–284. (Originally in *Journal of Economic and Business History*, IV, 1932.)

Lane, Frederic C., "Venetian Shipping during the Commercial Revolution," in *Venice and History*. Baltimore, Maryland: Johns Hopkins Press, 1966, 3–24. (Originally in *American Historical Review*, XXXVIII, 1937.)

Lane, Frederic C., "The Mediterranean Spice Trade: Its Revival in the Sixteenth Century," in *Venice and History*. Baltimore, Maryland: Johns Hopkins Press, 1966, 25–34. (Originally in *American Historical Review*, XLV, 1940.)

Lane, Frederic C., "National Wealth and Protection Costs," in *Venice and History*. Baltimore, Maryland: Johns Hopkins Press, 1966, 373–382. (Originally in Jesse Clarkson and Thomas C. Cochran, eds., *War as a Social Institution*, 1941.)

Lane, Frederic C., "The Economic Meaning of War and Protection," *Venice and History*. Baltimore, Maryland: Johns Hopkins Press, 1966, 383–398. (Originally in *Social Philosophy and Jurisprudence*, VII, 1942.)

Lane, Frederic C., "Force and Enterprise in the Creation of Oceanic Commerce," in *Venice and History*. Baltimore, Maryland: Johns Hopkins Press, 1966, 399–411. (Originally in *Journal of Economic History*, Supplement X, 1950.)

Lane, Frederic C., "Economic Consequences of Organized Violence," in *Venice and History*. Baltimore, Maryland: Johns Hopkins Press, 1966, 412–428. (Originally in *Journal of Economic History*, XVIII, 1958.)

Lapeyre, Henri, *Géographie de l'Espagne morisque*. Paris: S.E.V.P.E.N., 1959.

Lapeyre, Henri, *Les monarchies européennes du XVIe siècle*, Collection Nouvelle Clio 39. Paris: Presses Universitaires de France, 1967.

Larraz, José, *La época del mercantilismo en Castilla (1500–1700)*. Madrid: Atlas, 1943.

Laskowski, Otton, "Infantry Tactics and Firing Power in the XVI Century," *Teki Historyczne*, **IV**, 2, 1950, 106–115.

참고 문헌 563

Laslett, Peter, *The World We Have Lost.* New York: Scribner's, 1965.

Lattimore, Owen, *Inner Asian Frontiers of China,* 2nd edition. Irvington-on-Hudson: Capitol Publishing Co., and New York: American Geographical Society, 1940.

Lattimore, Owen "The Frontier in History," in *Relazioni del X Congresso di Scienze Storiche,* I: *Metodologia–Problemi generali–Scienze ausiliare della storia.* Firenze: G. C. Sansoni, 1955, 103–138.

Lattimore, Owen, "La civilisation, mère de Barbarie?," *Annales E.S.C.,* **XVII**, 1, janv.–févr. 1962, 95–108.

Lefebvre, Henri, "Une discussion historique: du féodalisme au capitalisme: observations," *La Pensée,* No. 65, janv.–févr. 1956, 22–25.

Lenin, V. I., *The Development of Capitalism in Russia.* Moscow: Foreign Languages Publishing House, 1956.

Le Roy Ladurie, Emmanuel, *Les paysans du Languedoc,* 2 vol. Paris: S.E.V.P.E.N., 1966.

Le Roy Ladurie, Emmanuel, *Histoire du climat depuis l'an mil.* Paris: Flammarion, 1967.

Levenson, Joseph R., ed., *European Expansion and the Counter-Expansion of Asia, 1300–1600.* Englewood Cliffs, New Jersey: Prentice-Hall, 1967.

Lewis, Archibald R., "The Closing of the European Frontier," *Speculum,* **XXXIII**, 4, Oct. 1958, 475–483.

Lewis, Bernard, "Some Reflections on the Decline of the Ottoman Empire," *Studia islamica,* **IX**, 1958, 111–127.

Livermore, H. V., "Portuguese History," in H. V. Livermore, ed., *Portugal and Brazil, an Introduction.* London and New York: Oxford Univ. Press (Clarendon), 1953, 48–81.

Lockhart, James, "Encomienda and Hacienda: The Evolution of the Great Estate in the Spanish Indies," *Hispanic American Historical Review,* **XLIX**, 3, Aug. 1969, 411–429.

Lockwood, David, "Social Integration and System Integration," in George K. Zollschan and Walter Hirsch, eds., *Explorations in Social Change.* Boston, Massachusetts: Houghton, 1964, 244–257.

Lonchay, H., "Etude sur les emprunts des souverains belges au XVIe et XVIIe siècles," *Académie Royale de Belgique, Bulletins de la Classe des Lettres et des Sciences Morales et Politiques et de la Classe des Beaux-Arts,* 1907, 923–1013.

Lopez, R. S., "The Trade of Medieval Europe: the South," in *Cambridge Economic History of Europe,* **II**: M. M. Postan and E. E. Rich, eds., *Trade and Industry in the Middle Ages.* London and New York: Cambridge Univ. Press, 1952, 257–354.

Lopez, R. S., and Miskimin, H. A., "The Economic Depression of the Renaissance," *Economic History Review,* 2nd ser., **XIV**, 3, 1962, 408–426.

Lopez, R. S., Miskimin, H. A., and Udovitch, Abraham, "England to Egypt, 1350–1500: Long-term Trends and Long-distance Trade," in M. A. Cook, ed., *Studies in the Economic History of the Middle East from the rise of Islam to the present day.* London: Oxford Univ. Press, 1970, 93–128.

Lowmianski, Henryk, "The Russian Peasantry," *Past & Present,* No. 26, Nov. 1963, 102–109.

Lubimenko, Inna, *Les relations commerciales et politiques de l'Angleterre avec la Russie avant Pierre le Grand.* Paris: Lib. Ancienne Honoré Champion, 1933.

Lublinskaya, A. D., "Préface à l'édition russe des *Caractères originaux de l'histoire rurale française,*" *Annales E.S.C.,* **XIV**, 1, janv.–mars 1959, 91–105.

Lublinskaya, A. D., *French Absolutism: The Crucial Phase, 1620–1629.* London and New York: Cambridge Univ. Press, 1968.

Ludloff, R., "Industrial Development in 16th–17th Century Germany," *Past & Present,* No. 12, Nov. 1957, 58–75.

Lütge, Friedrich, "Economic Change: Agriculture," *New Cambridge Modern History,* **II**: G. R. Elton, ed., *The Reformation, 1520–1559.* London and New York: Cambridge Univ. Press, 1958, 23–50.

Luttrell, Anthony, "Slavery and Slaving in the Portuguese Atlantic (to about 1500)," in Centre

564

of African Studies, University of Edinburgh, *The Transatlantic Slave Trade from West Africa* (mimeo, 1965), 61–79.

Luzzatto, Gino, *Storia economica dell'età moderna e contemporanea*, Part I, *L'età moderna*. Padova: CEDAM, 1955.

Lyashchenko, Peter I., *History of the National Economy of Russia to the 1917 Revolution*. New York: Macmillan, 1949.

Lybyer, A. H., "The Ottoman Turks and the Routes of Oriental Trade," *English Historical Review*, **XXX**, Oct. 1915, 577–588.

Lythe, S. G. E., *The Economy of Scotland in Its European Setting, 1550–1625*. Edinburgh: Oliver & Boyd, 1960.

Maçzak, Antoni, "The Social Distribution of Landed Property in Poland from the Sixteenth to the Eighteenth Centuries," *Third International Conference of Economic History*, Paris: Mouton, 1968. **I**, 455–469.

Malowist, Marian, "Histoire sociale: époque contemporaine," *IXe Congrès Internationale des Sciences Historiques*, **I**: *Rapports*. Paris: Lib. Armand Colin, 1950, 305–322.

Malowist, Marian, "L'évolution industrielle en Pologne du XIVe au XVIIe siècle: traits généraux," *Studi in onore di Armando Sapori*, Milano: Istituto Edit. Cisalpino, 1957, **I**, 571–603.

Malowist, Marian, "Über die Frage des Handelspolitik des Adels in den Ostseeländern im 15. und 16. Jahrhundert," *Hansische Geschichtsblätter*, **75** Jh., 1957, 29–47.

Malowist, Marian, "Poland, Russia and Western Trade in the 15th and 16th Centuries," *Past & Present*, No. 13, Apr. 1958, 26–39.

Malowist, Marian, "The Economic and Social Development of the Baltic Countries from the 15th to the 17th Centuries," *Economic History Review*, 2nd ser., **XII**, 2, 1959, 177–189.

Malowist, Marian, "A Certain Trade Technique in the Baltic Countries in the Fifteenth to the Seventeenth Centuries," *Poland at the XIth International Congress of Historical Sciences*. Warsaw: Polish Academy of Sciences, The Institute of History, 1960, 103–116.

Malowist, Marian, "Un essai d'histoire comparée: les mouvements d'expansion en Europe au XVe et XVIe siècles," *Annales E.S.C.*, **XVII**, 5, sept.–oct. 1962, 923–929.

Malowist, Marian, "Les aspects sociaux de la première phase de l'expansion coloniale," *Africana Bulletin*, No. 1, 1964, 11–40.

Malowist, Marian, "Le commerce d'or et d'esclaves au Soudan Occidental," *Africana Bulletin*, No. 4, 1966, 49–72.

Malowist, Marian, "The Problem of the Inequality of Economic Development in Europe in the Latter Middle Ages," *Economic History Review*, 2nd ser., **XIX**, 1, Apr. 1966, 15–28.

Malowist, Marian, "The Social and Economic Stability of the Western Sudan in the Middle Ages," *Past & Present*, No. 33, Apr. 1966, 3–15.

Malowist, Marian, "Les débuts du système des plantations dans la période des grandes découvertes," *Africana Bulletin*, No. 10, 1969, 9–30.

Malowist, Marian, "Quelques observations sur le commerce de l'or dans le Soudan occidental au Moyen Age," *Annales E.S.C.*, **XXV**, 6, nov.–déc. 1970, 1630–1636.

Mandrou, Robert, "Les soulèvements populaires et la société française du XVIIe siècle," *Annales E.S.C.*, **XIV**, 4, oct.–déc. 1959, 756–765.

Mankov, A. G., *Le mouvement des prix dans l'état russe au XVIe siècle*. Paris: S.E.V.P.E.N., 1957.

Manning, Brian, "The Nobles, the People, and the Constitution," *Past & Present*, No. 9, Apr. 1956, 42–64.

Maravall, José A., "The Origins of the Modern State," *Cahiers d'histoire mondiale*, **VI**, 4, 1961, 789–808.

Margarido, Alfredo, "L'ancien royaume du Congo," *Annales E.S.C.*, **XXV**, 6, nov.–déc. 1970, 1718–1726.

Marrero, Manuela, "Los italianos en la fundación de Tenerife hispánico," *Studi in onore di*

*Amintore Fanfani*, **V**: *Evi moderno e contemporaneo*, Milano: Dott. A. Giuffrè-Ed., 1962, 329–337.

Marx, Karl, *The German Ideology*. New York: International Publ., 1947.

Marx, Karl, *Capital*, 3 vol. New York: International Publishers, 1967.

Masefield, G. B., "Crops and Livestock," in *Cambridge Economic History of Europe*, **IV**: E. E. Rich and C. H. Wilson, eds., *The Economy of Expanding Europe in the 16th and 17th Centuries*. London and New York: Cambridge Univ. Press, 1967, 276–301.

Mattingly, Garrett, *Renaissance Diplomacy*. London: Jonathon Cape, 1955.

Mauny, R. A., "The Question of Ghana," *Africa*, **XXIV**, 3, July 1954, 200–213.

Mauro, François, "Types de navires et constructions navales dans l'Atlantique portugais aux XVIe et XVIIe siècles," *Revue d'histoire moderne et contemporaine*, **VI**, juil.–août 1959, 185–193.

Mauro, François, "Toward an 'Intercontinental Model': European Overseas Expansion Between 1500–1800," *Economic History Review*, 2nd ser., **XIV**, 1, 1961, 1–17.

Mauro, François, *Le XVIe siècle européen: aspects économiques*, Collection Nouvelle Clio 32. Paris: Presses Universitaires de France, 1966.

McCracken, Eileen, "The Woodlands of Ireland circa 1600," *Irish Historical Studies*, **XI**, 44, Sept. 1959, 271–296.

Meilink-Roelofsz, M. A., *Asian Trade and European Influence in the Indonesian Archipelago between 1500 and about 1630*. The Hague: Nijhoff, 1962.

Meuvret, Jean, "Monetary Circulation and the Economic Utilization of Money in 16th- and 17th-Century France," in Rondo E. Cameron, ed., *Essays in French Economic History*. Homewood, Illinois: Irwin, Inc., 1970, 140–149. (Translated from *Etudes d'histoire moderne et contemporaine*, **I**, 1947.)

Meuvret, Jean, "Demographic Crisis in France from the Sixteenth to the Eighteenth Century," in D. V. Glass and D. E. C. Eversley, eds., *Population in History*. London: Arnold, 1965, 507–522.

Miller, A., "Considérations sur les institutions financières de l'état moscovite aux XVIe et XVIIe siècles," *Revue internationale de sociologie*, **XL**, 7–8, juil.–août 1932, 369–421.

Miller, Edward, "The Economic Policies of Governments: France and England," in *Cambridge Economic History of Europe*, **III**: M. M. Postan, E. E. Rich and Edward Miller, eds., *Economic Organization and Policies in the Middle Ages*. London and New York: Cambridge Univ. Press, 1963, 290–340.

Miller, Edward, "The Fortunes of the English Textile Industry During the Thirteenth Century," *Economic History Review*, 2nd ser., **XVIII**, 1, Aug. 1965, 39–60.

Miller, Edward, "Government Economic Policies and Public Finance, 900–1500," *Fontana Economic History of Europe*, **I**, 8, 1970.

Minchinton, W. E., "Introduction," *The Growth of English Overseas Trade in the Seventeenth and Eighteenth Centuries*. London: Methuen, 1969, 1–57.

Miranda, José, "La función económica del encomendero en los orígenes del régimen colonial, Nueva España (1525–1531)," *Anales del Instituto Nacional de Antropología e Historia*, **II**, 1941–1946, 421–462.

Miranda, José, *El tributo indígena en la Nueva España durante el siglo XVI*. México: El Colegio de México, 1957.

Miskimin, H. A., "Agenda for Early Modern Economic History," *Journal of Economic History*, **XXXI**, 1, Mar. 1971, 172–183.

Mollat, Michel, "Y a-t-il une économie de la Renaissance?" in *Actes du Colloque sur la Renaissance*. Paris: Lib. Philosophique J. Vrin, 1958, 37–54.

Mollat, Michel, Johansen, Paul M., Postan, M. M., Sapori, Armando, and Verlinden, Charles, "L'économie européenne aux derniers siècles du Moyen-Age," *Relazioni del X Congresso Internazionale di Scienze Storiche*, **III**: *Storia del medioevo*. Firenze: G. B. Sansoni, 1955, 655–811.

Molnar, Erik, "Les fondements économiques et sociaux de l'absolutisme," in *XIIe Congrès International des Sciences Historiques: Rapports*, **IV**: *Méthodologie et histoire contemporaine*. Wien: Verlag Ferdinand Berger & Söhne, 1965, 155–169.

Moore, Jr., Barrington, *Social Origins of Dictatorship and Democracy*. Boston: Beacon Press, 1966.

Morineau, Michel, "D'Amsterdam à Séville: de quelle réalité l'histoire des prix est-elle le miroir?," *Annales E.S.C.*, **XXIII**, 1, janv.–fevr. 1968, 178–205.

Morison, Samuel Eliot, *Admiral of the Ocean Sea*. Boston: Little Brown, 1942.

Mousnier, Roland, *La vénalité des offices sous Henri IV et Louis XIII*. Rouen: Ed. Maugard, n.d., ca. 1945.

Mousnier, Roland, *Les XVIe et XVIIe siècles*, Vol. IV of *Histoire Générale des Civilisations*. Paris: Presses Universitaires de France, 1954.

Mousnier, Roland, "Recherches sur les soulèvements populaires en France avant la Fronde," *Revue d'histoire moderne et contemporaine*, **V**, 1958, 81–113.

Mousnier, Roland, ed., *Lettres et mémoires addressées au Chancelier Séguier (1633–1649)*, 2 vol. Paris: Presses Universitaires de France, 1964.

Mousnier, Roland, *Peasant Uprisings in Seventeenth-Century France, Russia, and China*. New York: Harper, 1970.

Mundy, John H., and Riesenberg, Peter, *The Medieval Town*. Princeton, New Jersey: Van Nostrand, 1958.

Murray, John J., "The Cultural Impact of the Flemish Low Countries on Sixteenth and Seventeenth Century England," *American Historical Review*, **LXII**, 4, July 1957, 837–854.

Myers, A. R., *England in the Late Middle Ages*, Vol. IV of The Pelican History of England, London: Penguin Books, 1952.

Nadal, Jorge, "La revolución de los precios españoles en el siglo XVI: estado actual de la cuestión," *Hispania, revista española de historia*, **XIX**, 77, oct.–dic. 1959, 503–529.

Nadal, Jorge, *La población española: siglos XVI a XX*. Collección de ciencia económica, **VII**. Barcelona: Ed. Ariel, 1966.

Needham, Joseph, *Science and Civilization in China*, **I**. London and New York: Cambridge Univ. Press, 1954.

Needham, Joseph, "Les contributions chinoises à l'art de gouverner les navires," *Colloque international d'histoire maritime*, 5e, Lisbonne, 1960 (Paris, 1966) with discussion, 113–134.

Needham, Joseph, "The Chinese Contributions to Vessel Control," *Scientia*, **XCVI**, 98, April 1961, 123–128; 99, May 1961, 163–168.

Needham, Joseph, "Commentary" on Lynn White, Jr., "What Accelerated Technological Change in the Western Middle Ages?" in A. C. Crombie, ed., *Scientific Change*. New York: Basic Books, 1963.

Needham, Joseph, "Poverties and Triumphs of Chinese Scientific Tradition," in A. C. Crombie, ed., *Scientific Change*. New York: Basic Books, 1963, 117–153.

Nef, John U., "Silver Production in Central Europe, 1450–1618," *Journal of Political Economy*, **XLIX**, 4, Aug. 1941, 575–591.

Nef, John U., *Industry and Government in France and England, 1540–1640*. Ithaca: Great Seal Books, 1957. (Originally in *Memoirs of the American Philosophical Society*, XV, 1940.)

Nef, John U., *War and Human Progress*. New York: Norton, 1963.

Nef, John U., "The Progress of Technology and Growth of Large-Scale Industry in Great Britain, 1540–1640," in *The Conquest of the Material World*. Chicago, Illinois: Univ. of Chicago Press, 1964, 121–143. (Originally in *Economic History Review*, V, 1934.)

Nef, John U., "A Comparison of Industrial Growth in France and England from 1540 to 1640," in *The Conquest of the Material World*. Chicago, Illinois: Univ. of Chicago Press, 1964, 144–212. (Originally in *Journal of Political Economy*, XLIV, 1936.)

Nef, John U., "Prices and Industrial Capitalism in France and England," in *The Conquest of the*

*Material World*. Chicago, Illinois: Univ. of Chicago Press, 1964, 240–267. (Originally in *Economic History Review*, VII, 1937.)

Nef, John U., "Industrial Europe at the Time of the Reformation, c. 1515–c. 1540," in *The Conquest of the Material World*. Chicago, Illinois: Univ. of Chicago Press, 1964, 67–117. (Originally in *Journal of Political Economy*, XLIX, 1941.)

Néré, Jean, "Le développement du capitalisme," *Revue historique*, **CCIII**, janv.–mars 1950, 64–69.

North, Douglas C., and Thomas, Robert Paul, "An Economic Theory of the Growth of the Western World," *Economic History Review*, 2nd ser., **XXIII**, 1, Apr. 1970, 1–17.

Ohlin, Goran, "Entrepreneurial Activities of the Swedish Aristocracy," *Explorations in Entrepreneurial History*, **VI**, 2, Dec. 1953, 147–162.

Oman, Sir Charles, *A History of the Art of War in the Sixteenth Century*. London: Methuen, 1937.

Ots Capdequí, J. M., *El estado español en las Indias*. México: Fondo de Cultura Económica, 1941.

Pach, Zs. P., "Die Abbiegung der Ungarischen Agrarentwicklung von den Westeuropäischen," *XIe Congrès International des Sciences Historiques*, Stockholm, 1960. *Résumés des communications*. Göteborg: Almqvist & Wiksell, 1960, 154–156.

Pach, Zs. P., "The Development of Feudal Rent in Hungary in the Fifteenth Century," *Economic History Review*, 2nd ser., **XIX**, 1, Apr. 1966, 1–14.

Pach, Zs. P., "En Hongrie au XVIe siècle: l'activité commerciale des seigneurs et leur production marchande," *Annales E.S.C.*, **XXI**, 6, nov.–déc. 1966, 1212–1231.

Pagès, G., "Essai sur l'évolution des institutions administratives en France du commencement du XVIe siècle à la fin du XVIIe," *Revue d'histoire moderne*, n.s., No. 1, janv.–févr. 1932, 8–57; No. 2, mars–avr. 1932, 113–151.

Pagès, G., "La vénalité des offices dans l'ancienne France," *Revue historique*, **CLXIX**, 3, 1932, 477–495.

Pannikar, K. M., *Asia and Western Dominance*. London: Allen & Unwin, 1953.

Parry, J. H., *The Age of Reconnaissance*. New York: Mentor Books, 1963.

Parry, J. H., "Transport and Trade Routes," in *Cambridge Economic History of Europe*, **IV**: E. E. Rich and C. H. Wilson, eds., *The Economy of Expanding Europe in the 16th and 17th Centuries*. London and New York: Cambridge Univ. Press, 1967, 155–219.

Parry, J. H., "Colonial Developments and International Rivalry Outside Europe, I. America," *New Cambridge Modern History*, **III**: R. B. Wernham, ed., *The Counter-Reformation and the Price Revolution, 1559–1610*. London and New York: Cambridge Univ. Press, 1968, 507–532.

Parsons, Talcott, *Structure and Process in Modern Societies*. New York: Free Press, 1960.

Pascu, S., Mavrodin, V. V., Porchnev, Boris, and Anteleva, I. G., "Mouvements paysans dans le centre et le Sudest de l'Europe du XVe au XXe siècles," *XIIe Congrès International des Sciences Historiques, Rapports*, **IV**: *Méthodologie et histoire contemporaine*. Wien: Verlag Ferdinand Berger & Söhne, 1965, 21–35.

Penrose, Boies, *Travel and Discovery in the Renaissance, 1420–1620*. Cambridge, Massachusetts: Harvard Univ. Press, 1952.

Perroy, Edouard, "A l'origine d'une économie contractée: les crises du XIVe siècle," *Annales E.S.C.*, **IV**, 2, avr.–juin 1949, 167–182.

Perroy, Edouard, et al., *Le Moyen Age*, Vol. III of *Histoire Générale des Civilisations*. Paris: Presses Universitaires de France, 1955.

Pesez, Jean-Marie, and Le Roy Ladurie, Emmanuel, "Le cas français: vue d'ensemble," *Villages désertés et histoire économique, XIe–XVIIIe siècles*. Paris: S.E.V.P.E.N., 1965, 127–252.

Petráň, Josef, "A propos de la formation des régions de la productivité spécialisée en Europe Centrale," in *Deuxième Conférence Internationale d'Histoire Economique*, Aix-en-Provence,

568

1962, **II:** *Middle Ages and Modern Times.* Paris: Mouton, 1965, 217–222.

Phelps-Brown, E. H., and Hopkins, Sheila V., "Wage-Rates and Prices: Evidence for Population Pressure in the Sixteenth Century," *Economica,* **XXIV,** No. 96, Nov. 1957, 289–306.

Phelps-Brown, E. H., and Hopkins, Sheila V., "Builders' Wage-Rates, Prices, and Population: Some Further Evidence," *Economica,* **XXVI,** No. 101, Feb. 1959, 18–38.

Phelps-Brown, E. H., and Hopkins, Sheila V., "Seven Centuries of Building Wages," in E. M. Carus-Wilson, ed., *Essays in Economic History,* New York: St. Martin's, 1966, **II,** 168–178. (Originally in *Economica,* XXII, 1955.)

Phelps-Brown, E. H., and Hopkins, Sheila V., "Seven Centuries of the Price of Consumables, Compared with Builders' Wage-Rates," in E. M. Carus-Wilson, ed., *Essays in Economic History,* New York: St. Martin's, 1966, **II,** 179–196. (Originally in *Economica,* XXIII, 1956.)

Pierce, T. Jones, "Landlords in Wales, A.: The Nobility and Gentry," in *The Agrarian History of England and Wales,* **IV:** Joan Thirsk, ed. *1500–1640.* London and New York: Cambridge Univ. Press, 1967, 357–381.

Pike, Ruth, "The Genoese in Seville and the Opening of the New World," *Journal of Economic History,* **XXII,** 3, Sept. 1962, 348–378.

Pirenne, Henri, "The Stages in the Social History of Capitalism," *American Historical Review,* **XIX,** 3, Apr. 1914, 494–515.

Pirenne, Henri, *Economic and Social History of Medieval Europe.* London: Routledge & Kegan Paul, 1936.

Pirenne, Henri, *Early Democracies in the Low Countries.* New York: Norton, 1971.

Pocock, J. G. A., "Letter to the Editor," *Encounter,* **XI,** 4, Oct. 1958.

Polanyi, Karl, *The Great Transformation.* Boston: Beacon Press, 1944.

Porchnev, Boris, "Les rapports politiques de l'Europe Occidentale et de l'Europe Orientale à l'époque de la Guerre des Trente Ans," *International Congress of Historical Sciences,* Stockholm, 1960. *Rapports,* **IV:** *Histoire moderne.* Göteborg: Almqvist & Wiksell, 1960, 136–163.

Porchnev, Boris, *Les soulèvements populaires en France de 1623 à 1648.* Paris: S.E.V.P.E.N., 1963.

Portal, Roger, *Les Slaves.* Paris: Lib. Armand Colin, 1965.

Postan, M. M., "The Chronology of Labour Services," *Transactions of the Royal Historical Society,* 4th ser., **XX,** 1937, 169–193.

Postan, M. M., "The Fifteenth Century," *Economic History Review,* **IX,** 2, May 1939, 160–167.

Postan, M. M., "Some Social Consequences of the Hundred Years' War," *Economic History Review,* **XII,** 1 & 2, 1942, 1–12.

Postan, M. M., "The Rise of a Money Economy," in E. M. Carus-Wilson, ed., *Essays in Economic History.* New York: St. Martin's, 1965, **I,** 1–12. (Originally in *Economic History Review,* XIV, 1944.)

Postan, M. M., "Some Economic Evidence of Declining Population in the Later Middle Ages," *Economic History Review,* 2nd ser., **II,** 3, 1950, 221–246.

Postan, M. M., "Italy and the Economic Development of England in the Middle Ages," *Journal of Economic History,* **XI,** 4, Fall 1951, 339–346.

Postan, M. M., "The Trade of Medieval Europe: The North," in *Cambridge Economic History of Europe,* **II:** M. M. Postan and E. E. Rich, eds., *Trade and Industry in the Middle Ages.* London and New York: Cambridge Univ. Press, 1952, 119–256.

Postan, M. M., "Note" (on article by W. C. Robinson), *Economic History Review,* 2nd ser., **XII,** 1, 1959, 77–82.

Postan, M. M., "The Economic and Political Relations of England and the Hanse (1400 to 1475)," in Eileen E. Power and M. M. Postan, eds., *Studies in English Trade in the Fifteenth Century.* New York: Barnes & Noble, 1966, 91–153.

Pounds, Norman J. G., "Overpopulation in France and the Low Countries in the Later Middle Ages," *Journal of Social History,* **III,** 3, Spring 1970, 225–247.

Power, Eileen E., "The Wool Trade in the Fifteenth Century," in Eileen E. Power and M. M. Postan, eds., *Studies in English Trade in the Fifteenth Century*. New York: Barnes & Noble, 1966, 39–90.
Prawer, Joshua, and Eisenstadt, S. N., "Feudalism," in *International Ecyclopedia of the Social Sciences,* New York: Macmillan and Free Press, 1968, **V,** 393–403.
Prestwick, Minna, review of Boris Porchnev in *English Historical Review,* **CCCXX**, July 1966, 565–572.
Pullan, Brian, "Wage-earners and the Venetian Economy, 1500–1630," *Economic History Review,* 2nd ser., **XVI**, 3, 1964, 407–26.
Quinn, D. B. "Ireland and Sixteenth-Century European Expansion," in T. Desmond Williams, ed., *Historical Studies*. London: Bowes & Bowes, 1958, 20–32.
Ramsey, Peter, *Tudor Economic Problems*. London: Gollancz, 1968.
Rau, Virginia, "A Family of Italian Merchants in Portugal in the Fifteenth Century: the Lomellini," *Studi in onore di Armando Sapori*. Milano: Istituto Edit. Cisalpino, 1957, **I,** 715–726.
Redlich, Fritz, "European Aristocracy and Economic Development," *Explorations in Entrepreneurial History,* **VI**, 2, Dec. 1953, 78–91.
Redlich, Fritz, "De Praeda Militari: Looting and Booty, 1500–1815," *Vierteljahrschrift für Sozial- und Wirtschaftsgeschichte,* Supplement No. 39, 1956.
Redlich, Fritz, "Military Entrepreneurship and the Credit System in the 16th and 17th Centuries," *Kyklos,* **X**, 1957, 186–193.
Redlich, Fritz, "The German Military Enterpriser and His Work Force," Vol. I, *Vierteljahrschrift für Sozial- und Wirtschaftsgeschichte,* Suppl. No. 47, 1964.
Reglá, Juan "La cuestión morisca y la conyuntura internacional en tiempos de Felipe II," *Estudios de historia moderna,* **III**, 1953, 219–234.
Reglá, Juan, "La expulsión de los moriscos y sus consecuencias," *Hispania, revista española de historia,* **XIII,** No. 51, 1953, 215–267; No. 52, 1953, 402–479.
Reglá, Juan, "La expulsión de los moriscos y sus consecuencias en la economia valenciana," *Studi in onore di Amintore Fanfani,* **V**: *Evi moderni e contemporaneo*. Milano: Dott. A. Giuffrè-Ed., 1962, 525–545.
Renouard, Yves, "1212–1216: Comment les traits durables de l'Europe occidentale moderne se sont définis au début du XIIIe siècle," *Annales de l'Université de Paris,* **XXVIII**, 1, janv.–mars 1958, 5–21.
Revah, I. S., "L'hérésie marrane dans l'Europe Catholique du 15e au 18e siècle," in Jacques LeGoff, *Hérésies et sociétés dans l'Europe pré-industrielle, 11e–18e siècles*. Paris: Mouton, 1968, 327–337.
Reynolds, Robert L., *Europe Emerges*. Madison: Univ. of Wisconsin Press, 1967.
Rich, E. E., "Expansion as a Concern of All Europe," *New Cambridge Modern History,* **I**: G. R. Potter, ed., *The Renaissance, 1493–1520*. London and New York: Cambridge Univ. Press, 1957, 445–469.
Rich, E. E., "Colonial Settlement and its Labour Problems," in *Cambridge Economic History of Europe,* **IV**: E. E. Rich and C. H. Wilson, eds., *The Economy of Expanding Europe in the 16th and 17th Centuries*. London and New York: Cambridge Univ. Press, 1967, 302–373.
Rich, E. E., "Preface," in *Cambridge Economic History of Europe,* **IV**: E. E. Rich and C. H. Wilson, eds., *The Economy of Expanding Europe in the 16th and 17th Centuries*. London and New York: Cambridge Univ. Press, 1967, xi–xxxii.
Robertson, H. M., "European Economic Developments in the Sixteenth Century," *South African Journal of Economics,* **XVIII**, 1, Mar. 1950, 36–53.
Robinson, W. C., "Money, Population and Economic Change in Late Medieval Europe," *Economic History Review,* 2nd ser., **XII**, 1, 1959, 63–76.
Romano, Ruggiero, "La pace di Cateau-Cambrésis e l'equilibrio europeo a metà del secolo XVI," *Rivista storica italiana,* **LXI,** 3, sett. 1949, 526–550.

Romano, Ruggiero, "A Florence au XVIIe siècle: industries textiles et conjoncture," *Annales E.S.C.*, **VII**, 7, oct.–déc. 1952, 508–512.

Romano, Ruggiero, "A propos du commerce de blé dans la Méditerranée des XIVe et XVe siècles," in *Eventail de l'histoire vivante: Hommage à Lucien Febvre*, Paris: Lib. Armand Colin, 1953, **II**, 149–161.

Romano, Ruggiero, "La marine marchande vénitienne au XVIe siècle," in M. Mollat *et al.*, eds., *Les sources de l'histoire maritime en Europe, du Moyen Age au XVIIIe siècle*, Actes du IVe Colloque International d'Histoire Maritime. Paris: S.E.V.P.E.N., 1962, 33–55.

Romano, Ruggiero, "Tra XVI e XVII secolo. Una crisi economica: 1619–1622," *Rivista storica italiana*, **LXXIV**, 3, sett. 1962, 480–531.

Romano, Ruggiero, "Encore la crise de 1619–22," *Annales E.S.C.*, **XIX**, 1, janv.–févr. 1964, 31–37.

Roorda, D. J., "The Ruling Classes in Holland in the Seventeenth Century," in J. S. Bromley and E. H. Kossman, eds., *Britain and the Netherlands*. Groningen: Wolters, 1964, **II**, 109–132.

Rosenberg, Hans, "The Rise of the Junkers in Brandenburg–Prussia, 1410–1653," *American Historical Review*, Part I, **XLIX**, 1, Oct. 1943, 1–22; Part II, **XLIX**, 2, Jan. 1944, 228–242.

Rosenberg, Hans, *Bureaucracy, Aristocracy and Autocracy: The Prussian Experience, 1660–1815*. Cambridge, Massachusetts: Harvard Univ. Press, 1966.

Roth, Cecil, *The History of the Jews of Italy*. Philadelphia: Jewish Publication Society of America, 1946.

Rowse, A. L., "Tudor Expansion: The Transition from Medieval to Modern History," *William & Mary Quarterly*, 3rd ser., **XIV**, 4, July 1957, 309–316.

Rowse, A. L., *The Elizabethans and America*. New York: Macmillan, 1959.

Ruddock, Alwyn A., *Italian Merchants and Shipping in Southampton, 1270–1600*. Southampton: University College, 1951.

Ruiz Almansa, Javier, "Las ideas y las estadísticas de población en España en el siglo XVI," *Revista internacional de sociología*, **I**, 1947, 89–107.

Rusche, Georg, and Kirchheimer, Otto, *Punishment and Social Structure*. New York: Russell & Russell, 1939.

Salmon, J. H. M., "Venality of Office and Popular Sedition in Seventeenth Century France," *Past & Present*, No. 37, July 1967, 21–43.

Samsonowicz, Henryk, "Salaires et services dans les finances citadines de la Prusse au XVe siècle et dans la première moitié du XVIe siècle," *Third International Conference of Economic History*, Munich 1965. Paris: Mouton, 1968, 533–551.

Sansom, George B., *The Western World and Japan*. New York: Knopf, 1950.

Sansom, George B. A., *A History of Japan: **II**: 1334–1615*. Stanford, California: Stanford University Press, 1961.

Savine, Alexander, "Bondmen under the Tudors," *Transactions of the Royal Historical Society*, n.s., **XVII**, 1903, 235–289.

Sayous, André-E., "Le rôle d'Amsterdam dans l'histoire du capitalisme commercial et financier," *Revue historique*, **CLXXXIII**, 2, oct.–déc. 1938, 242–280.

Schöffer, I., "The Dutch Revolution Anatomized: Some Comments," *Comparative Studies in Society and History*, **III**, 4, July 1961, 470–477.

Schumpeter, Joseph A., *Business Cycles*, 2 vol. New York: McGraw-Hill, 1939.

Schumpeter, Joseph A., *Capitalism, Socialism and Democracy*. London: Allen & Unwin, 1943.

Schumpeter, Joseph A., *The Sociology of Imperialism*, in *Social Classes, Imperialism*. New York: Meridian Books, 1955.

Schurz, Walter L., "Mexico, Peru, and the Manila Galleon," *Hispanic American Historical Review*, **I**, 4, Nov. 1918, 389–402.

Sée, Henri, *Modern Capitalism*. New York: Adelphi Co., 1928.

Sella, Domenico, "Les mouvements longs de l'industrie lainière à Venise aux XVIe et XVIIe siècles," *Annales E.S.C.*, **XII**, 1, janv.–mars 1957, 29–45.

Sella, Domenico, "Crisis and Transformation in Venetian Trade," in Brian Pullan, ed., *Crisis and Change in the Venetian Economy in the Sixteenth and Seventeenth Centuries.* London: Methuen, 1968, 88–105.

Sella, Domenico, "European Industries, 1500–1700," *Fontana Economic History of Europe,* **II**, 5, 1970.

Serraïma Cirici, Enrique, "Hugonotes y bandidos en el Pirineo catalán," *Estudios de historia moderna,* **IV**, 1954, 207–223.

Serrão, Joël, "Le blé des îles atlantiques: Madère et Açores aux XVe et XVIe siècles," *Annales E.S.C.,* **IX**, 3, juil.–sept. 1954, 337–341.

Servoise, R., "Les relations entre la Chine et l'Afrique au XVe siècle," *Le mois en Afrique,* No. 6, juin 1966, 30–45.

Shneidman, J. Lee, *The Rise of the Aragonese-Catalan Empire, 1200–1350,* 2 vol. New York: N.Y. Univ. Press, 1970.

Siemenski, J., "Constitutional Conditions in the Fifteenth and Sixteenth Centuries," *Cambridge History of Poland,* **I**: W. F. Reddaway *et al.*, eds., *From the Origins to Sobieski (to 1696).* London and New York: Cambridge Univ. Press, 1950, 416–440.

Skeel, Caroline, "The Cattle Trade between Wales and England From the Fifteenth to the Nineteenth Centuries," *Transactions of the Royal Historical Society,* 4th ser., **IX**, 1926, 135–158.

Slicher van Bath, B. H., "The Rise of Intensive Husbandry in the Low Countries," in J. S. Bromley and E. H. Kossman, eds., *Britain and the Netherlands.* London: Chatto, 1960, **I**, 130–153.

Slicher van Bath, B. H., *The Agrarian History of Western Europe, A.D. 500–1850.* New York: St. Martin's, 1963.

Slicher van Bath, B. H., "Les problèmes fondamentaux de la société pré-industrielle en Europe occidentale," *Afdeling Agrarische Geschiedenis Bijdragen,* No. 12, 1965, 3–46.

Sluiter, Engel, "Dutch-Spanish Rivalry in the Caribbean Area, 1594–1609," *Hispanic American Historical Review,* **XXVIII**, 2, May 1948, 165–196.

Smit, J. W., "The Present Position of Studies Regarding the Revolt of the Netherlands," in J. S. Bromley and E. H. Kossman, eds., *Britain and the Netherlands.* Groningen: Wolters, 1964, **I**, 11–28.

Smit, J. W., "The Netherlands Revolution," in Robert Forster and Jack P. Greene, eds., *Preconditions of Revolution in Early Modern Europe.* Baltimore, Maryland: The Johns Hopkins Press, 1970, 19–54.

Smith, R. E. F., *The Enserfment of the Russian Peasantry.* London and New York: Cambridge Univ. Press, 1968.

Smith, Robert S., "Indigo Production and Trade in Colonial Guatemala," *Hispanic American Historical Review,* **XXXIX**, 2, May 1959, 181–211.

Smolar, Jr., Frank J., "Resiliency of Enterprise: Economic Causes and Recovery in the Spanish Netherlands in the Early Seventeenth Century," in Charles H. Carter, ed.: *From the Renaissance to the Counter-Reformation.* New York: Random House, 1965, 247–268.

Soldevila, Ferran, "Barcelona demana à l'emperador Carles V l'autorització per a comerciar directament amb America (1522)," *Studi in onore di Amintore Fanfani,* **V**: *Evi moderno e contemporaneo.* Milano: Dott. A Giuffrè-Ed., 1962, 633–641.

Solt, Leo F., "Revolutionary Calvinist Parties in England Under Elizabeth I and Charles I," *Church History,* **XXVII**, 3, Sept. 1958, 234–239.

Spooner, Frank C., "A la côte de Guinée sous pavillon français (1559–1561)," *Studi in onore di Armando Sapori.* Milano: Istituto Edit. Cisalpino, 1957, **II**, 1001–1008.

Spooner, Frank C., "The Habsburg-Valois Struggle," *New Cambridge Modern History,* **II**: G. R. Elton, ed., *The Reformation, 1520–1559.* London and New York: Cambridge Univ. Press, 1958, 334–358.

Spooner, Frank C., "Venice and the Levant: An Aspect of Monetary History (1600–1614)," in *Studi in onore di Amintore Fanfani,* **V**: *Evi moderno e contemporaneo.* Milano: Dott. A.

Giuffrè-Ed., 1962, 643–667.

Spooner, Frank C., "The Economy of Europe, 1559–1609," in *New Cambridge Modern History*, III: R. B. Wernham, ed., *The Counter-Reformation and the Price Revolution, 1559–1610*. London and New York: Cambridge Univ. Press, 1968, 14–93.

Spooner, Frank C., "The European Economy, 1609–50," *New Cambridge Modern History*, IV: J. P. Cooper, ed., *The Decline of Spain and the Thirty Years' War, 1609–48/59*. London and New York: Cambridge Univ. Press, 1970, 67–103.

Stahl, Henri H., *Les anciennes communautés villageoises roumaines—asservissement et pénétration capitaliste*. Bucarest: Ed. de l'Académie de la République Socialiste de Roumanie, 1969.

Stein, Stanley J. and Barbara H., *The Colonial Heritage of Latin America*. London and New York: Oxford Univ. Press, 1970.

Stephens, W. B., "The Cloth Exports of the Provincial Ports, 1600–1640," *Economic History Review*, 2nd ser., XXII, 2, Aug. 1969, 228–243.

Stoianovich, Traian, "Material Foundations of Preindustrial Civilization in the Balkans," *Journal of Social History*, IV, 3, Spring 1971, 205–262.

Stone, Lawrence, "State Control in Sixteenth-Century England," *Economic History Review*, XVII, 1, 1947, 103–120.

Stone, Lawrence, "The Anatomy of the Elizabethan Aristocracy," *Economic History Review*, XVIII, 1 & 2, 1948, 1–53.

Stone, Lawrence, "Elizabethan Overseas Trade," *Economic History Review*, 2nd ser., II, 1, 1949, 30–58.

Stone, Lawrence, "The Elizabethan Aristocracy—A Restatement," *Economic History Review*, 2nd ser., IV, 1, 2, & 3, 1951–52, 302–321.

Stone, Lawrence, "The Nobility in Business, 1540–1640," *Explorations in Entrepreneurial History*, X, 2, Dec. 1957, 54–61.

Stone, Lawrence, "Letter to the Editor," *Encounter*, XI, 1, July 1958.

Stone, Lawrence, "Social Mobility in England, 1500–1700," *Past & Present*, No. 33, Apr. 1966, 16–55.

Stone, Lawrence, *The Crisis of the Aristocracy, 1558–1641*, abr. ed. London: Oxford Univ. Press, 1967.

Strauss, Gerald, *Nuremberg in the Sixteenth Century*. New York: Wiley, 1966.

Strayer, Joseph, *On the Medieval Origins of the Modern State*. Princeton, New Jersey: Princeton Univ. Press, 1970.

Streider, Jacob, "Origin and Evolution of Early European Capitalism," *Journal of Economic and Business History*, II, 1, Nov. 1929, 1–19.

Supple, Barry, *Commercial Crisis and Change in England, 1600–1642*. London and New York: Cambridge Univ. Press, 1959.

Swart, K. W., *The Sale of Offices in the Seventeenth Century*. The Hague: Nijhoff, 1949.

Sweezy, Paul, "The Transition from Feudalism to Capitalism," *Science and Society*, XIV, 2, Spring 1950, 134–157.

Szeftel, Marc, "Aspects of Feudalism in Russian History," in Rushton Colbourn, ed., *Feudalism in History*. Princeton, New Jersey: Princeton Univ. Press, 1956, 167–182.

Takahashi, H. K., "The Transition from Feudalism to Capitalism: A Contribution to the Sweezy–Dobb Controversy," *Science and Society*, XVI, 4, Fall 1952, 313–345.

Takahashi, H. K., "On the 'Transition' from Feudalism to the Bourgeois Revolution," *Indian Journal of Economics*, XXXV, 140, 1955, 143–151.

Tapié, Victor-L., *La France de Louis XIII et de Richelieu*. Paris: Flammarion, 1952.

Taube, Edward, "German Craftsmen in England During the Tudor Period," *Journal of Economic History*, IV, 14, Feb. 1939, 167–178.

Tawney, R. H., *The Agrarian Problem in the Sixteenth Century*. New York: Longmans, 1912.

Tawney, R. H., "Introduction" to Thomas Wilson, *A Discourse Upon Usury*. London: Bell & Sons, 1925, 1–172.

Tawney, R. H., "Harrington's Interpretation of His Age," *Proceedings of the British Academy,* 1941, 199–223.

Tawney, R. H., "The Rise of the Gentry, 1558–1640," in E. M. Carus-Wilson, ed., *Essays in Economic History.* New York: St. Martin's, 1965, **I**, 173–206. (Originally in *Economic History Review,* XI, 1941.)

Tawney, R. H., "Postscript," in E. M. Carus-Wilson, ed., *Essays in Economic History.* New York: St. Martin's, 1965, **I**, 206–214. (Originally in *Economic History Review,* VII, 1954.)

Taylor, A. J. P., *The Course of German History.* London: Hamilton, 1945.

Taylor, K. W., "Some Aspects of Population History," *Canadian Journal of Economics and Political Sciences,* **XVI**, Aug. 1950, 301–313.

Tazbir, Janusz, "The Commonwealth of the Gentry," in Aleksander Gieysztor *et al.*, *History of Poland.* Warszawa: PWN—Polish Scientific Puslishers, 1968, 169–271.

Teall, Elizabeth S., "The Seigneur of Renaissance France," *Journal of Modern History,* **XXXVII**, 2, June 1965, 131–150.

Thiriet, Freddy, *La Romanie vénitienne au Moyen Age,* Bibliothèque des Ecoles Françaises d'Athènes et de Rome, fasc. 183. Paris: Boccard, 1959.

Thirsk, Joan, "Industries in the Countryside," in F. J. Fisher, ed., *Essays in the Economic and Social History of Tudor and Stuart England.* London and New York: Cambridge Univ. Press, 1961, 70–88.

Thirsk, Joan, "Enclosing and Engrossing," in *The Agrarian History of England and Wales,* **IV**: Joan Thirsk, ed., *1500*–1640. London and New York: Cambridge Univ. Press, 1967, 200–255.

Thirsk, Joan, "The Farming Regions of England," in *The Agrarian History of England and Wales,* **IV**: Joan Thirsk, ed., *1500–1640*. London and New York: Cambridge Univ. Press, 1967, 1–112.

Thirsk Joan "Farming Techniques," in *The Agrarian History of England and Wales,* **IV**: Joan Thirsk, ed., *1500–1640*. London and New York: Cambridge Univ. Press, 1967, 161–199.

Thompson, F. M. L., "The Social Distribution of Landed Property in England Since the Sixteenth Century," *Economic History Review,* 2nd ser., **XIX**, 3, Dec. 1966, 505–517.

Thorner, Daniel, "L'économie paysanne: concept pour l'histoire économique," *Annales E.S.C.,* **XIX**, 3, mai–juin 1964, 417–432.

Thrupp, Sylvia, "Medieval Industry, 1000–1500," *Fontana Economic History of Europe,* **I**, 6, 1971.

Tilly, Charles, "Food Supply and Public Order in Modern Europe," mimeo, forthcoming in Charles Tilly, ed., *The Building of States in Western Europe.* Princeton, New Jersey: Princeton Univ. Press.

Tilly, Charles, "Reflections on the History of European Statemaking," mimeo., forthcoming in Charles Tilly, ed., *The Building of States in Western Europe.* Princeton, New Jersey: Princeton Univ. Press.

Topolski, Jerzy, "La régression économique en Pologne," *Acta poloniae historica,* **VII**, 1962, 28–49.

Trevor-Roper, H. R., "The Elizabethan Aristocracy: An Anatomy Anatomized," *Economic History Review,* 2nd ser., **III**, 3, 1951, 279–298.

Trevor-Roper, H. R., "The Gentry, 1540–1640," *Economic History Review,* Supplement 1, 1953.

Trevor-Roper, H. R., "Letter to the Editor," *Encounter,* **XI**, 1, July 1958.

Trevor-Roper, H. R., "England's Moderniser: Thomas Cromwell," in *Historical Essays.* New York: Harper, 1966, 74–78.

Trevor-Roper, H. R., "The Jesuits in Japan," in *Historical Essays.* New York: Harper, 1966, 119–124.

Trevor-Roper, H. R., "The General Crisis of the Seventeenth Century," in *The European Witch-Craze of the 16th and 17th Centuries and Other Essays.* New York: Harper, 1969,

574

46–89.

Trevor-Roper, H. R., "Religion, the Reformation, and Social Change," in *The European Witch-Craze of the Sixteenth and Seventeenth Centuries and other Essays*. New York: Harper, 1969, 1–45. (Previously published as part of *The Crisis of the Seventeenth Century: Religion, the Reformation, and Social Change*.)

Tyminiecki, Kazimierz, "Le servage en Pologne et dans les pays limitrophes au moyen âge," *La Pologne au Xe Congrès International des Sciences Historiques à Rome*. Warszawa: Académie Polonaise des Sciences, Institut d'Histoire, 1955, 5–28.

Ullman, Joan Connelly, "Translator's footnotes," in Jaime Vicens Vives, *Approaches to the History of Spain*, 2nd ed. Berkeley: Univ. of California Press, 1970.

Umiński, J., "The Counter-Reformation in Poland," in *The Cambridge History of Poland*, **I**: W. F. Reddaway *et al.*, eds., *From the Origins to Sobieski (to 1696)*. London and New York: Cambridge Univ. Press, 1950, 394–415.

Utterström, Gustaf, "Climatic Fluctuations and Population Problems in Early Modern History," *Scandinavian Economic History Review*, **III**, 1, 1955, 3–47.

Vaccari, Pietro, "I lavatori della terra nell'occidente e nell'oriente dell'Europa nella età moderna," *Studi in onore di Armando Sapori*. Milano: Istituto Edit. Cisalpino, 1957, **II**, 969–978.

Válka, Josef, "La structure économique de la seigneurie tchèque au XVIe siècle," *Deuxième Conférence Internationale d'Histoire Économique*, **II**: *Middle Ages and Modern Times*. Paris: Mouton, 1965, 211–215.

van der Sprenkel, Otto B., "Population Statistics of Ming China," *Bulletin of the SOAS*, **XV**, Part 2, 1953, 289–326.

van der Wee, Herman, *The Growth of the Antwerp Market and the European Economy*, 3 vol. The Hague: Nijhoff, 1963.

van Dillen, J. G., "Amsterdam's Role in Seventeenth-Century Dutch Politics and its Economic Background," in J. S. Bromley and E. H. Kossman, eds.: *Britain and the Netherlands*. Groningen: Wolters, 1964, **II**, 133–147.

van Houtte, J. A., "Bruges et Anvers: marchés 'nationaux' ou 'internationaux' du XIVe au XVIe siècles," *Revue du Nord*, **XXXIV**, 1952, 89–108.

van Houtte, J. A., "Anvers aux XVe et XVIe siècles: expansion et apogée," *Annales E.S.C.*, **XVI**, 2, mars–avr. 1961, 248–278.

van Houtte, J. A., "Déclin et survivance d'Anvers (1550–1700)," *Studi in onore di Amintore Fanfani*, **V**: *Evi moderno e contemporaneo*. Milano: Dott. A. Giuffrè-Ed., 1962, 703–726.

van Houtte, J. A., "L'approvisionnement des villes dans les Pays-Bas (Moyen Age et Temps Modernes)," *Third International Conference of Economic History*, Munich 1965. Paris: Mouton, 1968, 73–77.

van Leur, J. C., *Indonesian Trade and Society*. The Hague: van Hoeve, Ltd., 1955.

Veblen, Thorstein, *Imperial Germany and the Industrial Revolution*. Ann Arbor, Michigan: Ann Arbor Paperbacks, 1966.

Verlinden, Charles, "The Rise of Spanish Trade in the Middle Ages," *Economic History Review*, **X**, 1, 1940, 44–59.

Verlinden, Charles, "Deux aspects de l'expansion commerciale du Portugal au moyen âge," *Revista portuguêsa de história*, **IV**, 1949, 169–209.

Verlinden, Charles, "Italian Influence in Iberian Colonization," *Hispanic American Historical Review*, **XXXIII**, 2, May 1953, 199–211.

Verlinden, Charles, *L'esclavage dans l'Europe médiévale*, 2 vol. Brugge: De Tempel, 1955.

Verlinden, Charles, "La colonie italienne de Lisbonne et le développement de l'économie métropolitaine et coloniale portugaise," *Studi in onore di Armando Sapori*. Milano: Istituto Edit. Cisalpino, 1957, **I**, 615–628.

Verlinden, Charles, "Crises économiques et sociales en Belgique à l'époque de Charles Quint," in *Charles Quint et son temps*, Colloques internationaux du C.N.R.S., Paris, 30 sept.–3 oct. 1958. Paris: Ed. du C.N.R.S., 1959, 177–190.

Verlinden, Charles, "L'état et l'administration des communautés indigènes dans l'empire espagnol d'Amérique." *International Congress of Historical Sciences,* Stockholm, 1960, *Résumés des communications.* Göteborg: Almqvist & Wiksell, 1960, 133–134.

Verlinden, Charles, "La Crète, débouché et plaque tournante de la traite des esclaves aux XIVe et XVe siècles," *Studi in onore di Amintore Fanfani,* **III:** *Medioevo.* Milano: Dott. A. Giuffrè-Ed., 1962, 593–669.

Verlinden, Charles, *et al.,* "Mouvements des prix et des salaires en Belgique au XVIe siècle," *Annales E.S.C.,* **X,** 2, avr.–juin 1955, 173–198.

Vernadsky, George, "Feudalism in Russia," *Speculum,* **XIV,** 3, July 1939, 300–323.

Vernadsky, George, *The Tsardom of Muscovy, 1547–1682,* Vol. **V** of *A History of Russia,* 2 parts. New Haven, Connecticut: Yale Univ. Press, 1969.

Vicens Vives, Jaime, "Discussion" of Charles Verlinden, "Crises économiques et sociales en Belgique à l'époque de Charles-Quint," in *Charles Quint et son temps,* Colloques internationaux du C.N.R.S., 30 sept.–3 oct. 1958. Paris: Ed. du C.N.R.S., 1959.

Vicens Vives, Jaime, *An Economic History of Spain.* Princeton, New Jersey: Princeton Univ. Press, 1969.

Vicens Vives, Jaime, *Approaches to the History of Spain,* 2nd ed. Berkeley: Univ. of California Press, 1970.

Vilar, Pierre, "Le temps de Quichotte," *Europe,* **34,** Nos. 121–122, janv.–févr. 1956, 3–16.

Vilar, Pierre, "Problems on the Formation of Capitalism," *Past & Present,* No. 10, Nov. 1956, 15–38.

Vilar, Pierre, *La Catalogne dans l'Espagne moderne,* 3 vol. Paris: S.E.V.P.E.N., 1962.

Villari, Rosario, *La rivolta anstispagnola a Napoli: le origini (1585–1647).* Bari: Laterza, 1967.

Vitale, Luis, "Latin America: Feudal or Capitalist?," in James Petras and Maurice Zeitlin, eds., *Latin America: Reform or Revolution?* Greenwich, Conn.: Fawcett, 1968, 32–43.

Vitale, Luis, "España antes y después de la conquista de América," *Pensamiento críttico,* No. 27, abril 1969, 3–28.

Vivante, Corrado, "Le rivolte popolari in Francia prima della Fronde e la crisi del secolo XVII," *Rivista storica italiana,* **LXXVI,** 4, dic. 1964, 957–981.

Warriner, Doreen, "Some Controversial Issues in the History of Agrarian Europe," *Slavonic and East European Review,* **XXXI,** No. 78, Dec. 1953, 168–186.

Watson, Andrew M., "Back to Gold—and Silver," *Economic History Review,* 2nd ser., **XX,** 1, 1967, 1–34.

Webb, Walter Prescott, *The Great Frontier.* Boston, Massachusetts: Houghton Mifflin, 1952.

Weber, Max, *General Economic History.* New York: Free Press, 1950.

Weber, Max, *The Religion of China.* New York: Free Press, 1951.

Weber, Max, *The Religion of India.* New York: Free Press, 1958.

Weber, Max, *Economy and Society.* Totowa, New Jersey: Bedminster Press, 1968.

Wernham, R. B., "English Policy and the Revolt of the Netherlands," in S. Bromley and E. H. Kossman, eds., *Britain and the Netherlands,* Groningen: Wolters, 1964, **I,** 29–40.

Wernham, R. B., "The British Question, 1559–69," *New Cambridge Modern History,* **III:** R. B. Wernham, ed., *The Counter-Reformation and the Price Revolution, 1559–1610.* London and New York: Cambridge Univ. Press, 1968, 209–233.

Wernham, R. B., "Introduction," *New Cambridge Modern History,* **III:** R. B. Wernham, ed., *The Counter-Reformation and the Price Revolution, 1559–1610.* London and New York: Cambridge Univ. Press, 1968, 1–13.

White, Jr., Lynn, "What Accelerated Technological Progress in the Western Middle Ages?," in A. C. Crombie, ed., *Scientific Change.* New York: Basic Books, 1963, 272–291.

Willan, T. S., "Trade Between England and Russia in the Second Half of the Sixteenth Century," *English Historical Review,* **LXIII,** No. 247, July 1948, 307–321.

Willetts, William, "The Maritime Adventures of the Great Eunuch Ho," in Colin Jack-Hinton, ed., *Papers on Early South-East Asian History.* Singapore: Journal of Southeast Asian History, 1964, 25–42.

Williams, Eric, *Capitalism and Slavery*. London: Deutsch, 1964.

Williams, Penry, and Harriss, G. L., "A Revolution in Tudor History?" *Past & Present*, No. 25, July 1963, 3–58.

Wilson, C. H., "Cloth Production and International Competition in the 17th Century," *Economic History Review*, 2nd ser., **XIII**, 2, 1960, 209–221.

Wilson, C. H., "Trade, Society and the State," in *Cambridge Economic History of Europe*, **IV**: E. E. Rich and C. H. Wilson, eds., *The Economy of Expanding Europe in the 16th and 17th Centuries*. London and New York: Cambridge Univ. Press, 1967, 487–575.

Wittman, T., "Quelques problèmes relatifs à la dictature révolutionnaire des grandes villes de Flandres, 1577–1579," *Studia historica*, Academicae Scientarum Hungaricae, No. 40, 1960.

Wolf, Eric, *Sons of the Shaking Earth*. Chicago, Illinois: Univ. of Chicago Press, 1959.

Wolf, Eric, *Peasants*. Englewood Cliffs, New Jersey: Prentice-Hall, 1966.

Wolfe, Martin, "Fiscal and Economic Policy in Renaissance France," *Third International Conference of Economic History*, Munich 1965. Paris: Mouton, 1968, 687–689.

Woolf, S. J., "Venice and the Terraferma: Problems of the Change from Commercial to Landed Activities," in Brian Pullan, ed., *Crisis and Change in the Venetian Economy in the Sixteenth and Seventeenth Centuries*. London: Methuen, 1968, 175–203.

Wright, L. P., "The Military Orders in Sixteenth and Seventeenth-Century Spanish Society," *Past & Present*, No. 43, May 1969, 34–70.

Youings, Joyce, "Landlords in England, C: The Church," in *The Agrarian History of England and Wales*, **IV**: Joan Thirsk, ed., *1500–1640*. London and New York: Cambridge Univ. Press, 1967, 306–356.

Zagorin, Perez, "The Social Interpretation of the English Revolution," *Journal of Economic History*, **XIX**, 3, Sept. 1959, 376–401.

Zavala, Silvio, *La encomienda indiana*. Madrid: Centro de Estudios Históricos, 1935.

Zavala, Silvio, *New Viewpoints on the Spanish Colonization of America*. Philadelphia: Univ. of Pennsylvania Press, 1943.

Zeller, Gaston, "Industry in France Before Colbert," in Rondo E. Cameron, ed., *Essays in French Economic History*. Homewood, Illinois: Irwin, Inc., 1970, 128–139. (Translated from *Revue d'histoire économique et sociale*, **XXVIII**, 1950.)

577

# 인명 색인

가마 → 다 가마
거셴크론 Gerschenkron, Alexander 482
고든-워커 Gordon-Walker, P. C. 236
고디뇨 Godinho, Vitorino Magalhães 74,
76, 500, 507, 512, 523
곤살레스 데 세요리고 Gonzales de Cellori-
go, Martin 302
골드만 Goldmann, Lucien 444-446
구스타프 아돌프 Gustav Adolph 468, 471
굴드 Gould, J. D. 428
귀차르디니 Guicciardini, Francesco 284
글라만 Glamann, Kristof 409
기엔 마르티네스 Guillén Martinez, Fernan-
do 158

ㄴ

나달 Nadal, Jorge 118
나폴레옹 Napoleon Bonapart 272
네레 Néré, Jean 200
네이미어 Namier, Lewis 320
네프 Nef, John U. 127, 134-135, 196,
348, 350, 402-403, 450
노스 North, Douglas C. 44, 248
니덤 Needham, Joseph 91-92, 136

ㄷ

다 가마 Da Gama, Vasco 89, 501
다카하시 Takahashi, H. K. 166, 178, 200,
242
데이비스 Davies, C. S. L. 395
도브 Dobb, Maurice 47, 64, 145, 164-

165, 175, 188, 200, 208
뒤비 Duby, Georges 56, 62, 163, 168,
170
드 바리 De Bary, William Theodore 102
드 팔그롤 De Falguerolles, G. E. 170
들뤼모 Delumeau, Jean 219

ㄹ

라이바이어 Lybyer, A. H. 499
라클라우 Laclau, Ernesto 197-198
래치 Lach, Donald F. 503
래티모어 Lattimore, Owen 41, 156, 380
레들리히 Redlich, Fritz 216
레븐슨 Leveson, Joseph R. 99
레이놀즈 Reynolds, Robert L. 473
레인 Lane, Frederic C. 35, 208, 513, 520
로 Rau, Virginia 86
로마노 Romano, Ruggiero 419-420, 422-
423
로빈슨 Robinson, W. C. 118-119
로페스 Lopez, R. S. 266, 343
로허 Locher, T. J. G. 24
롱셰 Lonchay, H. 270
루블린스카야 Lublinskaya, A. D. 243,
419, 441
루이 11세 Louis XI 54
루이 13세 Louis XIII 416
루이 14세 Louis XIV 409, 440
루이스 Lewis, Archibald 67, 208
루차토 Luzzatto, Gino 265, 287
루터 Luther, Martin 236, 272

578

뤼트게 Lütge, Friedrich 477
르누아르 Renouard, Yves 58
르 루아 라뒤리 Le Roy Ladurie, Emmanu-
el 62, 444
리버모어 Livermore, H. V. 80
리슐리외 Richelieu, Armand de Vignerot
416
리치 Rich, E. E. 75, 82
ㅁ
마라발 Maravall, Jose 222, 255
마르코 폴로 Marco Polo 42
마르크스 Marx, Karl 124, 183, 185, 197,
382
마르티네스 → 기엔 마르티네스
(헝가리의) 마리아 Maria of Hungary 271
마일링크-뢸로프스 Meilink-Roelofsz, M.
A. P. 95
마젤란 Magellan, Ferdinand 514
만코프 Mankov, A. G. 467, 469, 489
말로비스트 Malowist, Marian 152, 191,
193, 258, 352, 404, 472, 474, 479
망드루 Mandrou, Robert 453
모리노 Morineau, Michel 123
몰나르 Molnar, Erik 238, 242, 244
무니에 Mousnier, Roland 59, 103, 211,
222, 244, 248, 416, 438-439, 442-443,
446-448, 453, 455
무어 Moore, Barrington, Jr. 378
미스키민 Miskimin, H. A. 118-119.
미하일 Mikhail Romanov 491
밀러 Miller, Edward 280
ㅂ
바구 Bagu, Sergio 146
바카리 Vaccari, Pietro 147
박서 Boxer, P. J. 94, 509, 526-527

반 데르 스프렌켈 Van der Sprenkel, Otto
B. 97
반 뢰르 Van Leur, J. C. 507-508
반 하우테 Van Houtte, J. A. 268
반 헴비제 Van Hembyze, Jan 322
발카 Valka, Josef 472
배러클러프 Barraclough, Goffrey 272, 287
버나드스키 Vernadsky, George 466, 489-
490
벌린든 Verlinden, Charles 85, 120, 130
베닛 Bennett, M. K. 74, 76
베렐 Baehrel, Réné 419
베릴 Berrill, K. 199
베버 Weber, Max 18, 97-100, 234, 237
베이컨 Bacon, Sir Francis 424
베츠 Betts, Reginald R. 154
보라 Borah, Woodrow 518
불페레티 Bulferetti, Luigi 146
브레너 Brenner, Y. S. 116-117
브로델 Braudel, Fernand 35, 59, 73, 82,
110, 124, 153-154, 168, 184, 186, 200-
201, 205, 214, 243, 247, 258, 275, 296,
329, 404, 422, 458, 464, 467
브륄레 Brulez, Wilfrid 409
블랜차드 Blanchard, Ian 164
블로크 Bloch, Marc 49, 53, 79, 139, 166,
179-180, 182, 247, 279-280, 440
블룸 Blum, Jerome 466, 488, 492, 494
비반티 Vivanti, Corrado 443-444
비센스 비베스 Vicens Vives, Jaime 253-
254, 295, 297
비탈레 Vitale, Luis 146
비턴 Bitton, Marc 438
빈도프 Bindoff, S. T. 311, 354-355
빌라르 Vilar, Pierre 131, 195, 241, 257,